Veröffentlichungen
der Vereinigung der Deutschen Staatsrechtslehrer
=Band 83=

BESTIMMUNGSFAKTOREN „GUTER VERWALTUNG"

Sebastian Unger, Bettina Schöndorf-Haubold

Konstanten und Impulse im verfassungsrechtlichen Verständnis von „guter Verwaltung"

Markus Ludwigs, Jan Henrik Klement

Zeithorizonte von Verwaltung

Ralf Müller-Terpitz, Johannes Reich

Information als Voraussetzung des Verwaltungshandelns

Jörg Gundel, Monika Polzin

Supranationale und grenzüberschreitende Verwaltung

Referate und Diskussionen
der Tagung der Vereinigung der Deutschen Staatsrechtslehrer
in Bochum vom 4. bis 6. Oktober 2023

De Gruyter

Redaktion: Frank Schorkopf (Göttingen)

ISBN 978-3-11-129328-8
e-ISBN (PDF) 978-3-11-129904-4
e-ISBN (EPUB) 978-3-11-129954-9

Library of Congress Control Number: 2023952204

Bibliografische Information der Deutschen Nationalbibliothek
Die Deutsche Nationalbibliothek verzeichnet diese Publikation in der Deutschen
Nationalbibliografie; detaillierte bibliografische Daten sind im Internet über
http://dnb.dnb.de abrufbar.

© 2024 Walter de Gruyter GmbH, Berlin/Boston
Satz: Satzstudio Borngräber, Dessau-Roßlau
Druck und Bindung: CPI books GmbH, Leck

www.degruyter.com

Inhalt

Jahrestagung 2023 5

Bestimmungsfaktoren „guter Verwaltung"

Erster Beratungsgegenstand

Historische Konstanten und neue Impulse in der Entwicklung des verfassungsrechtlichen Verständnisses von „guter Verwaltung"

1. Referat von Sebastian Unger 9
   Leitsätze des Referenten. 45
2. Referat von Bettina Schöndorf-Haubold 49
   Leitsätze der Referentin 100
3. Aussprache und Schlussworte 107

Zweiter Beratungsgegenstand

Zeithorizonte von Verwaltung – Krisenmanagement, langfristige Planung und Systemkohärenz

1. Referat von Markus Ludwigs. 131
   Leitsätze des Referenten. 186
2. Referat von Jan Henrik Klement 193
   Leitsätze des Referenten. 241
3. Aussprache, Zwischen- und Schlussworte 251

Dritter Beratungsgegenstand

Information als Voraussetzung des Verwaltungshandelns

1. Referat von Ralf Müller-Terpitz. 277
   Leitsätze des Referenten. 311
2. Referat von Johannes Reich 317
   Leitsätze des Referenten. 364
3. Aussprache, Zwischen- und Schlussworte 367

Vierter Beratungsgegenstand

Supranationale und grenzüberschreitende Verwaltung – neue Formen der Ausübung von Hoheitsgewalt

1.	Referat von Jörg Gundel...............................	397
	Leitsätze des Referenten.............................	440
2.	Referat von Monika Polzin...........................	447
	Leitsätze der Referentin..............................	494
3.	Aussprache und Schlussworte	499

Verzeichnis der Rednerinnen und Redner 521

Verzeichnis der Mitglieder der Vereinigung
der Deutschen Staatsrechtslehrer e.V. 523

Satzung der Vereinigung 603

Jahrestagung 2023

Nach einem 100. Jubiläum kehrt für gewöhnlich wieder der Alltag ein, die Zählung beginnt von Neuem. Allerdings sind die Tagungen der Staatsrechtslehrervereinigung nie „Alltag"; jede Tagung hat ihr besonderes Flair, ihre besondere Geschichte, ihre besondere Atmosphäre. Dies gilt gerade auch für die Tagung im Jahr 101 der Vereinigung. Die Universität Bochum setzte mit dem rauen Charme ihrer dem „Brutalismus" zugerechneten – inzwischen bereits denkmalgeschützten – Betonbauten einen echten Kontrapunkt zu der Jubiläumstagung in Bremen, bei der der Festabend im gotischen Oberen Rathaussaal und die Beratungen im expressionistischen Konzertsaal „Die Glocke" stattfanden. War die Staatsrechtslehrervereinigung in Bremen zum ersten Mal in ihrer Geschichte zu Gast, konnte sie in Bochum an ihre Tagung im politisch bewegten Jahr 1968 anknüpfen, für die *Ernst Friesenhahn*, *Werner Thieme* und *Helmut Quaritsch* als Vorstand unter anderem auch das Thema „Die Stellung der Studenten in der Universität" gewählt hatten. Die historischen Bezüge und die Besonderheiten der damaligen revolutionären Zeit waren bei der Bochumer Tagung immer präsent.

Wie nunmehr schon gute Tradition lud der Vorstand am Vorabend der Tagung die neu aufgenommenen Mitglieder der Vereinigung, *Markus Beham*, *Julius Buckler*, *Stefanie Egidy*, *Diane Fromage*, *Yoan Hermsträwer*, *Lars Hummel*, *Rike Krämer-Hoppe*, *Jannis Lennartz*, *Mitsuhiro Matsubara*, *Silvia Pernice-Warnke*, *David Roth-Isigkeit*, *Benjamin Rusteberg*, *Kerstin Noëlle Vokinger*, *Berit Völzmann* und *Marc André Wiegand* sowie ihre Mentoren und Mentorinnen zum Kennenlernen in ein italienisches Restaurant ein.

Vor Beginn der Tagung fanden am Morgen des 4. Oktober 2023 Führungen auf dem Universitätsgelände statt, die mit Blick auf Architektur und Kunst am Bau den ursprünglich von großer Aufbruchstimmung getragenen, experimentellen Charakter der ersten Universitätsneugründung in den 1960er Jahren eindrücklich dokumentierten. Verwiesen sei nur auf den an der Südfassade des Hörsaalzentrums Ost angebrachten Grand Vitrail Cinetic von *Victor Vasarely*, der das Interesse des Künstlers zeigt, in Bochum etwas Neues mitzugestalten.

Den nunmehr fest in das Tagungsprogramm integrierten Ladies' Lunch bereiteten dieses Mal *Paulina Starski*, *Jelena von Achenbach* und *Indra Spiecker gen. Döhmann*, vor, die die Bundesverfassungsrichterin *Christine Langenfeld* einluden, über das Thema „Gleichstellung von Mann und Frau in Gesellschaft und Wissenschaft – Wo stehen wir?" zu sprechen.

Bei den Gesprächskreisen gab es eine Premiere. In Bochum konstituierte sich der Gesprächskreis „Internationales Öffentliches Recht".

Andreas Paulus (Göttingen) und *Kirsten Schmalenbach* (Salzburg) hatten dafür das Thema „Klimaklagen vor internationalen Gerichten – Perspektiven und Grenzen" gewählt. Die Impulsreferate hielten *Ann-Katrin Kaufhold* (München), *Bernhard Wegener* (Erlangen-Nürnberg) und als Gast *Christina Voigt* (Oslo). Die Diskussion zu Sinnhaftigkeit und Erfolgschancen derartiger Klagen war, beflügelt durch die Referate, die sehr unterschiedliche Standpunkte vertraten, sehr angeregt.

Thema des von *Thomas Mann* (Göttingen) geleiteten Gesprächskreises „Verwaltung" war die „Krisenresilienz der Daseinsvorsorge". Es referierten *Johanna Wolff* (Osnabrück), *Lamiss Khakzadeh* (Innsbruck) und *Christoph Errass* (St. Gallen). Die Debatte war auf die rechtlichen Voraussetzungen der aufgrund von Corona-Pandemie, Flutschäden und kriegerischen Auseinandersetzungen in der Ukraine für notwendig befundenen Vorkehrungen für Ausnahmefälle fokussiert.

Bei dem von *Heiko Sauer* (Bonn) und *Mattias Wendel* (Leipzig) geleiteten Gesprächskreis „Europäisches Verfassungsrecht" ging es um das Thema „Judikativer Werteschutz in der Europäischen Union". Auf der Grundlage der Einleitungsreferate von *Shu-Perng Hwang* (Bonn), *Franz C. Mayer* (Bielefeld) und *Martin Nettesheim* (Tübingen) wurde die Auslegung von Art. 2 EUV als Verfassungskern und die damit verbundenen Folgen für das Verhältnis der EU zu ihren Mitgliedsstaaten sehr kontrovers diskutiert.

Der von *Rolf Gröschner* (Jena), *Matthias Jestaedt* (Freiburg) und *Anna-Bettina Kaiser* (Berlin) vorbereitete Gesprächskreis zu den „Grundlagen des öffentlichen Rechts" war dem Thema „Renaissance des Republikanismus" gewidmet, bei dem *Armin von Bogdandy* (Heidelberg) in seinem Referat sowie *Angelika Siehr* (Bielefeld) und *Patrick Hilbert* (Münster) in ihren Kommentaren die Entwicklung vom formalen Verbot der Monarchie zu einem inhaltlich angereicherten Prinzip freiheitlicher Verfassungsstaatlichkeit nachzeichneten und die enge und weite Interpretation von Art. 2 EUV – ähnlich wie beim Gesprächskreis zum europäischen Verfassungsrecht – mit unterschiedlichen Positionen diskutierten.

Nach den Gesprächskreisen fand die Mitgliederversammlung in dem im Stil der 1970er Jahre in oranger Farbe bestuhlten, für 1750 Personen ausgelegtem Auditorium Maximum vor der eindrucksvollen Kulisse der 1998 von der Werkstatt *Johannes Klais* eingebauten imposanten Orgel statt. Für feierliche Stimmung sorgte zu Beginn das Orgelspiel von *Arno Hartmann*, der unter anderem Johann Sebastian Bachs Toccata und Fuge intonierte.

Bei der Mitgliederversammlung wurde der Verstorbenen des letzten Jahres gedacht: *Martin Stock* († 11.10.2022), *Friedrich Schnapp* († 11.12.2022), *Klaus Stern* († 05.01.2023), *Hermann-Josef Blanke* († 09.01.2023), *Albrecht Randelzhofer* († 14.01.2023), *Peter Krause* († 19.02.2023), *Werner Frotscher* († 01.03.2023), *Manfred Aschke*

(† 23.03.2023), *Hans-Ullrich Gallwas* († 13.04.2023), *Richard Novak* († 28.06.2023), *Hans-Ulrich Karpen* († 20.07.2023), *Dietrich Rauschning* († 17.09.2023) und *Walter Leisner* († 24.09.2023). Die Vereinigung wird ihnen ein ehrendes Andenken bewahren.

Die vom Dekan der Rechtswissenschaftlichen Fakultät Bochum *Gereon Wolters* eingeleiteten Verhandlungen der 82. Fachtagung der Vereinigung zum Generalthema „Bestimmungsfaktoren ‚guter Verwaltung'" fanden im neu gebauten, hochmodernen und lichtdurchfluteten Veranstaltungszentrum der Universität statt. Mit dem thematischen Fokus auf das Recht der Verwaltung wollte der Vorstand bewusst einen Kontrapunkt zu der Bremer Tagung setzen, die Reflexionen über „Verfasste Freiheit" gewidmet war. Aber auch bei der Frage nach den Bestimmungsfaktoren guter Verwaltung galt es, umfassend auf historische, rechtsvergleichende sowie verfassungs-, europa- und völkerrechtliche Aspekte einzugehen. Die Vorstandsmitglieder *Ekkehart Reimer* und *Frank Schorkopf* leiteten die Debatten, die, ebenso wie die Referate, in dem vorliegenden Band abgedruckt sind. Die Teilnahme von 321 Mitgliedern und 24 Gästen zeigte das große Interesse an dem Thema gerade auch vor dem Hintergrund der gegenwärtig instabilen Situation. Potenzielle Risiken machen es erforderlich, über die Grundkoordinaten des Verwaltens und insbesondere auch über *ex ante* und *ex post* bestehende Gestaltungs- und Absicherungsmöglichkeiten bei Krisen nachzudenken.

Wie praxisrelevant das Thema ist, verdeutlichten die Ansprachen des Rektors der Universität *Martin Paul* und des Bochumer Stadtdirektors *Sebastian Kopietz* beim Empfang am Abend des 4. Oktober 2023 sowie die Eröffnungsrede des Finanzministers des Landes Nordrhein-Westfalen *Dr. Markus Optendrenk* beim Festabend am 5. Oktober 2023. Alle drei Sprecher gingen auf die Bedeutung der Bestimmungsfaktoren guter Verwaltung für ihre konkrete Arbeit in Stadt und Land ein und betonten, wie wichtig es sei, dass Theorie und Praxis eng aufeinander bezogen sind. Der Festabend, zu dem das Land Nordrhein-Westfalen und die Stadt Bochum gemeinsam eingeladen hatten, fand in der beeindruckenden „Jahrhunderthalle" statt, die einstmals eine Gebläsemaschinenhalle für die Hochöfen war und nunmehr ein modernes Veranstaltungsgebäude ist. Zu Recht beansprucht die Jahrhunderthalle für sich, Vergangenheit und Gegenwart auf einzigartige Weise miteinander zu verbinden. Diesen Anspruch erhebt auch die Staatsrechtslehrervereinigung, ist doch ihr Selbstverständnis, aus den in der Vergangenheit im Umgang mit dem Recht gemachten Erfahrungen zu schöpfen, um die Zukunft zu gestalten.

Das Begleitprogramm der Tagung führte die Besucherinnen und Besucher zu weiteren Sehenswürdigkeiten Bochums, zum Bergbaumuseum, zum Anneliese Brost Musikforum Ruhr, zur Zeche Hannover und zum

Museum unter Tage. Auf diese Weise konnte ein guter Eindruck von der vielgestaltigen Industriekultur im Ruhrgebiet gewonnen werden, die Industrie und Natur nicht als Gegensätze sehen, sondern vielmehr die Möglichkeit einer gewinnbringenden Koexistenz betonen will.

Die Organisation für die Gesamttagung lag in den Händen von *Adelheid Puttler*, die am Abschlussabend im Restaurant Living-Room in einer launisch-unterhaltsamen Rede von den erwartbaren, den nicht-erwartbaren und den völlig aus heiterem Himmel kommenden Herausforderungen bei der Vorbereitung der Bochumer Tagung berichtete, bei der es etwa kurz vor Beginn galt, über eine Tonne des von den Verlagen gelieferten Informationsmaterials mit Hilfe einer Spedition vom Juridicum zum Veranstaltungszentrum zu befördern. Die Rede machte sehr anschaulich, was es bedeutet, mit einem sehr kleinen Team und knappen Ressourcen die Tagung sowie das Begleit- und Rahmenprogramm für die Staatsrechtslehrervereinigung zu organisieren. Dass *Adelheid Puttler* zusammen mit ihrem Team diese Aufgabe so hervorragend gemeistert hat und dass alles – den Schwierigkeiten bei der Vorbereitung zum Trotz – reibungslos ablief, war nur aufgrund ihres großartigen Engagements, ihres Organisationstalents und ihrer Umsichtigkeit möglich. Dafür schuldet ihr die Staatsrechtslehrervereinigung großen Dank.

Aber nicht nur das jährliche Treffen der Mitglieder der Vereinigung der Deutschen Staatsrechtslehrer ist wichtig und wertvoll, sondern auch die Dokumentation der Referate und Diskussionen. Verantwortlich dafür war *Frank Schorkopf*. Ihm und seinen Mitarbeiterinnen und Mitarbeitern sei für die sorgfältige Redaktion des vorliegenden Bandes sehr herzlich gedankt.

Köln, den 13.11.2023 *Angelika Nußberger*

Erster Beratungsgegenstand:

Historische Konstanten und neue Impulse in der Entwicklung des verfassungsrechtlichen Verständnisses von „guter Verwaltung"

1. Referat von *Sebastian Unger*, Bochum[*]

Inhalt

		Seite
I.	„Gute Verwaltung" – ein Nicht-Thema der deutschen Verwaltungsrechtswissenschaft	10
II.	Hinter dem Gesetz – die Verwaltung im liberalen Rechtsstaat des 19. und 20. Jahrhunderts	13
	1. „Gute Policey" – Stabilisierung einer vorausliegenden Gesellschaftsordnung	13
	2. Das 19. Jahrhundert – „die Erfüllung des Lebens mit Rechtsordnung"	17
	3. Die frühe Bundesrepublik – euphorische Verrechtlichung der Verwaltungsmaschine	22
	4. Zwischenergebnis: Verzichtbarkeit einer inhaltsbezogenen Legitimationsformel	26
III.	Die Entdeckung der Verwaltung als politisches Entscheidungssystem seit den 1960er Jahren	27
	1. Eine Renaissance der Verwaltungszwecke	27
	2. Die Eigenständigkeit der Verwaltung	30
	3. Richtigkeits- und Rationalitätserwartungen	34
	4. „Gute Verwaltung" als Legitimationsformel: richtig und unabhängig entscheiden	40
IV.	Der Einzelne und die Verwaltung: mittendrin oder außen vor?	42

---

[*] In Erinnerung an *Daniel Fröhlich* (1978–2021).

I. „Gute Verwaltung" – ein Nicht-Thema der deutschen Verwaltungsrechtswissenschaft

„Gute Verwaltung" – das ist bis in die Gegenwart hinein ein Nicht-Thema der deutschen Verwaltungsrechtswissenschaft.[1] Sicher: Wenn im Handbuch Ius Publicum Europaeum das „Recht auf eine gute Verwaltung" nach Art. 41 GRCh als „Benchmark" für die nationalen Verwaltungsrechtsordnungen definiert wird,[2] kann der deutsche Landesbericht vermelden, dass die „Facetten" der Bestimmung „im deutschen Recht entweder als verfahrensrechtliche Grundrechtsdimension oder als Ausprägung des Rechtsstaatsprinzips gewährleistet [...] sind".[3] Dem liegt eine verfahrensrechtli-

---

[1] Ähnlich mit Blick auf Art. 41 GRCh, aber auch darüber hinaus ganz allgemein für das „Konzept einer ‚guten Verwaltung'" *Matthias Ruffert* in: Christian Calliess/Matthias Ruffert (Hrsg.) EUV/AEUV. Das Verfassungsrecht der Europäischen Union mit Europäischer Grundrechtecharta, 6. Aufl. 2022, Art. 41 GRCh Rn. 3: „dem deutschen Verwaltungsrecht fremd"; ferner etwa *Martin Bullinger* Das Recht auf eine gute Verwaltung nach der Grundrechtecharta der EU, in: Carl-Eugen Eberle/Martin Ibler/Dieter Lorenz (Hrsg.) Der Wandel des Staates vor den Herausforderungen der Gegenwart. FS Winfried Brohm, 2002, 25 (26 ff.); *Kai Dieter Classen* Gute Verwaltung im Recht der Europäischen Union. Eine Untersuchung zu Herkunft, Entstehung und Bedeutung des Art. 41 Abs. 1 und 2 der Europäischen Grundrechtecharta, 2008, 454; *Sebastian Heselhaus* Recht auf eine gute Verwaltung, in: Sebastian Heselhaus/Carsten Nowak (Hrsg.) Handbuch der Europäischen Grundrechte, 2. Aufl. 2020, § 61 Rn. 12; primär mit Blick auf den „Sprachgebrauch" *Michael Efstratiou* Der Grundsatz der guten Verwaltung als Herausforderung an die Dogmatik des nationalen und europäischen Verwaltungsrechts, in: Hans-Heinrich Trute/Thomas Groß/Hans Christian Röhl/Christoph Möllers (Hrsg.) Allgemeines Verwaltungsrecht – zur Tragfähigkeit eines Konzepts, 2008, 281 (281). Ein Blick in die „Veröffentlichungen der Vereinigung der Deutschen Staatsrechtslehrer" bestätigt diesen Befund. Die Nachweise aus der Zeit vor Einführung eines geschriebenen europäischen „Rechts auf gute Verwaltung" lassen sich an einer Hand abzählen und verhalten sich nur ansatzweise und zudem überwiegend lediglich im Rahmen der Aussprache und der Schlussworte zu den heute unter dem Begriff der „guten Verwaltung" diskutierten Fragen; s. insbesondere *Peter Häberle* Diskussionsbeitrag, VVDStRL 31 (1972), 298 (298 f.); *Peter Häberle* Diskussionsbeitrag, VVDStRL 56 (1997), 309 (309); *Hans Peter Ipsen* Diskussionsbeitrag, VVDStRL 26 (1968), 275 (276 und 277 f.); *Eberhard Raschauer* Selbstbindungen der Verwaltung, VVDStRL 40 (1982), 240 (248).

[2] *Peter M. Huber* Grundzüge des Verwaltungsrechts in Europa – Problemaufriss und Synthese, in: Armin von Bogdandy/Sabino Cassese/Peter M. Huber (Hrsg.) Ius Publicum Europaeum, Bd. V: Verwaltungsrecht in Europa: Grundzüge, 2014, § 73 Rn. 222; zu einer „Benchmark-Funktion des Rechts auf gute Verwaltung" bereits *Michael Fehling* Eigenwert des Verfahrens im Verwaltungsrecht, VVDStRL 70 (2011), 278 (324 f.); *Michael Fehling* Die Funktion von Verfahren im Unionsrecht, in: Stefan Leible/Jörg Philipp Terhechte (Hrsg.) Europäisches Rechtsschutz- und Verfahrensrecht, 2. Aufl. 2021, § 3 Rn. 48.

[3] *Wolfgang Kahl* Grundzüge des Verwaltungsrechts in gemeineuropäischer Perspektive: Deutschland, in: Armin von Bogdandy/Sabino Cassese/Peter M. Huber (Hrsg.) Ius Publicum Europaeum, Bd. V: Verwaltungsrecht in Europa: Grundzüge, 2014, § 74 Rn. 165.

che Lesart der „guten Verwaltung" zugrunde, die leichthändig Haken hinter die einzelnen Anforderungen setzen kann.

Man kann unter einem verfassungsrechtlich radizierten Begriff der „guten Verwaltung" aber auch danach fragen, was die Verfassung materiell-inhaltlich von der Verwaltung erwartet. So gestellt ist die Frage nach der „guten Verwaltung" der deutschen Verwaltungsrechtswissenschaft mit dem Abschied vom Polizeistaat der frühen Neuzeit fremd geworden. Der Grund liegt auf der Hand: Das Bauprinzip der deutschen Verwaltungsrechtsordnung ist nicht das Demokratie-, sondern das Rechtsstaatsprinzip. Die Verwaltung verschwindet in der Folge konzeptionell hinter dem Gesetz.[4] Alles Politische ist ihr ausgetrieben.[5] Die Zumutung exekutiver Herrschaft wird auf Abstand gehalten.[6] Für die Frage nach inhaltlichen Erwartungen an das

---

[4] Treffend *Horst Dreier* Hierarchische Verwaltung im demokratischen Staat. Genese, aktuelle Bedeutung und funktionelle Grenzen eines Bauprinzips der Exekutive, 1991, 115: „Werkzeugcharakter der Verwaltung [...] als konstitutiver Faktor und historische Konstante"; zur „Verwaltung als Werkzeug" aus politikwissenschaftlicher Sicht *Wolfgang Seibel* Verwaltung verstehen. Eine theoriegeschichtliche Einführung, 2016, 45 ff.; pointiert mit Blick auf das Grundgesetz *Friedrich Schnapp* Der Verwaltungsvorbehalt, VVDStRL 43 (1985), 172 (176): Verwaltung als „vernachlässigte, wenn nicht gar vergessene Annexfunktion"; dazu relativierend *Meinhard Schröder* Die Bereiche der Regierung und der Verwaltung, in: Josef Isensee/Paul Kirchhof (Hrsg.) Handbuch des Staatsrechts, Bd. V: Rechtsquellen, Organisation, Finanzen, 3. Aufl. 2007, § 106 Rn. 16.

[5] Dazu passt, dass sich die Politikwissenschaft in Deutschland bis in die 1960er Jahre nicht ernsthaft für die Verwaltung interessiert und mit einer „rechtswissenschaftlich dominierten Konfiguration" abfindet; s. zu diesem Befund *Michael W. Bauer/Edgar Grande* Status und Perspektiven der politikwissenschaftlichen Verwaltungsforschung in Deutschland, in: Michael W. Bauer/Edgar Grande (Hrsg.) Perspektiven der Verwaltungswissenschaft, 2018, 9 (15 ff.). Erst in den 1960er Jahren entsteht ein Bewusstsein dafür, dass Verwaltung Entscheidungen trifft, s. *Niklas Luhmann* Die Grenzen der Verwaltung, 2021, 9 ff. und hier vor allem 57. In der Folge stellen sich die klassischen verwaltungswissenschaftlichen Fragen. Zum Ganzen auch *Jörg Bogumil/Werner Jann* Verwaltung und Verwaltungswissenschaft in Deutschland. Eine Einführung, 3. Aufl. 2020, 27 f.; *Michael Hochedlinger* Verfassungs-, Verwaltungs- und Behördengeschichte der Frühen Neuzeit. Vorbemerkungen zur Begriffs- und Aufgabenbestimmung, in: Michael Hochedlinger/Thomas Winkelbauer (Hrsg.) Herrschaftsverdichtung, Staatsbildung, Bürokratisierung. Verfassungs-, Verwaltungs- und Behördengeschichte der Frühen Neuzeit, 2010, 21 (70).

[6] Zutreffend mit Blick auf das 19. Jahrhundert *Armin von Bogdandy/Peter M. Huber* Staat, Verwaltung und Verwaltungsrecht: Deutschland, in: Armin von Bogdandy/Sabino Cassese/Peter M. Huber (Hrsg.) Ius Publicum Europaeum, Bd. III: Verwaltungsrecht in Europa: Grundlagen, 2007, § 42 Rn. 39: „Programmatik, dass die Vollziehung im Gesetz ihre legitimatorische und rechtliche Grundlage finden soll". Das erklärt, warum in der Methodenlehre das Deduktionsparadigma und die ihm zugrunde liegende Prämisse, es gebe nur eine richtige Auslegung und nur eine richtige Entscheidung, – dazu *Sebastian Unger* Methodenlehre des europäischen Verwaltungsrechts, in: Wolfgang Kahl/Markus Ludwigs (Hrsg.) Handbuch des Verwaltungsrechts, Bd. II: Grundstrukturen des europäischen und internationalen Verwaltungsrechts, 2021, § 50 Rn. 4 – gegen alle eher pflichtschuldig

Handeln der Verwaltung ist kein Raum mehr und für das legitimationsstiftende Konzept einer „guten Verwaltung" besteht kein Bedarf. Stattdessen genügt der Verweis auf die rechtsstaatlichen Bindungen der Verwaltung.[7] Erst mit der Europäisierung und Internationalisierung kehrt die „gute Verwaltung" als verfassungsrechtlicher Begriff in die Verwaltungsrechtswissenschaft zurück und wirft die Frage nach den verfassungsrechtlichen Erwartungen an das Handeln der Verwaltung, nach der Funktion der Verwaltung im Gewaltengefüge und nach ihrer demokratischen Legitimation neu auf. „Gute Verwaltung" trifft dabei auf Veränderungen des nationalen Verwaltungsverständnisses, die seit den 1960er Jahren die politische Dimension von Verwaltung gegenüber ihren rechtlichen Bindungen in den Vordergrund rücken.

Ich möchte in meinem Referat zunächst (unter II.) diese Entwicklung der verfassungsrechtlichen Erwartungen an das Handeln der Verwaltung nachzeichnen – von der „guten Policey" der frühen Neuzeit[8] über die Formierung der deutschen Verwaltungsrechtsordnung im 19. Jahrhundert bis zum Versuch einer Austreibung aller Gestaltungsambitionen in der frühen Bundesrepublik. In einem zweiten Teil geht es (unter III.) um die bis

---

reflektierten Zweifel – zu diesen ebd., § 50 Rn. 5 – aufrechterhalten wird. Instruktiv – freilich mit Blick auf die Rechtsprechung – *Regina Ogorek* Hermeneutik in der Jurisprudenz. Zum Problem des richtigen Gesetzesverständnisses, in: *Regina Ogorek* Aufklärung über Justiz, Halbband 1: Abhandlungen und Rezensionen, 2008, 105 (118): „[U]m der sozialintegrativen Funktion der Rechtsordnung willen hält die Methodenlehre am Legitimitätsanspruch der richterlichen Entscheidung fest und fragt nach wie vor nach der Bedeutung des Texts und eben nicht nur nach der Deutung des Interpreten"; ferner *Regina Ogorek* Virtual Reality und Rechtsanwendung, in: *Regina Ogorek* Aufklärung über Justiz, Halbband 1: Abhandlungen und Rezensionen, 2008, 361 (376): Gesetzesbindung des Richters eine „Ikone", die „solange tabu [bleibt], wie für die Legitimitätsbeschaffung kein tauglicher Nachfolger in Sicht ist". Für die Vollzugsverwaltung gilt Entsprechendes.

[7] Instruktiv – wenn auch mit Blick auf Frankreich – *Pierre Rosanvallon* Die gute Regierung, 2018, 36: „Die Idee des Gesetzes verdrängte somit die der guten Regierung in den Vorstellungen des 18. Jahrhunderts von einer gerechten und effizienten politischen Ordnung"; ähnlich mit Blick auf den Begriff der „Good Administration" in der Charta der Grundrechte der Europäischen Union *Margrit Seckelmann* Im Labor. Beobachtungen zum Rechtstransfer anhand des Europäischen Verfassungsvertrags, Rg 8 (2006), 70 (77): „Dennoch tun sich Staaten mit etatistischer Tradition wie Deutschland oder Frankreich, die eine starke Trennung von Justiz und Verwaltung vornehmen, schwer mit der Beschreibung von inhaltlichen Qualitätsvorgaben für die drei Gewalten, die über die Bindung an die Verfassung sowie Recht und Gesetz hinausgehen"; s. auch *Bullinger* Das Recht auf eine gute Verwaltung nach der Grundrechtecharta der EU (Fn. 1), 26 ff.; *Ruffert* in Calliess/Ruffert (Fn. 1), Art. 41 GRCh Rn. 3, der auf „die besondere Betonung der gerichtlichen Verwaltungskontrolle nach 1945" verweist.

[8] Plädoyer für eine Berücksichtigung des damit angesprochenen „Verwaltungsrecht[s] vor dem Verwaltungsrecht" bei *Pascale Cancik* Verwaltungsrechtsgeschichte, Rg 19 (2011), 30 (31).

in die Gegenwart andauernde Entdeckung der Verwaltung als eines politischen Akteurs. Unter legitimatorischen Vorzeichen wird hier die Frage nach den materiell-inhaltlichen Erwartungen an das Handeln der Verwaltung neu gestellt. Die Antwort liefert das auf Unionsebene zu Verfassungsrecht geronnene Konzept der „guten Verwaltung". Als Grundrecht ausgestaltet hat es Auswirkungen auf die Stellung des Einzelnen in der Verwaltungsrechtsordnung, gerade auch in legitimatorischer Hinsicht. Um diese Auswirkungen und ihre Kritik geht es abschließend (unter IV.).

II. Hinter dem Gesetz – die Verwaltung im liberalen Rechtsstaat des 19. und 20. Jahrhunderts

1. „Gute Policey" – Stabilisierung einer vorausliegenden Gesellschaftsordnung

Im Zuge einer ersten Differenzierung protostaatlicher[9] Herrschaft entsteht im 16. Jahrhundert mit der Policey[10] eine neue Herrschaftsfunktion.[11]

---

[9] Begriff etwa bei *Thomas Simon* Verwaltung im frühneuzeitlichen Policeystaat des 17. und 18. Jahrhunderts, in: Wolfgang Kahl/Markus Ludwigs (Hrsg.) Handbuch des Verwaltungsrechts, Bd. I: Grundstrukturen des deutschen Verwaltungsrechts, 2021, § 1 Rn. 1; zum zugrunde liegenden terminologischen Problem *Hochedlinger* Verfassungs-, Verwaltungs- und Behördengeschichte der Frühen Neuzeit (Fn. 5), 41; instruktiv mit Blick speziell auf die Entstehung territorialer Verwaltungen „aus dem Haushalt des fürstlichen Herrn" *Stefan Brakensiek* Verwaltungsgeschichte als Alltagsgeschichte. Zum Finanzgebaren frühneuzeitlicher Amtsträger im Spannungsfeld zwischen Stabsdisziplinierung und Mitunternehmerschaft, in: Michael Hochedlinger/Thomas Winkelbauer (Hrsg.) Herrschaftsverdichtung, Staatsbildung, Bürokratisierung. Verfassungs-, Verwaltungs- und Behördengeschichte der Frühen Neuzeit, 2010, 271 (290); s. dazu auch *Wolfgang Reinhard* Geschichte der Staatsgewalt. Eine vergleichende Verfassungsgeschichte Europas von den Anfängen bis zur Gegenwart, 1999, 141 ff.

[10] Zur Entstehung des Begriffs knapp *Thomas Simon* „Gute Policey". Ordnungsleitbilder und Zielvorstellungen politischen Handelns in der Frühen Neuzeit, 2004, 112 mit Fn. 89: volkssprachliche Übersetzung des auf dem griechischen Wort „polis" beruhenden lateinischen Wortes „politia" mit „Bedeutungsausweitung in der Weise […], daß damit nicht mehr nur das politische System selbst, sondern auch eine bestimmte staatliche Tätigkeit bezeichnet wird"; s. ferner *Andrea Iseli* Gute Policey. Öffentliche Ordnung in der Frühen Neuzeit, 2009, 14 ff.; *Franz-Ludwig Knemeyer* Polizei, in: Otto Brunner/Werner Conze/Reinhart Koselleck (Hrsg.) Geschichtliche Grundbegriffe. Historisches Lexikon zur politisch-sozialen Sprache in Deutschland, Bd. 4: Mi–Pre, 1978, 875 (875 ff.); *Hans Maier* Die ältere deutsche Staats- und Verwaltungslehre in: ders. Gesammelte Schriften, Bd. IV, 2009, 3 (131 ff.); *Reiner Schulze* Policey und Gesetzgebungslehre im 18. Jahrhundert, 1982, 14 ff.; *Michael Stolleis* Entwicklungsstufen der Verwaltungsrechtswissenschaft, in: Wolfgang Hoffmann-Riem/Eberhard Schmidt-Aßmann/Andreas Voßkuhle (Hrsg.) Grundlagen des Verwaltungsrechts, Bd. I: Methoden,

Sie tritt neben die aus dem Mittelalter überkommenen Herrschaftsfunktionen der Rechtspflege und der Schutzleistung.[12] Gegenstand dieser neuen Herrschaftsfunktion ist, so *Melchior von Osse* in seinem „Politischen Testament" von 1555, die „Ordnung und Erhaltung guter, gottseliger, rechtmäßiger [...] Policey".[13] Policey ist mithin beides zugleich: die Herrschaftsfunktion und – mit dem qualifizierenden Adjektiv „gut" versehen – das Herrschaftsziel.[14] Bezugspunkt ist ein politischer – und also: nicht private Verhältnisse, sondern das Gemeinwesen betreffender[15] – Ordnungszustand. Er ist durch die Setzung und Durchsetzung von Normen zu stabilisieren.[16]

Maßstäbe, Aufgaben, Organisation, 2. Aufl. 2012, § 2 Rn. 9; zur hintergründigen Rezeption des aristotelischen Politikbegriffs durch die scholastische Politiktheorie *von Bogdandy/Huber* Staat, Verwaltung und Verwaltungsrecht: Deutschland (Fn. 6), § 42 Rn. 33; *Walter Pauly* Wissenschaft vom Verwaltungsrecht: Deutschland, in: Armin von Bogdandy/Sabino Cassese/Peter M. Huber (Hrsg.) Ius Publicum Europaeum, Bd. IV: Verwaltungsrecht in Europa: Wissenschaft, 2007, § 58 Rn. 1.

[11] Zum Folgenden mit Blick auf Deutschland vor allem *Simon* „Gute Policey" (Fn. 10), insbesondere 91 ff.; rechtsvergleichend die Beiträge in Michael Stolleis (Hrsg.) Policey im Europa der frühen Neuzeit, 1996.

[12] Dazu *Simon* Verwaltung im frühneuzeitlichen Policeystaatdes des 17. und 18. Jahrhunderts (Fn. 9), § 1 Rn. 3 ff.; *Simon* „Gute Policey" (Fn. 10), 104 ff. Instruktiv zu den aus dem früheren Mittelalter überkommenen Herrschaftsfunktionen und ihrer beginnenden Differenzierung im Hochmittelalter *Simon* „Gute Policey" (Fn. 10), 9 ff.

[13] Zitiert nach *Simon* „Gute Policey" (Fn. 10), 105; instruktiv zur guten Policey als einer Antwort auf die „Krise der altständischen Ordnung und die [nicht zuletzt aus der Differenzierung der Gesellschaft resultierenden] Ordnungsprobleme der Gesellschaft" *Maier* Die ältere deutsche Staats- und Verwaltungslehre (Fn. 10), 93 ff.

[14] Zu dieser doppelten Begriffsdimension *Simon* „Gute Policey" (Fn. 10), 111 f.; ferner *Karl Härter* Die Verwaltung der „guten Policey": Verrechtlichung, soziale Kontrolle und Disziplinierung, in: Michael Hochedlinger/Thomas Winkelbauer (Hrsg.) Herrschaftsverdichtung, Staatsbildung, Bürokratisierung. Verfassungs-, Verwaltungs- und Behördengeschichte der Frühen Neuzeit, 2010, 243 (243); *Stolleis* Entwicklungsstufen der Verwaltungsrechtswissenschaft (Fn. 10), § 2 Rn. 10: „‚Policey' meint [...] gleichermaßen das Handeln, den guten Zustand und das zu erreichende Ziel"; s. auch *Knemeyer* Polizei (Fn. 10), 877 ff. einerseits und 879 f. anderseits; eine dritte Verwendung „für das Gemeinwesen selbst" neben den beiden genannten Verwendungen erwähnt *Schulze* Policey und Gesetzgebungslehre im 18. Jahrhundert (Fn. 10), 14.

[15] Instruktiv *Iseli* Gute Policey (Fn. 10), 125 ff. Zur hintergründigen „Verdoppelung" des Raums durch die Policeyordnungen im Sinne der Unterscheidung eines privaten und eines – dem Mittelalter noch unbekannten – öffentlichen Raums *Albert Rigaudière* Les ordonnances de police en France à la fin du Moyen Age, in: Michael Stolleis (Hrsg.) Policey im Europa der frühen Neuzeit, 1996, 97 (136).

[16] *Simon* Verwaltung im frühneuzeitlichen Policeystaatdes des 17. und 18. Jahrhunderts (Fn. 9), § 1 Rn. 4 f. Es geht mithin – gewissermaßen *avant la lettre* – um „die gute Verwaltung im Innern" und zwar „in Bezug auf Gefahrenabwehr und Wohlfahrtspflege", *Stolleis*

Das diesem Zustand einer „guten Policey" zugrunde liegende Leitbild ist nicht verhandelbar, sondern liegt dem policeylichen Handeln voraus. Es scheint den Zeitgenossen so unverrückbar vor Augen gestanden zu haben, dass sich in der „Politikliteratur" dieser Zeit, den „Regimentstraktaten" oder „Regierungshandbüchern",[17] kaum Aussagen dazu finden.[18] Unternimmt man gleichwohl den Versuch einer positiven Bestimmung, geht es um die noch mittelalterliche[19] Vorstellung eines idealen und harmonischen und daher nicht mehr verbesserungsfähigen Zustands der Gesellschaft, in dem jeder Teil einen ihm von Gott zugedachten eigenen Wirkungsbereich hat. Veränderungen dieser „guten Ordnung" bedeuten daher eine Gefahr für das Gemeinwesen und sind zu korrigieren, um einen zornigen und strafenden Gott milde zu stimmen.[20] Das ist die eigentliche Aufgabe der ihrer

---

Entwicklungsstufen der Verwaltungsrechtswissenschaft (Fn. 10), § 2 Rn. 10 und 12; s. auch *Michael Stolleis* Geschichte des öffentlichen Rechts in Deutschland, Erster Band: Reichspublizistik und Policeywissenschaft. 1600–1800, 1988, 370. „Verwaltung" ist dabei in einem weiten Sinne zu verstehen und umfasst sowohl Gesetzgebung als auch Vollzug; dazu näher *Iseli* Gute Policey (Fn. 10), 84 ff. und 96 ff.

[17] Zu diesen Literaturgattungen *Simon* „Gute Policey" (Fn. 10), 98; näher zur zeitgenössischen Literatur *Stolleis* Entwicklungsstufen der Verwaltungsrechtswissenschaft (Fn. 10), § 2 Rn. 14 ff.; ferner *Pauly* Wissenschaft vom Verwaltungsrecht: Deutschland (Fn. 10), § 58 Rn. 1; eingehend *Stolleis* Geschichte des öffentlichen Rechts in Deutschland I (Fn. 16), 334 ff.; instruktive Gliederung der polizeiwissenschaftlichen Literatur vom 16. bis zum 19. Jahrhundert bei *Maier* Die ältere deutsche Staats- und Verwaltungslehre (Fn. 10), 48 ff.

[18] *Simon* „Gute Policey" (Fn. 10), 114 und 129 f.; *Simon* Verwaltung im frühneuzeitlichen Policeystaatdes des 17. und 18. Jahrhunderts (Fn. 9), § 1 Rn. 8.

[19] Zum mittelalterlichen Ordnungsleitbild der augustinischen *tranquillitas ordinis* *Heinrich Büttner* Von den Anfängen des abendländischen Staatsgedankens. Die Königserhebung Pippins, Historisches Jahrbuch 71 (1952), 77 (83 ff.); *Simon* „Gute Policey" (Fn. 10), 22 ff.; *Tilman Struve* Endzeiterwartungen als Symptom politisch-sozialer Krisen im Mittelalter, in: Jan A. Aertsen/Martin Pickavé (Hrsg.) Ende und Vollendung. Eschatologische Perspektiven im Mittelalter, 2002, 207 (220).

[20] Ausführlich *Simon* „Gute Policey" (Fn. 10), 126 ff. Das regelmäßig – exemplarisch: *von Bogdandy/Huber* Staat, Verwaltung und Verwaltungsrecht: Deutschland (Fn. 6), § 42 Rn. 35 – mit der „guten Policey" assoziierte Element der „Beglückung" findet – zurückgehend auf *Johann Heinrich Gottlob von Justi* Grundsätze der Policey-Wissenschaft, 1756 – erst in der zweiten Hälfte des 18. Jahrhunderts Eingang in das policeyliche Handlungsziel. In der Sache geht es nicht um die Glückseligkeit des Einzelnen und auch nicht um dessen vielfach behauptete absolutistische Bevormundung, sondern um die – letztlich: ökonomisch definierte – Glückseligkeit der Gemeinschaft. Nur weil die Glückseligkeit des Einzelnen – das heißt ökonomisch: sein Reichtum – Bedingung für die Glückseligkeit der Gemeinschaft – also ökonomisch: ihren Reichtum – ist, erstreckt sich der Topos überhaupt auf das Individuum. Zum Ganzen *Simon* „Gute Policey" (Fn. 10), 508 ff.; tendenziell anders *Thomas Gutmann* Paternalismus – eine Tradition deutschen Rechtsdenkens?, ZRG (Germanistische Abteilung) 122 (2005), 150 (161 ff.).

Konzeption nach nicht gestaltenden, sondern reformativ und restaurativ agierenden[21] Policey.[22]

Offensichtlich gibt es in dieser Zeit noch keine verfassungsrechtliche Perspektive auf Verwaltung: Weder existiert eine Verfassung noch eine Verwaltung im heutigen modernen Sinne.[23] Immerhin aber gibt es doch schon so etwas wie eine gesellschaftliche Steuerung und eine ihr zugrunde liegende normative Erwartungshaltung, die dem Begriff der „Policey" in Form einer zu stabilisierenden Ordnung von vornherein eingeschrieben ist.[24] Das Verständnis von „Verwaltung" ist in dieser Phase mithin untrennbar mit einem bestimmten inhaltlichen Ziel verbunden – einer religiös unterfütterten, daher allgemein konsentierten und von den Zeitgenossen nicht in Frage gestellten guten Ordnung. Von diesem inhaltlichen Ziel bezieht die Regulierung der Gesellschaft ihre Legitimation und von diesem Ziel leiten sich auch die Handlungsinstrumente unmittelbar ab.[25] In der zeitlichen Folge verschiebt sich der Fokus policeylichen Handelns zwar zunehmend von der bloßen Stabilisierung der gesellschaftlichen Ordnung hin zur Sicherung und Stärkung der fürstlichen Macht.[26] Es bleibt aber bei einem auf ein inhaltliches Handlungsziel bezogenen Verständnis von Verwaltung: Verwaltung ist „gut", weil sie eine bestehende Ordnung stabilisiert – moralpolitisch, machtpolitisch und finanzpolitisch.

---

[21] Dazu *Simon* „Gute Policey" (Fn. 10), 129; *Stolleis* Geschichte des öffentlichen Rechts in Deutschland I (Fn. 16), 371; allgemein zu den zeitgenössischen Erwartungen und Hoffnungen, die sich mit „Reformation" als „Reinigung von Mißständen und Wiederherstellung der alten Norm" im kirchlichen und weltlichen Bereich verbinden, *Eike Wolgast* Reform, Reformation, in: Otto Brunner/Werner Conze/Reinhart Koselleck (Hrsg.) Geschichtliche Grundbegriffe. Historisches Lexikon zur politisch-sozialen Sprache in Deutschland, Bd. 5: Pro–Soz, 1984, 313 (321).

[22] Instruktiver Überblick zur policeylichen Regelung praktisch sämtlicher Lebensbereiche aller Stände bei *Stolleis* Geschichte des öffentlichen Rechts in Deutschland I (Fn. 16), 370.

[23] S. nur *Stolleis* Geschichte des öffentlichen Rechts in Deutschland I (Fn. 16), 337.

[24] Ähnlich *Stolleis* Entwicklungsstufen der Verwaltungsrechtswissenschaft (Fn. 10), § 2 Rn. 10: „Der Ausdruck [der ‚Policey'] ist normativ aufgeladen: ‚rechte' Ordnung ist die richtige, angemessene, gerechte und deshalb verpflichtende Ordnung".

[25] *Iseli* Gute Policey (Fn. 10), 129 ff.; speziell zur „rechte[n] gute[n] Ordnung" als einer „Legitimationsformel" *Michael Stolleis* Nachwort, in: Hans Maier Gesammelte Schriften, Bd. IV, 2009, 404 (408).

[26] Eingehend *Simon* „Gute Policey" (Fn. 10), 193 ff. und 381 ff.

2. Das 19. Jahrhundert – „die Erfüllung des Lebens mit Rechtsordnung"

Historischer und konzeptioneller Gegenpol[27] zu dieser inhaltlichen Perspektive auf Verwaltung ist das von *Peter Badura* auf den Begriff gebrachte „Verwaltungsrecht des liberalen Rechtsstaates".[28] Das – jetzt im engeren Sinne verfassungsrechtliche – Verständnis von Verwaltung ist hier hochformalisiert. Der Durchgriff auf die Inhalte des Verwaltungshandelns ist ihm fremd.[29] Die deutsche Verwaltungsrechtsordnung verdankt dieser Perspektive ihren Ruhm.[30] Ihre Geschichte ist vielfach erzählt worden. Sie beginnt mit den Konstitutionalisierungsbewegungen des 19. Jahrhunderts. Diese bringen die Idee des Rechtsstaats und mit ihm den zentralen verfassungsrechtlichen Ausgangspunkt verwaltungsrechtlichen Denkens.[31]

Das von *Robert von Mohl* früh formulierte Programm einer „Polizei-Wissenschaft nach den Grundsätzen des Rechtsstaates"[32] mündet schließ-

---

[27] Zum „Policeyrecht als Negativfolie" für das „Verwaltungsrecht im 19. Jahrhundert" *von Bogdandy/Huber* Staat, Verwaltung und Verwaltungsrecht: Deutschland (Fn. 6), § 42 Rn. 32 ff.

[28] *Peter Badura* Das Verwaltungsrecht des liberalen Rechtsstaates, 1967; ähnlich bereits *Peter Badura* Verwaltungsrecht im liberalen und im sozialen Rechtsstaat, 1966.

[29] Treffend *Badura* Verwaltungsrecht im liberalen und im sozialen Rechtsstaat (Fn. 28), 11: „Denn das Recht dieses Rechtsstaates ist ein vom Rechtszweck, d. h. von den ideellen und gesellschaftlichen Voraussetzungen abgelöstes, ‚vernünftiges' Ordnungssystem, das gegenüber seinen Inhalten scheinbar indifferent ist."

[30] Exemplarisch aus internationaler Perspektive *Philip Hamburger* Is Administrative Law Unlawful?, 2014, 441 ff.

[31] S. nur *von Bogdandy/Huber* Staat, Verwaltung und Verwaltungsrecht: Deutschland (Fn. 6), § 42 Rn. 39: „Dreh- und Angelpunkt"; mit Blick auf *Otto Mayer* auch *Dirk Ehlers* Otto Mayer (1846–1924), in: Peter Häberle/Michael Kilian/Heinrich Wolff (Hrsg.) Staatsrechtslehrer des 20. Jahrhunderts. Deutschland – Österreich – Schweiz, 2. Aufl. 2018, 65 (68): Rechtsstaat als „Fixstern". Zum Gegenüber von „Polizeistaat" und „Rechtsstaat" mit Blick auf die Verwaltung insbesondere *Otto Mayer* Deutsches Verwaltungsrecht, I. Band, 3. Aufl. 1924, 38 ff. einerseits und 54 ff. anderseits; nachzeichnend *Peter Badura* Das Verwaltungsrecht des liberalen Rechtsstaates (Fn. 28), 15. Zur vorausliegenden Trennung von Verfassungsrecht und Verwaltungsrecht insbesondere *Carl Friedrich von Gerber* Grundzüge des deutschen Staatsrechts, 3. Aufl. 1880, 238 ff., der ebd., 239, zwischen der staatsrechtlichen Frage, „durch welche Organe und in welchen Formen der Staat diese Art der Aeusserung seiner Gewalt geschehen lassen darf", und der verwaltungsrechtlichen Frage, „was die so in ihrer abstrakten Potenz und Ordnung bestimmte verwaltende Staatsgewalt in jedem einzelnen Falle ihrer unendlich mannichfaltigen Aufgaben materiell zu leisten, wie sie sich gegenüber jeder einzelnen Anforderung auf dem Gebiete der Verwaltung zu verhalten habe", unterscheidet; zu den Anfängen einer Trennung von Verfassungsrecht und Verwaltungsrecht und ihrer Entwicklung im 19. Jahrhundert *Michael Stolleis* Geschichte des öffentlichen Rechts in Deutschland, Zweiter Band: Staatrechtslehre und Verwaltungswissenschaft. 1800–1914, 1992, 261 f. und 381 ff.

[32] *Robert von Mohl* Die Polizei-Wissenschaft nach den Grundsätzen des Rechtsstaates, Erster Band, 1832, und Zweiter Band, 1833; davor bereits grundlegend *Robert von Mohl*

lich – auf einer greifbaren verfassungsrechtlichen Grundlage[33] – in *Otto Mayers* zweibändiges „Deutsches Verwaltungsrecht".[34] Der verwaltungsrechtliche „Neubau auf leerem Boden"[35] zielt hier als „Durchführung der Verfassung"[36] darauf, die aus dem Polizeistaat der frühen Neuzeit überkommene Tätigkeit des Staates „in die Form und Gestalt des Rechtes" zu brin-

---

Das Staatsrecht des Königreiches Württemberg, Zweiter Theil, das Verwaltungsrecht, 1831, insbesondere 3 ff.

[33] Auch wenn *Otto Mayer* selbst nach *Ehlers* Otto Mayer (Fn. 31), 68, den Rechtsstaat eher voraussetzt und „weniger normativ in der Verfassung des Deutschen Reichs von 1871 festmachte", ist der Zusammenhang mit der nun eben „tatsächlich zur Wirksamkeit gelangende[n] Rechtsstaatsidee" doch nicht zu übersehen, s. *Badura* Das Verwaltungsrecht des liberalen Rechtsstaates (Fn. 28), 15 f. Allgemein zur – der Reichsverfassung vorausgehenden – Verfassung des Norddeutschen Bundes vom 16.4.1867 als einem „neuen positivrechtlichen und zur staatsrechtlichen Bearbeitung verlockenden Ausgangspunkt" sowie – in diesem Kontext – zum Gründungsjahr 1866 als dem „eigentliche[n] Wendepunkt […] der Wissenschaftsgeschichte des öffentlichen Rechts" *Michael Stolleis* Verwaltungsrechtswissenschaft und Verwaltungslehre 1866–1914, in: Kurt G. A. Jeserich/Hans Pohl/Georg-Christoph von Unruh (Hrsg.) Deutsche Verwaltungsgeschichte, Bd. 3: Das Deutsche Reich bis zum Ende der Monarchie, 1984, 85 (85).

[34] Erstmals *Otto Mayer* Deutsches Verwaltungsrecht, Erster Band, 1895, und Zweiter Band, 1896. Es folgen 1914 und 1917 sowie 1923 zwei weitere Auflagen. Hier wird durchgehend aus der dritten Auflage zitiert.

[35] *Mayer* Deutsches Verwaltungsrecht I (Fn. 31), 55.

[36] *Mayer* Deutsches Verwaltungsrecht I (Fn. 31), 58. Die vordergründige Relativierung der Bedeutung des Verfassungsrechts für das Verwaltungsrecht im Vorwort zur dritten Auflage des „Deutschen Verwaltungsrechts" – dort heißt es bekanntlich: „Verfassungsrecht vergeht, Verwaltungsrecht besteht" – wird häufig überschätzt und bedeutet angesichts des folgenden Haupttexts und hier vor allem der Einlassungen zum „Rechtsstaat" und zur „Herrschaft des Gesetzes" ebd., 54 ff. und 64 ff., keine Absage an den Einfluss des Verfassungsrechts auf das Verwaltungsrecht im Sinne einer strikten Trennung; s. dazu nur *Ferdinand Wollenschläger* Verfassung im Allgemeinen Verwaltungsrecht: Bedeutungsverlust durch Europäisierung und Emanzipation?, VVDStRL 75 (2016), 187 (190 mit Fn. 14); relativierend auch *Markus Kotzur* Verfassung – Begriff und Bedeutung im Mehrebenensystem, in: Wolfgang Kahl/Markus Ludwigs (Hrsg.) Handbuch des Verwaltungsrechts, Bd. III: Verwaltung und Verfassungsrecht, 2022, § 58 Rn. 1 ff. Grundlegend zum „Verhältniß der Verwaltung zur Verfassung" bereits *von Mohl* Das Staatsrecht des Königreiches Württemberg II (Fn. 32), 3 ff. und hier vor allem 4: „Der Einfluß der Verfassung äußert sich aber auf die Verwaltung in dreifacher Beziehung, einmal hinsichtlich des Materiellen ihrer Maasregeln, zweitens in Beziehung auf den Umfang ihrer Thätigkeit, und endlich rücksichtlich ihrer Formen"; dazu näher *Stolleis* Geschichte des öffentlichen Rechts in Deutschland II (Fn. 31), 258 ff.; *Stolleis* Entwicklungsstufen der Verwaltungsrechtswissenschaft (Fn. 10), § 2 Rn. 33 ff.; allgemein zur Betonung der „besondere[n] Prägekraft der Verfassung für die Verwaltung […] [s]eit Ende des 19. Jahrhunderts" *Pascale Cancik* Verwaltung und Selbstverwaltung, in: Matthias Herdegen/Johannes Masing/Ralf Poscher/Klaus Ferdinand Gärditz (Hrsg.) Handbuch des Verfassungsrechts. Darstellung in transnationaler Perspektive, 2021, § 14 Rn. 9.

gen.³⁷ Leuchtendes Vorbild ist die Justiz. Hier ist die Tätigkeit durch und durch rechtlich bestimmt und daher „von vornherein alles in Ordnung".³⁸ Die Verwaltung ist demgegenüber „erst noch in Ordnung zu bringen"³⁹ und zwar durch das von der Verfassung zur Verfügung gestellte „Mittel des Rechtssätze liefernden Gesetzes" und in der Folge die „Erfüllung des Lebens [der Verwaltung] mit Rechtsordnung".⁴⁰ Der aus dem Polizeistaat der frühen Neuzeit überkommene Verweis auf inhaltliche Verwaltungszwecke zur Legitimation des Verwaltungshandelns ist damit diskreditiert.⁴¹ Will die Verwaltung in „Freiheit und Eigentum" eingreifen,⁴² bedarf sie eines Gesetzes.⁴³

Die daraus konzeptionell und praktisch⁴⁴ resultierende Verrechtlichung der Verwaltung nach dem Vorbild der Rechtsprechung⁴⁵ strahlt bis in die einzelnen verwaltungsrechtlichen Institute aus. Das gilt insbesondere für

---

³⁷ *Mayer* Deutsches Verwaltungsrecht I (Fn. 31), 55.
³⁸ *Mayer* Deutsches Verwaltungsrecht I (Fn. 31), 58.
³⁹ *Mayer* Deutsches Verwaltungsrecht I (Fn. 31), 58.
⁴⁰ *Mayer* Deutsches Verwaltungsrecht I (Fn. 31), 58 f. Näher entfaltet wird die „Herrschaft des Gesetzes" sodann eingangs der Darstellung der „Grundzüge der Verwaltungsrechtsordnung" ebd., 64 ff. Auch hier ist das Vorbild die Justiz und die „Machtstellung, die das Gesetz [dort] schon vor der Verfassung einnahm".
⁴¹ *Dreier* Hierarchische Verwaltung im demokratischen Staat (Fn. 4), 80; s. auch *Badura* Das Verwaltungsrecht des liberalen Rechtsstaates (Fn. 28), 15; allgemein *Pauly* Wissenschaft vom Verwaltungsrecht: Deutschland (Fn. 10), § 58 Rn. 8 ff.: „programmatische[r] Verzicht auf die Berücksichtigung administrativer Zweckkategorien".
⁴² Zu dieser Formel knapp und mit weiteren Nachweisen *Bernd Grzeszick* Vorrang und Vorbehalt des Gesetzes, in: Wolfgang Kahl/Markus Ludwigs (Hrsg.) Handbuch des Verwaltungsrechts, Bd. III: Verwaltung und Verfassungsrecht, 2022, § 72 Rn. 9. Dabei ist *Mayer* Deutsches Verwaltungsrecht I (Fn. 31), 69, klar, dass die Verwaltungstätigkeit bei aller Orientierung an der Justiz „nicht so abhängig gehalten werden [kann]" wie diese: „Das verfassungsmäßige Gesetz ist deshalb nur für gewisse besonders wichtige Gegenstände zur notwendigen Bedingung aller Staatstätigkeit gemacht worden. Für alle übrigen ist die vollziehende Gewalt an sich frei; sie wirkt aus eigner Kraft, nicht auf Grund des Gesetzes."
⁴³ Zum „Vorbehalt des Gesetzes" und seiner verfassungsrechtlichen Verankerung *Mayer* Deutsches Verwaltungsrecht I (Fn. 31), 69 ff.
⁴⁴ Zum – zunächst freilich primär durch die Industrialisierung und ihre Folgen angestoßenen – „starken Zuwachs an materiellem Verwaltungsrecht nach 1866 *Stolleis* Verwaltungsrechtswissenschaft und Verwaltungslehre 1866–1914 (Fn. 33), 91; eingehend zum Zusammenhang zwischen der Industrialisierung und der „Entstehung des Verwaltungsrechts als Wissenschaft" *Badura* Das Verwaltungsrecht des liberalen Rechtsstaates (Fn. 28), 16 ff.
⁴⁵ Vor diesem Hintergrund bezeichnend *Mayer* Deutsches Verwaltungsrecht I (Fn. 31), 56: „Es handelt sich wesentlich nur um zwei Gewalten: die gesetzgebende und die vollziehende. Die sogenannte richterliche, die man gern noch einmal unterscheidet, hat keine selbständige Bedeutung"; dazu *von Bogdandy/Huber* Staat, Verwaltung und Verwaltungsrecht: Deutschland (Fn. 6), § 42 Rn. 39.

den inmitten des Systems stehenden Verwaltungsakt. Dessen Vorbild ist – bezeichnenderweise – das gerichtliche Urteil,[46] eben weil die Entscheidung der Verwaltung im Ausgangspunkt wie das Urteil des Richters „seinem ganzen Inhalt nach durch das Gesetz bestimmt" ist und nach „Anwendung des Rechtssatzes auf den aus dem Verfahren sich ergebenden Tatbestand [...] nur aus[spricht], was nach dem Willen des Gesetzes für diesen Fall Rechtens ist".[47] Natürlich: *Otto Mayer* ist bei aller Orientierung an der Justiz klar, dass das Handeln der Verwaltung nie „von der starren Einförmigkeit" sein wird, „welche [...] den Richter zur viva vox legis macht".[48] Nicht nur verbleiben der Verwaltung Bereiche, in denen sie „außerhalb des dem Gesetze vorbehaltenen Gebietes bleibt";[49] auch verfügt sie vielfach über Ermessen und nimmt dann eine „eigene Erwägung des Gemeinwohles" vor.[50] Daraus resultierende „Bewegungsräume"[51] der Verwaltung widersprechen indes nicht nur dem rechtsstaatlichen Anspruch, die Verwaltung möglichst umfassend rechtlich anzuleiten.[52] Sie bewegen sich vor allem außerhalb des juristischen Blickfelds. Ihre Ausfüllung ist kein Thema des Verwaltungsrechts. Alle Versuche, gegen den Geist der Zeit den verwaltungsrechtlichen Durchgriff auf das „Wesen des zu Verwaltenden" zu erhalten,[53] können sich nicht durchsetzen. Es kommt vielmehr umgekehrt

---

[46] *Mayer* Deutsches Verwaltungsrecht I (Fn. 31), 93, freilich unter Hinweis auf die erforderliche „Anpassung [...], um es für die freie bewegliche Verwaltung verwendbar zu machen", sowie die „Abstreifung der durch die besonderen Zwecke der Justiz gegebenen Bestimmtheiten"; dazu näher *Reimund Schmidt-De Caluwe* Der Verwaltungsakt in der Lehre Otto Mayers. Staatstheoretische Grundlagen, dogmatische Ausgestaltung und deren verfassungsrechtliche Abhängigkeit, 1999, 208 ff.

[47] *Mayer* Deutsches Verwaltungsrecht I (Fn. 31), 98 f.

[48] *Mayer* Deutsches Verwaltungsrecht I (Fn. 31), 97; dazu auch *von Bogdandy/Huber* Staat, Verwaltung und Verwaltungsrecht: Deutschland (Fn. 6), § 42 Rn. 40.

[49] *Mayer* Deutsches Verwaltungsrecht I (Fn. 31), 98.

[50] *Mayer* Deutsches Verwaltungsrecht I (Fn. 31), 99.

[51] Zum Begriff *Peter Lerche* Neuere Entwicklungen im Bereich der Rechtsschutzgarantie des Art. 19 Abs. 4 des deutschen Grundgesetzes, REDP/ERPL 1992, 309 (319).

[52] S. noch einmal *Mayer* Deutsches Verwaltungsrecht I (Fn. 31), 58 f.; ferner ebd., 62: „Wir können also kurz sagen: der Rechtsstaat bedeutet die tunlichste Justizförmigkeit der Verwaltung"; s. auch *Carl Friedrich von Gerber* Grundzüge eines Systems des deutschen Staatsrechts, 2. Aufl. 1869, 233: „Wenn der Begriff des Rechtsstaats irgend eine reelle Bedeutung hat, so ist sie gerade die, dass mehr und mehr auch auf dem Gebiete der Verwaltung feste rechtliche Bestimmungen gegeben werden, welche der Willkühr den Boden entziehen."

[53] So *Lorenz von Stein* Gegenwart und Zukunft der Rechts- und Staatswissenschaft Deutschlands, 1876, 296; ergänzend zur Idee einer Integration von Verwaltungslehre und Verwaltungsrecht *Lorenz von Stein* Handbuch der Verwaltungslehre und des Verwaltungsrechts, 1870, 11: „Wissenschaft des Verwaltungsrechts [...] keine selbständige Wissenschaft, sondern das Correlat der Verwaltungslehre – die Verwaltung als rechtlich anerkannte Thatsache neben der Verwaltung als organische Funktion". Weiterführend zu „Gegentendenzen" *Stolleis* Entwicklungsstufen der Verwaltungsrechtswissenschaft (Fn. 10), § 2

zu einer radikalen Verengung der verfassungsrechtlichen Perspektive auf Verwaltung, bei der alle materiellen und also politischen Aspekte des Verwaltungshandelns aus dem Blickfeld verschwinden.[54]

Der Inhalt des Verwaltungshandelns wird damit nicht bedeutungslos. *Niklas Luhmann* spricht vielmehr umgekehrt davon, dass die Frage nach der „Richtigkeit der Verwaltungsentscheidung" mit einer dominierenden rechtswissenschaftlichen Perspektive zunehmend „in den Mittelpunkt des Interesses" rückt, aber eben „unter ganz speziellen, nämlich juristischen Gesichtspunkten".[55] Tatsächlich zielt der Rechtsstaat gerade darauf, die Verwaltung möglichst lückenlos inhaltlich anzuleiten. Die inhaltliche Anleitung ist aber an den einfachen Gesetzgeber delegiert. Aus einer nicht mehr sachbezogenen, sondern ausschließlich rechtsbezogenen[56] verfassungsrechtlichen Perspektive kommt es ähnlich wie beim Urteil nur darauf an, dass das Gesetz zutreffend vollzogen wird. Aus der Gesetz- und also Rechtmäßigkeit des Verwaltungshandelns folgt dann dessen spezifische verfassungsrechtliche Richtigkeit. Oder anders: Verwaltung ist „gut", wenn sie das Gesetz fehlerfrei vollzieht. Einen unmittelbaren inhaltlichen Maßstab für die Richtigkeit des Verwaltungshandelns liefert die Verfassung nicht und er ist auch nicht erforderlich.[57]

Rn. 50 ff., mit dem instruktiven Hinweis ebd., § 2 Rn. 52, *Lorenz von Stein* habe „wie [*Rudolf von*] *Gneist* eine Lösung der Disharmonien der Gesellschaft durch ‚gute Verwaltung'" gesucht; zu *Rudolf von Gneist* und *Lorenz von Stein* in diesem Kontext auch *Pauly* Wissenschaft vom Verwaltungsrecht: Deutschland (Fn. 10), § 58 Rn. 6 f.: „Nachglimmen des alten Polizei- und Wohlfahrtsstaatsgedankens".

[54] Von einer „Amputation des Verwaltungsrechts" spricht *Stolleis* Entwicklungsstufen der Verwaltungsrechtswissenschaft (Fn. 10), § 2 Rn. 49; ähnlich *Christian Bumke* Die Entwicklung der verwaltungsrechtswissenschaftlichen Methodik in der Bundesrepublik Deutschland, in: Eberhard Schmidt-Aßmann/Wolfgang Hoffmann-Riem (Hrsg.) Methoden der Verwaltungsrechtswissenschaft, 2004, 73 (76): „Reduktion und Einengung des Wahrnehmungsfeldes der Arbeitsperspektive"; *Jens Kersten* Neue Verwaltungsrechtswissenschaft, in: Wolfgang Kahl/Markus Ludwigs (Hrsg.) Handbuch des Verwaltungsrechts, Bd. I: Grundstrukturen des deutschen Verwaltungsrechts, 2021, § 25 Rn. 5, der von einer „sehr selbstbewussten epistemologischen Perspektivenverengung oder – kritisch gewendet – Perspektivenverkürzung" spricht; *Pauly* Wissenschaft vom Verwaltungsrecht: Deutschland (Fn. 10), § 58 Rn. 5 ff.: „Verengung zum rechtswissenschaftlich-dogmatischen Verwaltungsrecht" und „programmatische[r] Verzicht auf die Berücksichtigung administrativer Zweckkategorien".

[55] *Luhmann* Die Grenzen der Verwaltung (Fn. 5), 14.

[56] Zu diesem Begriffspaar *Badura* Verwaltungsrecht im liberalen und im sozialen Rechtsstaat (Fn. 28), 8 und öfter; ähnlich die Gegenüberstellung von „Wohlfahrtszweck" und „Rechtszweck" etwa bei *Pauly* Wissenschaft vom Verwaltungsrecht: Deutschland (Fn. 10), § 58 Rn. 3 f.

[57] Konzeptionell anders, aber in der Sache ähnlich *Efstratiou* Der Grundsatz der guten Verwaltung als Herausforderung an die Dogmatik des nationalen und europäischen Verwaltungsrechts (Fn. 1), 282: „Durch diese Entwicklung hat auch der Grundsatz der ‚guten Verwaltung' allmählich einen rechtlichen Gehalt erhalten".

3. Die frühe Bundesrepublik – euphorische Verrechtlichung der Verwaltungsmaschine

Die aus dem 19. Jahrhundert überkommene formal-rechtsstaatliche Perspektive auf Verwaltung wird unter dem Grundgesetz nach dem radikalen Bruch durch den Nationalsozialismus[58] im Kern fortgeführt[59] und in der Frühphase – auch aus einem unterschiedlich weit ausgebauten Vertrauen gegenüber den drei Gewalten[60] – noch geschärft.[61] Die Verfassung liefert

---

[58] Exemplarisch *Ernst Rudolf Huber* Neue Grundbegriffe des hoheitlichen Rechts, in: *Georg Dahm/Ernst Rudolf Huber/Karl Larenz/Karl Michaelis/Friedrich Schaffstein/Wolfgang Siebert* Grundfragen der neuen Rechtswissenschaft, 1935, 143 (169): „Die deutsche Revolution hat im Verwaltungsrecht das Ende des bürgerlichen Rechtsstaats herbeigeführt und einen neuen Verwaltungstypus aufgerichtet, der durch die politischen Grundsätze unserer Zeit bestimmt ist". Näher zu den „Grundlinien der verwaltungsrechtlichen Diskussion" im Nationalsozialismus *Michael Stolleis* Verwaltungsrechtswissenschaft und Verwaltungslehre im Nationalsozialismus, in: Kurt G. A. Jeserich/Hans Pohl/Georg-Christoph von Unruh (Hrsg.) Deutsche Verwaltungsgeschichte, Bd. 4: Das Reich als Republik und in der Zeit des Nationalsozialismus, 1985, 707 (711 ff.).

[59] Häufig zitiert *Fritz Ossenbühl* Die Weiterentwicklung der Verwaltungswissenschaft, in: Kurt G. A. Jeserich/Hans Pohl/Georg-Christoph von Unruh (Hrsg.) Deutsche Verwaltungsgeschichte, Bd. 5: Die Bundesrepublik Deutschland, 1987, 1143 (1146): „Zu neuen Systementwürfen ist es [...] nicht gekommen"; zustimmend und zugleich relativierend *Stolleis* Entwicklungsstufen der Verwaltungsrechtswissenschaft (Fn. 10), § 2 Rn. 106: „jedenfalls nicht in den ersten beiden Jahrzehnten"; s. dazu auch *Sebastian Unger* Der Zweck als Schöpfer des Verwaltungsrechts. Peter Baduras Beitrag zu einer Verwaltungsrechtswissenschaft des sozialen Rechtsstaats, in: Carsten Kremer (Hrsg.) Die Verwaltungsrechtswissenschaft in der frühen Bundesrepublik (1949–1977), 2017, 363 (375 f.). Zur Verwaltung unter dem Grundgesetz als „Neubeginn" und „gleichzeitig" als „Hort von Traditionen und Überkommenem" unter – insbesondere: verfassungsrechtlichem – Hinweis auf „Vieles aus der Weimarer Republik" und „ältere Traditionen aus dem Kaiserreich des 19. Jahrhunderts" *Cancik* Verwaltung und Selbstverwaltung (Fn. 36), § 14 Rn. 5; *Michael Stolleis* Verwaltungsrechtswissenschaft in der Bundesrepublik Deutschland, in: Dieter Simon (Hrsg.) Rechtswissenschaft in der Bonner Republik. Studien zur Wissenschaftsgeschichte der Jurisprudenz, 1994, 227 (240): „Rückkehr zum Rechtsstaat" und „Rekonstruktion des Bewährten"; ferner etwa *Ulrich Stelkens* Verwaltung von der Besatzungszeit bis zur Wiedervereinigung, in: Wolfgang Kahl/Markus Ludwigs (Hrsg.) Handbuch des Verwaltungsrechts, Bd. I: Grundstrukturen des deutschen Verwaltungsrechts, 2021, § 5 Rn. 16: „bestehende[s] Verwaltungsrecht auf das neue Fundament ‚umgesetzt'".

[60] Zum „aus der Zeit der Diktatur gespeiste[n] Misstrauen gegenüber der Exekutive" und seinem Niederschlag im Grundgesetz *Hermann Pünder* Grundlagen, in: Dirk Ehlers/Hermann Pünder (Hrsg.) Allgemeines Verwaltungsrecht, 16. Aufl. 2022, § 13 Rn. 4; ähnlich bereits *Hans Peters* Die Verwaltung als eigenständige Staatsgewalt, 1965, 10: „Vorurteile, die bei vielen Bürgern auf Grund früherer nationalsozialistischer Erfahrungen gegenüber der Verwaltung bestehen und heute noch von manchen Juristen sorgsam gepflegt werden"; zur Begrenzung der „Allmacht der Verwaltung" als dem Primärziel der „Umgestaltung des verwaltungsrechtlichen Erbes durch das Grundgesetz" *Stelkens* Verwaltung von der Besatzungszeit bis zur Wiedervereinigung (Fn. 59), § 5 Rn. 13; s. auch *Bullinger* Das Recht auf eine gute Verwaltung nach der

dafür taugliche Anknüpfungspunkte, wenn sie die Verwaltung fast ausschließlich unter dem Gesichtspunkt der föderalen Zuständigkeitsverteilung thematisiert[62] und in Art. 20 Abs. 2 Satz 2 GG und dann noch einmal in Art. 20 Abs. 3 GG an den zentralen Stellen[63] nicht von der „Verwaltung", sondern von der „vollziehenden Gewalt" spricht.[64]

Nimmt man die Garantie effektiven Rechtsschutzes in Art. 19 Abs. 4 GG sowie den für die Nachkriegszeit so prägenden Auf- und Ausbau des verwaltungsgerichtlichen Rechtsschutzes hinzu,[65] entsteht das sicher verkürzende,[66]

Grundrechtecharta der EU (Fn. 1), 26; umgekehrt aus Perspektive der Verwaltung *Arnold Köttgen* Die gegenwärtige Lage der deutschen Verwaltung, DVBl. 1957, 441 (442): „tiefgreifende Verunsicherung der ihres Selbstverständnisses beraubten Verwaltung".

[61] Zusammenfassend *von Bogdandy/Huber* Staat, Verwaltung und Verwaltungsrecht: Deutschland (Fn. 6), § 42 Rn. 61: „Konsolidierung und Perfektionierung".

[62] Dazu etwa *Schnapp* Der Verwaltungsvorbehalt (Fn. 4), 176 f.

[63] Zur Verwendung des Begriffs der „Verwaltung" an anderen Stellen *Cancik* Verwaltung und Selbstverwaltung (Fn. 36), § 14 Rn. 21.

[64] Art. 1 Abs. 3 GG sprach abweichend zunächst von einer Bindung der „Verwaltung" an die nachfolgenden Grundrechte. Erst durch das Gesetz zur Ergänzung des Grundgesetzes vom 19.3.1965 (BGBl. I S. 111) erhielt die Regelung ihre heutige Fassung. Die seinerzeitige Ersetzung des Begriffs der „Verwaltung" durch den Begriff der „vollziehenden Gewalt" zielte primär darauf, Zweifel an einer Bindung der Streitkräfte an die Grundrechte auszuräumen, sollte aber zugleich eine Anpassung an den Wortlaut des Art. 20 Abs. 2 Satz 2 und Abs. 3 GG bewirken. Zum Ganzen *Heiko Sauer* in: Frauke Brosius-Gersdorf (Hrsg.) Dreier. Grundgesetz-Kommentar, Bd. I: Präambel, Artikel 1–19, ⁴2023, Art. 1 Abs. 3 GG Rn. 5; *Cancik* Verwaltung und Selbstverwaltung (Fn. 36), § 14 Rn. 16, die ebd., § 14 Rn. 21, den Begriff der „vollziehenden Gewalt" als „eine Art verfassungsrechtliche[n] Oberbegriff" bezeichnet. Bezeichnenderweise übergeht *Peters* Die Verwaltung als eigenständige Staatsgewalt (Fn. 60), 12 f., in seinem Kölner Plädoyer für ein Verständnis der „Verwaltung als eigenständige Staatsgewalt" diesen Textbefund stillschweigend: „Das bei uns verfassungsrechtlich geltende Prinzip der *Gewaltenteilung* ist durch Art. 20 Abs. 2 GG insoweit festgelegt, als *eigene Organe* der Gesetzgebung, der Rechtsprechung und der Verwaltung [!] vorhanden sein müssen. Wenn auch die Verwaltung [...] nach Art. 20 Abs. 3 GG ‚an Gesetz und Recht gebunden ist', so stellt gerade diese wegen ihrer Unabänderlichkeit besonders wichtige Verfassungsvorschrift die Organe der Gesetzgebung, der Rechtsprechung und der Verwaltung *gleichwertig* nebeneinander". Instruktiv zur bis in die Gegenwart fortwirkenden Prägung der Verwaltungsrechtswissenschaft durch die verwaltungsbezogenen „Schlüsselbegriffe" des Grundgesetzes *Stelkens* Verwaltung von der Besatzungszeit bis zur Wiedervereinigung (Fn. 59), § 5 Rn. 18 ff., der zwar primär den Begriff der „öffentlichen Gewalt" in Art. 19 Abs. 4 GG im Blick hat, aber auch den Begriff der „vollziehenden Gewalt" in Art. 1 Abs. 3, Art. 20 Abs. 2 Satz 2 und Art. 20 Abs. 3 GG erwähnt.

[65] Dazu nur *Rainer Wahl* Herausforderungen und Antworten: Das öffentliche Recht der letzten fünf Jahrzehnte, 2006, 39 f.: „Das gerichtsorientierte Verwaltungsrecht". Ergänzend – und mit Blick auf die Verwaltung kontrastierend – zu den grundgesetzlichen Konturen der „Rechtsprechung" *Sebastian Unger* Kontrolldichte, in: Armin von Bogdandy/Peter M. Huber/Lena Marcusson (Hrsg.) Handbuch Ius Publicum Europaeum, Bd. IX: Verwaltungsgerichtsbarkeit in Europa: Gemeineuropäische Perspektiven und supranationaler Rechtsschutz, 2021, § 148 Rn. 28.

[66] Näher *Unger* Kontrolldichte (Fn. 65), § 148 Rn. 29.

aber eben doch in der Verfassung so gezeichnete[67] Bild einer zwischen Legislative und Judikative „fest eingespannten" Vollzugsverwaltung.[68] Es prägt die Verwaltungsrechtswissenschaft und die Verwaltung der Bundesrepublik bis heute und bis in die Ausbildung[69] und die Personalstruktur[70] hinein. Die Verwaltung ist in diesem Bild in Vollendung der Bürokratietheorie *Max Webers*[71] „unten" mit der bloßen Ausführung dessen befasst, was „oben" unter politischen Gesichtspunkten bereits entschieden worden ist.[72] *Friedrich Schnapp* mag überziehen, wenn er 1984 in Göttingen in der Verwaltung eine im Grundgesetz „eher vernachlässigte, wenn nicht vergessene Annexfunktion" sieht.[73] Es ist dann aber doch bezeichnend, wenn im Grundgesetz zwar die Wirksamkeit des Rechtsschutzes, nicht aber die Qualität der Verwaltung in Form eines Grundrechts abgesichert wird.

Das Verwaltungshandeln wird vor diesem Hintergrund in der frühen Bundesrepublik immer weiter und fast schon euphorisch „verrechtlicht".[74] Einen Schub bewirken hier erstens die aus einer demokratietheoretischen Anreicherung des Rechtsstaatsprinzips resultierende Schärfung des Gesetzesvorbehalts bis hin zur Behauptung eines Totalvorbehalts,[75] zweitens

---

[67] In diese Richtung auch *Schröder* Die Bereiche der Regierung und der Verwaltung (Fn. 4), § 106 Rn. 17.

[68] Zu diesem Bild kritisch *Eberhard Schmidt-Aßmann* Das allgemeine Verwaltungsrecht als Ordnungsidee. Grundlagen und Aufgaben der verwaltungsrechtlichen Systembildung, 2. Aufl. 2006, Rn. 4/37; ähnlich wie hier *Cancik* Verwaltung und Selbstverwaltung (Fn. 36), § 14 Rn. 20: Verwaltung „steht zwischen Gesetzgebung und Rechtsprechung und kann ihre Position weder gegen die eine noch gegen die andere endgültig durchsetzen".

[69] Sowohl die juristische Ausbildung – dazu *Heiko Sauer* Struktur und Gegenstand des Verwaltungsrechtscurriculums, in: Julian Krüper (Hrsg.) Rechtswissenschaft lehren. Handbuch der juristischen Fachdidaktik, 2022, § 18 Rn. 12 – als auch die spezifische Ausbildung für die allgemeine Verwaltung – dazu *Seibel* Verwaltung verstehen (Fn. 4), 175 – konzentrieren sich bis heute auf die Rechtmäßigkeit des Verwaltungshandelns.

[70] Zum „Juristenmonopol" in der Verwaltung *Bogumil/Jann* Verwaltung und Verwaltungswissenschaft in Deutschland (Fn. 5), 141, unter Hinweis auf *Ralf Dahrendorf* Gesellschaft und Demokratie in Deutschland, 1965, 276; s. ferner *Bauer/Grande* Status und Perspektiven der politikwissenschaftlichen Verwaltungsforschung in Deutschland (Fn. 5), 16; *von Bogdandy/Huber* Staat, Verwaltung und Verwaltungsrecht: Deutschland (Fn. 6), § 42 Rn. 39.

[71] *Max Weber* Wirtschaft und Gesellschaft. Grundriß der verstehenden Soziologie, 5. Aufl. 2002, insbesondere 124 ff. und 551 ff.

[72] Zur überkommenen Koordination von Politik und Verwaltung über die Unterscheidungen „von oben und unten" und „von Zweck und Mittel" *Niklas Luhmann* Politische Soziologie, 2010, 118.

[73] *Schnapp* Der Verwaltungsvorbehalt (Fn. 4), 176.

[74] Allgemein zur „Verrechtlichung als Generalmerkmal des Öffentlichen Rechts nach 1949" *Wahl* Herausforderungen und Antworten (Fn. 65), 40 f.

[75] Diskussionsprägend sind hier insbesondere die auf ein Verständnis des Gesetzesvorbehalts als Totalvorbehalt drängende Habilitationsschrift von *Dietrich Jesch* Gesetz und

die Prägung des Verwaltungsrechts und seiner Anwendung durch Grundrechte[76] und drittens ein Trend zur – damit zusammenhängenden – methodischen Nachverdichtung der rechtlichen Bindungen.[77] Eine besondere Rolle spielen dabei der Gleichheitssatz und der Verhältnismäßigkeitsgrundsatz.[78] Der Punkt, an dem die Verwaltung wirklich entscheidet, ihr also die Auswahl zwischen Alternativen nicht durch das Recht abgenommen wird,[79] wird so immer weiter hinausgeschoben.[80] Gestaltungsspielräume der Verwaltung werden argwöhnisch beäugt.[81] *Hans Huber* spricht

---

Verwaltung. Eine Problemstudie zum Wandel des Gesetzmäßigkeitsprinzips, 1961, sowie nachfolgend die – eher liberal-rechtsstaatlich argumentierende – Habilitationsschrift von *Hans Heinrich Rupp* Grundfragen der heutigen Verwaltungsrechtslehre. Verwaltungsnorm und Verwaltungsrechtsverhältnis, 1965; dazu etwa *Ino Augsberg* Demokratische Aufklärung. Dietrich Jeschs Neubestimmung der Verwaltungsrechtsdogmatik unter dem Grundgesetz, in: Carsten Kremer (Hrsg.) Die Verwaltungsrechtswissenschaft in der frühen Bundesrepublik (1949–1977), 287 (291 ff. und 303 f.); *Horst Dreier* Zur „Eigenständigkeit" der Verwaltung, Die Verwaltung 25 (1992), 137 (142 mit Fn. 39); *Andreas Funke* Ein Außenseiter, mittendrin. Zur Erfolgsbilanz des neo-kelsenianischen Verwaltungsrechts von Hans Heinrich Rupp, in: Carsten Kremer (Hrsg.) Die Verwaltungsrechtswissenschaft in der frühen Bundesrepublik (1949–1977), 305 (319 f.); *Oliver Lepsius* Wiedergelesen. Dietrich Jesch: Gesetz und Verwaltung, 1961, JZ 2004, 350 (350); *Stolleis* Verwaltungsrechtswissenschaft in der Bundesrepublik Deutschland (Fn. 59), 242; zur freilich erst in den 1970er Jahren einsetzenden bundesverfassungsgerichtlichen Erstreckung des Gesetzesvorbehalts auf alle „grundlegenden normativen Bereiche, zumal im Bereich der Grundrechtsausübung", und insoweit auf „alle wesentlichen Entscheidungen" exemplarisch BVerfGE 101, 1 (34); nachzeichnend *Helmuth Schulze-Fielitz* in: Horst Dreier (Hrsg.) Grundgesetz, Bd. II: Artikel 20–82, 3. Aufl. 2015, Art. 20 GG (Rechtsstaat) Rn. 113 ff.

[76] Speziell dazu *Stolleis* Verwaltungsrechtswissenschaft in der Bundesrepublik Deutschland (Fn. 59), 243 ff.; *Wahl* Herausforderungen und Antworten (Fn. 65), 35 ff.; ferner *von Bogdandy/Huber* Staat, Verwaltung und Verwaltungsrecht: Deutschland (Fn. 6), § 42 Rn. 62 ff., mit instruktiver Unterscheidung von „Etappen" der vor allem grundrechtlich fundierten Konstitutionalisierung: erstens „Entfaltung des Verhältnismäßigkeitsprinzips", zweitens „Beseitigung grundrechtsfreier Räume", drittens „Leistungsverwaltung" und viertens „Bewältigung des informalen Verwaltungshandelns".

[77] Dazu näher *Unger* Kontrolldichte (Fn. 65), § 148 Rn. 20.

[78] *Unger* Kontrolldichte (Fn. 65), § 148 Rn. 20 und 58 f.

[79] Zum zugrunde liegenden Entscheidungsbegriff *Niklas Luhmann* Die Paradoxie des Entscheidens, VerwArch 84 (1993), 287 (287 und 289): „Wahlakt, dem eine gewisse Willkür eigen ist", weil er eben nicht voll determiniert und keine „Sache der (mehr oder weniger langwierigen) Errechnung" ist; ergänzend *Niklas Luhmann* Zur Komplexität von Entscheidungssituationen, Soziale Systeme 15 (2009), 3 (5 f.).

[80] Dazu *Unger* Kontrolldichte (Fn. 65), § 148 Rn. 20.

[81] Nachzeichnend *Wahl* Herausforderungen und Antworten (Fn. 65), 24, der eine „Phobie gegen Gestaltungsspielräume der Verwaltung" diagnostiziert; ähnlich *Norbert Wimmer* Kontrolldichte – Beobachtungen zum richterlichen Umgang mit Entscheidungsprärogativen, JZ 2010, 433 (433): „Entscheidungsspielräume unter […] rechtsstaatliche[m] Generalverdacht".

1953 vom Ermessen als „dem trojanischen Pferd des rechtsstaatlichen Verwaltungsrechts".[82] Das die Nachkriegszeit prägende verfassungskräftige Leitbild ist damit gezeichnet. Die Verwaltung erscheint in ihm als eine „Maschine",[83] als ein fremdbestimmtes Instrument zur Umsetzung anderenorts getroffener Entscheidungen.[84]

4. Zwischenergebnis: Verzichtbarkeit einer inhaltsbezogenen Legitimationsformel

Für „gute Verwaltung" ist in diesem durch und durch rechtsstaatlich geprägten Verständnis kein Platz: Im lückenlos bindenden Gesetz ist die administrative Entscheidungspraxis – im doppelten Sinne des Wortes – aufgehoben.[85] Von hier aus vor allem bezieht sie ihre Legitimation, eines verfassungsunmittelbaren inhaltlichen Bezugspunkts im Sinne eines allgemeinen Richtigkeitsmaßstabs bedarf sie nicht. Die hierin liegende vollständige Entpolitisierung der Verwaltung ist als Konzept so wirkmächtig, dass sich selbst die Politikwissenschaft kaum für sie interessiert; die Verwaltung erscheint auch ihr nicht als Teil des politischen, sondern als Teil des rechtlichen Systems.[86]

---

[82] *Hans Huber* Niedergang des Rechts und Krise des Rechtsstaates, in: Demokratie und Rechtsstaat. FG Zaccaria Giacometti, 1953, 59 (66); aus der zeitgenössischen Diskussion etwa *Hans Heinrich Rupp* Ermessensspielraum und Rechtsstaatlichkeit, NJW 1969, 1273.

[83] So *Köttgen* Die gegenwärtige Lage der deutschen Verwaltung (Fn. 60), 445; grundlegend zum hintergründigen Verständnis des Staates als Maschine *Barbara Stollberg-Rilinger* Der Staat als Maschine. Zur politischen Metaphorik des absoluten Fürstenstaates, 1986; ferner etwa *Dreier* Hierarchische Verwaltung im demokratischen Staat (Fn. 4), 36 ff.; speziell zum Verständnis der Verwaltung als „Maschine" insbesondere *Max Weber* Parlament und Regierung im neugeordneten Deutschland. Zur politischen Kritik des Beamtentums und Parteiwesens, 1918, 25: „Verwaltung, deren Funktionieren wenigstens im Prinzip ebenso an festen generellen Normen rational kalkuliert werden kann, wie man die voraussichtliche Leistung einer Maschine kalkuliert"; instruktiv zur metaphorischen Behandlung der Verwaltung *Andreas Anter* Verwaltung und Verwaltungsmetaphorik. Der lange Weg der Maschine, in: Peter Collin/Klaus-Gert Lutterbeck (Hrsg.) Eine intelligente Maschine? Handlungsorientierungen moderner Verwaltung (19./20. Jh.), 2009, 25.

[84] Zum Verständnis der Verwaltung als Instrument und zu dessen „Fremdbestimmtheit" *Rainer Wahl* Zur Lage der Verwaltung Ende des 20. Jahrhunderts, in: Kurt G. A. Jeserich/ Hans Pohl/Georg-Christoph von Unruh (Hrsg.) Deutsche Verwaltungsgeschichte, Bd. 5: Die Bundesrepublik Deutschland, 1987, 1197 (1199 f.); dem folgend *Dreier* Zur „Eigenständigkeit" der Verwaltung (Fn. 75), 142 ff.

[85] Deutlich noch *Walter Krebs* Die juristische Methode im Verwaltungsrecht, in: Eberhard Schmidt-Aßmann/Wolfgang Hoffmann-Riem (Hrsg.) Methoden der Verwaltungsrechtswissenschaft, 2004, 209 (209 f.): Verwaltung „ein System zur Herstellung rechtmäßiger Entscheidungen".

[86] Berichtend *Bauer/Grande* Status und Perspektiven der politikwissenschaftlichen Verwaltungsforschung in Deutschland (Fn. 5), 16; gegenläufig dann insbesondere *Niklas Luh-*

Stabilisiert wird dieses Bild, das natürlich nie der Verwaltungsrealität entsprochen hat, durch die juristische Methodenlehre. Diese hält ungeachtet ihrer hermeneutischen Läuterung durch *Josef Esser* und andere[87] am Deduktionsparadigma und auch an der Prämisse fest, es gebe angesichts einer einschlägigen Norm nur eine richtige Entscheidung. Dabei geht es nicht zuletzt darum, die überkommene Legitimationserzählung nicht zu gefährden.[88] Daran hat die Verwaltung selbst ein Interesse: Verfügt sie nämlich tatsächlich durchaus über politische Bewegungsräume, tut sie gut daran, das Bild einer Maschine ohne eigenen politischen Willen aufrechtzuerhalten. Legitimatorische Anfragen hält sie so auf Abstand.[89]

III. Die Entdeckung der Verwaltung als politisches Entscheidungssystem seit den 1960er Jahren

1. Eine Renaissance der Verwaltungszwecke

Eine Gegenbewegung formiert sich in den 1960er Jahren und auch sie ist verfassungsgetrieben – ohne dass sich der maßgebliche Text der Verfassung zwischenzeitlich geändert hätte.[90] *Peter Badura* entwickelt in seiner

---

mann Das Recht der Gesellschaft, 1995, 430 f.: „Verwaltung [...] von oben bis unten eine Organisation des politischen Systems"; aus verwaltungsrechtswissenschaftlicher Sicht *Kahl* Grundzüge des Verwaltungsrechts in gemeineuropäischer Perspektive: Deutschland (Fn. 3), § 74 Rn. 155; *Josef Franz Lindner* Verwaltungsrecht und Politik, in: Wolfgang Kahl/Ute Mager (Hrsg.) Verwaltungsrechtswissenschaft und Verwaltungspraxis, 2019, 285 (290).

[87] Eingehend *Unger* Methodenlehre des europäischen Verwaltungsrechts (Fn. 6), § 50 Rn. 5 f. und – speziell mit Blick auf das Verwaltungsrecht – 14 ff.; s. dazu auch *Christoph Möllers* Methoden, in: Andreas Voßkuhle/Martin Eifert/Christoph Möllers (Hrsg.) Grundlagen des Verwaltungsrechts, Bd. I, 3. Aufl. 2022, § 2 Rn. 25 ff.; ferner *Ino Augsberg* Methoden des europäischen Verwaltungsrechts, in: Jörg Philipp Terhechte (Hrsg.) Verwaltungsrecht der Europäischen Union, 2. Aufl. 2022, § 4 Rn. 15 ff.; *Thomas Vesting* Rechtstheorie, 2. Aufl. 2015, 116 ff.

[88] Zum Ganzen *Unger* Methodenlehre des europäischen Verwaltungsrechts (Fn. 6), § 50 Rn. 6 f.

[89] Zum strategischen Umgang der Verwaltung mit Recht *Arno Scherzberg* Systemtheorie als sozialtheoretische Grundlage der Verwaltungslehre, in: Veith Mehde/Ulrich Ramsauer/Margrit Seckelmann (Hrsg.) Staat, Verwaltung, Information. FS Hans Peter Bull, 2011, 767 (789 f.), der den Beitrag des Rechts „zur Legitimation des gefundenen Ergebnisses" betont und darauf hinweist, dass sich „[d]ie Berufung auf das Recht [...] zur Absicherung der eigenen Position gegenüber politischen Irritationen und zur Durchsetzung von Gestaltungsintentionen gegenüber konfligierenden Interessen eignen [kann]".

[90] Dazu *Peter M. Huber* Die entfesselte Verwaltung, StWStP 8 (1997), 423 (424 und 446): „Wechsel des verfassungsrechtlichen Leitbildes" und „stiller Verfassungswandel". Zum Verständnis von *Peter Baduras* Beitrag zur Verwaltungsrechtswissenschaft in der frühen Bundesrepublik als Antwort auf die Frage, welche Verwaltungsrechtswissenschaft der

Göttinger Antrittsvorlesung 1966 aus der Verfassungsentscheidung für den „sozialen Rechtsstaat der Demokratie"[91] eine veränderte verfassungsrechtliche Perspektive auf Verwaltung.[92] Der „Theorie der Rechtsformen der Verwaltung" und „ihren zweckentleert konstruierten Kategorien" setzt er ein Verständnis der Verwaltung aus den verfassungsrechtlich fundierten Zwecken entgegen. Im Mittelpunkt steht der Sozialstaat: „Dieses Verfahren", so *Badura*, „bedeutet nichts anderes, als die Methode des Verwaltungsrechts aus der verfassungsrechtlichen Entscheidung für den sozialen Rechtsstaat abzuleiten."[93] Der Verwaltungsakt verliert aus dieser Perspektive seine zentrale Bedeutung, die Form des Verwaltungshandelns orientiert sich am Zweck. Die Befreiung der Verwaltung aus dem liberalen Paradigma und die Umstellung auf Zwecke schließen einen breiten Möglichkeitsraum auf. *Badura* konstatiert eine Verwandlung der Verwaltung „aus einem Hüter koexistierender Freiheiten in eine ständig expandierende Apparatur von Lenkung und Leistung".[94] Die Verwaltung wird als politisches Entscheidungssystem entdeckt, nicht nur in der gleichzeitig entstehenden politikwissenschaftlichen Verwaltungswissenschaft,[95] sondern auch in der Rechtswissenschaft.[96]

---

grundgesetzlichen Verfassungsstruktur angemessen ist, *Unger* Der Zweck als Schöpfer des Verwaltungsrechts (Fn. 59), 364; s. auch *Peter Badura* Diskussionsbeitrag, VVDStRL 30 (1972), 327 (328): „Konkretisierung" des Verfassungsrechts im Verwaltungsrecht durch Orientierung an den Staatsaufgaben.

[91] Zu diesem Ausgangspunkt *Badura* Verwaltungsrecht im liberalen und im sozialen Rechtsstaat (Fn. 28), 12.

[92] *Peter Badura* Verwaltungsrecht im liberalen und im sozialen Rechtsstaat (Fn. 28). Den faktischen Ausgangspunkt dieses Paradigmenwechsels erkennt *Badura* ebd., 12 ff., in den bereits seit dem 19. Jahrhundert veränderten gesellschaftlichen Tatsachen. Schlagworte sind: Bevölkerungsvermehrung, Industrialisierung, Proletarisierung und Verstädterung. *Baduras* Gewährsmann ist ebd., 21 f. und 22 ff., vor allem *Ernst Forsthoff*. *Badura* erkennt bei ihm in Entgegensetzung zur „juristischen" eine „soziologische" Methode und verweist auf *Ernst Forsthoff* Von den Aufgaben der Verwaltungsrechtswissenschaft, Deutsches Recht 5 (1935), 398; *Ernst Forsthoff* Die Verwaltung als Leistungsträger, 1938; *Ernst Forsthoff* Rechtsfragen der leistenden Verwaltung, 1959; *Ernst Forsthoff* Lehrbuch des Verwaltungsrechts, I. Bd.: Allgemeiner Teil, 10. Aufl. 1973; dazu knapp *Florian Meinel* Die andere Seite des Rechtsstaats. Ernst Forsthoff in der Verwaltungsrechtswissenschaft der frühen Bundesrepublik, in: Carsten Kremer (Hrsg.) Die Verwaltungsrechtswissenschaft in der frühen Bundesrepublik (1949–1977), 129 (134 ff. und 141 ff.); ausführlich *Florian Meinel* Der Jurist in der industriellen Gesellschaft. Ernst Forsthoff und seine Zeit, 2011, 101 ff. und 154 ff.

[93] *Badura* Verwaltungsrecht im liberalen und im sozialen Rechtsstaat (Fn. 28), 22 f.

[94] *Badura* Verwaltungsrecht im liberalen und im sozialen Rechtsstaat (Fn. 28), 6.

[95] Dazu *Luhmann* Die Grenzen der Verwaltung (Fn. 5), 9 ff.

[96] S. insbesondere das Plädoyer für ein Verständnis des Verwaltungsakts als „‚Entscheidung' im Sinne der modernen Entscheidungstheorien" bei *Winfried Brohm* Die Dogmatik des Verwaltungsrechts vor den Gegenwartsaufgaben der Verwaltung, VVDStRL 30 (1972),

Die Renaissance der in der Formierungsphase der deutschen Verwaltungsrechtsordnung im 19. Jahrhundert so gründlich desavouierten Verwaltungszwecke schlägt sich in den Themen der Tagungen der Staatsrechtslehrervereinigung nieder. Mit der Regensburger Tagung und den beiden Referaten von *Otto Bachof* und *Winfried Brohm* rücken 1971 ganz allgemein die „Gegenwartsaufgaben[97] der Verwaltung" in den Blick – bezeichnenderweise hinsichtlich ihrer Rückwirkungen auf die „Dogmatik des Verwaltungsrechts".[98] In der Folge geht es bis heute und eben anders als in der ersten Hälfte des 20. Jahrhunderts immer wieder um Verwaltungsaufgaben.[99] Das Entfesselungspotential der konzeptionellen Umstellung auf die Verwaltungszwecke ist greifbar, vor allem in den Diskussionen. Exemplarisch sichtbar wird das auf der Staatsrechtslehrertagung 1979 in Berlin, wenn *Werner Hoppe* in seinem Bericht über die „Staatsaufgabe Umweltschutz" die Grundzüge einer administrativen „Umweltvorsorge durch Umweltschutzplanung" entfaltet[100] und ihm gegenüber in der Diskussion *Günter Dürig* und andere sich in einem „bösen Traum" wähnen und die Verwaltung auch angesichts der „Staatsaufgabe Umweltschutz" zuallererst an „die simple und nüchterne Gefahrenabwehr" und damit an ihr liberales Erbe erinnern.[101]

---

245 (insbesondere 245 f.); dazu *Anna-Bettina Kaiser* Juristische Methode, Dogmatik und System, in: Wolfgang Kahl/Markus Ludwigs (Hrsg.) Handbuch des Verwaltungsrechts, Bd. I: Grundstrukturen des deutschen Verwaltungsrechts, 2021, § 24 Rn. 11.

[97] Zum Zusammenhang zwischen Verwaltungsaufgaben und Verwaltungszwecken *Badura* Diskussionsbeitrag (Fn. 90), 328: „Verwaltungszwecke [...] die Fortsetzung der Staatsaufgaben im Verwaltungsrecht".

[98] *Otto Bachof* und *Winfried Brohm* Die Dogmatik des Verwaltungsrechts vor den Gegenwartsaufgaben der Verwaltung, VVDStRL 30 (1972), 193 und 245. Zur Regensburger Tagung als einem Wendepunkt in der Entwicklung der Verwaltungsrechtswissenschaft *Stolleis* Verwaltungsrechtswissenschaft in der Bundesrepublik Deutschland (Fn. 59), 250: „Einigkeit darüber, daß eine Fortentwicklung der alten Figuren notwendig ist, vor allem daß das dogmatische Denken seinen Zentralpunkt nicht mehr in der Unterscheidung von Eingriff und Leistung zu suchen hat, vielmehr die Verwaltungszwecke eine wesentlich stärker strukturierende Bedeutung haben müßten als bisher"; s. dazu auch *Kaiser* Juristische Methode, Dogmatik und System (Fn. 96), § 24 Rn. 12.

[99] S. insbesondere *Dietrich Rauschning, Werner Hoppe, Karl Wenger* und *Luzius Wildhaber* Staatsaufgabe Umweltschutz, VVDStRL 38 (1980), 167, 211, 318 und 325; *Michael Potacs* und *Jens Kersten* Herstellung von Wettbewerb als Verwaltungsaufgabe, VVDStRL 69 (2010), 254 und 288; *Jan Ziekow* und *Stephan Rixen* Gestaltung des demographischen Wandels als Verwaltungsaufgabe, VVDStRL 74 (2015), 245 und 293.

[100] *Hoppe* Staatsaufgabe Umweltschutz (Fn. 99), 215.

[101] So *Günter Dürig* Diskussionsbeitrag, VVDStRL 38 (1980), 331 (331 f.); dagegen *Werner Hoppe* Diskussionsbeitrag, VVDStRL 38 (1980), 346 (346). Zur besonderen Rolle des Umweltrechts, in dem schon immer auf Steuerungsdefizite des Ordnungsrechts hingewiesen wurde, für die Diskussion über das zutreffende Verwaltungsverständnis und den richtigen verwaltungsrechtswissenschaftlichen Zugang *Claudio Franzius* Die neue Verwal-

Die abwehrenden Stimmen überwiegen und setzen sich zunächst durch, der von *Hans Peter Ipsen* in der Regensburger Diskussion diagnostizierte „Schock"[102] wird gut verdaut und bleibt folgenlos. Trotzdem: Die Dinge sind in Bewegung gesetzt.[103]

2. Die Eigenständigkeit der Verwaltung

Bei *Eberhard Schmidt-Aßmann* findet die Entwicklung 1974 in Augsburg mit der „Eigenständigkeit" der Verwaltung einen Begriff, der sie bis heute trägt.[104] Der Begriff ist zwar nicht neu. Während er aber bei *Hans Peters* in seiner Kölner Rektoratsrede von 1964 noch eher heuristisch auf „Aufgabenkreise" neben der „Ausführung der Gesetze" zurückgeführt wird,[105] verweist *Schmidt-Aßmann* von vornherein auf die Verfassung und die gesamte Verwaltungstätigkeit einschließlich „der streng gesetzlich gebundenen".[106] Von hier aus entwickelt sich die „Eigenständigkeit der Verwaltung" bis hin zum entsprechend überschriebenen Beitrag von *Wolfgang Hoffmann-Riem* in den „Grundlagen des Verwaltungsrechts"[107] zu einem Zentralbegriff. In der Sache geht es um eine „Neurelationierung" der Gewalten.[108] Gegenläufig zur „asymmetrischen"[109] Einspannung der Verwaltung zwischen Gesetzgebung und Rechtsprechung im überkommenen Vollzugsmodell wird das verfassungskräftige „Bild einer [lediglich] geset-

---

tungsrechtswissenschaft – eine vorläufige Bilanz, JöR N.F. 65 (2017), 441 (443); treffend *Stefan Magen* Zwischen Reformzwang und Marktskepsis: Die Verwaltungsrechtswissenschaften in der Berliner Republik, in: Thomas Duve/Stefan Ruppert (Hrsg.) Rechtswissenschaft in der Berliner Republik, 2018, 270 (276 ff.): „Umweltrecht als Regulierungslaboratorium des Verwaltungsrechts".

[102] *Hans Peter Ipsen* Diskussionsbeitrag, VVDStRL 30 (1972), 313 (313).
[103] *Unger* Der Zweck als Schöpfer des Verwaltungsrechts (Fn. 59), 375 f.
[104] *Eberhard Schmidt-Aßmann* Verwaltungsverantwortung und Verwaltungsgerichtsbarkeit, VVDStRL 34 (1976), 221 (229 ff.). Von einem „Meilenstein" spricht *Dreier* Zur „Eigenständigkeit" der Verwaltung (Fn. 75), 146 mit Fn. 62.
[105] *Peters* Die Verwaltung als eigenständige Staatsgewalt (Fn. 60), 7 ff., unter Hinweis auf die „freie Gestaltung" als zweiten und die „Planung" als dritten großen Aufgabenbereich.
[106] *Schmidt-Aßmann* Verwaltungsverantwortung und Verwaltungsgerichtsbarkeit (Fn. 104), 229 und 231 mit Fn. 28.
[107] *Wolfgang Hoffmann-Riem* Eigenständigkeit der Verwaltung, in: Wolfgang Hoffmann-Riem/Eberhard Schmidt-Aßmann/Andreas Voßkuhle (Hrsg.) Grundlagen des Verwaltungsrechts, Bd. I: Methoden, Maßstäbe, Aufgaben, Organisation, 1. Aufl. 2006 und 2. Aufl. 2012, jeweils § 10; nachfolgend *Wolfgang Hoffmann Riem/Arne Pilniok* Eigenständigkeit der Verwaltung, in: Andreas Voßkuhle/Martin Eifert/Christoph Möllers (Hrsg.) Grundlagen des Verwaltungsrechts, Bd. I, 3. Aufl. 2022, § 12.
[108] Begriff bei *Rixen* Diskussionsbeitrag, VVDStRL 80 (2021), 167 (168).
[109] S. *Kersten* Neue Verwaltungsrechtswissenschaft (Fn. 54), § 25 Rn. 5.

zesdirigierten Verwaltung" gezeichnet, die in Abhängigkeit von ihrer Aufgabe über mehr oder weniger große Bewegungsräume verfügt.[110]

Es geht dabei auch um ein realistischeres Bild von Verwaltung ohne die teilweise fiktiven Verkürzungen des rechtsstaatlichen Paradigmas. Vor allem aber handelt es sich um eine verfassungsrechtlich unterfütterte Reaktion auf veränderte – oder jedenfalls: anders wahrgenommene[111] – Anforderungen an hoheitliches Handeln.[112] Zusammengefasst geht es um die Überzeugung, dass die im Modell einer entpolitisierten Vollzugsverwaltung betriebene Abtrennung der sozialen Probleme und ihrer politischen Behandlung durch Regierung und Parlament von der dann nur noch technischen Umsetzung der Lösungen durch die Verwaltung[113] nicht mehr funktioniert.[114] Insbesondere Wissensdefizite, so die Annahme, zwingen angesichts komplexer und dynamischer Probleme zu einer Verlagerung

---

[110] *Schmidt-Aßmann* Das allgemeine Verwaltungsrecht als Ordnungsidee (Fn. 68), Rn. 4/40; grundlegend *Schmidt-Aßmann* Verwaltungsverantwortung und Verwaltungsgerichtsbarkeit (Fn. 104), 230 f., unter Übernahme eines dort nur auf die planende Verwaltung bezogenen Begriffs von *Fritz Ossenbühl* Vom unbestimmten Gesetzesbegriff zur letztverbindlichen Verwaltungsentscheidung, DVBl. 1974, 309 (309). *Schmidt-Aßmann* bezieht sich zwar ebd., 231 mit Fn. 28, schließlich bewusst auf die gesamte Verwaltungstätigkeit, Ausgangspunkt sind aber ebd., 223 ff., „[k]omplexe Verwaltungsentscheidungen".

[111] Zu dieser Relativierung *Oliver Lepsius* Steuerungsdiskussion, Systemtheorie und Parlamentarismuskritik, 1999, 19: „Die vermeintliche Krise des Rechts als Regelungsinstrument ist keine Krise des Rechts, sondern eine Krise der gesellschaftlichen Erwartungen".

[112] Ähnlich *Jonas Plebuch/Simon Pielhoff* Verwaltungsstaat als Demokratieideal – Administrative State als Demokratiegefahr. Deutsches und amerikanisches Verwaltungsrecht zwischen Konvergenz und Divergenz, Der Staat 61 (2022), 167 (181). Hinzu kommen weitere Triebkräfte wie insbesondere ein anderes Verständnis von Verwaltung auf europäischer Ebene; speziell zur Eigenständigkeit der Verwaltung als einer „Anforderung des Europarechts an das nationale Verwaltungsrecht" *Claus Dieter Classen* Unabhängigkeit und Eigenständigkeit der Verwaltung, – zu einer Anforderung des Europarechts an das nationale Verwaltungsrecht, in: Peter-Christian Müller-Graff/Stefanie Schmahl/Wassilios Skouris (Hrsg.) Europäisches Recht zwischen Bewährung und Wandel. FS Dieter H. Scheuing, 2011, 293.

[113] Dazu *Classen* Unabhängigkeit und Eigenständigkeit der Verwaltung (Fn. 112), 295.

[114] Zusammenfassend mit Blick auf erstens Vollzugsdefizite im Bereich des überkommenen regulativen Rechts und zweitens die Prägung der Verwaltungspraxis durch „paralegales" – und dabei vor allem: kooperatives – Verwaltungshandeln *Andreas Voßkuhle* Neue Verwaltungsrechtswissenschaft, in: Andreas Voßkuhle/Martin Eifert/Christoph Möllers (Hrsg.) Grundlagen des Verwaltungsrechts, Bd. I, 3. Aufl. 2022, § 1 Rn. 10; kritisch *Lepsius* Steuerungsdiskussion, Systemtheorie und Parlamentarismuskritik (Fn. 111), insbesondere 4 f. und 10 ff.; die Herausforderungen nachzeichnend *Kersten* Neue Verwaltungsrechtswissenschaft (Fn. 54), § 25 Rn. 4 f.; s. auch schon *Dreier* Zur „Eigenständigkeit" der Verwaltung (Fn. 75), 148 f. Zum hintergründigen verwaltungsrechtswissenschaftlichen „Bezugspunkt" der „zu lösenden sozialen Probleme" und ihrer Bedeutung für das Recht und seinen Wandel *Ivo Appel* Das Verwaltungsrecht zwischen klassischem dogmatischem Verständnis und steuerungswissenschaftlichem Anspruch, VVDStRL 67 (2008), 226 (230).

der Problembehandlung in die Verwaltung hinein, die über einen besseren Situationsbezug[115] und ein höheres Maß an Flexibilität verfügt.[116] Geboten ist aus dieser Perspektive eine Politisierung der Verwaltung im Sinne der administrativen Herstellung zwar kollektiv bindender, aber inhaltlich nicht weiter abgeleiteter Erstentscheidungen zur Lösung sozialer Probleme.[117]

---

[115] Der Begriff stammt – bezeichnenderweise – aus dem Planungsrecht und greift dort die Verweisung der Verwaltung auf die „Lage der Dinge" – so etwa BVerwGE 52, 237 (244 f.) – auf, s. nur *Eberhard Schmidt-Aßmann* Planung als administrative Handlungsform und Rechtsinstitut, in: Jörg Berkemann (Hrsg.) Planung und Plankontrolle: Entwicklungen im Bau- und Fachplanungsrecht. FS Otto Schlichter, 1995, 3 (4 f.); ähnlich *Möllers* Methoden (Fn. 87), § 2 Rn. 27: „Situativität von Verwaltungsentscheidungen"; zum Ganzen auch *Unger* Methodenlehre des europäischen Verwaltungsrechts (Fn. 6), § 50 Rn. 17.

[116] *Voßkuhle* Neue Verwaltungsrechtswissenschaft (Fn. 114), § 1 Rn. 11; zur „Erfassung von Information, Kommunikation und Wissen" als dem „Herzstück" eines steuerungswissenschaftlichen Ansatzes in der Verwaltungsrechtswissenschaft *Martin Eifert* Das Verwaltungsrecht zwischen klassischem dogmatischem Verständnis und steuerungswissenschaftlichem Anspruch, VVDStRL 67 (2008), 286 (325 ff.); insgesamt kritisch zum Hinweis auf Wissensdefizite als einer argumentativen Grundlage für einen verwaltungsrechtswissenschaftlichen Methodenwandel *Klaus Ferdinand Gärditz* Die „Neue Verwaltungsrechtswissenschaft" – Alter Wein in neuen Schläuchen?, in: Martin Burgi (Hrsg.) Zur Lage der Verwaltungsrechtswissenschaft, 2017, 105 (129 f.).

[117] Folgerichtiges – und vielzitiertes – Plädoyer für eine Verlagerung des Schwerpunkts der verwaltungsrechtswissenschaftlichen Forschungstätigkeit „hin zu einer rechtsetzungsorientierten Handlungs- und Entscheidungswissenschaft" bei *Andreas Voßkuhle* Neue Verwaltungsrechtswissenschaft (Fn. 114), § 1 Rn. 15; mit Konzentration auf die Problemlösung ebenso *Hoffmann-Riem/Pilniok* Eigenständigkeit der Verwaltung (Fn. 107), § 12 Rn. 33: Ausbau „zu einer problemlösungsorientierten Handlungs- und Entscheidungswissenschaft"; ähnlich *Gunnar Folke Schuppert* Verwaltungsrecht und Verwaltungsrechtswissenschaft im Wandel. Von Planung über Steuerung zu Governance?, AöR 133 (2008), 79 (99); treffend *Eifert* Das Verwaltungsrecht zwischen klassischem dogmatischem Verständnis und steuerungswissenschaftlichem Anspruch (Fn. 116), 296: „Die primäre Relevanzstruktur bilden gesellschaftliche Problemlagen". Zum hier zugrunde gelegten Politikverständnis mit Blick auf gerichtliche Entscheidungen *Udo Di Fabio* Das Recht offener Staaten. Grundlinien einer Staats- und Rechtstheorie, 1998, 40; für Verwaltungsentscheidungen *Winfried Brohm* Die staatliche Verwaltung als eigenständige Gewalt und die Grenzen der Verwaltungsgerichtsbarkeit, DVBl. 1986, 321 (330); *Dreier* Zur „Eigenständigkeit" der Verwaltung (Fn. 75), 152 und 155; *Georg Hermes* Folgenberücksichtigung in der Verwaltungspraxis und in einer wirkungsorientierten Verwaltungsrechtswissenschaft, in: Eberhard Schmidt-Aßmann/Wolfgang Hoffmann-Riem (Hrsg.) Methoden der Verwaltungsrechtswissenschaft, 2004, 359 (364). Abweichend davon wird unter „Politisierung" der Verwaltung insbesondere aus einer politikwissenschaftlichen Perspektive und exemplarisch bei *Jörg Auf dem Hövel* Politisierung der Verwaltung. Eine empirische Untersuchung der Stadtverwaltung Hamburg, 2003, 11, die „Tendenz der Politik [verstanden], die Grenze zwischen diesen beiden Sphären [Politik und Verwaltung] aufzulösen und damit die grundlegende Fähigkeit der Exekutive zu gefährden, Handlungen rein fachlich, objektiv und unparteiisch zu vollziehen"; in diese Richtung auch *Thomas Ellwein* Ist die Bürokratisierung unser Schicksal? – Die vielen Versäumnisse der Verwaltungspolitik, in: Hans Peter

Das Ideal einer strikten Trennung von Politik und Verwaltung verliert an Überzeugungskraft. Ganz bewusst wird an Stelle einer allgemeinen „Staatsbedürftigkeit" eine spezifische „Verwaltungsbedürftigkeit der Gesellschaft" reklamiert.[118]

Das Politisierungsinstrumentarium ist vielfältig.[119] Von Interesse ist hier vor allem die Relativierung materiell-rechtlicher Bindungen und die korrespondierende Schaffung administrativer „Optionenräume"[120].[121] In diesen Räumen entwickelt die Verwaltung eigene Maßstäbe, häufig nur in Form einer „gelebten Verwaltungspraxis".[122] Ein jüngeres Beispiel für die aufgabengetriebene Politisierung der Verwaltung liefert die Corona-Pandemie. Insoweit ist 2021 in Wien aus einer verfassungskräftigen „Resilienzverantwortung" heraus angesichts einer unübersichtlichen Lage und veränderungsanfälligen Wissens ein administrativer „Funktionsvor-

---

Bull (Hrsg.) Verwaltungspolitik, 1979, 44 (48); *Wolfgang Seibel* Politisierungsrisiken der Normalverwaltung, in: Michael W. Bauer/Edgar Grande (Hrsg.) Perspektiven der Verwaltungswissenschaft, 2018, 101 (102 ff.); *Seibel* Verwaltung verstehen (Fn. 4), 110 ff. „Politisierung" ist aus dieser politikwissenschaftlichen Perspektive in erster Linie „Parteipolitisierung" und kein neutraler Befund, sondern stets ein Problem.

[118] So mit Blick auf die Bewältigung der Corona-Pandemie *Stephan Rixen* Verwaltungsrecht der vulnerablen Gesellschaft, VVDStRL 80 (2021), 37 (50); ähnlich bereits *Badura* Verwaltungsrecht im liberalen und im sozialen Rechtsstaat (Fn. 28), 5: „Ausweitung des administrativen Bereichs".

[119] Instruktiv zu „Formen der Politisierung" mit Blick auf Verwaltung und Verwaltungsrecht *Christoph Möllers* Verwaltungsrecht und Politik, in: Armin von Bogdandy/Sabino Cassese/Peter M. Huber (Hrsg.) Handbuch Ius Publicum Europaeum, Bd. V: Verwaltungsrecht in Europa: Grundzüge, 2014, § 93 Rn. 24 ff. und 66 ff.

[120] Zum Begriff *Hoffmann-Riem/Pilniok* Eigenständigkeit der Verwaltung (Fn. 107), § 12 Rn. 138 ff.; allgemein zum „Denken in Optionen" aus Perspektive einer „steuerungsorientierten Verwaltungsrechtswissenschaft" *Claudio Franzius* Modalitäten und Wirkungsfaktoren der Steuerung durch Recht, in: Andreas Voßkuhle/Martin Eifert/Christoph Möllers (Hrsg.) Grundlagen des Verwaltungsrechts, Bd. I, 3. Aufl. 2022, § 4 Rn. 27 ff.

[121] Angesprochen ist hier die – meines Erachtens und das gerade vor dem Hintergrund der Kontrastfolie des Verwaltungsrechts des liberalen Rechtsstaats: zentrale – „Eigenständigkeit der Verwaltung gegenüber parlamentarischer Gesetzgebung" im Sinne von *Hoffmann-Riem/Pilniok* Eigenständigkeit der Verwaltung (Fn. 107), § 12 Rn. 103 ff. Instruktiv zum Begriff der „Eigenständigkeit" aus europäischer Perspektive *Classen* Unabhängigkeit und Eigenständigkeit der Verwaltung (Fn. 112), 294: „Vorgabe, dass bestimmte Verwaltungsentscheidungen ohne starke Bindung an materielle Vorgaben, einzelfallbezogen, auf der Grundlage von eher final als konditional ausgerichteten Normen getroffen werden müssen und dadurch letztlich einer inhaltlichen Steuerung der Tätigkeit der Verwaltung durch Gesetze Grenzen gesetzt werden"; zum Phänomen einer „Politisierung durch materielles Recht" und zwar durch die „Einführung politisch aufgeladener oder einfach nur offener Begriffe" *Möllers* Verwaltungsrecht und Politik (Fn. 119), § 93 Rn. 62 ff.

[122] So mit Blick auf das Risikorecht *Anika Klafki* Risiko und Recht. Risiken und Katastrophen im Spannungsfeld von Effektivität, demokratischer Legitimation und rechtsstaatlichen Grundsätzen am Beispiel von Pandemien, 2017, 87.

behalt" postuliert worden. An die „parlamentsgesetzliche Vorstrukturierung" der erforderlichen Abwägungsentscheidungen dürften „keine strengen Maßstäbe angelegt werden". Die Entscheidungen seien primär durch Gewichtungen der Verwaltung selbst anzuleiten. Die verwaltungsgerichtliche Kontrolle ist reduziert.[123] Diese Skizze einer aus dem Vollzugsparadigma befreiten, sach- und problemnahen und daher politisierten Verwaltung[124] lässt sich leicht auf andere Handlungsfelder übertragen.[125]

3. Richtigkeits- und Rationalitätserwartungen

Die Entdeckung der Verwaltung als eines politischen Entscheidungssystems stellt die Frage nach den Erwartungen an Verwaltung neu, auch verfassungsrechtlich. Eine Antwort liefert das auf europäischer Ebene in Gestalt eines Grundrechts verfassungsrechtlich ertüchtigte Konzept einer „guten Verwaltung". Sicher: Art. 41 GRCh adressiert seinem Wortlaut nach[126] nur die „Organe, Einrichtungen und sonstigen Stellen der Union".

---

[123] Zum Ganzen *Rixen* Verwaltungsrecht der vulnerablen Gesellschaft (Fn. 118), 49 f. und 57 ff., der – und das ist nur konsequent – eine kritische Prüfung der bundesverfassungsgerichtlichen Wesentlichkeitsdoktrin anmahnt; entsprechend *Franz Reimer* Das Parlamentsgesetz als Steuerungsmittel und Kontrollmaßstab, in: Andreas Voßkuhle/Martin Eifert/Christoph Möllers (Hrsg.) Grundlagen des Verwaltungsrechts, Bd. I, 3. Aufl. 2022, § 11 Rn. 57 ff.: „Untauglichkeit der Wesentlichkeitstheorie".

[124] Instruktiv These 20 bei *Rixen* Verwaltungsrecht der vulnerablen Gesellschaft (Fn. 118), 66: „Verwaltungsrecht in der vulnerablen Gesellschaft ist in erster Linie Verwaltungsrecht, nicht Verwaltungsrecht" (Unterstreichungen im Original); interpretierender Zusatz im Rahmen der Aussprache und der Schlussworte bei *Hinnerk Wißmann* Diskussionsbeitrag VVDStRL 80 (2021), 141 (142): „Ein Resilienzverwaltungsrecht ist Verwaltung, nicht Recht; ist Politik, nicht Gericht"; kritisch *Martin Burgi* Diskussionsbeitrag VVDStRL 80 (2021), 154 (154 f.); *Oliver Lepsius* Diskussionsbeitrag VVDStRL 80 (2021), 155 (155 f.).

[125] Zu „Herausforderungen" wie etwa dem Klimawandel, dem demographischen Wandel und der Migration, deren Bewältigung in besonderer Weise „Optionenräume" erfordern soll, *Wolfgang Hoffmann-Riem* Innovation und Recht – Recht und Innovation. Recht im Ensemble seiner Kontexte, 2016, 14 ff.

[126] Zur Annahme, die Regelung spiegele einen allgemeinen Grundsatz des Unionsrechts wider und binde so immerhin mittelbar auch die Mitgliedstaaten bei der Durchführung von Unionsrecht, EuGH, Rs. C-604/12, ECLI:EU:C:2014:302 – N., Rn. 49 ff.; dazu näher *Jörg Gundel* Der beschränkte Anwendungsbereich des Charta-Grundrechts auf gute Verwaltung: Zur fortwirkenden Bedeutung der allgemeinen Rechtsgrundsätze als Quelle des EU-Grundrechtsschutzes, EuR 2015, 80 (83 ff.): „Unterschiede in der Sache gering"; allgemein zu mittelbaren Einwirkungen des Rechts auf gute Verwaltung auf die mitgliedstaatlichen Verwaltungsrechtsordnungen *Matthias Ruffert* Europäisierung des Verwaltungsrechts, in: Armin von Bogdandy/Sabino Cassese/Peter M. Huber (Hrsg.) Ius Publicum Europaeum, Bd. V: Verwaltungsrecht in Europa: Grundzüge, 2014, § 94 Rn. 28; *Diana-Urania Galetta* Inhalt und Bedeutung des europäischen Rechts auf eine gute Verwaltung, EuR 2007, 57 (79 ff.).

Entgegen der Grundregel in Art. 51 Abs. 1 Satz 1 GRCh sind daher die Mitgliedstaaten auch dann nicht an Art. 41 GRCh gebunden, wenn sie Recht der Union durchführen.[127] Die Bestimmung transportiert aber über die Einzelgewährleistungen hinaus ein verfassungskräftiges und nicht lediglich verwaltungswissenschaftliches[128] Leitbild von Verwaltung, das über die Zuständigkeitsgrenzen der Union hinweg das verfassungsrechtliche Verwaltungsverständnis in den Mitgliedstaaten prägt und auch so rezipiert wird.[129] Hinter der Regelung stehen das Governance-Konzept und vor allem die dortigen Handreichungen zu „Good Governance".

---

[127] EuGH, verb. Rs. C-141/12 und C-372/12, ECLI:EU:C:2014:2081 – YS u.a., Rn. 66 f.; *Ruffert* in Calliess/Ruffert (Fn. 1), Art. 41 GRCh Rn. 9; erläuternd *Gundel* Der beschränkte Anwendungsbereich des Charta-Grundrechts auf gute Verwaltung (Fn. 126), 81 ff.; für eine Erweiterung des Anwendungsbereichs über „[e]in unbefangenes Verständnis vom Anwendungsbereich der Charta nach Art. 51" *Thomas von Danwitz* Europäisches Verwaltungsrecht, 2008, 531; *Galetta* Inhalt und Bedeutung des europäischen Rechts auf eine gute Verwaltung (Fn. 126), 79 ff.

[128] Überblicksartig zu verwaltungswissenschaftlichen Leitbildern *Werner Jann* Der Wandel verwaltungspolitischer Leitbilder: Von Management zu Governance?, in: Klaus König (Hrsg.) Deutsche Verwaltung an der Wende zum 21. Jahrhundert, 2002, 279; *Werner Jann* Governance als Reformstrategie – Vom Wandel und der Bedeutung verwaltungspolitischer Leitbilder, in: Gunnar Folke Schuppert (Hrsg.) Governance-Forschung. Vergewisserung über Stand und Entwicklungslinien, 2005, 21; *Werner Jann/Kai Wegrich* Governance und Verwaltungspolitik: Leitbilder und Reformkonzepte, in: Arthur Benz/Nicolai Dose (Hrsg.) Governance – Regieren in komplexen Regelsystemen. Eine Einführung, 2. Aufl. 2010, 175; *Margrit Seckelmann* Die „effiziente Verwaltung" – Zur Entwicklung der Verwaltungsleitbilder seit dem Ende der 1970er Jahre, in: Peter Collin/Klaus-Gert Lutterbeck (Hrsg.) Eine intelligente Maschine? Handlungsorientierungen moderner Verwaltung (19./20. Jh.), 2009, 245; speziell zu „Good Governance" als einem verwaltungswissenschaftlichen (!) Leitbild *Roland Czada* Good Governance als Leitkonzept für Regierungshandeln: Grundlagen, Anwendungen, Kritik, in: Arthur Benz/Nicolai Dose (Hrsg.) Governance – Regieren in komplexen Regelsystemen. Eine Einführung, 2. Aufl. 2010, 201.

[129] Ähnlich *Johanna Braun* Leitbilder im Recht, 2015, 186 f.: „Leitbild der ‚guten Verwaltung' [...] wirkt mit Blick auf die unterschiedlichen mitgliedstaatlichen Verwaltungskulturen und -traditionen kohärenzfördernd und legitimationsunterstützend"; s. auch *Fehling* Eigenwert des Verfahrens im Verwaltungsrecht (Fn. 2), 324; *Uwe Volkmann* Leitbildorientierte Verfassungsanwendung, AöR 134 (2009), 157 (167): „Leitbild von der Richtigkeit und Angemessenheit staatlichen Entscheidens, das um eine relativ abstrakte Vorstellungen einer gewissen ‚Güte' dieses Entscheidens zentriert ist und sich ebenenspezifisch zu Leitbildern guter Gesetzgebung, guter Regierung und guter Verwaltung ausdifferenziert". Zur – infolge der verfassungsrechtlichen Verankerung vorliegend noch einmal gesteigerten – verwaltungsrechtswissenschaftlichen Bedeutung von Leitbildern *Susanne Baer* Schlüsselbegriffe, Typen und Leitbilder als Erkenntnismittel und ihr Verhältnis zur Rechtsdogmatik, in: Eberhard Schmidt-Aßmann/Wolfgang Hoffmann-Riem (Hrsg.) Methoden der Verwaltungsrechtswissenschaft, 2004, 223 (232 ff.); *Voßkuhle* Neue Verwaltungsrechtswissenschaft (Fn. 114), § 1 Rn. 42.

Vor ihrem Hintergrund erschöpft sich die Idee einer „guten Verwaltung" nicht in den im Text des Art. 41 GRCh im Vordergrund stehenden und wenig innovativen[130] prozeduralen Einzelgewährleistungen.[131] Sie hat vielmehr auch eine materielle Dimension. Auf diese Dimension der Bestimmung fällt allerdings wenig Licht.[132] Ausgangspunkt für ihre Entfaltung ist ein Bewusstsein für das politische Moment europäischer Verwaltung. Zutreffend und als Gegenmodell zur überkommenen deutschen Vollzugsverwaltung ist die europäische Verwaltung als „Gestaltungsverwaltung" bezeichnet worden.[133] Sie lebt von der Zuweisung von Verwaltungsaufgaben in den Vorschriften über die „internen Politiken und Maßnahmen der Union" im dritten Teil des Vertrags über die Arbeitsweise der Europäischen Union. Nicht zufällig ist in diesen Bestimmungen ein „Nachglimmen" des frühneuzeitlichen Policeyrechts gesehen worden. Zwar gehe es hier nicht um „Erziehung" oder „Beglückung", aber eben doch um „gesellschaftliche Steuerung und Transformation".[134] Das Konzept einer „guten Verwaltung" soll in diesem Kontext administrative Bewegungsräume mit inhaltlichen Anforderungen ausfüllen, die über das Gebot rechtmäßigen Handelns hinausweisen. Im insoweit unterentwickelten[135] Text des Art. 41 GRCh findet diese Dimension Ausdruck im Recht auf eine „gerecht[e]" Behandlung der eigenen Angelegenheiten und in der amtlichen Überschrift: „Recht auf eine gute Verwaltung".[136] Vor allem diese Überschrift verweist auf das Gover-

---

[130] Ähnliche Einschätzung bei *Johannes Saurer* Der Einzelne im europäischen Verwaltungsrecht. Die institutionelle Ausdifferenzierung der Verwaltungsorganisation der Europäischen Union in individueller Perspektive, 2014, 137: „Die [...] normtextliche Fassung taugt kaum zur Eröffnung neuer prozeduraler Horizonte. Vielmehr dominiert die Sicherung des verfahrensrechtlichen status quo."

[131] Von einer „kleine[n] Lösung" angesichts der hintergründigen Konzepte spricht *Saurer* Der Einzelne im europäischen Verwaltungsrecht (Fn. 130), 137.

[132] S. aber *Bullinger* Das Recht auf eine gute Verwaltung nach der Grundrechtecharta der EU (Fn. 1), 30 f.; *Martin Bullinger* Regulierung als modernes Instrument zur Ordnung liberalisierter Wirtschaftszweige, DVBl. 2003, 1355 (1359); *Heselhaus* Recht auf eine gute Verwaltung (Fn. 1), § 61 Rn. 6: „Vorschrift als Element eines umfassenden Strebens nach einer allgemeinen ‚Verwaltungsgerechtigkeit' anzusehen".

[133] Dazu *Kahl* Grundzüge des Verwaltungsrechts in gemeineuropäischer Perspektive: Deutschland (Fn. 3), § 74 Rn. 160 ff.

[134] *von Bogdandy/Huber* Staat, Verwaltung und Verwaltungsrecht: Deutschland (Fn. 6), § 42 Rn. 35.

[135] Treffend *Saurer* Der Einzelne im europäischen Verwaltungsrecht (Fn. 130), 137: mit Blick auf unterschiedliche Konzeptionen guter Verwaltung eine „kleine Lösung", bei der die „weitreichenden, Governance-bezogenen Konzeptionen guter Verwaltung [...] in signifikantem Kontrast zu der konkreten normtextlichen Ausgestaltung [stehen]".

[136] Zu beiden Anhaltspunkten *Heselhaus* Recht auf eine gute Verwaltung (Fn. 1), § 61 Rn. 6. Zum Potential der Überschrift positiv *Martin Eifert* Regulierungsstrategien, in: Andreas Voßkuhle/Martin Eifert/Christoph Möllers (Hrsg.) Grundlagen des Verwaltungs-

nance-Konzept und die Idee von „Good Governance". Materiellen Gehalt hat dort die Verpflichtung der Verwaltung auf „Effektivität", wie sie sich etwa im Weißbuch „Europäisches Regieren" der Kommission findet, und zwar mit einem ausdrücklichen Bekenntnis zu „bessere[n] Ergebnisse[n]" auf Grundlage von „Vertrauen in Expertenwissen".[137]

So verstanden zielt Art. 41 GRCh auf eine verfassungsrechtlich angeleitete Überlagerung der rechtlichen Maßstäbe durch ergänzende inhaltliche Maßstäbe. Dabei geht es um mehr als Effektivität im engeren Sinne. Als instruktiv erweist sich ein Blick auf die deutsche Diskussion. Im Zusammenhang mit der Betonung der Eigenständigkeit der Verwaltung und ihrer Entdeckung als politisches Entscheidungssystem findet sich auch hier die zwar weitgehend verfassungsrechtlich rückgebundene,[138] aber doch zwischen rechtlichen und lediglich politischen Maßstäben oszillierende[139]

---

rechts, Bd. I, 3. Aufl. 2022, § 19 Rn. 157: „Art. 41 GRCh [...] hält mit dem weiten Begriffshof seiner Überschrift [...] zugleich das Potential für eine [...] Weiterentwicklung bereit"; kritisch *Classen* Gute Verwaltung im Recht der Europäischen Union (Fn. 1), 448: „Einfallstor für Versuche, den Grundrechtsgehalt uferlos auszuweiten"; s. zur Überschrift als Anhaltspunkt für ein auch materielles Verständnis der Vorschrift auch *Bullinger* Das Recht auf eine gute Verwaltung nach der Grundrechtecharta der EU (Fn. 1), 30 f.

[137] *Kommission* Europäisches Regieren – Ein Weißbuch, ABl. 2001, C 278/1 (7 und 15 ff.); *Saurer* Der Einzelne im europäischen Verwaltungsrecht (Fn. 130), 137, spricht davon, dass das Verwaltungshandeln hier „in einem umfassenden Sinne den Maßstäben der Qualität, Effektivität und Effizienz unterworfen [wird]". Näher zur Fokussierung des Governance-Konzepts auf die Ergebnisse des Verwaltungshandelns *Czada* Good Governance als Leitkonzept für Regierungshandeln (Fn. 128); *Christoph Möllers* European Governance: Meaning and Value of a Conept, CMLR 43 (2006), 313 (317); *Ulrich Karpen* Governance, EJLR 12 (2010), 16 (17).

[138] S. exemplarisch die überwiegende Ableitung der „[w]eitere[n] Richtigkeitsmaßstäbe" – nämlich: „Effektivität und Effizienz", „Zeitrichtigkeit und Flexibilität", „Kohärenz, Folgenorientierung und Nachhaltigkeit", „Vertrauens- und Akzeptanzsicherung" und „Innovationsoffenheit" – unmittelbar aus der Verfassung bei *Steffen Augsberg* Maßstäbe des Verwaltungshandelns, in: Andreas Voßkuhle/Martin Eifert/Christoph Möllers (Hrsg.) Grundlagen des Verwaltungsrechts, Bd. I, 3. Aufl. 2022, § 8 Rn. 46 ff.; allgemein *Eifert* Das Verwaltungsrecht zwischen klassischem dogmatischem Verständnis und steuerungswissenschaftlichem Anspruch (Fn. 116), 297: „Sachangemessenheit der Aufgabenerfüllung bildet einen normativen, verfassungsrechtlich verschieden abgespannten Bezugspunkt".

[139] S. *Augsberg* Maßstäbe des Verwaltungshandelns (Fn. 138), § 8 Rn. 46, mit Blick auf die „weiteren die Qualität der Verwaltungsentscheidungen im Sinne ihrer sachlichen Richtigkeit betreffenden Maßstäbe": „Kennzeichnend für die Maßstabsgruppe ist somit eine (mehr oder weniger klar bestimmbare) rechtsnormative Rückanknüpfung, zugleich aber eine darüber hinausreichende – etwa soziale, ökonomische oder psychologische – Relevanz"; ähnlich *Arne Pilniok* Maßstäbe des Verwaltungshandelns, in: Wolfgang Kahl/Markus Ludwigs (Hrsg.) Handbuch des Verwaltungsrechts, Bd. V: Maßstäbe und Handlungsformen im deutschen Verwaltungsrecht, 2023, § 123 Rn. 42; ganz bewusst für einen „Mittelweg" zwischen einem Verständnis als nicht-rechtliche Maßstäbe und einer „Einhegung [...] durch Normativierung" in der „Formel von der ‚normativen Orientierung'" *Appel*

Erwartung, die Verwaltung möge nicht nur rechtmäßig, sondern darüber hinaus richtig – man könnte auch sagen: gut[140] – entscheiden.[141] Die verfassungsrechtliche Perspektive auf Verwaltung wird dadurch im Wege einer Erweiterung[142] der Lehre von den Maßstäben der Verwaltung[143] inhaltlich aufgeladen. Ganz bewusst geht es um den Anspruch, angesichts von Bewegungsräumen nicht lediglich eine vertretbare, sondern die „optimale" Entscheidung zu treffen.[144] Dabei ist klar, dass es anders als in der frühen Neuzeit keine vorausliegenden inhaltlichen Bezugspunkte mehr gibt, die nur aufgedeckt und übernommen werden müssten. Gemeint ist vielmehr eine Rationalisierung der Entscheidungspraxis.[145] Ausgearbeitet findet sich das

---

Das Verwaltungsrecht zwischen klassischem dogmatischem Verständnis und steuerungswissenschaftlichem Anspruch (Fn. 114), 266 f.

[140] Bezugnahme auf das Konzept einer „guten Verwaltung" bei *Wolfgang Hoffmann-Riem/Matthias Bäcker* Rechtsformen, Handlungsformen, Folgenformen, in: Andreas Voßkuhle/Martin Eifert/Christoph Möllers (Hrsg.) Grundlagen des Verwaltungsrechts, Bd. II, 3. Aufl. 2022, § 32 Rn. 76, die von „für eine ‚gute Verwaltung' [...] politisch immer bedeutsameren Richtigkeitskriterien" sprechen; in diese Richtung auch *Eifert* Regulierungsstrategien (Fn. 136), § 19 Rn. 154 ff.; ferner etwa *Pilniok* Maßstäbe des Verwaltungshandelns (Fn. 139), § 123 Rn. 43: Gebot sachgerechter Verwaltungsentscheidungen „auf der Grundlage hinreichenden Wissens" als „Baustein ‚guter' Verwaltung".

[141] Zusammenfassend *Schmidt-Aßmann* Das allgemeine Verwaltungsrecht als Ordnungsidee (Fn. 68), Rn. 6/57: „Maßstäbe bilden ‚normative Orientierungen des Verwaltungshandelns' in einem über die Rechtmäßigkeit hinausgreifenden, auf Richtigkeit zielenden Sinne."

[142] In Richtung überhaupt erst einer „Entdeckung" der Maßstablehre *Schmidt-Aßmann* Das allgemeine Verwaltungsrecht als Ordnungsidee (Fn. 68), Rn. 6/57: „Für das deutsche Verwaltungsrecht existiert bisher keine systematisch geschlossene Maßstablehre."

[143] Die Maßstäbe spielen daher für die „Neue Verwaltungsrechtswissenschaft" eine zentrale Rolle, s. insbesondere *Augsberg* Maßstäbe des Verwaltungshandelns (Fn. 138); ferner bereits *Rainer Pitschas* Maßstäbe des Verwaltungshandelns, in: Wolfgang Hoffmann-Riem/Eberhard Schmidt-Aßmann/Andreas Voßkuhle (Hrsg.) Grundlagen des Verwaltungsrechts, Bd. II: Informationsordnung, Verwaltungsverfahren, Handlungsformen, 2. Aufl. 2012, § 42. Die Ausarbeitungen unterscheiden sich dabei signifikant von klassischen Varianten, die sich ganz auf die Rechtmäßigkeit beschränken und Maßstäbe im Übrigen der Zweckmäßigkeit zuweisen, s. exemplarisch *Matthias Jestaedt* Maßstäbe des Verwaltungshandelns, in: Dirk Ehlers/Hermann Pünder (Hrsg.) Allgemeines Verwaltungsrecht, 16. Aufl. 2022, § 11 Rn. 1 ff.

[144] So ausdrücklich *Wolfgang Hoffmann-Riem* Modernisierung von Recht und Justiz. Eine Herausforderung des Gewährleistungsstaates, 2001, 200.

[145] *Schmidt-Aßmann* Das allgemeine Verwaltungsrecht als Ordnungsidee (Fn. 68), Rn. 6/57; nachzeichnend *Shu-Perng Hwang* Richtigkeit als Rechtsbegriff? Eine Überlegung zur Reform des allgemeinen Verwaltungsrechts aus rechtsmethodologischer Perspektive, VerwArch 101 (2010), 180 (190 ff.). Zugrunde liegt ein Konzept von Rationalität in einem engeren Sinne, bei dem Entscheidungen nicht nur wohlbegründet, sondern auf die

Konzept in den „Grundlagen des Verwaltungsrechts" bei *Wolfgang Hoffmann-Riem* und *Matthias Bäcker*. Angemahnt wird dort eine „Abkehr von der Ausrichtung der Formenlehre allein an der Rechtmäßigkeit" und umgekehrt eine „Hinwendung auch zum Maßstab administrativer Richtigkeit".[146] In der Sache geht es um „Richtigkeitskriterien", die „insbesondere bei Optionenentscheidungen rechtlich erheblich werden [können]".[147]

Eine zentrale Pointe des Konzepts ist dabei sein Potential für eine verwaltungsrechtlich fundierte (!) Öffnung der administrativen Entscheidungspraxis hin zu anderen gesellschaftlichen Funktionssystemen und ihrer wissenschaftlichen Beobachtung. Die Richtigkeitskriterien sollen über die „tradierten Vorstellungen formaler und materialer Rationalität" hinaus „zusätzliche Rationalitätskriterien" aus „anderen Wissenschaftsdisziplinen" umfassen.[148] So verstanden ist „gute Verwaltung" die verfassungsrechtliche Antwort der europäischen Verwaltungsrechtsordnung auf die diagnostizierte Krise des liberal-rechtsstaatlichen Verwaltungsrechts angesichts der Herausforderungen durch die Informations- und Wissensgesellschaft.[149] Sie verweist die Verwaltung mit Blick auf unterschiedliche Politikfelder auf die dort maßgeblichen systemspezifischen Rationalitäten und erwartet mit Blick auf die dort allerdings häufig nur ansatzweise festgelegten Ziele rationale und also richtige Entscheidungen. Das Recht tritt demgegenüber als Maßstab in den Hintergrund, auch wenn es nach wie vor den Entscheidungsrahmen liefert.[150] Die Digitalisierung – das kann hier nur ganz am

---

optimale Verwirklichung eines bestimmten Ziels hin ausgerichtet werden sollen; zum Unterschied *Torben Ellerbrok* Rationalität und Effizienz, in: Wolfgang Kahl/Markus Ludwigs (Hrsg.) Handbuch des Verwaltungsrechts, Bd. III: Verwaltung und Verfassungsrecht, 2022, § 76 Rn. 13.

[146] *Hoffmann-Riem/Bäcker* Rechtsformen, Handlungsformen, Folgenformen (Fn. 140), § 32 Rn. 74 ff.

[147] *Hoffmann-Riem/Bäcker* Rechtsformen, Handlungsformen, Folgenformen (Fn. 140), § 32 Rn. 76.

[148] *Hoffmann-Riem/Bäcker* Rechtsformen, Handlungsformen, Folgenformen (Fn. 140), § 32 Rn. 79. Zur „Interdisziplinarität" als einem methodischen Baustein der „Neuen Verwaltungsrechtswissenschaft" nur *Voßkuhle* Neue Verwaltungsrechtswissenschaft (Fn. 114), § 15 Rn. 37 ff.; nachzeichnend *Kersten* Neue Verwaltungsrechtswissenschaft (Fn. 54), § 25 Rn. 25 ff.; s. auch *Hwang* Richtigkeit als Rechtsbegriff? (Fn. 145), 193 f.

[149] Zu diesen *Thomas Vesting* Die Bedeutung von Information und Kommunikation für die verwaltungsrechtliche Systembildung, in: Andreas Voßkuhle/Martin Eifert/Christoph Möllers (Hrsg.) Grundlagen des Verwaltungsrechts, Bd. I, 3. Aufl. 2022, § 20 Rn. 37 ff.

[150] Dazu *Wolfgang Hoffmann-Riem* Methoden einer anwendungsorientierten Verwaltungsrechtswissenschaft, in: Eberhard Schmidt-Aßmann/Wolfgang Hoffmann-Riem (Hrsg.) Methoden der Verwaltungsrechtswissenschaft, 2004, 9 (46): In der Rechtsordnung nicht zu ausdrücklichen Rechtsmaßstäben erhobene Richtigkeitsmaßstäbe müssen immerhin „rechtsverträglich" sein; näher zur „Reichweite der Gesetzesbindung im Prozess der

Rande vermerkt werden – befeuert diese Entwicklung, weil sogenannte intelligente Computersysteme noch einmal ganz andere Hoffnungen auf richtiges Entscheiden wecken.[151]

Exemplarisch sichtbar werden die geschilderten Zusammenhänge im öffentlichen Wettbewerbsrecht: Die kartell- und beihilfenrechtlichen Bestimmungen in den Art. 101 ff. und 107 ff. AEUV geben hier bestenfalls noch ansatzweise Auskunft über die tatsächlichen Maßstäbe der Wettbewerbsverwaltung. Unter teilweise nur noch lockerem und eher pflichtschuldigem Rekurs auf die dortigen Handreichungen hat sich die Kommission in einem bekanntlich ausdrücklich so bezeichneten „ökonomischeren Ansatz" von einer regelbasierten Gewährleistung von Wettbewerb als einem ergebnisoffenen Verfahren weit entfernt. Entschieden wird nun auf Grundlage einer Abwägung zwischen den negativen Folgen eines Sachverhalts für den Wettbewerb und dessen positiven Wohlfahrtseffekten einzelfallabhängig und ergebnisorientiert. Wettbewerbsrechtliche Vorkodierungen werden in diesem „*discretionary turn*" – in der Hoffnung auf „gute" Entscheidungen – durch ökonomische Rationalitätskriterien überlagert.[152]

4. „Gute Verwaltung" als Legitimationsformel: richtig und unabhängig entscheiden

„Gute Verwaltung" ist aus dieser Perspektive eine output-orientierte Legitimationsformel, die Erinnerungen an die frühneuzeitliche Legitimationsformel der „guten Policey" weckt:[153] Sie bildet die Erwartung, die

---

Rechtsverwirklichung" angesichts von „Methoden und Maßstäben jenseits der Gesetzesbindung" *Appel* Das Verwaltungsrecht zwischen klassischem dogmatischem Verständnis und steuerungswissenschaftlichem Anspruch (Fn. 114), 260 ff. und hier vor allem 264 f.

[151] Dazu knapp *Sebastian Unger* Demokratische Herrschaft und künstliche Intelligenz, in: Sebastian Unger/Antje von Ungern Sternberg (Hrsg.) Demokratie und künstliche Intelligenz, 2019, 113 (122 f.).

[152] Deutlich *Hans W. Friederiszick/Lars-Hendrik Röller/Vincent Verouden* European State Aid Control: An Economic Framework, in: Paolo Buccirossi (Hrsg.) Handbook of Antitrust Economics, 2008, 625 (660): „Moreover it is likely, as well as intended, that an effect-based approach will shift the argumentation from legal and accounting battles toward a battle over the impact of the aid on markets and ultimately on consumers". Zum Ganzen *Sebastian Unger* Wettbewerbsverwaltung, i.E., unter I. 2. und II.

[153] S. etwa *von Bogdandy/Huber* Staat, Verwaltung und Verwaltungsrecht: Deutschland (Fn. 6), § 42 Rn. 35; *Efstratiou* Der Grundsatz der guten Verwaltung als Herausforderung an die Dogmatik des nationalen und europäischen Verwaltungsrechts (Fn. 1), 281 f.; *Josef Isensee* Diskussionsbeitrag, VVDStRL 67 (2008), 338 (339); *Stolleis* Nachwort (Fn. 25), 408 f.; s. auch *Maria Bertel* Historische Konstanten und neue Impulse in der Entwicklung des verfassungsrechtlichen Verständnisses von „guter Verwaltung", DVBl. 2023, 1029 (1030), die aber eher verfahrensrechtliche Verbindungslinien sieht.

Verwaltung möge innerhalb eines rechtlichen Rahmens rational und also richtig entscheiden und sich dadurch demokratisch legitimieren, verfassungsrechtlich ab, kann dabei allerdings anders als die Policey der frühen Neuzeit nicht auf eine vorausliegende Ordnungsvorstellung verweisen. Die für die Moderne zentrale Einsicht in die Kontingenz gesellschaftlicher Wirklichkeit wird unterlaufen.[154]

Gut erkennbar ist diese Legitimationsfunktion „guter Verwaltung" bei einem Blick auf die Systematik der Charta der Grundrechte der Europäischen Union: Das „Recht auf eine gute Verwaltung" findet sich hier im Abschnitt über „Bürgerrechte".[155] Ebenso wie Art. 39 GRCh, der das aktive und passive Wahlrecht der Unionsbürgerinnen und Unionsbürger bei den Wahlen zum Europäischen Parlament gewährleistet, konfiguriert auch Art. 41 GRCh das Verhältnis des Einzelnen zur Unionsgewalt.[156] Die Stoßrichtung unterscheidet sich aber: Art. 39 GRCh beruht hinsichtlich des Verhältnisses zur Legislative – input-orientiert – auf der Idee einer parlamentarischen Vertretung der Unionsbürgerinnen und Unionsbürger und gewährleistet insoweit tatsächlich ihre individuelle positive Selbstbestimmung als Freie und Gleiche. Demgegenüber beschränkt sich Art. 41 GRCh hinsichtlich des Verhältnisses zur Verwaltung – output-orientiert – auf ein Bündel von Verfahrensrechten sowie einen eher symbolischen und jedenfalls kaum durchsetzbaren Anspruch auf „gute" und also rationale Entscheidungen. Das „Recht auf eine gute Verwaltung" soll so den Verlust an Einfluss über klassische Input-Kanäle wie insbesondere das Gesetz kompensieren.[157] Deutlich wird dabei: Wenn die „gute Verwaltung" das Rechtsstaatsprinzip als konzeptionelle Mitte der Verwaltungsrechtsordnung verdrängt, verändert sich in der Folge auch das Legitimationsgefüge, das seit dem 20. Jahrhundert zentral auf der Bindung der Verwaltung an demokratisch gesetztes Recht beruht.

Bestandteil der legitimationsorientierten Verweisung der Verwaltung auf systemspezifische Rationalitäten ist dabei die Verselbständigung der

---

[154] Kritik eines über die Rechtmäßigkeit hinausweisenden Richtigkeitsgebots auch bei *Gärditz* Die „Neue Verwaltungsrechtswissenschaft" (Fn. 116), 138; *Hwang* Richtigkeit als Rechtsbegriff? (Fn. 145), 195 ff.

[155] Dazu auch *Ruffert* in Calliess/Ruffert (Fn. 1), Art. 41 GRCh Rn. 2: „Nähe zu politischen Gewährleistungen".

[156] Durchaus zutreffend daher *Pascale Gonod* Grundzüge des Verwaltungsrechts in gemeineuropäischer Perspektive: Frankreich, in: Armin von Bogdandy/Sabino Cassese/Peter M. Huber (Hrsg.) Handbuch Ius Publicum Europaeum, Bd. V: Verwaltungsrecht in Europa: Grundzüge, 2014, § 75 Rn. 147, die davon spricht, dass das Recht auf eine gute Verwaltung „dazu bei[trägt], demokratische Prinzipien in die Verwaltung einzuführen".

[157] Zum Ganzen bereits *Sebastian Unger* Verwaltungslegitimation in der Europäischen Union, in: Ferdinand Wollenschläger/Luca de Lucia (Hrsg.) Staat und Demokratie. Beiträge zum XVII. Deutsch-Italienischen Verfassungskolloquium, 2016, 41 (73 f.).

Verwaltung, also ihre Befreiung aus parteipolitischen Ingerenzen.[158] Ohne dass diese nicht nur in Art. 298 Abs. 1 AEUV, sondern auch im Leitbild der „guten Verwaltung" wurzelnde Entwicklung hier nachgezeichnet werden kann, geht es bei der Verselbständigung auch darum, die zum Zwecke ihrer Legitimation auf Rationalität verpflichtete administrative Entscheidungspraxis gegenüber irritierenden parteipolitischen Ingerenzen abzuschirmen.[159] Unabhängigkeit ist aus dieser Perspektive kein demokratisches Problem, sondern ein Teil der Lösung.

Ob diese Lösung, deren Konturen sich in der europäischen Verwaltungsrechtsordnung ausgehend vom Konzept der „guten Verwaltung" in immer mehr Verwaltungsbereichen und immer deutlicher abzeichnen, legitimatorisch trägt, ist eine andere und abschließend zu beantwortende Frage.

IV. Der Einzelne und die Verwaltung: mittendrin oder außen vor?

Otto Bachof hat 1975 in Augsburg in der Entwicklung der Verwaltungsrechtsordnung „eine Art von Wellenbewegung" erkannt: „einmal [...] eine Zurückdrängung aller [...] Freiräume der Verwaltung; dann wieder eine stärkere Betonung der Eigenständigkeit der Verwaltung unter Anerkennung jener Freiräume: ein Auf und Ab." *Bachof* fügt – und das schon 1975 – hinzu: „Im Augenblick scheinen wir uns wieder einmal auf einer Woge der Eigenständigkeitsbetonung zu befinden."[160] Diese Woge trägt bis heute.

Zugrunde liegt die Überzeugung, die Probleme moderner Gesellschaften ließen sich innerhalb eines großzügig dimensionierten rechtlichen Rahmens am besten durch die Verwaltung lösen – auf Grundlage fremddisziplinär informierter und erforderlichenfalls wissenschaftlich operationalisierter Rationalitätskriterien und möglichst unbeeinflusst durch das politische System. Mit der Entkopplung vom politischen System entsteht dabei ein legitimatorisches Vakuum. Auf seine Ausfüllung zielt die „gute Verwal-

---

[158] Begriffsprägend *Giandomenico Majone* Regulatory legitimacy, in: *Giandomenico Majone* (Hrsg.) Regulating Europe, 1996, 284 (285): verselbständige Verwaltungseinheiten als öffentliche Einrichtungen, „which, by design, are not directly accountable either to voters or to elected officials"; dem folgend *Florian Meinel* Verselbständigte Verwaltungseinheiten, unabhängige Agenturen, ministerialfreie Räume, in: Wolfgang Kahl/Markus Ludwigs (Hrsg.) Handbuch des Verwaltungsrechts, Bd. III: Verwaltung und Verfassungsrecht, 2022, § 61 Rn. 8.

[159] Dazu instruktiv *Meinel* Verselbständigte Verwaltungseinheiten, unabhängige Agenturen, ministerialfreie Räume (Fn. 158), § 61 Rn. 21 ff.

[160] *Otto Bachof* Diskussionsbeitrag, VVDStRL 34 (1976), 275 (276); s. auch *Unger* Wettbewerbsverwaltung (Fn. 152), unter II. 1.; kritisch *Hans Heinrich Rupp* Diskussionsbeitrag, VVDStRL 34 (1976), 286 (286 f.).

tung" als Legitimationsformel. Das „Recht auf eine gute Verwaltung" nach Art. 41 GRCh wird dabei als krönender Abschluss einer Konstitutionalisierung der europäischen Verwaltungsrechtsordnung gepriesen.[161] Es gilt aus dieser Perspektive als „Zentrum des verwaltungsbezogenen [europäischen] Verfassungsrechts"[162] und zwar in Form eines besonders progressiven Menschenrechts der „vierten Generation".[163] Erzählt wird hier die Erfolgsgeschichte eines Neubaus der Verwaltungsrechtsordnung um den einzelnen Menschen herum, der – ausgestattet mit einem Grundrecht auf „gute Verwaltung" – in ihren Mittelpunkt gestellt wird.

Man kann das „Recht auf eine gute Verwaltung" aber auch ganz anders lesen: Es drängt dann durch eine „Epistemisierung des Politischen"[164] den Einzelnen geradezu aus der Verwaltungsrechtsordnung heraus, nicht als Betroffenen und Inhaber basaler Verfahrensrechte, aber als Legitimationssubjekt und Inhaber eines Rechts auf positive individuelle Selbstbestimmung.[165] Der Einzelne wird dabei „zu einer Art ‚Gläubiger' des Verwaltungshandelns", ohne Einfluss auf dessen Inhalt zu haben.[166] Sehr deutlich hat in diesem Sinne der Systemtheoretiker *Helmut Willke* die „geradezu religiöse Fixierung der Demokratietheorie auf ‚den Menschen'" kritisiert.[167] Diese post-moderne Skepsis gegenüber der „großen Erzählung"

---

[161] *Klara Kanska* Towards Administrative Human Rights in the EU. Impact of the Charter of Fundamental Rights, ELJ 10 (2004), 296 (296).

[162] *Ruffert* in Calliess/Ruffert (Fn. 1), Art. 41 GRCh Rn. 1; s. auch *Ruffert* Europäisierung des Verwaltungsrechts (Fn. 126), § 94 Rn. 21 ff.; ähnlich *Heselhaus* Recht auf eine gute Verwaltung (Fn. 1), § 61 Rn. 1: „Kern eines allgemeinen EU-Verwaltungsrechts". Der Kontrast zum Verständnis der Rechtsschutzgarantie nach Art. 19 Abs. 4 GG als „Energiesammelpunkt" der grundgesetzlichen Verwaltungsrechtsordnung bei *Peter Lerche* Zum „Anspruch auf rechtliches Gehör", ZZP 78 (1965), 1 (16), ist bemerkenswert und verdeutlicht die mit der Entdeckung der Verwaltung als eines politischen Entscheidungssystems verbundenen Verschiebungen.

[163] *Carol Harlow* Global Administrative Law: The Quest for Principles and Values, EJIL 17 (2006), 187 (206).

[164] *Alexander Bogner* Epistemisierung des Politischen, 2021.

[165] Ähnlich mit Blick auf die „Neue Verwaltungsrechtswissenschaft" *Gärditz* Die „Neue Verwaltungsrechtswissenschaft" (Fn. 116), 132: „Die – demokratietheoretisch eher prekäre – Erwartung, eine wissenschaftliche (Verwaltungs-)Politik sei möglich, bleibt vor diesem Hintergrund nur eine moderne Variante steinalter szientistischer Träume […] Die Gefahr verdeckter – legitimationsabstinenter – Machtausübung durch die Wissenschaft ist greifbar." Zum einzelnen Menschen und seinem Recht auf positive individuelle Selbstbestimmung als Ausgangspunkt des grundgesetzlichen Demokratieprinzips *Sebastian Unger* Das Verfassungsprinzip der Demokratie. Normstruktur und Norminhalt des grundgesetzlichen Demokratieprinzips, 2008, 251 ff.

[166] *Gonod* Grundzüge des Verwaltungsrechts in gemeineuropäischer Perspektive: Frankreich (Fn. 156), § 75 Rn. 147.

[167] *Helmut Willke* Demokratie in Zeiten der Konfusion, 2014, 152.

von der Selbstbestimmung des Menschen in Freiheit und Gleichheit findet in der „guten Verwaltung" verfassungsrechtlichen Ausdruck. Mit einem „Recht auf eine gute Verwaltung" droht sich die Verwaltungsrechtsordnung tatsächlich – und paradoxerweise über ein Grundrecht – vom Menschen zu entfernen und die Verwaltung den sozialen Systemen und ihren spezifischen Rationalitäten auszuliefern.

Leitsätze des Referenten über:

1. Historische Konstanten und neue Impulse in der Entwicklung des verfassungsrechtlichen Verständnisses von „guter Verwaltung"

I. „Gute Verwaltung" – ein Nicht-Thema der deutschen Verwaltungsrechtswissenschaft

(1) Als Suchformel fragt „gute Verwaltung" nach den verfassungsrechtlichen Erwartungen an das Handeln der Verwaltung. Die Formel lenkt den Blick zugleich auf die Funktion der Verwaltung im Gewaltengefüge und auf ihre demokratische Legitimation.

(2) Bauprinzip der deutschen Verwaltungsrechtsordnung ist das Rechtsstaatsprinzip. Die Verwaltung verschwindet dabei hinter dem Gesetz. Für „gute Verwaltung" als Legitimationsformel besteht kein Bedarf. Das Konzept kehrt erst im Kontext der Europäisierung zurück.

II. Hinter dem Gesetz – die Verwaltung im liberalen Rechtsstaat des 19. und 20. Jahrhunderts

1. „Gute Policey" – Stabilisierung einer vorausliegenden Gesellschaftsordnung

(3) Die Policey der frühen Neuzeit ist Herrschaftsfunktion und – mit dem qualifizierenden Adjektiv „gut" versehen – Herrschaftsziel zugleich. Ihr Bezugspunkt ist ein politischer Ordnungszustand, der zu stabilisieren und im Fall von Störungen wiederherzustellen ist.

(4) Das religiös unterfütterte Ordnungsleitbild eines idealen und harmonischen Zustands der Gesellschaft ist nicht verhandelbar und liegt dem policeylichen Handeln voraus. Von ihm empfängt die Policey ihre Legitimation und von ihm leitet sie ihre Handlungsinstrumente ab.

2. Das 19. Jahrhundert – „die Erfüllung des Lebens mit Rechtsordnung"

(5) Ein rechtsstaatlich fundierter „Neubau auf leerem Boden" bringt das Verwaltungshandeln „in die Form und Gestalt des Rechtes". Der aus der frühen Neuzeit überkommene Verweis auf Verwaltungszwecke zur Legitimation des Verwaltungshandelns ist diskreditiert.

(6) Die verfassungsrechtliche Perspektive auf Verwaltung wird radikal verengt. Alle inhaltlichen Aspekte ihres Handelns verschwinden aus dem Blickfeld. Sie werden konzeptionell an den Gesetzgeber delegiert. Verwaltung ist „gut", wenn das Gesetz fehlerfrei vollzogen wird.

3. Die frühe Bundesrepublik – euphorische Verrechtlichung der Verwaltungsmaschine

(7) Unter dem Grundgesetz wird die formal-rechtsstaatliche Perspektive auf Verwaltung geschärft. Gezeichnet wird das bis in die Juristenausbildung und die Personalstruktur der Verwaltung hinein prägende Bild einer Vollzugsverwaltung ohne eigenen politischen Willen.

(8) Der Ausbau des demokratisierten Gesetzesvorbehalts und die Prägekraft der Grundrechte bewirken einen Verrechtlichungsschub. Gestaltungsspielräume werden argwöhnisch beäugt. Die Verwaltung führt „unten" das aus, was „oben" politisch entschieden worden ist.

4. Zwischenergebnis: Verzichtbarkeit einer inhaltsbezogenen Legitimationsformel

(9) Im lückenlos bindenden Gesetz ist die administrative Entscheidung im doppelten Sinne des Wortes aufgehoben. Von hier aus vor allem bezieht sie ihre Legitimation. Eines verfassungsunmittelbaren inhaltlichen Richtigkeitsmaßstabs bedarf sie nicht.

(10) Stabilisiert wird diese Legitimationskonzeption durch die juristische Methodenlehre, die wider besseres Wissen am Deduktionsparadigma und der Prämisse festhält, es gebe angesichts einer einschlägigen Norm nur eine rechtmäßige und daher richtige Entscheidung.

III. Die Entdeckung der Verwaltung als politisches Entscheidungssystem seit den 1960er Jahren

1. Eine Renaissance der Verwaltungszwecke

(11) In den 1960er Jahren erleben die Verwaltungszwecke in der Verwaltungsrechtswissenschaft eine Renaissance. Unmittelbar aus der Verfassung abgeleitet, schließen sie für die Verwaltung als „Apparatur von Lenkung und Leistung" einen breiten Möglichkeitsraum auf.

(12) Die Verwaltungsaufgaben werden als verfassungsrechtliches Thema wiederentdeckt und auf ihre dogmatischen Konsequenzen hin befragt. Durchsetzen kann sich die neue Sichtweise auf die Verwaltung nicht. Als zu wirkmächtig erweist sich das liberal-rechtsstaatliche Erbe.

2. Die Eigenständigkeit der Verwaltung

(13) Zunehmend gewinnt die Überzeugung an Boden, dass die Abtrennung der politischen Problemlösung von ihrer technischen Umsetzung im Modell der Vollzugsverwaltung nicht mehr funktioniert. Es entsteht ein Bewusstsein für die „Verwaltungsbedürftigkeit der Gesellschaft".

(14) Unter dem Begriff der „Eigenständigkeit" wird die Verwaltung als politisches Entscheidungssystem entdeckt. Die Verwaltung trifft aus dieser Perspektive kollektiv bindende, aber inhaltlich nicht umfassend abgeleitete Erstentscheidungen zur Lösung sozialer Probleme.

3. Richtigkeits- und Rationalitätserwartungen

(15) Die „eigenständige Verwaltung" ist inhaltlich unterbestimmt. Eine Kompensation liefert das im Unionsverfassungsrecht grundrechtlich ertüchtigte Konzept einer „guten Verwaltung". Über seine prozeduralen Einzelgewährleistungen hinaus hat es eine inhaltliche Dimension.

(16) So verstanden ist „gute Verwaltung" die Antwort auf die Herausforderungen der Wissensgesellschaft. Das Konzept verweist die Verwaltung aufgabenabhängig auf systemspezifische Rationalitäten. Sie soll nicht nur rechtmäßig, sondern auch richtig entscheiden.

4. „Gute Verwaltung" als Legitimationsformel – richtig und unabhängig entscheiden

(17) „Gute Verwaltung" ist eine output-orientierte Legitimationsformel. Diese beruht auf der Idee einer Legitimation durch richtiges Entscheiden, kann aber anders als die „gute Policey" in der frühen Neuzeit nicht auf vorausliegende Ordnungsvorstellungen verweisen.

(18) Teil der Legitimationsformel ist die überwiegend als Demokratieproblem thematisierte, im Konzept einer „guten Verwaltung" aber angelegte Verselbständigung der Verwaltung. Sie soll die Entscheidungspraxis gegenüber parteipolitischen Ingerenzen abschirmen.

IV. Der Einzelne und die Verwaltung: mittendrin oder außen vor?

(19) Das „Recht auf eine gute Verwaltung" nach Art. 41 der Grundrechtecharta wird überwiegend als krönender Abschluss einer Konstitutionalisierung der europäischen Verwaltungsrechtsordnung und progressive Erweiterung des Menschenrechtsschutzes rezipiert.

(20) Man kann das „Recht auf eine gute Verwaltung" auch anders lesen: Es drängt in einer „Epistemisierung des Politischen" den Einzelnen aus der Verwaltungsrechtsordnung heraus, nicht als Inhaber basaler Verfahrensrechte, aber als demokratisches Legitimationssubjekt.

Erster Beratungsgegenstand:

Historische Konstanten und neue Impulse in der Entwicklung des verfassungsrechtlichen Verständnisses von „guter Verwaltung"

2. Referat von *Bettina Schöndorf-Haubold*, Gießen[*]

Inhalt

		Seite
I.	Gute Verwaltung als Ziel verfasster Verwaltung?	50
II.	Konzept(e) guter Verwaltung zwischen Recht und Ratio	52
	1. Gegenstand und Maßstab des Bewertungsurteils bzw. des Qualitätsziels	54
	a) Zugriffsebenen	55
	b) Bewertungsfaktoren	56
	2. Praktische Beispiele für Konzepte guter Verwaltung	57
	a) Gute Verwaltung als Teil völkerrechtlicher *good governance*	57
	b) Gute Verwaltung als Stabilitäts- und Rechtsmaßstab im Europarat	60
	c) Perspektiven unionaler Konzepte guter Verwaltung	64
	aa) Inhalt und Verortung	66
	bb) Übergreifendes Verwaltungskonzept der Verträge	66
	cc) Konkretisierung des Rechts auf eine gute Verwaltung durch Rechtsprechung, Gesetzgebung und informelle Kodizes	69
	d) Zwischenfazit	73
	3. Gute Verwaltung als Leitbild, Meta-Konzept oder Rationalisierungsmodus	74
	a) Das Verhältnis eines übergreifenden Konzepts guter Verwaltung zum Recht	75

---

[*] Für vielfältige Unterstützung, Anregungen und Kritik danke ich herzlich vor allem *Gabriele Britz, Franz Reimer, Christoph Möllers, Pascale Gonod* und *Eberhard Schmidt-Aßmann. Jud Mathews* und *Luca De Lucia* bin ich für ihre stete Diskussionsbereitschaft und die weiten Wege, die sie auf sich genommen haben, ebenfalls sehr dankbar.

  b) Offenheit des Begriffs und Grenzen der rechtlichen
    Steuerungsfähigkeit 78
  c) Adressaten eines übergreifenden Konzepts guter
    Verwaltung 80
  d) Die Rolle der Rechtswissenschaft im interdisziplinären
    Diskurs 82
III. Das verfassungsrechtliche Verständnis von
  guter Verwaltung 85
  1. Entwicklungsgeschichte 87
  2. Einzelausprägungen und Anklänge übergreifender
    guter Verwaltung 91
    a) Acquis verfassungskonformer Verwaltung 92
    b) Anklänge übergreifender Konzepte
      guter Verwaltung 94
  3. Rationalität guter Verwaltung als Impulsgeber 96
IV. Gute Verwaltung als Klugheitsregel 98

I. Gute Verwaltung als Ziel verfasster Verwaltung?

Ist gute Verwaltung ein Verfassungsgebot?

Nach historischen Konstanten und neuen Impulsen in der Entwicklung des verfassungsrechtlichen Verständnisses von guter Verwaltung zu fragen wählt einen spezifisch verfassungsrechtlichen Blick auf die Entwicklungsgeschichte des Gemeinwesens und seiner Verwaltung im Streben nach *eudaimonia, buon governo*, guter Policey oder guter Verwaltung.[1]

---

[1] *Eberhard Schmidt-Aßmann* Das allgemeine Verwaltungsrecht als Ordnungsidee, 2. Aufl. 2004, 1. Kap. Rn. 26, verweist auf die „Rechtfertigungsbedürftigkeit allen Verwaltungshandelns" und die „Verpflichtung auf das richtige Maß und einen effizienten Ressourceneinsatz", ohne diese Dogmen in einem eigenständigen Verfassungsprinzip neben den Grundentscheidungen für Menschenwürde, Grundrechte, Rechtsstaatlichkeit und Demokratie zu verankern. Zu Frühformen der Verwaltung und ihren Funktionsbedingungen s. *Thomas Groß* Verwaltungen und Recht in antiken Herrschaftsordnungen, 2022, insb. 6 ff., 56 f. (für Ägypten), 119 ff., 144 ff. (für Griechenland), 195 ff. (für Rom); zum Verhältnis von Gemeinwohl und *eudaimonia* in der Antike *Ernst-Wolfgang Böckenförde* Gemeinwohlvorstellungen bei Klassikern der Rechts- und Staatsphilosophie, in: Herfried Münkler/ Karsten Fischer (Hrsg.) Gemeinwohl und Gemeinsinn im Recht. Konkretisierung und Realisierung öffentlicher Interessen, 2002, 43 (45 ff.), dort auch zu institutionell-organisatorischen Gemeinwohl-Ausprägungen. Zum *buon governo* und zur gleichnamigen Allegorie der Guten und Schlechten Regierung in Ambrogio Lorenzettis Freskenzyklus im Rathaus von Siena (um 1337-1340) s. nur *Hasso Hofmann* Bilder des Friedens oder Die vergessene Gerechtigkeit, 2. Aufl. 2008, 13 mit Verweis auf *Alois Riklin* Ambrogio Lorenzettis politische Summe, 1996. Zur Guten Policey s. *Thomas Simon* „Gute Policey". Ordnungsleitbil-

Schlechterdings positiv konnotiert verspricht das Begriffspaar gute Verwaltung alltagssprachlich einen über einen bloßen Mindeststandard hinausgehenden, in einer übergreifenden Perspektive guten und damit (mehr als nur) angemessenen und positiv zu bewertenden Zustand der Verwaltung, ihrer Organisation und ihres Handelns. Einer Wunderformel gleich lassen sich Anforderungen und Leitbilder etwa einer effizienten, transparenten, bürgernahen, digitalen, nachhaltigen, agilen oder gar smarten Verwaltung hierunter verstehen, die in geordneten Verfahren und anhand rechtlicher und außerrechtlicher Maßstäbe die richtigen oder jedenfalls sachgerechten Entscheidungen trifft.

Ein verfassungsrechtliches Verständnis von guter Verwaltung verhieße Qualitätsgewähr mit den Weihen höchster normativer Autorität.[2] Es setzt allerdings in einem ersten Schritt ein zumindest in Umrissen fassbares Grundverständnis guter Verwaltung und ihres Verhältnisses zum Recht voraus, bevor in einem zweiten Schritt die Frage zu stellen ist, ob und welches verfassungsrechtliche Verständnis guter Verwaltung insbesondere dem Grundgesetz zugrunde liegt. Hiermit verbinden sich Überlegungen dazu, inwieweit die Verfassung einen Beitrag zur Realisierung guter Verwaltung leisten kann, welche Grenzen sie setzt und welche Spielräume für neue Impulse bestehen.

Um es vorwegzunehmen: Das Grundgesetz kennt weder ein Recht auf gute Verwaltung noch kann ihm bislang ein übergreifendes Verständnis guter Verwaltung entnommen werden. Wichtige Elemente rechtsstaatlicher und demokratischer Anforderungen an gute Verwaltung sind (auch) im

---

der und Zielvorstellungen politischen Handelns in der frühen Neuzeit, 2004; ders. Verwaltung im frühneuzeitlichen Policeystaat des 17. und 18. Jahrhunderts, in: Wolfgang Kahl/ Markus Ludwigs (Hrsg.) Handbuch des Verwaltungsrechts I, 2021, § 1 Rn. 8 ff. Die Idee der *bonne administration* findet sich auch im Verwaltungsrecht des ausgehenden 19. Jahrhunderts in Frankreich wieder; vgl. *Édouard Laferrière*, Traité de la juridiction administrative et des recours contentieux, Bände I und II, 2. Aufl. 1896, insb. Bd. I, 5 f.: „il appartient à l'administration d'apprécier l'opposition qui se produit entre l'intérêt général et l'intérêt particulier, et de faire pencher la balance du côté où l'équité et la bonne administration semblent l'incliner"; ebda. Bd. II, 522 zum Verhältnis von guter Verwaltung und Formgerechtigkeit; hierzu sowie allgemein zu *Édouard Laferrière* s. *Pascale Gonod* Édouard Laferrière. Un juriste au service de la République, 1997, 225 und passim.

[2] Denkbar wäre dies in Gestalt eines Prinzips guter Verwaltung bzw. eines Rechts auf gute Verwaltung, als Optimierungsgebot, Strukturvorgabe, als Verpflichtung zu einem bestimmten Qualitäts-Niveau für die Verwaltung, als Rationalitäts- oder Rationalisierungsverpflichtung oder lediglich als Mindeststandard im Sinne eines Untermaßverbots oder einer Missstands-Schranke. Fehlt es an einer ausdrücklichen verfassungsrechtlichen Bestimmung, stellt sich die Frage, ob sich nicht bereits aus der Zusammenschau der verwaltungsbezogenen Bestimmungen der Verfassung eines demokratischen Rechtsstaats wie dem Grundgesetz das oder ein Leitbild für eine gute Verwaltung ableiten lässt; hierzu unten unter III.

Grundgesetz verankert und können als Acquis an Mindestvoraussetzungen für das Verwaltungshandeln angesehen werden, ohne zugleich Anspruch und Potential einer Idee von der guten Verwaltung vollständig auszuschöpfen. Der vom Grundgesetz vorgegebene Ordnungsrahmen ist aber nicht in erster Linie auf die Verwirklichung guter Verwaltung ausgerichtet, sondern fixiert in Reaktion auf die menschenverachtende Effizienz einer gleichgeschalteten Verwaltung zentrale Grenzen für die Organisation und Aufgabenerfüllung durch eine horizontal und vertikal gegliederte vollziehende Gewalt.[3]

Doch zunächst zu Vorstellungen und Konzepten von guter Verwaltung:

II. Konzept(e) guter Verwaltung zwischen Recht und Ratio

Hinter dem Begriffspaar der „guten Verwaltung" verbirgt sich in Abhängigkeit von unterschiedlichen Fachdisziplinen, Diskursforen und Erwartungshorizonten eine breite Vielfalt an Qualitätsanforderungen für öffentliche Verwaltungen in der Pluralität ihrer Erscheinungsformen.[4] Einem Kaleidoskop gleich setzt sich das Gesamtbild guter Verwaltung aus einer Vielzahl einzelner Facetten unterschiedlicher Couleur zusammen, die nicht bloß addiert und übereinandergelegt werden, sondern sich je nach Perspektive zu einem harmonischen Ganzen fügen, in dem alle Elemente ihren Platz finden. Mit dem Drehen des Spektrums verändert sich die Stellung der Facetten zueinander und damit notwendig auch das Gesamtbild.[5]

---

[3] Aus der grundgesetzlichen Ordnung ergeben sich vielfältige Beschränkungen, die für die bundesdeutsche Verwaltung historisch konstitutiv sind. Gute Verwaltung kann und sollte nicht bereits mit der Realisierung einer gerade so und nicht anders durch das Grundgesetz normierten guten Verwaltung gleichgesetzt werden.

[4] Zur Pluralität der Verwaltung bzw. von Verwaltungen s. nur *Pascale Cancik* Verwaltung und Selbstverwaltung, in: Matthias Herdegen/Johannes Masing/Ralf Poscher/Klaus Ferdinand Gärditz (Hrsg.) Handbuch des Verfassungsrechts, 2021, § 14 Rn. 2; *Eberhard Schmidt-Aßmann* Verwaltungsrechtliche Dogmatik in der Entwicklung, 2. Aufl. 2023, 237 ff.; *Wolfgang Hoffmann-Riem/Arne Pilniok* Eigenständigkeit der Verwaltung, in: Andreas Voßkuhle/Martin Eifert/Christoph Möllers (Hrsg.) Grundlagen des Verwaltungsrechts I, 3. Aufl. 2022, § 12 Rn. 34 ff.; zu Ausbildung und Unschärfe des Begriffs der Verwaltung *Christian Waldhoff* Verwaltung und Verwaltungsrecht, in: Wolfgang Kahl/Markus Ludwigs (Hrsg.) Handbuch des Verwaltungsrechts I, 2021, § 11 Rn. 5 ff.

[5] Umgekehrte Perspektive einer Vielzahl von Augen und Blickrichtungen bei *Martin Eifert* Das Verwaltungsrecht zwischen klassischem dogmatischem Verständnis und steuerungswissenschaftlichem Anspruch, VVDStRL 67 (2008), 286 ff. (292, 325 ff., 329); in diese Richtung auch *Ivo Appel* Das Verwaltungsrecht zwischen klassischem dogmatischen Verständnis und steuerungswissenschaftlichem Anspruch, VVDStRL 67 (2008), 226 (241

Die Anordnung und das Verhältnis der einzelnen Elemente guter Verwaltung ergeben sich nicht zufällig von selbst, sondern folgen normativen Setzungen und Grenzen, politischen oder verwaltungspraktischen Wertungen und präskriptiven Orientierungen, wie sie insbesondere in den Sozialwissenschaften formuliert werden.[6] Auch die gesellschaftlichen Erwartungen einer guten, weil transparenten und bürgernahen Verwaltung sind hier zu verarbeiten. Wie im Bild ist aber auch das Konzept guter Verwaltung innerhalb eines Rahmens in Teilen flexibel, es ist stetigen Veränderungen unterworfen und – jedenfalls in einer übergreifenden Perspektive – kaum vollständig determinierbar.

Die Offenheit eines solchen Meta-Konzepts erschwert den juristischen Zugang, der sich deswegen häufig auf Ausschnitte oder einzelne Facetten und Anforderungen konzentriert und die Frage nach der Gesamtperspektive nicht notwendig stellt.[7] Mit dem Gegenstand und den Bewertungsmaßstäben variiert auch das jeweilige Konzept guter Verwaltung.

Fn. 55): Weitung des Blickfelds in viele Richtungen; s. auch schon *Rainer Wahl* Verwaltungsverfahren zwischen Verwaltungseffizienz und Rechtsschutzauftrag, VVDStRL 41 (1983), 151 (157): „magisches Vieleck". Prägnant *Hoffmann-Riem/Pilniok* in: Voßkuhle/Eifert/Möllers (Fn. 4), GVR I³, § 12 Rn. 68 m.w.N.: „Das *Zusammenspiel sämtlicher Steuerungsfaktoren* prägt die der Verwaltung aufgegebene Problemlösung und verdient deshalb die Aufmerksamkeit der Rechtswissenschaft" (Hervorhebung im Original). Allgemein zur Notwendigkeit methodischer Anschluss- und Sprechfähigkeit *Franz Reimer* Juristische Methodenlehre, 2. Aufl. 2020, Rn. 504.

[6] Eine ausdrücklich auf gute Verwaltung bezogene Verschränkung von rechts- und sozialwissenschaftlichen Erkenntnissen findet sich bei *Hermann Hill* Gutes Regierungs- und Verwaltungshandeln – Entwicklungslinien und Perspektiven, in: Wolfgang Kahl/Markus Ludwigs (Hrsg.) Handbuch des Verwaltungsrechts V, 2023, § 127; zur Verortung der Lehre von den Maßstäben des Verwaltungshandelns als Antwort auf die „alte Frage [...], was ‚gute' Verwaltung ist", *Arne Pilniok*, Maßstäbe des Verwaltungshandelns – Dogmatische Grundlagen und Kategorien, ebd., § 123 Rn. 2: „Sowohl auf Unionsebene wie in den Mitgliedstaaten finden sich im *soft law* Zusammenstellungen der Bausteine ‚guten Verwaltens', die sich weitgehend mit den [...] Maßstäben des Verwaltungshandelns decken" (Hervorhebung im Original); allgemein zur Notwendigkeit einer Integration der Sozialwissenschaften *Eifert* Verwaltungsrecht (Fn. 5), 296 Fn. 45, 309 f., 314 ff. Nach *Wolfgang Hoffmann-Riem* Gutes Recht in einer guten Gesellschaft, in: Jutta Allmendinger (Hrsg.) Gute Gesellschaft?, Verhandlungen des 30. Kongresses der Deutschen Gesellschaft für Soziologie, Teil A, 2001, 87 ff., bietet gerade der Diskurs über das Gute einer Gesellschaft und des Rechts, das durch die Annäherung des Rechts an das sozialnormativ als gut Anerkannte erreicht wird, die Chance für einen fruchtbaren Dialog und für eine Perspektivenerweiterung der Rechtswissenschaften über die bloße Rechtmäßigkeit einer Entscheidung als Output hinaus (ebd. 107 f.).

[7] S. allerdings *Hill* in: Kahl/Ludwigs (Fn. 6), HVwR V, § 127; ferner *Henk Addink* Good Governance. Concept and Context, 2019, der unter dem weiter gefassten Titel insbesondere auch Fragen guter Verwaltung rechtswissenschaftlich thematisiert.

1. Gegenstand und Maßstab des Bewertungsurteils bzw. des Qualitätsziels

In seiner Vielschichtigkeit bleibt das Begriffspaar der guten Verwaltung schwer zu fassen.[8] Ein enges Verständnis, das auch Art. 41 der Europäischen Grundrechtecharta zugrunde liegt, beschränkt gute Verwaltung auf das konkrete außengerichtete Verwaltungshandeln und damit auf die Kommunikationsbeziehungen von Bürgern und Verwaltung als Ausschnitt administrativer Tätigkeit.[9] Regelmäßig spielen generelle Aspekte administrativer Funktionserfüllung für einen solchen Zugriff aus der Perspektive des Individuums nur eine nachrangige Rolle. Demgegenüber verorten völker- und europarechtliche Diskurse *good administration* auch in einem übergreifenden Kontext von *good governance* und eröffnen damit einen sehr viel weiteren Rahmen.[10]

Konzepte von *good governance* und guter Verwaltung formulieren Ziele und Maßstäbe für Regierungs- und Verwaltungshandeln, an deren Erreichung dieses gemessen wird.[11] Je nach Entwicklungsstand des adressierten Gemeinwesens schwanken die Anforderungen von – nicht notwendig rechtsförmlich fixierten – Mindestgeboten der Rechtsstaatlichkeit und Demokratie bis zu Leitbildern, Zielen oder Optimierungsgeboten außerrechtlicher Parameter wie Effizienz, *accountability* oder Partizipation.

Das Verständnis von guter Verwaltung hängt zunächst vom Gegenstand und von den dem Qualitätsziel zugrunde gelegten Bewertungsfaktoren ab.[12]

---

[8] S. den Ansatz zu einer übergreifenden verwaltungsrechtlichen Lehre von einer guten Verwaltung von *Pavlos-Michael Efstratiou* Der Grundsatz der guten Verwaltung als Herausforderung an die Dogmatik des nationalen und europäischen Verwaltungsrechts, in: Hans-Heinrich Trute/Thomas Groß/Hans Christian Röhl/Christoph Möllers (Hrsg.) Allgemeines Verwaltungsrecht – zur Tragfähigkeit eines Konzepts, 2008, 281 ff.; bezogen auf das Unions- und Europarecht *Hanns Peter Nehl* Good administration as procedural right and/or general principle?, in: Herwig C. H. Hofmann/Alexander H. Türk (Hrsg.) Legal Challenges in EU Administrative Law, 2009, 322 ff.

[9] Zu unterschiedlichen Kommunikationsmustern und –diskursen *Anna-Bettina Kaiser*, Die Kommunikation der Verwaltung, 2011. Zu Art. 41 GRCh s.u. unter 2. c) m.w.N.

[10] Explizit *Addink* Good Governance (Fn. 7); vgl. auch *Helmut Goerlich* Good Governance und Gute Verwaltung, DÖV 2006, 313 ff.; ferner sogleich unter II. 2. a) m.w.N.

[11] *Gunnar F. Schuppert* Verwaltungsorganisation und Verwaltungsorganisationsrecht als Steuerungsfaktoren, in: Andreas Voßkuhle/Martin Eifert/Christoph Möllers (Hrsg.) Grundlagen des Verwaltungsrechts I, 3. Aufl. 2022, § 17 Rn. 114 ff. zu Qualitätssicherungsregimen und den entsprechenden Governance-Strukturen.

[12] Verwaltung wird dabei je nach Art des Zugriffs verstanden als funktionale Aufgabenerfüllung, formale Organisation oder übergreifend vollziehende Gewalt. Zu Begriff und Unschärfen *Cancik* in: Herdegen/Masing/Poscher/Gärditz (Fn. 4), HbVerfR, § 14 Rn. 14 ff.; *Christoph Möllers* Methoden, in: Andreas Voßkuhle/Martin Eifert/Christoph Möllers (Hrsg.) Grundlagen des Verwaltungsrechts I, 3. Aufl. 2022, § 2 Rn. 4 f.; s. auch die

a) Zugriffsebenen

Das Art. 41 GRCh zugrundeliegende Konzept guter Verwaltung setzt beispielsweise maßgeblich an der Mikro-Ebene des Verwaltungsrechtsverhältnisses an, für das vorrangig ergebnis- und teilweise auch handlungsbezogen Anforderungen formuliert werden.[13]

Ein weiter ausgreifendes Verständnis guter Verwaltung nimmt auf einer Meso-Ebene auch übergreifende Steuerungsfaktoren dieser ersten Stufe in den Blick wie etwa Strukturentscheidungen für Organisation, Verfahren, Mittel und Personal oder auch vorgelagerte Entscheidungen für den Einsatz bestimmter Instrumente.[14]

Die mittlere Ebene ist wiederum beeinflusst von der Makro-Ebene verfassungsrechtlicher, parlamentarischer und gubernativer Steuerung, auf der die zentralen Strukturentscheidungen für die Einrichtung von Verwaltungen, die Aufgabenzuweisung, grundlegende Verfahrensanforderungen und für den Einsatz finanzieller und personeller Mittel getroffen werden. Begrifflich fällt diese „höchste" Entscheidungsebene regelmäßig mit den Adressaten und den Zielen von *good governance* zusammen.[15] Konzepte

---

weitest mögliche Definition in Art. 1 Abs. 2 der Empfehlung des Minister-Komitees des Europarates zu guter Verwaltung (Recommendation CM/Rec(2007)7 of the Committee of Ministers to member states on good administration v. 20.6.2007), der *public authorities* definiert als „any public law entity of any kind or at any level, including state, local and autonomous authorities, providing a public service or acting in the public interest; any private law entity exercising the prerogatives of a public authority responsible for providing a public service or acting in the public interest."

[13] Dass diese Mikro-Ebene Anknüpfungspunkt für die Maßstabs- und Steuerungslehre ist, zeigt *Hartmut Bauer* Lehren vom Verwaltungsrechtsverhältnis, 2022, insb. Rn. 14, 152, 202 ff. Zu Art. 41 GRCh s. sogleich unter 2. c).

[14] Fragen der effizienten Organisation und Verfahrensabläufe stellen sich ebenfalls eher auf einer übergeordneten Ebene, sind aber für die Entscheidungsebene relevant. Auf die Bedeutung übergeordneter Strukturentscheidungen für Individualvorgänge weist auch *Schmidt-Aßmann* Ordnungsidee (Fn. 1), 1/29, hin.

[15] Deutlich wird dies etwa in Art. 12 des sog. Cotonou-Abkommens (Partnerschaftsabkommen 2000/483/EG zwischen den Mitgliedern der Gruppe der Staaten in Afrika, im Karibischen Raum und im Pazifischen Ozean einerseits und der Europäischen Gemeinschaft und ihren Mitgliedstaaten andererseits, unterzeichnet in Cotonou am 23.6.2000, ABl. 2000 Nr. L 317/3, zuletzt geändert durch den Beschluss Nr. 1/2022 des AKP-EU-Botschafterausschusses vom 21.6.2022 [...], ABl. 2022 Nr. L 176/88), der unter der Überschrift „Gute Regierungsführung" sowohl transparente, verantwortungsvolle, rechenschaftspflichtige und partizipative Regierungen wie auch einen ebensolchen Institutionenaufbau voraussetzt als auch konkrete verwaltungsbezogene Postulate formuliert: So sind ein diskriminierungsfreier, universeller Zugang zu öffentlichen Dienstleistungen zu gewährleisten, günstige Rahmenbedingungen für Transparenz und Rechenschaftspflicht in der öffentlichen Verwaltung im Allgemeinen und in den Bereichen der öffentlichen Finanzierungen und der Steuerverwaltung im Besonderen zu schaffen einschließlich der Verbesserung der Integrität

guter Verwaltung fügen sich auch sozial- und rechtswissenschaftlich in übergreifende Diskurse zu *good governance* ein, ohne klar von diesen unterschieden werden zu können.

Ein gestufter Blick auf gute Verwaltung[16] erlaubt eine Differenzierung nicht nur in institutionell-hierarchisch konstituierten Verwaltungen, sondern lässt sich funktional verstanden auf weniger hierarchisch organisierte Verwaltungen wie Kommunen, unabhängige Agenturen oder kollegiale Gremien übertragen. Je flacher die Hierarchien sind, desto eher liegen Entscheidungszuständigkeiten in einer Hand; in Bundesstaaten wie der Bundesrepublik oder der föderal konstituierten Europäischen Union fallen Sachregelungs- und Ausführungskompetenzen im Unterschied etwa zur strikten Ebenentrennung in den USA allerdings regelmäßig auseinander.[17]

Mit den funktionalen Zugriffsebenen sind daher auch nicht zugleich die verschiedenen Stufen internationaler oder föderaler Mehrebenensysteme gemeint. Das jeweilige Konzept guter Verwaltung lässt sich vielmehr auf alle Ebenen der internationalen, der europäischen oder der nationalen Bundes- oder Landesverwaltung übertragen und muss seinerseits auch die spezifischen ebenenübergreifenden Aspekte gegenseitiger Interdependenzen und harter oder weicher Steuerung berücksichtigen.

b) *Bewertungsfaktoren*

Auch die das Qualitätsurteil „gut" tragenden Bewertungsmaßstäbe variieren.

In demokratischen Rechtsstaaten kommt der Rechts- und Verfassungsbindung notwendig eine zentrale Funktion zu, so dass die verfassungsrechtlichen Mindestanforderungen der Achtung der Menschenwürde, des Grundrechtsschutzes, der Gleichheit, Rechtsstaatlichkeit und einer demo-

---

und Unabhängigkeit der Governance-Institutionen, solide, wirksame, rechenschaftspflichtige und transparente Finanzverwaltungssysteme aufzubauen, administrative Engpässe zu beseitigen und Regulierungsdefizite anzugehen. Zu *good governance* im völkerrechtlichen Kontext s. noch u. unter 2. a).

[16] Zu einem parallelen Zugriff des Verwaltungsrechts auf diese Vorgänge s. *Schmidt-Aßmann* Ordnungsidee (Fn. 1), 1/30: „Wie die Verfassung auf eine rechtlich konstituierte Staatlichkeit insgesamt zielt, so muß das Verwaltungsrecht die Verwaltung insgesamt, d.h. in ihren Außen- und in ihren Innenbeziehungen, im punktuellen Kontakt mit dem Bürger, aber auch in ihren größeren Entscheidungszusammenhängen erfassen. „Innen" und „Außen" sind damit nicht notwendig in eins zu setzen. [...] Aber die „inneren" Vorgänge sind der Hintergrund, der zur Ordnung und Erklärung der einzelnen nach außen wirkenden Aktivitäten wichtig ist."

[17] Hierauf verweist auch *Eberhard Schmidt-Aßmann* Das Verwaltungsrecht der Vereinigten Staaten von Amerika, 2021, 110 ff.; vergleichend *Matthias Ruffert* Law of Administrative Organization of the EU, 2020, 203 ff.

kratischen Grundordnung grundsätzlich zusammen mit dem einfachen Recht einen unverzichtbaren Mindestbewertungsmaßstab darstellen.[18]

In Bezug auf Staaten mit defizitären demokratischen und rechtsstaatlichen Strukturen beschränkt sich ein Konzept guter Verwaltung als Teil von *good governance* teilweise auf ein Minimum elementarer rechtlicher Maßstäbe – jedenfalls als Zwischenziel. Demgegenüber ist es grundsätzlich ein Charakteristikum guter Verwaltung, sich nicht in der Verfassungs- und Gesetzmäßigkeit des Verwaltungshandelns zu erschöpfen, sondern dieses zusätzlichen Maßstäben zu unterwerfen, die nicht notwendig rechtlich fixiert sind, aber stets präskriptive Orientierungen formulieren. Plakativ werden diese Maßstäbe auch als „Rechtmäßigkeit plus X" bezeichnet.[19]

In Abhängigkeit von Entwicklungsstand, Verwaltungskultur, politischen oder exekutiven Präferenzentscheidungen rechnen zu diesen zur Rechtmäßigkeit hinzutretenden Maßstäben etwa Effizienz-, Effektivitäts-, Transparenz- oder Verhaltensgebote, Billigkeit, *accountability*, Partizipation und Zügigkeit, Gebote der Professionalität und Korruptionsbekämpfung, Leitbilder für einen digitalen und nachhaltigen Staat, resiliente Behörden, schlanke Städte und vor allem eine bürgernahe Verwaltung – in einer beliebig fortzusetzenden Liste.

Anspruch und Niveau der „guten" Verwaltung hängen also maßgeblich von der Verkopplung rechtlicher und außerrechtlicher, zwingender und optionaler, fremd- und selbstgesetzter Maßstäbe ab. Konzepte guter Verwaltung sind daher notwendig wertungsabhängig und entwicklungsoffen.

An praktischen Beispielen und Entwicklungsschritten des Verständnisses von guter Verwaltung lassen sich Auswahl und Zusammenspiel rechtlicher und außerrechtlicher Bewertungsfaktoren illustrieren.

2. *Praktische Beispiele für Konzepte guter Verwaltung*

a) *Gute Verwaltung als Teil völkerrechtlicher good governance*

Im Rahmen des internationalen Entwicklungshilferechts wird die Verpflichtung zu *good governance*, also guter Regierungsführung bzw. guter Staatsleitung, bereits seit einigen Jahren dazu eingesetzt, Investi-

---

[18] Allgemein- und spezialgesetzliche Handlungs-, Organisations- und Verfahrensvorgaben bilden auf der Basis der Gesetzesbindung der Verwaltung ebenso wie grundrechtliche und kompetenzielle Verfassungsvorgaben den Rahmen für jedes Verwaltungshandeln.

[19] So in der Sache selbst skeptisch *Andreas Funke* Maßstäbe des Verwaltungshandelns – Dekonstruktion eines Lehr- und Forschungsfeldes, in: Wolfgang Kahl/Ute Mager (Hrsg.) Verwaltungshandeln, 2022, 53 (56 ff.); für den Bereich des EU-Rechts *Katarzyna Herrmann/Maren Rimbach* Maßstäbe des Verwaltungshandelns der EU-Kommission, ebd., 81 (99 ff.).

tionssicherheit für Geberländer und Investoren durch Strukturbildung sicherzustellen:[20]

Ein basales Konzept guter Verwaltung ist hier inzwischen integraler Teil übergreifender Governance-Anforderungen, die im sog. Cotonou-Abkommen zwischen der EU und den AKP-Staaten aus dem Jahr 2000 auch völkervertragsrechtlich festgeschrieben und unmittelbar zusammen mit Menschenrechten, Demokratie und Rule of Law zum Gegenstand des poli-

---

[20] Mit dem theoretischen Background der wirtschafts- und sozialwissenschaftlichen neuen Institutionenökonomik wurde der Begriff der *good governance* in den 1990er Jahren im Zusammenhang mit Entwicklungshilfeprojekten der Weltbank geprägt, um insbesondere nach dem damaligen Ende des Ost-West-Konflikts einem Scheitern kostenintensiver Entwicklungshilfeprojekte in Krisenstaaten mit sog. *poor* oder *bad governance* vorzubeugen und die Interessen der Geber zu schützen. Zu *good governance* in diesem Kontext s. *Andreas Voßkuhle* Neue Verwaltungsrechtswissenschaft, in: ders./Martin Eifert/Christoph Möllers (Hrsg.) Grundlagen des Verwaltungsrechts I, 3. Aufl. 2022, § 1 Rn. 68; *Schuppert* in: Voßkuhle/Eifert/Möllers (Fn. 11), GVwR I³, § 17 Rn. 18 ff.; ferner *Rudolf Dolzer* Good Governance: Neues transnationales Leitbild der Staatlichkeit?, ZaöRV 64 (2004), 535 ff.; vgl. auch die Beiträge in *ders./Matthias Herdegen/Bernhard Vogel* (Hrsg.) Good Governance. Gute Regierungsführung im 21. Jahrhundert, 2007; *Eberhard Bohne* Verwaltungswissenschaft I, 2023, 132 f.; ferner *Franz Nuscheler* Good Governance. Ein universelles Leitbild von Staatlichkeit und Entwicklung?, INEF-Report 96/2009; kritisch *Naomi Reniutz-Ursoiu* Economic efficiency and legality as criteria for the development of good administration in a globalized order, in: Anna-Sara Lind/Jane Reichel (Hrsg.) Administrative law beyond the state – Nordic perspectives, 2013, (248 ff). Auch die Venedig-Kommission weist auf den fehlenden zwingenden rechtlichen Gehalt des Konzepts hin; vgl. *European Commission for Democracy through law (Venice Commission)* Stocktaking on the notions of „good governance" and „good administration" v. 9.3.2011, Study no. 470/2008, 18 Rn. 75 (Vorfassung): „[...] the Venice Commission considers that the concept of good governance can offer some guidance especially for States in a transition process provided it is not used to weaken key requirements in terms of democracy, rule of law and human rights. In that sense, good governance can only exist in societies where democratic institutions and processes including transparency and accountability prevail, and where the authorities respect and comply with the full range of human rights. The lack of consensus of the exact content of the concept of good governance including within the Council of Europe, combined with its non-legal nature and quasi-absence at the domestic level, makes it however difficult to turn it into a workable principle." Mit dem nicht unumstrittenen Begriffspaar wurden zunächst nur die unverzichtbaren rechtsstaatlichen Infrastrukturen verbunden, an denen es in den betreffenden Staaten gerade fehlt[e]. Weitere Bestandteile des Konzepts der *good governance* waren aber stets auch das Erfordernis und der „Aufbau von funktionierenden Verwaltungsstrukturen zum verbesserten Management des öffentlichen Sektors, die Transparenz des Regierungs- und Verwaltungshandelns, besonders bei der Verwendung von eigenen und externen Finanzressourcen [...]", Verantwortlichkeit der Regierenden im Sinne von *accountability*, die Bekämpfung der Korruption und – ebenfalls nicht unumstritten – die Achtung grundlegender politischer und sozialer Menschenrechte; so auch *Nuscheler* ebd., 14.

tischen Dialogs wie auch regelmäßiger Überprüfungen der Entwicklungsfortschritte gemacht worden sind.[21]

Das im November 2023 unterzeichnete Nachfolgeabkommen[22] stellt *good governance* in Verbindung mit Rechtsstaatlichkeit nun durchgängig auf eine Stufe mit Menschenrechten, Demokratie, Frieden und Sicherheit und geht in seinen die Verwaltung betreffenden Konkretisierungen weit über den Text des Vorgängerabkommens hinaus.[23]

Von einem ursprünglich eng rechtsstaatlichen Maßstab auf der Makro-Ebene emanzipiert sich der völkerrechtliche Begriff der *good governance* damit sukzessive zu einem breit angelegten strategischen Konzept guter, effizienter, transparenter und rechenschaftspflichtiger Regierung und Verwaltung sowohl auf der Makro- als auch auf Meso- und Mikro-Ebene. *Good governance* und gute Verwaltung sind in diesem Konzept eng miteinander verknüpft.

---

[21] Vgl. Art. 8 Abs. 4, Art. 9 Abs. 3 und 4, Art. 20 Abs. d) des Partnerschaftsabkommens zwischen den Mitgliedern der Gruppe der Staaten in Afrika, im Karibischen Raum und im Pazifischen Ozean einerseits und der Europäischen Gemeinschaft und ihren Mitgliedstaaten andererseits, unterzeichnet in Cotonou am 23.6.2000, ABl. EG Nr. L 317/3; s. bereits die Nachweise in Fn. 15. Das Cotonou-Abkommen wird ab 1.1.2024 durch das am 15.11.2023 unterzeichnete Samoa-Abkommen ersetzt, das zunächst vorläufig in Kraft treten wird. In der deutschen Übersetzung ist die „verantwortungsvolle Staatsführung" gemäß Art. 9 Abs. 3 UAbs. 3 ein fundamentales Element dieses Abkommens, wenngleich relevante Verstöße auf schwere Fälle von Korruption beschränkt werden. Nach Art. 61 Abs. 2 des Abkommens hängen direkte Haushaltszuschüsse davon ab, dass eine transparente, verantwortungsvolle und effiziente Verwaltung der Mittel gewährleistet ist, das Land eine eigene und von den wichtigsten Gebern konsentierte Wirtschaftspolitik vorweisen kann und ein offenes und transparentes Beschaffungswesen existiert.

[22] S. die Pressemitteilung des Rates der EU vom 15.11.2023; zum Text des sog. Samoa-Übereinkommens s. das Interinstitutionelle Dossier 2021/0145(NLE) des Rates der EU vom 19.7.2023, 8372/1/23 REV 1; zum Beschluss des Rates s. ebd. 8371/23.

[23] Vgl. Art. 1 Abs. 3a, Abs. 12 und insb. Art. 13 des Samoa-Abkommens (Fn. 22): „Die Vertragsparteien erkennen die Bedeutung gut ausgestatteter, effizienter und wirksamer Systeme und Verfahren für den öffentlichen Dienst mit einer starken personellen Basis an und verpflichten sich, die Zusammenarbeit in diesem Bereich zu fördern. Sie vereinbaren ferner eine Zusammenarbeit, um ihre Verwaltungen zu modernisieren und einen rechenschaftspflichtigen, effizienten, transparenten und professionellen öffentlichen Dienst aufzubauen. In dieser Hinsicht zielen die Bemühungen unter anderem darauf ab, im Einklang mit ihren jeweiligen Strategien für die wirtschaftliche und soziale Entwicklung die organisatorische Effizienz zu verbessern, die Wirksamkeit der Institutionen bei der Erbringung von Dienstleistungen zu erhöhen, die Einführung von E-Governance und digitalen Diensten und die Digitalisierung öffentlicher Register zu beschleunigen und die Dezentralisierungsprozesse zu stärken".

b) Gute Verwaltung als Stabilitäts- und Rechtsmaßstab im Europarat

Das Europarecht kennt keinen einheitlichen Begriff guter Verwaltung:[24]

Im Europarat geht es einerseits gegenüber Staaten, die Transformationsprozesse im Übergang von diktatorischen zu demokratischen Ordnungen noch nicht vollständig vollzogen haben oder in alte Muster zurückfallen, noch vorrangig um die Sicherung rechtsstaatlicher und demokratischer Verwaltungsstrukturen auf der gubernativen Makro-Ebene.[25] Zugleich hat der Europarat andererseits bereits in den 1970er Jahren auch damit begonnen, Anforderungen an mitgliedstaatliche Verwaltungsverfahren zu stellen, die er auf der Basis früher Resolutionen und Empfehlungen 2007 in einer Empfehlung zu guter Verwaltung zusammengefasst[26] und jüngst in einer neuen Empfehlung bestätigt hat.[27] Wenngleich nur *soft law* lässt sich diesen Empfehlungen eine konkrete, normativ formulierte Vorstellung von guter Verwaltung entnehmen.[28] Ziel der Empfehlungen ist es, anhand von gemein-

---

[24] Im Rahmen des Europarats wie auch in der Europäischen Union variieren die Zielsetzungen guter Verwaltung in Abhängigkeit von den Adressaten, dem Entwicklungsstand der jeweiligen Verwaltungssysteme und den gewählten Bewertungsmaßstäben. Zum Verhältnis der unterschiedlichen Konzepte in der EU und im Rahmen des Europarats s. *Ulrich Stelkens/Agnė Andrijauskaitė* Introduction: Setting the scene for a ‚True European Administrative Law', in: dies. (Hrsg.) Good Administration and the Council of Europe: Law, Principles, and Effectiveness, 2020, 1 (4 ff.).

[25] S. hierzu aber das gemeinsame Programm *Partnership for Good Governance* (PGG) von EU und Europarat zur Intensivierung der Zusammenarbeit in und mit Staaten in Ost-Europa.

[26] S. die Recommendation on good administration CM/Rec(2007)7 (Fn. 12); s. dort in der Präambel die Liste der vorangegangenen Resolutionen und Empfehlungen ab der Resolution (77) 31; hierzu instruktiv *Ulrich Stelkens* Europäisches Verwaltungsrecht, Europäisierung des Verwaltungsrechts und Internationales Verwaltungsrecht, in: Paul Stelkens/Heinz Joachim Bonk/Michael Sachs (Hrsg.) VwVfG, 10. Aufl. 2023, EuR Rn. 25 ff. m.w.N.; ferner *ders./Agnė Andrijauskaitė* Sources and Content of the Pan-European General Principles of Good Administration, in: dies. (Hrsg.) Good Administration and the Council of Europe: Law, Principles, and Effectiveness, 2020, 19 ff.; s. auch *Maria Bertel*, Historische Konstanten und neue Impulse in der Entwicklung des verfassungsrechtlichen Verständnisses von „guter Verwaltung", DVBl 2023, 1029 (1033 f.); zu den frühen Empfehlungen des Europarats vor 2007 bereits *Kai-Dieter Classen* Gute Verwaltung im Recht der Europäischen Union, 2008, 206 ff.

[27] S. die Recommendation CM/Rec(2023)5 of the Committee of Ministers to member States on the principles of good democratic governance vom 6.9.2023, die in einem eigenen Abschnitt unter der Überschrift „the practice of good administration" drei Prinzipien guter Verwaltung (*efficient, effective and sound administration; leadership, capability and capacity; responsiveness*) auflistet; vgl. auch das auf der Seite des Europarats abrufbare Explanatory Memorandum zur Empfehlung.

[28] Trotz formeller Unverbindlichkeit dienen die Empfehlungen auch als Bezugspunkte in der Rechtsprechung des Europäischen Gerichtshofs für Menschenrechte; vgl. nur jüngst

samen Standards ein rationales und effizientes Modell für die Gesamtheit der Verwaltungen zu entwerfen.[29] In diesem holistischen Verständnis von guter Verwaltung unterscheiden sich Europarat und Europäische Union fundamental.

Der Europarat weist ausdrücklich darauf hin, dass es sich bei guter Verwaltung um einen Aspekt von *good governance* handelt, der sich nicht in rechtlichen Regelungsstrukturen erschöpft, sondern von der Qualität der Verwaltungsorganisation und -leitung abhängt, den Anforderungen von Effektivität und Effizienz genügen und gesellschaftlichen Bedürfnissen entsprechen soll.[30] Die in drei Punkte unterteilte frühere Empfehlung zu guter Verwaltung von 2007 bezieht sich 1. auf das klar und eindeutig untergeordnete Verhältnis von *good governance* gegenüber Rechtsstaatlichkeit und Demokratie, 2. auf Strukturentscheidungen in Bezug auf Organisation und Verfahren mit sehr konkreten Empfehlungen zur Gewährleistung von Effizienz, Effektivität und *value-for-money*[31], sowie 3. auf das individualbezogene Verwaltungshandeln, für das die Empfehlung die Zuerkennung eines individuellen Rechts auf gute Verwaltung fordert. Dieses soll über einen Verwaltungsverfahrensgesetz-ähnlichen Muster-Kodex gewährleistet werden, dessen Einhaltung und effektive Umsetzung durch Beschäftigte der

---

EGMR, 22.6.2023, Guiliano Germano v. Italy, no. 10794/12, Rn. 49 ff. und 110 ff. (Willkürschutz in administrativen Entscheidungsverfahren), der in derselben Entscheidung in Rn. 53 f. und 112 seinerseits in Bezug auf Anhörungsrechte als Ausprägung guter Verwaltung auf Art. 41 GRCh verweist.

[29] Vgl. die Empfehlung CM/Rec(2007)7 (Fn. 12), 15, die im zusammenfassenden „Klappentext" explizit auf den breit angelegten Zweck verweist, auf alle Verwaltungen und zugleich auf ihre Beziehungen zu Privatpersonen Anwendung zu finden. Die Empfehlung geht auf einen Auftrag der Parlamentarischen Versammlung des Europarats von 2003 (Recommendation 1615(2003)) im Zusammenhang mit der Einrichtung von Ombudspersonen im nationalen Recht zurück; sie enthält lediglich drei ausdrückliche Empfehlungen und einen Muster-„*Code of good administration*", bringt aber bereits in der ausführlichen Präambel das offene, holistische Verständnis von guter Verwaltung zum Ausdruck.

[30] Des weiteren sollen öffentliche Güter und Interessen geschützt, budgetäre Erfordernisse berücksichtigt und Korruption in jeder Form bekämpft werden; vgl. Empfehlung CM/Rec(2007)7 (Fn. 12), 3; zum Verhältnis von guter Verwaltung, Korruptionsbekämpfung und *good government* s. *Juli Ponce* The right to Good Administration and the role of Administrative Law in promoting good government, in: Agustí Cerrillo-i-Martínez/Juli Ponce (Hrsg.) Preventing Corruption and Promoting good Government and Public Integrity, 2017, 25 ff.

[31] Vgl. die Empfehlung CM/Rec(2007)7 (Fn. 12), 4: Die Mitgliedstaaten sollen die Erreichung der Ziele durch indikatorbasierte Zielfestlegungen, periodische Überprüfungen der Zielerreichung und Kosten-Adäquanz oder die permanente Anpassung der Instrumentenwahl sicherstellen.

öffentlichen Hand auch auf der kommunalen und regionalen Ebene „mit allen verfassungsrechtlichen Mitteln" durchgesetzt werden solle.[32]

Die Venedig-Kommission[33] hat diesen weiten Rechtsbegriff guter Verwaltung aufgegriffen und grenzt ihn in Bezug auf seine Rechtsqualität deutlich von *good governance* ab. Als „allgemeine Grundsätze guter Verwaltung und Rechtsstaatlichkeit" macht sie ihn zu einem Maßstab der rechtlichen Bewertung nationaler Regelungsstrukturen.[34]

Auch in der Rechtsprechung des EGMR deutet sich diese Differenzierung zwischen Mindestanforderungen von *good governance* gegenüber Transitionsstaaten[35] und der Sanktionierung von Verfahrensverstößen im

---

[32] Der Muster-Kodex findet auf die Beziehungen der Verwaltung zu natürlichen und juristischen Personen Anwendung und liest sich wie ein allgemeines Verwaltungsverfahrensgesetz. Er enthält sowohl Prinzipien guter Verwaltung, zu denen Gesetzmäßigkeit, Gleichheit, Unparteilichkeit, Verhältnismäßigkeit, Rechtssicherheit, Zeitgerechtigkeit, Partizipation, der Schutz der informationellen Selbstbestimmung und Transparenz gehören, als auch Verfahrensregelungen wie Anhörungs- und Beteiligungsrechte, Begründungspflichten oder Regelungen zum Vertrauensschutz und schließlich eine Empfehlung für ein inneradministratives Widerspruchsverfahren vor dem obligatorisch einzurichtenden gerichtlichen Rechtsschutz sowie für die Anerkennung von Amtshaftungsansprüchen.

[33] *Venedig-Kommission* Aktualisierte Bestandsaufnahme v. 8.4.2011, Study no. 480/2008 DCL-AD(2011)009, Stocktaking on the notions of „good governance" and „good administration", 4 Rn. 11: „Good governance is often said to include good administration. The principle of good administration is based on clearly identifiable procedural rights, the alleged violation of which can be invoked before a court. It is therefore widely accepted that good administration is a legal concept in itself, which is enshrined in international documents as well as in the legal order of several states. This difference in nature must be borne in mind and good governance can therefore not been equated with good administration."

[34] Vgl. z.B. die Pressemitteilung der *Venedig-Kommission* Avis de la Commission de Venise sur la protection juridique des citoyens aux Pays-Bas, DC 185(2021), in der zur Sicherstellung eines allgemeinen Grundsätzen guter Verwaltung und Rechtsstaatlichkeit entsprechenden Gesetzesvollzugs die Einrichtung weicher Governance-Strukturen zur Qualitätssicherung eingefordert werden. Ein subjektives Recht auf gute Verwaltung bezieht sich in diesem Konzept nur auf einen Teilausschnitt guter Verwaltung und wird von der Kommission auch nur für konkret ausdifferenzierte Verfahrensrechte anerkannt. Vgl. *Venedig-Kommission* Aktualisierte Bestandsaufnahme (Fn. 33), 18: „The right to good administration should, however, not be seen as an enforceable right itself since it needs to be specified in a set of rights and obligations that are more concrete. It is only these that have the character of individual rights that every person may claim from the administration." Gleichwohl leitet die Kommission aus der Anerkennung als Rechtsprinzip neben aus Art. 6 EMRK abgeleiteten verfahrens- und materiell-rechtlichen Pflichten auch ausdrücklich nicht rechtlich fassbare individualgerichtete Organisations- und Verhaltenspflichten etwa in Bezug auf die Bürgernähe, Zugangsmöglichkeiten und die Ausbildung staatlicher Verwaltungen ab. Zu Unparteilichkeit, Fairness, Zeitgerechtigkeit, Rechtssicherheit, Verhältnismäßigkeit und Nichtdiskriminierung, Anhörungsrecht, Effektivität und Effizienz ebd. 18.

[35] So zieht der EGMR *good governance* als Grundsatz insbesondere für Transitionsstaaten wie zum Beispiel Rumänien heran, um Mindestanforderungen für die Effizienz rechts-

Rahmen von guter Verwaltung als Maßstab für die Grundrechtsgewährleistung an.[36] Gute Verwaltung in diesem Sinne kann auch Grundrechtsbeschränkungen rechtfertigen und wird so zugleich justiziabel.[37]

Im Europarat lässt sich damit ein differenziertes Verständnis von *good governance* und guter Verwaltung erkennen, das in seinen Anforderungen auf der Handlungsebene Verwaltungen umfassend in den Blick nimmt und über rein rechtliche Maßstäbe hinausgeht,[38] sich auf der Kontrollebene aber

---

staatlicher Verwaltungsstrukturen (etwa in Restitutionsfällen kommunistischer Enteignung) zu stellen und damit den grundsätzlich weiten Einschätzungsspielraum dieser Staaten im Übergang begrenzen und im Verletzungsfalle einen Verstoß gegen Konventionsrechte (insbesondere wegen unverhältnismäßiger Beschränkung) begründen zu können. Ein Verstoß gegen *good governance* stellt nicht bereits per se auch einen Verstoß gegen die EMRK dar, kann aber eine Verletzung eines in der EMRK und ihren Protokollen gewährten Rechts begründen, wenn der Ausgleich zwischen dem öffentlichen Interesse und den Individualinteressen nicht gewahrt wird. Vgl. zu strukturellen Verwaltungsmängeln und fehlender Effizienz etwa der staatlichen Restitutions- und Entschädigungsverfahren wegen kommunistischer Enteignungen in Rumänien EGMR, 8.11.2022, Văleanu u.a. v. Romania, No. 59012/17 und 29 weitere, Rn. 247 und 272 m.w.N.; EGMR (GK), 28.9.2004, Kopecký v. Slovakia, No. 44912/98, ECHR 2004-IX, Rn. 35; Pilot-Entscheidung ist EGMR, 12.10.2010, Maria Atanasiu u.a. v. Romania, No. 30767/05 und 33800/06, insb. Rn. 247 zum Verhältnis von öffentlichem Interesse und Individualrechtsschutz als beiderseitigen Ausprägungen von *good governance* sowie Rn. 272 zur Bedeutung von Verfahrensfristen und dem Erfordernis einer angemessenen Verfahrensdauer.

[36] In der jüngeren Rechtsprechung zieht der EGMR ein Recht auf gute Verwaltung heran, um in Staaten mit einer längeren rechtsstaatlichen Tradition konkrete Anforderungen für das Verwaltungsverfahren zu begründen und ggf. einen Verstoß gegen ein – hiervon verschiedenes – Konventionsrecht hierauf zurückzuführen. Systematisch erinnert dies an die Rechtsprechung des Bundesverfassungsgerichts zu Verfahrensausprägungen bestimmter Grundrechte. Vgl. EGMR, 22.6.2023, Giuliano Germano v. Italy, no. 10794/12, in der der Gerichtshof eine Verletzung von Art. 8 EMRK durch eine polizeiliche Verwarnung (in der Art einer Gefährderansprache) in einem Fall von Stalking und häuslicher Gewalt ohne Anhörung, ausreichende Begründung, zeitliche Befristung, Beschwerde- und Kontrollmöglichkeit oder sonstige verfahrensrechtliche Garantien ausgesprochen und zur Begründung dieser Verfahrenspflichten auf ein Recht auf gute Verwaltung zurückgegriffen hat.

[37] Vgl. EGMR, 22.6.2023, Giuliano Germano v. Italy, no. 10794/12, Rn. 47 und 113 auch zur Rechtfertigung von Einschränkungen von Anhörungsrechten unter Verweis auf das Prinzip guter und effizienter Verwaltung.

[38] Mögliche Elemente von *good governance* auf der Handlungsebene sind neben Schlüsselanforderungen an Transparenz und *accountability* und den rechtsstaatlich zwingenden Komponenten wie Rechtssicherheit, *rule of law* und Menschenrechten zusätzlich Anforderungen an Effizienz, Effektivität, Offenheit, Partizipation, Kohärenz, Gerechtigkeit, Ethos, Korruptionsbekämpfung, Zeitgerechtigkeit administrativer Entscheidungen und die Vereinfachung von Verfahren; vgl. *Venedig-Kommission* Aktualisierte Bestandsaufnahme (Fn. 33), 17; zur gleichzeitigen Begrenzung auf einen Mindeststandard von *good governance* als Kontrollmaßstab s. ebd., 5, 18; zur grundsätzlichen Unterscheidung von Handlungs- und Kontrollebene vgl. *Hoffmann-Riem/Pilniok* in: Voßkuhle/Eifert/Möllers (Fn. 4), GVR I³, § 12 Rn. 33.

auf einen Mindestschutz und die (ggf. auch gebündelt auftretende) Verletzung einzelner rechtlich abgesicherter Maßstäbe für das Verwaltungshandeln beschränkt. In diesem Verständnis bildet gute Verwaltung einen Teil von *good governance*, setzt allerdings das Erreichen der rechtsstaatlichen und demokratischen Mindestanforderungen und die grundsätzliche Einhaltung der Menschenrechte für seine Anwendung voraus.[39]

c) Perspektiven unionaler Konzepte guter Verwaltung

Demgegenüber gewährt Art. 41 GRCh jedermann ein Recht auf eine gute Verwaltung.[40] Der enge Begriff dieses Rechts auf eine gute Verwaltung greift wesentliche, vorrangig normative Gehalte guter Verwaltung auf

---

[39] Eine Konkretisierung dieses offenen Konzepts verspricht das breit angelegte rechtsvergleichende Projekt der paneuropäischen allgemeinen Rechtsgrundsätze, dessen erste Ergebnisse allerdings vor allem auch die Mannigfaltigkeit der Verfassungs- und Verwaltungsregime wie auch unterschiedliche Verwaltungskulturen vor Augen führen und damit vielfältige Perspektiven des Kaleidoskops guter Verwaltung abbilden; vgl. *Ulrich Stelkens/ Agnė Andrijauskaitė*, Added Value of the Council of Europe to Administrative Law: The Development of Pan-European General Principles of Good Administration by the Council of Europe and their Impact on the Administrative Law of its Member States, FÖV 86, Discussion Papers, 2017; *dies.* Introduction (Fn. 24) 1 ff.; *dies.* Mapping, Explaining, and Constructing the Effectiveness of the Pan-European Principles of Good Administration, in: dies. (Hrsg.) Good Administration and the Council of Europe: Law, Principles, and Effectiveness, 2020, 757 ff.; s. ferner die zahlreichen Länderberichte ebda.; hierzu auch *Ulrich Stelkens* Die paneuropäischen allgemeinen Rechtsgrundsätze guter Verwaltung des Europarats: Ein Europäisches Verwaltungsrecht jenseits der Europäischen Union?, VerwArch 112 (2021), 309 ff.: Konzept eines aus den unterschiedlichen Elementen zusammengesetzten „Turms der guten Verwaltung".

[40] Zum Recht auf gute Verwaltung s. nur *Classen* Gute Verwaltung (Fn. 26), insb. 402 ff. und passim; *Bertel* Historische Konstanten (Fn. 26), 1031 ff. insb. mit rechtsvergleichenden Bezügen; *Efstratiou* Der Grundsatz der guten Verwaltung (Fn. 8), 295 ff.; *Nehl* Good administration (Fn. 8), 322 ff.; *Eberhard Schmidt-Aßmann/Ann-Katrin Kaufhold* Der Verfahrensgedanke im deutschen und europäischen Verwaltungsrecht, in: Andreas Voßkuhle/Martin Eifert/Christoph Möllers (Hrsg.) Grundlagen des Verwaltungsrechts II, 3. Aufl. 2022, § 27 Rn. 29 f.; *Matthias Ruffert* Das Recht auf eine gute Verwaltung: Ein Grundrecht im Zentrum des verwaltungsbezogenen Europäischen Verfassungsrechts, in: Hartmut Bauer/Christian Calliess (Hrsg.) Verfassungsprinzipien in Europa, 2008 (SIPE IV), 273 ff.; *ders.*, in: Christian Calliess/Matthias Ruffert (Hrsg.) EUV/AEUV, 6. Aufl. 2022, Art. 41 GRCh Rn. 1 ff. m.w.N.; *Hans D. Jarass* in: ders. (Hrsg.) GRCh, 4. Aufl. 2021, Art. 41 Rn. 1 ff.; *ders./Martin Kment* EU-Grundrechte, 2. Aufl. 2019, § 36; *Siegfried Magiera* in: Jürgen Meyer/Sven Hölscheidt (Hrsg.) Charta der Grundrechte der Europäischen Union, 5. Aufl. 2019, Art. 41 Rn. 1 ff.; *Paul Craig* The Right to Good Administration, in: Steve Peers/Tamara Hervey/Jeff Kenner/ Angela Ward (Hrsg.) The EU Charter of Fundamental Rights, 2. Aufl. 2021, Art. 41. *Emilie Chevalier* Bonne administration et Union Européenne, 2014, insb. 111 ff., 165 ff.;

und fasst sie in einem subjektiven Recht zusammen. Ein durchaus zentraler, allerdings auf das Verhältnis der EU-Eigenverwaltung zu Privaten beschränkter Teilbereich guter Verwaltung wird so im Primärrecht quasi-verfassungsrechtlich fixiert.[41]

[Fn.] *Bucura C. Mihaescu Evans* The right to good administration at the crossroads of the various sources of fundamental rights in the EU integrated administrative system, 2015; ferner bereits *Ralf Bauer*, Das Recht auf eine gute Verwaltung im europäischen Gemeinschaftsrecht, 2002; *Kristin Pfeffer* Das Recht auf eine gute Verwaltung, 2006; *Diana-Urania Galetta* Inhalt und Bedeutung des europäischen Rechts auf eine gute Verwaltung, EuR 2007, 57 ff.; *Sebastian Heselhaus* Recht auf eine gute Verwaltung, in: ders./Carsten Nowak (Hrsg.) Handbuch der Europäischen Grundrechte, 2. Aufl. 2020, § 61; *Jill Wakefield* The right to good administration, 2007, 57 ff.; *Johannes Saurer* Der Einzelne im europäischen Verwaltungsrecht, 2014, 135 ff.; *Bernd Grzeszick* Das Grundrecht auf eine gute Verwaltung – Strukturen und Perspektiven des Charta-Grundrechts auf eine gute Verwaltung, EuR 2006, 161 ff.; aus vorrangig subjektiv-rechtlicher Perspektive *Simone Merkel* Das nationale Recht auf gute Verwaltung: Ein notwendiger Schritt zur Subjektivierung des deutschen Verwaltungsrechts, 2023, insb. 159 ff.; zum Verhältnis von guter Verwaltung und Maßstäben des Verwaltungshandelns s. *Pilniok* in: Kahl/Ludwigs (Fn. 6), HVwR V, § 123 Rn. 2 m.w.N.

[41] Auf diese doppelte Beschränkung auf Außenbeziehungen einerseits und die EU-Stellen andererseits weist *Magiera* in: Meyer/Hölscheidt (Fn. 40), Art. 41 Rn. 7 und 9 hin; s. auch *Saurer* Der Einzelne (Fn. 40), 137 ff. Eine Anwendung von Art. 41 GRCh auf die Verwaltungen der Mitgliedstaaten bei der Durchführung des Unionsrechts schließt der Gerichtshof wegen des insoweit eindeutigen Wortlauts der Norm aus, betont allerdings, dass die Mitgliedstaaten über die entsprechenden allgemeinen Rechtsgrundsätze des Unionsrechts gleichermaßen an die Einhaltung der verbürgten Verfahrensrechte gebunden sind. Art. 41 GRCh normiert damit grundsätzlich eine Ausnahme zu Art. 51 Abs. 1 GRCh; so auch EuGH (GK), 24.11.2020, R.N.N.S. u.a., Rs. C-225/19 u. C-226/19, Rn. 33 f.; EuGH, 26.3.2020, Luxaviation SA, Rs. C-113/19, Rn. 43 ff. m.w.N.; sehr weitgehend EuGH, 10.2.2022, Bezirkshauptmannschaft Hartberg-Fürstenfeld, Rs. C-219/20, Rn. 36 f.; differenzierend GA Bobek, Schlussanträge v. 7.9.2017, Ispas, Rs. C-298/16, Rn. 74 ff. zum Anwendungsbereich von Art. 41 GRCh und den darin konstitutionalisierten allgemeinen Rechtsgrundsätzen; zur früheren Rspr. *Jörg Gundel*, Der beschränkte Anwendungsbereich des Charta-Grundrechts auf gute Verwaltung: Zur fortwirkenden Bedeutung der allgemeinen Rechtsgrundsätze als Quelle des EU-Grundrechtsschutzes, EuR 2015, 80 ff.; *Ruffert* in: Calliess/Ruffert (Fn. 40), Art. 41 GRCh Rn. 8 f. m.w.N.; *Craig* Good Administration (Fn. 40), Art. 41.02 f.; von einer Geltung auch für die Mitgliedstaaten im Anwendungsbereich des EU-Rechts geht *Stefan Kadelbach* Unionsbürgerrechte, in: Dirk Ehlers/Claas Friedrich Germelmann (Hrsg.) Europäische Grundrechte und Grundfreiheiten, 5. Aufl. 2023, § 10.2 Rn. 77 aus, nimmt dabei allerdings ergänzend Bezug auf Rechtsprechung zum Grundsatz der ordnungsgemäßen Verwaltung. In komplexen Verfahren diagonaler Kooperation im Europäischen Verwaltungsverbund, in denen regelmäßig EU-Einrichtungen beteiligt sind, begründet zwar nicht schon die Anwendung von EU-Recht, jedenfalls aber die Supranationalisierung der konkreten Organisations- und Verfahrensformen und die hiermit verbundene Zurechnung zu unionalen Akteuren eine Anwendung von Art. 41 GRCh auch auf mitgliedstaatliche Verfahrensbeteiligungen.

aa) Inhalt und Verortung

Art. 41 GRCh gewährt nach seiner amtlichen Überschrift ein „Recht auf eine gute Verwaltung". In Titel V, dem Abschnitt zu den Bürgerrechten, wird das neue und einzigartige Recht in einen Zusammenhang zum Recht auf Zugang zu Dokumenten, zum Europäischen Bürgerbeauftragten und zum Petitionsrecht (Art. 42 bis Art. 44 GRCh) gestellt. Offensichtlich ist auch der in den Erläuterungen hergestellte Bezug zur Rechtsschutzgarantie in Art. 47 GRCh.[42]

Im ersten Absatz normiert Art. 41 GRCh ein allgemeines Recht jeder Person darauf, „dass ihre Angelegenheiten von den Organen, Einrichtungen und sonstigen Stellen der Union unparteiisch, gerecht und innerhalb einer angemessenen Frist behandelt werden." „Gerecht" wird aus dem Normzusammenhang überwiegend im Sinne allgemeiner Verfahrensgerechtigkeit und nicht als materielles Supergrundrecht auf eine oder sogar die richtige Entscheidung verstanden.[43]

Absatz 2 zählt nicht abschließend ein Anhörungsrecht, ein individuelles Aktenzugangsrecht und eine Begründungspflicht für Entscheidungen als konkrete Ausprägungen dieses Rechts auf eine gute Verwaltung auf. Absatz 3 vergrundrechtlicht den in Art. 340 Abs. 2 AEUV geregelten Schadensersatzanspruch bei Pflichtverletzungen der EU-Organe und Bediensteten. Absatz 4 stellt klar, dass das bereits an anderer Stelle verankerte Recht auf eine Kommunikation mit den EU-Organen in jeder EU-Amtssprache[44] zu den Ausprägungen eines Rechts auf gute Verwaltung in einem weiteren Sinn gehört.[45]

bb) Übergreifendes Verwaltungskonzept der Verträge

Zwar deuten andere primärrechtliche Normen wie Art. 298 AEUV mit dem Bekenntnis zu einer offenen, effizienten und unabhängigen europäi-

---

[42] S. die Erläuterung zu Art. 41 GRCh, ABl. EU 2007 Nr. C 303, 17 (28); klar EuG, 1.12.2021, Sopra Steria Benelux, Rs. T-546/20, Rn. 35 f.; s. auch Schlussanträge des GA Pikamäe v. 9.9.2020, R.N.N.S. u.a., Rs. C-225/19, Rn. 114; *Craig* Good Administration (Fn. 40), Art. 41.04 f.

[43] So überzeugend *Jarass* in: ders. (Fn. 40), Art. 41 Rn. 15; *ders./Kment* EU-Grundrechte (Fn. 40), § 36 Rn. 25; weiter im Hinblick auf ein umfassendes Streben nach einer allgemeinen „Verwaltungsgerechtigkeit" wohl *Heselhaus* in: ders./Nowak (Fn. 40), § 61 Rn. 6; auch *Grzeszick* Gute Verwaltung (Fn. 40), 175 ff.; skeptisch auch *Hans-Werner Laubinger* Art. 41 GRCh (Recht auf eine gute Verwaltung) im Lichte des deutschen Verwaltungsrechts, in: Veith Mehde/Ulrich Ramsauer/Margrit Seckelmann (Hrsg.) FS Bull, 2001, 659 (665 ff.).

[44] S. Art. 10 Abs. 2d und Art. 24 Abs. 4 AEUV.

[45] Eingehend zu den verschiedenen Einzelausprägungen von Art. 41 GRCh mit Verweisen auch auf die Rspr. *Ruffert* in: Calliess/Ruffert (Fn. 40), Art. 41 GRCh Rn. 10 ff.; *Jarass* in: ders. (Fn. 40), Art. 41 Rn. 14 ff.; *Heselhaus* in: ders./Nowak (Fn. 40), § 61 Rn. 39 ff.

schen Verwaltung und Art. 10 Abs. 3 S. 2 EUV mit einer Verpflichtung zu möglichst offenen und bürgernahen Entscheidungen ein weiter ausgreifendes Verständnis guter Verwaltung für die EU-Verwaltung an, nehmen aber im Unterschied zu Art. 41 GRCh nicht ausdrücklich zugleich auf „gute Verwaltung" Bezug.[46] Die Erläuterungen zu Art. 41 GRCh verweisen lediglich auf die Rechtsetzungskompetenz aus Art. 298 AEUV zum Erlass allgemeiner Regelungen für diese offene, effiziente und unabhängige Verwaltung. Jedenfalls der Verweis auf die Effizienz und die Unabhängigkeit der Verwaltung deutet an, dass sich das primärrechtliche Bild der Verwaltung nicht auf das von Art. 41 GRCh adressierte Verwaltungsrechtsverhältnis und etwaige objektive Reflexwirkungen beschränkt.[47] Dies entspricht im Übrigen auch der Praxis der EU-Kommission gegenüber Erweiterungskandidaten wie auch im Rahmen der Strukturfonds-Mittelvergabe, sehr konkrete indikatorbasierte Zielvorgaben für die Verwaltungen mittels eines ausdifferenzierten Monitoring-Systems umzusetzen.[48]

---

[46] Zu Art. 298 AEUV *Ruffert* in: Calliess/Ruffert (Fn. 40), Art. 298 AEUV Rn. 1 ff.; *Eberhard Schmidt-Aßmann/Bettina Schöndorf-Haubold* Verfassungsprinzipien für den Europäischen Verwaltungsverbund, in: Andreas Voßkuhle/Martin Eifert/Christoph Möllers (Hrsg.) Grundlagen des Verwaltungsrechts I, 3. Aufl. 2022, § 5 Rn. 84 ff.; wie hier *Efstratiou* Der Grundsatz der guten Verwaltung (Fn. 8), 295 ff.

[47] Zum über Art. 41 GRCh hinausgehenden Gehalt auch *Nehl* Good administration (Fn. 8), 338 ff. Ein übergreifendes Verständnis zeigt sich auch in der verknüpfenden Bezugnahme des Europäischen Parlaments auf das Recht auf gute Verwaltung, allgemeine Grundsätze des Verwaltungsrechts, den Kodex für gute Verwaltungspraxis, die Empfehlung CM/Rec(2007)7 des Ministerkomitees des Europarats (Fn. 12), die „Grundsätze des öffentlichen Dienstes" des Europäischen Bürgerbeauftragten (s.u. Fn. 63), auf frühere Entschließungen zu einem EU-Verwaltungsverfahrensrecht bzw. einer EU-Verordnung für eine offene, effiziente und unabhängige Verwaltung der EU, wie es sie etwa jüngst in seiner legislativen Entschließung vom 22.11.2023 mit Empfehlungen an die Kommission für Digitalisierung und Verwaltungsrecht (2021/2161(INL)) vorgenommen hat. In diese Richtung auch *Ian Harden* European Ombudsman, in: Steve Peers/Tamara Hervey/Jeff Kenner/Angela Ward (Hrsg.) The EU Charter of Fundamental Rights, 2. Aufl. 2021, Art. 43.48 ff.

[48] Das prominente Recht auf eine gute Verwaltung aus Art. 41 GRCh scheint die Diskussion über gute Verwaltung zu monopolisieren. Dass ein übergreifendes objektives Konzept guter Verwaltung auch als Teil von *good governance* der Kommission nicht fremd ist, zeigen bereits die Reformüberlegungen im Weißbuch „Europäisches Regieren", das darauf zielte, Gesetzgebung und Verwaltung stärker an den Grundsätzen der Offenheit, Partizipation, Verantwortlichkeit, Effektivität und Kohärenz auszurichten; s. Mitteilung der Kommission vom 25.7.2001 „Europäisches Regieren – Ein Weißbuch", KOM(2001) 428 endg., ABl. EG 2001 Nr. C 287, 1; hierzu *Christoph Möllers* European Governance: Meaning and Value of a Concept, CMLR 43 (2006), 313 ff.; *Classen* Gute Verwaltung (Fn. 26), 224 ff.; skeptisch *Ulrich K. Preuß* Regieren ohne Demos: Die Regierungsdebatte aus rechtswissenschaftlicher Sicht, in: Thomas Bruha/Carsten Nowak (Hrsg.) Die Europäische Union nach Nizza: Wie Europa regiert werden soll, 2003, 49 ff. Deutlich konkretere Empfehlungen zur Verbesserung der Verwaltungsqualität enthalten vielfältige Leitfäden, die die Kommission

Entstehungsgeschichte und Verortung des Rechts auf eine gute Verwaltung in der Grundrechtecharta erklären die subjektiv-rechtliche Engfassung, ohne die Frage zu beantworten, ob und in welchem Verhältnis dieses subjektive Recht zu einem übergreifenden Konzept guter Verwaltung steht.[49] Politisches Ziel der Verankerung dieses so bezeichneten Rechts in der Grundrechtecharta war nach Korruptionsskandalen und Vorwürfen der Vetternwirtschaft gegen die schließlich zurückgetretene Santer-Kommission jedenfalls auch der Wiedergewinn des verlorenen Vertrauens in der Bevölkerung.[50]

Diskussionen im Grundrechtekonvent über abweichende Überschriften wie ein „Recht auf eine ordnungsgemäße Verwaltung" oder nur „Bezie-

---

etwa im Kontext der Strukturfondsförderung Empfängerstaaten an die Hand gibt; s. z.B. den umfassenden Leitfaden der *Europäischen Kommission* Quality of Public Administration, A Toolbox for Practitioners, 2017; vgl. *Clemens Ladenburger* Das Verhältnis von Verwaltungsrechtswissenschaft und Verwaltungsrechtspraxis, in: Wolfgang Kahl/Ute Mager (Hrsg.), Verwaltungsrechtswissenschaft und Verwaltungsrechtspraxis, 2019, 69 (79). Auf Mindestanforderungen von *good governance* im Erweiterungsprozess kann hier nur hingewiesen werden. Insbesondere letztere setzen – unterhalb der Schwelle rechtlicher Verbindlichkeit – eine Mindeststandards entsprechend gute Verwaltung (*overall approach*) mit einem ausdifferenzierten indikatorbasierten Monitoring-System für Beitrittskandidaten der EU voraus; s. die zusammen mit der OECD erarbeiteten SIGMA-Prinzipien mit den grundlegenden Anforderungen für den Erweiterungsprozess „*as a minimum benchmark of good administration*", um die Gewähr für eine Umsetzung des EU-Acquis sicherzustellen. Die Umsetzung der Prinzipien wird durch ein *Monitoring Framework* mit quantitativen und qualitativen Indikatoren begleitet; vgl. die SIGMA-Prinzipien von 2017 bzw. in der Neuauflage von November 2023 <www.sigmaweb.org/publications/Principles-of-Public-Administration-2023.pdf> (9.12.2023).

[49] Eingehend *Classen* Gute Verwaltung (Fn. 26), insb. 41 ff. und 54 ff. m.w.N.; *Michael Fehling* Europäisches Verwaltungsverfahren und Verwaltungsprozessrecht, in: Jörg Philipp Terhechte (Hrsg.), Verwaltungsrecht der Europäischen Union, 2. Aufl. 2022, § 10 Rn. 8 ff., qualifiziert Art. 41 GRCh als „Quasi-Konstitutionalisierung" „allgemeinere[r] Leitbilder und Qualitätsstandards für die europäische Verwaltung" zur Sicherung ihrer Leistungs- und Problemlösungsfähigkeit in Anlehnung an ökonomische Benchmark-Kategorien; *ders.* Eigenwert des Verfahrens im Verwaltungsrecht, VVDStRL 70 (2011), 281 (322); zur Entstehungsgeschichte des Rechts s. auch *Grzeszick* Gute Verwaltung (Fn. 40), 161 ff.

[50] So ausdrücklich mit Bezug auf Art. 41 GRCh *Felix Welti* Das Recht auf eine gute Sozialverwaltung, in: Utz Schliesky/Birgit Wille (Hrsg.) Recht auf gute Verwaltung?, 2014, 9 (14): „Es geht um das Recht der Bürgerinnen und Bürger, dass die demokratisch legitimierten Gesetze effektiv umgesetzt werden"; Verwaltung als „Teil und Organisator eines Legitimation schaffenden Diskurses". Vgl. allgemein zum Zusammenhang von guter Verwaltung und Legitimität *Juli Ponce Solé* The History of Legitimate Administration in Europe, in: Matthias Ruffert (Hrsg.) Legitimacy in European Administrative Law: Reform and Reconstruction, 2011, 155 (162 ff.); *Melanie Smith* Developing Administrative Princip-

hungen zur Verwaltung" sprechen gegen ein weites Verständnis von guter Verwaltung und eher für die Suche nach der semantischen Figur eines vielversprechenden, positiv konnotierten Begriffspaars mit der passenden rhetorischen Wirkung.[51] Im Unterschied zum finnischen Vorbild[52] verzichtete der Grundrechtekonvent auf einen Gesetzgebungsauftrag. Demgegenüber sollte das neue Recht selbst die bestehende Rechtsprechung zu einzelnen Verfahrensrechten und zu ordnungsgemäßer Verwaltung als übergreifendem Topos zusammenfassen und kodifizieren.[53]

cc) *Konkretisierung des Rechts auf eine gute Verwaltung durch Rechtsprechung, Gesetzgebung und informelle Kodizes*

In der Rechtsprechung wurde das Konzept guter Verwaltung bislang ebenfalls nicht näher ausdifferenziert.[54] Regelmäßig beschränken sich die europäischen Gerichte auf die Bezugnahme auf konkrete Verfahrens- und

---

les in the EU: A Foundational Model of Legitimacy?, ELJ 18 (2012) 269 ff.; so auch *Classen* Gute Verwaltung (Fn. 26), 55.

[51] Zu den verschiedenen Formulierungen *Classen* Gute Verwaltung (Fn. 26), 56 ff.

[52] Die Vorschrift selbst geht auf den von der finnischen Regierung nachdrücklich unterstützten Vorschlag des ersten Europäischen Bürgerbeauftragen *Jacob Söderman* im Konvent zurück, der sich an Art. 21 der finnischen Verfassung orientierte (deren Art. 21 ebenfalls ein Recht auf gute Verwaltung und dessen Durchsetzung durch eine Ombudsperson vorsieht), den Zusammenhang zwischen Verwaltungsverfahren und Grundrechtsschutz besonders hervorhob und Bürgerinnen und Bürgern ein Anrecht darauf zusprechen wollte, „daß seine [und ihre] Angelegenheiten von einer offenen, rechenschaftspflichtigen und dienstleistungsorientierten öffentlichen Verwaltung angemessen, fair und rasch behandelt werden. [...] Die Aufnahme dieses Rechts in die Charta könnte umfassende Auswirkungen auf alle derzeitigen und künftigen Mitgliedstaaten haben und dazu beitragen, das 21. Jahrhundert zum „Jahrhundert der guten Verwaltung" zu machen."; hierauf verweist auch *Classen* Gute Verwaltung (Fn. 26), 55 f.

[53] So *Craig* Good Administration (Fn. 40), Art. 41.07, 41.24 ff. mit Verweis auch auf die Erläuterungen zu Art. 41 GRCh; hieraus erklärt sich auch eine Qualifikation als „rechtsstaatlicher Auffangbegriff" für die Verfahrensrechte Einzelner gegenüber den Einrichtungen der Union" wie durch *Kadelbach* Unionsbürgerrechte (Fn. 41), § 10.2 Rn. 77; weiter demgegenüber *Fehling* in: Terhechte (Fn. 49), § 10 Rn. 8. Neu ist der explizite Grundrechtsschutz im und durch das Verwaltungsverfahren, der gleichsam vor die Klammer gezogen als Grundrecht emanzipiert wird. Zugleich akzentuiert Art. 41 GRCh die Verwaltungsdimension der Europäischen Union; hierauf weisen *Schmidt-Aßmann/Kaufhold* in: GVR II³ (Fn. 40), § 27 Rn. 30 m.w.N. hin.

[54] S. etwa EuGH, 12.5.2022, Christoph Klein, Rs. C-430/20 P, Rn. 87 ff.: „Grundsatz der ordnungsgemäßen Verwaltung, der nunmehr ausdrücklich in Art. 41 der Charta verankert ist." Nachweise zur Rechtsprechung insgesamt auch vor Inkrafttreten der Charta *Rudolf Streinz* in: ders. (Hrsg.) EUV/AEUV, 3. Aufl. 2018, Art. 41 GRCh Rn. 5 ff. m.w.N. S. aber auch die differenzierten Ausführungen der GAin Trstenjak, 11.9.2008, Gorostiaga Atxalandabaso, Rs. C-308/07, Rn. 89 ff. m.w.N. auch aus dem Schrifttum.

Verteidigungsrechte, auf eine Kombination mit anderen primärrechtlichen Bestimmungen[55] oder auf den allgemeinen Rechtsgrundsatz guter Verwaltung, ohne diesem einen über die ohnehin verbürgten konkreten Rechte hinausgehenden klaren Gehalt zuzuschreiben.[56]

Anerkannt sind Einschränkungen von Verfahrensrechten, wenn etwa die Wirksamkeit der Maßnahme durch eine vorherige Anhörung gefährdet würde. Eine Beschränkung des Rechts auf gute Verwaltung als Abwehrrecht wird so mit der Effizienz des eingreifenden Verwaltungshandelns gerechtfertigt.[57] Auch wenn dies im Ergebnis überzeugt, führt es in einem eng subjektiv-rechtlich verstandenen Konzept guter Verwaltung zu einem Wertungswiderspruch, da die Funktionsgerechtigkeit und Ermöglichungsfunktion als zweite wichtige Funktion des Verwaltungsverfahrensrechts[58] gänzlich ausgeblendet werden. Den Ausgleich leisten regelmäßig einfach-

---

[55] Insb. auf Art. 47 GRCh, Art. 340 AEUV, Art. 296 AEUV hinsichtlich einer Begründungspflicht jedenfalls für Rechtsakte und auf Art. 24 Abs. 4 AEUV in Bezug auf die Sprachwahl.

[56] S. z.B. EuG (GK), 27.7.2022, RT-France, Rs. T-125/22, Rn. 75 zum Anhörungsrecht als integralem Bestandteil der Wahrung der Verteidigungsrechte m.w.N.; EuGH, 11.12.2014, Boudjlida, Rs. C-249/13, Rn. 34 und 36; EuGH, 18.6.2020, RQ, Rs. C-831/18 P, Rn. 65 und 67 m.w.N. sowie Rn. 103 ff. zur Begründungspflicht nach Art. 296 AEUV und Art. 41 Abs. 2 c GRCh; EuG, 11.12.2017, Léon Van Parys NV, Rs. T-125/16, Rn. 54 ff. zur Verpflichtung der Kommission, bei der Vorbereitung eines Beschlusses mit aller erforderlichen Sorgfalt vorzugehen und den Beschluss auf der Grundlage aller Informationen zu treffen, die sich auf das Ergebnis auswirken können. Insb. das Recht auf zeitgerechte Entscheidung scheint angesichts der weitgehenden Folgenlosigkeit (Fehlerfolge nur Schadensersatz) auch frappierender Verstöße neben den Verteidigungsrechten kaum eine eigenständige Bedeutung zuzukommen; s. jüngst EuG, 25.4.2023, Rs. T-562/19 RENV, Christoph Klein (Feststellung einer rechtswidrigen Untätigkeit); EuGH, 9.6.2016, CEPSA, Rs. C-603/13 P Rn. 64. Auf die aus der Rechtsprechung resultierende Rechtsunsicherheit und das Bedürfnis nach einer Kodifikation verweist auch *Magiera* in: Meyer/Hölscheidt (Fn. 40), Art. 41 Rn. 16 m.w.N.; kritisch zu Wortlaut und Gesetzgebungstechnik auch *Laubinger* in: Mehde/Ramsauer/Seckelmann (Fn. 43), 682: „Derartige Großformeln beflügeln zwar die juristische Fantasie, verursachen jedoch Rechtsunsicherheit bei der Verwaltung und Enttäuschung bei den Bürgern, weil die Verwaltung nicht halten kann, was die Norm vollmundig verspricht."

[57] Dies entspricht auch der älteren Rechtsprechung der europäischen Gerichte; zum überraschenden Wechsel von der Rechtfertigung zur Eingriffsabwehr s. auch *Classen* Gute Verwaltung (Fn. 26), 213 f.; s. aber auch EuG (GK), 27.7.2022, RT-France, Rs. T-125/22, Rn. 80 f.

[58] Zum „Doppelauftrag" des Verwaltungsrechts „*Disziplinierung* und *Effektuierung* des Verwaltungshandelns" *Schmidt-Aßmann* Ordnungsidee (Fn. 1), 1/32 (Hervorhebung im Original): Zur Begrenzungsfunktion ist der Bewirkungsauftrag hinzugekommen; s. auch schon *Wahl* Verwaltungsverfahren (Fn. 5), 151 ff.; s. ferner *Nehl* Good administration (Fn. 8), 343 ff. *Christian Quabeck*, Dienende Funktion des Verwaltungsverfahrens und Pro-

rechtliche allgemeine Verfahrensregeln, auf die das Unionsrecht bislang verzichtet.[59]

Entsprechende Vorschläge für ein modernes Verwaltungsverfahrensgesetz für die Eigenverwaltung liegen in Gestalt des ReNEUAL-Projekts[60] und eines eigenständigen Vorschlags des Europäischen Parlaments[61] vor, haben die Kommission bislang aber nicht zu einem entsprechenden Entwurf veranlassen können.[62] Ein – wie in der finnischen Verfassung – notwendig normgeprägtes Grundrecht muss damit die Konkretisierungsleistung aus sich heraus und unter Rückgriff auf die hierdurch „konstitutionalisierte" Rechtsprechung erbringen.

Anhaltspunkte für eine Konkretisierung ergeben sich aber aus dem vom Europäischen Bürgerbeauftragten im Jahr 2000 erarbeiteten Kodex für gute Verwaltungspraxis, der ausdrücklich für sich in Anspruch nimmt, ein

---

zeduralisierung, 2010, 150 f., differenziert zwischen außen- und innenbezogenen Verfahrensregeln mit jeweils unterschiedlichen Funktionen.

[59] Vgl. zur Bedeutung des allgemeinen Verwaltungsrechts als Transformator verfassungsrechtlicher Bindungen *Schmidt-Aßmann* Ordnungsidee (Fn. 1), 1/5.

[60] *Jens-Peter Schneider/Herwig C. H. Hofmann/Jacques Ziller* (Hrsg.) ReNEUAL – Musterentwurf für ein EU-Verwaltungsverfahrensrecht, 2015 auf der Grundlage der englischen Fassung (*Paul Craig/Herwig C. H. Hofmann/Jens-Peter Schneider/Jacques Ziller* (Hrsg.) ReNEUAL Model Rules on EU Administrative Procedure, 2017); zum Projekt s. auch die Beiträge in *Jens-Peter Schneider/Klaus Rennert/Nikolaus Marsch* (Hrsg.) ReNEUAL Musterentwurf für ein EU-Verwaltungsverfahrensrecht – Tagungsband, 2016; s. auch *Herwig C. H. Hofmann/Oriol Mir/Jens-Peter Schneider* Digital Administration. The ReNEUAL Model Rules on EU Administrative Procedure Revisited, in: Diane Fromage (Hrsg.) Jacques Ziller, a European Scholar, 2022, 77 ff.

[61] Art. 298 und Art. 225 AEUV i.V.m. Art. 41 GRCh bilden die primärrechtliche Grundlage; vgl. die Entschließung des Europäischen Parlaments v. 15.1.2013 mit Empfehlungen an die Kommission zu einem Verwaltungsverfahrensrecht der Europäischen Union (2012/2024(INL)), ABl. EU 2015 Nr. C 440, 17; Entschließung des Europäischen Parlaments v. 9.6.2016 zu einer offenen, effizienten und unabhängigen Verwaltung der Europäischen Union (P8_TA(2016)0279 und 2016/2610(RSP)), ABl. EU 2018 Nr. C 86, 126, mit einem Vorschlag für eine Verordnung des Europäischen Parlaments und des Rates für eine offene, effiziente und unabhängige Verwaltung der Europäischen Union in Gestalt eines rudimentären unionalen Verwaltungsverfahrensgesetzes.

[62] Entsprechend deutliche Kritik des Europäischen Parlaments an der EU-Kommission in der Entschließung von 2016 (Fn. 61); s. auch die Entschließung des Europäischen Parlaments v. 7.7.2022 zum Thema „Bessere Rechtsetzung: Mit vereinten Kräften für bessere Rechtsvorschriften" (2021/2166(INI)), ABl. EU 2023 Nr. C 47, 250. Die dort enthaltenen vielfältigen Instrumente und Anregungen der *better regulation* lassen sich auch zur Förderung guter Verwaltung einsetzen. Zu einem allgemeinen Verwaltungsverfahrensgesetz für die Europäische Union vgl. *Annette Guckelberger* Gibt es bald ein unionsrechtliches Verwaltungsverfahrensgesetz?, NVwZ 2013, 601 ff.; *Claudia Seitz* Grundrechtsschutz durch Verfahrensrecht, EuZW 2015, 273 ff.

unverzichtbares Hilfsmittel für die praktische Umsetzung des Grundsatzes der guten Verwaltung zu sein.[63] Trotz der Anerkennung durch das Europäische Parlament im Jahr 2001[64] handelt es sich hierbei lediglich um eine unverbindliche Verlautbarung praeter legem, auch wenn sich eine Reihe von Agenturen zur Einhaltung des Kodex verpflichtet haben.[65] Die im Kodex „normierten" Artikel und die ebenfalls enthaltenen Grundsätze des öffentlichen Dienstes, die in ihren kulturellen und verwaltungsethischen Anforderungen weit über Art. 41 GRCh hinausgehen, bilden die Grundlage für die rechtliche und ethische Maßstäbe verknüpfende Missstandskontrolle durch die Europäische Bürgerbeauftragte nach Art. 228 AEUV, d.h. für die Identifikation schlechter als Gegenstück zur guten Verwaltung.[66]

---

[63] *Europäische Bürgerbeauftragte* Der Europäische Kodex für gute Verwaltungspraxis v. 1.3.2002 <www.ombudsman.europa.eu/de/publication/de3510> (9.12.2023). Der Kodex gibt zugleich Grundsätze des öffentlichen Dienstes als Leitbild für EU-Beamte vor, die er als ethische Normen zum wesentlichen Bestandteil der Dienstleistungskultur erklärt (u.a. pflichtgetreue Ermessensausübung, Unparteilichkeit und Nichtdiskriminierung, Anstandsgefühl, Höflichkeit und verständliche Sprache). Auch diese – gleichwohl unverbindliche – Normierung eines Amtsethos soll als Gegengewicht zu Missständen und Skandalen Vertrauen zurückgewinnen und dadurch Legitimität schaffen. Zum Verhältnis von Kodex und Recht auf gute Verwaltung vgl. *Joana Mendes* La bonne administration en droit communautaire et le code européen de bonne conduite administrative, Revue française d'administration publique 131 (2009), 555 (560 ff.); *Harden* European Ombudsman (Fn. 47), Art. 43.48 ff.; zu den Kodizes ferner *Efstratiou* Der Grundsatz der guten Verwaltung (Fn. 8), 289 ff.; *José Martínez Soria*, Die Kodizes für gute Verwaltungspraxis – ein Beitrag zur Kodifizierung des Verwaltungsverfahrensrechts der EG, EuR 2001, 682 ff.; *Knut Bourquain* Die Förderung guten Verwaltungshandelns durch Kodizes, DVBl 2008, 1224 ff.

[64] S. die Entschließung des Europäischen Parlaments zum Jahresbericht über die Tätigkeit des Europäischen Bürgerbeauftragten (C5-0302/2001 – 2001/2043 (COS)), ABl. EG 2002 Nr. C 72 E, 329 ff.

[65] EuG, 11.5.2010, PC-Ware Information Technologies, Rs. T-121/08, Rn. 90; Schlussanträge der GAin Trstenjak, 11.9.2008, Gorostiaga Atxalandabaso, Rs. C-308/07, Rn. 93; hierauf verweist auch *Jarass*, in: ders. (Fn. 40) Art. 41 Rn. 7. Der Kodex beansprucht unverbindliche Impulswirkung über den Kreis der unmittelbaren Adressaten hinaus auch für die Mitgliedstaaten sowie mögliche Beitrittsstaaten; die Kommission hat einen knapperen eigenen Kodex mit einer Beschwerdemöglichkeit als Anhang zu ihrer Geschäftsordnung mit klaren Verhaltensregeln für die Kommunikation mit den Bürgerinnen und Bürgern beschlossen (*EU-Kommission* Kodex für gute Verwaltungspraxis in den Beziehungen der Bediensteten der Europäischen Kommission zur Öffentlichkeit, Anhang zur Geschäftsordnung v. 29.11.2000 K(2000) 3614, ABl. EG 2000 Nr. L 308, 32; s. auch den Beschluss der Kommission v. 31.1.2018 über einen Verhaltenskodex für die Mitglieder der Kommission (2018/C 65/06), ABl. EU 2018 Nr. C 65, 7; Nachweise für weitere Kodizes bei *Magiera* in: Meyer/Hölscheidt (Fn. 40), Art. 41 Rn. 16 Fn. 56.

[66] Schlechte als Gegenstück zu guter Verwaltung (*maladministration, mauvaise administration* etc.). Zur Bedeutung der oder des Europäischen Bürgerbeauftragten und dem Verhältnis zum Recht auf gute Verwaltung s. *Harden* European Ombudsman (Fn. 47),

d) Zwischenfazit

Die praktischen Beispiele illustrieren den sehr partiellen Zugriff des Rechts bzw. des überstaatlichen *soft law* auf Konzepte guter Verwaltung.[67] Zwar ist das Recht auf eine gute Verwaltung in Art. 41 GRCh entwicklungsoffen formuliert, beschränkt sich aber in seinen konsentierten Gehalten in der Art eines „*Umbrella*-Grundrechts" auf bestehende, insbesondere rechtsstaatliche Verfahrensgarantien.[68] Auch die Vorgaben von *good governance* zielen zunächst auf die Erreichung rechtsstaatlicher und demokratischer Mindeststandards. Dennoch ist der qualitativen, offenen Formulierung eine potentiell überschießende Tendenz nicht abzusprechen.

„Gute Verwaltung" in einem ganzheitlichen Sinn ist nicht notwendig das primäre Ziel der Bestimmungen. Im Völkerrecht geht es jedenfalls auch um den ökonomischen Schutz der Geberinstitutionen. Die Zielsetzung von Art. 41 GRCh ist allenfalls mittelbar objektivrechtlich, selbst wenn mit dieser Norm die bestehende Rechtsprechung zu den Anforderungen an eine ordnungsgemäße Verwaltung kodifiziert werden sollte und Art. 41 GRCh unzweifelhaft eine objektivrechtliche Reflexwirkung zukommt. In der Sache kompensiert das subjektive Recht das Fehlen einer einfachrecht-

---

Art. 43.09, 43.43 ff. und 43.48 ff.; *Stelkens* in: Stelkens/Bonk/Sachs (Fn. 26), EuR Rn. 108 ff.; *Nikos Vogiatzis* The European Ombudsman and Good Administration in the European Union, 2018, insb. 33 ff. sowie 140 ff. zur über die Rechtskonformität hinausgehenden Prüfung guter bzw. schlechter Verwaltung durch die Europäische Bürgerbeauftragte, dort auch kritisch zum weiten Verständnis von guter Verwaltung; demgegenüber Kritik an der Verengung in Art. 41 GRCh *Classen* Gute Verwaltung (Fn. 26), 452. Zur Rolle von Ombudspersonen zur Förderung Guter Verwaltung s. auch *Jurgita Paužaitetė-Kulvinskienė/Agnė Limantė* Right to good administration in European legal framework, in: Janusz Sługocki/Magdalena Michalak/Przemysław Kledizik (Hrsg.) Administrative Law and Science in the European Context, Bd. III, 2019, 73 (76 ff.); zum Verfahren vgl. *Paola Chirulli/Luca De Lucia* Non-Judicial Remedies and EU Administration, 2021, 157 ff., 173 ff. („*beyond legality*"); umfassend zu Idee, Vorbildern und Modellen *Julia Haas* Der Ombudsmann als Institution des Europäischen Verwaltungsrechts, 2012.

[67] Zur Bedeutung von unverbindlichen Standards und *Soft Law* für die Steuerung der Verwaltung im Bereich des Völkerrechts *Möllers* in: Voßkuhle/Eifert/Möllers (Fn. 12), GVwR I³, § 2 Rn. 33; zu *Soft Law* im Europarecht s. schon *Linda Senden* Soft Law in European Community Law, 2004.

[68] Zur Charakterisierung als „*Umbrella-principle*", als Container-Begriff oder Sammelgrundrecht s. *Paužaitetė-Kulvinskienė/Limantė* Good administration (Fn. 66), 91 f.; *Stelkens* in: Stelkens/Bonk/Sachs (Fn. 26), EuR Rn. 117 m.w.N.; *Herwig C. H. Hofmann* General principles of EU Law and EU administrative law, in: Catherine Barnard/Steve Peers (Hrsg.) European Union Law, 4. Aufl. 2023, 8, 212 (227); ähnlich schon *Nehl* Good administration (Fn. 40), 336 ff.; ferner *Kadelbach* Unionsbürgerrechte (Fn. 41), § 10.2 Rn. 77; zur Rechtsprechung als maßgeblicher Bezugspunkt der Gewährleistungen s. *Craig* Good Administration (Fn. 40), Art. 41.07, 41.24 ff. und 41.90 mit einem Ausblick auf künftige Ausdifferenzierungen von Art. 41 Abs. 1 GRCh in der Rechtsprechung.

lichen Kodifikation. Eine solche wäre allerdings besser geeignet für eine Verfahrensstandardisierung und würde die Operationalisierung des Grundrechts durch die EU-Verwaltung und die Rechtsprechung erleichtern.[69]

Die bloße Gewährung des neuen Bürgerrechts soll Vertrauen und Legitimität unabhängig von seiner Durchsetzung schaffen.[70] Hierfür sprechen auch die Konkretisierung durch den Kodex und die Beschwerdemöglichkeit bei der Ombudsperson. Es erstaunt, dass hier ein hartes Recht mit einer weichen Durchsetzungsstruktur verbunden wird und das EU-Parlament eine Quasi-Kodifikation anerkennt, für deren Ersetzung durch eine Verordnung es sich seit Jahren vergeblich einsetzt.[71]

3. Gute Verwaltung als Leitbild, Meta-Konzept oder Rationalisierungsmodus

Das Spektrum möglicher Verständnisse von guter Verwaltung reicht also von rechtsstaatlichen Mindestanforderungen über die Gewährung eines subjektiven Rechts mit objektivrechtlichen Reflexwirkungen bis hin zu einem objektiven holistischen Metaprinzip. In ihrer Breite und Varianz sprechen die rechtspraktischen Beispiele für einen übergreifenden Begriff guter Verwaltung, der sich weder auf ein subjektives Recht, noch auf einzelne, insbesondere juristische Gehalte reduzieren lässt. Auch Sprache und Rhetorik legen einen über das in Art. 41 GRCh fixierte Verständnis hinausgehenden, ganzheitlich gedachten Zugriff auf gute Verwaltung nahe.

---

[69] Nicht ohne Grund wird dieser einseitige Fokus auf subjektive Rechte kritisiert, der die handlungsleitende Funktion des Verwaltungsrechts für die Verwaltung nicht hinreichend in den Blick nimmt; *Nehl* Good administration (Fn. 8), 343 ff.; *Classen* Gute Verwaltung (Fn. 26), 434 ff.

[70] Zur Mobilisierung des Individuums vgl. *Johannes Masing* Der Rechtsstatus des Einzelnen im Verwaltungsrecht, in: Andreas Voßkuhle/Martin Eifert/Christoph Möllers (Hrsg.) Grundlagen des Verwaltungsrechts I, 3. Aufl. 2022, § 10 Rn. 91 ff.; *Saurer* Der Einzelne (Fn. 40), 33 ff.. Zur legitimitätsstiftenden Funktion guter Verwaltung und zur Förderung der Demokratie vgl. *Vogiatzis* Ombudsman (Fn. 66), 157 ff.; zum Konnex zwischen Legitimität, Demokratie und *good governance* s. auch *Linda C. Reif*, Ombuds Institutions, Good Governance and the International Human Rights System, 2. Aufl. 2020, 116 ff.

[71] S. nur *Europäisches Parlament* (Fn. 61 und 62). Auch im Bereich der (fehlenden) Rechtsstaatskonformität werden in der EU vorrangig weiche Governance-Mechanismen eingesetzt, deren Akzeptanz und Durchsetzungsfähigkeit damit scheinbar höher eingeschätzt werden als entsprechende harte Durchsetzungsmechanismen des Rechts. Rechtsvergleichende Studien zeigen, dass Konzepte guter Verwaltung sich eher in offenen, weniger legalistisch geprägten Rechtsordnungen wiederfinden, die regelmäßig Anforderungen guter Verwaltung mit einem weichen Durchsetzungssystem nach dem Vorbild einer Missstandskontrolle durch eine Ombudsperson verbinden; vgl. die breite Untersuchung der Schwedischen Behörde für Public Management *Statskontoret* Good administration in European countries, 2023, 33 ff.

a) Das Verhältnis eines übergreifenden Konzepts guter Verwaltung zum Recht

Zugleich lassen sich die Beispiele aber auch als Indiz für die beschränkte rechtliche Zugänglichkeit eines wenig fassbaren Gesamtkonzepts deuten. Gute Verwaltung kann jedenfalls nicht mit grundlegenden verfassungsrechtlichen Prinzipien wie Rechtsstaat und Demokratie auf eine Stufe gestellt werden, sondern setzt Rechtsstaatlichkeit und demokratische Legitimation unhintergehbar voraus.[72]

Eng gefasst vermag es Einzelmaßstäbe zusammenzufassen; als weiter verstandenes Konzept ist es nur als gebündelter Maßstab konsistent, der auf eine Gesamtbeurteilung administrativer Aufgabenerfüllung, auf Funktionsadäquanz und Leistung in einem weiten Sinne[73] zielt.[74]

Recht kommt in jedem, so auch in einem weiten Konzept guter Verwaltung eine hervorgehobene Bedeutung zu, da es die materiell- und verfahrensrechtlichen Standards für die Verwaltung vorgibt und diesen zu Vorrang

---

[72] Gute Verwaltung kann aber nicht selbst als normatives, auf Optimierung drängendes Rechtsprinzip verstanden werden, da sie sich nicht materiell determinieren lässt und notwendig entwicklungsoffen zu verstehen ist; in diese Richtung allerdings *Addink* Good Governance (Fn. 7), 271 ff. und passim: „good governance" as „the third cornerstone of a modern state (alongside the rule of law and democracy)".

[73] Zur praktischen (kompetentiell nicht unproblematischen) Unterscheidung von Leistung und bloßer Wirtschaftlichkeit s. etwa die Teile 2 und 3 in Kapitel 3 des Jahresberichts des Europäischen Rechnungshofs über die Ausführung des EU-Haushaltsplans für das Haushaltsjahr 2022, S. 106 ff.

[74] Insofern entspricht es am ehesten einer Gesamtschau auch verfassungsrechtlicher Anforderungen an eine rechtsstaatliche Rationalisierung und demokratische Gemeinwohlorientierung der Ausübung öffentlicher Gewalt; ähnlich als Metaperspektive einer modernen Verwaltungsrechtswissenschaft *Arno Scherzberg* Das Allgemeine Verwaltungsrecht zwischen Praxis und Reflexion, in: Hans-Heinrich Trute/Thomas Groß/Hans Christian Röhl/Christoph Möllers (Hrsg.) Allgemeines Verwaltungsrecht – zur Tragfähigkeit eines Konzepts, 2008, 837 (842 f.) mit Verweis u.a. auf *Konrad Hesse* zur rechtsstaatlichen Fundierung wie auch auf Art. 41 der Grundrechtecharta „als *Metaregel des Entscheidens*" „neben dem Verfassungsrecht" (Hervorhebung im Original); zu diesen „verfassungsadäquaten Subroutinen" (der Verwaltungspolitik) unter Verweis auf *Scherzberg* auch *Hans Christian Röhl* Verfassungsrecht als wissenschaftliche Strategie, ebd., 821 (836). Die zentrale Funktion des individualgerichteten Verwaltungsrechtsverhältnisses für den Gesetzesvollzug und seine verfassungsrechtliche Bedeutung, die durch den engen Kontrollzugriff der Verwaltungsgerichtsbarkeit zur Gewährleistung effektiven subjektiv-rechtlichen Rechtsschutzes im Sinne von Art. 19 Abs. 4 GG zusätzlich verstärkt wird, werden durch einen solchen holistischen Zugriff auf gute Verwaltung nicht in Frage gestellt, sondern in das Konzept integriert. Verwaltung und Verwaltungshandeln haben sich weder in der Entstehungsphase des rechtsstaatlichen Verwaltungsrechts noch heute hierauf beschränkt. Auf die enge Verbindung und Beschränkung der verwaltungsgerichtlichen Kontrolle auf individualbezogene Vorgänge weist auch *Funke* in: Kahl/Mager (Fn. 19), 62 ff., hin.

und Durchsetzung verhilft. Recht kann Präferenzen setzen, Maßstäbe ordnen und hierarchisieren und so die im demokratischen Prozess generierten spezifischen Anforderungen an gute Verwaltung in inhaltlicher, prozeduraler oder institutioneller Hinsicht zur Geltung bringen.[75] Die zentralen Anforderungen an die Verwaltung bleiben daher rechtliche; – gute Verwaltung ist immer auch guter Gesetzesvollzug.[76]

Allerdings ergänzt und vertieft ein übergreifendes Konzept guter Verwaltung die Maßstäbe gesetzesdirigierter Verwaltung in mehrfacher Hinsicht, indem es die strukturellen Einflussfaktoren der Regelungsarrangements für Verfahren und Organisation, die Ressourcen in Bezug auf Personal, Haushalts- und Sachmittel, sowie außerrechtliche Maßstäbe und Anforderungen an das Verwaltungshandeln in die Bewertung einbezieht.[77] Gute Verwaltung stellt kein Alternativmodell zum rechtsstaatlichen Gesetzesvollzug dar, sondern informiert und lenkt diesen in eine bestimmte Richtung. Dies führt auch auf der Mikro-Ebene zu einer Ausrichtung auf sachgerechte Entscheidungen.[78] Es setzt aber genereller an, um insgesamt eine

---

[75] Als Bezugspunkt der Gesetzesanwendung stellen Fachrecht und Allgemeines Verwaltungsrecht sowohl die Grundanforderungen für Organisation und Verfahren als auch die spezifischen aufgabenbezogenen Maßstäbe bereit; zu dieser Grundfunktion demokratischer politischer Prozesse vgl. *Gret Haller* Observations zu *Venedig-Kommission* Aktualisierte Bestandsaufnahme (Fn. 33), 24 (28 ff.); *Schmidt-Aßmann/Schöndorf-Haubold* in: Voßkuhle/Eifert/Möllers (Fn. 46), GVwR I³, § 5 Rn. 84 ff.: „Verwaltungsrecht als Garant rechtsstaatlich-demokratischer Rationalität"; zu unterschiedlichen Rationalitätsbegriffen und hieraus abzuleitenden Maßstäben für das Verwaltungshandeln *Torben Ellerbrok* Rationalität und Effizienz, in: Wolfgang Kahl/Markus Ludwigs (Hrsg.) Handbuch des Verwaltungsrechts III, 2022, § 76 insb. 13 ff.

[76] Zu dieser demokratischen Funktion guter Verwaltung *Welti* in: Schliesky/Wille (Fn. 50), 14; zum Demokratieprinzip als Optimierungsgebot, der Vermittlung sachlich-inhaltlicher Legitimation über den Gesetzesvollzug, den Schwierigkeiten einer Bestimmung institutioneller Wirksamkeit, ergänzenden Legitimationsmechanismen und ihrer Saldierung zu einem Legitimationsniveau *Hans-Heinrich Trute* Die demokratische Legitimation der Verwaltung, in: Andreas Voßkuhle/Martin Eifert/Christoph Möllers (Hrsg.) Grundlagen des Verwaltungsrechts I, 3. Aufl. 2022, § 9 Rn. 11, 14, 49 ff.; zu den Steuerungsgrenzen des Rechts, externen normativen Orientierungen und überzogener rechtlicher Steuerung *Schmidt-Aßmann* Ordnungsidee (Fn. 1), 2/22 f.: „Mißinterpretationen des rechtsstaatlichen Ordnungsauftrags"; *Hill* in: Kahl/Ludwigs (Fn. 6), HVwR V, § 127 Rn. 18.

[77] Gute Verwaltung geht damit einerseits weit über eine eng verstandene, auf Rechtsverhältnisse und Ermessensentscheidungen bezogene Maßstabslehre hinaus, bezieht andererseits aber umfassend auch verfassungsrechtliche Strukturfragen der Kompetenzverteilung, ge- oder verbotener Finanzausstattung, hergebrachter Grundsätze des Beamtentums oder verfassungsgerichtlicher Orientierungen etwa zum Umgang mit (Un-)Wissen ein.

[78] Zur Differenzierung zwischen Richtigkeit, Sachgerechtigkeit und Rechtmäßigkeit vgl. *Wolfgang Hoffmann-Riem* Methoden einer anwendungsorientierten Verwaltungsrechtswissenschaft, in: Eberhard Schmidt-Aßmann/Wolfgang Hoffmann-Riem (Hrsg.) Methoden der

funktionsadäquate Aufgabenerfüllung der Verwaltung, die sich nicht auf den subsumierenden Gesetzesvollzug beschränkt, zu gewährleisten.[79]

Verwaltungsrechtswissenschaft, 2004, 9 (46 ff.); *ders./Pilniok* in: Voßkuhle/Eifert/Möllers (Fn. 4), GVR I³, § 12 Rn. 123 ff.; *ders./Matthias Bäcker* Rechtsformen, Handlungsformen, Folgenformen, in: Andreas Voßkuhle/Martin Eifert/Christoph Möllers (Hrsg.) Grundlagen des Verwaltungsrechts II, 3. Aufl. 2022, § 32 Rn. 74 ff. m.w.N.; s. auch *Hill* in: Kahl/Ludwigs (Fn. 6), HVwR V, § 127 Rn. 41 f. m.w.N.; „weitere Richtigkeitsmaßstäbe" bei *Steffen Augsberg* Maßstäbe des Verwaltungshandelns, in: Andreas Voßkuhle/Martin Eifert/Christoph Möllers (Hrsg.) Grundlagen des Verwaltungsrechts I, 3. Aufl. 2022, § 8 Rn. 46 ff.; pointiert *Claudio Franzius* Modalitäten und Wirkungsfaktoren der Steuerung durch Recht, in: Andreas Voßkuhle/Martin Eifert/Christoph Möllers (Hrsg.) Grundlagen des Verwaltungsrechts I, 3. Aufl. 2022, § 4 Rn. 13 m.w.N., demzufolge – auf der Ebene individualgerichteter Rechtsverhältnisse – Gestaltungsermächtigungen „die Einsicht zum Ausdruck [bringen], dass es *die einzig richtige Entscheidung*, die es lediglich aufzufinden gelte, nicht gibt" (Hervorhebung im Original); erst recht gilt dies für die Meso- und Makro-Ebene administrativen Entscheidens. Es begründet nicht notwendig einen unauflöslichen Widerspruch, dass sich dies allein aus der Perspektive der gerichtlichen Kontrolllogik anders darstellt; vgl. *Friedrich Schoch* Außerrechtliche Standards des Verwaltungshandelns als gerichtliche Kontrollmaßstäbe, in: Hans-Heinrich Trute/Thomas Groß/Hans Christian Röhl/Christoph Möllers (Hrsg.) Allgemeines Verwaltungsrecht – zur Tragfähigkeit eines Konzepts, 2008, 543 (551); vehement *Ulrich Stelkens* Die Idee der einzig richtigen, sich aus dem Gesetz ergebenden Entscheidung und ihre Bedeutung für die deutsche Rechtswissenschaft, in: Samuel van Oostrom/Stephan Weth (Hrsg.) FS Maximilian Herberger, 2016, 895 ff.

[79] „Rechtsstaatliche Rationalisierung ist ‚als planmäßige Organisierung einer möglichst zweckmäßigen und effektiven Erledigung der staatlichen Aufgaben' zu verstehen"; so *Schmidt-Aßmann* Ordnungsidee (Fn. 1), 2/75 mit Verweis auf *Hans-Heinrich Trute* Die Forschung zwischen grundrechtlicher Freiheit und staatlicher Institutionalisierung, 1994, 194; *Scherzberg* in: Trute/Groß/Röhl/Möllers (Fn. 74), 842 f. (m.w.N. insb. auf *Susanne Baer* Schlüsselbegriffe, Typen und Leitbilder als Erkenntnismittel und ihr Verhältnis zur Rechtsdogmatik, in: Eberhard Schmidt-Aßmann/Wolfgang Hoffmann-Riem (Hrsg.) Methoden der Verwaltungsrechtswissenschaft, 2004, S. 223 (232 ff.) und *Claudio Franzius* Funktionen des Verwaltungsrechts im Steuerungsparadigma der neuen Verwaltungsrechtswissenschaft, DV 39 (2006), S. 335 (341)) geht einerseits nur bei bewusster rechtlicher Normierung auch von einer rechtlichen Relevanz der „faktischen *und* normativen Rahmenbedingungen administrativen Wirkens" in Form von „*Regeln zweiter Ordnung*" mit „Anforderungen an die Selbststeuerung der Verwaltung *in Situationen fehlender oder unvollkommener rechtlicher Bindung* (also des Fehlens von Regeln erster Ordnung) und *an die Verarbeitung der nicht-rechtlichen Rahmenbedingungen* der Entscheidungsfindung" aus, bindet auch die Beachtung außerrechtlicher Zielwerte insgesamt an andererseits an verfassungsrechtliche Rationalitäts- und Gemeinwohlpostulate zurück („normative Anhaltspunkte für eine solche Metaperspektive"), ohne zugleich einer „*weiteren Verrechtlichung* des politischen Gestaltungsauftrags der Verwaltung Vorschub" leisten zu wollen. „*Rationalität, Kohärenz und Gemeinwohlorientierung*" qualifiziert er als die „sinnstiftende[n], die Ausübung von Staatsgewalt legitimierende[n], aber keine die Entscheidung im Einzelfall determinierende[n] Postulate", die „das verfassungsrechtliche Leitbild einer zweckmäßigen und angemessenen Sozialgestaltung" formen, „das seine beständige Vergegenwärtigung als finale Referenz administrativen Handelns auch jenseits der Gesetzesbindung fordert"

b) Offenheit des Begriffs und Grenzen der rechtlichen Steuerungsfähigkeit

Einfluss auf die Qualität der Leistung(en) einer Verwaltung haben auch vorgelagerte Rahmenbedingungen in Bezug auf die Instrumenten- und Organisationswahl, eine ausreichende und angemessene Ausstattung mit Personal- und Sachmitteln wie auch die erforderliche Infrastruktur für den Informationsaustausch und die Wissensgenerierung.[80] Als Standards für eine gute Verwaltung treten Anforderungen an die Effektivität und Effizienz der Aufgabenerfüllung, an Bürgernähe, zum Teil verbunden mit besonderen Verhaltens- oder Stilregeln wie Höflichkeit und generell an die Ordnungsgemäßheit und Professionalität staatlichen Verwaltens hinzu.[81] In der Vielfalt der Faktoren und Maßstäbe kann gute Verwaltung daher auch nicht als ein determiniertes Strukturmodell oder Optimal-Ziel verstanden werden.[82]

(Hervorhebung im Original); vgl. auch *Hoffmann-Riem/Bäcker* in: Voßkuhle/Eifert/Möllers (Fn. 78), GVR II³, § 32 Rn. 74–86; s. auch *Uwe Volkmann* Leitbildorientierte Verfassungsanwendung, AöR 134 (2009), 157 ff.

[80] Sie ergänzen die formell- und materiell-rechtlichen Voraussetzungen einer konkreten Verwaltungsaufgabe. Es ist das Verdienst der verwaltungsrechtswissenschaftlichen Steuerungsdiskussion, dies früh klar herausgearbeitet zu haben; s. hierzu nur *Gunnar Folke Schuppert* Verwaltungsrechtswissenschaft als Steuerungswissenschaft. Zur Steuerung des Verwaltungshandelns durch Verwaltungsrecht, in: Wolfgang Hoffmann-Riem/Eberhard Schmidt-Aßmann/Gunnar Folke Schuppert (Hrsg.) Reform des Allgemeinen Verwaltungsrechts, 1993, 65 ff.; *Appel* Verwaltungsrecht (Fn. 5), 226 ff.; *Eifert* Verwaltungsrecht (Fn. 5), 268 ff.; *Schmidt-Aßmann* Verwaltungsrechtliche Dogmatik (Fn. 4), 19 ff.; *Voßkuhle* in: ders./Eifert/Möllers (Fn. 20), GVR I³, § 1 Rn. 17 ff.; *Franzius* in: Voßkuhle/Eifert/Möllers (Fn. 78), GVR I³, § 4 Rn. 1 ff.; *Hoffmann-Riem/Pilniok* in: Voßkuhle/Eifert/Möllers (Fn. 4), GVR I³, § 12 insb. Rn. 68 ff.; *Christian Bumke* Relative Rechtswidrigkeit, 2004, 262 ff.; zu den sozial- und verwaltungswissenschaftlichen Grundlagen *Gunnar Folke Schuppert* Verwaltungswissenschaft, 2000, 455 ff.; zur Wissensgenerierung s. nur *Margrit Seckelmann* Evaluation und Recht, 2018, insb. 23 ff., 69 ff.

[81] Zu Fragen der Verwaltungskultur vgl. *Schmidt-Aßmann* Verwaltungsverfahren und Verwaltungskultur, NVwZ 2007, 40 ff.; *Hermann Hill* Public Leadership – Wertebasierte Verwaltungsführung, in: Veith Mehde/Ulrich Ramsauer/Margrit Seckelmann (Hrsg.) FS Bull, 2001, 611 ff.; *Veith Mehde* Verwaltungswissenschaft, Verwaltungspraxis und die Wissenschaft vom öffentlichen Recht – Eine Bestandsaufnahme, ebd. 682 (688 ff.): legalistische Verwaltungstradition; zum Amtsethos innerhalb der EU-Verwaltung s. die Nachweise in Fn. 63.

[82] Zur Vielfalt der Steuerungsfaktoren, Steuerungstechniken und Mechanismen der Nachsteuerung *Franzius* in: Voßkuhle/Eifert/Möllers (Fn. 78), GVR I³, § 4; *Hoffmann-Riem/Pilniok* in: Voßkuhle/Eifert/Möllers (Fn. 4), GVR I³, § 12 Rn. 68 ff.; s. auch *Scherzberg* in: Trute/Groß/Röhl/Möllers (Fn. 74), 861, der unter Bezugnahme auf Erkenntnisse in der Entscheidungsforschung auf die Erkenntnisgrenzen rationalen Entscheidens und eine entsprechende Ausrichtung und Beschränkung auf „zufrieden stellende" statt optimierter Entscheidungen verweist.

In seiner Abhängigkeit von tatsächlichen Umständen, normativen Voraussetzungen und politischen Entscheidungen ist der Begriff vielmehr offen für unterschiedliche Leitbilder – etwa der transparenten, digitalen oder smarten Verwaltung, ohne selbst Leitbild und aus sich heraus hierauf festgelegt zu sein.[83] Die Leitbilder basieren ihrerseits auf politischen Entscheidungen und können normativ – durch Gesetz oder verwaltungsinterne Selbst- wie Fremdprogrammierung – fixiert werden.

Wird gute Verwaltung weder als eine positive Beschreibung lediglich rechtmäßiger Verwaltung noch als Synonym für eine dem jeweiligen politischen Leitbild entsprechende Verwaltung verstanden, muss das Konzept auf einer höheren Abstraktionsebene anknüpfen – als Meta-Konzept und Rationalisierungsmodus, dessen Anliegen es ist, die unterschiedlichen Faktoren so zu ordnen, dass die Verwaltung sich permanent auf die Verbesserung ihrer Leistungserbringung und auf die erforderliche Anpassung an sich wandelnde reale und normative Anforderungen ausrichtet.[84]

Ein solches Meta-Konzept guter Verwaltung bündelt Maßstäbe und Faktoren und bringt sie zu einem Ausgleich,[85] indem es ihre Bedeutung und ihren Stellenwert benennt, Gestaltungsräume wie auch Grenzen für politische Bewertungsentscheidungen aufzeigt und zusätzlich nach den Wirkungen, der Funktionsangemessenheit und nach Realisationschancen für die Erfüllung öffentlicher Aufgaben fragt, – sowohl in Bezug auf die einzelnen Faktoren als auch übergreifend und zusammenführend aus einer Vogel-Perspektive. Dabei kann es nicht darum gehen, ein determiniertes optimales

---

[83] Zum Begriff des Leitbilds s. *Franzius* in: Voßkuhle/Eifert/Möllers (Fn. 78), GVR I³, § 4 Rn. 19 ff.; *Hoffmann-Riem/Pilniok* in: Voßkuhle/Eifert/Möllers (Fn. 4), GVR I³, § 12 Rn. 75 ff.; im Ergebnis anders und ohne spezifische Bezugnahme auf gute Verwaltung wohl *Scherzberg* in: Trute/Groß/Röhl/Möllers (Fn. 74), 843 f.; zu spezifischen Leitbildern s. etwa *Annette Guckelberger* Entwicklung und aktuelle Leitbilder der Verwaltungsdigitalisierung in Deutschland, in: Natalia Kohtamäki/Enrico Peuker (Hrsg.) Die Digitalisierung der öffentlichen Verwaltung, 2023, 3 ff.

[84] Zur permanenten Ausrichtung auf effektive Problemlösungsfähigkeit vgl. *Pilniok* in: Kahl/Ludwigs (Fn. 6), HVwR V, § 123 Rn. 1 ff.; *Voßkuhle* in: ders./Eifert/Möllers (Fn. 20), GVR I³, § 1 Rn. 11; der hier verfolgte Ansatz weist trotz erheblicher Unterschiede in der verfassungsrechtlichen Beurteilung in eine ähnliche Richtung wie *Scherzberg* in: Trute/Groß/Röhl/Möllers (Fn. 74), 837 ff.

[85] Ein holistisches Verständnis guter Verwaltung legt weder einen sich in der Beseitigung essentieller Defizite erschöpfenden euphemistischen Mindeststandard noch eine Beschränkung auf eine punktuelle oder auch systematische Missstandskontrolle und damit ein ebenfalls fehlerorientiertes Verständnis zugrunde, das sich vorrangig Regelkonformität und ein fehlerbereinigtes Mindestqualitätsniveau der Verwaltung zum Ziel setzt; noch wäre es möglich, einen Maximalzustand guter Verwaltung als erreichbares Qualitätsziel zu identifizieren. Im Ansatz vergleichbar ist der holistische Zugriff des Verhältnismäßigkeitsprinzips, dessen verfassungsrechtliche Verankerung in den Grundrechten gute Verwaltung allerdings nicht teilt.

Verhältnis der Faktoren zu ermitteln, sondern vielmehr um ständiges Hinterfragen und Anpassen auf der Suche nach einem angemessenen und rational begründbaren Ausgleich. Erreicht wird das Ziel durch kontinuierliche Fremd- bzw. Selbstbeobachtung, Lernen und dynamische Anpassung an veränderte tatsächliche oder rechtliche Kontexte und Herausforderungen.[86]

c) Adressaten eines übergreifenden Konzepts guter Verwaltung

Die Komplexität des Konzepts wird in einem mehrfach gewaltengegliederten Staat mit einer pluralen Verwaltungsarchitektur weiter dadurch erhöht, dass es sich nicht an *einen* einzelnen Adressaten richtet, sondern an eine Vielzahl von Verwaltungen auf unterschiedlichen Ebenen in unterschiedlichen Organisationsformen, die regelmäßig selbst jeweils nur einen Teil der qualitätsbestimmenden Faktoren beeinflussen können. Auch die

---

[86] Dies entspricht Konzepten eines lernenden Verwaltungsrechts; vgl. nur *Franzius* in: Voßkuhle/Eifert/Möllers (Fn. 78), GVR I³, § 4 Rn. 90 ff.; *Schuppert* in: Voßkuhle/Eifert/ Möllers (Fn. 11), GVR I³, § 17 Rn. 114 ff.: Qualitätsmessung und Qualitätssicherung, Beobachtungs- und Bewertungsstrukturen als Governancestrukturen; *Hill* in: Kahl/Ludwigs (Fn. 6), § 127 Rn. 22 zu Fehlerfreundlichkeit; *Scherzberg* in: Trute/Groß/Röhl/Möllers (Fn. 74), 851 ff.: „*Fehlerfreundlichkeit und Lernfähigkeit*" als wesentliche Zielgrößen zur Sicherung rechtsstaatlicher Qualität von Verwaltungsentscheidungen unter den Ungewissheitsbedingungen einer sich permanent verändernden sozialen Realität (Hervorhebung im Original). In einem engeren Rahmen vergleichbar sind Überlegungen der *Regulatory Choice* in der deutschen und auch internationalen Diskussion im Regulierungsrecht; hierzu *Martin Eifert* Regulierungsstrategien, in: Andreas Voßkuhle/Martin Eifert/Christoph Möllers (Hrsg.) Grundlagen des Verwaltungsrechts I, 3. Aufl. 2022, § 19 Rn. 154 ff. m.w.N.: „'Gute Regulierung' als Ziel der Regulatory Choice" und als Komplementärbegriff zu guter Verwaltung; s. auch *Schuppert* in: Voßkuhle/Eifert/Möllers (Fn. 11), GVwR I³, § 17 Rn. 127 f.; sozialwissenschaftlich *Wolfgang Seibel* Verwaltung verstehen, 2016, 102 ff. Die Idee eines Konzepts „guter Verwaltung" ist es, Standards für die Tätigkeit öffentlicher Verwaltung zu beobachten, zu beschreiben und anzubieten, die zum einen die klassischen Forderungen rechtsstaatlicher und demokratischer Disziplinierung und Legitimation aufnehmen, darüber hinausgehend aber auch außerrechtliche ethische, sozial- und wirtschaftswissenschaftliche Anforderungen für eine effiziente, leistungsfähige und sachgerecht agierende Verwaltung umfassen und mit einer Qualitäts-Zielvorgabe eine bestimmte Dynamik der Qualitätserreichung und -sicherung in der Verwaltung erzeugen sollen. Nicht Ordnungsverstöße, sondern funktionale Schwachstellen, Defizite struktureller Art oder Dysfunktionalitäten sollen selbstreflexiv festgestellt und zum Auslöser für Anpassungen und Reformen gemacht werden. Alle Anforderungen werden damit an die Effektivität und die – nicht allein ökonomisch zu verstehende – Effizienz der Erfüllung der jeder Verwaltung demokratisch übertragenen Aufgaben rückgekoppelt. Ziel dieses Prozesses ist aber nicht allein die retrospektive Behebung von Schwächen, sondern die prospektive Steigerung der Problemlösungsfähigkeit, Anpassungsfähigkeit und damit auch der Resilienz. Gute Verwaltung als Rationalisierungsmodus geht über die Anforderungen einer rechtmäßigen, höflichen, kompetenz- und zeitgerechten, unparteiischen und transparenten Verwaltung hinaus. Hierzu überzeugend *Seckelmann* Evaluation (Fn. 80), 190 ff.

über die Regelungsarrangements von Sachaufgabe, Zuständigkeit, Verfahren und Organisation entscheidenden Parlamente sind notwendiger Adressat eines Konzepts guter Verwaltung, da die – in Deutschland häufig zwischen Bund und Ländern aufgeteilten – Strukturentscheidungen die zentralen Weichen für das Gelingen der Aufgabenerfüllung stellen.[87]

Zusätzlich sind auch die Regierungen involviert, indem sie zum einen aktiv Einfluss auf die gesetzliche Steuerung nehmen und zum anderen als Verwaltungsspitze selbst Teil des Gefüges sind, dessen Qualität mit guter Verwaltung adressiert wird. Die Übergänge zwischen Verwaltungs- und Gubernativfunktionen sind fließend. Auch hier zeigen sich die utopischen Ausmaße eines holistischen Konzepts, das im Idealfall größtmögliches Wissen der Akteure voneinander und die Kommunikation und Kooperation über die Zielerreichung guter Aufgabenerfüllung voraussetzt,[88] die allerdings etwa in der vom Grundgesetz errichteten Kompetenzordnung nicht notwendig vorgesehen ist.[89]

Die Pluralität und Diversität der Adressaten eines weit verstandenen Konzepts guter Verwaltung erhöhen die Komplexität, ohne zugleich seine Plausibilität aufzuheben; vielmehr veranschaulichen sie die Notwendigkeit, Wissen über die Funktionsbedingungen und die Qualität der administrativen Aufgabenerfüllung zu erzeugen, geeignete Instrumente für

---

[87] Auch die Gesetzgebung trifft regelmäßig mit der Formulierung der Aufgabe Entscheidungen über die für die Erledigung zuständige Ebene und die Instrumenten- und Verfahrenswahl, soweit Organisation und Verfahren, wie im Bundesstaat üblich, nicht ohnehin von einem anderen Gesetzgeber auf der Landesebene geregelt werden. Zum grundsätzlichen Auseinanderfallen der Entscheidungsebenen von Gesetz und Vollzug im Exekutivföderalismus s. *Joachim Suerbaum* Verwaltungskompetenzen und Vollzugsformen, in: Wolfgang Kahl/Markus Ludwigs (Hrsg.) Handbuch des Verwaltungsrechts III, 2022, § 81 Rn. 1 ff.; *Veith Mehde* Regierung und Verwaltung, ebd., § 81 Rn. 8; zur grundsätzlichen Kompetenzverteilung *Hanno Kube* Gesetzgebungskompetenzen im Verwaltungsrecht, ebd., § 80 insb. Rn. 95 ff.

[88] Zu behördeninternen Informationsasymmetrien *Mehde* in: Kahl/Ludwigs (Fn. 87), HVwR III, § 82 Rn. 37 ff.; zu den kognitiven Vorteilen von Hierarchien *Christoph Möllers* Kognitive Gewaltengliederung, in: Hans Christian Röhl (Hrsg.) Wissen – Zur kognitiven Dimension des Rechts, DV Beiheft 9, 2010, 113 (125); hierauf verweist auch *Schuppert* in: Voßkuhle/Eifert/Möllers (Fn. 11), GVR I³, § 17 Rn. 124; zu den Anforderungen an das administrative Wissensmanagement s. *Thomas Wischmeyer* Informationsbeziehungen in der Verwaltung, ebd., § 21 Rn. 3 ff.

[89] Noch immer sieht sich auch eine bloß informelle vertikale Kooperation im Bundesstaat schnell dem Verdikt des Verbots der Mischverwaltung ausgesetzt; vgl. BVerfGE 32, 145 (156); BVerfGE 119, 331 (365); BVerfGE 137, 108 (143); BVerfGE 139, 194 (226); hierzu *Mehde* in: Kahl/Ludwigs (Fn. 87), HVwR III, § 82 Rn. 14; zu dessen immer fragwürdiger werdenden Rechtfertigung s. nur *Hans-Heinrich Trute* in: Hermann von Mangoldt/Friedrich Klein/Christian Stark (Hrsg.) GG III, 7. Aufl. 2018, Art. 83 Rn. 28 ff. m.w.N.; ähnlich *Uwe Volkmann/Ann-Katrin Kaufhold* ebd., Art. 91a Rn. 30 ff.

die Fremd- und Selbstbeobachtung zur Verfügung zu stellen und hierzu auch und gerade auf Angebote verwaltungsbezogener Wissenschaften zurückzugreifen.[90]

Ein solches Konzept ist voraussetzungsreich und bedarf des interdisziplinären Wissens über Verwaltung, ihre Steuerungsfaktoren, die Wirkungen von Struktur- und Verfahrensentscheidungen und auch über die rechtlichen Möglichkeiten und Grenzen des Verwaltungshandelns.

d) Die Rolle der Rechtswissenschaft im interdisziplinären Diskurs

Jenseits der Auseinandersetzungen mit Art. 41 GRCh[91] spielen Konzepte guter Verwaltung in der verwaltungsrechtswissenschaftlichen Literatur bislang mit wenigen Ausnahmen nur eine geringe Rolle.[92] Auch in den Verwaltungswissenschaften wird „gute Verwaltung" überraschend selten thematisiert.[93]

Selbst in der handlungs-, bewirkungs- und folgenorientierten neuen Verwaltungsrechtswissenschaft[94] – mit unterschiedlichen Ausprägungen in

---

[90] Diese Erkenntnis ist insbesondere in diesem Kontext nicht neu; s. schon *Winfried Brohm* Die Dogmatik des Verwaltungsrechts vor den Gegenwartsaufgaben der Verwaltung, VVDStRL 30 (1972), 245 (251); auch *Otto Bachof* Die Dogmatik des Verwaltungsrechts vor den Gegenwartsaufgaben der Verwaltung, VVDStRL 30 (1972), 192 (217); *Appel* Verwaltungsrecht (Fn. 5), 226 ff.; *Eifert* Verwaltungsrecht (Fn. 5), 286 ff.

[91] Zur breiten Auseinandersetzung mit Art. 41 GRCh s. die Nachweise oben in Fn. 40 ff.

[92] Über eine regelmäßig nur punktuelle Bezugnahme auf Art. 41 GRCh hinausgehende Darstellungen, die ausdrücklich gute Verwaltung zum Gegenstand haben, sind selten; vgl. *Hill* in: Kahl/Ludwigs (Fn. 6), HVwR V, § 127; *Pilniok* ebd., § 123 Rn. 2; weniger ausdrücklich im Ergebnis auch *Hoffmann-Riem/Pilniok* in: Voßkuhle/Eifert/Möllers (Fn. 5), GVR I³, § 12 Rn. 1 ff.

[93] S. bereits den (weitgehenden) Nichtbefund in *Jörg Bogumil/Werner Jann* Verwaltung und Verwaltungswissenschaft in Deutschland, 3. Aufl. 2020; *Seibel* Verwaltung verstehen (Fn. 86); *Eberhard Bohne* Verwaltungswissenschaft I, 2023 (punktuell zu *good governance*); *ders./Christian Bauer*, Verwaltungswissenschaft II, 2023; *Schuppert* Verwaltungswissenschaft (Fn. 80); s. aber *dens.* in: Voßkuhle/Eifert/Möllers (Fn. 11), GVR I³, § 17 Rn. 18 eingehend zu *bad* und *good governance*; auch die Beiträge in *Sylvia Veit/Christoph Reichard/Göttrik Wewer* (Hrsg.) Handbuch zur Verwaltungsreform 5. Aufl. 2019 bzw. online 2020, greifen eine Vielzahl einzelner qualitätsbezogener Elemente der Verwaltungsorganisation und des Verwaltungshandelns auf, ohne „gute Verwaltung" spezifisch im Inhalts- oder Sachverzeichnis aufzuführen und prominent zu behandeln; ähnlich mit punktuellen Ausnahmen in Bezug auf rasche Entscheidungen *Norbert Wimmer* Dynamische Verwaltungslehre, 2. Aufl. 2010.

[94] S. die Beiträge in *Andreas Voßkuhle/Martin Eifert/Christoph Möllers* (Hrsg.) Grundlagen des Verwaltungsrechts, 2 Bände, 3. Aufl. 2022; s. bereits die Nachweise in Fn. 80; insb. *Voßkuhle* Neue Verwaltungsrechtswissenschaft, ebd., § 1; zu den Grundlinien des Steuerungskonzepts bereits *Schmidt-Aßmann* Ordnungsidee (Fn. 1), 1/33 ff.; *Bumke* Relative Rechtswidrigkeit (Fn. 80), 262 ff.; s. auch *Jens Kersten* Konzeption und Methoden der

Bezug auf Steuerung⁹⁵, Maßstäbe⁹⁶ oder Governance⁹⁷ – stellt „gute Verwaltung" weder Maßstab, noch handlungsleitendes Prinzip oder übergeordnetes Rationalisierungskonzept dar.⁹⁸ Den Ansätzen ist aber gemein-

---

„Neuen Verwaltungsrechtswissenschaft", in: Wolfgang Kahl/Markus Ludwigs (Hrsg.) Handbuch des Verwaltungsrechts I, 2021, § 25.

⁹⁵ Zur Verwaltungsrechtswissenschaft als Steuerungswissenschaft bereits oben unter b) insb. in Fn. 80; kritisch *Patrick Hilbert* Systemdenken in Verwaltungsrecht und Verwaltungsrechtswissenschaft, 2015, 139 ff.; zur deutlich stärker politisierten Diskussion um den Umgang mit Ungewissheit und Steuerung im umstrittenen Konzept des *administrative state* in den USA vgl. *Jeremy Kessler/Charles Sabel*, The Uncertain Future of Administrative Law, Daedalus (2021) 150, 188 (190 f. m.w.N.): *„guidance acknowledges that both science and law are in need of continual correction"* (188); zum Konzept der *„progressive synthesis"* (ebd. 196 ff.); zum *administrative state* s. statt vieler die weiteren Beiträge u.a. von *Marc Tushnet, Peter L. Strauss, Susan E. Dudley, Beth Simone, Noveck* und *Cass R. Sunstein* ebd. in diesem unter dem Titel „The Administrative State in the Twenty-First Century: Deconstruction and/or Reconstruction" publizierten Heft; s. auch *Adrian Vermeule*, Law's Abnegation: From the Law's Empire to the Administrative State, 2016; eingehend zum US-amerikanischen Verwaltungsrecht wie auch zur Frage nach der Legitimität des *„administrative state" Schmidt-Aßmann* US-Verwaltungsrecht (Fn. 17), insb. 38 ff. mit Verweis auf *Jerry L. Mashaw* Creating the Administrative Constitution, 2012, zur verfassungsgeleiteten Entwicklung des US-amerikanischen Verwaltungsrechts.

⁹⁶ Zu rechtlichen und außerrechtlichen Maßstäben des Verwaltungshandelns s. insb. *Pilniok* in: Kahl/Ludwigs (Fn. 6), HVwR V, § 123; *Augsberg* in: Voßkuhle/Eifert/Möllers (Fn. 78), GVR I³, § 8; *Matthias Jestaedt* Maßstäbe des Verwaltungshandelns, in: Dirk Ehlers/Hermann Pünder (Hrsg.) Allgemeines Verwaltungsrecht, 16. Aufl. 2022, § 11; *Bumke* Relative Rechtswidrigkeit (Fn. 80), 264 ff.

⁹⁷ Instruktiv *Hans-Heinrich Trute/Wolfgang Denkhaus/Doris Kühlers* Governance in der Verwaltungsrechtswissenschaft, DV 37 (2004), 451 ff.; *Schuppert* in: Voßkuhle/Eifert/Möllers (Fn. 11), GVR I³, § 17 Rn. 18 ff.; *Franzius* Governance und Regelungsstrukturen, VerwArch 97 (2006), 186 ff.; *Enrico Peuker* Bürokratie und Demokratie in Europa, 2011, 38 ff.; s. auch *Renate Mayntz* Governance Theory als fortentwickelte Steuerungstheorie, in: Gunnar Folke Schuppert (Hrsg.) Governance-Forschung, 2. Aufl. 2006, 11 ff. Kritisch zur Beliebigkeit des Governance-Begriffs *Voßkuhle* in: ders./Eifert/Möllers (Fn. 20), GVR I³, § 1 Rn. 21; während die sozialwissenschaftliche Governance-Forschung als analytisches Konzept Regelungsstrukturen in Abkehr von einer stärker akteursfokussierten Steuerungsperspektive untersucht und bewertet, hält der Steuerungsansatz an der grundsätzlichen Trennbarkeit von Akteuren in einem durch die Zuweisung von Kompetenzen gegliederten Gemeinwesen fest, auch und gerade um präziser auf einzelne Handlungs- und Organisationsformen eingehen zu können. Rechtswissenschaftliche Governance-Ansätze verbinden die Analysetechniken, richten den Blick auf Regelungsstrukturen und -arrangements und kommen damit einem integrierenden Ansatz wie hier am nächsten.

⁹⁸ Insoweit kann „gute Verwaltung" auch nicht mit sachgerechter Verwaltung und entscheidungsbezogener Richtigkeitsgewähr gleichgesetzt werden. Zur Bewirkungsfunktion des Rechts, dem Verhältnis von Politik und juristischer Methode sowie zum Verhältnis von Verwaltungswissenschaft und Verwaltungsrecht in Frankreich allgemein s. *Patrice Chrétien* La science du droit administratif, in: Pascale Gonod/Fabrice Melleray/Philippe Yolka (Hrsg.) Traité de droit administratif, Bd. I, 2011, 59 (89, 93 ff. m.w.N.); s. auch *Gérard*

sam, dass es ihnen um die Voraussetzungen und Gelingensbedingungen der funktionsadäquaten Erfüllung öffentlicher Aufgaben durch die Verwaltung und damit dem Grunde nach um gute Verwaltung geht.[99]

So wenig es den einen Akteur gibt, der gute Verwaltung allein realisieren könnte, so wenig wäre eine einzelne Wissenschaftsdisziplin dazu in der Lage, präzise zu bestimmen, mit welchen Methoden und Instrumenten gute Verwaltung zu erreichen wäre.[100] Hierzu bedarf es interdisziplinärer Abstimmung. Der Beitrag der Rechtswissenschaft erschöpft sich hierbei nicht im Aufzeigen von Grenzen, sondern besteht einerseits in der Analyse

---

Timsit Droit administratif et science administrative, ebd., 709 ff. (insb. 724 ff. unter ausdrücklicher Bezugnahme auf *Eberhard Schmidt-Aßmann*).

[99] Die neue Verwaltungsrechtswissenschaft greift handlungs- und wirkungsorientiert eine Vielzahl einzelner Aspekte guter Verwaltung wie Effizienz, Akzeptanz und Bürgernähe auf. Die Steuerungsdiskussion fragt nach den zentralen Einflussfaktoren für das Verwaltungshandeln, und die Governance-Diskussion stellt Regelungsstrukturen in den Vordergrund. Beides erlaubt eine Verknüpfung und Erweiterung auch der rechtswissenschaftlichen Zugriffe auf die Steuerungsressourcen der und für die Verwaltung wie auch auf die Rolle des Rechts vor allem in seiner Bereitstellungsfunktion. Instrumente und Methoden der Realbereichsanalyse wie auch der Wirkungs- und Folgenorientierung, d.h. der Blick auf die unmittelbaren und mittelbaren Ergebnisse und Auswirkungen des Verwaltungshandelns als Output, Impact und Outcome, zeigen, dass es auch dem steuerungsorientierten Zweig der Verwaltungsrechtswissenschaften um die Qualität der Verwaltung geht – ohne dies rhetorisch als Anliegen guter Verwaltung aufzuladen; s. hierzu *Wolfgang Hoffmann-Riem* Wirkungsorientierte Rechtswissenschaft, ZfRSoz 38 (2018), 20 ff. Auch die Maßstabslehre, die rechtliche und außerrechtliche Maßstäbe des Verwaltungshandelns regelmäßig zur Ausfüllung von Spielräumen auf der Mikro-Ebene der konkreten Rechtsverhältnisse heranzieht, greift eine Vielzahl einzelner Aspekte guter Verwaltung wie Effizienz, Akzeptanz und Bürgernähe auf und kann damit hilfreiche Beiträge bei der Ermittlung von Qualitätsstandards für gute Verwaltung leisten. Implizit ähnlich wie hier *Pilniok* in: Kahl/Ludwigs (Fn. 6), HVwR V, § 123 Rn. 2 ff.; s. auch schon *Eifert* Verwaltungsrecht (Fn. 5), 293 ff. zur Sicherung sachgerechter Aufgabenerfüllung als Ziel des steuerungswissenschaftlichen Ansatzes; ähnlich *Appel* Verwaltungsrecht (Fn. 5), 244 Fn. 61 m.w.N.: „[…] eine Methode, die es nicht nur erlaubt, die Rechtmäßigkeit des Verwaltungshandelns, sondern auch seine Wirksamkeit bei der Verfolgung normative Ziele zu beurteilen und zu fördern. Neben der Rechtmäßigkeit sollen insbesondere die Sach- oder Ergebnisrichtigkeit, Transparenz, Akzeptanz, Bürgernähe, Effizienz und Wirtschaftlichkeit des Verwaltungshandelns gefördert werden".

[100] Den breitesten Zugriff auf den Gegenstand Verwaltung haben disziplinär die Verwaltungswissenschaften, die ihrerseits nicht selten auf die Analyse des Rechts verzichten. Zu den besonderen Anforderungen an Interdisziplinarität s. *Möllers* in: Voßkuhle/Eifert/Möllers (Fn. 12), GVR I³, § 2 Rn. 44 ff.; *Hans Christian Röhl* Öffnung der öffentlich-rechtlichen Methode durch Internationalität und Interdisziplinarität: Erscheinungsformen, Chancen, Grenzen, VVDStRL 74 (2015), 7 (27 ff.); *Andreas von Arnauld* Öffnung der öffentlich-rechtlichen Methode durch Internationalität und Interdisziplinarität: Erscheinungsformen, Chancen, Grenzen, VVDStRL 74 (2015), 39 (48 ff., 52 ff. insb. m.w.N. in Fn. 61).

rechtlicher qualitätsfördernder Instrumente und Mechanismen im Sinne prospektiver Dogmatik.[101] Andererseits muss rechtswissenschaftliche Forschung sich auch mit möglichen Dysfunktionalitäten kollidierender Steuerungsanliegen auseinandersetzen.[102] Verwaltungswissenschaftliche Aufgabenkritik ist um rechtswissenschaftliche Steuerungskritik zu ergänzen.[103]

Welchen Rückhalt findet ein solches Konzept guter Verwaltung in der Verfassung?

III. Das verfassungsrechtliche Verständnis von guter Verwaltung

Die vorgestellten Konzepte guter Verwaltung lassen sich ungeachtet ihrer unterschiedlichen rechtlichen Verbindlichkeit jedenfalls partiell als

---

[101] Ansätze hierzu schon bei *Brohm* Dogmatik (Fn. 90), 245 ff.: Dogmatik als „Zukunftswissenschaft"; hierauf verweist auch *Anna-Bettina Kaiser* Juristische Methode, Dogmatik und System, in: Wolfgang Kahl/Markus Ludwigs (Hrsg.) Handbuch des Verwaltungsrechts I, 2021, § 24 Rn. 20, 27: Innovationsfunktion von Dogmatik; vgl. auch *Scherzberg* in: Trute/Groß/Röhl/Möllers (Fn. 74), 851 ff.: fortlaufende Anpassung der Operabilisierung der Rechtsgehalte als Aufgabe einer handlungsanleitenden Dogmatik, die wesentlich gerade über Organisation und Verfahren einschließlich geeigneter Instrumente der Selbstorganisation eine Entscheidungsoptimierung in der Zeit ermöglicht; vgl. auch *Eifert* Verwaltungsrecht (Fn. 5), 311 ff. zur steuerungswissenschaftlich ergänzten Dogmatik, die rechtspolitische Handlungsbedarfe markieren und konzeptionelle Vorschläge anleiten könne; *Appel* Verwaltungsrecht (Fn. 5), 241 ff.; *Bumke* Relative Rechtswidrigkeit (Fn. 80), 260; *Voßkuhle* in: ders./Eifert/Möllers (Fn. 20), GVR I³, § 1 Rn. 11. Prospektive Dogmatik kann die verfügbaren rechtlichen Mechanismen und Instrumente für eine selbstreflektierende qualitätsbezogene Verwaltung aufzeigen, die über Organisation und Verfahren die nötigen Mittel und Freiräume für Bewertung und auch für Anpassung haben muss.

[102] Vgl. etwa die überspitzte Kritik an einer zunehmenden Prozeduralisierung und den mit ihr einhergehenden kontraproduktiven Effekten auf die Effizienz der Aufgabenerfüllung *Nicholas Bagley* The Procedure Fetish, Michigan Law Review 118 (2019), 345 ff.; zur Diskussion in den USA s. auch *Kessler/Sabel* Uncertain Future of Administrative Law (Fn. 95), 188 ff.; zu sog. *wicked problems* als Kehrseite komplexer Arrangements *Harald Fuhr* Verwaltung und Wicked Problems, in: Sylvia Veit/Christoph Reichard/Göttrik Wewer (Hrsg.) Handbuch zur Verwaltungsreform, 5. Aufl. 2019, 191 ff.; hierauf verweist auch *Hill* in: Kahl/Ludwigs (Fn. 6), HVwR V, § 127 Rn. 5 m.w.N.

[103] Vgl. *Schuppert* Verwaltungswissenschaft (Fn. 80), 980 f.; s. auch die Entwicklungsgeschichte der Bürokratiekritik von *Pascale Cancik* Zuviel Staat? – Die Institutionalisierung der „Bürokratie"-Kritik im 20. Jahrhundert, Der Staat 56 (2017), 1 ff., die mit einem Plädoyer für mehr sachliche Institutionenkritik endet. Gute Verwaltung als dynamischer und entwicklungsoffener Rationalisierungsmodus für eine wirkungs- und effizienzorientierte Verwaltung ist auf Wissen über Verwaltung und damit auf interdisziplinäre wissenschaftliche Beobachtung angewiesen. Eine ausdrücklich oder implizit hierauf ausgerichtete Rechtswissenschaft zeigt die Grenzen, vor allem aber die Optionen ihrer rechtlichen Realisierung auf; vgl. *Scherzberg* in: Trute/Groß/Röhl/Möllers (Fn. 74), 853.

verfassungsrechtliche Verständnisse von guter Verwaltung lesen, wenn und soweit verfassungsrechtliche Maßstäbe für das Verwaltungsverfahren und die Verwaltungsorganisation bezeichnet und zusammengefasst werden. Dies gilt für die völkerrechtlichen, aus *good governance* abgeleiteten Grundanforderungen für Verwaltungen und erst recht für das quasi-verfassungsrechtliche Grundrecht auf eine gute Verwaltung in Art. 41 GRCh.[104]

Das Grundgesetz, auf das sich die weiteren Ausführungen beschränken, kennt demgegenüber keine ausdrückliche Verpflichtung auf eine gute Verwaltung.[105] Auch in den Verfassungen der deutschen Bundesländer lassen sich – trotz vereinzelter Vorstöße – keine entsprechenden subjektiv- oder objektivrechtlichen Verbürgungen finden.[106] Auf der Ebene des einfachen Rechts zeigt nicht zuletzt § 10 VwVfG mit seiner Verpflichtung zu einfachem, zweckmäßigem und zügigem Verwaltungshandeln, dass sowohl Bür-

---

[104] S.o. unter II. 2. a) – c).

[105] In Bezug auf einzelne Ausprägungen guter Verwaltung wie Gesetzmäßigkeit, Unparteilichkeit, Willkürfreiheit oder den verfahrensrechtlichen Schutz des Einzelnen finden sich zahlreiche Gewährleistungen im einfachen Verwaltungsrecht und in der teilweise konstitutionalisierten Rechtsprechung zu allgemeinen Rechtsgrundsätzen des Verwaltungsrechts; hierzu eingehend *Friedrich Schoch* in: ders./Jens-Peter Schneider (Hrsg.) Verwaltungsrecht VwVfG III, 2022, Einleitung Rn. 299 ff. (2020); demgegenüber widerspricht *Lothar Michael* Verfassung im Allgemeinen Verwaltungsrecht – Bedeutungsverlust durch Europäisierung und Emanzipation?, VVDStRL 75 (2016), 131 ff., der These von der Konstitutionalisierung der allgemeinen Rechtsgrundsätze des Verwaltungsrechts.

[106] Ansätze zu einer entsprechenden Aufnahme in die Verfassung gab oder gibt es in einzelnen Bundesländern, die bisher aber noch nicht zu einer landesverfassungsrechtlichen Verankerung guter Verwaltung geführt haben und zum Teil unter Verweis auf den fehlenden Mehrwert und die zu große begriffliche Beliebigkeit abgelehnt worden sind. Vgl. Art. 52 Abs. 2 S. 2 der Schleswig-Holsteinischen Landesverfassung (Verf. S-H), der 2014 statt einer Verpflichtung zu guter Verwaltung neu in die Verfassung eingefügt worden ist und zu einer Orientierung der Organisation der Verwaltung und der Ausgestaltung der Verwaltungsverfahren an den Grundsätzen der Bürgernähe, der Zweckmäßigkeit und der Wirtschaftlichkeit – als Kernbestandteilen guter Verwaltung – verpflichtet und damit das in Art. 53 Verf. S-H enthaltene Transparenzgebot ergänzt; vgl. hierzu *Utz Schliesky* in: Florian Becker/Christoph Brüning/Wolfgang Ewer/Utz Schliesky (Hrsg.) Verfassung des Landes Schleswig-Holstein, 2021, Art. 52 Rn. 32 ff. Ähnlich normiert Art. 56 Verf. HH nach der Gesetzesbindung der Verwaltung ihre Verpflichtung auf das Wohl der Allgemeinheit und die Grundsätze der Bürgernähe und Transparenz. Nach Art. 66 Abs. 1 Verf. Bln ist die Verwaltung „bürgernah im demokratischen und sozialen Geist nach der Verfassung und den Gesetzen zu führen". Teilweise sehen die Landesverfassungen wie z.B. Art. 36 Verf. M-V und noch stärker das einfache Landesrecht die Einsetzung von Landes- oder kommunalen Bürgerbeauftragten vor, die in Fällen schlechter Verwaltung eine weiche Missstandskontrolle ausüben können. Zunehmend werben vor allem Städte und Gemeinden mit außerrechtlichen Leitbildern und Teilattributen wie „nachhaltig", „digital", „smart" und „bürgerfreundlich", die teilweise auch durch spezielle Beauftragte eingefordert werden können. Auf Bundesebene sind Ansätze zu solchen Strukturen in einzelnen Bereichen wie etwa der Polizei oder dem Militär vorhanden, bislang aber nicht flächendeckend ausgebaut.

ger- und damit Dienstleistungsorientierung als auch Verfahrensökonomie dem deutschen Verwaltungsverfahrensrecht nicht fremd sind.[107]

1. Entwicklungsgeschichte

Während die Qualität der Verwaltung stets ein Anliegen eines Staates oder eines Gemeinwesens war und ist,[108] haben sich die Maßstäbe zur Beurteilung dieser Qualität mit der Entwicklung vom absolutistischen Fürstenstaat bis zum modernen demokratischen Verfassungsstaat – wenngleich mit einigen erstaunlichen Beharrungstendenzen[109] – in der Geschichte gewandelt.[110]

---

[107] Vgl. hierzu nur *Schoch* in: ders./Schneider (Fn. 105), VwVfG, Einleitung Rn. 255 ff., 275. Änderungen des deutschen Verwaltungsverfahrensrechts in Richtung einer stärkeren Digitalisierung und Dienstleistungsorientierung etwa mittels sog. *One-Stop-Shops*, d.h. im Rahmen von Verfahren über eine einheitliche Stelle, veranschaulichen die permanenten Anpassungsprozesse, denen nicht allein das außengerichtete Verwaltungsverfahren, sondern die Verwaltungen insgesamt unterworfen sind. Anforderungen an eine bestimmte Qualität der Aufgabenerfüllung hängen stets maßgeblich vom jeweiligen status quo, den rechtlichen Bindungen und den sozialen Herausforderungen ab; s. dazu *Franz Reimer* in: Friedrich Schoch/Jens-Peter Schneider (Hrsg.) Verwaltungsrecht VwVfG IV, 2020, §§ 71a–e, insb. § 71d Rn. 3 zur Pflicht zur ordnungsgemäßen und zügigen Verfahrensabwicklung zwischen einheitlicher und zuständiger Stelle als Pflicht zu funktionierender Kooperation.

[108] Damit wird auch die Anpassung der Verwaltung eine ständige Frage; vgl. *Hermann Hill* Verwaltungshandeln und Verwaltungsrecht vor dem Hintergrund der Veränderungen der Lebenswelt, DVBl 2022, 1188 ff.; *Christoph Reichard/Sylvia Veit/Göttrik Wewer* Verwaltungsreform – eine Daueraufgabe, in: Sylvia Veit/Christoph Reichard/Göttrik Wewer (Hrsg.) Handbuch zur Verwaltungsreform, 5. Aufl. 2019, 1 ff.

[109] Zu den Kontroversen um die Beibehaltung oder Modifikation des Berufsbeamtentums s. nur *Frauke Brosius-Gersdorf* in: Horst Dreier (Hrsg.) GG II, 3. Aufl. 2015, Art. 33 Rn. 48 und 208.

[110] Dies ist unabhängig von der Tatsache, dass selbst in Situationen revolutionärer Umbrüche der Verwaltungsapparat häufig ein Kontinuum darstellt; so auch *Cancik* in: Herdegen/Masing/Poscher/Gärditz (Fn. 4), HbVerfR, § 14 Rn. 5, 105 m.w.N.; *Michael* Verfassung (Fn. 105), 148 ff. m.w.N.; s. auch *Frieder Günther* Kontinuitätswahrung in Zeiten des Umbruchs? in: Ansgar Hollah (Hrsg.) Zur Geschichte der Dienstrechtspolitik im Innenministerium, 2021, 31 ff. Zur Geschichte der Verwaltung in Deutschland s. nur *Horst Dreier* Hierarchische Verwaltung im demokratischen Staat, 1991, 36 ff.; *Michael Stolleis* Geschichte des öffentlichen Rechts in Deutschland, Zweiter Band 1800 – 1914, 1992, 229 ff. und 381 ff.; *ders.* Entwicklungsstufen der Verwaltungsrechtswissenschaft, in: Wolfgang Hoffmann-Riem/Eberhard Schmidt-Aßmann/Andreas Voßkuhle (Hrsg.) Grundlagen des Verwaltungsrechts I, 2. Aufl. 2012, § 2; *Schönberger* „Verwaltungsrecht als konkretisiertes Verfassungsrecht", in: Michael Stolleis (Hrsg.) Das Bonner Grundgesetz, 2006, 53 ff.; *Simon* in: Kahl/Ludwigs (Fn. 1), HVwR I, § 1; *Stefan Fisch* Verwaltung im langen 19. Jahrhundert, ebd., § 2; *Martin Otto* Verwaltung in der Weimarer Republik, ebd., § 3; s. auch *Hoffmann-Riem/Pilniok* in: Voßkuhle/Eifert/Möllers (Fn. 4), GVR I³, § 12 Rn. 19 ff.

Einen zentralen Schritt in der Entwicklung der modernen Verwaltung stellt die Einführung einer professionellen Beamtenschaft (nicht nur) im absolutistischen Preußen des ausgehenden 18. Jahrhunderts dar,[111] deren hergebrachte Grundsätze eines besonderen Dienst- und Treueverhältnisses auf Lebenszeit nach Art. 33 Abs. 4 und 5 GG im Kern auch unter dem Grundgesetz[112] noch die – nicht gänzlich unumstrittene[113] – Gewähr für die objektive und zuverlässige Umsetzung des im politischen Prozess gebildeten staatlichen Willens bieten sollen.[114] Das Grundmuster dieser unpolitischen, neutral und objektiv dem Gemeinwohl dienenden Beamten in einer streng hierarchischen Verwaltungsorganisation, liegt sowohl dem Weber'schen Bürokratie-Modell[115] als auch noch heute der hierarchischen Ministerialbürokratie zugrunde.[116]

Während also zunächst die Effizienz eines hierarchisch organisierten Beamtenstabs prägend für die Verwaltungstätigkeit des vormodernen Wohl-

---

[111] Vgl. zur Entwicklung der Beamtenschaft *Dreier* Hierarchische Verwaltung (Fn. 110), 45 ff.; *Cancik* in: Herdegen/Masing/Poscher/Gärditz (Fn. 4), HbVerfR, § 14 Rn. 7; *Simon* in: Kahl/Ludwigs (Fn. 1), HVwR I, § 1 Rn. 42 ff.; *Fisch* ebd., § 2 Rn. 39 ff.; s. bereits *Frido Wagener*, Der öffentliche Dienst im Staat der Gegenwart, VVDStRL 37 (1979), 215 ff.

[112] BVerfGE 8, 332: „Kernbestand von Strukturprinzipien, die allgemein oder doch ganz überwiegend und während eines längeren, Tradition bildenden Zeitraums, mindestens unter der Reichsverfassung von Weimar, als verbindlich anerkannt und gewahrt worden sind." Hierzu rechnen Laufbahn-, Leistungs-, Alimentationsprinzip, Wohlverhaltens- und Dienstbereitschaftspflichten, in der Rechtsprechung des BVerfG auch Abstands-, Mindestabstands- und Amtsangemessenheitsgebote sowie der Grundsatz der funktionsgerechten Besoldung.

[113] Insbesondere in Bezug auf Anspruch und Reichweite politischer Neutralität; allgemein zu Reformbestrebungen und -bedarfen *Heinrich Amadeus Wolff* Öffentlicher Dienst, in: Klaus Stern/Helge Sodan/Markus Möstl (Hrsg.) Das Staatsrecht der Bundesrepublik Deutschland im europäischen Staatenverbund II, 2. Aufl. 2022, § 47 Rn. 29 ff., 51.

[114] Nach BVerfGE 7, 155 (162) fungiert „eine auf Sachwissen, fachliche Leistung und loyale Pflichterfüllung" gegründete stabile Verwaltung als ausgleichender Faktor gegenüber den das Staatsleben gestaltenden politischen Kräften. Zu den hergebrachten Grundsätzen des Beamtentums *Wolff* in: Stern/Sodan/Möstl (Fn. 113), § 47 Rn. 53 ff.; *Brosius-Gersdorf* in: Dreier (Fn. 109), GG II, Art. 33 Rn. 178 ff. Zur demokratischen Funktion der über das Amtsethos vermittelten Gemeinwohlorientierung der Beamtenschaft *Trute* in: Voßkuhle/Eifert/Möllers (Fn. 76), GVwR I³, § 9 Rn. 46 m.w.N.

[115] Zum Idealtypus der Bürokratie als rationaler Herrschaftsform *Max Weber* Wirtschaft und Gesellschaft. Soziologie. MWG I/23, 459 ff.; zur Entwicklung der Bürokratie, ihrer Verortung bei Weber und der hieran entzündeten, nicht immer gerechtfertigten Kritik ausführlich *Cancik* Zu viel Staat? (Fn. 103), 3 ff.

[116] Zur Renaissance neo-weberianischer Zugänge in den Sozialwissenschaften s. *Sabine Kuhlmann/Jörg Bogumil* Neo-Weberianischer Staat, in: Sylvia Veit/Christoph Reichard/Göttrik Wewer (Hrsg.) Handbuch zur Verwaltungsreform, 5. Aufl. 2019, 139 ff.; hierzu auch *Andreas Anter* Max Weber und die Staatsrechtslehre, 2016, 180 ff.

fahrtsstaats war, setzte mit den Verfassungsbestrebungen im 19. Jahrhundert teilweise vor der Entstehung positivierten Verfassungsrechts eine vorrangig rechtsstaatlich-liberale Einhegung der Tätigkeit dieser (häufig selbst nach Umbrüchen) konstanten Verwaltung ein.[117] Eingriffe in Freiheit und Eigentum der als Untertanen verstandenen Bürgerinnen und Bürger wurden einer gesetzlichen Grundlage unterworfen. Mit der Rechtsprechung der noch jungen Verwaltungsgerichte und der beginnenden systematischen Erfassung eines allgemeinen Verwaltungsrechts setzte der Siegeszug der juristischen Methode unter bewusster Ausblendung realer Verwaltungsphänomene ein.[118]

Mit der Konstitutionalisierung von Grundrechten und Demokratie haben auch diese sich spätestens in der jungen Bundesrepublik zu maßgeblichen Grundsätzen für die Verwaltung und das Verwaltungsrecht entwickelt.[119] Die Grundentscheidung, nach dem Ende des nationalsozialistischen Unrechtsregimes den Menschen an die Spitze der staatlichen Grundordnung zu stellen[120], ist nicht ohne Auswirkung für die Anforderungen an die Verwaltung geblieben.[121] Im Wechselspiel haben Bundesverwaltungs- und

---

[117] Damit ging auch eine Begrenzung des Rechtsstoffs einher, wenngleich der beschränkte Zugriff der nun entstehenden juristischen Methode auf den Bereich der Eingriffsverwaltung einer erheblichen Ausdehnung der Verwaltung im Rahmen etwa der Sozialverwaltung nicht entgegenstand. Sie wurde nur zunächst nicht rechtlich verarbeitet; dazu *Cancik* in: Herdegen/Masing/Poscher/Gärditz (Fn. 4), HbVerfR, § 14 Rn. 6 ff.; zur Entwicklung der juristischen Methode und damit des rechtsstaatlichen Verwaltungsrechts s. auch *Kaiser* in: Kahl/Ludwigs (Fn. 101), HVwR I, § 24 Rn. 3 ff.; *Stolleis* Geschichte (Fn. 110), 381 ff. Zu liberal-demokratischen Forderungen nach einer stärkeren Einbindung der Bürger auch in die Verwaltungstätigkeit s. *Rüdiger von Krosigk* Bürger in die Verwaltung! Bürokratiekritik und Bürgerbeteiligung in Baden, 2010, 11 ff.

[118] Zur juristischen Methode und ihrer Verortung in der Verwaltungsrechtswissenschaft statt vieler *Appel* Verwaltungsrecht (Fn. 5), 235 ff.; *Stolleis* in: Hoffmann-Riem/Schmidt-Aßmann/Voßkuhle (Fn. 110), GVR I², § 2 Rn. 26 ff. Zeitlich ging das Verwaltungsrecht in dieser Phase dem Verfassungsrecht voraus, so *Cancik* in: Herdegen/Masing/Poscher/Gärditz (Fn. 4), HbVerfR, § 14 Rn. 8.

[119] Zur weniger stark fassbaren Entwicklung des Verwaltungsrechts in der Weimarer Republik s. *Schönberger* in: Stolleis (Fn. 110), 53 ff.; ebd. auch zur Entstehung eines grundgesetzabhängigen Verwaltungsrechts in der frühen Bundesrepublik; ferner *Rainer Wahl* Herausforderungen und Antworten. Das Öffentliche Recht der letzten fünf Jahrzehnte, 2006; zur Konstitutionalisierung des Verwaltungsrechts s. *Gunnar F. Schuppert/ Christian Bumke* Die Konstitutionalisierung der Rechtsordnung, 2000, S. 16 f.; einen knappen Blick auf die Entwicklung des deutschen Verwaltungsrechts aus der französischen Perspektive wirft *Anne Jacquemet-Gauché* Droit administratif allemand, 2022.

[120] Die in der Garantie unantastbarer Menschenwürde, den Freiheits- und Gleichheitsrechten, der subjektiv-rechtlichen Rechtsschutzgarantie und der unmissverständlichen Verpflichtung aller Gewalten zum Ausdruck kommt.

[121] *Schönberger* in: Stolleis (Fn. 110), 53 ff.

Bundesverfassungsgericht die Gewährleistung von Grundrechten und einfachrechtlichen subjektiven öffentlichen Rechten auf alle Beziehungen des Einzelnen zur Verwaltung ausgedehnt und die Verantwortung hierfür zunehmend in die Hand des Gesetzgebers gelegt.[122]

Im Zuge sich wandelnder Herausforderungen wurden die verfassungsrechtlichen Anforderungen weiter entwickelt.[123] Veränderungen des Realbereichs wie Privatisierungen, Regulierungs- und Gewährleistungsverwaltung haben sich auf Fragen der Verfahrensfairness und Verantwortung angesichts des veränderten Verhältnisses öffentlicher und privater Leistungserbringung ausgewirkt.[124] Das Europäische Recht stellt vielfältige, nicht vollständig dogmatisch geklärte Anforderungen an das Verwaltungshandeln.[125] Der Klimaschutz hängt von der Effektivität der Instrumente und Verfahren ab.[126] Neue verfassungsrechtliche Schwierigkeiten kommen mit der zunehmenden Digitalisierung und dem Umgang mit Algorithmen hinzu.[127]

---

[122] Zur Entwicklung des bundesrepublikanischen Verwaltungsrechts vgl. *Schönberger* in: Stolleis (Fn. 110), 53 ff; *Dieter Grimm* Grundrechtsbindung der deutschen Verwaltung, in: Wolfgang Kahl/Markus Ludwigs (Hrsg.) Handbuch des Verwaltungsrechts III, § 68 Rn. 5 ff.

[123] *Wahl* Herausforderungen (Fn. 119); hierauf nimmt auch *Gunnar Folke Schuppert* Die Verwaltungsrechtswissenschaft im Kontext der Wissenschaftsdisziplinen, in: Armin von Bogdandy/Peter Michael Huber (Hrsg.) Ius Publicum Europaeum IV, 2012, § 70 Rn. 7, Bezug.

[124] Zu den Veränderungen s. *Wahl* Herausforderungen (Fn. 119); *Schuppert* in: von Bogdandy/Huber (Fn. 123), IPE IV, § 70 Rn. 20 ff.; *Stolleis* in: Hoffmann-Riem/Schmidt-Aßmann/Voßkuhle (Fn. 110), GVR I^2, § 2 Rn. 111 ff.

[125] Etwa beim Grundrechtsschutz gegen Akte sogenannter Teams im Europäischen Verwaltungsverbund, die nur teilweise mit den bekannten dogmatischen Figuren abgearbeitet werden können; in der europäischen Verwaltungszusammenarbeit sind längst nicht alle Fragen geklärt; s. auch schon *Eckhard Pache* Verantwortung und Effizienz in der Mehrebenenverwaltung, VVDStRL 66 (2007), 106 ff.; *Thomas Groß* Verantwortung und Effizienz in der Mehrebenenverwaltung, VVDStRL 66 (2007), 152 ff.; *ders.* Die Legitimation der polyzentralen EU-Verwaltung, 2015, insb. 115 ff.; *Schmidt-Aßmann/Schöndorf-Haubold* in: Voßkuhle/Eifert/Möllers (Fn. 46), GVwR I^3, § 5 Rn. 32 ff.; *Bettina Schöndorf-Haubold* Legitimationsfragen der Verbundverwaltung, in: Wolfgang Kahl/Ute Mager (Hrsg.) Verwaltungsaufgaben und Legitimation der Verwaltung, 2022, 219 ff.; zu Europäischer Verwaltung durch heterogen besetzte Teams s. *Felix Krämer* Der Einsatz gemeinsamer Teams im Europäischen Verwaltungsverbund, 2024 (im Erscheinen).

[126] S. nur BVerfGE 157, 30.

[127] Dazu nur *Guckelberger* in: Kohtamäki/Peuker (Fn. 83), 3 ff.; *Hans Peter Bull* Über die Rechtliche Einbindung der Technik, Der Staat 58 (2019), 1 ff.; *Thomas Wischmeyer* Regulierung intelligenter Systeme, AöR 143 (2018), 1 ff.; *Arne Pilniok* Administratives Entscheiden mit Künstlicher Intelligenz: Anwendungsfelder, Rechtsfragen und Regelungsbedarfe, JZ 2022, 1021 ff.; *ders.* Digitalisierung als gubernatives Organisationsproblem, in: Julian Krüper/Arne Pilniok (Hrsg.) Die Organisationsverfassung der Regierung, 2021,

Mit den Veränderungen der Verwaltungsaufgaben und ihrer verfassungsrechtlichen Rahmenbedingungen verändern sich auch die Maßstäbe für gute Verwaltung, ohne damit aber zugleich ein verfassungsrechtlich alle Faktoren umfassendes Anforderungsprofil guter Verwaltung determinieren zu können.

2. Einzelausprägungen und Anklänge übergreifender guter Verwaltung

Einem übergreifenden Konzept guter Verwaltung verfassungsrechtliche Autorität zu versagen[128] heißt nicht, dem Grundgesetz jegliche Bedeutung für die Qualität des Verwaltungshandelns abzusprechen.[129] Das Gegenteil ist der Fall! Das Verhältnis von Verfassungsrecht und Verwaltungsrecht ist bekanntermaßen aus der Perspektive unterschiedlicher Zeitpunkte unterschiedlich überspitzt worden.[130] Überwiegende Einigkeit besteht sowohl hinsichtlich einer starken verfassungsrechtlichen Prägung des Verwaltungs-

---

201 ff.; *Christian Djeffal* Leitlinien der Verwaltungsnovation und das Internet der Dinge, HIIG Discussion Paper Series No. 2017-04.

[128] Großzügiger in der Anerkennung eines allerdings sehr vage bleibenden verfassungsrechtlichen Leitbilds sachgerechter Verwaltung aus einer Zusammenschau verfassungsrechtlicher Rationalitäts- und Gemeinwohlpostulate *Scherzberg* in: Trute/Groß/Röhl/Möllers (Fn. 74), 843 f. und 859 ff.: „Das Grundgesetz und die es konkretisierenden Normen formulieren keine abschließenden Kriterien einer über die Rechtmäßigkeit hinausreichenden Entscheidungsrichtigkeit, sondern ein offenes *Leitbild rechtsstaatsgemäßen Entscheidens*, das sich erst durch wissenschaftliche Maßstabsbildung erschließt. Da das Recht insoweit keine abschließende Definitionskompetenz beansprucht, kann die Dogmatik zu seiner Institutionalisierung auf Erkenntnisse der zuständigen Fachwissenschaften zurückgreifen" (Hervorhebung im Original); in der Sache bleibt offen, ob die Anknüpfung an den Gemeinwohlauftrag, das Demokratie- und das Rechtsstaatsprinzip im Ergebnis eine über die Ausbildung und Anwendung einer klugheitsbasierten Metaregel hinausgehende verfassungsrechtliche Verpflichtung zu guter Verwaltung begründen können; von nur mittelbaren verfassungsrechtlichen Bindungen gehen wohl auch *Hoffmann-Riem/Bäcker* in: Voßkuhle/Eifert/Möllers (Fn. 78), GVR II³, § 32 Rn. 79, 122, aus.

[129] Zu einem ähnlich punktuell verfassungsrechtlich geprägten, aber weitgehend offenen Ergebnis kommt *Eifert* in: Voßkuhle/Eifert/Möllers (Fn. 86), GVwR I³, § 19 Rn. 161 für den Bereich guter Regulierung.

[130] Zu den viel zitierten Topoi von *Otto Mayer* und *Werner Weber* von 1924 und 1959 s. *Ferdinand Wollenschläger* Verfassung im Allgemeinen Verwaltungsrecht: Bedeutungsverlust durch Europäisierung und Emanzipation?, VVDStRL 75 (2016), 187 (190 ff.); skeptisch *Möllers* in: Voßkuhle/Eifert/Möllers (Fn. 12), GVR I³, § 2 Rn. 13; *Michael* Verfassung (Fn. 106), 151 ff.; zu Diskursverschränkungen *Franz Reimer* Fragmentierungen im Öffentlichen Recht: Diskursvergleich im Verfassungs- und Verwaltungsrecht, VVDStRL 78 (2018), 413 ff.; s. auch *Philipp Reimer* Wechselwirkungen von Verfassungs- und Verwaltungsrecht, in: Wolfgang Kahl/Markus Ludwigs (Hrsg.) Handbuch des Verwaltungsrechts, I, 2021, § 10 Rn. 5 ff.; *Schönberger* in: Stolleis (Fn. 110), 53 ff.

rechts als auch in den Wechselwirkungen und Verschränkungen von Verfassungsrecht und Verwaltungsrecht.[131]

a) Acquis verfassungskonformer Verwaltung

Zu den wesentlichen Eckpfeilern verfassungsrechtlicher Vorgaben für das Verwaltungsrecht[132] gehören die Grundsatzentscheidungen der Verfassungs- und Rechtsbindung der Verwaltung nach Art. 1 Abs. 3 und 20 Abs. 3 GG, das Gebot der demokratischen Rückbindung nach Art. 20 Abs. 2 GG und die Garantie effektiven Rechtsschutzes nach Art. 19 Abs. 4 GG.[133] Die Verwaltungsorganisation wird durch die Kompetenzverteilungsentscheidungen in Art. 30, 70 ff. und 83 ff. GG, durch Art. 28 GG als Grundlage der kommunalen Selbstverwaltung und durch die bereits in Bezug genommene Entscheidung des Verfassungsgebers für die Beibehaltung des Berufsbeamtentums nach Art. 33 Abs. 2 bis 5 GG verfassungsrechtlich konturiert.[134]

In der verfassungs- und verwaltungsrechtlichen Rechtsprechung sind die grundrechtsgeleiteten Voraussetzungen für das Verwaltungshandeln sowohl in materiell-rechtlicher, aber vor allem auch tendenziell zunehmend in verfahrens- und organisationsrechtlicher Hinsicht hinzugekommen.[135] Aus dem 19. Jahrhundert tradierte allgemeine Rechtsgrundsätze[136] wie Verhält-

---

[131] Zur Verfassungsprägung auch *Schmidt-Aßmann* Ordnungsidee (Fn. 1), 1/17 ff.; *Schoch* in: ders./Schneider (Fn. 105), VwVfG, Einleitung Rn. 295 ff.; dezidiert anders *Michael* Verfassung (Fn. 106), 131 ff.

[132] „Verwaltungsverfassungsrecht" nach *Wollenschläger* Verfassung (Fn. 130), 195 ff.

[133] Zu den Verfassungsvorgaben für die Verwaltung s. nur *Schoch* in: ders./Schneider (Fn. 105), VwVfG, Einleitung Rn. 295 ff.; *Schmidt-Aßmann/Schöndorf-Haubold* in: Voßkuhle/Eifert/Möllers (Fn. 46), GVR I³, § 5 Rn. 1 ff.; *Schmidt-Aßmann/Kaufhold* in: Voßkuhle/Eifert/Möllers (Fn. 40), GVR II³, § 27 Rn. 31 ff. m.w.N.

[134] S. die Nachweise oben in Fn. 111–114.

[135] Allgemein zur Grundrechtsbindung der Verwaltung *Grimm* in: Kahl/Ludwigs (Fn. 122), HVwR III, § 68; zum Grundrechtsschutz durch Verfahren *Schoch* in: ders./Schneider (Fn. 105), VwVfG, Einleitung 308 ff. In den Verästelungen der Anforderungen etwa in Bezug auf das Recht auf informationelle Selbstbestimmung lässt sich eine Steigerung verfassungsrechtlicher Konkretisierung der gesetzgeberischen Verantwortung und auch Bindung der Gesetzgebung in der Steuerung und Vorprägung des Verwaltungshandelns beobachten, die von dem Gedanken getragen wird, spezifische Steuerungs- und Schutzschwächen des materiellen Rechts auszugleichen; z.B. BVerfGE 154, 152 (250 ff. Rn. 168 ff.); BVerfGE 162, 1 (100 f. Rn. 213).

[136] Zu nennen sind hier insbesondere der zunächst im Verwaltungsrecht entwickelte Grundsatz der Verhältnismäßigkeit, Grundsätze des Vertrauensschutzes und der Rechtssicherheit ebenso wie Gebote einer fairen Verfahrensführung, rechtlichen Gehörs, Beistands- oder Begründungspflichten, das Recht auf Akteneinsicht sowie eine allgemeine Verpflichtung zu rechtsschutzfreundlichem Verhalten, zu Neutralität, Ausgewogenheit und Distanz gegenüber Einzelnen; vgl. zum Folgenden nur *Schoch*, in: ders./Schneider (Fn. 105),

nismäßigkeit, faire Verfahrensführung, Gehör, Begründung oder Neutralität[137] werden – nicht immer eindeutig – im Rechtsstaatsprinzip und seinen Subprinzipien, in der Rechtsschutzgarantie und erneut in den Grundrechten verortet. Als klassischer rechtsstaatlicher Acquis des Verwaltungsverfahrens – wie auch guter Verwaltung – sind sie zu großen Teilen in den Verwaltungsverfahrensgesetzen kodifiziert.[138]

Auch wenn verfassungswidrige Verwaltung keine gute Verwaltung sein kann, muss umgekehrt weder gelten, dass alle verfassungsrechtlichen Vorgaben für die Verwaltung gerade auch deren gute Qualität bezwecken, noch, dass die Verfassung alle Vorgaben für gute Verwaltung selbst enthält. Die Grundrechte sind gleichermaßen Qualitätsmaßstab und Grenze für das Ob und Wie jedes Verwaltungshandelns. Sie sind jedenfalls auch für Strukturentscheidungen relevant, sofern die geeignete Verfahrens- und Organisationswahl eine Voraussetzung für den Grundrechtsschutz ist.[139]

Noch deutlicher verhält es sich mit den Kompetenzbestimmungen, die bereits Gesetzgebungs- und Verwaltungszuständigkeiten auf Bund und Länder verteilen und mit den Gemeinden einen weiteren unabhängigen Verwaltungsträger zur Seite stellen. In ihrer Funktion der gegliederten Verantwortungszuweisung zur differenzierten Problembewältigung ermöglichen diese Normen eine klare Zuständigkeitsverteilung und sichern damit die unverzichtbare demokratische Legitimation der Verwaltung.[140] Zugleich folgt die Zuweisung einer föderalen, nicht notwendig aufgabenbezogenen Trennungslogik, so dass administrative Aufgabenerfüllung an Grenzen stößt, wenn die Aufgabe eine Abweichung von der Zuständigkeitsordnung des Grundgesetzes erfordert.[141]

VwVfG, Einleitung Rn. 299 ff.; *Michael* Verfassung (Fn. 105), 134, siedelt diese als Zwischenkategorie zwischen Verfassungsrecht und einfachem Verwaltungsverfahrensrecht an.

[137] BVerfGK NJW 2011, 511 (512): als Rechtfertigung einer freiheitsbeschränkenden Informationsmaßnahme kommt nur die Erhaltung des zur Funktionsfähigkeit der Behörde notwendigen Mindestmaßes an öffentlichem Vertrauen in die eigene Glaubwürdigkeit und Integrität in Betracht (mit Verweis auf BVerfGE 93, 266 (291)).

[138] Zur Kodifikation *Schoch* in: ders./Schneider (Fn. 105), 211 ff., 226; kritisch zu dieser Form der „Konsensgesetzgebung" *Michael* Verfassung (Fn. 105), 153 ff.

[139] Vgl. etwa die Entscheidungen zum SGB II BVerfGE 125, 127 (255) Existenzminimum; dazu wie allgemein zur Beachtung von Verfahrensrecht als Verfassungspflicht *Schoch* in: ders./Schneider (Fn. 105), VwVfG, Einleitung Rn. 320.

[140] In den Gemeinden zusätzlich verstärkt durch die demokratische Partizipation der Bürgerinnen und Bürger; zur demokratischen Legitimation s. *Schmidt-Aßmann* Ordnungsidee (Fn. 1), 2/80 ff.; *Christoph Möllers* Demokratie, in: Matthias Herdegen/Johannes Masing/Ralf Poscher/Klaus Ferdinand Gärditz (Hrsg.) Handbuch des Verfassungsrechts, 2021, § 5.

[141] Zu dieser Problematik vgl. *Uwe Volkmann/Ann-Katrin Kaufhold* in: Hermann von Mangoldt/Friedrich Klein/Christian Starck (Hrsg.) GG III, 7. Aufl. 2018, Art. 91a Rn. 35 ff.

Innerhalb dieses Zuständigkeitsrahmens lässt die Verfassung Gesetzgeber und Verwaltung Spielräume für die Ausgestaltung von Organisation und Verfahren, die erforderliche Mittelausstattung und die Wahl der Instrumente. Dass das Grundgesetz weitere insbesondere außerrechtliche Funktions- und Leistungsanforderungen an die Verwaltungstätigkeit stellt, ist nicht ersichtlich. Auch der sogenannte Grundsatz funktionsgerechter Organisation oder Aufgabenwahrnehmung[142] dient vorrangig zur Abgrenzung der Gewalten anhand der ihnen zugewiesenen Kernfunktionen.[143]

b) Anklänge übergreifender Konzepte guter Verwaltung

Im Zuge von Verfassungsänderungen sind in das Grundgesetz zuletzt vermehrt Bestimmungen eingefügt worden, die mit der Anerkennung bestimmter Funktionsnotwendigkeiten einer Kooperation von Bund und Ländern eine Vorstellung von guter Verwaltung anklingen lassen. Hierzu rechnen zum einen finanzverfassungsrechtliche Regelungen,[144] die regel-

---

und 91e Rn. 4 f.; kritisch in Bezug auf Effizienzverluste und Transaktionskosten in der föderalen Bewältigung der COVID-19-Pandemie in Deutschland *Ekkehard Hofmann* COVID-19 and the Federal State, in: Kostas Chrysogonos/Anna Tsiftsoglou (Hrsg.) Democracy after Covid, 2022, 77 (insb. 84 ff.).

[142] Vgl. BVerfGE 143, 101 (4. LS, 122, 158 ff.) zu den NSA-Selektorenlisten im Verhältnis von Bundesregierung und parlamentarischem Untersuchungsausschuss; BVerfGE 137, 185 (235) – Informationsrechte des Bundestags; BVerfGE 131, 152 (195) – Unterrichtungspflicht des Bundestags.

[143] Ein solcher Grundsatz würde als Maßstab für Organisationsentscheidungen auch innerhalb der Exekutive zu einer möglichen verfassungsrechtlichen Determinierung des gesamten Organisationsrechts führen. S. *Schuppert* Verwaltungswissenschaft (Fn. 80), 961 ff. m.w.N.; s. auch *Thomas Wischmeyer* Gewaltenteilung und institutionelles Gleichgewicht, in: Wolfgang Kahl/Markus Ludwigs (Hrsg.) Handbuch des Verwaltungsrechts III, 2022, § 78 Rn. 41; s. aber auch *Thomas von Danwitz* Der Grundsatz funktionsgerechter Organstruktur: Verfassungsvorgaben für staatliche Entscheidungsstrukturen und ihre gerichtliche Kontrolle, Der Staat 35 (1996), 329 (334 ff., 345 ff.), der dem Grundsatz Bedeutung innerhalb der Verwaltung zumisst und damit eine verfassungsgerichtliche Kontrolle über praktisch jede organisationsrechtliche Entscheidung eröffnet. In Bezug auf die Kommunen gerät ein solcher Übergriff mit dem Grundsatz der eigenverantwortlichen Aufgabenerledigung in Konflikt, den das BVerfG in st. Rspr. anerkennt und der allgemein die Freiheit von staatlicher Reglementierung in Bezug auf die Art und Weise der Aufgabenerledigung und die Organisation der Gemeindeverwaltung umfasst (BVerfGE 119, 331 (362 f.) m.w.N.; BVerwGE 91, 228 (236)).

[144] S. z.B. den 1969 eingefügten Art. 104 Abs. 5 GG zur gegenseitigen Haftung von Bund und Ländern für die ordnungsgemäße Verwaltung [dazu BVerfGE 127, 165 (204 ff., 319 ff., 325) zu einer Verwaltungskompetenz für Informationsbefugnisse des Bundes zur Klärung der Haftung und den verschränkenden Haftungsvoraussetzungen]; s. ferner den 2017 eingefügten und 2019 geänderten Art. 104c GG, der befristete Finanzhilfen für gesamtstaatlich bedeutsame Investitionen der Länder zur Steigerung der Leistungsfähigkeit der kommunalen Bildungsinfrastruktur vorsieht, oder Art. 109a GG, der die fortlaufende

mäßig eine gemeinsame Finanzierung vorsehen, sowie die Vorschriften zu den Gemeinschaftsaufgaben, die in Abweichung von den eher trennungsbezogenen sonstigen Kompetenzzuweisungen auch eine inhaltliche Zusammenarbeit von Bund und Ländern ermöglichen.[145] Das Verfassungsrecht selbst wird hier zum Impulsgeber, wenn es Bedarfe für administrative Abweichungen von den strikten Vorgaben des Grundgesetzes durch Verfassungsänderung anerkennt:

Mit Art. 91e GG[146] hat der Verfassungsgeber 2010 auf die Entscheidung des BVerfG von 2007 reagiert, um einem Projekt guter Verwaltung – der bürgerfreundlichen Zusammenfassung von Arbeitslosen- und Sozialhilfe in einer Verwaltungsleistung – verfassungsrechtlich zur Realisierung zu verhelfen. Das Gericht hatte die Hartz-IV-Arbeitsgemeinschaften wegen Verstoßes gegen den Grundsatz eigenverantwortlicher Aufgabenwahrnehmung der Kommunen und – verkürzt – gegen das sog. Verbot der Mischverwaltung für verfassungswidrig erachtet.[147]

Auch, um diesem Verdikt zuvorzukommen, wurde 2009 im Rahmen der Föderalismusreform II mit Art. 91c GG die verfassungsrechtliche Grund-

---

Überwachung der Haushaltswirtschaft von Bund und Ländern sowie der unionsrechtlichen Haushaltsdisziplin zur Vermeidung von Haushaltsnotlagen mit dem Stabilitätsrat einem gemeinsamen Gremium überantwortet.

[145] Zum Verbot der Mischverwaltung insb. angesichts der zunehmenden Einrichtung von Gemeinschaftsaufgaben s. *Trute* in: von Mangoldt/Klein/Stark (Fn. 89), GG III, Art. 83 Rn. 28 ff. m.w.N.; ähnlich *Volkmann/Kaufhold* ebd., Art. 91a Rn. 30 ff.

[146] Hierzu *Volkmann/Kaufhold* in: von Mangoldt/Klein/Stark (Fn. 89), GG III, Art. 91e Rn. 1 ff.

[147] S. zunächst BVerfGE 119, 331 – Hartz-IV-Arbeitsgemeinschaften, und in Bestätigung der Verfassungsänderung BVerfGE 137, 108 – Optionskommunen. Das Anliegen der Gesetzesreform zur Einführung der Arbeitsgemeinschaften, Arbeitslosen- und Sozialhilfe in einer neuen Leistung zusammenzufassen, um so eine Verwaltungsleistung trotz aufgeteilter Zuständigkeit bürgerfreundlich aus einer Hand erbringen zu können, genügte dem Bundesverfassungsgericht nicht zur Rechtfertigung einer bis dahin nicht ausdrücklich vorgesehen Kooperation der Kommunen mit dem Bund, da in der Systematik des GG weder ein gemeinsamer Vollzug der Bundesgesetze durch Bundes- und Landesbehörden, noch die Schaffung einer dritten Institution hierfür vorgesehen sei (BVerfGE 119, 331 (365)). Dem Bedürfnis der öffentlichen Gewalt, in ihrem Streben nach angemessenen Antworten auf neue staatliche Herausforderungen nicht durch eine zu strikte Trennung der Verwaltungsräume gebunden zu werden, werde mit den kooperationsermöglichenden Regelungen in den Art. 83 ff. GG nach Ansicht des BVerfG hinreichend Rechnung getragen. Dies kollidierte mit der strikten Trennung im Rahmen der verfassungsrechtlich vorgesehenen „Verwaltungsordnung", durch die die Spielräume organisatorischer Ausgestaltung begrenzt werden. Formen sogenannter Mischverwaltung wie die vom GG zu diesem Zeitpunkt nicht vorgesehenen Gemeinschaftseinrichtungen werden grundsätzlich für mit dieser trennungsbasierten Zuständigkeitsordnung nicht vereinbar erachtet, da sie durch Verwischung der Verantwortungszuordnung zu Einbußen demokratischer Legitimation führten.

lage für die unübersichtlich ausdifferenzierte föderale IT-Kooperation geschaffen.[148]

Schließlich stellt der gleichzeitig eingefügte Art. 91d GG ein Novum in der Verfassungsgebung dar,[149] demzufolge „Bund und Länder zur Feststellung und Förderung der Leistungsfähigkeit ihrer Verwaltung Vergleichsstudien durchführen und die Ergebnisse veröffentlichen" können. Mit der Autorität des Verfassungsrechts werden hier wirtschafts- und sozialwissenschaftliche Instrumente des Verwaltungs-Benchmarking in das deutsche Recht integriert.[150] Versteckt in einer Kooperationsbestimmung klingt hier am ehesten ein neues verfassungsrechtliches Bild guter Verwaltung an, dem es darum geht, Effektivitäts- und Effizienzgewinne durch eine vergleichende Selbstbeobachtung der Verwaltungen zu erzielen.[151]

3. Rationalität guter Verwaltung als Impulsgeber

Die Verfassungsänderungen reagieren auf verfassungsrechtliche Unsicherheiten hinsichtlich der Zulässigkeit bestimmter Strukturentscheidungen für die Erfüllung öffentlicher Aufgaben. Sie ergeben sich jedenfalls auch aus argumentativen Grauzonen in der Rechtsprechung des Bundesverfassungsgerichts, das bei der Auslegung der föderal strikt geforderten Eigenverantwortlichkeit wie auch der Voraussetzungen für rechtsstaatliche und

---

[148] Mit dem parallel geschlossenen IT-Staatsvertrag wurde die Kooperation auch sofort umgesetzt; dazu *Thomas Wischmeyer* in: Hermann von Mangoldt/Friedrich Klein/Christian Stark (Hrsg.) GG III, 7. Aufl. 2018, Art. 91c Rn. 1 ff. Motiv war die Sorge davor, dass die vertikale Kooperation Einfluss auf die eigenverantwortliche Aufgabenwahrnehmung in den Ländern haben könnte; zur vertikalen Kooperation *Martin Burgi* Vom „Verbot der Mischverwaltung" zur Dogmatik der vertikalen Kooperation im Bundesstaat, in: Hermann Butzer/Markus Kaltenborn/Wolfgang Meyer (Hrsg.) FS Schnapp, 2008, 15 ff., für die von Art. 30, 83 ff. GG erfassten Fälle; außerdem erhoffte man sich Impuls- und Beschleunigungswirkung für die nur schleppende Informatisierung der Verwaltung. Zugleich kompensiert Art. 91c GG etwaige Verluste demokratischer Legitimation, die mit einer aufgabenbeeinflussenden Kooperation einhergehen; hierzu instruktiv *Wischmeyer* ebd., Art. 91c Rn. 4 ff.

[149] Hierauf weisen *Volkmann/Kaufhold* in: von Mangoldt/Klein/Starck (Fn. 89), GG, Art. 91d Abs. 1 hin.

[150] Zu Benchmarking und Qualitätskontrollen eingehend *Seckelmann* Evaluation (Fn. 80), 158 ff., 190 ff., 525 ff. m.w.N.; *Stephan von Bandemer* Benchmarking von Verwaltungsreformen, in: Sylvia Veit/Christoph Reichard/Göttrik Wewer (Hrsg.) Handbuch zur Verwaltungsreform, 5. Aufl. 2019, 667 ff.

[151] Damit werden zentrale Impulse für die Messung der Leistungsfähigkeit von Verwaltungen überhaupt gesetzt – ganz im Sinne eines übergreifenden Konzepts guter Verwaltung – und darüber hinaus der innerföderale Vergleich angeregt und ermöglicht; s. auch BT-Drs. 16/12410, S. 8.

demokratische Zurechnungsgebote und Verantwortungsklarheit Spielräume zu belassen scheint.[152]

Solche verfassungsrechtlichen Spielräume eröffnen die Möglichkeit, übergreifende Überlegungen guter Aufgabenerfüllung einzubeziehen.[153] Sie können strikte Verfassungsgrenzen nicht überwinden; weiche und offene Verfassungsabgrenzungen[154] allerdings sollten sie – nicht in einer Festlegung auf *ein* Modell guter Verwaltung, aber in der grundsätzlichen Ermöglichung einer Ausrichtung *auf* gute Verwaltung beeinflussen. Auch materielle Verfassungsbestimmungen wie insbesondere Art. 20a GG können darauf drängen, Fragen der wirksamen Erfüllung öffentlicher Aufgaben stärker zu gewichten. Art. 91c GG kann hierzu beitragen, indem er dem Interesse an einer Verwirklichung guter Verwaltung verfassungsrechtliche Relevanz verleiht.[155]

---

[152] Zum Verbot der Mischverwaltung s. BVerfGE 119, 331 (370) mit Verweis auf BVerfGE 63,1 (40): Es dürften keine Mitverwaltungs- oder Mitentscheidungsbefugnisse des Bundes im Aufgabenbereich der Länder ohne entsprechende verfassungsrechtliche Ermächtigung vorgesehen werden; jede Ausnahme von Art. 83 ff. GG bedürfe eines besonderen sachlichen Grundes und dürfe sich nur auf eng umgrenzte Verwaltungsmaterien beziehen. Verfassungsrechtliche Spielräume ergeben sich weiter im Rahmen der Verhältnismäßigkeit, wo gelegentlich auch Gründe der Verwaltungspraktikabilität Berücksichtigung finden; BVerfGE 161, 1 (62) zur Rechtfertigung einer Berufsausübungsregelung; BVerfGE 122, 1 (29); Rechtfertigung einer regionalen Gliederung zur Beihilfebemessung im Rahmen der Gemeinsamen Agrarpolitik. Teilweise rekurriert das BVerfG auch im Rahmen von Art. 3 GG auf die Verwaltungspraktikabilität und Gründe der Verwaltungsökonomie: vgl. BVerfGE 44, 283 (288 f.). Differenziert zu Praktikabilität als Argument *Laura Münkler* Praktikabilität als rechtliches Argument, AöR 146 (2021), 595 ff.

[153] Auf Auslegungsunterschiede weisen *Volkmann/Kaufhold* in: von Mangoldt/Klein/Starck (Fn. 89), GG, Art. 91e Rn. 5 mit Verweis auf *Matthias Cornils* Verbotene Mischverwaltung, ZG 2008, 184 ff. (insb. 192 ff.) hin: „von der Trennungsthese zum Ausgestaltungsspielraum".

[154] Der Grundsatz eigenverantwortlicher Aufgabenwahrnehmung klingt ausgestaltungsoffener an in der Entscheidung zum Schornsteinfegergesetz (BVerfGE 63,1 (36 ff., 41)); hierauf verweisen auch *Volkmann/Kaufhold* in: von Mangoldt/Klein/Starck (Fn. 89), GG, Art. 91e Rn. 5 und Art. 91a Fn. 80; restriktiver unter Verweis auf das Verbot der Mischverwaltung in der Hartz-IV-Entscheidung BVerfGE 119, 331 (363 ff.).

[155] Insgesamt zeichnet sich das GG durch eine große Vielfalt an kooperationsermöglichenden Vorschriften aus, die das Bild strikt getrennter Verwaltungsräume verfassungsrechtlich nicht mehr durchgängig gerechtfertigt erscheinen lassen; ähnlich *Trute* in: von Mangoldt/Klein/Starck (Fn. 89), Art. 83 Rn. 28 ff.; vgl. auch *Burgi* in: Butzer/Kaltenborn/ Meyer (Fn. 148), FS Schnapp, 15 ff.: „keine zu strikte Trennung der Verwaltungsräume" und „Dogmatik der vertikalen Kooperation". Es mutet auch eigentümlich an, dass die Verwaltungen in der Kooperation mit Privaten freier scheinen als mit anderen Hoheitsträgern: Gerade im Rahmen der bestehenden Kompetenzen erstaunt die Striktheit der Abgrenzung angesichts einer breiteren Öffnung für unterschiedliche Formen der Kooperation zwischen der Verwaltung und Privaten und der Kooperation auch zwischen Verwaltungen in Privatrechtsform. Von einem dem belgischen Recht entsprechenden Verfassungsgebot zur koope-

Eine verfassungsrechtlich klare Anerkennung zulässiger Verwaltungskooperation etwa könnte sich umgekehrt förderlich auf Fragen der Legitimation, Zurechnung und auch der zulässigen Informationsübermittlung auswirken, indem sie in Fällen kongruenter oder überlappender Sachzuständigkeiten die ohnehin bestehende unorganisierte Unverantwortlichkeit beseitigt[156] und die Ausbildung von Kooperationsverkehrsregeln im Sinne eines spezifischen Bundesstaats-Verbundrechts[157] eröffnet.[158]

IV. Gute Verwaltung als Klugheitsregel

Ein übergreifendes Konzept guter Verwaltung kann als Rationalisierungsmodus zu einem besseren Verständnis von Verwaltung auf allen Ebenen des Verwaltungshandelns, gubernativer Richtungsentscheidungen und vor allem auch auf der Ebene der Gesetzgebung beitragen, indem es die Qualitätsmaßstäbe und die Gelingensbedingungen für die Erfüllung öffentlicher Aufgaben einer permanenten Selbstreflexion unterwirft. Die Maßstäbe hierfür lassen sich nicht materiell aus dem Konzept selbst ableiten.

---

rativen Aufgabenerfüllung, wenn eine Aufgabe nur gemeinsam erfüllt werden kann, ist das deutsche Verfassungsrecht weit entfernt; hierauf verweisen *Volkmann/Kaufhold* in: von Mangoldt/Klein/Starck (Fn. 89), GG, Art. 91a GG Rn. 24: Cour d'Arbitrage, Arrêt n° 132/2004 vom 14.7.2004, B.6.2., im Ergebnis nimmt das belgische Gericht einen Verstoß gegen das jede Kompetenzausübung beschränkende Verhältnismäßigkeitsprinzip an. Auch in Deutschland verändern die zahlreichen Ausnahmen von der strikten Trennung parallel zu wachsenden sachbezogenen und z.T. auch unional veranlassten Kooperationsbedarfen das Verhältnis von Regel und Ausnahme. Der Verfassungsgeber selbst scheint das Verdikt der Mischverwaltung immer stärker zu widerlegen. Treffend *Volkmann/Kaufhold* in: von Mangoldt/Klein/Starck (Fn. 89), GG, Art. 91e Rn. 5: „eine so schlicht gestrickte Formel wie jene vom „Verbot der Mischverwaltung" […], „die vielleicht noch auf die Verhältnisse der 50er Jahre des letzten Jahrhunderts gepasst haben mochte, letztlich aber auch dort bereits unterkomplex war".

[156] Überspitzt formuliert scheint das Verbot der Mischverwaltung angesichts der Vielfalt informeller, wenig institutionalisierter Einrichtungen der Zusammenarbeit gerade die unorganisierte Verantwortungslosigkeit zu fördern.

[157] So *Schoch* in: ders./Schneider (Fn. 105), VwVfG, Einleitung Rn. 161 ff.

[158] Auch hier kann das deutsche Recht vom Europäischen Verwaltungsverbund lernen, der auch den Bundesstaaten die Beteiligung an Behördennetzwerken, in Informationsverbünden und die Nutzung zentraler oder jedenfalls interoperabler Informationsinfrastruktur vorgibt. Die zum Teil enge diagonale Kooperation im Europäischen Verwaltungsverbund wirft ihrerseits zweifelsohne Legitimationsfragen auf; dazu *Schöndorf-Haubold* Legitimation, in: Kahl/Mager (Fn. 125), 219 ff. Auch das Unionsrecht überspielt die Trennungen vielfältig, wenn es die innerstaatliche Kooperation etwa im Bereich des Datenschutzes oder der inneren Sicherheit ohne Ansehung der jeweiligen Ebene als selbstverständlich voraussetzt und es ausdrücklich den bundesstaatlichen Mitgliedstaaten überlässt, geeignete Lösungen zu finden.

Sie sind in Abhängigkeit von Zeit und Entwicklungsstand durch Verfassungs- und einfaches Recht und durch politische Entscheidungen vorgegeben und zu interdisziplinär informierten ausgleichenden Lösungsangeboten zu bringen.[159]

Ein solches Konzept guter Verwaltung hat das Potential, zu einer Verbesserung der Qualität des Verwaltungshandelns in den Grenzen des Rechts, aber auch durch Recht beizutragen. Es betrifft nicht allein die Ebene der konkreten Rechtsverhältnisse, sondern vor allem die diesen vorausliegenden Strukturentscheidungen über die Art und Weise der Erfüllung öffentlicher Aufgaben.[160]

Es stellt kein Defizit des Grundgesetzes dar, ein solches Prinzip im Sinne einer Niveauverpflichtung oder eines Optimierungsgebots weder ausdrücklich noch implizit zu umfassen. Vielmehr wäre das Verfassungsrecht nicht notwendig der richtige Ort und auch das Bundesverfassungsgericht nicht der beste Akteur, um die Realisierung guter Verwaltung mit höchster Normativität vorzuschreiben und durchzusetzen. Es ist in erster Linie die gemeinsame Aufgabe der Parlamente und der Verwaltungen selbst, ihrer Verantwortung für die Qualität der Verwaltung gerecht zu werden und hierzu gegebenenfalls auf ein Konzept guter Verwaltung als Klugheitsregel Bezug zu nehmen.[161]

---

[159] Insofern lässt sich das Fazit weiterentwickeln, mit dem *Martin Eifert* Verwaltungsrecht (Fn. 5), 329, 2007 sein Referat beendet hat: „Das Vermächtnis und die Arbeitsweise der Juristischen Methode sind unverzichtbar. Ebenso unverzichtbar ist es aber, sie systematisch durch den steuerungswissenschaftlichen Ansatz zu erweitern, um das gesamte Verwaltungsrecht mit seinen Aufgaben und Herausforderungen erfassen und dogmatisch disziplinieren zu können. Es benötigt eben mehr als ein Auge, um alle Dimensionen sehen zu können."

[160] Es geht um das Zusammenspiel von Instrumentenwahl, finanzieller, sächlicher und vor allem auch infrastruktureller Ausstattung sowie um die institutionellen Voraussetzungen unterschiedlicher Zuständigkeiten, der Zusammenarbeit und Koordination einschließlich der Generierung und des Austauschs von Wissen.

[161] So auch übergreifend für „gutes Recht", das nicht als solches, sondern nur in Ansehung anderweitiger verfassungsrechtlicher Leitplanken auch verfassungsgeboten ist, *Hoffmann-Riem* Gutes Recht (Fn. 6), 95, 108 f.; ähnlich im Ergebnis für gutes Regieren *Preuß* in: Bruha/Nowak (Fn. 48), 50 ff.

Leitsätze der Referentin über:

2. Historische Konstanten und neue Impulse in der Entwicklung des verfassungsrechtlichen Verständnisses von „guter Verwaltung"

I. Gute Verwaltung als Ziel verfasster Verwaltung?

(1) Ein verfassungsrechtliches Verständnis von guter Verwaltung verhieße Qualitätsgewähr mit den Weihen der höchsten normativen Autorität – denkbar wäre dies in Gestalt eines Prinzips oder eines Rechts auf gute Verwaltung, als Optimierungsgebot, Strukturvorgabe, als Verpflichtung zu einem bestimmten Qualitätsniveau, als Rationalitäts- oder Rationalisierungsverpflichtung oder lediglich als Mindeststandard im Sinne eines Untermaßverbots oder einer Missstands-Schranke.

(2) Fehlt es an einer ausdrücklichen verfassungsrechtlichen Bestimmung, stellt sich die Frage, ob sich nicht bereits aus der Zusammenschau der verwaltungsbezogenen Bestimmungen der Verfassung eines demokratischen Rechtsstaats das oder ein Leitbild für eine gute Verwaltung ableiten lässt.

II. Konzept(e) guter Verwaltung zwischen Recht und Ratio

(3) Hinter dem Begriffspaar der „guten Verwaltung" verbirgt sich eine breite Vielfalt an Qualitätsanforderungen an öffentliche Verwaltungen in der Pluralität ihrer Erscheinungsformen.

(4) Die Anordnung und das Verhältnis der einzelnen Elemente guter Verwaltung folgen normativen Setzungen und Grenzen, politischen oder verwaltungspraktischen Wertungen und Erwartungen, wie sie insbesondere in den Sozialwissenschaften formuliert werden.

(5) Das Konzept guter Verwaltung ist innerhalb eines Rahmens in Teilen flexibel; es ist stetigen Veränderungen unterworfen und – jedenfalls in einer holistischen Perspektive – kaum vollständig determinierbar. Die Offenheit dieses Meta-Konzepts erschwert den juristischen Zugriff, der sich deswegen häufig auf Ausschnitte oder einzelne Anforderungen konzentriert.

1. Gegenstand und Maßstab des Bewertungsurteils bzw. des Qualitätsziels

(6) Mit Gegenstand und Maßstäben variiert auch das jeweilige Konzept guter Verwaltung.

(7) Konzepte von good governance und guter Verwaltung formulieren Maßstäbe für Regierungs- und Verwaltungshandeln, die eine Bewertung desselben erlauben. Je nach Entwicklungsstand des adressierten Gemeinwesens schwanken die Anforderungen von – nicht notwendig rechtsförmlich fixierten – Mindestgeboten der Rechtsstaatlichkeit und Demokratie bis zu Leitbildern, Zielen oder Optimierungsgeboten außerrechtlicher Parameter wie Effizienz, accountability oder Partizipation.

a) Zugriffsebenen

(8) Konzepte guter Verwaltung können auf der Mikro-Ebene des Verwaltungsrechtsverhältnisses anknüpfen und für dieses vorrangig ergebnis- und teilweise auch handlungsbezogen Anforderungen formulieren.

(9) Auf einer Meso-Ebene nimmt gute Verwaltung auch übergreifende Steuerungsfaktoren wie etwa Strukturentscheidungen für Organisation, Verfahren, Mittel und Personal oder auch vorgelagerte Entscheidungen für den Einsatz bestimmter Instrumente in den Blick.

(10) Auf der Makro-Ebene verfassungsrechtlicher, parlamentarischer und gubernativer Steuerung werden die zentralen Strukturentscheidungen für die Einrichtung und das Funktionieren von Verwaltungen getroffen.

b) Bewertungsfaktoren

(11) In demokratischen Rechtsstaaten stellen rechtliche und insbesondere verfassungsrechtliche Anforderungen der Achtung der Menschenwürde, des Grundrechtsschutzes, der Gleichheit, Rechtsstaatlichkeit und einer demokratischen Grundordnung einen unverzichtbaren Mindestbewertungsmaßstab dar.

(12) In Bezug auf Staaten mit defizitären demokratischen und rechtsstaatlichen Strukturen beschränkt sich ein Konzept guter Verwaltung als Teil von good governance im internationalen Kontext teilweise auf ein Minimum elementarer rechtlicher Maßstäbe.

(13) Generell stellt es ein Charakteristikum guter Verwaltung dar, sich nicht in der Verfassungs- und Gesetzmäßigkeit des Verwaltungshandelns zu erschöpfen, sondern dieses gerade zusätzlichen rechtlichen und außerrechtlichen Maßstäben zu unterwerfen.

(14) Anspruch und Niveau der „guten" Verwaltung hängen maßgeblich von der Verkopplung rechtlicher und außerrechtlicher, zwingender und

optionaler, fremd- und selbstgesetzter Maßstäbe ab. Konzepte guter Verwaltung sind daher notwendig wertungsabhängig und entwicklungsoffen.

2. *Praktische Beispiele für Konzepte guter Verwaltung*

a) *Gute Verwaltung als Teil völkerrechtlicher good governance*

(15) Von einem ursprünglich eng rechtsstaatlichen Maßstab auf der Makro-Ebene emanzipiert sich der völkerrechtliche Begriff der good governance sukzessive zu einem breit angelegten strategischen Konzept guter, effizienter, transparenter und rechenschaftspflichtiger Regierung und Verwaltung sowohl auf der Makro- als auch auf Meso- und Mikro-Ebene. Good governance und gute Verwaltung sind in diesem Konzept eng miteinander verknüpft.

b) *Gute Verwaltung als Stabilitäts- und Rechtsmaßstab im Europarat*

(16) Im Europarat lässt sich ein differenzierendes Verständnis von good governance und guter Verwaltung erkennen, das auf der Handlungsebene Verwaltungen umfassend und nicht allein in ihren Beziehungen zu Individuen in den Blick nimmt und über rechtliche Maßstäbe hinausgeht, sich auf der Kontrollebene aber auf einen Mindestschutz für das Verwaltungshandeln beschränkt.

(17) In diesem Verständnis bildet gute Verwaltung einen Teil von good governance, setzt allerdings das Erreichen der rechtsstaatlichen und demokratischen Mindestanforderungen und die grundsätzliche Einhaltung der Menschenrechte (und damit den Mindeststandard von good governance als Kontrollmaßstab) voraus.

c) *Perspektiven unionaler Konzepte guter Verwaltung*

(18) Demgegenüber gewährt Art. 41 GRC jedermann ein Recht auf eine gute Verwaltung. Der enge Begriff dieses Rechts greift wesentliche, vorrangig normative Gehalte guter Verwaltung auf und fasst sie in einem subjektiven Recht zusammen. Ein zentraler, allerdings auf das Verhältnis der EU-Eigenverwaltung zu Privaten beschränkter Teilbereich guter Verwaltung wird so im Primärrecht quasiverfassungsrechtlich fixiert.

(19) Zwar deuten Normen wie Art. 298 AEUV (Bekenntnis zu einer offenen, effizienten und unabhängigen europäischen Verwaltung) und Art. 10 Abs. 3 S. 2 EUV (Verpflichtung zu möglichst offenen und bürgernahen Entscheidungen) ein weiter ausgreifendes Verständnis guter Verwaltung für die EU-Verwaltung an, nehmen aber nicht ausdrücklich auf „gute Verwaltung" Bezug.

(20) In einem bemerkenswerten Zusammenspiel von hartem Primärrecht und unverbindlichem soft law kompensieren das Grundrecht auf gute Verwaltung, der Kodex für gute Verwaltungspraxis und die weichen Durchsetzungsmechanismen sog. Ombudsprudence das Fehlen einer verwaltungsverfahrensrechtlichen Kodifikation durch den europäischen Gesetzgeber.

3. Gute Verwaltung als Leitbild, Meta-Konzept oder Rationalisierungsmodus

a) Das Verhältnis eines übergreifenden Konzepts guter Verwaltung zum Recht

(21) Gute Verwaltung kann nicht mit grundlegenden verfassungsrechtlichen Prinzipien wie Rechtsstaat und Demokratie auf eine Stufe gestellt werden. Gute Verwaltung setzt Rechtsstaatlichkeit und demokratische Legitimation unhintergehbar voraus.

(22) Recht kann Präferenzen setzen, Maßstäbe hierarchisieren und damit im demokratischen Diskurs generierte spezifische Anforderungen an gute Verwaltung in inhaltlicher, prozeduraler oder institutioneller Hinsicht zur Geltung bringen.

b) Offenheit des Begriffs und Grenzen der rechtlichen Steuerungsfähigkeit

(23) Da das Qualitätsurteil „gute Verwaltung" von tatsächlichen Umständen, normativen Voraussetzungen und politischen Entscheidungen abhängt, ist der Begriff offen für unterschiedliche Leitbilder – etwa der rechtmäßigen, transparenten, digitalen oder smarten Verwaltung, ohne selbst Leitbild und aus sich heraus hierauf festgelegt zu sein.

(24) Wird gute Verwaltung weder als eine positive Beschreibung lediglich rechtmäßiger Verwaltung noch als Synonym für eine dem jeweiligen entwicklungs- und zeitabhängigen politischen Leitbild entsprechende Verwaltung verstanden, muss das Konzept auf einer höheren Abstraktionsebene anknüpfen – als Meta-Konzept und Rationalisierungsmodus, dessen Anliegen es ist, die unterschiedlichen Faktoren so zu ordnen, dass die Verwaltung sich permanent auf die Verbesserung ihrer Leistungserbringung und auf die erforderliche Anpassung an sich wandelnde reale und normative Anforderungen ausrichtet.

c) Adressaten eines übergreifenden Konzepts guter Verwaltung

(25) Die Komplexität des Konzepts wird dadurch erhöht, dass es sich nicht an einen einzelnen Adressaten, sondern an eine Vielzahl von Verwaltungen auf unterschiedlichen Ebenen in unterschiedlichen Organisationsformen richtet. Die Übergänge zwischen Verwaltungs- und Gubernativfunktionen sind fließend.

(26) Ein solches ganzheitliches Konzept setzt größtmögliches Wissen der Akteure voneinander und die Kommunikation und Kooperation über die Zielerreichung guter Aufgabenerfüllung voraus.

d) Die Rolle der Rechtswissenschaft im interdisziplinären Diskurs

(27) Jenseits der Auseinandersetzungen mit Art. 41 GRC spielen Konzepte guter Verwaltung in der verwaltungsrechtswissenschaftlichen Literatur mit wenigen Ausnahmen nur eine sehr geringe Rolle. Auch in den Verwaltungswissenschaften wird „gute Verwaltung" kaum thematisiert.

(28) Rechtswissenschaftliche Governance-Ansätze verbinden Analysetechniken, richten den Blick auf Regelungsstrukturen und -arrangements und kommen damit einem integrierenden übergreifenden Ansatz am nächsten. Governance-, Steuerungs- oder Maßstabslehre ist gemeinsam, dass es ihnen auch und gerade um die Voraussetzungen und Gelingensbedingungen der funktionsadäquaten Erfüllung öffentlicher Aufgaben durch die Verwaltung und damit dem Grunde nach um gute Verwaltung geht.

(29) Gute Verwaltung als dynamischer und entwicklungsoffener Rationalisierungsmodus für eine wirkungs- und effizienzorientierte Verwaltung ist auf Wissen über Verwaltung und damit auf interdisziplinäre wissenschaftliche Beobachtung angewiesen. Eine ausdrücklich oder implizit hierauf ausgerichtete Rechtswissenschaft zeigt die Grenzen, vor allem aber die Optionen ihrer rechtlichen Realisierung auf.

III. Das verfassungsrechtliche Verständnis von guter Verwaltung

1. Entwicklungsgeschichte

(30) Im Zuge sich wandelnder Herausforderungen haben sich auch die verfassungsrechtlichen Anforderungen an Verwaltungen weiter entwickelt, ohne damit zugleich ein verfassungsrechtlich alle Faktoren umfassendes Anforderungsprofil guter Verwaltung zu determinieren.

2. Einzelausprägungen und Anklänge übergreifender guter Verwaltung

a) Acquis verfassungskonformer Verwaltung

(31) Auch wenn verfassungswidrige Verwaltung keine gute Verwaltung sein kann, zielen umgekehrt die verfassungsrechtlichen Vorgaben für die Verwaltung nicht alle auch auf gute Verwaltung an sich. Insbesondere Grundrechte und Kompetenzbestimmungen sind gleichermaßen Qualitätsmaßstab und Grenze für das Ob und Wie jedes Verwaltungshandelns.

b) Anklänge übergreifender Konzepte guter Verwaltung

(32) Im Zuge von Verfassungsänderungen sind in das Grundgesetz zuletzt vermehrt Bestimmungen eingefügt worden, die mit der Anerkennung bestimmter Funktionsnotwendigkeiten einer Kooperation von Bund und Ländern eine Vorstellung von guter Verwaltung anklingen lassen. Beispiele sind insbesondere Art. 91c, Art. 91d und Art. 91e GG.

3. Rationalität guter Verwaltung als Impulsgeber

(33) Verfassungsrechtliche Spielräume eröffnen die Möglichkeit, übergreifende Überlegungen guter Aufgabenerfüllung einzubeziehen.

(34) Eine verfassungsrechtlich klare Anerkennung zulässiger Verwaltungskooperation kann sich förderlich auf Fragen der Legitimation, Zurechnung und auch der zulässigen Informationsübermittlung auswirken, indem sie die Ausbildung von Kooperationsverkehrsregeln eröffnet.

IV. Gute Verwaltung als Klugheitsregel

(35) Ein übergreifendes Konzept guter Verwaltung kann als Rationalisierungsmodus zu einem besseren Verständnis von Verwaltung auf allen Ebenen des Verwaltungshandelns, gubernativer Richtungsentscheidungen und vor allem auch auf der Ebene der Gesetzgebung beitragen. Es hat das Potential, die Qualität des Verwaltungshandelns in den Grenzen des Rechts, aber auch durch Recht zu fördern.

(36) Es stellt kein Defizit des Grundgesetzes dar, ein solches Prinzip im Sinne einer Niveauverpflichtung oder eines Optimierungsgebots weder ausdrücklich noch implizit zu umfassen. In erster Linie sind die Parlamente und die Verwaltungen dazu aufgerufen, ihrer Verantwortung für die Qualität einer funktional verstandenen Verwaltung gerecht zu werden und hierzu gegebenenfalls auf ein Konzept guter Verwaltung als Klugheitsregel Bezug zu nehmen.

3. Aussprache und Schlussworte

Ekkehart Reimer: Liebe Kolleginnen und Kollegen, ich darf Sie bitten, Platz zu nehmen und uns alle an ihren Gesprächen teilhaben zu lassen. Wir beginnen mit der Diskussion und der Aussprache über die Referate von Herrn Unger und Frau Schöndorf-Haubold. Die Spielregeln sind allen bekannt: Noch leuchtet die Ampel harmlos weiß. Wir werden sie etwa drei Minuten grün leuchten lassen, und dann wird aus dem satten Grün ein Gelbgrün. Das sollte Ihnen bereits zur Warnung gereichen. Wenn sich das Gelb-Grün in ein Rot verwandelt, kommen Sie zum Schluss. Und wenn die Ampel rot zu blinken beginnt, ist sofortiges Schweigen geboten. Soweit die Spielregeln.
Wir haben eine ganze Reihe von Diskussionsbeiträgen. Ich erlaube mir, die drei Fragestellerinnen und Fragesteller, die in einem Block zusammengefasst werden, zunächst zu nennen. Bitte nennen Sie vorab für unsere Aufzeichnung Ihren Namen, damit wir wissen, wem wir später das rohe Manuskript zur Durchsicht zuleiten können. Den Anfang machen Herr Kollege Hinnerk Wißmann, Frau Kollegin Antje von Ungern-Sternberg und Herr Kollege Christoph Engel.

[Worterteilungen sind im Folgenden weggelassen]

Hinnerk Wißmann: Herzlichen Dank. Ich möchte beginnen mit einem Dank an den Vorstand, dieses Thema gewählt zu haben. Die Erde brennt, wie uns die Umweltrechtler bestätigen werden. Wir sind in einer Situation, dass der westliche Verfassungsstaat mehr oder weniger verrückt zu werden droht, wenn wir ins Repräsentantenhaus der USA schauen. Und wir sind umgeben von Diktaturen, die inzwischen in unsere Häfen und in unsere Heizungskeller eindringen. In einer solchen Situation ist das Themenfeld der guten Verwaltung existenziell für den westlichen Verfassungsstaat und sein Überleben: Es geht nicht um eine Schaumkrone reformverliebter Diskussionen, die keine sonstigen Themen haben, sondern es geht um Grundprinzipien unseres Zusammenlebens. Und ich danke Herrn Unger und Frau Schöndorf-Haubold, dass sie das ernste Thema in so ernsthafter Weise betrieben haben, indem sie uns mit dem

Gang durch die Geschichte und dem Gang durch den verfassungsrechtlichen Befund und die interdisziplinäre Kontrolldimension das Thema vor Augen geführt haben. Ich habe es so gehört, dass Sebastian Unger im Grunde eine scharfe Doppelkritik vorgetragen hat, einerseits an der Entgrenzung der Verwaltung und andererseits an Scheinrechten der Bürger, denen im Grunde mit dem Topos der „guten Verwaltung" nur weiße Salbe gegeben würde. Ich würde gerne noch mal bestätigt bekommen, ob ich das richtig verstanden habe? Bettina Schöndorf-Haubold hat im verfassungsrechtlichen Zugriff im Grunde auch einen Nichtbefund vorgetragen, das aber mit einem stärkeren Ausblick auf die Rationalitätsmöglichkeiten des Begriffs verbunden.

Beide sind sich letztlich einig gewesen in der Beobachtung einer Verengung des Verwaltungsrechts auf Gesetzesanwendung und die damit entstehenden Probleme. Diese Vorannahme der Referenten kann man in der Tat im historischen Längsschnitt wie im Wissenschaftsdialog mit anderen Disziplinen bestätigt finden und unterstreichen: Es war in Wahrheit der „gesetzmäßigen Verwaltung", seien es Landrätinnen oder Grundschullehrer, bei der Erfüllung ihrer Aufgaben immer ziemlich egal, wer „unter ihnen" Landesgesetzgeber war. Umso mehr würde ich gerne fragen, ob dann für den verfassungsrechtlichen Befund nicht Artikel 33 des Grundgesetzes als Fundamentalnorm einer guten Verwaltung ernster zu nehmen ist, also ihre Ausstattung mit guten Verwaltern und Verwalterinnen. Und ich würde gerne abschließend fragen wollen: Müssten wir nicht in unseren Zeiten gute Verwaltung zunächst einmal verstehen als funktionierende Verwaltung? Wäre es nicht wichtig, dass wir also verfassungsrechtlich vor allem ein Untermaß bestimmen, was Verwaltung in diesem Land, in dieser Europäischen Union leisten muss, um die Bürgerinnen und Bürger nicht zu verlieren? Das wäre auch ein verfassungsrechtliches Thema, dem wir uns stellen müssen. Vielen Dank!

Antje von Ungern-Sternberg: Anscheinend habe ich das Geheimnis entdeckt, wie man oben auf die Rednerliste kommt. Man schreibt „Lob des Themas" auf den Fragezettel. In der Sache möchte ich in allererster Linie für zwei hervorragende Referate danken, die sehr instruktiv waren. Danken möchte ich als Nicht-Verwaltungsrechtlerin aber eben auch dem Vorstand für das Thema. Warum? Weil die gute Verwaltung tatsächlich ein wichtiges Thema des gesellschaftlichen Zusammenlebens ist. Und weil wir in populistischen Zeiten leben, in denen Kritik der Verwaltung, Missachtung von Gesetzmäßigkeit, der Institutionen, die für Rationalität stehen, tatsächlich Methode haben. Das sieht man insbesondere beim Trumpismus, aber natürlich auch andernorts. Und deswegen ist die gute Verwaltung ein sehr zeitgemäßes Thema, das uns alle angehen sollte.

Wo ich aber nachfragen wollte – auch Sebastian Unger war dort besonders kritisch: Wie ist das eigentlich mit den Maßstäben für eine gute Verwaltung? Wo kommen die Maßstäbe her? Ist es hinreichend legitimiert, wenn wir sie aus irgendwelchen Nachbarwissenschaften fraglos übernehmen? Denn natürlich sind die Nachbarwissenschaften auch vorgeprägt. Da gibt es Mehrheits- und Minderheitsmeinungen, und zu unterschiedlichen Instrumenten und Strategien und Zweckmäßigkeiten in der Abwägung wissen die Nachbarwissenschaften natürlich häufig auch nicht so viel zu sagen, wie man aus rechtswissenschaftlicher Sicht sagen müsste. Deswegen die Frage: Wo kommen die Maßstäbe her? Aus der Verfassung? So habe ich Bettina Haubold verstanden. Natürlich müssen sie aber konkretisiert werden – im Gesetz, in der Kooperation mit den Nachbardisziplinen. All das ist legitimatorisch schwierig, wenn man, wie ich das auch begrüßen würde, an einem etwas stärker inputorientierten Demokratieverständnis festhält. Daher die Frage: Wie kriegen wir das zusammen, wie bestimmen wir die Maßstäbe guter Verwaltung unter Vorzeichen der Demokratie?

Christoph Engel: Führt uns unser Thema in eine Aporie? Ich denke, wir brauchen ein Gebot guter Verwaltung, und zwar in dem starken Sinne von Herrn Unger. Wir können dieses Gebot aber nicht bekommen. Das, was uns Frau Schöndorf-Haubold vorgeführt hat, sind tastende Versuche, wenigstens ein Stück des Gebots zu retten.

Zunächst: Warum brauchen wir das Gebot? Der verfassungsrechtliche Grund wurde bislang nicht genannt: der Siegeszug des Zwecks. Alle Grundrechtsschranken verlangen einen legitimen Zweck. Niemand weiß aber, was das ist. Es gibt keine entwickelte Lehre des legitimen Zwecks. Damit läuft die Schrankenprüfung im Grunde leer. An dieser Stelle müssten wir dringlich was tun. Warum passiert da nichts? Aus zwei Gründen. Der eine Grund ist – auf der ganz hohen Ebene – die Unvereinbarkeit der denkbaren normativen Währungen. Man könnte utilitaristisch denken. Dann könnte man den Wohlfahrtstheoretikern folgen und sagen: Es geht um Effizienz. Doch dann kämen sofort andere Utilitaristen und würden sagen: Wieso nicht Verteilung? Und dann würden den Utilitaristen die Deontologen gegenübertreten und sagen: Fängt die Verfassung nicht mit der Würde des Menschen an, so dass Autonomieschutz viel wichtiger ist als alle anderen Ziele? Und das ist natürlich nur die Spitze des normativen Eisbergs. Der zweite Grund, warum wir das Gebot nicht bekommen können, ist: Wir würden die Politik entmachten. Die Politik muss mit der Unordentlichkeit des politischen Prozesses, wie das die Politikwissenschaftler so schön nennen, zurechtkommen und muss Kompromisse schmieden können. Und die sind immer faul. Wenn wir eine scharfgestellte normative Theorie darüber hätten, was gemacht werden soll, würden wir genau das unmöglich machen.

Was bleibt denn dann übrig? Welche vermittelnden Lösungen kann man sich vorstellen? Die erste Lösung wäre – das schien bei Frau Schöndorf-Haubold auf – technische Effizienz. Was gemacht werden soll, hat die Verwaltung zu entscheiden. Aber sie soll es bitte so gut wie möglich und so billig wie möglich tun. Das zweite, was man tun kann, schien auch in beiden Referaten auf: Zumindest die Verfahrensgerechtigkeit soll gewahrt sein. Dann sind wir natürlich im Grunde zurück bei der alten rechtsstaatlichen Vorstellung, nur aufgeladen durch etwas modernere, vielleicht auch verhaltenswissenschaftliche Perspektiven. Das dritte finde ich besonders spannend, und das schien in beiden Referaten ein Stückchen auf. Geht es am Ende darum, dass die Verwaltung wahrgenommene gute Verwaltung sein soll? Geht es also am Ende darum, Akzeptanz zu schaffen? Dann würde, wenn es gut läuft, das Unmögliche am Ende möglich dadurch, dass man das, was im Abstrakten unerreichbar scheint, in der konkreten Konfliktsituation, über die die Behörde zu entscheiden hat, doch hinbekommt.

Markus Kotzur: Ganz herzlichen Dank für zwei ganz vortreffliche Referate, die aus ihren sehr unterschiedlichen Perspektiven eine Kernfrage aufgeworfen haben, nämlich die Frage, ob die „Vergrundrechtlichung" die Idee guter Verwaltung verkürzt oder verstärkt. Die Antwort scheint zunächst, gerade wenn man Herrn Unger zugehört hat, auf der Hand zu liegen, nämlich eine Verkürzung hin auf die rein prozessualen Mechanismen, die natürlich aus anderen Verfassungsgeboten auch schon folgen, und eine Verengung vor allen Dingen auf das Staatsbürgerverhältnis, das die Binnenperspektive der Verwaltung auszuschließen scheint. Umgekehrt könnte man argumentieren, dass letztendlich eine Verstärkung auch denkbar ist. Allein die Positivierung der Idee der guten Verwaltung verschafft ihr schon neuen Resonanzraum. Wir diskutieren heute über unser Thema nicht nur, aber auch, weil es Artikel 41 der Grundrechte-Charta gibt. Weiterhin zu denken ist an die Möglichkeit der Rechtsprechung, auch prozedurale Garantien materiell-rechtlich aufzuladen. Die amerikanische Supreme Court-Rechtsprechung hat das mit dem materiellen Verständnis der *Due Process*-Garantie wunderbar vorgemacht. Und hier schließt sich meine Folgefrage an: Artikel 41 der Grundrechte-Charta erscheint mir auch als der vielleicht unmögliche Versuch, Gelingensbedingungen guten Verhaltens normativ einzuhegen, jedenfalls normativ vorzustrukturieren. Und die bisher gestellten Fragen drehen sich, glaube ich, angesichts der populistischen Bedrohungen, der Verschwörungserzählungen und der Elitenskepsis, die wir momentan erleben, genau um diesen Punkt. Wie weit reicht die rechtliche Gestaltungsmöglichkeit, so vorzustrukturieren, dass eine gute Verwaltung geschaffen wird? Eine Verwaltung, die responsiv ist, die bürgernah, die transparent, die effizient ist, die trotzdem die Rechtsbindungen nicht aufgibt, die um die richtige Entscheidung ringt, obwohl sie die schnelle Entscheidung treffen soll. Welche Gestaltungsmacht hat hier das Recht? Und sollten wir in die Richtung noch weitergehender Verrechtlichung gehen oder uns als Juristinnen und Juristen stärker selbst bescheiden, unsere Grenzen erkennen und weniger Verrechtlichung als Mehr begreifen? Vielen Dank.

Joachim Lege: Unser Thema lautet ja: „Historische Konstanten und neue Impulse in der Entwicklung des verfassungsrechtlichen Verständnisses von ‚guter Verwaltung'". Und ich denke jetzt an zwei historische Konstanten in der Verwaltung, die nur ganz am Rande zur Sprache gekommen sind. Dies sind erstens das Allgemeinwohl und zweitens die Korruption. Das scheinen mir zwei durchaus große historische Konstanten zu sein. Die Korruption ist einmal kurz angesprochen worden von Frau Schöndorf-Haubold. Zum Allgemeinwohl habe ich gar nichts gehört. Hat das Verfassungsrecht also zu diesen Themen nichts zu sagen? Das ist meine Frage an Sie beide.

Meine eigenen vorläufigen Überlegungen dazu wären: Zur Korruption hat das Verfassungsrecht jedenfalls in historischer Tradition viel zu sagen. Ich denke an die *Federalist Papers*, die sich zu einem gefühlten Drittel damit beschäftigen, wie eine Verfassung Korruption verhindern kann. Das Wahlmännersystem zum Beispiel diente vor allem auch der Korruptionsbekämpfung. Man sollte vielleicht sogar bis zu Platon zurückgehen und sagen, dass eine gute Verfassung (*politeía*) nichts anderes ist als eine gute Kompetenzordnung, die Gerechtigkeit schafft, indem sie Korruption verhindert. Die „Wächter" haben keine Familie, und sie haben kein Eigentum, weil sie nicht korrupt sein sollen. Vor diesem Hintergrund fraglich sind daher – dies als aktuelles Problem – die sogenannten Gemeinschaftsaufgaben von Bund und Ländern, die es im Grundgesetz neuerdings vermehrt gibt. Vielleicht sind sie dadurch, dass sie die Verantwortungsbereiche vermischen, eher korruptionsfördernd und dadurch „guter Verwaltung" gerade nicht förderlich. Ganz anders als Sie, Frau Schöndorf-Haubold, dies behauptet haben.

Zum Thema Allgemeinwohl. Ich gebe zu, im Grundgesetz findet sich dazu nicht viel. Nur die Eigentümer sind dem Wohle der Allgemeinheit verpflichtet. Aber ich kann vielleicht anknüpfen an einen Vorredner, an Herrn Engel, mit der Frage nach dem „legitimen Zweck", der von Studenten bei der Prüfung, ob ein Eingriff gerechtfertigt ist, meist zu kurz abgehandelt wird. Könnte man hier vielleicht stärker auf konkrete Allgemeinwohlverträglichkeit abstellen?

Damit komme ich, als Abschluss, zu einem „neuen Impuls". Vielleicht kann man das Allgemeinwohl auch einmal beim Sozialstaatsprinzip verorten und dann fragen – Herr von Bogdandy hat das gestern im Grundlagenkreis angesprochen –, ob das Sozialstaatsprinzip als legitimes Ziel „guter Verwaltung" so etwas wie die Förderung von Solidarität fordert. Vielen Dank.

Peter Bußjäger: Ich schließe mich dem Dank meiner Vorrednerinnen und Vorredner für zwei ausgezeichnete Referate an. Ich habe eine Anmerkung und eine Frage zum Referat von Herrn Unger. Die Anmerkung bezieht sich darauf: Sie haben dieses Max Weber'sche Bürokratiemodell dargestellt, dem in normativer Hinsicht das Kelsen-Merkel'sche Modell der Verwaltungsorganisation entspricht. Und ich habe mich gefragt, ob dieses Modell, so wie wir es zumindest in der normativen Ausprägung vor uns haben, dann tatsächlich so zweckentleert ist. Immerhin ist einer der Parameter der Kontrolle des österreichischen Rechnungshofes schon seit gut 100 Jahren die Zweckmäßigkeit der Verwaltung. Eine zweckmäßige Verwaltung kann keine zwecklose Verwaltung sein, das heißt, sie muss irgendwie einen vorgegebenen Zweck auch erfüllen und nicht nur orientiert an Rechtsvorschriften sein. Und mit dem zweiten Punkt schließe ich an das an, was mein Vorredner soeben gesagt hat. Sie haben die Enteignung erwähnt, die aufgrund eines Gesetzes erfolgt. Aber die Enteignung benötigt auch ein öffentliches Interesse. Also auch damals war bereits das Gemeinwohl im Blickfeld. Und die Frage, die ich an Sie richte, lautet: Inwieweit dient die Einrichtung der Ombudsmannschaften, der Ombudsinstitutionen, die seit den 1970er Jahren, ausgehend von Skandinavien, sich in ganz Europa durchgesetzt haben, einer Missstandskontrolle der Verwaltung? Kann man die nicht auch für das Konzept der guten Verwaltung fruchtbar machen? Der Missstand ist das Gegenteil dessen, was wir von guter Verwaltung erwarten.

Alexander Somek: Vielen Dank! Ich bedanke mich auch für die Themenwahl und für die hervorragenden Vorträge. Ich habe eine kleine Bemerkung für Herrn Unger mit der Frage, ob er meiner dialektischen Zuspitzung, die ich nun versuchen werde, beitreten könnte. Ich beginne mit einem kurzen Ausflug über den Atlantik. In der amerikanischen Verwaltungsrechtswissenschaft ist die richterliche Zurückhaltung bei der Überprüfung des Verwaltungshandelns ein großes Thema; ein so großes Thema, dass Adrian Vermeule vor ein paar Jahren ein Buch veröffentlicht hat, mit dem schönen Titel „Law's Abnegation" („Der Verzicht des Rechts"). Und er tritt dort sehr stark dafür ein, dass die gerichtliche Kontrolle des Verwaltungshandelns sich auf einen minimalsten Rationalitätsmaßstab zurückziehen sollte, und zwar aufgrund des enormen Wissensgefälles, das im Verhältnis zwischen den „bürokratischen Apparaten" – ich sage jetzt einmal so – und den kontrollierenden Gerichten besteht. Das normative Argument dafür ist, dass wir damit eine bessere Verwaltung, eine „gute Verwaltung", bekommen. Wenn uns nun die europäische Grundrechtecharta ein Recht auf die gute Verwaltung beschert, schließt das ein – und ist ein bisschen in Ihrem Vortrag angeklungen –, dass die Bindung an das Gesetz schwächer werden muss. Wenn wir aber als Bürgerinnen und Bürger, vermittelt durch unsere Repräsentanten, im Gesetz präsent sind, dann impliziert ein solches Recht auf die gute Verwaltung das Recht auf die Selbstentmündigung als demokratische Bürger. Und damit würde ja vielleicht mit dem Recht auf die gute Verwaltung das Trojanische Pferd des Ermessens in der Form eines Grundrechts in unsere Stadt eingedrungen sein. Danke schön.

Gabriele Britz: Herzlichen Dank an Sie beide. Zunächst eine Frage an Herrn Unger. Sie sprachen von dem unterentwickelten Text des Artikels 41 der Charta. Ich nehme an, den Unterentwicklungsbefund leiten Sie aus der Überschrift ab, die sicherlich deutlich weitergeht als der Grundrechtstext. Aber woher nehmen Sie, dass der Text unterentwickelt ist? Sollten wir nicht diesen Text ernst nehmen? Selbst wenn die Überschrift amtlich ist, müssen wir ihr vielleicht nicht allzu viel Bedeutung beimessen, sondern könnten, wie Frau Schöndorf-Haubold, sagen, die Überschrift hat hier im Grunde eine symbolische Funktion. Noch mehr interessiert mich allerdings: Was ist denn Ihre eigentliche Haltung zu einem weitergehenden Recht auf gute Verwaltung? Denn ich habe Sie am Ende doch eher radikal kritisch zu dem Ganzen verstanden. Bauen Sie dann aber nicht einen Pappkameraden auf, wenn Sie sagen, Artikel 41 habe in Wirklichkeit doch einen viel größeren Gehalt als seine positivierten Normen transportieren? Bauen Sie sich damit also nicht etwas auf, was Sie dann selbst gar nicht für richtig halten?

Frau Schöndorf-Haubold hat uns hingegen, wie Herr Wißmann eben sagte, einen verfassungsrechtlichen Nichtbefund präsentiert. Die Analyse von Herrn Wißmann teile ich, und auch der Befund als solcher überzeugt mich eigentlich. Und doch möchte ich fragen, ob die gute Verwaltung nicht vielleicht doch immerhin mit Demokratie etwas mehr zu tun hat, jedenfalls dem Grunde nach. Zwar kann man aus dem Demokratieprinzip gewiss nicht einzelne Elemente von guter Verwaltung entblättern. Das leuchtet mir ein. Aber ganz tief dahinterliegend, meine ich, hat sie mit Demokratie doch zu tun. Erstens geht es ja bei guter Verwaltung auch um einen effektiveren Gesetzesvollzug. Insoweit ist der Demokratiebezug evident; es geht auch darum, Regelungsziele von Gesetzen auch da noch umzusetzen, wo die Steuerungskraft des materiellen Gesetzesbefehls nicht ausreicht; das ist der altbekannte Gedanke, dass Organisation und Verfahren den materiellen Gesetzesbefehl verstärken können. Aber ist nicht zweitens ein Gemeinwesen, das – als demokratisches Gemeinwesen – gestalten soll, gut beraten, auch durch seine Verwaltung zu gestalten, jedenfalls wenn es eine demokratische Verwaltung ist? Man kann für das, was sich in Spielräumen des einfachen Gesetzesrechts an Verwaltung vollzieht, auch einen demokratiegetriebenen Auftrag an die Verwaltung sehen, das Gemeinwesen demokratisch legitimiert zu gestalten, statt das nur anderen Kräften zu überlassen. Ich meine also, dass Selbstgestaltung eines Gemeinwesens durch demokratische Verwaltung Teil von Demokratie ist und so auch das ganze Projekt guter Verwaltung, das ich hier für exzellent beschrieben halte, darin noch eine verfassungsrechtliche Wurzel hat. Aber ich teile, wie gesagt, den Befund, dass daraus keine sehr konkreten verfassungsrechtlichen Anforderungen über das hinaus abgeleitet werden können, was wir etwa in Artikel 41 Grundrechte-Charta finden.

Armin von Bogdandy: Ich schließe mich dem Dank an, unter anderem, weil beide Vorträge das enorme Potenzial von Artikel 41 Grundrechte-Charta zeigen. Das hatte ich vorher nicht so gesehen. Beide wenden den Artikel 41 auf *jede* Verwaltungsrechtsbeziehung an. Das ist ein Konsens von enormer Tragweite. Er kam besonders bei Dir, Sebastian, zum Ausdruck. Weiter dient Artikel 41 in beiden Vorträgen Demokratie und Rechtsstaatlichkeit, beide lesen also den Artikel 41 Grundrechte-Charta im Lichte von Artikel 2 EU-Vertrag. Das impliziert eine materielle Normkaskade, ausgehend von Artikel 2 EU-Vertrag. Über Artikel 41 Grundrechte-Charta wird Artikel 2 für die Verwaltung ausdifferenziert und dient rechtswissenschaftlicher Rekonstruktion. Das entspricht dem, was der EuGH am 16. Februar des letzten Jahres judizierte, wonach Artikel 2 die Identität der Europäischen Union bestimmt und auf alle Rechtsbeziehungen innerhalb der europäischen Gesellschaft ausstrahlt, also nicht nur auf das spezifische Unionsrecht.

Das trifft nicht nur auf Begeisterung. Gestern hat sich der Gesprächskreis Grundlagen des öffentlichen Rechts ebenfalls mit dieser Rolle des Artikels 2 beschäftigt und mein ähnlicher Gedankengang wurde als affirmative und politisierte Rechtswissenschaft kritisiert. Es sei sogar fraglich, ob so etwas überhaupt noch Rechtswissenschaft sei. Sicherlich berechtigt erscheint mir bei dieser Mobilisierung des Artikels 2 und der Grundrechte-Charta diese Frage: Wo bleibt eigentlich in diesem Konzept Artikel 51 Grundrechte-Charta? Das ist wichtig, da er doch sogar für viele von einer geradezu elementaren Bedeutung ist. Konkreter: Wie baut Ihr diesen Artikel 51 in Eure Konzeption ein? Wahrscheinlich geht das nur, indem Ihr die „gute Verwaltung" des Artikels 41 bereits in Artikel 2 verankert und von dort aus auf alle Rechtsbeziehungen ausstrahlen lasst.

Das führt zur zweiten Frage: Wie geht Ihr mit der Sorge der Überdeterminierung des nationalen Rechts um? Mir scheint, dass viele bereit sind, Artikel 2 gegen problematische Regierungen wie in Polen oder Ungarn zu operationalisieren, aber nicht weiter zu gehen. Die beiden Vorträge hingegen nehmen das gesamte deutsche Verwaltungsrecht in den Blick. Damit steht die Gefahr der Überdeterminierung im Raum und ich frage, wie Ihr mit ihr umgeht. Herzlichen Dank!

Karl-Peter Sommermann: Beide Referate haben die Vielschichtigkeit der „guten Verwaltung" gezeigt. Ich möchte sie hier auf zwei Grundschichten zurückführen: zum einen auf das Recht auf gute Verwaltung, soweit es aus rechtlichen Regeln und Prinzipien besteht, zum anderen, Frau Schöndorf-Haubold hat dies angesprochen, auf außerrechtliche Elemente, die eher dem Soft Law zuzuschreiben sind. Diese zweite Schicht hatte auch der Finne Jacob Söderman, der erste Europäische Bürgerbeauftragte, im Blick, der bei der Genese des Rechts eine maßgebliche Rolle spielte; in die finnische Verfassung war bereits zuvor das Prinzip guter Verwaltung aufgenommen worden. Mit der Frage „Wie verhält sich die Verwaltung gegenüber dem Bürger?" bewegt man sich im Bereich der Verwaltungsethik und damit der Verwaltungskultur. Das hat Folgen für die Durchsetzbarkeit. Zu Recht hat Frau Schöndorf-Haubold auf entsprechend weiche Durchsetzungsmechanismen hingewiesen.

Herr Unger hat sich auf die rechtliche Seite konzentriert. Er hat gesagt, herkömmlich würden durch das Gebot guter Verwaltung Verfahrensprinzipien erfasst. Ich möchte hinzufügen, dass in der Debatte schon lange der Topos der Richtigkeitsgewähr durch Verfahren präsent ist; Rainer Wahl hat in diesem Sinne vom Verwaltungsverfahren als Verwirklichungsmodus des materiellen Verwaltungsrechts gesprochen. Die Richtigkeitsgewähr setzt letztlich auch die Beteiligung entsprechenden Sachverstandes voraus. Nach dem Bürokratiemodell von Max Weber sollte der wesentliche Sachverstand in der Verwaltung selbst vorhanden sein. In der heutigen Wissensgesellschaft ist die Verwaltung indes stark von externem Sachverstand abhängig, so dass Verfahrensregeln, wie dieser Sachverstand einzubeziehen und das Wissen zu verarbeiten ist, an Bedeutung gewinnen. Das erscheint mir entscheidend. Denn der Gesetzgeber reagiert auf die wachsende Komplexität ja oft mit mehr Gestaltungsspielräumen für die Verwaltung, so dass, wenn ich Sie, Herr Unger, richtig verstanden habe, zugleich das Problem der demokratischen Kontrolle zu lösen ist. In den Grundprinzipien unserer Verfassungsordnung gedacht ist zugleich das Rechtsstaatsprinzip angesprochen, das auch Sachrationalität des Handelns des Staates fordert. Durch Entwicklung entsprechend qualifizierter Organisations- und Verfahrensstrukturen kann zumindest die Plausibilität des Verwaltungshandelns und seine Kontrollierbarkeit auch in diesen Fällen erhöht werden.

Michael Goldhammer: Ich würde gerne auf das Verhältnis von Verwaltung und Politik eingehen, das vor allem in den Thesen 17 und 18 im Vortrag von Herrn Unger in einer spannungsgeladenen Weise zum Ausdruck kommt. Es ist hier die Rede davon, dass die „gute Verwaltung" abzuschirmen sei von parteipolitischem Einfluss. Ich würde dem einen Tatsachenbefund entgegensetzen, nämlich jenen der alltäglichen Massenverwaltung in Deutschland – zumindest in den meisten Ländern, wo wir doch ganz deutlich Verwaltung und Politik verkoppeln. Die Landrätinnen wurden schon angesprochen, die Oberbürgermeister, die Bürgermeister zum Teil, die als untere Ebene der Verwaltung im Grunde nicht nur Deutschland verwalten, sondern auch ganz deutlich politisch verkoppelt sind, nämlich als kommunale Wahlbeamte. Wenn ich Sie richtig verstanden habe, ist das ein Problem. Ich würde dem entgegenhalten, dass diese Grundstruktur doch gar nicht so schlecht ist. Nämlich aus drei Gründen: Der erste Grund, der durchaus ambivalent ist, das räume ich ein, ist, dass der Gesetzesvollzug durchaus von der politischen Responsivität profitieren kann. Denken wir an Fragen wie das Vollzugsdefizit. In bestimmten Landkreisen werden Schwarzbauten radikal verfolgt und abgerissen, woanders nicht. Politisch responsive Verwaltung kann hier korrigierend wirken, wenn wir sozusagen das gesamte Bild sehen, zusammen mit der Verwaltungsgerichtsbarkeit, mit den Medien etc. Zweitens würde ich hinweisen auf den Punkt der gesetzesfreien Verwaltung. Über diese haben wir heute kaum gesprochen. Nicht alles ist Vollzug, sondern vieles ist gerade in dieser unteren Ebene ungebunden. Und wer sonst als der politische Diskurs vor Ort sollte Maßstäbe darüber bilden, welche kulturellen Angebote, welche Schulen usw. wir haben wollen? Und drittens würde ich noch einmal das Stichwort aufgreifen, das von Frau Schöndorf-Haubold auch mehrfach genannt worden ist, nämlich die Funktion von *Accountability*, also die Zurechnung von Verantwortlichkeit. Denn die von mir beschriebene Ebene der Verwaltung, diese untere Ebene der alltäglichen Massenverwaltung im Bau- und Umweltrecht usw., vollzieht doch heute Recht ganz verschiedener Quellen, also EU-Recht, Bundesrecht, Landesrecht und dazu noch kommunales Satzungsrecht. Der Bürger erkennt in dieser Gemengelage vielleicht gar nicht, warum beispielsweise sein Bauvorhaben nicht genehmigt worden ist. Das ist im Grunde für *Accountability* ein Desaster. Ist nicht in dieser Situation die Figur des kommunalen Wahlbeamten – sicherlich demokratietheoretisch auch defizitär – immerhin der wichtige Versuch eines Fluchtpunktes, um einigermaßen auch hier Zurechnung herzustellen? Vielen Dank.

Matthias Mahlmann: Ich habe als einen Grundton dieser Überlegung verstanden, dass bestimmte rechtsstaatliche Prinzipien durch Zweckgesichtspunkte, vielleicht politisierte Maßstabsbildungen für gute Verwaltung nicht unterlaufen werden sollen. Das halte ich für sehr überzeugend, frage mich aber, was das konkret heißt. Vielleicht könnte man es nicht allein am Beispiel funktionierender Verwaltung, sondern auch anhand des Falls konkretisieren, bei dem Verwaltungen benutzt werden, um rechtsstaatliche Prinzipien zu zerstören. Ein Beispiel dafür bildet dieser *discriminatory legalism*, der sogenannte diskriminatorische Legalismus in Polen oder Ungarn, wo scheinrechtsstaatliche Methoden benutzt werden, um systematisch rechtsstaatliche Prinzipien zu zerstören. Das ist ein Thema, das viele Kollegen umtreibt, gerade auch in Polen und Ungarn, die auch versuchen, rechtliche Antworten zu finden, um gegen diese Tendenzen anzukämpfen. Meine Frage lautet also, inwieweit Maßstäbe guter Verwaltung, vielleicht ähnlich wie in Artikel 41 Grundrechte-Charta, vielleicht darüber hinaus, ein Mittel bilden können, um zu verhindern, dass die Verwaltung als Instrument benutzt wird, rechtsstaatliche Prinzipien zu pervertieren, bestimmte Partikularinteressen durchzusetzen, politische Opposition auszuschalten und im Ergebnis kleptokratische Oligarchien zu stärken? Also: Inwieweit sind diese Maßstäbe, über die wir hier reden, vielleicht auch als Gegenmittel gegen solchen diskriminatorischen Legalismus zu konzipieren? Und das ist wahrscheinlich ein Stück europäische Innenpolitik, ein Stück Bemühen, europäische Rechtsstaatlichkeit zu erhalten. Vielen Dank.

Ulrich Jan Schröder: Wir reden über eine Beziehungsgeschichte, und zwar der Verwaltungsrechtswissenschaft zur Verwaltung. Der Befund von Sebastian Unger war, dass über 100 Jahre lang eigentlich die Verwaltungsrechtswissenschaft einen Gegenstandsbereich, nämlich die „gute Verwaltung", vernachlässigt hat. Das erinnert mich an das Verhältnis von Staatsrechtslehre und Staatslehre. Wenn wir jetzt über die Beziehung von Staatsrechtslehre und „guter Gesetzgebung" sprechen würden, dann würden wir wahrscheinlich über Verfassungsvoraussetzungen sprechen. Eine interessante Frage ist, ob das einfach nur ein anders skalierter Themenkreis wäre oder etwas ganz Andersartiges als unser Thema heute. Dass der Gegenstand vernachlässigt wird, muss nicht falsch sein, sondern die Herausbildung der Verwaltungsrechtswissenschaft erfolgte eigentlich gerade als eine Emanzipation von der Betrachtung anderer Faktoren als rechtlicher Faktoren. Verwaltungswissenschaft, auch wenn sie nominal später entstanden ist, ist älter als Verwaltungsrechtswissenschaft. Staatslehre ist als politische Theorie oder politische Philosophie älter als die Staatsrechtslehre. Die Emanzipation der Verwaltungsrechtswissenschaft vollzog sich gerade in der Beschränkung auf ihr Erkenntnisinteresse am Recht, und darin lag ein Rationalitätsgewinn. Das zeigt sich auch an den Phasen, die Sebastian Unger skizziert hat. Es gab demnach in jeder Phase gute Gründe, Verwaltungszwecke und gute Verwaltung aus dem Gegenstandsbereich der Verwaltungsrechtswissenschaft auszuklammern. Otto Mayer hat es getan, weil er eigentlich den Rechtsstaat als ein Laboratoriumskonstrukt aus einem

Guss entwickelt hat, jenseits der partikularrechtlichen Wirklichkeit im Flickenteppich des Deutschen Reichs. Die Gesetzesbindung lieferte einen Grund, dass man sich auf die Verwaltung in ihrer Gesetzesbindung konzentriert hat. Und die Perspektive auf die Eigenständigkeit der Verwaltung sollte gerade auch deren „Autonomie" in rechtlicher Hinsicht deuten. Ein Wort zum Positivismus: Wenn ich Herrn Wißmann richtig verstanden habe, war oder ist der Positivismus ein Wegbereiter der Diktatur. Da möchte ich ein großes Fragezeichen setzen. Ich stehe neben Herrn Dreier, der darüber sicherlich viel berufener sprechen könnte. Wenn der Positivismus kein Wegbereiter der Diktatur ist, dann ist er auch kein Argument, die rechtliche Bindung der Verwaltung als minderwertigen Erkenntnisgegenstand zu qualifizieren, wenn man sich wissenschaftlich mit ihr beschäftigt. Jetzt gibt es die Gegenbewegung, dass man sich doch mit „guter Verwaltung" beschäftigt. Dafür kann es den Grund geben, dass das wissenschaftliche Erkenntnisinteresse nicht mehr nur rechtlich ist, oder aber, dass sich der Erkenntnisgegenstand rechtlicher Betrachtung aufdrängt. Wenn Artikel 41 der Grundrechtecharta von einem Recht auf gute Verwaltung spricht, dann muss man sich rechtlich damit befassen. Aber es gehört zu den Gelingensbedingungen guter Verwaltungsrechtswissenschaft, dass man deutlich macht, welche Sprache man spricht: ob man sein Erkenntnisinteresse geändert hat oder ob man Rechtsnormen auslegt, die auch außerrechtliche Aspekte implementieren. Dankeschön.

Andreas Dietz: Ich stelle die provokante Frage: Was hilft die beste Verwaltung, wenn nicht vollzogen wird? Ich möchte das an einem konkreten Beispiel zeigen. Wir hatten vorhin den historischen Abriss gesehen. Verwaltung war am Anfang eine Ableitung des Gottesgnadentums, sie sollte vollziehen im Sinne der Stabilisierung einer gottgewollten Ordnung. Später kam der Gesetzespositivismus. Sie sollte nun das Gesetz als Programm vollziehen. Dann kam die Aufladung mit den Gestaltungsmöglichkeiten, die gestaltende Gesetzgebung. Und ich wage den bösen Satz: Heutzutage haben wir die quasi grundrechtsorientierte Verwaltung. Wir haben eben gehört bei den vielen Zitaten, wie oft Grundrechte und Menschenrechte zitiert werden. Ganz konkret ein Beispiel aus der eigenen Erfahrung: In der Asylwelle 1993/94 hatte die Bundesverwaltung, das Bundesamt damals noch relativ kurze Bescheide erlassen. Die haben sich noch weitgehend am nationalen Normenbestand und Artikel 16a GG orientiert. Viele ablehnende Entscheidungen wurden damals aber nicht vollzogen. Der Gesetzgeber hat später mit einer Altfallregelung reagiert. Wer da war, durfte weitgehend bleiben. Dann hatten wir die Asylwelle 2015. Mittlerweile waren 20 Jahre ins Land gegangen. Die Verwaltung war digital geworden, es gab wesentlich mehr Rechtsprechung – EGMR, EuGH. Das wird alles in den

Bescheiden zitiert. Die Subsumtion ist nicht unbedingt länger geworden, aber immerhin: Man ist sich der rechtlichen Maßstäbe bewusst. Jetzt ist es nur so: Auch heutzutage haben wir das Problem, dass viele, eigentlich die meisten ablehnenden Asylentscheidungen doch nicht vollzogen werden. Und wieder reagiert der Gesetzgeber, beispielsweise Ende letzten Jahres mit einer Altfallregelung. „Schwamm drüber" – legalisieren. Wer da ist, darf weitgehend bleiben. Ich frage mich: Was bleibt von der „guten Verwaltung" übrig, wenn sie ein gutes, relativ schnelles Verwaltungsverfahren hat, wenn sie rechtmäßige und wohl meistens auch in dem Einzelfall richtige Entscheidungen trifft, aber schlicht nicht vollzogen wird? Wenn ihr die politische Rückendeckung fehlt und möglicherweise für den Vollzug auch die sachgerechte Ausstattung, mit Personal, Sachmitteln und vor allem auch entsprechender Beseitigung internationaler Hindernisse bei der Rückführung. Was bleibt dann von guter Verwaltung übrig? Man könnte diesen Kreis der Beispiele auch erweitern um das Planungsrecht und das Infrastrukturrecht. Die Verfahren sind wesentlich länger geworden, die Entscheidungen wesentlich aufwendiger. Aber wird deswegen auch mehr gebaut? Vielen Dank.

Charlotte Kreuter-Kirchhof: Ich möchte anknüpfen an These Nummer 18 von Herrn Unger, der in einem gelungenen Ritt durch die Zeit belegt, dass die Entscheidungspraxis der Verwaltung gegenüber parteipolitischen Ingerenzen abgeschirmt werden sollte. Unabhängigkeit sei dann kein Problem, sondern Teil der Lösung. Ich möchte darauf hinweisen, dass der EuGH genau diese Linie pointiert in seiner Entscheidung vom September 2021 vertritt. Der Gerichtshof fordert die „völlige Unabhängigkeit" der Bundesnetzagentur als einer der wichtigsten Verwaltungsbehörden der Gegenwart vom Gesetzgeber. Hieran knüpft meine Frage an: Wie können wir immer stärker auf die wissensbasierte Rationalität der Verwaltung und ihre darin begründete Letztentscheidungsbefugnis vertrauen und zugleich sicherstellen, dass gute Verwaltung unhintergehbar Rechtsstaatlichkeit und Bindung an den Gesetzgeber voraussetzt? Vielen Dank.

Patrick Hilbert: Vielen Dank für zwei Referate, die sich meines Erachtens wunderbar ergänzt haben. Die Entwicklungsgeschichte, die uns Sebastian Unger präsentiert hat, hat meines Erachtens zutreffend gezeigt, dass die Verwaltungsrechtswissenschaft meist zu wenig von der Verwaltung wahrnimmt. Und die gute Verwaltung als Metakonzept, wie Bettina Schöndorf-Haubold es uns vorgestellt hat, bietet jetzt ein begriffliches Dach, unter dem sich verschiedene Ansätze, die die Blickrichtung weiten, versammeln können. Allerdings ist die Idee der guten Verwaltung nicht rein deskriptiv, sondern auch und wahrscheinlich sogar vor allem normativ gemeint. An dieser Umschaltstelle vom Deskriptiven zum Normativen droht die Gefahr überschießender normativer Annahmen. Zwei Problemkreise wollte ich kurz adressieren. Das erste wäre, dass ich es für einen Rückschritt hielte, wenn man unter der Idee der guten Verwaltung und namentlich der Annahme der Rationalität oder der Forderung nach Rationalität zurückkehren würde zu der auch heute noch irrigen Idee einer einzig richtigen Entscheidung. Denn jenseits von Evidenzfällen kann es auch in derselben Sache unterschiedlich rationale Entscheidungen nebeneinander geben. Der zweite Punkt betrifft das Verhältnis guter Verwaltung zur Demokratie – vielleicht verbunden mit dem Wunsch, dass die Vortragenden hier ihre Positionen noch einmal etwas akzentuieren. Gute Entscheidungen als solche und damit auch gute Verwaltung können keine demokratische Legitimation stiften. Sie können höchstens Legitimität erzeugen. Ich meine, wir müssen auch Artikel 41 Grundrechte-Charta nicht so lesen, dass er ein demokratietheoretischer Baustein wird. Deswegen habe ich große Sympathien für das Konzept der guten Verwaltung als Klugheitsregel, wie Bettina Schöndorf-Haubold es entwickelt hat, hätte allerdings eine konkrete Nachfrage. Für das Grundgesetz leuchtet mir das Konzept der Klugheitsregel ein. Aber funktioniert das auch mit Artikel 41 der Grundrechte-Charta, mit dem wir einen ausdrücklichen normativen Anknüpfungspunkt haben?

Indra Spiecker gen. Döhmann: Wenn ich schon den Schlusspunkt setzen darf, dann erst noch einmal einen Dank an die Veranstalter, also an den Vorstand. Ich finde es großartig, dass wir ein verwaltungsrechtliches Thema zum Kernthema haben – und das in Zeiten, wo Verwaltung wirklich herausgefordert ist und wo Verwaltung auch meines Erachtens vor Umbrüchen steht. Das zu begleiten, ist auch und besonders Aufgabe der Staatsrechtslehrervereinigung. Also: Danke, dass wir dieses Thema haben, und Danke an die beiden Referenten, welche die schöne und herausfordernde Aufgabe hatten, die Geschichte, die neuen Impulse, die Entwicklung des Verfassungsrechts und noch eine Menge weiterer unbestimmter Rechtsbegriffe miteinander zu verbinden.

Mein Ansatzpunkt ist, in Richtung von Gabriele Britz' Beitrag, vom Bürger her zu denken. Ich habe in beiden Referaten sehr stark Verwaltung als eigenes Konstrukt, als Welt in sich, herausgehört. Aber Verwaltung ist ja kein Selbstzweck. Verwaltung ist das, was für die meisten Bürger Staatserfahrung ist. Verwaltung ist die Realitätserfahrung, wie der Staat sich gegenüber Bürgern verhält, also wie ein Polizist agiert, wie eine Schule zugeteilt wird, wie das Gesundheitsamt auftritt, wie eine Krankenkasse entscheidet, wie ein Bebauungsplan verabschiedet wird, in dessen Genuss oder auch Nicht-Genuss man als Nachbar kommt. *Das* ist die erlebte Demokratie und Rechtsstaatserfahrung. Und deswegen ist für mich der Begriff der guten Verwaltung auch in diese Richtung zu denken.

Beide Referate haben diesen Gedanken ein Stück weit integriert. Aber ich würde gerne um Vertiefung bitten. Was ist nämlich dann die Konsequenz von „guter Verwaltung" im Konkreten? Ist es ein bloßes Leitprinzip, ein Leitbild, das die Verwaltung heranholt, wenn es uns passt, und vergisst, wenn es unglücklich bindet, lästig ist? Oder ist es tatsächlich eine inhaltliche, verfassungsrechtliche Verpflichtung? Möglicherweise ist es nur ein politikwissenschaftliches Analyseinstrument? Oder setzt es wirklich Impulse, Verwaltung auch reformatorisch weiterzudenken?

Auch da möchte ich am Bürger ansetzen. Was sind denn dessen Erwartungen an eine gute Verwaltung? Dass zügig entschieden wird, natürlich auch, dass rechtmäßig entschieden wird. Aber auch, dass die Entscheidung nachvollziehbar ist, dass das Ergebnis vorbereitet ist, dass effizient vorgegangen wird und dass es eine bürgergerechte Entscheidung ist, in der ein bürgerorientiertes Konfliktmanagement betrieben wird. Und angesichts solcher Vorstellungen frage ich mich, ob das, was wir als Verwaltungssystem leben und rechtlich absichern, dem überhaupt (noch) gerecht wird. Ich will und kann das hier nicht weiter ausführen, aber man kann sich anschauen, wie Krankenkassen zum Teil agieren, wie Baugenehmigungen und Bebauungspläne zustande kommen oder eben auch nicht, je nachdem, ob sie von privater Hand versus einem institutionellen Investor – übrigens besonders problembehaftet: der öffentlichen Hand selbst – vorangetrieben werden etc. Da gibt es eine Menge Unterschiede im Handeln der Verwaltung, wo Bürger Staatlichkeit viel zu häufig als nicht diesen Kriterien entsprechend erfahren. Nicht nur in Corona-Zeiten haben wir dieses Auseinanderfallen sehr deutlich beobachten können. Wenn man diesen Befund noch einen Schritt weitertreibt, und darum möchte ich beide Referenten bitten, wenn Verwaltung nicht gut agiert, was ist denn dann die Folge? Verfassungsrecht? Gibt es dann einen Gesetzgeber, der sicherstellen muss, dass Verwaltung diesen Erwartungen an eine demokratie- und rechtsstaatsfördernde Verwaltung entspricht? Muss er agieren, um eine entsprechende Erfahrung der Bürger sicherzustellen?

Es gibt in manchen solcher Fälle das Beispiel, etwa im Krankenkassenrecht, dass der Gesetzgeber irgendwann eine Fiktion festgelegt hat für den Fall, dass teilweise über Monate und Jahre nicht entschieden wurde. Das haben wir auch in anderen Bereichen. Ist das schon der Ausdruck davon, dass der Gesetzgeber tätig werden muss?

Der andere Beispielsfall ist die Kooperation. Wir haben theoretisch ein Verwaltungskooperationsrecht, das faktisch aber nicht existiert, das Verantwortungen verschiebt. Ganz wesentlich ist aber, dass der Bürger weiß, wer sein Ansprechpartner ist und gegen wen er sich wehren kann, um genau diese Demokratieerfahrung zu machen.

Und dazu gehört, das ist der letzte Punkt, auch, den Bürger und den Staat unter dem Aspekt der Kommunikation zu betrachten. Denn wenn der Staat von der Verwaltung repräsentiert wird und die Rechtsstaatlichkeits-, die Demokratieerfahrung darüber abläuft, dann muss man stärker nicht nur die Wissensbasierung, sondern die Kommunikationsbasierung der Verwaltung und des Staatshandelns in den Vordergrund stellen, also die Verständlichkeit, das Sich-verständlich-Machen, die Kompromissfindung, die Verwaltung auch als Verwalter von unterschiedlichsten Interessen und damit auch als Moderator. Diese Funktion haben wir zum Teil rechtlich abgebildet, indem wir Abwägungsentscheidungen verlangen. Aber die Abwägungsentscheidungen werden ganz häufig gar nicht so getroffen, geschweige denn kommuniziert, dass sie in ihrer Abwägungsdimension beim Bürger auch ankommen – schauen Sie sich nur an, wie Verwaltung Einwendungen gegen Bebauungspläne abtut, wie mit Bürgeranträgen umgegangen wird. An diesen Mechanismen müsste man meines Erachtens dringend ansetzen, wenn man über „gute Verwaltung" nachdenkt, nämlich dass man diese „gute Verwaltung" als eine Verwaltung begreift, die Demokratie und Rechtsstaatlichkeit fördert und stärkt und Bürger an den Staat bindet. Danke.

Friedhelm Hufen: Die beiden zu Recht hochgelobten Referate waren doch insgesamt recht abstrakt, und ich habe immer auf Beispiele für die fundierten theoretischen Ausführungen gewartet. Diese kamen dann wenigstens ansatzweise in der bisherigen Diskussion. Der Aspekt der Verwaltung in der Krise wird ja im zweiten Referat im Mittelpunkt stehen, bietet aber zahlreiche Beispiele, die auch hier schon im Hinblick auf „gute Verwaltung" eine Rolle spielen. Wir haben weltweit eine Krise der Akzeptanz nicht nur der Politik, sondern auch der Verwaltung. Wir haben Angriffe durch den Populismus, wir haben eine Überbürokratisierung der Gesellschaft, die insgesamt beklagt wird, aber so recht noch nicht aufgearbeitet ist. Wir hatten „Corona". Das Stichwort ist nicht gefallen, obwohl auch aus dem Kreis unserer Kollegen von einem Notstand die Rede war. Trotz der nachträglichen Billigung durch das Bundesverfassungsgericht können wir im Hinblick auf die Pandemie wirklich nicht unbedingt von „guter Verwaltung" sprechen. Dasselbe gilt für die Klima- und die Energiekrise. Hier war schon davon die Rede, dass die Erde brennt. Also, die Klimakrise ist nicht nur auf verfassungsrechtlicher Ebene, sondern sicherlich auch verwaltungsrechtlich abzuarbeiten. Bescheidene Frage an die Referenten und an uns alle: Müssen wir die Lösung dieser Krisen den anderen Fächern und der Verwaltungspraxis überlassen, oder wo ist unser Beitrag?

Ekkehart Reimer: Vielen Dank, Herr Hufen. Damit ist die Aussprache geschlossen. Wir kommen jetzt in die Schlussrunde. Nach unserem Brauch beginnt die zweite Referentin, Frau Schöndorf-Haubold. Dann folgt Herr Unger.

Bettina Schöndorf-Haubold: Ich danke sehr herzlich für viele Anregungen und Rückmeldungen und bitte um Entschuldigung für meine angeschlagene Stimme. Ich werde versuchen, Ihren vielen Anmerkungen gerecht zu werden.

Habe ich von einem verfassungsrechtlichen Nichtbefund gesprochen? Ja und nein. Und da kann ich, denke ich, viele Rückmeldungen zusammenfassen: Dem Konzept der guten Verwaltung wird häufig begegnet mit der Furcht vor dem Verlust der rechtsstaatlichen Steuerung. Dem ist entgegenzutreten. Es gibt unzweifelhaft einen potenziell überschießenden Gehalt „guter Verwaltung", eine Versuchung, gute Verwaltung gegen die Rechtsbindung auszuspielen. Dieser Versuchung kann man mit guten Gründen auf allen Ebenen entgegentreten. Das Grundgesetz lässt es nicht zu, dass wir Abstriche von den Grundvoraussetzungen von Rechtsstaatlichkeit und Demokratie machen. Gute Verwaltung kann sich nur in diesen verfassungsrechtlichen Bindungen verwirklichen.

Auch auf der europäischen und auf der völkerrechtlichen Ebene ist es nicht anders. Armin von Bogdandy hat Artikel 2 EU-Vertrag angesprochen, und in Bezug auf die Bindungen der guten Verwaltung an übergeordnete Grundprinzipien rechtsstaatlicher demokratischer Ordnung ist ihm zuzustimmen. Sie sind eine Grundvoraussetzung für gute Verwaltung auch auf der Ebene der Europäischen Union. Die Suche nach dem verfassungsrechtlichen Gehalt „guter Verwaltung" erschöpft sich allerdings nicht in der Frage, was die Verfassungen hierzu sagen. Und aus dieser weiter ausgreifenden Perspektive ist es auch kein Nichtbefund, sondern der Befund eines Spektrums, das sich aus vielen verfassungsrechtlichen, aber auch aus einfachrechtlichen und vor allen Dingen auch politischen und verwaltungspraktischen Entscheidungen zusammensetzt.

Ein Teil dieser Ausprägungen guter Verwaltung ist über das Grundgesetz oder die entsprechenden Verfassungsordnungen auf anderen Ebenen abgesichert, ein anderer Teil wird von ihnen umrahmt, ohne präzise vorgegeben zu sein. Richtig ist, dass wir uns als Verfassungs- und Verwaltungsrechtswissenschaftlerinnen aus gutem Grund stärker auf die rechtsstaatlichen Bindungen konzentrieren. Richtig ist aber auch, dass es schon lange kein Aufmerksamkeitsdefizit mehr in Bezug auf andere Rationalitätsfaktoren gibt, die dort, wo die Verwaltung nicht vollständig gesetzlich determiniert ist, zur Anwendung kommen müssen. Diese außerrechtlichen Parameter können wir, kann das Verfassungsrecht nicht selbst vorgeben; aber wir können und müssen sie zur Kenntnis nehmen und in Beschreibungen guter Verwaltung einbeziehen. Hierher rührt der Versuch, gute Verwaltung nur in einer übergreifenden Perspektive auf die Gesamtheit der unterschiedlichen, ineinandergreifenden Faktoren zu erfassen, auch wenn ebendieser umfassende Zugriff letztlich Utopie bleiben muss.

Genannt wurde Artikel 33 Absatz 5 GG – gute Verwalter. Darauf habe ich nur ganz kurz Bezug nehmen können. In einem Konzept guter Verwaltung klingt immer auch an, wer mit welchen Mitteln verwaltet. Nun könnte man stets sagen, wir brauchen mehr Beamte, sie müssen besser ausgebildet sein und auch besser bezahlt werden. Diese Forderung ist schnell erhoben und verweist auf wichtige Grundentscheidungen des öffentlichen Dienstes, um eine qualitativ und quantitativ angemessene Personalausstattung sicherzustellen. Sie verweist auch darauf, sich zu vergewissern, was die Grundvoraussetzungen sind und ob sie nicht angepasst werden müssen. Auch hierauf hat der Verfassungsgeber in Artikel 33 Absatz 5 GG reagiert. Man muss sich überlegen, wie der öffentliche Dienst so attraktiv gestaltet werden kann, dass auch zukünftig ausreichend Menschen gefunden werden, von denen wir uns erhoffen, dass sie flexible Lösungen für Krisen finden und zugleich an die richtigen Stellen kommen und dort bleiben. Dies relativiert auch die Kritik an der Missachtung von Gesetzmäßigkeit, die jedenfalls nicht das Anliegen des von mir entwickelten Konzepts von guter Verwaltung ist. Gute Verwaltung setzt aber voraus, dass überhaupt von geeigneten Personen verwaltet wird.

Es geht mir auch keinesfalls um eine fraglose Übernahme von Maßstäben aus Nachbarwissenschaften, sondern vor allen Dingen um die verfassungsgeleitete Orientierung guter Verwaltung. Woher kommen die Maßstäbe, was sind die Zwecke des Handelns der Verwaltung? Dies führt auch zur Frage nach der Bedeutung des Gemeinwohls für gute Verwaltung: Die Lösungen finden sich zu einem großen Teil bereits in der Verfassung selbst. Eines abstrakt hieraus abzuleitenden Gemeinwohls als Ziel guter Verwaltung bedarf es dann nicht, wenn die Verfassung konkrete Zwecke ausformuliert und das einfache Recht Gemeinwohlverpflichtungen in Aufgabenbeschreibungen und Zuständigkeitsnormen für die Verwaltung konkretisiert. Insofern kommt das Gemeinwohl vor, und es wird regelmäßig vom Gesetzgeber ausbuchstabiert.

Brauchen wir aber gerade angesichts vielfältig konkurrierender Gemeinwohl- und Zielvorstellungen ein Gebot der guten Verwaltung, das stärker normativ fixiert ist? Ich bin mir gar nicht sicher, ob Sie, Herr Engel, am Ende tatsächlich sagen würden, dass es ein solches stärker materiell und weniger technisch-prozedural ausgerichtetes Gebot gibt und geben kann. Ich habe Ihre Bemerkungen auch eher als Bestätigung dafür verstanden, dass auch das Tasten nach einem abstrakteren Konzept möglicherweise den Realitäten normativ schwer auflösbarer Zielkonkurrenzen ganz gut entspricht. Und das Konzept sollte nicht so missverstanden werden, dass es sich lediglich auf technische und ökonomische Effizienz und damit auf das Zweck-Mittel-Verhältnis bezieht. Es nimmt darüber hinausgehend die Wirksamkeit des Verwaltungshandelns und damit die Aufgabenerfüllung als solche in den Blick und beschränkt sich gerade auch nicht auf Aspekte bloßer Verfahrensgerechtigkeit, wie sie durch Artikel 41 Grundrechtecharta gleichermaßen verkürzt und verstärkt zum Ausdruck gebracht werden.

Führt eine Ausrichtung auf ein so verstandenes Konzept guter Verwaltung zu einer stärkeren Verrechtlichung oder zeigt es nicht umgekehrt auch die Grenzen des Rechts wie auch unserer eigenen Wissenschaft auf? Das Verhältnis zwischen Politik und Recht ist bei mir angeklungen. Meines Erachtens ist auch dies kein Schwarz-Weiß-Verhältnis. In der Tat ist vor allem der demokratische Gesetzgeber aufgerufen, durch gesetzliche Regelungen die Zwecke des Verwaltungshandelns festzusetzen und geeignete Instrumente für ihre Verwirklichung, wie es vielfach geschieht, einzusetzen. Im Sinne einer prospektiven Dogmatik sind wir als Rechtswissenschaftlerinnen und Rechtswissenschaftler dazu aufgerufen, an der Entwicklung und an dem systematischen Vergleich dieser Instrumente in unterschiedlichen Referenzgebieten und vor allen Dingen auch im internationalen Vergleich mitzuwirken.

Einige von Ihnen haben Beispiele vermisst: Der Ausbau der Windenergie setzt ausreichende Flächen hierfür voraus. Der deutsche Gesetzgeber verpflichtet die Länder jetzt zur Ausweisung von Windenergieflächen. Das EU-Recht hat dieses Instrument – in plakativer und schicker Manier – mit den sogenannten Go-to-Gebieten aufgegriffen. Dies wird im internationalen Diskurs in Veröffentlichungen zitiert. Das ist etwa ein Instrument, zu dessen dogmatischer Entwicklung und rechtlicher Bewertung wir beitragen können. Wir können insbesondere neue Instrumente guter Verwaltung suchen, vergleichen und sozialwissenschaftliche Erkenntnisse zu ihrer Wirksamkeit verarbeiten. In diese Richtung wollte ich verstanden werden.

Verschiedentlich klang an, ob sich gute Verwaltung auf die Verhinderung von Missständen beschränkt – vielleicht darf ich auch die Korruption in diesen Zusammenhang stellen. Hier möchte ich noch einmal auf den sehr kurz geratenen Versuch einer Entwicklungsgeschichte verweisen. Im 19. Jahrhundert wurden mit der Ausbildung des rechtsstaatlichen Verwaltungsrechts die politischen Zwecke zurückgedrängt, um zunächst einmal den Rechtsstaat zu erfinden. Nun haben wir den Rechtsstaat, hinter den wir auch nicht mehr zurück können. Deshalb stellt es auch keinen Rückschritt dar, wenn wir die juristische Methode anwenden, sie nun aber wieder um sozialwissenschaftliche Instrumente ergänzen.

Die Korruptionsbekämpfung spielte seinerzeit eine ganz elementare Rolle, die bei mir nur kurz im Kontext der *Governance* mitangeklungen ist. Allerdings setzt ein Minimum guter Verwaltung immer Präventionsregeln zur Verhinderung von Korruption voraus. Ich mache mir keine Illusion, dass Korruption nicht auch in Deutschland existiert; das ist in einem funktionierenden Rechtsstaat aber hoffentlich nicht unser größtes Problem. Korruptionsbekämpfung steht daher stärker im Vordergrund von *good governance*, wenn es darum geht, basale rechtsstaatliche und demokratische Strukturen erst noch zu entwickeln. Insofern orientiert sich ein voraussetzungsreicheres Konzept guter Verwaltung gerade nicht nur an der Missstandsverhinderung und an einer unteren Grenze der Mängelverwaltung, sondern geht perspektivisch auf eine Verbesserung von Verwaltung aus.

Unbedingt wirkt ein solches Verständnis von guter Verwaltung in vielfacher Hinsicht demokratieverstärkend. Ich würde nicht so weit gehen, gute Verwaltung unmittelbar als Voraussetzung und Quelle der Legitimation der Verwaltung zu begreifen. Aber natürlich ist richtig, dass der effektive Vollzug der Gesetze immer schon als Beitrag zur Legitimation verstanden wurde, weil das Gesetz der eigentliche sachliche Legitimationsgrund für die Verwaltung ist. Gibt es also ein untrennbares Verhältnis von guter Verwaltung und Demokratie? Ob ich so weit gehen würde, war die Frage. Da bin ich sehr zurückhaltend zu sagen, dass aus dem Demokratieprinzip tatsächlich eine Verpflichtung zu guter Verwaltung folgt, die wir nicht definieren können. Ich bleibe skeptisch.

Legitimität und Legitimation sind Punkte in diesem Kontext, die ich noch herausgreifen möchte. Auch im 19. Jahrhundert spielte die bürgerschaftliche Partizipation in und an der Verwaltung bereits eine wichtige Rolle. Man hat sich dann für das Modell der Einrichtung der Kommunen entschieden und eine echte Partizipation an Verwaltungsentscheidungen, also nicht nur eine Beteiligung durch Anhörung, auf die Kommunen beschränkt. Darüber hinaus gab es nur vereinzelt weitergehende Mitentscheidungsmöglichkeiten, ich meine auf der Ebene der Landkreise. Eine Ausweitung von Beteiligungsmöglichkeiten zur Steigerung von Akzeptanz und Legitimität wird heute wieder diskutiert und auch praktiziert. Demgegenüber ist ein Rückgriff auf Wahlbeamte als alternativer Form der Legitimation und der Rückbindung in der Kompetenzordnung jenseits der Kommunen so grundsätzlich bislang nicht vorgesehen.

Insofern kann ich vielleicht zusammenfassen, und es tut mir leid, wenn ich nicht alle Anregungen aus der Diskussion mit aufnehmen konnte, dass alleine eine textliche Verbürgung von guter Verwaltung nicht ausreicht, um gute Verwaltung zu gewährleisten. Ein fixes Konzept dafür kann es nicht geben, aber als tastendes Streben nach einer permanenten Anpassung und Verbesserung der Verwaltung adressiert ein Konzept guter Verwaltung jedenfalls als Rationalitätsmodus alle Ebenen staatlicher Aufgabenerfüllung. Ich danke Ihnen sehr herzlich.

Sebastian Unger: Ich bedanke mich für die Fragen, die Anregungen und die Kritik. Ich möchte meine Schlussworte in drei Punkte unterteilen. Ich möchte zuerst etwas zum Verhältnis der „guten Verwaltung" zur Demokratie sagen. In einem zweiten Punkt möchte ich noch einmal präzisieren, was ich unter „guter Verwaltung" verstehe. Und drittens möchte ich etwas dazu sagen, wie ich das aus Artikel 41 der Charta der Grundrechte der Europäischen Union herauslese.

Bettina Schöndorf-Haubold schreibt in ihrer These 21, „gute Verwaltung" setze Rechtsstaatlichkeit und Demokratie voraus. Ich würde noch einen Schritt weiter gehen und glaube, gerichtet an Armin von Bogdandy, das Konzept „guter Verwaltung" im Sinne von Artikel 41 der Grundrechte-Charta ist Teil des unionsrechtlichen Demokratieprinzips und zwar mit Blick ganz speziell auf die Verwaltung. Es gehört sozusagen zum Demokratieverständnis des Unionsrechts dazu und konkretisiert dieses Demokratieverständnis für die Verwaltung. Es enthält ein ganz bestimmtes Modell von Verwaltung und von Verwaltungslegitimation. Klar, prozedurale Gewährleistungen enthält es auch, aber es ist eben auch eine Antwort auf die Frage: Wie wird Verwaltung unter den Bedingungen der Wissensgesellschaft legitimiert? Hinnerk Wißmann hat meine diesbezüglichen Kritikpunkte pointiert unter zwei Begriffen zusammengefasst: Entgrenzung und Scheinrecht. Ich fühle mich damit gut verstanden. Entgrenzung ist dabei aber nicht meine primäre Kritik. Mir leuchtet schon ein, dass Entgrenzung insofern zwingend ist, als sicherlich nicht jede Entscheidung im Gesetz aufgehoben sein kann. Es gibt eben Entgrenzungsphänomene und das Bild der Verwaltung ist realistischer, wenn man anerkennt, dass Verwaltung über Bewegungsräume verfügt und insofern auch immer politisch ist. Die entscheidende Frage ist: Wie gehen wir mit dieser Politik um? Das ist die Frage, um die es beim Grundrecht auf „gute Verwaltung" aus meiner Sicht geht. Dieses Grundrecht, das zu Markus Kotzur, ist auf den ersten Blick eine Verstärkung, in Wahrheit aber eine Verkürzung der Position des Einzelnen, und zwar eine demokratische Verkürzung. Verfahrensrechtlich gestärkt, demokratisch aber geschwächt geht der Einzelne aus dem Konstitutionalisierungsprozess hervor. Aus meiner Sicht ist demgegenüber das Politische der Verwaltung explizit zu machen und zu erkennen, dass Verwaltung durch die Entgrenzungsphänomene – man kann vielleicht auch sagen: realistisch betrachtet – ein politischer Akteur ist. Der Begriff des Gemeinwohls, Herr Lege, der liegt der „guten Verwaltung" dann zugrunde. Die Pointe ist aber, dass wir nicht wissen, was das Gemeinwohl ist, dass die Entwicklung der Gesellschaft kontingent ist.

Zweiter Punkt: Art. 41 der Grundrechte-Charta. Artikel 41 der Grundrechte-Charta liegt nach meiner Lesart nicht nur die Idee einer Richtigkeit durch Verfahren, wie Herr Sommermann das bezeichnet hat, sondern letztlich die Idee einer Richtigkeit durch inhaltliche Rationalität zugrunde. Das ist erst einmal nur eine verfassungsrechtliche Beschreibung. Artikel 41 der Grundrechte-Charta unterwirft die Verwaltung inhaltlichen Rationalitätsmaßstäben und transportiert den Glauben, dass die inhaltliche Rationalität aus sich heraus das Verwaltungshandeln legitimieren könne. Insofern ist tatsächlich Legitimation das Thema des Artikels 41 der Grundrechte-Charta. Die Antwort bestimmt das von Herrn Schröder skizzierte Verständnis von Verwaltung neu. Artikel 41 der Grundrechte-Charta behauptet, das Verwaltungshandeln bis in die Details hinein inhaltlich bestimmen zu können, und zwar nicht durch rechtliche Maßstäbe im engeren Sinne, sondern durch Rationalitätsmaßstäbe. Diese Rationalitätsmaßstäbe sind dabei keine politischen Maßstäbe mehr, sondern Maßstäbe, die wir als Teil der Verwaltungsrechtsordnung begreifen. In Ergänzung der Maßstabslehren werden sie dort als zweiter Punkt neben rechtlichen Maßstäben erwähnt. Sie bewegen sich zwischen Zweckmäßigkeit und Rechtmäßigkeit. Aber eigentlich ist doch die These, dass sie Teil des Rechts sind. Das scheint mir der entscheidende Punkt zu sein: „Gute Verwaltung" reklamiert über die Rechtmäßigkeit hinaus Zugriff auf die inhaltliche Richtigkeit der Verwaltungsentscheidung und zieht daraus im zweiten Schritt Legitimation. Das wird noch mal problematischer, wenn die von Charlotte Kreuter-Kirchhof angesprochene Verselbständigung der Verwaltung hinzutritt, die darauf zielt, die Entscheidungen nach Rationalitätsmaßstäben gegenüber Irritationen zu schützen. Insofern gehören die Entscheidung nach Rationalitätskriterien und die unabhängige, verselbständigte Entscheidung zusammen. Das Plädoyer für den Landrat bei Herrn Goldhammer, das ist gewissermaßen die Gegenperspektive. Sie zielt auf *Accountability* in den klassischen Strukturen demokratischer Verwaltung. Aber das ist nicht das Modell, das Artikel 41 der Grundrechte-Charta nahelegt. Dessen Idee ist vielmehr, dass es auch jenseits der Rechtmäßigkeit Maßstäbe gibt, die mit der Entgrenzung der Verwaltung an Bedeutung gewinnen. Diese Maßstäbe sind rechtlich relevant, wir haben auf sie aber keinen Zugriff. Die Maßstäbe stammen aus anderen Disziplinen und sind nicht wie das gesetzte Recht verhandelbar. Es sind Maßstäbe, die wir außerhalb des Rechts finden, in das Recht importieren und von denen wir glauben, dass sie bei ihrer Anwendung die Entscheidung aus sich heraus legitimieren. Dieses Verständnis von „guter Verwaltung" entnehme ich Art. 41 der Grundrechte-Charta. Meine Lesart ist dabei eine Beschreibung und kein Plädoyer. Ich sehe das Konzept, Herr Wißmann hat das gut auf den Punkt gebracht, kritisch.

Dabei ist klar: Es ist eine bestimmte Lesart von Artikel 41 der Grundrechte-Charta. Die ganz überwiegende Auffassung konzentriert sich auf die verfahrensrechtliche Dimension, auch wenn sie die Verpflichtung zu einer gerechten Entscheidung und die Überschrift erwähnt und dort Potential erkennt. Das ist der Tenor der Publikationen aus den Nullerjahren, in denen das Thema nach der Proklamation der Grundrechte-Charta eine große Bedeutung hatte. Aus der Norm allein kann man mein Verständnis vielleicht nicht ablesen. Aber wenn man auf die Politikbereiche der Europäischen Union guckt und erkennt, wie diese Politikbereiche administriert werden, dann kann man doch auf das „Recht auf eine gute Verwaltung" im hier skizzierten inhaltlichen Sinne rückschließen. Das Wettbewerbsrecht ist dafür ein sehr gutes Referenzgebiet, weil man hier sehr gut sieht, wie die rechtlichen Maßstäbe durch ökonomische Maßstäbe überlagert werden, von denen man glaubt, dass sie eine besonders gute, richtige und legitime Entscheidung herbeiführen können. Aber wenn man genau hinguckt, sieht man, dass es diese ökonomischen Rationalitätskriterien als solche überhaupt nicht gibt, sondern dass die Ökonomen letztlich auch nicht wissen, was die richtigen Kriterien sind, weil es unterschiedliche ökonomische Schulen gibt. Wir verstecken uns hinter der Behauptung, wir hätten Rationalitätskriterien, auf deren Grundlage wir richtig entscheiden können. In Wahrheit verlagern wir nur das Problem der Entscheidung in eine Sphäre, wo keine demokratischen Legitimationsmechanismen existieren und wo die Kriterien nicht mehr beeinflusst werden können oder jedenfalls die Einflusskanäle nicht mit demokratischen Instrumenten kontrolliert werden.

Das bringt mich zum Schlusswort. Ich möchte hier an das anknüpfen, was Indra Spiecker genannt Döhmann gesagt hat: Verwaltung vom Bürger her denken. Mein Plädoyer lautet: Verwaltung ist nicht nur vom Bürger als Gläubiger, als Empfänger von Verwaltungsentscheidungen her zu denken, der wie bei einem Dienstleister in der Privatwirtschaft nur darauf hoffen kann, dass zügig entschieden wird, dass die Entscheidung rational ist und dass der Entscheidungsprozess gut organisiert ist. Sie ist vielmehr auch in dem Sinne vom Bürger her zu denken, dass dieser Einflusskanäle behält. Diese Einflusskanäle schneiden wir ihm ab, wenn wir die Verwaltung unabhängig stellen und an Rationalitätskriterien ausliefern, die wir aus anderen Wissenschaften importieren. Der Bürger muss als demokratisches Legitimationssubjekt, als Inhaber individueller Selbstbestimmungsrechte auch in positiver Hinsicht ernst genommen werden. Dem Vertrauensverlust und populistischen Tendenzen kann man nur entgegenwirken, wenn man die Entscheidungen der Verwaltung nicht als gegebene Angebote an Kunden, sondern als selbstbestimmte Entscheidungen rekonstruiert, also das Verwaltungsrecht und die Verwaltungslegitimation vom Bürger her neu denkt und zwar anders als nach Artikel 41 der Grundrechte-Charta.

Ekkehart Reimer: Liebe Kolleginnen und Kollegen! Die Referentin und der Referent waren die einzigen im Saal, die jetzt in den letzten 45 Minuten nicht sehen konnten, was Sie alle gesehen haben: dieses wunderbare Bild im Bild hinter uns auf der Leinwand. Aber die beiden haben uns vielleicht genau das mitgeteilt: Das Rechtsstaatsprinzip wird abgebildet in den Anforderungen von guter Verwaltung, und umgekehrt: Das Recht auf gute Verwaltung prägt, erneuert und verändert auch den Gehalt des Rechtsstaatsprinzips.

Zweiter Beratungsgegenstand:

Zeithorizonte von Verwaltung – Krisenmanagement, langfristige Planung und Systemkohärenz

1. Referat von *Markus Ludwigs*, Würzburg*

Inhalt

		Seite
I.	Einführung	132
	1. (In-)Visibilität der Zeit im Verwaltungsrecht	132
	2. Zeit als Formalkategorie und temporale Aspekte der Gewaltenteilung	134
	3. Bedeutung der Zeit für die Beurteilung „guter Verwaltung"	136
II.	Begriffliche und konzeptionelle Grundlagen	138
	1. Begriff der Krise	138
	2. Krise – Katastrophe – Ausnahmezustand	141
	3. Zyklusmodell als Analyserahmen	146
III.	Responsives Krisenmanagement in der Akutphase	149
	1. Krisenbewältigung im Gewaltenschema	149
	a) Entparlamentarisierung und „Stunde der Exekutive"	149
	b) Entjustizialisierung im Zustand der Ungewissheit und Unsicherheit	153
	c) Disbalance vertikaler Kompetenzsysteme	155
	2. Krisenbedingter Wandel staatlicher Verantwortung	158
	3. Typisierung hoheitlicher Mangelverwaltung	161
	4. Folgenbewältigung und Evaluation	163
IV.	Langfristige Planung als prospektives Krisenmanagement	166
	1. Staatliche Resilienzverantwortung	166
	2. Resilienz durch Planung	167
	3. Preparedness als Bezugspunkt	170

---

* Mein Dank für wertvolle Diskussionen und Anregungen geht an *Wolfgang Kahl*, *Kathrin Kroll-Ludwigs*, *Laura Münkler*, *Ralf P. Schenke*, *Stefanie Schmahl*, *Patrick Sikora*, *Annika Velling* und *Patricia Zentgraf*. Der vorliegende Beitrag stimmt im Haupttext mit dem in Bochum gehaltenen Referat überein und ist einschließlich der punktuell ergänzten Fußnoten auf dem Stand vom 5.10.2023.

		a) Empirische Bestandsaufnahme und Behebung von	
		Datenmangel	171
		b) Anpassungsfähigkeit als Bestandteil von Preparedness .	172
		c) Revisibilität und Situativität krisenbezogenen	
		Verwaltungsrechts	173
		d) Ventilfunktion „zeitoffener" Generalklauseln	174
		e) Administrative Konzepte als Zwischenschritte	
		der Normkonkretisierung	175
V.	Herstellung von Systemkohärenz	176
	1.	Begriffliche und (verfassungs-)rechtliche Fundierung	176
	2.	Ordnende Kraft allgemeiner Rechtsinstitute	178
		a) Handlungsformenlehre als Baustein eines resilienten	
		Verwaltungsrechts	179
		b) Typologie der Privatisierung und Verstaatlichung	180
		c) Dogmatik behördlicher Entscheidungsspielräume	181
	3.	Temporalisierung als Instrument systematischer Erfassung .	181
		a) Verzeitlichung des Anforderungsprofils	181
		b) Anwendungsfelder einer veränderten Bewertung	
		„in der Zeit"	182
VI.	Zeitgerechtigkeit als Bestimmungsfaktor	
	„guter Krisenverwaltung"	184

I. Einführung

1. (In-)Visibilität der Zeit im Verwaltungsrecht

Der Zeitlichkeit als ubiquitärem Element des Rechts[1] steht das Fehlen einer ausdifferenzierten Zeittheorie gegenüber[2]. Die Zeit erscheint zugleich als allgegenwärtig und schwer fassbar.[3] Es überrascht daher nicht, dass „Zeit" im Verwaltungsrecht ein Auseinanderfallen von praktischer Relevanz und theoretischer Befassung kennzeichnet. Einerseits spielen temporale Aspekte sowohl im Verwaltungsverfahren als auch im Verwaltungs-

---

[1] „Zeitlichkeit" als „wesentliches Element des Rechts" charakterisierend auch *Tristan Barczak* Zeithorizonte von Verwaltung – Krisenmanagement, langfristige Planung und Systemkohärenz, DVBl. 2023, 1036 (1036).

[2] Auf das Fehlen einer aussagekräftigen Zeittheorie aus rechtsphilosophischer Perspektive hinweisend *Stephan Kirste* Die Zeitlichkeit des positiven Rechts und die Geschichtlichkeit des Rechtsbewusstseins, 1997, 17; zur „Zeit" als „[Operationsbedingung] des Normativen" *Christoph Möllers* Die Möglichkeit der Normen, 2015, 271 ff., 305 ff.

[3] In sprachlicher Anlehnung an die Gedankenwelt der Hauptperson *Hans Castorp* in *Thomas Manns* Zauberberg (Erstausgabe 1924, Sechstes Kapitel „Veränderungen"): „Was ist die Zeit? Ein Geheimnis – wesenlos und allmächtig".

prozess eine elementare Rolle. Schlaglichtartig sei auf die Bedeutung von Fristen und Terminen, den „Lebenszyklus" des Verwaltungsaktes oder das System des vorläufigen Rechtsschutzes hingewiesen.[4]

Andererseits wird verwaltungsrechtliche Dogmatik nicht vorrangig auf Zeithorizonte ausgerichtet, sondern anhand der Aufgaben, Maßstäbe und Rechtsformen entfaltet.[5] Hieraus auf eine „Zeitvergessenheit"[6] zu schließen,[7] erscheint gleichwohl überzogen. In Wahrheit ist die Zeit auch von der Verwaltungsrechtswissenschaft nie vergessen worden. Erinnert sei neben der Schrift von *Paul Kirchhof* zu „Verwalten und Zeit" aus dem Jahr 1975[8] an die seit der Konstanzer Tagung von 1982[9] forcierte Debatte um

---

[4] Instruktiv *Andreas Musil* Faktor Zeit im Verwaltungsverfahren, in: Wolfgang Kahl/Markus Ludwigs (Hrsg.) HVwR IV, 2022, § 114 Rn. 6 ff., 44 ff.; ferner *Christoph Brüning* Einstweilige Verwaltungsführung, 2003, 5 ff.; *Winfried Kluth* Der zeitliche Aspekt des Verwaltungsrechts, in: Hans J. Wolff/Otto Bachof/Rolf Stober/Winfried Kluth, Verwaltungsrecht I, 13. Aufl. 2017, § 37; s. auch schon *Walter Jellinek* Verwaltungsrecht, 3. Aufl. 1931, 218 ff.

[5] *Barczak* Zeithorizonte von Verwaltung (Fn. 1), 1037; dezidiert *Martin Bullinger* Verwaltung im Rhythmus von Wirtschaft und Gesellschaft, JZ 1991, 53 (54), wonach „[d]ie allgemeinen Grundsätze des deutschen Verwaltungsrechts [...] dem Zeitfaktor des Gesetzesvollzugs keine besondere Aufmerksamkeit [schenken]".

[6] Zur Paralleldiskussion im Verfassungsrecht pointiert *Klaus Ferdinand Gärditz* Verfassungsentwicklung und Verfassungsrechtswissenschaft, in: Matthias Herdegen/Johannes Masing/Ralf Poscher/Klaus Ferdinand Gärditz (Hrsg.) Handbuch des Verfassungsrechts, 2021, § 4 Rn. 159 f.; *ders.* Zukunftsverfassungsrecht, AöR 148 (2023), 79 (80 ff.); abstrakt schon *Walter Leisner* Antigeschichtlichkeit des Öffentlichen Rechts?, Der Staat 7 (1968), 137 (138); zum Verhältnis von Verfassung und Zeit auch *Günter Dürig* Zeit und Rechtsgleichheit, in: Joachim Gernhuber (Hrsg.) FS 500 Jahre Tübinger Juristenfakultät, 1977, 21 ff.; *Peter Häberle* Zeit und Verfassung, ZfP 21 (1974), 111 ff.; *ders.* Zeit und Verfassungskultur, in: Anton Peisl/Armin Mohler (Hrsg.) Die Zeit, 1983, 289 ff.; *ders.* Zeit und Verfassungsstaat – kulturwissenschaftlich betrachtet, JURA 2000, 1 ff.; *Paul Kirchhof* Stetige Verfassung und politische Erneuerung, 1995, 109 ff.; *ders.* Gesetzgeben in der Zeit, in: Claudio Franzius et al. (Hrsg.) FS Michael Kloepfer, 2013, 79 (81 ff.); *Michael Kloepfer* Verfassung und Zeit, Der Staat 13 (1974), 457 ff.; *Wolf-Rüdiger Schenke* Verfassung und Zeit – von der „entzeiteten" zur zeitgeprägten Verfassung, AöR 103 (1978), 566 ff.; *Stephan Kirste* Die Zeit der Verfassung, JöR N. F. 56 (2008), 35 ff.; allgemein *Wilfried Berg* Die Zeit im öffentlichen Recht – Das öffentliche Recht in der Zeit, JöR N. F. 56 (2008), 23 ff.; zum Völkerrecht *Markus Kotzur* Zeitlichkeit und Ungleichzeitigkeiten im Völkerrecht, in: Ulrich Hösch (Hrsg.) FS Wilfried Berg, 2011, 198 ff.; *Christian Tomuschat* Die Bedeutung der Zeit im Völkerrecht, AVR 60 (2022), 1 ff.

[7] In diese Richtung jetzt *Barczak* Zeithorizonte von Verwaltung (Fn. 1), 1036 f.

[8] *Paul Kirchhof* Verwalten und Zeit, 1975; zuvor bereits *Karl-Heinz von Köhler* Die Zeit als Faktor des Verwaltungsrechts, VerwArch 50 (1959), 213 ff.

[9] *Rainer Wahl/Jost Pietzcker* Das Verwaltungsverfahren zwischen Verwaltungseffizienz und Rechtsschutzauftrag, VVDStRL 41 (1983), 153 ff./193 ff.

eine zeitliche Dimension der Verwaltungseffizienz.[10] Der damit verknüpfte, auf einen „Uhrenkonflikt"[11] zwischen Verwaltung und Gesellschaft zurückgehende Diskurs führte in den letzten drei Jahrzehnten zu einer facettenreichen Beschleunigungsgesetzgebung im Bereich der Infrastrukturen als „Lebensadern"[12] der Gesellschaft.[13]

2. Zeit als Formalkategorie und temporale Aspekte der Gewaltenteilung

Eine Erklärung für die reduzierte Bedeutung der Zeit im Rahmen der Systembildung liefert ihr Charakter als formale Kategorie. In den Worten von *Peter Häberle* handelt es sich um eine bloße „Chiffre" für das, was „,in der Zeit'" passiert.[14] Der Zeit ist keine eigenständige Rechtsaussage inhärent.[15] Sie stellt eine „vom Recht vorgefundene Gegebenheit"[16] dar.[17] Juris-

---

[10] Programmatisch und übergreifend *Wolfgang Hoffmann-Riem/Eberhard Schmidt-Aßmann* (Hrsg.) Effizienz als Herausforderung für das Verwaltungsrecht, 1998; aus jüngerer Zeit *Torben Ellerbrok* Rationalität und Effizienz, in: Wolfgang Kahl/Markus Ludwigs (Hrsg.) HVwR III, § 76 Rn. 19, 47 ff.; *Markus Ludwigs* Unternehmensbezogene Effizienzanforderungen im Öffentlichen Recht, 2013, 96 ff.

[11] Zum Verhältnis von investierender Wirtschaft und genehmigender Verwaltung *Bullinger* Verwaltung im Rhythmus (Fn. 5), 56 (dort auch das wörtliche Zitat); Nachzeichnung der Debatte bei *Nils Janson* Der beschleunigte Staat, 2021, 163 ff.; *Anna-Bettina Kaiser* Die Kommunikation der Verwaltung, 2009, 203 ff.

[12] Zur Einordnung von Infrastrukturen als „Lebensadern" *Dirk van Laak* Alles im Fluss. Die Lebensadern unserer Gesellschaft – Geschichte und Zukunft der Infrastruktur, 2018.

[13] Für einen Überblick zu den einzelnen Gesetzen *Norbert Kämper* in: Johann Bader/Michael Ronellenfitsch (Hrsg.) BeckOK VwVfG, 60. Edition 2023, § 72 Rn. 24 ff.; s. auch *Thomas Groß* Beschleunigungsgesetzgebung – Rückblick und Ausblick, ZUR 2021, 75 ff.; grundlegend *Martin Bullinger* Beschleunigte Genehmigungsverfahren für eilbedürftige Vorhaben, 1991; *ders.* Aktuelle Probleme des deutschen Verwaltungsverfahrensrechts, DVBl. 1992, 1463 ff.; *ders.* Beschleunigung von Investitionen durch Parallelprüfung und Verfahrensmanagement, JZ 1993, 492 ff.; *ders.* Beschleunigte Genehmigungs- und Planungsverfahren für eilbedürftige Vorhaben, in: Willi Blümel/Rainer Pitschas (Hrsg.) Reform des Verwaltungsverfahrensrechts, 1994, 127 ff.; *Paul Rombach* Der Faktor Zeit in umweltrechtlichen Genehmigungsverfahren, 1994, 162 ff.; zur „Beschleunigung" als „traditionelle[m]" Begriff der Rechtssprache *Anna-Bettina Kaiser* Kommunikation (Fn. 11), 199.

[14] *Häberle* Zeit und Verfassung (Fn. 6), 117.

[15] Anders noch *Jellinek* Verwaltungsrecht (Fn. 4), 218; dagegen bereits *Hans Gerber* Die Grundsätze eines allgemeinen Teils des öffentlichen Rechts in der jüngsten Rechtsprechung des preußischen Oberverwaltungsgerichts, VerwArch 36 (1931), 1 (49 mit Fn. 71).

[16] Grundlegend *Kirchhof* Verwalten und Zeit (Fn. 8), 1; hieran anknüpfend *Brüning*, Einstweilige Verwaltungsführung (Fn. 4), 6; Rechtsinhalte als vergängliche „Produkte der jeweiligen Zeit" charakterisierend *Gärditz* Zukunftsverfassungsrecht (Fn. 6), 83.

[17] Zum Verständnis von Zeit im physikalischen Sinne vgl. *Jean-Pierre Blaser* Die Zeit in der Physik, in: Anton Peisl/Armin Mohler (Hrsg.) Die Zeit, 1983, 1 ff.; für eine Deutung

tische Relevanz erlangt die Zeit daher erst im Falle einer Bewertung von Zeitabläufen durch die Rechtsordnung.[18]

Nicht zu verkennen ist allerdings, dass eine Auseinandersetzung mit den Zeithorizonten von Verwaltung durchaus auf theoretischen Einsichten aufbauen kann. Drei Aspekte seien an dieser Stelle hervorgehoben: Erstens erweist sich die 1955 von *Gerhart Husserl*[19] umschriebene temporale Gewaltenteilung zwischen dem „Verwaltungsmann" als „Gegenwartsmensch", der Abgeordneten als „Zukunftsmensch" und der Richterin als „Vergangenheitsmensch" zwar als holzschnittartig und idealtypisch.[20] Zugleich liegt darin aber eine treffende Akzentuierung,[21] die durch den „interimistischen Entscheidungsvorsprung"[22] der Exekutive in akuten Kri-

---

als Element und Instrument sozialer Koordination s. *Norbert Elias*, Über die Zeit, 1984, X, der von den „sozialen Orientierungs- und Regulierungsfunktionen der Zeit" spricht; zum Gegensatz von physikalischer und sozialer Zeit bereits *Pitirim A. Sorokin/Robert K. Merton* Social Time: A Methodological and Functional Analysis, The American Journal of Sociology 42 (1937), 615 ff.; zur notwendigen wissenschaftlichen Verbindung *Barbara Adams* Social Versus Natural Time, a Traditional Distinction Re-Examined, in: Michael Young/ Tom Schuller (Hrsg.) The Rhythms of Society, 1988, 198 ff.; näher zum Begriff der Zeit in unterschiedlichen Disziplinen auch *Martin Asholt* Verjährung im Strafrecht, 2016, 219 ff.

[18] *Kirchhof* Verwalten und Zeit (Fn. 8), 1; ebenso *Brüning* Einstweilige Verwaltungsführung (Fn. 4), 7; *Clemens Oertel* Der Zeitfaktor im Öffentlichen Wirtschaftsrecht, 1992, 12; prägnant *Helmuth Schulze-Fielitz* Zeitoffene Gesetzgebung, in: Wolfgang Hoffmann-Riem/ Eberhard Schmidt-Aßmann (Hrsg.) Innovation und Flexibilität des Verwaltungshandelns, 1994, 139 (148 ff.): „Zeit als Medium der Rechtsverwirklichung"; ähnlich *Ingo von Münch* Die Zeit im Recht, NJW 2000, 1 (2). Zu denken ist exemplarisch an die Regelungen im Verwaltungsverfahrensgesetz zur Beifügung zeitbezogener Nebenbestimmungen (§ 36 VwVfG) oder über die Bestandskraft (§§ 43 f. VwVfG) und Rückwirkung (§§ 48 ff. VwVfG) von Verwaltungsakten.

[19] *Gerhart Husserl* Recht und Zeit, 1955, 42 ff., 52 f.; für eine nähere Analyse der zeitlichen Gebundenheit der drei Staatsgewalten *Janson* Der beschleunigte Staat (Fn. 11), 41 ff., 63 ff., 80 ff.

[20] Dezidiert kritisch *Barczak* Zeithorizonte von Verwaltung (Fn. 1), 1038: „unterkomplex" und „idealisierende Klischees [reflektierend]"; s. auch schon *Gärditz* Zukunftsverfassungsrecht (Fn. 6), 84; milder noch *ders.* Temporale Legitimationsasymmetrien, in: Hermann Hill/Utz Schliesky (Hrsg.) Management von Unsicherheit und Nichtwissen, 2016, 253 (264 ff.); von einem „anfechtbare[n] Schema" spricht *Häberle* Zeit und Verfassung (Fn. 6), 112.

[21] *Eckart Klein* Staat und Zeit, 2006, 50; den Wert des Modells der temporalen Gewaltenteilung betonend auch *Dürig* Zeit und Rechtsgleichheit (Fn. 6), 33 ff.; *Kirchhof* Stetige Verfassung (Fn. 6), 73 (75); *ders.* Gesetzgeben in der Zeit (Fn. 6), 80 f.; *Christoph Möllers* Gewaltengliederung, 2005, 90 ff.; *ders.* Die drei Gewalten, 2008, 89; *Walter Schmitt Glaeser* Der freiheitliche Staat des Grundgesetzes, 3. Aufl. 2016, 318 f.; ferner *Hasso Hofmann* Das Recht des Rechts, das Recht der Herrschaft und die Einheit der Verfassung, 1998, 43 f.

[22] *Barczak* Zeithorizonte von Verwaltung (Fn. 1), 1041.

sen bestätigt wird.[23] Zweitens vermittelt die Herrschaft der Verwaltung über Zeitpunkt und Vollzugsdauer eine erhebliche Macht zum *„laisser sommeiller"*, welche der Einhegung durch die anderen Gewalten bedarf.[24] Drittens bewegt sich das Verwaltungsrecht stets im Spannungsfeld von Stabilität und Flexibilität.[25] Eine einseitige Betonung sowohl der retardierenden Funktion[26] als auch der Zeitoffenheit erscheint daher fehlgeleitet.[27]

3. Bedeutung der Zeit für die Beurteilung „guter Verwaltung"

Dass zeitgerechtes Verwalten auf eine Balance von Beharrung und Beschleunigung ausgerichtet ist, zeigt auch der Blick auf das in Art. 41 GRCh manifestierte[28] „Recht auf eine gute Verwaltung".[29] Die hiervon

---

[23] Vgl. den hiermit korrespondierenden Hinweis bei *Husserl* Recht und Zeit (Fn. 19), 65, wonach sich die Exekutive in einer von Unsicherheit geprägten Zeiterfahrung als wichtigste politische Gewalt darstellt; einordnend *Petra Hiller* Der Zeitkonflikt in der Risikogesellschaft, 1993, 65.

[24] *Bullinger* Verwaltung im Rhythmus (Fn. 5), 54 f.; zum Schlummernlassen („laisser sommeiller") von Gesetzen durch die Verwaltung bereits *Léon Michoud* Etude sur le pouvoir discrétionnaire de l'administration, 1913, 15, 57; allgemein zur Zeit als „Machtfaktor im Gewaltengefüge" *Janson* Der beschleunigte Staat (Fn. 11), 91 ff.

[25] *Hartmut Maurer* Kontinuitätsgewähr und Vertrauensschutz, in: Josef Isensee/Paul Kirchhof (Hrsg.) HStR IV, 3. Aufl. 2006, § 79 Rn. 1; grundlegend *Wolfgang Hoffmann-Riem/Eberhard Schmidt-Aßmann* (Hrsg.) Innovation und Flexibilität des Verwaltungshandelns, 1994.

[26] Als „katechontische Funktion" des Verwaltungsrechts positiv gewürdigt bei *Bernhard Schlink* Die Bewältigung der wissenschaftlichen und technischen Entwicklungen durch das Verwaltungsrecht, VVDStRL 48 (1990), 235 (259 ff. mit theologischer Einordnung des *Katechon* in Fn. 74); zum Begriff des *Katechon* bei *Carl Schmitt* vgl. *Felix Grossheutschi* Carl Schmitt und die Lehre vom Katechon, 1996; zum Recht als „Aufhalter von Erdverwüstung und Artentod" *Hasso Hofmann* Natur und Naturschutz im Spiegel des Verfassungsrechts, JZ 1988, 265 (278); kritisch *Schulze-Fielitz* Zeitoffene Gesetzgebung (Fn. 18), 149; vgl. auch das klassische (im Kontext des Übergangs vom Kaiserreich zur Weimarer Republik zu begreifende) Zitat von *Otto Mayer* (Deutsches Verwaltungsrecht I, 3. Aufl. 1924, Vorwort), wonach „Verfassungsrecht vergeht, Verwaltungsrecht besteht".

[27] Ähnlich *Schulze-Fielitz* Zeitoffene Gesetzgebung (Fn. 18), 149 f.

[28] Zur Beschränkung der Verpflichteten des Art. 41 GRCh auf die Stellen der Union und zur Bindung der Mitgliedstaaten als allgemeiner Rechtsgrundsatz *Katharina Pabel* Unionsrechtliche Einwirkungen auf das Verwaltungsverfahren, in: Wolfgang Kahl/Markus Ludwigs (Hrsg.) HVwR IV, 2022, § 115 Rn. 12 ff.; aus der Judikatur EuGH, 5.11.2014, Mukarubega, Rs. C-166/13, ECLI:EU:C:2014:2336, Rn. 44 ff.; EuGH, 11.12.2014, Boudjlida, Rs. C-249/13, ECLI:EU:C:2014:2431, Rn. 29 ff.; zur objektiv-rechtlichen Flankierung durch Art. 298 Abs. 1 AEUV *Matthias Ruffert* in: Christian Calliess/Matthias Ruffert (Hrsg.) EUV/AEUV, 6. Aufl. 2022, Art. 298 Rn. 13; vgl. über den Rahmen der EU hinaus *Ulrich Stelkens* Die paneuropäischen allgemeinen Rechtsgrundsätze guter Verwaltung des Europarates: Ein Europäisches Verwaltungsrecht jenseits der Europäischen Union?,

umfasste Sachbehandlung binnen angemessener Frist ist nicht auf reine Schnelligkeit ausgerichtet, sondern bestimmt sich nach Maßgabe der Bedeutung und Komplexität des Entscheidungsgegenstandes.[30] Hiermit übereinstimmend stellt auch die im Rechtsstaatsprinzip wurzelnde und durch § 10 VwVfG aufgegriffene „Zügigkeit" des Verwaltungsverfahrens einen in einer vergleichbaren Wechselwirkung stehenden „Relationsbegriff"[31] dar.[32]

VerwArch 112 (2021), 309 ff.; kritisch zum Fehlen „[a]usgereifte[r] Konzepte" *Katharina Reiling* Supranationale und grenzüberschreitende Verwaltung – neue Formen der Ausübung von Hoheitsgewalt, DVBl. 2023, 1052 (1054).

[29] Monografisch insb. *Kai-Dieter Classen* Gute Verwaltung im Recht der Europäischen Union, 2008; *Bucura C. Mihaescu Evans* The right to good administration at the crossroads of the various sources of fundamental rights in the EU integrated administrative system, 2015; in den Kontext der europäischen Entwicklungen (wie das Weißbuch „Europäisches Regieren", KOM[2001] 428 endgültig) einordnend *Hermann Hill* Gutes Regierungs- und Verwaltungshandeln – Entwicklungslinien und Perspektiven, in: Wolfgang Kahl/Markus Ludwigs (Hrsg.) HVwR V, 2023, § 127 Rn. 29; zur Verwaltungswissenschaft als Lehre von der guten Verwaltung *Bullinger* Verwaltung im Rhythmus (Fn. 5), 54 f., mit Verweis auf *Robert von Mohl* Encyklopädie der Staatswissenschaften, 2. Aufl. 1872, 248 f.: „Eine Verzögerung [...] über die Zeit hinaus, welche eine gründliche Bearbeitung [...] erfordert, ist ein Unrecht gegen die Unterthanen"; näher zur historischen Entwicklung *Maria Bertel* Historische Konstanten und neue Impulse in der Entwicklung des verfassungsrechtlichen Verständnisses von „guter Verwaltung", DVBl. 2023, 1029 ff.

[30] Z.B. EuGH, 28.2.2013, Réexamen Arango Jaramillo u.a./EIB, Rs. C-334/12 RX-II, ECLI:EU:C:2013:134, Rn. 28 ff. (wo zudem auf das Verhalten der Parteien abgestellt wird); *Martina Lais* Das Recht auf eine gute Verwaltung unter besonderer Berücksichtigung der Rechtsprechung des Europäischen Gerichtshofs, ZEuS 2002, 447 (463 f.); zur Bindung der Mitgliedstaaten an den allgemeinen Grundsatz der Zügigkeit des Verwaltungsverfahrens EuGH 13.7.2023, Napfény-Toll, Rs. C-615/21, ECLI:EU:C:2023:573, Rn. 53; *Pabel* Unionsrechtliche Einwirkungen (Fn. 28), Rn. 22 ff., die auch den (teils umstrittenen) Zusammenhang mit den Rechtsschutzgarantien aus Art. 47 GRCh bzw. Art. 6 EMRK herstellt.

[31] *Friedhelm Hufen/Thorsten Siegel* Fehler im Verwaltungsverfahren, 7. Aufl. 2021, Rn. 97; zur Effizienz bereits *Reiner Schmidt* Flexibilität und Innovationsoffenheit im Bereich der Verwaltungsmaßstäbe, in: Wolfgang Hoffmann-Riem/Eberhard Schmidt-Aßmann (Hrsg.) Innovation und Flexibilität des Verwaltungshandelns, 1994, 67 (86); die Verbindungslinie von § 10 S. 2 VwVfG zum Unions- und Verfassungsrecht ziehend auch *Christoph Sennekamp* in: Thomas Mann/Christoph Sennekamp/Michael Uechtritz (Hrsg.) Verwaltungsverfahrensgesetz, 2. Aufl. 2019, § 10 Rn. 18; zur Verlagerung des allgemeinen Zügigkeitsgebots in die Anfangsphase des Verwaltungsverfahrens durch § 25 Abs. 2 S. 1 VwVfG *Janson* Der beschleunigte Staat (Fn. 11), 67.

[32] Soweit zur Konkretisierung die zwei- bis sechsmonatigen Fristen der Untätigkeitsklagen auf europäischer und nationaler Ebene (Art. 265 Abs. 2 AEUV bzw. § 75 S. 2 VwGO, § 88 Abs. 1 und 2 SGG sowie § 46 Abs. 1 S. 2 FGO) herangezogen werden, kann hierin nur ein erster Orientierungspunkt liegen (zu Art. 41 GRCh vgl. *Hans D. Jarass* Charta der Grundrechte, 4. Aufl. 2021, Art. 41 Rn. 17; zu § 10 Satz 2 VwVfG *Stephan Rixen* in:

Aufgabe der folgenden Ausführungen wird es sein, die Zeithorizonte von Verwaltung mit der systematischen Bewältigung von Krisensituationen in Beziehung zu setzen.[33] Ein solches „Krisenmanagement" durchläuft verschiedene Stadien mit sich wandelnden Anforderungsprofilen. Hierin kommt zugleich die besondere Bedeutung der Zeit für die Beurteilung von Krisenverwaltung zum Ausdruck. In der Krise spitzt sich die zeitliche Dimension des Verwaltens zu und verlangt nach einer Verarbeitung sowohl in theoretischer als auch in dogmatischer Hinsicht. Zentrale Bezugspunkte bilden das Handeln in Akutphasen sowie die Vorbereitung auf künftige Krisenlagen durch langfristige Planung. Eingedenk der sich im Zeitverlauf ändernden Logiken des Krisenmanagements ist abschließend die Frage nach der Systemkohärenz zu stellen.

II. Begriffliche und konzeptionelle Grundlagen

1. Begriff der Krise

Bevor das Handeln der Verwaltung in den unterschiedlichen Krisenphasen näher beleuchtet werden kann, bedarf es zunächst einer Vergewisserung zum Begriff der „Krise" selbst.[34] Der nicht als allgemeiner Rechtsbegriff etablierte[35] Ausdruck steht im Fokus multidisziplinärer

---

Friedrich Schoch/Jens-Peter Schneider [Hrsg.] Verwaltungsrecht, Bd. III, 2022, § 10 Rn. 31 [2020]). Dies gilt besonders für die Bewältigung von Krisen, in denen regelmäßig schnelleres Handeln gefordert ist (*Hill* Gutes Regierungs- und Verwaltungshandeln [Fn. 29], Rn. 63).

[33] Zum Begriff des Krisenmanagements *Jörg H. Trauboth* (Hrsg.) Krisenmanagement in Unternehmen und öffentlichen Einrichtungen, 2. Aufl. 2022, 621 (Glossar): „systematischer Umgang mit Krisensituationen"; zu unterschiedlichen Ansätzen *Frank Meurer* Krisenmanagement im Bevölkerungsschutz, in: Jörg H. Trauboth (Hrsg.) ebd., 160 (161); ausdifferenziert *Christer Pursiainen* The Crisis Management Cycle, 2018, 3, der den „management aspect" in Anlehnung an die ISO 9000:2015 versteht als „a set of interrelated or interacting elements to establish policy and objectives and to archieve those objectives"; vgl. auch die Definition in *Bundesregierung* Deutsche Strategie zur Stärkung der Resilienz gegenüber Katastrophen, 2022, 105: „Alle Maßnahmen zur Vorbereitung auf Erkennung und Bewältigung, Vermeidung weiterer Eskalation sowie Nachbereitung von Krisen".

[34] Zum Folgenden bereits knapp *Markus Ludwigs* Gewährleistung der Energieversorgungssicherheit in Krisenzeiten, NVwZ 2022, 1086 (1086 f.).

[35] *Anika Klafki* Kontingenz des Rechts in der Krise, JöR N. F. 69 (2021), 583 (586); „Krise" als einen „für juristische Problemzusammenhänge ungeeignete[n] Begriff" abqualifizierend *Oliver Lepsius* Ausnahme und Krise – Zu den Grundannahmen eines Krisenverwaltungsrechts, Die Verwaltung 55 (2022), 309 (340); *ders.* Ausnahme als Rechtsform der Krise, DVBl. 2023, 701 (704); zustimmend *Barczak* Zeithorizonte von Verwaltung (Fn. 1),

Betrachtungen.³⁶ Ausgehend von der Erfassung entscheidender Phasen einer Krankheit in der Medizin,³⁷ verbreitete er sich ab dem 17. Jahrhundert in weiteren Lebensbereichen.³⁸ Heute erfolgt eine systematische Befassung vor allem in den Sozial- und Politikwissenschaften,³⁹ der Geschichtswissenschaft⁴⁰ sowie in den Literatur- und Kulturwissenschaften.⁴¹ Daneben hat sich auch die Rechtswissenschaft zuletzt verstärkt dem Krisenphänomen zugewandt.⁴²

1040; vgl. aber auch die (unionsrechtlich vorgeprägte) Begriffsbestimmung in § 4 Abs. 1 der Vergabeverordnung Verteidigung und Sicherheit (VSVgV v. 12.7.2012, BGBl. I 1509; zuletzt geändert durch Verordnung v. 17.8.2023, BGBl. I Nr. 222); s. daneben noch die Definition der „Krisensituation" in Art. 1 Abs. 2 des Vorschlags der Kommission für eine Verordnung des Europäischen Parlaments und des Rates zur Bewältigung von Krisensituationen und Situationen höherer Gewalt im Bereich Migration und Asyl v. 23.9.2020, COM(2020) 613 final.

³⁶ Darauf hinweisend *Angela Schwerdtfeger* Krisengesetzgebung, 2018, 6 f.; zur Kritik am inflationären Gebrauch der „theoretisch und methodisch unscharf" bleibenden Krisenbegriffe und für eine Ablösung durch die Analyse „bedrohter Ordnungen" SFB 923 „Bedrohte Ordnungen", Projektskizze „Historisierung von Krisendiagnostik" <https://uni-tuebingen.de/forschung/forschungsschwerpunkte/sonderforschungsbereiche/sfb-923/forschungsprofil/langfristige-forschungsziele/krisen/#c255994> (Stand 28.10.2023).

³⁷ Hierzu *Rüdiger Graf* Zwischen Handlungsmotivation und Ohnmachtserfahrung – Der Wandel des Krisenbegriffs im 20. Jahrhundert, in: Frank Bösch/Nicole Deitelhoff/Stefan Kroll (Hrsg.) Handbuch Krisenforschung, 2020, 17 (18 ff.); *Gunther Klosinski* Krise, in: Christoph Auffarth/Jutta Bernard/Hubert Mohr (Hrsg.) Metzler Lexikon Religion, Bd. 2, 1999, 261 (261).

³⁸ Zur Genese des Krisenbegriffs *Graf* Handlungsmotivation und Ohnmachtserfahrung (Fn. 37), 17 ff.; *Randolph Starn* Historische Aspekte des Krisenbegriffs, in: Martin Jänicke (Hrsg.) Politische Systemkrisen, 1973, 52 ff.

³⁹ *Martin Jänicke* (Hrsg.) Politische Systemkrisen, 1973; *ders.* (Hrsg.) Herrschaft und Krise, 1973; *Andreas Reckwitz/Hartmut Rosa* Spätmoderne in der Krise, 2021; *Hartmut Rosa*, Resonanz, 2016, 707 ff.; *Gerhard Schulze* Krisen. Das Alarmdilemma, 2011; s. auch *Frank Bösch/Nicole Deitelhoff/Stefan Kroll* (Hrsg.) Handbuch Krisenforschung, 2020; *Janet Roitman* Anti-Crisis, 2014.

⁴⁰ *Reinhart Koselleck* Kritik und Krise, 1973; *ders.* Krise, in: Otto Brunner/Werner Conze/Reinhart Koselleck (Hrsg.) Geschichtliche Grundbegriffe, Bd. 3, 1982, 617 ff.; *ders.* Begriffsgeschichten, 2006, 203 ff.; *Thomas Mergel* (Hrsg.) Krisen verstehen, 2011; *Rudolf Schlögl/Philip R. Hoffmann-Rehnitz/Eva Wiebel* (Hrsg.) Die Krise in der frühen Neuzeit, 2016; s. auch *Carla Meyer/Katja Patzel-Mattern/Gerrit Jasper Schenk* (Hrsg.) Krisengeschichte(n), 2013.

⁴¹ *Jan Beuerbach/Silke Gülker/Uta Karstein/Ringo Rösener* (Hrsg.) COVID-19: Sinn in der Krise, 2022; *Uta Fenske/Walburga Hülk/Gregor Schuhen* (Hrsg.) Die Krise als Erzählung, 2014; *Henning Grunwald/Manfred Pfister* (Hrsg.) Krisis!, 2007; *Martin Wengeler/Alexander Ziem* (Hrsg.) Sprachliche Konstruktionen von Krisen, 2013; zuletzt auch das Themenheft „Narrative der Krise" in: Germanisch-Romanische Monatsschrift 70 (2020), Ausgabe 3/4.

⁴² Zum Ausdruck kommt dies besonders im Erscheinen von vier aktuellen Habilitationsschriften: *Tristan Barczak* Der nervöse Staat, 2. Aufl. 2021; *Jasper Finke* Krisen, 2020;

Interdisziplinäre Einigkeit dürfte insoweit bestehen, als es sich bei Krisen um offene Situationen handelt, in denen eine Suspendierung von Routinen und Regelvertrauen erfolgt.[43] Etymologisch[44] können Krisen zudem als Entscheidungskonstellationen verstanden werden, die den „Kipp-Punkt"[45] einer gefährlichen Entwicklung bilden.[46] Hieraus wiederum resultiert eine doppelte zeitliche Prägung.[47] Zum einen zeichnet Krisen ein durch Zeitdruck entstehender Zwang zu schnellem Handeln aus.[48] Zum anderen lassen sie sich als temporär begrenzte Phasen begreifen. Es handelt sich um Abweichungen vom „Normalzustand",[49] dessen Rückkehr (und sei es in neuer Gestalt) angestrebt wird.[50] Ungeachtet des in der Geschichtswissenschaft diskutierten Verständnisses der Moderne als „permanente[r] Krise"[51] kann eine kulturpessimistische Deutung als Zustand des *„new normal"*[52]

Anna-Bettina Kaiser Ausnahmeverfassungsrecht, 2020; *Schwerdtfeger* Krisengesetzgebung (Fn. 36).

[43] SFB 923 „Bedrohte Ordnungen", Projektskizze (Fn. 36); zur Einordnung von Krisen als „Wahrnehmungsphänomene" *Thomas Mergel* Krisen als Wahrnehmungsphänomene, in: ders. (Hrsg.) Krisen verstehen, 2011, 9 (13, 19); dagegen überzeugend *Gunnar Hindrichs* Reflexionsverhältnisse der Krise, Studia philosophica 74 (2015), 21 (21), wonach die Krise „keine Diagnose, sondern ein Zustand [ist], der eine Diagnose in sich fasst".

[44] Vgl. die Herkunft aus dem griechischen *Krísis* = Entscheidung, entscheidende Wendung (Duden, Deutsches Universalwörterbuch, 9. Aufl., 2019, 1085 rechte Spalte).

[45] Zum spezifischen Verständnis in der Klimatologie *Jörg Benedix/Jürg Luterbacher* Klimatologie, 2021, 253 f.

[46] *Klosinski* Krise (Fn. 37), 261.

[47] Ähnlich *Schwerdtfeger*, Krisengesetzgebung (Fn. 36), 8.

[48] Aus politikwissenschaftlicher Sicht *Karl W. Deutsch* Zum Verständnis von Krisen und politischen Revolutionen, in: Martin Jänicke (Hrsg.) Herrschaft und Krise, 1973, 90 (91); *Martin Jänicke* Die Analyse des politischen Systems aus der Krisenperspektive, in: ders. (Hrsg.) Herrschaft und Krise, 1973, 14 (33); aus der juristischen Literatur *Frank Schorkopf* Finanzkrisen als Herausforderung der internationalen, europäischen und nationalen Rechtsetzung, VVDStRL 71 (2012), 183 (184 f.).

[49] Zum „schwer zu packenden" Begriff der Normalität *Gunnar Folke Schuppert* Krisen als Stresstest, in: Roland Broemel/Simone Kuhlmann/Arne Pilniok (Hrsg.) FS Hans-Heinrich Trute, 2023, 387 (398 f.).

[50] *Ludwigs* Energieversorgungssicherheit (Fn. 34), 1087.

[51] *Koselleck* Kritik und Krise (Fn. 40), 1; s. auch *ders.* Krise (Fn. 40), 627: „strukturelle Signatur der Neuzeit"; *Andreas Reckwitz/Hartmut Rosa* Spätmoderne in der Krise, 2021, 15: „Das disziplinäre Projekt der Soziologie ist damit auch das einer Krisenwissenschaft der jeweiligen Gegenwart"; aus der juristischen Literatur *Stephan Rixen* Grenzenloser Infektionsschutz in der Corona-Krise?, RuP 2020, 109 (109): „Krisen […] gehören zur Normalität moderner Gesellschaften".

[52] Die Politik des *„too big to fail"* als *„new normal"* qualifizierend *Jonathan R. Macey/James P. Holdcroft* Failure Is an Option: An Ersatz-Antitrust Approach to Financial Regulation, Yale Law Journal 120 (2011), 1368 (1377).

daher schon begrifflich nicht überzeugen.⁵³ Nicht minder unscharf erscheint das Schlagwort der „Polykrise",⁵⁴ dessen singularische Form den Variantenreichtum an Krisen verdeckt, die ungeachtet wechselseitiger Verstärkungswirkungen⁵⁵ je für sich unterschiedliche Phasen durchlaufen.

2. Krise – Katastrophe – Ausnahmezustand

Während die Herausbildung eines Krisenrechts noch am Anfang steht, befindet sich das Katastrophenschutzrecht bereits seit Längerem im Fokus der Rechtswissenschaft.⁵⁶ Dies wirft die Frage nach dem Verhältnis von

---

⁵³ Dies gilt unbeschadet der Erkenntnis, dass die Bewältigung bestimmter Krisen auf mehrere Jahrzehnte angelegt sein kann, wie dies nach aktuellem Kenntnisstand bei der Klimakrise der Fall ist; vgl. zum anthropogenen Hintergrund sowie zu Folgen und Risiken des Klimawandels insb. die Sachstandsberichte und Sonderberichte des *Intergovernmental Panel on Climate Change (IPCC)* unter <https://www.ipcc.ch/> (Stand 28.10.2023); hierauf Bezug nehmend auch BVerfGE 157, 30 (50 ff. Rn. 16).

⁵⁴ Der Begriff geht zurück auf den französischen Philosophen *Edgar Morin* (La Voie, 2011, 21 ff.: „poly-crises") und wurde vom früheren EU-Kommissionspräsidenten *Jean-Claude Junker* u.a. im Rahmen einer Rede beim Europäischen Forum Alpbach am 21.8.2016 (<https://ec.europa.eu/commission/presscorner/detail/de/SPEECH_16_2863> [Stand 28.10.2023]) auf die Situation in Europa übertragen; zur Genese auch *Andreas Th. Müller* Europa und die Pandemie. Zuständigkeitsdefizite und Kooperationszwänge, VVDStRL 80 (2021), 105 (122); zu unterschiedlichen Aspekten der Polykrise *Luca Argenta* The Seemingly Insurmountable Polycrisis of the European Union, 2022; *Martin Belov* (Hrsg.) Rule of Law in Crisis, 2022; *Michèle Knodt/Martin Große Hüttmann/Alexander Kobusch* Die EU in der Polykrise: Folgen für das Mehrebenen-Regieren, in: Andreas Grimmel (Hrsg.) Die neue Europäische Union, 2020, 119 ff.; *Markus Ludwigs/Stefanie Schmahl* (Hrsg.) Die EU zwischen Niedergang und Neugründung, 2020; *Mechthild Roos/Daniel Schade* (Hrsg.) The EU under Strain, 2023; *Jonathan Zeitlin/Francesco Nicoli* (Hrsg.) The European Union beyond the Polycrisis, 2021.

⁵⁵ Dies im Anschluss an *Jean-Claude Juncker* betonend *Adam Tooze* Zeitenwende oder Polykrise? Das Modell Deutschland auf dem Prüfstand, 2022, 23, wonach „das Ganze schlimmer ist als die Folgen der Einzelkrisen für sich alleine betrachtet".

⁵⁶ Prägend *Michael Kloepfer* Handbuch des Katastrophenrechts, 2015; *ders.* (Hrsg.) Katastrophenrecht: Grundlagen und Perspektiven, 2008; *ders.* Katastrophenschutzrecht – Strukturen und Grundfragen, VerwArch 98 (2007), 163 ff.; *ders.* Rechtliche Grundprobleme des Katastrophenschutzes, in: Klaus-Peter Dolde/Klaus Hansmann/Stefan Paetow/Eberhard Schmidt-Aßmann (Hrsg.) FS Dieter Sellner, 2010, 391 ff.; s. auch *Florian Becker* Zentralisierung im Katastrophenschutzrecht, ZG 2022, 270 ff.; *Christoph Gusy* Katastrophenschutzrecht, DÖV 2011, 85 ff.; *ders.* Katastrophenrecht, GSZ 2020, 101 ff.; *Wolfgang Köck* Katastrophenschutzrecht, in: Dirk Ehlers/Michael Fehling/Hermann Pünder (Hrsg.) Besonderes Verwaltungsrecht, Bd. 3, 4. Aufl. 2021, § 71; *Hans-Jürgen Lange/Christoph Gusy* (Hrsg.) Kooperation im Katastrophen- und Bevölkerungsschutz, 2015; *Andreas Musil/Sören Kirchner* Katastrophenschutz im föderalen Staat, Die Verwaltung 39 (2006), 373 ff.; *Fabian Schwartz* Das Katastrophenschutzrecht der Europäischen Union, 2012; *Rolf Stober/Sven Eisenmenger* Katastrophenverwaltungsrecht – Zur Renaissance eines vernach-

„Krise" und „Katastrophe" auf. Nach Maßgabe des allgemeinen Begriffsverständnisses ist zu konstatieren, dass sich Krisen als Wendepunkte durch die Unentschiedenheit einer zugespitzten Situation auszeichnen, während Katastrophen die bereits eingetretene „Wendung zum Schlechten"[57] prägt.[58]

Die einschlägigen Landesgesetze setzen für das Vorliegen einer „Katastrophe" neben einem besonders großen Schaden die Unmöglichkeit einer Bewältigung innerhalb der regulären Zuständigkeitsordnung voraus.[59] Eine Abgrenzung zur „Krise" wird durch den Umstand erschwert, dass nur der Katastrophenbegriff eine allgemeine Legaldefinition erfährt. In phänomenologischer Hinsicht weisen Krisen und Katastrophen zudem Koinzidenzen auf.[60] Man denke zum einen an die wiederholte Ausrufung des Katastro-

---

lässigten Rechtsgebietes, NVwZ 2005, 121 ff.; *Alexander Thiele* Katastrophenschutzrecht im deutschen Bundesstaat, in: Ines Härtel (Hrsg.) Handbuch Föderalismus, Bd. 3, 2012, § 54; *Hans-Heinrich Trute* Katastrophenschutzrecht – Besichtigung eines verdrängten Rechtsgebiets, KritV 2005, 342 ff.

[57] *Gusy* Katastrophenrecht (Fn. 56), 101, unter Rekurs auf den griechischen Ursprung des Wortes; näher zur Herkunft aus der antiken griechischen Tragödie *Liv Jaeckel* Risiko und Katastrophe als Herausforderung für die Verwaltung, in: Hermann Pünder/Anika Klafki (Hrsg.) Risiko und Katastrophe als Herausforderung für die Verwaltung, 2016, 11 (12 f.).

[58] *Ansgar Nünning/Vera Nünning* Krise als medialer Leitbegriff und kulturelles Erzählmuster: Merkmale und Funktionen von Krisennarrativen als Sinnstiftung über Zeiterfahrung und als literarische Laboratorien für alternative Welten, Germanisch-Romanische Monatsschrift 70 (2020), 241 (251); von einem „radikalen Unterschied" spricht *René Thom* Krise und Katastrophe, in: Krzysztof Michalski (Hrsg.) Über die Krise, 1986, 30 (30).

[59] Statt vieler *Gusy* Katastrophenrecht (Fn. 56), 101 f.; vgl. exemplarisch § 1 Abs. 2 Nr. 2 des Gesetzes über den Brandschutz, die Hilfeleistung und den Katastrophenschutz (BHKG) v. 17.12.2015 (GV. NRW. 886; zuletzt geändert durch Gesetz v. 23.6.2021, GV. NRW. 762), der „Katastrophe" definiert als „Schadensereignis, welches das Leben, die Gesundheit oder die lebensnotwendige Versorgung zahlreicher Menschen, Tiere, natürliche Lebensgrundlagen oder erhebliche Sachwerte in so ungewöhnlichem Ausmaß gefährdet oder wesentlich beeinträchtigt, dass der sich hieraus ergebenden Gefährdung der öffentlichen Sicherheit nur wirksam begegnet werden kann, wenn die zuständigen Behörden und Dienststellen, Organisationen und eingesetzten Kräfte unter einer einheitlichen Gesamtleitung der zuständigen Katastrophenschutzbehörde zusammenwirken"; zur uneinheitlichen Begriffsbestimmung in den von allen Ländern erlassenen Katastrophenschutzgesetzen *Kloepfer* Handbuch Katastrophenrecht (Fn. 56), § 1 Rn. 24 ff., § 10 Rn. 2; *Michaela Wendekamm/Martin Feißt* Kooperation im Katastrophen- und Bevölkerungsschutz, in: Hans-Jürgen Lange/Christoph Gusy (Hrsg.) Kooperation im Katastrophen- und Bevölkerungsschutz, 2015, 125 (158 ff.); zum Katastrophenbegriff des Art. 35 GG BVerfGE 115, 118 (144 f.); 132, 1 (18 f. Rn. 47); 133, 241 (263 ff. Rn. 65 ff.).

[60] Hiermit korrespondiert die Charakterisierung der Pandemie durch *Anika Klafki* als „‚dynamische Katastrophe' bei der sich Risikovorsorge, Risikoeintrittsvorbereitung und -bekämpfung nicht trennen lassen" (*Anika Klafki* Risiko und Recht, 2017, 2); s. auch

phenfalls[61] durch den Freistaat Bayern im Verlauf der Coronakrise.[62] Zum anderen steht das Hochwasser vom Juli 2021[63] in Verbindung mit dem Klimawandel[64] und bildet so gleichsam eine Katastrophe in der Klimakrise.[65]

---

[60] *Hans-Heinrich Trute* Pandemien als potentiell globale Katastrophen, GSZ 2018, 127 ff.; zum Risikobegriff vgl. *Klafki* ebd., 7 ff.; eingehend *Arno Scherzberg* Risikosteuerung durch Verwaltungsrecht: Ermöglichung oder Begrenzung von Innovationen?, VVDStRL 63 (2004), 214 (219 ff.), mit Unterscheidung zwischen einem Risiko erster Ordnung (zur Bezeichnung des Erwartungswerts eines Schadens) und zweiter Ordnung (zur Bezeichnung der Folgen von Fehleinschätzung und Fehlsteuerung); zwischen dem Dreistufenmodell (mit Abgrenzung nach dem Grad der Wahrscheinlichkeit) aus Gefahr, Risiko und Restrisiko sowie einem Zweistufenmodell (mit Abgrenzung nach der Möglichkeit des Schadenseintritts) aus Risiko und Gefahr differenzierend *Oliver Lepsius* Risikosteuerung durch Verwaltungsrecht: Ermöglichung oder Begrenzung von Innovationen?, VVDStRL 63 (2004), 264 (267 ff.); monografisch zum Risikorecht *Udo Di Fabio* Risikoentscheidungen im Rechtsstaat, 1993; *Liv Jaeckel* Gefahrenabwehr und Risikodogmatik, 2010; *Peter-Tobias Stoll* Sicherheit als Aufgabe von Staat und Gesellschaft, 2003.

[61] Die Grundlage bildete Art. 4 Abs. 1 S. 1 (i.V.m. Art. 1 Abs. 2) des Bayerischen Katastrophenschutzgesetzes (BayKSG) v. 24.7.1996, GVBl. 282, BayRS 215-4-1-I; zuletzt geändert durch Verordnung v. 26.3.2019, GVBl. 98.

[62] BayMBl. 2020 Nr. 115 v. 16.3.2020 (Feststellung des Endes: BayMBl. 2020 Nr. 337 v. 16.6.2020); BayMBl. 2020 Nr. 710 v. 8.12.2020 (Feststellung des Endes: BayMBl. 2021 Nr. 383 v. 4.6.2021); BayMBl. 2021 Nr. 790 v. 10.11.2021 (Feststellung des Endes: BayMBl. 2022 Nr. 287 v. 10.5.2022); für eine Gegenüberstellung der unterschiedlichen Landesrechte, die ganz überwiegend dem Modell einer förmlichen Feststellung oder Ausrufung des Katastrophenfalls folgen, vgl. *Bernd Grzeszick* Katastrophenschutz ohne (förmlichen) Katastrophenfall!?, VerwArch 114 (2023), 139 ff.; *Hendrik Leupold* Die Feststellung des Katastrophenfalls, 2012, 29 ff.

[63] Zur Aufarbeitung in Deutschland *Bundesministerium des Innern/Bundesministerium der Finanzen* Bericht zur Hochwasserkatastrophe 2021: Katastrophenhilfe, Wiederaufbau und Evaluierungsprozesse, 2022; aus dem Schrifttum *Kurt Faßbender* Resilienz durch bauliche Hochwasservorsorge – Eine kritische Analyse des Rechtsrahmens nach den Hochwasserereignissen vom Juli 2021, in: Monika Böhm/Markus Ludwigs (Hrsg.) Klimaschutz und Resilienz, 2024, S. 117 ff.

[64] *Frank Kreienkamp et al.* Rapid attribution of heavy rainfall events leading to the severe flooding in Western Europe during July 2021, 24.8.2021 <https://www.worldweatherattribution.org/wp-content/uploads/Scientific-report-Western-Europe-floods-2021-attribution.pdf> (Stand 28.10.2023); *Jordis S. Tradowsky et al.* Attribution of the heavy rainfall events leading to severe flooding in Western Europe during July 2021, Climatic Change (2023) 176:90, 89 ff.; zur Ausrufung eines „Klimanotstands" auf kommunaler Ebene *Christiane Juny* Ausrufung des Klimanotstands durch Gemeinden im Kontext der verfassungsrechtlich verbürgten Selbstverwaltungsgarantie nach Art. 28 Abs. 2 S. 1 GG, NWVBl. 2021, 313 ff.; daneben hat das Europäische Parlament mit Entschließung vom 28.11.2019 den Klima- und Umweltnotstand für Europa ausgerufen (ABl. 2021 C 232/28).

[65] Die Nähe beider Bereiche bringt auch die Resilienzstrategie der Bundesregierung vom Juli 2022 zum Ausdruck, in der die Vorbereitung auf den Katastrophenfall und der

Ohne Erkenntniswert für die Erfassung krisenbezogenen Handelns ist dagegen die historisch belastete Figur des Ausnahmezustands.[66] Ihre Beschwörung in Beiträgen zur Finanz-,[67] Flüchtlings-[68] und Coronakrise[69] entbehrt der verfassungsrechtlichen Substanz. Das Grundgesetz gilt auch in

---

Wiederaufbau ausdrücklich dem „Krisenmanagement" zugeordnet werden (vgl. *Bundesregierung* Deutsche Strategie zur Stärkung der Resilienz gegenüber Katastrophen, 2022, 8).

[66] *Carl Schmitt* Die Diktatur des Reichspräsidenten nach Artikel 48 der Reichsverfassung, VVDStRL 1 (1924), 63 (82 ff.); *ders.* Politische Theologie, 2. Aufl. 1934, 11 ff.; näher zum „Theoretiker der Ausnahme" *Matthias Jestaedt* XIX Carl Schmitt (1888-1985), in: Peter Häberle/Michael Kilian/Heinrich Amadeus Wolff (Hrsg.) Staatsrechtslehrer des 20. Jahrhunderts, 2015, 313 (321); zur theoretischen „Ungehemmtheit" des Ansatzes kompakt *Jens Kersten* Ausnahmezustand?, JuS 2016, 193 (195 f.). Zur weithin anerkannten Definition des Ausnahmezustands als ernsthafte Gefahr „für den Bestand des Staates oder die öffentliche Sicherheit und Ordnung, die nicht auf den normalen von der Verfassung vorgesehenen […] Wegen beseitigt werden [kann]" vgl. *Konrad Hesse* Grundzüge des Verfassungsrechts der Bundesrepublik Deutschland, 20. Aufl. 1995, Rn. 721; zuvor schon *ders.* Ausnahmezustand und Grundgesetz, DÖV 1955, 741 (742); ferner *Klaus Stern* Das Staatsrecht der Bundesrepublik Deutschland, Bd. II, 1980, 1295; die Unmöglichkeit einer Bewältigung innerhalb der Verfassung nicht explizit adressierend dagegen *Eckart Klein* Der innere Notstand, in: Josef Isensee/Paul Kirchhof (Hrsg.) HStR VII, § 169 Rn. 1; zur Ablehnung eines ungeschriebenen Notstandsrecht *Ernst-Wolfgang Böckenförde* Der verdrängte Ausnahmezustand, NJW 1978, 1881 (1882 ff.), mit Plädoyer für eine ausdrückliche verfassungsrechtliche Regelung; hierzu wiederum *Gertrude Lübbe-Wolff* Rechtsstaat und Ausnahmerecht. Zur Diskussion über die Reichweite des § 34 StGB und über die Notwendigkeit einer verfassungsrechtlichen Regelung des Ausnahmezustandes, ZParl 1980, 110 ff. sowie die Erwiderung von *Ernst-Wolfgang Böckenförde* Rechtsstaat und Ausnahmerecht, ZParl 1980, 591 ff.

[67] Die Existenz eines Unionsnotstands erwägend *Ernst-Wolfgang Böckenförde* Wissenschaft, Politik, Verfassungsgericht, 2011, 299 ff.; *Thomas Oppermann* Euro-Stabilisierung durch EU-Notrecht, in: FS Wernhard Möschel, 2011, 909 (914 f.); tastend *Frank Schorkopf* Gestaltung mit Recht, AöR 136 (2011), 323 (341 ff.); *ders.* Finanzkrisen (Fn. 48), 185 ff.; aus dem ökonomischen Schrifttum die Finanzkrise mit dem Ausnahmezustand nach *Carl Schmitt* verknüpfend *Michael Wohlgemuth* Die politische Ökonomie des Ausnahmezustands, Wirtschaftsdienst 2009, 219 ff.

[68] *Kyrill-Alexander Schwarz* Gefährdung der Souveränität? Das Verfassungsrecht und der Vorbehalt des Möglichen unter dem Eindruck der „Flüchtlingskrise", in: Otto Depenheuer/Christoph Grabenwarter (Hrsg.) Der Staat in der Flüchtlingskrise, 2016, 71 (81 f.); pointierte Kritik bei *Thorsten Kingreen* Mit gutem Willen und etwas Recht: Staatsrechtslehrer in der Flüchtlingskrise, JZ 2016, 887 (888 f.); schon den Begriff der „Flüchtlingskrise" als „unpassend, ja geradezu irreführend" qualifizierend *Johannes Eichenhofer* Die rechtliche Gestaltung der Integration in Zeiten der „Flüchtlingskrise", in: Roman Lehner/Friederike Wapler (Hrsg.) Die herausgeforderte Rechtsordnung, 2018, 111 (111), u.a. mit Verweis darauf, dass sich „die Flucht von Millionen Menschen eher als (traurige) Normalität denn als ‚Krise' bezeichnen ließe".

[69] Vgl. insb. *Uwe Volkmann* Der Ausnahmezustand, VerfBlog v. 20.3.2020; ferner *Jörn Ipsen* Deutschland im Ausnahmezustand – Grund und Grenzen administrativer

Zeiten der Not.⁷⁰ Ein Ausnahmezustand ist für keines der bekannten Krisenphänomene erkennbar.⁷¹ Alle Maßnahmen des staatlichen Krisenmanagements sind an der Verfassung zu messen und haben sich in die Notstandsdogmatik des Grundgesetzes⁷² einzufügen.⁷³ Ungeachtet teils scharfer Kritik am BVerfG,⁷⁴ lässt sich auch schwerlich bestreiten, dass die Judikate

---

Maßnahmen der Pandemie-Bekämpfung, DVBl 2020, 1037 ff.; *Florian Meinel/Christoph Möllers* Das Recht des Ausnahmezustands ohne Krieg, F.A.Z v. 20.3.2020, 9; *Tristan Wißgott* Die Grundrechte im Ausnahmezustand, F.A.Z. Einspruch v. 12.11.2021; dagegen überzeugend *Jens Kersten/Stephan Rixen* Der Verfassungsstaat in der Corona-Krise, 3. Aufl. 2022, 66 ff.; *Michael Kloepfer* Verfassungsschwächung durch Pandemiebekämpfung?, VerwArch 2021, 169 (175); *Sophie Schönberger* Die Stunde der Politik, VerfBlog v. 29.3.2020; außerhalb des juristischen Schrifttums *Jürgen Habermas* Grundrechtsschutz in der pandemischen Ausnahmesituation. Zum Problem der gesetzlichen Verordnung staatsbürgerlicher Solidarleistungen, in: Klaus Günther/Uwe Volkmann (Hrsg.) Freiheit oder Leben?, 2022, 20 (29 ff.); kritisch *René Schlott* Ein neues Böckenförde-Diktum?, F.A.Z. v. 11.4.2023, 6.

⁷⁰ Treffend bereits *Konrad Hesse* Grundfragen einer verfassungsmäßigen Normierung des Ausnahmezustandes, JZ 1960, 105 (108), wonach eine Verfassung, „die in Notzeiten nicht gehalten werden kann, [ihren Sinn] verfehlt"; im Kontext der Coronakrise *Horst Dreier* Rechtsstaat, Föderalismus und Demokratie in der Corona-Pandemie, DÖV 2021, 229 (229 f.); *ders.* Der Verfassungsstaat des Grundgesetzes in der Corona-Pandemie, in: Bitburger Gespräche Jahrbuch 2022, 2023, 23 (35 f.); *Fabian Michl* Der demokratische Rechtsstaat in Krisenzeiten, JuS 2020, 507 (507 f.).

⁷¹ Ebenso ausgeschlossen erscheint es mit Blick auf den Vorbehalt des Gesetzes (Art. 20 Abs. 3 GG), die Gegenwartsnähe der Verwaltung als Ermächtigungsgrundlage zu deuten (in diese Richtung noch *Kirchhof* Verwalten und Zeit [Fn. 8], 10 f.).

⁷² Überblick zu den zentralen Regelungen in Art. 35 Abs. 2 und 3, Art. 91 und Art. 20 Abs. 4 GG bei *Kersten* Ausnahmezustand? (Fn. 66), 197 ff.; zur hiervon zu trennenden Ausrufung eines Klimanotstands auf kommunaler Ebene vgl. den Nachweis in Fn. 64; zur Notstands-/Derogationsklausel des Art. 15 EMRK *Stefan Haack* Die Corona-Pandemie und das Abweichen von Konventionsrechten gem. Art. 15 EMRK bei Vorliegen eines Notstands, EuGRZ 2021, 364 ff.; s. auch Wissenschaftlicher Dienst des Europäischen Parlaments, Notstandsausrufungen in Reaktion auf die COVID-19-Krise, 2020.

⁷³ Dezidiert (zur Coronakrise) *Kersten/Rixen* Verfassungsstaat (Fn. 69), 65 ff., 68; *Anna Katharina Mangold* Relationale Freiheit. Grundrechte in der Pandemie, VVDStRL 80 (2021), 7 (10); *Maria Marquardsen*, Verwaltungshandeln in der Corona-Pandemie, in: Wolfgang Kahl/Markus Ludwigs (Hrsg.) HVwR V, § 158 Rn. 3; allgemein *Stefanie Egidy* Finanzkrise und Verfassung, 2019, 405 ff.; *Barczak* Der nervöse Staat (Fn. 42), 285 ff., 619 ff.; *Kaiser* Ausnahmeverfassungsrecht (Fn. 42), 210 ff., 221 ff.; *dies.* Demokratie perdu?, RuP 2021, 7 (8), spricht im Kontext der COVID-19-Pandemie von einem „rechtsstaatlich und *demokratisch* eingehegte[n] Ausnahmezustand" (Hervorhebung im Original).

⁷⁴ Zur Finanzkrise: BVerfGE 129, 124; 129, 284; 130, 318; 131, 152; 132, 195; 134, 366; 142, 123; 146, 216; 151, 202; 154, 17; zur Klimakrise: BVerfGE 157, 30; 161, 63; BVerfG, NJW 2022, 844; NVwZ 2022, 1890; zur Coronakrise: BVerfGE 159, 223; 159, 355; BVerfG, NJW 2023, 425.

vergangener Krisenzeiten durchgängig vom Selbstverständnis des Gerichts als „Hüter der Verfassung"[75] getragen waren.[76]

3. Zyklusmodell als Analyserahmen

Nach dieser Umschreibung und Abgrenzung der „Krise" als analytische Kategorie[77] gilt es im nächsten Schritt, den Blick auf die wissenschaftliche Verarbeitung des verwaltungsseitigen Krisenmanagements zu richten. Im Schrifttum erfolgt hier seit der COVID-19-Pandemie eine verstärkte Bezugnahme auf die Begriffe der *Preparedness* und *Responsivität*.[78] Beide Denkfiguren werden auf die „Resilienz als Aufgabe des Verwaltungsrechts"

---

[75] Vgl. bereits BVerfGE 1, 184 (196); zuletzt BVerfGE 159, 26 (34 Rn. 23); s. auch die Denkschrift des Bundesverfassungsgerichts v. 27.6.1952, JöR N. F. 6 (1957), 144 (145); ferner *Anne-Christin Gläß* Das Bundesverfassungsgericht als „Hüter der Verfassung" in Krisenzeiten, DÖV 2020, 263 ff.

[76] Bemerkenswert erscheint die Disparität der erhobenen Einwände. Einerseits werden dem BVerfG – zum Klimabeschluss – eine „unbefugte Teilhabe an der Gesetzgebung" (*Rüdiger Breuer* Klimaschutz durch Gerichte?, NVwZ 2022, 1233 [1237]) bzw. – zum PSPP-Urteil – ein „umfassender Verhältnismäßigkeitskontrollanspruch" (*Franz C. Mayer* Der Ultra vires-Akt, JZ 2020, 725 [734]) entgegengehalten. Andererseits wird – zum Bundesnotbremse (I)-Beschluss – ein „Parlamentsabsolutismus" ausgemacht (*Oliver Lepsius* Der Rechtsstaat wird umgebaut, F.A.Z. v. 10.12.2021, 9; zuvor bereits zum Eilbeschluss v. 5.5.2021 [BVerfGE 157, 394] *ders.* Einstweiliger Grundrechtsschutz nach Maßgabe des Gesetzes, Der Staat 60 [2021], 609 [645]: „Kontrollverlust"; kritisch hierzu *Franz Reimer* Groteske Kritik an Karlsruhe, F.A.Z. Einspruch v. 15.12.2021; s. auch *Klaus F. Gärditz* Karlsruhe in der Krise, F.A.Z. v. 2.3.2022, 3).

[77] Mit Recht kritisch gegenüber einer Verwendung der in anderen Disziplinen entwickelten Definitionen der Krise als dogmatisches Konzept in der Rechtswissenschaft *Tristan Baczrak* Die Handlungsfähigkeit des demokratischen Verfassungsstaates in Krisenzeiten, in: Bitburger Gespräche Jahrbuch 2022, 2023, 1 (4); ähnlich *Martin Nettesheim* Krisen im EU-Recht: Anstoß zur Vertiefung der Integration oder Beitrag zur Beschädigung des EU-Rechts?, in: Christoph Grabenwarter/Erich Vranes (Hrsg.) Die EU im Lichte des Brexits und der Wahlen: Faktoren der Stabilität und Desintegration, 2020, 1 (2, 12).

[78] *Stephan Rixen* Resilienz als Aufgabe des Verwaltungsrechts – Desiderate und Schwierigkeiten eines Forschungsprogramms, Die Verwaltung 55 (2022), 345 ff.; noch ohne Bezug auf die Responsivität *ders.* Verwaltungsrecht der vulnerablen Gesellschaft, VVDStRL 80 (2021), 37 (52 f., 65); *ders.* Erkenntnisse aus der COVID-19-Pandemie für das gesundheitsbezogene Verwaltungsorganisationsrecht, in: Hans-Günter Henneke (Hrsg.) Funktionsfähigkeit des Bundesstaates und der Kreise auf dem Prüfstand, 2022, 92 (109 ff.); weithin übereinstimmend *ders.* Katastrophensensible Infrastruktur im Gesundheitssozialstaat, Die Verwaltung 54 (2021), 319 (334 ff.); knapp *Kersten/Rixen* Verfassungsstaat (Fn. 69), 409 f.; s. auch schon *Jens Kersten* Wir müssen alle unser Leben ändern: Recht, Psychologie, Krise, VerfBlog v. 22.6.2022; den Aspekt der *Preparedness* zuvor bereits im Katastrophenschutzrecht beleuchtend *Thomas Würtenberger* Resilienz, in: Peter Baumeister/Wolfgang Roth/Josef Ruthig (Hrsg.) FS Wolf-Rüdiger Schenke, 2011, 561 (568, 571 ff.).

ausgerichtet.[79] Als „Rechtskonzepte" sollen sie den Paradigmenwechsel zur sogenannten „vulnerablen Gesellschaft" verarbeiten.[80] „Resilienz" wird dabei im Kern als „Widerstandsfähigkeit" sowohl von Personen als auch von Institutionen begriffen.[81]

Der damit gesetzte Analyserahmen bildet den Ausgangspunkt einer theoretischen Fortentwicklung und Präzisierung.[82] Anlass hierfür gibt die bislang nur bruchstückhafte Rezeption des in den Sozialwissenschaften entwickelten *Crisis Management Cycle*.[83] Als Modell zur holistischen Erfassung des Krisenmanagements adressiert er die verschiedenen Stufen vor, während und nach einer Krise.[84] Das Zyklusmodell bildet regelmäßig

---

[79] *Rixen* Resilienz als Aufgabe (Fn. 78), 350: „Resiliente Gesellschaft = Preparedness + Responsivität", in Anknüpfung an *Kersten* Wir müssen alle unser Leben ändern (Fn. 78).

[80] *Kersten/Rixen* Verfassungsstaat (Fn. 69), 409; zur Einordnung der „Vulnerabilität" als „anthropologisches Grunddatum", das in der „*situativen* wie *strukturellen*" Verletzlichkeit seinen Ausdruck findet, vgl. *Deutscher Ethikrat* Vulnerabilität und Resilienz in der Krise – Ethische Kriterien für Entscheidungen in einer Pandemie, 2022, 25 f. Rn. 45 (Hervorhebungen im Original).

[81] *Rixen* Resilienz als Aufgabe (Fn. 78), 347 f.; für einen Überblick zur Begriffsverwendung in unterschiedlichen Disziplinen („von Ökologie bis Psychologie") *Henrik Brinkmann/Christoph Harendt/Friedrich Heinemann/Justus Nover* Ökonomische Resilienz, 2017, 8 ff.; bis heute prägend *Crawford Stanley Holling* Resilience and Stability of Ecological Systems, Annual Review of Ecology and Systematics 4 (1973), 1 (14): „resilience [...] is a measure of the persistence of systems and of their ability to absorb change and disturbance and still maintain the same relationships between populations or state variables"; aus dem juristischen Schrifttum *Barczak* Der nervöse Staat (Fn. 42), 606 ff.; *Christoph Gusy* Resilient Societies, in: Dirk Heckmann/Ralf P. Schenke/Gernot Sydow (Hrsg.) FS Thomas Würtenberger, 2013, 995 (995 f.); *Kai von Lewinski* Resilienz der Verwaltung in Unsicherheits- und Risikosituationen, in: Hermann Hill/Utz Schliesky (Hrsg.) Management von Unsicherheit und Nichtwissen, 2016, 239 (240 ff.); *Gunnar Folke Schuppert* Wie resilient ist unsere „Politische Kultur"?, Der Staat 60 (2021), 473 (474 ff.); *Würtenberger* Resilienz (Fn. 78), 562 f.; s. auch *Monika Böhm/Markus Ludwigs* (Hrsg.) Klimaschutz und Resilienz, 2024; *Kai von Lewinski* (Hrsg.) Resilienz des Rechts, 2016.

[82] Als Anspruch formuliert bei *Kersten/Rixen* Verfassungsstaat (Fn. 69), 410.

[83] Monografisch *Pursiainen* Crisis Management Cycle (Fn. 33); kompakt *ders.* The Crisis Cycle, in: Eric Stern (Hrsg.) The Oxford Encyclopedia of Crisis Analysis, Bd. 1, 2022, 355 (360 ff.); zur Rückführung auf einen Bericht der *National Governors' Association* in den USA von Ende der 1970er-Jahre vgl. *Alvin H. Mushkatel/Louis F. Weschler* Emergency Management and the Intergovernmental System, Public Administration Review 45 (1985), 49 (50); kritisch *Mal Crondstedt* Prevention, preparedness, response, recovery – an outdated concept?, Australian Journal of Emergency Management 17 (2002), 10 ff.

[84] *Pursiainen* Crisis Management Cycle (Fn. 33), 5; zu weiteren Ansätzen einer Konzeptualisierung der Krisenentwicklung *Timothy L. Sellnow/Matthew W. Seeger* Theorizing Crisis Communication, 2. Aufl. 2021, 25 f.; vgl. daneben die Herausarbeitung von fünf kritischen Aufgaben der strategischen Krisenbewältigung („*Sense making*", „*Decision making and coordinating*", „*Meaning making*", „*Accounting*", „*Learning*") bei *Arjen Boin/Paul 't Hart/Eric Stern/Bengt Sundelius* The Politics of Crisis Management, 2. Aufl. 2017, 15 ff.

vier ineinander übergehende, die Zeitlichkeit systematisch verarbeitende Phasen ab. Diese reichen von der Prävention (*Prevention*) über die Vorbereitung (*Preparedness*) und die Antwort (*Response*) bis zur Wiederherstellung (*Recovery*).[85] Neben *Preparedness* und *Response* stellt auch die letztgenannte Stufe der *Recovery* ein wesentliches Element von Resilienz dar.[86] Maßnahmen der Prävention sind dagegen konzeptionell von einer Resilienzbetrachtung zu trennen.[87] Dies gilt jedenfalls dann, wenn sie darauf ausgerichtet sind, eine Krise proaktiv zu verhindern.[88] Während Prävention (von lat. *praevenire*, „zuvorkommen"[89]) einer Logik der Vermeidung folgt, liegt Resilienz (von lat. *resilire*, „zurückspringen"[90]) eine Logik der Bewältigung zugrunde.[91] Folgerichtig resultiert aus der Hinwendung zur Resilienz auch kein „Paradigmenwechsel"[92] vom Präventionsstaat[93] zum

---

(Hervorhebungen im Orginal); ähnlich *Thure Husedt* Verwaltung und der Umgang mit Krisen und Katastrophen, in: Sylvia Veit/Christoph Reichard/Göttrik Wewer (Hrsg.) Handbuch zur Verwaltungsrechtsreform, 5. Aufl. 2019, 181 (186 f.).

[85] Auf Unterschiede in der Bezeichnung hinweisend *Husedt* Krisen und Katastrophen (Fn. 84), 184.

[86] Prägnant *Pursiainen* Crisis Management Cycle (Fn. 33), 131 ff.: „Resilience as recovery"; missverständlich *Husedt* Krisen und Katastrophen (Fn. 84), der die Resilienz als „Alternative zur phasenhaften Betrachtung von Krisen" einordnet; zu unterschiedlichen Konzeptionen der Resilienz *Uta Menski/Gabriel Bartl/Stefanie Wahl/Lars Gerhold* Die Resilienz der Bevölkerung in einer Lebensmittelversorgungskrise, in: Thomas Jäger/Anna Daun/Dirk Freudenberg (Hrsg.) Politisches Krisenmanagement, Bd. 2, 2018, 213 (216), die zwischen einer Betonung von Systemstabilität (*bouncing back*) und Anpassungsfähigkeit (*adaptation*) unterscheiden.

[87] *Brinkmann/Harendt/Heinemann/Nover* Ökonomische Resilienz (Fn. 81), 11; ferner *Pursiainen* Crisis Management Cycle (Fn. 33), 43.

[88] Zur partiell erfolgenden Erweiterung der Prävention auf Abmilderungsmaßnahmen (*mitigation*), die vor Ausbruch der Krise ergriffen werden *Pursiainen* Crisis Management Cycle (Fn. 33), 39.

[89] *Karl Ernst Georges* Lateinisch-Deutsches und Deutsch-Lateinisches Handwörterbuch, Bd. 2, 1839, Sp. 1864 (ebd., 1527: „vorauskommen").

[90] *William Freund* Wörterbuch der lateinischen Sprache, Bd. 4, 1840, 140 f. (Art. „resilio"); s. bereits *Barczak* Der nervöse Staat (Fn. 42), 606.

[91] Ähnlich *Ulrich Bröckling* Gute Hirten führen sanft, 2017, 113 (115 f.); die Unterschiede der Konzepte Prävention und Resilienz klar herausarbeitend auch *Nicolai Hannig* Resilienz – Vorgriffe auf Naturgefahren in Deutschland und der Schweiz seit 1800, in: Markus Bernhardt/Stefan Brakensiek/Benjamin Scheller (Hrsg.) Ermöglichen und Verhindern, 2016, 167 (170 f.).

[92] Im vorliegenden Kontext *Kersten/Rixen* Verfassungsstaat (Fn. 69), 409 f.; s. auch *Rixen* Resilienz als Aufgabe (Fn. 78), 349.

[93] Grundlegend zur Risikogesellschaft *Ulrich Beck* Risikogesellschaft – Auf dem Weg in eine andere Moderne, 1986; *ders.* Weltrisikogesellschaft, 2007; zur Diskussion um eine Verwandlung des freiheitssichernden liberalen Ordnungsstaats in einen Präventionsstaat *Ivo Appel* Staatliche Zukunfts- und Entwicklungsvorsorge, 2005, 50 ff.; *Dieter Grimm* Verfassungsrechtliche Anmerkungen zum Thema Prävention, KriV 1986, 38 (40 ff.); in kritischer

"resilienten Staat".⁹⁴ Bei Prävention und Resilienz handelt es sich vielmehr um zwar miteinander verbundene, aber gleichwohl zu differenzierende Erwartungen, die sich der sprachlichen Vereinigung in einem Ausdruck entziehen.

III. Responsives Krisenmanagement in der Akutphase

Nachdem die begrifflich-konzeptionellen Grundlagen des Krisenmanagements gelegt sind, richtet sich der Blick zunächst auf das Verwaltungshandeln in der Akutphase. Damit ist der Zeitabschnitt angesprochen, in dem die Zuspitzung einer gefährlichen Entwicklung andauert, die Dinge mithin „auf der Kippe" zur Katastrophe stehen.⁹⁵ Abstrahierend von der Vielzahl an Einzelmaßnahmen zur Bewältigung bereits vergangener und noch akuter Krisen, stellen sich hier zunächst Fragen nach krisenbedingten Verschiebungen im Gewaltenschema (1.) und einem Wandel staatlicher Verantwortung (2.). In grundrechtlicher Perspektive ist sodann der Typisierung hoheitlicher Mangelverwaltung nachzugehen (3.), bevor – abrundend – die Folgenbewältigung und Evaluation zu beleuchten sind (4.).

1. Krisenbewältigung im Gewaltenschema

a) Entparlamentarisierung und „Stunde der Exekutive"

Betrachtungen des „Ziffernblatts"⁹⁶ grundgesetzlicher Gewaltenteilung weisen die Krise vielfach als „Stunde der Exekutive"⁹⁷ aus. Eine solche

---

Perspektive *Eberhard Denninger* Der Präventions-Staat, KJ 1988, 1 (10 ff.); zur Verknüpfung von Präventionsstaat und Vorsorgeprinzip *Wolfgang Hoffmann-Riem* Innovation und Recht – Recht und Innovation, 2016, 18 f.
⁹⁴ *Andreas Reckwitz* Verblendet vom Augenblick, Die Zeit v. 10.6.2020, 45; *ders.* Risikopolitik, in: Michael Volkmer/Karin Werner (Hrsg.) Die Corona-Gesellschaft, 2020, 241 (249).
⁹⁵ Plakativ *Barczak* Zeithorizonte von Verwaltung (Fn. 1), 1040: *„Akutphase* [...], in der Gefahren für Menschen und Umwelt weiter bestehen, etwa Feuer brennen, die Infektionszahlen zunehmen oder das Wasser noch steigt" (Hervorhebung im Original).
⁹⁶ *Barczak* Zeithorizonte von Verwaltung (Fn. 1), 1038, spricht vom „Ziffernblatt des Grundgesetzes".
⁹⁷ In allgemeiner Diktion *Winfried Brechmann* Auswahl und Einsatz von Handlungsformen am Beispiel der Corona-Pandemie, in: Wolfgang Kahl/Ute Mager (Hrsg.) Verwaltungshandeln, 2022, 105 (113), mit Einordnung der Corona-Pandemie als „Katastrophe"; zur Rückführung der Wendung auf eine Äußerung des früheren Bundesinnenministers *Gerhard Schröder* (CDU) im Kontext der parlamentarischen Diskussion um den Entwurf der

Charakterisierung ist unterkomplex.⁹⁸ Zwar besteht ein aus der stärkeren Gegenwartsnähe resultierender interimistischer Entscheidungsvorrang von Regierung und Verwaltung.⁹⁹ Damit ist aber nicht notwendig eine Verdrängung der Legislative verbunden.¹⁰⁰ Belege hierfür liefern namentlich die Erfahrungen aus Finanz-, Corona- und Energiekrise.

Die Finanzkrise erreichte Deutschland, nachdem die Bankenaufsicht am 18.9.2008 über Liquiditätsprobleme der *Hypo Real Estate* unterrichtet wurde.¹⁰¹ Als Reaktion kam es zur Ad-hoc-Stabilisierung des Kredit-

---

Notstandsverfassung im Jahr 1960 vgl. *Marquardsen* Corona-Pandemie (Fn. 73), Rn. 4; historische Einordnung bei *Martin Diebel* „Die Stunde der Exekutive", 2019, 82 ff.; zur jüngeren Rezeption in Finanz- und Coronakrise *Egidy* Finanzkrise (Fn. 73), 207 ff.; *Ferdinand Wollenschläger* Die COVID-19-Pandemie als Stunde der Exekutive und die parlamentarische Demokratie des Grundgesetzes, in: Arnd Koch/Michael Kubiciel/Ferdinand Wollenschläger/Wolfgang Wurmnest (Hrsg.) FG 50 Jahre Juristische Fakultät Augsburg, 2021, 651 ff.; vgl. auch *Ursula Münch* Wenn dem Bundesstaat die Stunde der Exekutive schlägt: der deutsche (Exekutiv-)Föderalismus in Zeiten der Coronakrise, in: Europäisches Zentrum für Föderalismus-Forschung Tübingen (Hrsg.) Jahrbuch des Föderalismus 2020, 209 (220); von einer „Dominanz der Exekutive" ist mit Blick auf die Bewältigung von Pandemien die Rede bei *Matthias Mahlmann* Demokratie im Notstand? Rechtliche und epistemische Bedingungen der Krisenresistenz der Demokratie, VVDStRL 80 (2021), 69 (70 ff.).

⁹⁸ Einen „verfassungsrechtlichen und rechtstatsächlichen Mythos" ausmachend *Tristan Barczak* Die „Stunde der Exekutive", RuP 2020, 458 (458).

⁹⁹ Im Risikoverwaltungsrecht von einem „Funktionsvorbehalt der Exekutive" sprechend *Klafki* Risiko und Recht (Fn. 60), 94; anknüpfend *Rixen* Vulnerable Gesellschaft (Fn. 78), 57; ferner *Jaeckel* Gefahrenabwehr (Fn. 60), 218: „funktionelle[r] Gestaltungsvorrang"; zur Ablehnung eines verfassungsrechtlich abgeleiteten allgemeinen Verwaltungsvorbehalts im Sinne eines gegenüber der Legislative abgeschirmten originären Gestaltungsbereichs der Exekutive *Bernd Grzeszick* in: Roman Herzog/Günter Dürig/Rupert Scholz, Grundgesetz-Kommentar, 2023, Art. 20 VI Rn. 127 (2022); grundlegend *Hartmut Maurer/Friedrich E. Schnapp* Der Verwaltungsvorbehalt, VVDStRL 43 (1985), 135 ff., 172 ff.

¹⁰⁰ Breit angelegte Bestandsaufnahme zur Entparlamentarisierung bei *Matthias Herdegen/Martin Morlok* Informalisierung und Entparlamentarisierung politischer Entscheidungen als Gefährdungen der Verfassung, VVDStRL 62 (2003), 7 ff./37 ff.; der Begriff geht zurück auf *Helmuth Schulze-Fielitz* Der informale Verfassungsstaat, 1984, 136; aus jüngerer Zeit *Markus Ludwigs* Entparlamentarisierung als verfassungsrechtliche Herausforderung, DVBl. 2021, 353 ff.; zur drohenden Selbstentmachtung des Parlaments in Krisen *Angelika Nußberger* Regieren. Staatliche Systeme im Umbruch?, VVDStRL 81 (2022), 7 (43 ff.).

¹⁰¹ Deutscher Bundestag, Beschlussempfehlung und Bericht des 2. Untersuchungsausschusses nach Art. 44 des Grundgesetzes, BT-Drs. 16/14000 v. 18.9.2009, 119; den drei Tage zuvor erfolgten Zusammenbruch der US-Investmentbank *Lehmann Brothers* als Schlüsselmoment hervorhebend *Ralph Bollmann* Die Mutter aller Krisen, F.A.S. v. 10.9.2023, 17; für eine instruktive Nachzeichnung der Entwicklung Deutschlands seit Ausbruch der Finanzkrise im Sommer 2007 vgl. Deutsche Bundesbank, Monatsbericht Oktober 2010.

instituts¹⁰² sowie zu einer „Garantieerklärung" der Bundesregierung für alle Spareinlagen in Deutschland.¹⁰³ Handelten die staatlichen Akteure hier noch ohne explizites Mandat, wurde ein solches kurz darauf mit dem Finanzmarktstabilisierungsgesetz vom 17.10.2008¹⁰⁴ geschaffen. Die Dominanz der Exekutive währte mithin nicht lange und führte zu keiner Verdrängung der Legislative.

Nur *prima facie* anders gelagert war die Situation während der Coronakrise. Kritische Stimmen erkannten dort einen regelrechten „Legiszid".¹⁰⁵ Ins Visier gerieten u.a. die weite Verordnungsermächtigung des Bundesgesundheitsministeriums (§ 5 IfSG a.F.)¹⁰⁶ sowie die generalklauselartige Rechtsgrundlage zum Erlass von Schutzmaßnahmen der Länder (§ 32 i.V.m. § 28 Abs. 1 IfSG).¹⁰⁷ Eine differenzierte Würdigung zeigt jedoch, dass der Bundestag unmittelbar nach Ausbruch der Pandemie vielfältige

---

¹⁰² Konzise Zusammenfassung bei *Egidy* Finanzkrise (Fn. 73), 214 ff.

¹⁰³ Abrufbar unter <https://www.spiegel.de/wirtschaft/merkel-und-steinbrueck-im-wortlaut-die-spareinlagen-sind-sicher-a-582305.html> (Stand 28.10.2023): „[W]ir sagen den Sparerinnen und Sparern, dass ihre Einlagen sicher sind. Auch dafür steht die Bundesregierung ein."; zur überwiegenden Einordnung als bloße politische Absichtserklärung ohne Rechtsverbindlichkeit *Egidy* Finanzkrise (Fn. 73), 211 ff.

¹⁰⁴ Gesetz zur Umsetzung eines Maßnahmenpakets zur Stabilisierung des Finanzmarktes (Finanzmarktstabilisierungsgesetz – FMStG) v. 17.10.2008, BGB. I 1982; Überblick zu den in der Finanzkrise erfolgten weiteren Stabilisierungen von Finanzinstituten bei *Egidy* Finanzkrise (Fn. 73), 215.

¹⁰⁵ *Thomas Heinicke* Die Stunde der Exekutive? Die Pandemie und die Gewaltenteilung, in: Bernhard Frevel/Thomas Heinicke (Hrsg.) Managing Corona, 2021, 37 (44 f.); grundlegend am Beispiel US-amerikanischer Politik *Theodor J. Lowi* Two Roads to Serfdom: Liberalism, Conservatism and Administrative Power, American University Law Review 36 (1987), 295 (299); einordnend *Michael Fuchs* Corona, „Gesundheitsdiktatur" und „Legiszid", DÖV 2020, 663 ff.

¹⁰⁶ Pointiert *Christoph Möllers* Parlamentarische Selbstentmächtigung im Zeichen des Virus, VerfBlog v. 26.3.2020; *Klaus Ferdinand Gärditz/Florian Meinel* Unbegrenzte Ermächtigung?, F.A.Z. v. 26.3.2020, 6; von einer „Hindenburg-Klausel" sprechend *Thorsten Kingreen* im Gespräch mit der Süddeutschen Zeitung v. 26.3.2020, Bayern, 6; hieran anknüpfend die Kontroverse zwischen *Friedhelm Hase* Corona-Krise und Verfassungsdiskurs, JZ 2020, 697 (700) sowie *ders.* Verfassungsrechtswissenschaft in der Corona-Krise – worauf kommt es an?, JZ 2020, 1107 (1108) einerseits und *Hans Michael Heinig et al.* Why Constitution Matters – Verfassungsrechtswissenschaft in Zeiten der Corona-Krise, JZ 2020, 861 (872) andererseits.

¹⁰⁷ Statt vieler *Anika Klafki* Mehr Parlament wagen? – Die Entdeckung des Art. 80 IV GG in der Corona-Pandemie, NVwZ 2020, 1718 (1722); *Oliver Lepsius* Grundrechtsschutz in der Corona-Pandemie, RuP 2020, 258 (267 f.); *Uwe Volkmann* Heraus aus dem Verordnungsregime, NJW 2020, 3153 (3156 ff.); s. auch VerfGH Saarland, NVwZ 2020, 1513 (1518, Rn. 87, 89); zu verordnungsvertretenden Landesgesetzen (Art. 80 Abs. 4 GG) als bedingter Abhilfe *Marquardsen* Corona-Pandemie (Fn. 73), Rn. 25 ff.

Aktivitäten entfaltete.[108] Zudem dokumentierte das Parlament (wenngleich spät) seine Lernfähigkeit, indem es im November 2020[109] die Verordnungsbefugnisse zurechtstutzte und (in § 28a IfSG[110]) eine Präzisierung der Eingriffsermächtigung zur Pandemiebekämpfung herbeiführte.[111]

Gegenwärtig wird das übermäßig vereinfachende Narrativ einer „Stunde der Exekutive" von der Energiekrise widerlegt.[112] Zwar gingen die ersten Schritte erneut von Regierung und Verwaltung aus. Erinnert sei an den Stopp des Zertifizierungsverfahrens für *Nord Stream 2* im Februar 2022[113] oder die zwei Monate später erfolgte Einsetzung der Bundesnetzagentur als Treuhänderin für *Gazprom Germania*.[114] Es dauerte jedoch nur wenige Wochen, bis der Bundestag einer drohenden Gasmangellage mit dem Gas-

---

[108] Vgl. allein aus dem März 2020: Gesetz zur befristeten krisenbedingten Verbesserung der Regelung für das Kurzarbeitergeld v. 13.3.2020, BGBl. I 493; Gesetz über die Feststellung eines Nachtrags zum Bundeshaushaltsplan für das Haushaltsjahr 2020 v. 27.3.2020, BGBl. I 556; Gesetz zur Errichtung eines Wirtschaftsstabilisierungsfonds v. 27.3.2020, BGBl. I 543; Gesetz zur Abmilderung der Folgen der COVID-19-Pandemie im Zivil-, Insolvenz- und Strafrecht v. 27.3.2020, BGBl. I 569; Gesetz für den erleichterten Zugang zu sozialer Sicherung und zum Einsatz und zur Absicherung sozialer Dienstleister aufgrund des Coronavirus SARS-CoV-2 v. 27.3.2020, BGBl. I 575; Gesetz zum Schutz der Bevölkerung bei einer epidemischen Lage von nationaler Tragweite v. 27.3.2020, BGBl. I 587; für einen Gesamtüberblick *Kersten/Rixen* Verfassungsstaat (Fn. 69), 28 ff.; eine „Flut von Gesetzen" erkennt *Klafki* Kontingenz (Fn. 35), 587 mit Fn. 36.

[109] Drittes Gesetz zum Schutz der Bevölkerung bei einer epidemischen Lage von nationaler Tragweite v. 18.11.2020, BGBl. I 2397.

[110] Ausführlich zur umstrittenen Verfassungskonformität *Wollenschläger* COVID-19-Pandemie (Fn. 97), 676 ff. m.w.N.

[111] Auf den Lernprozess des Gesetzgebers hinweisend auch *Kersten/Rixen* Verfassungsstaat (Fn. 69), 312; *Ludwigs* Entparlamentarisierung (Fn. 100), 359 f.; *Wollenschläger* COVID-19-Pandemie (Fn. 97), 703 mit Fn. 225; weiter kritisch zur Reichweite der Ermächtigung in § 5 Abs. 2 IfSG: *Sachverständigenausschuss nach § 5 Abs. 9 IfSG*, Bericht v. 30.6.2022, „Evaluation der Rechtsgrundlagen und Maßnahmen der Pandemiepolitik", 105 ff. <https://www.bundesgesundheitsministerium.de/fileadmin/Dateien/3_Downloads/S/Sachverstaendigenausschuss/220630_Evaluationsbericht_IFSG_NEU.pdf> (Stand 28.10.2023).

[112] Zum Rechtsrahmen *Felix Ekardt/Theresa Rath* Gaskrise: Rechtsentwicklungen auf EU- und Bundesebene – Unter Berücksichtigung der Digitalisierung, NVwZ 2022, 1665 ff.; *dies.* Energiekrise: Rechtsentwicklungen auf EU- und Bundesebene, NVwZ 2023, 293 ff.; *Ludwigs* Energieversorgungssicherheit (Fn. 34); *ders.* Unionsrechtliche Rahmensetzungen zur Bewältigung der Energiekrise, EuZW 2023, 506 ff.; *Sebastian Merk* Gasversorgung und staatliche Krisenvorsorge, NJW 2022, 2664 ff.

[113] Hierzu *Helene Bubrowski/Johannes Leithäuser* Wie die Regierung Nord Stream 2 verhindern will, F.A.Z. Einspruch v. 24.2.2022.

[114] BAnz AT 4.4.2022 B13; zur zweifelhaften Heranziehung von § 6 AWG als Rechtsgrundlage vgl. *Ludwigs* Energieversorgungssicherheit (Fn. 34), 1090 f.; *Christian Tietje/*

speichergesetz vom 26.4.2022 begegnete.[115] Der europäische Gesetzgeber ist diesem Vorbild wiederum zwei Monate später mit der Gasspeicher-Verordnung[116] gefolgt.[117]

Bringt man die geschilderten Erfahrungen auf den Punkt, bleibt festzuhalten, dass der Legislative in allen drei Krisenfeldern eine tragende Rolle zugekommen ist. Die simplifizierende Vokabel einer „Stunde der Exekutive" verschleiert diesen Befund und sollte aus der Krisenrhetorik gestrichen werden.

b) *Entjustizialisierung im Zustand der Ungewissheit und Unsicherheit*

Unverrückt bleibt im Gewaltenschema auch die Rolle der Judikative. Die Garantie effektiven Rechtsschutzes (Art. 19 Abs. 4 GG) gilt uneingeschränkt.[118] Einen Beleg lieferte in der Energiekrise die volle gerichtliche Überprüfung (auf Tatbestandsebene des § 17 Abs. 1 Gesetz zur Sicherung der Energieversorgung [EnSiG]) der vom Bundesministerium für Wirt-

---

Tim Borrmann/Darius Ruff Eine „treue Hand" für schwere Zeiten, VerfBlog v. 22.6.2022; Wissenschaftliche Dienste Deutscher Bundestag, Sachstand v. 28.4.2022 – WD 5 – 3000 – 056/22. Eine Absicherung erfolgte durch eine erneute Anordnung des Bundesministeriums für Wirtschaft und Klimaschutz v. 17.6.2022 (BAnz AT 17.6.2022 B15), die auf den neu geschaffenen § 17 EnSiG gestützt wurde; zum *Gazprom-Germania*-Verfahren *Konrad Riemer* in: Stephan Gerstner/Jörg Gundel (Hrsg.) BeckOK Energiesicherungsrecht, 2. Edition 2023, § 17 Rn. 1 ff.

[115] Gesetz zur Änderung des EnWG zur Einführung von Füllstandsvorgaben für Gasspeicheranlagen sowie zur Änderung von § 246 des Baugesetzbuches v. 26.4.2022, BGBl. I 674. Daneben wurde mit dem LNG-Beschleunigungsgesetz v. 24.5.2022 (BGBl. I 802; zuletzt geändert durch Gesetz v. 12.7.2023, BGBl. I Nr. 184) die Grundlage für den Aufbau einer unabhängigeren nationalen Gasversorgung gelegt.

[116] Verordnung (EU) 2022/1032 des Europäischen Parlaments und des Rates v. 29.6.2022 zur Änderung der Verordnung (EU) 2017/1938 und (EG) 715/2009 im Hinblick auf die Gasspeicherung, ABl. L 173/17.

[117] Nachfolgend hielt sich der Unionsgesetzgeber aber zugunsten des auf Basis der EU-Nofallkompetenz aus Art. 122 Abs. 1 AEUV handelnden Rates zurück; für einen Überblick zu den unterschiedlichen Krisenverordnungen der EU *Ludwigs* Unionsrechtliche Rahmensetzungen (Fn. 112), 506 ff.

[118] Zum Regel-Ausnahme-Verhältnis von gerichtlicher Kontrolle und behördlichen Spielräumen BVerfGE 15, 275 (282); 103, 142 (156 f.); BVerfG, NVwZ 2012, 694 Rn. 20; *Eberhard Schmidt-Aßmann* in: Günther Dürig/Roman Herzog/Rupert Scholz, Grundgesetz-Kommentar, 2023, Art. 19 Abs. 4 Rn. 181 ff. (2020); anders z.B. *Martin Eifert* Letztentscheidungsbefugnisse der Verwaltung: Ermessen, Beurteilungsspielräume sowie Planungsentscheidungen und ihre gerichtliche Kontrolle, ZJS 2008, 336 (336 f.), der Art. 19 Abs. 4 GG nur als eine „rechtstechnische Voreinstellung" vorbehaltlich abweichender Ausgestaltung durch den Gesetzgeber begreift.

schaft und Klimaschutz angeordneten Treuhandverwaltung über inländische Töchter des *Rosneft*-Konzerns[119] durch das BVerwG.[120]

Nicht zu verkennen ist allerdings, dass Gerichte aufgrund der in Krisen geforderten Prognosen[121] und der bestehenden Erkenntnisdefizite[122] an ihre Funktionsgrenzen stoßen können.[123] Vor diesem Hintergrund wurden dem Verordnungsgeber in der COVID-19-Pandemie weite Entscheidungsspielräume zugestanden.[124] Eine „Entjustizialisierung"[125] ist hiermit indes nicht verbunden.[126] Dies folgt schon aus der nur punktuellen Aner-

---

[119] Grundlegend BAnz AT 16.9.2022 B1 (bzgl. der Anteile an der *Rosneft Deutschland GmbH* und der *RN Refining & Marketing* GmbH); zum *Rosneft*-Verfahren *Riemer* in: BeckOK Energiesicherungsrecht (Fn. 114), § 17 Rn. 13 ff.; vgl. daneben zur Frage eines Entscheidungsspielraums der BNetzA als „Lastverteiler" in einer Gasmangellage bejahend *Ludwigs* Energieversorgungssicherheit (Fn. 34), 1092; zur vorgelagerten Feststellung eines Notfalls im Sinne des § 1 Abs. 1 S. 1 EnSiG durch die Bundesregierung differenzierend *Stephan Gerstner/Philipp Breuling/Korbinian Reiter* Gasmangel in Deutschland – rechtliches Instrumentarium und Konsequenzen für Unternehmen und Haushaltskunden, IR 2022, 254 (257).

[120] BVerwG, NVwZ 2023, 1326 (1331 ff. Rn. 39 ff.).

[121] Ausführlich zu Prognoseproblemen im Staats- und Verwaltungsrecht *Michael Goldhammer* Die Prognoseentscheidung im Öffentlichen Recht, 2021, 139 ff.; zu Prognoseentscheidungen in umweltrechtlichen Genehmigungs- und Zulassungsverfahren *Wolfgang Durner* Rechtsfragen gutachterlicher Zustandsbewertungen und Prognosen im Umweltrecht, DVBl. 2023, 237 ff.

[122] Hierzu *Matthias Klatt* Abwägung im Erkenntnisvakuum, in: Carsten Bäcker (Hrsg.) Rechtsdiskurs, Rechtsprinzipien, Rechtsbegriff, 2022, 287 (313 ff.).

[123] Zur Ermittlung von Einschränkungen des Grundsatzes voller gerichtlicher Kontrolle durch die auf das materielle Recht abstellende normative Ermächtigungslehre einerseits und den stärker auf die Leistungsfähigkeit von Behörden und Gerichten Bezug nehmenden funktionell-rechtlichen Ansatz andererseits *Markus Ludwigs* Dogmatische Grundlagen und Typologie behördlicher Entscheidungsspielräume, in: Wolfgang Kahl/Markus Ludwigs (Hrsg.) HVwR V, 2023, § 124 Rn. 28 ff., 31 ff.

[124] Zuletzt BayVGH, BayVBl. 2023, 224 (226 f. Rn. 67 ff.), mit Bejahung eines gerichtlich nicht voll überprüfbaren Beurteilungsraums im Hinblick auf die Tatbestandsvoraussetzung einer „bedrohlichen übertragbaren Krankheit" im Sinne des § 2 Nr. 3a IfSG; vgl. auch den durch eine Kammer des Ersten Senats des BVerfG gezogenen Schluss von fachwissenschaftlichen Ungewissheiten und einer unsicheren Entscheidungsgrundlage auf die Existenz eines „tatsächliche[n] Einschätzungsspielraum[s]" (BVerfG [K], NVwZ 2020, 876 [878 Rn. 10]; hierauf rekurrierend BVerwG, NVwZ 2023, 1000 Rn. 10; BayVGH, BayVBl. 2023, 224 [226 f. Rn. 72]; ThürVerfG 1.3.2021, VerfGH 18/20, BeckRS 2021, 3015 Rn. 149; s. ferner den treffenden Hinweis bei *Jens-Peter Schneider* in: Friedrich Schoch/Jens-Peter Schneider [Hrsg.] Verwaltungsrecht, Bd. III, 2022, § 24 Rn. 173 [2020], wonach für den funktional äquivalenten Erlass von Allgemeinverfügungen nichts anderes gelten dürfte).

[125] Begriff bei *Tristan Bacrzak* Die Handlungsfähigkeit des demokratischen Verfassungsstaates in Krisenzeiten, in: Bitburger Gespräche Jahrbuch 2022, 2023, 1 (9).

[126] Vgl. zur COVID-19-Pandemie die rechtsempirische Analyse bei *Klafki* Kontingenz (Fn. 35), 589 ff., die mit der Aussage schließt, dass „Exekutive und Judikative (…) bislang

kennung behördlicher Entscheidungsspielräume und einer verbleibenden Fehlerkontrolle.[127] Im Übrigen steigt die gerichtliche Prüfdichte im Zeitverlauf sowohl mit wachsender Erkenntnis[128] als auch bei einer nachträglichen Maßstabsbildung an.[129]

Insgesamt wird deutlich, dass auch in Krisenzeiten alle Staatsgewalten im Rahmen der durch Verfassung und Gesetz markierten Grenzen handeln. Krisen sind weder „Stunden der Exekutive" noch bedingen sie eine Entparlamentarisierung oder Entjustizialisierung. Gefordert ist vielmehr ein kompetenzgemäßes Zusammenwirken aller staatlichen Organe.[130]

c) Disbalance vertikaler Kompetenzsysteme

Krisen bedeuten jedoch nicht nur eine Herausforderung für die horizontale Gewaltenteilung. Sie können sich auch auf die Balance vertikaler Kompetenzsysteme auswirken.[131] In der staatlichen Binnenperspektive bildet die Rolle der Ministerpräsidentenkonferenz[132] als

---

erfolgreich durch die pandemische Krise geführt [haben]"; *Matthias Jestaedt/Anna-Bettina Kaiser* Kritik ja, Verfassungskrise nein, VerfBlog v. 31.3.2021; *Günther Krings* Kritik ist kein Selbstzweck, VerfBlog v. 2.4.2021; a.A. etwa *Josef Franz Lindner* Justiz auf Linie, Die Zeit v. 28.1.2021, wonach „deutsche Gerichte alles ab[nicken]"; *Uwe Volkmann* Herbeireden einer Verfassungskrise oder „Es läuft doch alles prima"?, VerfBlog v. 3.4.2021; differenziert kritisch *Oliver Lepsius* Partizipationsprobleme und Abwägungsdefizite im Umgang mit der Corona-Pandemie, JöR N. F. 69 (2021), 705 (743 ff.).

[127] Von vornherein nicht als Symptom krisenbedingter Entjustizialisierung (sondern als allgemeine Herausforderung des Verwaltungsrechts) sind Rechtsschutzprobleme einzuordnen, die aus einem kooperativen Handeln der Exekutive resultieren. Exemplarisch hierfür steht der Abschluss privatrechtlicher Verträge zur Umsetzung von Stabilisierungsmaßnahmen in der Finanzkrise (*Egidy* Finanzkrise [Fn. 73], 220 ff.).

[128] Zum deutlichen Anstieg des prozentualen Anteils erfolgreicher Verfahren gegen Corona-Schutzmaßnahmen von März 2020 bis Oktober 2020 *Klafki* Kontingenz (Fn. 35), 593 ff.

[129] Für diese hat bei einem länger andauernden Erkenntnisvakuum der Gesetzgeber zu sorgen; vgl. BVerfGE 149, 407 (416 Rn. 24) mit der Forderung nach einer zumindest untergesetzlichen Maßstabsbildung; näher *Marielle Schuster* Beurteilungsspielräume der Verwaltung im Naturschutzrecht, 2020, 228 ff.

[130] Ähnlich *Michl* Krisenzeiten (Fn. 70), 507 f.

[131] Von einer „Zerreißprobe" sprechen *Kyrill-Alexander Schwarz/Lukas Sairinger* Metamorphosen des Föderalismus in Krisenzeiten, NVwZ 2021, 265 (272); zum Verhältnis von horizontaler und „vertikaler" Gewaltenteilung eingehend *Thomas F. W. Schodder* Föderative Gewaltenteilung in der Bundesregierung, 1989, 3 ff., 24 ff., 30 ff.; in kritischer Perspektive *Christoph Möllers* Dogmatik der grundgesetzlichen Gewaltengliederung, AöR 132 (2007), 493 (526 ff.).

[132] Im Hinblick auf die durchgängige Beteiligung des Bundeskanzlers die Bezeichnung „Bund-Länder-Konferenzen" präferierend *Kuhlmann et al.* Regierungs- und Verwaltungshandeln in der Coronakrise, 2023, 27 ff.

„vermeintliche Entscheidungszentrale"[133] in der Coronakrise ein vieldiskutiertes Beispiel.[134] Den Einwänden im Hinblick auf die föderale Kompetenzverteilung[135] standen eine mangelnde Verbindlichkeit der Beschlüsse[136] und das Prinzip „kooperativer Bundesstaatlichkeit"[137] gegenüber.[138] Noch gravierenderen Bedenken unterlagen die Anordnungsbefugnisse des Bundesgesundheitsministeriums bei der Ausführung des Infektionsschutzgesetzes (in § 5 Abs. 2 Nr. 1, 2, 5, 6 IfSG a.F.). Mangels tauglichen Ankers im Grundgesetz war hiermit eine unzulässige Inanspruchnahme von Verwaltungskompetenzen der Länder verbunden.[139]

Nicht minder schwierige kompetenzrechtliche Fragen können sich in der Außenperspektive europäischer Integration ergeben. Im Fokus steht seit mehr als einer Dekade das Krisenmandat der Europäischen Zentralbank. Beginnend mit der Finanz- und Staatsschuldenkrise über die Coronakrise bis zur Klimakrise bewegten sich die geldpolitischen Wertpapierankäufe aufgrund der damit verbundenen wirtschaftspolitischen Auswirkungen an den Grenzen des übertragenen Mandats.[140] Ein weiteres Beispiel bildet

---

[133] *Marquardsen* Corona-Pandemie (Fn. 73), Rn. 45.

[134] Zur „Bundesnotbremse" als mit dem Gewaltenteilungsgrundsatz vereinbare „gewisse Gewichtsverlagerung zwischen Legislative und Exekutive" BVerfGE 159, 223 (288 Rn. 144); kritischer Grundton bei *Marquardsen*, Corona-Pandemie (Fn. 73), Rn. 9 m.w.N., die von einer „nicht unerheblich[en]" Beschneidung der Entscheidungskompetenz der Länderverwaltung spricht.

[135] Auf die den Exekutivföderalismus prägenden Unterschiede in der Ausführung der Bundesgesetze und eine „[zweifelhafte] Einflussnahme" des Bundes im Kompetenzbereich der Länder hinweisend *Marquardsen* Corona-Pandemie (Fn. 73), Rn. 46; zuvor bereits *Lepsius* Partizipationsprobleme (Fn. 126), 720 f.

[136] Hierzu *Schwarz/Sairinger* Metamorphosen des Föderalismus (Fn. 131), 268; *Christian Waldhoff* Der Bundesstaat in der Pandemie, NJW 2021, 2772 (2774 Rn. 12).

[137] *Schwarz/Sairinger* Metamorphosen des Föderalismus (Fn. 131), 266 ff.; ausführlich *Bernd Grzeszick* in: Roman Herzog/Günter Dürig/Rupert Scholz, Grundgesetz-Kommentar, 2023, Art. 20 IV Rn. 155 ff. (2022); grundlegend *Wilhelm Kewenig* Kooperativer Föderalismus und bundesstaatliche Ordnung, AöR 93 (1968), 433 ff.; *Rolf Groß* Kooperativer Föderalismus und Grundgesetz, DVBl. 1969, 93 ff.; s. auch BVerfGE 92, 203 (234).

[138] Für eine Fundierung in Art. 30 GG jetzt *Hubert Meyer* Die Ministerpräsidentenkonferenz im bundesstaatlichen Krisenmanagement, NVwZ 2023, 1294 (1297); vgl. ebd., 1295 f. auch zur bisher allein erfolgenden Erwähnung in § 31 der Geschäftsordnung der Bundesregierung; belastbare Ermächtigungsgrundlagen fordernd bereits *Maryam Kami Abdulsalam* Die Stunde der Exekutive: Ein Wendepunkt im Umgang mit Tatsachen?, JöR N. F. 69 (2021), 487 (504).

[139] Statt vieler *Dreier* Corona-Pandemie (Fn. 70), 238 ff.; *Thomas Mayen* Der verordnete Ausnahmezustand, NVwZ 2020, 828 (832 f.); *Waldhoff* Pandemie (Fn. 136), 2773 f. Rn. 6 ff.; unentschieden *Foroud Shirvani* Gesundheitsnotstand und Kompetenzordnung, JZ 2021, 109 (113 ff.).

[140] Zum *Outright-Monetary-Transactions* (OMT)-Beschluss der EZB: BVerfGE 134, 366; EuGH, 16.6.2015, Gauweiler, Rs. C-62/14, ECLI:EU:C:2015:400; BVerfGE 142, 123;

die Zuständigkeitsverteilung bei der Beschaffung von Impfstoffen durch die EU.[141] Dort wurde kontrovers diskutiert, inwieweit die Mitgliedstaaten noch eigene Verhandlungen mit pharmazeutischen Herstellern führen durften.[142] Die gebotene differenzierte Würdigung des Handelns auf europäischer Ebene verkennt allerdings nicht, dass eine Hochzonung auf zentrale Akteure[143] und Plattformen[144] die Widerstandskräfte stärken und zur unionsweiten Krisenbewältigung entscheidend beitragen kann.

---

zum *Public Sector Purchase Programme* (PSPP): BVerfGE 146, 216; EuGH, 11.12.2018, Weiss, Rs. C-493/17, ECLI:EU:C:2018:1000; BVerfGE 154, 17; aus der Literatur statt vieler hierzu und zur möglichen Fortschreibung der Judikatur in den beim BVerfG anhängigen Verfahren (2 BvR 420/21 bzw. 2 BvE 7/20) zum *Pandemic Emergency Purchase Programme* (PEPP) *Robert Pracht* Residualkompetenzen des Bundesverfassungsgerichts, 2022, 56 ff., 75 ff., 87 f.; zur Diskussion um eine Überdehnung des EZB-Mandats durch den gezielten Ankauf grüner Anleihen im Rahmen des *Corporate Sector Purchase Programme* (CSPP) *Sara Dietz* Die Finanzmärkte in der Klimakrise: Zur Grünen Geldpolitik der EZB und den Maßnahmen für ein nachhaltiges Finanzsystem der Kommission, EuR 2022, 443 (456 ff.); *dies.* Financier des Gemeinwohls?, F.A.Z. 2022, 6; vgl. daneben zur Rolle der EZB in der Bankenunion BVerfGE 151, 202; *Ulrich Karpenstein/Olaf Lagner* Das Urteil des BVerfG zur Bankenunion: Bis hierher und nicht weiter?, EuZW 2020, 270 ff.

[141] Die Grundlage der Mandatierung bildete Art. 4 Abs. 5 der auf die Notfallkompetenz des Art. 122 Abs. 1 AEUV gestützten Verordnung (EU) 2016/369 des Rates v. 15.3.2016 über die Bereitstellung von Soforthilfe innerhalb der Union, ABl. L 70/1 (geändert durch Verordnung [EU] 2020/521 des Rates v. 14.4.2020, ABl. L 117/1); *Niusha Rabbanifar* Die Zuständigkeit der Europäischen Kommission zur Impfstoffbeschaffung im Namen der Mitgliedstaaten im Rahmen der COVID-19-Pandemie, ZJS 2021, 732 ff.

[142] Zu den verbleibenden Zuständigkeiten der Mitgliedstaaten (am Beispiel einer vorvertraglichen Absichtserklärung des Bundesgesundheitsministeriums mit *BioNTech* über die Lieferung von 30 Mio. zusätzlichen Impfdosen für Deutschland) *Fachbereich Europa* Sachstand PE 6-3000-008/21 v. 22.1.2021; die begrenzten Kompetenzen der EU zur Pandemiebekämpfung herausarbeitend *Müller* Europa und die Pandemie (Fn. 54), 107 ff.; s. auch *Christian Calliess* Braucht die Europäische Union eine Kompetenz zur (Corona-)Pandemiebekämpfung?, NVwZ 2021, 505 (506 ff.).

[143] Zur Bilanz der Impfstoffbeschaffung durch die Kommission vgl. den differenzierten Befund in *Europäischer Rechnungshof* Beschaffung von COVID-19-Impfstoffen durch die EU, Sonderbericht Nr. 19 (2022), 4: „Nach Auffassung des Hofes hat die EU ein maßgeschneidertes zentralisiertes System für die Beschaffung von Impfstoffen eingerichtet, [...] doch hat sie mit der Beschaffung später begonnen als das Vereinigte Königreich und die USA".

[144] Ein Beispiel bildet die in Reaktion auf die Energiekrise etablierte Energieplattform der EU. Während diese zunächst eine Diversifizierung von russischem Gas unterstützte, liegt der Fokus seit 2023 auf der Nachfrageaggregation und dem gemeinsamen Beschaffungswesen; näher *Ludwigs* Unionsrechtliche Rahmensetzungen (Fn. 112), 507.

2. Krisenbedingter Wandel staatlicher Verantwortung

Steht nach dem Gesagten fest, dass ein responsives Krisenmanagement auf das horizontale Zusammenwirken aller drei Gewalten ebenso wie auf ein vertikales Gleichgewicht zwischen den unterschiedlichen Ebenen angewiesen ist, gilt es im nächsten Schritt, die arbeitsteilige Verwirklichung des Gemeinwohls durch staatliche und private Akteure zu beleuchten.[145] Hier zeigt sich, dass akute Krisen einen temporären Wandel staatlicher Verantwortung bedingen.[146] Dabei steht dem Phänomen einer krisenbedingten Verstaatlichung von Unternehmen die erweiterte Einbeziehung Privater bei der Gemeinwohlverwirklichung gegenüber.[147]

Prägnanten Beleg für diesen Befund liefern die in der Energiekrise eingesetzten Instrumente. Eine staatliche Übernahme bislang von Privaten wahrgenommener Tätigkeiten kennzeichnet insbesondere die Maßnahmen nach dem Energiesicherungsgesetz.[148] Praktische Beispiele bilden die Treuhandverwaltung von *Gazprom-Germania* und *Rosneft Deutschland*[149] sowie die Übernahme mehrerer Energieversorger durch den Bund.[150] Umgekehrt

---

[145] Allgemein zur arbeitsteiligen Gemeinwohlverwirklichung durch Staat und Gesellschaft statt vieler *Josef Isensee* Gemeinwohl im Verfassungsstaat, in: ders./Paul Kirchhof (Hrsg.) HStR IV, 2006, § 71 Rn. 110 ff.; *Andreas Voßkuhle* Beteiligung Privater an der Wahrnehmung öffentlicher Aufgaben und staatliche Verantwortung, VVDStRL 62 (2003), 266 (270 ff.); s. auch schon *Matthias Schmidt-Preuß* Verwaltung und Verwaltungsrecht zwischen gesellschaftlicher Selbstregulierung und staatlicher Steuerung, VVDStRL 56 (1997), 160 (162 ff.); *ders.* Verwaltung zwischen Selbstregulierung, staatlicher Steuerung und Governance, in: Wolfgang Kahl/Markus Ludwigs (Hrsg.) HVwR I, 2021, § 26 Rn. 1 ff.; zum Gemeinwohl als „Inbegriff aller legitimen Staatsziele" *Isensee* ebd., Rn. 2.

[146] Zum Verantwortungsbegriff *Voßkuhle* Beteiligung Privater (Fn. 145), 270 f.; umfassend *Jan Henrik Klement* Verantwortung, 2006; *ders.* Rechtliche Verantwortung, in: Ludger Heidbrink/Claus Langbehn/Janina Loh (Hrsg.) Verantwortung, 2017, 559 ff.

[147] Weitergehend auf das „Krisenparadox" hinweisend, wonach die Effektivität eines vom Staat verfolgten *Command and Control*-Ansatzes maßgeblich vom Verhalten der Bevölkerung abhängt *Schuppert* Krisen als Stresstest (Fn. 49), 391 f., mit Verweis auf *Moritz Schularick* Der entzauberte Staat, 2021, 33.

[148] Näher *Markus Ludwigs* Verwaltungsrecht und Privatrecht in den Netzwirtschaften, in: Wolfgang Kahl/Markus Ludwigs (Hrsg.) HVwR VI, 2024, § 179 Rn. 35 ff. (im Erscheinen), dort auch mit Hinweis auf die in der praktischen Anwendung festzustellende Besonderheit einer Verstaatlichung von in privatrechtlicher Form betriebenen Gesellschaften, die zuvor durch einen anderen Staat kontrolliert wurden.

[149] Hierzu bereits unter III.1.a) und b).

[150] Zur *Securing Energy for Europe GmbH* (als *Gazprom-Germania*-Nachfolgerin) vgl. die Anordnung gemäß § 17a EnSiG v. 14.11.2022, BAnz AT 14.11.2022 B9 (mit Einordnung als „Administrativenteignung" unter II.6.); *Konrad Riemer* in: Stephan Gerstner/Jörg Gundel (Hrsg.) BeckOK Energiesicherungsrecht, 2. Edition 2023, § 17a Rn. 1 ff.; *Till Patrik Holterhus/Sven Siebrecht* Entschädigungslose Enteignung russisch kontrollierter Energieinfrastruktur, JZ 2023, 321 (322); zum (über § 29 EnSiG gelösten) Fall *Uniper* aus-

obliegt es mit der *Trading Hub Europe* GmbH einer Privaten, die ausreichende Befüllung der Gasspeicher zu gewährleisten.[151] Hierzu wird sie im Energiewirtschaftsgesetz (§§ 35b ff. EnWG) mit beleihungsähnlichen Befugnissen ausgestattet.[152]

Durch ein Zusammenspiel von Publizisierung[153] und Privatisierung ist auch das Krisenmanagement in der COVID-19-Pandemie gekennzeichnet. Eine staatliche Beteiligung an Unternehmen erfolgte nicht nur (wie bei der *Lufthansa*[154]) zur Beseitigung von Krisenfolgen sondern diente im Falle der Minderheitsbeteiligung am Impfstoffhersteller *CureVac*[155] auch der Ursachenbekämpfung.[156] Zugleich machen die Beauftragung Privater mit der Durchführung von Testungen[157] oder ihre Inpflichtnahme bei der Kontrolle von Zugangsbeschränkungen[158] deutlich, dass eine Verlagerung von Verantwortung in beide Richtungen erfolgte.[159]

---

führlich *Clemens Holtmann* in: Stephan Gerstner/Jörg Gundel (Hrsg.) BeckOK Energiesicherungsrecht, 2. Edition 2023, § 29 Rn. 54 ff.; *Silvia Sparfeld* Verstaatlichung von Uniper – Ende der Gasumlage, UKuR 2022, 520 ff.

[151] Näher *Thilo Richter* in: Lukas Assmann/Max Peiffer (Hrsg.) BeckOK EnWG, 8. Edition 2023, § 35a Rn. 8 ff., wonach der Marktgebietsverantwortliche (die *Trading Hub Europe* GmbH) „der zentrale Akteur [ist], der Maßnahmen zur Gasspeicherbefüllung trifft, wenn dies durch die Akteure auf dem Gasmarkt nicht in ausreichendem Maße erfolgt" (Rn. 9).

[152] Zur Rolle der THE (einem Tochterunternehmen von elf Fernleitungsnetzbetreibern) und zum Gasspeichergesetz (mit den §§ 35a bis 35h EnWG als Herzstück) bereits *Ludwigs* Energieversorgungssicherheit (Fn. 34), 1089.

[153] Vorliegend mit *Hartmut Bauer* (Publizisierung, JZ 2014, 1017 ff.) weit verstanden als Hinwendung zum bzw. „Rückkehr des Öffentlichen"; zum sprachlich verwandten Begriff der Publifizierung ausführlich *Laura Münkler* Publifizierung des Privatrechts, in: Wolfgang Kahl/Markus Ludwigs (Hrsg.) HVwR VI, 2024, § 173 Rn. 1 ff. (im Erscheinen).

[154] Dazu *Sven Helm/Thorsten Helm/Christian Bischoff* Die Staatshilfe für die Lufthansa im Spiegel des Wirtschaftsordnungsrechts: Finanzierung oder unternehmerisches Engagement des Bundes?, EWS 2022, 61 ff.; zur Vereinbarkeit mit dem EU-Beihilfenrecht *Walter Frenz* Coronabedingte Staatsbeteiligung am Beispiel der Lufthansa und Beihilfenverbot, EWS 2020, 192 ff.

[155] Dazu *Stefan Korte/Kurt Seidel* CureVac und die KfW: Auf Tauchgang in Richtung Unionsrechtswidrigkeit, BB 2021, 2691 ff.

[156] Auf die unterschiedlichen Zielsetzungen hinweisend *Jens Koch* Verwaltungsrechtliche Vorgaben betreffend das Unternehmen mit staatlicher Minderheitsbeteiligung und ihre gesellschaftsrechtliche Umsetzung, in: Martin Burgi/Matthias Habersack (Hrsg.) Handbuch Öffentliches Recht des Unternehmens, 2023, § 16 Rn. 2.

[157] *Victor Struzina* Zum Betrieb privater Corona-Teststellen, GewArch 2022, 445 ff.

[158] Im vorläufigen Rechtsschutz nach § 47 Abs. 6 VwGO bestätigt durch OVG NRW 12.1.2022, 13 B 1929/21.NE, BeckRS 2022, 162; ThürOVG 24.1.2022, 3 EN 804/21, BeckRS 2022, 535; OVG Sachsen-Anhalt 11.1.2022, 3 R 216/21, BeckRS 2022, 57; OVG Bremen 4.1.2022, 1 B 479/21, BeckRS 2022, 136.

[159] Vgl. auch den Überblick zur Einbeziehung privater Akteure in die Pandemiebekämpfung bei *Andrea Kießling* Öffentliches und Privates Pandemie- und Pandemiefolgenrecht,

Bei einer Gesamtschau – die sich noch um Erfahrungen aus der Finanzkrise erweitern ließe[160] – wird erkennbar, dass die Akutphasen von Krisen durch signifikante Verschiebungen zwischen Staat und Gesellschaft geprägt sind.[161]

Eine Form der Verlagerung von Verantwortung stellt im Übrigen auch die Einbeziehung externen Sachverstands dar.[162] In kritischer Perspektive wird hier mit Blick auf die Kaskade aus Euro-, Klima- und Coronakrise von einer „epistemischen Entgrenzung und normativen Totalisierung der Expertenrolle" gesprochen.[163] Fließt externe Expertise wissenschaftlich repräsentativ und transparent in Entscheidungsprozesse autonom handelnder Hoheitsträger ein, ist der Vorwurf einer Expertokratie[164] indes obsolet.[165] Dessen ungeachtet liegt dem Grundgesetz keine generelle Forde-

---

in: Wolfgang Kahl/Markus Ludwigs (Hrsg.) HVwR VI, 2024, § 184 Rn. 44 (im Erscheinen).

[160] Zur im Herbst 2008 erfolgten „Privat-öffentliche[n] Stützung" der dann im Jahr 2009 verstaatlichten *Hypo Real Estate* näher *Egidy* Finanzkrise (Fn. 73), 216 ff.; *Patrick Tuschl* Verstaatlichung von Banken, 2017, 44 f.

[161] Eine trennscharfe Einordnung in die Grundtypen der Verwaltungsverantwortung wird durch die Bidirektionalität des Wandels erschwert; zur Skala von Erfüllungs-, Gewährleistungs- und Auffangverantwortung statt vieler *Jan Philipp Schaefer* Gewährleistungsverwaltung und Privatisierungsfolgenrecht, in: Wolfgang Kahl/Markus Ludwigs (Hrsg.) HVwR VI, 2023, § 170 Rn. 51.

[162] Zur „Verantwortungsreduktion durch Expertenbeteiligung" *Münkler* Expertokratie, 2020, 308 ff.; zur Unterscheidung zwischen interner Beratung (vor allem durch Ressortforschungseinrichtungen wie auf Bundesebene das Robert Koch-Institut) und externer Beratung in Expertengremien oder akademischen und professionellen Gesellschaften *Kuhlmann et al.* Regierungs- und Verwaltungshandeln (Fn. 132), 54 ff.; zur Affinität gerade der Exekutive für sachverständige Beratung *Möllers* Gewaltengliederung (Fn. 21), 115, der auf die Möglichkeiten einer internen Spezialisierung und der Eigeninitiative rekurriert.

[163] *Caspar Hirschi* Expertise in der Krise, in: Sebastian Büttner/Thomas Laux (Hrsg.) Umstrittene Expertise, 2021, 161 (163); zur „Virokratie" in der COVID-19-Pandemie *Josef Isensee* Virokratie, F.A.Z. v. 4.6.2020, 7.

[164] Von einer „partiellen Fremdherrschaft" spricht *Alexander Thiele* Verlustdemokratie, 2. Aufl. 2018, 118; zum Gesetzgebungsoutsourcing am Beispiel des *Linklaters*-Falls aus dem Jahr 2009 in kritischer Perspektive *Julian Krüper* Lawfirm – legibus solutus?, JZ 2010, 655 ff.; *Klaus Meßerschmidt* Private Gesetzgebungshelfer – Gesetzgebungsoutsourcing als privatisiertes Regulierungsmanagement in der Kanzleiendemokratie?, Der Staat 51 (2012), 387 ff.

[165] Ähnlich *Kersten/Rixen* Verfassungsstaat (Fn. 69), 98 ff.; ausführlich *Münkler* Expertokratie (Fn. 162), 1 ff., 650 ff.; vgl. auch *dies.* „Nothing else matters". Wem Gehör schenken in der „Corona-Krise"?, JöR N. F. 69 (2021), 535 ff.; ferner *Kuhlmann et al.* Regierungs- und Verwaltungshandeln (Fn. 132), 70, die „in allen Phasen des Krisenmanagements eine deutliche *Dominanz der Politik*" (Hervorhebung im Original) erkennen; zuvor bereits *Michael Böcher/Max Krott/Ulrike Zeigermann* Wissenschaftsbasierte Politikberatung in der Corona-Krise: Die Ressortforschung des Robert-Koch-Instituts zwischen wissenschaftlichem Standard und politischem Handlungsdruck, dms – der moderne Staat 2021, 351

rung nach wissenschaftlicher Fundierung von Hoheitsakten zugrunde.[166] Ihre Notwendigkeit hängt vielmehr von der „tatsächlichen Komplexität" und „verfassungsrechtlichen Sensibilität" eines Vorhabens ab.[167] Letztere bemisst sich vor allem anhand der Grundrechtsintensität,[168] die nach Erweiterung einer beschränkten Wissensbasis verlangen kann.[169]

3. Typisierung hoheitlicher Mangelverwaltung

Die ausgeprägte, vielschichtige Grundrechtsrelevanz des akuten Krisenmanagements realisiert sich zuvörderst in hoheitlicher Mangelverwaltung. Insoweit gilt es, zwischen einer abwehr- und einer teilhaberechtlichen Dimension zu unterscheiden.

Zum einen ist die Schonung knapper Ressourcen mit teils massiven Eingriffen in Freiheitsrechte verbunden. Modellhaft hierfür stehen die (das Gesundheitssystem vor Überlastung schützenden[170]) Ausgangs- und Kontaktbeschränkungen in der COVID-19-Pandemie[171] oder die Verstaatlichungen zur Bewältigung der Energiekrise.[172] Für die Klimakrise

---

(365 ff.); kritisch zur Auswahl der Wissenschaftlerinnen und Wissenschaftler in der COVID-19-Pandemie *Alexander Blankenagel* Long Covid für das Verwaltungsrecht?, DVBl. 2023, 179 (179 f.).

[166] Eingehend und m.w.N. zum Meinungsstand *Münkler* Expertokratie (Fn. 162), 220 f.; s. auch schon *Michael Kloepfer* Gesetzgebung im Rechtsstaat, VVDStRL 40 (1982), 63 (89 f.), wonach „nur Minimalgebote einer sachkundigen Entscheidungsfindung als Verfassungspostulate anerkannt werden".

[167] *Münkler* Expertokratie (Fn. 162), 220, anknüpfend an *Florian Becker* Kooperative und konsensuale Strukturen in der Normsetzung, 2005, 132 (dort auch die wörtlichen Zitate im Text).

[168] Zum Verhältnismäßigkeitsgrundsatz und zum Gleichheitssatz als „Hauptanknüpfungspunkte[n]" für die verfassungsrechtliche Herleitung von Rationalitäts- und Wissensanforderungen *Münkler* Expertokratie (Fn. 162), 217 ff., 225 ff., 230 ff.; zuvor bereits *Dirk Heckmann* Geltungskraft und Geltungsverlust von Rechtsnormen, 1997, 265 ff.

[169] Die begrenzte Operationalisierbarkeit des Grundsatzes der Verhältnismäßigkeit bei einer beschränkten Wissensbasis hervorhebend *Hans-Heinrich Trute* Ungewissheit in der Pandemie als Herausforderung, GSZ 2000, 93 (100).

[170] Vgl. BVerfGE 159, 223 (300 f. Rn. 174 ff.), wo sowohl der Lebens- und Gesundheitsschutz als auch die Funktionsfähigkeit des Gesundheitssystems als „überragend wichtige Gemeinwohlbelange" qualifiziert werden.

[171] Die Verfassungskonformität im Rahmen der sog. Bundesnotbremse (§ 28b IfSG a.F.) bejahend BVerfGE 159, 223; hierzu z.B. *Kersten/Rixen* Verfassungsstaat (Fn. 69), 128 ff.; zu unterschiedlichen Ausprägungen einer Impfpflicht in rechtsvergleichender Perspektive *Helen Keller* Selbstbestimmung und Fremdbestimmung in der liberalen Demokratie, VVDStRL 82 (2023), 67 ff.; zur Diskussion um eine allgemeine Impfpflicht *Martin Nettesheim* Impfpflichten, 2023.

[172] Die Verfassungskonformität der Ermächtigung zur Anordnung einer Treuhandverwaltung nach § 17 Abs. 1 EnSiG bejahend BVerwG, NVwZ 2023, 1326 (1330 f. Rn. 29 ff.;

hat das BVerfG den Konnex zwischen einem schnellen Verbrauch des CO_2-Restbudgets und stärkeren Freiheitseinschränkungen sogar explizit hervorgehoben.[173]

Zum anderen wirft eine Verteilung knapper Ressourcen gleichheitsrechtliche Fragen auf.[174] Wiederum nur beispielhaft sei auf die Zuteilung von Gasmengen,[175] Priorisierungsregelungen in Pandemien[176] oder die Vergabe von Emissionszertifikaten[177] hingewiesen. Bedenkt man, dass hier zugleich eine Verteilung von Freiheitschancen[178] auf dem Spiel steht, wird deutlich, dass die grundrechtliche Teilhabedimension[179] angesprochen und die Rechtfertigungslast erhöht ist.[180] Bei intensiver Betroffenheit von Freiheits-

---

vgl. auch die Ausführungen in Rn. 90 ff. zur zweifelhaften Grundrechtsberechtigung der Klägerinnen); vgl. daneben zu den zur Vermeidung einer unmittelbaren Gefährdung oder Störung der Energieversorgung ergriffenen Maßnahmen gemäß § 30 EnSiG *Julian Augustin* in: Stephan Gerstner/Jörg Gundel (Hrsg.) BeckOK Energiesicherungsrecht, 2. Edition 2023, § 30 Rn. 9 ff., 14 ff., 29 ff.

[173] BVerfGE 157, 30 (132 Rn. 186); zur hiermit verknüpften Figur der „eingriffsähnlichen Vorwirkung" statt vieler und in dezidiert ablehnender Perspektive *Jan Henrik Klement* Grundrechtseingriffe, in: Klaus Stern/Helge Sodan/Markus Möstl (Hrsg.) Das Staatsrecht der Bundesrepublik Deutschland im europäischen Staatenverbund, Bd. III, 2. Aufl. 2022, § 80 Rn. 71 ff.

[174] Am Beispiel der Verteilung von Gesundheitsressourcen *Lino Munaretto* Der Vorbehalt des Möglichen, 2022, 394 ff.; vgl. auch schon *Tobias H. Witte* Recht und Gerechtigkeit im Pandemiefall, 2013, 113 ff.; zu wechselbezüglichen Konkurrenzkonflikten aus der Perspektive des Drittschutzes eingehend *Matthias Schmidt-Preuß* Kollidierende Privatinteressen im Verwaltungsrecht, 2. Aufl. 2005, 392 ff., 415 ff., 772 ff., 781 ff.

[175] Näher *Christian Thole/Mareike Almes* Versorgungssicherheit Gas: Notfallmaßnahmen der Gasnetzbetreiber und Gasmangelverwaltung durch den Bundeslastverteiler – Überblick und praktische Umsetzung, IR 2022, 161 ff.; aus ökonomischer Perspektive die Rolle eines Zertifikatsmarktes diskutierend *Axel Ockenfels* Marktdesign für die Gasmangellage, Wirtschaftsdienst 2022, 855 ff.

[176] Zur Impfpriorisierung nach Maßgabe der Coronavirus-Impfverordnung (CoronaImpfV) v. 30.8.2021 (BAnz AT 31.8.2021 V1; zuletzt geändert durch Verordnung v. 29.12.2022, BAnz AT 30.12.2022 V1) *Thorsten Kingreen* Grundlagen des deutschen Infektionsschutzrechts, in: Stefan Huster/Thorsten Kingreen (Hrsg.) Handbuch Infektionsschutzrecht, 2. Aufl. 2022, Kap. 1 Rn. 138; zur „Triage als Rechtsproblem" *Stefan Huster* Gesundheitsrecht, in: ebd., Kap. 8 Rn. 36 ff.

[177] Ausführlich zu den Vorgaben der deutschen und europäischen Grundrechte *Carolin Küll* Grundrechtliche Probleme der Allokation von CO_2-Zertifikaten, 2009, 179 ff.

[178] Skizzierung der Anforderungen an ein freiheitsrechtlich fundiertes Zugangsinteresse bei *Daniel Wolff* Die Verteilung knapper Güter und das grundrechtliche Teilhaberecht, JURA 2022, 440 (443); in Anknüpfung an *Ferdinand Wollenschläger* Verteilungsverfahren, 2010, 75 f.

[179] Zur umstrittenen grundrechtstheoretischen Verortung (allein im Gleichheitssatz oder in einer Kombination von Freiheits- und Gleichheitsrechten) *Wollenschläger* Verteilungsverfahren (Fn. 178), 72 ff. m.w.N.

[180] Statt vieler *Wolff* Verteilung knapper Güter (Fn. 178), 446; *Wollenschläger* Verteilungsverfahren (Fn. 178), 73 ff.; s. auch schon *Wilfried Berg* Die Verwaltung des Man-

rechten ist nach Maßgabe der Wesentlichkeitslehre zudem eine formellgesetzliche Grundlage gefordert.[181]

4. Folgenbewältigung und Evaluation

Der Kreis des responsiven Krisenmanagements schließt sich, wenn man die Verarbeitung der Folgen staatlicher Krisenbekämpfungsmaßnahmen einbezieht.[182] Zu denken ist vor allem an eine unionsrechtskonforme[183]

---

gels, Der Staat 15 (1976), 1 (20); zur Prüfung nach Verhältnismäßigkeitsgesichtspunkten bei freiheitsrechtlich relevanten Ungleichbehandlungen aus der ständigen Rechtsprechung z.B. BVerfGE 82, 126 (146); 105, 73 (110 f.); 122, 39 (52); auf Grundlage der aktuellen stufenlosen Formel BVerfGE 151, 101 (127 Rn. 64); zurückhaltend *Jan Henrik Klement* Verteilungsverfahren, in: Wolfgang Kahl/Markus Ludwigs (Hrsg.) HVwR IV, 2022, § 121 Rn. 49.

[181] *Wollenschläger* Verteilungsverfahren (Fn. 178), 73, unter Verweis auf BVerfGE 33, 303 (336 f.); zur Priorisierung bei der Impfstoffverteilung *Anna Leisner-Egensperger* Impfpriorisierung und Verfassungsrecht, NJW 2021, 202 (205 f. Rn. 20 ff.); *Daniel Wolff/ Patrick Zimmermann* Der Parlamentsvorbehalt in der COVID-19-Pandemie – Teil 2, JURA 2022, 148 (148 ff.); lange vor Ausbruch der Coronakrise eine gesetzliche Regelung fordernd *Anika Klafki* Verteilungsfragen im regulativen Umgang mit Risiken und Katastrophen am Beispiel der Impfmittelvergabe in Pandemien, in: Hermann Pünder/ Anika Klafki (Hrsg.) Risiko und Katastrophe als Herausforderung für die Verwaltung, 2016, 105 (116 ff., 119 f.); zur (später in § 5c IfSG umgesetzten) Pflicht zum Schutz von Menschen mit Behinderungen in der Situation einer pandemiebedingten Triage BVerfGE 160, 79.

[182] Zur Herausbildung eines Migrationsfolgenrechts in Reaktion auf die große Zahl der im Zuge der Flüchtlingskrise (ab 2015) anerkannten international Schutzberechtigten *Winfried Kluth* Grundlagen und Strukturen eines Migrationsfolgenrechts, DVBl. 2016, 1081 ff.; den Ausdruck „Integrationsrecht" vorziehend *Sina Fontana* Integrationsrecht, 2022, 107, 386 ff.; für eine Gegenüberstellung der Begriffe „Migrationsfolgenrecht" und „Integrationsverwaltungsrecht" *Marcel Kau* Integration zwischen Migrationsfolgenrecht und Integrationsverwaltungsrecht, NVwZ 2018, 1337 ff.; theoretische Analyse bei *Daniel Thym* Migrationsfolgenrecht, VVDStRL 76 (2017), 169 ff.

[183] Grundlegend zur Finanzkrise: Mitteilung der Kommission, Die Anwendung der Vorschriften für staatliche Beihilfen auf Maßnahmen zur Stützung von Finanzinstituten im Kontext der derzeitigen globalen Finanzkrise, ABl. 2008 C 270/8; *Andreas Rosenfeld* Banken, in: Franz Jürgen Säcker/Ulrich Karpenstein/Markus Ludwigs (Hrsg.) Münchener Kommentar zum Wettbewerbsrecht, Bd. 5: Beihilfenrecht, 4. Aufl. 2022, Teil 9 E. Rn. 527 ff.; zur Coronakrise: Mitteilung der Kommission, Befristeter Rahmen für staatliche Beihilfen zur Stützung der Wirtschaft angesichts des derzeitigen Ausbruchs von COVID-19, ABl. 2020 C 91 I/1; *Clemens Holtmann* Coronabedingte Beihilfen, in: Franz Jürgen Säcker/Ulrich Karpenstein/Markus Ludwigs (Hrsg.) ebd., Teil 6; zur Energiekrise: Mitteilung der Kommission, Befristeter Krisenrahmen für staatliche Beihilfen zur Stützung der Wirtschaft infolge der Aggression Russlands gegen die Ukraine, ABl. 2022 CI 131/1; *Gabriela von Wallenberg/Michael Schütte* in: Eberhard Grabitz/Meinhard Hilf/ Martin Nettesheim (Hrsg.) Das Recht der Europäischen Union, 2023, Art. 107 AEUV Rn. 209 ff. (2022).

Gewährung von Subventionen,[184] die Zuerkennung von Ausgleichsansprüchen[185] oder die Etablierung spezifischer Vorgaben zur Risikoverteilung in Privatrechtsverhältnissen.[186] Unternimmt man den Versuch einer Einordnung in das Zyklusmodell, werden die fließenden Grenzen zwischen den Stufen der Antwort auf die akute Krise (*Response*) und der Wiederherstellung (*Recovery*) deutlich. Letzterer dürfte etwa die Rückgängigmachung hoheitlicher Eingriffe nach erfolgter Krisenbewältigung zuzurechnen sein. Angesprochen ist damit beispielsweise die Pflicht einer Reprivatisierung der von Verstaatlichungen betroffenen Unternehmen,[187] mit der zugleich einem „Sperrklinkeneffekt"[188] vorgebeugt wird.

---

[184] Ausführlich zum Rechtsrahmen für Stabilisierungsmaßnahmen *Oliver Koch/Johannes Linnartz* Sonderregelungen im Zuge von staatlichen Stabilisierungsmaßnahmen in der Krise, in: Martin Burgi/Matthias Habersack (Hrsg.) Handbuch Öffentliches Recht des Unternehmens, 2023, § 17 Rn. 4, die herausarbeiten, dass der mit dem Finanzmarktstabilisierungsgesetz (FMStG) v. 17.10.2008 zur Bewältigung der Finanzkrise geschaffene Rahmen ab 2020 (in modifizierter Form) auch zur Abfederung der Folgen der COVID-19-Pandemie herangezogen wurde und (über § 29 EnSiG) für die Stützung von Unternehmen des Energiesektors in der aktuellen Energiekrise bedeutsam ist.

[185] Zu den Entschädigungsansprüchen des IfSG *Ulrich Becker* Öffentliches Entschädigungsrecht, in: Stefan Huster/Thorsten Kingreen (Hrsg.) Handbuch Infektionsschutzrecht, 2. Aufl. 2022, Kap. 9 Rn. 59 ff.; zu Vorschlägen einer Reform der zentralen Regelung für Erwerbstätige in § 56 IfSG vgl. *Sachverständigenausschuss nach § 5 Abs. 9 IfSG*, Bericht v. 30.6.2022 (Fn. 111), 116 ff.

[186] Am Beispiel der Auswirkungen der staatlichen Pandemiebekämpfung *Kießling* Pandemie- und Pandemiefolgenrecht (Fn. 159), § 184 Rn. 49 ff.; zur Modifikation privatrechtlicher Vertragsbeziehungen in Wirtschaftskrisen *Egidy* Finanzkrise (Fn. 73), 118 ff.; zu Preisanpassungsrechten nach §§ 24 ff. EnSiG in der Energiekrise *Gerstner/Breuling/Reiter* Gasmangel (Fn. 119), 260 ff.

[187] Zum Fehlen einer gesetzlichen Vorgabe in den praktisch bedeutsamen Fällen, in denen Unternehmen durch Kapital- oder Stabilisierungsmaßnahmen nach § 17a EnSiG bzw. § 29 EnSiG in staatliches Eigentum gelangt sind, *Ludwigs* Netzwirtschaften (Fn. 148), § 179 Rn. 35 ff., wo auch die (verlängerbare) Befristung der Treuhandverwaltung auf maximal sechs Monate (§ 17 Abs. 2 EnSiG; s. auch § 17b Abs. 2 S. 3 EnSiG) und die (rein objektiv-rechtliche) Reprivatisierungspflicht enteigneter Unternehmen (§ 20 Abs. 3 EnSiG) skizziert werden. Mit Blick auf *Uniper* hat sich Deutschland im Beihilfeverfahren gegenüber der Kommission verpflichtet, bis Ende 2023 eine glaubwürdige Ausstiegsstrategie auszuarbeiten, um seine Beteiligung an dem Energieunternehmen bis spätestens Ende 2028 auf maximal 25 % plus einen Anteil zu reduzieren (näher European Commission, State Aid SA.103791, Rn. 120, dort auch zum anderenfalls bei der Kommission anzumeldenden Umstrukturierungsplan); vgl. auch die entsprechende Feststellung zum Ausstieg des Staates in der beihilferechtlichen Genehmigung zur Rekapitalisierung der *Securing Energy for Europe* in: European Commission, State Aid SA.105001, Rn. 126 f.

[188] Zur Neigung von Rechtssetzung, „das politische Motiv ,Krise' dauerhaft werden zu lassen, um Exzeptionelles zu rechtfertigen" *Schorkopf* Finanzkrisen (Fn. 48), 219 mit

Gleichsam als Bindeglieder zwischen den Stufen des Zyklusmodells fungieren schließlich Evaluationen. Ihre Scharnierfunktion ermöglicht ein krisenübergreifendes Lernen.[189] Werden die gewonnenen Erkenntnisse[190] bei der langfristigen Planung konsequent verarbeitet, kann sich das Instrument zur „*Garantin der Preparedness*"[191] entwickeln. Es erscheint daher angezeigt, den Trend zur Aufnahme von Evaluierungsklauseln in Krisengesetzen fortzuführen,[192] ohne die Gefahren einer „abgehobenen Evaluationsbürokratie" zu negieren.[193]

Fn. 130; explizit als „Sperrklinkeneffekt" bezeichnet von *Wohlgemuth* Politische Ökonomie (Fn. 67), 221 f.

[189] Ebenso *Pursiainen* Crisis Management Cycle (Fn. 33), 146: „[...] learning is an overarching or horizontal concept and phenomenon that is present and needed in all phases of crisis management"; näher zur Rolle eines Intrakrisen- und Interkrisen-Lernens *Michael W. Bauer/Jana Otto/Rahel M. Schomaker* „Kriseninternes Lernen" und „krisenübergreifendes Lernen" in der deutschen Kommunalverwaltung, ZPol 32 (2022), 787 ff.; grundlegend *Donald P. Moynihan* Learning under Uncertainty: Networks in Crisis Management, Public Administration Review 68 (2008), 350 ff.; *ders*. From Intercrisis to Intracrisis Learning, Journal of Contingencies and Crisis Management 17 (2009), 189 ff.; zum Begriff der Evaluation, „die auf eine Prüfung des Ist-Zustandes mit dem Ziel einer langfristigen und laufenden Fortentwicklung des Kontrollgegenstandes gerichtet ist (Erfolgskontrolle)" *Wolfgang Kahl* Kontrolle der Verwaltung und des Verwaltungshandelns, in: Andreas Voßkuhle/Martin Eifert/Christoph Möllers (Hrsg.) Grundlagen des Verwaltungsrechts, Bd. II, 3. Aufl. 2022, § 45 Rn. 19; näher *Veith Mehde* Die Evaluation von Verwaltungsleistungen, Die Verwaltung 44 (2011), 179 (179 ff.); allgemein zu Evaluationen in der Wissensgesellschaft *Margrit Seckelmann* Evaluation und Recht, 2018, 21 ff.

[190] So gelangte etwa eine empirische Analyse des Handelns deutscher Kommunalverwaltungen während der Flüchtlingskrise (ab 2015) und der ersten Welle der COVID-19-Pandemie (2020) zu dem Befund, dass die Bewältigung krisenspezifischer Aufgaben maßgeblich von den eingesetzten Netzwerk-, Dokumentations- und Erinnerungsstrategien abhängt (*Michael W. Bauer/Jana Otto/Rahel M. Schomaker* Kriseninternes Lernen" [Fn. 189], 801 f.; die Bedeutung eines Denkens in Netzwerken hervorhebend auch *Hermann Hill* Impulse zur Verwaltungsentwicklung, DÖV 2023, 269 [270 f.]). Ein weiteres Beispiel bildet die am 30.6.2022 vorgelegte Evaluation der Corona-Politik nach § 5 Abs. 9 IfSG, in der Empfehlungen zum Pandemie-Monitoring sowie zur Wirksamkeit der ergriffenen Maßnahmen und grundsätzlichen Neuausrichtung des Infektionsschutzrechts gegeben werden (*Sachverständigenausschuss nach § 5 Abs. 9 IfSG*, Bericht v. 30.6.2022 [Fn. 111]).

[191] *Rixen* Resilienz als Aufgabe (Fn. 78), 362 (Hervorhebung im Original), mit der Forderung nach einem Folgenreichtum von Evaluationen; ähnlich *Hill* Impulse (Fn. 190), 275; differenziert kritisch aber *Pursiainen* Crisis Management Cycle (Fn. 33), 161 ff., der neben fehlenden Standards und dem subjektiven Charakter von Evaluationen auch die mangelnde Umsetzung in die Praxis kritisiert.

[192] Vgl. z.B. § 5 Abs. 9 IfSG oder § 40 EWPBG und § 48b StromPBG.

[193] Differenzierte Bewertung bei *Schulze-Fielitz* Zeitoffene Gesetzgebung (Fn. 18), 163 ff. (mit dem wörtlichen Zitat im Text), der als „Hauptprobleme" den „finanzielle[n] und zeitliche[n] Aufwand einer wissenschaftlich validen Wirkungsforschung" ausmacht.

IV. Langfristige Planung als prospektives Krisenmanagement

1. Staatliche Resilienzverantwortung

Neben einer Antwort auf akute Krisenlagen und der Wiederherstellung eines Normalzustands umfasst Krisenmanagement auch eine vorausschauende Vorbereitung auf künftige Bedrohungen.[194] Der hiermit komplettierte Dreiklang aus *Preparedness, Response* und *Recovery* wird durch die Resilienzverantwortung des Staates[195] verfassungsrechtlich unterfüttert. Zu ihrer Herleitung hat *Stephan Rixen* auf das „*sozialstaatliche Versprechen umfassender Sicherheit*" verwiesen.[196] Ergänzend sind die grundrechtlichen Handlungspflichten relevant.[197] Am Beispiel der Finanzkrise wird insoweit deutlich, dass als Anknüpfungspunkt nicht nur die Gewährleistung einer menschenwürdigen Existenz (Art. 1 Abs. 1 i.V.m. Art. 20 Abs. 1 GG), sondern ebenso die Eigentumsgarantie (Art. 14 GG) als Wirtschaftsgrundrecht dienen kann.[198] Für die Klimakrise rückt das Staatsziel Umweltschutz (Art. 20a GG) in den Fokus.[199]

Der Gesetzgeber ist vor diesem Hintergrund zur Etablierung eines resilienzfördernden Rahmens und die Verwaltung zu seiner Ausfüllung berufen.

---

[194] Die längerfristige Planung aus demokratietheoretischer Sicht mit dem „realen Risiko einer politisch unverantwortlichen und unkontrollierbaren Expertokratie der planenden Verwaltung" assoziierend *Fritz W. Scharpf* Planung als politischer Prozeß, 1973, 114 (119).

[195] Erstmalige Begriffsverwendung im vorliegenden Kontext bei *Jens Kersten* Leben wir in der Virokratie?, Blätter für deutsche und internationale Politik 4/2021, 87 (88); zuvor bereits die Bedeutung der „Resilienz des Rechts" hervorhebend *Barczak* Der nervöse Staat (Fn. 42), 682; von einer „hoheitlichen Risikobewältigungspflicht" spricht *Klafki* Risiko und Recht (Fn. 60), 19 f.

[196] *Rixen* Resilienz als Aufgabe (Fn. 78), 352 (Hervorhebung im Original), der in Auseinandersetzung mit dem Konzept der Daseinsvorsorge bei *Ernst Forsthoff* (Die Verwaltung als Leistungsträger, 1938) und unter Rekurs auf *Berthold Vogel* (Die Staatsbedürftigkeit der Gesellschaft, 2007) eine „umfassende *Sozialstaats*bedürftigkeit" (Hervorhebung im Original) der Gesellschaft diagnostiziert.

[197] So auch noch *Rixen* Vulnerable Gesellschaft (Fn. 78), 50; daneben kommt ein Rekurs auf die im Grundgesetz an verschiedenen Stellen (z.B. Art. 72 Abs. 2 und Art. 104b Abs. 1 S. 1 Nr. 2 GG) vorgesehene Herstellung gleichwertiger Lebensverhältnisse in Betracht, deren Einordnung als Verfassungsprinzip oder Staatsziel jedoch umstritten ist (kritisch *Wolfgang Kahl* „Gleichwertige Lebensverhältnisse" unter dem Grundgesetz, 2016, 11 ff.).

[198] *Egidy* Finanzkrise (Fn. 73), 95 ff.; *Ann-Katrin Kaufhold* Systemaufsicht, 2016, 211 ff.; *Matthias Ruffert* Verfassungsrechtliche Überlegungen zur Finanzmarktkrise, NJW 2009, 2093 (2094 f.); *Alexander Thiele* Finanzaufsicht, 2014, 239 ff.; zur staatlichen Verantwortung in Pandemien *Kloepfer* Verfassungsschwächung (Fn. 69), 193 f., 196.

[199] Zum Rekurs auf Art. 20a GG im Kontext der Gewährleistungsverantwortung des Staates im Energiesektor *Reinhard Ruge* Die Gewährleistungsverantwortung des Staates und der Regulatory State, 2004, 223 f.

Vorgegeben wird nur das Resilienzziel, der Weg dorthin bleibt offen.[200] Die nachfolgenden Ausführungen zur langfristigen Planung konzentrieren sich daher auf Strategien im Rahmen des bestehenden Optionenraums. Soweit die Ebene der EU einbezogen wird, ist mitzudenken, dass es wegen ihrer einzigartigen Rechtsnatur[201] an einem echten Pendant zur staatlichen Resilienzverantwortung fehlt. Dessen ungeachtet bieten auch hier die grundrechtlichen Schutzpflichten,[202] der „prinzipielle sozialstaatliche Auftrag"[203] sowie die primärrechtlichen Gewährleistungen von Versorgungssicherheit[204] und Klimaschutz[205] multiple Anknüpfungspunkte eines unionalen Resilienzversprechens.

2. Resilienz durch Planung

Zentrales Instrument zur Wahrnehmung der Resilienzverantwortung ist die Planung als „Tochter der Krise"[206]. Nach Maßgabe eines operationalen Denkens zielt sie auf vorausschauende Festlegung von Prämissen für

---

[200] *Rixen* Resilienz als Aufgabe (Fn. 78), 353, unter Verweis auf BVerfGE 59, 231 (263), wo die Offenheit des Sozialstaatsprinzips betont wird; zu den weiten Spielräumen im Rahmen der grundrechtlichen Schutzpflichten *Michael Sachs* in: ders. (Hrsg.) Grundgesetz, 9. Aufl. 2021, Vor Art. 1 Rn. 35 m.w.N.; zum „erheblichen Gestaltungsspielraum" der Gesetzgebung im Rahmen von Art. 20a GG vgl. BVerfGE 157, 30 (145 Rn. 207).

[201] Zusammenfassung der vielfältigen Erklärungsansätze bei *Oliver Jürgen Junge* Imperium, 2018, 3 ff., 16 ff., 28 ff.

[202] Einen „Siegeszug durch ganz Europa" erkennt *Peter Szczekalla* in: Sebastian M. Heselhaus/Cartsen Nowak (Hrsg.) Handbuch der Europäischen Grundrechte, 2. Aufl. 2020, § 8 Rn. 7; zu Beispielen aus der EuGH-Judikatur *Thorsten Kingreen* in: Christian Calliess/ Matthias Ruffert (Hrsg.) EUV/AEUV, 6. Aufl. 2022, Art. 51 GRCh Rn. 34, mit dem zutreffenden Hinweis, dass der Gerichtshof „bislang noch kaum Gelegenheit" hatte, die Schutzpflichten „näher zu entfalten".

[203] *Rupert Scholz* in: Günther Dürig/Roman Herzog/Rupert Scholz, Grundgesetz-Kommentar, 2023, Art. 23 Rn. 79 (2022), unter Verweis u.a. auf Art. 3 EUV, Art. 145 ff., 151 ff., 162 ff., 165 ff., 168 ff., 174 ff. AEUV sowie die Europäische Sozialcharta v. 18.10.1961 (BGBl. 1964 II 1262).

[204] Zur Energieversorgungssicherheit *Ludwigs* Energieversorgungssicherheit (Fn. 34), 1086; *Patrick Sikora* Grundstrukturen der Energieversorgungssicherheit, NJW 2023, 2990 (2990 Rn. 2); s. auch schon *Matthias Schmidt-Preuß* Energieversorgung, in: Josef Isensee/ Paul Kirchhof (Hrsg.) HStR IV, 3. Aufl. 2006, § 93 Rn. 3 ff.; zur Anerkennung eines in Art. 194 Abs. 1 AEUV wurzelnden Grundsatzes der Energiesolidarität EuGH, 15.7.2021, Deutschland/Polen, Rs. C-848/19, ECLI:EU:C:2021:598, Rn. 37 ff.

[205] Für das Unionsziel Umwelt- und Klimaschutz auf Art. 11 und Art. 191 Abs. 1 AEUV sowie Art. 37 GRCh Bezug nehmend *Christian Calliess* in: Günther Dürig/Roman Herzog/ Rupert Scholz, Grundgesetz-Kommentar, 2023, Art. 20a Rn. 275 ff. (2022).

[206] Formulierung mit Blick auf die planvolle Bewältigung der Rezession ab 1966 von *Joseph H. Kaiser* Vorwort, in: ders. (Hrsg.) Planung III, 1968, 7; den Bezug zur Klima-

künftige Entscheidungen.²⁰⁷ Im weiteren Sinne umfasst Planung dabei auch Konzepte, Programme und Strategien.²⁰⁸ Ihre Zukunftsorientierung charakterisiert neben planvollen Reaktionen in der Akutphase vor allem eine proaktive Planung in Vorausschau auf künftige Krisenlagen. Im Sinne eines erfahrungsbasierten Lernens werden Weichenstellungen getroffen, um Krisenverläufe besser erkennen, abmildern, bewältigen und die Folgen beseitigen zu können.

Aus der Fülle an Plänen, die oft weder zwischen Krisen und Katastrophen noch zwischen Prävention und Resilienz klar unterscheiden, seien nur exemplarisch der Nationale Pandemieplan,²⁰⁹ die völker- und europa-

---

krise herstellend *Armin von Weschpfennig* Plan und Planung, in: Wolfgang Kahl/Markus Ludwigs (Hrsg.) HVwR V, 2023, § 156 Rn. 33; zur Planung als Präventionsmittel *Richard Hopkins* Abwehr terroristischer Gefahren und Risiken durch Bauplanungsrecht, 2012, 60 ff.

²⁰⁷ Die Vielzahl der Definitionsansätze zusammenfassend *Wolfgang Köck* Pläne und andere Formen des prospektiven Verwaltungshandelns, in: Andreas Voßkuhle/Martin Eifert/Christoph Möllers (Hrsg.) Grundlagen des Verwaltungsrechts, Bd. II, 3. Aufl. 2022, § 36 Rn. 10 ff.; *von Weschpfennig* Plan und Planung (Fn. 206), Rn. 6; ferner *Rüdiger Breuer* Die hoheitliche raumbedeutsame Planung, 1968, 37 ff.; *Wolfgang Durner* Konflikte räumlicher Planungen, 2005, 31 f.; *Werner Hoppe* Planung, in: Josef Isensee/Paul Kirchhof (Hrsg.) HStR IV, 3. Aufl. 2006, § 77 Rn. 2 ff., 6 ff.; grundlegend *Thomas Würtenberger* Staatsrechtliche Probleme politischer Planung, 1979, 19: „Planung als Grundvorgang menschlicher Tätigkeit (…), der auch im Sinn operationalen Denkens beschrieben werden kann"; *Niklas Luhmann* Politische Planung, 4. Aufl. 1994, 67: „Planen ist Festlegung von *Entscheidungsprämissen* für künftige Entscheidungen" (Hervorhebung im Original); s. auch *Gunnar Folke Schuppert* Verwaltungswissenschaft, 2000, 99, der (in Übereinstimmung mit *Wilfried Erbguth* Zur Rechtsnatur von Programmen und Plänen der Raumordnung und Landespflege, DVBl. 1981, 557 [561]) Planung als „das wesentliche Instrument sozialstaatlicher Aufgabenerledigung" qualifiziert; eine vielzitierte weitere Definition versteht unter Planung „das vorausschauende Setzen von Zielen und das gedankliche Vorwegnehmen der zu ihrer Verwirklichung erforderlichen Verhaltensweisen" (z.B. *Dirk Ehlers/ Hermann Pünder* in: dies. [Hrsg.] Allgemeines Verwaltungsrecht, 16. Aufl. 2022, § 1 Rn. 75).

²⁰⁸ *Köck* Pläne (Fn. 207), Rn. 93 ff.; *von Weschpfennig* Plan und Planung (Fn. 206), Rn. 23; enger (am Beispiel des Klimaschutzplans nach § 2 Nr. 7 KSG) *Sabine Schlacke* Bundes-Klimaschutzgesetz: Klimaschutzziele und -pläne als Herausforderung des Verwaltungsrechts, EurUP 2020, 338 (340), die den Charakter als Plan im verwaltungsrechtlichen Sinne verneint, sofern eine Strategie keine konkreten Maßnahmen zur Zielerreichung umfasst.

²⁰⁹ *Robert Koch Institut* Nationaler Pandemieplan Teil 1/Teil 2, 2016/2017; *Robert Koch Institut* Ergänzung zum Nationalen Pandemieplan – COVID-19 – neuartige Coronaviruserkrankung, 2020; näher zum „Nationalen Pandemieplan" sowie zu den Pandemieplänen von Ländern und Kommunen *Klafki* Risiko und Recht (Fn. 60), 243 ff.; vgl. auch ebd., 228 ff., 236, zur völker- und europarechtlichen Pandemieplanung; zur „[p]lanende[n] Pandemiebe-

rechtlich geprägte Klimaschutzplanung[210] sowie der REPowerEU-Plan[211] hervorgehoben. Daneben wurden inzwischen mit der Resilienzstrategie der Bundesregierung vom Juli 2022[212] und den Schlussfolgerungen des EU-Ministerrates zu Resilienz und Krisenreaktion aus dem November 2021[213] auch Ansätze für ein verbessertes sektoren-, gefahren- und grenzübergreifendes Krisenmanagement vorgelegt.[214]

---

kämpfung" durch die Ministerpräsidentenkonferenz während der Coronakrise *von Weschpfennig* Plan und Planung (Fn. 206), Rn. 36.

[210] Zu den integrierten nationalen Energie- und Klimaplänen bzw. den Langfrist-Strategien nach der Governance-Verordnung (EU) 2018/1999 des Europäischen Parlaments und des Rates v. 11.12.2018 (ABl. L 328/1; zuletzt geändert durch Verordnung [EU] 2023/857 des Europäischen Parlaments und des Rates v. 19.4.2023, ABl. L 111/1) sowie zu den Klimaschutz- und Sofortprogrammen nach §§ 8 und 9 KSG instruktiv *von Weschpfennig* Plan und Planung (Fn. 206), Rn. 33; den Charakter der Klimaschutzplanung als „vollwertige Planung" aufgrund der gesetzlichen Vorstrukturierung hinterfragend *Köck* Pläne (Fn. 207), Rn. 106 ff.; zum europäischen „Green Deal" als Masterplan auf dem Weg zur Klimaneutralität bis 2050 vgl. die grundlegende Mitteilung der Kommission v. 11.12.2019, Der europäische Grüne Deal, COM(2019) 640 final; *Susanne Dröge* Der europäische Green Deal, APuZ 3-4/2022, 24 ff.; zur auf Bundesebene geplanten und auf Landesebene z.T. bereits vorgesehenen kommunalen Wärmeplanung *Steffen Benz/Olivia Boinski* Die Umsetzung kommunaler Wärmepläne durch das Bauleitplanungsrecht – Status Quo und mögliche Fortentwicklung, ZUR 2023, 330 ff.; zu den Klimaanpassungsstrategien in einem Bundes-Klimaanpassungsgesetz vgl. noch unter IV.3.b).

[211] Mitteilung der Kommission v. 18.5.2022, REPowerEU-Plan, COM(2022) 230 final; *Aurèlia Mañé-Estrada* El Plan REPowerEU bajo el prisma de los fundamentos de la política energética europea, Revista de Economía (ICE) 2023, 157 ff.; *Marco Siddi* Eine Bewertung des REPowerEU-Plans – Energiewende trifft auf Geopolitik, Integration 46 (2023), 21 ff.; zu dem auf der Gassicherungsverordnung (EU) 2017/1938 beruhenden „Notfallplan Gas" *Ludwigs* Energieversorgungssicherheit (Fn. 34), 1087 ff.

[212] Nachweis in Fn. 65.

[213] *Rat der EU* Schlussfolgerungen zur Verbesserung der Krisenvorsorge, Reaktionsfähigkeit und Resilienz gegenüber künftigen Krisen v. 23.11.2021, 14276/21; anknüpfend *Europäischer Rat* Schlussfolgerungen v. 16.12.2021, EUCO 22/21, 2 f.; zuvor bereits Mitteilung der Kommission, Strategische Vorausschau – Weichenstellung für ein resilienteres Europa v. 9.9.2020, COM(2020) 493 final.

[214] In dieses Bild fügt sich die am 14.6.2023 vom Bundeskabinett beschlossene Nationale Sicherheitsstrategie ein (*Bundesregierung* Integrierte Sicherheit für Deutschland, 2023). Daneben werden auch private Dritte zur Vorlage von Plänen verpflichtet. Ein Beispiel bilden die künftig nach Maßgabe der CER-Richtlinie (EU) 2022/2557 des Europäischen Parlaments und des Rates v. 14.12.2022 (ABl. L 333/164) von den Betreibern kritischer Einrichtungen auszuarbeitenden Resilienzpläne; vgl. insoweit auch den Referentenentwurf des Bundesministeriums des Innern und für Heimat v. 25.7.2023 für ein KRITIS-Dachgesetz <https://www.bmi.bund.de/SharedDocs/gesetzgebungsverfahren/DE/KRITIS-DachG.html> (Stand 28.10.2023).

3. Preparedness als Bezugspunkt

Inhaltlicher Bezugspunkt der langfristigen Planung ist eine umfassende *Preparedness*. Die Anforderungen sind mannigfaltig. Das Themenspektrum reicht von der Behördenorganisation[215] über die Verfahrensbeschleunigung[216] und Infrastruktursicherung[217] sowie die Informationsgewinnung[218]

---

[215] Eine verfassungsrechtliche Fundierung der Ministerpräsidentenkonferenz befürwortend *Meyer* Ministerpräsidentenkonferenz (Fn. 138), 1297; für die Etablierung einer interdisziplinär arbeitenden Fachbehörde zur Pandemiebekämpfung *Deutsche Gesellschaft für Gesetzgebung* Pandemiebekämpfung als Aufgabe nachhaltiger Gesamtplanung, 2021, <https://www.dggev.de/2021/06/08/7-thesen-zur-weiterentwicklung-des-infektionsschutzrechts/> (Stand 28.10.2023); zur Diskussion um eine Weiterentwicklung des Bundesamtes für Migration und Flüchtlinge (BAMF) in eine „Bundesintegrationsagentur" vgl. *Jörg Bogumil/Sabine Kuhlmann/Isabella Proeller* Verwaltungshandeln in der Flüchtlingskrise, in: dies. (Hrsg.) Verwaltungshandeln in der Flüchtlingskrise, 2019, 7 (17); für eine Stärkung der Rolle des Bundesamtes für Bevölkerungsschutz und Katastrophenhilfe *Kuhlmann et al.* Regierungs- und Verwaltungshandeln (Fn. 132), 116, mit Verweis auf das „Gemeinsame Kompetenzzentrum Bevölkerungsschutz" von Bund und Ländern; kritisch hierzu *Anna-Lena Hollo* Die Neuausrichtung des Bundesamtes für Bevölkerungsschutz und Katastrophenhilfe, DÖV 2023, 195 (200 f., 204: „verfassungswidrige Mischverwaltung").

[216] Zum beschleunigten Ausbau erneuerbarer Energien durch (im Trilog bereits ausgehandelte) Änderungen der Erneuerbare-Energien-Richtlinie (EU) 2018/2001 des Europäischen Parlaments und des Rates v. 11.12.2018 (ABl. L 327/82) sowie zu der als Antwort in der Akutphase der Energiekrise einzuordnenden (bis 30.6.2024 geltenden) Erneuerbare-Energien-Verordnung (EU) 2022/2577 des Rates v. 22.12.2022 (ABl. L 335/36), vgl. *Sabine Schlacke/Eva-Maria-Thierjung* Im Dschungel der Beschleunigungsgesetzgebung zum Ausbau von erneuerbaren Energien: EU-Notfall-VO, § 6 WindBG und RED III und IV, DVBl. 2023, 635 ff.; s. auf nationaler Ebene schon das Artikelgesetz zu Sofortmaßnahmen für einen beschleunigten Ausbau der erneuerbaren Energien und weiteren Maßnahmen im Stromsektor v. 20.7.2022, BGBl. I 1237.

[217] Vgl. nur die Vielzahl an Empfehlungen für sektorenübergreifende und sektorenspezifische Maßnahmen zum Schutz Kritischer Infrastrukturen bei *Bundesregierung* Strategie (Fn. 65), 62 f.; zur Anwendung des Vergaberechts *Laura Gottwald/Michael Gaus* Vergaberechtsanwendung in der Krise, NZBau 2023, 498 ff.; *Thorsten Siegel* Verwaltungsrecht im Krisenmodus, NVwZ 2020, 577 (582 f.); für eine klarstellende parlamentarische Stellungnahme zur Gebotenheit eines schnellen Handelns der Verwaltung *Rixen* Resilienz als Aufgabe (Fn. 78), 355. Siehe zudem die Vorschläge der EU-Kommission für einen *Net Zero Industry Act* (COM[2023] 161 final), wonach die Union bis 2030 mindestens annähernd 40 % des jährlichen Bedarfs an sauberen Technologien selbst decken soll, und für einen *Critical Raw Materials Act* (COM[2023] 160 final), zur Gewährleistung des Zugangs der EU zu einer sicheren und nachhaltigen Versorgung mit kritischen Rohstoffen.

[218] Die Bedeutung einer Digitalisierung des Gesundheitssystems für das Krisenmanagement bei Infektionskrankheiten hervorhebend *Bundesregierung* Strategie (Fn. 65), 39; s. auch *Bundesregierung* 4. Stellungnahme des ExpertInnenrates der Bundesregierung zu COVID-19 v. 22.1.2022 <https://www.bundesregierung.de/breg-de/bundesregierung/bundeskanzleramt/corona-expertinnenrat-der-bundesregierung> (Stand 28.10.2023); *Nationale Akademie der Wissenschaften Leopoldina* Ansatzpunkte für eine Stärkung digitaler Pande-

und Krisenkommunikation[219] bis hin zur Reform von Verteilschlüsseln[220] und Fragen der Zuständigkeitsordnung[221]. Die fünf folgenden Schlaglichter sollen vor diesem Hintergrund vertiefenden Einzeluntersuchungen der Zukunft den Weg weisen.

a) Empirische Bestandsaufnahme und Behebung von Datenmangel

Erstens setzen fundierte Empfehlungen für langfristige Planungen hochqualitative empirische Bestandsaufnahmen voraus, an denen es bisweilen fehlt.[222]

---

miebekämpfung, Diskussion Nr. 25, 2021; *Sachverständigenrat Gesundheit* Gutachten 2021 – Digitalisierung für Gesundheit, 2021.

[219] Eine verbesserte strategische und Krisenkommunikation sowie die Bekämpfung von Desinformation, Informationsmanipulation und Einmischung hervorhebend *Rat der EU*, Schlussfolgerungen (Fn. 213), 4; Kernpunkte einer guten Impfkommunikation formulierend *Sachverständigenausschuss nach § 5 Abs. 9 IfSG*, Bericht v. 30.6.2022 (Fn. 111), 57 f.; zur Stärkung von Krisenresilienz durch Kommunikation auch *Irene Broer et al.* Kommunikation in Krisen, Arbeitspapiere des Hans-Bredow-Instituts Nr. 59, 2021, 42 ff.; der Krisenkommunikation für das Gelingen der Krisenverarbeitung eine „schlechthin zentrale Rolle" zuweisend *Schuppert* Krisen als Stresstest (Fn. 49), 404.

[220] Zur am 9.6.2023 erzielten Einigung der Innenminister auf eine Reform des EU-Asylsystems *Thomas Gutschker* So will die EU Migration deutlich begrenzen, F.A.Z. NET v. 9.6.2023; zur Diskussion um die sog. Krisenverordnung in Bezug auf befristete und außerordentliche Maßnahmen zur Krisenbewältigung im Bereich Migration und Asyl vgl. *Helene Bubrowski et al.* Wer Führung bestellt, F.A.Z. v. 28.9.2023, 4; eine Reform des Königsteiner Schlüssels in Deutschland fordernd *Institut der deutschen Wirtschaft Köln* Flüchtlinge regional besser verteilen, 2016.

[221] Zur Frage einer Zentralisierung des Verwaltungsvollzugs (im Kontext der Responsivität und am Beispiel der COVID-19-Pandemie) *Rixen* Resilienz als Aufgabe (Fn. 78), 361, unter Verweis auf die eine fundierte Antwort ausschließenden „empirischen Leerstellen"; zur Diskussion um Zuständigkeitsveränderungen als Lehre aus der Flüchtlingskrise vgl. die politik- und verwaltungswissenschaftliche Analyse von *Jörg Bogumil et al.* Politik- und verwaltungswissenschaftliche Analyse, in: dies. (Hrsg.) Bessere Verwaltung in der Migrations- und Integrationspolitik, 2018, 27 (125 ff.); aus rechtlicher Perspektive *Martin Burgi/Christoph Krönke* Rechtswissenschaftliche Analyse ebd., 149 (167 ff.).

[222] Dezidiert kritisch *Rixen* Resilienz als Aufgabe (Fn. 78), 359 f., wonach die das geltende Recht und seine Reform adressierende Verwaltungsrechtswissenschaft „eine Rechtswissenschaft nahezu ohne wissenschaftlich reflektiertes empirisches Fundament [ist]".; vgl. aus jüngster Zeit aber z.B. die bereits in Fn. 190 erwähnte Analyse des Handelns deutscher Kommunalverwaltungen in der Flüchtlings- und Coronakrise sowie die Fallstudie von *Kuhlmann et al.* Regierungs- und Verwaltungshandeln (Fn. 132); ferner *Jörg Bogumil/ Sabine Kuhlmann* Verwaltungsverflechtung als „missing link" der Föderalismusforschung: Administrative Bewältigung der Flüchtlingskrise im deutschen Mehrebenensystem, dms – der moderne staat 2022, 84 (92 ff., 100 ff.); grundlegend zum Verhältnis von Verwaltung und Empirie *Ino Augsberg* Verwaltung und Empirie, in: Wolfgang Kahl/Markus Ludwigs (Hrsg.) HVwR I, 2021, § 27.

Ein zentraler Grund ist der oft beklagte Datenmangel.[223] Im Kontext der Coronakrise hat eine wissenschaftliche Studie im Auftrag des Bundesbildungsministeriums die Defizite hinsichtlich der Verfügbarkeit, Qualität, Zugänglichkeit, Teilbarkeit und Nutzbarkeit von Daten offengelegt.[224] Zugleich wird dort auch eine Vielzahl an Optimierungsmaßnahmen vorgeschlagen. Hiervon umfasst sind die Etablierung von Datenstrecken, Plattformen und Kompetenzzentren, eine Stärkung der *Data Literacy* sowie die Standardisierung, Harmonisierung und Herstellung von Interoperabilität.[225] Ein Aufbau solcher „Wissensinfrastrukturen" erscheint unabdingbar, um der Bedeutung von Daten als „A und O"[226] der Krisenbekämpfung gerecht zu werden.[227]

b) Anpassungsfähigkeit als Bestandteil von Preparedness

Zweitens umfasst *Preparedness* auch eine Vorbereitung auf Krisenfolgen, die nicht mehr verhindert oder rückgängig gemacht werden können. Zu denken ist insbesondere an verstärkt auftretende, immer extremere und anhaltende Folgen des Klimawandels wie Hitzewellen, Dürren, Überschwemmungen oder Stürme.[228] Das im Gesetzgebungsverfahren befindliche Bundes-Klimaanpassungsgesetz will dem zum einen durch vorsorgende Strategien (§§ 3 und 10 KAnG-E) und Konzepte der Klima-

---

[223] Deutlich *Sachverständigenausschuss nach § 5 Abs. 9 IfSG*, Bericht v. 30.6.2022 (Fn. 111), 26: „Datenmangel seit langem bekannt"; *Sabine Kuhlmann et al.* Daten als Grundlage für wissenschaftliche Politikberatung, 2021; *Kuhlmann et al.* Regierungs- und Verwaltungshandeln (Fn.132), 79 ff.; allgemein *Jörg Bogumil/Sascha Gerber/Hans-Josef Vogel* Verwaltung besser machen, ZEFIR Materialien Bd. 19 (März 2022), 53, 56 ff.; *Justus Haucap* Datenmangel und andere Probleme der wirtschaftswissenschaftlichen Politikberatung in Deutschland, Wirtschaftsdienst 2022, 506 ff.

[224] *Kuhlmann et al.* Daten als Grundlage (Fn. 223), 20 ff.

[225] *Kuhlmann et al.* Daten als Grundlage (Fn. 223), 33 ff.; ähnliche Vorschläge bei *Bogumil/Gerber/Vogel* Verwaltung besser machen (Fn. 223), 53, 56 ff.; ferner *Sachverständigenausschuss nach § 5 Abs. 9 IfSG*, Bericht v. 30.6.2022 (Fn. 111), 44 ff.; zum Datenmanagement der Migrations- und Integrationsverwaltung *Jörg Bogumil/Sabine Kuhlmann/Isabella Proeller* Verwaltungshandeln (Fn. 215), 18 ff.

[226] *Schuppert* Krisen als Stresstest (Fn. 49), 410; zu den Herausforderungen komplexer Informationsverarbeitung allgemein *Christoph Krönke* Information als Voraussetzung des Verwaltungshandelns, DVBl. 2023, 1044 ff.

[227] Für den Aufbau von „Wissensinfrastrukturen, die Daten sammeln, aufbereiten, verteilen, die dafür erforderlichen Standards und Konventionen setzen, Wissen generieren und ebenfalls verteilen" *Hans-Heinrich Trute* Ungewissheit in der Pandemie – Wissensinfrastrukturen als Antwort?, in: Ino Augsberg/Gunnar Folke Schuppert (Hrsg.) Wissen und Recht, 2022, 393 (414).

[228] Gesetzentwurf der Bundesregierung, Entwurf eines Bundes-Klimaanpassungsgesetzes (KAnG), BR-Drs. 376/23, 21; noch zum Referentenentwurf *Wolfgang Köck* Klimaanpassung in der Regionalplanung, ZUR 2023, 266 (267 f.).

anpassung (§§ 6 und 12 KAnG-E) begegnen.[229] Zum anderen soll nach dem Vorbild des Bundes-Klimaschutzgesetzes (§ 13 KSG)[230] ein Berücksichtigungsgebot etabliert werden, das alle Träger öffentlicher Aufgaben adressiert (§ 8 KAnG-E). Auf diese Weise entsteht ein neues Teilrechtsgebiet des Klimawandelanpassungsrechts, das dem Schutz sowie der Anpassung des menschlichen Lebensraums und der Natur gewidmet ist.[231]

c) Revisibilität und Situativität krisenbezogenen Verwaltungsrechts

Drittens muss gerade das krisenbezogene Verwaltungsrecht in seiner Eigenart flexibel änderbar konzipiert werden, was seine Revisibilität und Situativität bedingt.[232] Als geradezu anachronistisch würde sich ein „juristische[r] ‚Konservatismus'"[233] erweisen, der die „‚Entzeitung' des Rechts"[234] und das „Dogma der auf Dauer angelegten Rechtsordnung"[235] überbetont.

---

[229] Zur bisherigen (zwei Mal fortgeschriebenen) Deutschen Anpassungsstrategie an den Klimawandel der Bundesregierung v. 17.12.2008 (<www.bmuv.de/fileadmin/bmu-import/files/pdfs/allgemein/application/pdf/das_gesamt_bf.pdf> [Stand 28.10.2023]) *Patrick Hilbert* Klimaanpassungsstrategien auf internationaler und nationaler Ebene, ZUR 2023, 259 (264); vgl. auch die Regelungen zur landeseigenen Klimaanpassungsstrategie und zu kommunalen Klimaanpassungskonzepten in den §§ 4 Abs. 4 und 5 Abs. 3 des Klimaanpassungsgesetzes Nordrhein-Westfalen (KlAnG) v. 8.7.2021, GV. NRW. 910; zur europäischen Anpassungsstrategie s. Mitteilung der Kommission, Ein klimaresilientes Europa aufbauen – die neue EU-Strategie für die Anpassung an den Klimawandel v. 24.2.2021, COM(2021) 82 final.

[230] Hierzu *Anne Kling* Klimaverträglichkeitsprüfung vor Gericht, 2023, 144 ff.; s. daneben auch noch § 6 Abs. 1 KlAnG NRW.

[231] Vgl. insb. *Patrick Hilbert* Grundstrukturen und Gütekriterien eines Klimawandelfolgenrechts, in: Monika Böhm/Markus Ludwigs (Hrsg.) Klimaschutz und Resilienz, 2024, S. 91 ff.; *ders.* Resilientes Klimarecht, EurUP 2022, 408 ff; *ders.* Klimwandelanpassung durch Verwaltungsrecht, DVBl. 2022, 1409 ff.; grundlegend *Claus Fischer* Grundlagen und Grundstrukturen eines Klimawandelanpassungsrecht, 2013; ferner *Michael Kloepfer* Die Angemessenheit und die Anpassung im Recht, EurUP 2018, 34 ff.; zur Mitigation und Adaption als Reaktionsmöglichkeiten auf den Klimawandel *Martin Kment* Anpassung an den Klimawandel, JZ 2010, 62 (63 ff.).

[232] Das gesamte besondere Verwaltungsrecht als „‚beliebig' änderbar" charakterisierend *Schulze-Fielitz* Zeitoffene Gesetzgebung (Fn. 18), 168, der zudem (ebd., 193 f.) als „Regelungselemente für einen zeitoffenen Gesetzesvollzug" auf Experimentierklauseln (mit Öffnungsklauseln für neue Formen eines beschleunigten Vollzugs) und weitere Optionen (wie u.a. Widerrufsvorbehalte, Befristungen und Fiktionen) verweist.

[233] Im Kontext des Gleichheitssatzes *Günter Dürig*, in: Theodor Maunz/Günter Dürig, Grundgesetz, Art. 3 Abs. 1 Rn. 196 (1973).

[234] *Dürig* Zeit und Rechtsgleichheit (Fn. 6), 22, 28, 33 f., unter Verweis auf die Wortprägung von *Husserl* Recht und Zeit (Fn. 19), 12; ausführlich *Anna Leisner* Kontinuität als Verfassungsprinzip, 2002, 207 ff.

[235] In diese Richtung z.B. *Walter Leisner* „Gesetz wird Unsinn …", DVBl. 1981, 849 (855); kritisch *Schulze-Fielitz* Zeitoffene Gesetzgebung (Fn. 18), 167 (mit dem wörtlichen Zitat).

In der Akutphase von Krisen macht es die Befristung von Maßnahmen[236] in Kombination mit Evaluierungsklauseln[237] möglich, Erkenntnisfortschritte zeitgerecht zu verarbeiten. Die *Preparedness* für künftige Krisen gewährleisten Regelungen, die der Aktivierung durch Feststellung eines qualifizierten Notfalls bedürfen. Eine situative Anpassung des Regelungsrahmens wäre damit bereits in diesem selbst angelegt und für alle Normadressaten antizipierbar. Im Krisenfall können (wie im Energiesicherheits-[238] oder im Infektionsschutzrecht[239]) weitergehende Ermächtigungsgrundlagen scharf gestellt oder (wie im Katastrophenschutzrecht[240]) Verschiebungen der regulären Zuständigkeitsordnung vorgenommen werden.[241]

d) Ventilfunktion „zeitoffener" Generalklauseln

Viertens fungieren „zeitoffene" Generalklauseln als zusätzliches „Ventil" des geschriebenen Rechts zur Verarbeitung dynamischer Krisenlagen.[242] Der Gesetzgeber bewegt sich hier im Spannungsfeld behördlicher Flexibi-

---

[236] Exemplarisch hierfür steht im Unionsrecht die konsequente Befristung der auf die Notfallkompetenz des Art. 122 Abs. 1 AEUV gestützten EU-Krisenverordnungen zur Bewältigung der Energiekrise (dazu m.w.N. *Ludwigs* Unionsrechtliche Rahmensetzungen [Fn. 112], 508); auf nationaler Ebene ist an die Befristungspflicht für Corona-Schutzverordnungen nach § 28a Abs. 5 IfSG zu erinnern (zur analogen Anwendung auf Allgemeinverfügungen und Einzelverwaltungsakte *Andrea Kießling* in: dies. [Hrsg.], IfSG, 3. Aufl. 2022, § 28a Rn. 198); grundlegend zur Befristung und Nachbesserung von Gesetzen *Schulze-Fielitz* Zeitoffene Gesetzgebung (Fn. 18), 157 ff., 162 ff.

[237] Vgl. bereits die Nachweise in Fn. 192.

[238] Zur Ausrufung der drei Hauptkrisenstufen (Frühwarn-, Alarm- und Notfallstufe) der Gassicherungsverordnung (EU) 2017/1938 sowie zur Aktivierung der Rolle der BNetzA als Bundeslastverteiler durch Rechtsverordnung der Bundesregierung nach §§ 1 und 7 GasSV (BGBl. 1982 I 517; zuletzt geändert BGBl. 2023 I Nr. 94) *Ludwigs* Energieversorgungssicherheit (Fn. 34), 1087 f.

[239] Zur Feststellung einer epidemischen Lage von nationaler Tragweite durch den Bundestag gemäß § 5 Abs. 1 IfSG als grundsätzliche Voraussetzung für die Aktivierung der zentralen Handlungsermächtigungen in § 5 Abs. 2 IfSG sowie §§ 28a und 28c IfSG *Marquardsen* Corona-Pandemie (Fn. 73), Rn. 37.

[240] *Gusy* Katastrophenrecht (Fn. 56), 101 f., unter Verweis u.a. auf Art. 2 Abs. 3 und Art. 5 BayKatSG (Fn. 61).

[241] Weitergehend auf eine mögliche Flexibilisierung des Personaleinsatzes (am Beispiel der Instrumente von Abordnung und Versetzung im Öffentlichen Dienstrecht) hinweisend *Rixen* Resilienz als Aufgabe (Fn. 78), 354.

[242] Zum Verständnis von Generalklauseln als „Ventile" auch *Kirchhof* Stetige Verfassung (Fn. 6), 73 (94), mit Blick auf die Erfassung gewandelter Rechtsauffassungen durch die „öffentliche Ordnung" als Schutzgut der polizeilichen Generalklausel; zu Abstufungen der Normierungsdichte und hieraus resultierenden Folgen für das Ausmaß der Zeitoffenheit *Schulze-Fielitz* Zeitoffene Gesetzgebung (Fn. 18), 178 f.

lität und rechtsstaatlicher Bestimmtheit.[243] Einerseits verlangt die Gegenwartsverantwortlichkeit der Verwaltung nach einer anpassungsfähigen Gesetzesauslegung. Andererseits schließt dies nicht aus, den normativen Rahmen im Sinne eines Lernens aus der Krise zu verdichten, um gestiegenen Bestimmtheitsanforderungen zu entsprechen.[244]

e) *Administrative Konzepte als Zwischenschritte der Normkonkretisierung*

Fünftens kann die Verwaltung einem erhöhten Rationalisierungsbedarf bei der Anwendung „zeitoffener" Rechtsgrundlagen im Wege der „Eigenprogrammierung"[245] durch administrative Konzepte[246] begegnen.[247]

---

[243] *Tristan Barczak* Parlamentsvorbehalt und Bestimmtheitsgebot, in: Klaus Stern/Helge Sodan/Markus Möstl (Hrsg.) Das Staatsrecht der Bundesrepublik Deutschland im europäischen Staatenverbund, Bd. III, 2. Aufl. 2022, § 86 Rn. 37.

[244] Paradigmatisch hierfür steht die aktuelle Diskussion um ein Epidemiegesetz mit ausdifferenzierten Standardbefugnissen (vgl. den Vorschlag von *Johannes Gallon/Anna-Lena Hollo/Andrea Kießling* Epidemiegesetz, 2023; im Ansatz zustimmend *Anika Klafki* Differenzierte Rechtsgrundlagen als Gebot effektiver Krisenbewältigung, NJW 2023, 1340 [1341 ff.]); für die Aufnahme einer allgemeinen Pandemiegesetzgebung in das IfSG jüngst *Hans-Georg Dederer/Marina Preiss* Wesentlichkeitstheorie und Pandemiegesetzgebung, AöR 148 (2023), 289 (323 ff.).

[245] *Martin Eifert* Das Verwaltungsrecht zwischen klassischem dogmatischem Verständnis und steuerungswissenschaftlichem Anspruch, VVDStRL 67 (2008), 286 (317); von „Zwischenschritt[en] der Normkonkretisierung" spricht *Matthias Bäcker* Kriminalpräventionsrecht, 2015, 293.

[246] Allgemein zum Phänomen der administrativen Konzepte *Karsten Herzmann* Was sind administrative Konzepte?, VerwArch 104 (2013), 420 ff., mit Beispielen aus den Netzwirtschaften (Regulierungskonzepte), dem Bauordnungsrecht (Bereinigungskonzepte), der polizeilichen Gefahrenabwehr (Konzepte bei Verdachts- und ereignisunabhängigen Kontrollen) und der Produktüberwachung (Überwachungskonzepte); ferner *Eifert* Verwaltungsrecht (Fn. 245), 317 ff.; *Annette Guckelberger* Selbstprogrammierung der Verwaltung, in: Wolfgang Kahl/Ute Mager (Hrsg.) Verwaltungshandeln, 2022, 155 (192 ff.); *Wolfgang Hoffmann-Riem/Arne Pilniok* Eigenständigkeit der Verwaltung, in: Andreas Voßkuhle/Martin Eifert/Christoph Möllers (Hrsg.) Grundlagen des Verwaltungsrechts, Bd. I, 3. Aufl. 2022, § 12 Rn. 114 ff.; *Mario Martini* Normsetzung und andere Formen exekutivischer Selbstprogrammierung, in: Andreas Voßkuhle/Martin Eifert/Christoph Möllers (Hrsg.) Grundlagen des Verwaltungsrechts, Bd. II, 3. Aufl. 2022, § 33 Rn. 113 ff.; *Andreas Müller* Konzeptbezogenes Verwaltungshandeln, 1992, 72 ff.; *Thomas Rottenwallner* Die Konzepte und die Konzeptpflichten der öffentlichen Verwaltung, VR 2014, 109 ff.; *Gina Starosta* Der Portalverbund zwischen Bund und Ländern, 2022, 435 ff.; *Burkard Wollenschläger* Wissensgenerierung im Verfahren, 2009, 203 ff.; im Kontext einer übergreifenden Integrationspolitik *Daniel Thym* Migrationsverwaltungsrecht, 2010, 290 ff.

[247] Zuordnung der Konzepte zu den Plänen bereits bei *Eberhard Schmidt-Aßmann* Das allgemeine Verwaltungsrecht als Ordnungsidee, 2. Aufl. 2006, Kap. 6 Rn. 98 f.; ferner

Ein prominentes Beispiel aus der Akutphase bildet die nach einem Gesamtkonzept verlangende Begründungspflicht beim Erlass von Corona-Schutzmaßnahmen (§ 28a Abs. 5 IfSG).[248] Daneben bieten sich gesetzliche Konzeptpflichten als Ausdruck der *Preparedness* zur weiteren Konkretisierung der Klimaschutzplanung[249] sowie im Hinblick auf die Formulierung von Priorisierungskriterien zur Verteilung knapper Ressourcen[250] an. Im letztgenannten Fall spricht der grundrechtliche Teilhabeanspruch sogar für eine verfassungsrechtliche Fundierung.[251]

V. Herstellung von Systemkohärenz

1. Begriffliche und (verfassungs-)rechtliche Fundierung

Die mannigfaltigen, sich im Zeitverlauf ändernden Logiken des Krisenmanagements werfen abschließend die Frage nach der Systemkohärenz auf. Im Ausgangspunkt ist zwischen dem responsiven Krisenmanagement einerseits und der langfristigen Planung andererseits zu unterscheiden. Während

---

Josef Aulehner Polizeiliche Gefahren- und Informationsvorsorge, 1998, 529 ff.; zuletzt *Starosta* Portalverbund (Fn. 246), 438, dort (ebd., 443 f.) auch m.w.N. zur Rechtsnatur der (wie Pläne allgemein, vgl. *Köck* Pläne [Fn. 207], Rn. 33 ff.) in unterschiedlichem Gewande auftretenden Konzepte.

[248] Näher *Henrik Eibenstein* in: André Sangs/Henrik Eibenstein (Hrsg.) Infektionsschutzgesetz, 2022, § 28a IfSG Rn. 149 ff., unter Verweis auf BT-Drs. 19/24334, 74 (Begründung des Ausschusses für Gesundheit zu § 28a Abs. 5 IfSG-E) und mit einem Plädoyer für parallele Begründungsanforderungen bei Rechtsverordnungen und Allgemeinverfügungen; s. auch OVG Sachsen, 27.4.2023, 3 C 8/21, BeckRS 2023, 18376, Rn. 51; zur Bedeutung des gesetzgeberischen Gesamtkonzepts im Rahmen der Coronakrise BVerfGE 159, 223 (345 ff. Rn. 282 ff.).

[249] Zum Entwurf der Bundesregierung für ein Bundes-Klimaanpassungsgesetz bereits unter III.1.b).

[250] Mustergültig erscheint die (nicht auf einer expliziten Konzeptpflicht beruhende) Praxis der BNetzA während der Energiekrise. In der schrittweise fortentwickelten Vorstrukturierung (zuletzt *BNetzA* Bundeslastverteilung in der Praxis, Papier v. 26.5.2023) ihres Bewirtschaftungsermessens als Bundeslastverteiler bei einer Gasmangellage (am Beispiel der Elektrizitätsversorgung und in Anlehnung an die Figur des Regulierungsermessens *James Bews* Bewirtschaftungsrecht, 2017, 264 ff.) liegt nicht nur ein wichtiges Mittel zur Rationalisierung und Effektuierung des prospektiven Krisenmanagements, sondern auch ein Instrument zur Herstellung akzeptanzfördernder Transparenz.

[251] *Wollenschläger* Verteilungsverfahren (Fn. 178), 38 f., 538 ff.; zurückhaltender *Martin Burgi* Die künftige Bedeutung der Freiheitsgrundrechte für staatliche Verteilungsentscheidungen, WiVerw 2007, 173 (173); allgemein *Wollenschläger* Wissensgenerierung (Fn. 246), 203 ff., wonach Art. 20 Abs. 2 und 3 GG sowie Art. 3 Abs. 1 GG das aus Art. 19 Abs. 4 GG resultierende Gebot einer administrativen Maßstabsbildung zu einer „Konzeptpflicht im engeren Sinne" verdichten können.

das Handeln in der Akutphase typischerweise Gegenstand von rückblickenden Kohärenzbetrachtungen ist, erweist sich die Planung als Mittel einer perspektivischen Kohärenzgewährleistung.

Im Rahmen einer begrifflichen Annäherung ist festzuhalten, dass der durch Einheit und Ordnung geprägte Systembegriff[252] bei einem materiellen Verständnis die Kohärenz bereits umfasst.[253] Wie der lateinische Wortstamm *cohaerentia* (Zusammenhang) verdeutlicht, zielt Kohärenz über bloße innere und äußere Widerspruchsfreiheit (Konsistenz) hinaus auf eine inhaltlich-konzeptionelle Abstimmung.[254] Bedeutung kommt dem gerade in Krisensituationen zu, in denen das administrative Handeln nach seiner Stimmigkeit in der Zeit zu befragen ist. Auf nationaler Ebene[255] wird das rechtstheoretisch anspruchsvolle Konzept der Kohärenz[256] unter dem in den

---

[252] Zu den „Grundkoordinaten eines allgemeinen Systembegriffs" *Patrick Hilbert* Systemdenken in Verwaltungsrecht und Verwaltungsrechtswissenschaft, 2015, 3 ff. in Anknüpfung an die (kritisch hinterfragte) grundlegende Differenzierung bei *Claus-Wilhelm Canaris* Systemdenken und Systembegriff in der Jurisprudenz, 2. Aufl. 1983, 12 f., der „Ordnung" als „eine rational erfaßbare ‚innere' [...] Folgerichtigkeit" und „Einheit" als Modifizierung der Ordnung dahingehend begreift, dass diese „nicht in eine Fülle unzusammenhängender Einzelheiten zerfallen darf, sondern sich auf wenige tragende Grundprinzipien zurückführen lassen muss"; kritisch *Franz-Joseph Peine* Das Recht als System, 1983, 20 ff.; dagegen wiederum *Hilbert* ebd., 7 f., der nachweist, dass auch der Systembegriff von *Peine* letztlich auf den Merkmalen Einheit und Ordnung beruht.

[253] Von einer „inhaltliche[n] Widerspruchsfreiheit in einem anspruchsvolleren Sinne" spricht *Hilbert* Systemdenken (Fn. 252), 76, dort (ebd., 63 ff.) auch näher zum materialen und formalen Systemverständnis als „Grundtypen juristischer Systemverständnisse".

[254] Im Kontext des unionsrechtlichen Kohärenzprinzips *Wolfgang Kahl* Wissenschaft, Praxis und Dogmatik im Verwaltungsrecht, 2020, 175 f.; ferner *Wolfgang Hoffmann-Riem* Kohärenzvorsorge hinsichtlich verfassungsrechtlicher Maßstäbe für die Verwaltung in Europa, in: Hans-Heinrich Trute et al. (Hrsg.) Allgemeines Verwaltungsrecht – zur Tragfähigkeit eines Konzepts, 2008, 749 (751): „[äußere] und [innere] Stimmigkeit"; *Eberhard Schmidt-Aßmann* Der Kohärenzgedanke in den EU-Verträgen: Rechtssatz, Programmsatz oder Beschwörungsformel?, in: Ivo Appel/Georg Hermes/Christoph Schönberger (Hrsg.) FS Rainer Wahl, 2011, 819 (827): „konzeptionelle Stimmigkeit".

[255] Im Unionsrecht kommt das Konzept der Kohärenz sowohl im geschriebenen Primärrecht (insb. Art. 7 AEUV und Art. 13 Abs. 1 EUV) als auch in Gestalt eines ungeschriebenen Rechtfertigungsgrundes (zuletzt EuGH, 27.4.2023, L Fund, Rs. C-537/20, ECLI:EU:C:2023:339, Rn. 67 f.) und einer Rechtfertigungsschranke bei den Grundfreiheiten (EuGH, 23.3.2023, Booky.fi, Rs. C-662/21, Rn. 46) zum Ausdruck; statt vieler *Peter Dieterich* Systemgerechtigkeit und Kohärenz, 2014, 560 ff., 740 ff.; *Ulrike Schuster* Das Kohärenzprinzip in der Europäischen Union, 2016, 79 ff., 105 ff.; kompakt *Hans-Georg Dederer* Grundsatz der Kohärenz, in: Wolfgang Kahl/Markus Ludwigs (Hrsg.) HVwR II, 2021, § 47 Rn. 29 ff.

[256] Überblick bei *Susanne Bracker* Kohärenz und juristische Interpretation, 2000, 79 ff.; *Ken Kress* Coherence, in: Dennis Patterson (Hrsg.) A Companion to Philosophy of Law and

Gleichheitsrechten[257] und im Verhältnismäßigkeitsgrundsatz[258] wurzelnden Gebot der Folgerichtigkeit verhandelt.[259] Für die Verwaltung impliziert das auf eine wirksame und stimmige Rechtsanwendung ausgerichtete Postulat indes grundsätzlich keine strikte Pfadabhängigkeit, sondern zeigt allein Bedarf nach Reflexion und Begründung an.[260]

2. Ordnende Kraft allgemeiner Rechtsinstitute

Eine ordnende Kraft zur Gewährleistung von Folgerichtigkeit und Einsehbarkeit des administrativen Handelns ist vor allem den allgemeinen Instituten des Verwaltungsrechts immanent. Die darin zum Ausdruck kommende „Ordnungsidee"[261] bewährt sich auch und gerade in Krisenzeiten. Paradigmatisch hierfür stehen die Rolle der Handlungsformenlehre,[262] die

---

Legal Theory, 2. Aufl. 2010, 521 ff.; *Kye Il Lee* Die Struktur der juristischen Entscheidung aus konstruktivistischer Sicht, 2010, 287 ff.; eine konzeptionelle Abhängigkeit der normativen Kohärenz aktueller Rechtssysteme von ihrer Kohärenz im Zeitverlauf herleitend *Gerald J. Postema* Melody and Law`s Mindfulness of Time, Ratio Juris 17 (2004), 203 ff.

[257] BVerfGE 23, 242 (256); 84, 239 (271); 122, 210 (230 f.); 127, 1 (27 f.); *Dieterich* Systemgerechtigkeit (Fn. 255), 382 ff.; *Max Erdmann* Kohärenz in der Krise?, NVwZ 2020, 1798 (1798 f.).

[258] BVerfGE 115, 276 (309 ff.); 121, 317 (360 ff.); *Dieterich* Systemgerechtigkeit (Fn. 255), 507 ff.; *Erdmann* Kohärenz (Fn. 257), 1799 ff.; *Judith Froese* Das Verhältnismäßigkeitsprinzip in der Krise, DÖV 2022, 389 (394 f.).

[259] Zum Gebot der Folgerichtigkeit im Rahmen der parlamentarischen Rechtssetzung *Georg Lienbacher/Bernd Grzeszick* Rationalitätsanforderungen an die parlamentarische Rechtsetzung im demokratischen Rechtsstaat, VVDStRL 71 (2012), 7 (9, 18, 36), 49 (55 ff.).

[260] *Steffen Augsberg* Maßstäbe des Verwaltungshandelns, in: Andreas Voßkuhle/Martin Eifert/Christoph Möllers (Hrsg.) Grundlagen des Verwaltungsrechts, Bd. I, 3. Aufl. 2022, § 8 Rn. 56; einem aus Art. 3 Abs. 1 GG abgeleiteten Prinzip der Folgerichtigkeit jede Bedeutung bei der exekutiven Rechtssetzung absprechend *Ute Sacksofsy* Gleichheit, in: Wolfgang Kahl/Markus Ludwigs (Hrsg.) HVwR III, 2022, § 75 Rn. 59, unter Rekurs auf Art. 80 Abs. 1 S. 2 GG.

[261] Fundamental *Eberhard Schmidt-Aßmann* Das allgemeine Verwaltungsrecht als Ordnungsidee und System, 1982; *ders.* Ordnungsidee (Fn. 247); ferner *Martin Burgi* Rechtsregime, in: Andreas Voßkuhle/Martin Eifert/Christoph Möllers (Hrsg.) Grundlagen des Verwaltungsrechts, Bd. I, 3. Aufl. 2022, § 18 Rn. 97; *Wolfgang Kahl* Allgemeines und besonderes Verwaltungsrecht, in: Wolfgang Kahl/Markus Ludwigs (Hrsg.) HVwR I, 2021, § 12 Rn. 4 ff.; *Matthias Schmidt-Preuß* Das Allgemeine des Verwaltungsrechts, in: Max-Emanuel Geis/Dieter Lorenz (Hrsg.) FS Hartmut Maurer, 2001, 777 (778 f.).

[262] Die „[ordnungsbildende] Struktur" der Handlungsformenlehre als Beitrag zum „‚kollektiven Gedächtnis der Rechtsordnung'" hervorhebend *Wolfgang Kahl*, in: ders./Markus Ludwigs (Hrsg.) HVwR VI, 2023, § 140 Rn. 14 ff.; grundlegend zum Aufbau der Handlungsformenlehre *Eberhard Schmidt-Aßmann* Die Lehre von den Rechtsformen des Verwaltungshandelns, DVBl. 1989, 533 ff.

unterschiedlichen Typen von Privatisierung und Verstaatlichung sowie das System der gerichtlichen Kontrolle.

a) Handlungsformenlehre als Baustein eines resilienten Verwaltungsrechts

Die Lehre von den Handlungsformen der Verwaltung[263] ist im Kontext der Coronakrise zurück ins Blickfeld gerückt.[264] Kritiker rügten eine „schleichende Entwertung der Handlungsform als rechtsstaatliches [und] verwaltungsdogmatisches Bauprinzip".[265] Den Hintergrund der Kritik bildete eine phasenweise „Hochzonung" der ergriffenen Maßnahmen vom Verwaltungsakt über die Rechtsverordnung zum Parlamentsgesetz. Hiermit sei – so der Vorwurf – an die Stelle einer „Logik der Form" eine „Logik der Tat" getreten.[266]

Bei näherer Betrachtung beruhte der Handlungsformenwechsel indes nicht primär auf „‚Zufälligkeit[en]'",[267] sondern erfolgte in Reaktion auf eine deutlich gewordene raum-zeitliche Entgrenzung der Pandemie einerseits und Schutzlücken der Länderverwaltung andererseits.[268] Im Übrigen

---

[263] Zur weitergehenden Unterscheidung zwischen „Rechtsform", „Handlungsform" und „Folgenform" in der Neuen Verwaltungsrechtswissenschaft *Wolfgang Hoffmann-Riem/Matthias Bäcker* Rechtsformen, Handlungsformen, Folgenformen, in: Andreas Voßkuhle/Martin Eifert/Christoph Möllers (Hrsg.) Grundlagen des Verwaltungsrechts, Bd. II, 3. Aufl. 2022, § 32 Rn. 8 ff.; ferner *Eberhard Schmidt-Aßmann* Verwaltungsrechtliche Dogmatik, 2013, 66 ff.

[264] Aus der Verwaltungsrechtswissenschaft *Tristan Barczak* Krise und Renaissance der Handlungsformenlehre, JZ 2022, 981 (982); aus der Verwaltungsrechtspraxis prägnant VG München, NVwZ 2020, 651 (653 Rn. 20 ff.); COVuR 2020, 163 (164 f. Rn. 20 ff.), mit der Einordnung einer Allgemeinverfügung (landesweite Ausgangsbeschränkung) als „beinahe verkleidete Rechtsnorm".

[265] *Barczak* Krise und Renaissance (Fn. 264), 982; näher zu den Bauprinzipien der Rechtsformenlehre *Schmidt-Aßmann* Ordnungsidee (Fn. 247), Rn. 35 f.

[266] *Barczak* Krise und Renaissance (Fn. 264), 982, 985 (mit den wörtlichen Zitaten im Text), in Anknüpfung an *Uwe Volkmann* Von der Logik der Form zur Logik der Tat, in: Bitburger Gespräche Jahrbuch 2022, 2023, 51 (53 ff.); kritisch auch *Sebastian Kluckert* Infektionsschutzmaßnahmen in der Schnittmenge von Verwaltungsanordnung und Gesetzesbefehl, VerfBlog v. 27.4.2021; *Pasqual Schulte* Zwei Jahre Pandemierecht: Reflexion der Rechtsformenwahl, JuWissBlog Nr. 7/2022 v. 26.1.2022

[267] So aber *Maximilian Herold* Kollektiver Rechtsschutz gegen Allgemeinverfügungen – Zur Teilbarkeit von Allgemeinverfügungen sowie der Reichweite von Gestaltungsurteil und Suspensiveffekt, DVBl. 2021, 1604 (1610); von einer „frappierenden Beliebigkeit" spricht *Barczak* Krise und Renaissance (Fn. 264), 982.

[268] Gesetzentwurf der Fraktionen der CDU/CSU und SPD, Entwurf eines Vierten Gesetzes zum Schutze der Bevölkerung bei einer epidemischen Lage von nationaler Tragweite v. 13.4.2021, BT-Drs. 19/28444, 8 f.

gesteht auch die Kritik zu, dass die ausdifferenzierte Handlungsformenlehre ein zeitlich gestuftes Vorgehen nach dem Prinzip von *trial and error* überhaupt erst ermöglicht und sich als „unverzichtbare[r] Baustein" eines resilienten Verwaltungsrechts erwiesen hat.[269]

b) Typologie der Privatisierung und Verstaatlichung

Des Weiteren stellt sich die Typologie der Privatisierung und Verstaatlichung als rezeptionsfähig für den bidirektionalen Wandel staatlicher Verantwortung dar. Gerade die Verstaatlichungen in der Energiekrise haben den Formenreichtum einer Rechtsmachtverlagerung deutlich gemacht. Zur systematischen Verarbeitung steht mit den von der Verwaltungsrechtswissenschaft herausgebildeten Spielarten der Etatisierung ein fortentwicklungsfähiges Analyseraster bereit.[270] Reflexionsbedürftig erscheinen neben dem zunehmenden Verschwimmen der Grenze zwischen Indienstnahme und Beleihung[271] vor allem die Maßstäbe einer Pflicht zur Reprivatisierung von Unternehmen nach Krisenbewältigung. Soweit es (wie zum Teil im Energiesektor[272]) an stimmigen Regelungen fehlt, ist der Gesetzgeber zum Handeln aufgefordert, verfügt dabei aber über erhebliche Gestaltungsspielräume.[273]

---

[269] *Barczak* Krise und Renaissance (Fn. 264), 989. Nicht zu verkennen ist im Übrigen, dass die Handlungsformenlehre eine dezidierte Integration des Zeitfaktors (weitgehend) unterlässt (*Brüning* Einstweilige Verwaltungsführung [Fn. 4], 15 ff.), was der Lehre vom Verwaltungsrechtsverhältnis eine komplementierende Rolle z.B. bei der ganzheitlichen Erfassung krisenbedingter Subventions- und Treuhandverhältnisse zuweist (die „Entwicklungsoffenheit in der Zeit" betonend *Hartmut Bauer* Lehren vom Verwaltungsrechtsverhältnis, 2022, § 10 Rn. 94).

[270] Vgl. insb. *Kämmerer* Privatisierung 2001, 60; *Jakob Schemmel* (Re-)Etatisierung und (Re-)Kommunalisierung, in: Wolfgang Kahl/Markus Ludwigs (Hrsg.) HVwR VI, 2024, § 171 Rn. 1, 3 (im Erscheinen); zur Einordnung der Treuhandverwaltung als „eine Art funktionaler Verstaatlichung" *Ludwigs* Netzwirtschaften (Fn. 148), § 179 Rn. 35.

[271] Zur Abgrenzung *Christoph Krönke* Funktionale Privatisierung, in: Wolfgang Kahl/Markus Ludwigs (Hrsg.) HVwR VI, 2024, § 169 Rn. 6 ff. (im Erscheinen); nehmen Private eine beleihungsähnliche Stellung ein (zu den weitgehenden Befugnissen der Trading Hub Europe GmbH bei der Gasspeicherbefüllung vgl. unter III.2., liegt es nahe, die Zulässigkeit der Indienstnahme an den Voraussetzungen der Beleihung auszurichten (*Ludwigs* [Fn. 148], Rn. 26; zuvor bereits *Raphael Pompl* Kapazitätssicherung im europäisierten Stromwirtschaftsrecht, 2019, 305 f., mit der Forderung nach einer formell-gesetzlichen Rechtsgrundlage und einem staatlichen Aufsichtsregime).

[272] Vgl. insoweit schon die Hinweise in Fn. 187.

[273] Zu den schwachen Privatisierungsimpulsen aus den Grundrechten und dem (auf die staatliche Aufgabenbewältigung beschränkten) Wirtschaftlichkeitsprinzip *Wolfgang Kahl* Unions- und verfassungsrechtliche Privatisierungsimpulse und -grenzen, in: ders./Markus Ludwigs (Hrsg.) HVwR VI, 2024, § 167 Rn. 33 (im Erscheinen), m.w.N. zum Meinungsstand.

c) Dogmatik behördlicher Entscheidungsspielräume

Schließlich lassen sich auch die Verschiebungen der gerichtlichen Kontrolldichte unter Rückgriff auf die allgemeine Dogmatik erklären. Ein zentrales Element bildet die im Jahr 2018 vom BVerfG entwickelte Figur der außerrechtlichen tatsächlichen Erkenntnisdefizite.[274] Anlass zur Reduktion der gerichtlichen Kontrolle geben hier die „objektiven Grenzen des wissenschaftlichen Erkenntnisstandes".[275] Im Falle eines „Erkenntnisvakuums" stoßen die Gerichte „zweifelsfrei" an ihre Funktionsgrenzen.[276] Dies ändert sich aber bereits dann, wenn neue Erkenntnisse die funktionellen Einschränkungen der Gerichte auflösen.[277] In diesem Sinne legt die neue Rechtsfigur „faktische Grenze[n] der Überprüfbarkeit"[278] offen und trägt dazu bei, Änderungen der epistemischen Situation im Zeitverlauf systemkohärent zu erfassen.

3. Temporalisierung als Instrument systematischer Erfassung

a) Verzeitlichung des Anforderungsprofils

Neben der ordnenden Kraft allgemeiner Rechtsinstitute erweist sich die Figur der Temporalisierung als zentrales Instrument zur systematischen Erfassung und kohärenzorientierten Beurteilung eines sich wandelnden Krisenmanagements.[279] Sie bringt zum Ausdruck, dass die rechtliche Beurteilung ein und desselben Maßnahmentyps in Abhängigkeit vom Zeitpunkt

---

[274] Grundlegend BVerfGE 149, 407 (413 Rn. 17 ff.); für die Einordnung als neue dogmatische Figur z.B. *Wolfgang Kahl* Objektive Grenzen der gerichtlichen Kontrolle im Artenschutzrecht, in: Klaus F. Gärditz/Karen Keller/André Niesler (Hrsg.) Liber Amicorum Max-Jürgen Seibert, 2020, 167 (176); a.A. *Laura Münkler* Der Beurteilungsspielraum als dogmatischer Knotenpunkt, DÖV 2021, 615 (618 ff.); zur Übertragung der im Artenschutzrecht entwickelten Figur auf die fachwissenschaftlichen Einschätzungen in der COVID-19-Pandemie *Froese* Verhältnismäßigkeitsprinzip (Fn. 258), 393; *Siegel* Krisenmodus (Fn. 217), 581.
[275] BVerfGE 149, 407 (416 Rn. 25); *Eberhard Schmidt-Aßmann* in: Roman Herzog/Günter Dürig/Rupert Scholz, Grundgesetz-Kommentar, 2023, Art. 19 Abs. 4 Rn. 185a (2020).
[276] *Ludwigs* Dogmatische Grundlagen (Fn. 123), Rn. 28 ff., 31 ff.; zum Maßstab des „zweifelsfrei[en]" Erreichens der Funktionsgrenzen der Rechtsprechung vgl. BVerfGE 129, 1 (23); BVerfG, NVwZ 2012, 694 (696 Rn. 24).
[277] Gleiches gilt im Falle einer untergesetzlichen Maßstabsbildung, wie sie von BVerfGE 149, 407 (416 Rn. 24) bei einem länger andauernden Erkenntnisvakuum gefordert wird (s. schon bei Fn. 129).
[278] *Kahl* Objektive Grenzen (Fn. 274), 182.
[279] Zu unterschiedlichen Begriffsverständnissen einer „Temporalisierung" bzw. „Verzeitlichung" und „Entzeitlichung" aus soziologischer Perspektive *Hartmut Rosa* Beschleunigung, 2005, 365, 418 f., 449 ff.; s. auch *Niklas Luhmann* Gesellschaftsstruktur und Semantik, Bd. 1, 1980, 235 ff.

im Krisenverlauf, der jeweiligen Bedrohungslage und dem Stand fachwissenschaftlicher Erkenntnis unterschiedlich ausfallen kann.

Explizite Hervorhebung hat diese Verzeitlichung des Anforderungsprofils bislang vor allem für den Grundsatz der Verhältnismäßigkeit erfahren.[280] Daneben ist der Gedanke einer Temporalisierung aber auch auf andere Bereiche übertragbar. Zu denken ist namentlich an den Parlamentsvorbehalt und das Bestimmtheitsgebot sowie die Einräumung behördlicher Entscheidungsspielräume und die Wahl der Handlungsform.

b) Anwendungsfelder einer veränderten Bewertung „in der Zeit"

Nähert man sich den vier benannten Anwendungsfeldern, ist zunächst für den Grundsatz der Verhältnismäßigkeit auf die in der Corona-Judikatur entwickelte „[begleitende] Rechtfertigungskontrolle" hinzuweisen. Danach gilt im Sinne einer Je-desto-Formel, dass, je länger massive Grundrechtseingriffe wirken, umso höhere Anforderungen an ihre Begründung und Abstimmung mit anderen Maßnahmen zu stellen sind.[281] In Kombination mit dem Erfordernis der Befristung und fortlaufenden Evaluierung,[282] haben die Gerichte einer temporalisierten Verhältnismäßigkeit dergestalt zur effektiven Geltung verholfen.[283]

Zweitens gilt es für den Parlamentsvorbehalt und das Bestimmtheitsgebot festzuhalten,[284] dass der Rückgriff auf eine Generalklausel (oder Verordnungsrecht) selbst bei grundrechtsintensiven Maßnahmen innerhalb eines „Erstreaktionszeitraums"[285] möglich erscheint.[286] Zugleich macht die

---

[280] Vgl. insb. *Rixen* Grenzenloser Infektionsschutz (Fn. 51), 112 f.; ferner *Kersten/Rixen* Verfassungsstaat (Fn. 69), 158 f.; zustimmend *Marquardsen* Corona-Pandemie (Fn. 73), Rn. 64. Die Einschreibung einer temporalen Dimension war dem Grundsatz der Verhältnismäßigkeit schon vorher keineswegs fremd, wie die Figur des zeitlichen Übermaßverbots im Polizei- und Ordnungsrecht zeigt (z.B. § 2 Abs. 3 PolG NRW oder Art. 4 Abs. 3 BayPAG; aus der Lit. *Volkmar Götz/Max-Emanuel* Allgemeines Polizei- und Ordnungsrecht, 17. Aufl. 2022, § 16 Rn. 13; *Goldhammer* Prognoseentscheidung [Fn. 121], 147); zu der auf den Übergang zwischen Alt- und Neurecht bezogenen Prüfung einer unechten Rückwirkung *Björn Schäfer* Vertrauensschutz in dynamischen Regulierungsgebieten am Beispiel des Energieeffizienzrechts, 2017, 112.

[281] SaarlVerfGH, NVwZ-RR 2020, 514 (LS 1 und 517 Rn. 30; dort auch das wörtliche Zitat im Satz zuvor), am Beispiel von Ausgangsbeschränkungen; OVG NRW, 5.6.2020, 13 B 776/20.NE, BeckRS 2020, 11272 Rn. 30.

[282] Hierzu BayVGH, NJW 2020, 1236 (1240 Rn. 63).

[283] *Kersten/Rixen* Verfassungsstaat (Fn. 69), 158 f.

[284] Deutlich BayVGH, GewArch 2020, 235 (237 Rn. 45).

[285] *Sebastian Kluckert* Verfassungs- und verwaltungsrechtliche Grundlagen des Infektionsschutzrechts, in: ders. (Hrsg.) Das neue Infektionsschutzrecht, 2. Aufl. 2021, § 2 Rn. 99.

[286] Zur übergangsweisen Abstützung auch massiver Grundrechtseingriffe auf eine Generalklausel vgl. BVerfG, KommJur 2013, 73 (75) betreffend die Daueroboservation eines ent-

Fähigkeit des Parlaments zur Eilgesetzgebung[287] deutlich, dass es sich nur um eine vorübergehende Flexibilisierung[288] im Rahmen der Wesentlichkeitslehre[289] handeln kann.[291]

Drittens können die in Krisen bestehenden Erkenntnisvakua zwar einen tatsächlichen Einschätzungsspielraum der Exekutive (auch über die Frage der Verhältnismäßigkeit hinaus[291]) bedingen. Das Ausmaß der gerichtlichen Kontrolle nimmt aber mit Beseitigung der Erkenntnisdefizite und einer verbesserten Prognosegrundlage zu.[292] Folgerichtig haben die Verwaltungsgerichte einen Einschätzungsspielraum des Verordnungsgebers in der Coronakrise nur „solange und soweit" anerkannt, als in der Fachwissenschaft Ungewissheiten über die Eigenschaften des Virus SARS-CoV-2 bestanden.[293]

---

lassenen Sicherungsverwahrten; *Siegel* Krisenmodus (Fn. 217), 582. Zu den Corona-Verordnungen *Armin von Weschpfennig* Der Parlamentsvorbehalt in der Corona-Krise, Die Verwaltung 53 (2020), 469 (477 ff.); vgl. auch die unterschiedlichen Bewertungen des LVerfG Sachsen-Anhalt, 26.3.2021, LVG 25/20, BeckRS 2021, 9552 Rn. 64, einerseits und des ThürVerfGH, 19.5.2021, VerfGH 110/20, BeckRS 2021, 11498 Rn. 37 ff., 51 ff., andererseits (die hieraus resultierende Divergenzvorlage des ThürVerfGH für unzulässig erklärend BVerfGE 163, 239).

[287] Am Beispiel des binnen weniger Tage verabschiedeten Finanzmarktstabilisierungsgesetzes *Thilo Brandner* Parlamentarische Gesetzgebung in Krisensituationen – Zum Zustandekommen des Finanzmarktstabilisierungsgesetzes, NVwZ 2009, 211 ff.; auf die im „Schnelldurchgang" erfolgten Novellierungen des IfSG hinweisend *Volkmann* Logik der Form (Fn. 266), 57.

[288] Überzeugend *Barczak* Parlamentsvorbehalt (Fn. 243), Rn. 37, der eine „Daumenregel" von drei bis sechs Monaten formuliert.

[289] Grundlegend BVerfGE 34, 165 (192 f.); 49, 89 (126 f.); zur rechtstechnischen Einordnung der Wesentlichkeitslehre als „eine Art Gleitformel" *Hartmut Maurer/Christian Waldhoff* Allgemeines Verwaltungsrecht, 20. Aufl. 2020, § 6 Rn. 14; zur Kritik insb. *Wolfgang Hoffmann-Riem* Gesetz und Gesetzesvorbehalt im Umbruch, AöR 130 (2005), 5 (50 f.); eingehend zuletzt mit Blick auf die Pandemiegesetzgebung *Dederer/Preiss* Wesentlichkeitstheorie (Fn. 244), 290 ff.

[290] Folgerichtig mahnten die Gerichte den Gesetzgeber zum Handeln, als ein halbes Jahr nach Ausbruch der COVID-19-Pandemie keine Konkretisierung der Ermächtigungsgrundlagen im IfSG erfolgt war (BayVGH, 29.10.2020, 20 NE 20.2360, BeckRS 2020, 28521, Rn. 35). Ein positives Beispiel bildet die Ersetzung der unscharfen Rechtsgrundlage zur Anordnung einer Treuhandverwaltung im AWG nur wenige Wochen nach ihrer Aktivierung in der Energiekrise (näher Fn. 114).

[291] Siehe bereits den Nachweis in Fn. 124.

[292] Vgl. hierzu bereits unter III.1.b).

[293] OVG Sachsen, 27.4.2023, 3 C 8/21, BeckRS 2023, 18376, Rn. 76, mit Verweis auf BVerwG, NVwZ 2023, 1000 (1007 Rn. 59); s. auch BVerfG (K), NVwZ 2020, 876 (878 Rn. 10), wonach ein tatsächlicher Einschätzungsspielraum „mit der Zeit […] geringer werden [kann]".

Einem zeitlichen Wandel unterliegt schließlich auch die Wahl der Handlungsform. Zu Beginn einer Krise mag die Annahme eines im Wege der Allgemeinverfügung zu adressierenden raum-zeitlich begrenzten Ereignisses zwar noch vertretbar erscheinen. Scheidet diese Deutung aber später wegen einer erkennbaren Längerfristigkeit der nicht näher eingrenzbaren Bedrohung aus, so ist eine Hinwendung zur abstrakt-generellen Rechtsnorm unabdingbar.[294]

In der Gesamtschau wird deutlich, dass die Figur der Temporalisierung in unterschiedlichen Kontexten zur Systematisierung von sich ändernden Vorgaben an Verwaltungshandeln in Krisen beiträgt. Nicht zu verkennen ist dabei, dass es neben dem reinen Zeitablauf gerade die in der Zeit gewonnenen Erkenntnisse und die Eigenart der jeweiligen Krisenlage sind, von denen eine Änderung des Anforderungsprofils ausgeht.

VI. Zeitgerechtigkeit als Bestimmungsfaktor „guter Krisenverwaltung"

„*[F]ugit inreparabile tempus*", oder, wie es in der deutschen Übersetzung von *Vergils* „Georgica" heißt, „es flieht unwiederbringlich die Zeit".[295] Ich komme daher zum kurzen Schluss: Setzt man die Zeithorizonte von Verwaltung mit der Bewältigung von Krisensituationen in Bezug, wird deutlich, dass die Zeitgerechtigkeit einen zentralen Bestimmungsfaktor „guter Krisenverwaltung" (wie auch der hierauf bezogenen Gesetzgebung und Rechtsprechung) bildet. Sie nimmt die sich wandelnden Anforderungen in den unterschiedlichen Phasen des interdisziplinär erfassbaren Krisenmanagements auf und verdeutlicht, dass Verwaltungshandeln „„seine Zeit hat""[296]. Bei der gebotenen situativen Bewertung erscheint manch vordergründig einleuchtende Kritik als hypertroph und eine Krisenbewältigung im Verbundsystem von EU und Mitgliedstaaten bisweilen unabdingbar.[297]

---

[294] Am Beispiel der Coronakrise *Barczak* Krise und Renaissance (Fn. 264), 986 f.; *Marquardsen* Corona-Pandemie (Fn. 73), Rn. 42; *Ralf Poscher* Das Infektionsschutzgesetz als Gefahrenabwehr, in: Stefan Huster/Thorsten Kingreen (Hrsg.) Handbuch Infektionsschutzrecht, 2. Aufl. 2022, Kap. 4 Rn. 82; strenger wohl *Kloepfer* Verfassungsschwächung (Fn. 69), 185; *Siegel* Krisenmodus (Fn. 217), 579.

[295] *Publius Vergilius Maro (Vergil)* Georgica – Vom Landbau, 1994 (übersetzt und herausgegeben von *Otto Schönberger*), Drittes Buch, Vers 284.

[296] *Augsberg* Maßstäbe (Fn. 260), Rn. 53; eingehend zur Zeitrichtigkeit bzw. Zeitgerechtigkeit bereits *Rainer Pitschas* Maßstäbe des Verwaltungshandelns, in: Wolfgang Hoffmann-Riem/Eberhard Schmidt-Aßmann/Andreas Voßkuhle (Hrsg.) Grundlagen des Verwaltungsrechts, 2. Aufl. 2012, § 42 Rn. 139 ff.

[297] Zur Einordnung der EU als Staaten-, Verfassungs-, Verwaltungs- und Rechtsprechungsverbund BVerfGE 140, 317 (338 Rn. 44); 154, 17 (90 f. Rn. 111); 156, 182 (198 f. Rn. 38).

Eine systemkohärente Verarbeitung des Umgangs von Verwaltung mit Krisen wird durch die Figur der Temporalisierung im Rahmen der ordnenden Kraft allgemeiner Rechtsinstitute gewährleistet. Es ist daher gleichsam „an der Zeit", dieser auch bei der Systembildung des Verwaltungsrechts einen sichtbareren Platz einzuräumen.

Leitsätze des Referenten über:

1. Zeithorizonte von Verwaltung – Krisenmanagement, langfristige Planung und Systemkohärenz

I. Einführung

1. (In-)Visibilität der Zeit im Verwaltungsrecht

(1) Verwaltungsrecht und Verwaltungsrechtswissenschaft haben die Zeit nie vergessen.

2. Zeit als Formalkategorie und temporale Aspekte der Gewaltenteilung

(2) Die reduzierte Bedeutung der Zeit im Rahmen der Systembildung ist dem Charakter als Formalkategorie geschuldet. Rechtlich relevant wird die Zeit erst im Falle einer Bewertung von Zeitabläufen durch die Rechtsordnung.

(3) Die temporale Variante der Gewaltenteilung anhand von Menschentypen ist zwar holzschnittartig, beinhaltet aber eine treffende Akzentuierung, die sich in Krisenzeiten für die Verwaltung als „Gegenwartsmensch" bestätigt.

3. Bedeutung der Zeit für die Beurteilung „guter Verwaltung"

(4) Der Zeitfaktor bildet auf nationaler und europäischer Ebene ein zentrales Element „guter Verwaltung". Dabei steht die geforderte zügige Sachbehandlung in Relation zur Bedeutung und Komplexität des Entscheidungsgegenstandes.

II. Begriffliche und konzeptionelle Grundlagen

1. Begriff der Krise

(5) *Der nicht als allgemeiner Rechtsbegriff etablierte Ausdruck „Krise" ist Gegenstand multidisziplinärer Betrachtungen. Er zeichnet sich durch eine doppelte zeitliche Prägung aus, die in der Kombination eines Zwangs zu schnellem Handeln mit dem Charakter als temporäre Abweichung vom Normalzustand besteht.*

2. Krise – Katastrophe – Ausnahmezustand

(6) *Während Krisen als „Kipp-Punkte" durch die Unentschiedenheit einer zugespitzten Situation gekennzeichnet sind, prägt Katastrophen die bereits eingetretene „Wendung zum Schlechten". In phänomenologischer Hinsicht weisen Krisen und Katastrophen gleichwohl Koinzidenzen auf.*

(7) *Die Figur des Ausnahmezustands ist zur Erfassung krisenbezogenen Handelns unter dem Grundgesetz ungeeignet. Ihre Rezeption in Beiträgen zur Finanz-, Flüchtlings- und Coronakrise entbehrt der verfassungsrechtlichen Substanz.*

3. Zyklusmodell als Analyserahmen

(8) *Zur holistischen Erfassung des Krisenmanagements wurde in den Sozialwissenschaften der rechtswissenschaftlich bisher nur bruchstückhaft rezipierte Crisis Management Cycle entwickelt. Als theoretischer Rahmen adressiert er die unterschiedlichen Stufen vor, während und nach einer Krise.*

III. Responsives Krisenmanagement in der Akutphase

1. Krisenbewältigung im Gewaltenschema

a) Entparlamentarisierung und „Stunde der Exekutive"

(9) *Eine Qualifizierung der Krise als „Stunde der Exekutive" ist unterkomplex. Zwar besteht ein „interimistischer Entscheidungsvorsprung" in akuten Krisen, ohne dass hieraus aber notwendig eine Entparlamentarisierung folgt.*

b) Entjustizialisierung im Zustand der Ungewissheit und Unsicherheit

(10) Die Garantie effektiven Rechtsschutzes gilt auch in Krisen uneingeschränkt. Zugleich können Gerichte an ihre Funktionsgrenzen stoßen, ohne dass hiermit eine Entjustizialisierung verbunden wäre.

c) Disbalance vertikaler Kompetenzsysteme

(11) Krisen haben auch Auswirkungen auf die Balance vertikaler Kompetenzsysteme. Besondere Herausforderungen sind mit Zentralisierungsprozessen verbunden. Eine Aushebelung der föderalen Verwaltungsordnung vermag die Gegenwartsnähe von Krisen nicht zu legitimieren.

2. Krisenbedingter Wandel staatlicher Verantwortung

(12) Krisensituationen bedingen einen bidirektionalen Wandel staatlicher Verantwortung. Dabei steht dem Phänomen einer krisenbedingten Verstaatlichung von Unternehmen die erweiterte Einbeziehung Privater bei der Gemeinwohlverwirklichung gegenüber.

3. Typisierung hoheitlicher Mangelverwaltung

(13) Die Bewältigung akuter Krisen wird durch das System hoheitlicher Mangelverwaltung geprägt. Zum einen ist eine Schonung knapper Ressourcen mit Eingriffen in Freiheitsrechte zum Zwecke ihrer Verteidigung verbunden. Zum anderen wirft die Verteilung vorhandener Ressourcen gleichheitsrechtliche Fragen auf.

4. Folgenbewältigung und Evaluation

(14) Das responsive Krisenmanagement umfasst eine Verarbeitung der Folgen staatlicher Krisenbekämpfungsmaßnahmen. Die Grenzen zwischen den Stufen einer Antwort auf die akute Krise (Response) und der Wiederherstellung (Recovery) sind fließend. Evaluationen ermöglichen als Bindeglieder übergreifendes Lernen.

IV. Langfristige Planung als prospektives Krisenmanagement

1. Staatliche Resilienzverantwortung

(15) Die der Resilienz immanente „Logik der Bewältigung" fordert neben einer Antwort auf akute Krisen und der Wiederherstellung eines Nor-

malzustands auch die Vorbereitung auf künftige Krisenlagen. Verfassungsrechtlich unterfüttert wird der Dreiklang aus Responsivität, Recovery und Preparedness durch die Resilienzverantwortung des Staates.

2. Resilienz durch Planung

(16) Zentrales Instrument zur Wahrnehmung der staatlichen Resilienzverantwortung ist die langfristige Planung als „Tochter der Krise". Im Sinne eines erfahrungsbasierten Lernens werden Weichenstellungen getroffen, um Krisen künftig besser erkennen, abmildern, bewältigen und die Folgen beseitigen zu können.

3. Preparedness als Bezugspunkt

(17) Bezugspunkt der langfristigen Krisenplanung ist eine umfassende Preparedness. Das Themenspektrum reicht von der Behördenorganisation über die Verfahrensbeschleunigung und Infrastruktursicherung sowie die Informationsgewinnung und Krisenkommunikation bis hin zu Verteilschlüsseln und Fragen der Zuständigkeitsordnung.

a) Empirische Bestandsaufnahme und Behebung von Datenmangel

(18) Fundierte Empfehlungen für langfristige Planungen setzen hochqualitative empirische Bestandsaufnahmen voraus, an denen es bisweilen fehlt. Ein Grund hierfür ist der oft beklagte Datenmangel, zu dessen Behebung in aktuellen Studien eine Vielzahl an Optimierungsmaßnahmen vorgeschlagen wird.

b) Anpassungsfähigkeit als Bestandteil von Preparedness

(19) Preparedness umfasst eine Vorbereitung auf Krisenfolgen, die nicht mehr verhindert oder rückgängig gemacht werden können. Paradigmatisch hierfür steht das sich formierende neue Teilrechtsgebiet des Klimawandelanpassungsrechts.

c) Revisibilität und Situativität krisenbezogenen Verwaltungsrechts

(20) Das krisenbezogene Verwaltungsrecht muss flexibel änderbar konzipiert sein. Neben Befristungs- und Evaluierungsklauseln ist auch an die Aufnahme spezieller Krisenregelungen zu denken, die der Aktivierung durch Feststellung eines qualifizierten Notfalls bedürfen.

d) Ventilfunktion „zeitoffener" Generalklauseln

(21) „Zeitoffene" Generalklauseln stehen im Spannungsfeld behördlicher Flexibilität und rechtsstaatlicher Bestimmtheit. Zwar setzt die Gegenwartsverantwortlichkeit des Verwaltens eine anpassungsfähige Gesetzesauslegung voraus, ohne damit aber Verdichtungen des normativen Rahmens auszuschließen.

e) Administrative Konzepte als Zwischenschritte der Normkonkretisierung

(22) Einem erhöhten Rationalisierungsbedarf bei der Anwendung „zeitoffener" Rechtsgrundlagen kann die Verwaltung im Wege der „Eigenprogrammierung" durch administrative Konzepte begegnen.

V. Herstellung von Systemkohärenz

1. Begriffliche und (verfassungs-)rechtliche Fundierung

(23) Der Systembegriff umfasst bei einem materiellen Verständnis die Kohärenz. Verhandelt wird das Konzept auf nationaler Ebene unter dem Gebot der Folgerichtigkeit. Für die Verwaltung impliziert das Postulat grundsätzlich keine strikte „Pfadabhängigkeit", sondern zeigt Bedarf nach Reflexion und Begründung an.

2. Ordnende Kraft allgemeiner Rechtsinstitute

(24) Von den allgemeinen Rechtsinstituten geht auch in Krisenzeiten eine ordnende Kraft zur Gewährleistung von Folgerichtigkeit und Einsehbarkeit des Verwaltungshandelns aus.

a) Handlungsformenlehre als Baustein eines resilienten Verwaltungsrechts

(25) Die ausdifferenzierte Handlungsformenlehre erlaubt ein zeitlich gestuftes Krisenmanagement nach dem Prinzip von trial and error und erweist sich dergestalt als „unverzichtbarer Baustein" eines resilienten Verwaltungsrechts.

b) Typologie der Privatisierung und Verstaatlichung

(26) Die Typologie der Privatisierung und Verstaatlichung ist rezeptionsfähig für den bidirektionalen Wandel staatlicher Verantwortung. Refle-

xionsbedürftig erscheinen neben dem Verschwimmen von Indienstnahme und Beleihung vor allem die Maßstäbe einer Pflicht zur Reprivatisierung nach erfolgter Krisenbewältigung.

c) Dogmatik behördlicher Entscheidungsspielräume

(27) Verschiebungen der gerichtlichen Kontrolldichte sind auf Grundlage der allgemeinen Dogmatik erklärbar. Die Figur der außerrechtlichen tatsächlichen Erkenntnisdefizite trägt dazu bei, Änderungen der epistemischen Situation im Zeitverlauf systemkohärent zu erfassen.

3. Temporalisierung als Instrument systematischer Erfassung

a) Verzeitlichung des Anforderungsprofils

(28) Die Temporalisierung bildet ein zentrales Instrument zur systematischen Erfassung von sich im Krisenverlauf wandelnden Vorgaben. Sie bringt zum Ausdruck, dass die rechtliche Beurteilung ein und desselben Maßnahmentyps in Abhängigkeit vom Zeitpunkt im Krisenverlauf, der Bedrohungslage und dem Stand fachwissenschaftlicher Erkenntnis unterschiedlich ausfallen kann.

b) Anwendungsfelder einer veränderten Bewertung „in der Zeit"

(29) Eine veränderte Bewertung „in der Zeit" kann sich namentlich mit Blick auf die Verhältnismäßigkeit, den Parlamentsvorbehalt und das Bestimmtheitsgebot sowie die Einräumung behördlicher Entscheidungsspielräume und die Handlungsformenwahl ergeben. Auslöser für Veränderungen des Anforderungsprofils sind neben dem reinen Zeitablauf gerade die gewonnenen Erkenntnisse und die Eigenart der jeweiligen Krisenlage.

VI. Zeitgerechtigkeit als Bestimmungsfaktor „guter Krisenverwaltung"

(30) Zeitgerechtigkeit ist ein zentraler Bestimmungsfaktor „guter Krisenverwaltung". Sie nimmt die sich im Krisenverlauf wandelnden Anforderungen auf und verdeutlicht, dass Verwalten in der Zeit zu bewerten ist. Eine systemkohärente Verarbeitung wird durch die Figur der Temporalisierung im Rahmen der ordnenden Kraft allgemeiner Rechtsinstitute gewährleistet.

Zweiter Beratungsgegenstand:

Zeithorizonte von Verwaltung – Krisenmanagement, langfristige Planung und Systemkohärenz

2. Referat von *Jan Henrik Klement*, Freiburg*

Inhalt

	Seite
I. Zeithorizonte guter Verwaltung	194
II. Die Verwaltung als Staatsgewalt der Gegenwart	198
1. Die Zeit als Vorbedingung und Konstrukt des Rechts	198
2. Zeitliche Dimension der Gewaltengliederung	199
III. Die verzeitlichte Verwaltung.	202
1. Das zeitlose Recht des liberalen Rechtsstaats	202
2. Die präventive Wende der Staatstätigkeit	206
3. Die Verzeitlichung von Gesetz und Verwaltung	209
a) Intrinsische Verzeitlichung der Verwaltung	210
b) Gesetzesvermittelte Verzeitlichung der Verwaltung	212
aa) Theoretische Unmöglichkeit einer zeitlosen vollziehenden Gewalt	213
bb) Funktionale Notwendigkeit einer verzeitlichten Verwaltung	214
IV. Die futurisierte Verwaltung.	216
1. Begriff der Futurisierung.	216
2. Quellen und Modi der Futurisierung.	217
a) Unionsverwaltungsrecht: Planen und Regulieren	217
b) Zukunftsorientiertes Verfassungsrecht	222
3. Zur heutigen Rolle der Rechtswissenschaft: Verfallserzählung oder Gestaltungsauftrag?	224

---

* Für gute Gespräche und wertvolle Anregungen danke ich herzlich meinen Freiburger Kolleginnen und Kollegen des öffentlichen Rechts, meinem akademischen Lehrer *Wolfgang Kahl* sowie *Patrick Hilbert, Andreas Glaser, David Kuhn, Eberhard Schmidt-Aßmann, Daniel Damler* und *Josef Ruthig* (Nennung in zeitlicher Reihenfolge). Das Team meines Lehrstuhls hat mich großartig unterstützt, ganz besonders zu danken ist der akademischen Mitarbeiterin *Sophie Lilienthal* und dem akademischen Mitarbeiter *Johannes Rupp*.

V. Verengte Horizonte: Bringen die Krisen die Gegenwart
    zurück? 226
    1. Ohne Zukunftserwartungen keine Krisen 227
    2. Ohne Zukunftsverantwortung kein Krisendenken im
       Verwaltungsrecht 228
    3. Zukunftsorientiertes Recht als Folge von Krisen 229
VI. Vom Vorbehalt des Gesetzes zum Vorbehalt guter Verwaltung . 232
    1. Abschied vom Vorbehalt des Gesetzes für wesentliche
       Zukunftsentscheidungen 232
    2. Der Vorbehalt guter Verwaltung 236

I. Zeithorizonte guter Verwaltung

Die Zeit ist das bewegte Bild des Rechts. Sie drückt und zieht an den Normen, steht über den Begriffen und dem Begreifen,[1] prägt Werte und Bewertungen. In allem aber erzeugt das Recht die Zeit, in der es fließt, selbst mit. Dies wäre trivial, sollte damit nur gesagt sein, dass die Zeitbegriffe des Rechts die Sprachspiele des Alltags überschreiben und verwirren können. Selbstverständlich kann eine Woche im juristischen Sinne mehr als sieben Tage haben (§ 193 BGB; § 31 Abs. 3 S. 1 VwVfG)[2] und sind auch die bei laienhafter Betrachtung einfachsten Zeitangaben noch der Auslegung bedürftig.[3] In größere gedankliche Tiefe führt die Frage, wie das Recht die Zeit als Faktor in die Produktion von Recht einbezieht. Zur Zeitgebundenheit des Rechts tritt jetzt eine Rechtsgebundenheit der Zeit. Das Recht lässt uns die Zeit nicht als Objektivität erfahren, sondern durch die

---

[1] *Alois v. Brinz* Über die Zeit im Rechte, 1882, 3 (3 f.).

[2] Andere Beispiele für Abweichungen der juristischen zeitbezogenen Sprache von der Alltagssprache sind die Begriffe „unverzüglich" (§ 121 Abs. 1 S. 1 BGB) und „demnächst" (§ 167 ZPO), die kraft gesetzlicher Definition bzw. Auslegung durch Elemente des Verschuldens angereichert werden. Eine Frist von zwei Monaten kann „alsbald" im Sinne von § 49a Abs. 4 S. 1 VwVfG (vgl. BVerwG, 17.11.2003 – 8 B 123.03, juris) und eine Fünfmonatsfrist „alsbald" im Sinne von § 117 Abs. 4 S. 2 Hs. 2 VwGO sein (GmS-OGB, BVerwGE 92, 367 [372 f.]). Bei unbefangener Lektüre von § 41 Abs. 2 Satz 1 VwVfG käme wohl niemand auf den Gedanken, dass „am dritten Tag" der Beginn des vierten Tages nach der Aufgabe zur Post ist, *Ulrich Stelkens* in: Paul Stelkens/Heinz Joachim Bonk/Michael Sachs (Hrsg.) VwVfG, 10. Aufl. 2023, § 41 Rn. 132. Allgemein zu den Eigentümlichkeiten des juristischen Zeitbegriffs *Karl Engisch* Vom Weltbild des Juristen, 2. Aufl. 1965, 67 ff.

[3] S. die unterschiedlichen Legaldefinitionen des Begriffs der „Nachtzeit", die bei *Bernd Rüthers/Christian Fischer/Axel Birk* Rechtstheorie, 12. Aufl. 2022, Rn. 169, aufgeführt sind.

Brille seiner eigenen Zwecke, Wahrnehmungen und Bewertungen.[4] Es vergegenwärtigt Zukunft und lässt Vergangenheit vergessen, beschleunigt und bremst, setzt Rechtskraft und Bestandskraft gegen materielles Recht,[5] stiftet die Kontinuität einer Ordnung, die Wandel zulässt und kontrolliert.[6]

Zeitgerechtigkeit, das lassen diese wenigen Worte schon ahnen, ist ein Wesensmerkmal von Gerechtigkeit.[7] Als ein allgemeines Thema aber ist sie weithin unerforscht, ja unerkannt.[8] Die nun erstmals bei einer Staatsrechtslehrertagung aufgeworfene Frage nach den Zeithorizonten von Verwaltung lädt zwar ebenfalls nicht dazu ein, die Fäden des positiven Rechts in überpositivem Räsonnement zusammenzuführen, wohl aber eröffnet sie eine mittlere Abstraktionshöhe oberhalb der uns alltäglich umtreibenden zeitbezüglichen Dogmatiken. Der faktische Zeithorizont von Verwaltung ist eine empirische Größe der Fähigkeiten des Erinnerns, Erkennens und Prognostizierens oder markiert die Spanne zwischen Beginn und Ende der Wirkung eines Verwaltungshandelns. Der normative Zeithorizont hingegen ist die Summe der zeitbezogenen rechtlichen Vorgaben formeller[9] wie materieller Art für das Entscheiden[10] und für das

---

[4] In einem anderen Zusammenhang spricht *Christian Starck* Der Gesetzesbegriff des Grundgesetzes, 1970, 181, von einer „ständigen Wechselwirkung zwischen dem Begreifen des jeweiligen Wirklichkeitsausschnitts und seiner normativen Überformung".

[5] Zu den in der Rechtsordnung enthaltenen Möglichkeiten, Rechtsakte in Reaktion auf Veränderungen in der Zeit aufzuheben oder zu verändern, *Christian Bumke* Relative Rechtswidrigkeit, 2004, 164 ff.

[6] Nach *Peter Häberle* Zeit und Verfassung, ZfP 1974, 111 (113), ist eine Kontinuität der Verfassung nur möglich, wenn in ihr Vergangenheit und Zukunft verbunden werden; s. auch *Michael Kloepfer* Zukunft und Recht, in: Alexander Ruch/Gérard Hertig/Urs Ch. Nef (Hrsg.) FS Martin Lendi, 1998, 253 (264).

[7] Rechtsphilosophische Betrachtungen bei *Ilmar Tammelo* Über die Zeitdimension der Gerechtigkeit, in: Herbert Miehsler u.a. (Hrsg.) FS Alfred Verdross, 1980, 263.

[8] S. die Bemerkung von *Günter Dürig* Zeit und Rechtsgleichheit, in: Joachim Gernhuber (Hrsg.) FS Tübinger Juristenfakultät, 1977, 21 (21), die Rechtswissenschaft habe zum Thema Zeit und Recht „eigentlich immer nur Essays" zustande gebracht; ähnlich *Wolf-Rüdiger Schenke* Verfassung und Zeit – von der „entzeiteten" zur zeitgeprägten Verfassung, AöR 103 (1978), 566 (569); aus neuerer Zeit *David Kuch* Die Kontinuität von Rechtsordnungen, Rechtswissenschaft 2020, 116 (116 f.).

[9] Oft wird das Thema „Verwaltung und Zeit" sogar nur mit dem Verwaltungsverfahren und den darauf bezogenen Vorschriften assoziiert, s. hierzu im Überblick *Andreas Musil* Faktor Zeit im Verwaltungsverfahren, in: Wolfgang Kahl/Markus Ludwigs (Hrsg.) Handbuch des Verwaltungsrechts, Bd. V, 2022, § 114.

[10] Zu einer Schnittmenge aus formellem und materiellem Recht führt die Frage nach dem „richtigen Zeitpunkt" einer Verwaltungsentscheidung. Die formellrechtliche Seite dieser Zeitgerechtigkeit wird durch Vorgaben zur Zügigkeit des Verfahrens bzw. der „angemessenen Frist" der Entscheidung angesprochen, wie sie sich u.a. in § 10 S. 2, mittelbar in § 24 Abs. 1 S. 1 Hs. 1 und in § 25 Abs. 2 VwVfG sowie in Art. 41 GRCh finden (s. *Arne Pilniok* Maßstäbe des Verwaltungshandelns, in: Kahl/Ludwigs [Fn. 9], § 123 Rn. 48).

Entschiedene. In ihrem Zusammenspiel und gemeinsam mit anderen Normen und Fakten konstituieren beide Arten von Zeithorizonten die Bewirkungsmöglichkeiten von Verwaltung (Verwaltungsverantwortung[11]) und bestimmen damit ihre Stellung nach außen gegenüber der Gesellschaft und nach innen gegenüber den anderen Staatsgewalten.[12] Wenn sich eine

---

Daneben wird der richtige Zeitpunkt des behördlichen Handelns auch durch das materielle Recht und die darin abgebildeten Gemeinwohlzwecke bestimmt (materielle Rechtzeitigkeit). Diese Rechtzeitigkeit kann für die Rechtmäßigkeit und Richtigkeit der Entscheidung ebenso wichtig wie ihr Inhalt sein, s. *Peter Wysk* Die Verfahrensdauer als Rechtsproblem, in: Ivo Appel/Kersten Wagner-Cardenal (Hrsg.) FS Ulrich Ramsauer, 2019, 27 (28). Man denke nur an den Erlass von Absonderungsanordnungen zur Pandemiebekämpfung: Rechtzeitigkeit ist hier der Korridor, in dem das Gemeinwohlziel noch hinreichend gefördert und eine durch mangelhafte Sachverhaltskenntnis verursachte Grundrechtsverletzung schon hinreichend unwahrscheinlich ist. Eine materielle Rechtzeitigkeit meint auch das vom Bundesverfassungsgericht angenommene Verfassungsgebot der Rechtzeitigkeit des staatlichen Planung freiheitsbeschränkender Maßnahmen (BVerfGE 157, 30 [168 f., 171 Rn. 253, 258]). Das materiell richtige „Timing" – Begriff bei *Tristan Barczak* Zeithorizonte von Verwaltung, DVBl 2023, 1036 (1037) – der Entscheidung wirkt auf die verfahrensrechtlichen Anforderungen an die Sachverhaltsermittlung zurück: Eine Entscheidung wurde in der Regel nicht in angemessener Frist getroffen, wenn sie materiell zu spät kommt oder umgekehrt so schnell ergeht, dass eine angemessen gründliche juristische Auseinandersetzung mit den rechtlichen Vorgaben nicht möglich war, mag das Ergebnis auch („zufällig") richtig sein. Zu dem an materiellen Zielen ausgerichteten Ermittlungsermessen der Verwaltung grundlegend *Jens-Peter Schneider* Nachvollziehende Amtsermittlung bei der Umweltverträglichkeitsprüfung, 1990, 94 ff.; zusammenfassend *ders.* in: Friedrich Schoch/Jens-Peter Schneider (Hrsg.) VwVfG, 2022, § 24 Rn. 130 ff. (2020); s. auch *Dieter Kallerhoff/Frank Fellenberg* in: Stelkens/Bonk/Sachs (Fn. 2), § 24 Rn. 26, 36. Zum Parallelproblem beim gerichtlichen (vorläufigen) Rechtsschutz BVerfG-K, NVwZ 2004, 334 (335); *Eberhard Schmidt-Aßmann* in: Günter Dürig/Roman Herzog/Rupert Scholz (Hrsg.) GG III, 2023, Art. 19 Abs. 4 Rn. 276 (2020).

[11] Begriff nach *Eberhard Schmidt-Aßmann* Verwaltungsverantwortung und Verwaltungsgerichtsbarkeit, VVDStRL 34 (1976), 221 (227 f.); s. auch *Jan Henrik Klement* Verantwortung, 2006, 77 ff.

[12] So wird die Fähigkeit der Verwaltung, einen Sachverhalt rechtlich richtig zu beurteilen und richtige Entscheidungen zu treffen, auch durch die Zeit bestimmt, die ihr unter Berücksichtigung verfahrensrechtlicher Vorschriften, materiell-rechtlicher Begrenzungen, binnenorganisatorischer Steuerungsimpulse, aber auch ihrer Ausstattung mit Personal- und Sachmitteln zur Verfügung steht, vgl. zur Ressource „Personal" als Bedingung für schnelle Verwaltungsverfahren *Wysk* Verfahrensdauer (Fn. 10), 47 ff.; siehe ebd., 33: „Verwobenheit der Zeit mit der Qualität". Die Möglichkeit, die Zeit in andere Produktionsfaktoren umzurechnen, wird prägnant zusammengefasst in dem Satz „time is money" nach *Benjamin Franklin* Advice to a young tradesman, in: Works of the late Doctor Benjamin Franklin, Bd. 1, 1793, 55. In Ergänzung des Grundrechtsschutzes durch Organisation und Verfahren kann deshalb auch von einem „Grundrechtsschutz durch Zeit" gesprochen werden. Dabei ist zwischen der durch mehr Zeit gewinnbaren Qualität von grundrechtsrelevanten Verwaltungsentscheidungen einerseits und der durch die Grundrechte geschützten Zeit der Grundrechtsträger andererseits zu unterscheiden. Zu Letzterem am Beispiel der Wissenschafts-

im materiellen Sinne gute Verwaltung[13] dadurch auszeichnet, dass sie die von der Gesellschaft erwarteten Leistungen erbringt, also zum einen rechtmäßig und möglichst richtig[14] und zum anderen demokratisch legitimiert und rechtsstaatlich kontrolliert handelt, dann ist eine gute Verwaltung auch davon abhängig, welche Zeithorizonte ihr jeweils gesetzt und geöffnet sind.

Aus dieser Perspektive deutet schon die Frage nach der Krisenfestigkeit und der Zukunftsfähigkeit auf Systemzeiten von Verwaltung hin, die sich von denen einer nur vollziehenden Staatsgewalt deutlich unterscheiden. Verwaltung im 21. Jahrhundert ist eine vielfach auf ferne und ungewisse Zukünfte ausgerichtete, auch außerhalb der Normalität[15] agierende Gestalterin. Für diesen Befund werde ich den Begriff der Verzeitlichung von Verwaltung verwenden. Die damit verbundene These aber lautet, dass der faktische Zeithorizont, in dem die Verwaltung agiert, und der normative Zeithorizont, wie ihn das Verfassungsrecht und der Stand von Theorien und Methoden definieren, nicht recht zusammenpassen. Unter dem Panier des Begriffs der guten Verwaltung ist hier eine Korrektur erforderlich. Auf dieses Ziel ausgerichtet will mein Vortrag keine Manöverkritik vergangener administrativer Krisenbewältigungen sein, sondern tief im Verhältnis des Verwaltungsrechts zur Zeit schürfen und am Ende auf das Feld der Verfassungsdogmatik einbiegen. Dort werde ich mich mit dem Vorbehalt des Gesetzes einer der wichtigsten Stellschrauben des Zeithorizonts von Verwaltung zuwenden.

---

freiheit *Thomas Würtenberger* Zeit und Wissenschaftsfreiheit, in: Volker Rieble (Hrsg.) FS Manfred Löwisch, 2007, 449 (453 ff.).

[13] Zum materiellen Verständnis des Begriffs der „guten Verwaltung" *Martin Bullinger* Das Recht auf eine gute Verwaltung nach der Grundrechtecharta der EU, in: Carl-Eugen Eberle (Hrsg.) FS Winfried Brohm, 2002, 25 (28 f., 30 f.), der – insoweit zweifelhaft – auch Art. 41 GRCh eine materiellrechtliche Bedeutung abgewinnen möchte (insoweit kritisch *Kai-Dieter Classen* Gute Verwaltung im Recht der Europäischen Union, 2008, 424 f.). Nach *Hermann Hill* Gutes Regierungs- und Verwaltungshandeln, in: Kahl/Ludwigs (Fn. 9), § 127 Rn. 33, ist eine gute Verwaltung eine „aktive öffentliche Verwaltung […], die im Rahmen der Verfassung und der Gesetze in der Lage und aufgerufen ist, das Gemeinwohl zu verwirklichen, den Bürgern hochwertige Dienstleistungen anzubieten und die Qualität ihres täglichen Lebens zu gewährleisten und zu verbessern".

[14] Zur Unterscheidung von Rechtmäßigkeit und Richtigkeit *Patrick Hilbert* Erkenntnisfunktionen und Richtigkeitsgewähr von Verwaltungsverfahren, Die Verwaltung 51 (2018), 313 (335, 343); grundlegend *Wolfgang Hoffmann-Riem* Ermöglichung von Flexibilität und Innovationsoffenheit im Verwaltungsrecht, in: ders./Eberhard Schmidt-Aßmann (Hrsg.) Innovation und Flexibilität des Verwaltungshandelns, 1994, 9 (27 ff.); *Eberhard Schmidt-Aßmann* Das allgemeine Verwaltungsrecht als Ordnungsidee, 2. Aufl. 2004, 6. Kap. Rn. 57 ff.

[15] Der Begriff der Normalität wird hier verstanden im Sinne eines Handelns nach vorausgedachten Programmen. Vgl. dazu *Gerhard Schulze* Krisen, 2011, 21, der Normalität als „wünschenswerte Wiederholungen" definiert.

II. Die Verwaltung als Staatsgewalt der Gegenwart

1. Die Zeit als Vorbedingung und Konstrukt des Rechts

Die Rede von der Rechtsgebundenheit der Zeit darf nicht den Blick darauf verstellen, dass das Recht in einem von der objektiven Zeit aufgespannten Möglichkeitsraum steht, aus dem es nicht heraustreten kann. Alle Rechtsnormen sind aus der Vergangenheit gesteuerte Versuche einer Vorwegnahme von Zukunft,[16] das heißt sie wollen die Ursache für künftige Handlungen und damit Wirkungen sein.[17] Niemals können sie in die Vergangenheit wirken, und die Zukunft, die sie schaffen, liegt ihnen stets unbekannt voraus. Die Zeit als normativen Begriff kann das Recht indes nach Belieben filtern und verdrehen. So mag der Eindruck entstehen, als gäbe es konservatives oder gar rückwärtsgewandtes Recht, wie zum Beispiel auf der Rechtsfolgenseite des Folgenbeseitigungsanspruchs die Wiederherstellung des *status quo ante* angeordnet[18] oder der angeblich[19] „rückwirkende" Erlass von Normen ermöglicht wird. Ähnlich verhält es sich, wenn das Verwaltungsrecht eigene Wahrheiten für Verwaltungsentscheidungen kreiert,[20]

---

[16] Zu dieser Zeitstruktur *Werner Maihofer* Was ist Recht?, JuS 1963, 165 (169): „Wesen des Rechts […] als […] Vorausentwurf[s] menschlicher Zukunft, der in dem Augenblick, wo wir in der Zukunft diese Vorwegnahme einlösen, auch schon in der Vergangenheit liegt"; *Starck* Gesetzesbegriff (Fn. 4), 181: „Das Sollen ist der Entwurf gesollten, d.i. stets möglichen Seins"; *Stephan Kirste* Die Zeitlichkeit des positiven Rechts und die Geschichtlichkeit des Rechtsbewußtseins, 1997, 357 ff.; *Christoph Möllers* Die Möglichkeit der Normen, 2015, 305.

[17] Vgl. *Hans Kelsen* Hauptprobleme der Staatsrechtslehre, 1911, 14 f.

[18] Zuletzt BVerwG, NVwZ 2023, 923 (Rn. 16). Es handelt sich dabei ersichtlich um eine sprachliche Verkürzung oder Metaphorik. Auch wenn das Recht die Wiederherstellung von etwas Vergangenem anordnet, gibt es weder Anlass zu einer Zeitreise, noch gebietet es die Herstellung eines genauen Abbilds eines früheren Realzustands der Welt. Das Zitat der Vergangenheit dient letztlich nur der Beschreibung der gewünschten Zukunft. Vollständig physisch-real wiederherstellen lässt sich die Vergangenheit dabei nie, s. *Wolfgang Höfling* Primär- und Sekundärrechtsschutz im Öffentlichen Recht, VVDStRL 61 (2002), 260 (272).

[19] Alle Normen, auch solche mit Rückwirkung, können nur ein zeitlich nach ihrem Geltungsbeginn liegendes Verhalten regeln, dazu *Kirste* Zeitlichkeit (Fn. 16), 364 ff.; *Möllers* Möglichkeit (Fn. 16), 308 ff. Ebenso verhält es sich mit rückwirkenden Verwaltungsakten (vgl. BVerwGE 88, 278 [280 f.]; BVerwG, NVwZ-RR 2012, 192 [193 ff.]) und mit der rückwirkenden Aufhebung von Verwaltungsakten durch Rücknahme (§ 48 Abs. 1 S. 1 VwVfG) und Widerruf (§ 49 Abs. 3 VwVfG) oder im Widerspruchsverfahren. Stets ist mit „Rückwirkung" nur eine Neubewertung vergangener Sachverhalte gemeint, aus der sich veränderte Verhaltensanforderungen für die Zukunft ergeben.

[20] Vgl. *Kirste* Zeitlichkeit (Fn. 16), 367: Selektion von Vergangenheiten; *Hilbert* Erkenntnisfunktionen (Fn. 14), 338 f., der von „Sachverhaltserzeugung" spricht.

indem es regelhaft bestimmte Zeitebenen aus den für die Subsumtion maßgeblichen Sachverhalten ausblendet.[21]

2. Zeitliche Dimension der Gewaltengliederung

Die drei Zeitebenen der Setzung, Anwendung und Wirkung einer Norm sind in einem arbeitsteilenden, gewaltengliedernden und föderalen System in mehrstufige Rechtserzeugungsprozesse eingebettet. Auf dem Weg zur nach außen gerichteten Norm wird der Zeithorizont jeder neuen Erzeugungsstufe auf den jeweils vorausliegenden Stufen definiert. Dort werden auch die kognitiv relevanten Zeitebenen bestimmt und festgelegt, welche Möglichkeiten die Verwaltung zur Erlangung von Wissen über Kausalfaktoren und -zusammenhänge zu ergreifen oder zu ignorieren hat. Das Bild vom Zeithorizont macht das anschaulich, denn ein Horizont ist eine Grenze des Erkennbaren, verbunden mit dem Wissen, dass es hinter dem Horizont eigentlich immer noch weitergeht. Wer Horizonte setzt oder verschiebt, verteilt also Verantwortung. Die normative Verknüpfung von Entscheidungen mit Zeitebenen erweitert und beschränkt die Handlungs- und Wirkungsmöglichkeiten der einzelnen Akteure. Sie dient damit einer arbeitsteiligen Informationsgenerierung und kann ein Beitrag zu schnellen[22] sowie

---

[21] Solche Ausblendungen können aus unterschiedlichen Gründen erfolgen: (1.) zur Verringerung des behördlichen Aufwands bei der Sachverhaltsermittlung und zur Beschleunigung von Entscheidungen, s. hierzu etwa das in § 73 Abs. 4 S. 3 VwVfG und § 10 Abs. 3 S. 5 BImSchG geregelte Institut der Präklusion verspäteter Einwendungen im Planfeststellungsverfahren und im immissionsschutzrechtlichen Genehmigungsverfahren; (2.) um die Gesellschaft umgekehrt vor übereilten Entscheidungen zu bewahren, indem neue Entwicklungen nur mit zeitlicher Verzögerung bzw. nach formalisierter Verifizierung berücksichtigt werden dürfen; (3.) zur Effektuierung der staatlichen Aufgabenwahrnehmung, s. hierzu die Nichtberücksichtigung von im Zeitpunkt des polizeilichen Handelns für einen pflichtgemäßen Durchschnittsbeamten nicht erkennbaren Tatsachen und Erfahrungssätzen nach dem subjektiv-normativen Gefahrbegriff im Polizeirecht (vgl. *Thorsten Kingreen/Ralf Poscher* Polizei- und Ordnungsrecht, 12. Aufl. 2022, § 8 Rn. 48); (4.) aus Gründen des Vertrauensschutzes und des Rechtsfriedens, s. das grundsätzliche Verbot echter Rückwirkung in BVerfGE 156, 354 (403 Rn. 134); (5.) zum Schutz privater Interessen und Rechte, insbesondere von Grundrechten, s. die verfassungskonforme Auslegung der Ermächtigungsgrundlage für die Gewerbeuntersagung (§ 35 Abs. 1 S. 1 GewO) durch die Beschränkung der Prognosegrundlage auf in der Vergangenheit eingetretene, aber in der Gegenwart fortwirkende und hinreichend gewichtige Tatsachen (BVerwGE 24, 38 [40 f.]) und die Nichtberücksichtigung von aus dem Bundeszentralregister gelöschten Verurteilungen, s. § 51 Abs. 1 BZRG und dazu BVerwG, GewArch 1995, 115.

[22] *Joseph Raz* Practical Reason and Norms, 2. Aufl. 1990, 73: „Having a rule is like having decided in advance what to do. When the occasion for action arises one does not have to reconsider the matter for one's mind is already made up." (deutsche Übersetzung: Praktische Gründe und Normen, 2006, 96).

zentral demokratisch legitimierten hoheitlichen Entscheidungen und zu besseren Ergebnissen sein.

Es ist also nicht für das juristische Feuilleton, wenn im Schrifttum ein Zeitschema der Gewaltenteilung propagiert wird, in welchem der Gesetzgebung die Zukunftsgestaltung übertragen, die Verwaltung als die mit der Gegenwart befasste Staatsgewalt ausgeflaggt und der Rechtsprechung die Bewältigung des Vergangenen zugeordnet wird.[23] Dieses Zeitschema ist zwar nicht als scharfe Beschreibung des geltenden Rechts gemeint[24] und will auch nicht im engeren Sinne Dogmatik sein, wohl aber ist es dogmatisch relevante Theorie,[25] wie sich zuletzt im Klimabeschluss des Bundesverfassungsgerichts zeigte.[26] Die Identifikation von Verwaltung mit Gegenwartsbewältigung[27] ist ein Baustein des liberal-rechtsstaatlichen Leitbilds

---

[23] *Paul Kirchhof* Verwalten und Zeit, in: ders. Stetige Verfassung und politische Erneuerung, 1995, 73 (75); *Christoph Möllers* Gewaltengliederung, 2005, 114 („relative Gegenwartsnähe exekutiven Handelns") und passim; s. zuvor *Gerhart Husserl* Recht und Zeit, in: ders. Recht und Zeit, 1955, 9 (52 f.): „Der Mann der Exekutive repräsentiert den ‚Gegenwartsmenschen'. [...] Verwalten heißt auf die soziale Umwelt, die im Zeitmodus der Gegenwart erfahren wird, gestaltend einwirken. Das Lebensgesetz der Verwaltung ist die Forderung des Tages. [...] Der Mann der Exekutive [...] bringt Gedanken zur Ausführung, die ihm als Planungen und Entwürfe eines möglichen Tuns vorgegeben sind." Spuren dieses Denkens finden sich schon bei *Charles Montesquieu*, wenn er schreibt, dass sich die exekutive Befugnis ihrer Natur nach immer mit Angelegenheiten des Augenblicks befasse und darin nicht von der Legislative gestört werden dürfe, s. De l'esprit des loix, Bd. 1, 1748, Livre onzieme, Ch. VI, 254. Kritisch zuletzt *Barczak* Zeithorizonte (Fn. 10), 1038; *Klaus Ferdinand Gärditz* Zukunftsverfassungsrecht, AöR 148 (2023), 79 (84).

[24] Aus gutem Grund wird das Zeitschema flexibel gehalten, vgl. *Kirchhof* Verwalten (Fn. 23), 75: „vielfache[r] Verschränkungen und Lockerungen dieses Zeitschemas"; *Möllers* Gewaltengliederung (Fn. 23), 114: „Zugleich aber ist exekutives Handeln nicht auf Gegenwart beschränkt".

[25] Darunter wird hier eine Theorie mit erwartbaren und erwünschten Fernwirkungen in der Rechtserkenntnis verstanden. So entfaltet das Zeitschema beispielsweise Wirkungen in der Lehre vom Vorbehalt des Gesetzes, wovon noch die Rede sein wird.

[26] Nach BVerfGE 157, 30 (130 f., 173 f. Rn. 183, 262), ist die „Sicherung grundrechtsgeschützter Freiheit über die Zeit und zur verhältnismäßigen Verteilung von Freiheitschancen über die Generationen" in den wesentlichen Aspekten der Entscheidung des Gesetzgebers zu überlassen.

[27] Unter den drei Staatsgewalten ist allein die Verwaltung (im funktionalen Sinne) dazu ermächtigt, in anderer Weise als durch die Produktion von Normen auf die Wirklichkeit einzuwirken und sich damit zugleich aus dem strukturellen Zukunftsbezug des Rechts zu lösen. S. dazu *Ralf Poscher* Funktionenordnung des Grundgesetzes, in: Wolfgang Hoffmann-Riem/Eberhard Schmidt-Aßmann/Andreas Voßkuhle (Hrsg). Grundlagen des Verwaltungsrechts, Bd. I, 2. Aufl. 2012, § 8 Rn. 63; *Möllers* Gewaltengliederung (Fn. 23), 114; *Matthias Jestaedt* Das mag in der Theorie richtig sein..., 2006, 23 Fn. 70. Hierin erschöpft sich die behauptete Beschränkung des Zeithorizonts von Verwaltung auf die Gegenwart allerdings nicht.

einer vollziehenden Staatsgewalt, deren Blick auf die Zukunft durch die Tatbestände und Rechtsfolgen der allgemeinen Gesetze möglichst weitgehend abgeriegelt wird.

Der Gegenentwurf hierzu ist in den Begriffen des Krisenmanagements, der langfristigen Planung und der Systemkohärenz angelegt. Bei aller Spannung, die zwischen diesen Begriffen liegt, deuten sie doch gemeinsam darauf hin, dass die Verwaltung nicht, auch nicht idealtypisch, auf das Vergegenwärtigen von Entscheidungen des Gesetzgebers beschränkt ist. Mit ihnen werden Erwartungen formuliert, die mit dem Ausführen von Gesetzen allesamt nichts zu tun haben: das „Krisenmanagement" als ein pragmatisches, Nebenfolgen ausblendendes, äußerlich unbeschränktes Bewältigen der Gegenwart und der nahen Zukunft;[28] das Planen als zielorientiert vorausschauendes Vorwegnehmen rechtlicher Konflikte und ihrer Lösungen;[29] die Systemkohärenz als materielle Relation von Entscheidungen in der Zeit, die im liberal-rechtsstaatlichen Denken im Wesentlichen eine Eigenschaft nur des Gesetzes und nicht der administrativen Selbstprogrammierung[30] war.[31]

---

[28] Das bedeutet nicht, dass für das Krisenmanagement keine normativen Maßstäbe formuliert werden könnten, doch handelt es sich dabei im Allgemeinen um Anforderungen an Sorgfalt, Methode und innere Haltung, nicht um eine heteronome inhaltliche Programmierung. Vgl. hierzu die im Gesellschaftsrecht als „Business Judgment Rule" bezeichneten Anforderungen an eine sorgfältige Geschäftsführung (§ 93 AktG).

[29] *Eberhard Schmidt-Aßmann* Planung als administrative Handlungsform und Rechtsinstitut, in: Jörg Berkemann (Hrsg.) FS Otto Schlichter, 1995, 3 (4 f.); s. auch *Rainer Wahl* Die Aufgabenabhängigkeit von Verwaltung und Verwaltungsrecht, in: Wolfgang Hoffmann-Riem/Eberhard Schmidt-Aßmann/Gunnar Folke Schuppert (Hrsg.) Reform des Allgemeinen Verwaltungsrechts, 1993, 177 (197 f.); *Jan Henrik Klement/Johannes Saurer* Umweltschutz in der Fachplanung, in: Eckard Rehbinder/Alexander Schink (Hrsg.) Grundzüge des Umweltrechts, 5. Aufl. 2018, Kap. 5 Rn. 2 ff. In den Worten des Bundesverwaltungsgerichts wäre jeder Versuch einer rechtlichen Determinierung von Planung ein Widerspruch in sich: BVerwGE 34, 301 (304); dazu *Fritz Ossenbühl* Welche normativen Anforderungen stellt der Verfassungsgrundsatz des demokratischen Rechtsstaats an die planende staatliche Tätigkeit?, Gutachten 50. Deutscher Juristentag, 1974, B 163.

[30] *Eberhard Schmidt-Aßmann* Der Rechtsstaat, in: HStR II, 3. Aufl. 2004, § 26 Rn. 57.

[31] Im Zuge der Verlagerung von Zukunftsverantwortung auf die Verwaltung, wie sie nachfolgend im Text zu beschreiben sein wird, orientieren sich auch die Kohärenzerwartungen neu, s. nur das Postulat einer kohärenten administrativen Steuerung von Risiken bei *Arno Scherzberg* Risikosteuerung durch Verwaltungsrecht, VVDStRL 63 (2004), 214 (249). Kohärenz wird in Art. 41 GRCh nicht ausdrücklich als Kriterium genannt, doch ergibt sich aus Art. 7 AEUV i.V.m. Art. 21 Abs. 3 Uabs. 2 EUV und zahlreichen weiteren primärrechtlichen Vorschriften ein auch an die Verwaltung gerichtetes Kohärenzgebot, s. *Ulrike Schuster* Das Kohärenzprinzip in der Europäischen Union, 2017, 111 ff.

III. Die verzeitlichte Verwaltung

Es steht also zu vermuten, dass Verwaltung *verzeitlicht* ist. Damit ist gemeint, dass sich alle Verwaltungsentscheidungen mehr oder weniger an ihren Wirkungen in einer über die Zeit volatilen Umwelt ausrichten dürfen oder müssen.[32]

1. Das zeitlose Recht des liberalen Rechtsstaats

Um die Verzeitlichung als realen Wandel und Veränderung der wissenschaftlichen Wahrnehmung zu verstehen, darf der Zeithorizont von Verwaltung nicht isoliert betrachtet, sondern müssen auch die Zeithorizonte der Gesellschaft, des Staates und des Gesetzes sowie das Zusammenspiel zwischen den verschiedenen Ebenen in den Blick genommen werden. Die Zeitlosigkeit von Verwaltung im Denken eines *Otto Mayer*, wie sie sich in jenem berühmten Satz vom Vergehen des Verfassungsrechts und Bestehen des Verwaltungsrechts ausdrückt,[33] war eine Zeitlosigkeit des zu vollziehenden Gesetzes, in der sich wiederum die Zeitlosigkeit der politisch an das Gesetz gestellten Ansprüche spiegelte.[34] Das liberale, rechtsstaatliche, posi-

---

[32] Mit der Verzeitlichung des Entscheidens geht in der Regel eine Verzeitlichung des *Entschiedenen* einher. Zu denken ist hier an die mit der Figur des Dauerverwaltungsakts erreichte Relativierung der Bestandskraft, z.B. durch die Möglichkeit eines Rechtswidrigwerdens (s. nur *Bumke* Rechtswidrigkeit [Fn. 5], 175 ff., 195 f.), an die Entwicklung einer Dogmatik „lernender" (Dauer-)Verwaltungsrechtsverhältnisse (s. *Ulrich Scheuner* Gesetzgebung und Politik, in: ders. Staatstheorie und Staatsrecht, 1978, 529 [548] [zuerst 1974]; *Hartmut Bauer* Lehren vom Verwaltungsrechtsverhältnis, 2022, 88), an die verstärkte Nutzung von Befristungen, Bedingungen und Widerrufsvorbehalten (§ 36 Abs. 2 VwVfG) und an das ohne gesetzliche Grundlage entwickelte Institut des vorläufigen Verwaltungsakts (hierzu mit Blick auf „Verdachts- oder Ungewißheitslagen" *Udo Di Fabio* Vorläufiger Verwaltungsakt bei ungewissem Sachverhalt, DÖV 1991, 629 ff.; skeptisch *Peter Axer* Verwaltungsakt unter Berichtigungsvorbehalt, DÖV 2003, 271 ff.; zur Dogmatik auch *Ulrich Jan Schröder* Der vorläufige Verwaltungsakt, Jura 2010, 255 ff.; am Beispiel von Genehmigungen *Arndt Schmehl* Genehmigungen unter Änderungsvorbehalt zwischen Stabilität und Flexibilität, 1998; *Scherzberg* Risikosteuerung [Fn. 31], 251). – Im Vertragsrecht stehen mit der ergänzenden Vertragsauslegung und dem Institut des Wegfalls der Geschäftsgrundlage (§ 313 BGB, § 60 Abs. 1 VwVfG) flexible Instrumente zur Anpassung der Rechtslage an eine veränderte Wirklichkeit zur Verfügung.

[33] *Otto Mayer* Deutsches Verwaltungsrecht, Bd. I, 3. Aufl. 1924, Vorwort.

[34] *Schenke* Zeit (Fn. 8), 572, 576, spricht von einer „positivistischen Abschnürung des Rechts von der zeitgeprägten Lebenswirklichkeit". Der liberale Rechtsstaat habe sich im Grundsatz als reine „Rechtsbewahrungsanstalt" verstanden. Speziell zu *Otto Mayers* Gesetzesverständnis *Ernst-Wolfgang Böckenförde* Gesetz und gesetzgebende Gewalt, 2. Aufl. 1981, 321 ff.; *Starck* Gesetzesbegriff (Fn. 4), 92 f.; *Thomas Vesting* Nachbarwissenschaft-

tivistische Denken des 19. Jahrhunderts verstand das Gesetz nicht als Mittel zur Förderung von Zwecken im Sinne von außerhalb des Rechts liegenden Zielvorstellungen, sondern beschränkte es auf eine Streitentscheidung nach natürlichen Freiheiten und „wohlerworbenen" Rechten[35], die stetige Wiederherstellung einer im Großen und Ganzen unveränderbaren Gerechtigkeitsordnung. Gewiss ist auch dieser Anspruch irgendwie auf Zukunft bezogen, *muss* es sein, weil die Zukunftsorientierung dem Begriff des Normativen inhärent ist.[36] Doch liegen die Zielgrößen der Gerechtigkeit noch ganz in der Gegenwart oder einer nahen Zukunft[37] und im Grunde genommen geht es auch überhaupt nicht um diese Realitäten. Nicht als Kausalfaktor weiterer günstiger Entwicklungen wird Gerechtigkeit begriffen, sondern als eine sich selbst genügende, außerhalb des Mittel-Zweck-Denkens liegende Größe.[38] Das der Gerechtigkeit dienende Gesetz ist in diesem Sinne „zwecklos" und „zeitlos", das heißt es entlastet die Verwaltung weitgehend von der Verantwortung für die Folgen ihres Handelns.[39]

Dass die politische Praxis diesem Gesetzesbegriff einmal vollständig entsprach, ist nicht anzunehmen.[40] Wiederholt ist darauf hingewiesen worden, dass *Otto Mayer* nicht das geltende Recht beschreiben, sondern aus

---

lich informierte und reflektierte Verwaltungsrechtswissenschaft, in: Eberhard Schmidt-Aßmann/Wolfgang Hoffmann-Riem (Hrsg.) Methoden der Verwaltungsrechtswissenschaft, 2004, 253 (256 ff.). Zur Entwicklung des Gesetzesbegriffs *Ulrich Karpen* Verfassungsgeschichtliche Entwicklung des Gesetzesbegriffs in Deutschland, in: Peter Selmer (Hrsg.) GS Wolfgang Martens, 1987, 137 ff.

[35] Zum Begriff *Barbara Remmert* Verfassungs- und verwaltungsrechtsgeschichtliche Grundlagen des Übermaßverbotes, 1995, 37 ff.

[36] *Rudolf von Jhering* Der Zweck im Recht, Bd. 1, 1. Aufl. 1877, VI: „Der Grundgedanke des gegenwärtigen Werkes besteht darin, dass der Zweck der Schöpfer des gesamten Rechts ist, dass es keinen Rechtssatz gibt, der nicht einem Zweck seinen Ursprung verdankt."

[37] Vgl. *Tammelo* Zeitdimension (Fn. 7), 263: „Im allgemeinen ist die für Gerechtigkeitserwägungen erhebliche Zeitspanne ziemlich begrenzt."

[38] Dies scheint noch auf bei *Karl Larenz* Rudolf Jhering und die heutige Lage der deutschen Zivilrechtswissenschaft, in: Franz Wieacker/Christian Wollschläger (Hrsg.) Jherings Erbe, 1970, 135 (137), der in seiner Auseinandersetzung mit Jherings Hinwendung zu einer zweckorientierten Betrachtung des Rechts die Frage aufwirft und positiv beantwortet, „ob nicht hinter den subjektiven Zwecken des Gesetzgebers mehr oder minder deutlich zu machende Zwecke des Rechts stehen". Dies verweist auf vorpositive Vorstellungen von Gerechtigkeit und Recht, wie sie *Larenz* später in „Richtiges Recht" (1979) noch ausführlicher entwickelte.

[39] *Renate Mayntz* Soziologie der öffentlichen Verwaltung, 3. Aufl. 1984, 57.

[40] Vgl. *Mayntz* Soziologie (Fn. 39), 49: Es habe im liberalen Rechtsstaat ein „gewisser Widerspruch zwischen dem behaupteten Ziel, die Aufgaben der Verwaltung zu beschränken, und den tatsächlichen Tendenzen, sie umgekehrt zu erweitern" bestanden.

der Idee des Rechtsstaats heraus entwickeln wollte.[41] Vielfach war die Zweckfreiheit keine solche des realen politischen Willens, sondern nur der Programme, nach denen sich das Recht dogmatisch reproduzierte. Zu denken ist hier etwa an die Verteilungs- und Stabilisierungseffekte, die mit dem Bürgerlichen Gesetzbuch verbunden waren,[42] auch wenn die zivilistische Dogmatik diese Zwecke ursprünglich ganz ausblendete.[43] Doch war *Otto Mayers* Konstruktion auch nicht ohne ein reales Widerlager.[44] Die Ansprüche und Erwartungen an die Leistungen von Herrschaft, die sich in der liberalen Idee abbilden, entwickelten sich geschichtlich als Antworten auf das jeweils Vorangegangene, ohne dass die Zäsuren dabei jemals scharf und die Korrekturen vollständig waren. In den sakral geprägten Rechtsvorstellungen des Mittelalters war die Zukunft kein Thema;[45] in der frühen Neuzeit lernte die Gesellschaft, den Staat und sein Recht als Instrumente der Gestaltung zu gebrauchen;[46] im Polizeistaat führte diese Entdeckung

---

[41] So in einem Nachruf *Erich Kaufmann* Otto Mayer, VerwArch 30 (1925), 377 (381, 388 ff.), der deshalb die „größte kritische Vorsicht" bei der Benutzung des von *Otto Mayer* verfassten Lehrbuches zum Verwaltungsrecht für geboten hielt (ebd., 402); *Thomas Groß* Die Beziehungen zwischen dem Allgemeinen und dem Besonderen Verwaltungsrecht, Die Verwaltung Beiheft 2 (1999), 57 (63).

[42] Die „öffentlich-rechtliche Seite" der Privatrechtsordnung aus einer nicht-dogmatischen Außenperspektive hervorhebend schon *Franz Böhm* Wettbewerb und Monopolkampf, 1933, 116 f.

[43] Ausführlich *Alexander Hellgardt* Regulierung und Privatrecht, 2016, insbes. S. 325 ff., der dem „freiheitlich-individualistischen Privatrechtsbegriff" attestiert, in seinem Kern bis heute erhalten geblieben zu sein (ebd., 338); aus der Außenperspektive der Staatsrechtslehre spricht *Oliver Lepsius* Rechtswissenschaft in der Demokratie, Der Staat 52 (2013), 157 (160 f.), von einem „Selbstverständnis eines der neutralen Sachgesetzlichkeit verbundenen Zivilrechts", das noch lange im 20. Jahrhundert gegolten habe; s. auch die Charakterisierung des Privatrechts bei *Matthias Ruffert* Vorrang der Verfassung und Eigenständigkeit des Privatrechts, 2001, 101.

[44] Nach *Oliver Lepsius* Gesetzesstruktur im Wandel, Teil 1, JuS 2019, 14 (15 f.), ist der Gedanke der neutralen, unpolitischen Regelung eng mit der Kodifikationsidee verbunden, die im ausgehenden 19. Jahrhundert prägend geworden sei. Zum Wandel des Gesetzesbegriffs *Scheuner* Gesetzgebung (Fn. 32), 532 ff.

[45] S. dazu nur *Helga Wessel* Zweckmäßigkeit als Handlungsprinzip in der deutschen Regierungs- und Verwaltungslehre der frühen Neuzeit, 1978, 21 f.; *Katharina Schober* Der Zweck im Verwaltungsrecht, 2007, 7 m.w.N. Ausdrücklich bezugnehmend auf die Gesetzesvorstellung der mittelalterlichen (und antiken) Welt *Christian-Friedrich Menger* Das Gesetz als Norm und Maßnahme, VVDStRL 15 (1957), 3 (8).

[46] Zur sog. aristotelischen Wende, die in Deutschland gegen Ende des 15. Jahrhunderts zur Erwartung einer umfassenden Daseinsvorsorge durch den König führte, *Daniel Damler* Imperium Contrahens, 2008, 456 ff. Mit dem Aufstieg des *bonum commune* zum „Leitbegriff par excellence" sei eine funktionale Ausdehnung weltlicher Herrschaft verbunden gewesen, während der König zuvor nur für den Rechtsfrieden, ein Mindestmaß an öffentlicher Sicherheit, den Schutz der Witwen und Waisen und für die Bestimmung des Kirchguts

zu der übertriebenen Erwartung, Politik und Recht könnten den Menschen vollkommenes äußeres wie inneres Glück schenken;[47] im 18. und 19. Jahrhundert schließlich blieb zwar der instrumentelle Charakter dieses Denkens erhalten, doch drängten gesellschaftliche Interessen darauf, das Gesetz möglichst auf die äußere Ordnung und die Gegenwart zu beschränken.[48] Mit diesen Wurzeln wirkte der liberale Gesetzesbegriff bis in das 20. Jahrhundert fort, während sich der gesellschaftliche Rahmen längst wieder verschoben hatte.[49] Noch *Ernst Forsthoff* lobte in einer Art Nachruf das, was er die konstituierenden Gesetze nannte: Sie ordneten einen Lebensbereich „zweckmäßig und in Übereinstimmung mit den geltenden Vorstellungen von Gerechtigkeit", trügen damit einen Wert in sich selbst und seien „als Ganzes der Zweckhaftigkeit entzogen", was sie vom Maßnahmengesetz[50] unterscheide.[51]

---

zu sorgen gehabt habe. Den Übergang vom mittelalterlichen Jurisdiktionsstaat zu einem „regierenden, das soziale Geschehen aktiv gestaltenden Staate", in welchem das Gesetz zum „Mittel der politischen Lenkung und Formung des Soziallebens durch den Staat" avanciert, beschreibt *Ulrich Scheuner* Bereich der Regierung, in: Erich Kaufmann/Ulrich Scheuner/Werner Weber (Hrsg.) FS Rudolf Smend, 1952, 253 (278).

[47] Zu der sich im Begriff der Policey abbildenden Lösung von einer auf Schutz und Rechtspflege gerichteten Staatskonzeption und der Hinwendung zur Ordnung des politischen Systems in seiner Gesamtheit s. *Thomas Simon* „Gute Policey", 2004, 112 und passim.

[48] Zu dieser Zeitenwende *Thomas Würtenberger* Die Planungsidee in der verfassungsstaatlichen Entwicklung, in: Ivo Appel/Georg Hermes/Christoph Schönberger (Hrsg.) FS Rainer Wahl, 2011, 261 (266 f.).

[49] Besonders hartnäckig hält sich der Gesetzesbegriff des 19. Jahrhunderts in Teilen der Ökonomie, s. die stark von der angelsächsischen Tradition beeinflusste Definition des Rechts als Summe von „zweckunabhängigen Regeln" und die Sonderung des Öffentlichen Rechts vom „Juristenrecht" bei *Friedrich A. v. Hayek* Recht Gesetz und Freiheit, 2003, 52, 75 ff., 97 f., 129 f. und 181. Zum ordoliberalen Gesetzesbegriff auch *Jan Henrik Klement* Wettbewerbsfreiheit, 2015, 204 ff.

[50] Grundlegend zum Begriff des Maßnahmengesetzes *Carl Schmitt* Die Diktatur des Reichspräsidenten nach Art. 48 der Reichsverfassung, VVDStRL 1 (1924), 63 (97): Zum Begriff der Maßnahme gehöre, „daß das Vorgehen in seinem Inhalt durch eine konkret gegebene Sachlage bestimmt und ganz von einem sachlichen Zweck beherrscht ist". Eine Rechtsnorm sei keine Maßnahme, wenn sie „wesentlich ein Rechtsprinzip zum Ausdruck bringen, d.h. vor allem gerecht, von der Rechtsidee beherrscht sein will". Bei näherem Hinsehen beschreibt der Begriff des Maßnahmengesetzes im Sinne von *Carl Schmitt* und *Ernst Forsthoff* nur einen Sonderfall innerhalb der Kategorie der an Zwecken orientierten Gesetze (so schon *Menger* Maßnahme [Fn. 45], 10). Kritisch zum Begriff des Maßnahmengesetzes schon *Starck* Gesetzesbegriff (Fn. 4), 49 ff., 242 ff., insbes. 244: „Denn es werden wesentliche, den Gesetzesbegriff konstituierende Elemente getrennt […]. Vielmehr ist jedes Gesetz zugleich auf die Wirklichkeit wie auf Gerechtigkeit und Freiheit bezogen."

[51] *Ernst Forsthoff* Über Maßnahmen-Gesetze, in: Otto Bachof u.a. (Hrsg.) GS Walter Jellinek, 1955, 221 (225); s. auch *Menger* Maßnahme (Fn. 45), 5, 30, mit dem Versuch, der (begrifflich am Gerechtigkeitsmaßstab orientierten) Rechtsnorm einen höheren Rang als dem nur zweckorientierten Maßnahmengesetz einzuräumen, d.h. den Maßnahmen erlassen-

2. Die präventive Wende der Staatstätigkeit

Nun könnte ein von der Ära der steuerungswissenschaftlichen Perspektiverweiterung[52] geprägter Verwaltungsrechtswissenschaftler dazu neigen, das konstituierende Gesetz vorschnell zu historisieren. Auch heute erschöpft sich das Verwaltungsrecht nicht in seiner Rolle als Steuerungsinstrument.[53] Beim Blick auf das große Ganze ist indes zu erkennen, dass die mit echten politischen Zwecken verbundenen Gesetze seit langem vordringen[54] und auch dort, wo an sich die Konstitution im Vordergrund steht, Elemente der Zweckverfolgung nachweisbar sind.

Davon betroffen ist selbst das Polizeirecht,[55] das im liberalen Verständnis[56] vordergründig zweckfrei dem Schutz des gewachsenen Bestands von Rechtsgütern (öffentliche Sicherheit) und Verhaltensregeln (öffentliche

---

den Gesetzgeber verfassungsrechtlich an die konstituierenden Gesetze zu binden; *Richard Bäumlin* Staat, Recht und Geschichte, 1961, 9; *Husserl* Zeit (Fn. 23), 27: „In der Regel sprechen die Gesetze so, als ob sie Geltung für alle Zeiten besäßen."

[52] Hierzu *Gunnar Folke Schuppert* Verwaltungsrechtswissenschaft als Steuerungswissenschaft, in: Wolfgang Hoffmann-Riem/Eberhard Schmidt-Aßmann/Gunnar Folke Schuppert (Hrsg.) Reform des Allgemeinen Verwaltungsrechts, 1993, 65 ff.; *Wolfgang Hoffmann-Riem* Verwaltungsrechtsreform, ebd., 115 (121 ff.); *Ivo Appel* Das Verwaltungsrecht zwischen klassischem dogmatischen Verständnis und steuerungswissenschaftlichem Anspruch, VVDStRL 67 (2008), 226 (241 ff.); *Martin Eifert* Das Verwaltungsrecht zwischen klassischem dogmatischen Verständnis und steuerungswissenschaftlichem Anspruch, VVDStRL 67 (2008), 286 (293 ff.).

[53] S. noch BVerfGE 39, 1 (59) – Schwangerschaftsabbruch I: „Das Gesetz ist nicht nur Instrument zur Steuerung gesellschaftlicher Prozesse nach soziologischen Erkenntnissen und Prognosen, es ist auch bleibender Ausdruck sozialethischer und – ihr folgend – rechtlicher Bewertung menschlicher Handlungen; es soll sagen, was für den Einzelnen Recht und Unrecht ist."

[54] Nach *Rüdiger Breuer* Empfiehlt es sich, ein Umweltgesetzbuch zu schaffen, gegebenenfalls mit welchen Regelungsbereichen?, in: Verhandlungen des 59. Deutschen Juristentages, Bd. I, 1992, B 38, besteht die „heutige Gesetzgebung" überwiegend aus Maßnahmegesetzen. Die Gesetzgebung folge primär nicht der Wert-, sondern der Zweckrationalität.

[55] Auch das Bauplanungsrecht mag konstituieren, indem es den Gemeinden die Instrumente eines rechtsstaatlichen Planungsverfahrens und die Bausteine der Gebietskategorien zur Verfügung stellt. Zugleich aber lenkt das BauGB den Blick auf den Zukunftsbegriff der städtebaulichen Entwicklung und Ordnung, zu deren planmäßiger Förderung es verpflichtet (§ 1 Abs. 3 Satz 1 Hs. 1 BauGB). Die normativen Bindungen, in welche die Abwägungsfreiheit der Gemeinden eingefasst ist, s. *Eberhard Schmidt-Aßmann* Grundfragen des Städtebaurechts, 1972, 83, generieren dabei auch zumindest rahmenartige Erwartungen an die Planungsergebnisse. Grundlegend zur Planung im Spannungsfeld zwischen Parlament und Exekutive *Ossenbühl* Anforderungen (Fn. 29), B 56 ff.

[56] Zum liberalen Verständnis des Staatszwecks Sicherheit *Wilhelm von Humboldt* Über die Grenzen der Wirksamkeit des Staates, 1954, 59 f. [Original unter dem Titel „Ideen zu einem Versuch, die Gränzen der Wirksamkeit des Staats zu bestimmen"]: „der Staat enthalte sich aller Sorgfalt für den positiven Wohlstand der Bürger und gehe keinen Schritt

Ordnung) diente, indem es die Freiheit nach einem auf den zeitlichen Nahbereich bezogenen Prinzip der Gerechtigkeit – nämlich der Verantwortlichkeit – beschränkte.[57] Über die im Richterrecht[58] geleistete Verschleifung der öffentlichen Sicherheit mit der objektiven Rechtsordnung[59] und mithin mit allen in diese eingeflossenen politischen Zwecken wurde die Dogmatik des Polizeirechts gleichsam von innen „korrumpiert", das heißt für Gestaltung in Dienst genommen.[60] Später verunklarte sich die Grenze zwischen Konstitution und Zukunftsgestaltung zusätzlich durch das Konzept der Prävention,[61] das nicht allein die Wahrscheinlichkeitsmaßstäbe veränderte, sondern zusätzlich den Gedanken einer abwägend definierten Ordnung von Chancen und Risiken und eines staatlichen Risikomanagements einbrachte.[62] Auch das Zivilrecht wird heute als Instrument der Steuerung verstanden,[63] und zwar nicht nur aus der Beobachterperspektive, sondern auch mit Implikationen für Auslegung und Anwendung.

---

weiter, als zu ihrer Sicherstellung gegen sich selbst und gegen auswärtige Feinde notwendig ist; zu keinem anderen Endzwecke beschränke er ihre Freiheit."

[57] S. *Schmidt-Aßmann* Ordnungsidee (Fn. 14), 3. Kap. Rn. 100. Zur naturrechtlichen Begründung der Gebotsrechte der Polizei bei Otto Mayer s. *Böckenförde* Gesetz (Fn. 34), 326 ff.

[58] S. nur BVerwGE 143, 74 (79 Rn. 23).

[59] Der Schutz der objektiven Rechtsordnung war in der amtlichen Begründung zu § 14 Preußisches Polizeiverwaltungsgesetz vom 1.6.1931 noch nicht genannt worden: „Als Aufrechterhaltung der öffentlichen Sicherheit im Sinne des § 14 gilt der Schutz vor Schäden, die entweder den Bestand des Staates oder seiner Einrichtungen oder das Leben, die Gesundheit, Freiheit, Ehre oder das Vermögen der einzelnen bedrohen" (Amtliche Begründung des Preußischen Ministers des Innern zum Preußischen Polizeiverwaltungsgesetz vom 1.6.1931, abgedruckt bei *Bernhard Scheer/Hans Trubel* Preußisches Polizeiverwaltungsgesetz, 6. Aufl. 1961, 95 [102]). Die Verletzung des geltenden Rechts war damit lediglich eine von mehreren Gefahrenquellen, von denen Bedrohungen für ein polizeiliches Schutzgut ausgehen können, s. dazu *Klaus Vogel/Wolfgang Martens* in: *Bill Drews/Gerhard Wacke/Klaus Vogel/Wolfgang Martens* Gefahrenabwehr, 9. Aufl. 1986, 236; aus neuerer Zeit ablehnend zu einem polizeilichen Schutz der Gesamtrechtsordnung *Christoph Gusy* Polizei- und Ordnungsrecht, 10. Aufl. 2017, Rn. 81 a.E.; nicht mehr so klar ders./*Johannes Eichenhofer* Polizei- und Ordnungsrecht, 11. Aufl. 2023, Rn. 81.

[60] Diesen Gedanken verdanke ich *Ralf Poscher*.

[61] S. *Matthias Kötter* Subjektive Sicherheit, Autonomie und Kontrolle, Der Staat 43 (2004), 371 (386): „Gefahrenabwehr unter der Prämisse der Prävention ist tendenziell sozialgestaltend."; *Tristan Barczak* Der nervöse Staat, 2. Aufl. 2021, 473 f.; von „gestaltender Gefahrenabwehr" spricht *Udo Di Fabio* Risikoentscheidungen im Rechtsstaat, 1994, 455 und passim.

[62] *Karl-Heinz Ladeur* Das Umweltrecht der Wissensgesellschaft, 1995, 76 ff.; *Scherzberg* Risikosteuerung (Fn. 31), 228 ff.; *Helmuth Schulze-Fielitz* Technik und Umweltrecht, in: Martin Schulte (Hrsg.) Handbuch des Technikrechts, 2. Aufl. 2011, 2003, 455 (475 f.).

[63] Schon um 1900 bemerkten Zeitgenossen eine immer stärkere öffentlich-rechtliche Beimischung im bürgerlichen Recht, s. dazu mit Nachweisen *Michael Stolleis* Die Entste-

Gerade mit dem Höhepunkt des liberalen Ordnungsrechts, der mit dem Kreuzberg-Urteil des Preußischen Oberverwaltungsgerichts von 1882[64] erreicht gewesen sein mag, hatte offenbar die Farbe gewechselt und drängten neue Zeitbezüge der staatlichen Tätigkeit ins Licht.[65] Die Gesellschaft entwickelte Sorgen mit Blick auf die Zukunft,[66] von denen sie sich durch das Medium des Staates zu erleichtern suchte.[67] Die Industrialisie-

---

hung des Interventionsstaats und das öffentliche Recht, ZNR 11 (1989), 129 (129). Für den zur Interessenjurisprudenz bekehrten *Rudolf von Jhering* war das Privatrecht ein Mittel zur Sicherung der Lebensbedingungen der Gesellschaft in Form des Zwangs, s. *Jhering* Zweck (Fn. 36), 434. In jüngerer Zeit hat *Hellgardt* Regulierung (Fn. 43), herausgearbeitet, dass selbst Vorschriften des Kernzivilrechts nicht lediglich dem Interessenausgleich im Horizontalverhältnis dienen, sondern auch öffentlichen Zwecken wie z.B. volkswirtschaftlicher Effizienz (s. zu einer „folgenorientierten" Privatrechtstheorie ebd., 369). S. auch *Julian Rapp* Krisenbewältigung durch Privatrecht?, Habilitationsvortrag Freiburg, Manuskript, 2023. Zu den Graustufen zwischen öffentlichem Recht und Privatrecht *Klement* Wettbewerbsfreiheit (Fn. 49), 269 ff.

[64] Das Kreuzberg-Urteil mag als Versuch gelesen werden, das im bürgerlichen Rechtsstaat ersonnene Konzept der Zeitlosigkeit rechtlich zu perpetuieren. Doch erscheint dieser staatstheoretische Anspruch an das Urteil letztlich überhöht, zumal das Gericht schon selbst ausdrücklich auf die Möglichkeit hinwies, das öffentliche Wohl spezialgesetzlich zu fördern und ihm dort eine prospektive Dimension zu geben, PrOVGE 9, 353 (377); abgedruckt auch bei *Karl Kroeschell* Das Kreuzberg-Urteil, VBlBW 1993, 268 (271 ff.). Rückblickend hatte die Entscheidung deshalb vor allem die Funktion, die Erweiterung des liberal-rechtsstaatlichen Zeithorizonts den Gesetzgebern zu überlassen und damit einer Ausdifferenzierung des besonderen Verwaltungsrechts Vorschub zu leisten. Ob die Entscheidung ihrerzeit juristisch richtig war, die Polizei also durch das Preußische Allgemeine Landrecht wirklich auf Gefahrenabwehr im modernen Sinne beschränkt war, wird unterschiedlich beurteilt, bejahend *Michael Stolleis* Geschichte des öffentlichen Rechts, Bd. III, 1998, 130 f.; verneinend *Kroeschell* a.a.O., 269 f.; *Friedrich Schoch* Abschied vom Polizeirecht des liberalen Rechtsstaats?, Der Staat 43 (2004), 347 (348 f.).

[65] Vgl. *Otto Bachof* Die Dogmatik des Verwaltungsrechts vor den Gegenwartsaufgaben der Verwaltung, VVDStRL 30 (1972), 193 (208); *Schmidt-Aßmann* Grundfragen (Fn. 55), 28, weist darauf hin, dass das Kreuzberg-Urteil zu einer Zeit erging, „als die städtebaulichen Anforderungen durch ein sprunghaftes Anwachsen der Städte und die Industrieballungen ein Ausmaß erreicht hatten, daß die Rufe und Forderungen nach öffentlicher Verwaltung und Planung des Baulandmarktes und der baulichen Entwicklung schlechthin nicht mehr verstummen wollten".

[66] *Niklas Luhmann* Die Beschreibung der Zukunft, in: ders. Beobachtungen der Moderne, 2. Aufl. 2006, 129 (135).

[67] *Fritz W. Scharpf* Planung als politischer Prozess, in: ders. Planung als politischer Prozess, 1973, 33 (38) [zuerst 1971], konstatierte für die frühe Bundesrepublik „qualitativ und quantitativ sprunghaft steigende Ansprüche[n]" aus der Gesellschaft" an die Politik. Wie groß heute die an den Staat gerichteten Erwartungen sind, zeigt die von *Stephan Rixen* Verwaltungsrecht in der vulnerablen Gesellschaft, VVDStRL 80 (2021), 37 (49 f.), unter dem Eindruck der Corona-Pandemie propagierte Staatsaufgabe, die Resilienz der Gesellschaft in ihrer Gesamtheit zu gewährleisten.

rung brachte nicht nur neue „externe" Risiken,[68] sondern auch eine gegen kleinste Störungen empfindliche Gesellschaft hervor, die eine ständige Vorausschau und Maßnahmen der Vorsorge gegen Beeinträchtigungen ihrer Funktionsfähigkeit verlangte.[69] Das Marktversagen bei der Bereitstellung von Infrastrukturen[70] und Systemen der sozialen Sicherung[71] ließ libertäre Staatsverständnisse schon aus der Eigenlogik der Ökonomie obsolet erscheinen.[72] Die Knappheit von Ressourcen wurde erkennbar und zwang zu einer Verteilung in der Zeit und zur Planung.[73] Im Begriff der Nachhaltigkeit[74] schließlich kondensierte der Gedanke, zukünftige nicht durch heutige Entscheidungen und ihre Wirkungen einzuschränken.[75] In allem wird Zukunft nicht mehr allein als Resultat individueller Freiheitsausübung begriffen, sondern auch als kollektiv im Staat verhandelte und im Medium des Rechts durchgesetzte Gestaltungsaufgabe.[76]

3. Die Verzeitlichung von Gesetz und Verwaltung

Nun war das Vordringen der politischen Zwecke in die Gesetze keine logisch zwingende Folge der präventiven Wende[77] der Gesellschaft und der

---

[68] Von diesen Risiken und dem Umgang mit ihnen *Ulrich Beck* Risikogesellschaft, 1986.

[69] Vgl. *Dieter Grimm* Die Zukunft der Verfassung, in: ders. Die Zukunft der Verfassung, 1991, 399 (401, 414, 418). Von einer „Kontroll-, Präventions- und Vorsorgegesellschaft" spricht *Barczak* Staat (Fn. 61), 359.

[70] Zur Emergenz staatlicher Infrastrukturverantwortung *Andreas Voßkuhle* Staatsaufgabe Infrastruktur, in: Mathias Habersack/Karl Huber/Gerald Spindler (Hrsg.) FS Eberhard Stilz, 2014, 675 ff.; zu Infrastrukturen als „Signum moderner Staatlichkeit" *Hinnerk Wißmann* Die Anforderungen an ein zukunftsfähiges Infrastrukturrecht, VVDStRL 73 (2014), 369 (377 ff.).

[71] Zur Entwicklung des Sozialstaats *Christoph Enders* Sozialstaatlichkeit im Spannungsfeld von Eigenverantwortung und Fürsorge, VVDStRL 64 (2005), 7 (22 ff.).

[72] S. schon *Scheuner* Gesetzgebung (Fn. 32), 547 f.

[73] *Christoph Zöpel* Ökonomie und Recht, 1974, 244.

[74] Grundlegend Report of the World Commission on Environment and Development: Our Common Future [sog. Brundtland-Report], 1987, Rn. 27, <https://sustainabledevelopment.un.org/content/documents/5987our-common-future.pdf> (Stand 5.11.2023).

[75] Umfassend zum Begriff der nachhaltigen Entwicklung als „politische[r] Leitidee des 21. Jahrhunderts" *Klaus Mathis* Nachhaltige Entwicklung und Generationengerechtigkeit, 2017, 65 ff.; zur Geschichte des Gedankens der Umweltvorsorge im Staatsrecht auch *Reiner Schmidt* Der Staat der Umweltvorsorge, DÖV 1994, 749 ff., zu den Konsequenzen für den Begriff des Gesetzes ebd., 750 f.

[76] Von „rationalen Kollektivisten" spricht *Dieter Birnbacher* Verantwortung für zukünftige Generationen, 1988, 48. Nach *Scharpf* Planung (Fn. 67), 39, ist das „liberale ‚Vertrauen in die sinnvolle Selbstbewegung der gesellschaftlichen Zustände' unter der Last der Folgeprobleme dieser Selbstbewegung zusammengebrochen".

[77] *Grimm* Zukunft (Fn. 69), 420.

Staatstätigkeit.[78] So wie eine auf Zukunft ausgerichtete Gesellschaft es vorziehen könnte, die gewünschten Erfolge mit anderen Mitteln als der staatlichen Organisation zu erreichen[79], so könnte ein verzweckter Staat andere Gestaltungsmittel wählen als das Recht. Innerhalb der Modi des Rechts ist er nicht auf die Handlungsform des Gesetzes festgelegt, sondern könnte die Verwaltung unmittelbar mit Zukunftsaufgaben mandatieren. Der Staat könnte aber auch, dem klassischen Zeitschema der Gewaltenteilung entsprechend, zwar versuchen, die Zukunft durch Gesetzgebung zu gestalten, diesen Zeitbezug für die handelnde Verwaltung jedoch auszublenden. Dass sich diese alternativen Möglichkeiten nicht oder jedenfalls nicht vollständig realisierten, ist eine das heutige politische System maßgeblich prägende Entwicklungslinie. Die Verzeitlichung des Gesetzes und der Verwaltung, wie sie heute beschrieben werden kann, war als Vorgang zwar nicht beliebig, aber es hätte eben doch auch anders kommen können.

a)   Intrinsische Verzeitlichung der Verwaltung

Beim abermaligen Blick zurück in die Geschichte wird deutlich, dass entgegen einer vom positiven Verfassungsrecht geleiteten Intuition nicht der Gesetzgeber das Zukunftsthema entdeckte und dann teilweise zur Erledigung an die Verwaltung weiterreichte. Vielmehr stellte umgekehrt die Verwaltung noch vor dem Entstehen von Parlamenten ihren Zeithorizont um, ja in dieser Umstellung konstituierte sie sich im Grunde genommen überhaupt erst als Verwaltung im modernen Sinne.[80] Die aufkommende

---

[78] S. den Hinweis bei *Rainer Wahl* Herausforderungen und Antworten, 2006, 45, dass Änderungen in Wirtschaft und Gesellschaft nicht unvermittelt auf das Recht und die Rechtspolitik prallen, sondern das Recht über mehrere „Zwischen- und Vermittlungsstationen" beeinflussen.

[79] Dies kennzeichnete nach *Ernst Forsthoff* Über Mittel und Methoden moderner Planung, in: Joseph H. Kaiser (Hrsg.) Planung III, 1968, 21 (21), den liberalen Rechtsstaat.

[80] S. dazu *Thomas Simon* Verwaltung im frühneuzeitlichen Policeystat des 17. und 18. Jahrhunderts, in: Wolfgang Kahl/Markus Ludwigs (Hrsg.) Handbuch des Verwaltungsrechts, Bd. I, 2021, § 1 Rn. 11, 17. Die Anfänge einer an positiven Gemeinschaftszielen orientierten und im weitesten Sinne staatlichen Hoheitsausübung reichen bis in das Mittelalter zurück (s. *Wessel* Zweckmäßigkeit [Fn. 45], 24, 27; *Simon* Policey [Fn. 47], 28 ff.) und entwickelten sich seit der Frühen Neuzeit gleichsam „neben" dem an statischer Gerechtigkeit orientierten Recht. S. zur Unterscheidung von Justiz- und Verwaltungssachen im Polizeistaat absolutistischer Prägung *Erich Kaufmann* Verwaltung, Verwaltungsrecht, in: ders. Autorität und Freiheit, 1960, 76 (83) [zuerst 1914]: Das emergierende Verwaltungsrecht „schien darum vielfach jener Zeit gar kein wirkliches ‚Recht' zu sein". In diesem Sinne auch *Hans Maier* Die ältere deutsche Staats- und Verwaltungslehre, 3. Aufl. 2009, 124 [zuerst 1966]: „Umgekehrt rücken rechtliche Regelungen im gleichen Maße aus dem Brennpunkt ‚des Rechts' heraus, in dem sie – mobil, anpaßbar und rasch veränderlich – in den Dienst aktueller Planungserfordernisse und Zweckmäßigkeitserwägungen gestellt wer-

Verwaltungsrechtswissenschaft aber, die es sich zur Aufgabe hätte machen können, den Dualismus zwischen Recht und politischen Zwecken zu überwinden, leistete einen Beitrag zu seiner Stabilisierung, indem sie sich mehr der Ordnungsbildung als den Inhalten zuwandte.[81] Selbstverständlich erkannte auch *Otto Mayer* in der Gestaltung von Zukunft eine Aufgabe von Staat und Exekutive.[82] Was er aber von bleibendem Wert konstruierte, war auf die Herstellung von Rechtsstaatlichkeit, das Gegenüber von individueller Freiheit und staatlichem Eingriff[83] und das Modell des Vollzugs bezogen.[84] Die Verzeitlichung von Verwaltung war mithin zunächst einmal eine Veränderung der wissenschaftlichen Wahrnehmung[85] oder besser vielleicht: des wissenschaftlichen Paradigmas. *Ernst Forsthoffs* Begriff der Daseinsvorsorge[86] ist deshalb von bleibender Faszination, weil er in der akademischen Erzählung zum Namen für den Zeitpunkt wurde, zu dem sich die

---

den." Zur Entwicklung der staatlichen Planung bereits seit der zweiten Hälfte des 18. Jahrhunderts *Würtenberger* Planungsidee (Fn. 48), 263: „Die Planungsidee war Bezugspunkt der rationalistischen Theorie des aufgeklärten Absolutismus."

[81] Prototypisch *Richard Thoma* Rechtsstaatsidee und Verwaltungsrechtswissenschaft, JöR 4 (1910), 196 (215 ff.). Rückblickend *Peter Badura* Verwaltungsrecht im liberalen und im sozialen Rechtsstaat, 1966, 11: „Der Blickwinkel des liberalen Rechtsstaates wählt aus der Anschauung der Verwaltungstätigkeit die Rechtsformen als wesentlich aus und isoliert sie von den durch sie verwirklichten Verwaltungszwecken. Denn das Recht dieses Rechtsstaats ist ein vom Rechtszweck, d.h. von den ideellen und gesellschaftlichen Voraussetzungen abgelöstes, ‚vernünftiges' Ordnungssystem, das gegenüber seinen Inhalten scheinbar indifferent ist." Zum Bemühen um die „reine Konstruktion" und der damit verbundenen Ausblendung der neuen Realität des Interventionsstaats *Stolleis* Entstehung (Fn. 63), 142 f.; am Beispiel der Ausdifferenzierung von Polizeiwissenschaft und Polizeirecht *Thomas Wischmeyer* Zwecke im Recht des Verfassungsstaates, 2015, 26 ff.

[82] S. nur *Otto Mayer* Theorie des Französischen Verwaltungsrechts, 1886, 160; ders. Eisenbahn und Wegerecht, Teil 2, AöR 16 (1901), 203 (237): „das vernünftige Recht ist immer auch zweckmässig"; hierzu *Wischmeyer* Zwecke (Fn. 81), 110 ff. Zu nennen ist hier auch *Mayers* Interesse an Eisenbahnen und an der öffentlichen Anstalt, s. nur *Otto Mayer* Deutsches Verwaltungsrecht, Bd. II, 3. Aufl. 1924, 268 ff.

[83] *Ulrich Scheuner* Die staatliche Intervention im Bereich der Wirtschaft, VVDStRL 11 (1954), 1 (45).

[84] Jenseits des Vollzugs des Gesetzes begann für *Mayer* das Verwaltungsermessen, das er noch als ein überwiegend „freies", aus dem System exkludiertes Ermessen ansah, s. *Mayer* Verwaltungsrecht (Fn. 33), 99; erhellend zum freien Ermessen *Görg Haverkate* Rechtsfragen des Leistungsstaats, 1983, 18 ff.; ferner *Ulla Held-Daab* Das freie Ermessen, 1995, 61; zu rechtlichen Bindungen des freien Ermessens *Remmert* Grundlagen (Fn. 35), 129 ff. Auch im besonderen Gewaltverhältnis durften nach *Mayer* Verwaltungszwecke verfolgt werden, *Mayer* ebd., 101 f.

[85] Dezidierte Gegenkritik zu der seines Erachtens einseitigen Wahrnehmung *Otto Mayers* bei *Bachof* Dogmatik (Fn. 65), 202 ff. und passim.

[86] *Ernst Forsthoff* Die Verwaltung als Leistungsträger, 1938, insbes. S. 4 ff.

lange zuvor begonnene Inklusion der Zukunft gewissermaßen offiziell vollzog.[87]

b) Gesetzesvermittelte Verzeitlichung der Verwaltung

Die Entwicklung unter dem Grundgesetz war dann von den zwei nicht ganz harmonischen Bemühungen geprägt, einerseits den verwaltungsrechtswissenschaftlichen Blickwinkel über das Ordnungsrecht hinaus zu erweitern und andererseits die damit sichtbar werdende gestaltende Verwaltung zuerst rechtsstaatlich und dann auch demokratisch einzuhegen.[88] Das politisch immer stärker auf das Recht drückende Problem der Zukunft sollte also zwar nicht vollständig, wohl aber in allen wesentlichen Fragen[89] gesetzesvermittelt gelöst[90] und der Zeithorizont der Verwaltung hierdurch eng gehalten werden. Wenn das Rechtssystem schon verzeitlicht werden musste, so war das Opfer mit einer Verzeitlichung des Gesetzes zu erbringen und die Zeitlosigkeit von Verwaltung, so gut es eben ging, zu bewahren oder überhaupt erst herzustellen. Das ist die historische Mission des Zeitschemas der Gewaltenteilung, die angesichts des vorherrschenden parlamentszentrierten Demokratieverständnisses und des Gedankens einer möglichst vollständigen rechtlichen Bindung der Verwaltung[91] hier keiner weiteren Erklärung und Werbung bedarf.

---

[87] In *Forsthoffs* Vorstellung handelte die Verwaltung eigenverantwortlich gestaltend und damit zeitgebunden innerhalb der durch konstituierende Gesetze errichteten zeitlosen Ordnung, vgl. *Ernst Forsthoff* Lehrbuch des Verwaltungsrechts, Bd. I, 10. Aufl. 1973, 6: „Aufgabe der Verwaltung ist die Sozialgestaltung im Rahmen der Gesetze und auf dem Boden des Rechts"; ebd., 8: Verwaltung als „Tätigkeit des Staates zur Erfüllung seiner Zwecke"; die Verwaltung „ist Tätigkeit, ist kontinuierliche Gestaltung in die Zukunft hinein"; s. auch *ders.* Maßnahmen-Gesetze (Fn. 51), 222: „Denn nur wenn die Gesellschaft autonom ist [...], hat es der Staat in der Hand, sich auf die Normierung genereller Regeln zu beschränken und die Staatstätigkeiten in dem Rahmen der Gesetze wirksam werden zu lassen."

[88] Ein Beispiel dafür ist die Bindung der Ermessensbetätigung an den vom Gesetzgeber gesetzten Zweck der Ermächtigung (§ 40 VwVfG). Zur Verrechtlichung des Ermessens paradigmatisch *Hans Heinrich Rupp* Ermessensspielraum und Rechtsstaatlichkeit, NJW 1969, 1273 ff.

[89] S. nur BVerfGE 150, 1 (96 f. Rn. 191 ff.), mit zahlreichen Nachweisen zur stetigen Rechtsprechung; anders zwischenzeitlich BVerfGE 68, 1 (109).

[90] S. schon *Scheuner* Gesetzgebung (Fn. 32), 540 f.; *ders.* Das Gesetz als Auftrag der Verwaltung, in: ders. Staatstheorie und Staatsrecht, 1978, 543 (558 f.) [zuerst 1969].

[91] Dieses rechtsstaatliche Ideal beschreibt *Carl Schmitt* Verfassungslehre, 5. Aufl. 1970, 150: „Das Ideal des Rechtsstaats bleibt, restlos alle staatlichen Handlungsmöglichkeiten in einem System von Normierungen zu erfassen und dadurch den Staat zu binden."

aa) Theoretische Unmöglichkeit einer zeitlosen vollziehenden Gewalt

Das Projekt, die Verwaltung durch Gesetzesbindung zu entzeitlichen, ließ sich allerdings nur mit Einschränkungen verwirklichen. Gewiss war mit der politischen Verzweckung der Gesetze in der Theorie nur die liberale Vorstellung einer reinen Gerechtigkeitsorientierung gescheitert, nicht aber die klassische Idee des Rechtssatzes im Sinne einer „inhaltsgewissen Verbindung von Tatbestand und Rechtsfolge".[92] Die politischen Zwecke, die dem Recht von außen gesetzt werden, so ließ sich argumentieren, müssen sich nicht im Recht selbst wiederfinden.[93] Die Verwaltung wird dann normativ für Zwecke eingespannt, die für sie selbst hinter einem Schleier des Nichtwissens liegen.[94]

Was allerdings nicht übersehen werden darf, ist der Umstand, dass die Zeitlichkeit von Verwaltung auch durch „inhaltsgewisse" Gesetze zwar normativ geformt, von der politischen Zeitlichkeit abgesetzt und möglicherweise auch abgeschwächt, aber schon wegen der unvermeidbaren Generalität der steuernden Rechtsnormen[95] nicht aufgehoben werden kann.[96] Die

---

[92] *Ernst-Wolfgang Böckenförde* Die Methoden der Verfassungsinterpretation, NJW 1976, 2089 (2091).

[93] In diesem Sinne schon *Hans Kelsen* Hauptprobleme (Fn. 17), 91 f.: „Die an sich gewiß unleugbare Tatsache, daß die Normsetzung zu bestimmten Zwecken geschieht [...] kann in keiner Weise präjudiziell sein für die Natur der auf der Norm beruhenden Begriffe [...] dann kommt der Zweck, zu dem die Normen erlassen wurden, ebensowenig in Betracht wie der Ursprung derselben, dann liegt auch dieser Zweck außerhalb der juristischen Begriffsbildung"; aus späterer Zeit *ders.* Was ist juristischer Positivismus?, JZ 1965, 465 (465).

[94] Ein Beispiel ist das Kartellrecht, das im „klassischen" Verständnis rechtsnormativ am Zweck der Wettbewerbsfreiheit ausgerichtet wird, während es politisch der Effizienz und der Verbraucherwohlfahrt dient, s. *Jens Kersten* Herstellung von Wettbewerb als Verwaltungsaufgabe, VVDStRL 69 (2010), 288 (291 f.); *Klement* Wettbewerbsfreiheit (Fn. 49), 251. Unter dem Einfluss des europäischen Rechts löst sich diese dogmatische Konstruktion allerdings zunehmend auf und sind kartellbehördlicher Entscheidungen zunehmend unmittelbar an politisch definierten, auf unmittelbare Wohlstandsgewinne bezogenen Zwecken orientiert. S. zur Diskussion um diesen sog. More Economic Approach sogleich im Text unter Abschnitt IV. 2. a).

[95] Begriff bei *Ralf Poscher* Beurteilungsspielraum, in: Kahl/Ludwigs (Fn. 9), § 129 Rn. 8 ff.; s. ferner *Schmidt-Aßmann* Rechtsstaat (Fn. 30), Rn. 60; am Beispiel des Verfassungsrechts *Martin Morlok* Was heißt und zu welchem Ende studiert man Verfassungstheorie?, 1988, 85.

[96] Schon der Erlass eines einfachen Verwaltungsakts ist selbst bei der dichtesten gesetzlichen Programmierung niemals nur ein Vorgang der Rechtsanwendung, sondern immer zugleich der Rechtserzeugung. Zur Relativität der Unterscheidung von Rechtsetzung und Rechtsanwendung *Hans Kelsen* Die Lehre von den drei Gewalten oder Funktionen des Staates, Archiv für Rechts- und Wirtschaftsphilosophie 17 (1923/24), 374 (378); *Starck* Gesetzesbegriff (Fn. 4), 268 f., 275 ff.; *Matthias Jestaedt* Grundrechtsentfaltung im Gesetz,

Verwaltung füllt die ihr belassenen Entscheidungsspielräume mit Hilfe von Projektionen in die Zukunft und unterscheidet sich insoweit strukturell nicht von der Gesetzgebung.[97] Aber auch in die akzeptierten Methoden des Verstehens der Rechtsnormen, also des die Verwaltung bindenden Elements, ist der Wirkungsbezug eingebrannt, wie etwa an der teleologischen Auslegung sichtbar wird.[98] Alles Verwalten, auch der Vollzug des Gesetzes, ist mithin notwendigerweise zweckverfolgender Natur.[99]

bb) Funktionale Notwendigkeit einer verzeitlichten Verwaltung

Jenseits der theoretischen Machbarkeit liegt die Frage nach der Funktionalität einer die Zwecke für die Verwaltung ausblendenden Rechtsordnung. Die Verzeitlichung von Verwaltung wurzelt nicht allein in technischen Unfertigkeiten der Gesetzgebung, einer Verantwortungsschwäche des Gesetzgebers oder korrigierbaren Lehrsätzen der Methodenlehre, sondern

---

1999, 307 ff., insbes. S. 322; *Appel* Verwaltungsrecht (Fn. 52), 256 f.; *Ulrich Stelkens* Rechtsetzungen der europäischen und nationalen Verwaltungen, VVDStRL 71 (2012), 369 (379 f.); *Poscher* Funktionenordnung (Fn. 27), Rn. 60; *Wolfgang Kahl* Wissenschaft, Praxis und Dogmatik im Verwaltungsrecht, 2020, 115 ff.; das klassische Zitat zum Beleg einer Gegenansicht ist *Paul Laband* Staatsrecht, Bd. 2, 5. Aufl. 1911, 178: „Die rechtliche Entscheidung besteht in der Subsumtion eines gegebenen Tatbestands unter das geltende Recht, sie ist wie jeder logische Schluß vom Willen unabhängig; es besteht keine Freiheit der Entscheidung […]". *Laband* charakterisierte damit allerdings gerade nicht die Verwaltungsentscheidung, sondern die rechtliche (i.e. die richterliche) Entscheidung. Erst recht verfügt die Exekutive bei der Verordnungsgebung über Spielräume, s. *Eberhard Schmidt-Aßmann* Die Rechtsverordnung in ihrem Verhältnis zu Gesetz und Verwaltungsvorschrift, in: Paul Kirchhof u.a. (Hrsg.) FS Klaus Vogel, 2000, 477 (485).

[97] Vgl. *Husserl* Zeit (Fn. 23), 27: „Ein Hinübergreifen in die Zukunft (wie das der Gesetzgeber tut) heißt Wertungen und Stellungnahmen der Gegenwart zeitlich nach vorwärts projizieren."

[98] Die gesetzesvermittelte Verzeitlichung von Verwaltung lässt sich auch an den zur Regel gewordenen gesetzlichen Zweckbestimmungen ablesen, die noch *Gustav Radbruch* als Erniedrigung des um seines Daseins willen verbindlichen Befehls abgetan hatte, *Gustav Radbruch/Konrad Zweigert* Einführung in die Rechtswissenschaft, 13. Aufl. 1980, 43, 45; noch *Harro Höger* Die Bedeutung von Zweckbestimmungen in der Gesetzgebung der Bundesrepublik Deutschland, 1976, 13, bemerkte hierzu, die „gegenwärtige Rechtspraxis" gebe Radbruch „grundsätzlich recht", doch gebe es inzwischen einige Ausnahmen wie zum Beispiel die Zweckbestimmung in § 1 des Atomgesetzes. Am Umgang mit den gesetzlichen Zweckbestimmungen ist außerdem ablesbar, dass die theoretisch fortbestehende Unterscheidbarkeit von politischen und normativen Zwecken, also von hinter dem Recht stehenden Motivationen und Absichten des Gesetzgebers einerseits und im Recht als Direktiven der Auslegung und Fortbildung des Rechts wirksamen Inhalten andererseits, in der Rechtswirklichkeit geschliffen wird, s. exemplarisch *Haverkate* Rechtsfragen (Fn. 84), 119 ff., 290 ff.

[99] Vgl. *Hartmut Maurer* Der Verwaltungsvorbehalt, VVDStRL 43 (1985), 135 (157).

ist Ausdruck von Notwendigkeiten.[100] Die an das Recht gestellten Erwartungen lassen sich nicht vollständig in abstrakt-generelle Gesetze zurückrechnen.[101] Richtigkeit muss auch und gerade im Horizont von Verwaltung hergestellt werden, das heißt das Wissen[102] und die Fähigkeiten von Verwaltung sind in einem stärkeren Maße in die Produktion von Recht einzubeziehen als dies in einem Modell zweckfreier Subsumtion der Fall wäre. Rückblickend will es scheinen, als wäre der in den 1960er Jahren aufsteigende Planungsbegriff aus zwei gegensätzlichen Gründen erfolgreich gewesen: Die einen brauchten ihn, um dem stärker und offensichtlicher werdenden Zukunftsbezug der Verwaltung eine gedankliche Heimstatt auf Augenhöhe mit dem Gesetz zu geben.[103] Für die anderen stabilisierte die Herausbildung einer besonderen planungsrechtlichen Dogmatik[104] die Vorstellung, die gestaltende Verwaltung noch gegenständlich begrenzen zu können. Wohl nicht zufällig entwickelte das Bundesverfassungsgericht gerade zu der Zeit der sprichwörtlichen Planungseuphorie die ersten Ansätze zu seiner Wesentlichkeitslehre.[105] Gerade in dieser Figur, geschaffen, das Gesetz zu stärken, wurde letztlich offenkundig, dass die Zukunftsverantwortung zwischen Gesetzgebung und Verwaltung geteilt sein muss und nur über die Details der Zuordnung gestritten werden kann.

---

[100] *Horst Dreier* Hierarchische Verwaltung im demokratischen Staat, 1991, 169: „Selbst der handlungsfreudigste, optimal informierte, seiner selbst gewisse Gesetzgeber kann heute auf Dauer nicht verbindliche Normen mit einem Konkretisierungsgrad und einer Detailgenauigkeit produzieren, die den Handlungsspielraum der zur Normexekution befugten Instanzen auf das sprachphilosophisch und methodologisch begründbare unvermeidliche Mindestmaß beschränken." S. auch *Dietrich Murswiek* Dynamik der Technik und Anpassung des Rechts, in: Burkhardt Ziemske u.a. (Hrsg.) FS Martin Kriele, 1997, 651 (657); aus der Perspektive der rechtsstaatlichen Kontrolle *Di Fabio* Risikoentscheidungen (Fn. 61), 461: „Eingriffe des Staates können nach den herkömmlichen Anforderungen des Gesetzesvorbehalts nicht mehr im nötigen Umfang parlamentarisch vorbestimmt werden"; im Hinblick auf die wachsende Bedeutung der Verwaltung bei der Lösung von Verteilungsfragen *Jan Henrik Klement* Verteilungsverfahren, in: Wolfgang Kahl/Markus Ludwigs (Hrsg), Handbuch des Verwaltungsrechts, Bd. IV, 2022, § 121 Rn. 5 f. Aus einer Beobachterperspektive *Mayntz* Soziologie (Fn. 39), 57; *Jürgen Habermas* Faktizität und Geltung, 4. Aufl. 1994, 519 ff.
[101] Zu den faktischen Grenzen von Gesetzgebung schon *Roman Herzog* Gesetzgeber und Verwaltung, VVDStRL 24 (1965), 183 (190 ff., 199 f.).
[102] Zu den administrativen Wissenskategorien *Jens-Peter Schneider* in: Schoch/Schneider (Fn. 10), § 24 Rn. 25 ff.
[103] S. zu der mit dem Begriff des Plans verbundenen Erwartung eines Endes der Vorherrschaft des Gesetzes über die Zukunftsgestaltung *Ossenbühl* Anforderungen (Fn. 29), B 61; kritisch *Forsthoff* Planung (Fn. 79), 22: Die Planung gehöre wie das Maßnahmengesetz zu den „Phänomenen, die in der rechtsstaatlichen Verfassung keinen Ort haben".
[104] Im Überblick *Wahl* Herausforderungen (Fn. 78), 45 ff.
[105] Wohl zuerst BVerfGE 34, 165 (192 f.).

IV. Die futurisierte Verwaltung

1. Begriff der Futurisierung

Im Laufe der Zeit hat sich die Zukunftsverantwortung auch außerhalb der angestammten Planungsreservate immer mehr auf die Verwaltung verlagert, und es will scheinen, als sei dieser Prozess noch längst nicht abgeschlossen. Die der Verwaltung gesetzten Zwecke werden zahlreicher und konfliktträchtiger, sie greifen immer weiter in die Zukunft und sind hochpolitisch. Viele Zwecke sind vage gehalten und erfordern komplexe, materiell nicht steuerbare Abwägungen, immer öfter aber werden die Handlungsziele gerade im Gegenteil auch durch quantitative, numerisch ausgedrückte Vorgaben[106] in Verbindung mit genauen Fristen zumindest vordergründig eindeutig definiert. Zum Teil liegen sie nah an der Kante zur Utopie und sind nur durch eine Vielzahl miteinander koordinierter Maßnahmen überhaupt förderbar und keineswegs immer erreichbar.

Diese Verschiebung der Systemzeit, die eine neue, nicht präzise abgrenzbare Epoche der Verzeitlichung von Verwaltung markiert und zu einem Signum des 21. Jahrhunderts werden könnte, bezeichne ich als Futurisierung.[107] Gemeint ist nicht eine bloß zeitliche Erweiterung der behördlichen Vorausschau zu dem Zweck, einen in der Gegenwart bestehenden Zustand zu bewahren,[108] sondern der über die Verwaltung vermittelte Versuch, die gesellschaftliche Entwicklung systematisch auf kollektiv definierte Zielvorstellungen auszurichten. Beispiele sind etwa das magische Sechseck in den Zielen des Energiewirtschaftsgesetzes[109] und Umweltqua-

---

[106] Zur wachsenden Rolle von Quantifizierungen in der Rechtsetzung *Klaus Meßerschmidt* Quantitative Vorgaben in der Gesetzgebung und ihre judikative Kontrolle, DÖV 2023, 225; s. auch *Hunka von Aswege* Quantifizierung von Verfassungsrecht, 2016; politikwissenschaftlich *Andrea Mennicken/Robert Salais* The New Politics of Numbers, in: dies. (Hrsg.) The New Politics of Numbers, 2022, 1 (1 f.): „Through quantification, public services and policies have experienced a fundamental shifting from 'government by democracy' towards 'governance by numbers', with implications not just for our understanding of the nature of public administration itself, but also for wider debates about the nature of citizenship and democracy."

[107] Begriff wohl zuerst bei *Ivo Appel* Methodik des Umgangs mit Ungewissheit, in: Schmidt-Aßmann/Hoffmann-Riem (Fn. 34), 327 (352); *ders.* Staatliche Zukunfts- und Entwicklungsvorsorge, 2005, 239.

[108] S. exemplarisch das im Standortauswahlgesetz formulierte Ziel, Mensch und Umwelt für einen Zeitraum von einer Million Jahren vor ionisierender Strahlung zu schützen (§ 1 Abs. 2 S. 2 StandAG). Von solchen Erweiterungen des Zeithorizonts zu unterscheiden ist eine Modifikation der Anforderungen an die Wahrscheinlichkeit eines Ereignisses, für die u.a. der Begriff des Risikos steht.

[109] Als Zweck des Gesetzes wird in § 1 Abs. 1 EnWG eine „möglichst sichere, preisgünstige, verbraucherfreundliche, effiziente, umweltverträgliche und treibhausgasneutrale

litätsziele wie das im EU-Primärrecht verankerte hohe Schutzniveau für die Umwelt, das eine Verbesserung der Umweltqualität einschließt.[110] Auch der Klimabeschluss des Bundesverfassungsgerichts wäre so nicht notwendig gewesen, hätte es nicht einer Rationalität des politischen Prozesses entsprochen, die Erledigung eines der fernsten und größten politischen Ziele, nämlich der Klimaneutralität im Jahr 2050 (§ 1 Abs. 2 S. 3 KSG a.F.), allzu weitgehend auf die Exekutive zu übertragen.

2. Quellen und Modi der Futurisierung

a) Unionsverwaltungsrecht: Planen und Regulieren

Starke Futurisierungsimpulse werden durch das supranationale und internationale[111] Recht vermittelt.[112] Im Unionsverwaltungsrecht haben

---

leitungsgebundene Versorgung der Allgemeinheit mit Elektrizität" ausgegeben. S. demgegenüber den Vorspruch des EnWG vom 13.12.1935: „Energieversorgung so sicher und billig wie möglich zu gestalten" (RGBl. I 1451).

[110] Art. 191 Abs. 1 erster Spiegelstrich, Abs. 2 S. 1 AEUV; Art. 37 GRCh; s. auch § 1 Abs. 2 BImSchG; zum Ziel der Verbesserung der Umweltqualität *Wolfgang Kahl* in: Rudolf Streinz (Hrsg.) EUV/AEUV, 3. Aufl. 2018, Art. 191 AEUV Rn. 55. Zu den sekundärrechtlichen Umweltqualitätszielen unten Fn. 121. Die Umweltqualitätsziele stehen wiederum in einem dienenden Bezug zum Grundsatz der nachhaltigen Entwicklung, der im Unionsrecht ebenfalls rechtlich ausgeformt ist, s. *Mathis* Entwicklung (Fn. 75), 228.

[111] Für das Völkerrecht konstatiert *Jochen Rauber* Zukunftsorientierung und Prozeduralisierung, AöR 143 (2018), 67 (69), einen „Zukunftsausgriff" des Rechts: Das Völkerrecht habe sich ebenso wie das staatliche Verfassungs- und Verwaltungsrecht von einer weitgehend formalen, bestandswahrenden Ordnung zu einem umfassenden Zukunftsentwurf entwickelt.

[112] Eine direkte materielle Zukunftsbezogenheit zählt zwar nicht zu den notwendigen, wohl aber zu den wahrscheinlichen Charaktereigenschaften der auf völkerrechtlichen Verträgen beruhenden Mehrebenensysteme, denn die Staaten schließen diese Verträge typischerweise gerade im Hinblick auf bestimmte gesellschaftliche Erwartungen, die sie auf sich allein gestellt nicht erfüllen könnten. In einem weitgehend instrumentellen Verständnis von Recht liegt der wahre, bleibende Kern der Charakterisierung der Europäischen Gemeinschaften als funktionale Zweckverbände bei *Hans Peter Ipsen* Europäisches Gemeinschaftsrecht, 1972, 197, mögen sich andere mit diesem Begriff verbundene Inhalte auch zwischenzeitlich erledigt haben (dazu *Wolfgang Kahl/Paul Hüther* Der „Zweckverband funktioneller Integration" nach Hans Peter Ipsen, 2023, 125 ff.). Die Gemeinschaftsverträge als „Planungsverfassungen" charakterisierend *Carl Friedrich Ophüls* Die Europäischen Gemeinschaftsverträge als Planungsverfassungen, in: Joseph H. Kaiser (Hrsg.) Planung I, 1965, 229. Zur Ziel-, Zukunfts- und Zahlenorientierung der gegenwärtigen Politik der Europäischen Kommission s. die Rede der amtierenden Präsidentin *Ursula von der Leyen* zur Lage der Union 2023, 13.9.2023, <https://ec.europa.eu/commission/presscorner/detail/ov/speech_23_4426> (Stand 5.11.2023).

sich mit dem Planen¹¹³ und dem Regulieren zwei markante Grundmuster eines auf Zukunft gerichteten behördlichen Handelns etabliert. Aus einer metadogmatischen Perspektive ist der Plan dabei die übergeordnete Kategorie, verstanden als Inbegriff vielfältiger Techniken zur vorwegnehmenden Koordination späterer hoheitlicher Handlungsbeiträge¹¹⁴ zur Förderung eines bestimmten Ziels.¹¹⁵ Speziell im Mehrebenensystem ist der Plan ein probates Mittel zur Organisation stufenweiser Übergänge vom politischen Ziel zur konkreten Aktion und zur Vernetzung der Akteure.¹¹⁶

Im Zuge der Verwirklichung des „Green Deal"¹¹⁷ der Europäischen Kommission wird die Planung unter anderem für das Klimarecht¹¹⁸ weiter an Bedeutung gewinnen, und zwar sowohl hinsichtlich der Koordinierung von Maßnahmen zur Klimawandelanpassung¹¹⁹ als auch hinsichtlich der

---

[113] Zur „Erweiterung und Stärkung" der Planung durch das Unionsrecht im Überblick *Wolfgang Köck* Pläne und andere Formen des prospektiven Verwaltungshandelns, in: Andreas Voßkuhle/Martin Eifert/Christoph Möllers (Hrsg.) Grundlagen des Verwaltungsrechts, Bd. II, 3. Aufl. 2022, § 36 Rn. 8.

[114] Formulierung nach *Scharpf* Planung (Fn. 67), 37 f.

[115] *Gertrude Lübbe-Wolff* Instrumente des Umweltrechts, NVwZ 2001, 481 (493), bezeichnet Pläne treffend als „Instrumente zweiter Ordnung".

[116] Zur ebenenvernetzenden Funktion von Plänen *Christoph Rung* Strukturen und Rechtsfragen europäischer Verbundplanungen, 2013, 44.

[117] Der „Green Deal" der Europäischen Kommission (Mitteilung der Kommission v. 11.12.2019, KOM [2019] 640 final; im Anschluss daran auf der Grundlage des Art. 192 Abs. 3 AEUV Beschluss [EU] 2022/591 des Europäischen Parlaments und des Rates vom 6.4.2022 über ein allgemeines Umweltaktionsprogramm der Union für die Zeit bis 2030 [8. UAP]) ist ein politisches Programm zur Erreichung der Klimaschutzziele des Paris-Abkommens (Vereinte Nationen, Pariser Abkommen vom 12.12.2015, Treaty Series, vol. 3156, 79). Er ist ein Masterplan für das EU-Wirtschafts- und Umweltrecht der Zukunft, dessen praktische Konsequenzen für das Verwaltungsrecht noch nicht absehbar sind, vgl. *Martin Burgi* Klimaverwaltungsrecht angesichts von BVerfG-Klimabeschluss und European Green Deal, NVwZ 2021, 1401 (1401).

[118] Zu der nachfolgend im Text getroffenen Unterscheidung zwischen Klimaschutzrecht und Klimawandelanpassungsrecht *Patrick Hilbert* Resilientes Klimarecht, EurUP 2022, 408 (408 f.).

[119] Das auf dem Green Deal aufbauende Europäische Klimaschutzgesetz – Verordnung (EU) 2021/1119 des Europäischen Parlaments und des Rats v. 30.6.2021 zur Schaffung des Rahmens für die Verwirklichung der Klimaneutralität und zur Änderung der Verordnungen (EG) Nr. 401/2009 und (EU) 2018/1999, ABl. L 243, setzt hinsichtlich der Maßnahmen zur Anpassung an den Klimawandel maßgeblich auf das Instrument des Plans, s. hierzu *Johannes Saurer* Klimaanpassung im Mehr-Ebenen-System des Rechts NuR 2022, 513 (514 f., 519); *Patrick Hilbert* Klimaanpassungsstrategien auf internationaler und nationaler Ebene, ZUR 2023, 259 (262); vgl. auch *Claudio Franzius* Der „Green Deal" in der Mehrebenenordnung, KlimR 2022, 2 (2). Dieser Ansatz wurde nunmehr in § 3 des Entwurfs eines Bundes-Klimaanpassungsgesetzes (BT-Drs. 20/8764 vom 11.10.2023) übernommen, der eine Verpflichtung der Bundesregierung zur Entwicklung einer „vorsorgende[n] Klimaanpassungsstrategie mit messbaren Zielen" vorsieht. Im Überblick zur Zielarchitektur

Minderung der Treibhausgasemissionen.[120] Das Umweltrecht liefert weitere Beispiele für ein auf anspruchsvolle materielle Ziele ausgerichtetes Planungsrecht,[121] was allerdings nicht den Blick dafür trüben sollte, dass das Regelungsmodell des Plans kein sektorspezifisches Phänomen mehr ist.[122]

Dass die Rolle der Gesetzgeber in den Arrangements des Planungsrechts zurückgedrängt wird, liegt dabei in der Natur der Sache.[123] Ein Par-

---

des Klimaschutzrechts im Mehrebenensystem *Michael Kloepfer/Jan-Louis Wiedman* Die Architektur des deutschen Klimaschutzrechts, EurUP 2022, 304 (308 ff.).

[120] Das Klimaschutzrecht beruht nach wie vor auf dem ökonomischen Instrument des Handels mit Emissionszertifikaten, s. Richtlinie 2003/87/EG über ein System für den Handel mit Treibhausgasemissionszertifikaten in der Union und zur Änderung der Richtlinie 96/61/EG des Rates (sog. Emissionshandelsrichtlinie). Insoweit wird ein im Wesentlichen marktwirtschaftlicher, planfreier Ansatz verfolgt. Das durch das Bundes-Klimaschutzgesetz etablierte System sektorenspezifischer Minderungsziele (§ 4 Abs. 1 KSG) impliziert allerdings zwangsläufig eine dieses Instrumentarium und andere – in jüngerer Zeit oft klassische Verbote beinhaltende – Maßnahmen (z.B. Gebäudeenergiegesetz) überwölbende Planungsebene (s. zudem die Klimaschutzprogramme gemäß § 9 KSG).

[121] S. insbesondere die Richtlinie 2000/60/EG des Europäischen Parlaments und des Rates vom 23.10.2000 zur Schaffung eines Ordnungsrahmens für Maßnahmen der Gemeinschaft im Bereich der Wasserpolitik, die in Art. 4 Abs. 1a den Zielbegriff des „guten Gewässerzustands" implementiert, sowie die Immissionsgrenzwerte im Luftqualitätsrecht – Richtlinie 2008/50/EG des Europäischen Parlaments und des Rates vom 21.5.2008 über Luftqualität und saubere Luft für Europa (sog. Luftqualitätsrichtlinie). S. ferner Art. 4 Abs. 1 S. 2, Art. 15 Abs. 2 Richtlinie (EU) 2019/904 des Europäischen Parlaments und des Rates vom 5.6.2019 über die Verringerung der Auswirkungen bestimmter Kunststoffprodukte auf die Umwelt mit dem derzeit noch vagen, aber jederzeit „scharfschaltbaren" Ziel einer „messbare[n] quantitative[n] Verminderung des Verbrauchs" bestimmter Einwegkunststoffartikel. Zuletzt wurde im Entwurf eines EU-Bodenüberwachungsgesetzes das materiell noch weithin offene, nur durch Verfahren und Instrumente unterlegte Ziel „gesünder Böden" im Jahr 2050 formuliert, Art. 1 Abs. 1, Art. 3 Abs. 4 Proposal for a Directive of the European Parliament and of the Council on Soil Monitoring and Resilience (Soil Monitoring Law), 5.7.2023, COM (2023) 416 final. Allgemein zu der Entwicklung *Moritz Reese* Qualitätsorientierung im Umweltrecht, in: Martin Oldiges (Hrsg.) Umweltqualität durch Planung, 2006, 25 ff.

[122] Hervorzuheben ist hier das Recht der Transeuropäischen Netze, das auf der Grundlage von Art. 171 Abs. 1 Uabs. 1, Art. 172 Abs. 1 AEUV durch von Parlament und Rat zu bestimmende Leitlinien final geprägt ist, s. näher *Rung* Strukturen (Fn. 116), 56 ff. Ein eindrucksvolles Regelwerk jüngeren Datums ist die Verordnung (EU) 2021/1153 des Europäischen Parlaments und des Rates vom 7.7.2021 zur Schaffung der Fazilität „Connecting Europe" mit umfänglichen Zieldefinitionen für den Verkehrssektor, den Energiesektor und den Digitalsektor in Art. 3. – Zu Referenzgebieten des europäischen Planungsrechts ohne Umweltbezug auch *Klaus Ferdinand Gärditz* Europäisches Planungsrecht, 2009, 44 f.; s. auch *Lukas Knappe* Die Maßnahmenplanung im europäisierten Verwaltungsrecht, 2022, 4 f., der von einem „allgemeine[n] Regelungsphänomen des europäisierten Verwaltungsrechts" spricht.

[123] Zu der mit dem europäischen Planungsrecht verbundenen Gewichtsverschiebung zugunsten der Exekutive schon *Wolfgang Durner/Rasso Ludwig* Paradigmenwechsel in der europäischen Umweltrechtsetzung?, NuR 2008, 457 (464).

lament mag über Metadaten wie die Verteilung von Emissionsminderungslasten entscheiden können, wäre mit der Feinjustierung von Zielen und Maßnahmen und dem dauernden Abgleich mit der Wirklichkeit hingegen institutionell überfordert.[124] Der nationale Gesetzgeber ist in der europäischen Maßnahmenplanung deshalb oft auf die Bereitstellung inhaltsleerer Formen in der Gestalt von Eingriffsbefugnissen[125] oder Zuständigkeitsregeln beschränkt. Auch in der direkten Begegnung mit dem planbetroffenen Grundrechtsträger wird nur vordergründig das Gesetz vollzogen. In Wahrheit ist das Handeln vom Plan her gedacht und in einen rechtfertigenden Zusammenhang mit anderen Maßnahmen gestellt.[126] Bei materieller Betrachtung determiniert der Plan damit auch die zu seiner Verwirklichung erforderlichen Eingriffe.[127]

Aus dem hier eingenommenen Blickwinkel ist das Regulierungsrecht[128] nur eine durch den Bezug auf die Ergebnisse des wirtschaftlichen Prozesses

---

[124] S. schon *Peter Badura* Auftrag und Grenzen der Verwaltung im sozialen Rechtsstaat, DÖV 1968, 446 (453): Planung sei eine „unvermeidliche Konsequenz" der umfassenden Sozialverantwortung des Staates; daran anknüpfend *Köck* Pläne (Fn. 113), Rn. 4.

[125] Zur Erforderlichkeit gesetzlicher Grundlagen für planvollziehende Grundrechtseingriffe *Durner/Ludwig* Paradigmenwechsel (Fn. 123), 464; *Knappe* Maßnahmenplanung (Fn. 122), 189 mit Fn. 928.

[126] Vgl. *Schmidt-Aßmann* Planung (Fn. 29), 4 f.: Planung als „Konzept verflochtener Maßnahmen".

[127] Vgl. *Gärditz* Planungsrecht (Fn. 122), 45: „Pläne sind hier ein instrumenteller Zwischenschritt zwischen materiellen Zielvorgaben des Gemeinschaftsrechts und den ausführenden Einzelmaßnahmen mitgliedstaatlicher Behörden im indirekten Vollzug." Speziell zur Funktion der – unionsrechtlich durch die Richtlinie 2008/50/EG über Luftqualität induzierten – Luftreinhaltepläne gemäß § 47 Abs. 1–3 BImSchG BVerwGE 172, 383 (386 f. Rn. 21): „Sie dienen dazu, die zur Grenzwerteinhaltung erforderlichen Maßnahmen zu bündeln, inhaltlich abzustimmen, für alle Träger öffentlicher Verwaltung verbindlich zu machen und ihre Durchsetzung durch deren Behörden nach Maßgabe der erforderlichen Rechtsgrundlage zu ermöglichen [...] Den unmittelbar immissionswirksamen Einzelmaßnahmen wird eine zuständigkeits- und rechtsträgerübergreifende Planungsstufe vorgeschaltet, um koordiniert und effektiv für die Einhaltung der immissionsschutzrechtlichen Vorgaben zu sorgen".

[128] Zu dem hier zugrundeliegenden Regulierungsbegriff „mittlerer Reichweite" zwischen einem auf die Netzwirtschaften verengten Verständnis und einem weiten steuerungswissenschaftlichen Konzept *Matthias Ruffert* Wirtschaftsregulierung, in: Dirk Ehlers/Michael Fehling/Hermann Pünder (Hrsg.) Besonderes Verwaltungsrecht, Bd. 1, 4. Aufl. 2019, § 22 Rn. 2; *Josef Ruthig* Gewährleistungs- und Regulierungsverwaltung, in: Kahl/Ludwigs (Fn. 80), § 22 Rn. 2; weiter Regulierungsbegriff bei *Martin Eifert* Regulierungsstrategien, in: Andreas Voßkuhle/Martin Eifert/Christoph Möllers (Hrsg.) Grundlagen des Verwaltungsrechts, Bd. I, 3. Aufl. 2022, § 19 Rn. 4 f.; *Wolfgang Durner* Schutz der Verbraucher durch Regulierungsrecht, VVDStRL 70 (2011), 398 (403 f.); enger Regulierungsbegriff bei *Johannes Masing* Soll das Recht der Regulierungsverwaltung übergreifend geregelt werden?, Gutachten für den 66. Deutschen Juristentag, 2006, D 10; *Ulrich Stelkens*

spezialisierte Variante des Planungsrechts.[129] Es steht für ein europäisches Modell von Verwaltung,[130] das den wirtschaftlichen Wettbewerb vorausschauend und langfristig durch aufeinander abgestimmte Maßnahmen auf kollektiv gesetzte Vorstellungen von Gemeinwohl auszurichten versucht.[131] Die Steuerungsleistung parlamentarisch gesetzten oder wenigstens mitverantworteten Rechts ist auch hier gering und, soweit die nationalen Parlamente in Rede stehen, teilweise normativ ausdrücklich unerwünscht.[132] An einem Plan fehlt es dem Regulierungsrecht mithin nicht, es ist nur kein Plan im Sinne einer einheitlichen, formalisierten, zeichnerischen oder textlichen Darstellung. Eine Verengung auf bestimmte Wirtschaftszweige oder eine Bindung an das ökonomische Modell des Marktversagens sind ebenfalls nicht zwingend.[133] Selbst das Kartellrecht wird zum Planungsrecht, soweit das liberale Motiv der Wettbewerbsfreiheit in der durch Leitlinien

---

Regulierung wirtschaftlicher Tätigkeit als Form der Einbeziehung privatwirtschaftlicher Tätigkeit in die staatliche Daseinsvorsorge, in: Jong Hyun Seok/Jan Ziekow (Hrsg.) Die Einbeziehung Privater in die Erfüllung öffentlicher Aufgaben, 2008, 77 (82); zwischen „Regulierung" (weites Verständnis) und „Regulierungsrecht" (enges Verständnis) unterscheidend *Thomas Wischmeyer* Informationssicherheit, 2023, 32 f. mit Fn. 60.

[129] Vor einem Transfer von Dogmatik aus dem Planungs- in das Regulierungsrecht warnend *Kersten* Wettbewerb (Fn. 94), 326 ff. Auch er sieht allerdings eine Gemeinsamkeit von Planung und Regulierung in ihrem „finalen Charakter". Auf die „Planungsähnlichkeit" von Regulierung hinweisend auch *Masing* Regulierungsverwaltung (Fn. 128), D 154.

[130] Zutreffend *Ruthig* Regulierungsverwaltung (Fn. 128), Rn. 1; s. auch *Oliver Lepsius* Ziele der Regulierung, in: Michael Fehling/Matthias Ruffert (Hrsg.) Regulierungsrecht, 2010, § 19 Rn. 8: Regulierungsrecht als „neue[n] rechtliche[n] Gestaltungsform für öffentlich gewährleistete aber privat erbrachte Leistungen."

[131] Vgl. *Frank Schorkopf* Regulierung nach den Grundsätzen des Rechtsstaats, JZ 2008, 20 (26, 29): Regulierungsverwaltungsrecht als Ausdruck oder Vorbote eines eudämonistischen Staatsverständnisses, einer Steuerung der gesellschaftlichen Dynamik am Maßstab hoheitlicher Vorstellungen eines „Gemeinwohl" genannten Endzustands.

[132] Zur Telekommunikationsregulierung EuGH, 3.12.2009, Kommission/Deutschland, C-424/07, ECLI:EU:C:2009:749, Rn. 78; dazu kritisch *Klaus Ferdinand Gärditz* Europäisches Regulierungsverwaltungsrecht auf Abwegen, AöR 135 (2010), 251 (260): „bewusst demokratieabstinent gehaltene Expertokratie".

[133] Ein neues Anwendungsfeld des Regulierungsrechts deutet sich auf dem Feld der Kreislaufwirtschaft an, die ebenfalls zu den Zielen des „Green Deal" gehört. Das EU-Konzept der Kreislaufwirtschaft, s. Begriffsdefinition in Art. 2 Abs. 2 lit. c 8. UAP als „Wirtschaft des Wohlergehens, in der dem Planeten mehr zurückgegeben als genommen wird und Beschleunigung des Übergangs zu einer schadstofffreien Kreislaufwirtschaft, in der das Wachstum regenerativ ist, Ressourcen effizient und nachhaltig genutzt werden und die Abfallhierarchie angewandt wird", hat mit dem sektoral begrenzten Kreislaufwirtschaftsrecht deutscher Provenienz nicht viel zu tun. S. dazu *Jan Henrik Klement/Thomas Roller* Kreislaufwirtschaft, in: Michael Rodi (Hrsg.) Handbuch Klimaschutzrecht, 2022, § 39 Rn. 50 ff.

und Sekundärrecht gelenkten Praxis durch Erwartungen an das Wettbewerbsergebnis ergänzt wird.[134]

b) Zukunftsorientiertes Verfassungsrecht

Jenseits seiner Europäisierung löst sich das deutsche Recht auch aus eigenem Antrieb[135] vom Paradigma der Strukturierung und Rahmung der gesellschaftlichen Selbstbewegung und entwickelt Leitbilder von der Zukunft.[136] Eine starke Rolle spielt hierbei das Verfassungsrecht.[137] Das Grundgesetz hat nicht nur im Anwendungsbereich des Sozialstaatsprin-

---

[134] Zur Umstellung von einer ergebnisoffenen zu einer ergebnisorientierten Wettbewerbspolitik im „More Economic Approach" *Kersten* Wettbewerb (Fn. 94), 297 ff. Allgemein zu dem im Recht herausgebildeten instrumentellen Verständnis von Wettbewerb *Eifert* Regulierungsstrategien (Fn. 128), Rn. 126 ff.

[135] Neben der durch die Verfassung und durch die Gesetze „heteronom" betriebenen Futurisierung der Verwaltung findet auch eine intrinsische Futurisierung statt. Die sog. gesetzesfreie Verwaltung und die Selbstverwaltung markieren wichtige Punkte auf der gleitenden Skala von der vollziehenden zur „politischen" Verwaltung. Für die der Verwaltung vom Recht belassenen Freiräume kann beispielsweise eine ethische Zukunftsverantwortung für den Umweltschutz formuliert und wirksam werden, wie etwa kommunale Projekte zum Klimaschutz oder zur Verminderung von Verpackungsabfall sowie kommunale Nachhaltigkeitssatzungen u.ä. zeigen. Auch das Soft Law internationaler Organisationen spielt bei der Ausrichtung der Verwaltung eine Rolle (s. beispielsweise die von Anfang an die kommunale Ebene einbeziehende UN-Politik der nachhaltigen Entwicklung, wie sie zuletzt in den 17 Zielen der Agenda 2030 für Nachhaltige Entwicklung enthalten ist). Diese Konzepte können gerade über normative Rezeptionsbegriffe wie „gute Verwaltung" eine quasi-rechtliche Autorität erlangen, s. *Hill* Verwaltungshandeln (Fn. 13), Rn. 53. Die binnenorganisatorische Weitergabe der politischen Impulse erfolgt dann wiederum in den rechtlichen Bahnen von Verwaltungsvorschriften, Weisungen, durch die Ausübung gesellschaftsrechtlicher Befugnisse, aber auch durch informelle Kontakte.

[136] Eine interessante Facette ist die Ersetzung des privatautonomen Verteilungsmechanismus durch hoheitliche Bewirtschaftungsordnungen. Diese Entwicklung begann im Wasserrecht schon im 19. Jahrhundert, s. hierzu *Wolfgang Durner* Wasserrecht, in: Rehbinder/Schink (Fn. 29), Kap. 9 Rn. 9, 26. Der Bewirtschaftungsgedanke hat im Umweltrecht außerdem Eingang in das KrWG (Bewirtschaftung von Abfällen, § 3 Abs. 14, § 30 KrWG) und in das BNatSchG gefunden. Verallgemeinernd kann die Herausbildung eines Bewirtschaftungsrechts beschrieben werden, dessen Zweck die Durchsetzung einer durch kollektive Entscheidung definierten gesellschaftlichen Verteilung einer Ressource in einem bestimmten Zeithorizont ist. Den Begriff des Bewirtschaftungsrechts auf die Verteilung geldwerter Güter in Krisensituationen verengend hingegen *James Bews* Bewirtschaftungsrecht, 2017, 21 f.

[137] *Bäumlin* Staat (Fn. 51), 7 ff., beklagte schon im Jahr 1961 den „Einbruch der Zeit" in das Verfassungsrecht, während *Walter Leisner* Antigeschichtlichkeit des Öffentlichen Rechts?, Der Staat 7 (1968), 137 (152), der Verfassung etwa zur gleichen Zeit noch einen „ihrem Wesen nach" unveränderlichen Charakter attestierte. S. hierzu auch den Hinweis bei *Rainer Wahl* Staatszielbestimmungen im Verfassungsrecht, in: Reinhard Rack (Hrsg.) Grundrechtsreform, 1985, 223 (228), dass in die Zukunft weisende Bestimmungen („Ver-

zips und des Umweltstaatsprinzips[138] den Charakter einer Rahmenordnung verloren und ist so, wie es heute interpretiert wird, auf ganzer Breite von konstruierender, die Zukunft positiv mitschaffender Natur.[139] Die bekannten Techniken zu einer vor allem grundrechtlich getriebenen Flexibilisierung[140] des Gesetzesrechts führen dabei dazu, dass die Zukunftspläne des Verfassungsrechts für die Verwaltung auch unmittelbar[141] Bedeutung erlangen.[142]

---

heißungen") bereits in den Verfassungen der französischen Revolution und des deutschen Konstitutionalismus im 19. Jahrhunderts enthalten waren.

[138] Besonders deutlich wird die durch Art. 20a GG vermittelte Futurisierung, wenn das BVerfG die völkerrechtlich vereinbarten sog. Paris-Ziele zum Anstieg der globalen Durchschnittstemperatur vermittelt über das einfache Gesetzesrecht zur verbindlichen Konkretisierung des Verfassungsgebots aus Art. 20a GG erhebt, s. BVerfGE 157, 30 (131 f. Rn. 185, 145 Rn. 208). Über das geltende Recht hinausgehende Gedanken zu einer ökologischen Futurisierung des Grundgesetzes bei *Jens Kersten* Das ökologische Grundgesetz, 2022.

[139] Zu denken ist hier unter anderem an (1.) prospektive Gehalte der Freiheitsgrundrechte, wie sie sich den Schutzpflichten, leistungsrechtlichen Elementen und Ansätzen zu einem abwehrrechtlichen Schutz von Institutionen und anderen staatlichen Gestaltungen entnehmen lassen, s. zu Letzterem jüngst die Anerkennung eines Rechts auf schulische Bildung durch BVerfGE 159, 355 (280 ff. Rn. 42 ff.); zur Dogmatik erläuternd *Josef Christ* Schulschließungen in der Pandemie und das Recht auf schulische Bildung, NVwZ 2023, 1 f.; (2.) den Gleichstellungsauftrag des Art. 3 Abs. 2 S. 2 GG; (3.) den vom Bundesverfassungsgericht kreierten Anspruch auf Demokratie im Sinne auch zukünftiger Gestaltungsmöglichkeiten, BVerfGE 129, 124 (168), und schließlich das noch nicht vollständig entwickelte Konzept der intertemporalen Freiheitssicherung in BVerfGE 157, 30 (130 f. Rn. 183); diesen Gedanken auf weitere Themenfelder ausdehnend *Gregor Kirchhof* Intertemporale Freiheitssicherung, 2022. Zum „Eindringen von Planungselementen in die Verfassung" schon *Thomas Würtenberger* Staatsrechtliche Probleme politischer Planung, 1979, 108 ff., 371 ff.; aus neuerer Zeit monographisch *Joachim Schwind* Zukunftsgestaltende Elemente im deutschen und europäischen Staats- und Verfassungsrecht, 2008, 105 ff.

[140] Allen voran zu nennen sind die grundrechtsorientierte und die verfassungskonforme Auslegung sowie die Ableitung von ermessensrelevanten Zielen unmittelbar aus Verfassungsrecht. Pointiert spricht *Jestaedt* Grundrechtsentfaltung (Fn. 96), 59 ff., von einer „Atomisierung der allgemeinen Gesetzesregel durch Grundrechte".

[141] S. schon *Bachof* Dogmatik (Fn. 65), 205: „ständige unmittelbare Konfrontation allen Verwaltungshandelns mit der Verfassung".

[142] Der von Art. 20 Abs. 3 GG erweckte Eindruck einer nur gesetzesmediatisierten Verfassungsbindung erweist sich aus dieser Perspektive als Reminiszenz an das Zeitschema der Gewaltenteilung. In Art. 20a GG wird die vollziehende Gewalt neben der Gesetzgebung und der Rechtsprechung ausdrücklich als Adressatin genannt. Exemplarisch zu den Auswirkungen des in Art. 20a GG verorteten Klimaschutzziels auf die fachplanerische Abwägung *Franziska Heß* Die Belange des Klimaschutzes in der Fachplanung, UPR 2022, 440 ff.; allgemein zu nicht gesetzlich mediatisierten Verfassungsbindungen von Verwaltung *Philipp Reimer* Wechselwirkungen von Verfassungs- und Verwaltungsrecht, in: Kahl/Ludwigs (Fn. 80), § 10 Rn. 17 ff.

3. Zur heutigen Rolle der Rechtswissenschaft: Verfallserzählung oder Gestaltungsauftrag?

In einer ersten Bilanz der hier geleisteten Analyse der Veränderungen der Zeithorizonte ist festzuhalten, dass sich die präventive Wende des Staates in einer Verzeitlichung des Verwaltungsrechts niederschlägt. Der immer schon vorhandene, lange aus der wissenschaftlichen Beobachtung ausgeschlossene intrinsische Zukunftsbezug der Verwaltung wird durch eine wachsende gesetzesvermittelte Verzeitlichung ergänzt und überlagert. Weit über das Umweltrecht hinaus ist Verwaltungshandeln durch eine starke materielle Zukunftsbezogenheit geprägt.

Ist daraus nun eine Verfallsgeschichte zu stricken? Gewiss fließt aus der Futurisierung zusätzliche Bewegungsenergie für Wesensveränderungen des Verwaltungsrechts, die aus einer streng dogmatischen Perspektive für gewöhnlich mit einem negativen Unterton erzählt werden.[143] Doch kann die Entwicklung auch in ein positiveres Licht gesetzt werden. Auf dem Gebiet der Wirtschaft besteht sie zu großen Teilen, wenn auch nicht ausschließlich, aus der rechtlichen Erfassung von zuvor im Verborgenen liegenden, dezentralen und maßstabslosen Politiken zur Förderung von Gemeinwohlzwecken. Man denke hier nur an die kommunale und staatliche Interessendurchsetzung im dunklen Winkel der eigenwirtschaftlichen Betätigung (z.B. Bundespost) und an die politische Steuerung von Kartellen und Monopolisten (z.B. Energiewirtschaft),[144] die nunmehr auf das Feld

---

[143] S. zur Verwissenschaftlichung des Rechts *Wolfgang Kahl/Marie-Christin Stürmlinger* Expertifizierung als Entwicklungstendenz im Europäischen Verwaltungsrecht, EurUP 2021, 173 ff.; zur Symbolisierung von (Umwelt-) Recht durch das Ausweichen ins Prozedurale *Lübbe-Wolff* Instrumente (Fn. 115), 493; zum „Strukturbruch" mit dem deutschen Umweltrecht im Hinblick auf die Maßnahmenprogramme und Bewirtschaftungspläne gemäß Art. 11 Wasserrahmenrichtlinie und §§ 82 f. WHG *Michael Reinhardt* in: *Manfred Czychowski/Michael Reinhardt* WHG, 13. Aufl. 2023, § 82 Rn. 2a („von der überkommenen deutschen konditionalen Normstruktur wesensverschiedene[n] finalen Regelungstechnik"); zum Verlust der Regelbindung einer sich nur noch den Zielen verpflichtet sehenden Politik *Schmidt* Umweltvorsorge (Fn. 75), 751; *Kahl/Hüther* Zweckverband (Fn. 112), 126; zur Finalstruktur als Hindernis für eine „ganzheitliche Kodifikation" *Breuer* Umweltgesetzbuch (Fn. 54), B 37 ff.; weniger skeptisch insoweit *Wolfgang Kahl/Patrick Hilbert* Die Bedeutung der Kodifikationsidee im Verwaltungsrecht, RW 2012, 453 (460), die vor einer vollständigen Aufgabe der Kodifikationsidee warnen; auf das Demokratieprinzip gestützte Bedenken gegen die Einrichtung unabhängiger europäischer Behörden äußert BVerfGE 151, 202 (295 Rn. 138).

[144] Zur staatlichen Zweckverfolgung durch die Lenkung von Kartellen *Joachim Jickeli* Freiheitsschutz und Effizienz als Zielsetzungen des Europäischen Kartellrechts, in: Utz Schliesky/Christian Ernst/Sönke E. Schulz (Hrsg.) FS Edzard Schmidt-Jortzig, 2011, 713 (714 f.); *Jürgen Basedow* Kartellrecht im Land der Kartelle, WuW 2008, 270 (271): Kar-

des Regulierungsrechts gezogen wurden.[145] In anderen Zusammenhängen drückt sich in der Futurisierung ein politischer Wille aus, kollektive Entscheidungen über die Zukunft zu treffen und zu verwirklichen, an denen die gesellschaftliche Selbstbewegung vorbeiliefe und die auch im staatlichen Handeln durch ein reines Vollzugsmodell von Verwaltung nicht hätten abgebildet werden können.

Bei alldem steht nicht in Zweifel, dass sich in der Futurisierung von Recht auch die normative Ratlosigkeit[146] einer Gesellschaft zeigen kann, die lieber in großen Zielen denkt als kleine Schritte in eine richtige Richtung zu gehen. In der Verständigung „nur" auf die Zukunft werden gleichermaßen die Notwendigkeit des Mehrebenensystems wie auch seine Schwächen offenkundig: die materielle Inhomogenität der kooperierenden Einheiten und die zu dünnen Kompetenzen der Leitungsebene.[147] Zudem wären eine Festigung und dogmatische Durchdringung der neuen Schichten des Verwaltungsrechts, die dem Handeln realistischere Zeithorizonte setzt und die Verwaltung dadurch entlastet, in der Tat wünschenswert. Gerade deshalb sollte die Futurisierung aber nicht als das Ende, sondern als der Anfang eines Prozesses begriffen werden. Die Verwaltungsrechtswissenschaft sollte den Befund wachsender Verwaltungsverantwortung aufnehmen und mitgestalten.[148] Es werden adäquate judikative Kontrollinstrumente zu entwickeln sein, beispielsweise nach dem Vorbild der Abwägungsfehlerlehre, die einst Einzug in das Städtebaurecht hielt.[149]

---

telle als „willkommene organisatorische Struktur, die eine zentrale Lenkung der Wirtschaft ermöglichte".

[145] Freilich bleibt das Regulierungsrecht nicht bei den vormals unmittelbar staatlich kontrollierten Aktivitäten stehen, sondern schließt die Korrektur eines in anderer Weise generierten Marktversagens ein, s. *Holger Mühlenkamp* „Marktversagen" als ökonomische Begründung für Interventionen der öffentlichen Hand, in: Rudolf Hrbek/Martin Nettesheim (Hrsg.) Europäische Union und mitgliedstaatliche Daseinsvorsorge, 2002, 65 ff., oder löst sich ganz von diesem ökonomischen Modell zur Rechtfertigung eines hoheitlichen Eingreifens. Es trägt insoweit eine Tendenz zur „Verstaatlichung" wirtschaftlicher Prozesse in sich, vgl. *Durner* Verbraucher (Fn. 128), 413 f., 422 f.; *Wischmeyer* Informationssicherheit (Fn. 128), 33 f.

[146] *Ludger Heidbrink* Kritik der Verantwortung, 2003, 19.

[147] Besonders deutlich im Völkerrecht, s. *Hilbert* Klimaanpassungsstrategien (Fn. 119), 261. Im Unionsrecht kann die Finalsteuerung auch als Folge des Subsidiaritätsgrundsatzes (Art. 5 Abs. 1 S. 2, Abs. 3 EUV) und des politischen Zwangs zur Konsensbildung verstanden werden.

[148] S. das Postulat einer prospektiven Rechtswissenschaft bei *Michael Kloepfer* Zukunft (Fn. 6), 253 (266).

[149] Vgl. zur rechtsstaatlichen Disziplinierung des „zunächst oft beargwöhnten Phänomen[s] administrativer Planung" *Eberhard Schmidt-Aßmann* Bundeskompetenzen zur Raumordnung unter veränderten Rahmenbedingungen, in: Hans-Joachim Driehaus/Hans-Jörg Birk (Hrsg.) FS Felix Weyreuther, 1993, 73 (83).

Zuvorderst aber gilt es, Arrangements einer auf die Zukunft gerichteten Verantwortungsteilung zwischen Gesetzgeber und Verwaltung zu finden, die den verfassungsrechtlichen Erwartungen an Verwaltung entsprechen. Der Leitbegriff der guten Verwaltung, der unserer Tagung vorangestellt ist, kann bei dieser rechtsstaatlichen Formung eine wichtige Rolle spielen.

V. Verengte Horizonte: Bringen die Krisen die Gegenwart zurück?

Bevor ich darauf eingehe, bietet der Begriff des Krisenmanagements Gelegenheit innezuhalten. Könnte die sich häufende Wahrnehmung von Krisen[150] und die Bewertung von Verwaltung anhand der Rollenerwartung einer Managerin als Reaktion auf die als überzogen empfundene Tendenz zu einer immer stärkeren Zukunftsbezogenheit verstanden werden? Brechen die Zukunftserwartungen gerade zusammen? Kehrt in der Krise die Gegenwart in das staatliche Handeln zurück[151] und liegt womöglich gerade darin eine Erklärung für die Beliebtheit dieser Vokabel? In der Jurisprudenz stellt der Begriff der Krise in der ihm allein gemäßen heuristischen Funktion[152] in der Tat die Frage, wie plötzliche, womöglich nur kurzfristige negative Veränderungen der Wirklichkeit vom Recht verarbeitet werden. Das Umschalten in einen Krisenmodus dient dazu, Entscheidungen auch dann noch nach Maßstäben des Rechts treffen zu können, wenn die alten Programme nicht mehr passen und eine neue dauerhafte Ordnung noch nicht gefunden ist. Aus dieser Perspektive streuen Krisen zunächst einmal Sand ins Getriebe eines auf die Zukunft ausgerichteten Rechts,[153]

---

[150] Dass Krisen auch Wahrnehmungsphänomene sind, ist mittlerweile zu einem Gemeinplatz geworden, s. exemplarisch *Schulze* Krisen (Fn. 15), 76; *Martin Wengeler/Alexander Ziem* Krisen als diskursgeschichtlicher Gegenstand, in: dies. (Hrsg.) Sprachliche Konstruktionen von Krisen, 2013, 1 (7); *Thomas Mergel* Einleitung: Krisen als Wahrnehmungsphänomene, in: ders. (Hrsg.) Krisen verstehen, 2012, 9 (13): „Formen der Selbstbeschreibung einer Gesellschaft, die sich so ebenso ihrer Reformbedürftigkeit wie ihrer Wandlungsfähigkeit vergewissert"; *Anna-Bettina Kaiser* Ausnahmeverfassungsrecht, 2020, 71; *Gunnar Folke Schuppert* Krisen als Stresstest, in: Roland Broemel/Simone Kuhlmann/Arne Pilniok (Hrsg.) FS Hans-Heinrich Trute, 2023, 387 (387).

[151] Vgl. *Luuk van Middelaar* Vom Kontinent zur Union, 2016, 16 ff, mit der These, auf der EU-Ebene vollziehe sich zuletzt ein Wandel von planender, technokratischer Regelpolitik hin zu reaktiver Ereignispolitik; zustimmend *Kahl/Hüther* Zweckverband (Fn. 112), 125.

[152] *Kaiser* Ausnahmeverfassungsrecht (Fn. 150), 69 f.; zur fehlenden dogmatischen Funktion des Krisenbegriffs noch unten Fn. 176; *Oliver Lepsius* Ausnahme und Krise, Die Verwaltung 55 (2022), 309 (322 f.), lehnt eine Verwendung des Krisenbegriffs in der Rechtswissenschaft rundherum ab.

[153] Schon bei *Alexis de Tocqueville* De la Démocratie en Amérique, Bd. 2, Deuxième Partie, Ch. XVII, in: J.-P. Mayer (Hrsg.) Oeuvres Papiers et Correspondances d'Alexis

wenngleich der Weg in die Anarchie getreu der Maxime „Die Not kennt kein Gebot"[154] in der geltenden Rechtsordnung selbstverständlich nicht vorgesehen ist. Doch ist das Verhältnis von Krise und Zukunftsbezug als Antagonismus nur unzureichend beschrieben. Bei genauerem Hinsehen zeigt sich, dass die Futurisierung und das verwaltungsrechtliche Krisendenken gerade keine Gegenspielerinnen sind, sondern auf lange Sicht eine Doppelbewegung aus zwei sich wechselseitig bedingenden und verstärkenden Entwicklungen.

1. Ohne Zukunftserwartungen keine Krisen

Der erste Grund dafür liegt schon in der Begrifflichkeit. Wenn der Begriff der Krise als ein von der bisherigen und erwünschten zukünftigen Normalität abweichender,[155] einer Entscheidung bedürftiger[156] Zustand definiert wird, dann schließt dies zwangsläufig eine positive Vorstellung von der Zukunft und den Optimismus der Bewältigbarkeit ein.[157] Eine nur in der und für die Gegenwart lebende Gesellschaft kennt nur gute und schlechte Zeiten und Ereignisse (zum Beispiel Katastrophen[158]), aber keine Krisen.[159] Ein System, das keine Aussicht mehr hat, den Zusammenbruch abzuwenden, befindet sich nicht mehr in der Krise, sondern am Rand der Apokalypse.[160]

Tocqueville I, 1961, 156, ist zu lesen: „L'instabilité de l'état social vient favoriser l'instabilité naturelle des désirs. Au milieu de ces fluctuations perpétuelles du sort, le présent grandit; il cache l'avenir qui s'efface et les hommes ne veulent songer qu'au lendemain."

[154] Vgl. *Carl Schmitt* Politische Theologie, 2. Aufl. 1934, 11 und 19 f.: „Es gibt keine Norm, die auf ein Chaos anwendbar wäre."; s. dazu *Kaiser* Ausnahmeverfassungsrecht (Fn. 150), 25 ff.

[155] *Schulze* Krisen (Fn. 15), 20: „Krise: Damit ist regelmäßig gemeint, dass das Normale aussetzt, nicht nur ganz kurz, sondern für längere Zeit"; zur Krise als Differenz zur Normalität auch *Lepsius* Ausnahme (Fn. 152), 316.

[156] Zum Entscheidungsbezug der Krise *Reinhart Koselleck* Einige Fragen an die Begriffsgeschichte von „Krise", in: *ders* Begriffsgeschichten, 2006, 203 (203 f.) [zuerst 1986].

[157] Vgl. *Rüdiger Graf* Die „Krise" im intellektuellen Zukunftsdiskurs der Weimarer Republik, in: Moritz Föllmer/Rüdiger Graf (Hrsg.) Die „Krise" der Weimarer Republik, 2005, 77 (80, 91, 98 f.).

[158] Katastrophen sind Ereignisse, während eine Krise die Interpretation eines Zustands im Hinblick auf seine Lösung ist. Anders etwa *Rolf Parr* Krise/Katastrophe, in: Wengeler/Ziem (Fn. 150), 293: Katastrophe als „dauerhafte, nicht mehr re-normalisierbare Krise". Zum juristischen Katastrophenbegriff *Michael Kloepfer* Handbuch des Katastrophenrechts, 2015, § 1 Rn. 24 ff.

[159] *Frank Schorkopf* Finanzkrisen als Herausforderung der internationalen, europäischen und nationalen Rechtsetzung, VVDStRL 71 (2012), 183 (184): „Jede Krise beschwört die Zukunft"; daran anknüpfend *Angela Schwerdtfeger* Krisengesetzgebung, 2018, 8.

[160] S. *Daniel Damler* Gotham City, 2022.

Es ist zwar nicht zu behaupten, dass die Wahrnehmung von Krisen eine Singularität unseres Zeitalters wäre, aber der Aspekt der Zukunft macht doch erklärlich, weshalb Gesellschaften überaus kritische Situationen nicht als Krise empfinden müssen[161] und der Krisenbegriff umgekehrt gerade in der Weimarer Zeit, als die präventive Wende des Staates unter vollem Dampf stand, zur Dauerselbstbeschreibung der Gesellschaft avancierte.[162] Je stärker der Glaube an die Gestaltbarkeit von Zukunft ist und je selbstverständlicher danach gehandelt wird, desto größer ist das Risiko eines empirisch messbaren Versagens des Rechts,[163] desto mehr muss die Krise als Normalzustand begriffen werden und desto schwerer fällt es, dies zu ertragen.

2. *Ohne Zukunftsverantwortung kein Krisendenken im Verwaltungsrecht*

Der zweite Zusammenhang zwischen Zukunftserwartungen und Krisendenken liegt in den normativen Rollenbildern. Der Krisenbegriff ist relativ zur Ebene des Handelns und der Akteure. Aus der Perspektive der Verwaltungsrechtswissenschaft kann eine Krise sinnvollerweise nur ein in der Entscheidungsverantwortung der Verwaltung liegender Zustand sein, also ein solcher, dessen Bewältigung von der Verwaltung rechtlich oder rechtmäßig politisch erwartet wird, von ihr aber nicht oder nicht vollständig mit einem Handeln im Rahmen der vorausgedachten Programme bewältigt werden kann.[164] So verhielt es sich mit *Helmut Schmidt* und der Sturmflut

---

[161] So mit Blick auf das Mittelalter *Jan Rüdiger* Wenn man das Ende schon kennt, in: Mergel (Fn. 150), 153: „[...] kann es in einer Welt, in der eine neue Zeit nicht zu erwarten ist, auch keine Krise geben."

[162] *Moritz Föllmer/Rüdiger Graf/Per Leo* Einleitung: Die Kultur der Krise, in: Föllmer/Graf (Fn. 157), 11. Zur Wirtschaftskrise vom 1966/67 und der gleichzeitigen sog. Planungseuphorie *Werner Plumpe* Die Wirtschaftskrise 1966/67 und ihre Bedeutung in der deutschen Wirtschaftsgeschichte, in: Wengeler/Ziem (Fn. 150), 19 ff. Nach *Reinhart Koselleck* Krise, in: Otto Brunner/Werner Conze/Reinhart Koselleck (Hrsg.) Geschichtliche Grundbegriffe, Bd. 3, 1982, 617 (617), ist der Begriff der Krise etwa seit dem Jahr 1780 „Ausdruck einer neuen Zeiterfahrung". Gemessen an der Häufigkeit des Wortgebrauchs könne die Neuzeit seit dem Beginn des 19. Jahrhunderts ein „Zeitalter der Krise" genannt werden (ebd., 635); ähnlich *Mergel* Einleitung (Fn. 150), 11.

[163] Vgl. *Kirchhof* Freiheitssicherung (Fn. 139), 27 f.

[164] Spiegelbildlich wäre von einer Krise der Legislative zu sprechen, wenn der Gesetzgeber einen politischen Zweck etwa aufgrund der Dringlichkeit der Situation oder aufgrund fehlenden Wissens nicht im Wege des verfassungsrechtlich vorgesehenen Normalprogramms – nämlich der Steuerung der Verwaltung durch allgemeine Gesetze – erreichen kann, sondern zur Untätigkeit oder zu einem Handeln durch „Maßnahmengesetze" – um diesen Begriff noch einmal aufzugreifen (oben Fn. 50) – gezwungen ist, s. z.B. BVerfGE 95, 1 – Südumfahrung Stendal.

von 1962.[165] In einem Denken hingegen, das die Verwaltung auf den Vollzug gesetzlicher Programme oder überhaupt auf „Normalität" beschränkt, sind Krisen schlichtweg nicht existent. Die Feuerwehr, die einen Brand löscht, und die Deichacht, die Sandsäcke einkauft, handeln nicht im Zustand der Krise, sondern erfüllen die ihnen zugeschriebenen Aufgaben.[166] Die gesellschaftlich vorhandene Krise mag das politische Motiv hinter einem Gesetz sein, für die Verwaltung selbst aber ist sie so unsichtbar wie die Zukunft im liberalen Rechtsstaat des 19. Jahrhunderts.[167]

Die wissenschaftliche Entdeckung einer zwischen Legislative und Exekutive geteilten Zukunftsverantwortung war mithin eine Bedingung dafür, dass sich der Krisenbegriff nicht nur in den allgemeinen gesellschaftlichen Diskursen, sondern im Unterschied zur Epoche von Weimar auch im Verwaltungsrecht als ein heuristischer Begriff festsetzen konnte.

3. *Zukunftsorientiertes Recht als Folge von Krisen*

Und schließlich: Die wachsende Zukunftsbezogenheit des Rechts ist umgekehrt ein Kind der Krise.[168] Zwar gibt es Krisen, die nur in der Gegenwart zu bewältigen sind, weil sie sich voraussichtlich kurzfristig erledigen werden. Andere Krisen wie etwa die Klimakrise hingegen sind

---

[165] Das Recht lernte aus dieser Krise: Das Siebzehnte Gesetz zur Ergänzung des Grundgesetzes vom 24.6.1968 (BGBl. I 1968, 709) erlaubte „bei einer Naturkatastrophe oder bei einem besonders schweren Unglücksfall" den Einsatz der Streitkräfte im Inneren (Art. 35 Abs. 2 S. 2 GG). – Ein anderes Beispiel für ein außerordentliches Handeln der Exekutive ist der beherzte, die Grenzen dieser Handlungsform wohl auch überschreitende Erlass von Allgemeinverfügungen im frühen Stadium der Corona-Pandemie, dazu *Tristan Barczak* Krise und Renaissance der Handlungsformenlehre, JZ 2022, 981 (986 f.). Nach *Klaus Rennert* Handlungsformen rechtsstaatlichen Verwaltens, Vortrag Symposium zum 80. Geburtstag von Paul Kirchhof, 27.10.2023, Heidelberg, war dies nur in der gegebenen Sondersituation zulässig. Die für die Normallage entworfene Abgrenzung zwischen Verwaltungsakt und Rechtssatz bleibe unberührt.

[166] Dies gilt auch dann, wenn die Handlungskraft der Verwaltung im Einzelfall nicht ausreicht, um ihre Aufgabe vollständig zu erfüllen, z.B. großflächiger Waldbrand oder Sturmflut.

[167] Auch im geltenden Recht und der hierzu entwickelten Dogmatik werden Krisen vielfach ausgeblendet oder nur mit Übersetzungen relevant. So ist die Verwaltung beispielsweise auch in einer staatlichen Finanzkrise dazu verpflichtet, Anträge auf staatliche Hilfe positiv zu bescheiden, wenn die gesetzlichen Anspruchsvoraussetzungen erfüllt sind. Wie das Beispiel zeigt, kann die Normativität des Rechts vordergründig zum Hindernis bei der Bewältigung der politischen Krise werden, vgl. *Schorkopf* Finanzkrisen (Fn. 159), 187. Zur Unterscheidung zwischen dem verwaltungsrechtlichen Entscheidungsmaßstab und dem Haushaltsrecht *Paul Kirchhof* Die Steuerung des Verwaltungshandelns durch Haushaltsrecht und Haushaltskontrolle, NVwZ 1983, 505 (509 f.).

[168] In Anlehnung an *Joseph H. Kaiser* Vorwort, in: ders. (Fn. 79), 7: „Planung ist eine Tochter der Krise".

Langzeitkrisen,[169] denen mit bloßem Management nicht beizukommen ist. Die lange Dauer dieser Krisen ist nicht immer allein den schwierigen Umständen geschuldet, sondern kann auch daran liegen, dass sie aufgrund normativer Wertungen lange dauern *müssen*. So verlangt die Klimakrise ein Maß an Neustrukturierung gesellschaftlicher Programme, das in einer den sozialen Frieden und den Wohlstand nicht inakzeptabel schädigenden Weise nur langfristig und im Modus des Plans zu leisten ist. Schließlich können selbst die Kurzzeitkrisen den Fokus des Rechts auf die Zukunft richten, denn in einer vorsichtigen Gesellschaft besteht die Neigung, in jeder Krise ein Muster für die Zukunft zu erkennen, sie mithin zu generalisieren und zum Gegenstand rechtlicher Regelungen zu machen. Jede als Muster verarbeitete Krise schraubt die Bemühungen zur Krisenvermeidung[170] und die legislative „Bevorratung" von Krisenbewältigungsregeln ein Stück weiter und richtet in beidem den Blick in die Zukunft.[171]

Vordergründig geht es bei der Krisenvermeidung nur um ein Handeln in der Gegenwart und bei der antizipierten Krisenbewältigung um den Entwurf von Handlungsprogrammen, die im Krisenfall aktiviert werden können.[172] Von theoretischem Interesse ist dabei der zweite Aspekt. Die Kriterien und Zuständigkeiten für den Wechsel zwischen Normal- und Krisenmodus werden teilweise im Verfassungsrecht[173] und teilweise im ein-

---

[169] Vgl. *Hilbert* Klimarecht (Fn. 118), 410.

[170] S. exemplarisch die in § 75 WHG geregelten Risikomanagementpläne.

[171] Vgl. *Schorkopf* Finanzkrisen (Fn. 159), 186 f.; einprägsam *Schulze* Krisen (Fn. 15), 58: Moderne Gesellschaften lebten in einem „permanenten Vorkrisendiskurs". Die bei der Wiener Tagung der Staatsrechtslehrervereinigung formulierte Forderung nach einer verbesserten Pandemieplanung (*Rixen* Verwaltungsrecht [Fn. 67], 52 f.) passt in diese Logik.

[172] S. zu den Beispielen der Katastrophenschutzplanung und Notfallpläne *Kloepfer* Katastrophenrecht (Fn. 158), § 18 Rn. 6 ff.

[173] Das Grundgesetz enthält mit der sog. Notstandsverfassung der Art. 115a ff. GG typische Krisenreaktionsregeln, d.h. Modifikationen der für die Normalität vorgesehenen Programme, die verhindern sollen, dass aus einer Krise der Gesellschaft eine Krise des Staates wird, vgl. *Michael Kloepfer* Verfassungsschwächung durch Pandemiebekämpfung?, VerwArch 112 (2021), 169 (175 f.), dort auch im Überblick zu weiteren „notlagenspezifische[n] Vorschriften" des Grundgesetzes). Jenseits der ausdrücklichen Regelungen des positiven Rechts werden rechtliche Krisenreaktionen durch die verfassungsrechtliche Dogmatik organisiert. So ermöglicht etwa die heute vorherrschende Deutung von Verfassungsvorschriften als Prinzipien die als notwendig erachtete Flexibilisierung bei einer sich verändernden Sachlage (bis hin zum äußersten Fall einer Prinzipiendeutung des Folterverbots aus Art. 1 Abs. 1 GG, s. dazu *Ralf Poscher* Menschenwürde im Staatsnotstand, in: Petra Bahr/Hans Michael Heinig [Hrsg.] Menschenwürde in der säkularen Verfassungsordnung, 2006, 215 [215 ff., insbesondere 222 ff.]). Diskutiert werden auch „Abstriche bei der Intensität" der Verhältnismäßigkeitsprüfung in Krisensituationen, s. *Kloepfer* Verfassungsschwächung, 178, sowie eine situationsbezogene Veränderlichkeit der aus Art. 80 GG abgeleiteten Anforderungen an Verordnungsermächtigungen. Zu Letzte-

fachen Recht[174] festgelegt.[175] Es handelt sich um feine Übersetzungen des Krisenbegriffs in juristische Dogmatik, weshalb der Krisenbegriff selbst gerade ohne dogmatische Funktion bleiben kann.[176] Das Recht nimmt Metaregeln zur Unterscheidung von Normalität und Krise[177] in sich auf und lässt, wenn der Plan aufgeht, mit den vorausgedachten Arrangements die Krise in einem juristischen Sinne für die Verwaltung verschwinden oder doch nur in den unvermeidlichen Leerstellen und Fehlern der Planung sichtbar bleiben. Im Zusammenhang mit der Futurisierung ist indes

---

rem sei verwiesen auf die verwaltungsgerichtliche Rechtsprechung zu Maßnahmen der Corona-Bekämpfung, vgl. insbesondere BVerwG, NVwZ 2023, 1000 (1004 f. Rn. 41 ff.); BeckRS 2023, 10364, Rn. 24 f.; Saarländisches OVG, BeckRS 2022, 13614, Rn. 24; sowie VGH Baden-Württemberg, BeckRS 2022, 15410, Rn. 93, 106 f.

[174] Ein Beispiel ist das Energiebewirtschaftungsrecht, das für den Fall der Knappheit eine hoheitliche Verteilung und Zuteilung knapper Gasmengen an Stelle des Marktes vorsieht, s. Energiesicherungsgesetz (ENSiG) und die Verordnung (EU) 2017/1938 des Europäischen Parlaments und des Rates vom 25.10.2017 über Maßnahmen zur Gewährleistung der sicheren Gasversorgung. Zu denken ist außerdem an das Ernährungssicherstellungs- und -vorsorgegesetz (ESVG), das in Versorgungskrisen (§ 1 Abs. 1 ESVG) umfassende staatliche Befugnisse zur Lenkung der Wirtschaft im Hinblick auf Produktion, Bezug und Zuteilung von Lebensmitteln in Kraft setzt. Dies soll es ermöglichen, die Versorgung der Bevölkerung mit dem lebensnotwendigen Bedarf an Lebensmitteln sicherzustellen.

[175] Verfassungsrechtlich ist dabei die Frage aufgeworfen, ob die Zuständigkeit für die Feststellung, dass die in einem Rechtssatz definierten Voraussetzungen des Krisenfalls gegeben sind, zwingend bei der Exekutive liegen muss oder ob die Entscheidung zur Absicherung gegen einen möglichen Missbrauch auch dem Gesetzgeber selbst vorbehalten werden darf. S. im geltenden Recht hierzu die verfassungsrechtliche Regel über die Vorratsgesetzgebung für Spannungslagen in Art. 80a Abs. 1 S. 1 GG und die Sonderregeln des IfSG für – gemäß § 5 Abs. 1 IfSG vom Gesetzgeber festzustellende – epidemische Lagen von nationaler Tragweite, dazu *Barczak* Staat (Fn. 61), 702; kritisch zu der letztgenannten Vorschrift im Hinblick auf die „horizontale Gewaltenbalance" *Thorsten Kingreen* Grundlagen des deutschen Infektionsschutzrechts, in: Stefan Huster/Thorsten Kingreen (Hrsg.) Handbuch Infektionsschutzrecht, 2. Aufl. 2022, Kap. 1 Rn. 120 ff. De constitutione ferenda zur Schaffung einer allgemeinen „Gesetzesbereitschaft" in einem Art. 80b GG *Barczak* Staat (Fn. 61), 649 ff.

[176] So gibt es keinen übergesetzlichen Notstand, der die im „Krisenfall" möglicherweise als defizitär empfundenen rechtlichen Regelungen durch allgemeine staatliche Handlungsbefugnisse ergänzen könnte, vgl. *Ernst-Wolfgang Böckenförde* Der verdrängte Ausnahmezustand, NJW 1978, 1881 (1883); *Poscher* Menschenwürde (Fn. 173), 224 ff.; *Jens Kersten* Ausnahmezustand?, JuS 2016, 193 (203); *Kaiser* Ausnahmeverfassungsrecht (Fn. 150), 337 ff., 358 ff., mit umfassenden Nachweisen zur Gegenansicht auf S. 332 Fn. 3; s. auch *Schwerdtfeger* Krisengesetzgebung (Fn. 159), 374, mit der Feststellung, dass das deutsche Verfassungsrecht an das Vorliegen einer Krise „grundsätzlich keine normativen Folgen knüpft".

[177] Teilweise bindet das Recht den Krisenbegriff auch an die ökonomische Theorie des Marktversagens, s. die amtliche Begründung zum Ernährungssicherstellungs- und -vorsorgegesetz (ESVG) zum Begriff der Versorgungskrise in § 1 Abs. 1 ESVG (BT-Drs. 18/10943, 23.01.2017, 21).

noch etwas anderes entscheidend: Indem der vorsorgende Staat die Gegenwart gegen die Krise absichert oder Strategien zukünftigen Handelns in der Krise entwirft, trifft er zugleich wenigstens implizit Festlegungen zur gewünschten Normalität der Gesellschaft.[178]

Festzuhalten ist damit, dass die meisten Krisen zumindest langfristig dazu beitragen, Aufgabenfelder aus den Modi der gesellschaftlichen Selbstbewegung oder der exekutiven Improvisation in die planende Festlegung zu verlagern.[179] Auf das Ganze gesehen, bringen die Krisendiskurse nicht die Gegenwart in das Verwaltungshandeln zurück, sondern tragen ihm nur noch mehr Zukunft ein.

VI. Vom Vorbehalt des Gesetzes zum Vorbehalt guter Verwaltung

Wie zu zeigen war, sind die Zeithorizonte von Verwaltung so variantenreich wie die Verwaltung selbst. Neben die fest in der Zeit stehende vollziehende Verwaltung im Nahbereich ist eine Zukunftsverwaltung getreten, die von gesellschaftlichen Erwartungen und Krisen genährt immer weiter anwächst. Die damit einhergehende Gewichtsverlagerung von der Legislative zur Exekutive gibt Anlass zum Nachdenken darüber, wie die demokratische Legitimation sowie die rechtsstaatliche Berechenbarkeit und Kontrollierbarkeit der hoheitlichen Zukunftsgestaltung verfassungsrechtlich gewährleistet werden können.

1. Abschied vom Vorbehalt des Gesetzes für wesentliche Zukunftsentscheidungen

Die Standardantwort der Dogmatik, nämlich die Herrschaft des Parlamentsgesetzes über alle für die Ausübung grundrechtlich geschützter Freiheit „wesentlichen",[180] obschon nicht in Grundrechte eingreifenden[181]

---

[178] S. hierzu den in der Spätphase der Coronapandemie geprägten Ausdruck einer „neuen Normalität", auf den auch *Schuppert* Stresstest (Fn. 150), 399, hinweist.

[179] So waren die in den 1960er Jahren sprunghaft steigenden Ansprüche aus der Gesellschaft an die staatliche Planung eine Folge der ersten Krisenerfahrungen mit der Marktwirtschaft (oben Fn. 162). Das Energiebewirtschaftungsrecht und das Ernährungssicherstellungsrecht (oben Fn. 174) hatten ihren entwicklungsgeschichtlichen Ausgangspunkt in den Krisen der beiden Weltkriege, zur Energiebewirtschaftung *Bews* Bewirtschaftungsrecht (Fn. 136), 38 ff., 93 ff. Allgemein zu Krisen als Auslösern für die Reaktivierung des Interventionsstaats im 19. Jahrhundert *Stolleis* Entstehung (Fn. 63), 134; Charakterisierung „moderner" Planung als „aktive und bewußte Steuerung der gesellschaftlichen Entwicklung" zur Krisenvorbeugung bei *Würtenberger* Planung (Fn. 139), 37.

[180] Zur Ausrichtung der Wesentlichkeitsdoktrin auf die Grundrechte *Dirk Ehlers/Hermann Pünder* in: dies. (Hrsg.) Allgemeines Verwaltungsrecht, 16. Aufl. 2022, § 2 Rn. 45,

Zukunftsentscheidungen, wurde von der Rechtswirklichkeit überholt.[182] Im Umweltrecht wurde schon vor vielen Jahren eine Umkehrung der Wesentlichkeitstheorie[183] festgestellt, was eine schöne Umschreibung für einen Bruch der vorausgesetzten Norm ist, ihn aber nicht auflöst. Auch in großen Teilen des europäischen Planungsrechts einschließlich des Regulierungsrechts werden die wesentlichen Entscheidungen, was auch immer man im Einzelnen darunter verstehen mag, nicht durch das Gesetz getroffen.[184] Entweder das deutsche Verfassungsrecht wird also durch den Vorrang des Unionsrechts gestochen[185] oder aber der Vorbehalt des Gesetzes wird zum

---

mit Hinweisen auf die Rechtsprechung; *Möllers* Gewaltengliederung (Fn. 23), 186 ff.; kritisch hierzu *Lepsius* Rechtswissenschaft (Fn. 43), 179 ff.

[181] Zu den grundrechtlichen Gesetzesvorbehalten unten Fn. 198.

[182] Ein eigenes Thema, das sich in diesem Zusammenhang aufdrängt, betrifft das Verhältnis von Wesentlichkeitsdoktrin und Staatsleitung der Regierung, s. hierzu in der Sache schon *Siegfried Magiera* Parlament und Staatsleitung in der Verfassungsordnung des Grundgesetzes, 1979, 298 ff. Mochte den Entscheidungen der Staatsleitung bislang eine „gewisse Grundrechtsferne" attestiert werden, s. nur *Michael Kloepfer* Die Grundrechte des Grundgesetzes, in: Ivo Appel/Georg Hermes/Christoph Schönberger (Hrsg.) FS Rainer Wahl, 2011, 339 (345), so kann dies nach der Klimaentscheidung des Bundesverfassungsgerichts nicht mehr gelten. Auch in diesem Zusammenhang dürfte sich die Wesentlichkeitsdoktrin daher als unterkomplex erweisen.

[183] Zuerst *Rainer Wahl* Verwaltungsverantwortung und Verwaltungsgerichtsbarkeit, VBlBW 1988, 387 (391 mit Fn. 40); s. dazu auch *Murswiek* Dynamik (Fn. 100), 651; nach *Franz Reimer* Das Parlamentsgesetz als Steuerungsmittel und Kontrollmaßstab, in: Andreas Voßkuhle/Martin Eifert/Christoph Möllers (Hrsg.) Grundlagen des Verwaltungsrechts, Bd. I, 3. Aufl. 2022, § 11 Rn. 51, wurden Lockerungen der Wesentlichkeitstheorie im Umweltrecht „eher aus faktischen Zwängen denn aus rechtlichen Erwägungen bejaht". Eine Umkehrung der Wesentlichkeitstheorie im „Risikorecht" beschreibend *Anika Klafki* Risiko und Recht, 2017, 87.

[184] Allgemein zur „losen parlamentarischen Rückbindung" als Kennzeichen des europäischen Verwaltungsrechts *Durner* Verbraucher (Fn. 128), 406, 414; *Ruthig* Regulierungsverwaltung (Fn. 128), Rn. 25 f.; zur materiellen Bedeutung der auf der Ebene des administrativen Plans getroffenen Entscheidungen oben Abschnitt IV. 2. a) sowie *Durner/Ludwig* Paradigmenwechsel (Fn. 123), 464 f.; *Knappe* Maßnahmenplanung (Fn. 122), 190; zum Regulierungsrecht *Florian Gonsior* Die Verfassungsmäßigkeit administrativer Letztentscheidungsbefugnisse, 2018, 172 ff., der angesichts der „sachstrukturelle[n] Gründe, die einer abschließenden Normierung ohne große behördliche Spielräume im Wege stehen" für eine modifizierte Anwendung der Wesentlichkeitsdoktrin plädiert, um dem Verdikt der Verfassungswidrigkeit zu entgehen (ebd., 177).

[185] Wohl zu Unrecht geht *Knappe* Maßnahmenplanung (Fn. 122), 176 f., davon aus, dass der Anwendungsvorrang des Unionsrechts einer Anwendbarkeit der deutschen Grundrechte und des Vorbehalts des Gesetzes schon wegen des weiten Handlungsspielraums des deutschen Gesetzgebers nicht entgegenstehe. Damit wird übersehen, dass die Verantwortungsverlagerung auf die Exekutive vom europäischen Recht nicht nur in Kauf genommen, sondern zumindest implizit auch normativ angeordnet wird. Insoweit besteht also gerade kein Handlungsspielraum. Beispielsweise wäre es mit dem unionsrechtlichen Effektivitätsgebot nicht

änderungsfesten Kern des Demokratie- und Rechtsstaatsprinzips gerechnet (Art. 79 Abs. 3 GG)[186] und eine große Zahl europäischer Rechtsakte wegen einer Verletzung der Verfassungsidentität als Ultra-vires-Akte[187] qualifiziert.

Nun ist Verfassungsrecht nicht einfach durch eine abweichende einfachgesetzliche Rechtslage zu überspielen[188] und, soweit es um die Verfassungsidentität geht, eben auch nicht durch Unionsrecht. Normatives Gewicht gewinnt der Einwand der Realitätsferne der Wesentlichkeitsdoktrin indes durch die Beobachtung, dass die Übertragung wesentlicher Entscheidungen auf die Verwaltung zwar nicht in jedem Einzelfall, wohl aber im Großen und Ganzen erforderlich ist, um die an den Staat gerichteten Zukunftserwartungen im Medium des Rechts zu erfüllen. Am Verbot der gesetzlichen Delegation wesentlicher Zukunftsentscheidungen[189] ließe sich mithin nur zu dem Preis festhalten, den Staat in der Tendenz auf eine Verteilung von Handlungsrechten nach vergangenen Verdiensten oder erworbenen Rechten und auf die Gestaltung einer nahen Zukunft zu beschränken: den Gesetzgeber, weil er mehr als dies auf sich allein gestellt nicht kann, und die Verwaltung, weil sie bei einem strengen Verständnis des Wesentlichkeitsvorbehalts nicht mehr tun darf. Rechtsphilosophisch und rechtspolitisch ließen sich für dieses Ergebnis Gründe[190] ins Feld führen. Ein vom Planziel her entworfenes Recht steigert die Wahrscheinlichkeit,

---

vereinbar, wenn die Maßnahmenprogramme und Bewirtschaftungspläne im Sinne von Art. 11 Wasserrahmenrichtlinie in Deutschland vom Gesetzgeber erlassen würden. – Auf einen Anwendungsausschluss des Vorbehalts des Gesetzes läuft in der Sache auch der Vorschlag einer unionsrechtskonformen Handhabung der Wesentlichkeitstheorie hinaus, vgl. *Christian Calliess* Die verfassungsrechtliche Zulässigkeit von fachgesetzlichen Rechtsverordnungsermächtigungen zur Umsetzung von Rechtsakten der EG, NVwZ 1998, 8 (10, 12 f.).

[186] *Horst Dreier* in: ders. (Hrsg.) GG II, 3. Aufl. 2015, Art. 79 Abs. 3 Rn. 52; relativierend *Brun-Otto Bryde* in: Ingo v. Münch/Philip Kunig, GG II, 7. Aufl. 2021, Art. 79 Rn. 60.

[187] Vgl. BVerfGE 142, 123 (195 Rn. 137).

[188] Zu den Lernprozessen des Rechts mit Blick auf die Wirklichkeit *Jan Henrik Klement* Rechtsbefolgung und Rechtsdogmatik, in: Patrick Hilbert/Jochen Rauber (Hrsg.) Warum befolgen wir Recht?, 2019, 227 (249 f.).

[189] Zum Parlamentsvorbehalt als Delegationsverbot *Michael Kloepfer* Der Vorbehalt des Gesetzes im Wandel, JZ 1984, 685 (690); *Hans-Uwe Erichsen* Die sog. unbestimmten Rechtsbegriffe als Steuerungs- und Kontrollmaßgaben im Verhältnis von Gesetzgebung, Verwaltung und Rechtsprechung, DVBl 1985, 22 (27); *Fritz Ossenbühl* Vorrang und Vorbehalt des Gesetzes, in: HStR V, 3. Aufl. 2007, § 101 Rn. 14 f., 55.

[190] S. im Hinblick auf die staatliche Risikosteuerung *Scherzberg* Risikosteuerung (Fn. 31), 233 f.; s. auch *Murswiek* Dynamik (Fn. 100), 651, zu den gemeinsamen geistigen Wurzeln der freiheitlichen Rechtsordnung und des technischen Fortschritts; s. auch *Friedrich A. von Hayek* Die Irrtümer des Konstruktivismus und die Grundlagen legitimer Kritik gesellschaftlicher Gebilde, in: ders. Die Anmaßung von Wissen, 1996, 16 ff. [zuerst 1975].

die geplante Zukunft und eben auch *nur* diese zu erreichen. Angesichts des begrenzten Wissens und Vorstellungsvermögens der Gegenwart kann gerade dies vor allem auf dem Feld der Wirtschaft ein gravierender Nachteil sein.[191] Doch haben sich die gesellschaftlichen Zukunftserwartungen längst viel zu tief auch in das Verfassungsrecht selbst eingegraben, als dass diese Position noch rechtlich plausibel wäre. Mit dem Wesentlichkeitsvorbehalt setzt sich das Verfassungsrecht letztlich in einen Widerspruch zu sich selbst.

Bei Lichte betrachtet wurde das Wesentlichkeitsmerkmal denn auch längst durch an der jeweiligen Aufgabe orientierte Überlegungen zu einer funktional sinnvollen Verantwortungsteilung zwischen Gesetzgeber und Verwaltung ersetzt.[192] Dann aber stellt sich die Frage, weshalb solche Überlegungen hinter dem Merkmal der Wesentlichkeit der Entscheidung „maskiert" werden sollten. Der Grundfehler liegt in der Annahme, die verfassungsrechtliche Richtigkeit einer Verwaltungsentscheidung wachse automatisch proportional zum Dichtegrad einer vorgeschalteten gesetzlichen Programmierung. Die gesetzgeberische Entscheidung erlangt damit einen geradezu selbstzweckhaften Charakter, obwohl es aus der Sicht der das Recht als Volk legitimierenden und von ihm betroffenen Menschen nicht per se auf eine bestimmte interne Kompetenzverteilung, sondern nur darauf ankommt, wie die nach außen gerichtete Entscheidung die verfassungsrechtlichen Anforderungen in bestmöglicher Weise erfüllen kann. Auch wenn die materielle Steuerung durch Gesetz einen wichtigen Baustein bei dieser Optimierungsaufgabe bildet,[193] ist die Entscheidung aller „wesentli-

---

[191] Vgl. polemisierend *Niklas Luhmann* Positivität des Rechts als Voraussetzung einer modernen Gesellschaft, in: ders. Ausdifferenzierung des Rechts, 1981, 113 (151 f.) [zuerst 1970], der vor „unzivilisierten Versuchen" zur Wiederherstellung der Überordnung der Politik über die Wirtschaft warnt; moderatere Kritik in neuerer Zeit etwa bei *Kirchhof* Freiheitssicherung (Fn. 139), 28 f. – Allerdings kann es besser sein, die Zukunft in dieser Weise „geschlossen" zu halten als sie ganz zu verlieren. Auf dem Gebiet des Umweltschutzes gibt es wohl keine sinnvolle Alternative zu einer hoheitlichen planorientierten Rahmung, was den Einsatz ökonomischer Instrumente einschließlich der diesen innewohnenden Zielflexibilisierungen selbstverständlich nicht ausschließt.

[192] So werden im Einzelfall letztlich doch unerklärbare Verdünnungen der „eigentlich" erforderlichen Regelungsdichte etwa aufgrund der besonderen Komplexität oder auch der vorgeblichen Unvorhersehbarkeit von Sachverhalten gestattet. Dazu *Bernd Grzeszick* in: Dürig/Herzog/Scholz (Fn. 10), Art. 20 Abs. 3 GG Rn. 87, 109, 114 f. (2022); *Reimer* Parlamentsgesetz (Fn. 183), Rn. 49. Aus der Rechtsprechung BVerfGE 49, 89 (137 ff.) – Kalkar: Die Notwendigkeit eines dynamischen Grundrechtsschutzes rechtfertige die Unbestimmtheit des atomrechtlichen Sicherheitsstandards; dies wiederholend BVerfGE 157, 30 (174 Rn. 262). Eine Auflockerung der Wesentlichkeitstheorie befürwortend auch *Di Fabio* Risikoentscheidungen (Fn. 61), 465; *Schmidt-Aßmann* Ordnungsidee (Fn. 14), 4. Kap. Rn. 22.

[193] Vgl. *Hill* Verwaltungshandeln (Fn. 13), Rn. 18.

chen" Fragen durch das Parlament hiernach weder erforderlich noch ausreichend.[194] Es kommt vielmehr darauf an, dass der Gesetzgeber eine Aufgabe nur dann auf die Verwaltung überträgt, wenn diese nach Maßgabe aller normativen und faktischen Bedingungen zu einer den verfassungsrechtlichen Erwartungen entsprechenden Erledigung in der Lage ist. Der Gesetzgeber muss außerdem das in seiner Macht liegende unternehmen, die Verwaltung zu befähigen, eine in diesem Sinne „gute" oder sogar die „bestmögliche" Verwaltung zu sein.

2. Der Vorbehalt guter Verwaltung

Der Vorschlag geht also dahin, die Zukunftsverantwortung nicht anhand der Wesentlichkeit einer Entscheidung zwischen Gesetzgeber und Verwaltung aufzuteilen, sondern die verfassungsrechtliche Qualität der Verwaltungsentscheidung in den Blick zu nehmen. Damit sind die Anforderungen der Rechtsstaatlichkeit und der Demokratie, aber auch materielle Ergebnisnormen angesprochen, wie sie dem geltenden Verfassungsrecht in progressiver Lesart entnommen werden. Diese Anforderungen behalten selbstver-

---

[194] Für eine Verabschiedung der Wesentlichkeitstheorie im Ergebnis auch *Hans-Jürgen Papier* Der Vorbehalt des Gesetzes und seine Grenzen, in: Volkmar Götz/Hans Hugo Klein/Christian Starck (Hrsg.) Die öffentliche Verwaltung zwischen Gesetzgebung und richterlicher Kontrolle, 1985, 36 (43); *Reimer* Parlamentsgesetz (Fn. 183), Rn. 60; der Wesentlichkeitslehre eine eigenständige dogmatische Funktion absprechend *Schmidt-Aßmann* Rechtsstaat (Fn. 30), Rn. 65; s. auch *Kloepfer* Vorbehalt (Fn. 189), 689; *Rixen* Verwaltungsrecht (Fn. 67), 58 f. mit Fn. 99; *Klaus Vogel* Gesetzgeber und Verwaltung, VVDStRL 24 (1965), 125 (147 ff., insbes. S. 151). Verteidigung des am Kriterium der Wesentlichkeit orientierten Vorbehalts des Gesetzes hingegen durch *Böckenförde* Gesetz (Fn. 34), 397 ff.; *Armin von Bogdandy* Gubernative Rechtsetzung, 2000, 184 ff.; *Klaus Ferdinand Gärditz* in: Wolfram Höfling/Steffen Augsberg/Stephan Rixen (Hrsg.) GG II, 2023, Art. 20 (6. Teil) Rn. 144 ff. (2011), der allerdings gleichwohl eine „funktionsadäquate" Präzisierung der Wesentlichkeitsdoktrin anmahnt; *Markus Kotzur* in: Ingo v. Münch/Philip Kunig, GG I, 7. Aufl. 2021, Art. 20 Rn. 158; *Ehlers/Pünder* in: dies. (Fn. 180), Rn 44. Viele andere Befürworter der Wesentlichkeitstheorie beschränken sich nach zutreffender Beobachtung von *Peter Axer* Normsetzung der Exekutive in der Sozialversicherung, 2000, 336, darauf, die Rechtsprechung zu referieren und Fallgruppen zu bilden. Auch die Anforderungen des Art. 80 Abs. 1 S. 2 GG an Inhalt, Zweck und Ausmaß einer Ermächtigung zum Erlass von Rechtsverordnungen sollten von der Verbindung zum Begriff der Wesentlichkeit gelöst werden, die das Bundesverfassungsgericht hergestellt hat, s. *Johannes Saurer* Die Funktionen der Rechtsverordnung, 2005, 275 ff., 279 m.w.N.; s. zuletzt aber BVerfGE 150, 1 (99 Rn. 198 f.) mit der Aussage, die Anforderungen der Wesentlichkeitstheorie würden durch Art. 80 Abs. 1 S. 1, 2 GG „näher konkretisiert", was zwar immerhin eine Doppelprüfung ausschließt, das geschriebene Verfassungsrecht aber auf ein ungeschriebenes, unscharfes und unpassendes Kriterium zurückbezieht. Zu einem an einer funktionsgerechten Verantwortungsteilung zwischen Legislative und Exekutive ausgerichteten Verständnis von Art. 80 Abs. 1 S. 2 GG *Schmidt-Aßmann* Rechtsverordnung (Fn. 96), 488 ff.

ständlich ihre normative Eigenständigkeit, müssen verfassungsdogmatisch aber auch in ihrer Wechselbezüglichkeit in den Blick genommen werden.[195] Zu diesem heuristischen Zweck bietet sich der Begriff der „guten Verwaltung" an. Wie auf einer Kreuzung treffen in ihm die aus verfassungsrechtlichen Normen abgeleiteten Belange zusammen, können „neu verhandelt" und in eine praktische Konkordanz gebracht werden. Ein wechselseitiges Lernen von Verfassungsrecht und Unionsrecht liegt dabei gewissermaßen schon in den Genen des Begriffs der „guten Verwaltung" (Art. 41 GRCh).[196]

Mit dem Ende des starren Vorbehalts des Gesetzes löst sich die parlamentarische Verantwortlichkeit für die Zukunft nicht auf, zumal das Zugriffsrecht des Gesetzgebers[197] und der Vorrang des Gesetzes sowie die grundrechtlichen Gesetzesvorbehalte für Eingriffe unangetastet bleiben.[198]

---

[195] Das wird in der Rechtspraxis teilweise schon so gehandhabt. Neben den erwähnten Entscheidungen zu einer „modifizierten" Handhabung der Wesentlichkeitstheorie sei hier nur auf die Anpassungen des Demokratieprinzips an die Besonderheiten der funktionalen Selbstverwaltung verwiesen, die in BVerfGE 107, 59 (91 ff.) vorgenommen wurden.

[196] Außerdem bietet sich eine Bezugnahme auf den Governance-Diskurs und damit das internationale Recht an, s. zuletzt nur *Hill* Verwaltungshandeln (Fn. 13), insbesondere Rn. 27 ff.

[197] Der Vorbehalt guter Verwaltung ist nicht zu verwechseln mit einem die Kompetenzen des Gesetzgebers beschränkenden Verwaltungsvorbehalt. S. zu diesem *Maurer* Verwaltungsvorbehalt (Fn. 99), 165; *Schmidt-Aßmann* Ordnungsidee (Fn. 14), 4. Kap. Rn. 43. Richtigerweise ist ein Verwaltungsvorbehalt nicht abstrakt aus dem Grundsatz der Gewaltenteilung ableitbar, jedoch können die Grundrechte situationsspezifisch eine Delegation von Entscheidungsbefugnissen auf die Verwaltung gebieten, siehe dazu noch unten Fn. 205.

[198] Allerdings kann auch im Fall eines Grundrechtseingriffs nicht anhand des Wesentlichkeitskriteriums verfassungsrechtlich eine bestimmte „Dichte" der gesetzlichen Regelung verlangt werden. Es genügt mithin eine hinreichend bestimmte gesetzliche Regelung, die den inhaltlichen Anforderungen des jeweils einschlägigen Grundrechts entspricht, *Reimer* Parlamentsgesetz (Fn. 183), Rn. 35, 59, 61 ff. Ein Rückbau auch der grundrechtlichen Gesetzesvorbehalte wäre mit einer Verengung auf den sog. klassischen Eingriffsbegriff verbunden – s. dazu Überlegungen bei *Jan Henrik Klement* Grundrechtseingriffe, in: Klaus Stern/Helge Sodan/Markus Möstl (Hrsg.), Das Staatsrecht der Bundesrepublik Deutschland im europäischen Staatenverbund, Bd. III, 2. Aufl. 2022, § 80 Rn. 32; zu entsprechenden Tendenzen in der Rechtsprechung ebd., Rn. 13 ff. Auch eine zurückhaltendere Zurechnung faktischer Wirkungen zum staatlichen Handeln hätte diese Wirkung, s. zu den Zurechnungskriterien ebd., Rn. 60 ff. Das Thema hat darüber hinaus Querbezüge zur Konturierung der grundrechtlichen Schutzbereiche, etwa zu der Frage, in welchem Umfang die Grundrechte auch Merkmale des sozialen Kontextes einer Handlung schützen, s. *Jan Henrik Klement* Grundrechtlicher Schutzbereich, in: Klaus Stern/Helge Sodan/Markus Möstl (Hrsg.), Das Staatsrecht der Bundesrepublik Deutschland im europäischen Staatenverbund, Bd. III, 2. Aufl. 2022, § 79 Rn. 4. Den Versuch, den auch von ihm geforderten Verzicht auf den allgemeinen Vorbehalt des Gesetzes durch eine Erweiterung des Verbunds aus Schutzbereich und Eingriff in der Grundrechtsdogmatik zu kompensieren, unternahm schon *Vogel* (Fn. 194), 151 ff.

Doch wird die Verantwortungsteilung zwischen Gesetzgeber und Verwaltung aufgabenspezifisch neu justiert.[199] So stellen sich bei der Bewältigung von Langzeitkrisen Verteilungsfragen in der Zeit, die aufgrund der überlegenen diskursiven Leistungen des parlamentarischen Verfahrens und mangels entgegengesetzter Sachgründe vom Gesetzgeber entschieden werden müssen.[200] Die Krisenbewältigung im zeitlichen Nahbereich und auch die Planung der Bewältigung zukünftiger Kurzzeitkrisen hingegen wird durch gesetzgeberische Eilmaßnahmen und das Schreiben von Regelbüchern „auf Vorrat"[201] qualitativ nicht unbedingt verbessert und hat nachteilige Rückwirkungen auf die Fähigkeit des parlamentarischen Betriebs, sich in angemessener Langsamkeit um die wirklichen Richtungs- und Grundsatzentscheidungen zu kümmern. Das um die Qualität des Gesetzgebungsverfahrens besorgte Bundesverfassungsgericht wird der beschleunigten Gesetzgebung aller Voraussicht nach ohnehin bald Grenzen setzen.[202] Um hier für Entlastung zu sorgen, ist der verfassungsrechtliche Fokus auf die Bereitstellungsfunktion des Gesetzes[203] für die Schaffung von Strukturen zu richten, in denen gute Entscheidungen getroffen werden können.[204] Die Bewältigung der Coronapandemie wurde nicht durch die lange Zeit fehlende bundesweit einheitliche gesetzliche Festlegung von Schutzmaßnahmen bei bestimmten Inzidenzwerten erschwert,[205] sondern eher durch

---

[199] Scharfsinnige Analyse zur Verantwortungsteilung zwischen Politik und planender Verwaltung schon bei *Fritz W. Scharpf* Die planende Verwaltung in der Demokratie, in: ders. Planung als politischer Prozess, 1973, 114 (121 f.) [zuerst 1971]. Die dort noch angedeutete Erforderlichkeit einer stärkeren Throughput-Legitimation des Verwaltungshandelns in bestimmten Entscheidungskontexten ist heute ein breit diskutiertes Thema, s. nur *Hill* Verwaltungshandeln (Fn. 13), Rn. 25.

[200] S. hierzu nochmals den Klimabeschluss BVerfGE 157, 30 (173 f. Rn. 262).

[201] S. oben Fn. 171. Einen Versuch, die nächste Krise legislatorisch mit den Mitteln der Vergangenheit zu bekämpfen, stellen auch die Regeln zu einer Bevorratung von Schutzmasken in der „Nationalen Reserve Gesundheitsschutz" in § 5b IfSG dar.

[202] S. die Entscheidung nach § 32 BVerfGG zum Gebäudeenergiegesetz BVerfG, NVwZ 2023, 1241 (1244). Auch in BVerfG, NJW 2023, 672 (672 ff. Rn. 90 ff.), wird die Möglichkeit einer „missbräuchlichen" (verfassungswidrigen) Beschleunigung von Gesetzgebungsverfahren angesprochen, allerdings war die Eile dort nicht durch eine Krise bedingt, sondern offenbar Teil einer politischen Durchsetzungsstrategie.

[203] Von einer „Bereitstellungsfunktion" des Rechts spricht *Schuppert* Steuerungswissenschaft (Fn. 52), 97.

[204] Dazu gehören neben den schon oben in Fn. 12 sowie nachfolgend im Text angesprochenen Themen zum Beispiel auch die Personalgewinnung und -führung im öffentlichen Dienst sowie eine Flexibilisierung des Haushalts- und Dienstrechts.

[205] Die Regelung des § 28b IfSG in der Fassung des Vierten Gesetzes zum Schutz der Bevölkerung bei einer epidemischen Lage von nationaler Tragweite vom 22.4.2021 (BGBl. I 802) wurde vom Bundesverfassungsgericht, BVerfGE 159, 223 (286 ff. Rn. 139 ff.) – Bundesnotbremse I, nicht als Verletzung des Gewaltenteilungsgrundsatzes erachtet, was

bis zur Unverständlichkeit ausdifferenzierte Ermächtigungsgrundlagen,[206] unklare Zuständigkeiten, schlechtes Informationsmanagement,[207] Rollenmissverständnisse im Verhältnis zur Wissenschaft[208] und Einschränkungen und Verzerrungen der behördlichen Wirklichkeitswahrnehmung durch Regelungen des Datenschutzrechts.[209]

---

freilich nicht heißt, dass sie nach der Wesentlichkeitstheorie verfassungsrechtlich geboten war. Der Ausschluss jeglicher Vollzugsverantwortung der Verwaltung durch die unmittelbare gesetzliche Festlegung des Gesollten wurde in der Literatur, s. *Oliver Lepsius* Einstweiliger Grundrechtsschutz nach Maßgabe des Gesetzes, Der Staat 60 (2021), 609 (620); *Barczak* Renaissance (Fn. 165), 989 m.w.N., kritisch kommentiert, ist allerdings keineswegs unüblich, wie beispielsweise ein Blick in die Landesbauordnungen oder das Strafgesetzbuch zeigt, s. hierzu richtig *Michael Sachs* Grundrechte: Kontakt- und Ausgangsbeschränkungen in der Pandemie (Anmerkung zu BVerfGE 159, 223 – Bundesnotbremse I), JuS 2022, 182 (184). Dennoch war § 28b IfSG a.F. verfassungsrechtlich zweifelhaft, weil sich die Frage stellte, ob die vom Gesetzgeber ohne Inanspruchnahme des administrativen Konkretisierungspotentials, also unter vollständiger Ausblendung des Einzelfalls, konditioniert ausgesprochenen Verbote verhältnismäßig und gleichheitskonform waren. S. zu diesem Gedanken einer im Einzelfall grundrechtlich gebotenen Pflicht zur Verantwortungsteilung bereits *Klement* Verteilungsverfahren (Fn. 100), Rn. 57 f.; sowie am Beispiel von unmittelbar durch abstrakt-generellen Rechtssatz festgelegten Versammlungsverboten *Andrea Kießling* in: dies. (Hrsg.) IfSG, 3. Aufl. 2022, § 32 Rn 25, § 28a Rn. 105; *dies.* Gefahrenabwehr durch Ordnungsverwaltung, in: Lisken/Denninger, Handbuch des Polizeirechts, 7. Aufl. 2021, Rn. 157; indirekt auch BVerfG-K NVwZ 2020, 711 (712 Rn. 24); nach der verwaltungsgerichtlichen Rechtsprechung ist ein generelles Versammlungsverbot zwar grundsätzlich möglich, aber selbst mit Erlaubnisvorbehalt für den Einzelfall doch regelmäßig unverhältnismäßig, s. BVerwG, Urt. v. 21.6.2023 – 3 CN 1.22, bverwg.de, Rn. 19 ff.; Bayerischer VGH, Beschl. v. 7.3.2021 – Az. 20 N 21.1926, juris, Rn. 22; OVG Nordrhein-Westfalen, Beschl. v. 30.12.2020 – 13 B 2070/20.NE, juris, Rn. 10 ff. Nach BVerfGE 152, 68 (120 f. Rn. 137; 128 Rn. 159; 138 f. Rn. 184 f.), ist eine starre gesetzliche Kopplung zwischen einer Pflichtverletzung und einer Kürzung der Hartz-IV-Bezüge unverhältnismäßig, weil damit Härtefällen nicht Rechnung getragen werden kann.

[206] Vgl. *Kloepfer* Verfassungsschwächung (Fn. 173), 186 ff.

[207] Zum behördlichen Informationsmanagement *Jens-Peter Schneider* Strukturen und Typen von Verwaltungsverfahren, in: Andreas Voßkuhle/Martin Eifert/Christoph Möllers (Hrsg.) Grundlagen des Verwaltungsrechts, Bd. II, 3. Aufl. 2022, § 28 Rn. 175 ff.; *Karl-Heinz Ladeur* Die Kommunikationsinfrastruktur der Verwaltung, ebd., Bd. I, § 21. Zur Wissensbasierung von Verwaltung *Patrick Hilbert* Informationsaustausch und Wissensmanagement im Europäischen Verwaltungsverbund, in: Laura Münkler (Hrsg.) Dimensionen des Wissens im Recht, 2019, 111 (111 f.). S. zuletzt mit Blick auf die Pandemiebekämpfung *Schuppert* Stresstest (Fn. 150), 393, 409 ff.

[208] Essayistisch zum Verhältnis von Politik, Verwaltung und Wissenschaft *Klaus Ferdinand Gärditz* Hoflieferanten, 2023.

[209] S. etwa zur fehlenden rechtlichen Möglichkeit, eine Verpflichtung zur Nutzung einer Corona-Warn-App auszusprechen, *Jürgen Kühling/Roman Schildbach* Datenschutzrecht, in: Huster/Kingreen (Fn. 175), Kap. 6 Rn. 181 ff., die das Datenschutzrecht dennoch insgesamt für krisentauglich halten (ebd., Rn. 197); s. auch *Kloepfer* Verfassungsschwächung (Fn. 173), 170.

Die Formel von der „guten Verwaltung" ist ein Suchbegriff. Sie ermöglicht es der Staatsrechtslehre, auf die stärkere Zukunftsbezogenheit des Rechts und die sich daraus ergebende neue Rolle der Verwaltung jenseits des klassischen Zeitschemas der Gewaltenteilung zu reagieren. Die normative Kraft der Verfassung[210] ist für die Gestaltung eines Verwaltungsrechts zu nutzen, das weniger an Interessen und Wünschen der Gegenwart und mehr an Vorstellungen über ein zukünftiges Gemeinwohl ausgerichtet ist, dabei aber ein rechtsstaatliches und demokratisches Recht bleiben will.

---

[210] Eine strategische Schwäche des Vorbehalts der guten Verwaltung liegt allerdings darin, das Handeln des Gesetzgebers an Voraussetzungen zu binden, die dieser jedenfalls in einem föderalen System nicht immer aus eigener Kraft gewährleisten kann. Um die Dogmatik der Verantwortungsteilung zwischen Gesetzgeber und Verwaltung in die Zeit zu stellen, wird also auch über die Arrangements der Rechtsdurchsetzung nachzudenken sein.

Leitsätze des Referenten über:

2. Zeithorizonte von Verwaltung – Krisenmanagement, langfristige Planung und Systemkohärenz

I. Zeithorizonte guter Verwaltung

(1) Die Zeitbegriffe des Rechts können die Sprachspiele des Alltags überschreiten. Das Recht bezieht die Zeit zudem als Faktor in die Produktion von Recht ein. Zur Zeitgebundenheit des Rechts tritt damit eine Rechtsgebundenheit der Zeit.

(2) Zeitgerechtigkeit ist ein Wesensmerkmal von Gerechtigkeit, als allgemeines Thema aber weithin unerforscht, ja unerkannt.

(3) Der faktische Zeithorizont von Verwaltung ist eine empirische Größe der Fähigkeiten des Erinnerns, Erkennens und Prognostizierens. Er markiert außerdem die Spanne zwischen Beginn und Ende der Wirkung eines Verwaltungshandelns. Der normative Zeithorizont von Verwaltung hingegen ist die Summe der zeitbezogenen rechtlichen Vorgaben formeller wie materieller Art für das Entscheiden und für das Entschiedene.

(4) Gemeinsam mit weiteren Faktoren konstituieren der faktische und der normative Zeithorizont die Bewirkungsmöglichkeiten von Verwaltung (Verwaltungsverantwortung) und bestimmen damit ihre Stellung nach außen gegenüber der Gesellschaft und nach innen gegenüber den anderen Staatsgewalten.

(5) Wenn sich eine im materiellen Sinne gute Verwaltung dadurch auszeichnet, dass sie die von der Gesellschaft erwarteten Leistungen erbringt, also zum einen rechtmäßig und möglichst richtig und zum anderen demokratisch legitimiert und rechtsstaatlich kontrolliert handelt, dann ist eine gute Verwaltung auch davon abhängig, welche Zeithorizonte ihr jeweils gesetzt und geöffnet sind.

II. Die Verwaltung als Staatsgewalt der Gegenwart

1. Die Zeit als Vorbedingung und Konstrukt des Rechts

(6) Das Recht steht in einem von der objektiven Zeit aufgespannten Möglichkeitsraum, aus dem es nicht heraustreten kann. Die Zeit als normativen Begriff kann das Recht indes nach Belieben filtern und verdrehen.

2. Zeitliche Dimension der Gewaltengliederung

(7) Die drei Zeitebenen der Setzung, Anwendung und Wirkung einer Norm sind in mehrstufige Rechtserzeugungsprozesse eingebettet. Auf dem Weg zur nach außen gerichteten Norm wird der Zeithorizont jeder internen Erzeugungsstufe auf den jeweils vorausliegenden Stufen definiert. Mit der Definition von Zeithorizonten wird die Verantwortung zwischen den einzelnen Akteuren verteilt. Dies dient einer arbeitsteiligen Informationsgenerierung und kann ein Beitrag zu schnellen sowie zentral demokratisch legitimierten hoheitlichen Entscheidungen und zu besseren Ergebnissen sein.

(8) Nach einem geläufigen Zeitschema der Gewaltenteilung ist der Gesetzgebung die Zukunftsgestaltung übertragen, die Verwaltung als die mit der Gegenwart befasste Staatsgewalt ausgeflaggt und der Rechtsprechung die Bewältigung des Vergangenen zugeordnet.

(9) Die Identifikation von Verwaltung mit Gegenwartsbewältigung ist ein Baustein des liberal-rechtsstaatlichen Leitbilds einer vollziehenden Staatsgewalt, deren Blick auf die Zukunft durch die Tatbestände und Rechtsfolgen der allgemeinen Gesetze möglichst weitgehend abgeriegelt wird. Der Gegenentwurf hierzu ist in den Begriffen des Krisenmanagements, der langfristigen Planung und der Systemkohärenz angelegt.

III. Die verzeitlichte Verwaltung

(10) Verwaltung ist verzeitlicht: Alle Verwaltungsentscheidungen dürfen oder müssen sich mehr oder weniger an ihren Wirkungen in einer über die Zeit volatilen Umwelt ausrichten.

1. Das zeitlose Recht des liberalen Rechtsstaats

(11) Die Zeitlosigkeit von Verwaltung im Denken eines Otto Mayer war eine Zeitlosigkeit des zu vollziehenden Gesetzes, in der sich wiederum die Zeitlosigkeit der politisch an das Gesetz gestellten Ansprüche spiegelte.

(12) Die Ansprüche und Erwartungen an die Leistungen von Herrschaft, die sich in der liberalen Idee abbilden, entwickelten sich geschichtlich als Antworten auf das jeweils Vorangegangene, ohne dass die Zäsuren dabei jemals scharf und die Korrekturen vollständig waren. Im Polizeistaat entwickelte sich die übertriebene Erwartung, Politik und Recht könnten den Menschen vollkommenes äußeres wie inneres Glück schenken. Im 18. und 19. Jahrhundert blieb der instrumentelle Charakter dieses Denkens zwar erhalten, doch drängten gesellschaftliche Interessen darauf, den Staat möglichst auf die äußere Ordnung und die Gegenwart zu beschränken.

2. Die präventive Wende der Staatstätigkeit

(13) Die mit „echten" politischen Zwecken verbundenen Gesetze dringen seit langem vor. Auch dort, wo an sich die Konstitution von Ordnung im Vordergrund steht, sind Elemente der Zweckverfolgung nachweisbar. Verwaltungsrecht erschöpft sich indes auch heute nicht in seiner Rolle als Steuerungsinstrument.

(14) Über die im Richterrecht geleistete Verschleifung der öffentlichen Sicherheit mit der objektiven Rechtsordnung und mithin mit allen in diese eingeflossenen politischen Zwecken wurde sogar die Dogmatik des Polizeirechts gleichsam von innen „korrumpiert", das heißt für Gestaltung in Dienst genommen.

(15) Die Grenze zwischen Konstitution und Zukunftsgestaltung wurde zusätzlich durch den Präventionsgedanken verunklart, der nicht allein die Wahrscheinlichkeitsmaßstäbe veränderte, sondern auch den Gedanken einer abwägend definierten Ordnung von Chancen und Risiken und eines staatlichen Risikomanagements einbrachte.

(16) Gerade mit dem Höhepunkt des liberalen Ordnungsrechts, der mit dem Kreuzberg-Urteil des Preußischen Oberverwaltungsgerichts von 1882 erreicht gewesen sein mag, drängten neue Zeitbezüge der staatlichen Tätigkeit ins Licht. Die Gesellschaft entwickelte Sorgen mit Blick auf die Zukunft, von denen sie sich durch das Medium des Staates zu erleichtern suchte. Zukunft wird seitdem nicht mehr allein als Resultat individueller Freiheitsausübung begriffen, sondern auch als kollektiv im Staat verhandelte und im Medium des Rechts durchgesetzte Gestaltungsaufgabe (präventive Wende der Staatstätigkeit).

3. Die Verzeitlichung von Gesetz und Verwaltung

a) Intrinsische Verzeitlichung der Verwaltung

(17) Entgegen einer vom positiven Verfassungsrecht geleiteten Intuition entdeckte nicht der Gesetzgeber das Zukunftsthema und reichte es dann teilweise zur Erledigung an die Verwaltung weiter. Vielmehr stellte umgekehrt die Verwaltung noch vor dem Entstehen von Parlamenten ihren Zeithorizont um, ja sie konstituierte sich in dieser Umstellung überhaupt erst als Verwaltung im modernen Sinne.

(18) Die Verzeitlichung von Verwaltung war zunächst einmal eine Veränderung der wissenschaftlichen Wahrnehmung (des wissenschaftlichen Paradigmas).

b) Gesetzesvermittelte Verzeitlichung der Verwaltung

(19) Die Entwicklung unter dem Grundgesetz war von den zwei Bemühungen geprägt, einerseits die vorgeblich liberal-rechtsstaatliche Verengung des verwaltungsrechtlichen Blickwinkels zu überwinden und andererseits die gerade erst sichtbar gewordene gestaltende Verwaltung zuerst rechtsstaatlich und dann auch demokratisch einzuhegen. Das politisch immer stärker auf das Recht drückende Problem der Zukunft sollte also zwar nicht vollständig, wohl aber in allen wesentlichen Fragen gesetzesvermittelt gelöst werden.

aa) Theoretische Unmöglichkeit einer zeitlosen vollziehenden Gewalt

(20) Die Zeitlichkeit von Verwaltung kann durch die Gesetze zwar normativ geformt, von der politischen Zeitlichkeit abgesetzt und abgeschwächt, aber nicht aufgehoben werden. Die Verwaltung füllt die ihr belassenen Entscheidungsspielräume mit Hilfe von Projektionen in die Zukunft und unterscheidet sich insoweit strukturell nicht von der Gesetzgebung.

bb) Funktionale Notwendigkeit einer verzeitlichten Verwaltung

(21) Die Verzeitlichung von Verwaltung wurzelt nicht allein in technischen Unfertigkeiten der Gesetzgebung, einer Verantwortungsschwäche des Gesetzgebers oder korrigierbaren Lehrsätzen der Methodenlehre. Sie ist Ausdruck einer zweckbedingten Notwendigkeit: Die an das Recht gestellten Erwartungen lassen sich nicht vollständig mit abstrakt-generellen Gesetzen erfüllen.

(22) Der in den 1960er Jahren aufsteigende Planungsbegriff war aus zwei gegensätzlichen Gründen erfolgreich: Die einen brauchten ihn, um

dem stärker und offensichtlicher werdenden Zukunftsbezug der Verwaltung begrifflich eine Heimstatt auf Augenhöhe mit dem Gesetz zu geben. Für die anderen stabilisierte die Herausbildung einer besonderen planungsrechtlichen Dogmatik die Vorstellung, die gestaltende Verwaltung gegenständlich begrenzen zu können.

(23) Mit der Entwicklung der Wesentlichkeitslehre in der Rechtsprechung des Bundesverfassungsgerichts wurde offensichtlich, dass die Zukunftsverantwortung notwendigerweise zwischen Gesetzgebung und Verwaltung geteilt ist und nur noch über die Details der Zuordnung gestritten werden kann.

IV. Die futurisierte Verwaltung

1. Begriff der Futurisierung

(24) „Futurisierung" von Verwaltung heißt: Die Zukunftsverantwortung verlagert sich auch außerhalb der angestammten Planungsreservate immer mehr auf die Verwaltung. Die der Verwaltung gesetzten Zwecke werden zahlreicher und konfliktträchtiger, sie greifen immer weiter in die Zukunft und sind hochpolitisch. Viele Zwecke sind vage gehalten und erfordern komplexe, materiell nicht steuerbare Abwägungen, immer öfter aber werden die Handlungsziele gerade im Gegenteil auch durch quantitative, numerisch ausgedrückte Vorgaben in Verbindung mit genauen Fristen zumindest vordergründig eindeutig definiert. Gemeint ist also nicht eine bloß zeitliche Erweiterung der behördlichen Vorausschau zum Zweck der Bewahrung eines in der Gegenwart bestehenden Zustands, sondern die systematische Ausrichtung auf kollektiv definierte Zielvorstellungen.

2. Quellen und Modi der Futurisierung

a) Unionsverwaltungsrecht: Planen und Regulieren

(25) Starke Futurisierungsimpulse werden durch das supranationale und internationale Recht vermittelt. Im Unionsverwaltungsrecht haben sich mit dem Planen und dem Regulieren zwei markante Grundmuster einer starken Zukunftsorientierung etabliert.

(26) Im Zuge der Verwirklichung des „Green Deal" der Europäischen Kommission wird das Konzept der Planung unter anderem für das Klimarecht weiter an Bedeutung gewinnen, und zwar sowohl hinsichtlich der Koordinierung von Maßnahmen zur Klimawandelanpassung als auch hinsichtlich der Minderung der Treibhausgasemissionen.

(27) Das Regelungsmodell der Planung ist kein sektorspezifisches Phänomen mehr.

(28) Der nationale Gesetzgeber ist in der europäischen Maßnahmenplanung oft auf die Bereitstellung inhaltsleerer Formen in der Gestalt von Eingriffsbefugnissen oder Zuständigkeitsregeln beschränkt. Auch in der direkten Begegnung mit dem planbetroffenen Grundrechtsträger wird nur vordergründig das Gesetz vollzogen. Das Handeln ist vom Plan her gedacht und in einen rechtfertigenden Zusammenhang mit anderen Maßnahmen gestellt.

(29) Aus dem hier eingenommenen Blickwinkel ist das Regulierungsrecht nur eine durch den Bezug auf die Ergebnisse des wirtschaftlichen Prozesses spezialisierte Variante des Planungsrechts. Es steht für ein europäisches Modell von Verwaltung, das wirtschaftliche Prozesse vorausschauend und langfristig durch aufeinander abgestimmte Maßnahmen auf kollektiv gesetzte Vorstellungen von Gemeinwohl auszurichten versucht. Es handelt sich allerdings um ein Planungsrecht ohne Plan im Sinne einer einheitlichen, formalisierten, zeichnerischen oder textlichen Darstellung.

b) Zukunftsorientiertes Verfassungsrecht

(30) Eine starke Rolle bei der Futurisierung spielt auch das Verfassungsrecht. Das Grundgesetz hat nicht nur im Anwendungsbereich des Sozialstaatsprinzips und des Umweltstaatsprinzips den Charakter einer Rahmenordnung verloren und ist so, wie es heute interpretiert wird, auf ganzer Breite von konstruierender, die Zukunft positiv mitschaffender Natur. Die verfassungsrechtlichen „Zukunftspläne" adressieren auch unmittelbar die Verwaltung.

3. Zur heutigen Rolle der Rechtswissenschaft: Verfallserzählung oder Gestaltungsauftrag?

(31) Die Futurisierung ist trotz einiger nachteiliger Wirkungen primär nicht als Verfallsgeschichte der verwaltungsrechtlichen Dogmatik zu erzählen.

(32) Auf dem Gebiet der Wirtschaft besteht die Futurisierung zu großen Teilen aus der rechtlichen Erfassung von zuvor im Verborgenen liegenden, dezentralen und maßstabslosen behördlichen Politiken der Zweckverfolgung (eigenwirtschaftliche Betätigung und politische Steuerung von Kartellen und Monopolisten). Auf anderen Feldern ist sie Ausdruck eines politischen Willens, kollektive Entscheidungen über die Zukunft zu treffen und zu verwirklichen, die in einem reinen Vollzugsmodell von Verwaltung schlicht nicht hätten abgebildet werden können.

(33) In der Futurisierung von Recht zeigt sich oft auch die materielle Inhomogenität, die unzureichende Durchsetzungskraft der höheren Ebenen im Mehrebenensystem oder gar eine normative Ratlosigkeit der Gesellschaft. Eine Festigung und dogmatische Durchdringung der neuen Schichten des Verwaltungsrechts, die dem Handeln realistischere Zeithorizonte setzt und die Verwaltung dadurch entlastet, wären vielfach wünschenswert.

(34) Die Verwaltungsrechtswissenschaft sollte den Befund wachsender Verwaltungsverantwortung aufnehmen und mitgestalten. Es gilt, Arrangements einer auf die Zukunft gerichteten Verantwortungsteilung zu finden, die den zentralen verfassungsrechtlichen Erwartungen an Verwaltung entsprechen. Außerdem sind adäquate rechtsstaatliche Kontrollinstrumente zu entwickeln, so wie einst im Städtebaurecht mit der Entwicklung der Abwägungsfehlerlehre.

V. *Verengte Horizonte: Bringen die Krisen die Gegenwart zurück?*

(35) Als heuristischer Rechtsbegriff stellt der Begriff der Krise die Frage nach den Möglichkeiten des Rechtssystems, eine plötzliche, womöglich nur kurzfristige negative Veränderung der Wirklichkeit dogmatisch dergestalt zu verarbeiten, dass Entscheidungen auch dann noch nach Maßstäben des Rechts getroffen werden können, wenn die alten Programme nicht mehr passen und eine neue dauerhafte Ordnung noch nicht gefunden ist.

(36) Die Futurisierung von Verwaltung und das verwaltungsrechtliche Krisendenken sind keine Gegenspielerinnen, sondern auf lange Sicht eine Doppelbewegung aus zwei sich wechselseitig bedingenden und verstärkenden Entwicklungen.

1. *Ohne Zukunftserwartungen keine Krisen*

(37) Eine Krise ist ein von der bisherigen und erwünschten zukünftigen Normalität abweichender, einer Entscheidung bedürftiger Zustand. Dies schließt zwangsläufig eine positive Vorstellung von der Zukunft und den Optimismus der Bewältigbarkeit ein. Dies macht erklärlich, weshalb Gesellschaften überaus kritische Situationen nicht als Krise empfinden müssen. Je stärker hingegen der Glaube an die Gestaltbarkeit von Zukunft ist und je selbstverständlicher danach gehandelt wird, desto größer ist das Risiko eines empirisch messbaren Versagens des Rechts, desto mehr muss die Krise als Normalzustand begriffen werden.

2. Ohne Zukunftsverantwortung kein Krisendenken im Verwaltungsrecht

(38) Der Krisenbegriff ist relativ zur Ebene des Handelns und der Akteure. Aus der Perspektive der Verwaltungsrechtswissenschaft ist eine Krise sinnvollerweise nur ein in der Entscheidungsverantwortung der Verwaltung liegender Zustand, also ein solcher, dessen Bewältigung von der Verwaltung rechtlich oder rechtmäßig politisch erwartet wird, von ihr aber nicht oder nicht vollständig mit einem Handeln im Rahmen der vorausgedachten Programme bewältigt werden kann. Die wissenschaftliche Entdeckung einer zwischen Legislative und Exekutive geteilten Zukunftsverantwortung war mithin eine Bedingung dafür, dass sich der Krisenbegriff nicht nur in den allgemeinen gesellschaftlichen Diskursen, sondern auch im Verwaltungsrecht als ein heuristischer Begriff festsetzen konnte.

3. Zukunftsorientiertes Recht als Folge von Krisen

(39) Langzeitkrisen ist mit bloßem Management nicht beizukommen. Die lange Dauer dieser Krisen ist nicht immer allein den schwierigen Umständen geschuldet, sondern kann auch daran liegen, dass sie aufgrund normativer Wertungen lange dauern müssen. So verlangt die Klimakrise ein Maß an Neustrukturierung gesellschaftlicher Programme, das in einer den sozialen Frieden und den Wohlstand nicht inakzeptabel schädigenden Weise nur langfristig und im Modus des Plans zu leisten ist.

(40) Auch Kurzzeitkrisen können den Fokus auf die Zukunft richten, denn in einer vorsichtigen Gesellschaft besteht die Neigung, in jeder Krise ein Muster für die Zukunft zu erkennen, sie mithin zu generalisieren und zum Gegenstand rechtlicher Regelungen zu machen (Bemühungen zur Krisenvermeidung und legislative „Bevorratung" von Krisenbewältigungsregeln).

(41) Die Kriterien und Zuständigkeiten für den Wechsel zwischen „Normal-" und „Krisenmodus" werden teilweise im Verfassungsrecht und teilweise im einfachen Recht festgelegt. Es handelt sich um feine Übersetzungen des Krisenbegriffs in juristische Dogmatik, wodurch dieser Begriff als solcher ohne dogmatische Funktion bleiben kann.

(42) Indem der vorsorgende Staat die Gegenwart gegen die Krise absichert oder Strategien zukünftigen Handelns in der Krise entwirft, trifft er zugleich wenigstens implizit Festlegungen zur gewünschten Normalität der Gesellschaft.

(43) Die meisten Krisen tragen zumindest langfristig dazu bei, Aufgabenfelder aus den Modi der gesellschaftlichen Selbstbewegung oder der exekutiven Improvisation in die planende Festlegung zu verlagern. Die

Krisendiskurse bringen nicht die Gegenwart in das Verwaltungshandeln zurück, sondern tragen ihm noch mehr Zukunft ein.

VI. Vom Vorbehalt des Gesetzes zum Vorbehalt guter Verwaltung

(44) Angesichts der mit der Futurisierung von Verwaltung einhergehenden Gewichtsverlagerung von der Legislative zur Exekutive besteht Anlass zum Nachdenken darüber, wie die demokratische Legitimation sowie die rechtsstaatliche Berechenbarkeit und Kontrollierbarkeit der hoheitlichen Zukunftsgestaltung verfassungsrechtlich gewährleistet werden können.

1. Abschied vom Vorbehalt des Gesetzes für wesentliche Zukunftsentscheidungen

(45) Der Vorbehalt des Gesetzes für alle „grundrechtswesentlichen", aber eben nicht in Grundrechte eingreifenden Zukunftsentscheidungen wurde von der Rechtswirklichkeit überholt. Im Umweltrecht wurde schon vor vielen Jahren eine Umkehrung der Wesentlichkeitstheorie festgestellt. Auch in großen Teilen des europäischen Planungsrechts einschließlich des Regulierungsrechts werden die wesentlichen Entscheidungen nicht durch das Gesetz getroffen.

(46) Am Verbot der gesetzlichen Delegation wesentlicher Zukunftsentscheidungen ließe sich nur zu dem Preis festhalten, den Staat in der Tendenz auf eine Verteilung von Handlungsrechten nach vergangenen Verdiensten oder erworbenen Rechten und auf die Gestaltung einer nahen Zukunft zu beschränken. Doch haben sich die gesellschaftlichen materiellen Zukunftserwartungen längst viel zu tief in das Verfassungsrecht eingegraben, als dass diese Position rechtlich noch plausibel wäre. Mit dem Wesentlichkeitsvorbehalt setzt sich das Verfassungsrecht letztlich in einen Widerspruch zu sich selbst.

(47) Die Entscheidung aller „wesentlichen" Fragen durch Parlamentsgesetz ist weder erforderlich noch ausreichend. Es kommt vielmehr darauf an, dass der Gesetzgeber eine Aufgabe nur dann auf die Verwaltung überträgt, wenn diese nach Maßgabe aller normativen und faktischen Bedingungen zu einer den verfassungsrechtlichen Erwartungen entsprechenden Erledigung in der Lage ist. Der Gesetzgeber muss außerdem das in seiner Macht liegende unternehmen, die Verwaltung zu befähigen, eine in diesem Sinne „gute" oder sogar die „bestmögliche" Verwaltung zu sein.

2. Der Vorbehalt guter Verwaltung

(48) Der nach seiner Herkunft unionsrechtliche Begriff der „guten Verwaltung" (Art. 41 GRCh) kann verfassungsrechtlich als ein heuristischer Begriff verwendet werden, in dem die aus verfassungsrechtlichen Normen abgeleiteten Anforderungen an Verwaltung (Rechtsstaatlichkeit, Demokratie, materielle Anforderungen) wie auf einer Kreuzung zusammentreffen. Hier können die Anforderungen an Verwaltung „neu verhandelt", das heißt konkretisiert und in eine praktische Konkordanz gebracht werden.

(49) Mit dem Ende eines starren Vorbehalts des Gesetzes löst sich die parlamentarische Verantwortlichkeit für die Zukunft nicht auf, zumal das Zugriffsrecht des Gesetzgebers und der Vorrang des Gesetzes sowie die grundrechtlichen Gesetzesvorbehalte für Eingriffe unangetastet bleiben. Doch wird die Verantwortungsteilung zwischen Gesetzgeber und Verwaltung aufgabenspezifisch neu justiert. Der verfassungsrechtliche Fokus liegt auf der Bereitstellungsfunktion des Gesetzes für die Schaffung von Strukturen, in denen gute Entscheidungen getroffen werden können. Daneben gibt es z.B. bei Verteilungsfragen in der Zeit Entscheidungen, die aufgrund der überlegenen diskursiven Leistungen des parlamentarischen Verfahrens und mangels entgegengesetzter Sachgründe vom Gesetzgeber getroffen werden müssen.

(50) Die Formel der „guten Verwaltung" ist ein Suchbegriff, der es der Staatsrechtslehre ermöglicht, auf die stärkere Zukunftsbezogenheit des Rechts und die sich daraus ergebende neue Rolle der Verwaltung zu reagieren. So lässt sich die normative Kraft der Verfassung für die Gestaltung eines Verwaltungsrechts nutzen, das sich weniger an Interessen und Wünschen der Gegenwart und mehr an Vorstellungen über ein zukünftiges Gemeinwohl ausrichtet und dabei ein rechtsstaatliches und demokratisches Recht bleibt. Ein Reiz des Begriffs der guten Verwaltung liegt dabei auch darin, ein wechselseitiges Lernen von Verfassungsrecht und Unionsrecht zu ermöglichen.

3. Aussprache, Zwischen- und Schlussworte

Frank Schorkopf: Meine Damen und Herren, bitte nehmen Sie Platz. Wir wollen in die Aussprache eintreten. Wir haben einige Anmeldungen und wie das so ist, einige sind grundsätzlicher Natur und an beide Referenten gerichtet. Wir werden nach den etwas grundsätzlicheren, nach den ersten zwei Blöcken noch ein Zwischenwort einschieben, das hatten wir letztes Jahr auch, wenn es etwas mehr Beiträge sind, und dann im zweiten Teil mit einem Schlusswort verbinden. Ich werde es so machen, dass ich die jeweils drei nächsten Diskutanten nenne. Wir beginnen mit Herrn Franzius, dann Gregor Kirchhof und Jörn Lüdemann, bitte. Zunächst Herr Franzius.

[Worterteilungen sind im Folgenden weggelassen]

Claudio Franzius: Herzlichen Dank für zwei wunderbare Referate, die mich durchweg überzeugt haben. Herrn Ludwigs würde ich gerne noch einmal darum bitten, uns vielleicht eine zentrale These zu präsentieren: Was wir wissen können und was wir mitnehmen sollen, gewissermaßen als Botschaft. Meine Fragen richten sich vor allem an Herrn Klement, erst einmal mit einer doppelten Zustimmung: Meine ungeteilte Zustimmung zu Ihren Ausführungen über die Krise. Dann aber auch, weil ich mir vorstellen kann, dass es nicht von allen geteilt wird, meine Zustimmung zur Kritik am Wesentlichkeitsvorbehalt. Das ist ja nicht ganz neu. Wolfgang Hoffmann-Riem hat das schon vor einer gefühlten Ewigkeit vertreten, und trotzdem meine ich, dass diese Zurückhaltung für das Thema sehr wichtig ist, zumal die Rechtsprechung des Bundesverfassungsgerichts eigentlich immer undeutlicher geworden ist. Meine beiden Fragen beziehen sich auf das Gesamtthema, das der Vorstand „Zeithorizonte von Verwaltung" genannt hat. Wenn wir genauer hinschauen, dann könnte es doch sein, dass wir ein neues Planungsrecht benötigen. Das klang bei Ihnen zum Klimaschutz auch an. Hier entsteht eine neuartige Planung, möglicherweise sektoral beschränkt auf das Klimaschutzrecht, die sich nicht so richtig einfügt in unsere planungsrechtliche Systematik. Da würde mich interessieren, ob Sie von einem „Politikplanungsrecht" sprechen würden, und ob Sie das ungeachtet der Frage, wohin es gehört, unter der Zukunftsperspektive teilen. Dann eine kritische Nachfrage zur These 29. Regulierung als eine Variante von Planung zu begreifen, das glaube ich, müssten wir vielleicht noch einmal überdenken. Sie sagen ja selbst, das Europarecht schaffe neue Formen der Planung mit dem europäischen Klimagesetz, mit der Governance-Verordnung, und haben das verallgemeinert. Für den Zukunftsbezug von Verwaltung sei Regulierung im Grunde nur eine Variante von Planung. Stimmt das wirklich? Ich halte dagegen und meine, wir sollten uns eher anstrengen, die Unterschiede zwischen neuem Planungsrecht und „altem" Regulierungsrecht herauszuarbeiten. Also, um nur ein bekanntes Beispiel zu nennen, nicht mit dem Bundesverwaltungsgericht das Regulierungsermessen einfach dem Planungsermessen zuordnen, was schon auf unserer Grazer Tagung von Jens Kersten kritisiert wurde. Ich glaube, dass man eher die Unterschiede zwischen Planung und Regulierung hervorheben sollte, statt es über einen Kamm zu scheren. Auch wenn ich natürlich sehe, dass Ihr Thema, der Zukunftsbezug von Verwaltung, gewisse Parallelen aufzeigt, aber dogmatisch sind solche Ineinssetzungen eine ziemlich gewagte These. Vielen Dank.

Gregor Kirchhof: Wir haben zwei äußerst inspirierende sowie lehrreiche Referate gehört. Ausgehend von den Zeithorizonten der Verwaltung wurden aber sehr unterschiedliche Zukunftsbilder gezeichnet.

Markus Ludwigs hat facettenreich dargestellt, dass sich das gegenwärtige System auch in Krisen wie der Pandemie bewährt hat. Es bedarf keiner grundlegenden Reform. Der Gesetzgeber und die Verwaltung haben – bei aller berechtigten Kritik in bestimmten Fällen – ihre jeweiligen Aufträge grundsätzlich gut erfüllt. Wenn es in Sondersituationen notwendig war, hat auch der Gesetzgeber schnell gehandelt. Die wichtige Kooperation zwischen den Gewalten gelang.

Jan Klement hat demgegenüber die These breit begründet, dass sich das System verändern und der Raum der Verwaltung weiten müsse. Der Vorbehalt des Gesetzes sei – gelinde gesagt – durch einen Vorbehalt der Verwaltung zu überlagern. Dann aber würde die Gewaltenteilung grundlegend verändert. Daher sollen weitere grundgesetzliche Einwände gegen den Vorschlag geäußert werden, auch wenn viele andere Punkte Zustimmung verdienen.

Angesichts der Kürze der Zeit können die Maßstäbe, die gegen die vorgeschlagene Veränderung des Systems sprechen, nur benannt werden. Zwei Fragen schließen sich an, eine rechtstatsächliche und eine freiheitliche.

Die aufgerufenen Maßstäbe sind neben dem Gewaltenteilungsprinzip die Allgemeinheit des Gesetzes, die durch das europäische und das nationale Recht vorgegeben wird, die Gleichheit vor dem Gesetz, der Rechtsstaat mit dem gesetzlichen Bestimmtheitsgebot, die Freiheit und das Demokratieprinzip jeweils auch im Vorbehalt des Gesetzes. Weitere Vorgaben des Grundgesetzes ließen sich nennen.

Die rechtstatsächliche Frage handelt von den Herausforderungen, die sich gegenwärtig stellen und die über nationale Grenzen hinausgreifen. Es geht u.a. um die Sicherheit, den Kampf gegen den Klimawandel, die Energieversorgung oder die Pandemie. Eine Verwaltung, die sich auf einen Staat oder auch eine Region wie die Europäische Union konzentriert, kann hier nur Teillösungen anbieten, die allerdings wichtig sein können. Sollen die Herausforderungen nachhaltig bewältigt werden, bedarf es der übernationalen Zusammenarbeit. Die Frage wäre daher, welche Rolle solche Kooperationen in den erörterten Verwaltungsverständnissen spielen.

Die zweite, freiheitliche Frage steht in Verbindung mit den genannten grundgesetzlichen Maßstäben. Auch hier sei an die Pandemie erinnert. Den Weg aus der Krise haben wir nicht der Europäischen Union, den USA oder der Planwirtschaft Chinas zu verdanken, obwohl jeweils viel Geld eingesetzt wurde. Auch die besonderen Systeme in Russland und Indien haben den Weg nicht gebahnt. Vielmehr hat uns der Erfindergeist weniger Menschen den Impfstoff geschenkt, der die Gesundheit und das Leben geschützt und den Raum der Freiheit wieder geöffnet hat. Wir sollten aus dieser Erfahrung lernen. Neues entsteht, wenn Menschen ins Ungeplante aufbrechen. Ganz im Sinne der westlichen Werte geht es daher darum, wieder mehr der Gesellschaft, der Freiheit und letztlich den Menschen zu vertrauen. Der Staat und die Europäische Union sind wieder stärker aus der Perspektive der Menschen zu denken.

Die Fragen wären daher, welche Rolle internationale Kooperation in den erörterten Konzepten spielt und welche Räume der Gesellschaft und der Freiheit geöffnet werden.

Jörn Lüdemann: Ich beschränke mich auf einen Kommentar zu Jan Henrik Klement. Ich fand den Vortrag nicht nur sprachlich ein Gedicht, sondern auch inhaltlich. Die Rekonstruktion hast Du bewusst nicht als eine Verfallsgeschichte des liberalen Rechtsstaates dargestellt, sondern nachgezeichnet, wie die Entwicklung war, um dann daraus Folgerungen zu ziehen. Ich konzentriere mich hier auf den Vorbehalt des Gesetzes. Ich bin ganz bei Dir, dass ein striktes Wesentlichkeitsgebot immer schon unzutreffend war. Das ist ja auch schon vielfach dargestellt worden. Die Frage ist nur: Was machen wir jetzt aus dieser Erkenntnis? Du hast vollkommen zu Recht darauf hingewiesen, dass wir aufgabenspezifischer denken müssen. Wir brauchen Raum für Differenzierung. Aber müssen wir deshalb das Wesentlichkeitsgebot ganz aufgeben? Oder müssen wir das Gebot nicht vielmehr anders normativ fassen: als ein Wesentlichkeitsprinzip, das strukturell mit einem anderen Prinzip kollidiert, nämlich dem Prinzip der effektiven

Aufgabenerfüllung? Das hätte den Vorteil, dass wir aufgabenspezifischer denken und abwägen können zwischen den guten und richtigen Ideen der Wesentlichkeitstheorie – Demokratie und Rechtsstaat – auf der einen Seite und der effektiven Aufgabenerfüllung auf der anderen Seite; und Letzterer da – aber auch nur da – Raum verschaffen können, wo es die konkreten Aufgaben tatsächlich verlangen. Das hat, finde ich, nicht nur konstruktiv einen Vorteil gegenüber einem neuen Prinzip oder Gebot, sondern es macht auch etwas deutlich, was sonst vielleicht zu schnell untergeht, nämlich die Aufgabendifferenzierung und auch die Aufgabenkritik. Es ist natürlich nicht Aufgabe der Staatsrechtslehre zu sagen, was die Gesellschaft sich für Gemeinwohlziele setzen soll. Aber wir können schon kritisch herausarbeiten, dass bestimmte Aufgaben besondere rechtsstaatliche und demokratische Kosten haben, weil wir bei ihnen unvermeidlich Entscheidungen in weitem Umfang auf die Verwaltung delegieren müssen, wenn diese Aufgaben denn effektiv erfüllt werden sollen. Wenn man es dogmatisch so aufspannt, dann ist das keine Verfallsgeschichte. Der normativ richtige Kern der Wesentlichkeitslehre bleibt im Gegenteil erhalten. Wir ermöglichen nur eine aufgabenspezifischere Betrachtungsweise, wenn wir das Wesentlichkeitsgebot als ein Wesentlichkeitsprinzip verstehen, das je nach konkreter Aufgabe mit dem Prinzip effektiver Aufgabenerfüllung mehr oder minder deutlich kollidieren kann; bei allen bekannten Schwierigkeiten der Unterscheidung von Regel und Prinzip.

Johannes Masing: Auch ich möchte mich zunächst den Glückwünschen anschließen. Ich fand beide Referate sehr ansprechend und überzeugend – insbesondere, wenn herausgearbeitet wurde, dass die Bewältigung der Zeithorizonte eine Aufgabe aller Gewalten gemeinsam ist. Eindrucksvoll war mir vor allem die Vertiefung von Herrn Klement, dass man Verwaltung eigentlich immer in ihrer Perspektive auch auf die Zukunft hin verstehen muss, und im Grunde auch schon immer so verstanden hat. Und dann auch die Analyse, dass dies heute eine neue Dimension gewonnen hat, die das liberale Konzept doch auch hinter sich lässt.

Ich möchte hier aber eine spezifischere Frage aufgreifen: Der Umgang mit Normen in Zeiten der Krise. Herr Klement, Sie hatten die Sturmflut in Hamburg und die Bewältigung durch Helmut Schmidt erwähnt. In der Corona-Krise wurde vielfach gleichfalls behauptet, man habe sich über geltendes Recht hinweggesetzt. Es ist jedoch vorstellbar, dass einzelne Normen einer auch nur halbwegs effektiven Bewältigung von Krisen entgegenstehen. Was ist dann mit der Herrschaft des Gesetzes? Wenn wir eine klare Gesetzesbindung haben, kann dann die Dringlichkeit der Gefahr in solchen Situationen eine solche Bindung verdrängen? Es ist eine Frage, die ich an Sie beide stelle. Ich wäre da jedenfalls sehr vorsichtig, weil ein Parlament eben auch sehr schnell tätig werden kann. Aber die Frage stellt sich natürlich umso mehr und ist schwieriger, wenn zwar offene Rechtsbegriffe zur Verfügung stehen, diese dem Vorbehalt des Gesetzes nach allgemeinen Regeln aber kaum genügen. Und die Beachtung des Vorbehalts des Gesetzes ist auch Verfassungsrecht; er will demokratische Einhegung, öffentliche Diskussionen und ähnliches sichern, was elementar ist für die freiheitlich-demokratische Ordnung.

Herr Klement, Sie wollen jetzt die Wesentlichkeitstheorie zurücknehmen. Da hätte ich zunächst die Frage: Müssen wir sie denn überhaupt zurücknehmen, um zu Ihren Vorstellungen zu gelangen? Wir sollten uns die Rechtsprechung erst noch einmal genauer angucken, vielleicht ist sie gar nicht so extensiv weit, wie behauptet wird. Jedenfalls sagt das Verfassungsgericht nach meiner Erinnerung nicht pauschal, dass alles, was politisch wichtig ist oder wesentlich ist, gesetzlich durchdekliniert werden muss. Zum NATO-Doppelbeschluss etwa hat man ausdrücklich anerkannt, dass dies eine zentrale, wesentliche politische Frage sei, die aber nicht dem Gesetzesvorbehalt unterliege; Funktionsangemessenheit war hier ein zentrales Kriterium. Im Ergebnis aber gebe ich Ihnen recht, dass in der Funktionsangemessenheit ein zentrales Kriterium liegen muss – auch wenn ich nicht sicher bin, ob der Rückgriff auf die „gute Verwaltung" hierbei weiterhilft.

Aber was folgt jetzt aus Ihrem Vorschlag für neuartige Herausforderungen genauer? Sollen für solche Krisen dann von vornherein die Anforderungen an die Wesentlichkeitstheorie zurückgenommen werden und soll man sagen, die Verwaltung kann das ohne Gesetz? Damit würde man natürlich auf demokratische Rückbindung doch sehr weitgehend verzichten. Oder – und so hatte ich Herrn Ludwigs verstanden – lautet die Forderung: Nein, man kann zwar übergangsweise auch mit weniger gesetzlicher Verdichtung handeln, aber in Wechselwirkung der Gewalten kann und muss später nachgesteuert werden. Wenn das so zu verstehen ist, folgt dann freilich meine weitere Frage: Wie können wir dann sicherstellen, dass diese Zeit eine Übergangszeit bleibt und für eine Nachsteuerung des Rechts genutzt wird – wobei, wie Herr Ludwigs zu Recht betont hat, Evaluierungen und rechtsvergleichende Studien zur Aufarbeitung nötig sind? Und was ist, wenn das dann nicht passiert und es nächstes Mal wieder ganz genauso losgeht: Der Zeitdruck ist der gleiche, die auf dem Spiel stehenden Rechtsgüter sind die gleichen. Wie können wir damit umgehen? Kann man auf unzureichenden Rechtsgrundlagen erlassene Maßnahmen dann auch nachträglich sanktionieren, zumindest durch Feststellungsurteile oder das Auferlegen von positiven Handlungspflichten? Überrollt am Ende doch der Zeitdruck das Recht? Gibt es doch so etwas wie einen Zustand, der das Recht entbehrt, es außer Kraft setzt? Ich habe keine Antwort darauf – aber das wäre eine beunruhigende Perspektive.

Schließlich eine letzte Frage oder Bemerkung: Vielleicht müssen wir zum Teil doch auch das Recht an sich ein Stück weit zurücknehmen, um Zeitdruck Rechnung zu tragen. Wenn der Bau einer Stromtrasse von Norden nach Süden mehr als 15 Jahre dauert, glaube ich, ist das jedenfalls keine effektive, keine „gute Verwaltung".

Peter Michael Huber: Das passt zu dem, was Johannes Masing gerade Herrn Klement gefragt hat: Wenn ich Sie richtig verstanden habe, sagen Sie, nötig sei eine Rücknahme der Wesentlichkeitsdoktrin mit einer anderen Austarierung des Verhältnisses zwischen Gesetzgeber und Verwaltung. Das Problem ist nur, dass – wie immer man die Wesentlichkeitsdoktrin konkretisiert – das „Wesentliche" letzten Endes erst durch die Rechtsprechung festgelegt wird: Wesentlich ist, was das Bundesverfassungsgericht für wesentlich hält. Wie in dieser Gemengelage, ex ante, wenn man das Wissen um den Inhalt der Entscheidung und ihre vorhandene oder fehlende Wesentlichkeit ja noch nicht hat, umgesteuert werden soll, hat sich mir noch nicht ganz erschlossen. Und das Zweite ist: Sie wollen dann in diese undurchsichtige Gemengelage die gute Verwaltung als „Suchbegriff" einführen. Da es aber nur ein Suchbegriff ist, gibt er vermutlich keine klaren Maßstäbe. Das wären dann eher Steine statt Brot. Zu Herrn Ludwigs Folgendes: „Preparedness", haben Sie es genannt, sei eine Lehre, die wir aus der Zeitabhängigkeit von Krisenbewältigungen ziehen sollten. Soll das heißen, man muss die Instrumente der Vergangenheit mitschleppen, um flexibel zu bleiben, evaluiert wird später? Als rechtspolitische Forderung würde ich *preparedness* voll unterschreiben. Das Problem ist nur: Wenn wir einmal etwas aus einer Krise gelernt und Regelungen geschaffen haben, bleiben die uns bis zum Sankt Nimmerleinstag erhalten. Alle Erfahrungen mit der Evaluation von Gesetzen, dem Normenkontrollrat etc. bestätigen dies.

Ralf Poscher: Ich möchte mich erst einmal den Vorrednern anschließen. Ich habe mich über zwei sehr anregende Vorträge gefreut. Meine Frage geht an Sie, Herr Ludwigs. Ich hatte Ihre zentrale These so verstanden, dass Sie sagen, wenn man die Kategorie der Temporalisierung in das Verfassungsrecht und Verwaltungsrecht einbezieht, dann können wir praktisch alle Probleme lösen. Auch solche Extremsituationen wie die Coronapandemie könne man mit der Temporalisierung erfassen, man könne dann erklären, was da passiert und die Temporalisierung zur rechtsstaatlichen Optimierung einsetzen. Auf dieser Linie liegt es natürlich, und ist insofern ganz konsequent, dass Sie sagen, dass es dann auch der Kategorie des Notstandes nicht mehr bedarf – ganz richtig, würde ich meinen, wenn man die Temporalisierung so nutzt, wie Sie sie genutzt haben. Nun ist die Kategorie des Notstands aber eine, die in einigen gesetzlichen und verfassungsrechtlichen Vorschriften vorgesehen ist. Auch in der Coronapandemie hatte man manchmal den Eindruck, viele der Rechtsfragen, die aufgeworfen wurden, wurden aufgeworfen, weil faktisch Maßnahmen getroffen wurden, die der Substanz nach Notstandsmaßnahmen waren, aber es gar keine notstandsrechtliche Grundlage zur Abwehr von Infektionsgefahren gab. Anders ist es auf der Ebene der Europäischen Menschenrechtskonvention. Die kennt in Artikel 15 den allgemeinen Notstandsvorbehalt. Eine ganze Reihe von Mitgliedstaaten hatten während der Coronapandemie für ihre Coronamaßnahmen auch einen Notstand beim Generalsekretariat des Europarats angemeldet. Die Coronamaßnahmen, auf die sich die Vorbehalte der Mitgliedstaaten bezogen, waren natürlich denen sehr ähnlich, die wir getroffen haben. Meine Frage wäre jetzt: Haben sich diese Staaten geirrt? Hätten sie einfach Ihre Kategorie der Temporalisierung nutzen sollen, um der Notstandsfrage auszuweichen? Oder gibt es doch noch Situationen, in denen man auch nach Ihrem Temporalisierungsmodell der Kategorie des Notstands bedarf?

Benjamin Davy: Als jemand aus der Raumplanung habe ich mich natürlich besonders darüber gefreut, vieles ganz Neues über Sichtweisen auf die Planung und die Zeithorizonte von Verwaltung gehört und gelernt zu haben.

In der Raumplanung gibt es einerseits ein naturalistisches Verständnis von Zeit: Chronos. Das ist das, was man mit der Uhr oder mit dem Kalender misst. Aber es gibt andererseits auch ein sozial konstruiertes Verständnis von Zeit: Kairos – da geht es um die gute Gelegenheit oder den richtigen Zeitpunkt. Und ich würde Sie beide sehr gerne fragen: Wie halten Sie es denn mit naturalistischer oder sozial konstruierter Krise?

Mein Eindruck war ein bisschen, dass Sie beide, vielleicht Herr Ludwigs mehr als Herr Klement, einem naturalistischen Krisenbegriff zuneigen. Die Klimakrise gibt es eben, oder: die COVID-Krise, die gibt es eben. Krisen sind soziale Konstruktionen. Das bedeutet nicht, dass das alles erfunden ist, sondern es bedeutet, dass es Spielräume gibt, zu identifizieren: Wer ist schuld? Wer verursacht? Was sind die Zusammenhänge? Was sind die Folgen? Welche Maßnahmen müsste man, könnte man ergreifen? Hier gibt es Spielräume. Ein Beispiel, weil das Hochwasser ein gutes Beispiel abgegeben hat: 2002 das Elbe-Hochwasser. Die Baumärkte in Pirna, so könnte man sagen, und das Eindeichen dieser Baumärkte hat dazu geführt, dass der Zwinger in Dresden als Überschwemmungsgebiet genutzt wurde – unfreiwillig. Aber in der Diskussion nach 2002 sind die Stimmen, die gefragt haben, ob Grundstückseigentümer:innen tatsächlich die besten Nachbar:innen von Flüssen sind, mit der Art, wie sie ihre Grundstücke nutzen, diese Fragen wurden sehr zurückhaltend gestellt und auch bei der Überschwemmungskatastrophe im Ahrtal hat sich sehr rasch die Sichtweise durchgesetzt: So richtig eine Änderung des Dauersiedlungsraums kann man nicht vornehmen, weil da eben wohlerworbene Rechte entgegenstehen. Ich möchte Sie fragen: Welche Rolle spielt eigentlich staatliche Kommunikation – insbesondere auch durch Experten und Expertinnen – dafür, wie Krisen wahrgenommen werden? Dankeschön.

Markus Ludwigs: Vielen Dank für die Fragen und Anmerkungen, vor allem auch für die kritischen Kommentare. Ich werde versuchen, alle Meldungen abzuhandeln. Herr Franzius, ich weigere mich, meinen Vortrag auf eine These zu reduzieren. Das ist auch nicht die Aufgabe eines Staatsrechtslehrerreferats. Aber ich würde Ihnen drei Punkte nennen, die für mich wichtig waren. Erstens ist die Temporalisierung, was auch Herr Poscher in seinem Kommentar angemerkt hat, ein elementarer Bestandteil des Vortrags. Dahinter steht der Gedanke, dass juristische Bewertungen des Krisenmanagements zeitrelativ sind. Verwalten ist in der Zeit, und damit temporalisiert, zu bewerten. Dies ist ein bedeutsamer Aspekt, der mir im Rahmen der Bearbeitung immer deutlicher wurde. Zweitens wird bei Betrachtung verschiedener Krisen – ich habe versucht, mich nicht nur auf eine zu konzentrieren, sondern mehrere in den Blick zu nehmen – klar, dass sich die klassischen Institutionen des Verwaltungsrechts bewährt haben. Nun kann man sagen, hierin liege keine spektakuläre Erkenntnis, aber trotzdem ist der Befund für die Systembildung bedeutsam. Drittens besteht eine zentrale Erkenntnis in der Interdisziplinarität. Bei einem Blick auf den *Crisis-Management-Cycle* und seine unterschiedlichen Stufen stellt man fest, dass die Verarbeitung in der juristischen Literatur bisher eher bruchstückhaft ist. Es verbergen sich ganze „Welten" hinter dem Zyklusmodell, wenn man in die sozialwissenschaftliche Literatur einsteigt. Das kann man weiter durchdeklinieren für die Resilienz, zu der viele Begriffsverständnisse existieren. Wenn ich mir wünschen dürfte, was von meinem Referat mitgenommen wird, wären dies die Figur der Temporalisierung, die Erkenntnis einer Bewährung der allgemeinen Institute des Verwaltungsrechts in Krisenzeiten sowie der Bedarf nach erhöhter Sensibilität für Interdisziplinarität.

Von Herrn Kirchhof wurde meine Position zur Gewaltenteilung völlig richtig wahrgenommen. Das gewaltenteilige System hat sich – bei aller Diskussion in Einzelfragen – bewährt. Erlauben Sie mir noch einen Einschub: Ich stimme nicht in den Abgesang der schon seit Jahrzehnten kritisch diskutierten Wesentlichkeitslehre ein. Dies schlicht aus dem Grunde, weil die Destruktion eines Instituts wie der Wesentlichkeitslehre mit der Konstruktion von etwas Neuem einhergehen muss. Ich kann im Moment keine besseren Ansätze als die Wesentlichkeitslehre zur Konkretisierung von Parlamentsvorbehalt und Bestimmtheitsgebot erkennen. Vielleicht wird sich ein alternatives Modell am Begriff der guten Verwaltung herauskristallisieren, aktuell bestehen hierfür aber keine hinreichenden Anhaltspunkte. Nach meiner Ansicht lässt sich die Wesentlichkeitslehre auch – anders als es bei Herrn Lüdemann anklang – nicht so klar in das Schema Regel oder Prinzip einordnen. Richtig fassbar ist die Wesentlichkeitslehre aufgrund ihrer flexiblen Gestalt nicht. Soll man sie auf Grundlage der Prinzipientheorie nach Ronald Dworkin als Regel oder Prinzip einordnen? Ich denke, die Wesentlichkeitstheorie weist eine größere Nähe zu Rechtsprinzipien auf. Sie zeichnet sich durch Beweglichkeit aus, um die Anforderungen an Verwalten in der Zeit aufzufangen. Des Weiteren hat Herr Kirchhof nach der Rolle von Unternehmen und Gesellschaft gefragt. Das verbindet sich mit dem Gedanken von Herrn Huber, wonach einmal etablierte staatliche Maßnahmen bestehen bleiben, obwohl der Anlass weggefallen ist. Dies meinte ich mit dem sog. Sperrklinkeneffekt. Danach erfolgt bisweilen keine Rückgabe staatlich beanspruchter Handlungsfelder an die Gesellschaft bzw. die Unternehmen. Die Gefahr besteht in der Tat. Wir sehen es im Energiesektor. Das Unternehmen Uniper ist immer noch zu 99% staatlich beherrscht. Abhilfe schafft vielleicht – dann kommen wir zum Thema Internationalisierung und Europäisierung – das europäische Beihilferecht: Hieraus resultieren Vorgaben zum Ausstieg aus der Verstaatlichung, was elementar wichtig ist. Von daher stimme ich auch der Äußerung von Herrn Kirchhof zur Bedeutung des Freiraums für Unternehmen und Gesellschaft zu. Voraussetzung ist etwa eine Reprivatisierung verstaatlichter Unternehmen.

Im Weiteren hat Herr Masing darauf hingewiesen, dass in Krisensituationen die Normen einem Handeln der Verwaltung im Wege stehen können. Dies ist ein schwieriges Problem. Das Beispiel werde ich auch nicht befriedigend beantworten können. Wenn es zur nächsten Krise kommt und der Gesetzgeber hat nicht entsprechend normativ vorgesorgt, dann steht es gleichsam „Spitz auf Knopf". Reichen dann immer noch die allgemein gefassten Normen? Die Frage lässt sich auch von mir hier nicht abschließend klären. Aber ich bin sehr kritisch Meinungen gegenüber, die in Krisensituationen temporär auf eine Rechtsgrundlage verzichten wollen. Ich stimme der Schrift von Paul Kirchhof aus dem Jahr 1975 über „Verwalten und Zeit" in fast allem zu, aber an einer Stelle ist eine Formulierung, die so klingt, als ob Gegenwartsnähe eine Kompetenz begründen könnte. Dies würde ich nicht sagen. Die Verwaltung benötigt eine Ermächtigungsgrundlage, und wenn diese nicht existiert, handelt sie rechtswidrig. Dann muss eine Auseinandersetzung erfolgen, was hieraus folgt, zumal, wenn das Handeln in einer akuten Krise bewusst rechtswidrig erfolgt. Im Übrigen kann der Gesetzgeber schnell reagieren. In der Finanzkrise hat man innerhalb von wenigen Tagen das Finanzmarktstabilisierungsgesetz „aus dem Boden gestampft". In der Coronakrise ging es auch bisweilen rasend schnell. In solchen Situationen, in denen eine Rechtsgrundlage fehlt, ist dann der Gesetzgeber gefordert, die Verwaltung „nicht alleine zu lassen". Und wenn er untätig bleibt, ist das in Kategorien der Verfassungswidrigkeit fassbar.

Herr Poscher, vielen Dank für Ihre Anmerkung und die Frage zur EMRK. Ich will meine These von der Temporalisierung nicht dahin überhöhen, dass man hiermit alles erklären kann. Ihre Frage nach einer Entbehrlichkeit der Notstandsverfassung ist sehr bedeutsam. Die Figur der Temporalisierung ist nicht so zu verstehen, dass die Notstandsregelungen des Grundgesetzes keinerlei Bedeutung mehr haben und abgeschafft werden können. Aber es ist richtig, dass wir in Deutschland sehr zurückhaltend mit der Ausrufung eines Notstands sind. Und es ist genauso zutreffend – das hat der Wissenschaftliche Dienst des Europäischen Parlaments in einem knapp 70-seitigen Bericht herausgearbeitet –, dass sehr viele Staaten die Möglichkeit einer Aktivierung von Notstandsregelungen ergriffen haben. Wenn ich es richtig erinnere, waren es zehn EU-Staaten in der ersten Phase. Zudem wurde auch die Möglichkeit der Derogation nach Artikel 15 EMRK, die an den Verhältnismäßigkeitsgrundsatz und weitere Voraussetzungen anknüpft, von zehn Vertragsstaaten in Anspruch genommen. Wie man sich die Unterschiede und die Zurückhaltung Deutschlands erklärt, ist schwer zu sagen, so tief bin ich in den Rechtsvergleich nicht eingestiegen. Ein Ansatz ist sicherlich unser kritisch reflektierter Umgang mit Ausnahmezuständen und Notstandsregelungen, der auf Erfahrungen in der deutschen Vergangenheit beruht.

Zu Herrn Davy in aller Kürze, da ich schon fast über der Zeit bin. Es wird oft auch von Juristen darauf hingewiesen, dass es sich bei Krisen um Wahrnehmungsphänomene handelt. Dies stimmt zwar, ist aber zugleich unterkomplex. Krisen sind zunächst einmal Zustände, auf die sich eine Diagnose bezieht. „Krise" ist also ein Zustand, der diagnostische Elemente lediglich umfasst. Wir sollten nicht alles „verflüssigen", indem wir sagen, das sind alles nur Wahrnehmungsphänomene, dann haben wir überhaupt keine Abgrenzungen. Vielen Dank!

Jan Henrik Klement: Vielen Dank auch von meiner Seite für die Gelegenheit, das ein oder andere noch zu vertiefen. Zunächst zu Claudio Franzius, der meiner Kritik an der Wesentlichkeitstheorie zugestimmt hat. Die Frage nach einer Fortentwicklung des Planungsrechts ist interessant. In der Tat glaube ich, dass die Grundidee des Plans und des Planens sehr viel mehr Eingang in die Praxis von Regierung und Verwaltung gefunden hat, als wir das bisher mit unserem an Normen orientierten Radarstrahl wahrnehmen konnten. Das Klimarecht ist ein gutes Beispiel. Sie haben dafür den passenden Begriff des Politikplanungsrechts verwendet. Im Hinblick auf die Instrumente zur Reduktion von Treibhausgasemissionen folgte das Recht über viele Jahre einem marktwirtschaftlichen Paradigma. Es gibt den Emissionszertifikatehandel, der die politisch gewünschten Reduktionsziele in Preise kleinarbeitet. Über die Emissionszertifikate wird letztlich auch die Verbindung zum Ordnungsrecht hergestellt, denn die Zertifikate müssen vom Emittenten verpflichtend abgegeben werden, und das wird erforderlichenfalls mit Befehl und Zwang durchgesetzt. Die ressortbezogene Verteilung der Minderungslasten nach dem Bundes-Klimaschutzgesetz folgt hingegen der Logik politischer Planung. Mit der jetzt diskutierten Übertragbarkeit von Emissionsbudgets zwischen den einzelnen Ressorts wird eine vorausschauende, Verteilungsentscheidungen treffende Planung auf der Ebene der Bundesregierung erforderlich. Es stellt sich die Frage, wie wir mit dieser Planung umgehen, ob wir rechtliche Maßstäbe dafür entwickeln und wie die Konkurrenz zum ökonomischen Instrumentarium gestaltet wird. Auch unabhängig von diesem konkreten Beispiel hatte ich in meinem Vortrag angedeutet, dass die rechtsstaatliche Formung der neuen Arten von Planung vielleicht von früheren Dogmatisierungen lernen kann, wie wir sie etwa im Städtebaurecht finden. Diesen Gedanken verdanke ich übrigens Eberhard Schmidt-Aßmann.

Zu Gregor Kirchhof: In der Tat würde ich die Möglichkeiten der gesetzgeberischen Krisenbewältigung und Krisenvorsorge wohl etwas weniger positiv einschätzen als Markus Ludwigs. Mir war es wichtig zu zeigen, dass wir im Moment sehr große Ansprüche an die kollektive Zukunftsgestaltung durch Recht haben und gleichzeitig die Zweifel am Gelingen wachsen. Beides drückt sich im Begriff der Krise aus. Meines Erachtens sollten wir uns deshalb auch jenseits des Parlamentsgesetzes mit den Bedingungen befassen, die die Verwaltung dazu befähigen, gute Entscheidungen zu treffen. Dafür steht, dies sei auch mit Blick auf die Beiträge von Peter Michael Huber und Johannes Masing gesagt, die Suchformel des Begriffs der guten Verwaltung. Ich habe sie bewusst nicht als einen dogmatischen Begriff gekennzeichnet. Die Ersetzung des Vorbehalts des Gesetzes durch einen Vorbehalt der guten Verwaltung bringt vielleicht auch einfach nur ein Stück mehr Methodenehrlichkeit. Sie haben ja recht, natürlich, die Wesentlichkeitstheorie gibt es in der Praxis so gar nicht. Schon in der Kalkar-Entscheidung im 49. Band sagte das Bundesverfassungsgericht, dass die Notwendigkeit eines dynamischen Grundrechtsschutzes die Unbestimmtheit der atomrechtlichen Sicherheitsstandards rechtfertige. Das hat mit Wesentlichkeit nichts zu tun, sondern ist eine funktions- und aufgabenorientierte Betrachtungsweise. Warum aber sprechen wir dann von einer Wesentlichkeitstheorie und verbreiten damit die Vorstellung, als würden die Kompetenzen allein nach der Wichtigkeit der Aufgabe abgegrenzt? Wir sollten das, was in der Rechtsprechung des Bundesverfassungsgerichts tatsächlich geschieht, auch begrifflich besser sichtbar machen. Da hat Jörn

Lüdemann wohl recht: In der Verantwortungsteilung von Gesetzgeber und Verwaltung drücken sich Prinzipienkonflikte aus. Zwar ich bin gewiss niemand, der alles über Prinzipienkollisionen lösen möchte, aber den Begriff der praktischen Konkordanz hatte ich auch verwendet. Noch kurz zu Benjamin Davy. Ich stimme Ihnen zu: Krisen sind nicht konstruiert, sondern real. Dennoch hat die Wahrnehmung von Krisen natürlich eine politische Funktion. Wir müssen uns Gedanken darüber machen, inwieweit wir das in der Dogmatik abbilden. Meines Erachtens sollte dies nicht über einen allgemeinen Krisenbegriff geschehen, sondern über die Regeln und fein ausgearbeiteten Konzepte, die uns die Rechtsordnung an unterschiedlicher Stelle zur Verfügung stellt, um sozusagen vom Normalzustand in den Krisenzustand und zurück zu wechseln.

Matthias Cornils: Das ist jetzt nicht mehr ganz originell, aber trotzdem auch von meiner Seite nochmal ganz herzlichen Dank an sehr gedankenreiche Vorträge, die ich wirklich bereichernd fand. Die drei Fragen, die ich habe, richten sich vor allem an Jan Henrik Klement; sie betreffen die auch in der Diskussion schon angeklungene zentrale Frage der Gewichtsverlagerung von der Legislative zur Exekutive, also das Gewaltenteilungsthema. Die Beobachtung als solche ist sicherlich in vieler Hinsicht bestechend und auch zutreffend, das kann jeder, der auch nur einmal in das Regulierungsrecht irgendwo reingeschnuppert hat, bestätigen. Gerade in den Bereichen, die unionsrechtlich besetzt sind, begegnet uns vielfach die Autonomisierung der dortigen mitgliedstaatlichen Fachverwaltungen im Regulierungsverbund. Die Zurückhaltung bei den materiellen Vorgaben und Beschränkung des Gesetzgebers auf Ziele und Grundsätze, bei weit reichenden normativen Ermächtigungen der Behörden – etwa der Bundesnetzagentur – und so weiter, das sind schon starke Beobachtungen, die die These stützen.

Meine erste Frage dazu gleichwohl ist: Ist dies denn das vollständige Bild, wenn man so die Gewichtsverlagerung beschreibt? Auf der anderen Seite ist doch der Trend zum immer stärker ausgebauten Gesetzesvorbehalt unübersehbar, in anderen Bereichen offenkundig ungebrochen. Es gibt, wenn man so will, eine doch fortwährende Gegenbewegung – eigentlich schon seit langem oder immer –, das parlamentarische Gesetz auch wieder zu stärken. Jeder hat die gerade erst geführten Debatten über die Anforderungen an die infektionsschutzrechtlichen Eingriffsermächtigungen noch im Kopf oder gewiss auch das Sicherheitsrecht, also die ständig vorangetriebene Verdichtung gesetzlicher Maßstäbe insbesondere für die Informationseingriffe. Unzweifelhaft greifen in diesen und auch in anderen Bereichen in jüngerer Zeit Bestimmtheitsanforderungen an das Gesetz schärfer als früher.

Zweitens: Sind das jetzt, wenn das so ist, wenn also die Beobachtung des vorgenannten Nebeneinanders zweier konkurrierender oder rivalisierender Entwicklungen und auch dem entsprechender wissenschaftlicher Beobachtungen und begleitender Entwicklungen im Recht zutrifft, ist dieses Nebeneinander dann eine unkoordinierte Rivalität, die es abzustimmen gilt, oder ist das ein harmonisches Ganzes, was irgendwie aufgeht, so wie es jetzt ist? Also wäre das etwa eine sektoren-, aufgabenbezogene Unterscheidung, der gemäß eben doch nur in bestimmten Bereichen diese Thematik der funktional überlegenen Verwaltungskompetenz prägend ist, in denen daher das Abwägungsparadigma und so weiter eine Rolle spielt, in anderen Sachbereichen aber nicht? Dies zumal, weil Du gesagt hattest, die – mit administrativen Letztentscheidungsspielräumen verbunden – Planung spiele eigentlich überall eine Rolle und sei heute nicht mehr auf bestimmte Bereiche zu begrenzen. Aber wie weit reicht dann thematisch dieser Vorranganspruch, diese funktionale Überlegenheit der Verwaltung überhaupt? An anderer Stelle des Vortrags war dann am Ende doch von einer arbeitsteiligen, aufgabengerechten Funktionszuweisung die Rede; das mutete dann eher konventionell an: Ich erinnere mich an die Aussage, dass die Langzeitkrisenplanung eigentlich doch Sache der Gesetzgebung bleibe und nur die Kurzzeitmanagementbewältigung bei der Verwaltung liege; das ist nun eher eine Bestätigung des sozusagen klassischen Schemas, was von beiden Referenten angesprochen worden ist, dass also die Zukunftsgestaltung Sache des Gesetzes ist und nur die Bewältigung konkreter Gegenwartsprobleme der Verwaltung zukommen sollte. Relativiert dies aber nicht ein stückweit die zuvor behauptete Gewichtsverlagerung wieder?

Drittens und schließlich: Wenn es diese Gewichtsverlagerung zwischen Gewalten aber so gibt, und wenn das Starkmachen der Exekutive in der Planungsfunktion, in der Zukunftsbewältigungsaufgabe richtig ist, was und wo sind dann eigentlich die Funktionsvorteile, die Leistungsvorteile, die das ausmachen? Was rechtfertigt die Annahme, dass da Wissensvorsprünge in der Verwaltung gegenüber der Gesetzgebung sind, also etwas, das die Gesetzgebung nicht auch ggf. leisten kann? Markus Ludwigs hat die nicht seltene funktionale Austauschbarkeit beider Handlungsformen, also im Raster der Gewaltengliederung des parlamentarischen oder des administrativen Wegs zum Ziel auch vorgeführt, daran ist gewiss Vieles richtig; aber es würde mich vor dem Hintergrund dieser Erkenntnis nochmal interessieren, wo da spezifisch jetzt eigentlich die Leistungsvorteile sind und wie sie gerade den Vorrang rechtfertigen sollen. Vielen Dank.

Ekkehard Hofmann: Auch ich fand die beiden Vorträge höchst anregend und gleichzeitig haben sie mich etwas rätselnd zurückgelassen. Deshalb bitte ich meine Bemerkungen nur als Bitte um Erläuterung zu verstehen, nicht als Kritik im Sinne von „ich hätt's anders gemacht". Wenn ich jetzt bei Krisenmanagement, langfristiger Planung, Systemkohärenz eine Resonanz in der Wirklichkeit suche, dann finde ich die in zweierlei: Einerseits drängt die Zeit, es kann gar nicht schnell genug gehen, ob es die Reaktion auf die Pandemie ist, ob es die Reaktion auf die Klimakrise ist, die Zeit drängt; und weder der Gesetzgeber noch die Verwaltung schaffen es immer, meine ich jedenfalls, dieser Eiligkeit auch gerecht zu werden. Andererseits fordert die langfristige Planung uns eben heraus, gerade angesichts von Herausforderungen wie der Klimakrise, auch langfristig zu denken. Und bei beiden Bereichen, die Zeit drängt und gleichzeitig muss man auch langfristig denken, habe ich Bezugspunkte – vielleicht habe ich sie in den Vorträgen nicht gehört oder sie waren von der Flughöhe zu abstrakt –, was ist mit der Bedeutung von Strategiepapieren der Bundesregierung, haben die eine rechtliche Bedeutung? Was ist mit Prognosebegriffen, haben die sich inzwischen geändert? Das ganze Stichwort der Beschleunigung habe ich nicht gehört, vielleicht habe ich es überhört: Also ich bitte einfach nur um Erläuterung, was das Konzept war. Ein Stichwort möchte ich noch hinzufügen: Wenn man jetzt gleichzeitig schnell handeln muss und gleichzeitig langfristig denken, dann kann es auch mal sein, dass man im Laufe der Zeit merkt, dass irgendetwas nicht so gut klappt und man einen Paradigmenwechsel, einen Regimewechsel durchführen muss. Was ist mit der Rückwirkungstheorie des Bundesverfassungsgerichts, wie passt das da rein? Das hätte mich jetzt interessiert. Ich bitte einfach nur um Aufklärung, wieso beide Vorträge im Prinzip entweder dieses Stichwort überhaupt nicht behandelt haben, oder habe ich es überhört? Wenn ich es überhört haben sollte, dann bitte ich um Erläuterung, wo sie darin stecken, und ich habe es einfach nicht mitgekriegt oder was den anderen Zugriff angeht, der mich einfach vielleicht überfordert. Vielen Dank.

Kai v. Lewinski: Ich möchte an das anknüpfen, was Ralf Poscher, der bis eben noch hier gesessen hat, auch gesagt hat, und der sich für den Begriff der Krise als dogmatische Kategorie starkgemacht hat. Die Bedeutung des Zeitlichen, die wir in den Referaten erörtert haben, möchte ich etwas in Frage stellen oder jedenfalls herunterdimmen. Denn ich denke schon, dass man dogmatisch nicht nur zwischen Krise und Nicht-Krise, sondern auch zwischen verschiedenen Krisenarten unterscheiden muss. Und zwar, weil Krisen nicht nur eine Frage der Zeit oder der Temporalität sind, sondern auch des Wissens. Krisen sind vielleicht etwas Soziales, wie eben angedeutet worden ist. Sie sind aber jedenfalls auch etwas, was man in kognitiver Hinsicht, in intellektueller Hinsicht verstehen muss, um sie zu verstehen. Was meine ich damit? Ich kann das sehr anschaulich machen. Das ist nun für einen Juristen immer ein bisschen ungewöhnlich; das Anschaulichmachen stammt deshalb auch nicht von mir, sondern von einem Angelsachsen, die das besonders gut können. Und zwar hat Niall Ferguson, der Historiker, in einem neulich erschienenen Buch hinsichtlich Krisen unterschieden zwischen „Grauen Nashörnern", „Schwarzen Schwänen" und „Drachenkönigen" – auf die Art können das eben nur Angelsachsen.

Was er damit deutlich machen will, ist, dass „Graue Nashörner" als Krise, als Gefahr etwas sind, das man herannahen sieht: Die sind laut, die sind groß, die haben eine Staubfahne hinter sich. Da hat man dann genug Zeit, sich zu entscheiden: Klettere ich auf einen Baum? Hole ich mir ein Gewehr? Was auch immer.... Man hat jedenfalls Zeit, man kann Krisenmanagement üben, man kann etwas planen.

Eine andere Kategorie ist der „Schwarze Schwan". Der Schwarze Schwan ist etwas, das man zwar kategorial einordnen kann: Schwan ist Schwan. Aber schwarze Schwäne hatte man bis zur Entdeckung Australiens nicht gekannt – die waren irgendwie neu. Da habe ich also ein anderes Wissenssetting für Krisenmanagement und langfristige Planung – was wir in der Überschrift für die Referate haben –, um damit umzugehen. Wenn ich nicht weiß, dass Schwäne schwarz sind, kann ich mit schwarzen Schwänen nicht planen, ab einer gewissen Abstraktionshöhe aber kann ich mir unter Schwänen etwas vorstellen und mich auf sie einstellen.

Die dritte Kategorie hat ebenfalls mit Wissen, Vorwissen zu tun – dies sind die „Drachenkönige". Was Ferguson damit beschreibt, ist: Es gibt auch Dinge, Krisen, die ich mir nicht vorstellen kann. Der Drachenkönig existiert in der realen Tierwelt unserer Überzeugung nach nicht, vielleicht tritt er aber trotzdem auf. Das ist das, was uns dann überrascht, und da ist eben Wissen nicht vorhanden, es besteht sozusagen eine andere, eine kategorial andere Wissenskonstellation.

Wenn man Krisen in Wissenshinsicht dergestalt kategorisiert, unterscheiden sie sich nach der Art der Planung, wie man darauf reagieren kann, und der Planbarkeit. Angelehnt an die Überschrift des heutigen Nachmittags wäre dann meine Frage, ob solche nach Wissbarkeit zu unterscheidenden Krisen kohärent in das System des Verwaltungsrechts oder auch der Verwaltungswissenschaft eingepasst werden können. Danke.

Frank Schorkopf: Herr Poscher hat sich übrigens entschuldigt, weil er einen wichtigen Termin hat – nur um den Lachern für das Protokoll etwas entgegenzusetzen. Frau Edenharter, Herr Knauff, Frau Gurlit.

Andrea Edenharter: Auch von mir vielen Dank für die beiden sehr erhellenden und anregenden Referate. Ich hätte eine Frage an Herrn Ludwigs betreffend das von Ihnen eingeführte Konzept der Temporalisierung. Sie haben das als zentrales Instrument zur systematischen Erfassung von sich im Krisenverlauf wandelnden Vorgaben dargestellt, insbesondere im Hinblick auf die Beurteilung der Verhältnismäßigkeit. Können Sie an dieser Stelle noch ein bisschen konkreter werden? Was bedeutet „Temporalisierung" im Hinblick auf die gerichtliche Überprüfung – kommt es an einer bestimmten Stelle zu einer Beweislastumkehr? Sie haben an anderer Stelle gesagt, am Prinzip des effektiven Rechtsschutzes soll nicht gerüttelt werden. Wie verträgt sich das mit Ihrem Konzept der Temporalisierung? An diesem Punkt würde ich zudem gerne nachfragen, was das Konzept der Temporalisierung im Hinblick auf die verschiedenen Arten von Krisen, die jetzt zur Sprache kamen, leisten kann – einmal hinsichtlich der sehr kurzfristigen Krisen auf der einen Seite und hinsichtlich der sehr langfristigen und auch dauerhaften Krisen wie der Klimakrise auf der anderen Seite, wo man vielleicht im Vorhinein nicht über die erforderlichen Informationen und Erkenntnisse bezüglich des Krisenverlaufs verfügt.

Matthias Knauff: Es gab schon viel Dank und Lob für die Vorträge – dem schließe ich mich voller Überzeugung an. Ich habe jeweils eine Frage bzw. Anmerkung zu Markus Ludwigs: Du hast gesagt: Entparlamentarisierung, Stunde der Exekutive – das müsse man nicht so wörtlich nehmen. Ich habe da meine Zweifel. Wir sprechen, ganz im Gegenteil, über Entparlamentarisierung auch schon im Zusammenhang mit völlig krisenfreien, sozusagen „normalen" Gesetzgebungsverfahren und -situationen. Wenn man sich anschaut, was gerade im Rahmen der Krisengesetzgebung passiert, meine ich, dass dabei zwar formal noch der Gesetzgeber tätig wird, aber die eigentlichen Entscheidungen andere Stellen treffen – ob das primär die Verwaltung ist oder Gremien, die im Idealfall Expertengremien sind, das sei einmal dahingestellt. Zu Jan Henrik Klement möchte ich eine Anmerkung aus den Untiefen des positiven Rechts machen. Ich fand den Vortrag ganz großartig und auch anschaulich, möchte aber die Ausführungen zum zeitlichen Aspekt noch um eine Perspektive erweitern. Dieser zeitliche Aspekt hat sich nämlich im Verwaltungsrecht inzwischen in ganz verschiedenen Kontexten niedergeschlagen. Wir finden ihn eigentlich überall, und zwar auch weit über das Planungs- und das Regulierungsrecht hinaus. Das gilt gerade für das Besondere und teilweise auch schon für das Allgemeine Verwaltungsrecht. Wir sehen da Verfahrens- und Entscheidungsfristen für die Verwaltung und wir sehen gesetzliche Vorgaben für die Verwaltung, innerhalb der sie bestimmte Ziele in zeitlicher Hinsicht erreichen muss. In Bezug auf Letzteres möchte ich auf zwei eher traurige Beispiele verweisen, nämlich auf das Onlinezugangsgesetz und auf das Personenbeförderungsrecht, dem das eigentlich bis 2022 zu erreichende Gebot der vollständigen Barrierefreiheit im öffentlichen Personennahverkehr zu entnehmen ist. Jeder, der schon einmal Bus oder Straßenbahn gefahren ist, weiß: Das hat nicht geklappt. Und das ist gleichzeitig m.E. eines der großen Probleme dieser Art von Rechtsetzung, denn hier ist das Scheitern oder jedenfalls das Risiko zum Scheitern eigentlich unmittelbar angelegt. Die Frage ist dann: Was passiert, wenn der Fall des Scheiterns erwartungsgemäß eintritt? Ganz klassisch würde man dann Rechtsschutz ergreifen. Das mag punktuell funktionieren, häufig fehlt aber mangels Zulässigkeit bereits die Klagemöglichkeit. Zweite Möglichkeit des Umgangs mit Zeitüberschreitungen – das betrifft insbesondere die Verfahrens- und Entscheidungsfristen – ist die Einführung der Genehmigungsfiktion. Das klingt erstmal unglaublich effektiv, allerdings ist es auch für die Verwaltung und deren Funktion gar nicht unproblematisch. Aus der Praxis wird von der Flucht von Behörden in die Genehmigungsfiktion berichtet, um insbesondere unangenehme und auch komplexe Entscheidungen umgehen zu können. Auch was die Rechtssicherheit für die Antragsteller angeht, zeigt die Entscheidungspraxis, dass es damit nicht allzu weit her ist, weil viele Unternehmen nicht in der Lage sind, ohne weitere Hilfe einen unmittelbar genehmigungsfähigen Antrag zu stellen.

Frank Schorkopf: Die Ampel ist jetzt rot. Sie müssen zum Schluss kommen.

Matthias Knauff: Die Nichterreichung von normativ verankerten zeitlichen Zielen führt schließlich als dritte Möglichkeit zur Irrelevanz des Rechts oder zur Notwendigkeit seiner Neuausrichtung an der Realität. Beides ist seiner Funktion nicht zuträglich...

Frank Schorkopf: ...Entschuldigung. Ich habe Ihnen das Wort entzogen. Ja, dann muss ich es so explizit machen. Wir haben die Sprechzeit schon um eine Minute verlängert und trotzdem segeln die meisten Diskutanten – falls es ihnen aufgefallen ist – hart um das Dunkelgelb herum. Frau Gurlit, bitte.

Elke Gurlit: Ich habe eine Frage und eine Anmerkung zum Referat von Herrn Ludwigs. Unabhängig davon, wie stark man die Rolle der Legislative in den vergangenen Krisen bewertet, hat es auf jeden Fall starke Eigenbeiträge der Verwaltung gegeben, die sie mit ihrem eigenen Rüstzeug erbracht hat. Herr Ludwigs, Sie haben auch stichwortartig die Eigenprogrammierungsleistung der Verwaltung genannt und auch auf die Handlungsformen verwiesen. Und gerade da bin ich mir im Rückblick nicht so sicher, inwieweit die Eigenbeiträge der Verwaltung tatsächlich alle systemkohärent waren oder wie sicherzustellen ist, dass sie es in der Zukunft sind. Ich will dazu zwei Stichworte nennen: einerseits die „Renaissance der Allgemeinverfügung" und zum Zweiten das Stichwort „fluide Normsetzung". Wir haben insbesondere in der Coronakrise, aber auch schon zuvor in der Finanzmarktkrise eine Renaissance der Allgemeinverfügung erlebt. Sie wird aber meines Erachtens über ihren eigenen Anwendungsbereich hinaus auch häufig praktisch normgleich eingesetzt, das heißt unbefristet und zur Schaffung dauerhafter Regelungen. Und ich frage mich: Ist das wirklich noch systemkohärent?

Das als eine Anmerkung, aber zugleich auch als Frage, wie Sie das bewerten. Zum Zweiten: Wir beobachten krisengetrieben Formen fluider Normsetzung oder quasi-Normsetzung in der Gestalt, dass an Regelwerken permanent, fast tageweise herumgestückelt wird und die Normunterworfenen häufig gar nicht mehr wissen, was gerade geltendes Recht ist, weil sich die Rechtslage von einem Tag zum nächsten ändern kann. Aber auch da erleben wir häufig, dass sich solche Formen in die Gegenwart fortsetzen, also nicht nur als Krisennormsetzung betrieben werden, sondern auch in Normallagezeiten. Ein Beispiel für solche fluiden Normsetzungen findet sich in der exekutiven Finanzmarktregulierung. Dort wird sehr viel mit „FAQ's" – *Frequently Asked Questions* – oder „Q's and A's" – *Questions and Answers* – gearbeitet, im Rechtssinne unverbindliche Auskünfte, die aber von den Normunterworfenen als verbindlich angesehen werden und die sich praktisch von einem Tag auf den nächsten ändern können. Das ist mittlerweile über die Krise hinaus zu einem Standardsteuerungsinstrument geworden. Und auch da frage ich mich: Ist das systemkohärent oder nisten sich über Experimente in der Krisennormsetzung neue Rechtsformen, neue Handlungsformen in der Verwaltungspraxis ein, über die man eigentlich gründlicher diskutieren müsste?

Uwe Volkmann: Die Frage von Frau Gurlit würde ich gern spontan noch etwas zuspitzen, Herr Ludwigs. Wenn Ihre Strategie der Temporalisierung bedeutet, dass wir das Recht so anwenden, wie es die Bedürfnisse des Augenblicks jeweils erfordern, und seine Formen danach auswählen, was wir gerade so brauchen: Wo gibt es dann aus Ihrer Sicht eigentlich überhaupt einmal ein Problem? Oder wo errichtet das Recht überhaupt einmal Grenzen?

Christian Bickenbach: Ich habe eine Frage an Sie, Herr Ludwigs. Und zwar zu der von Ihnen genannten Logik der Bewältigung, die Sie im Zusammenhang mit Resilienz genannt haben. Das Pariser Abkommen enthält einen Dreiklang: Minderung, Anpassung, Resilienz. Bei der Minderung wissen wir, worum es geht. Es geht um die Minderung von Treibhausgasemissionen. Bei Anpassung und Resilienz wissen wir auch, worum es geht, aber ich frage mich, wie verhalten sich die Anforderungen zueinander? Welche Reichweite hat der Resilienzbegriff, den Sie eben auch schon angesprochen haben? Wie sind die Begriffe zueinander abzugrenzen – Anpassung und Resilienz in Bezug auf die Logik der Bewältigung? Meine Überlegung war bisher: Anpassung bezieht sich auf etwas, was passiert ist, Folgen, die wir schon spüren, die wir schon haben. Anpassung aber auch an das, was sicher passieren wird. Und wir wissen, was passieren wird, Anpassung soll das antizipieren. Resilienz: Was bleibt letztendlich? Wir wissen alle, es wird vermehrt zu Dürren, Starkregen, Stürmen etc. kommen. Diese Ereignisse werden wahrscheinlicher. Wir wissen aber nicht genau wann, wo und in welchem Umfang. Was bleibt da letztendlich übrig für den Begriff der Resilienz? Was ist Oberbegriff, was ist Unterbegriff oder stehen die Begriffe nebeneinander? Ich frage das auch vor dem Hintergrund des geplanten Klimawandelanpassungsgesetzes. Wie weit reicht das eigentlich? Und deshalb nutze ich die Gelegenheit, diese Frage, die ich mir schon länger stelle, hier an Sie zu stellen: Wie verhalten sich diese Begriffe – Anpassung und Resilienz – zueinander? Vielen Dank.

Sven Eisenmenger: Ich würde gerne auf ein Gesetzgebungspaket hinweisen, mit dem ich mich neulich auch in der NVwZ befasst habe, und zwar ist das die aktuelle EU-Resilienz-Richtlinie (CER-Richtlinie) mit dem im Moment dazugehörigen Entwurf eines KRITIS-Dachgesetzes.

Warum? Ich glaube, dass sich aus diesem Gesetzgebungspaket zwei Aspekte für die heutige Tagung ergeben können. Zum einen haben wir bislang in der Diskussion immer sehr stark darauf fokussiert, inwieweit Verwaltung nach außen entscheidet bzw. Verwaltung kritische Strukturen „verwaltet". Die EU-Resilienz-Richtlinie nimmt einen ganz neuen Fokus fast unbemerkt ein, indem sie die klassischen kritischen Infrastrukturen aufzeigt, aber auch die öffentliche Verwaltung selbst als kritische Infrastruktur bezeichnet. Ich glaube, das ist ein Aspekt, über den man dann noch einmal nachdenken muss. Inwieweit kommen eigentlich auf die kritische Infrastruktur beziehungsweise auf die öffentliche Verwaltung selbst Verpflichtungen zu? Muss sie selbst Resilienzpläne entwickeln? Auch diese zweite Perspektive auf die Verwaltung – es geht nicht nur um Entscheidungen nach außen, sondern auch nach innen – scheint mir wichtig zu sein. Welche Verwaltung fällt überhaupt darunter? Ist es die Bundesnetzagentur? Ist es die Polizei? Sind es die Kammern der Wirtschaft, die im Katastrophenfall auch aufgerufen sind zu helfen?

Neben diesen perspektivischen Aspekt der EU-Resilienz-Richtlinie tritt ein zweiter – ein rechtssystematischer – Aspekt. Aus dem Gesetzgebungspaket ergibt sich, dass man auch ein Gesamtsystem schaffen will, nämlich alle Normen möglichst in einem Gesetz zu bündeln. Ich gebe zu, das betrifft auf den ersten Blick nicht unbedingt das Recht auf eine gute Verwaltung, mit dem wir uns heute hier befassen, sondern das Recht auf eine gute Gesetzgebung. Aber letztlich ist eine gute Gesetzgebung auch Voraussetzung dafür, dass eine Verwaltung gut arbeiten kann. Und hier geht es darum, Normen sozusagen „zu bündeln".

Eine letzte Bemerkung von meiner Seite: Das EU-Resilienz-Paket hat das Potenzial, ein Meilenstein der Gesetzgebung zu werden, allerdings besteht insbesondere bei dem darauf aufbauenden Entwurf des (deutschen) KRITIS-Dachgesetzes noch erheblicher Optimierungsbedarf. Danke.

Franz Reimer: Ich habe nur eine ganz kurze Frage an Sie, Herr Ludwigs. Und zwar zu Ihrer These, dass in der Stunde der Krise keine Entjustizialisierung stattfinde. Das leuchtet mir ein, sowohl praktisch wie auch normativ. Aber was ist mit der Kontrolldichte? Steckt der Teufel da nicht im Detail? Bleibt sie gleich? *Sollte* sie gleichbleiben? Vielen Dank.

Markus Möstl: Eine Frage an Herrn Klement, die er vielleicht in seiner Zwischenintervention schon ein Stück weit beantwortet hat – ich möchte es aber dennoch noch etwas zuspitzen:

Es geht um die zentrale Schluss-These des Vortrags „Vom Vorbehalt des Gesetzes zum Vorbehalt guter Verwaltung", und dabei insbesondere das in These 49 Ausgeführte. Sie sagen dort, dass das Ende der Wesentlichkeitslehre nicht etwa ein Ende der parlamentarischen Verantwortlichkeit bedeutet, und legen dar, dass es auch bei Ihrer Sichtweise dabei bleibt, dass der Gesetzgeber die nötigen Eingriffsermächtigungen zu schaffen hat; es gilt also weiter der rechtsstaatliche Vorbehalt des Gesetzes. Des Weiteren sagen Sie, den Gesetzgeber treffe nach Ihrer Konzeption auch künftig die Verantwortung für die Schaffung von „Strukturen, in denen gute Entscheidungen getroffen werden können". Unter solchen Strukturen würde ich mir vorstellen: die gesetzliche Vorgabe von Zielen, von Kriterien, von Verfahren, mithilfe derer die Verwaltung zu guten Entscheidungen kommt. Nun meine Frage: Hat die Wesentlichkeitstheorie wirklich jemals mehr gefordert als eben dieses? Oder anders gewendet: Lässt sich das, was Sie für richtig halten, nicht auch mit der herkömmlichen Dogmatik, also auf der Basis der Wesentlichkeitslehre, völlig einwandfrei bewältigen?

Jan Henrik Klement: Matthias Knauff hat zu Recht vom Risiko des Scheiterns eines zukunftsbezogenen Rechts gesprochen. Auch mir ist es zum Abschluss noch einmal wichtig zu betonen, dass sich meine Rede von einer Futurisierung der Verwaltung zunächst einmal als Deskription versteht. Der Befund ist keineswegs nur positiv zu bewerten. Natürlich sind mit der Futurisierung von Recht Nachteile verbunden: die Verwissenschaftlichung und teilweise auch die Symbolisierung des Rechts durch ein Ausweichen ins Prozedurale, Brüche mit überkommenen dogmatischen Konstruktionen oder auch Bedenken, die auf das Demokratieprinzip gestützt werden. Man denke hier an die Entscheidung des Bundesverfassungsgerichts zu den unabhängigen Regulierungsbehörden. Ich muss gestehen: Als ich diesen Vortrag ausarbeitete, war ich kurz davor, eine Verfallsgeschichte zu erzählen. Ich habe dann aber doch noch die Kurve gekriegt und mir gesagt, dass wir als Rechtswissenschaft den Befund einer Futurisierung der Verwaltung akzeptieren und überlegen müssen, was wir damit produktiv anfangen können. Heute Morgen fiel das Wort einer prospektiven Dogmatik, ich glaube bei Bettina Schöndorf-Haubold. Das trifft es eigentlich ganz gut. Es geht um den Versuch, unsere Dogmatik mitwachsen zu lassen mit einem Recht, das sich eben stärker in die Zukunft wendet, mit allen Risiken, die es dabei auf sich nimmt. Gerade mit Blick auf die Quantifizierung von Zielen, wie sie sich etwa bei der Klimaneutralität zeigt, müssen wir damit umzugehen lernen, dass die gesetzlichen Vorgaben verfehlt werden können und immer wieder neu an die Realität angepasst werden müssen. Das hat Rückwirkungen auf die Normativität und die Durchsetzbarkeit von Recht und ist auch für die Dogmatik relevant. Von daher ist meine These bezüglich des Vorbehalts des Gesetzes zwar sicherlich griffig und bleibt gut im Gedächtnis. Doch ist das Verhältnis von Gesetzgeber und Verwaltung nur einer von mehreren Aspekten, die wir in den Blick zu nehmen haben, um auf die von mir analysierte Entwicklung zu reagieren. Matthias Knauff hat das eindrucksvoll mit Beispielen untermalt.

Viele Aspekte und Details konnte ich in meinem Vortrag nicht ansprechen. Eine Antwort auf sämtliche Rechtsfragen, die sich mit den Zeithorizonten von Verwaltung verbinden, finden Sie in meinen Fußnoten. Das sei auch zu Ekkehard Hofmann gesagt, der diese Unterfütterung angemahnt hat. An dieser Stelle will ich noch auf die gesetzesfreie Verwaltung hinweisen, auf die ich leider nicht eingehen konnte. Futurisierung von Verwaltung ereignet sich selbstverständlich auch dort und nicht nur bei der Ausführung von Gesetzen. Ich sprach davon, dass die Verwaltung sich zunächst ganz unabhängig vom Gesetz als eine zukunftsorientierte Staatsgewalt entdeckt hat, ja sich in dieser Entdeckung womöglich erst als Verwaltung im modernen Sinne konstituierte. Das ist natürlich in der Gegenwart nicht anders, etwa in der kommunalen Selbstverwaltung. Hier spielt auch das Soft Law internationaler Organisationen eine erhebliche Rolle, denken Sie beispielsweise an die Agenda 2030 für Nachhaltige Entwicklung der Vereinten Nationen, die in der Kommunalpolitik von Bedeutung ist. Noch ein allerletztes Beispiel für die Futurisierung des Rechts möchte ich hinzufügen: das Recht der Kreislaufwirtschaft. Auch dort deuten sich erhebliche Veränderungen an. Sie mögen sagen, dass dies ein eng begrenztes Gebiet sei und es eben nur um Abfälle gehe. Aber ein Blick in den „Green Deal" der Europäischen

Kommission und die ersten speziellen Konzepte für ein neues Recht der Kreislaufwirtschaft sprechen da eine andere Sprache. Diese Kreislaufwirtschaft hat mit dem Kreislaufwirtschaftsrecht deutscher Provenienz nichts mehr zu tun. Letztlich geht es um eine durch Recht gewährleistete Kongruenz von Angebot und Nachfrage auf dem Markt. Das ist ein stark von Planideen durchsetztes Konzept, das erhebliche Auswirkungen auf die Rechtsordnung insgesamt haben wird.

Zum Vorbehalt des Gesetzes hatte ich schon in meinem Zwischenwort das eine oder andere gesagt. Zum Schluss möchte ich als Antwort auf Markus Möstl noch einmal unterstreichen, dass bei allen Unterschieden Einigkeit darin besteht, dass das Parlamentsgesetz ein wesentliches Element von guter Verwaltung ist und bleibt. Ein gutes Gesetz ist, wie Sven Eisenmenger sagte, auf vielen Feldern die Voraussetzung dafür, dass die Verwaltung gut arbeiten kann. Die Frage, was noch hinzukommen muss, führt zu der von mir beschriebenen aufgabenspezifischen Differenzierung. Da würde ich Matthias Cornils zustimmen: Ja, wir haben Bereiche, in denen das Gesetz weiterhin von großer und sogar wachsender Wichtigkeit ist. Der Klimabeschluss ist in dieser Beziehung richtig: Das Gesetz hat die grundlegende Verteilungsentscheidung in der Zeit zu treffen. Aber auch hier gilt, dass uns das Festklammern am Begriff der Wesentlichkeit nicht weiterbringt und eben auch längst nicht mehr dem entspricht, was wir in der Sache wirklich für entscheidungserheblich halten. In seiner Entscheidung zur funktionalen Selbstverwaltung hat das Bundesverfassungsgericht das Demokratieprinzip als ein entwicklungsoffenes Prinzip gedeutet, das im Interesse einer effektiven Aufgabenwahrnehmung einer Ausgestaltung und Relativierung zugänglich ist. Der Begriff der guten Verwaltung, wie ich ihn verwende, ist ein Dachbegriff für diese in der Sache vollzogene aufgabenspezifische Flexibilisierung. Er ist, wenn Sie so wollen, auch eine Marketingidee, die dem deutschen Recht den Anschluss an die europäischen und internationalen Diskurse verschaffen soll. Wenn wir gefragt werden „Was macht denn Ihr in Deutschland für gute Verwaltung?", dann stehen wir eben nicht mit leeren Händen da.

Kai von Lewinski – ich habe seine Bilder im Einzelnen nicht mehr parat – will den Begriff der Krise dogmatisieren. Das lehne ich ab. Das halte ich nicht für erforderlich. Wir haben viele feine Übersetzungen des Krisenbegriffs ins Recht. Und wir haben auch unterhalb von Rechtssatzbegriffen Möglichkeiten zu reagieren. Manche meinen ja sogar, dass in außergewöhnlichen Situationen die Folter erlaubt sein kann. Das ist natürlich ein Extrembeispiel, aber es zeigt, dass die Regelstrukturen des Rechts in Ausnahmesituationen aufgebrochen werden können. Es besteht von daher kein Bedarf, die Regeln zu stark von der Krise her zu denken. Wir müssen auch keine zweite Schattenrechtsordnung neben die eigentliche Rechtsordnung stellen, in der für den Krisenfall alles vorausgedacht ist. Deshalb begegne ich Begriffen wie Resilienzverantwortung, denen dann teilweise auch noch Verfassungsrang zugesprochen wird, mit Zurückhaltung.

Markus Ludwigs: Vielen Dank, Herr Schorkopf. Ungeachtet der begrenzten Zeit möchte ich aus dem ersten Block nochmals kurz auf Herrn Huber eingehen, weil die Antwort vorhin etwas knapp geraten ist. Er hatte darauf hingewiesen, dass einmal geschaffene Regelungen nach Krisenbewältigung fortbestehen. Das ist ein großes Problem. Auf europäischer Ebene versucht man dem etwa im Energiebereich dadurch zu entgehen, dass eine konsequente Befristung der Verordnungen erfolgt. Diese sind typischerweise auf ein bis zwei Jahre angelegt und treten dann außer Kraft. Nun werden Sie sagen, dass eine Verlängerung möglich ist. Und auch erste Evaluationen, die vorliegen – auf nationaler Ebene zum „Gasspeichergesetz" – gehen in diese Richtung. Es erfolgt dann möglicherweise eine Perpetuierung der entsprechenden Normen, was kritisch zu bewerten sein kann.

Der Beitrag von Herrn Cornils richtete sich nicht primär an mich. Deswegen nur wenige Sätze hierzu: In der Tat haben wir die europarechtlich getriebene Vorgabe einer administrativen Regulierung, wonach der Gesetzgeber im Regulierungsbereich Energie nicht mehr so viel vorstrukturieren darf. Das ist eine problematische Entwicklung. Es wird allerdings oft vergessen, dass der Gesetzgeber sehr wohl noch tätig werden kann. Denn auch die Umsetzung einer Richtlinie ist gesetzgeberische Tätigkeit. Und wenn die Richtlinie inhaltliche Vorgaben enthält, sind diese auch demokratisch legitimiert; mit allen Diskussionen, die es darum auf europäischer Ebene gibt. Deswegen erscheint mir die Diskussion etwas „überdramatisiert". Richtig ist aber, dass es unterschiedliche Bereiche gibt und schwer ist, diese in ein System zu fassen, weil gerade aus Europa der Impuls kommt, den nationalen Gesetzgeber zurückzudrängen, was in der Tendenz kritisch zu sehen ist.

Die Anmerkung von Herrn Hofmann zur mangelnden Auseinandersetzung mit der Beschleunigung macht mich ein bisschen ratlos, weil der Begriff fiel. Die Konstanzer Tagung wurde hervorgehoben und der von Martin Bullinger diagnostizierte „Uhrenkonflikt" kam zu Wort. Dies alles erfolgte relativ kurz, wie es in einem solchen Vortrag nur möglich ist. Wir können uns dazu gerne in der Pause nochmals austauschen. Der Beschleunigungsaspekt ist ein ganz wesentlicher Baustein, völlig klar. Genauso wie die erwähnten Strategiepapiere. Diese kamen auch bei den Konzeptpflichten vor und es wurden Beispiele für entsprechende Papiere genannt. Die Rechtsnatur ist eine eher technische Frage. Diskutieren lässt sich etwa die Einordnung als Verwaltungsvorschrift oder schlichthoheitliches Handeln. Zu Konzeptpflichten ist im Übrigen schon viel gesagt worden, auch auf einer Staatsrechtslehrertagung von Martin Eifert.

Herr von Lewinski, Sie werden mir nachsehen, dass ich die zeitliche Dimension nicht – wie von Ihnen angeregt – so einfach „runterdimmen" konnte. Denn die Zeithorizonte bildeten nun mal den Titel, der mir gegeben wurde. Zugleich habe ich versucht, den Bezug von Zeithorizonten zur Krisenverwaltung herzustellen. Im Übrigen stimme ich Ihnen im Hinblick auf die Bedeutung von Wissen nachhaltig zu. Es geht aber nicht um die Wissensgenerierung allein, sondern um Wissen in der Zeit. Die epistemische Situation verändert sich auch nicht durch blanken Zeitablauf, sondern durch das, was in der Zeit passiert und Wissen generiert. Dies habe ich versucht deutlich zu machen und herauszuarbeiten. Ihre andere Frage, ob man noch weitere Krisenbegriffe differenzieren kann, ist sicher zu bejahen. Ob ich das jetzt, wie der von Ihnen zitierte Autor, mit „grauen Nashörnern", „schwarzen Schwänen" und Ähnlichem umschreiben wollte, lasse ich offen. Eine solche Anschaulichkeit in der Kategorienbildung ist mir eher nicht zu eigen. Zunächst muss man sich überhaupt darauf verständigen, ob „Krise" als Rechtsbegriff zu betrachten ist. Dies würden viele Kollegen im Raum schon verneinen. Richtig ist allerdings, dass es den Rechtsbegriff im Vergaberecht für den Bereich der Verteidigung und Sicherheit schon länger gibt. Daneben ist die Krisenverordnung als Teil des europäischen Asylsystems derzeit „in aller Munde". Im Entwurf findet sich eine Definition der „Krisensituation", mit der ein irregulärer Massenzustrom erfasst werden soll. „Krise" und „Krisensituation" entwickeln sich mithin zu Rechtsbegriffen, so dass man irgendwann vielleicht auch anfangen kann, Kategorien zu bilden.

Die Anmerkung von Frau Edenharter geht so ein bisschen in eins mit dem Kommentar von Herrn Reimer und adressiert Fragen der gerichtlichen Kontrolldichte im Hinblick auf das Konzept der Temporalisierung. Im Weiteren spielen hier auch Erwägungen der Verhältnismäßigkeit rein. Ich habe versucht deutlich zu machen, dass die Anforderungen – z.B. hinsichtlich der Begründung – mit wachsendem Wissen in der Zeit steigen. Zudem muss der Verordnungsgeber in Phasen der Unsicherheit Befristungen vorsehen. Das ist für mich Ausdruck der Verhältnismäßigkeit, weil man eben nicht genau weiß, ob getroffene Regelungen in einigen Monaten auf der dann erlangten Wissensbasis noch tragfähig sind. Dies sind alles konkrete Beispiele, wie man den Temporalisierungsaspekt in die Dogmatik integriert. Dementsprechend gibt es auch Gerichtsentscheidungen, darunter ein Kammerbeschluss des Bundesverfassungsgerichts aus 2020, die bestätigen, dass sich ein Spielraum mit der Zeit reduzieren kann. Denkbar ist dies z.B., wenn besonders schwere Grundrechtsbelastungen vorliegen oder die Möglichkeit zunehmender Erkenntnis besteht. Bei einer verbesserten epistemischen Situation verschärfen sich die Anforderungen. Zur Kontrolldichte ließe sich im Übrigen noch vieles sagen, auch, dass wir in

Deutschland eine sehr ausgefeilte Dogmatik haben, die in anderen europäischen Ländern kein Pendant findet. Dort würde man nicht so schnell vom „Verfall des Rechtsstaats" sprechen, wenn Spielräume eingeräumt werden. Im Übrigen ist in der Judikatur angelegt – auch in der des Bundesverfassungsgerichts –, dass es zu einer Verschärfung der Kontrolldichte kommt, wenn die Erkenntnisgrundlage wächst. Grundsätzlich leiten wir Spielräume aus der normativen Ermächtigungslehre her. Aber es gibt eben Sonderfälle, in denen tatsächlich die Funktionsgrenzen der Gerichte erreicht sind. Dann liegt aus meiner Sicht eine Begründung für die temporäre Akzeptanz behördlicher Spielräume vor.

Herr Knauff hält mit Blick auf die Entparlamentarisierung Skepsis für angebracht und fragt, ob die Entscheidungen nicht oft dem entsprechen, was Expertengremien vorschlagen. Empirie, die belegt, dass wir ein Problem mit – womöglich exponentiell gewachsenen – Expertengremien haben, kenne ich nicht. Im Gegenteil gibt es eine Untersuchung u. a. von Sabine Kuhlmann, Verwaltungswissenschaftlerin von der Universität Potsdam, die für die Coronakrise eine klare Dominanz der politischen Entscheider und nicht der Experten feststellt. Man kann sich sogar fragen, ob Expertengremien nicht manchmal sogar bloße „Feigenblätter" sind. In Krisen werden sie innerhalb kürzester Zeit einberufen und sollen dann schnell Beratungsergebnisse liefern. Bisweilen kommt etwas heraus, was die Politik sich womöglich vorher schon überlegt hat. Dies ist sicher differenziert zu behandeln, ich will hier nur einen Kontrapunkt setzen. Im Übrigen hat die „Heizungsgesetz" genannte Novelle des Gebäudeenergiegesetzes gezeigt, dass das Bundesverfassungsgericht seiner Verantwortung auch dort gerecht wird, wo Freiheiten der Parlamentarier durch missbräuchliche Beschleunigung von Gesetzgebungsverfahren verletzt sein könnten.

Den Hinweis von Frau Gurlit zu starken Eigenbeiträgen der Verwaltung teile ich, sofern Allgemeinverfügungen in der Zeit einfach beibehalten werden und dies zu einem Handlungsformenmissbrauch führt. Mir ging es um die Diskussion in der Coronakrise. Dort kam es zunächst zum Erlass von Allgemeinverfügungen. In dem Zeitraum, in dem noch nicht klar war, wie sich die Pandemie geografisch und zeitlich entwickeln würde, konnte man das übergangsweise akzeptieren. Abhängig von der Situation musste man dann aber reagieren und die Allgemeinverfügungen wieder aufheben. Dementsprechend erfolgte auch die Hinwendung zur Rechtsverordnung, wobei mir sehr wohl bewusst ist, dass die Handlungsform der Allgemeinverfügung in der Folgezeit noch von Relevanz war. Die Allgemeinverfügung wird im Übrigen – nur als kleine Nebenbemerkung – auch im Energierecht eine enorme Bedeutung bekommen. Dies gerade vor dem Hintergrund des von Herrn Cornils angesprochenen Wechsels zur administrativen Regulierung. Der Gesetz- und Verordnungsgeber darf künftig nicht mehr so viel vorstrukturieren. Stattdessen wird es Festlegungen der Regulierungsbehörde geben und das sind Allgemeinverfügungen. Wenn der Gesetzgeber dies ins Gesetz schreibt, habe ich damit keine größeren Probleme, weil die Allgemeinverfügung nicht verfassungsrechtlich definiert und garantiert wird. Ein Handlungsformenmissbrauch liegt nur dann vor, wenn keine gesetzliche Grundlage für das Handeln in einer bestimmten Form existiert.

Zu Herrn Bickenbach ist anzumerken, dass der von ihm erwähnte Dreiklang aus Minderung, Anpassung und Resilienz in der Tat missverständlich ist. Ich würde die Minderung und Anpassung auch noch der Resilienz zuordnen. Minderung bzw. Mitigation und Anpassung sind ebenfalls Bezugspunkte von Resilienz. Der Resilienzbegriff umfasst zwar noch mehr, aber beides fällt hierunter. Es ist bedeutsam, dass man über Begriffe diskutiert, zumal diese oft ineinander übergehen.

Damit ist die Brücke geschlagen zur Anmerkung von Herrn Eisenmenger betreffend ein KRITIS-Dachgesetz, das auf einer Richtlinie der EU von 2022 über die Resilienz kritischer Einrichtungen beruht. Dort findet sich jetzt auch eine Definition von „Resilienz". Hierbei handelt es sich mithin inzwischen um einen Rechtsbegriff, wobei die Richtlinie diesen denkbar weit definiert. Für einzelne Aspekte, die der Prävention zuzuordnen sind, würde ich insoweit anmerken, dass es sich hierbei eigentlich nicht um Aspekte der Resilienz handelt. Betrachtet man übergreifende interdisziplinäre Untersuchungen zu Resilienz, ist festzustellen, dass u.a. in der Psychologie, in der Physik oder in den Sozialwissenschaften intensiv über das Begriffsverständnis diskutiert und zwischen Prävention und Resilienz getrennt wird. Deswegen hatte ich auch darauf hingewiesen, dass Prävention einer Logik der Verhinderung folgt, während Resilienz durch eine Logik der Bewältigung geprägt ist.

Erlauben Sie mir vielleicht noch einen allerletzten Punkt. Als Herr Klement anmerkte, eine – von mir befürwortete – verfassungsrechtliche Verankerung der Resilienzverantwortung gehe ihm zu weit, hatte ich mir gerade noch eine große Gemeinsamkeit unserer beiden Referate notiert. Ich bin nämlich auch der Auffassung, dass wir nicht anfangen sollten, die Herausbildung eines eigenständigen „Risikoverwaltungsrechts" zu propagieren und womöglich noch in den Kategorien eines neuen Rechtsgebiets zu denken. Es sollte vielmehr deutlich geworden sein, dass sich Fragen des Krisenmanagements der Verwaltung mit den Figuren lösen lassen, die wir bereits kennen. Vielen Dank!

Frank Schorkopf: Vielen Dank. Damit schließe ich die Aussprache.

Dritter Beratungsgegenstand:

Information als Voraussetzung des Verwaltungshandelns

1. Referat von *Ralf Müller-Terpitz*, Mannheim

Inhalt

		Seite
I.	Thematische Einführung...............................	278
	1. Information als Gelingensvoraussetzung „guter Verwaltung"................................	278
	2. Informationsgenerierung, Informationsdistribution und Informationsverwaltungsrecht...................	280
	a) Informationsgenerierung........................	280
	b) Informationsdistribution	281
	c) Informationsverwaltungsrecht....................	282
II.	Rechtliche Grundlagen und Grenzen der Informationsgenerierung...........................	286
	1. Grundlagen der Informationsgenerierung durch die Verwaltung	286
	a) Nationaler Rechtsrahmen	286
	b) Unionaler Rechtsrahmen........................	290
	2. Grenzen der Informationsgenerierung durch die Verwaltung	292
III.	Ausgewählte Sachbereiche der Informationsgenerierung	295
	1. Informationsgenerierung der Verwaltung unter Einbezug Privater	295
	a) Informatorische Mitwirkungspflichten Privater	295
	b) Informatorische Mitwirkungsmöglichkeiten Privater...	298
	2. Informationsgenerierung der Verwaltung als Grundrechtsschonung	299
	3. Informationsgenerierung der Verwaltung als Grundrechtsgefährdung...........................	305
IV.	Fazit	310

I. Thematische Einführung

1. Information als Gelingensvoraussetzung „guter Verwaltung"

Jüngst berichteten deutsche Medien über Folgendes: „Bei der Grundsteuererklärung müssen Bürger Daten in die Steuersoftware Elster eintippen, die den Behörden längst vorliegen."[1] Gemeint waren Kataster- und Bodenrichtwertdaten, die der Grundstückseigentümer händisch aus einer staatlichen Onlinedatenbank in das behördliche Steuerprogramm Elster übertragen sollte. *Andere Meldung:* „Auch in der Energiekrise tut sich Deutschland schwer, seine Bürger gezielt und unbürokratisch zu unterstützen."[2] Thematisiert wurde die fehlende Möglichkeit, über Finanzämter oder Familienkassen bedürftigen Personen staatliche Transferleistungen wie Corona-, Energie- oder Klimahilfen zukommen zu lassen. Hierzu fehle es an einer vernetzten Erfassung von Einkommensdaten und Bankverbindungen der Bürger. Um aufwändige Antragsverfahren zu vermeiden, werden Steuergelder deshalb nach dem „Gießkannenprinzip" verteilt. Anders in Österreich, wo solche Transfers teils von einer „bürgerlichen Hol-" zu einer „staatlichen Bringschuld" umgewandelt wurden: So überweist die österreichische Regierung ohne Antrag einen regional gestaffelten „Klimabonus" an jede natürliche Person, die ihren Hauptwohnsitz für mindestens sechs Monate in der Alpenrepublik hatte[3] – tu felix Austria! *Oder:* In einem Beitrag beklagte ein Biodiversitätsforscher, dass Naturschutzbehörden keine ausreichenden Informationen über die Biodiversität in Naturschutzgebieten besäßen. Sie könnten deshalb auch keinen adäquaten Diversitätsschutz planen und veranlassten im Gegenteil der biologischen Vielfalt abträgliche Maßnahmen.[4]

Die Aufzählung derartiger Meldungen ließe sich beliebig verlängern.[5] Sie steht exemplarisch für ein in Politik, Medien und Wissenschaft beklag-

---

[1] *Christian Wölbert* Die träge Languste. Was der Grundsteuer-Irrsinn mit verschleppter Digitalisierung zu tun hat, c't 2023, Heft 6, 130.

[2] *Monika Dunkel* Warum sich der Staat schwertut Bedürftigen gezielt zu helfen, Capital v. 17.9.2022.

[3] Näher hierzu <https://www.oesterreich.gv.at/themen/bauen_wohnen_und_umwelt/klimaschutz/klimabonus.html> (Stand 2.11.2023) sowie *Andreas Mihm* Warum Österreich die CO_2-Steuer erstattet, Deutschland aber nicht, FAZ v. 25.7.2023.

[4] WDR 5 Quarks – Wissenschaft und mehr v. 19.7.2023: Artenschutz – schützen wir die Falschen?, abrufbar unter <https://www1.wdr.de/mediathek/audio/wdr5/quarks/wissenschaft-und-mehr/audio-artenschutz---massenstrandungen-von-walen---diagnose-krebs-100.html> (Stand 2.11.2023).

[5] Für weitere ausführliche Beispielsschilderungen zu den Themenkreisen Flüchtlingsverwaltung, Finanzaufsicht und Künstliche Intelligenz s. *Christoph Krönke* Information als Voraussetzung des Verwaltungshandelns, DVBl. 2023, 1044 (1044 f.).

tes Phänomen: Oftmals fehlt es der Verwaltung an einer hinreichenden Informationsbasis für ihr Verwaltungshandeln. Wie die Beispiele zeigen, sind von diesem Informationsdefizit alle Verwaltungsbereiche – die Eingriffs-, die Leistungs- und die Planungsverwaltung – betroffen. Information – hier zu verstehen als aus Daten angereicherte Tatsachen, die für sich genommen oder im Verbund mit weiteren Informationen Wissen generieren[6] – ist indes eine unabdingbare Gelingensvoraussetzung für ein wie auch immer zu definierendes „gutes" Verwaltungshandeln.[7] Um ihrer Aufgabe – dem legalen, rationalen, effizienten, transparenten und integrativen Normvollzug gegenüber Bürgern, Unternehmen oder dem Gemeinwesen[8] –

---

[6] Gemeinhin unterscheidet die Verwaltungsrechtswissenschaft zwischen Datum, Information und Wissen. Dabei wird unter dem Begriff „Datum" ein formales und interpretationsoffenes Zeichen und unter dem Begriff „Information" ein angereichertes Datum verstanden. Der Begriff „Wissen" hinwiederum dient als Umschreibung für eine Verstehensleistung bzw. Erkenntnis; s. hierzu *Indra Spiecker gen. Döhmann* Informationsverwaltung, in: Wolfgang Kahl/Markus Ludwigs (Hrsg.) Handbuch des Verwaltungsrechts, Bd. I, 2021, § 23 Rn. 10 ff. Vorliegend kommt es auf diese feine Differenzierung indes nicht an, weshalb der Begriff „Information" in einem umfassenden, d.h. alle drei Elemente umspannenden Sinne verstanden wird (ähnlich auch *Spiecker gen. Döhmann* ebd., Rn. 16, die mangels rechtlicher Relevanz „von einer pragmatischen Identität von Information und Wissen" ausgeht). Ausführlich zu diesen terminologischen Fragen i.Ü. *Marion Albers* Information als neue Dimension im Recht, Rechtstheorie 33 (2002), 61 (67 ff.); *Ino Augsberg* Informationsverwaltungsrecht, 2013, 29 f.; *Anna-Bettina Kaiser* Die Kommunikation der Verwaltung, 2009, 26 f.; *Michael Kloepfer* Informationsrecht, 2002, § 1 Rn. 52 ff.; *Krönke* Information (Fn. 5), 1044 (1045 Fn. 17); *Jens-Peter Schneider* in: ders./Friedrich Schoch (Hrsg.) Verwaltungsrecht, 3. EL 2022, § 24 Rn. 25 ff.; *Friedrich Schoch* Öffentlich-rechtliche Rahmenbedingungen einer Informationsordnung, VVDStRL 57 (1998), 158 (166 ff.); *Thomas Vesting* Die Bedeutung von Information und Kommunikation für die verwaltungsrechtliche Systembildung, in: Andreas Voßkuhle/Martin Eifert/Christoph Möllers (Hrsg.) Grundlagen des Verwaltungsrechts, Bd. I, 3. Aufl. 2022, § 20 Rn. 6, 14 ff., 18 ff., 26 ff. und 29 ff.; *Thomas Wischmeyer* Informationsbeziehungen in der Verwaltung, in: Andreas Voßkuhle/Martin Eifert/Christoph Möllers (Hrsg.) Grundlagen des Verwaltungsrechts, Bd. I, 3. Aufl. 2022, § 24 Rn. 8.

[7] Ausführlich zum Konzept der „guten Verwaltung", das einen normativen Anknüpfungspunkt in Art. 41 EUGRC findet, die Referate von *Sebastian Unger* und *Bettina Schöndorf-Haubold*. Als „diffus" bezeichnet dieses Konzept *Matthias Ruffert* in: Christian Calliess/Matthias Ruffert (Hrsg.) EUV/AEUV, 6. Aufl. 2022, Art. 41 EU-GRCharta, Rn. 10.

[8] All diese Facetten des Verwaltungshandelns finden einen normativen Niederschlag im Allgemeinen Verwaltungsverfahrens- und Verwaltungsprozessrecht. Vgl. dort nur die §§ 28 (Anhörung), 29 (Akteneinsicht), 39 (Begründung) und 48 (Rücknahme) VwVfG sowie § 68 Abs. 1 S. 1 VwGO mit seinem Prüfungsmaßstab der Recht- und Zweckmäßigkeit. Laut *Ute Mager* Verwaltungshandeln – Schlussbemerkungen, in: Wolfgang Kahl/Ute Mager (Hrsg.) Verwaltungshandeln, 2022, 415 (417) besteht eine Deckungsgleichheit dieser allgemeinen verwaltungsrechtlichen Grundanforderungen und dem (unionsrechtlichen) Begriff der „guten Verwaltung". Ausführlich zu diesen Aufgaben *Wischmeyer* Informationsbeziehungen (Fn. 6), § 24 Rn. 2 ff. Speziell zum Konnex zwischen Information und

nachkommen zu können, bedarf die Verwaltung in all ihren Erscheinungsformen[9] möglichst vollständiger, zutreffender und nutzbarer Informationen.[10] Die permanente Verarbeitung solcher Informationen konstituiert nachgerade das Wesen des Verwaltungshandelns.[11] Von daher kann Verwaltung als „informationsverarbeitendes System"[12] in Gestalt eines interpersonalen „Informations- und Kommunikationsnetzwerks"[13] charakterisiert werden.

2. Informationsgenerierung, Informationsdistribution und Informationsverwaltungsrecht

a) Informationsgenerierung

Die für ihre Aufgabenerledigung benötigten Informationen müssen von der Verwaltung generiert werden. Bei dieser Informationsgenerierung kann es sich um einen weit ausgreifenden, teils aufwändigen und komplexen Prozess handeln. In der Form eines zumeist „iterativen Informationszyklus"[14] hat er das Erheben, Speichern, Verarbeiten, Vernetzen und Übertragen von Informationen zum Gegenstand.[15] Die Generierung

---

Rechtmäßigkeit des Verwaltungshandelns *Spiecker gen. Döhmann* Informationsverwaltung (Fn. 6), § 23 Rn. 3 unter Berufung auf *Brun-Otto Bryde* Die Einheit der Verwaltung als Rechtsproblem, VVDStRL 46 (1988), 181 (202).

[9] Zu diesen *Hartmut Maurer/Christian Waldhoff* Allgemeines Verwaltungsrecht, 20. Aufl. 2020, § 1 Rn. 15 ff.

[10] Der vorliegende Beitrag beschränkt sich dabei – der Themenstellung folgend – bewusst auf Informationen für das Verwaltungshandeln. Nicht behandelt werden deshalb solche Informationen, die für den Gesetzgeber oder die Wissenschaft von Relevanz sind.

[11] Vgl. *Vesting* Information und Kommunikation (Fn. 6), § 20 Rn. 2. S. ferner *Krönke* Information (Fn. 5), 1044 (1044, 1045), der unter Verweis auf *Margit Seckelmann/Marco Brunzel* Das Onlinezugangsgesetz im Kontext einer digital vernetzten Gesellschaft und datengetriebenen Wirtschaft: Zur Einleitung, in: Margit Seckelmann/Marco Brunzel (Hrsg.) Handbuch Onlinezugangsgesetz, 2021, 1 (10), davon ausgeht, dass Verwaltungshandeln nahezu 99% aus Informationsprozessen bestehe. Die in Bezug genommenen Autoren sprechen gar von 100%. Mangels Verifizierbarkeit sind derartige quantitative Schätzungen freilich mit Vorsicht zu rezipieren.

[12] *Vesting* Information und Kommunikation (Fn. 6), § 20 Rn. 2 unter Bezugnahme auf *Albers* Information (Fn. 6), 62.

[13] S. erneut *Vesting* Information und Kommunikation (Fn. 6), § 20 Rn. 3, der von einem „Beziehungs- und Kommunikationsnetzwerk" spricht.

[14] *Spiecker gen. Döhmann* Informationsverwaltung (Fn. 6), § 23 Rn. 19 f., 56, die zu Recht ein rein lineares Verständnis der Informationsgenerierung ablehnt, sondern stattdessen diese als fortwährenden Kreislauf der Informationsgewinnung und -verarbeitung begreift.

[15] Vgl. zu diesen oder ähnlichen Segmentierungen des Prozesses der Informationsgenerierung durch die Verwaltung *Augsberg* Informationsverwaltungsrecht (Fn. 6), 41 ff.;

von Informationen muss dabei sehr heterogene Verwaltungszwecke befriedigen: Sie dient der einzelfallbezogenen Aufgabenerledigung, als Grundlage für Planungsvorhaben[16] bis hin zur Informationsvorsorge für künftiges Verwaltungshandeln.[17]

b) Informationsdistribution

Hiervon abzugrenzen ist die Informationsdistribution.[18] Bei ihr geht es nicht um die Informationssuche und -verarbeitung, sondern um die aktive oder passive Kommunikation[19] von Verwaltungsinformationen nach außen. Staatliche Warnungen[20] oder die Informationsfreiheitsgesetzgebung stehen exemplarisch hierfür.[21] Zwar weisen die Informationsgenerierung und -dis-

---

Krönke Information (Fn. 5), 1044 (1045); *Spiecker gen. Döhmann* Informationsverwaltung (Fn. 6), § 23 Rn. 40 ff.; *Vesting* Information und Kommunikation (Fn. 6), § 20 Rn. 8. Synonym wird dieser Prozess auch als „Informationsgewinnung" oder „Informationssuche" qualifiziert.

[16] Zu denken ist hier vor allem an die Bauleit-, Infrastruktur-, Raum- und Umweltplanung.

[17] Allgemein zur Informationsvorsorge *Rainer Pitschas* Allgemeines Verwaltungsrecht als Teil der öffentlichen Informationsordnung, in: Wolfgang Hoffmann-Riem/Eberhard Schmidt-Aßmann/Gunnar Folke Schuppert (Hrsg.) Reform des Allgemeinen Verwaltungsrechts. Grundfragen, 1993, 219 (283 ff.); *Wischmeyer* Informationsbeziehungen (Fn. 6), § 24 Rn. 4.

[18] Begriff nach *Spiecker gen. Döhmann* Informationsverwaltung (Fn. 6), § 23 Rn. 20, 60 ff. *Augsberg* Informationsverwaltungsrecht (Fn. 6), 195 ff. spricht ohne Unterschied in der Sache von „Wissensdistribution".

[19] S. hierzu *Spiecker gen. Döhmann* Informationsverwaltung (Fn. 6), § 23 Rn. 66.

[20] Grundlegend hierzu BVerfGE 105, 252 ff.; 105, 279 ff.

[21] Vgl. insofern das Informationsfreiheitsgesetz (IFG) des Bundes und die Informationsfreiheitsgesetze der Länder, das Umweltinformationsgesetz (UIG), das Verbraucherinformationsgesetz (VIG) oder die Verordnung (EU) 2022/868 v. 30.5.2022 über europäische Daten-Governance (Daten-Governance-Verordnung), ABl.EU Nr. L 152, 1 ff., welche u.a. die Weiterverwendung bestimmter Kategorien geschützter Daten im Besitz öffentlicher Stellen zum Gegenstand hat, sowie die Richtlinie (EU) 2019/1024 v. 20.6.2019 über offene Daten und die Weiterverwendung von Informationen des öffentlichen Sektors, ABl.EU Nr. L 172, 56 ff., die durch die Daten-Governance-Verordnung unberührt bleibt. Ausführlich zu diesen Themenkreisen neben den bereits zitierten *Elke Gurlit* Konturen eines Informationsverwaltungsrechts, DVBl. 2003, 1119 ff.; *Christoph Gusy* Transparenz der Verwaltung und Informationszugangsfreiheit, in: Andreas Voßkuhle/Martin Eifert/Christoph Möllers (Hrsg.) Grundlagen des Verwaltungsrechts, Bd. I, 3. Aufl. 2022, § 23; *Christian Hillgruber* Staatliches Informationshandeln, insbesondere Warnungen, in: Wolfgang Kahl/Markus Ludwigs (Hrsg.) Handbuch des Verwaltungsrechts, Bd. V, 2023, § 151; *Beatrice Lederer* Open Data, 2015; *Johannes Masing* Transparente Verwaltung: Konturen eines Informationsverwaltungsrechts, VVDStRL 63 (2004), 377 ff.; *Arno Scherzberg* Die Öffentlichkeit der Verwaltung, 2000, 207 ff.; *Friedrich Schoch* Entformalisierung staatlichen Handelns, in: Josef Isensee/Paul Kirchhof (Hrsg.) Handbuch des Staatsrechts, Bd. III, 3. Aufl. 2005, § 37

tribution Berührungspunkte auf, da externes Informationshandeln der Verwaltung dessen interne Vorbereitung bedingt. Die Informationsdistribution ist deshalb nicht selten Teil des erwähnten Informationszyklus.[22] Dennoch liegt dieser Vorgang jenseits des hier zu verhandelnden Themas: Information als *Instrument* und nicht als *Voraussetzung* des Verwaltungshandelns verfolgt andere Ziele[23] und wirft andere Rechtsfragen auf.[24] Die Informationsdistribution bleibt daher nachfolgend ausgeklammert.[25]

c) *Informationsverwaltungsrecht*

Die Charakterisierung der Verwaltung als ein „informationsverarbeitendes System" ist alles andere als neu. Seit jeher war und ist Information eine unabdingbare Voraussetzung des Verwaltungshandelns.[26] Schon im 19. Jahrhundert verlangte das Preußische Berggesetz[27] von einem in

---

Rn. 53 ff.; *Andreas Voßkuhle* Der Wandel von Verwaltungsrecht und Verwaltungsprozessrecht in der Informationsgesellschaft, in: Wolfgang Hoffmann-Riem/Eberhard Schmidt-Aßmann (Hrsg.) Verwaltungsrecht in der Informationsgesellschaft, 2000, 349 (378 ff.).

[22] Gleiches gilt für die Öffentlichkeitsbeteiligung im Planungsrecht, die einerseits der Informationsgenerierung, dazu *Voßkuhle* Wandel (Fn. 21), 349 (373 ff.), und andererseits der Informationsdistribution dient.

[23] Namentlich reichen diese von der Verhaltenssteuerung, der Kompensation von Vollzugs- oder Kontrolldefiziten bis hin zur Transparenz und Akzeptanz des Verwaltungshandelns.

[24] I.E. wie hier *Krönke* Information (Fn. 5), 1044 (1046 Fn. 21). Vor diesem Hintergrund wird vorliegend auch bewusst von der Informations*generierung* und nicht von der Informations*verarbeitung* gesprochen. Letzterer, an das Datenschutzrecht (vgl. Art. 4 Nr. 2 DSGVO) angelehnter Begriff umfasst in Gestalt der Datenverwendung, -offenlegung und -verbreitung auch die Kommunikation von Informationen an den Bürger, also die Informationsdistribution.

[25] Diese Fokussierung auf die Thematik „Informationsgenerierung" rechtfertigt sich auch aus dem Umstand heraus, dass dieser nicht selten eine stiefmütterlich-rudimentäre Behandlung in der Gesetzgebung und Verwaltungsrechtswissenschaft attestiert wird. Vgl. insofern *Spiecker gen. Döhmann* Informationsverwaltung (Fn. 6), § 23 Rn. 3: „Information in, von und zu der Verwaltung ist eine [...] in der Verwaltungsrechtswissenschaft unterschätzte Aufgabe des Verwaltungshandelns.", ebd. Rn. 7: „Noch weniger finden sich Vorgaben zur staatlichen Informationsgewinnung und -verwertung."; *Wolfgang Hoffmann-Riem* Reform des allgemeinen Verwaltungsrechts als Aufgabe, AöR 115 (1990), 400 (406): „Andere [...] wichtige Fragen – so die der Informationsbeschaffung – werden allenfalls rudimentär behandelt."; *Wischmeyer* Informationsbeziehungen (Fn. 6), § 24 Rn. 17, 50 für die „inneradministrativen Informationsbeziehungen".

[26] In diesem Sinne bereits *Spiecker gen. Döhmann* Informationsverwaltung (Fn. 6), § 23 Rn. 3; *Vesting* Information und Kommunikation (Fn. 6), § 20 Rn. 1.

[27] Allgemeines Berggesetz für die Preußischen Staaten v. 24.6.1865, Gesetzessammlung für die Königlichen Preußischen Staaten, Nr. 30, ausgegeben zu Berlin den 19.7.1865, 705; s. dort die §§ 12 bis 14.

Bochum wohnhaften „Muther", sein „Gesuch um Verleihung des Bergwerkseigenthums in einem gewissen Felde" – die sog. „Muthung" – beim Oberbergamt mit den hierfür gesetzlich vorgegebenen Informationen (Name, Wohnort, zu schürfendes Mineral, Fundpunkt etc.) anzubringen.[28] Dennoch erfreuen sich die damit zusammenhängenden Rechtsfragen, die häufig unter dem Topos des Informationsverwaltungsrechts[29] verhandelt werden, erst seit etwas mehr als drei Jahrzehnten einer intensiveren rechtswissenschaftlichen Durchdringung. Es ist kein Zufall, dass dieses gestiegene Interesse parallel zum Siegeszug der digitalen Informations- und Kommunikationstechniken mit ihrem dynamisch wachsenden Potenzial zur Informationsspeicherung, -vernetzung und -auswertung verlief.[30] Ein Ende dieses Prozesses ist nicht in Sicht; „Big Data" und „Künstliche Intelligenz" mögen an dieser Stelle als Schlagworte genügen.

In Anlehnung an die schon Anfang der 1990er Jahre vorgeschlagene Definition von *Rainer Pitschas* wird unter dem Begriff des Informationsverwaltungsrechts „die Gesamtheit jener öffentlich-rechtlichen Normen (verstanden), die sich auf den staatlichen Umgang mit Informationen und Kommunikationshandeln beziehen und die das Informationsverhalten der Behörden untereinander sowie gegenüber dem Bürger regeln".[31] Dieser eingrenzenden Umschreibung gebührt zunächst das Verdienst, die zentrale Bedeutung von Information als Voraussetzung des Verwaltungshan-

---

[28] *Vesting* Information und Kommunikation (Fn. 6), § 20 Rn. 1 führt insoweit als Beispiel das Gespräch der Verwaltung mit dem Dampfkesselbetreiber zwecks Genehmigung der Inbetriebnahme eines Dampfkessels an und betont ebd. Rn. 2, dass schon „das liberale Verwaltungsrecht des späten 19. Jahrhunderts den informationellen Charakter der Verwaltung – zumindest implizit – anerkannt" habe.

[29] *Kloepfer* Informationsrecht (Fn. 6) sprich gleichbedeutend vom Informationsrecht.

[30] In diesem Sinne bereits *Indra Spiecker gen. Döhmann* in: Wolfgang Kahl/Markus Ludwigs (Hrsg.) Handbuch des Verwaltungsrechts, Bd. III, 2022, § 71 Rn. 6 u. 25, der zufolge die Informationsbasis der Verwaltung durch die Digitalisierung eine andere sei. I.Ü. bilden die digitalen Informations- und Kommunikationstechniken zugleich das Fundament, auf dem die post-industrielle Wissensgesellschaft ruht. Ausführlich dazu *Pitschas* Allgemeines Verwaltungsrecht (Fn. 17), 219 (232 ff.); *Kaiser* Kommunikation (Fn. 6), 245 f.; *Vesting* Information und Kommunikation (Fn. 6), § 20 Rn. 37 ff.; *Voßkuhle* Wandel (Fn. 21), 349 ff. Kritisch zu dem aus seiner Sicht unscharfen Begriff der Wissens- bzw. Informationsgesellschaft *Hans-Heinrich Trute* Öffentlich-rechtliche Rahmenbedingungen einer Informationsordnung, VVDStRL 57 (1998), 216 (218).

[31] *Pitschas* Allgemeines Verwaltungsrecht (Fn. 17), 219 (242), der insoweit vom „Informations-(verwaltungs-)recht" spricht. An diese Definition anknüpfend *Augsberg* Informationsverwaltungsrecht (Fn. 6), 3; *Kaiser* Kommunikation (Fn. 6), 252, 256; *Voßkuhle* Wandel (Fn. 21), 349 (356); *Wischmeyer* Informationsbeziehungen (Fn. 6), § 24 Rn. 51, der die Definition gar als „kanonisch" bezeichnet.

delns ins rechtswissenschaftliche Blickfeld gerückt zu haben.[32] Über diese deskriptive und thematisierende Funktion hinaus wird allerdings auch die „Notwendigkeit der systematischen Ausbildung einer eigenständigen öffentlichen Informationsordnung"[33] bzw. eines „ganzheitlich konzipierten und kodifizierten Informationsverwaltungsrechts"[34] nach dem Vorbild des ReNEUAL-Musterentwurfs[35] betont.

Es erscheint indes fraglich, ob mit derartigen Kodifikationsbestrebungen ein juristischer Mehrwert geschaffen würde. Zum einen hat die Informationsdistribution als eine wesentliche Säule des Informationsverwaltungsrechts in Gestalt der Informationsfreiheitsgesetzgebung bereits kodifikatorischen Ausdruck erfahren.[36] Der Fokus müsste deshalb auf einer Teilkodifikation der Informationsgenerierung liegen.[37] Zwar ließen sich auch für diesen Bereich abstrakte und systembildende Regeln oder Prinzipien formulieren.[38] Hierzu zählten etwa Anforderungen an die Richtigkeit,

---

[32] In diese Richtung vor allem *Vesting* Information und Kommunikation (Fn. 6), § 20 Rn. 1, 5, 6, 11 u. 50. S. ferner *Kaiser* Kommunikation (Fn. 6), 258. Für *Hans-Peter Bull* Die Grundprobleme des Informationsrechts, 1985, 28 kennzeichnet der Begriff einen rechtswissenschaftlichen Diskurs, der „durch die Zusammenfassung [...] bisher getrennt behandelter Fragenkomplexe, die alle mit [...] Informationen [...] zu tun haben, [...] als heuristisches Prinzip und als Vehikel der Verbreitung neuer Einsichten" zu dienen bestimmt ist und insoweit auch als erfolgreich bezeichnet werden kann. S. ferner *Augsberg* Informationsverwaltungsrecht (Fn. 6), 7, der im Informationsverwaltungsrecht die verwaltungsrechtliche Reaktion auf den Übergang zur Informations- und Wissensgesellschaft sieht.

[33] *Voßkuhle* Wandel (Fn. 21), 349 (356). S. ferner *Vesting* Information und Kommunikation (Fn. 6), § 20 Rn. 1, 48 ff.

[34] *Krönke* Information (Fn. 5), 1044 (1051).

[35] *Jens-Peter Schneider/Herwig C. H. Hofmann/Jaques Ziller* (Hrsg.) ReNEUAL – Musterentwurf für ein EU-Verwaltungsverfahrensrecht, 2015, 165 ff.: VI. Buch – Behördliches Informationsmanagement.

[36] S. hierzu *Augsberg* Informationsverwaltungsrecht (Fn. 6), 2 Fn. 4; *Kaiser* Kommunikation (Fn. 6), 262, je mit Hinweisen auf den sog. Professorenentwurf für ein deutsches Informationsgesetzbuch.

[37] Zu diesen unterschiedlichen Ausprägungen des Begriffs „Informationsverwaltungsrecht" s. erneut *Spiecker gen. Döhmann* Informationsverwaltung (Fn. 6), § 23 Rn. 4, die ebenfalls zwischen einer internen und externen Informationstätigkeit des Staates unterscheidet. Ähnlich, wenn auch ausdifferenzierter *Augsberg* Informationsverwaltungsrecht (Fn. 6), 195 ff. *Voßkuhle* Wandel (Fn. 21), 349 (356 ff.) hingegen subsumiert unter diesen Begriff gar vier Regelungssektoren, namentlich das Verwaltungskommunikationsrecht, das informationelle Verwaltungsorganisationsrecht, die Regulierung des privaten Informationssektors sowie das Datenverkehrsrecht. Zur uneinheitlichen Verwendung des Begriffs „Informationsverwaltungsrecht" *Kaiser* Kommunikation (Fn. 6), 259.

[38] Hierbei handelte es sich um eine Grundbedingung kodifikatorischen Handelns. Erst unlängst zur Aufgabe und Methodik von Kodifikationen *Michael W. Müller* Zeit in Gesetzen erfasst – G. W. F. Hegels Theorie der Kodifikation, 2022, 71 ff.

Aktualität und Rechtmäßigkeit von Informationen sowie an die Transparenz von Informationsprozessen.[39] Derartige Vorgaben für ein informationelles Handeln der Verwaltung finden sich jedoch bereits in anderen Kodifikationen, allen voran dem Verwaltungsverfahrensgesetz und der Datenschutz-Grundverordnung, oder ergeben sich sonst aus dem nationalen wie europäischen (Fach-)Recht.[40] Hinzu kommt die Heterogenität des Informationshandelns, das sich je nach Gegenstand, Zielsetzung und anwendbarem Recht erheblich unterscheidet. Dies erhellt zugleich, warum der als Regelungsvorbild empfohlene Musterentwurf für ein EU-Verwaltungsrecht nicht ohne Verweise auf externe, das Informationshandeln legitimierende und konkretisierende „Basisrechtsakte"[41] auskommt. Der Topos des Informationsverwaltungsrechts sollte deshalb nicht als Kodifikationsauftrag, sondern als Token für Normen und Prinzipien im Umgang mit Informationen verstanden werden.[42]

---

[39] Vgl. dazu beispielhaft die Regeln VI-9 u. VI-10 des in Fn. 35 erwähnten ReNEUAL-Musterentwurfs.

[40] Auch der in Fn. 35 erwähnte ReNEUAL-Musterentwurf muss deshalb Normen, die bereits in anderen Rechtsakten wie insbes. dem Datenschutzrecht niedergelegt sind, in seine Systembildung inkorporieren; vgl. insoweit ebd. die Regeln VI-25 ff.

[41] Vgl. insoweit etwa die Regeln VI-3, VI-4, VI-7, VI-11, VI-12 u.ö. des in Fn. 35 erwähnten ReNEUAL-Musterentwurfs.

[42] In diesem Sinne auch *Masing* Informationsverwaltungsrecht (Fn. 21), 377 (432). Kritisch gegenüber einem kodifikatorischen „Verwaltungsinformationsgesetz" wie hier zudem *Wischmeyer* Informationsbeziehungen (Fn. 6), § 24 Rn. 52 f. u. 53, dem zufolge eine solche Kodifikation allenfalls einige verallgemeinerbare Regelungsstrukturen und Grundprinzipien fixieren könnte, die indes einer sektorspezifischen Konkretisierung bedürften. Kritisch bis ablehnend zu der schon seit längerem streitig diskutierten Frage nach einer Kodifikation des Informationsverwaltungsrechts ferner *Marion Albers* Die Komplexität verfassungsrechtlicher Vorgaben für das Wissen der Verwaltung, in: Indra Spiecker gen. Döhmann/Peter Collin (Hrsg.) Generierung und Transfer staatlichen Wissens im System des Verwaltungsrechts, 2008, 50 (68); *Augsberg* Informationsverwaltungsrecht (Fn. 6), 1 f.; *Spiecker gen. Döhmann* Informationsverwaltung (Fn. 6), § 23 Rn. 4 u. 6, die insoweit den „Querschnittscharakter" des Informationsverwaltungsrechts betont; *Masing* Informationsverwaltungsrecht (Fn. 21), 377 (432 f.) sowie *Trute* Informationsordnung (Fn. 30), 216 (219), dem zufolge ein Allgemeines Informationsrecht „notwendig abstrakt geraten" müsste, da Information und Kommunikation „zu sehr Grundelemente eines jeden sozialen Handlungsfeldes" seien. Auch *Vesting* Information und Kommunikation (Fn. 6), § 20 Rn. 7 u. 13 konzediert, dass sich eindeutige Konturen eines Informationsverwaltungsrechts bislang nicht herausgebildet hätten, sondern dieses vielmehr in die herkömmliche verwaltungsrechtliche Ordnung einzupflegen sei. Unentschieden demgegenüber *Kaiser* Kommunikation (Fn. 6), 261 f.

II. Rechtliche Grundlagen und Grenzen der Informationsgenerierung

1. Grundlagen der Informationsgenerierung durch die Verwaltung

Die rechtlichen Grundlagen der Informationsgenerierung sind vielfältig und erlauben deshalb nur den Blick durch das Weitwinkelobjektiv.

a) Nationaler Rechtsrahmen

Eine Pflicht der Verwaltung, die für ihre Aufgabenerledigung benötigten Informationen zu generieren, wird primär aus dem Rechtsstaatsprinzip deduziert.[43] Der aus ihm fließende Vorrang des Gesetzes verlangt nach einem rechtmäßigen und deshalb informierten Handeln der Verwaltung.[44] Dort, wo informatorische Unsicherheit besteht, ist diese so weit wie möglich auszuräumen.[45] Auch sind diese Anforderungen im Lichte des tatsächlich Möglichen zu interpretieren: Können Informationen von der Verwaltung digital generiert werden, ist dieser besonders effiziente Modus im Regelfall zu nutzen. Für ihn streitet die schnelle Verfügbarkeit, Vernetzbarkeit sowie höhere Sachrichtigkeit digitaler Informationen.[46] Einfachgesetz-

---

[43] Art. 20 Abs. 1 bis 3, Art. 28 Abs. 1 S. 1 GG.

[44] Vgl. *Augsberg* Informationsverwaltungsrecht (Fn. 6), 41 ff.; *Bryde* Einheit der Verwaltung (Fn. 8), 181 (202); *Spiecker gen. Döhmann* Informationsverwaltung (Fn. 30), § 71 Rn. 25; *Vesting* Information und Kommunikation (Fn. 6), § 20 Rn. 4; *Wischmeyer* Informationsbeziehungen (Fn. 6), § 24 Rn. 2, 59. S. ferner *Wischmeyer* ebd. § 24 Rn. 2 u. 45, der unter Bezug auf *Rainer Wahl* Verwaltungsverfahren zwischen Verwaltungseffizienz und Rechtsschutzauftrag, VVDStRL 41 (1983), 153 ff., die Rechtmäßigkeit des Verwaltungshandelns treffend als einen „Verwirklichungsmodus" des materiellen Verwaltungsrechts kennzeichnet und der internen Verwaltungskommunikation deshalb ein „dienendes Verhältnis" mit Blick auf das materielle Recht attestiert. Information ist zudem eine Grundbedingung für die Wahrnehmung von Aufsichts- und Kontrollrechten, was nicht nur ein Desiderat des Rechtsstaats-, sondern auch des Demokratieprinzips verwirklicht; vgl. *Wischmeyer* ebd., § 24 Rn. 60.

[45] Zum Umgang mit verbleibender Ungewissheit im Verwaltungshandeln *Augsberg* Informationsverwaltungsrecht (Fn. 6), 237 ff.; *Michael Goldhammer* Die Prognoseentscheidung im Öffentlichen Recht, 2021, 139 ff.; *Hermann Hill/Utz Schliesky* (Hrsg.) Management von Unsicherheit und Nichtwissen, 2016; *Andreas Voßkuhle* Die Zumutungen der Prognose, in: Bernd Kortmann/Günther G. Schulze (Hrsg.) Jenseits von Corona, 2020, 205 ff.

[46] In diese Richtung wohl auch *Martin Eifert* Electronic Government, 2006, 41 ff., der aus dem Rechtsstaatsprinzip das Gebot eines effektiven Zugangs der Bürger zur Verwaltung deduziert. Dies soll eine Möglichkeit zur digitalen Informationsübermittlung miteinschließen. Der sog. „Digital Divide" dürfte demgegenüber heute kaum noch eine Rolle spielen. S. ferner *Kai v. Lewinski/Marvin Gülker* Europa-, verfassungs- und datenschutz-

lich wird diese rechtsstaatliche Pflicht zu informationsbasiertem Handeln durch Normen des allgemeinen Verwaltungsverfahrensrechts konkretisiert: Nach dem Untersuchungsgrundsatz aus § 24 VwVfG hat die Verwaltung den Sachverhalt von Amts wegen zu ermitteln, wobei sie Art und Umfang dieser Ermittlungen steuert.[47] Gemäß § 26 VwVfG kann sich die Verwaltung hierzu der üblichen Beweismittel unter Einschluss verwaltungsexterner Expertise[48] bedienen; auch besteht eine Mitwirkungsobliegenheit der Beteiligten.[49] Freilich ermächtigen diese Regelungen nicht zur Informationsgenerierung durch Eingriff.[50] Schließlich hat die Verwaltung bei belastenden Maßnahmen den Betroffenen vorab anzuhören.[51]

Neben dieser Herleitung aus dem Rechtsstaatsprinzip statuiert die Verfassung konkrete Normen, die als Grundlage für eine Informationsgenerierung der Verwaltung fungieren: So verpflichtet das Grundgesetz in Art. 35 Abs. 1 Bund und Länder zur Amtshilfe, welche zuvörderst als eine solche informatorischer Natur zu begreifen ist.[52] Die Reichweite dieser nur sub-

---

rechtliche Grundfragen des Registermodernisierungsgesetzes (RegMoG), DVBl 2021, 633 (635 f.), die das Effizienzgebot zudem auf Art. 114 Abs. 2 S. 1 GG (Gebot der Wirtschaftlichkeit der Haushaltsführung des Bundes) und Art. 108 Abs. 4 S. 1 GG (Verbesserung des Vollzugs der Steuergesetze) stützen.

[47] Dabei hat sie alle für den Einzelfall bedeutsamen Umstände zu berücksichtigen, darf grundsätzlich die Entgegennahme von Erklärungen und Anträgen nicht verweigern und muss beim Einsatz automatischer Verfahren außergewöhnliche tatsächliche Angaben des Beteiligten berücksichtigen. Zu Letzterem ausführlich *Matthias Heßhaus* in: Johann Bader/ Michael Ronellenfitsch (Hrsg.) BeckOK, VwVfG, 60. Ed. Stand: 1.7.2023, § 24 Rn. 13a ff.; *Utz Schliesky* Digitalisierung des Verwaltungsverfahrens, in: Wolfgang Kahl/ Markus Ludwigs (Hrsg.) Handbuch des Verwaltungsrechts, Bd. IV, 2022, § 113 Rn. 49, der aus rechtsstaatlichen Gründen zudem für eine Extension der Norm auf teilautomatisierte Verfahren plädiert; *Schneider* Verwaltungsrecht (Fn. 6), § 24 Rn. 133 f.; *Alexander Tischbirek* in: Wolfgang Kahl/Markus Ludwigs (Hrsg.) Handbuch des Verwaltungsrechts, Bd. V, 2023, § 126 Rn. 35 ff., 44 ff.

[48] Wozu insbes. der Sachverständige zählt. Ausführlich zu diesem *Augsberg* Informationsverwaltungsrecht (Fn. 6), 115 ff., 153 ff.; *Karl-Heinz Ladeur* Die Kommunikationsinfrastruktur der Verwaltung, in: Andreas Voßkuhle/Martin Eifert/Christoph Möllers (Hrsg.), Grundlagen des Verwaltungsrechts, Bd. I, 3. Aufl. 2022, § 21 Rn. 45 ff.

[49] Zu Letzterer *Schneider* in: Schneider/Schoch (Fn. 6), § 26 Rn. 32, der synonym von einer Mitwirkungslast spricht. S. ferner *Augsberg* Informationsverwaltungsrecht (Fn. 6), 145; *Krönke* Information (Fn. 5), 1044 (1046); *Voßkuhle* Wandel (Fn. 21), 349 (370).

[50] *Augsberg* Informationsverwaltungsrecht (Fn. 6), 145; *Heßhaus* in: BeckOK VwVfG (Fn. 47), § 24 Rn. 31; *Spiecker gen. Döhmann* Informationsverwaltung (Fn. 6), § 23 Rn. 57.

[51] § 28 VwVfG. Zum informationsgenerierenden Charakter dieser Anhörungspflicht *Augsberg* Informationsverwaltungsrecht (Fn. 6), 143 m.w.N., der richtigerweise den Bezug zum Rechtsstaatsprinzip und zur Menschenwürde herausstellt.

[52] *Wischmeyer* Informationsbeziehungen (Fn. 6), § 24 Rn. 55 m.w.N. Diese „Informationshilfe" (Begriff nach *Erich Schickedanz* Gesetzlichkeitsaufsicht durch Informationshilfe,

sidiär wirkenden Amtshilfeverpflichtung im Bundesstaat ist allerdings unklar.[53] Auch ist ihre Bedeutung für eine hochgradig arbeitsteilige Verwaltung mit permanentem und reziprokem Informationsbedarf begrenzt, da sie sich grundsätzlich auf Amtshilfeersuchen im Einzelfall beschränkt und zudem durch speziellere Gesetzgebung – insbesondere zum Datenschutzrecht – überlagert wird.[54] Gleiches gilt für die einfachrechtliche Konkretisierung des Art. 35 Abs. 1 GG durch §§ 4 ff. VwVfG.[55] Dennoch lässt dieses Gebot zu informationeller Amtshilfe erkennen, dass ein interner Informationsaustausch zwischen Behörden nicht nur möglich, sondern verfassungsrechtlich erwünscht ist.[56]

Vorliegend von Relevanz ist ferner der 2009 ins Grundgesetz eingefügte Art. 91c. Die Norm ermöglicht ein Zusammenwirken von Bund und Ländern bei der Planung, Errichtung und dem Betrieb informationstechnischer Systeme. Zudem hat der verfassungsändernde Gesetzgeber 2017 den Bund in Art. 91c Abs. 5 GG dazu ermächtigt, die digitalen Verwaltungsportale von Bund, Ländern und Kommunen miteinander zu vernetzen. Über diesen Portalverbund soll der Bürger einen ebenenübergreifenden Zugriff auf bis zu 600 digitale Verwaltungsleistungen erhalten.[57] Die hierfür eingeräumte Gesetzgebungskompetenz wurde durch das Onlinezugangsgesetz des Bun-

---

1978) berechtigt Verwaltungsinstanzen zum Einfordern von Auskünften, Überstellen von Akten und Dokumenten, zu gutachterlichen Stellungnahmen sowie zu Hinweisen und Ratschlägen.

[53] Näher hierzu m.w.N. *Wischmeyer* Informationsbeziehungen (Fn. 6), § 24 Rn. 56: So ist insbes. streitig, ob Art. 35 Abs. 1 GG über das föderale Bund-Länder-Verhältnis hinaus für „alle Behörden" gilt. Auch ist umstritten, ob die Amtshilfepflicht jenseits von Verwaltungsverfahren i.S.d. § 9 VwVfG für das interne, planende oder rechtsetzende Verwaltungshandeln greift und für einen regelmäßigen Informationsaustausch zwischen den Behörden fruchtbar gemacht werden kann.

[54] So zu Recht *Wischmeyer* Informationsbeziehungen (Fn. 6), § 24 Rn. 56.

[55] *Wischmeyer* Informationsbeziehungen (Fn. 6), § 24 Rn. 56 Fn. 163.

[56] So schon *Wischmeyer* Informationsbeziehungen (Fn. 6), § 24 Rn. 57, der Art. 35 Abs. 1 GG deshalb als Ausdruck einer Grundkonzeption begreift, die normstrukturell eine Informationspflicht zur Angleichung der Informationsbestände zweier Organisationseinheiten ermöglicht und dadurch die Ausgestaltung der inneradministrativen Informationsbeziehungen durchgängig prägt.

[57] Näher zum Vorstehenden *Mario Martini* Digitalisierung der Verwaltung, in: Wolfgang Kahl/Markus Ludwigs (Hrsg.) Handbuch des Verwaltungsrechts, Bd. I, 2021, § 28 Rn. 23, der diese Verfassungsergänzung als „Paukenschlag" bezeichnet und anschaulich von einer „einzige(n) porta digitalis" für *einen* „virtuellen Zugangsflur" spricht. Durch diesen Portalverbund werden bestehende Zuständigkeiten und Portale allerdings nicht aufgelöst, sondern lediglich digital zusammengeschaltet (*Martini* ebd., Rn. 25). Details zu Art. 91c GG ferner bei *Annette Guckelberger* Digitalisierung und Föderalismus – auf dem Weg zur digitalen Verwaltung in Deutschland, VerwArch 111 (2020), 133 (138 ff.); *Schliesky* Digitalisierung (Fn. 47), § 113 Rn. 27.

des (OZG) ausgefüllt.[58] Die von der Kompetenznorm verwendete Formulierung „wird (...) geregelt" deutet dabei nicht nur auf eine Regelungsbefugnis, sondern auf einen verpflichtenden Regelungsauftrag zur Schaffung von Portalstrukturen hin.[59] Nach zutreffender, wenn auch umstrittener Ansicht umfasst dieser Auftrag nicht nur die Pflicht zur Verknüpfung des bereits Existenten, sondern auch die Pflicht zur Einrichtung neuer digitaler Dienstleistungen über alle föderalen Verwaltungsebenen hinweg.[60] Die Kommunikationsbeziehung zwischen Verwaltung und Bürgern wird folglich mehr und mehr eine digitale; entsprechend können die bereits beschriebenen Eigenschaften einer digitalen Informationsgenerierung – schnelle Verfügbarkeit, Verknüpfbarkeit und höhere Sachrichtigkeit der Informationen – zunehmend ihre Vorteile ausspielen.

---

[58] BGBl. 2017 I 3122, 3138, zuletzt geändert durch Art. 16 des Gesetzes v. 28.6.2021, BGBl. I 2250. Ausführlich dazu *Annette Guckelberger/Gina Sarosta* Die Fortentwicklung des Onlinezugangsgesetzes, NVwZ 2021, 1161 ff. Bis zum 31.12.2022, dem ursprünglichen Stichtag für die Umsetzung elektronischer Verwaltungsportale und deren Verknüpfung zu einem übergreifenden Portalverbund (vgl. § 1 OZG), konnte dieses Ziel nur für einen Bruchteil der Verwaltungsleistungen von Bund, Ländern und Kommunen realisiert werden. In ihrem Gesetzentwurf v. 24.5.2023 hat die Bundesregierung deshalb den Wegfall dieses Stichtags beschlossen; vgl. BR-Drs. 226/23, 7 u. 25.

[59] So schon *Mario Martini/Cornelius Wiesner* Art. 91c Abs. 5 GG und das neue Zugangsregime zur digitalen Verwaltung – Quantensprung oder zu kurz gesprungen?, ZG 2017, 193 (197). A.A. *Julius Buckler* Infrastrukturen der Digitalisierung, 2023, 303, dem zufolge Art. 91c Abs. 5 GG zwar ein Regelungsauftrag zu entnehmen sei, der aber keine ausdrückliche und unmittelbare Pflicht zur Verwaltungsdigitalisierung beinhalte.

[60] Vgl. insoweit die Gesetzesbegründung in BT-Drs. 18/11131, 16 („Die Gesetzgebungsbefugnis umfasst die Errichtung dieses Portalverbunds und die *grundsätzliche Pflicht zur auch elektronischen Bereitstellung* von Verwaltungsleistungen des Bundes und der Länder über ihre jeweiligen Verwaltungsportale und deren Verknüpfung zu dem deutschlandweiten Portalverbund." – Hervorhebung nur hier) sowie *Buckler* Infrastrukturen (Fn. 59), 318 ff.; *Christoph Gröpl* in: Günter Dürig/Roman Herzog/Rupert (Hrsg.) Scholz GG VI, 2023, Art. 91c Rn. 59 (2018); *Martin Kment* in: Hans D. Jarass/ Bodo Pieroth (Hrsg.) GG, 17. Aufl. 2022, Art. 91c Rn. 6; *Thorsten Siegel* Der Europäische Portalverbund – Frischer Digitalisierungswind durch das einheitliche digitale Zugangstor („Single Digital Gateway"), DÖV 2018, 185 (187); *Thomas Wischmeyer* in: von Hermann v. Mangoldt/Friedrich Klein/Christian Starck (Hrsg.) GG III, 7. Aufl. 2018, Art. 91c Rn. 34. Von einer auf den Bund beschränkten Digitalisierungspflicht gehen hingegen aus *Mario Martini* in: Ingo v. Münch/Philip Kunig (Hrsg.) GG III, 7. Aufl. 2021, Art. 91c Rn. 58; *Martini/Wiesner* Quantensprung (Fn. 59), 199 ff.; *Kay Ruge* in: Bruno Schmidt-Bleibtreu/Hans Hofmann/Hans-Günter Henneke (Hrsg.) GG, 15. Aufl. 2022, Art. 91c Rn. 48; *Utz Schliesky/Christian Hoffmann* Die Digitalisierung des Föderalismus, DÖV 2018, 193 (195). Ausführlich zum Ganzen auch *Deutscher Bundestag, Wissenschaftliche Dienste* Rechtsanspruch auf digitale Verwaltungshandlungen, WD 3 – 3000 – 054/23, 8 ff. Eine explizite verfassungsrechtliche Pflicht zum Angebot digitaler Basisdienste statuiert Art. 14 der schleswig-holsteinischen Landesverfassung, GVOBl. Sch.-H. 2014, 344.

Die Pflicht zur Generierung hinreichender und sachrichtiger Informationen als Voraussetzung für „gutes" Verwaltungshandeln resultiert allerdings nicht nur aus den soeben skizzierten Grundlagen, allen voran dem Rechtsstaatsprinzip. Sie lässt sich auch aus anderen, bislang wenig beachteten Normen des objektiven und subjektiven Verfassungsrechts deduzieren: So verlangt das Sozialstaatsprinzip nach Strukturen, die Anspruchsberechtigten einen einfachen Zugang zu staatlichen Transferleistungen eröffnen.[61] Der jüngst politisch diskutierte Systemwechsel von einer bürgerlichen Hol- zu einer staatlichen Bringschuld illuminiert diese sozialstaatliche Facette des informationellen Verwaltungshandelns.[62] Die Pflicht zur Informationsgenerierung weist zudem starke Berührungspunkte zu den Grundrechten auf: So verpflichten die Gleichheitsrechte zu einem nicht-diskriminierenden Gesetzesvollzug, was eine akkurate Informationsbasis voraussetzt.[63] Und auch die Schutzpflichtendimension der Freiheitsrechte verlangt nach einer entsprechend informierten Verwaltung.

b) Unionaler Rechtsrahmen

Aufgrund der strukturellen Vergleichbarkeit von Union und Mitgliedstaaten gestaltet sich die Rechtslage auf EU-Ebene ähnlich. Zur Erfüllung des in Art. 2 EUV niedergelegten Rechtsstaatsprinzips muss auch die Union der Notwendigkeit einer „guten" und deshalb informierten Verwaltung Rechnung tragen. Mit Art. 41 EUGRC hat sie diesen Gedanken sogar zu einem Grundrecht auf gutes Verwaltungshandeln verdichtet,[64] das u.a. die für die Sachverhaltsaufklärung wichtige Anhörung explizit verbürgt.[65] Daneben lässt sich auch für den unionalen Rechtsrahmen eine Pflicht zur Informationsbeschaffung und -vorsorge aus den „positive obligations" der Grundrechte herleiten.[66]

---

[61] In diese Richtung bereits *v. Lewinski/Gülker* Grundfragen (Fn. 46), 633 (636, 639). S. ferner *Schneider* in: Schneider/Schoch (Fn. 6), § 24 Rn. 9.

[62] Besonders präsent war dieser Aspekt in der Debatte um die Einführung der sog. Kindergrundsicherung.

[63] Auf diese gleichheitsrechtliche Facette ebenfalls Bezug nehmend *v. Lewinski/Gülker* Grundfragen (Fn. 46), 633 (639); *Schneider* in: Schneider/Schoch (Fn. 6), § 24 Rn. 9.

[64] Freilich ist dieses Grundrecht auf die Organe und Einrichtungen der Union beschränkt; s. hierzu *Katharina Pabel* Unionsrechtliche Einwirkungen auf das Verwaltungsverfahren, in: Wolfgang Kahl/Markus Ludwigs (Hrsg.) Handbuch des Verwaltungsrechts, Bd. IV, 2022, § 15 Rn. 12 m.w.N.

[65] Art. 41 Abs. 2 Buchst. a EUGRC. Näher hierzu *Pabel* Unionsrechtliche Einwirkungen (Fn. 64), § 115 Rn. 29.

[66] Zu der auch für unionale Grundrechte bejahten Schutzpflichtendimension s. BVerfGE 152, 216 (253 f. Rn. 96); *Hans D. Jarass* Charta der Grundrechte der Europäischen Union, 4. Aufl. 2021, Art. 51 Rn. 6 f.; *Ralf Müller-Terpitz* Der Schutz des pränatalen Lebens, 2007, 463.

Mehr noch als die nationale Verwaltung ist die unionale „zuallererst Informationsverwaltung".[67] Dies resultiert aus dem Umstand, dass Unionsrecht im Schwerpunkt durch Behörden der Mitgliedstaaten vollzogen wird.[68] Zur Wahrung der Einheitlichkeit und Effektivität dieses Vollzugs sind Kommission und Mitgliedstaaten auf Informationen angewiesen, was zur Ausbildung komplexer vertikaler und horizontaler „Verwaltungsinformationsverbünde" geführt hat.[69] Die hierzu im sekundären Fachrecht[70] enthaltenen Regelungen sehen nicht nur wechselseitige Informations- und Amtshilfepflichten vor,[71] sondern ordnen auch die Nutzung spezieller digitaler Informationsaustauschsysteme an.[72] Zudem findet auf europäischer

---

[67] *Eberhard Schmidt-Aßmann* Europäische Verwaltung zwischen Kooperation und Hierarchie, in: Hans-Joachim Cremer/Thomas Giegerich/Dagmar Richter/Andreas Zimmermann (Hrsg.) Tradition und Weltoffenheit des Rechts – FS Helmut Steinberger, 2002 1375 (1391) (dort auch das Zitat).

[68] *Pabel* Unionsrechtliche Einwirkungen (Fn. 64), § 115 Rn. 2; *Eberhard Schmidt-Aßmann* Das allgemeine Verwaltungsrecht als Ordnungsidee, 2. Aufl. 2006, Kap. 7 Rn. 8.

[69] Ausführlich dazu *Armin v. Bogdandy/Laura Hering* Die Informationsbeziehungen im europäischen Verwaltungsverbund, in: Andreas Voßkuhle/Martin Eifert/Christoph Möllers (Hrsg.) Grundlagen des Verwaltungsrechts, Bd. I, 3. Aufl. 2022, § 25 Rn. 12 ff.; *Eberhard Schmidt-Aßmann* Strukturen der Europäischen Verwaltung und die Rolle des Europäischen Verwaltungsrechts, in: Alexander Blankenagel/Ingolf Pernice/Helmuth Schulze-Fielitz (Hrsg.) Verfassung im Diskurs der Welt, 2004, 395 ff. Diese Verwaltungsverbünde sind Ausdruck des unionsrechtlichen Loyalitätsprinzips (Art. 4 Abs. 3 EUV) sowie des Art. 197 Abs. 1 AEUV, der den für das ordnungsgemäße Funktionieren der Union entscheidenden effektiven Vollzug des Unionsrechts durch die Mitgliedstaaten zu einer Frage von gemeinsamem Interesse erklärt.

[70] Das der Kommission aus Art. 337 AEUV zustehende allgemeine Informations- und Inspektionsrecht, welches unter dem Vorbehalt einer sekundärrechtlichen Ausgestaltung durch den Rat steht, tritt hinter diese bereichsspezifischen sekundärrechtlichen Regelungen zurück; vgl. hierzu *Bernhard W. Wegener* in: Christian Callies/Matthias Ruffert EUV/AEUV, 6. Aufl. 2022, Rn. 1.

[71] S. hierzu bspw. Art. 57 und Art. 65 Abs. 2 des Gesetzes über digitale Dienste (Digital Services Act – DSA), ABl.EU v. 27.10.2022, Nr. L 277, 1 ff.

[72] Insoweit exemplarisch Art. 85 DSA. Allg. hat das EU-Recht, etwa in Form der EU-Dienstleistungsrichtlinie (Richtlinie 2006/123/EG des Europäischen Parlaments und des Rates v. 12.12.2006 über Dienstleistungen im Binnenmarkt, ABl.EG Nr. L 376, 36) mit ihrem Prinzip des Einheitlichen Ansprechpartners und ihrer Pflicht zur elektronischen Verfahrensabwicklung (vgl. Art. 6 Abs. 1, Art. 8 Abs. 1 u. Art. 28 ff. EU-Dienstleistungsrichtlinie i.V.m. §§ 71a ff. u. §§ 8a ff. VwVfG) nicht nur zu einer Bündelung, sondern auch zu einer Beschleunigung der Digitalisierung des Informationsflusses beigetragen; zum Vorstehenden *Schliesky* Digitalisierung (Fn. 47), § 113 Rn. 14 m.w.N., der ebd. Rn. 25 die EU gar als „Treiber der Digitalisierung des nationalen Verwaltungsverfahrens" qualifiziert. Das Unionsrecht wirkt hierdurch in dem von ihm erfassten Sachbereichen auf den Inhalt und die Art der Informationsgenerierung durch die nationalen Verwaltungen ein.

Ebene die Idee eines ebenenübergreifenden Portalverbunds unter dem Rubrum „Single Digital Gateway" eine Entsprechung.[73]

2. Grenzen der Informationsgenerierung durch die Verwaltung

Nur kurz sei auf die rechtlichen Grenzen der Informationsgenerierung durch die Verwaltung eingegangen. Eine „gute Verwaltung" ist keine allwissend-übermächtige Verwaltung, sondern eine solche, die sich im Rahmen verfassungs- und unionsrechtskonformer Gesetze bewegt.[74]

Informationsbeschaffungsvorgänge werden zunächst durch die verfassungs- und unionsrechtliche Kompetenzordnung föderal gebrochen.[75] Für informationelle Eingriffe verlangt der Vorbehalt des Gesetzes unter Einschluss der Verarbeitung personenbezogener Daten nach Beachtung.[76]

---

[73] Näher zum Inhalt der EU-Verordnung, die diesen Portalverbund konstituiert, *Martini* Digitalisierung (Fn. 57), § 28 Rn. 33 f. Laut *Martini* ebd. Rn. 34 konstituiert das „Single Digital Gateway" (SDG) allerdings lediglich eine „Einbahnstraßenlösung" – Hinleitung der Nutzer zu den nationalen Verwaltungen –, ohne „invasiv" auf deren Prozesse einzuwirken. Folglich steht beim SDG stärker die Informationsbereitstellung für den Unionsbürger als der hier interessierende umgekehrte Informationsfluss im Vordergrund. Demgegenüber zielt das OZG darauf ab, für ca. 600 Verwaltungsleistungen einen einheitlichen Zugang mit bidirektionalem Informationsfluss zu etablieren. Zum SDG s. ferner *Buckler* Infrastrukturen (Fn. 59), 305 ff.; *Schliesky* Digitalisierung (Fn. 47), § 113 Rn. 23, 32 u. 45; *Siegel* Portalverbund (Fn. 60), 905 (906 ff.) sowie *Spiecker gen. Döhmann* Informationsverwaltung (Fn. 6), § 23 Rn. 134.

[74] In diesem Sinne schon *Mario Martini* Transformation der Verwaltung durch Digitalisierung, DÖV 2017, 443 (446); *Wischmeyer* Informationsbeziehungen (Fn. 6), § 24 Rn. 2 u. 54; *Spiecker gen. Döhmann* Informationsverwaltung (Fn. 6), § 23 Rn. 57 u. 124.

[75] Diese differenzierte Aufgaben- und Zuständigkeitsordnung setzt insbesondere der subsidiären informatorischen Amtshilfe Grenzen; s. hierzu *Eifert* Government (Fn. 46), 177 ff.; *Wischmeyer* Informationsbeziehungen (Fn. 6), § 24 Rn. 63. Allerdings scheint der mit Blick auf die digitale Informationsvernetzung prognostizierte „Flexibilisierungsdruck auf die Zuständigkeitsordnung" (*Eifert* ebd., 181) bislang ausgeblieben zu sein. Wie Art. 91c GG zeigt, setzt der verfassungsändernde Gesetzgeber nicht auf das Prinzip der Zuständigkeitsmodifikation, sondern auf das der Kooperation.

[76] Vgl. hierzu *Wischmeyer* Informationsbeziehungen (Fn. 6), § 24 Rn. 61. Freilich können von diesem Gesetzesvorbehalt mit Blick auf das Sammeln von Informationen aus frei zugänglichen Quellen (wie bspw. dem World Wide Web oder sozialen Medien) Ausnahmen bestehen, etwa wenn Sicherheitsbehörden auf „Online-Streife" gehen bzw. Finanz- oder Sozialbehörden abgaben- und leistungsrelevante Sachverhalte überprüfen, näher zu diesen Beispielen *Martini* Digitalisierung (Fn. 57), § 28 Rn. 73. Namentlich hat das BVerfG in seiner Online-Durchsuchungsentscheidung festgestellt, dass dem Staat eine Kenntnisnahme öffentlich zugänglicher Informationen grundsätzlich nicht verwehrt sei und hierin schon kein Grundrechtseingriff liege. Es hat die Grenze erst dort gezogen, wo Informationen, die durch die Sichtung allgemein zugänglicher Inhalte gewonnen wurden, gezielt zusammen-

Vor allem aber sind die Grundrechte als Grenze der Informationsgenerierung durch die Verwaltung zu berücksichtigen. Allgemein verlangen sie nach verhältnismäßigen Informationseingriffen und -beibringungspflichten.[77] In besonders sensiblen Informationskontexten wie etwa dem Schutz des Fernmeldegeheimnisses, dem Schutz der Wohnung[78] oder dem Schutz von Unternehmensgeheimnissen[79] gewähren sie ein besonders hohes Schutzniveau.[80] Eine kaum zu überschätzende Rolle spielt zudem das Recht auf informationelle Selbstbestimmung,[81] das durch die Datenschutz-Grundverordnung,[82] die JI-Richtlinie[83] und durch nationale Begleitgesetze

---

getragen, gespeichert und gegebenenfalls unter Hinzuziehung weiterer Daten ausgewertet werden und sich daraus eine besondere Gefahrenlage für die Persönlichkeit des Betroffenen ergibt, BVerfGE 120, 274 (344 f.). Näher hierzu *Gerrit Hornung* Künstliche Intelligenz zur Auswertung von Social Media-Massendaten, AöR 147 (2022), 1 (19 ff.); *Martini* Digitalisierung (Fn. 57), § 28 Rn. 74).

[77] S. hierzu *Gregor Kirchhof* Der verfassungsrechtliche Auftrag zur Digitalisierung des Steuerrechts, DStR 2023, 355 (355, 360) für den Steuerkontext. S. ferner *Stefan Grunow* Die verfassungsrechtliche Rechtfertigung der Steuerlast und Steuerhebung, 2018, 256 ff.

[78] Vgl. Art. 10 und Art. 13 GG. Der Schutz des Fernmeldegeheimisse und der Schutz der Wohnung spielen jenseits der der Judikativen zuzuordnenden Strafverfolgung auch für die Sicherheitsverwaltung eine wichtige Rolle. Vgl. insoweit nur Art. 10 Abs. 2 S. 2 sowie Art. 13 Abs. 4 GG.

[79] Vgl. Art. 12 GG. Ausführlich dazu *Hannes Beyerbach* Die geheime Unternehmensinformation, 2012.

[80] Einfachrechtlich werden die aus den Grundrechten fließenden Geheimhaltungspflichten in Bezug auf personenbezogene und nicht-personenbezogene Daten durch § 30 VwVfG oder fachgesetzliche Regelungen, für Bsp. s. *Wischmeyer* Informationsbeziehungen (Fn. 6), § 24 Rn. 66 Fn. 202, geschützt. Auch wird dieser Geheimhaltungsschutz im inter- und intrabehördlichen Informationsverkehr durch strafrechtliche, vgl. § 203 Abs. 2 StGB, und beamtenrechtliche Regelungen, vgl. §§ 37 BeamtStG, 67 BBG, abgesichert; näher dazu *Wischmeyer* Informationsbeziehungen (Fn. 6), § 24 Rn. 65.

[81] Bekanntlich wird dieses „Datenschutzgrundrecht" vom BVerfG aus dem in Art. 2 Abs. 1 i.V.m. Art. 1 Abs. 1 GG verankerten Allgemeinen Persönlichkeitsrecht deduziert; *locus classicus*: BVerfGE 65, 1 ff. BVerfGE 120, 274 ff. hat dieses Grundrecht zudem zu einem Recht auf Gewährleistung der Vertraulichkeit und Integrität informationstechnischer Systeme weiterentwickelt. Vergleichbare Verbürgungen finden sich im unionalen Grundrechtsschutz (Art. 7 und 8 EUGRC, Art. 16 AEUV), im Grundrechtsschutz der EMRK (Art. 8 EMRK) und in den Verfassungsordnungen der anderen EU-Mitgliedstaaten.

[82] Die DSGVO gilt grundsätzlich auch für die Verwaltung; näher hierzu *Wischmeyer* Informationsbeziehungen (Fn. 6), § 24 Rn. 69, mit dem wichtigen Hinweis, dass sich die Verantwortlichkeit für die Datenverarbeitung nicht am Rechtsträgerprinzip (Bund, Länder, Kommunen etc.), sondern am Begriff der „öffentlichen Stelle" orientiere, weshalb prinzipiell jede inneradministrative Übermittlung personenbezogener Daten einen rechtfertigungsbedürftigen Verarbeitungsvorgang darstelle.

[83] Richtlinie (EU) 2016/80 des Europäischen Parlaments und des Rates v. 27.4.2016 zum Schutz natürlicher Personen bei der Verarbeitung personenbezogener Daten durch die

konkretisiert wird. Auch wenn sich die Informationsgenerierung der Verwaltung nicht auf eine Verarbeitung personenbezogener Daten reduzieren lässt, statuiert dieses komplexe Normgewebe ihre wohl wichtigste Schranke.[84] Die aus ihm fließenden Grenzen zwingen zu legislativer „Formalisierung" und „Rationalisierung".[85] Ohne spezielle Ermächtigungsgrundlage steht das Datenschutzrecht insbesondere einer Informationsweitergabe im Rahmen der Amtshilfe entgegen. Allerdings belässt es über Abwägungs- und Öffnungsklauseln[86] genügend Raum für einen adäquaten Datenschutz bei gleichzeitiger Bewältigung konfligierender Interessen.[87] Freilich gesellt sich zu abwägungsoffenen Normen die gefürchtete Schwester der Rechtsunsicherheit und provoziert eine möglicherweise nicht gebotene Zurückhaltung bei der Verarbeitung von Daten. Hierin mag ein Grund für den schlechten Leumund des Datenschutzrechts als ein „Verhinderungsrecht" zu sehen sein, als ein Recht, das staatliche Digitalisierungsbemühungen und Sicherheitsinteressen torpediert.[88] Komplexität und Offenheit delegitimieren indes nicht das über Jahrzehnte gewachsene datenschutzrechtliche Regelungskonzept. Die Akteure der Rechtsanwendung – Verwaltung, Datenschutzaufsicht und Rechtsprechung – sind vielmehr aufgefordert, im Rahmen der datenschutzrechtlichen Sollbruchstellen einen fairen Ausgleich zwischen den konfligierenden Interessen herbeizuführen; keinem dieser Interessen gebührt dabei *a limine* eine Präponderanz.[89] Unversöhnliche Zielkonflikte zwischen einer informationellen und datenschützenden Verwaltung bestehen deshalb nicht.

---

zuständigen Behörden zum Zwecke der Verhütung, Ermittlung, Aufdeckung oder Verfolgung von Straftaten oder der Strafverfolgung sowie zum freien Datenverkehr und zur Aufhebung des Rahmenbeschlusses 2008/977/JI des Rates, ABl. EU Nr. L 119, 89. Die Richtlinie findet auf die kraft Art. 2 Abs. 2 Buchst. d DS-GVO ausgenommene Sicherheitsverwaltung Anwendung. Sie wurde durch die §§ 45 ff. BDSG, die Landesdatenschutzgesetze sowie durch das jeweilige Fachrecht umgesetzt.

[84] So mit Recht schon *Wischmeyer* Informationsbeziehungen (Fn. 6), § 24 Rn. 67. *Vesting* Information und Kommunikation (Fn. 6), § 20 Rn. 52 qualifiziert die europäische Datenschutz-Grundverordnung gar als eine „Metamaterie des Umgangs mit Daten und Informationen" durch die Verwaltung.

[85] *Wischmeyer* Informationsbeziehungen (Fn. 6), § 24 Rn. 70.

[86] S. etwa Art. 6 Abs. 3 und 4 sowie die Art. 85 ff. DSGVO.

[87] So auch *Wischmeyer* Informationsbeziehungen (Fn. 6), § 24 Rn. 70, der die rechtlichen Grenzen als „großzügig" qualifiziert.

[88] Erst unlängst hierzu *Hans Peter Bull* Den Datenschutz bitte nicht ad absurdum führen, PinG 2023, 159 ff.

[89] In diese Richtung auch *Krönke* Information (Fn. 5), 1044 (1049), der den Aspekt des datenschutzschonenden Ausgleichs in den Vordergrund stellt.

III. Ausgewählte Sachbereiche der Informationsgenerierung

Nach dieser Gesamtschau verdienen ausgewählte Sachbereiche einen Blick durch das Teleobjektiv.

1. Informationsgenerierung der Verwaltung unter Einbezug Privater

a) Informatorische Mitwirkungspflichten Privater

Die Einbeziehung Privater in verwaltungsrechtliche Prozesse der Informationsgenerierung ist kein neues Phänomen. So erlegen zahllose Regelungen des Gewerbe-, Umwelt- oder Steuerrechts Privaten nicht nur Mitwirkungsobliegenheiten,[90] sondern echte Mitwirkungspflichten auf, etwa in Gestalt von Auskunfts-, Vorlage-, Melde-, Unterstützungs-, Prüf-[91] oder Berichtspflichten.[92] Auch Duldungspflichten Privater können einer unmittelbaren Informationsgenerierung durch die Verwaltung dienen, wie etwa die in Art. 40 DSA eingeräumte Befugnis der Aufsichtsbehörden, über Schnittstellen einen direkten Zugang zu Daten sehr großer Online-Platt-

---

[90] Zu denken ist hier etwa an Informationsobliegenheiten des Bürgers im Rahmen von Anträgen zum Erhalt staatlicher Leistungen; vgl. *Astrid Wallrabenstein* Leistungsverwaltung, in: Wolfgang Kahl/Markus Ludwigs (Hrsg.) Handbuch des Verwaltungsrechts, Bd. I, 2021, § 19 Rn. 49.

[91] Diese Prüfpflichten können auch solche sein, die von unabhängigen Prüfern durchzuführen sind; vgl. insoweit etwa Art. 37 DSA, der sehr große Online-Plattformen und -Suchmaschinen zu einer jährlichen unabhängigen Prüfung verpflichtet; s. ferner die Abschlussprüfung nach §§ 26 ff. KWG. S. dazu *Krönke* Information (Fn. 5), 1044 (1047), der insoweit die Nähe zum Modell des Sachverständigen hervorhebt.

[92] Details hierzu bei *Schneider* in: Schneider/Schoch (Fn. 6), § 26 Rn. 28; *Spiecker gen. Döhmann* Informationsverwaltung (Fn. 6), § 23 Rn. 49. *Augsberg* Informationsverwaltungsrecht (Fn. 6), 144 ff. unterscheidet zwischen direkten und indirekten sowie aktiven und reaktiven informatorischen Mitwirkungspflichten des Bürgers. Speziell für das Immissionsschutz- und Umweltrecht s. *Voßkuhle* Wandel (Fn. 21), 349 (370 f.), speziell zum Steuerrecht *Grunow* Rechtfertigung (Fn. 77), 256 ff.; für Beispiele aus dem Arzneimittel-, Bankenaufsichts-, Gentechnik- und Kommunikationsrecht s. *Augsberg* Informationsverwaltungsrecht (Fn. 6), 144, 147, 152 ff. u. *Krönke* Information (Fn. 5), 1044 (1046). Derartige Informationsbereitstellungspflichten haben im europäischen und nationalen Recht beständig und bis in die jüngste Vergangenheit hinein eine starke Ausweitung erfahren. Als Beispiel sei insoweit auf die Berichtspflichten des Lieferkettensorgfaltspflichtengesetzes v. 16.7.2021 (BGBl. I 2959) oder der Richtlinie über die Nachhaltigkeitsberichterstattung, Richtlinie (EU) 2022/2464 des Europäischen Parlaments und des Rates v. 14.12.2022, ABl.EU Nr. L 322, 15 ff.; diese Richtlinie, welche ab dem 1.1.2024 Anwendung findet, wurde durch das CSR-Richtlinien-Umsetzungsgesetz in nationales Recht transferiert, verwiesen; beide Gesetze werden nicht selten mit ausufernden Bürokratielasten assoziiert.

formen und -Suchmaschinen zu erhalten.[93] Informatorische Mitwirkungspflichten richten sich zumeist gegen Verfahrensbeteiligte.[94] Sie können aber auch Verfahrensunbeteiligte treffen, wie die Auskunftspflichten von Telekommunikationsanbietern im Rahmen staatlicher Überwachungsmaßnahmen oder die Pflicht von Host-Providern zur Anzeige bevorstehender Straftaten gegen die Sicherheit einer Person zeigen.[95]

Diese „Privatisierung der Informationsgenerierung" ist nicht ohne Kritik geblieben. So wird bemängelt, dass die Verlagerung von Informationsbeschaffungspflichten auf den Bürger bis hin zu seiner Selbstbelastung keinen Niederschlag in der verfahrensrechtlichen Maxime des Untersuchungsgrundsatzes[96] finde, zu Widerständen oder einer nur unvollständigen Informationspreisgabe führen könne und über Verdachtsmomente oder Stichproben lediglich eine beschränkte Amtsermittlung ermögliche.[97] Das Schwergewicht der Informationsgenerierung liege nicht mehr bei der Verwaltung als Herrin des Verfahrens; vielmehr werde die „Herrschaft kraft Wissens"[98] zum privaten Beteiligten oder gar Unbeteiligten verschoben.[99]

Richtig an diesen Einwänden ist, dass privat generierte Informationen von der Verwaltung nicht unkritisch übernommen werden dürfen. Vielmehr

---

[93] Näher dazu *Krönke* Information (Fn. 5), 1044 (1047), der den hierdurch ermöglichten tiefgreifenden Informationseinblick in die betroffenen Unternehmen als zukunftsweisend qualifiziert.

[94] Vgl. § 13 Abs. 1 VwVfG.

[95] Vgl. hierzu § 15a des Hessischen Gesetzes über die öffentliche Sicherheit und Ordnung (HSOG) v. 25.1.2005 (GVBl. I 14) sowie Art. 18 Abs. 1 DSA. Zu diesem Bereich sind auch die Bemühungen der EU um eine europäische Datenstrategie zu zählen, die auf eine Verbesserung der Sekundärnutzung von Daten zielt und von der neben privaten auch öffentliche Stellen profitieren sollen. Durch das Datengesetz – den Data Act – soll es hierzu künftig möglich werden, dass bei Nachweis einer außergewöhnlichen Notwendigkeit wie einem öffentlichen Notstand (z.B. Überschwemmung oder Waldbrand) oder der Erforderlichkeit zur Erfüllung eines gesetzlichen Auftrags die Bereitstellung von Daten und Informationen durch die zumeist privaten Dateninhaber erfolgt; vgl. Art. 14 ff. des Data Act-E, COM(2022) 68 final; näher hierzu *Sebastian Rockstroh/Peter Katko* Quo vadis Data Act?, ZdiW 2023, 101 ff. Zudem sieht der Entwurf für eine Verordnung über den europäischen Raum für Gesundheitsdaten – der European Health Data Space (EHDS) – u.a. eine bessere Sekundärnutzung privater elektronischer Gesundheitsdaten seitens der öffentlichen Stellen – etwa zur Wahrnehmung ihrer behördlichen Aufgaben oder zur Erstellung amtlicher Statistiken – vor; vgl. Art. 33 ff. des Kommissionsvorschlags COM(2022) 197 final v. 3.5.2022.

[96] § 24 VwVfG i.V.m. § 26 VwVfG.

[97] *Spiecker gen. Döhmann* Informationsverwaltung (Fn. 6), § 23 Rn. 49 m.w.N.

[98] *Max Weber* Wirtschaft und Gesellschaft, 1921, 5. Aufl. 1979, 129.

[99] *Spiecker gen. Döhmann* Informationsverwaltung (Fn. 6), § 23 Rn. 53. Zum Ganzen auch *Augsberg* Informationsverwaltungsrecht (Fn. 6), 146 ff.; *Wolfgang Kahl* Risikosteuerung durch Verwaltungsrecht: Ermöglichung oder Begrenzung von Innovationen?, DVBl. 2003, 1105 (1117).

hat sie diese einer „nachvollziehend kontrollierenden Amtsermittlung"[100] zu unterwerfen, die ihrerseits einer methodischen, verfahrensrechtlichen und inhaltlichen Konkretisierung bedarf.[101] Die verwaltungsrechtliche Untersuchungsmaxime ist jedoch kein Rechtsprinzip mit klar definierten Grenzen und deshalb offen für fachgesetzliche Modifikation.[102] Dies ermöglicht auch eine Verlagerung von Informationsbeibringungspflichten auf Private. Aus dieser Verlagerung resultiert nicht nur eine effiziente, da kosten- und personalschonende Organisation von Verwaltungsprozessen.[103] Die Statuierung privater Mitwirkungspflichten trägt vor allem dem Umstand Rechnung, dass die Verwaltung über viele Informationen gar nicht verfügt oder verfügen kann und zum Ausgleich dieser Informationsasymmetrie für ihre Aufgabenwahrnehmung deshalb auf informationelle Kooperationen mit Privaten angewiesen ist.[104] Wie etwa soll sie die Funktions- und Wirkungsweise eines selbstlernenden Algorithmus kontrollieren, ohne die vom Programmierer verwendeten Trainingsdaten zu kennen? Wie soll sie den Kraftstoffverbrauch von Verbrennerfahrzeugen berechnen, wenn die Fahrzeughersteller ihr nicht die Verbrauchsdaten zur Verfügung stellen?[105] Die von Privaten generierten Informationen können zudem sachrichtiger und qualitativ hochwertiger sein.[106] Auch dürften sich Mitwirkungspflichten im Vergleich zu hoheitlichen Informationseingriffen zumeist als grundrechtsschonender erweisen. Eventuellen Widerständen oder Manipulationen bei der privaten Bereitstellung von Informationen ist durch präventive wie

---

[100] Zum Begriff *Jens-Peter Schneider* Nachvollziehende Amtsermittlung bei der Umweltverträglichkeitsprüfung, 1991.

[101] *Spiecker gen. Döhmann* Informationsverwaltung (Fn. 6), § 23 Rn. 53; *Voßkuhle* Wandel (Fn. 21), 349 (370 f., 373) m.w.N.

[102] Schon *Voßkuhle* Wandel (Fn. 21), 349 (370 i.V.m. Fn. 108) hat insofern zu Recht angemerkt, dass der Untersuchungsgrundsatz zu abstrakt sei und deshalb dem Modus der Sachverhaltsermittlung kaum noch adäquat Rechnung tragen könne.

[103] Hierbei handelt es sich in Zeiten knapper finanzieller Ressourcen, von Massenverfahren und eines Fachkräftemangels um durchaus gewichtige Aspekte. In diesem Sinne auch *Krönke* Information (Fn. 5), 1044 (1046) und *Wischmeyer* Informationsbeziehungen (Fn. 6), § 24 Rn. 4 m.w.N., denen zufolge ein Shift von einer „personalen" zu einer „organisationalen" Verwaltung mit dem Ziel einer passgenauen, schnellen und kostengünstigen Informationsgenerierung stattfinde.

[104] Vgl. hierzu auch *Wolfgang Hoffmann-Riem* Wissen als Risiko – Unwissen als Chance, in: Ino Augsberg (Hrsg.) Ungewissheit als Chance, 2009, 17 (30 f.), der deshalb von der Entwicklung hin zu einem Kooperationsverwaltungsrecht spricht.

[105] Vgl. insoweit die Durchführungsverordnung 2017/1151 (ABl.EU Nr. 175, 1 ff.), welche vorschreibt, dass seit 2021 die Verbrauchsdaten von Verbrenner- und Hybrid-Fahrzeugen seitens der Fahrzeughersteller an die Europäische Umweltagentur zu melden sind.

[106] So mit Recht *Krönke* Information (Fn. 5), 1044 (1046).

repressive Sanktionen zu begegnen.[107] Die fortschreitende Verwaltungsdigitalisierung mit ihrem informationellen Vernetzungspotenzial kann im Übrigen einen wichtigen Beitrag dazu leisten, die „nachvollziehende Amtsermittlung" aus ihrer Begrenztheit auf bloß stichproben- oder verdachtsbasierte Kontrollen zu befreien und sie – wie von Kritikern gefordert – zu einer „begleitenden Amtsermittlung"[108] aufzuwerten. Das Steuerrecht mag insoweit als Anwendungsbeispiel dienen.

b) Informatorische Mitwirkungsmöglichkeiten Privater

Die Informationsgenerierung der Verwaltung unter Zuhilfenahme Privater fußt allerdings nicht nur auf gesetzlich statuierten Mitwirkungspflichten; sie kann auch auf der freiwilligen Wahrnehmung von Mitwirkungsmöglichkeiten – zumeist durch Verfahrensunbeteiligte – beruhen. Diese Mitwirkung durch „Informationsverwaltungshelfer" ist vor allem dort von Relevanz, wo massenhafte oder hochkomplexe Vorgänge zu kontrollieren sind bzw. sich ein Sachverhalt dem Behördenzugriff völlig entzieht.[109] Erneut bildet die Digitalisierung hierfür ein anschauliches Beispiel: So gewährt der Digital Services Act Wissenschaftlern Zugang zu Daten sehr großer Online-Plattformen und -Suchmaschinen, um systemische Risiken aufzuspüren.[110] Auch eröffnet Art. 53 DSA Nutzern von Online-Plattformen die Möglichkeit, den zuständigen Behörden Beschwerden über potentielle Rechtsverstöße eines Vermittlungsdienstes zur Kenntnis zu bringen. Vergleichbare Regelungen finden sich im Netzinfrastruktur- und Finanzmarktrecht.[111] Die hierdurch ermöglichte Interaktion des Bürgers mit der Verwaltung konstituiert einen Informationsmechanismus, der sich entweder professionellen Sachverstand (Wissenschaftler) oder die „Schwarmintelli-

---

[107] Zu einer Flankierung und Begleitung der Einbindung Privater durch robuste hoheitliche Eingriffsbefugnisse s. erneut *Krönke* Information (Fn. 5), 1044 (1047) mit einem Beispiel zum Bankenaufsichtsrecht (Fall *Wirecard*). I.Ü. vermögen auch zivilrechtliche Schadensersatzrisiken, eine gemeinwohlorientierte Steuerungsfunktion zu entfalten.
[108] *Spiecker gen. Döhmann* Informationsverwaltung (Fn. 6), § 23 Rn. 53.
[109] Letzteres ist z.B. der Fall, wenn Informationen über Sachverhalte außerhalb des Hoheitsgebiets deutscher Behörden erlangt werden müssen wie etwa beim Ankauf illegal beschaffter Informationen über deutsche „Steuerflüchtlinge" in die Schweiz („Steuer-CDs"); hierzu BVerfG-K, NJW 2011, 2417 ff. Zu diesem Themenkreis gehört i.Ü. auch das in Umsetzung der sog. „Whistleblower-Richtline", Richtlinie (EU) 2019/1937, ABl.EU Nr. L 305, 17, ergangene Hinweisgeberschutzgesetz v. 31.5.2023 (BGBl. 2023 I Nr. 140), durch welches Bundes- und Landesbehörden als sog. „externe Meldestellen" Kenntnis über Verstöße im Rahmen einer beruflichen, unternehmerischen oder dienstlichen Tätigkeit erlangen können.
[110] Vgl. Art. 40 Abs. 4 bis 6 DSA.
[111] Exemplarisch insoweit § 31 EnWG, § 4b FinDAG und § 203 Abs. 1 Nr. 2 TKG.

genz" (Verbraucher)[112] zu Nutze macht, um Aufsichtsbehörden zu entlasten und ihnen informatorische Anknüpfungspunkte für hoheitliches Handeln zu liefern.[113] Juristisch begegnet diese normativ ausgestaltete, aber dennoch freiwillige Einbindung Privater keinen Bedenken. Rechtlich wurde sie seit jeher in Gestalt der Verwaltungspetition (Art. 17 GG) oder der Pflicht der Verwaltung zur Entgegennahme von Erklärungen (§ 24 Abs. 3 VwVfG) mitgedacht.[114]

2. Informationsgenerierung der Verwaltung als Grundrechtsschonung

Die eingangs skizzierten Beispiele zur Grundsteuerdatenerhebung oder Auszahlung staatlicher Transferleistungen[115] haben ein aktuelles Schlaglicht auf die fehlende Vernetzung von Informationsbeständen der Verwaltung geworfen. Die hieraus für Staat und Bürger resultierenden Erschwernisse verursachen mehr als nur lästige und redundante Darlegungs- oder Beweislasten.[116] Dass es sich beim digitalen Vorhalten und Vernetzen hinreichender sowie sachrichtiger Informationen um ein Gebot der Rechtsstaatlichkeit, Sozialstaatlichkeit und Gleichheit handelt, wurde bereits herausgestellt. Effizient verknüpfte Verwaltungsinformationen tragen aber auch zu einer Grundrechtsschonung des Bürgers bei. Nach einem wenig beachteten, aber verallgemeinerungsfähigen Diktum des Bundesverfassungsgerichts zum Registerzensus kann die Nutzung bereits rechtmäßig erhobener Daten mit einer geringeren Eingriffstiefe in das Recht auf infor-

---

[112] Ähnlich *Krönke* Information (Fn. 5), 1044 (1046 f.), der insoweit von einer „Crowd"-Nutzung spricht.

[113] Die kommunizierten Informationen stehen i.Ü. nicht nur selektiv und befristet (wie etwa bei einem Verfahren der Öffentlichkeitsbeteiligung), sondern unbefristet („24/7") und nahezu in Echtzeit zur Verfügung.

[114] Vgl. insoweit auch *Augsberg* Informationsverwaltungsrecht (Fn. 6), 143 f.; *Spiecker gen. Döhmann* Informationsverwaltung (Fn. 6), § 23 Rn. 45. An dieser Stelle berührt sich i.Ü. die Informationsgenerierung mit der Informationsdistribution (s. oben I. 2 a u. b): Bei Letzterer nutzt die informierende Verwaltung den Bürger zur Realisierung eines effizienten Verwaltungsvollzugs; man denke insoweit etwa an das im Gastronomiebereich eingesetzte „Ampelsystem", dazu *Spiecker gen. Döhmann* Informationsverwaltung (Fn. 6), § 23 Rn. 63 m.w.N. Im hiesigen Kontext nutzt umgekehrt die Verwaltung den informierenden Bürger zur Steigerung ihrer Kontroll- und Vollzugseffizienz.

[115] S. oben I. 1.

[116] Es überzeugt deshalb nicht, wenn das Ziel der Vermeidung wiederholender Datenerhebungen als solches von nicht allzu großem Gewicht qualifiziert wird; vgl. etwa *Guckelberger/Sarosta* Onlinezugangsgesetz (Fn. 58), 1161 (1166 f.). Wie hier denn auch *Enrico Peuker* Registermodernisierungsgesetz und Datenschutz, NVwZ 2021, 1167 (1168), der von einer immerhin 50%igen Zeitersparnis für die Bürger im Falle der Umsetzung einer digital vernetzten Verwaltung ausgeht.

mationelle Selbstbestimmung einhergehen.[117] Namentlich hat das Gericht in dieser Entscheidung festgestellt, dass durch eine automatisierte registergestützte Datenermittlung die Zahl der mit personenbezogenen Daten befassten Verwaltungsmitarbeiter verringert werde, da Erhebung, Übernahme, Transport und Auswertung der Daten entfielen, die Verarbeitung in abgeschirmten Verwaltungsbereichen und -prozessen[118] erfolge sowie der unsachgemäße Umgang mit Daten – etwa infolge falscher Zuordnung – reduziert werde.[119] Die automatisierte Verarbeitung von Informationen kann folglich grundrechtsschonende Wirkung entfalten.[120]

Freilich setzt eine automatisierte Informationsverarbeitung die Vernetzung elektronischer Akten[121] und digitaler Register[122] voraus.[123] Erst diese Verknüpfung erlaubt den politisch gewollten Schritt[124] zum „Once-Only-Prinzip"[125] als Grundbedingung für ein „One-Stop-Government".[126] Befördert durch die Digitalisierung, das Unionsrecht („Single Digital Gateway")

---

[117] Vgl. BVerfGE 150, 1 (134 f. Rn. 286 f.). Allg. zu dieser Entscheidung *Georg Thiel/ Marie-Christin Puth* Die Leitlinien des Bundesverfassungsgerichts als Maßstab des Registerzensus, NVwZ 2023, 305 ff.

[118] Insoweit ist an Geheimhaltungsvorgaben für und Rückspielverbote von Daten sowie an pseudonyme oder verschlüsselte Datenübermittlungen zu denken.

[119] Vgl. BVerfGE 150, 1 (134 f. Rn. 286 f.).

[120] In diese Richtung auch *v. Lewinski/Gülker* Grundfragen (Fn. 46), 633 (640), welche auf den Aspekt der Datensparsamkeit bzw. -minimierung hinweisen.

[121] Mittlerweile verpflichten die E-Government-Gesetze von Bund und Ländern die Verwaltungen zur Führung von „E-Akten"; vgl. insoweit *Krönke* Information (Fn. 5), 1044 (1048).

[122] Speziell zur Funktion (digitaler) Verwaltungsregister *Krönke* Information (Fn. 5), 1044 (1050), der diese als „multidirektionale Informationsaustauschsysteme" mit „Brückenfunktion" qualifiziert. S. ferner *Peuker* Registermodernisierungsgesetz (Fn. 116), 1167 (1168); *Wischmeyer* Informationsbeziehungen (Fn. 6), § 24 Rn. 90 ff., für den es sich bei Registern um Datenbanken handelt.

[123] Vgl. *Mario Martini/David Wagner/Michael Wenzel* Rechtliche Grenzen einer Personen- bzw. Unternehmenskennziffer in staatlichen Registern, 2017, 1; *Peuker* Registermodernisierungsgesetz (Fn. 116), 1167 (1168).

[124] Vgl. insoweit Nationaler Normenkontrollrat (Hrsg.) Mehr Leistung für Bürger und Unternehmen: Verwaltung digitalisieren. Register modernisieren, Oktober 2017, Vorwort, 7.

[125] Das „Once-Only-Prinzip" beruht auf dem Grundgedanken, dass die bei der Verwaltung hinterlegten Daten und Informationen für die Abwicklung von Verwaltungsvorgängen mit dem Bürger genutzt werden können und sollen. Dem Bürger soll so die Notwendigkeit erspart werden, Daten (z.B. Adressen) immer wieder aufs Neue an dezentralen Stellen eingeben oder beweisen (z.B. durch eine Geburtsurkunde) zu müssen; vgl. insoweit *Spiecker gen. Döhmann* Informationsverwaltung (Fn. 6), § 23 Rn. 134.

[126] Noch weiter geht das sog. „No-Stop-Government", bei dem die Verwaltung von sich aus, d.h. ohne Antrag, dem Bürger Leistungen zukommen lässt. Die Verwaltungsleistung mutiert hier zu einer reinen Bringschuld.

und die Verfassung[127] entwickeln sich diese Prinzipien mit Vehemenz zu einem neuen Funktionsmodus des Verwaltungsrechts.[128] Der deutsche Gesetzgeber hat ihnen durch das Registermodernisierungsgesetz von 2021,[129] das mit seinen Kernbestandteilen am 31.8.2023 in Kraft getreten ist,[130] Rechnung getragen. Es führt die „nicht-sprechende" Identifikationsnummer nach § 139b AO, die sog. Steuer-ID, als zusätzliches Ordnungsmerkmal für 51 der ca. 220 bei Bund, Ländern und Kommunen verfügbaren Register – darunter das Melde-, Ausländerzentral-, Bundeszentral- oder Gewerbezentralregister – ein.[131] Ziel dieser Identifikationsnummer ist es, einer natürlichen Person Registerfachdaten eindeutig zuordnen zu können. Hierdurch soll nicht nur die Datenqualität verbessert, sondern auch die erneute Beibringung bereits vorhandener Daten vermieden werden.[132] Im Verbund mit dem bereits erwähnten Onlinezugangsgesetz, welches Nutzern die medienbruchfreie Inanspruchnahme digitaler Verwaltungsleistungen ermöglicht, können deshalb in Zukunft mittels der Steuer-ID Fachdaten aus Registern automatisiert in Formulare übernommen werden. Entsprechend verringern sich die Darlegungs- und Beweislasten (etwa in Gestalt von Meldebescheinigungen oder Geburtsurkunden) für den Bürger.[133]

---

[127] S. oben II. 1. a) u. b).

[128] S. ferner *Schliesky* Digitalisierung (Fn. 47), § 113 Rn. 14, der insoweit von einer neuen Ordnungsidee spricht.

[129] Registermodernisierungsgesetz v. 28.3.2021, BGBl. I 591. Als Verwirklichung des „Once-only-Prinzips" betrachten das Registermodernisierungsgesetz wie hier *Peuker* Registermodernisierungsgesetz (Fn. 116), 1167 (1168); *Guckelberger/Sarosta* Onlinezugangsgesetz (Fn. 58), 1161 (1165).

[130] Bekanntmachung über das Vorliegen der technischen Voraussetzungen für den Betrieb nach dem Identifikationsnummerngesetz und die Verarbeitung der Identifikationsnummer gemäß Art. 22 S. 2 und 3 des Registermodernisierungsgesetzes sowie über das Inkrafttreten der Art. 15 und 16 Nr. 1 des Gesetzes zur Regelung des Erscheinungsbilds von Beamtinnen und Beamten sowie zur Änderung weiterer dienstrechtlicher Vorschriften v. 24.8.2023, BGBl. I Nr. 230.

[131] Zur Verfassungskonformität der Steuer-ID als bereichsspezifischem Personenkennzeichen des Steuerrechts s. FG Köln, Urt. v. 7.7.2010, Az.: 2 K 2999/08, juris, Rn. 98, 134 ff.; BFH, ZD 2012, 380 ff.; BVerfG-K, Beschl. v. 1.7.2016, Az.: 1 BvR 2533/13, juris. Hierzu ferner *Deutscher Bundestag,* Wissenschaftliche Dienste Einführung einer registerübergreifenden einheitlichen Identifikationsnummer nach dem Entwurf eines Registermodernisierungsgesetzes, WD 3-3000-196/20, 14.

[132] Vgl. § 1 des Identifikationsnummerngesetzes (IDNrG), welches als Art. 1 Bestandteil des Registermodernisierungsgesetzes ist.

[133] Wie *Peuker* Registermodernisierungsgesetz (Fn. 116), 1167 (1168) i.Ü. zu Recht betont, können Registerdaten über „Once-Only" hinaus auch staatliche Planungs-, Entscheidungs- und Steuerungsprozesse auf eine solide Wissensgrundlage stellen und einen registerbasierten Zensus ermöglichen.

In der Rechtswissenschaft wird diese Entwicklung teils ablehnend begleitet. Kritisiert wird u.a. die konkrete Ausgestaltung des „Once-Only"-Ansatzes durch das Registermodernisierungsgesetz, worauf hier nicht näher einzugehen ist.[134] Der Fokus soll vielmehr auf denjenigen Stimmen liegen, die aus grundsätzlichen Erwägungen einer Registerverknüpfung über allgemeine Personenkennzeichen skeptisch gegenüberstehen. Denn dies – so der Einwand – ermögliche die verfassungsgerichtlich für unzulässig erklärte Erstellung von Persönlichkeitsprofilen. Auch erlaube eine solche Verknüpfung „künftige(n) Machthaber(n)", „auf Knopfdruck alles über (die) Bevölkerung wissen zu können", was den Ausbau von Profil- und Überwachungssystemen erleichtere.[135]

In dieser Kategorialität sind beide Kritikpunkte jedoch ihrerseits Einwänden ausgesetzt: So delegitimiert die Perhorreszierung des „gläsernen Bürgers", welche diktatorische Ohnmachtserfahrungen des 20. Jahrhunderts reflektiert, nicht *a priori* die Möglichkeit einer registerbasierten Verknüpfung von Verwaltungsinformationen.[136] Ob und in welchem Umfang eine Registerverknüpfung zur Steigerung der Verwaltungseffizienz und Grundrechtsschonung ermöglicht werden soll, obliegt vielmehr der gesetzgeberischen Risikoeinschätzung. Diese muss sich nicht von der entfernten Möglichkeit einer polizeistaatlichen Dystopie leiten lassen, sondern kann grundsätzlich auf die Funktionsfähigkeit rechtsstaatlicher Strukturen und die Wehrhaftigkeit der Verfassung vertrauen.[137] Auch bietet die föderale

---

[134] So wird bspw. die Sicherheit der auch Privaten (Arbeitgebern, Banken etc.) bekannten Steuer-ID als einheitliches Identifikationsmerkmal kritisiert, da diese Kenntnis Manipulationen, Identitätsdiebstähle oder ungerechtfertigte behördeninterne Zugriffe erleichtere. Stattdessen wird das österreichische Modell, das mit bereichsspezifischen Personenkennzeichen und einer individuell zugeordneten Stammzahl arbeitet, als „best practice" empfohlen. Ausführlich hierzu *Christoph Sorge/Maximilian Leicht* Registermodernisierungsgesetz – eine datenschutzgerechte Lösung?, ZRP 2020, 242 ff.; *Deutscher Bundestag* (Fn. 131), 11. Ausführlich zu weiteren Alternativkonzepten eines neuartigen bereichsspezifischen Personenkennzeichens ferner *Christoph Sorge/Jörn v. Lucke/Indra Spiecker gen. Döhmann* Registermodernisierung, 2020, 34 ff. Gegen die österreichische Lösung als „milderes Mittel" instruktiv *v. Lewinski/Gülker* Grundfragen (Fn. 46), 633 (636 ff.), die neben technischen Aspekten dem Gesetzgeber insoweit eine Einschätzungsprärogative zubilligen; *Peuker* Registermodernisierungsgesetz (Fn. 116), 1167 (1171 f.).

[135] *Sorge/v. Lucke/Spiecker gen. Döhmann* Registermodernisierung (Fn. 134), 3, 7 f. (dort auch die Zitate). S. ferner *Spiecker gen. Döhmann* Informationsverwaltung (Fn. 6), § 23 Rn. 134.

[136] Insoweit sei an den römischen Rechtssatz „abusus non tollit usum" erinnert.

[137] Im verfassungsrechtlichen Ausnahmefall könnte der pervertierte Staat ohnehin getrennte, sprich bereichsspezifische Register oder Datenbanken problemlos zusammenschalten und KI-basierte Big-Data-Analysen durchführen; wie hier *v. Lewinski/Gülker* Grundfragen (Fn. 46), 633 (638); *Martini/Wagner/Wenzel* Rechtliche Grenzen (Fn. 123), 62; *Peuker* Registermodernisierungsgesetz (Fn. 116), 1167 (1170).

Register-Architektur, welche der Entstehung eines „Bundes-Superregisters" entgegenwirkt, zusätzlichen Schutz vor Manipulation und Missbrauch.[138]

Als gewichtiger erweist sich demgegenüber der Rekurs auf die datenschutzrechtliche Rechtsprechung des Bundesverfassungsgerichts. In seiner Mikrozensus-Entscheidung von 1969 sah das Gericht in der umfassenden Registrierung und Katalogisierung der individuellen Persönlichkeit einen Verstoß gegen die Menschenwürde.[139] Im Volkszählungsurteil von 1983 hob es sodann ausdrücklich hervor, dass die „Einführung eines einheitlichen, für alle Register und Dateien geltenden Personenkennzeichens [...] ein entscheidender Schritt" hin zu einer solchen Persönlichkeitserfassung sei.[140]

Zwar mag die Steuer-ID Züge eines solchen einheitlichen Personenkennzeichens tragen, da nahezu jeder über diese Identifikationsnummer verfügt und sie problemlos auf sämtliche Verwaltungsregister ausgerollt werden könnte.[141] Momentan verknüpft dieses Merkmal aber kaum mehr als 25% der existenten Register. Ob der gesetzliche *Status quo* die verfassungsgerichtliche Tabuisierung eines „einheitliche(n), für alle Register und Dateien geltende(n) Personenkennzeichen(s)" bereits erfüllt, ist mithin fraglich.[142]

---

[138] So auch *Peuker* Registermodernisierungsgesetz (Fn. 116), 1167 (1171), der deshalb in der föderalen und sektoralen Zersplitterung keine Schwäche, sondern eine Stärke der deutschen Registerlandschaft sieht.

[139] BVerfGE 27, 1 (6). Namentlich heißt es dort: „Mit der Menschenwürde wäre es nicht zu vereinbaren, wenn der Staat das Recht für sich in Anspruch nehmen könnte, den Menschen zwangsweise in seiner ganzen Persönlichkeit zu registrieren und zu katalogisieren, sei es auch in der Anonymität einer statistischen Erhebung, und ihn damit wie eine Sache zu behandeln, die einer Bestandsaufnahme in jeder Beziehung zugänglich ist." Wiederholt in BVerfGE 65, 1 (48): Verbot, Daten in einer Weise zu sammeln, die in einer „persönlichkeitsfeindlichen Registrierung und Katalogisierung des Einzelnen" münden.

[140] BVerfGE 65, 1 (56 f.). S. ferner BVerfGE 109, 279 (323).

[141] So jedenfalls *Sorge/v. Lucke/Spiecker gen. Döhmann* Registermodernisierung (Fn. 134), 3, 13 ff., die schon daraus die Verfassungswidrigkeit der Nutzung der Steuer-ID als Identifikationsmerkmal herleiten und nur bereichsspezifische Personenmerkmale für zulässig erachten. Zum Vorstehenden auch *Deutscher Bundestag* (Fn. 131), 16 f. Anders *Peuker* Registermodernisierungsgesetz (Fn. 116), 1167 (1170), der die Annahme eines einheitlichen Personenkennzeichens ablehnt und stattdessen von einer bereichsübergreifenden Personenkennziffer spricht, zu der sich das BVerfG aber noch nicht verhalten habe.

[142] Insoweit skeptisch wie hier *v. Lewinski/Gülker* Grundfragen (Fn. 46), 633 (641): „Jedenfalls soll die ID-Nr. nicht für alle Register eingeführt werden, sondern nur für einen Teil", weshalb kein „Superregister" entstünde; *Peuker* Registermodernisierungsgesetz (Fn. 116), 1167 (1170). Die Frage aufwerfend, aber letztlich offenlassend *Guckelberger/ Sarosta* Onlinezugangsgesetz (Fn. 58), 1161 (1166); *Deutscher Bundestag* (Fn. 131, 22). (ebd. 14 auch mit Nachweis zu der Auffassung, die bereits eine bereichsübergreifende Verknüpfung mehrerer Register für unzulässig erachtet).

Jenseits solcher quantitativ-formalen Aspekte wichtiger erscheint indes die Frage, welcher Stellenwert diesen mehr als 40 Jahre alten, wenig elaborierten und in einem bestimmten historischen Kontext zu verortenden Sentenzen noch beizumessen ist.[143] Die verfassungsgerichtlichen Aussagen konfrontieren ihren Interpreten bereits mit der Herausforderung, dass sie teils ergebnisorientierter Natur (umfassende Registrierung), teils verfahrensrechtlicher Natur (einheitliches Personenkennzeichen) sind, ohne dass ihr Verhältnis zueinander deutlich wird oder das Gericht Gelegenheit hatte, verfassungskonforme Ausgestaltungsvarianten zu beleuchten.[144] Namentlich lässt sich den legitimen Befürchtungen vor einer ausufernden Wissensmacht der Verwaltung und dem damit verbundenen Risiko staatlichen Datenmissbrauchs auch durch rechtliche, organisatorische und technische Maßnahmen begegnen.[145] Hierzu zählen die Schaffung normenklarer gesetzlicher Befugnistatbestände, welche die Verarbeitung und Verknüpfung von Registerinformationen an enge Zwecke binden,[146] das Vorsehen von Sanktionen mit abschreckender Wirkung für den Fall von Rechtsverstößen, die Herstellung von Transparenz und Kontrollmöglichkeiten für den Bürger,[147] die Sicherstellung einer effektiven Aufsicht etwa durch die Protokollierung von Datenflüssen sowie der verschlüsselte und gesicherte Transfer von besonders sensiblen Daten.[148] In einer Gesellschaft, die

---

[143] Jenseits der „dürren" Aussagen des BVerfG in den zitierten Stellen bemängeln v. *Lewinski/Gülker* Grundfragen (Fn. 46), 633 (634) in diesem Kontext, dass das deutsche Recht bis heute keine Definition eines umfassenden Persönlichkeitsprofils entwickelt habe.

[144] Zu dieser Unsicherheit des Verständnisses der BVerfG-Rechtsprechung auch *Deutscher Bundestag* (Fn. 131), 12 ff.; *Martini/Wagner/Wenzel* Rechtliche Grenzen (Fn. 123), 30 ff.

[145] Im gleichen Sinne *Martini/Wagner/Wenzel* Rechtliche Grenzen (Fn. 123), 29 ff., 33 f., 62 f.; *Peuker* Registermodernisierungsgesetz (Fn. 116), 1161 (1170), der i.Ü. das Erfordernis einer dynamischen Verfassungsauslegung betont. Für weitere Nachweise zu dieser Auffassung s. ferner *Deutscher Bundestag* (Fn. 131), 15.

[146] Wie hier *Peuker* Registermodernisierungsgesetz (Fn. 116), 1161 (1170 f.). S. ferner § 5 Abs. 1 S. 1 Nr. 2 IDNrG, der den Zweck der Identifikationsnummer (Steuer-ID) beim Abgleich von Datensätzen einer natürlichen Person in verschiedenen Registern untereinander an einen anderen, d.h. außerhalb des IDNrG liegenden gesetzlichen Erlaubnistatbestand knüpft. § 5 Abs. 1 S. 2 IDNrG schränkt die Verwendung der Steuer-ID in privaten Kontexten zudem stark ein; vgl. hierzu v. *Lewinski/Gülker* Grundfragen (Fn. 46), 633 (637).

[147] Vgl. hierzu § 10 OZG, der die Einrichtung eines sog. „Datenschutzcockpits" vorsieht.

[148] Diese technische Sicherung kann insbes. unter Zuhilfenahme externer öffentlicher Vermittlungsstellen erfolgen, denen für die Datenübermittlung eine „Wächterfunktion" zukommt, sog. „4-Corner-Modell". Vgl. hierzu neben § 7 Abs. 2 IDNrG etwa *Deutscher Bundestag* (Fn. 131), 18; *Peuker* Registermodernisierungsgesetz (Fn. 116), 1161 (1171). Zu erwähnen ist ferner, dass gem. § 12 Abs. 1 S. 2 IDNrG „das Risiko, bezogen auf die einzelne Person ein vollständiges Persönlichkeitsprofil durch Datenübermittlungen innerhalb

sich rasant digitalisiert und vernetzt, sind Sachgerechtigkeit und Grenzen eines pauschalen Profilbildungsverbots deshalb neu zu denken. Jedenfalls erscheint es nicht gerechtfertigt, einheitliche Identifikationsnummern – die im Übrigen unionsrechtlich für zulässig erachtet werden[149] und in anderen europäischen Staaten schon seit langem zum Einsatz kommen[150] – *a priori* für illegitim zu erklären.[151]

3. *Informationsgenerierung der Verwaltung als Grundrechtsgefährdung*

Das bisher Ausgeführte offenbart indes eine wichtige Ambivalenz: Die Vernetzung von Verwaltungsinformationen weist nicht nur eine grundrechtsschonende Facette auf. Sie kann auch zu einer Grundrechtsgefährdung mit freiheits- oder gleichheitsbeschränkender Wirkung mutieren. Dieser Effekt manifestiert sich vor allem dort, wo der Bürger nicht als Nachfrager von Verwaltungsleistungen auftritt, sondern die Verwaltung Informationen als Anknüpfungspunkt für gefahrenabwehrrechtliche Maßnahmen nutzt. Die hierfür relevanten Informationen können mittlerweile automatisiert verknüpft und ausgewertet werden. Immer leistungsfähigere Algorithmen bis hin zu Künstlicher Intelligenz ermöglichen hierdurch nicht nur raum-, sondern auch personenbezogene Musteranalysen zur Abwehr künftiger Straftaten oder sonst gefährlichen Verhaltens. Anders als beim „One-Stop-Government" basiert dieses sog. „Predictive Policing"[152] nicht

---

eines Bereichs zu erstellen, wirksam begrenzt" werden muss. Für verfassungsrechtlich grundsätzlich möglich halten die Verwendung allgemeiner oder bereichsübergreifender Identifikationsnummern bei Beachtung der vorstehend skizzierten Einschränkungen wie hier *Gerrit Hornung* Die digitale Identität, 2005, 159 ff.; *v. Lewinski/Gülker* Grundfragen (Fn. 46), 633; *Martini/Wagner/Wenzel* Rechtliche Grenzen (Fn. 123), 5 ff.; *Peuker* Registermodernisierungsgesetz (Fn. 116), 1161 (1169 ff.).

[149] So gestattet es die Öffnungsklausel in Art. 87 DSGVO den Mitgliedstaaten, zu bestimmen, unter welchen spezifischen Bedingungen eine nationale Kennziffer oder andere Kennzeichen von allgemeiner Bedeutung Gegenstand einer Verarbeitung sein dürfen; vgl. insoweit *Deutscher Bundestag* (Fn. 131), 5 ff.; *v. Lewinski/Gülker* Grundfragen (Fn. 46), 633 ff.; *Martini/Wagner/Wenzel* Rechtliche Grenzen (Fn. 123), 62 f.; *Peuker* Registermodernisierungsgesetz (Fn. 116), 1167 (1169).

[150] Hierzu *Hornung* Identität (Fn. 148), 161; *Peuker* Registermodernisierungsgesetz (Fn. 116), 1167 (1169).

[151] Vgl. insoweit schließlich auch BVerfG, Urt. des Ersten Senats v. 16.2.2023, Az. 1 BVR 1547/19 u. 1 BvR 2634/20, abgedruckt in NJW 2023, 1196 ff., Rn. 77 m.w.N., wo das Gericht der Erstellung von Bewegungs-, Verhaltens- und Beziehungsprofilen einer Person lediglich eine besondere Eingriffsintensität beimisst, d.h. die Entstehung eines Persönlichkeitsbilds *per se* nicht als etwas Tabuisiertes zu begreifen scheint.

[152] Ausführlich zur Funktionsweise und zu den (gegenwärtig noch recht schmalen) Einsatzbereichen von „Predictive Policing" *Timo Rademacher* Predictive Policing im deut-

selten auf einer zweckändernden Weiternutzung von Daten, um aus ihnen „neues Wissen"[153] zu generieren.

Die hieraus resultierenden Grundrechtsgefährdungen waren erst kürzlich Gegenstand einer Entscheidung des Bundesverfassungsgerichts zur automatisierten Datenauswertung durch die Analysesoftware „Gotham".[154] Sie betraf das hamburgische und hessische Polizeirecht, welches dazu ermächtigte, in begründeten Einzelfällen rechtmäßig gespeicherte personenbezogene Daten mittels einer automatisierten Datenanalyse zur vorbeugenden Bekämpfung von Straftaten oder zur Abwehr von Gefahren für hochrangige Rechtsgüter weiterzuverarbeiten. Hierzu durften Beziehungen zwischen Personen, Personengruppen, Institutionen, Organisationen oder Objekten hergestellt, unbedeutende Informationen ausgeschlossen, Erkenntnisse bekannten Sachverhalten zugeordnet und gespeicherte Daten statistisch ausgewertet werden.[155]

Mit einer komplexen und teils redundanten Entscheidung erklärte das Bundesverfassungsgericht die landesrechtlichen Regelungen für verfassungswidrig.[156] Den Eingriff in das Recht auf informationelle Selbstbestimmung sah es „nicht nur in der weiteren, zusammenführenden Verwendung vormals getrennter Daten, sondern darüber hinaus in der Erlangung besonders grundrechtsrelevanten neuen Wissens, das durch die automatisierte Datenanalyse […] geschaffen werden kann."[157] Diesen Grundrechtseingriff unterzog das Gericht sodann einer strengen Angemessenheitsprüfung, welche es am Eingriffsgewicht der Maßnahme orientierte: Ermögliche die automatisierte Datenanalyse einen schwerwiegenden Eingriff in die informationelle Selbstbestimmung – lasse sie etwa die Erstellung von Bewegungs-, Verhaltens- oder Beziehungsprofilen zu oder setze sie bislang unbeteiligte Personen (z.B. Zeugen) dem Risiko gezielter polizeilicher Ermittlungsmaßnahmen aus –, bedürfe dies einer Rechtfertigung

---

schen Polizeirecht, AöR 142 (2017), 366 ff.; *Hans-Heinrich Trute/Simone Kuhlmann* Predictive Policing als Formen polizeilicher Wissensgenerierung, GZS 2021, 103 ff.

[153] Tatsächlich dürfte es sich eher um „explizites" als um „neues Wissen" handeln, da dieses Wissen in den Datenquellen bereits angelegt und durch die Analyse lediglich sichtbar gemacht wird; so mit Recht *Johann Vasel* Verfassungsgerichtliche Fesseln? – Das Karlsruher Urteil zur automatisierten Datenanalyse, NJW 2023, 1174 (1177 Rn. 24).

[154] Vgl. BVerfG, Urt. des Ersten Senats v. 16.2.2023, Az. 1 BVR 1547/19 u. 1 BvR 2634/20, NJW 2023, 1196 ff. (s. ebd. Rn. 7 u. 15). Bei dieser Software handelt es sich um ein Programm des Herstellers Palantir.

[155] Vgl. § 49 PolDVG bzw. § 25a HSOG. In Hessen wurde die Software jahrelang unter dem Namen „hessenDATA" eingesetzt. Trotz der gesetzlichen Gestattung hatte demgegenüber Hamburg auf die Errichtung und den Betrieb einer vergleichbaren Plattform verzichtet.

[156] BVerfG (Fn. 154), Rn. 49.

[157] BVerfG (Fn. 154), Rn. 50 unter Verweis auf BVerfGE 156, 11 (39 f. Rn. 73 f.).

am Maßstab der engen Voraussetzungen für eingriffsintensive heimliche Überwachungsmaßnahmen.[158] Heimliche Überwachungsmaßnahmen hinwiederum seien nur zum Schutz besonders wichtiger Rechtsgüter wie Leib, Leben, Freiheit oder Sachen von bedeutendem Wert[159] zulässig. Auch die Eingriffsschwelle[160] müsse dann streng formuliert sein, weshalb es einer hinreichend konkretisierten Gefahr bedürfe.[161] Bei weniger eingriffsintensiven Maßnahmen soll es demgegenüber genügen, dass die gesetzliche Eingriffsnorm eine konkretisierte Gefahr oder den Schutz besonders wichtiger Rechtsgüter voraussetze.[162] Zur Bewertung dieser Eingriffsintensität arbeitete das Gericht nicht nur mit dem „Je-desto"-Schema,[163] sondern entwickelte hierfür ganze 16 Parameter, darunter die Art der Analysemethode,[164] die Menge, Art und Herkunft der analysierten Daten,[165] die Art der neu erzeugten Daten, die Anzahl der betroffenen Grundrechtsträger oder das Risiko für Diskriminierungen.[166] Zudem schlussfolgerte es aus dem Verhältnismäßigkeitsgrundsatz Anforderungen an Transparenz, individuellen Rechtsschutz und aufsichtliche Kontrolle.[167] Laut Bundesverfassungsgericht hielten die daten- und methodenoffenen Normen der Landespolizeigesetze diesen Anforderungen an das Eingriffsgewicht und die Eingriffsschwellen nicht Stand.[168]

---

[158] BVerfG (Fn. 154), Rn. 103, 104 ff.

[159] Das Gericht verweist insoweit beispielhaft auf Infrastruktureinrichtungen.

[160] Synonym spricht das Gericht z.T. vom Eingriffsanlass.

[161] BVerfG (Fn. 154), Rn. 105 unter Bezugnahme auf BVerfGE 141, 220 (272 f. Rn. 112). Laut Gericht setzt diese Eingriffsschwelle tatsächliche Anhaltspunkte für die Entstehung einer konkreten Gefahr für die zu schützenden Rechtsgüter voraus.

[162] BVerfG (Fn. 154), Rn. 103, 107. Unter Umständen könne sogar die Einhaltung des Grundsatzes der Zweckbindung für eine Weiterverarbeitung der Daten ausreichen; vgl. BVerfG (Fn. 154), Rn. 103, 108.

[163] Laut *Vasel* Verfassungsgerichtliche Fesseln? (Fn. 153), 1174 (1175 f. Rn. 15) verwendet es diese „Doppelkonjunktion" insgesamt zehn Mal, was er als „für den Gesetzgeber wenig erhellend" bezeichnet.

[164] Vgl. BVerfG (Fn. 154), Rn. 90, 100, 121. Laut Gericht kann der Gesetzgeber die Eingriffsintensität etwa dadurch senken, dass er den Einsatz selbstlernende Algorithmen (KI) ausschließt.

[165] So gelten laut BVerfG für Daten, die mittels eingriffsintensiver Überwachungs- und Ermittlungsmaßnahmen wie der Wohnraum- oder Online-Überwachung gewonnen wurden, verschärfte Maßstäbe; vgl. BVerfG (Fn. 154), Rn. 81. Umgekehrt soll die händische Einbeziehung von Daten (sic!) in den Analyseprozess das Eingriffsgewicht senken; ebd. Rn. 88.

[166] Vgl. BVerfG (Fn. 154), Rn. 75 ff. Instruktiv hierzu die Zusammenstellung dieser Parameter bei *Markus Löffelmann* Verfassungsrechtliche Anforderungen an automatisierte Datenanalysen durch Sicherheitsbehörden, JR 2023, 331 (341 f.). *Vasel* Verfassungsgerichtliche Fesseln? (Fn. 153), 1174 (1175 Rn. 9) spricht insoweit kritisch von einer verfassungsgerichtlichen „Elementelehre".

[167] BVerfG (Fn. 154), Rn. 103, 109.

[168] Vgl. BVerfG (Fn. 154), Rn. 123, 150 f.

Zwar bewegt sich das Urteil auf einer Linie mit vorangegangenen Entscheidungen zur Datennutzung durch Sicherheitsbehörden.[169] Dessen ungeachtet stellt sich die Frage, ob die einerseits sehr offenen, andererseits sehr umfangreichen verfassungsgerichtlichen Voraussetzungen für die Nutzung automatisierter Datenanalyseverfahren durch den Gesetzgeber praktisch umsetzbar sind.[170] Trotz seines technologieoffenen Ansatzes könnte das Gericht durch die Fülle an Vorgaben mit ihrer komplexen Matrix aus Eingriffsgewicht und Eingriffsschwelle den Einsatz automatisierter Datenanalysen zu einem stumpfen Werkzeug gemacht haben. Denn gerade dort, wo automatisierte Analysen durch die Auswertung sehr umfangreicher und heterogener Datenbestände Muster erkennen und zur Gefahrenabwehr beitragen könnten, bindet das Gericht ihren Einsatz an eine hinreichend konkretisierbare Gefahr und schließt „*Predictive* Policing" damit letztlich aus.[171] Möglicherweise hat das Gericht den instrumentell-methodischen Charakter automatisierter Analyseverfahren dabei zu stark aus dem Blick verloren: Solche Verfahren lassen Muster und Korrelationen erkennen. Hierdurch bieten sie Hilfestellung für daran anknüpfende menschliche Bewertungen und Entscheidungen,[172] ohne selbst unmittelbar zu belastenden Maßnahmen zu führen. Insofern ist es keinesfalls gewiss, ob einer automatisierten Datenanalyse ein eigenes „spezifisches" Eingriffsgewicht zukommt, wie das Bundesverfassungsgericht meint.[173] Der Einsatz eines solchen Werkzeugs vermag im Übrigen auch grundrechtsschonend zu wir-

---

[169] Vgl. insoweit etwa BVerfGE 141, 220 ff.; 156, 11 ff. Für weitere Nachweise zur umfangreichen Rechtsprechung des BverfG s. *Vasel* Verfassungsgerichtliche Fesseln? (Fn. 153), 1174 (1175 Rn. 11); *Thomas Wischmeyer* Grundrechte: Automatisierte Datenanalyse durch Polizei, JuS 2021, 797 (797 Fn. 1).

[170] *Vasel* Verfassungsgerichtliche Fesseln? (Fn. 153), 1174 (1175 f. Rn. 14 ff.) beklagt insoweit, dass das Urteil ein „Vagheitsproblem" mit einer „Regelungshypertrophie" kombiniere und dadurch ein „Paradox der Normklarheit" generiere. Er nimmt deshalb an, dass es den Gesetzgeber beim Versuch einer Implementierung „ratlos und enerviert zurücklassen" wird. Ähnlich kritisch zur Umsetzbarkeit der Entscheidung *Löffelmann* Datenanalysen (Fn. 166), 341 (344), der von einer Überforderung des Gesetzgebung spricht.

[171] So die bedenkenswerte Kritik von *Vasel* Verfassungsgerichtliche Fesseln? (Fn. 153), 1174 (1177 Rn. 26 f.), der beim Gericht deshalb eine „sklerotisierende KI-Skepsis" vermutet. S. ferner *Wischmeyer* JuS 2021, 797 (798).

[172] *Vasel* Verfassungsgerichtliche Fesseln? (Fn. 153), 1174 (1177 Rn. 27). Skeptisch gegenüber der menschlichen Überprüfbarkeit von zumeist intransparent generierten KI-basierten Aussagen indes EuGH, Urt. v. 21.6.2022 – C-817/19, BeckRS 2022, 13847. Laut *Meinhard Schröder* Hoheitlicher Einsatz von KI nach dem PNR-Urteil des EuGH, ZdiW 2023, 11 ff. könnte dem in Zukunft jedoch durch „erklärbare KI" begegnet werden.

[173] Sehr kritisch zur verfassungsgerichtlichen These der Steigerung des Eingriffsgewichts durch Automatisierung *Vasel* Verfassungsgerichtliche Fesseln? (Fn. 153), 1174 (1176 f. Rn. 21 ff.).

ken, indem seine algorithmenbasierte Mustererkennung polizeiliche Verdachtsmomente oder vorurteilsbehaftete Einstellungen gegenüber bestimmten Personen oder Gruppen entkräftet.[174]

Vergleichbar zur Diskussion um die Steuer-ID scheint auch das „KI-Urteil" des Bundesverfassungsgerichts durch die Furcht vor dem „digitalen Leviathan"[175] und der Erstellung umfassender Persönlichkeitsprofile motiviert zu sein.[176] Das mit „Predictive Policing" verbundene Risiko eines *Orwellschen* Überwachungsstaats sollte indes auch hier zuvörderst der Einschätzungsprärogative des Gesetzgebers überantwortet bleiben. Soweit das Verbot oder jedenfalls die starke Beschränkung der Erstellung von Persönlichkeitsprofilen von der Sorge um „Chilling Effects" für die bürgerliche Freiheitsentfaltung getragen ist,[177] harrt dies – auch mit Blick auf das Nutzungsverhalten der Bevölkerung in privaten Online-Kontexten – eines empirischen Nachweises. Statt akribisch den „Dateninput" in automatisierte Analyseverfahren zu regulieren, sollte der Fokus deshalb stärker auf einer Regulierung und Kontrolle des „Datenoutputs", sprich auf der Erzeugung von und dem Umgang mit Analyseergebnissen liegen. Dies könnte beispielsweise durch verfahrens- und organisationsrechtliche Sicherungen in Gestalt der Begrenzung des analyseberechtigten Personals, der detaillierten Protokollierung des Analysevorgangs, des Arbeitens mit pseudonymisierten Daten und des zwingenden Erfordernisses einer menschlichen Bewertung des Analyseergebnisses[178] erfolgen.[179] Auch für die Informationsgenerierung mit freiheitsgefährdendem Potenzial gilt deshalb der Appell, über Sachgerechtigkeit und Grenzen des Verbots der Erstellung von Persönlichkeitsprofilen neu nachzudenken. Andernfalls drohte es zu einem „juristischen Fetisch" zu verkommen, der dem Datenschutz im Verhältnis

---

[174] Gerade eine gut trainierte KI kann Gleichheitsgrundrechte tendenziell besser schützen, da ihre Ergebnisse nicht durch menschliche Vorurteile („racial profiling") verzerrt werden.

[175] *Vasel* Verfassungsgerichtliche Fesseln? (Fn. 153), 1174 (1177 Rn. 30).

[176] So auch die Einschätzung von *Vasel* Verfassungsgerichtliche Fesseln? (Fn. 153), 1174 (1177 Rn. 28).

[177] Zu dieser tragenden Säule des Verbots der Erstellung von Persönlichkeitsprofilen *Hornung* Identität (Fn. 148), 159 m.w.N. S. ferner BVerfGE 65, 1 (42 f.).

[178] Hierbei ist erneut zu berücksichtigen, dass die Analyseergebnisse im Regelfall nur Korrelationen aufzeigen, weshalb die Schwelle eines polizeirechtlichen Eingriffs allein aufgrund des Analyseergebnisses noch nicht erreicht oder überschritten sein muss. Dies ist jedoch eine Frage des Einzelfalls und entzieht sich deshalb der gesetzgeberischen Ausgestaltung.

[179] Daneben ist es selbstverständlich angezeigt, den Dateninput an eine (niedrige) Eingriffsschwelle zu knüpfen. Das hamburgische und hessische Polizeirecht stellte insoweit auf den „begründeten Einzelfall" ab.

zu anderen verfassungsrechtlichen Belangen eine nicht gebotene Präponderanz zubilligte.[180]

IV. Fazit

Trotz aller Unkenrufe schreitet der Umbau der *res publica* zur *res publica digitalis* rasant voran und verändert die Arbeitsweise der öffentlichen Verwaltung: Ihre Informationsgrundlage wird zunehmend digitaler, die „staubige Papierakte" durch E-Akten und E-Register ersetzt.[181] Von Rechts wegen ist dieser Umbau nicht nur gewünscht, sondern gefordert. Auch gestattet er die stärkere Einbindung der Bürger als „Informationsverwaltungshelfer". Freilich ist die durch Digitalität ermöglichte Verknüpfung von Verwaltungsinformationen janusköpfig: Sie hat das Potenzial, Grundrechtspositionen der Bürger zu schonen oder gar zu stärken, kann aber zugleich grundrechtsgefährdend wirken. Die Einschätzung dieser Risiken obliegt indes primär dem Gesetzgeber. Auch das pauschale Verbot der Erstellung von Persönlichkeitsprofilen ist mit Blick auf seine Begründung und alternative Schutzkonzepte neu zu denken. Andernfalls könnte ein wesentlicher Vorteil digitalisierter Verwaltungsstrukturen – die effiziente Nutzung und Verknüpfung sachrichtiger Informationen im Interesse der Bürger und des Gemeinwesens – verspielt werden. Der geltende Rechtsrahmen ist für die skizzierten Entwicklungen gewappnet und hinreichend flexibel, um Interessengegensätze auszugleichen. Der Kodifikation eines „Informationsverwaltungsrechts" bedarf es daneben nicht.

---

[180] Hierzu passt i.Ü., dass das EU-Recht kein pauschales Verbot der Bildung von Persönlichkeitsprofilen kennt; vgl. insoweit Art. 22 DSGVO und Art. 11 JI-Richtlinie.

[181] Speziell aus der Verwaltungssicht dazu *Vesting* Information und Kommunikation (Fn. 6), § 20 Rn. 51. Ausführlich zur Akte als Speicher von Verwaltungsinformationen *Ladeur* Kommunikationsinfrastruktur (Fn. 48), § 21.

Leitsätze des Referenten über:

1. Information als Voraussetzung des Verwaltungshandelns

I.   Thematische Einführung

1.   Information als Gelingensvoraussetzung „guter Verwaltung"

(1) Information – hier zu verstehen als aus Daten angereicherte Tatsachen, die für sich genommen oder im Verbund mit weiteren Informationen Wissen generieren – ist eine unabdingbare Gelingensvoraussetzung für „gutes" Verwaltungshandeln.

(2) Die permanente Verarbeitung von Informationen konstituiert das Wesen des Verwaltungshandelns. Von daher kann Verwaltung als „informationsverarbeitendes System" in Gestalt eines interpersonalen Informations- und Kommunikationsnetzwerks charakterisiert werden.

2.   Informationsgenerierung, Informationsdistribution und Informationsverwaltungsrecht

a)   Informationsgenerierung

(3) Bei der Informationsgenerierung kann es sich um einen weit ausgreifenden, teils aufwändigen und komplexen Prozess handeln. In Gestalt eines zumeist „iterativen Informationszyklus" hat er das Erheben, Speichern, Verarbeiten, Vernetzen und Übertragen von Informationen zum Gegenstand.

b)   Informationsdistribution

(4) Hiervon abzugrenzen ist die Informationsdistribution. Bei ihr geht es nicht um die Informationssuche und -verarbeitung, sondern um die aktive oder passive Kommunikation von Verwaltungsinformationen nach außen. Sie liegt jenseits des hier zu verhandelnden Themas – Information als Voraussetzung und nicht als Instrument des Verwaltungshandelns – und wirft andere Rechtsfragen auf.

c) *Informationsverwaltungsrecht*

(5) Die mit der Verwaltung als "informationsverarbeitendem System" zusammenhängenden Rechtsfragen werden häufig unter dem Topos des Informationsverwaltungsrechts verhandelt. Seit dem Siegeszug der digitalen Informations- und Kommunikationstechniken erfreuen sie sich einer intensiven rechtswissenschaftlichen Durchdringung.

(6) Der Topos des Informationsverwaltungsrechts sollte jedoch nicht als Kodifikationsauftrag, sondern als Token für Normen und Prinzipien im Umgang mit Informationen verstanden werden.

II. Rechtliche Grundlagen und Grenzen der Informationsgenerierung

1. Grundlagen der Informationsgenerierung durch die Verwaltung

a) *Nationaler Rechtsrahmen*

(7) Eine Pflicht der Verwaltung, die für ihre Aufgabenerledigung benötigten Informationen zu generieren, folgt primär aus dem Rechtsstaatsprinzip. Können Informationen digital generiert werden, ist dieser besonders effiziente Modus im Regelfall zu nutzen. Für ihn streitet die schnelle Verfügbarkeit, Vernetzbarkeit sowie höhere Sachrichtigkeit digitaler Verwaltungsinformationen.

(8) Die in ihrer Reichweite unklare und begrenzte Pflicht zu informationeller Amtshilfe (Art. 35 Abs. 1 GG) lässt immerhin erkennen, dass ein Informationsaustausch zwischen Behörden nicht nur möglich, sondern verfassungsrechtlich erwünscht ist.

(9) Auch der über Art. 91c GG zu realisierende Verwaltungsportalverbund von Bund, Ländern und Kommunen digitalisiert die Kommunikationsbeziehung zwischen Verwaltung und Bürgern. Entsprechend können die bereits beschriebenen Eigenschaften digitaler Informationen – schnelle Verfügbarkeit, Verknüpfbarkeit und höhere Sachrichtigkeit – zunehmend ihre Vorteile ausspielen.

(10) Die Pflicht zur Generierung hinreichender und sachrichtiger Informationen resultiert ferner aus dem Sozialstaatsprinzip und weist starke Berührungspunkte zu den Gleichheits- und Freiheitsgrundrechten auf.

b) *Unionaler Rechtsrahmen*

(11) Aufgrund der strukturellen Vergleichbarkeit von Union und Mitgliedstaaten gestaltet sich die Rechtslage auf EU-Ebene ähnlich. Mehr noch als die nationale Verwaltung ist die unionale "zuallererst Informati-

onsverwaltung". Dies hat zur Ausbildung komplexer vertikaler und horizontaler Verwaltungsinformationsverbünde geführt.

2. Grenzen der Informationsgenerierung durch die Verwaltung

(12) Informationsbeschaffungsvorgänge werden durch die verfassungs- und unionsrechtliche Kompetenzordnung föderal gebrochen. Für informationelle Eingriffe verlangt der Vorbehalt des Gesetzes unter Einschluss der Verarbeitung personenbezogener Daten nach Beachtung.

(13) Bei den grundrechtlichen Grenzen der Informationsgenerierung durch die Verwaltung spielt vor allem das Recht auf informationelle Selbstbestimmung eine kaum zu überschätzende Rolle. In Gestalt von Abwägungs- und Öffnungsklauseln belässt das komplexe datenschutzrechtliche Normgewebe jedoch genügend Raum für einen adäquaten Datenschutz bei gleichzeitiger Bewältigung konfligierender Interessen. Unversöhnliche Zielkonflikte zwischen einer informationellen und datenschützenden Verwaltung bestehen deshalb nicht.

III. Ausgewählte Sachbereiche der Informationsgenerierung

1. Informationsgenerierung der Verwaltung unter Einbezug Privater

a) Informatorische Mitwirkungspflichten Privater

(14) Zahllose Regelungen des Gewerbe-, Umwelt oder Steuerrechts erlegen Privaten nicht nur Mitwirkungsobliegenheiten, sondern echte Mitwirkungspflichten auf, etwa in Gestalt von Auskunfts-, Vorlage-, Melde-, Unterstützungs-, Prüf- oder Berichtspflichten.

(15) Diese „Privatisierung der Informationsgenerierung" ist nicht ohne Kritik geblieben. Bemängelt wird, dass die Verlagerung von Informationsbeschaffungspflichten auf den Bürger in der Untersuchungsmaxime keinen Niederschlag finde, zu Widerständen oder einer unvollständigen Informationspreisgabe führen könne und über Verdachtsmomente bzw. Stichproben lediglich eine beschränkte Amtsermittlung ermögliche.

(16) Die verwaltungsrechtliche Untersuchungsmaxime ist jedoch kein Rechtsprinzip mit klar definierten Grenzen und deshalb für fachgesetzliche Modifikation offen. Die Statuierung privater Mitwirkungspflichten trägt vor allem dem Umstand Rechnung, dass die Verwaltung über viele Informationen gar nicht verfügt oder verfügen kann und deshalb zum Ausgleich dieser Informationsasymmetrie auf informationelle Kooperationen mit Privaten angewiesen ist.

(17) Die fortschreitende Verwaltungsdigitalisierung mit ihrem informationellen Vernetzungspotenzial kann im Übrigen einen wichtigen Beitrag dazu leisten, die „nachvollziehend kontrollierende Amtsermittlung" aus ihrer Begrenztheit auf bloß stichproben- oder verdachtsbasierte Überprüfungen zu befreien und sie zu einer „begleitenden Amtsermittlung" aufzuwerten.

b) *Informatorische Mitwirkungsmöglichkeiten Privater*

(18) Die Informationsgenerierung der Verwaltung unter Zuhilfenahme Privater basiert zudem auf einer freiwilligen Wahrnehmung von Mitwirkungsmöglichkeiten durch zumeist Verfahrensunbeteiligte. Diese Mitwirkung durch „Informationsverwaltungshelfer" ist vor allem dort von Relevanz, wo massenhafte oder hochkomplexe Vorgänge zu kontrollieren sind bzw. sich ein Sachverhalt dem Behördenzugriff völlig entzieht.

(19) Juristisch begegnet die normativ ausgestaltete, aber dennoch freiwillige Einbindung Privater keinen Bedenken. Rechtlich wurde sie seit jeher in Gestalt der Verwaltungspetition oder der Pflicht der Verwaltung zur Entgegennahme von Erklärungen mitgedacht.

2. *Informationsgenerierung der Verwaltung als Grundrechtsschonung*

(20) Effizient vernetzte Verwaltungsinformationen können zu einer Grundrechtsschonung des Bürgers beitragen. Namentlich vermag die Nutzung bereits rechtmäßig erhobener Daten mit einer geringeren Eingriffstiefe in das Recht auf informationelle Selbstbestimmung einherzugehen.

(21) Voraussetzung hierfür ist die Verknüpfung elektronischer Akten und digitaler Register. Erst diese Vernetzung erlaubt den politisch gewollten Schritt zum „Once-Only-Prinzip" als Grundbedingung für ein „One-Stop-Government". Befördert durch die Digitalisierung, das Unionsrecht („Single Digital Gateway") und die Verfassung entwickeln sich diese Prinzipien zu einem neuen Funktionsmodus des Verwaltungsrechts.

(22) Der Gesetzgeber hat hierfür mit dem Registermodernisierungsgesetz und der „Steuer-ID" als Identifikationsmerkmal für 51 von ca. 220 verfügbaren Registern eine wichtige Grundlage geschaffen. In der Rechtswissenschaft wird diese Registerverknüpfung jedoch teils kritisch begleitet: Sie ermögliche die verfassungsgerichtlich unzulässige Erstellung von Persönlichkeitsprofilen und erleichtere den Aufbau von Überwachungssystemen.

(23) In dieser Kategorialität sind beide Kritikpunkte jedoch Einwänden ausgesetzt. Zum einen muss sich der Gesetzgeber nicht von der entfernten Möglichkeit einer polizeistaatlichen Dystopie leiten lassen, sondern kann

auf die Funktionsfähigkeit rechtsstaatlicher Strukturen und die Wehrhaftigkeit der Verfassung vertrauen. Zum anderen sind in einer Gesellschaft, die sich rasant digitalisiert und vernetzt, Sachgerechtigkeit und Grenzen eines pauschalen Profilbildungsverbots neu zu denken.

3. Informationsgenerierung der Verwaltung als Grundrechtsgefährdung

(24) Die Vernetzung von Verwaltungsinformationen weist nicht nur eine grundrechtsschonende Facette auf, sondern kann auch zu einer Grundrechtsgefährdung mit freiheits- oder gleichheitsbeschränkender Wirkung mutieren. Dies gilt etwa für das „Predictive Policing", das zumeist auf einer zweckändernden Weiternutzung rechtmäßig erhobener Daten basiert, um „neues Wissen" zu generieren.

(25) In seinem „KI-Urteil" erklärte das Bundesverfassungsgericht zwei landesrechtliche Regelungen zur automatisierten Datenanalyse im Gefahrenabwehrbereich für verfassungswidrig. Nach Auffassung des Gerichts hielten die daten- und methodenoffenen Normen der Landespolizeigesetze den von ihm formulierten Anforderungen an das Eingriffsgewicht und die Eingriffsschwellen nicht Stand.

(26) Trotz des technologieoffenen Ansatzes könnte das Gericht durch seine komplexe Matrix aus Eingriffsgewicht und Eingriffsschwellen den Einsatz automatisierter Datenanalysen zu einem stumpfen Werkzeug gemacht haben. Möglicherweise hat es insoweit den instrumentell-methodischen Charakter automatisierter Analyseverfahren zu stark aus dem Blick verloren.

(27) Vergleichbar zur Diskussion um Registerverknüpfungen scheint das „KI-Urteil" durch die Furcht vor dem „digitalen Leviathan" und der Erstellung umfassender Persönlichkeitsprofile motiviert zu sein. Statt akribisch den „Dateninput" in automatisierte Analyseverfahren zu regulieren, sollte der Fokus stärker auf einer Regulierung und Kontrolle des „Datenoutputs" (Erzeugung von und Umgang mit Analyseergebnissen) liegen. Auch für die Informationsgenerierung mit freiheitsgefährdendem Potenzial gilt deshalb der Appell, über Sachgerechtigkeit und Grenzen des Verbots der Erstellung von Persönlichkeitsprofilen neu nachzudenken.

Dritter Beratungsgegenstand:

Information als Voraussetzung des Verwaltungshandelns

2. Referat von *Johannes Reich*, Zürich

Inhalt

		Seite
I.	Anspruchsvolle Voraussetzungen informationell gesättigten und wissensbasierten Verwaltungshandelns.......	319
	1. Verwaltungshandeln als Produkt von Wissen und Information verarbeitenden Entscheidungen in einer regelgebundenen strategischen Interaktion..............	319
	2. „Innovative und lernende Verwaltung" im „Wissensstaat"?.....................................	322
	3. Administrative Gewinnung von Information und Wissen als Ressourcen- und Anreizproblem...................	326
	a) Epistemische Relevanz der Differenz zwischen Ideal- und Realtypus der Verwaltung	326
	b) Gewinnung von Information und Wissen als Ressourcenproblem...........................	327
	c) Gewinnung von Information und Wissen als Anreizproblem................................	328
II.	Informationsgewinnung im Verwaltungsverfahrensrecht und deren Darstellung	330
	1. Maßstäbe rationeller und rechtskonformer Ressourcenverwendung	330
	2. Amtsermittlung angesichts asymmetrischer Verteilung von Information und Wissen	333
	a) Inquisitorische Informationsermittlung nach Maßgabe des materiellen Rechts............................	333
	b) Informationsasymmetrie zu Lasten der Verwaltung	335
	3. Ermittlungsermessen als kompensatorische Ressource der Verwaltung	336
	a) Asymmetrische Verteilung der Informationen über das Verfahren...................................	336

b) Rechtsnormative Leitlinien zur Bestimmung des
   gebotenen Ermittlungsermessens.................. 337
c) Strategische Wechselbeziehung zwischen
   Außendarstellung und innerem Verfahren........... 339
4. Rechtsgleiche Informationsgewinnung angesichts
   divergierender Durchsetzungsfähigkeit von Interessen im
   Verwaltungsverfahren............................. 341
   a) Unterschiedliche Durchsetzungsfähigkeit von Interessen
      im Verwaltungsverfahren 341
   b) Hohe Durchsetzungsfähigkeit von sich auf private Güter
      beziehenden Interessen........................ 342
   c) Strukturell schwache Repräsentation von sich auf
      öffentliche und kollektive Güter beziehenden
      Interessen.................................... 344
5. Externes Fachwissen zur Kompensation begrenzter
   administrativer Expertise: Grenzen des Modells
   rechtsgleicher und sachverständiger inquisitorischer
   Informationsgewinnung 347
   a) Hinzuziehung externen Sachverstands als
      legitimationstheoretische Paradoxie 347
   b) Gefahr korrelativer Abhängigkeit von Verwaltung und
      externen Sachverständigen 348
   c) Kompetenz und Unbefangenheit als Vorbedingungen
      inquisitorischer Informationsgewinnung............. 351
6. Endogene Einwirkungen auf die Informationsgewinnung im
   Verwaltungsverfahren............................. 352
III. Exogene Einwirkungen auf die administrative
   Informationsgewinnung und -verarbeitung 354
   1. Entscheidungsbegründung als Grundlage der Fremdkontrolle
      der Verwaltungsentscheidung 354
   2. Vorwirkungen gerichtlicher Fremdkontrolle auf das
      Verwaltungsverfahren............................. 354
      a) Bundesgerichtlich angeordnete Begründungspflicht in
         Einbürgerungsverfahren als natürliches Experiment ... 354
      b) Institutioneller Kontext der Möglichkeit von
         Vorwirkungen des Verwaltungsprozesses 358
   3. „Feueralarme" und „Brandschutzbeauftragte": Vorwirkungen
      des Einbezugs privaten Wissens in den Verwaltungsprozess
      auf das Verwaltungsverfahren...................... 359
IV. Ausblick: Handlungsperspektive, Verwaltungsrechtsvergleichung
   und digitale Transformation 363

I. Anspruchsvolle Voraussetzungen informationell gesättigten und wissensbasierten Verwaltungshandelns

1. Verwaltungshandeln als Produkt von Wissen und Information verarbeitenden Entscheidungen in einer regelgebundenen strategischen Interaktion

„Verwaltungshandeln"[1] ist das Produkt aufeinander bezogener, vornehmlich an rechtsnormativen Maßstäben orientierter Entscheidungen, die in einer regelgebundenen strategischen Interaktion zwischen einer Verwaltungsbehörde und den Verfahrensbeteiligten getroffen werden.[2] Im Rahmen jeder dieser Entscheidungen erhebt, generiert und verarbeitet die Verwaltung Daten und Informationen und verknüpft sie mit Wissensbeständen – in der Entscheidung über den relevanten Sachverhalt, in der Entscheidung über dessen rechtliche Würdigung und in der Entscheidung in der Sache.[3] Gegen außen ist diese Sequenz von Entscheidungen[4] als einheitliche

---

[1] Die Kategorie ist im Einzelnen strittig; vgl. einlässlich dazu für das deutsche Verwaltungsrecht *Rolf Stober/Stefan Korte* in: Hans Julius Wolff/Otto Bachof/Winfried Kluth (Hrsg.) Verwaltungsrecht I, 13. Aufl. 2017, § 44 Rn. 2 ff. m.w.N.; für das österreichische Verwaltungsrecht s. *Christoph Grabenwarter/Michael Holoubek* Verfassungsrecht – Allgemeines Verwaltungsrecht, 5. Aufl. 2022, Rn. 950 ff. Weil im französischen Verwaltungsrecht ein Pendant fehlt, behilft sich das Schrifttum der *Suisse romande* mit dem untechnischen Ausdruck „*activité administrative*"; *Peter Karlen* Schweizerisches Verwaltungsrecht, 2018, 191 f. mit Anm. 2; s. *Pierre Moor/Etienne Poltier* Droit administratif, Bd. II, 3. Aufl. 2011, 595 ff. Um einen rechtsvergleichenden Zugang zu ermöglichen, liegt diesem Beitrag ein weites Begriffsverständnis zugrunde, wonach jede auf bestimmte Folgen gerichtete Tätigkeit der Verwaltung mit Außenwirkung („Politikvollzug" im Unterschied zu „Politikvorbereitung") als „Verwaltungshandeln" gilt; für die breite Anschlussfähigkeit dieses Begriffsverständnisses vgl. bspw. *Barbara Remmert* in: Dirk Ehlers/Hermann Pünder (Hrsg.) Allgemeines Verwaltungsrecht, 16. Aufl. 2022, § 17 Rn. 2 ff.; *Bernhard Raschauer* Allgemeines Verwaltungsrecht, 6. Aufl. 2021, 673 ff.; *Ulrich Häfelin/Georg Müller/Felix Uhlmann* Allgemeines Verwaltungsrecht, 8. Aufl. 2020, Rn. 843 ff.

[2] Zum Verwaltungsgericht als möglichem Akteur des Verwaltungsverfahrens vgl. hinten unter Ziff. III/2/a.

[3] Sinngemäß *Niklas Luhmann* Die Grenzen der Verwaltung, 2021, 58: „Die Systemleistung der Verwaltung [...] ist: Information zu Entscheidungen zu verarbeiten." (Kursivdruck und interner Nachweis weggelassen). – Zu der im Haupttext vorgenommenen Gliederung des Entscheidungsverfahrens s. *Philipp Reimer* Verfahrenstheorie, 2015, 333 ff.; weiter differenzierend *Jens-Peter Schneider* Strukturen und Typen von Verwaltungsverfahren, in: Andreas Voßkuhle/Martin Eifert/Christoph Möllers (Hrsg.) Grundlagen des Verwaltungsrechts, Bd. II, 3. Aufl. 2022, § 28 Rn. 104 f.

[4] Das positive Verwaltungsverfahrensrecht zeichnet diese sequenzielle Ordnung der Entscheidungen (Ermittlung und Festlegung des Sachverhalts, rechtliche Würdigung, Entscheidung in der Sache) zwar nach, lässt diese aber in einen einheitlichen Akt (Verfügung, Verwaltungsakt, Bescheid) münden; vgl. für das schweizerische Bundesverwaltungsrecht Art. 12–19 (Feststellung des Sachverhalts) und Art. 35 (Eröffnung der begründeten Verfü-

„Handlung"[5] der Verwaltung darstellbar, die auf identifizierten Ursachen beruht und kausal bestimmte Folgen zeitigen soll.[6]

Die Unterscheidung zwischen „Daten", „Information" und „Wissen" bringt terminologisch eine durch gesteigerte Verdichtung, Systematisierung und Stabilisierung gekennzeichnete Stufung zum Ausdruck, die im rechtswissenschaftlichen Schrifttum verbreitet,[7] im positiven Verwaltungsrecht aber nur selten abgebildet ist.[8] „Daten" bezeichnet demnach eine Syntax

---

gung; vgl. Fn. 28) Bundesgesetz über das Verwaltungsverfahren (Verwaltungsverfahrensgesetz, VwVG; SR 172.021); für das deutsche Verwaltungsverfahren (Bund) § 24 (Ermittlung des Sachverhalts), §§ 37, 39 und 41 (grundsätzlich begründete Bekanntgabe des Verwaltungsakts) VwVfG; für das österreichische Verwaltungsverfahren §§ 37 ff. (Feststellung des Sachverhalts im Ermittlungsverfahren) und §§ 56, 58 Abs. 1 und § 60 (begründeter Erlass des Bescheids, einschließlich des relevanten Sachverhalts und der Beurteilung der Rechtsfrage) Allgemeines Verwaltungsverfahrensgesetz 1991 (AVG).

[5] Deutlich *Wolfgang Kahl* Handlungsformenlehre im Verwaltungsrecht, in: ders./Markus Ludwigs (Hrsg.) Handbuch des Verwaltungsrechts, Bd. V, 2023, § 140 Rn. 3 (wonach die Handlungsformenlehre eine kategoriale *Beschreibung* von Verwaltungshandeln bereithalte; Kursivdruck hinzugefügt); ähnlich *Andreas Glaser* Die Entwicklung des Europäischen Verwaltungsrechts aus der Perspektive der Handlungsformenlehre, 2013, 54 ff.; *Eberhard Schmidt-Aßmann* Das allgemeine Verwaltungsrecht als Ordnungsidee, 2. Aufl. 2006, Kap. 6 Rn. 34; *Friedrich Schoch* Der Verwaltungsakt zwischen Stabilität und Flexibilität, in: Wolfgang Hoffmann-Riem/Eberhard Schmidt-Aßmann (Hrsg.) Innovation und Flexibilität des Verwaltungshandelns, 1994, 199 (205).

[6] *Niklas Luhmann* Begriff und Funktion des Amtes, in: Ernst Lukas/Veronika Tacke (Hrsg.) Schriften zur Organisation, Bd. 1, 2018, 15 (25).

[7] Statt aller *Friedrich Schoch* Öffentlich-rechtliche Rahmenbedingungen einer Informationsordnung, VVDStRL 57 (1998), 158 (166 ff.); *Thomas Vesting* Die Bedeutung der Information und Kommunikation für die verwaltungsrechtliche Systembildung, in: Andreas Voßkuhle/Martin Eifert/Christoph Möllers (Hrsg.) Grundlagen des Verwaltungsrechts, Bd. I, 3. Aufl. 2022, § 20 Rn. 14 ff.; *Herbert Zech* Information als Schutzgegenstand, 2012, 13 ff., 32 f.; *Ino Augsberg* Informationsverwaltungsrecht, 2014, 29 ff.; *Wolfgang Hoffmann-Riem* Innovation und Recht, 2016, 304; *Laura Münkler* Expertokratie, 2020, 60 f., 87 ff.; s. ferner *Helmut Willke* Systemisches Wissensmanagement, 2. Aufl. 2001, 8 ff.; *Pascal Pichonnaz* Le concept de maîtrise exclusive des données numériques, ZSR 2021 I, 427 (435) (mit der Triade „données", „informations", „connaissance"); anders *Burkard Wollenschläger* Wissensgenerierung im Verfahren, 2009, 30; kritisch *Indra Spiecker genannt Döhmann* Informationsverwaltung, in: Wolfgang Kahl/Markus Ludwigs (Hrsg.) Handbuch des Verwaltungsrechts, Bd. 1, 2021, § 23 Rn. 10 ff.; eine genaue Differenzierung *Jean Nicolas Druey* Information als Gegenstand des Rechts, 1995, 6 ff.

[8] Vgl. für das schweizerische Bundesverwaltungsrecht immerhin die Differenzierung zwischen „Geodaten" („raumbezogene Daten, die mit einem bestimmten Zeitbezug die Ausdehnung und Eigenschaften bestimmter Räume und Objekte beschreiben, insbesondere deren Lage, Beschaffenheit, Nutzung und Rechtsverhältnisse") und „Geoinformation" („raumbezogene Informationen, die durch die Verknüpfung von Geodaten gewonnen werden") in Art. 3 Abs. 1 Bst. a und b Bundesgesetz über Geoinformation (SR 510.62); s.a. dazu *Schweizerischer Bundesrat* in: Botschaft zum Bundesgesetz über Geoinformation,

maschinenlesbarer interpretationsoffener Zeichen,[9] wogegen sich „Information" auf die semantische Ebene bezieht[10] und kognitiv erfassbare Sinnelemente beschreibt, die kontextgebunden aus Daten, Mitteilungen oder Beobachtungen gewonnen werden und in Relation zu einem „aktuell gegebenen Kenntnisstand" eine inhaltliche Differenz mit Neuigkeitswert[11] aufweisen.[12] „Wissen" verweist auf relativ gesicherte, aber entwicklungsfähige Erkenntnisse, die auf einer Systematisierung und Konsolidierung von Information und Daten beruhen.[13]

BBl 2006 7817 (7843), wonach sich „Geoinformationen [...] aus Geodaten durch die Anwendung von Regeln und Anweisungen gewinnen" ließen.

[9] Daten können demnach binär, diskret (kategorial) oder kontinuierlich codiert sein. – Vgl. zum Datenbegriff etwa *Zech* Information (Fn. 7), 56; *Vesting* Information (Fn. 7), Rn. 14 ff.; *Augsberg* Informationsverwaltungsrecht (Fn. 7), 32 f.; *Spiecker* Informationsverwaltung (Fn. 7), Rn. 13; *Hoffmann-Riem* Innovation (Fn. 7), 304; *Pichonnaz* Données numériques (Fn. 7), 436.

[10] *Zech* Information (Fn. 7), 27; *Hoffmann-Riem* Innovation (Fn. 7), 304; *Pichonnaz* Données numériques (Fn. 7), 435 f.

[11] Grundlegend *Niklas Luhmann* Reform und Information, in: Ernst Lukas/Veronika Tacke (Hrsg.) Schriften zur Organisation, Bd. 4, 2020, 29 (35) (Erstveröffentlichung: Die Verwaltung 3 [1970], 15); s. dazu Fn. 12/2. Absatz.

[12] Der für den Informationsbegriff konstitutive Charakter des Neuigkeitswerts ist zumindest im hier interessierenden Kontext des Verwaltungshandelns sinnvoll, da etwa hinsichtlich der Grenzen der Amtsermittlung – vgl. dazu im Kontext des VwVG (Fn. 4) *Alfred Kölz/Isabelle Häner/Martin Bertschi* Verwaltungsverfahren und Verwaltungsrechtspflege des Bundes, 3. Aufl. 2013, Rn. 457 ff. und betreffend § 24 VwVfG *Jens-Peter Schneider* in: Friedrich Schoch/Jens-Peter Schneider (Hrsg.) Verwaltungsrecht VwVfG Kommentar III, 2022, § 24 Rn. 66 f. (2022) – zwischen der erschlossenen Wissensbasis und deren eventueller Änderung durch Information zu differenzieren ist; mit anderer Begründung im Resultat ebenso *Vesting* Information (Fn. 7), Rn. 18 ff.; *Augsberg* Informationsverwaltungsrecht (Fn. 7), 30 ff.; ähnlich *Schoch* Informationsordnung (Fn. 7), 166 f.; a.M. *Marion Albers* Information als neue Dimension im Recht, Rechtstheorie 33 (2002), 61 (67 ff.); *Hoffmann-Riem* Innovation (Fn. 7), 304; *Münkler* Expertokratie (Fn. 7), 90 f.; *Spiecker* Informationsverwaltung (Fn. 7), Rn. 14; weiter differenzierend *Katharina Reiling* Der Hybride, 2016, 176; *Jean Nicolas Druey* Der Kodex des Gesprächs, 2015, 29 ff.
Der Neuigkeitswerts als Charakteristikum von Information schliesst an *Luhmann* Reform (Fn. 11), 35 und *ders*. Selbstorganisation und Information im politischen System, in: Ernst Lukas/Veronika Tacke (Hrsg.) Schriften zur Organisation, Bd. 4, 2020, 474 (480) an, der sich wiederum auf (die deutsche Übersetzung von) *Gregory Bateson* Form, Substance, and Difference, in: ders. Steps to an Ecology of Mind, 1972, 454 (459) ("In fact what we mean by information [...] is *a difference which makes a difference* [...].", Kursivdruck im Original) bezieht. Er steht im Kontext der Unterscheidung zwischen (intersubjektiv vermitteltem) Sinn und (subjektiv vermittelter) Information; s. *Luhmann* Reform (Fn. 11), 35.

[13] Sinngemäß u.a. *Vesting* Information (Fn. 7), Rn. 26 f.; *Münkler* Expertokratie (Fn. 7), 91 f.; *Augsberg* Informationsverwaltungsrecht (Fn. 7), 29 ff.; *Anna-Bettina Kaiser* Wissensmanagement im Mehrebenensystem, in: Gunnar Folke Schuppert/Andreas Voßkuhle (Hrsg.) Governance von und durch Wissen, 2008, 217 (220); *Hans Christian Röhl* Wissensgenerierung im Verwaltungsverfahren, in: Andreas Voßkuhle/Martin Eifert/Christoph Möl-

2. „Innovative und lernende Verwaltung" im „Wissensstaat"?

*Max Weber*s historisch kontingentes[14], aber anhaltend wirkmächtiges[15] Modell der bürokratischen Verwaltung verdeutlicht idealtypisch[16] die Funktion von Information und Wissen als Prämissen berechenbaren, auf unverfälschte Normdurchsetzung angelegten[17] Verwaltungshandelns.[18] Das „Prinzip der Aktenmäßigkeit"[19] löst Information und Wissen von ihrem Bearbeiter und macht sie innerhalb der Verwaltung beweglich und reproduzierbar.[20] Aktenführung schafft die Basis für „Aktenkundigkeit"[21]. Diese wiederum ermöglicht die Verdichtung von Information zu Dienst- und Fachwissen.[22] Eben dieses Wissen bildet im Verbund mit den gewonnenen Informationen und der gesetzlichen Programmierung der Verwal-

---

lers (Hrsg.) Grundlagen des Verwaltungsrechts, Bd. II, 3. Aufl. 2022, § 30 Rn. 5 f.; *Hoffmann-Riem* Innovation (Fn. 7), 304 f.; *Spiecker* Informationsverwaltung (Fn. 7), Rn. 15. – „Wissen" wird damit i.S.v. „explizitem" im Unterschied zu „implizitem" Wissen verstanden; zur Unterscheidung stilbildend *Michael Polanyi* The Tacit Dimension, 1966, 4.

[14] Vgl. *Jürgen Kocka* Otto Hintze, Max Weber und das Problem der Bürokratie, Historische Zeitschrift 1981, 65 (80); *Claus Offe* Rationalitätskriterien und Funktionsprobleme politisch-administrativen Handelns, Leviathan 1974, 333 (334); *Tibor Süle* Preussische Bürokratietradition, 1988, 52 f.

[15] Affirmativ zur anhaltenden Relevanz von *Max Weber*s Bürokratiemodell aus rechtswissenschaftlicher Perspektive *Peter M. Huber* Aktuelle Lage der Verwaltung – Gefährdungen und Lösungsansätze, in: Wolfang Kahl/Markus Ludwigs (Hrsg.) Handbuch des Verwaltungsrechts, Bd. II, 2021, § 54 Rn. 84; *Jens Kersten/Claudia Neu/Berthold Vogel* Politik des Zusammenhalts, 2019, 17 f., 41 ff.; ferner *Wolfgang Hoffmann-Riem/Arne Pilniok* Eigenständigkeit der Verwaltung, in: Andreas Voßkuhle/Martin Eifert/Christoph Möllers (Hrsg.) Grundlagen des Verwaltungsrechts, Bd. I, 3. Aufl. 2022, § 12 Rn. 20; *Ute Mager* Zur Aktualität der legalen Herrschaft aus rechtswissenschaftlicher Sicht, in: Thomas Schwinn/Gert Albert (Hrsg.) Alte Begriffe – Neue Probleme, 2016, 133 (141, 145, 146); abwägend *Wolfgang Kahl* Deutschland, in: IPE V, 2014, § 74 Rn. 155, 158 f.; kritisch *Thomas Groß* Das Kollegialprinzip in der Verwaltungsorganisation, 1999, 5 f., 120 ff. (mit einer skeptischen Beurteilung der anhaltenden Relevanz des Bürokratiemodells zur Analyse der Verwaltung).

[16] Vgl. *Max Weber* Die „Objektivität" sozialwissenschaftlicher und sozialpolitischer Erkenntnis, Archiv für Sozialwissenschaft und Sozialpolitik 19 (1904), 22 (64 f., 71 f., 74 ff., 85); s. dazu *Renate Mayntz* Max Webers Idealtypus der Bürokratie und die Organisationssoziologie, in: Jürgen Fijalkowski (Hrsg.) FS Otto Stammer, 1965, 91 (93 ff.).

[17] *Offe* Rationalitätskriterien (Fn. 14), 334.

[18] Vgl. *Max Weber* Wirtschaft und Gesellschaft, in: Knut Borchardt/Edith Hanke/Wolfgang Schluchter (Hrsg.) Max Weber Gesamtausgabe, Abt. I/Bd. 23, 2013, 147 (376, 459 ff., 463, 465 f.).

[19] *Weber* Wirtschaft und Gesellschaft (Fn. 18), 458.

[20] *Cornelia Vismann* Akten, 2000, 288 f.

[21] *Max Weber* Bürokratismus, in: Edith Hanke/Thomas Kroll (Hrsg.) Max Weber Gesamtausgabe, Abt. I/Bd. 22-4, 2005, 157 (185).

[22] Vgl. *Weber* Wirtschaft und Gesellschaft (Fn. 18), 459, 465 f.

tung Gewähr für informiertes, wissensbasiertes und daher berechenbares Verwaltungshandeln.[23]

Die Erwartungen, die das Modell der bürokratischen Verwaltung analytisch begründet, werden in der Gegenwart als rechtsnormative, im Rechtsstaatsprinzip angelegte Versprechen weitgehend sinngleich reformuliert: juridische Rationalität, Regelhaftigkeit, rechtsgleicher und leidenschaftsloser, distanziert-unpersönlicher Formalismus.[24]

Die eindrucksvolle Folgerichtigkeit, mit der sich die Mechanik der informierten Verwaltung in ihrer idealtypischen Abstraktion präsentiert, kommt ohne einen Modus der Informationsgewinnung aus, nimmt an, dass spezialisiertes Berufsbeamtentum Gewähr für die Kompetenz der Verwaltung bildet, und vertraut darauf, dass der Verwaltung die erforderlichen Ressourcen zur Verfügung stehen. Ungeachtet aller epistemischer Differenzen sind dieses voraussetzungslose Vertrauen in die Kompetenz der Verwaltung und der Verzicht auf eine Methode der Informationsgewinnung auch für die

---

[23] Vgl. *Weber* Wirtschaft und Gesellschaft (Fn. 18), 456 f., 466 f.; s.a. *Max Weber* Parlament und Regierung im neugeordneten Deutschland, in: Wolfgang J. Mommsen (Hrsg.) Max Weber Gesamtausgabe, Abt. I/Bd. 15, 1984, 432 (458, 462 ff.) (zur bürokratischen Herrschaft als Gefahr für Individualrechte und Demokratie.)

[24] Besonders deutlich in der Gegenüberstellung von *Weber* Wirtschaft und Gesellschaft (Fn. 18), 466 f. („Die bureaukratische Herrschaft bedeutet [...] Herrschaft der formalistischen *Unpersönlichkeit:* sine ira et studio [...]; formal gleich für ‚jedermann', d.h. jeden in gleicher *faktischer* Lage befindlichen Interessenten, waltet der ideale Beamte seines Amtes."; Kursivdruck im Original) und *Eberhard Schmidt-Aßmann* Der Rechtsstaat, in: HStR I, 3. Aufl. 2004, § 26 Rn. 21 a.E.: „[j]uridische Rationalität, Regelhaftigkeit, Verallgemeinerungsfähigkeit, Distanz" als Attribute einer rechtsstaatlichen Struktur; mit Verweis auf *Josef Isensee* Rechtsstaat – Vorgabe und Aufgabe der Einung Deutschlands, in: HStR IX, 1997, § 202 Rn. 181 a.E.; aus verwaltungsverfahrensrechtlicher Perspektive sinngemäß *Schoch* in: VwVfG Kommentar (Fn. 12), Einleitung Rn. 299 (2022): „Distanz, Neutralität und Unparteilichkeit der Amtswalter" als rechtsstaatliches Gebot; im Original hervorgehoben.

Kritik an der Überhöhung des Rechtsstaatsprinzips bei *Johannes Reich* Verhältnis von Demokratie und Rechtsstaatlichkeit, in: Oliver Diggelmann/Maya Hertig Randall/Benjamin Schindler (Hrsg.) Verfassungsrecht der Schweiz – Droit constitutionnel suisse, Bd. I, 2020, II.3 Rn. 2, 4, 7 f., 12, 23, 28, 33; affirmativ zum Rationalitätsanspruch des Rechtsstaatsprinzips dagegen *Christian Bumke* Die Pflicht zur konsistenten Gesetzgebung, Der Staat 49 (2010), 77 (93); *Paul Kirchhof* Rechtsstaat, in: Heinrich Oberreuter (Hrsg.) Staatslexikon, Bd. 4, 8. Aufl. 2020, 1236 (1249 f.); *Malte Kröger/Arne Pilniok* Unabhängigkeit zählt: Amtliche Statistik zwischen Politik, Verwaltung und Wissenschaft, in: dies. (Hrsg.) Unabhängiges Verwalten in der Europäischen Union, 2016, 131 (139); kritisch differenzierend zur Rationalisierung von Politik durch (Verfassungs-) Recht *Angelika Nußberger* Regieren: Staatliche Systeme im Umbruch?, VVDStRL 81 (2022), 7 (38 f.); s.a. *Bernd Grzeszick* Rationalitätsanforderungen an die parlamentarische Rechtsetzung im demokratischen Verfassungsstaat, VVDStRL 71 (2012), 49 (51 f., 55 ff.); *Fassbender* Wissen (Fn. 35), Rn. 19, 128.

frühe Verwaltungsrechtswissenschaft prägend[25] – besonders deutlich in der auf *Otto Mayer* zurückgehenden Gleichsetzung von Verwaltungsakt und zivilgerichtlichem Urteil[26] bei gleichzeitigem Verzicht auf das gerichtsförmige Verfahren[27] zur Gewinnung der für die autoritative „Regelung eines Einzelfalls"[28] notwendigen Informationen. Ihr Interesse für das Verfahrensrecht entdeckte die Verwaltungsrechtswissenschaft erst mit einer Verzögerung von mehreren Dekaden.[29]

In den letzten rund drei Jahrzehnten hat besonders der Diskurs um die Reform des deutschen Verwaltungsrechts das Verständnis für die vielfältigen kognitiven, informationellen und kommunikativen Dimensionen des Verwaltungshandelns vertieft, geschärft und erweitert.[30] Die traditionsrei-

---

[25] Vgl. immerhin zum Ermittlungsverfahren (Veranlagungsverfahren) zwecks Eruierung der für die Erhebung direkter Steuern notwendigen Informationen *Fritz Fleiner* Institutionen des deutschen Verwaltungsrechts, 8. Aufl. 1928, 183/Anm. 6 und – mit weiteren kurzen Ausführungen zu verfahrensrechtlichen Aspekten – 60 f./Anm. 37, 204/Anm. 70.

[26] *Otto Mayer* Deutsches Verwaltungsrecht, 3. Aufl. 1924, 93, wonach „Vorbild" des Verwaltungsaktes „das gerichtliche Urteil" sei; Hervorhebungen weggelassen; kritisch *Hans Kelsen* Zur Lehre vom öffentlichen Rechtsgeschäft, AöR 31 (1913), 190 (215 ff.); eingehend *Reimund Schmidt-De Caluwe* Der Verwaltungsakt in der Lehre Otto Mayers, 1999, 210 ff.; zur Karriere dieser Gleichsetzung s. statt aller *Christian Bumke* Verwaltungsakte, in: Andreas Voßkuhle/Martin Eifert/Christoph Möllers (Hrsg.) Grundlagen des Verwaltungsrechts, Bd. II, 3. Aufl. 2022, § 34 Rn. 6 ff.

[27] *Mayer* Verwaltungsrecht (Fn. 26), 93 („Nicht übernommen ist das eigentümliche Verfahren, aus welchem das Justizurteil hervorgeht, der Prozeß mit allem, was daran hängt [...].").

[28] § 35 Abs. 1 VwVfG; ähnlich der Verfügungsbegriff i.S.v. Art. 5 Abs. 1 VwVG (Fn. 4): „Als Verfügungen gelten Anordnungen der Behörden im Einzelfall, die sich auf öffentliches Recht des Bundes stützen und zum Gegenstand haben: a. Begründung, Änderung oder Aufhebung von Rechten oder Pflichten; b. Feststellung des Bestehens, Nichtbestehens oder Umfanges von Rechten oder Pflichten; c. Abweisung von Begehren auf Begründung, Änderung, Aufhebung oder Feststellung von Rechten oder Pflichten oder Nichteintreten auf solche Begehren."; zum ähnlich gelagerten Bescheid im österreichischen Verfassungs- und Verwaltungsrecht s. *Johannes Hengstschläger/David Leeb* Verwaltungsverfahrensrecht, 7. Aufl. 2023, Rn. 417 ff.

[29] Vgl. *Christoph Möllers* Materielles Recht – Verfahrensrecht – Organisationsrecht, in: Hans-Heinrich Trute/Thomas Groß/Hans Christian Röhl/Christoph Möllers (Hrsg.) Allgemeines Verwaltungsrecht – zur Tragfähigkeit eines Konzepts, 2008, 489 (493 f.).; in der schweizerischen Verwaltungsrechtswissenschaft lässt sich ab der zweiten Hälfte des 20. Jahrhunderts ein wachsendes Interesse an verfahrensrechtlichen Fragestellungen beobachten, s. *Benjamin Schindler* 100 Jahre Verwaltungsrecht in der Schweiz, ZSR 2011 II, 331 (406 f.).

[30] Grundlegend *Rainer Pitschas* Allgemeines Verwaltungsrecht als Teil der öffentlichen Informationsordnung, in: Wolfgang Hoffmann-Riem/Eberhard Schmidt-Aßmann/Gunnar Folke Schuppert (Hrsg.) Reform des Allgemeinen Verwaltungsrechts, Grundlagen, 1993, 219 (241 ff.); ferner statt aller *Schmidt-Aßmann* Ordnungsidee (Fn. 5), Kap. 6 Rn. 7 ff.;

che optimistische Beurteilung der Ressourcen und Kapazitäten[31] der Verwaltung, Informationen zu gewinnen und Wissen zu generieren, hat dieser Perspektivenwechsel[32] jedoch nicht relativiert, sondern verfestigt: Die „Neue Verwaltungsrechtswissenschaft"[33] rekurriert auf eine „innovative und lernende Verwaltung"[34] im „Wissensstaat".[35]

Vesting Information (Fn. 7), Rn. 50; instruktiv einordnend *Anna-Bettina Kaiser* Die Kommunikation der Verwaltung, 2009, 230 ff., 252 ff. m.w.N.

[31] „Ressourcen" bezieht sich auf die (finanziellen, personellen und sachlichen) Mittel, „Kapazität" auf die Fähigkeit, vorhandene Ressourcen auch tatsächlich zu nutzen. Beide Konzepte sind eng aufeinander bezogen, bleiben aber unterscheidbar. Gängig ist die Unterscheidung zwischen „Kapazität" (i.S.v. „Leistungsvermögen") und „Ressourcen" (i.S.v. „Produktionsfaktoren") auch in der Betriebswirtschaftslehre; vgl. *Jean-Paul Thommen/Ann-Kristin Achleitner/Dirk Ulrich Gilbert/Dirk Hachmeister/Svenja Jarchow/Gernot Kaiser* Allgemeine Betriebswirtschaftslehre, 9. Aufl. 2020, 47, 285 f.

[32] „[E]ine Art Perspektivenwechsel" (*Wolfgang Hoffmann-Riem* Schlusswort, VVDStRL 40 [1982], 324) stand retrospektiv betrachtet am Anfang des Reformdiskurses.

[33] Programmatisch *Andreas Voßkuhle* Neue Verwaltungsrechtswissenschaft, in: ders./Martin Eifert/Christoph Möllers (Hrsg.) Grundlagen des Verwaltungsrechts, Bd. I, 3. Aufl. 2022, § 1 Rn. 1, 15 ff.; *Martin Eifert* Das Verwaltungsrecht zwischen klassischem dogmatischen Verständnis und steuerungswissenschaftlichem Anspruch, VVDStRL 67 (2008), 286 (293 ff.); als Impulsgeber *Wolfgang Hoffmann-Riem* Reform des allgemeinen Verwaltungsrechts als Aufgabe, AöR 115 (1990), 400 (404 ff.); kritisch statt anderer *Klaus Ferdinand Gärditz* Die „Neue Verwaltungsrechtswissenschaft", Die Verwaltung Beih. 12 (2017), 105 (123 ff., 143 f.); *Sophie Schönberger* Mehr Wissenschaft wagen!, JÖR 2017, 511 (526 ff.); historisierend *Stefan Magen* Zwischen Reformzwang und Marktskepsis, in: Thomas Duve/Stefan Ruppert (Hrsg.) Rechtswissenschaft in der Berliner Republik, 2018, 270 (281 f.).

[34] *Jens Kersten* Konzeption und Methoden der „Neuen Verwaltungsrechtswissenschaft", in: Wolfgang Kahl/Markus Ludwigs (Hrsg.) Handbuch des Verwaltungsrechts, Bd. I, 2021, § 25 Rn. 33: „Die Neue Verwaltungsrechtswissenschaft setzt auf eine innovative und lernende Verwaltung."; in diesem Sinn etwa *Wolfgang Hoffmann-Riem* Methoden einer anwendungsorientierten Verwaltungsrechtswissenschaft, in: ders./Eberhard Schmidt-Aßmann (Hrsg.) Methoden der Verwaltungsrechtswissenschaft, 2004, 9 (44 f. m.w.N.); *Martin Eifert* Regulierte Selbstregulierung und die lernende Verwaltung, in: Wilfried Berg (Hrsg.) Regulierte Selbstregulierung als Steuerungskonzept des Gewährleistungsstaates, Die Verwaltung Beih. 4 (2011), 137 (140 ff.); inhaltlich gleichsinnig bereits *Wolfgang Hoffmann-Riem* Ermöglichung von Flexibilität und Innovationsoffenheit, in: ders./Eberhard Schmidt-Aßmann (Hrsg.) Innovation und Flexibilität des Verwaltungshandelns, 1994, 9 (63 ff.); ähnlich optimistisch aus disziplinär anderer Perspektive *Schedler/Proeller* New Public Management (Fn. 34), 19, 210 (Verwaltung als „dynamisch komplexes Gebilde", das „organisatorisches Lernen" verinnerlicht habe).

[35] *Andreas Voßkuhle* Das Konzept des rationalen Staates, in: Gunnar Folke Schuppert/Andreas Voßkuhle (Hrsg.) Governance von und durch Wissen, 2008, 13 (16) im Anschluss an *Bardo Fassbender* Wissen als Grundlage staatlichen Handelns, in: HStR IV, 2006, § 76 Rn. 2, 128.

3. Administrative Gewinnung von Information und Wissen als Ressourcen- und Anreizproblem

a) Epistemische Relevanz der Differenz zwischen Ideal- und Realtypus der Verwaltung

In komparativer Perspektive ist dieser affirmative Gestus nicht selbstverständlich. In der U.S.-amerikanischen Verwaltungsrechtswissenschaft sind Pathologien der Verwaltung omnipräsent.[36] Sogar in der Staatspraxis verbürgt ist die argwöhnische Beurteilung des Sachverstands der Verwaltung in der Schweiz. Das weiterhin geltende System der „dualen Aufsicht" des Finanzmarktes, wonach Banken primär der Kontrolle durch private Wirtschaftsprüfungsgesellschaften unterliegen und „direkte Prüfungen" durch die Finanzmarktaufsichtsbehörde nur unter besonderen Voraussetzungen durchgeführt werden,[37] begründete der Bundesrat 1934 mit der Feststellung, dass „[d]ie Tätigkeit der Banken [...] so schwierig und vielgestaltig" sei, „dass man nicht an eine staatliche Kontrolle denken" könne.[38]

---

[36] Vgl. aus jüngerer Zeit exemplarisch *David L. Noll* Administrative Sabotage, Michigan Law Review 2021, 753; *Jennifer Nou* Civil Servant Disobedience, Chicago-Kent Law Review 2019, 349; ähnlich auch die höchstgerichtliche Rechtsprechung, zuletzt etwa *Seila Law LLC v. Consumer Financial Protection Bureau*, 140 S. Ct. 2183, 2204 (2020) (zur Befürchtung, Verwaltungsbehörden könnten sich demokratisch legitimierter Kontrolle entziehen).

[37] Vgl. Art. 23 i.V.m. Art. 18 Abs. 1 Bundesgesetz über die Banken und Sparkassen (BankG; SR 952.0) i.V.m. Art. 24 Abs. 1, Art. 1 Bst. d und Art. 5 Abs. 2 Bundesgesetz über die Eidgenössische Finanzmarktaufsicht (FINMAG; SR 956.1), wonach die zuständige unabhängige Verwaltungsbehörde – die Eidgenössische Finanzmarktaufsicht (FINMA) – nur dann „selbst direkte Prüfungen bei Banken, Bankgruppen und Finanzkonglomeraten" durchführt, „wenn dies angesichts von deren wirtschaftlichen Bedeutung, der Komplexität des abzuklärenden Sachverhalts oder zur Abnahme interner Modelle notwendig ist", die Prüfung im Übrigen aber „von den Beaufsichtigten beauftragte[n] [...] Prüfgesellschaften" obliegt; s. dazu *International Monetary Fund* Switzerland: Financial Sector Assessment Programm (IMF Country Report No. 19/183), 2019, 7 (mit kritischen Hinweisen auf die latenten Interessenkonflikte der durch die Geschäftsbanken selbst mandatierten Wirtschaftsprüfungsgesellschaften).

[38] Botschaft des Bundesrates an die Bundesversammlung betreffend den Entwurf eines Bundesgesetzes über die Banken und Sparkassen (8.11.1934), BBl 1934 I 171 (179); die prinzipielle Skepsis gegenüber der Verwaltung teilte aus legitimationstheoretischen Gründen auch *Fritz Fleiner* Schweizerisches Bundesstaatsrecht, 1923, 762 („Jede Bureaukratie ist undemokratisch, nicht nur als Organisationsform, sondern auch dem ganzen in ihr herrschenden Geiste nach."); s.a. neben *Jakob Dubs* Das Oeffentliche Recht der Schweizerischen Eidgenossenschaft, Bd. I, 1878, 124 f.; vgl. einordnend *Benjamin Schindler* Regierung, Verwaltung und Verwaltungsgerichtsbarkeit, in: IPE IX, 2021, § 152 Rn. 31 („eine dezidiert bürokratiefeindliche Grundhaltung in der schweizerischen Verfassungslehre" kon-

Methodische Zugänge, die sich auf eine idealtypisch anmutende Konzeption der Verwaltung beziehen, drohen für das blind zu bleiben, worauf es im rechtlichen Kontext meist ankommt: für die *Differenz* zwischen dem Idealtypus und der von ihm abweichenden Realität.[39] Nur durch den Einbezug endogener und exogener Faktoren, die das Potenzial administrativer Informations- und Wissensgewinnung möglicherweise schmälern, kann die Verwaltungsrechtswissenschaft Kriterien für den rechtskonformen Einsatz begrenzter administrativer Ressourcen entwickeln.

b) Gewinnung von Information und Wissen als Ressourcenproblem

Erhebung von Daten und Information sowie Erzeugung und Vorhaltung von Wissen binden begrenzte und daher kostspielige personelle und sachliche administrative Ressourcen. Selbst den unter Effizienzgesichtspunkten erheblichen Vorteilen der „Wissensgenerierung im Verwaltungsverfahren"[40] sind angesichts des bundesstaatlichen Grundtypus des delegierten Verwaltungsvollzugs[41] im eigentlichen Sinn Grenzen gesetzt. Abhängig von den verfassungsrechtlichen und bundesgesetzlichen Zuordnungen von Verwaltungskompetenzen müssen subnationale Vollzugsbehörden damit rechnen, dass ihre Entscheidungen, die auf Wissen beruhen, das sie in vorangehenden Verwaltungsverfahren generiert haben, mit Verweis auf Verwaltungsvorschriften oder Rechtsverordnungen des Bundes umgestoßen werden.[42] Eine übergreifende Wissensgenerierung setzt zudem einen Transfer von im

---

statierend) und im deutschen Kontext *Pascale Cancik* Zuviel Staat? Die Institutionalisierung der „Bürokratie"-Kritik im 20. Jahrhundert, Der Staat 56 (2017), 1 (32 ff.).

[39] Allgemeiner *Niklas Luhmann* Organisation und Entscheidung, 2000, 21 (wonach mit dem von *Max Weber* konzipierten Idealtypus der bürokratischen Verwaltung „das, worauf es […] ankommt, nämlich die *Differenz* von Typus und (abweichender) Realität nicht reflektiert werden" könne; Kursivdruck im Original).

[40] *Röhl* Wissensgenerierung (Fn. 13), Rn. 16, 18 m.w.N.; *Wollenschläger* Wissensgenerierung (Fn. 7), 4 ff.

[41] Zur Komplementärfunktion der Bundesverwaltung im delegierten Verwaltungsvollzug – Deutschland: Art. 83 GG; Österreich: Art. 102 Abs. 1 Bundes-Verfassungsgesetz (B-VG); Schweiz: Art. 46 Bundesverfassung der Schweizerischen Eidgenossenschaft (BV; SR 101) – grundlegend *Giovanni Biaggini* Theorie und Praxis des Verwaltungsrechts im Bundesstaat, 1996, 60 ff.; zum Vollzugsbegriff und zu dessen Veränderungen s. *Udo Di Fabio* Verwaltung und Verwaltungsrecht zwischen gesellschaftlicher Selbstregulierung und staatlicher Steuerung, VVDStRL 56 (1997), 235 (241 ff.).

[42] Für eine entsprechende Konstellation im schweizerischen, grundsätzlich durch die Kantone vollzogenen Umweltrecht des Bundes, vgl. Art. 74 Abs. 3 BV (Fn. 41), s. Urteil des Bundesgerichts 1C_390/2008 vom 15.6.2009 E. 4 (zum qualitativen Gewässerschutz). Zu den Voraussetzungen der Zulässigkeit von Rechtsverordnungen und (normkonkretisierenden) Verwaltungsvorschriften im deutschen Umweltrecht vgl. *Johannes Saurer* Die

Vollzug gewonnenen Informationen voraus, der wiederum Ressourcen bindet und notwendig selektiv bleiben muss.[43] Da die Verwaltung ihre Leistungen nicht in direkter wettbewerblicher Konkurrenz erbringt, hat sie zudem nur begrenzt Möglichkeiten, Maßstäbe für ein angemessenes Niveau an vorzuhaltenden Wissensbeständen komparativ zu gewinnen. Der seitens der „New Public Management"-Schule propagierte kontinuierliche Leistungsvergleich zwischen Verwaltungseinheiten („Benchmarking")[44] stellt daher eine richtige Diagnose, verordnet aber keine überzeugende Therapie.

c) *Gewinnung von Information und Wissen als Anreizproblem*

Als formale Organisationen sind Verwaltungen zudem darauf angelegt, mit Informationen „hochselektiv" zu verfahren.[45] Die Aktenführungspflicht impliziert daher immer auch eine Entscheidung darüber, welche Informationen *nicht* aufgezeichnet[46] und zu Wissen verdichtet werden. Die digitale oder analoge Akte ist nicht nur „Gedächtnis der Verwaltung"[47], sondern potenziert zugleich die Möglichkeiten, mit aufgezeichneten Wissens- und Informationsbeständen *selektiv* bis hin zur absichtsvollen Ignoranz[48] zu verfahren. Die Akte erlaubt Angehörigen der Verwaltung, von aufgezeichneten Informations- und Wissensbeständen *keine* Kenntnis zu nehmen und diese geräuschlos „*ad acta*" zu legen, ohne das Informationsangebot expli-

---

Funktion der Rechtsverordnung, 2005, 146 ff., 268 ff., 329 ff.; *Michael Kloepfer* Umweltrecht, 4. Aufl. 2016, § 3 Rn. 124 ff.

[43] Im schweizerischen Bundesstaat widmen sich zahlreiche der mehreren Hundert spezialisierten interkantonalen Organisationen dem Transfer von Vollzugswissen und -information in ausgewählten Bereichen des Besonderen Bundesverwaltungsrechts, die durch die Kantone vollzogen werden; s. *Johannes Reich* Zusammenarbeit zwischen Bund und Kantonen, in: Giovanni Biaggini/Thomas Gächter/Regina Kiener (Hrsg.) Staatsrecht, 3. Aufl. 2021, § 14 Rn. 34 ff. m.w.N.

[44] Vgl. zum „Benchmarking" *Schedler/Proeller* New Public Management (Fn. 34), 206 ff.; zu den hauptsächlichen Herausforderungen s. *Jörg Bogumil* Probleme und Perspektiven der Leistungsmessung in Politik und Verwaltung, in: Sabine Kuhlmann/Jörg Bogumil/Hellmut Wollmann (Hrsg.) Leistungsmessung und -vergleich in Politik und Verwaltung, 2004, 392 (394 f.).

[45] *Dirk Baecker* Organisation als System, 4. Aufl. 2012, 69.

[46] Vgl. *Niklas Luhmann* Die Politik der Gesellschaft, 2000, 255.

[47] *Karl-Heinz Ladeur* Die Kommunikationsinfrastruktur der Verwaltung, in: Andreas Voßkuhle/Martin Eifert/Christoph Möllers (Hrsg.) Grundlagen des Verwaltungsrechts, Bd. I, 3. Aufl. 2022, § 21 Rn. 5 (im Original fett hervorgehoben); ähnlich *Jens Kersten/Claudia Neu/Berthold Vogel* Bürokratie für die Demokratie?, VerwArch 2016, 418 (426); *Spiecker* Informationsverwaltung (Fn. 7), Rn. 128.

[48] Zum Begriff und zur strategischen Verwendung von „*deliberate ignorance*" allgemein *Ralph Hertwig/Christoph Engel* Homo Ignorans, in: dies. (Hrsg.) Deliberate Ignorance: Choosing Not to Know, 2021, 3 (5 ff.).

zit ausschlagen zu müssen.⁴⁹ Organisatorisches Lernen der Verwaltung ist daher anforderungsreich⁵⁰ und einfach zu sabotieren.⁵¹

Im Vergleich zur Legislative und zur Judikative ist das Potenzial interner Spezialisierung der Exekutive zwar ungleich größer,⁵² doch bilden Verwaltungen im Unterschied etwa zu Krankenhäusern oder Ingenieurbüros organisationssoziologisch⁵³ keine „professionellen Organisationen", für deren Entscheidungen vorrangig spezialisiertes Wissen handlungsleitend ist.⁵⁴ Die Leistung professioneller Organisationen besteht darin, jene komplexen Probleme zu lösen, für die regelbasiertes Routinewissen nicht ausreicht.⁵⁵ Diese Zwecksetzung erfordert einen erheblichen Grad autonomer Entscheidungskompetenz, weshalb professionelle Organisationen meist kollegial organisiert sind und ausgedehnte Bereiche eigenverantwortlicher

---

⁴⁹ *Baecker* Organisation (Fn. 45), 68.

⁵⁰ Klassisch *Chris Argyris* On Organizational Learning, 2. Aufl. 1999, 83 ff., 128 ff., 139 ff.; ferner *Barbara Levitt/James G. March* Organizational Learning, Annual Review of Sociology 1988, 318 (333 ff.).

⁵¹ Vgl. *Michael D. Cohen/James G. March/Johan P. Olsen* A Garbage Can Model of Organizational Choice, Administrative Science Quarterly 1972, 1 (16 f.); s.a. *Michael D. Cohen/James G. March/Johan P. Olsen* "A Garbage Can Model" at Forty: A Solution that Still Attracts Problems, in: Alessandro Lomi/J. Richard Harrison (Hrsg.) The Garbage Can Model of Organizational Choice: Looking Forward at Forty, 2012, 19 (21 f.); für das Gegenbeispiel integrer Verwaltung klassisch *Herbert Kaufman* The Forest Ranger: A Study in Administrative Behavior (1960), 2006, 91 ff.; allgemein *Yuval Feldman* The Law of Good People, 2018, 177 ff.

⁵² Bedingung der Möglichkeit von Spezialisierung ist insbesondere, dass die Verwaltung im Unterschied zu den anderen Gewalten nicht nur eigeninitiativ, sondern auch mit umfassendem zeitlichem Bezug handeln kann; instruktiv *Christoph Möllers* Gewaltengliederung, 2015, 114 f.; s.a. *Pascale Cancik* Verwaltung und Selbstverwaltung, in: Matthias Herdegen/Johannes Masing/Ralf Poscher/Klaus Ferdinand Gärditz (Hrsg.) Handbuch des Verfassungsrechts, 2022, § 14 Rn. 20.

⁵³ Positiv zur verwaltungsrechtswissenschaftlichen Verwertung organisationssoziologischer Erkenntnisse *Peter Noll* Gesetzgebungslehre, 1973, 69; ablehnend dagegen *Hans-Heinrich Trute* Methodik der Herstellung und Darstellung verwaltungsrechtlicher Entscheidungen, in: Wolfgang Hoffmann-Riem/Eberhard Schmidt-Aßmann (Hrsg.) Methoden der Verwaltungsrechtswissenschaft, 2004, 203 (324); s.a. *Johannes Reich* Verhaltensökonomische Revolution im europäischen und nationalen Verwaltungsrecht? Potenziale und Grenzen des „Nudging", in: Giovanni Biaggini et al. (Hrsg.) FS Daniel Thürer, 2015, 627 (633 ff.).

⁵⁴ Grundlegend *Andrew Abbott* The System of Professions, 1988, 8 ff. (wonach professionelle Organisationen verallgemeinerte, speziell wissenschaftliche Wissensbestände in festgelegten Handlungsmustern [Diagnose, Inferenz, Behandlung] auf konkrete Einzelfälle anwenden); referierend *Thomas Klatetzki* Professionelle Organisationen, in: Maja Apelt/Veronika Tacke (Hrsg.) Handbuch Organisationstypen, 2. Aufl. 2023, 339 (343 f. m.w.N.).

⁵⁵ *Charles Perrow* A Framework for the Comparative Analysis of Organizations, American Sociological Review 1967, 194 (195 ff.); *Klatetzki* Professionelle Organisationen (Fn. 54), 344 m.w.N.

Zuständigkeiten kennen.[56] Demgegenüber sind Verwaltungen aus legitimationstheoretischen Gründen zwingend, wenn auch in unterschiedlichem Grad, in hierarchische Strukturen eingebunden[57] und überwiegend monokratisch organisiert.[58] Ihre Entscheidungsverfahren sind verbreitet durch konditionale Programmstrukturen und hierarchische Kommunikationswege geprägt.[59]

II. Informationsgewinnung im Verwaltungsverfahrensrecht und deren Darstellung

1. Maßstäbe rationeller und rechtskonformer Ressourcenverwendung

Durch Daten, Information und Wissen hinreichend gesättigtes Verwaltungshandeln beruht demnach auf anspruchsvollen Voraussetzungen. Die einseitige Identifikation der Verwaltung mit Wissen,[60] Lern- und Innova-

---

[56] Vgl. *Paul S. Adler/Seok-Woo Kwon/Charles Hecksher* Professional Work, Organization Science 208, 359 (360 m.w.N.); bemerkenswert ist vor diesem Hintergrund, dass *Weber* Wirtschaft und Gesellschaft (Fn. 18), 559 f. sowie 462 f. und 550 und *Hans Kelsen* Allgemeine Staatslehre, 1925, 366 f., die Auffassung vertraten, dass die kollegiale Entscheidung mit der Funktion der Verwaltung unvereinbar sei.

[57] Zum grundsätzlichen Zusammenhang zwischen Demokratie und Verwaltungshierarchie vgl. nur *Hans Kelsen* Vom Wesen und Wert der Demokratie, 2. Aufl. 1929, 73; ferner *Horst Dreier* Hierarchische Verwaltung im demokratischen Staat, 1991, 125 f. m.w.N.; für das positive Verfassungsrecht s. Art. 178 Abs. 1 S. 1 BV (Fn. 41); Art. 77 Abs. 1 B-VG (Fn. 41); Art. 20 Abs. 2 S. 2 und Art. 65 S. 2 GG; zur Relativierung hierarchischer Organisationsstrukturen s. *Andreas Kley* Kontexte der Demokratie: Herrschaftsausübung in Arbeitsteilung, VVDStRL 77 (2018), 125 (150 ff.); *Stephan Kirste* Arbeitsteilige Herrschaftsausübung im Kontext der Demokratie, VVDStRL 77 (2018), 161 (167 f.).

[58] Vgl. *Giovanni Biaggini* Grundverständnisse von Staat und Verwaltung, in: IPE III, 2010, § 53 Rn. 21 (rechtsvergleichend die Dominanz monokratischer Strukturen konstatierend); *Dreier* Verwaltung (Fn. 57), 54, 88, 91 (die fortschreitende Ablösung kollegialer durch monokratische Verwaltungsbehörden für das deutsche Verwaltungsrecht nachzeichnend); *Groß* Kollegialprinzip (Fn. 15), 122 ff. (mit instruktiver Kritik an den theoretischen Grundannahmen der monokratisch-hierarchischen Aufbauorganisation der Verwaltung); s.a. *Benjamin Schindler* Staat, Verwaltung und Verwaltungsrecht: Schweiz, in: IPE III, 2010, § 49 Rn. 4, 22, 27 (eine Renaissance der oft kollegial organisierten Einheiten der dezentralen schweizerischen Bundesverwaltung feststellend).

[59] Aus der Perspektive der Organisationssoziologie sinngemäß *Maja Apelt/Philipp Männle* Organisation(en) der öffentlichen Verwaltung, in: Maja Apelt/Veronika Tacke (Hrsg.) Handbuch Organisationstypen, 2. Aufl. 2023, 153 (164 f., 173, je m.w.N.); für die rechtliche Perspektive s. Fn. 57.

[60] Stilbildend *Weber* Wirtschaft und Gesellschaft (Fn. 18), 465 a.E.: „Die bureaukratische Verwaltung bedeutet: Herrschaft kraft *Wissen[s]*: dies ist ihr spezifisch rationaler Grundcharakter." – Kursivdruck im Original.

tionsbereitschaft[61] läuft Gefahr, den Konsequenzen der legitimatorisch unverzichtbaren Einbindungen der vollziehenden Gewalt unzureichend Rechnung zu tragen.[62]

Auf den Umfang eigener Ressourcen und Kapazitäten[63] hat die Verwaltung aufgrund des Haushaltsrechts des Parlaments[64] keinen unmittelbaren Einfluss. Verwaltungsbehörden sind daher auf Maßstäbe angewiesen, ihre begrenzten, allenfalls auch unzureichenden Ressourcen und Kapazitäten zur Informations- und Wissensgewinnung rationell und rechtskonform einzusetzen. Diese Kriterien lassen sich exemplarisch auf der Basis des klassischen Modus der administrativen Informationsgewinnung – dem verwaltungsverfahrensrechtlichen Ermittlungsverfahren – rechtsvergleichend identifizieren.

Das Verwaltungsverfahren ist eine regelgebundene, rechtsnormativ aber nicht vollständig determinierte strategische Interaktion. Aus einer Handlungsperspektive[65] beurteilt, werden für die am Verwaltungsverfahren direkt beteiligten Akteure[66] – die Verwaltungsbehörde und die Verfahrensbeteiligten[67] – auch die jeweiligen Präferenzen und die zu erwartenden

---

[61] Vgl. dazu vorne unter Ziff. I/2 a.E. mit den Nachweisen in Fn. 34 f.

[62] Vgl. dazu vorne unter Ziff. I/3/c.

[63] Zur unterschiedlichen Bedeutung von „Ressourcen" und „Kapazitäten" vgl. Fn. 31.

[64] Zum parlamentarischen Budgetrecht des Bundestages gemäß Art. 110 Abs. 2 S. 1 GG s. statt anderer *Hanno Kube* in: Günter Dürig/Roman Herzog/Rupert Scholz (Hrsg.) Grundgesetz-Kommentar, 2023, Art. 110 Rn. 35 ff. (2013); zu dem durch den Nationalrat in der Form eines Bundesgesetzes zu beschließenden Budgets s. Art. 51 Abs. 1 B-VG (Fn. 41) und dazu *Theo Öhlinger/Harald Eberhard* Verfassungsrecht, 13. Aufl. 2022, Rn. 448 ff.; zum Budget („Voranschlag"), das von National- und Ständerat zu beschließen ist, s. Art. 167 BV (Fn. 41).

[65] In Abgrenzung zur Kontrollperspektive wird im Schrifttum stattdessen überwiegend der Ausdruck „Steuerungsperspektive" verwendet; vgl. *Schmidt-Aßmann* Ordnungsidee (Fn. 5), Kap. 1 Rn. 34 ff.; *Andreas Voßkuhle* Das Verwaltungsverfahren im Spiegel der Neuen Verwaltungsrechtswissenschaft, in: Martin Burgi/Klaus Schönenbroicher (Hrsg.) Die Zukunft des Verwaltungsverfahrensrechts, 2010, 13 (21 f.); kritisch *Oliver Lepsius* Steuerungsdiskussion, Systemtheorie und Parlamentarismuskritik, 199, 2 ff., 10 ff.; „Steuerung" lehnt sich an eine frühe Fassung des Akteurzentrierten Institutionalismus an; s. *Renate Mayntz/Fritz W. Scharpf* Der Ansatz des akteurzentrierten Institutionalismus, in: dies. (Hrsg.) Gesellschaftliche Selbstregelung und politische Steuerung, 1995, 39 (39, 43 ff.); Kritik an dieser Metapher bei *Hubert Treiber* Verwaltungsrechtswissenschaft als Steuerungswissenschaft – eine „Revolution auf dem Papier"? (Teil 2), KJ 41 (2008) 48 (61 ff.). „Handlungsperspektive" bringt im Unterschied zur „Steuerungsperspektive" präziser zum Ausdruck, dass die kommunikativen Wechselbeziehungen zwischen Akteuren durch einen institutionellen Kontext strukturiert und beeinflusst, nicht aber determiniert („gesteuert") werden; vgl. *Fritz W. Scharpf* Games Real Actors Play, 1997, 51 ff., 63 ff.

[66] Zum Verwaltungsgericht als möglichem Akteur des Verwaltungsverfahrens vgl. hinten unter Ziff. III/2/a.

[67] Als „Verfahrensbeteiligte" werden in diesem Beitrag im Sinn einer einheitlichen Terminologie eines rechtsvergleichenden Zugangs die am Verwaltungsverfahren beteiligten

sozialen und politischen Kosten Faktoren sein, die in ihr strategisches Kalkül einfließen.⁶⁸ Der Akteurzentrierte Institutionalismus, auf den sich auch die „Neue Verwaltungsrechtswissenschaft" beruft,⁶⁹ bietet einen geeigneten analytischen Rahmen, um diese Elemente des „institutionellen Kontexts"⁷⁰ kohärent zu berücksichtigen.⁷¹

---

natürlichen und juristischen Personen (unter Ausschluss von Verwaltungsbehörden) bezeichnet, die Verfahrenspflichten unterworfen und befugt sind, Verfahrensrechte geltend zu machen. Je nach Verfahrensordnung variieren die entsprechenden Bezeichnungen im positiven Recht. Gemäß Art. 6 VwVG (Fn. 4) ist im schweizerischen Verwaltungsverfahren „Partei", wem im Verwaltungsprozess (verwaltungsgerichtliches Verfahren) die Klagebefugnis (Beschwerderecht) zukommt; vgl. *Isabelle Häner* Die Beteiligten im Verwaltungsverfahren und Verwaltungsprozess, 2000, Rn. 262 ff.; *Kölz/Häner/Bertschi* Verwaltungsverfahren (Fn. 12), Rn. 443 ff.; *Regina Kiener/Bernhard Rütsche/Mathias Kuhn* Öffentliches Verfahrensrecht, 3. Aufl. 2021, Rn. 558 ff.; *René Rhinow/Heinrich Koller/Christina Kiss/Daniela Thurnherr/Denise Brühl-Moser* Öffentliches Prozessrecht, 4. Aufl. 2021, Rn. 858 f., 1199 ff. Demgegenüber ist der Kreis der „Beteiligten" i.S.v. § 13 VwVfG enger gefasst, da für die Hinzuziehung (§ 13 Abs. 2 S. 2 VwVfG) „rechtliche Interesse[n]" erforderlich sind; s. *Max-Emanuel Geis* in: VwVfG Kommentar (Fn. 12), § 13 Rn. 27 m.w.N. (2022). In ähnlicher Weise unterscheidet § 8 AVG (Fn. 4) für Österreich zwischen „Beteiligten" und „Parteien", die aufgrund eines „Rechtsanspruchs" oder eines (mittlerweile inhaltlich als grundsätzlich synonym verstandenen) „rechtlichen Interesses" am Verfahren teilnehmen, sodass sich die Verfahrensbeteiligung vorrangig über subjektive öffentliche Rechte bestimmt; s. *Christoph Grabenwarter/Mathis Fister* Verwaltungsverfahrensrecht und Verwaltungsgerichtsbarkeit, 6. Aufl. 2019, 25 ff.; *Dieter Kolonovits/Gerhard Muzak/Karl Stöger* Grundriss des österreichisches Verwaltungsverfahrensrecht, 2019, Rn. 114 ff., je m.w.N.

⁶⁸ Vgl. *Scharpf* Games (Fn. 65), 34, 36 ff., 44; instruktiv zur Perspektivenabhängigkeit von „Handlungsmaßstäben" *Johannes Buchheim/Christoph Möllers* Gerichtliche Verwaltungskontrolle als Steuerungsinstrument, in: Andreas Voßkuhle/Martin Eifert/Christoph Möllers (Hrsg.) Grundlagen des Verwaltungsrechts, Bd. II, 3. Aufl. 2022, § 46 Rn. 13 m.w.N.; s.a. *Voßkuhle* Verwaltungsverfahren (Fn. 65), 20 (die Berücksichtigung „der jeweiligen Motivations- und Interessenlage der unterschiedlichen Steuerungsadressaten" im Verwaltungsverfahren anmahnend).

⁶⁹ Vgl. *Voßkuhle* Neue Verwaltungsrechtswissenschaft (Fn. 33), § 1 Rn. 20; *Martin Eifert* Conceptualizing Administrative Law, in: Hermann Pünder/Christian Waldhoff (Hrsg.) Debates in German Public Law, 2014, 203 (209 f.); *Kersten* Konzeption (Fn. 34), § 25 Rn. 33; sinngemäß bereits *Hoffmann-Riem* Reform (Fn. 33), 404 f.; *Gunnar Folke Schuppert* Allgemeines Verwaltungsrecht als Teil der öffentlichen Informationsordnung, in: Wolfgang Hoffmann-Riem/Eberhard Schmidt-Aßmann/Gunnar Folke Schuppert (Hrsg.) Reform des Allgemeinen Verwaltungsrechts, Grundlagen, 1993, 65 (68 ff.); kritisch *Hubert Treiber* Verwaltungsrechtswissenschaft als Steuerungswissenschaft – eine „Revolution auf dem Papier"? (Teil 1), KJ 40 (2007) 328 (342 ff.).

⁷⁰ *Scharpf* Games (Fn. 65), 44 („*institutional setting*").

⁷¹ Der Akteurzentrierte Institutionalismus in seiner durch *Scharpf* Games (Fn. 65), 51 ff., 63 ff. weiterentwickelten Fassung nimmt im Unterschied zu früheren Versionen, s. *Mayntz/Scharpf* Institutionalismus (Fn. 65), 39, 43 ff., vermehrt Anleihen beim Rational Choice-Ansatz und der Spieltheorie. Der interessierende institutionelle Kontext, *Scharpf*

2. Amtsermittlung angesichts asymmetrischer Verteilung von Information und Wissen

a) Inquisitorische Informationsermittlung nach Maßgabe des materiellen Rechts

Der Grundsatz des Amtsbetriebs ist für das deutsche, österreichische und schweizerische Verwaltungsverfahren gleichermaßen kennzeichnend.[72] Die zuständige Verwaltungsbehörde ist „Herrin des Verfahrens"[73]. Sie stellt den Sachverhalt nicht aufgrund von Rede und Gegenrede (kontradiktorisch), sondern im Sinn einer administrativen „Wirklichkeitskonstruktion"[74] „untersuchend" (inquisitorisch[75]) nach den Regeln des Amtsermittlungs-

---

ebd., 44: „institutional setting", in den Interaktionen individueller, kollektiver und korporativer Akteure eingebettet sind, ist demnach nicht nur durch formale (rechtliche) Regeln, sondern auch durch soziale Normen strukturiert, die von Akteuren regelmäßig beachtet werden, weil deren Verletzung sanktioniert wird, was soziale und politische Kosten (Reputationsverlust, soziale Missbilligung, Entzug von Kooperation etc.) nach sich zieht. Interaktionen zwischen Akteuren sind mithin durch einen institutionellen Kontext stimulierend, ermöglichend oder restringierend geprägt, werden durch diesen aber nicht determiniert, vgl. *Scharpf* ebd., 34, 36 ff.

[72] BGE 145 V 314 E. 5.4.2. S. 319; 137 V 210 E. 3.4.1.5 S. 251 (jeweils im Kontext des sozialversicherungsrechtlichen Abklärungsverfahren i.S.v. Art. 43 Bundesgesetz über den Allgemeinen Teil des Sozialversicherungsrechts [ATSG; SR 830.1]); in Bezug auf das VwVfG *Hagen Kobor* Kooperative Amtsermittlung im Verwaltungsrecht, 2009, 51 f.; *Stephan Rixen* in: VwVfG Kommentar (Fn. 12), Vorbem. § 9 Rn. 14 (2022); für das AVG (Fn. 4) *Kolonovits/Muzak/Stöger* Verwaltungsverfahrensrecht (Fn. 67), Rn. 260 („amtswegiger Prozessbetrieb"; Hervorhebungen weggelassen).

[73] Wendung u.a. bei *Dieter Kallerhoff/Frank Fellenberg* in: Paul Stelkens/Heinz Joachim Bonk/Klaus Leonhardt/Michael Sachs/Heribert Schmitz/Ulrich Stelkens (Hrsg.) Verwaltungsverfahrensgesetz – VwVfG, 10. Aufl. 2023, § 24 Rn. 31; *Rixen* in: VwVfG Kommentar (Fn. 12), Vorbem. § 9 Rn. 14 (2022) („Herrin des Verwaltungsverfahrens"); *Indra Spiecker genannt Döhmann* Die informationelle Inanspruchnahme des Bürgers im Verwaltungsverfahren, in: dies./Peter Collin (Hrsg.) Generierung und Transfer staatlichen Wissens im System des Verwaltungsrechts, 2008, 196 (198); *Bettina Spilker* Behördliche Amtsermittlung, 2015, 94.

[74] *Reimer* Verfahrenstheorie (Fn. 54), 333 m.w.N.; s.a. *Laura Münkler* Wissen – ein blinder Fleck des Rechts?, in: dies. (Hrsg.) Dimensionen des Wissens im Recht, 2019, 3 (9).

[75] In den französischen („maxime inquisitoire") und italienischen („principio inquisitorio") Bezeichnungen des Untersuchungsgrundsatzes – gegenteiliges Prinzip: Verhandlungsmaxime (frz.: „maxime des débats"; ital.: „principio dispositivo") – ist dieser Bezug zu lat. inquīrere (dt.: untersuchen) deutlicher erhalten geblieben; vgl. die beiden Bezeichnungen in den drei amtlichen Sprachfassungen von Art. 55 Schweizerische Zivilprozessordnung (SR 272); zu methodologischen Konsequenzen der Mehrsprachigkeit des schweizerischen Bundesrechts s. *Johannes Reich* Auslegung mehrsprachigen Rechts unter den Bedingungen der Polyglossie in der Schweiz, in: Frank Schorkopf/Christian Starck (Hrsg.) Rechtsvergleichung – Sprache – Rechtsdogmatik, 2019, 145 (146 f.).

oder Untersuchungsgrundsatzes,[76] ergänzt durch Mitwirkungspflichten der Verfahrensbeteiligten, fest.[77]

Welche Daten und Informationen durch die Verwaltungsbehörde zu erheben sind, bestimmt das materielle Verwaltungsrecht,[78] die für deren Ermittlung zulässigen Instrumente und Methoden das Verfahrensrecht. Unterschiedlich genau fällt die Bezeichnung der zu ermittelnden Informationen aus. Beispielsweise sind die für die Zulassung zu bestimmten Berufen erforderlichen fachlichen und persönlichen Qualifikationen typischerweise eindeutig bestimmt,[79] die Voraussetzungen informierenden Staatshandelns dagegen häufig nur vage.[80]

---

[76] Für das schweizerische Bundesverwaltungsrecht vgl. Art. 12 VwVG (Fn. 4); für das deutsche Verwaltungsverfahrensrecht vgl. § 24 VwVfG; für das österreichische vgl. § 39 Abs. 2 S. 1 AVG (Fn. 4).

[77] Mitwirkungspflichten können sich auch auf Informationen erstrecken, deren Preisgabe den Interessen der Verfahrensbeteiligten widerspricht; vgl. für das schweizerische Bundesverwaltungsrecht Art. 13 Abs. 1 Bst. a VwVG (Fn. 4) und BGE 140 II 65 E. 2.2 S. 67 f.; 140 II 384 E. 3.3.1 S. 390; für das österreichische Verwaltungsverfahren § 39 Abs. 2 AVG (Fn. 4); s. dazu instruktiv *Ewald Wiederin* Untersuchungsgrundsatz und Mitwirkungspflichten, in Michael Holoubek/Michael Lang (Hrsg.) Allgemeine Grundsätze des Verwaltungs- und Abgabenverfahrens, 2006, 125 (134 ff.); s.a. die Zusammenstellung der sinngemäßen Rechtsprechung bei *Jennifer Elisabeth Müller* in: Dieter Altenburger/Wolfgang Wessely (Hrsg.) Kommentar zum AVG, 2022, § 39 Rn. 10; betreffend § 26 Abs. 2 S. 1 und 2 VwVfG s. *Schneider* in: VwVfG Kommentar (Fn. 12), § 26 Rn. 32 ff. (2022).

[78] Grundlage dafür ist die Gesetzesbindung der Verwaltung (vgl. *Kobor* Amtsermittlung [Fn. 72], 57 f.): Art. 20 Abs. 3 GG, Art. 5 Abs. 1 BV (Fn. 41) bzw. Art. 18 Abs. 1 B-VG (Fn. 41); zur Tragweite von Art. 18 B-VG (Fn. 41) s. *Franz Merlin* Rechtsstaatlichkeit in Österreich, in: Rainer Hofmann et al. (Hrsg.) Rechtsstaatlichkeit in Europa, 1996, 83 (91 ff.).

[79] Vgl. beispielhaft die detaillierten Vorgaben in Art. 6 ff. Bundesgesetz über die universitären Medizinalberufe (SR 811.11), die typischerweise eine Gestaltungsbefugnis (Ermessen) hinsichtlich der Rechtsfolgen ausschließen, der zuständigen Verwaltungsbehörde (Prüfungskommission) aber auf der Tatbestandsseite Beurteilungsspielräume belassen; zu den maßgebenden verfassungsrechtlichen Vorgaben s. *Johannes Reich* Grundsatz der Wirtschaftsfreiheit, 2011, Rn. 126, 776 f., 877; s. rechtsvergleichend zur Rechtsprechung des Bundesverfassungsgerichts *Ferdinand Wollenschläger* in: Frauke Brosius-Gersdorf (Hrsg.) Dreier Grundgesetz Kommentar, Bd. I, 4. Aufl. 2023, Art. 12 Rn. 164 f.

[80] Vgl. Art. 9 Abs. 3 S. 1 (i.V.m. Art. 5 Abs. 1 Bst. c) Bundesgesetz über die Bekämpfung übertragbarer Krankheiten des Menschen (Epidemiengesetz; SR 818.101), wonach das Bundesamt für Gesundheit „über die Gefahren übertragbarer Krankheiten und über die Möglichkeiten zu deren Verhütung und Bekämpfung" informiert. Im Vorfeld der häufig breit angelegten, auf die Initiierung „gesellschaftliche[r] Lernprozesse" (Botschaft zur Revision des Bundesgesetzes über die Bekämpfung übertragbarer Krankheiten des Menschen, BBl 2011 311, 325) gerichteten Kampagne zu erhebende Informationen bezeichnet das Epidemiengesetz nicht; s. illustrativ BGE 144 II 233 E. 8.2.1 S. 240 f. (im Kontext der Kampagne zur Prävention gegen HIV „Love Life – bereue nichts" von 2014); dazu *Johannes Reich* „A Bigger Bang for a Buck" – staatliche Warnungen und Empfehlungen zwi-

b) Informationsasymmetrie zu Lasten der Verwaltung

Verglichen mit der verfahrensleitenden Verwaltungsbehörde verfügen Verfahrensbeteiligte in ihrem Wirkungsbereich regelmäßig über präzisere und umfassendere empirische Informations- und Wissensbestände.[81] Die neuartigen Strukturen der Informationsgewinnung im Schnittbereich von Verwaltung und Privaten, die beispielsweise im Kernenergie- oder im stoffbezogenen Umweltrecht angesichts systemischer Risiken[82] und eines diagnostizierten Verlusts an homogenem und beständigem Wissen[83] entwickelt worden sind, weisen darauf hin, dass sich diese Informationsasymmetrie zwischen der Verwaltung und Privaten weiter zum Nachteil der Verwaltung verschoben hat.[84]

---

schen Grundrechtsschutz, Kindeswohl und Aufmerksamkeitsökonomie, in: Ruth Arnet et al. (Hrsg.) FS Peter Breitschmid, 2019, 185 (192 ff.).

[81] Aufgrund dieser Informationsasymmetrie hielt *Max Weber* denn „private[n] Erwerbsinteressent[en]" für die *„einzige* [...] gegen die Unentrinnbarkeit der bureaukratischen rationalen Wissens-Herrschaft [...] relativ [...] *immune* Instanz."; *Weber* Wirtschaft und Gesellschaft (Fn. 18), 466 (Kursivdruck im Original). Die „Wissenshoheit des Risikoakteurs" (*Reiling* Hybride [Fn. 12], 53) bzw. die „Invisibilität [von Wissen] für Außenstehende" (*Katharina Reiling* Hybridisierung administrativer Wissensorganisation, in: Ino Augsberg/Gunnar Folke Schuppert [Hrsg.] Wissen und Recht, 2022, 225 [338 m.w.N.]) ist daher kein neuartiges Phänomen, sondern eine gesteigerte Ausprägung einer vorbestehenden Informationsasymmetrie.

[82] Grundlegend zu systemischen Risiken *Marten Scheffer et al.* Anticipating Critical Transitions, Science 2012, 344 (346 f.) und *Andrew G. Haldane/Robert M. May* Systemic Risk in Banking Ecosystems, Nature 2011, 351 (355 f.); zur rechtlichen Relevanz der Zurechnung s. *Oliver Lepsius* Risikosteuerung durch Verwaltungsrecht, VVDStRL 63 (2004), 264 (283 ff.).

[83] Vgl. zu diesem Befund insbesondere *Karl-Heinz Ladeur* Das Umweltrecht in der Wissensgesellschaft, 1995, 79 ff.; *Arno Scherzberg* Rechtswissenschaften, in: Christoph Engel/Jost Halfmann/Martin Schulte (Hrsg.) Wissen – Nichtwissen – Unsicheres Wissen, 2002, 113 (115 f.); *Wollenschläger* Wissensgenerierung (Fn. 7), 30 ff.

[84] Für Problemanalysen und mögliche Lösungsansätze vgl. für das schweizerische Verwaltungsrecht insbesondere *Alexandre Flückiger* (Re)faire la loi – Traité de légistique à l'ère du droit souple, 2019, 330 ff.; *Oliver Streiff* Rechtsproduktion und Technikwissenschaften, 2022, 340 ff.; *Peter Hettich* Kooperative Risikovorsorge, 2014, Rn. 405 ff.; *Christoph Errass* Technikregulierungen zur Gewährleistung von Sicherheit, Sicherheit & Recht 2016, 63 (69 ff.); aus der deutschen Verwaltungsrechtswissenschaft statt aller *Andreas Voßkuhle* Expertise und Verwaltung, in: Hans-Heinrich Trute/Thomas Groß/Hans Christian Röhl/Christoph Möllers (Hrsg.) Allgemeines Verwaltungsrecht – zur Tragfähigkeit eines Konzepts, 2008, 637 (652 ff.); *Röhl* Wissensgenerierung (Fn. 13), Rn. 15 ff.; *Hans-Heinrich Trute* Wissen, in: Hans Christian Röhl (Hrsg.) Wissen – Zur kognitiven Dimension des Rechts, Die Verwaltung Beih. 9 (2010), 11 (27 ff.); *Reiling* Hybride (Fn. 12), 48 ff.; *Wollenschläger* Wissensgenerierung (Fn. 7), 20 ff.; *Vesting* Information (Fn. 7), Rn. 8 f.; *Ivo Appel* Methodik des Umgangs mit Ungewissheiten, in: Wolfgang Hoffmann-Riem/Eberhard Schmidt-Aßmann (Hrsg.) Methoden der Verwaltungsrechtswis-

3. Ermittlungsermessen als kompensatorische Ressource der Verwaltung

a) Asymmetrische Verteilung der Informationen über das Verfahren

Behördeninterne Verfahren, die der *Herstellung* der Verwaltungsentscheidung dienen, sind im Allgemeinen Verwaltungsverfahrensrecht höchstens rudimentär geregelt.[85] Dieses „innere Verfahren"[86] bleibt der Beobachtung durch die Verfahrensbeteiligten daher weitgehend entzogen.[87] Die Abschirmung des Entscheidungsprozesses der Verwaltungsbehörde gegen außen ist auch unter den Vorzeichen des Prinzips der Öffentlichkeit der Verwaltung prinzipiell erhalten geblieben.[88] Den Verfahrensbeteiligten verschaffen daher neben den Informationspflichten der Verwaltung grundsätzlich einzig ihre Mitwirkungsrechte, insbesondere der Anspruch auf rechtliches Gehör, Gelegenheit, Informationen über den Fortgang des Ent-

---

senschaft, 2004, 327 (338 ff.); *Ladeur* Umweltrecht (Fn. 83), 51 ff.; *Scherzberg* Rechtswissenschaften (Fn. 83),115 ff.; komparativ-problembezogen überdies *Katharina Reiling/ Lukas Mitsch* Wissen im Asylprozess, Die Verwaltung 50 (2017), 537 (542).

[85] Allgemein *Niklas Luhmann* Recht und Automation in der öffentlichen Verwaltung, 1966, 51 (wonach Verfahrensvorschriften in die *Herstellung* der Entscheidung nicht eingreifen würden, sondern vor allem deren *Darstellung* regelten); für Deutschland s. *Hermann Hill* Das fehlerhafte Verfahren und seine Folgen im Verwaltungsrecht, 1986, 293; für eine analoge Beobachtung im Kontext des U.S.-amerikanischen Verwaltungsrechts s. *Gillian E. Metzger/Kevin M. Stack* Internal Administrative Law, Michigan Law Review 2016, 1239 (1249 ff.).

[86] *Hill* Verfahren (Fn. 85), 286 (das „sog. innere Verfahren" als Verfahren „der Entscheidungsfindung" identifizierend).

[87] Diese partielle Abschottung des inneren Verfahrens gegenüber der Beobachtung durch die Verfahrensbeteiligten und Dritte erklärt die Forderungen nach dessen Verrechtlichung, wie sie vor allem *Winfried Brohm* Die Dogmatik des Verwaltungsrechts vor den Gegenwartsaufgaben der Verwaltung, VVDStRL 30 (1972), 158 (245 ff.) formuliert hat; gegen solche Tendenzen *Schneider* Verwaltungsverfahren (Fn. 3), Rn. 104; eine eingehende Liste zur Strukturierung des inneren Verfahrens in zwölf Schritten findet sich bei *Hoffmann-Riem* Flexibilität (Fn. 34), 29 ff. und *Hoffmann-Riem/Pilniok* Eigenständigkeit (Fn. 15), Rn. 69; s.a. *Schmidt-Aßmann* Ordnungsidee (Fn. 5), Kap. 6 Rn. 155.

[88] Graduelle Unterschiede lassen sich gleichwohl feststellen. Für das schweizerische Bundesverwaltungsrecht nimmt Art. 3 Abs. 1 Bst. a Ziff. 5 Bundesgesetz über das Öffentlichkeitsprinzip der Verwaltung (Öffentlichkeitsgesetz, BGÖ; SR 152.3) „Verfahren der […] Verwaltungsrechtspflege" generell vom Anwendungsbereich aus. Demgegenüber ist § 4 Abs. 1 S. 1 Informationsfreiheitsgesetz deutlich differenzierter formuliert und verlangt einen noch andauernden behördlichen Entscheidungsprozess; s. *Friedrich Schoch* Informationsfreiheitsgesetz, 2. Aufl. 2016, § 9 Rn. 24 f. In Österreich gilt wiederum (derzeit noch) integral Art. 20 Abs. 3 und 4 B-VG (Fn. 41), mithin die Amtsverschwiegenheit ohne subjektives Recht auf Auskunft der Verwaltung; vgl. Verfassungsgerichtshof (Österreich), VfSlg. 12.833 E. II/B. Eine Regierungsvorlage zur Aufhebung der verfassungsgesetzlichen Amtsverschwiegenheit und zur Gewährleistung eines Grundrechts auf Informationszugang hat der österreichischen Nationalrat am 31.1.2024 gebilligt (Stand: 2.2.2024).

scheidungsverfahrens zu erlangen. Der umfassenden Fremdkontrolle setzt sich die Verwaltungsbehörde erst mit der *Darstellung* ihrer Entscheidung[89] in deren Begründung aus.[90] Bezüglich der Informationen über das Verfahren sind die Informationsbestände demnach wiederum asymmetrisch verteilt – in dieser Konstellation aber zum Vorteil der Verwaltung.[91]

b) *Rechtsnormative Leitlinien zur Bestimmung des gebotenen Ermittlungsermessens*

Hinsichtlich der Intensität der Ermittlung des Sachverhalts kommt der leitenden Verwaltungsbehörde Ermessen zu.[92] Dieses „Ermittlungsermessen"[93] eröffnet angesichts begrenzter administrativer Ressourcen

---

[89] Die Unterscheidung zwischen Herstellung und Darstellung der Verwaltungsentscheidung geht zurück auf *Luhmann* Automation (Fn. 85), 51 f.; s. dazu *Ernst Lukas* Nach 55 Jahren ...: Recht und Automation in der öffentlichen Verwaltung, Soziale Systeme 2021, 449 (451 f.); zur Unterscheidung vgl. ferner *Schneider* Verwaltungsverfahren (Fn. 3), Rn. 105 m.w.N.; *Trute* Methodik (Fn. 53) 308 ff.

[90] Vgl. dazu hinten unter Ziff. III/1.

[91] Zur umgekehrten Konstellation s. vorne unter Ziff. II/2/b.

[92] Deutschland: *Hermann Hill* Verfahrensermessen der Verwaltung, NwZ 1985, 449 (453 f.) (auf der Grundlage von § 10 VwVfG); *Kobor* Amtsermittlung (Fn. 72), 67 f.; *Schneider* in: VwVfG Kommentar (Fn. 12), § 24 Rn. 130 f. m.w.N. (2022); s.a. *Eberhard Schmidt-Aßmann* Verwaltungsverfahren, in: HStR V, 3. Aufl. 2007, § 109 Rn. 62; *Rainer Wahl* Verwaltungsverfahren zwischen Verwaltungseffizienz und Rechtsschutzauftrag, VVDStRL 41 (1983), 151 (172 f.).
Österreich: Laut dem Verwaltungsgerichtshof (Österreich), VwSlg 18984 A/2014 Ziff. 15.2, hat die Verwaltungsbehörde „den Gang [...] des Ermittlungsverfahrens nach dem Grundsatz der arbiträren Ordnung im Sinne des § 39 AVG [Fn. 4] zu bestimmen"; s.a. *Grabenwarter/Fister* Verwaltungsverfahrensrecht (Fn. 67), 91 f. Gemäß § 39 Abs. 2 S. 3 AVG (Fn. 4) hat sich die Verwaltungsbehörde bei allen „Verfahrensanordnungen", einschließlich der Feststellung des Sachverhalts (vgl. § 37 Abs. 1 S. 1 AVG [Fn. 4]), „von Rücksichten auf möglichste Zweckmäßigkeit, Raschheit, Einfachheit und Kostenersparnis leiten zu lassen."; s. dazu näher *Kolonovits/Muzak/Stöger* Verwaltungsverfahrensrecht (Fn. 67), Rn. 275; *Müller* in: Kommentar AVG (Fn. 77), § 39 Rn. 25 f.
Schweiz: Im Bundesverwaltungsverfahrensrecht hat sich das Konzept des Ermittlungsermessens begrifflich nicht etabliert, entspricht aber in der Sache der neueren Bundesgesetzgebung (vgl. Fn. 93 a.E. zu Art. 43 Abs. 1bis ATSG [Fn. 72]) und der Verwaltungspraxis; s. BGE 137 V 210 E. 3.4.1.5 S. 251 („Ziel einer raschen und korrekten Abklärung [des Sachverhalts im Verwaltungsverfahren]"); s. sinngemäß *Daniela Thurnherr* Einheitlichkeit und Vielfalt in der Verwaltungsrechtspflege, Bernische Verwaltungsrechtsprechung 2015, 74 (100); *Christoph Auer/Anja Martina Binder* in: Christoph Auer/Markus Müller/Benjamin Schindler (Hrsg.) VwVG Kommentar, 2. Aufl. 2019, Art. 12 Rn. 5; *Patrick Krauskopf/Markus Wyssling* in: Bernhard Waldmann/Patrick Krauskopf (Hrsg.) Praxiskommentar Verwaltungsverfahrensgesetz, 3. Aufl. 2023, Art. 12 Rn. 33 ff.

[93] In diesem Sinn (aufgrund einer Auslegung von § 24 VwVfG) *Jens-Peter Schneider* Nachvollziehende Amtsermittlung bei der Umweltverträglichkeitsprüfung, 1991, 98 ff.

kompensatorisches Potenzial, doch entbindet es nicht vom Gebot der objektiven Sachverhaltsfeststellung.[94] Zur rechtlichen Bewältigung solcher gegenläufigen Abhängigkeiten wird im Öffentlichen Recht üblicherweise auf die Berücksichtigung aller im Einzelfall relevanten Umstände, auf das Gebot der Herstellung praktischer Konkordanz,[95] das Prinzip des „nach beiden Seiten hin schonendsten Ausgleichs"[96] oder den Grundsatz der Verhältnismäßigkeit verwiesen.[97]

Das Rationalisierungspotenzial dieser rechtsdogmatischen Strategien ist allerdings selbst in wenig komplex strukturierten Entscheidungssituationen überschaubar. Einsichtig wird dies am Beispiel der Anwendung des Verhältnismäßigkeitsprinzips auf steuerrechtliche Veranlagungsverfahren.[98]

Im Sozialversicherungsrecht als Teil des Besonderen Bundesverwaltungsrechts der Schweiz räumt Art. 43 Abs. 1bis ATSG (Fn. 72), wonach die Verwaltungsbehörde „die Art und den Umfang der notwendigen Abklärungen" bestimmt, explizit nicht nur Verfahrens-, sondern Ermittlungsermessen ein.

[94] Vgl. Verwaltungsgerichtshof (Österreich) 1.9.2010, 2008/17/0174, § 3, wonach hinsichtlich des Verweises einer Verwaltungsbehörde „auf die Grundsätze der Verfahrensökonomie auf die Grenzen ihrer Ermittlungspflicht" zu beachten sei, dass „die Begründungspflicht der Behörde und das Bestreben nach Zweckmäßigkeit, Raschheit, Einfachheit und Kostenersparnis (Verwaltungsökonomie) [gleichrangig] nebeneinander" stünden, „sodass keines dem anderen untergeordnet werden" dürfe.

[95] *Richard Bäumlin* Staat, Recht und Geschichte, 1961, 30; *Konrad Hesse* Grundzüge des Verfassungsrechts der Bundesrepublik Deutschland, 20. Aufl. 1995, Rn. 72; s.a. *Johannes Reich* Direkte Demokratie und völkerrechtliche Verpflichtungen im Konflikt, ZaöRV 2008, 979 (981, 1006 ff.).

[96] *Peter Lerche* Übermass und Verfassungsrecht, 2. Aufl. 1999, 153; instruktiv dazu *Oliver Lepsius* Die Chancen und Grenzen des Grundsatzes der Verhältnismäßigkeit, in: Matthias Jestaedt/Oliver Lepsius (Hrsg.) Verhältnismäßigkeit, 2015, 1 (6); s.a. BVerfGE 39, 1 (43).

[97] Für das Verhältnismäßigkeitsprinzip als Massstab s. statt anderer *Kallerhoff/Fellenberg* in: Kommentar VwVfG, (Fn. 73), § 24 Rn. 36; für eine Einzelfallbetrachtung etwa *Spilker* Amtsermittlung (Fn. 73), 98; für eine Orientierung an dem im Einzelfall einschlägigen materiellen Recht *Schneider* Amtsermittlung (Fn. 93), 108 ff.; s. zum Verhältnismäßigkeitsprinzip aus rechtstheoretischer und verfassungsrechtlicher Perspektive eingehend *Niels Petersen* Verhältnismäßigkeit als Rationalitätskontrolle, 2015, 54 ff.; *Ralf Poscher* Das Grundgesetz als Verfassung des verhältnismäßigen Ausgleichs, in: Matthias Herdegen/Johannes Masing/Ralf Poscher/Klaus Ferdinand Gärditz (Hrsg.) Handbuch des Verfassungsrechts, 2022, § 3 Rn. 44 ff.; kritisch *Bernhard Schlink* Abwägung im Verfassungsrecht, 1976, 134 ff.

[98] Das Verhältnismäßigkeitsprinzip i.S.v. Art. 5 Abs. 2 BV (Fn. 41) ist ein Grundsatz rechtsstaatlichen Handels (vgl. die Sachüberschrift von Art. 5 BV [Fn. 41]: „Grundsätze rechtsstaatlichen Handelns") und findet daher auch in der Leistungsverwaltung und nicht nur zum Schutz des Individuums Anwendung; s. *Schweizerischer Bundesrat*, in: Botschaft über eine neue Bundesverfassung, BBl 1997 I 1 (134); *Markus Müller* Verhältnismässigkeit, 2. Aufl. 2023, 52 f. m.w.N. Zumindest im Sozialversicherungsrecht begründet das Bundesgericht auch die Begrenzung staatlicher Leistungen gestützt auf Art. 5 Abs. 2 BV (Fn. 41); vgl. BGE 145 V 116 E. 5.1 S. 123 m.w.N. (wonach das Verhältnis-

Demnach hätte der administrative Aufwand der Informationsgewinnung mit der zu erwarteten Steuerforderung relativ zu den konkreten Einkommens- und Vermögensverhältnissen der steuerpflichtigen Person in einem angemessenen Verhältnis zu stehen. Daraus ließen sich jedoch nur relationale und abstrakte Folgerungen ableiten. Im schweizerischen Steuerrecht wären Veranlagungsverfahren für die Einkommens- oder Vermögenssteuer natürlicher Personen demgemäß weniger intensiv zu führen als solche, die sich auf die Schenkungs- oder Erbschaftssteuern beziehen,[99] da Letztere relativ betrachtet meist weit höhere Steuerforderungen nach sich ziehen.[100]

c) *Strategische Wechselbeziehung zwischen Außendarstellung und innerem Verfahren*

Auf der Grundlage eines verwaltungsrechtswissenschaftlichen Ansatzes beurteilt, der eine auch als „Steuerungsperspektive" bezeichnete Handlungsperspektive[101] einnimmt, lässt sich ein potenzieller Rationalitätsgewinn, den die erwähnten rechtsdogmatischen Figuren verschaffen, nur im Licht der Wechselbeziehung zwischen innerem Verfahren und Außendarstellung einordnen.[102] Unter der Voraussetzung eng bemessener Ressourcen wird eine Verwaltungsbehörde angesichts der Informationsasymmetrie zu ihren Gunsten hinsichtlich des inneren Verfahrens[103] bestrebt sein, den Sachverhalt nur

---

mäßigkeitsprinzip verlange, dass „eine Leistung [der obligatorischen Krankenversicherung] zu verweigern [sei], wenn zwischen Aufwand und Heilerfolg ein grobes Missverhältnis" bestehe; ständige Rechtsprechung); zum identischen Fragenkomplex im Kontext des deutschen (Leistungs-) Verwaltungsrechts vgl. *Niels Petersen* Verhältnismäßigkeit, in: Wolfgang Kahl/Markus Ludwigs (Hrsg.) Handbuch des Verwaltungsrechts, Bd. III, 2022, § 73 Rn. 68 f. m.w.N.

[99] Die Kantone sind bundesrechtlich verpflichtet, insbesondere eine Einkommens- und eine Vermögenssteuer von den natürlichen Personen zu erheben (vgl. Art. 2 Abs. 1 a Bst. a und b Bundesgesetz über die Harmonisierung der direkten Steuern der Kantone und Gemeinden [StHG; SR 642.14]). Demgegenüber sind die Erbschafts- und Schenkungssteuern kantonale Steuern, zu deren Erhebung das Bundesrecht die Kantone nicht verpflichtet. Die Kantone Schwyz und Obwalden erheben weder Erbschafts- noch Schenkungssteuern, der Kanton Luzern nur die Erbschaftssteuer. Die übrigen 23 Kantone erheben Erbschafts- und Schenkungssteuern, in der Regel aber nicht von direkten Nachkommen (vgl. entsprechend für den Kanton Zürich §§ 1 und 11 Erbschafts- und Schenkungssteuergesetz [LS 632.1]), in vier Kantonen auch die Gemeinden; s. eingehender *Andrea Opel* in: Martin Zweifel/Michael Beusch/Silvia Hunziker (Hrsg.) Kommentar zum schweizerischen Steuerrecht: Erbschafts- und Schenkungssteuerrecht, 2019, § 3 Rn. 3 ff.

[100] Mit anderer Begründung sinngemäss Verwaltungsgericht Kanton Zürich, 20.4.1983, in: ZBl 1984, 333 (329); *Silvia Hunziker* in: Kommentar schweizerisches Steuerrecht (Fn. 99), § 35 Rn. 25.

[101] Zur Handlungs- oder Steuerungsperspektive vgl. vorne Fn. 65.

[102] Zu den methodischen Grundlagen s. Ziff. II/1.

[103] Vgl. dazu vorne unter Ziff. II/3/a.

mit jener Intensität zu ermitteln, die sich nach außen hin objektiv begründet noch als rechtskonform darstellen lässt.[104] Die Verwaltungsbehörde wird daher in ihrer Handlungsperspektive die Möglichkeit gerichtlicher Fremdkontrolle in ihrem Umfang und ihrer Dichte antizipieren[105] und dabei einkalkulieren, dass sie mit der Entscheidungsbegründung weitgehend, aber vor allem aufgrund der Ansprüche der Verfahrensbeteiligten auf rechtliches Gehör und Akteneinsicht, nicht vollständig über ihre eigene Außendarstellung verfügt. Der Gehörsanspruch verlangt, dass „die Behörde" Vorgebrachtes „prüft" und in der Entscheidungsfindung „berücksichtigt".[106] Das Recht auf Akteneinsicht gewährleistet in den Worten des österreichischen Verwaltungsgerichtshofs, dass die Verfahrensbeteiligten „genaue Kenntnis vom Gang des Verfahrens und von den Entscheidungsgrundlagen in diesem Verfahren [...] erlangen".[107] Die Akteneinsicht bezieht sich daher auf tatsächliche Informationsbestände, nur ausnahmsweise aber auf die Grundlagen der in Aussicht genommenen Rechtsbeurteilung.[108] Dagegen ist die Anwendung der rechtsdogmatischen Figuren zur Bewältigung gegenläufiger Abhängigkeiten aufgrund ihrer zahlreichen Wertungen[109] im Modus der Fremdkontrolle nur eingeschränkt überprüfbar. Die Rechtsdogmatik dürfte daher in diesem Bereich in erster Linie der *Darstellung* der Entscheidung, weniger aber ihrer rationalen *Herstellung* dienen.[110]

---

[104] Zur Begründung als Grundlage der nachträglichen und externen Kontrolle des Verwaltungsverfahrens vgl. vorne unter Ziff. II/3/a und III/1.

[105] Zu den entsprechenden Voraussetzungen s. hinten unter Ziff. III/2/a und b.

[106] BGE 146 II 335 E. 5.1 S. 341: „Das rechtliche Gehör (Art. 29 Abs. 2 BV [Fn. 41]) verlangt, dass die Behörde die Vorbringen des vom Entscheid in seiner Rechtsstellung Betroffenen tatsächlich hört, prüft und in der Entscheidfindung berücksichtigt [...]."; wortgleich BGE 136 I 229 E. 5.2 S. 236.

[107] Verwaltungsgerichtshof (Österreich) 9.9.2008, 2007/060056 E. 6; s.a. *Claudia Fuchs/Theresa Zwach* in: Kommentar zum AVG (Fn. 77), § 17 AVG Rn. 7 f., 19 ff.; *Grabenwarter/Fister* Verwaltungsverfahrensrecht (Fn. 67), 53 f.; *Hengstschläger/Leeb* Verwaltungsverfahrensrecht (Fn. 28), Rn. 148; s. für Deutschland inhaltlich weitgehend analog zu § 29 VwVfG *Schneider* in: VwVfG Kommentar (Fn. 12), § 29 Rn. 7 (2022); einordnend *Kaiser* Kommunikation (Fn. 30), 267 f.; für die Schweiz im Kontext von Art. 26 VwVG (Fn. 4) und Art. 29 Abs. 2 BV (Fn. 41) vgl. *Bernhard Waldmann/Magnus Oeschger* in: Praxiskommentar VwVG (Fn. 92), Art. 26 Rn. 32 f.

[108] Deutlich in diesem Sinn BGE 145 I 167 E. 4.1 S. 171 m.w.N.: „Le droit d'être entendu se rapporte surtout à la constatation des faits. Le droit des parties d'être interpellées sur des questions juridiques n'est reconnu que de manière restreinte [...], lorsque l'autorité concernée entend se fonder sur des normes légales dont la prise en compte ne pouvait pas être raisonnablement prévue par les parties, lorsque la situation juridique a changé ou lorsqu'il existe un pouvoir d'appréciation particulièrement large [...]."

[109] Vgl. vorne unter Ziff. II/2/a.

[110] Zur Differenzierung zwischen Herstellung und Darstellung der Verwaltungsentscheidung s. vorne unter Ziff. II/3/a (mit Nachweisen in Fn. 85 und 89); vgl. auch hinten unter Ziff. III/1.

4. Rechtsgleiche Informationsgewinnung angesichts divergierender Durchsetzungsfähigkeit von Interessen im Verwaltungsverfahren

a) Unterschiedliche Durchsetzungsfähigkeit von Interessen im Verwaltungsverfahren

Im Unterschied zu der auf Sachlichkeit und Distanz verpflichteten Verwaltungsbehörde[111] repräsentieren die Verfahrensbeteiligten im Verwaltungsverfahren spezifische Interessen. Interessen sind unterschiedlich organisations- und konfliktfähig.[112] In der Verfassungstheorie ist diese Einsicht seit den „*Federalist Papers*" präsent,[113] während sie in der Verwaltungsrechtswissenschaft nur zurückhaltend und vorwiegend im Zusammenhang mit informellem Verwaltungshandeln problematisiert wird.[114]

Welche Interessen im Verwaltungsverfahren unmittelbar repräsentiert sind, bestimmt sich je nach anwendbarer Verfahrensordnung unterschiedlich.[115] Erforderlich ist für die Verfahrensbeteiligung demnach die Existenz eines rechtlichen[116] oder – wie im schweizerischen Verfahrensrecht – eines „schutzwürdigen Interesses", das auch rein faktischer Natur sein kann.[117]

---

[111] Schweiz: BGE 136 V 376 E. 4.1.2 S. 378 (wonach die Verwaltungsbehörde im Verwaltungsverfahren ein „zur Neutralität und Objektivität verpflichtetes Organ des Gesetzesvollzuges" sei); Deutschland: BVerwGE 75, 214, 230; *Hebert Schmitz* in: Verwaltungsverfahrensgesetz (Fn. 73), § 9 Rn. 62 m.w.N.; umfassend *Michael Fehling* Verwaltung zwischen Unparteilichkeit und Gestaltungsaufgabe, 2001, 39 ff.; Österreich: *Gottfried Jantschgi* in: Kommentar zum AVG (Fn. 77), § 7 AVG Rz. 1 m.w.N. – Zur Fundierung dieser Garantien in der Rechtsstaatlichkeit s. Ziff. I/2 (insbesondere Haupttext zu Fn. 24).

[112] Stilbildend *Mancur Olson* The Logic of Collective Action, 1971, 53 ff.; in zeitlicher Distanz aufgrund neuerer empirischer Literatur einordnend und differenzierend *Martin Gilens/Benjamin I. Page* Testing Theories of American Politics, Perspectives on Politics 2014, 564 (574 f.); *Paul Pecorino* Olson's Logic of Collective Action at Fifty, Public Choice 2015, 243 (251 ff.); *Luis Fernando Medina* The Analytical Foundations of Collective Action Theory, Annual Review of Political Science 2013, 259; zu verfassungsrechtlichen Konsequenzen der Interessengruppentheorie s. *Reich* Demokratie und Rechtsstaatlichkeit (Fn. 24), Rn. 17, 20 ff.

[113] Vgl. *James Madison* The Federalist Papers No. 10: The Same Subject Continued (The Union as a Safeguard Against Domestic Faction and Insurrection), 23.11.1787, <http://avalon.law.yale.edu/18th_century/fed10.asp> (Stand 2.2.2024).

[114] Vgl. *Wolfgang Hoffmann-Riem* Selbstbindungen der Verwaltung, VVDStRL 40 (1982), 187 (206 f., 209 f.); s.a. *Kaiser* Kommunikation (Fn. 30), 224 f., 227, 232 ff., 241 f.

[115] Vgl. den kurzen Überblick vorne in Fn. 67.

[116] Deutschland: § 13 Abs. 2 S. 1 VwVfG: „rechtliche Interessen"; Österreich: § 8 AVG (Fn. 4): „Rechtsanspruch […] oder […] rechtliche[s] Interesse […]".

[117] „Partei" ist in Verwaltungsverfahren des Bundes und der Kantone, s. *Isabelle Häner* in: VwVG Kommentar (Fn. 92), Art. 6 VwVG Rn. 4, wer (zukünftiger) Adressat der Verfügung (Verwaltungsakt; vgl. Fn. 28) ist und/oder wer im nachfolgenden Verwaltungsprozess klagebefugt (beschwerdeberechtigt) ist; s. eingehend *Daniela Thurnherr* Verfahrensgrund-

Konsequenz dieser Regelungen ist, dass in Verwaltungsverfahren regelmäßig nur jene Interessen unmittelbar durch Verfahrensbeteiligte repräsentiert sind, die sich – angelehnt an die entsprechende Kategorisierung der Ökonomik – auf private Güter[118] beziehen.

b) Hohe Durchsetzungsfähigkeit von sich auf private Güter beziehenden Interessen

Verfahrensbeteiligte, die Interessen repräsentieren, die sich auf eigene private Güter beziehen, haben erhebliche Anreize, zumindest für sie günstige Informations- und Wissensbestände aus ihrem Wirkungsbereich aktiv in das Verfahren einzubringen, da ihnen die Vorteile eines subjektiv positiven Verfahrensausgangs umfassend zukommen.[119] Die Verteilung der

---

rechte und Verwaltungshandeln, 2013, Rn. 364 ff. Diese Beschwerdeberechtigung begründen „schutzwürdige", mithin auch rein faktische Interessen, die nicht durch subjektive öffentliche Rechte geschützt sind. Gemäß ständiger bundesgerichtlicher Rechtsprechung besteht das „schutzwürdige Interesse" generell „darin, einen materiellen oder ideellen Nachteil zu vermeiden, den der angefochtene Entscheid mit sich bringen würde" (BGE 142 II 80 E. 1.4.1 S. 83) bzw. „im praktischen Nutzen, der sich ergibt, wenn der Beschwerdeführer mit seinem Anliegen obsiegt und dadurch seine tatsächliche oder rechtliche Situation unmittelbar beeinflusst werden kann" (BGE 147 I 478 E. 2.2 S. 480), wobei bedeutungslos ist, ob das „geltend gemachte Interesse von der angerufenen Vorschrift mitumfasst" ist (BGE 108 Ib 92 E. 3b/aa S. 93).

Vgl. die entsprechenden bundesgesetzlichen Grundlagen: Art. 89 Abs. 1 Bst. c Bundesgesetz über das Bundesgericht (BGG; SR 173.110) (für die Beschwerde in öffentlich-rechtlichen Angelegenheiten an das Bundesgericht) bzw. Art. 31 Bundesgesetz über das Bundesverwaltungsgericht (SR 173.32) i.V.m. Art. 48 Abs. 1 Bst. c VwVG (Fn. 3) (für die Beschwerde an das Bundesverwaltungsgericht) sowie Art. 25a VwVG (Fn. 3) (für das an eine Bundesverwaltungsbehörde gerichtete Gesuch um eine Verfügung über einen Realakt); enger dagegen (für die subsidiäre Verfassungsbeschwerde an das Bundesgericht) Art. 115 Bst. b BGG; s. dazu Fn. 125.

Zur bewussten Abkehr vom Rückgriff auf das subjektive öffentliche Recht im Öffentlichen Verfahrensrecht der Schweiz eingehend *Meret Rehmann* Besondere Betroffenheit als Element der Beschwerdebefugnis im Umweltrecht, 2024, Rn. 172 ff.; s. ferner – in komparativer Perspektive einordnend – *Johannes Saurer* Subjektives öffentliches Recht in rechtsvergleichender Perspektive, in: Wolfgang Kahl/Markus Ludwigs (Hrsg.) Handbuch des Verwaltungsrechts, Bd. IV, 2022, § 97 Rn. 35 ff.

[118] Zur Unterscheidung zwischen privaten und öffentlichen Gütern wegweisend *Paul A. Samuelson* The Pure Theory of Public Expenditure, Review of Economics and Statistics 1954, 387 (387); ferner *Paul A. Samuelson/William D. Nordhaus/Sudip Chaudhuri/Anindya Sen* Economics, 20. Aufl. 2020, 46 f.; *Paul Krugman/Robin Wells* Economics, 6. Aufl. 2021, 494 ff.; *N. Gregory Mankiw* Principles of Economics, 10. Aufl. 2024, 212 ff.

[119] Vgl. auch BGE 140 II 65 E. 2.2 S. 67 f.; 140 II 384 E. 3.3.1 S. 390, wonach Verfahrensbeteiligten, die ein Verwaltungsverfahren durch einen eigenen Antrag eingeleitet haben

objektiven Beweislast, die sich im schweizerischen Verfahrensrecht nach materiellem Recht bestimmt, subsidiär aber denjenigen Beteiligten trifft, dessen im Verfahren geltend gemachte Interessen sich auf private Güter beziehen,[120] kann diese Anreize verstärken. Illustrativ dafür sind Verwaltungsverfahren über die Zulassung von Arzneimitteln, bei denen es dem Antragssteller selbst obliegt, sämtliche für die Entscheidung relevanten tatsächlichen Informationen, einschließlich der „Ergebnisse" der in eigener Verantwortung und auf eigene Kosten durchgeführten „pharmakologischen, toxikologischen und [...] klinischen Prüfungen",[121] an die Zulassungsbehörde zu übermitteln.[122]

(Art. 13 Abs. 1 Bst. a VwVG [Fn. 4]), aufgrund des Grundsatzes von Treu und Glauben (Art. 5 Abs. 3 BV [Fn. 41]) eine aktive Mitwirkungspflicht selbst hinsichtlich Informationen zukommt, deren Berücksichtigung sich zu ihrem Nachteil auswirkt. Hinsichtlich § 39 Abs. 2 AVG (Fn. 4) s. die Zusammenstellung der sinngemäßen Rechtsprechung bei *Müller* in: Kommentar AVG (Fn. 77), § 39 Rn. 10; ähnlich betreffend § 26 Abs. 2 S. 1 und 2 VwVfG *Schneider* in: VwVfG Kommentar (Fn. 12), § 26 Rn. 32 ff. (2022).

[120] Regelt das materielle Recht die Beweislast nicht, trifft diese im Verwaltungsverfahrensrecht des Bundes in Anwendung von Art. 8 Schweizerisches Zivilgesetzbuch (ZGB; SR 210) als allgemeiner Rechtsgrundsatz subsidiär diejenige Partei, die aus dem „Vorhandensein einer behaupteten Tatsache [...] Rechte ableitet"; BGE 146 II 6 E. 4.2 S. 10; 144 II 332 E. 4.1.3 S. 337; 143 II 646 E. 3.3.8 S. 660; zumindest in den Grundzügen inhaltlich analog für das VwVfG *Kallerhoff/Fellenberg* in: Kommentar VwVfG (Fn. 73), § 24 Rn. 55 ff.; *Kobor* Amtsermittlung (Fn. 72), 76 f.; *Schneider* in: VwVfG Kommentar (Fn. 12), § 24 Rn. 122 ff. (2022) und für das AVG (Fn. 4) *Petra Enengel-Binder* in: Kommentar AVG (Fn. 119), § 45 AVG Rn. 53 ff.

[121] Art. 11 Abs. 2 Bst. a Ziff. 2 Bundesgesetz über Arzneimittel und Medizinprodukte (Heilmittelgesetz, HMG; SR 812.21). Die Frage der Wirksamkeit von Präparaten und die sich darauf beziehenden Studien bilden „Teil der Sachverhaltsfeststellung" (BGE 136 I 184 E. 1.2 S. 187).

[122] Wer verwendungsfertige Arzneimittel mit Indikationsangabe in Verkehr bringen will, trägt die objektive Beweislast und hat demnach nachzuweisen, dass das fragliche Arzneimittel „qualitativ hochstehend, sicher und wirksam" ist; Art. 10 Abs. 1 Bst. a i.V.m. Art. 9 Abs. 1 HMG (Fn. 121). Misslingt dieser Nachweis, verweigert die zuständige Verwaltungsbehörde die Zulassung, während im umgekehrten Fall „auf deren Erteilung ein Rechtsanspruch besteht"; BGE 141 II 91 E. 2.1 S. 96; vgl. Art. 16 Abs. 1 HMG (Fn. 121). Die Bedingungen, gemäß derer ein Arzneimittel „qualitativ hochstehend, sicher und wirksam" ist, sind rechtlich nicht konkretisiert; s. *Felix Uhlmann* Der Risikobegriff im schweizerischen und europäischen Heilmittelrecht, in: Thomas Sutter-Somm et al. (Hrsg.) Risiko und Recht, 2004, 517 (518 f.); *Hettich* Risikovorsorge (Fn. 84), Rn. 354 m.w.N. Die Zulassungsbehörde kann zusätzlich eigenes und fremdes Fachwissen in das Zulassungsverfahren einbeziehen, ist dazu aber nicht verpflichtet; s. *Markus Schott/Eliane Albert* in: Thomas Eichenberger/Urs Jaisli/Paul Richli (Hrsg.) Basler Kommentar Heilmittelgesetz, 2. Aufl. 2022, Art. 10 Rn. 34 ff.

c) Strukturell schwache Repräsentation von sich auf öffentliche und kollektive Güter beziehenden Interessen

Interessen, die sich auf kollektive oder öffentliche Güter wie Landschafts- und Ortsbilder, Luftreinhaltung, die biologische Vielfalt oder das Klima[123] beziehen,[124] sind in Verwaltungsverfahren dagegen in der Regel dann nicht durch Verfahrensbeteiligte repräsentiert, wenn für die Verfahrensbeteiligung ein *rechtliches* Interesse erforderlich ist.[125] Demgegenüber bestimmt sich die Verfahrensbeteiligung bei raumbezogenen Vorhaben im schweizerischen Verfahrensrecht vornehmlich aufgrund der räumlichen Distanz.[126] Verfahrensbeteiligte sind daher befugt, auch Interessen geltend

---

[123] Illustrativ BGE 146 I 145 E. 4 S. 148 ff. (i.S. Verein KlimaSeniorinnen Schweiz u.a.); s. dazu die kritische Bespr. von *Johannes Reich*, ZBl 2020, 489 (497 ff.); das entsprechende Verfahren Nr. 53600/20 ist derzeit (d.h. am 2.2.2024) beim Europäischen Gerichtshof für Menschenrechte anhängig. – Zum Klima als öffentliches Gut s. *William D. Nordhaus* Climate Change, American Economic Review 2019, 1991 (1993); weitere Kategorisierungen und Beispiele globaler öffentlicher Güter bei *Wolfgang Buchholz/Todd Sandler* Global Public Goods, Journal of Economic Literature 2021, 488 (488 f., 496); zu rechtlichen Konsequenzen dieser Charakteristiken im Kontext des Föderalismus s. *Johannes Reich* Federalism and Mitigating Climate Change, Transnational Environmental Law 2021, 263 (290 f.).

[124] Vgl. *Mankiw* Principles (Fn. 118), 212; s.a. *Krugman/Wells* Economics (Fn. 118), 472 ff., 493 ff.

[125] Deutschland: § 13 Abs. 2 S. 1 VwVfG; „rechtliche Interessen" sind gemäß Rechtsprechung nur solche, die durch eine Rechtsnorm auch zum Schutz individueller Interessen eingeräumt worden sind, sodass ideelle, soziale oder wirtschaftliche Interessen für die Verfahrensbeteiligung nicht ausreichen; *Schmitz* in: Verwaltungsverfahrensgesetz (Fn. 73), § 13 Rn. 32; *Geis* in: VwVfG Kommentar (Fn. 12), § 13 Rn. 27 (2022), je m.w.N.; Österreich: § 8 AVG (Fn. 4): „Rechtsanspruch […] oder […] rechtliche[s] Interesse […]", das „eine unmittelbare Beeinträchtigung der Rechtssphäre" des Betroffenen voraussetzt; Verwaltungsgerichtshof (Österreich) 19.10.2004, 2004/03/0142 Ziff. 1; sinngemäß *Grabenwarter/Fister* Verwaltungsverfahrensrecht (Fn. 67), 25 ff.; *Kolonovits/Muzak/Stöger* Verwaltungsverfahrensrecht (Fn. 67), Rn. 114 ff.; *Wolfgang Wesely* in: Kommentar AVG (Fn. 119), § 8 AVG Rn. 19 ff., je m.w.N.; Schweiz: Ein „*rechtlich* geschütztes Interesse" [frz.: „intérêt *juridique*"; ital.: „interesse *legittimo*"] ist nur für das Beschwerderecht hinsichtlich der subsidiären Verfassungsbeschwerde an das Bundesgericht erforderlich (Art. 115 Bst. b BGG [Fn. 117]; Kursivdruck hinzugefügt; vgl. im Übrigen Fn. 117); zu dessen Bedeutung s. BGE 149 I 72 E. 3.1 S. 79; 146 I 195 E. 1.2.1 S. 198 m.w.N.; eingehend *Giovanni Biaggini* in: Marcel Alexander Niggli/Peter Uebersax/Hans Wiprächtiger/Lorenz Kneubühler (Hrsg.) Basler Kommentar Bundesgerichtsgesetz, 3. Aufl. 2018, Art. 115 Rn. 7 ff.

[126] Die räumliche Distanz (s. BGE 137 II 30 E. 2.2.3 S. 33: Abstand eines Wohnhauses zum angrenzenden Grundstück, auf dem ein Bauvorhaben geplant ist) kann je nach örtlichen Verhältnissen und der Qualität der fraglichen Immissionen variieren (vgl. z.B. BGE 128 II 168 E. 2.3 S. 171: Baugenehmigung für Mobilfunkanlagen; Verwaltungsgericht Kanton Zürich, 14.01.2010, VB.2009.00466, E. 2: Geruchsimmissionen); s.a. BGE 141 II

zu machen, die sich auf den Landschafts-, Ortsbild-, Natur- oder Gewässerschutz beziehen, soweit das Vorgebrachte bei einem subjektiv positiven Verfahrensausgang dazu führen würde, dass das fragliche Vorhaben nicht oder anders als ursprünglich geplant realisiert würde.[127] Solche Verfahrensbeteiligten haben ein erhebliches Interesse, Informations- und Wissensbestände, die sich auf den Schutz kollektiver und öffentlicher Güter beziehen, in hoher Qualität in Verwaltungsverfahren einzubringen.

Im Übrigen ist es aber Aufgabe der ermittelnden *Verwaltungsbehörde*, diejenigen Informations- und Wissensbestände zu erheben, die mit dem Schutz öffentlicher und kollektiver Güter in Zusammenhang stehen. Nachdem Verfahrensbeteiligte kraft ihrer Mitwirkungsrechte indirekt Einfluss auf die Intensität der Sachverhaltsermittlung nehmen können[128] und sich relevante Informations- und Wissensbestände meist in ihrer eigenen Sphäre befinden,[129] ist mindestens ungewiss, ob Verwaltungsbehörden durchgehend eine rechtsgleiche Informationsermittlung gelingt, wenn sich in einem Verfahren Interessen, die sich auf private Güter beziehen und solche, die auf kollektive und öffentliche Güter Bezug nehmen, gegenüberstehen, Letztere aber nicht durch Verfahrensbeteiligte repräsentiert werden.[130]

In der politisch-administrativen Praxis der Schweiz manifestiert sich die strukturell ungleiche Durchsetzungsfähigkeit zwischen Nutzungsinteressen, die sich auf private Güter beziehen, und Schutzinteressen, die sich auf öffentliche und kollektive Güter erstrecken, besonders deutlich an Bauvorhaben natürlicher oder juristischer Personen, deren Wohnsitznahme bzw. Sitzverlegung das Steuersubstrat[131] des fraglichen Kantons und der betroffenen Gemeinde[132] aufgrund des internationalen und föderalen Steu-

---

50 E. 2.1 S. 52. Der Einbezug von Interessen, die sich auf öffentliche und kollektive Güter beziehen, ist auch unter diesen Bedingungen nicht durchgehend gewährleistet; s. *Anne-Christine Favre* Le droit à la protection de l'environnement, in: Alain Papaux (Hrsg.) Biosphère et droits fondamentaux, 2011, 157 (182); *Thierry Tanquerel* Les voies de droit des organisations écologistes en Suisse et aux États-Unis, 1996, Rn. 342.

[127] BGE 141 II 50 E. 2.1 S. 52; 139 II 499 E. 2.2 S. 504; desgleichen für das öffentliche Beschaffungsrecht BGE 141 II 307 E. 6.4 S. 314; im Grundsatz ständige Rechtsprechung seit BGE 104 Ib 245 E. 7c S. 255 (vom 27.10.1978); s. *Häner* Beteiligte (Fn. 67), Rn. 711 ff.; zur Genese dieser Rechtsprechung eingehend *Rehmann* Beschwerdebefugnis (Fn. 117), Rn. 253 ff.

[128] Vgl. dazu vorne Ziff. II/3/c.

[129] Vgl. dazu vorne Ziff. II/2/b.

[130] Zur altruistischen Verbandsklage s. hinten unter Ziff. III/3.

[131] Als „Steuersubstrat" eines Gemeinwesens oder einer Steuer wird das in der Steuerberechnungsgrundlage liegende finanzielle Potenzial bezeichnet, das mit Steuern belastet werden kann.

[132] Zur interkantonalen Bestimmung der örtlichen Steuerpflicht vgl. Art. 3 f. und Art. 20 f. StHG (Fn. 99).

erwettbewerbs maßgeblich auszuweiten verspricht.[133] Kantonale und kommunale Behörden haben in solchen Konstellationen verschiedentlich einseitig den auf private Güter gerichteten Nutzungsinteressen zum Durchbruch verholfen.[134]

---

[133] Die schweizerischen Kantone sind bundesrechtlich zwar verpflichtet, insbesondere eine Einkommens- und eine Vermögenssteuer von den natürlichen und eine Gewinn- und eine Kapitalsteuer von den juristischen Personen zu erheben (Art. 2 StHG [Fn. 99]), doch sind es die Kantone, die Steuertarife und Steuersätze festlegen; vgl. Art. 129 Abs. 2 Satz 2 BV (Fn. 41). Abhängig vom kantonalen Recht kommt Gemeinden verbreitet eine begrenzte Autonomie bei der Festsetzung des kommunalen Steuersatzes zu; vgl. für den Kanton Zürich § 188 Steuergesetz (LS 631.1). Zur Konzeption des fiskalischen Wettbewerbs aus rechtlicher Sicht s. *Sando Nücken* Nationaler Steuerwettbewerb, 2013, 58 ff.; *René Matteotti* Finanzverfassung, in: Oliver Diggelmann/Maya Hertig Randall/Benjamin Schindler (Hrsg.) Verfassungsrecht der Schweiz – Droit constitutionnel suisse, Bd. III, 2020, VIII.7 Rn. 5 ff., 29 ff.

[134] Hinsichtlich *natürlicher Personen* ist ein Bauvorhaben illustrativ, das der (damalige) Automobilrennfahrer *Michael Schumacher* im Jahr 2001 in der ländlichen Gemeinde Wolfhalden (Kanton Appenzell Ausserrhoden) plante. Das Projekt (Wohngebäude, Pferdestallung, Reithalle, Hallenbad u.a.m.) bezog sich auf eine teilweise in der Landwirtschaftszone gelegene Parzelle von 17 Hektar mit Blick auf den Bodensee. Obwohl das Bauvorhaben gegen die Richtplanung sowie gegen Prinzipien der Raumplanung und des Landschaftsschutzes verstieß, wurde es von den kommunalen und kantonalen Behörden aktiv unterstützt. Nachdem das Bundesamt für Raumentwicklung – die Fachbehörde der Bundesverwaltung für Raumplanung (Art. 12a Abs. 1 Organisationsverordnung für das Eidgenössische Departement für Umwelt, Verkehr, Energie und Kommunikation; SR 172.217.1) – dem kantonalen Baudirektor im Februar 2002 schriftlich mitgeteilt hatte, dass es das Bauvorhaben für bundesrechtswidrig erachte und sich vorbehalte, von seinem Beschwerderecht, vgl. Art. 89 Abs. 2 BGG (Fn. 117), Gebrauch zu machen, zog *Michael Schumacher* den Bauantrag (Baugesuch) zurück; vgl. *Alain Griffel* Das Verbandsbeschwerderecht im Brennpunkt zwischen Nutz- und Schutzinteressen, Umweltrecht in der Praxis 2006, 95 (110 ff. m.w.N.); s.a. das Fazit bei *Benjamin Schindler/Daniela Thurnherr* Raumplanung ermöglicht nachhaltige Entwicklung, Neue Zürcher Zeitung 26.8.2002, 16: „Die kommunalen und kantonalen Behörden wollten sich über eine klare Rechtslage hinwegsetzen. [...] Der Grund für diese Fehlentwicklung sind [...] falsche Anreize. So versuchen Behörden, vor allem auf Ebene der Gemeinden, mittels grosszügiger Einzonungen zusätzliches Steuersubstrat anzulocken.".

Betreffend *juristische Personen* ist die 2004 in Verletzung zahlreicher raumplanungsrechtlicher Vorschriften (Planungspflicht, Planungsgrundsätze, Schutz von Fruchtfolgeflächen; s. *Pierre Tschannen* Umsetzung von Umweltrecht in der Raumplanung, Umweltrecht in der Praxis 2005, 415 [442, inkl. Anm. 55]) erfolgte Umzonung von 55 Hektar Kulturland (Landwirtschaftszone) in der früheren Gemeinde Galmiz (seit 2022 der Gemeinde Murten zugehörig) im Kanton Freiburg in die Industriezone durch die Kantonsregierung illustrativ, mit der dem Biotechnologieunternehmen *Amgen* die Errichtung einer Produktionsstätte hätte ermöglicht werden sollen. Nach öffentlichen Kontroversen nahm *Amgen* vom Projekt Abstand und gab einem Standort in der Republik Irland den Vorzug; s. *Alexander Ruch* Aktuelle Grundfragen des Raumplanungsrechts, in: ders./Alain Griffel (Hrsg.) Raumplanungsrecht in der Krise, 2008, 1 (23).

5. Externes Fachwissen zur Kompensation begrenzter administrativer Expertise: Grenzen des Modells rechtsgleicher und sachverständiger inquisitorischer Informationsgewinnung

a) Hinzuziehung externen Sachverstands als legitimationstheoretische Paradoxie

Im Einzelfall unzureichende oder fehlende Expertise kann die ermittelnde Verwaltungsbehörde aufgrund ihres Ermittlungsermessens durch Amtshilfe[135] oder die Hinzuziehung verwaltungsexterner Sachverständiger[136] kompensieren. Der Rückgriff auf verwaltungsexterne Expertise ist auf die Entscheidung über den Sachverhalt beschränkt, während die rechtliche Würdigung der leitenden Verwaltungsbehörde obliegt.[137] Der Grund-

---

[135] Für die Amtshilfe nach VwVfG vgl. §§ 4 ff. VwVfG; für das Ermessen spezifisch § 5 Abs. 1 VwVfG („Eine Behörde *kann* um Amtshilfe […] ersuchen […]." – Kursivdruck hinzugefügt); s. dazu *Schneider* in: VwVfG Kommentar (Fn. 12), § 5 Rn. 3 (2022); *Kobor* Amtsermittlung (Fn. 72), 130 ff.; im österreichischen Verwaltungsrecht konkretisiert § 55 Abs. 1 AVG (Fn. 4) die allgemeine Amtshilfepflicht gemäß Art. 22 B-VG (Fn. 41) im Ermittlungsverfahren; s. *Kolonovits/Muzak/Stöger* Verwaltungsverfahrensrecht (Fn. 67), Rn. 331 f.; im schweizerischen Bundesrecht verpflichtet Art. 44 Abs. 2 S. 2 BV (Fn. 41) Bund und Kantone zur Leistung von „Amts- und Rechtshilfe" (frz.: „l'entraide administrative et l'entraide judiciaire"; ital.: „assistenza amministrativa e giudiziaria"). Diese Pflicht ist im Besonderen Verwaltungsrecht verschiedentlich konkretisiert, insbesondere im Steuerrecht (s. z.B. Art. 38a Abs.2 StHG [Fn. 133]) oder im Kernenergierecht (vgl. Art. 102 Kernenergiegesetz [KEG; SR 732.1]) und findet seine Grundlage im Übrigen in Art. 12 Bst. c VwVG (Fn. 4) i.V.m. Art. 49 Bundesgesetz über den Bundeszivilprozess (BZP; SR 273) („Auskünfte […] von Drittpersonen [inkl. Verwaltungseinheiten]", wobei schriftliche Auskünfte gemeinhin als „Amtsberichte" bezeichnet werden); s. *Auer/Binder* in: VwVG Kommentar (Fn. 92), Art. 12 Rn. 46 f.; *Kiener/Rütsche/Kuhn* Verfahrensrecht (Fn. 67), Rn. 777; *Rhinow/Koller/Kiss/Thurnherr/Brühl-Moser* Prozessrecht (Fn. 67), Rn. 1229b a.E.

[136] Vgl. für das VwVfG § 26 Abs. 1 Ziff. 2 VwVfG, wonach Sachverständige „nach pflichtgemäßem Ermessen" beigezogen werden können; s. dazu *Angelika Nußberger* Sachverständigenwissen als Determinante verwaltungsrechtlicher Einzelentscheidungen, AöR 129 (2004) 282 (195, 302); *Schneider* in: VwVfG Kommentar (Fn. 12), § 26 Rn. 11 (2022); für das AVG vgl. § 52 AVG (Fn. 4), mit der Differenzierung zwischen amtlichen und nichtamtlichen Sachverständigen; vgl. dazu *Kolonovits/Muzak/Stöger* Verwaltungsverfahrensrecht (Fn. 67), Rn. 358 ff.; für das schweizerische Bundesverwaltungsrecht s. Art. 12 Bst. e VwVG (Fn. 4) („Gutachten von Sachverständigen" als Beweismittel); vgl. dazu *Rhinow/Koller/Kiss/Thurnherr/Brühl-Moser* Prozessrecht (Fn. 67), Rn. 1229a f.

[137] Deutschland: *Schneider* in: VwVfG Kommentar (Fn. 12), § 26 Rn. 50 m.w.N. (2022) (mit der Ausnahme von Rechtsfragen, die sich auf ausländisches Recht oder Gewohnheitsrecht beziehen); Österreich: *Enengel-Binder* in: Kommentar AVG (Fn. 119), § 52 AVG Rn. 30; Schweiz: unmissverständlich BGE 130 I 337 E. 5.4.1 S. 345 („Dem Sachverständigen sind bloss Sach-, keine Rechtsfragen zu unterbreiten."); ebenso BGE 132 II 257 E.4.4.1 S. 269; *Kiener/Rütsche/Kuhn* Verfahrensrecht (Fn. 67), Rn. 770; a.M. *Kölz/Häner/Bertschi* Verwaltungsverfahren (Fn. 12), Rn. 473; *Auer/Binder* in: VwVG Kommentar (Fn. 92), Art. 12 Rn. 61.

satz der freien Beweiswürdigung[138] stellt formal sicher, dass die sachverständige Person keinen eigenständigen Entscheidungsbeitrag leistet.[139] Dem Paradox, dass der Rekurs auf verwaltungsexternen Sachverstand entbehrlich wäre, käme der Verwaltungsbehörde tatsächlich jene Expertise zu, die eine freie Beweiswürdigung eigentlich erforderte,[140] trägt die Rechtsprechung des Schweizerischen Bundesgerichts dadurch Rechnung, dass Verwaltungsbehörden von Sachverständigengutachten nur dann abweichen dürfen, wenn sich Letztere als unvollständig, nicht nachvollziehbar oder nicht schlüssig erweisen.[141] Aus dem „faktisch vorentscheidenden Charakter"[142] von Sachverständigengutachten für den Verfahrensausgang macht das Bundesgericht denn auch gar keinen Hehl.

b) *Gefahr korrelativer Abhängigkeit von Verwaltung und externen Sachverständigen*

Die Abhängigkeit, in die sich die Verwaltung mit dem Rückgriff auf extraadministrative Expertise begibt, wirft dann ein besonders grelles Schlaglicht auf die legitimationstheoretischen Grenzen des Modells der inquisitorischen Amtsermittlung, wenn sich verwaltungsexterne Sachverständige in einem erheblich politisierten Kontext ihrerseits in einem Abhängigkeitsverhältnis zur Verwaltung wiederfinden. Im schweizerischen Sozialversiche-

---

[138] Deutschland: Im VwVfG gilt die freie Beweiswürdigung als ungeschriebener Rechtsgrundsatz; s. *Schneider* in: VwVfG Kommentar (Fn. 12), § 24 Rn. 103 m.w.N. (2022); auf der Grundlage des Besonderen Verwaltungsrechts differenzierend *Nußberger* Sachverständigenwissen (Fn. 136), 295 ff.; Österreich: Herleitung aus § 45 Abs. 2 AVG (Fn. 4); s. *Hengstschläger/Leeb* Verwaltungsverfahrensrecht (Fn. 28), Rn. 371; *Kolonovits/Muzak/Stöger* Verwaltungsverfahrensrecht (Fn. 67), Rn. 325 m.w.N.; Schweiz (Bundesverwaltungsrecht): Geltung des Grundsatzes der freien Beweiswürdigung aufgrund von Art. 19 VwVG (Fn. 4) i.V.m. Art. 40 BZP (Fn. 135); s. BGE 137 II 266 E. 3.2 S. 270 f.

[139] Vgl. allgemein *Christoph Möllers* Methoden, in: Andreas Voßkuhle/Martin Eifert/Christoph Möllers (Hrsg.) Grundlagen des Verwaltungsrechts, Bd. I, 3. Aufl. 2022, § 2 Rn. 35; *Augsberg* Informationsverwaltungsrecht (Fn. 7), 130 ff.

[140] *Ernst Forsthoff* Lehrbuch des Verwaltungsrechts, 10. Aufl. 1973, 77 (der diesen „intrikate[n] Fall" für rechtlich nicht befriedigend lösbar, mithin für paradox, hält).

[141] BGE 136 II 214 E. 5 S. 223 f.; *Kiener/Rütsche/Kuhn* Verfahrensrecht (Fn. 67), Rn. 775; *Kölz/Häner/Bertschi* Verwaltungsverfahren (Fn. 12), Rn. 485; *Auer/Binder* in: VwVG Kommentar (Fn. 92), Art. 12 Rn. 62; *Rhinow/Koller/Kiss/Thurnherr/Brühl-Moser* Prozessrecht (Fn. 67), Rn. 1226, je m.w.N.; spezifisch für das Sozialversicherungsrecht vgl. auch BGE 137 V 210 E. 1.3.4 S. 227 sowie eingehend *Ueli Kieser* Kommentar zum Bundesgesetz über den Allgemeinen Teil des Sozialversicherungsrechts ATSG, 4. Aufl. 2020, Art. 44 Rn. 66 ff.

[142] Vgl. BGE 137 V 210 E. 2.5 S. 241: „Die besondere Bedeutung der Verfahrensgarantien im Zusammenhang mit der Einholung und Würdigung medizinischer Gutachten ist daran zu ermessen, dass diese den Leistungsentscheid [Verwaltungsentscheidung] prägen, gerade weil sie aufgrund ihrer Fachspezifität faktisch vorentscheidenden Charakter haben."

rungsrecht besteht diese korrelative Abhängigkeit bei der Beurteilung der medizinischen Voraussetzungen von Rentenleistungen infolge gesundheitsbedingter Berufsunfähigkeit („Invalidität"[143]).[144] Die erforderlichen sachverständigen Einschätzungen werden regelmäßig von verwaltungsexternen ärztlichen Praxisgemeinschaften[145] durchgeführt, die sich entsprechend spezialisiert haben. Sie erzielen im Mittel über 80 % ihres Umsatzes mit der Ausarbeitung von Sachverständigengutachten,[146] sind also von Aufträgen der Verwaltung wirtschaftlich existenziell abhängig.[147] Gleichwohl kommt diesen sogenannten „Administrativgutachten" erheblicher Beweiswert zu. Erweisen sie sich als vollständig, nachvollziehbar und schlüssig,[148] besteht selbst in einem Verwaltungsprozess kein Anspruch auf ein gerichtlich bestelltes Sachverständigengutachten.[149]

Seit der Jahrtausendwende hat das Parlament verschiedene Änderungen der bundesgesetzlichen Grundlagen der Sozialversicherungen beschlossen, die darauf abzielten, Höhe und Anzahl wegen gesundheitsbedingter Berufsunfähigkeit ausgerichteter Renten signifikant zu reduzieren.[150] Die

---

[143] Vgl. die Legaldefinition in Art. 8 Abs. 1 und 2 ATSG (Fn. 72): „Invalidität ist die voraussichtlich bleibende oder längere Zeit dauernde ganze oder teilweise Erwerbsunfähigkeit. Nicht erwerbstätige Minderjährige gelten als invalid, wenn die Beeinträchtigung ihrer körperlichen, geistigen oder psychischen Gesundheit voraussichtlich eine ganze oder teilweise Erwerbsunfähigkeit zur Folge haben wird."

[144] Vgl. Art. 44 Abs. 1 ATSG (Fn. 72) i.V.m. Art. 59 Abs. 3 Bundesgesetz über die Invalidenversicherung (IVG; SR 831.20). – Art. 44 ATSG (Fn. 72) wurde per 1.1.2022 geändert (vgl. Fn. 154) und entspricht daher nicht mehr der vom Bundesgericht (vgl. Fn. 153) beurteilten Rechtslage; zu Letzterer detailliert *Philipp Egli* Rechtsverwirklichung durch Sozialversicherungsverfahren, 2012, 183 ff.

[145] Diese ärztlichen Praxisgemeinschaften werden oft als „medizinische Abklärungsstellen" (MEDAS) bezeichnet; s. z.B. BGE 137 V 210 S. 215.

[146] BGE 137 V 210 E. 2.41. S. 238 u. E. 2.4.3 S. 239 (Zahlen aufgrund einer instruktionsrichterlichen Anfrage des Bundesgerichts vom 13.12.2010 für die vorangehenden 5–6 Jahre, wobei die fraglichen ärztlichen Praxisgemeinschaften „teilweise in Rechtsformen gewinnorientierter Kapitalgesellschaften privater Eigentümer konstituiert" waren).

[147] BGE 137 V 210 E. 2.4 S. 237 ff. (die zumindest potenzielle wirtschaftliche Abhängigkeit anerkennend).

[148] Zu diesen Voraussetzungen vgl. die in Fn. 141 zitierte Rechtsprechung und Literatur.

[149] Vgl. BGE 136 V 376 E. 4.1.2 S. 378 (mit Verweis auf die Stellung der auftraggebenden Verwaltung „als zur Neutralität und Objektivität verpflichtetes Organ des Gesetzesvollzuges"); ebenso BGE 135 V 465 E. 4.3-5 S. 468 ff. m.w.N.; 125 V 351 E. 3a S. 352; 122 V 157 E. 1c S. 160 ff.

[150] Deutlich in diesem Sinn BGE 137 V 210 E. 2.4.4 S. 239: „Die 4. [s. Botschaft über die 4. Revision des Bundesgesetzes über die Invalidenversicherung vom 21. Februar 2001, BBl 2001 3205] und 5. Revision des IVG sowie der […] erste Teil der 6. IVG-Revision verfolgen wesentlich das Ziel einer Reduktion des Rentenbestandes, um das finanzielle Gleichgewicht der Invalidenversicherung wiederherzustellen."); illustrativ sind die Voten der Berichterstatter der vorberatenden Kommissionen für soziale Sicherheit und Gesund-

Vorarbeiten der entsprechenden Gesetzesänderungen verantwortete die gleiche Fachbehörde der Bundesverwaltung, die auch mit der Aufsicht über jene Verwaltungseinheiten betraut ist, die für die Auftragsvergabe an verwaltungsexterne medizinische Sachverständige zuständig ist.[151] Verwaltungsexterne Sachverständige haben in dieser Konstellation Anreize, zur Sicherung ihrer wirtschaftlichen Existenz vermutete Präferenzen der Verwaltung (Kostensenkung) zu antizipieren.[152] In einem Leiturteil erkannte das Schweizerische Bundesgericht darin eine Verletzung des Rechts auf ein faires Verfahren, weil das Verwaltungsverfahren in einer Zusammenschau mit dem Verwaltungsprozess den Anforderungen von Art. 6 Abs. 1 EMRK nicht genüge.[153] Bi- und polydisziplinäre medizinische Sachverständigen-

---

heit in den parlamentarischen Debatten: Nationalrat *Philippe Nantermod* in: Amtliches Bulletin Nationalrat 2019 N 87 („Le but principal de la dernière révision était la réduction du nombre de nouvelles rentes.") und Ständerat *Joachim Eder* in: Amtliches Bulletin Ständerat 2019 S 789 („Die Ausgangslage für die Invalidenversicherung ist gut, die letzten Revisionen haben gewirkt. [...] Es ist [...] gelungen, die Zahl der Neurenten um über 18 000, also um über 50 Prozent, zu senken.").

[151] Das „Bundesamt für Sozialversicherungen (BSV)" ist die Fachbehörde für die soziale Sicherheit" (Art. 11 Abs. 1 Organisationsverordnung für das Eidgenössische Departement des Innern [OV-EDI; SR 172.212.1]; ferner Anhang 1 Ziff. II/1.8 Regierungs- und Verwaltungsorganisationsverordnung [SR 172.010.1]). Das „Vorverfahren der Gesetzgebung" leitet der Bundesrat (Art. 7 S. 1 Regierungs- und Verwaltungsorganisationsgesetz [RVOG; SR 172.010]). Die Vorbereitung von Rechtssätzen fällt in die Zuständigkeit der entsprechenden Fachbehörde, betreffend soziale Sicherheit mithin in diejenige des BSV; vgl. Art. 4 Abs. 2 i.V.m. Art. 11 Abs. 2 OV-EDI. Die Aufsicht über die Verwaltungseinheiten (IV-Stellen), welche die Aufträge für Sachverständigengutachten vergeben, übt das BSV aufgrund von Art. 76 ATSG (Fn. 72) und Art. 53, Art. 57 Abs. 1 Bst. b und Art. 64 Abs. 1 IVG (Fn. 144; Fassung vom 1.1.2022; s. dazu analog Fn. 144) aus.

[152] Vgl. BGE 137 V 210 E. 2.4.4 S. 239 f. (zur Gefahr, dass die neutrale Sachverhaltsermittlung „durch eine nicht rechtlich determinierte Zielorientierung überlagert" werden könnte bzw. ein „ernstzunehmendes Risiko" existiert, „die Gutachterstellen könnten sich, [...] nicht allein von fachlichen Gesichtspunkten, sondern [...] auch von den (vermeintlichen) Erwartungen der Auftraggeberschaft leiten lassen"); zu ähnlichen Konstellationen im deutschen Sozialrecht s. *Hans-Martin Schian* Qualitative Anforderungen an medizinische Sachverständigengutachten, in: Joachim Francke/Alexander Gagel/Dirk Bieresborn (Hrsg.) Der Sachverständigenbeweis im Sozialrecht, 2. Aufl. 2017, § 9 Rn. 55 ff.

[153] BGE 137 V 210 E. 1.1 S. 218, E. 2 S. 218 ff., E. 2.2.1 S. 232, E. 2.4 S. 237, jeweils in Auseinandersetzung mit *Jörg Paul Müller/Johannes Reich* Rechtsgutachten zur Vereinbarkeit der bundesgerichtlichen Rechtsprechung zur medizinischen Begutachtung durch Medizinische Abklärungsstellen betreffend Ansprüche auf Leistungen der Invalidenversicherung mit Art. 6 der Konvention vom 4. November 1950 zum Schutze der Menschenrechte und Grundfreiheiten vom 11.2.2010 <https://t.uzh.ch/1xF> (Stand 2.2.2024); für die weitere Rechtsprechung vgl. insbesondere BGE 138 V 318 E. 6.1 S. 321 ff. (sinngemäße Anwendung auf die Unfallversicherung) und 139 V 349 E. 3 S. 352 f.: analoge Anwendung auf mono- und bidisziplinäre medizinische Begutachtungen. – Das Bundesgericht selbst hob die Relevanz seiner eigenen Leitentscheidung im Abstand von rund sechs Jahren expli-

gutachten werden nunmehr auf der Grundlage einer Liste anerkannter ärztlicher Praxisgemeinschaften „nach dem Zufallsprinzip"[154], die übrigen nach Möglichkeit im Konsens mit dem Antragsteller[155] in Auftrag gegeben.[156]

c) *Kompetenz und Unbefangenheit als Vorbedingungen inquisitorischer Informationsgewinnung*

Die durch das Bundesgericht angemahnte und von Gesetz- und Verordnungsgeber umgesetzte Strategie,[157] die Vorteile, die der Verwaltung durch den Amtsbetrieb zukommen, durch erweiterte Verfahrensrechte zu kompensieren, wird von Teilen der Verwaltungsrechtswissenschaft seit rund fünfzig Jahren empfohlen.[158] Ihre Implementierung schwächt jedoch die

---

zit hervor; vgl. BGE 143 V 269 E. 6.1 S. 279: „[...] das in verschiedener Hinsicht wichtige und dementsprechend eingehend begründete Grundsatzurteil BGE 137 V 210 [...]".

[154] Art. 44 Abs. 7 Bst. b und c ATSG (Fn. 72) i.V.m. Art. 72bis Abs. 2 Verordnung über die Invalidenversicherung (IVV; SR 831.201); zum Normzweck der Regelung s. BGE 147 V 79 E. 7.4.4 S. 84.

[155] Art. 44 Abs. 7 Bst. a ATSG (Fn. 72) i.V.m. Art. 72bis Abs. 2 IVV (Fn. 154) und Art. 7j Abs. 1 und 2 ATSV (Fn. 156).

[156] Vgl. Fn. 154 und die nunmehr ausgebauten Mitwirkungsrechte gemäß Art. 7j–7n und Art. 7o ATSV (Fn. 156) sowie die beratende Begleitung durch eine sachverständige Kommission gemäß Art. 44 Abs. 7 Bst. c ATSG (Fn. 72) i.V.m. Art. 7o ff. ATSV (Fn. 156) (Eidgenössische Kommission für Qualitätssicherung in der medizinischen Begutachtung; vgl. dazu Fn. 170). Die Anforderungen, die Sachverständige zu erfüllen haben, sind in Art. 7m ATSV (Fn. 156) festgelegt; die Liste zugelassener Sachverständiger und Gutachterstellen (Praxisgemeinschaften) ist öffentlich zugänglich; vgl. Art. 57 Abs. 1 Bst. n IVG (Fn. 144) i.V.m. Art. 41 IVV (Fn. 154). Die Zulassung beruht auf einem öffentlich-rechtlichen Vertrag zwischen dem Bundesamt für Sozialversicherung (Fn. 151) und den sachverständigen Personen bzw. der sachverständigen Person. Es herrscht beidseitige Kündigungsfreiheit; vgl. Art. 9 Mustervereinbarung polydisziplinäre Gutachten für Gutachterstellen (Stand: 26.1.2023) bzw. Art. 24 Mustervereinbarung bidisziplinäre Gutachten für Gutachterstellen (Stand: 26.10.2023) bzw. Art. 24 Vereinbarung bidisziplinäre Gutachten für Sachverständigen-Zweierteams (Stand: 20.10.2023); alle verfügbar unter <https://www.bsv.admin.ch/bsv/de/home/sozialversicherungen/iv/grundlagen-gesetze/gutachten-iv/medizinische-abklaerungsstellen.html#accordion1706879455070> (Stand 2.2.2024). Anreize der Sachverständigen, die vermuteten Präferenzen des Bundesamtes für Sozialversicherung als Aufsichtsbehörde zu antizipieren (vgl. dazu Haupttext zu den Fn. 146–152) bestehen demnach weiterhin.

[157] Der Zusammenhang zwischen den appellatorischen Elementen der Leitentscheidung BGE 137 V 210 und der Änderung der gesetzlichen Grundlage wurde in der parlamentarischen Debatte offen angesprochen; s. Bundesrat *Alain Berset* in: Amtliches Bulletin Nationalrat 2019 N 112: „Il existe dans ce domaine toute une jurisprudence. [...] [N]ous vous proposons simplement, pour encadrer cette jurisprudence ou cette pratique, de reprendre la jurisprudence au niveau de la loi."

[158] Wegweisend *Brohm* Dogmatik (Fn. 87), 279; einordnend *Andreas Voßkuhle* Das Kompensationsprinzip, 1999, 44 f.

Alleinstellungsmerkmale des Verwaltungsverfahrens, insbesondere dessen relative Einfachheit und Formlosigkeit.[159] Der Ausbau verfahrensrechtlicher Garantien vermag zudem prinzipiell nichts daran zu ändern, dass sich „Waffengleichheit"[160] im Verwaltungsverfahren nur in mehrpoligen Konstellationen zwischen den Verfahrensbeteiligten konsequent verwirklichen lässt, während sie im Verhältnis zwischen den Verfahrensbeteiligten und der Verwaltungsbehörde notwendig bruchstückhaft bleibt.[161]

Amtsbetrieb und Untersuchungsgrundsatz monopolisieren die Informations- und Wissensgewinnung formal bei der Verwaltung, die aber aufgrund des Legalitätsprinzips zur rechtsgleichen Ermittlung des Sachverhalts verpflichtet ist.[162] Erweckt sie den objektiv begründeten Anschein, dass sie diese Aufgabe aus strukturellen Gründen dauerhaft nicht in diesem Sinn wahrnehmen kann, büßt die inquisitorische Sachverhaltsermittlung ihre Legitimität[163] ein.

6. Endogene Einwirkungen auf die Informationsgewinnung im Verwaltungsverfahren

Die relative Einfachheit und Flexibilität als Merkmale des Verwaltungsverfahrens sind Voraussetzung für die Erarbeitung sachgerechter und eigenständiger Problemzugänge.[164] Daher ist den identifizierten Unzulänglichkeiten der Informations- und Wissensgewinnung möglichst nicht mit einer Annäherung an den Verwaltungsprozess, sondern mit einer je nach Teilgebiet des Besonderen Verwaltungsrechts differenzierten Ausgestal-

---

[159] Vgl. sinngemäß *Niklas Luhmann* Legitimation durch Verfahren, 3. Aufl. 1983, 210 (zu charakteristischen Unterschieden zwischen Verwaltungsverfahren und Verwaltungsgerichtsverfahren); s.a. *Wahl* Verwaltungsverfahren (Fn. 92), 170 (die je „unersetzbare Funktion" des Verwaltungsverfahrens und des Verwaltungsprozesses betonend); instruktiv einordnend *Voßkuhle* Kompensationsprinzip (Fn. 158), 43 f., 63 ff., 80 ff.

[160] Die Relevanz der „Waffengleichheit" bzw. der „prozessualen Chancengleichheit" betonend BGE 137 V 210 E. 2.1.2 ff. S. 229 ff.; ob dem Anspruch auf „Waffengleichheit" im Kontext von Art. 6 EMRK überhaupt eine eigenständige Bedeutung zukommt, ist jedoch zweifelhaft; vgl. sinngemäß *Stefan Harrendorf/Stefan König/Lea Voigt* in: Jens Meyer-Ladewig/Martin Nettesheim/Stefan von Raumer (Hrsg.) EMRK Europäische Menschenrechtskonvention, 5. Aufl. 2023, Art. 6 Rn. 118 m.w.N.

[161] Eines dieser „Bruchstücke" ist das auf gleichen Informationsstand gerichtete Recht auf Akteneinsicht; vgl. dazu vorne unter Ziff. II/3/c bei Fn. 107 f.

[162] Vgl. Ziff. II/2/a.

[163] Für die vorliegend massgebende begriffliche und inhaltliche Differenzierung zwischen normativer Legitimität und den Wirkungszusammenhängen und Verfahren ihrer Erzeugung (Legitimation) vgl. statt anderer *Anne Peters* Elemente einer Theorie der Verfassung Europas, 2001, 499 f., 505 f.; *Möllers* Gewaltengliederung (Fn. 52), 33 f.; *Utz Schliesky* Souveränität und Legitimität von Herrschaftsgewalt, 2004, 150 m.w.N.

[164] Vgl. *Christoph Möllers* Verwaltungsrecht und Politik, in: IPE V, 2014, § 93 Rn. 10.

tung des Organisations- und Verfahrensrechts zu begegnen. Dazu zählen etwa die Indienstnahme der Eigeninteressen von Verfahrensbeteiligten zur Informations- und Wissensgewinnung hinsichtlich öffentlicher und kollektiver Güter, eine differenzierte Ausgestaltung der Voraussetzungen der Beteiligung am Verwaltungsverfahren,[165] besondere Mitwirkungsrechte und -obliegenheiten,[166] nuancierte Festlegungen von Beweismaß und objektiver Beweislast,[167] kollegiale statt monokratischer Entscheidungsstrukturen[168] oder die im schweizerischen Verwaltungsrecht verbreitete Wahl nebenamtlicher sachverständiger Mitglieder in kollegiale und weisungsunabhängige Verwaltungsbehörden.[169] Erweist sich das Hinzuziehen externen Sachverstands in einem Bereich des Besonderen Verwaltungsrechts wiederholt als unverzichtbar, ließe sich die Akkreditierung und Aufsicht der sachverständigen Begutachtung einer weisungsunabhängigen Verwaltungsbehörde übertragen.[170]

---

[165] Vgl. die entsprechenden Voraussetzungen der Verfahrensbeteiligung im schweizerischen Verwaltungsverfahrensrecht unter Ziff. II/4/c.

[166] Vgl. etwa die weitgehenden Mitwirkungs- und Meldepflichten in sozialversicherungsrechtlichen Verfahren gemäß Art. 28 und Art. 43 ATSG (Fn. 72).

[167] Im Asylrecht ist aufgrund des erschwerten Zugangs zu den relevanten Informationen für den Nachweis der Flüchtlingseigenschaft (Anerkennungsgründe) Glaubhaftigkeit ausreichend; Art. 7 Abs. 1 u. 2 Asylgesetz (AsylG; SR 142.31). Die objektive Beweislast liegt bei der asylsuchenden Person (vgl. für die einschlägige Rechtsprechung des Schweizerischen Bundesverwaltungsgerichts statt anderer BVGer E-7879/2008 E. 3.5 n.w.N.), für den Widerruf des Asyls oder die Aberkennung der Flüchtlingseigenschaft jedoch bei der Verwaltung (vgl. BVGE 2013/23 E. 3.3 m.w.N.). Zur analogen Beweislastverteilung hinsichtlich des Asylantrags im deutschen Asylrecht s. *Lukas Mitsch* Das Wissensproblem im Asylrecht, 2020, 159 m.w.N.

[168] Vgl. dazu die konzise Übersicht bei *Schindler* Verwaltung (Fn. 38), Rn. 19, 48 m.w.N.

[169] Vgl. etwa Art. 21 Abs. 1 S. 2 und 3 Bundesgesetz über die Stromversorgung (SR 734.7), wonach die Mitglieder der mit der Einhaltung des Stromversorgungs- und Energiegesetzes betrauten Elektrizitätskommission (ElCom) vom Bundesrat bestimmt werden und „unabhängige Sachverständige" sein müssen. Ähnlich Art. 18 Abs. 2 S. 2 Bundesgesetz über Kartelle und andere Wettbewerbsbeschränkungen (Kartellgesetz; SR 251), wonach die Mehrheit der Mitglieder der für die Anwendung des Kartellgesetzes und des Bundesgesetzes über den Binnenmarkt (SR 943.02) zuständigen Wettbewerbskommission „unabhängige Sachverständige" sein müssen. Diese sind vornehmlich „Vertreter der Wissenschaft"; *Simon Bangerter* in: Marc Amstutz/Mani Reinert (Hrsg.) Basler Kommentar zum Kartellrecht, 3. Aufl. 2018, Art. 18 Rn. 19 (Hervorhebungen weggelassen).

[170] Zur Zielsetzung einer allein an rechtlichen Kriterien orientierten Auswahl verwaltungsexterner Sachverständiger s. BGE 147 V 79 E. 7.4.3.1 S. 85. – Die seit 1.1.2022 existierende Eidgenössische Kommission für Qualitätssicherung in der medizinischen Begutachtung (EKQMB; s. Fn. 156) i.S.v. Art. 44 Abs. 7 Bst. c ATSG (Fn. 72) i.V.m. Art. 7o ff. ATSV (Fn. 156) „erarbeitet" demgegenüber lediglich „Empfehlungen" zur „Zulassung von Gutachterstellen und deren Tätigkeit" (Art. 7p Abs. 1 Bst. c ATSV [Fn. 156]) und setzt sich

III. Exogene Einwirkungen auf die administrative Informationsgewinnung und -verarbeitung

1. Entscheidungsbegründung als Grundlage der Fremdkontrolle der Verwaltungsentscheidung

Die Herstellung der Entscheidungsbegründung im inneren Verfahren[171] dürfte zumindest in komplexeren Konstellationen eine rationalisierende Eigenkontrolle entfalten[172] und einen mehrstufigen Prozess durchlaufen.[173] Einer Beobachtung zugänglich wird die Verbindung zwischen Information und Wissen einerseits und Entscheidung andererseits dagegen erst in der publizierten Entscheidungsbegründung. Mit der Entscheidungsbegründung hat die Verwaltungsbehörde zwar unmittelbaren Zugriff auf jenen Kommunikationsakt, der das Objekt ihrer externen Kontrolle bildet, hat dabei aber dem grundsätzlich identischen Informationsstand der Verfahrensbeteiligten Rechnung zu tragen.[174]

2. Vorwirkungen gerichtlicher Fremdkontrolle auf das Verwaltungsverfahren

a) Bundesgerichtlich angeordnete Begründungspflicht in Einbürgerungsverfahren als natürliches Experiment

Die Konzeptionierung des Verwaltungsverfahrens als strategische Interaktion gibt Anlass zur theoretisch begründeten Erwartung, dass bereits die bloße *Möglichkeit* verwaltungsgerichtlicher Kontrolle, die auf die Entscheidungsbegründung rekurriert, Vorwirkungen auf die Qualität und Intensität

---

nur zum Teil aus unabhängigen sachverständigen Personen zusammen, vgl. Art. 44 Abs. 7 Bst. c ATSG (Fn. 72); Art. 7o Bst. a, b, g ATSV (Fn. 156).

[171] Zum inneren Verfahren und zur Differenzierung zwischen Herstellung und Darstellung der Verwaltungsentscheidung s. vorne unter Ziff. II/3/a (mit Nachweisen in Fn. 85 und 89).

[172] BGE 129 I 232 E. 3.3 S. 239 (wonach „die Begründungspflicht im Sinne einer Selbstkontrolle zur Rationalisierung der Entscheidfindung beitragen" könne); allgemein in diesem Sinn etwa *Uwe Kischel* Die Begründung, 2003, 40 ff; *Lorenz Kneubühler* Die Begründungspflicht, 1998, 95 ff.; *Schuler-Harms* in: VwVfG Kommentar (Fn. 12), § 39 Rn. 6 m.w.N. (2022); *Kyrill-Alexander Schwarz* in: Michael Fehling/Berthold Kastner/Rainer Störmer (Hrsg.) Verwaltungsrecht Handkommentar, 5. Aufl. 2021, § 39 VwVfG Rn. 13. – Zur Unterscheidung zwischen Herstellung und Darstellung der Entscheidung s. Ziff. II/3/a (mit Nachweisen in Fn. 85 und 89).

[173] Vgl. analog im höchstgerichtlichen Verfahren die Regelung gemäss Art. 58 Abs. 1 Bst. b BGG (Fn. 117), wonach das Schweizerische Bundesgericht bei Uneinigkeit des Spruchkörpers sein Urteil öffentlich berät.

[174] Vgl. dazu auch vorne unter Ziff. II/3/c.

der administrativen Informationsgewinnung und -verarbeitung erzeugt.[175] Prämisse solcher Vorwirkungen ist jedoch, dass Verwaltungsgerichte hinreichend hohe Anforderungen an den Detaillierungsgrad administrativer Entscheidungsbegründungen stellen.[176] Aus dieser Perspektive ist auch das Verwaltungsgericht ein am Verwaltungsverfahren als strategische Interaktion beteiligter Akteur.

Im Sinn eines natürlichen Experiments lassen sich aus der veränderten Ausgestaltung des Verfahrens des Erwerbs der schweizerischen Staatsangehörigkeit (Bürgerrecht)[177] durch behördlichen Beschluss (ordentliche Einbürgerung)[178] Einsichten hinsichtlich der Voraussetzungen dieser Vorwirkungen gewinnen. In zwei Leitentscheidungen hielt das Schweizerische Bundesgericht am 9.7.2003 fest, dass Entschließungen über Anträge auf ordentliche Einbürgerung zwar verbreitet im Rahmen kommuna-

---

[175] Vgl. im Kontext der Ausübung des Ermittlungsermessens bereits vorne unter Ziff. II/3/b.

[176] Vgl. für die Schweiz (Rechtsgrundlage: Art. 29 Abs. 2 BV [Fn. 41] und Art. 31 Abs. 1 VwVG [Fn. 4]) statt anderer BGE 148 III 30 E. 3.1 S. 35 („Die Begründung muss so abgefasst sein, dass sich die betroffene Person über die Tragweite des Entscheids Rechenschaft geben und ihn in voller Kenntnis der Sache an die höhere Instanz weiterziehen kann. In diesem Sinne müssen wenigstens kurz die Überlegungen genannt werden, von denen sich die Behörde hat leiten lassen und auf die sich ihr Entscheid stützt […].". – ständige Rechtsprechung); instruktiv *Felix Uhlmann/Alexandra Schilling-Schwank* in: Praxiskommentar VwVG (Fn. 92), Art. 26 Rn. 12 ff.; *Moor/Poltier* Droit administratif (Fn. 1), 350 ff.; s. für Österreich (§ 58 Abs. 2 AVG [Fn. 4]) *Kolonovits/Muzak/Stöger* Verwaltungsverfahrensrecht (Fn. 67), Rn. 420 m.w.N.; vgl. für Deutschland (§ 39 VwVfG) *Margarete Schuler-Harms* in: VwVfG Kommentar (Fn. 12), § 39 Rn. 56 ff. m.w.N. (2022).

[177] „Bürgerrecht" ist ein spezifischer Begriff des Schweizer Standarddeutschs (sog. „Helvetismus"; instruktiv dazu *Christa Dürscheid/Patrizia Sutter* Grammatische Helvetismen im Wörterbuch, Zeitschrift für angewandte Linguistik 2014, 37 [38 ff.]), der das Gemeindebürgerrecht, das Kantonsbürgerrecht und das (gesamtstaatliche) eidgenössische Bürgerrecht vereint (s. BGE 146 I 83 E. 2.2 S. 87) und eine semantische Doppelbedeutung im Sinn von Staatsbürgerrechten und -pflichten einerseits und Nationalität andererseits aufweist; s. *Brigitte Studer/Gérald Arlettaz/Regula Argast* Einleitung, in: dies. (Hrsg.) Das Schweizer Bürgerrecht, 2008, 16. Diese Differenzen spiegeln sich in der deutschen („Erwerb und Verlust der Bürgerrechte"), französischen („Acquisition et perte de la nationalité et des droits de cité") und italienischen („Acquisizione e perdita della cittadinanza") Fassungen der Sachüberschrift von Art. 38 BV (Fn. 41) wider; zur Gleichwertigkeit des Wortlauts in den drei Amtssprachen des Bundes gemäß Art. 70 Abs. 1 S. 1 BV (Fn. 41) s. *Reich* Auslegung mehrsprachigen Rechts (Fn. 75), 146 f. m.w.N.

[178] Das Bundesgesetz über das Schweizer Bürgerrecht (Bürgerrechtsgesetz, BüG; SR 141.0) unterscheidet zwischen dem „Erwerb […] [des Schweizer Bürgerrechts] von Gesetzes wegen" (Kapitelüberschrift vor Art. 1 BüG) und dem „Erwerb […] [des Schweizer Bürgerrechts] durch behördlichen Beschluss" (Kapitelüberschrift vor Art. 9 BüG). Im ersten Fall wird die Staatsangehörigkeit durch Abstammung (Art. 1 ff. BüG), im zweiten Fall durch (ordentliche oder erleichterte) Einbürgerung (Art. 9 ff. BüG) oder Wiedereinbürgerung (Art. 26 ff. BüG) erworben.

ler Versammlungsdemokratie oder Abstimmungen getroffen würden, aber gleichwohl keine „nach freiem Ermessen"[179] ergehende politische Entscheidungen seien, die ohne Begründung[180] eröffnet werden dürften.[181] Vielmehr handle es sich bei solchen Beschlüssen um „Akt[e] der Rechtsanwendung".[182] Sie müssten daher nach Anhörung der antragstellenden Person und – sofern dem Antrag nicht entsprochen werde – begründet ergehen.[183]

Alexis de Tocqueville notierte, dass es in den Vereinigten Staaten kaum eine politische Frage gebe, die sich nicht früher oder später in eine rechtliche verwandle, die gerichtlich zu entscheiden sei.[184] Für die Schweiz lässt

---

[179] So aber *Fleiner* Bundesstaatsrecht (Fn. 38), 101: „Die Naturalisation stellt sich dar als ein einseitiger Staatsakt, eine vom Staate nach freiem Ermessen vollzogene Verleihung des Bürgerrechts."; ebenso *Zaccaria Giacometti* Das Staatsrecht der schweizerischen Kantone, 1941, 106.

[180] Sinngemäß aber *Walther Burckhardt* Das Beschwerderecht der Ausländer in Niederlassungs- und Naturalisationssachen, ZBJV 1936, 201 (218): „Die Behörde [...] soll sich nicht mit demjenigen, der Einlass begehrt, über die Gründe ihrer Entschliessung herumschlagen müssen. Das ist ihrer unwürdig."

[181] BGE 129 I 217 E. 2.2.1 S. 225; 129 I 232 E. 3.3 S. 237 ff. – Für die bis dahin herrschende Rechtsauffassung beispielhaft Botschaft des Bundesrates an die Bundesversammlung zum Entwurf zu einem Bundesgesetz über Erwerb und Verlust des Schweizerbürgerrechts vom 9.8.1951, BBl 1951 II 669 (680): „Eingebürgert soll nur der Ausländer werden, der dazu geeignet und würdig ist. Er muss in entscheidendem Masse in die schweizerischen Verhältnisse eingelebt, in sie hineingewachsen sein. Seine Art, sein Charakter, seine ganze Persönlichkeit müssen zur Annahme berechtigen, er werde ein guter, zuverlässiger Schweizerbürger. Einbürgerung ist Auswahl nach Eignung, nach Tauglichkeit zum Bürger."; s.a. Fn. 186.

[182] BGE 134 I 56 E. 2 S. 58; 129 I 232 E. 3.3 S. 238.

[183] BGE 129 I 232 E.3.3 S. 238, E. 3.5 S. 241; bestätigt in BGE 130 I 140 E. 4.2 S. 146, E.5.3.5 S. 152; 131 I 18 E. 3.1 S. 20; 132 I 196 E. 3.1 S. 197 f.; 137 I 235 E. 3.6 S. 246; seit 1.1.2018 auch Art. 16 Abs. 1 BüG (Fn. 178). Gegen negative Entscheidungen über ordentliche Einbürgerungen kann Beschwerde an ein kantonales Gericht erhoben werden (Art. 46 BüG [Fn. 178]), gegen dessen Urteil subsidiäre Verfassungsbeschwerde an das Bundesgericht; vgl. Art. 113 ff. BGG (Fn. 117).

[184] *Alexis de Tocqueville* De la démocratie en Amérique, Bd. I (1835), in: Jean-Paul Mayer (Hrsg.) Alexis de Tocqueville: Oeuvres complètes I, 1961, 281: „Il n'est presque pas de question politique, aux États-Unis, qui ne se résolve tôt ou tard en question judiciaire." – „Judiciaire" wird verbreitet ungenau mit „rechtlich" übersetzt; s. etwa *Jacob P. Mayer* (Hrsg.) Alexis de Tocqueville. Über die Demokratie in Amerika, 1985, 171 („Es gibt in den Vereinigten Staaten kaum ein politisches Problem, das nicht früher oder später zu einem *rechtlichen* Problem wird."; Kursivdruck hinzugefügt). Das französische Adjektiv „judiciaire" (von lat. „iudiciarius") nimmt jedoch auf die Justiz (frz.: la justice) Bezug und ist daher mit den deutschen Adjektiven „gerichtlich", „richterlich" oder „judiziell" synonym. Vgl. sinngemäß denn auch etwa die deutsche und die französische Fassung von Art. 29a S. 1 BV (Fn. 41) (dt.: „eine richterliche Behörde"; frz.: „une autorité judiciaire"), Art. 30 Abs. 1 BV (Fn. 41) (dt.: „einem gerichtlichen Verfahren"; frz.: „une procédure judiciaire")

sich die umgekehrte Beobachtung formulieren: Es gibt kaum eine bedeutsame rechtliche Frage, die sich nicht früher oder später in eine politische verwandelt, die häufig direkt-demokratisch entschieden wird.[185] 2008 verwarfen Volk und Kantone einen Verfassungszusatz, der die frühere Verfahrensordnung der ordentlichen Einbürgerung wiederhergestellt hätte.[186] Zahlreiche Gemeinden übertrugen die Zuständigkeit für Entscheidungen über Einbürgerungen in der Folge vom Stimmvolk auf in unmittelbarer Wahl gewählte Behörden – auf die kommunale Exekutive oder das Gemeindeparlament[187].[188]

Die Zusammensetzung dieser kommunalen Behörden widerspiegelt unter den Bedingungen eines die Erfolgswertgleichheit respektierenden

---

oder Art. 188 Abs. 1 BV (Fn. 41) (dt.: „oberste rechtsprechende Behörde des Bundes"; frz: „l'autorité judiciaire suprême").

[185] Zur Interaktion zwischen höchstgerichtlicher Rechtsprechung einerseits und (u.U. direkt-demokratisch initiierter) Verfassungsgebung und Bundesgesetzgebung andererseits eingehend *Johannes Reich* in: Bernhard Ehrenzeller et al (Hrsg.) Die schweizerische Bundesverfassung, St. Galler Kommentar, 4. Aufl. 2023, Art. 188 Rn. 9 f., 13 ff., 17 ff.

[186] Vgl. Bundesratsbeschluss über das Ergebnis der Volksabstimmung vom 1.6.2008 (eidgenössische Volksinitiative „für demokratische Einbürgerungen"), BBl 2008 6161 (Volk: 36.2 % Ja, 63.8 % Nein; Kantone: 1 Ja, 19 6/2 Nein); zu den Zielsetzungen der Volksinitiative vgl. Nationalrat *Ueli Maurer* in: Amtliches Bulletin Nationalrat 2007 N 732 f.: „Die Einbürgerung ist ein politischer Entscheid. Wir entscheiden, wen wir an der Weiterentwicklung unseres Rechtes teilhaben lassen wollen, wen wir nicht teilhaben lassen wollen. Damit ist das kein Verwaltungsakt. Das Bürgerrecht ist kein Grundrecht, sondern es gibt eine politische Willensäusserung, die negativ oder positiv sein kann. Diese Willensäusserung muss traditionellerweise nicht begründet werden."

[187] Von den 2.131 Gemeinden der Schweiz, die am 1.1.2024 bestanden (vgl. <https://www.bfs.admin.ch/bfs/de/home/grundlagen/agvch.html> [Stand 2.2.2024]), haben rund 20 % ein Parlament, während in den übrigen die Versammlung aller stimmberechtigten Einwohnerinnen und Einwohner (Gemeindeversammlung) vorrangig die legislative Funktion ausübt; s. *Andreas Ladner* Gemeindeversammlung und Gemeindeparlament, 2016, 63 ff. Das Recht des Kantons Zürich stellt jeder Gemeinde anheim, sich als „Versammlungs-" oder „Parlamentsgemeinde" zu konstituieren; vgl. Art. 87 Abs. 2 Verfassung des Kantons Zürich (SR 131.211); s. dazu *Johannes Reich* in: Tobias Jaag/Markus Rüssli/Vittorio Jenni (Hrsg.) Kommentar zum Zürcher Gemeindegesetz, 2017, § 3 Rn. 7 ff.

[188] *Jens Hainmueller/Dominik Hangartner* Does Direct Democracy Hurt Immigrant Minorities? Evidence from Naturalization Decisions in Switzerland, American Journal of Political Science 2019, 530 (533). – Das Bundesrecht überlässt es den Kantonen, die Zuständigkeit für Entscheidungen über ordentliche Einbürgerungen Gemeindeversammlungen (kommunale Versammlungsdemokratie) zu überantworten (Art. 15 Abs. 2 BüG [Fn. 178]; BGE 130 I 140 E. 5.3.5 S. 153 f.); verfassungswidrig sind demgegenüber dem Stimmgeheimnis (s. Fn. 197, inkl. den zugehörigen Haupttext) unterstehende Abstimmungen über Einbürgerungen, bei der die Stimmabgabe brieflich oder durch Einwurf des Stimmzettels in die Wahlurne erfolgt („Urnenabstimmungen"); s. BGE 129 I 232 E. 3.3 S. 238.

Wahlsystems[189] und eines funktionierenden Parteienwettbewerbs[190] die politischen Präferenzen der lokalen Bevölkerung. Richten gewählte Behördenmitglieder ihre Entscheidungen primär an ihren parteipolitischen Präferenzen aus, ist trotz des modifizierten institutionellen Kontexts keine Angleichung der inter- und intrakommunal erheblich divergierenden Quoten negativer Einbürgerungsentscheidungen zu erwarten. Gleichwohl stellten *Jens Hainmueller* und *Dominik Hangartner* in einer im *American Journal of Political Science* veröffentlichten Studie als Folge der geänderten Zuständigkeiten und der angeordneten Begründungspflicht einen robusten Anstieg der positiven Einbürgerungsentscheidungen um 60 % fest.[191] Am größten fiel die Zunahme in Gemeinden mit hohem nationalkonservativen Wähleranteil aus.[192]

b) *Institutioneller Kontext der Möglichkeit von Vorwirkungen des Verwaltungsprozesses*

Dieser Zusammenhang weist darauf hin, dass die Möglichkeit von Vorwirkungen eines nachgelagerten Verwaltungsprozesses auf einen spezifischen institutionellen Kontext angewiesen ist, der die Kosten für Behördenmitglieder erhöht, rechtsnormative Entscheidungen nach parteipolitischen Motiven zu treffen. Dafür müssen Entscheidungen zurechenbar sein, was im Verwaltungsverfahren durch Formvorschriften, nach denen die Entscheidung ergeht – Identifikation der Behörde, Schriftlichkeit, Namensnennung der verantwortlichen Person, Unterschrift[193] – unterstrichen wird. Erhöht wird diese Verantwortlichkeit durch die Begründungspflicht.[194] Sachentscheidungen im Rahmen der direkten Demokratie sind demgegenüber als Ausübung eines Individualrechts,[195] das im Unterschied zur repräsentativen Demokratie eigenverantwortlich, nicht stellvertretend wahr-

---

[189] Kommunale Exekutiven werden üblicherweise gemäß dem Mehrheits-, kommunale Parlamente dagegen gemäss Verhältniswahlrecht gewählt; *Ladner* Gemeindeparlament (Fn. 187), 59. Die bundesgerichtliche Rechtsprechung betont die Erfolgswertgleichheit als Teil der Wahlrechtsgleichheit deutlich stärker als das Bundesverfassungsgericht; vgl. BGE 145 I 259 E. 4.4 S. 267; 125 I 21 E. 3d/cc S. 33 f.; demgegenüber BVerfGE 1, 208 (244); 95, 335 (353).

[190] Grundlegend *Anthony Downs* An Economic Theory of Democracy, 1957, 114 ff.

[191] *Hainmueller/Hangartner* Naturalization Decisions (Fn. 188), 531.

[192] *Hainmueller/Hangartner* Naturalization Decisions (Fn. 188), 543.

[193] Zu den jeweiligen Formerfordernissen vgl. für Deutschland § 37 Abs. 3 u. 5 VwVfG; für Österreich § 62 AVG (Fn. 4); für die Schweiz Art. 34 VwVG (Fn. 4).

[194] Vgl. dazu vorne unter Ziff. III/1.

[195] Art. 34 BV (Fn. 41); Art. 5 Abs. 7 Bundesgesetz über die politischen Rechte (SR 161.1).

genommen wird,[196] nicht begründungspflichtig, sondern durch das Stimmgeheimnis[197] geschützt.[198] Schließlich erinnert das natürliche Experiment daran, dass administrative Rechtsverwirklichung auch bedeutet, bestimmtes Wissen oder Information *nicht* zu verarbeiten – bei Einbürgerungen insbesondere das Wissen um die Staatsangehörigkeit der antragstellenden Person.[199]

3. *„Feueralarme" und „Brandschutzbeauftragte": Vorwirkungen des Einbezugs privaten Wissens in den Verwaltungsprozess auf das Verwaltungsverfahren*

In der Wissenschaft vom U.S.-amerikanischen Verwaltungsrecht ist die metaphorisch eingängig artikulierte Differenzierung der parlamen-

---

[196] Das Gebot der Begründungsbedürftigkeit von Sachentscheidungen von Regierung und Parlament folgt aus dem Gebot responsiver demokratischer Repräsentation; s. allgemein *Hanna Fenichel Pitkin* The Concept of Representation, 1967, 213 ff.; ferner *Jörg Paul Müller* „Responsive Government": Verantwortung als Kommunikationsproblem, ZSR 1995 I, 3 (14 ff.); für den Schweizerischen Bundesrat s.a. Art. 180 Abs. 2 BV (Fn. 41).

[197] *Yvo Hangartner/Andreas Kley/Nadja Braun Binder/Andreas Glaser* Die demokratischen Rechte in Bund und Kantonen der Schweizerischen Eidgenossenschaft, 2. Aufl. 2023, Rn. 2458 ff.; *Pierre Tschannen* in: Bernhard Waldmann/Eva Maria Belser/ Astrid Epiney (Hrsg.) Basler Kommentar Bundesverfassung, 2015, Art. 34 Rn. 44 f. m.w.N.; illustrativ BGE 121 I 138 E. 4a S. 145 ff. (fehlender faktischer Schutz des Stimmgeheimnisses in Foren der Versammlungsdemokratie als Eingriff in die Garantie der politischen Rechte); zum strafrechtlichen Schutz s. Art. 283 Schweizerisches Strafgesetzbuch (SR 311.0).

[198] Die fehlende Begründungspflicht geht nicht mit fehlenden rechtlichen Bindungen einher. Das Bundesgericht betont dementsprechend, dass Bürgerinnen und Bürger „[d]urch das politische Stimm- und Wahlrecht [...] nicht nur ein Recht, sondern zugleich eine Organkompetenz und damit eine öffentliche Funktion" wahrnähmen (BGE 119 Ia 167 E. 1d S. 171), was rechtliche Einbindungen impliziert; vgl. Art. 5 Abs. 1 und Art. 35 Abs. 1 BV (Fn. 41). Rechtsnormative Gebote, deren Einhaltung sich aufgrund des Stimmgeheimnisses (s. Fn. 197, inkl. den zugehörigen Haupttext) nicht beobachten lässt, laufen jedoch leer.

[199] Vgl. Art. 11 BüG (Fn. 178) zu den „materiellen Voraussetzungen" (Sachüberschrift) der Einbürgerung (erfolgreiche Integration, Vertrautheit mit den schweizerischen Lebensverhältnissen, keine Gefährdung der inneren oder äußeren Sicherheit der Schweiz). Die Ungleichbehandlung „wegen der Herkunft" stellt demgegenüber regelmäßig eine Diskriminierung dar, s. Art. 8 Abs. 2 BV (Fn. 41). Der Umstand, dass sich diese „Sphären des Nichtwissens", *Christoph Möllers* Kognitive Gewaltenengliederung, in: Hans Christian Röhl (Hrsg.) Wissen – Zur kognitiven Dimension des Rechts, Die Verwaltung Beih. 9 (2010), 113 (117 f.), der administrativen Rechtsverwirklichung über die Zeit verändern können, zeigt sich in der Gegenüberstellung mit dem um die Mitte des 20. Jahrhunderts durch den Bundesrat propagierten Verständnisses der Einbürgerung als umfassende Charakterprüfung; vgl. das Zitat in Fn. 181.

tarischen Verwaltungsaufsicht nach zwei Grundmustern breit rezipiert worden – jene zwischen „Polizeistreifen" und „Feueralarmen".[200] Demnach kann das Parlament die Verwaltung eigeninitiativ – durch öffentliche Anhörungen, das Studium publizierter Berichte oder Inspektionen – beaufsichtigen.[201] Weil solche „Polizeistreifen" wertvolle Ressourcen binden, kann es sich als effizienter und politisch effektiver erweisen, gesetzliche Voraussetzungen zu schaffen, damit Individuen und Interessengruppen Zugriff auf administratives Wissen erhalten, Missstände dem zuständigen Parlamentsausschuss anzeigen oder gegen Verwaltungsentscheidungen Klage erheben können.[202]

Diesem dezentralisierten System der Verwaltungskontrolle durch „Feueralarme" entspricht die 1967 in Teilen des schweizerischen Umweltrechts geschaffene Befugnis „rein ideellen Zielen"[203] verpflichteter Vereinigungen, gegen bestimmte Verwaltungsentscheidungen Beschwerde (Klage) zu erheben.[204] Die als „ideelle Verbandsbeschwerde"[205] bezeichnete altruistische Verbandsklage[206] bezieht sich zwar formal auf den Ver-

---

[200] *Mathew D. McCubbins/Thomas Schwartz* Congressional Oversight Overlooked: Police Patrols versus Fire Alarms, American Journal of Political Science 1984, 165 (166); vgl. als beispielhafte Belege für die Rezeption im rechtswissenschaftlichen Schrifttum *Elena Kagan* Presidential Administration, Harvard Law Review 2000, 2245 (2257 f.); *Ran Hirschl* Towards Juristocracy, 2009, 38.

[201] *McCubbins/Schwartz* Congressional Oversight (Fn. 200), 166, 171 f.

[202] Vgl. *McCubbins/Schwartz* Congressional Oversight (Fn. 200), 166, 173 f.; *Roderick D. Kiewiet/Mathew D. McCubbins* The Logic of Delegation, 1991, 32.

[203] Art. 12 Bundesgesetz über den Natur- und Heimatschutz (Fassung vom 1.7.1966; Inkrafttreten: 1.1.1967), AS 1966, 1637 (1640).

[204] Vgl. Botschaft des Bundesrates an die Bundesversammlung zum Entwurf eines Bundesgesetzes über den Natur- und Heimatschutz (12.11.1965), BBl 1965 III 89 (97); laut *Helen Keller/Daniela Thurnherr* Verbandsbeschwerde im Kreuzfeuer der Kritik, in: Jörg Schmid/Hansjörg Seiler (Hrsg.) Recht des ländlichen Raums, 2006, 283 (286), war die Schweiz der erste europäische Staat, der die altruistische Verbandsklage einführte.

[205] Das entsprechende Beschwerderecht (Klagebefugnis) besteht im schweizerischen Umwelt- und Raumplanungsrecht gestützt auf Art. 12 Bundesgesetz über den Natur- und Heimatschutz (NHG; SR 451) (mit Auswirkungen auf zahlreiche raumplanungs-, gewässerschutz-, fischerei-, jagd- und waldrechtliche Entscheidungen), Art. 55 Bundesgesetz über den Umweltschutz (USG; SR 814.01), Art. 14 Bundesgesetz über Fuss- und Wanderwege (SR 704), Art. 28 Bundesgesetz über die Gentechnik im Ausserhumanbereich (SR 814.91) und Art. 46 Abs. 3 Bundesgesetz über den Wald (SR 921.0); als Beispiel für ein kantonales Verbandsbeschwerderecht für Naturschutzorganisationen s. § 338b Planungs- und Baugesetz [des Kantons Zürich] (LS 700.1).

[206] Terminologisch angelehnt an *Kloepfer* Umweltrecht (Fn. 42), § 8 Rn. 86; zu prokuratorischen Befugnissen im deutschen Verwaltungsrecht grundlegend *Johannes Masing* Die Mobilisierung des Bürgers für die Durchsetzung des Rechts, 1997, 225 ff.; s.a. *Wolfgang Kahl* Natürliche Lebensgrundlagen und Ressourcenverbrauch, in: HStR I, 2023, § 19

waltungsprozess, zeitigt aber erhebliche indirekte Vorwirkungen auf das Verwaltungsverfahren. Klagebefugte Verbände verfügen über langjähriges spezialisiertes technisches und rechtliches Wissen, was ihren Klagen eine nachweislich weit überdurchschnittlich hohe Erfolgsquote in gerichtlichen Verfahren beschert[207] und die Fachbehörde der Bundesverwaltung von Aufgaben der Bundesaufsicht entlastet.[208] Für geplante Bauvorhaben verantwortliche Personen sehen sich daher regelmäßig gezwungen, vor dem Bewilligungsantrag mit klagebefugten Verbänden in Verhandlungen zu treten.[209]

Muss derjenige, der befugt ist, „Feueralarm" zu schlagen, deswegen auch als temporärer „Brandschutzbeauftragter" angestellt werden, wirft dies selbst in dem für Formen demokratischer Mitwirkung offen schwei-

---

Rn. 45; zur altruistische Verbandsklage aus rechtsdogmatischer und rechtsempirischer Perspektive eingehend *Lukas Wasylow-Neuhaus* Kooperation von Staat und Privaten im Naturschutzrecht, 2022, 86 ff.; kritisch *Klaus F. Gärditz* Funktionswandel der Verwaltungsgerichtsbarkeit unter dem Einfluss des Unionsrechts?, in: Verhandlungen des 71. Deutschen Juristentages, Bd. I/Teil D, 2016, 34 ff., 90 ff. m.w.N.; *Frank Fellenberg/Gernot Schiller* in: Robert von Landmann/Ernst Rohmer (Begr.) Umweltrecht Bd. I, 2023, Umwelt-Rechtsbehelfsgesetz, Vorbem. Rn. 7 m.w.N. (2018); für Österreich s. statt anderer *Gerhard Schnedl* Umweltrecht, 2020, Rn. 251 ff.

[207] Vgl. *Alain Griffel* Umweltrecht, 3. Aufl. 2023, 77 f.; *Michael Bütler* Zur Verbandsbeschwerde der Natur- und Umweltschutzorganisationen, Anwaltsrevue 2022, 455 (464); ferner vor allem *Alexandre Flückiger/Charles A. Morand/Thierry Tanquerel* Evaluation du droit de recours des organisations de protection de l'environnement, 2000, 86 (wonach die Erfolgsquote um den Faktor 3,5 höher sei als bei von anderen Verfahrensbeteiligten angestrengten Gerichtsverfahren); daran anschliessend auch *Schweizerischer Bundesrat* in: Botschaft zur Volksinitiative „Verbandsbeschwerderecht: Schluss mit der Verhinderungspolitik – Mehr Wachstum für die Schweiz!", BBl 2007 4347 (4358 f.); ähnlich für Deutschland *Kloepfer* Umweltrecht (Fn. 42), § 8 Rn. 82 m.w.N.

[208] *Bundesrat* Verbandsbeschwerderecht (Fn. 207), 4359, wonach das Bundesamt für Umwelt (BAFU) von seinem Beschwerderecht dank der altruistischen Verbandsklage „nur in ein bis zwei Fällen pro Jahr" habe Gebrauch machen müssen; vgl. illustrativ zu dieser Befugnis von mit Aufsichtsaufgaben betrauten Fachbehörden der Bundesverwaltung, gegen gerichtliche Entscheidungen letzter kantonaler Instanzen beim Bundesgericht Beschwerde zu führen (sog. Behördenbeschwerde; Art. 89 Abs. 2, Art. 111 Abs 2 BGG [Fn. 117]), Urteil 1C_238/2021 des Bundesgerichts vom 27.4.2022, E. 1; einordnend *Johannes Reich* Gewährleistung der bundesstaatlichen Ordnung, in: Giovanni Biaggini/Thomas Gächter/Regina Kiener (Hrsg.) Staatsrecht, 3. Aufl. 2021, § 15 Rn. 31, 33 f.

[209] Mit einer affirmativen Bewertung dieser „Anreize" für „Verhandlungslösungen" statt anderer *Griffel* Umweltrecht (Fn. 207), 69, 78; *Bütler* Verbandsbeschwerde (Fn. 207), 456, 462. – Nach Verhandlungen getroffene Vereinbarungen „gelten [...] ausschliesslich als gemeinsame Anträge an die Behörde" (Art. 55c Abs. 1 S. 1 USG [Fn. 205]); s. *Bütler* Verbandsbeschwerde (Fn. 207), 462; *Keller/Thurnherr* Verbandsbeschwerde (Fn. 204), 312 f.; kritisch *Alain Griffel/Heribert Rausch* Kommentar zum Umweltschutzgesetz, Ergänzungsband zur 2. Aufl., 2011, Art. 55c Rn. 3 ff.

zerischen Verwaltungsrecht[210] legitimationstheoretische Fragen auf.[211] Klagebefugt ist eine Organisation daher nur dann, wenn sie seit mindestens zehn Jahren landesweit tätig ist, ausschließlich ideelle Zwecke verfolgt und in der maßgebenden bundesrätlichen Rechtsverordnung[212] aufgeführt ist.[213] Mit seiner differenzierten Ausgestaltung, die einer verfahrensrechtlichen Mobilisierung rein partikulärer, stark zeitgebundener oder allein regionaler Interessen einen Riegel vorschiebt, hat das ideelle Verbandsbeschwerderecht durch seine Vorwirkungen auf das Verwaltungsverfahren Wissens- und Informationsbestände zum Schutz kollektiver und öffentlicher Güter verfügbar gemacht und dadurch die strukturell schwache Repräsentation von Schutz- gegenüber Nutzungsinteressen teilweise kompensieren können.[214]

---

[210] Locus classicus der Nähe der Verwaltung zur (demokratischen) Gesetzgebung ist die idealtypisch überzeichnende und idealisierende Differenzierung von *Fritz Fleiner* Beamtenstaat und Volksstaat, in: Festgabe für Otto Mayer, 1916, 28 (40): „Der Volksstaat als [für die Schweiz typische] Verwaltungsform ist emporgewachsen aus der Uebertragung demokratischer Grundsätze auf die öffentliche Verwaltung."; kritisch *Andreas Kley* Geschichte des öffentlichen Rechts der Schweiz, 2. Aufl. 2015, 128 f.; *Reich* Demokratie und Rechtsstaatlichkeit (Fn. 24), Rn. 16 ff.; instruktiv aus komparativer Perspektive *Möllers* Verwaltungsrecht (Fn. 164), Rn. 14, 24, 26 m.w.N.

[211] Die unter Ziff. III/2/a im Haupttext zu Fn. 184 f. formulierte Beobachtung trifft auch auf die ideelle Verbandsbeschwerde zu: Erhebliche Einschränkungen der altruistischen Klagebefugnis nach sich gezogen hätte die Annahme der eidgenössischen Volksinitiative „Verbandsbeschwerderecht: Schluss mit der Verhinderungspolitik – Mehr Wachstum für die Schweiz!" (s.a. Fn. 207); vgl. statt anderer *Keller/Thurnherr* Verbandsbeschwerde (Fn. 204), 299 ff.; die Volksinitiative wurde am 30.11.2008 deutlich abgelehnt (s. BBl 2009 610; Volk: 34.0 % Ja, 66.0 % Nein; Kantone: 0 Ja, 20 6/2 Nein). Politisch beeinflusste die damals bereits lancierte Volksinitiative aber die Neufassung von Art. 55 ff. USG (Fn. 205); s. *Griffel/Rausch* in: Kommentar zum Umweltschutzgesetz (Fn. 209), Vorbemerkungen zu Art. 54–57 Rn. 19 ff., 26 ff.

[212] Vgl. Anhang der Verordnung über die Bezeichnung der im Bereich des Umweltschutzes sowie des Natur- und Heimatschutzes beschwerdeberechtigten Organisationen (SR 814.076).

[213] Art. 55 Abs. 1 Bst. a, Abs. 2 und Abs. 3 USG (Fn. 205); s. im Einzelnen *Griffel/Rausch* in: Kommentar zum Umweltschutzgesetz (Fn. 209), Art. 55 Rn. 10 ff.; *Bütler* Verbandsbeschwerde (Fn. 207), 457.

[214] Vgl. vor allem *Alfred Kölz* Die Vertretung des öffentlichen Interesses in der Verwaltungsrechtspflege, ZBl 1985, 49 (61); ferner *Griffel* Umweltrecht (Fn. 207), 68 f., 78; *Bütler* Verbandsbeschwerde (Fn. 207), 456; *Griffel/Rausch* in: Kommentar zum Umweltschutzgesetz (Fn. 209), Art. 55 Rn. 3 ff.

IV. Ausblick: Handlungsperspektive, Verwaltungsrechtsvergleichung und digitale Transformation

Die formale Monopolisierung der Informations- und Wissensgewinnung in der Verwaltung erweist sich angesichts notwendig begrenzter administrativer Ressourcen und Kompetenzen als anforderungsreich.[215] Eine Konzeption des Verwaltungsverfahrens als regelgebundene, Vorwirkungen des Verwaltungsprozesses einbeziehende strategische Interaktion kann den Blick für strukturelle Gefährdungen einer rechtsgleichen Wissens- und Informationsgewinnung schärfen.[216] Gleichzeitig lassen sich besonders in verwaltungsrechtsvergleichender Perspektive eine Vielzahl verfahrens- und materiellrechtlicher „Regeln, Grundsätze und Bauformen"[217] identifizieren,[218] um ein hinreichendes Niveau rechtsgleicher Informations- und Wissensgewinnung der Verwaltung problemadäquat und abgestimmt auf die spezifischen Anforderungen des jeweiligen Teilbereichs des Besonderen Verwaltungsrechts zu gewährleisten. Es ist Aufgabe der Verwaltungsrechtswissenschaft, diese Potenziale besonders angesichts der Chancen und Risiken der digitalen Transformation der Verwaltung zu identifizieren und nutzbar zu machen.

---

[215] Vgl. dazu eingehend vorne unter Ziff. I/2 und 3.
[216] S. dazu eingehend vorne unter Ziff. II und III.
[217] Formulierung nach *Martin Burgi* Rechtsregime, in: Andreas Voßkuhle/Martin Eifert/Christoph Möllers (Hrsg.) Grundlagen des Verwaltungsrechts, Bd. I, 3. Aufl. 2022, § 18 Rn. 98.
[218] Vgl. beispielhaft vorne unter Ziff. II/6.

Leitsätze des Referenten über:

2. Information als Voraussetzung des Verwaltungshandelns

I. Anspruchsvolle Voraussetzungen informationell gesättigten und wissensbasierten Verwaltungshandelns

(1) „Verwaltungshandeln" ist das Produkt aufeinander bezogener Entscheidungen, die in einer regelgebundenen strategischen Interaktion zwischen einer Verwaltungsbehörde und den Verfahrensbeteiligten getroffen werden. Extern ist diese Sequenz von Entscheidungen als einheitliche Handlung der Verwaltung darstellbar.

(2) Der Idealtypus der bürokratischen Verwaltung verdeutlicht die Funktion von Information und Wissen als Prämissen berechenbaren, auf unverfälschte Normdurchsetzung angelegten Verwaltungshandelns. Die analytisch begründeten Erwartungen des Idealtypus werden in der Gegenwart als rechtsnormative, im Rechtsstaatsprinzip angelegte Versprechen weitgehend sinngleich reformuliert.

(3) Die optimistische Beurteilung der Ressourcen und Kapazitäten der Verwaltung, Information zu gewinnen und Wissen zu generieren, hat sich in der Verwaltungsrechtswissenschaft seit ihren Anfängen kaum relativiert, sondern eher verfestigt.

(4) Eine affirmativ-optimistische Einschätzung administrativer Kapazitäten zur Informationsgewinnung und Wissensgenerierung birgt die Gefahr, für die Differenz zwischen dem Idealtypus der Verwaltung und der von ihm abweichenden Realität blind zu bleiben.

(5) Die Gewinnung von Information und die Generierung von Wissen durch die Verwaltung bilden ein Ressourcen- und Anreizproblem. Verwaltungseinheiten sind organisationssoziologisch keine „professionellen Organisationen", für deren Entscheidungen vorranging spezialisiertes Wissen handlungsleitend ist. Vielmehr sind sie regelmäßig in hierarchische Strukturen eingebunden.

II. Informationsgewinnung im Verwaltungsverfahrensrecht und deren Darstellung

(6) Das Verwaltungsverfahren ist eine regelgebundene, rechtsnormativ aber nicht vollständig determinierte strategische Interaktion. Aus einer Handlungsperspektive beurteilt, werden für die am Verwaltungsverfahren beteiligten Akteure (Verwaltungsbehörde und Verfahrensbeteiligte) auch die jeweiligen Präferenzen und die zu erwartenden sozialen und politischen Kosten Faktoren sein, die in ihr strategisches Kalkül einfließen.

(7) Die Verwaltungsbehörde sieht sich im Ermittlungsverfahren mit einer Informationsasymmetrie zu ihren Lasten konfrontiert. Diese Informationsasymmetrie dürfte sich in verschiedenen Bereichen des Besonderen Verwaltungsrechts in jüngerer Zeit erheblich gesteigert haben.

(8) Hinsichtlich des Verfahrens über die Herstellung der Entscheidung („inneres Verfahren") fällt die Informationsasymmetrie zu Gunsten der Verwaltung aus. Erst durch die Darstellung der Entscheidung setzt sich die Verwaltung umfassender Fremdkontrolle aus.

(9) „Ermittlungsermessen" bildet angesichts begrenzter administrativer Ressourcen kompensatorisches Potenzial. Rechtsdogmatisch lässt sich die Anwendung von Ermittlungsermessen nicht hinreichend rationalisieren.

(10) Herstellung der Entscheidung im inneren Verfahren und Darstellung der Entscheidung gegen außen in der Entscheidungsbegründung stehen in einer Wechselbeziehung. Eine Verwaltungsbehörde wird bestrebt sein, den Sachverhalt mit jener Intensität zu ermitteln, die sich nach außen objektiv begründet als rechtskonform darstellen lässt. Sie wird die Möglichkeit gerichtlicher Fremdkontrolle antizipieren und berücksichtigen, dass sie mit der Entscheidungsbegründung weitgehend, aber nicht vollständig über ihre eigene Außendarstellung verfügt.

(11) Interessen weisen nicht nur in der Politik, sondern auch im Verwaltungsverfahren eine unterschiedliche Durchsetzungsfähigkeit auf. Interessen, die sich auf private Güter beziehen, erweisen sich auch im Verwaltungsverfahren als strukturell durchsetzungsfähig. Interessen, die sich auf öffentliche und kollektive Güter beziehen, sind dagegen schwach repräsentiert. Dieses Ungleichgewicht manifestiert sich in der stärkeren Durchsetzungsfähigkeit von Nutzungs- gegenüber Schutzinteressen im Umwelt- und Raumplanungsrecht.

(12) Fehlendes Fachwissen kann die Verwaltung durch Amtshilfe oder verwaltungsexterne Sachverständige kompensieren. Das Hinzuziehen verwaltungsexterner Expertise kann zu einer gegenseitigen Abhängigkeit von Verwaltung und externen Sachverständigen führen. Erweckt die Verwaltung den objektiv begründeten Anschein, den Sachverhalt aus strukturellen

Gründen nicht rechtsgleich und kompetent ermitteln zu können, büßt die inquisitorische Sachverhaltsermittlung ihre Legitimation ein.

III. Exogene Einwirkungen auf die administrative Informationsgewinnung und -verarbeitung

(13) Die bloße Möglichkeit verwaltungsgerichtlicher Kontrolle, die auf die Entscheidungsbegründung rekurriert, dürfte Vorwirkungen hinsichtlich der Qualität und Intensität der administrativen Informationsgewinnung und -verarbeitung erzeugen. Die veränderte Ausgestaltung des Verfahrens des Erwerbs der schweizerischen Staatsangehörigkeit (Bürgerrecht) durch behördlichen Beschluss (ordentliche Einbürgerung) lässt im Sinn eines natürlichen Experiments entsprechende Folgerungen zu.

(14) Ähnliche Vorwirkungen auf das Verwaltungsverfahren kann auch der Einbezug privaten Wissens in den Verwaltungsprozess auslösen. Beispielhaft zeigt sich dies an der seit 1967 bestehenden „ideellen Verbandsbeschwerde" (altruistische Klagebefugnis) im Verwaltungsprozess der Schweiz. Deren Ausgestaltung schiebt der Mobilisierung rein partikulärer, stark zeitgebundener oder regionaler Interessen einen Riegel vor und hat die im Verwaltungsverfahren verfügbaren Wissens- und Informationsbestände zum Schutz kollektiver und öffentlicher Güter erheblich gesteigert.

3. Aussprache, Zwischen- und Schlussworte

Frank Schorkopf: Liebe Kolleginnen und Kollegen, wir treten in die Aussprache ein. Sie haben eine schöne Zahl an Diskussionsbeiträgen angemeldet, die wir wieder in der Reihenfolge vom Grundsätzlichen und Allgemeinen zum Besonderen versucht haben zu ordnen. Manchmal weiß man auch nicht so genau, was kommen wird. Ich spreche zu leise, Herr Hochhuth? Dann drehen wir es ein bisschen lauter. Wir haben den ersten Dreierblock. Frau Cancik beginnt. Dann haben wir Herrn Weiß und danach Herrn Kotzur. Frau Cancik, bitte.

[Worterteilungen sind im Folgenden weggelassen]

Pascale Cancik: Ich bin überrascht, als Erste sprechen zu dürfen, weil ich nicht den Trick von gestern angewendet habe, freue mich aber einleitend, mich bedanken zu können für zwei sehr spannende und sehr unterschiedliche Referate. Ich möchte meinen Dank ein bisschen konkretisieren. Zunächst an Kollegen Müller-Terpitz: Ich bin Ihnen sehr dankbar, dass Sie die Informationspflichten hier so positiv bewertet haben, weil wir doch sehr häufig in der politisch-medialen Arena diese Informationspflichten als abzubauende Bürokratie diffamiert finden. Sie werden als Bürokratiekosten definiert und doch im Wesentlichen negativ wahrgenommen. Und ich finde es schon wichtig, dass wir sehr deutlich machen, dass diese Pflichten einen positiven Sinn haben. Ob alle im Einzelnen, können wir sicher bezweifeln, zumindest wenn ich an Berichtspflichten an der Universität denke. Mein zweiter Dank geht an Johannes Reich. Ich bin wirklich sehr dankbar für diesen notwendigen Perspektivwechsel, oder vielleicht eher die Perspektiverweiterung auf die Realitäten von Verwaltungen, die wir brauchen für dieses Thema. Und ich wollte ergänzend nachfragen, ob man neben der organisationssoziologisch begründeten Wissensaversion von Verwaltungen auch die psychologische oder faktische Dimension einer puren Überlastung mit Informationen einrechnen muss. Nach meinen Erfahrungen mit Kommunalverwaltungen ist es schlicht so, dass es nicht genug Personal gibt, um die zu erhebenden Informationen dann tatsächlich auch zu verarbeiten. Und ich würde das gerne in eine Frage umwenden, nämlich erstens die Frage, die ein Stück weit dann auch an den Kollegen Müller-Terpitz geht: Wenn es richtig ist, dass wir Amtspflichten zur ausreichenden Information, zum Sich-Informieren der Verwaltungen haben, muss man das dann irgendwie auch weiterdenken in eine verfassungsrechtliche Pflicht, Verwaltungen so auszustatten, dass sie das tun können? Ich bin sehr skeptisch, ob man so eine Pflicht herleiten kann. Aber wir haben einen massiven Defizitbefund, der nicht wirklich öffentlich besprochen wird. Und das ist kein Problem des Rechts auf gute Verwaltung, sondern das ist ein Problem guter Verwaltungspolitik, die in dieser Debatte bislang vielleicht ein Stück weit gefehlt hat. Meine zweite Frage richtet sich vor allem an den Kollegen Reich: Das europäische Umweltrecht arbeitet sehr stark mit sehr elaborierten, partizipativen Wissensgenerierungspflichten, also Einbeziehung der Bürger in die Generierung von Wissen der Verwaltungen. Auch hier stellt ich mir die Frage: Ist das eigentlich eher eine symbolische Regulierung von Wissen eines sich selber als Wissensgesellschaft beschreibenden bürokratischen Systems, das sagt: wir machen das und sind deswegen fortschrittlich? Oder ist es wirklich ein Weg, über den der partizipative Ansatz, der bei Ihnen deutlich geworden ist, vielleicht auch produktiv weitergetrieben werden kann? Vielen Dank.

Norman Weiß: Ich hatte nach beiden Vorträgen, für die ich mich auch sehr bedanken möchte, den Eindruck, dass die Verwaltung einen Informationshunger hat, der ausgerichtet ist, wenn man so will, auf die Erhaltung des kalorischen Grundumsatzes. Und dass es der Gesetzgeber oder vor allem auch die Politik ist, die der Verwaltung gelegentlich eine Informationsmassephase verordnen will. Dagegen sind es die Gerichte, vor allem das Bundesverfassungsgericht, das dann eher meint, eine Informationsdiät sei angebracht. Ich möchte auf einen anderen Fall hinweisen, nämlich auf den Verzicht auf Information. Das Internationale Übereinkommen über die Beseitigung jeder Form von rassischer Diskriminierung (ICERD) verpflichtet die Staaten, Informationen zu erheben über die Zusammensetzung ihrer Bevölkerung. Die Bundesrepublik Deutschland verzichtet seit Jahren darauf, diese Zusammensetzung bekannt zu geben und sie verzichtet auch darauf, sie zu erheben – aus historischen Gründen, weil man eben sagt: Das wollen wir nicht. Aber es ist das Komitee, das immer wieder darauf hinweist, dass es diese Daten braucht und dass vor allem auch die Regierungen diese Daten brauchen, um eben angemessen völkerrechtliche Verpflichtungen umsetzen zu können, also Fördermaßnahmen beispielsweise für benachteiligte Gruppen. Mich würde jetzt interessieren, wie schätzen Sie es ein, wenn Verwaltungen auf Informationen aus politischen Gründen verzichten müssen? Wie beeinträchtigt das die Arbeit der Verwaltung oder wie wirkt sich das aus auf ihre Möglichkeit, ihre Aufgaben zu erfüllen? Vielen Dank.

Markus Kotzur: Die beiden ganz ausgezeichneten Referate haben mich auch vor dem Hintergrund unserer gestrigen Diskussion zu einer etwas grundsätzlicheren Nachfrage inspiriert. Herr Müller-Terpitz hat wunderbar hergeleitet, dass sich die Pflicht der Verwaltung, die Informationen zu generieren, die sie zu ihrer Aufgabenerledigung braucht, aus dem Rechtsstaatsprinzip herleiten lässt. Und er hat auch noch andere Prinzipien bis hin zum Sozialstaat und zu den Grundrechten benannt. Ich frage mich, ob in diesem Kontext nicht auch das Demokratieprinzip – gerade angesichts der demokratischen Verantwortung der guten Verwaltung, sich gegen Populismen etc. zu wehren –, eine große Rolle spielt. Die deutsche Staatsrechtslehre und das Bundesverfassungsgericht haben mit großem intellektuellen Aufwand Legitimationsketten geknüpft, die letztendlich auch die Entscheidungsträger im Landratsamt an den Willen des demokratischen Souveräns rückbinden. Aber manchmal glaube ich, dass wir diesem Konstrukt selbst ein wenig misstrauen und dann die konkrete Steuerung lieber am Rechtsstaatsprinzip als am Demokratieprinzip festmachen. Vielleicht haben wir uns auch angewöhnt, zu stark zwischen Input- und Output-Legitimation zu differenzieren, und sollten unser Augenmerk noch stärker darauf richten, dass diejenigen, die Inputlegitimation vermitteln, das auch mit einer gewissen Output-Erwartung tun. Deshalb ist meine Frage, ob wir ein noch größeres, vielleicht auch ein demokratietheoretisches Augenmerk auf die Tatsache lenken sollten, dass die informierte, daher mit den Bürgerinnen und Bürgern kommunikationsfähige und responsive Verwaltung ein Stückchen weit auch das Rückgrat des demokratischen Verfassungsstaates ist. Vielen Dank.

Diana-Urania Galetta: Vielen herzlichen Dank für die zwei hervorragenden Referate. Wir haben gestern sehr viel über das Recht auf gute Verwaltung gehört und was das alles meint oder meinen sollte. Herr Müller-Terpitz, Sie haben über diese neuen Systeme für den automatischen Informationsaustausch berichtet. Viele Kommentatoren sagen, dass diese revolutionär sein könnten für die Verwaltung. Sie können das Handeln der Verwaltung viel effizienter machen, also sachgerechter, in dem Sinne, dass die Verwaltung über mehr Informationen verfügt. Das könnte alles sehr nett und schön sein. Ich bin aber nicht hundertprozentig davon überzeugt. Und jetzt kommt meine Frage: Wie sieht es zum Beispiel aus, dies ist eine Frage an beide Referenten, wenn die Daten, auf denen diese Informationssysteme basieren, nicht korrekt sind? Besteht nicht das Risiko, dass man sich am Ende des Tages von dem Leitbild der guten Verwaltung weiter entfernt, statt ihm näher zu kommen? Der EuGH hat uns schon vor etwa 30 Jahren gesagt, dass eine langsame Verwaltung eine schlechte Verwaltung ist. Aber eine schnelle Verwaltung ist nicht genug. Vielen Dank.

Hinnerk Wißmann: Der ganz großartige Vortrag von Herrn Reich würde sehr viel Zeit und genaues Engagement erfordern. Dieser Blick, verwaltungswissenschaftlich inspiriert, in den Maschinenraum der Verwaltung gibt viel Anlass zum Nachdenken. Die knappe Zeit erfordert aber, dass ich mich auf Herrn Müller-Terpitz konzentriere. Ich will eine Anmerkung machen und zwei Fragen anschließen. Ihrem Ausgangsbefund und Ihrer Untersuchungsperspektive kann ich gut folgen: Denn für die herkömmliche analoge Verwaltung kann man ja tatsächlich erst mal feststellen: Ihre informatorische Teilblindheit war ein relevanter Mäßigungsfaktor. Und wenn wir unterstellen, dass dieser Mäßigungsfaktor jetzt durch Digitalisierung wegfällt, durch neue Verknüpfungsmöglichkeiten usw., kann man die Frage stellen, ob das auch ein Problem nach sich zieht. Ihre Antwort ist: Nein. Und mit Verlaub, das hätte das Bundesinnenministerium nicht schöner sagen können. Kurz gesagt, die gute Verwaltung, insbesondere die Sicherheitsbehörden, tun das Richtige und der Bürger merkt das nicht einmal. Und jedenfalls in unserem gesegneten Land entsteht daraus auch kein Problem. Zu diesem Panorama haben Sie dann Details angefügt, zum Beispiel, die Bürger gingen sowieso liederlich mit ihren Daten um, da sie diese an Unternehmen gäben. Da würde ich ganz konservativ doch einmal daran erinnern wollen: Staat und Gesellschaft sind eben was Verschiedenes und es ist prinzipiell ein Unterschied, ob der Staat Daten bekommt oder wenn ich sie freiwillig meinen Geschäftspartnern zur Verfügung stelle. Sie haben dann folgenden Trost angeboten: Durch ein Datenprofil, das entstehen könnte, wenn das Verfassungsgericht nicht so stören würde, könnte man sich sogar entlasten von dem Verdacht, ein nicht korrekter Bürger zu sein. Da kann ich nur sagen: Schöne neue Welt, wenn das die neue Perspektive ist, dass mir so etwas als positiver Anreiz geboten wird. In Ihrem dritten Begründungsstrang würde ich Ihnen am ehesten zustimmen: Das Bundesverfassungsgericht legt durch seine Rechtsprechung hyperkomplexe und dysfunktionale Gesetzgebung nahe. Ich würde bloß einen anderen Schluss daraus ziehen und vielleicht eher Richtung Karlsruhe fragen, ob es nicht geboten wäre, der Exekutive bestimmte echte Grenzen zu setzen, statt immer wieder das Angebot der Nachjustierung in diesem Bereich zu machen.

Meine zwei kurzen Anschlussfragen: Wäre es nicht, bevor wir den Datenhunger des Staates weiter befriedigen, angemessen, erst einmal eine entsprechende Leistung des Staates einzufordern, Stichwort: Desaster Onlinezugangsgesetz? Kann man das so vollkommen entkoppeln: Wir kriegen das zwar selbst nicht hin, wollen aber trotzdem weiter von Euch möglichst viel wissen und Euch als Persönlichkeiten digital erfassen? Und das Zweite, ein ganz kleines Detail: Sie haben zweimal angeführt, digitale Informationen hätten eine höhere Sachrichtigkeit. Können Sie mir angesichts der Manipulationsmöglichkeiten der digitalen Welt schlicht noch mal erklären, woraus Sie das ziehen? Danke.

Christoph Engel: Welche Informationen braucht gute Verwaltung? Die Referenten haben sich konzentriert auf spezifische, verwaltungsspezifische Informationen, also Informationen über den zu behandelnden Sachverhalt. Da kennen wir Juristen uns aus. Da wissen wir, wie man Richtigkeitsgewähr herstellt, nämlich über das Beweisrecht. Hierhin gehört am Ende auch das maschinelle Lernen. Das kann man beweisrechtlich als eine Form des prima-facie-Beweises deuten. Was viel weniger Aufmerksamkeit bekommen hat in den Referaten, ist generische Information, also Information über das regelungsbedürftige Problem. In erster Näherung könnte man einwenden: Na, das geht doch auch bloß den Gesetzgeber etwas an! Aber so ist es nicht. Die Verwaltung bekommt weit gestrickte Programme, die sie ausfüllen, entfalten soll. Wir können uns auch eine lernende Verwaltung vorstellen. Deswegen braucht auch die Verwaltung generische Information.

Bei generischer Information wird es allerdings mit der Richtigkeitsgewähr sehr viel schwieriger. Das Hauptproblem ist: Korrelation ist nicht dasselbe wie Kausalität. Man braucht also Vorstellungen darüber, wann Hypothesen darüber belastbar sind, dass A mit B zusammenhängt. An dieser Stelle sollte das Verwaltungsrecht nacharbeiten. Die drastischste Möglichkeit ist: Man macht Experimente. Dann muss man rechtfertigen, dass einzelne Bürger der einen Bedingung ausgesetzt werden, andere einer anderen. Eine etwas weniger weitgehende Lösung ist das, was die Statistiker *regression discontinuity* nennen. Das heißt, man adelt plötzlich die Stichtage, die Herrn Dürig so fürchterlich aufgeregt haben. Denn die schaffen die Möglichkeit der Identifikation. Oder man nutzt *differences in differences*. Man führt dieselbe Regelung nicht im selben Moment überall ein, sondern hat Teilpopulationen, wo sie eingeführt wird, und andere Teilpopulationen, wo sie (noch) nicht eingeführt wird. Das schafft eine offensichtliche Ungleichheit. Aber diese Ungleichheit kann man rechtfertigen damit, dass man auf diese Weise kausale Identifikation hinbekommt. Wir sollten also die positive Externalität mitbedenken, die aus dem einzelnen Verwaltungsverfahren für das Verstehen des regelungsbedürftigen Problems abfällt.

Friedhelm Hase: Ich möchte versuchen, auf einige sehr grundlegende Probleme hinzuweisen, die das komplizierte Verhältnis zwischen öffentlicher Verwaltung und gesellschaftlichem Wissen betreffen. Die Frage, auf welchen Wissensgrundlagen die öffentliche Verwaltung handelt, ist für das Verständnis unseres modernen Verwaltungsrechts offenbar von überragender Bedeutung. Es wäre leicht möglich, bereits für das 19. Jahrhundert zu zeigen, dass das Verwaltungsrecht für eine Gesellschaft konzipiert ist, die sich permanent bis in die Grundlagen hinein verändert, in der auch das Wissen ständig erweitert und immer wieder umgewälzt wird. Das überkommene Recht war dabei jedoch auf das Vertrauen gegründet, dass sich in einem solchen Wandel in der Gesellschaft jederzeit ein gesicherter Bestand von Erkenntnissen formiert, der Gesellschaft wurde also ohne Weiteres die Erzeugung sicheren Wissens – relativ stabiler „Wissensbestände" – zugetraut: Im Recht hat man unterstellt, dass aufgrund der gesellschaftlichen Erfahrung immer wieder ein Konsens, eine elementare Übereinstimmung der Einschätzungen entsteht, sei es in der Allgemeinheit, sei es in einem engeren Expertenkreis. Das Recht verweist bekanntlich auch heute noch an den verschiedensten Stellen auf den „allgemein anerkannten Stand des Wissens", etwa in der Medizin oder in den verschiedensten Bereichen der Technik. Meine These lautet, dass eine solche elementare Sicherheit des Wissens immer weniger vorausgesetzt werden darf: Wir verfolgen heute eine Vielzahl dramatischer, extrem beschleunigter, „disruptiver" gesellschaftlicher Veränderungen, in denen das Wissen sich zunehmend von der Erfahrung entfernt und in vielen Bereichen extrem heterogen, disparat, experimentell und hochkomplex geworden ist. In vielen sozialen Sektoren ist damit aber ein durch allgemeine Anerkennung beglaubigtes Wissen immer weniger zu erkennen.

Dies wäre anhand stürmischer Entwicklungen etwa im Bereich der Medizin, der Technologien oder der Energieerzeugung unschwer zu belegen. Meine These lautet, dass sich die Verwaltung aufgrund des fortschreitenden Verlusts „anerkannten" Wissens immer weniger auf einen bloßen Verweis auf vorfindliche Erkenntnisse stützen kann, dass sie vielmehr sehr viel stärker und in einer ganz anderen Weise als früher gezwungen ist, selbst ein aktives Wissensmanagement zu betreiben: Sie hat neues Wissen fortlaufend zu ordnen und zu bewerten und sich dabei vor allem der Frage zu stellen, wie die eigenen Entscheidungen sinnvoll auf ein äußerst dynamisches und instabiles Wissen zu beziehen sind. In einigen sozialen Sachbereichen ist die Verwaltung auf einem solchen Weg auch schon ein gutes Stück vorangekommen. Der Gesundheitssektor kann vielleicht als Beispiel dienen. Dort hat etwa der Gemeinsame Bundesausschuss mit seinen Instituten die Aufgabe, neues Wissen – vor allem mit den Methoden der evidenzbasierten Medizin – fortlaufend so aufzubereiten, dass es in der Gesundheitsversorgung als Grundlage fundierter Verwaltungsentscheidungen zu nutzen ist. Die Coronakrise hat meines Erachtens aber gezeigt, dass es im administrativen Wissensmanagement in Deutschland weiterhin auch gravierende Defizite gibt. Dass den Entscheidungsträgern, als die Krise über uns hereinbrach, so gut wie nichts über Covid-19 bekannt sein konnte, habe ich in öffentlichen Stellungnahmen mehrfach hervorgehoben. Aber anderthalb oder zwei Jahre nach dem Beginn der Krise hätte die administrative Generierung von Wissen doch auf einem viel höheren Niveau sein können, als dies tatsächlich der Fall gewesen ist, es gab auch damals noch viel zu wenig Kenntnisse darüber, wie die Infektion sich ausbreitet und welche Wirkungen man von verschiedenen Maßnahmen zu ihrer Bekämpfung erwarten darf. Für meine Begriffe hat es vor allem auf lokaler und regionaler Ebene, stärker noch als auf der des Bundes, an einem adäquaten Wissensmanagement gefehlt.

Frank Schorkopf: Wir schieben jetzt Zwischenworte ein, um abzuschichten. Herr Müller-Terpitz.

Ralf Müller-Terpitz: Vielen Dank, liebe Kolleginnen und Kollegen, für die teils affirmativen, teils kritischen Worte. Ich greife zunächst den Dank von Frau Cancik auf, erlaube mir aber nichtsdestotrotz eine kurze Bemerkung dazu. Informationspflichten habe ich in der Tat positiv bewertet. Ich möchte an dieser Stelle aber betonen, dass ich das aus der Perspektive der Verwaltung heraus getan habe. Ich habe mir bei dem Vortrag die Brille der Verwaltung aufgezogen. Man muss natürlich bei diesen Informationspflichten, im Steuerrecht ist das ein großes Thema, immer die Verhältnismäßigkeit mitdenken. Ich habe es nicht aus der Bürgerperspektive, die ich bewusst ausgeklammert habe, sondern aus der Sicht der Verwaltung betrachtet. Und ich denke, da stehen wir tatsächlich in einer immer komplexer, immer digitaler werdenden Welt vor der Aufgabe, die auch gestern Abend anlässlich des Empfangs angeklungen ist, dass wir immer knappere Ressourcen in der Verwaltung vorfinden. Immer weniger Personal, immer weniger Fachkräfte, die überhaupt in der Lage sind, Amtsermittlungsprozesse so durchzuführen, wie wir das vielleicht aus früheren Jahren gewohnt waren. Hierfür halte ich die Informationspflicht schon für ein probates Mittel, um der Verwaltung diejenigen Informationen zu liefern, die sie für ihr Handeln braucht. Sie haben dann noch die weitere Frage gestellt: Verfassungsrechtlich hergeleitete Pflicht zur Ausstattung der Verwaltung, um diese Amtsermittlung leisten zu können? Ja, eine solche verfassungsrechtliche Pflicht würde ich im Grundsatz annehmen. Sie fließt für mich primär aus dem Rechtsstaatsprinzip. Sie fließt allerdings auch aus dem Sozialstaatsprinzip, wenn wir an die Leistungs- und Sozialverwaltung denken. Und sie fließt natürlich auch aus den Grundrechten und verlangt deshalb nach einem gleichförmigen Vollzug von Gesetzen und einer Verwirklichung von Schutzpflichten. Aber wie immer bei hochkomplexen Vorgängen: Was das dann konkret an Ressourcen für die Verwaltung bedeutet, wird im Einzelfall verhandelt werden müssen und kann nicht auf den Cent oder auf die Mitarbeiterstelle genau aus der Verfassung deduziert werden.

Herr Weiß, Sie hatten darauf hingewiesen, dass die Verwaltung einerseits unter Informationshunger leidet. Sie hatten andererseits darauf hingewiesen, dass das Bundesverfassungsgericht der Verwaltung zum Teil eine Informationsdiät verschreibt. Das ist eine sehr treffende und schöne Kennzeichnung des Spannungsverhältnisses, das wir in den unterschiedlichen Verwaltungsbereichen beobachten, über die ich gesprochen habe. Sie haben dann die Frage aufgeworfen: Wie sieht es denn aus, wenn die Verwaltung aus politischen Gründen – so jedenfalls habe ich Sie verstanden – darauf verzichtet, Informationen zu erheben? Das wäre aus meiner Sicht eine Frage der Aufsicht. Sie muss darauf hinwirken, dass die Informationen, die von Rechts wegen ermittelt werden müssen, auch tatsächlich ermittelt werden. Wenn allerdings auch die Aufsicht versagt, dann wird man wohl keine weitere Möglichkeit haben, auf eine Informationserhebung hinzuwirken, zumindest nicht in dem von Ihnen geschilderten Beispiel. Das Beispiel klingt für mich nach einem Völkerrechtsbruch, der möglicherweise begangen wird und zunächst einmal folgenlos für unsere Rechtsordnung bliebe.

Herr Kotzur, Sie hatten nochmals auf das Demokratieprinzip hingewiesen. Dafür bin ich Ihnen sehr dankbar. Das ist ein Aspekt, der bei mir in den berühmten Fußnoten auftaucht. Ich musste leider aus quantitativen Gründen im Vortrag Abstriche machen. Aber in der Sache haben Sie natürlich völlig recht, das Demokratieprinzip ist ein ganz wichtiges Prinzip, was es bei der Frage von Art und Umfang der Informationsgenerierung zu berücksichtigen gilt. Über dieses Prinzip bricht sich die Gemeinwohlorientierung, aber eben auch die von mir schon erwähnte Aufsicht Bahn. Eine Verwaltung, deren Aufsichtsinstanzen selbst nicht über hinreichende Informationen verfügen, kann keine demokratische Kontrolle ausüben.

Frau Galetta, Sie haben die Frage aufgeworfen: Was ist denn eigentlich, wenn die Daten falsch sind? Das kann natürlich passieren, in einer analogen wie in einer digitalen Welt. Meine These aber wäre, dass in der digitalen Welt die Korrektur der Daten einfacher ist. Hier kann ich schon ein Stück weit zur Frage von Herrn Wißmann überleiten, die in eine ähnliche Richtung ging. Natürlich können Daten falsch sein, was meiner These von der höheren Sachrichtigkeit digitaler Daten zu widersprechen scheint. Ich habe aber bewusst gesagt: *höhere* Sachrichtigkeit. Ich habe nicht gesagt, dass sie in jedem Einzelfall sachrichtig sind, sondern nur, dass es das digitale System meines Erachtens ermöglicht, die Sachrichtigkeit besser zu gewährleisten als ein analoges System. Das hinwiederum liegt eben an der Möglichkeit der Vernetzung der Daten, die für den Fall fehlender Richtigkeit einen wechselseitigen Abgleich und eine Korrektur ermöglicht. So gesehen würde ich im digitalen System schon einen Vorteil mit Blick auf die Informationsgrundlagen der Verwaltung sehen.

Herr Wißmann, Sie haben einen sehr kritischen Beitrag formuliert, der ins Herz der Kritik vorgestoßen ist, die man an meinen Thesen äußern kann. Das will ich nicht verhehlen. Ich hole an dieser Stelle aus Zeitgründen nur kurz aus. Ich vermute, wir werden in dem Block, der sich speziell mit den datenschutzrechtlichen Fragen befasst, nochmals darauf zu sprechen kommen. Ich bin auf meine Argumentation dadurch gestoßen, dass ich mich zunächst mit dem Registermodernisierungsgesetz und dort mit dem in der Literatur sehr vehement vorgetragenen Einwand befasst habe, dass die Registerverknüpfung über ein einheitliches Identifikationsmerkmal wie die Steuer-ID einen Verstoß gegen die verfassungsrechtlichen Grundsätze der Profilbildung darstellen soll. Jetzt ist der Begriff der Profilbildung an sich schon ein sehr unbestimmter Begriff. Man weiß gar nicht so genau, was ein Profil ist. Jedenfalls muss man dann konstatieren, dass in einer digital vernetzten Welt, in der wir bereits leben und in die sich die Verwaltung immer mehr hineinentwickeln wird, diese Profilbildung immer einfacher möglich sein wird, etwa um Bewegungsprofile, Beziehungsprofile, Arbeitsprofile usw. zu generieren. Wenn wir allerdings diesen Gedanken des Tabus der Profilbildung weiter aufrechterhalten, bekommen wir in einer digital vernetzten Verwaltung zunehmend Argumentationslasten bis hin zu Handlungsgrenzen, die aus meiner Sicht nicht geboten erscheinen. Über diesen Gedanken bin ich dann in einem zweiten Schritt zur Bundesverfassungsgerichtsentscheidung gekommen. Auch in der Bundesverfassungsgerichtsentscheidung wird wieder mit der Profilbildung argumentiert. Wenn man sich jedoch anschaut, was das denn eigentlich bedeutet bzw. worin denn wirklich die Gefahr der Profilbildung liegt, dann stößt man auf zwei Säulen, auf denen dieses Konstrukt ruht: Das eine ist der staatliche Machtmissbrauch dergestalt, dass der Staat möglichst viel über seine Bürger weiß und entsprechend auf ihn einwirken kann. Und das andere ist das, was ich mit *Chilling Effect* umschrieben habe, also dass ich mich selbst in meiner Freiheitsentfaltung beeinträchtigt fühlen könnte. Auf Letzteres bezog sich mein kurzer Hinweis auf das Nutzungsverhalten der Bürger in privaten Online-Kontexten. Mir ist völlig klar, dass es bei der Verwaltung und privaten Plattformen um zwei sehr unterschiedliche Sachverhalte geht. Ich habe den Hinweis auch nur deswegen aufgenommen, weil ich mit ihm zum Ausdruck bringen wollte, dass möglicherweise dieser *Chilling Effect* empirisch gar nicht belegbar ist. Für mich ist das eine normative Setzung des Bundesverfassungsgerichts, über deren empirische Belastbarkeit man streiten kann und die meines Erachtens auch noch nicht dargelegt worden ist. Insofern sollte der Rekurs auf das Nutzungsverhalten im Onlinebereich einen Hinweis darauf geben, dass der Bürger sich möglicherweise durch das Preisgeben von Daten gar nicht so sehr in seiner Persönlichkeitsentfaltung beeinträchtigt fühlt, wie das Bundesverfassungsgericht dies als Prämisse seiner Rechtsprechung zugrunde legt.

Aus Zeitgründen springe ich zu Herrn Hase; bei Herrn Engel hatte ich den Eindruck, dass die Frage eher in Richtung des Kollegen Reich gestellt wurde. Herr Hase, Sie haben meines Erachtens völlig zu Recht auf das Thema Wissensmanagement durch Verwaltung hingewiesen. Auch für diesen Hinweis bin ich sehr dankbar. Ja, eines solchen Wissensmanagements bedarf es. Ich habe das in meinem Beitrag lediglich in den Fußnoten verarbeitet. Das ist schlicht und ergreifend dem fehlenden Platz und der fehlenden Zeit zum Opfer gefallen. Ich will aber betonen, dass gerade die Coronakonstellation, die Sie erwähnt haben, also das Problem einer Verwaltung, die die Fragen des Umgangs mit einer Pandemie durch ein Wissenschaftsmanagement nicht aufarbeitet, ein Punkt gewesen wäre, über den ich gerne gesprochen hätte. Das ist ein wichtiges Thema. Ich konnte es nur leider nicht behandeln. Vielen Dank.

Johannes Reich: Herzlichen Dank für Ihre Fragen, liebe Kolleginnen und Kollegen, die ich gerne etwas thematisch ordne. Einige Fragen haben sich auf den verfassungsrechtlichen Hintergrund verschiedener Aspekte von Verwaltungshandeln bezogen. Ich glaube, dass diesbezüglich zunächst zu beachten ist, dass hinsichtlich der Verwaltungsrechtsvergleichung das gilt, was für Rechtsvergleichung ganz generell zutrifft: Sie ist eine Begegnung mit der Kontingenz. Es gilt also: Es ist, wie es ist, es könnte auch anders sein, aber nicht beliebig anders. Das ist, wie Sie wissen, nicht mein Zitat, sondern Niklas Luhmann entlehnt – dies als Hinweis für das Protokoll, damit ich nicht eines Plagiats bezichtigt werde. Die Einsicht, dass Verwaltung sehr unterschiedlich funktionieren kann, beispielsweise auch ohne Berufsbeamtentum, scheint mir wichtig. Das gilt besonders dann, wenn man versucht, die Verfassungsebene in die Analyse des Verwaltungsrechts miteinzubeziehen, wie dies in verschiedenen Voten angeklungen ist. In diesem Zusammenhang scheint mir die Verortung der Verwaltung als Teil der Exekutive im Zwischenbereich zwischen Legislative und Judikative als Ausgangspunkt der Überlegungen naheliegend. Vereinfachend ließe sich festhalten, dass die schweizerische Perspektive auf die Verwaltung deren Handeln als Fortsetzung der Rechtsetzung mit anderen Mitteln begreift. Diese Nähe der Verwaltung zur Gesetzgebung erklärt, dass bestimmte Formen der Partizipation – beispielsweise der Einsitz verwaltungsexterner Personen in Verwaltungsbehörden – rechtlich nicht als Problem identifiziert werden. Ich selbst bin beispielsweise Mitglied der Schulkommission eines Gymnasiums. Als oberstes Organ einer Schule sind solche Kommissionen zwar in die Verwaltungshierarchie eingebunden. Externe Mitglieder sollen aber spezifisches Wissen in die unmittelbare Aufsicht von Gymnasien einbringen. Dies, obwohl eine kantonale Mittelschule nur über begrenzte Selbstständigkeit verfügt.

Angesprochen wurden auch die Möglichkeiten der Produktion generischen Wissens. Hier könnte der Föderalismus eine Antwort liefern. Das Verfassungsprinzip der Bundesstaatlichkeit schafft die Voraussetzung, unterschiedliche Regulierungsansätze zu testen. Ein Beispiel aus der Schweiz ist dasjenige der Gebäudeversicherung. In einigen Kantonen besteht diesbezüglich ein indirektes staatliches Monopol. Die Versicherung ist also mit einer bestimmten öffentlich-rechtlichen Anstalt abzuschließen. In anderen Kantonen gilt auf dem gleichen Markt der freie Wettbewerb. Die kantonale Zuständigkeit erlaubt es, beide Modelle zu vergleichen. Die empirische Evidenz ist relativ eindeutig: Das staatliche Monopol führt zu tieferen Versicherungsprämien. Das liegt vor allem daran, dass eine öffentlich-rechtliche Anstalt als einzige Anbieterin Anreize hat, in Schadensprävention zu investieren. Tätigt ein Privater, der mit Mitbewerbern in Konkurrenz steht, eben solche Investitionen, profitiert davon auch die Konkurrenz. In wettbewerblicher Konkurrenz wird ein Privater solche Investitionen daher meist unterlassen.

Abstrakte Prägungen der Verwaltungskultur wirken sich ganz konkret auf das alltägliche Handeln der Verwaltung aus. Das lässt sich auch in der Schweiz beobachten. Eine Möglichkeit, die angesprochene Herausforderung fehlenden Wissens und fehlender Information zu bewältigen, könnte der in der schweizerischen Verwaltungspraxis oft zu beobachtende Versuch der Verwaltung darstellen, möglichst im Konsens mit den Betroffenen zu handeln. Das gilt besonders auf der kommunalen Ebene. In vielen Gemeinden ist innerhalb der Verwaltung weit und breit kein Jurist zu sehen. Es sind vielmehr Nicht-Juristen, die Verwaltungsentscheidungen treffen. Ist juristisches Wissen erforderlich, wird es meist beratend über das Gemeindeamt des Kantons eingeholt. Dieses Amt leistet auch Rechtsberatung für kommunale Amtsträger. Das hat sogar Auswirkungen auf juristische Literaturgattungen. Der Gesetzeskommentar zu Rechtssätzen, die in der kommunalen Verwaltungspraxis wichtig sind, mutiert zu einem Führungsinstrument. Er soll Laien darüber aufklären, wie bestimmte Rechtsnormen nach Meinung der vorgesetzten kantonalen Stelle, die im Autorenkreis vertreten ist, zu verstehen sind.

Hinsichtlich des angesprochenen Einbezugs der psychologischen Dimension dürfte es mindestens zwei mögliche Antworten – eine optimistische und eine pessimistische – geben. Zudem sind zwei Ebenen zu unterscheiden: die verallgemeinernde und die spezifische, die durch Fallstudien untersucht worden ist. Bekannte Fallstudien führen hinsichtlich des Verhaltens der Verwaltung zu ganz unterschiedlichen Erkenntnissen. In der amerikanischen Literatur gibt es einerseits den Klassiker Herbert Kaufmans „The Forest Ranger". Dieser liefert die Grundlage für das Bild des integren Beamten, der seine Aufgabe so wahrnimmt, wie sich das nicht einmal der Gesetzgeber hätte besser ausdenken können. Das Gegenbeispiel bildet die Tennessee Valley Authority. Diese wird zumeist als Modellfall für das zitiert, was man *regulatory capture* nennt: Die Verwaltung identifiziert sich einseitig mit den Interessen der Beaufsichtigten. Mir scheint wichtig, dass wir weder vom einen noch vom anderen Einzelbeispiel verallgemeinernd ausgehen.

Wir müssen aber bis zu einem gewissen Grad generalisieren – und das ist schwierig. Bei generalisierten Verhaltensannahmen existiert nämlich häufig ein Gegenbeispiel. Wenn man etwa sagt, dass die Akteneinsicht den Verfahrensbeteiligten tatsächlich Einblick in das Verwaltungshandeln gibt, dann könnte die Antwort der Verwaltung lauten: Ja, dann werden einfach keine Akten mehr angelegt oder zumindest weniger. Für solche Strategien gibt es Hinweise aus der Schweiz – sogar auf höchster Ebene. Der Geschäftsprüfungsbericht über das Handeln des Bundesrates bei der staatlichen Rettung der UBS nämlich. Die UBS ist jüngst selbst zur Retterin – der Credit Suisse – geworden – eine fast biblische Heilsgeschichte ... Im Zuge der Rekapitalisierung der UBS durch die Eidgenossenschaft ist der Bundesrat dazu übergegangen, die ganz heiklen Dinge nicht mehr zu protokollieren, weil er wusste, dass die Geschäftsprüfungsdelegation – sie übt die parlamentarische Oberaufsicht über den Bundesrat aus – vollen Einblick in alle Unterlagen des Bundesrates hat. Der Bundesrat kann kein *executive privilege* geltend machen. Wie verhindert er also, dass er zu eng kontrolliert wird? Er lässt heikle Diskussionen und Entscheide erst gar nicht protokollieren. Arbeitet man jedoch stets auf der Grundlage der Prämisse, dass sich eine Behörde ihren Pflichten entzieht, kann dies dazu führen, dass Dinge, die integre Leute einfach tun, plötzlich flächendeckend kontrolliert werden, sodass man sich in einer Kultur des Misstrauens wiederfindet und sich ständig rechtfertigen muss. Das kennen wir alle, wenn auch wahrscheinlich in unterschiedlichem Maße, aus unserem eigenen Beruf, wenn wir uns beispielsweise für unseren Output in Forschung und Lehre rechtfertigen müssen. Dann werden Dinge kontrolliert und gemessen, die man vielleicht gar nicht messen kann. Dadurch werden allenfalls falsche Anreize gesetzt. Es wird nämlich das geleistet, was sich einfach messen lässt: Quantität. Es kommt zu einem *crowding out*: Die intrinsische Motivation wird durch äußere Anreize verdrängt, die nur quantitativ orientiert sind. Hinsichtlich Verhaltensannahmen stellen sich also sehr schwierige Fragen, zu denen ich hier nur einige Hinweise geben konnte. Wichtig ist aber, diesbezüglich kontextsensibel am Realbereich interessiert weiterzuarbeiten.

Karl-Heinz Ladeur: Ich möchte eine kleine Anmerkung zu dem sehr großen Begriff „Information" machen. Mir scheint es erforderlich zu sein, dass man, bevor man Information auf einzelne Verfahren bezieht, sich genauer Gedanken darüber macht, dass bestimmte Verwaltungsparadigmen eine Vorstrukturierung vornehmen, die zugleich auch die Wirkung haben, etwas auszuschließen. Begriffe haben nach Whitehead immer auch die Funktion, etwas auszuschließen, was zurzeit gerade nicht lösbar ist. Und das scheint mir auch für die Verwaltung ganz wichtig zu sein. Viele Begriffe haben eine Ausschlusswirkung, eine Wirkung der Invisibilisierung, die produktiv ist, damit gehandelt werden kann, zum Beispiel das Paradigma des Vollzugsverwaltungsrechts. Das setzt keineswegs voraus, dass Gesetze vollzogen werden, sondern es setzt voraus, dass die Verwaltung unter Bedingungen von Ungewissheit etwas herausfindet, wie man nämlich z.B. im Bereich der Technik in den begrenzten Formen des Polizeirechts Probleme lösen kann. Und das ist nur sehr begrenzt in allgemeiner Form möglich. Das geht nur vom Fall aus, und das wird sozusagen invisibilisiert durch das sehr allgemeine Denken vom Vollzugsverwaltungsrecht her. Vollzug heißt eigentlich nur, experimentell vom Fall ausgehen. Das ist der Vollzug. Was wäre denn das Vollzugsprogramm des Polizeigesetzes? Aber der Sache nach wird dort im Verfahren das Wissen erzeugt, das am Fall gewonnen wird, und das ist sehr produktiv. Wenn man nämlich das gesamte Wissen mit einbezogen hätte, also das, was alles ausgeschlossen wird – das wird viel zu wenig bedacht –, dann wären Entscheidungen, z.B. über die Reaktion auf technische Risiken, nicht mehr möglich gewesen.

Das zweite Wissensmodell, das sich mit dem modernen Sozial- und Verwaltungsstaat verbindet, kann mehr Ungewissheit, aber auch mehr Wissen verarbeiten, insbesondere im Planungsrecht: Im Planungsverwaltungsrecht muss mit einer anderen, mindestens partiell ebenso unausgesprochen bleibenden, paradigmatischen Voraussetzung gearbeitet werden, die ich einen produktivistischen Konsens nennen würde, der orientiert ist an der Effektivität bestimmter Verwaltungsprojekte, der Infrastrukturprojekte vor allem. Bei vielen wichtigen Projekten gibt es eine relativ stabile Vor-Entscheidung darüber, dass bestimmte Projekte sinnvoll sind. Trotz aller Grenzen des Wissens und der Vielzahl der Belange, die einzustellen sind, ist das eine wichtige Ausgangslage, die auch manche Ungewissheit überspielen hilft.

Ich würde behaupten, dass es diesen Konsens nicht mehr gibt. Deshalb stößt das Planungsrecht auch an seine Grenzen, weil man gerade ein Überangebot an Informationen hat, die auf allen Ebenen verarbeitet werden. „Ist der Flughafen wirklich nötig?", wird auch noch auf späteren Planungsstufen, nachdem man das schon auf mehreren Stufen geprüft hat, insbesondere durch „Bürgerbeteiligung" immer wieder neu gefragt. Das führt dazu, dass immer mehr Bedingungen eingeführt werden, damit auch alles berücksichtigt wird und die Verwaltung dann schließlich kollabiert. Für die Verwaltung sind solche Verfahren abschreckend, und auf die Herbeiführung einer solchen lähmenden Wirkung zielt vielfach auch die Bürgerbeteiligung.

Was die Gegenwart angeht, so kann man m.E. ein neues, drittes Modell beobachten, das eine neue Variante der Vorstrukturierung des Wissens (und des Nichtwissens) verlangt: Das wäre das Verwaltungsrecht der „Gesellschaft der Netzwerke". Das bedeutet, dass die Verwaltung sich ganz anders orientieren muss, also die Probleme als vernetzt ansehen muss. Allgemeines und Besonderes sind nicht mehr gut unterscheidbar. Man muss von einem Möglichkeitsraum ausgehen, innerhalb dessen Ordnung nur multistabil denkbar ist, das heißt: Es gibt mehrere Möglichkeiten, man kann nicht mehr von einer Wirklichkeit ausgehen, die man auf der Grundlage stabiler „Wissensbestände" (Ludwig Fleck) erforschen kann. Innerhalb des Möglichkeitsraums muss prozesshaft-strategisch gedacht werden, vor allem auf der Grundlage eines ganz neuen datenbasierten Wissens. Daten sind nicht nur technologisch kodierte Informationen, sondern sie zeichnen sich dadurch aus, dass man aus ihnen Muster erkennen und mit ihnen Modelle erzeugen kann. Das wäre z.B. in der Auseinandersetzung mit der COVID-19 Pandemie wichtig gewesen und ist in Zukunft für ein Klimaverwaltungsrecht bedeutsam. In beiden Konstellationen wird und wurde viel zu stark auf naturwissenschaftliche Expertise gesetzt. Stattdessen hätte es einer administrativen strategischen Intelligenz bedurft. Es muss eine Prozessorientierung der Verwaltung geben, die mit sehr viel mehr Möglichkeiten arbeitet, deren Verfahren sehr viel strategischer und komplexer gefasst sind. D.h. es wird ein offener Suchprozess entwickelt, innerhalb dessen die einzelnen Schritte nicht mehr direkt als Mittel am Zweck, einer Entscheidung als „Produkt" hierarchisch orientiert sind, sondern heterarchisch als Netzwerk verknüpft sind, innerhalb dessen auch die Schritte der Suche nach neuem Wissen eine gewisse reflexive experimentelle Eigenständigkeit haben, die zu einer dynamischen Verschleifung zwischen den Verfahrensschritten und dem Ziel der Entscheidung führt. Dies erfordert wiederum eine neue Datenbasierung, die zugleich die Verschleifung ermöglicht. Beispiele für eine nicht-prozessorientierte Verwaltung sind, wie schon erwähnt, die „Pandemie-Verwaltung" und das in der Vergangenheit primär an „Zielen" orientierte „Klimaverwaltungsrecht", die beide jede Prozessorientierung vermissen lassen. Die Folge ist in der Klimapolitik die völlige Verunsicherung der Bevölkerung und eine Verteuerung der Schutzmaßnahmen, die international eher abschreckend sein wird. Abschließend sei nur zusammenfassend gesagt: Das Wissen der Verwaltung benötigt jenseits der besonderen Orientierung durch Gesetzesbegriffe eine allgemeine Orientierung durch strukturbildende Paradigmen der Selektion von Wissen und der ständigen Bearbeitung des Nichtwissens.

Matthias Ruffert: Ich hatte bei den Vorträgen gestern den ganzen Tag bis in den Abend hinein ein Störgefühl. Das möchte ich so beschreiben: Wenn jemand den Tagungsband liest, ein fiktiver Beobachter von außerhalb, der mit deutschem Verwaltungsrecht überhaupt nichts zu tun hat, könnte er zum Eindruck kommen, bei uns sei alles in Ordnung. Ich möchte jetzt an einer These von Herrn Müller-Terpitz – ich muss insofern ein Sonderopfer an Ihnen vollziehen – aufzeigen, dass das nicht so ist. Da heißt es in These 13: „In Gestalt von Abwägungs- und Öffnungsklauseln belässt das komplexe datenschutzrechtliche Normengewebe jedoch genügend Raum für einen adäquaten Datenschutz bei gleichzeitiger Bewältigung konfligierender Interessen." Das stimmt nicht, und das haben wir in der Realität erlebt. Stichwort: Nutzung von Informationstechnik in Lehrveranstaltungen. Ganz böse könnte man sagen, dass in Phasen der Pandemie manchmal der Datenschutz wichtiger war als ein Menschenleben – wenn man es sehr überzeichnen wollte, diese Kombination von Datenschutzanforderungen und technischen Defiziten. Der Datenschutz hat bei uns in der Vereinigung ein sympathisches Gesicht, aber das ist nicht überall so. Die Gemengelage von hohen Datenschutzanforderungen und schlichtem Verwaltungsversagen bei der Nutzung von IT führt eben doch zu sehr krisenhaften Dysfunktionalitäten. Bei Ihnen taucht dies das erste Mal in der leichten Karikatur zur Grundsteuererklärung auf. Das ist schon ein starkes Stück, was Sie da beschrieben haben. Ich finde, wir haben bisher den Realbereich zu wenig einbezogen.

„Gute Verwaltung" wird aber nicht nur beeinträchtigt durch Mängel bei der Digitalisierung. Ich habe mir noch als Stichworte aufgeschrieben: Personalmangel, Fachkräftemangel, Personalführungsmangel, Dysfunktionalitäten in der Weise, wie Personal konkret arbeitet. Öffentliches Dienstrecht ist übrigens etwas, das nicht gut funktioniert – was wenig beforscht wird. Zuständigkeitsdurcheinander habe ich als weiteren Punkt, also, weniger eine Kritik an Ihrer These 13, daran habe ich mich zur Orientierung festgehalten, sondern die Frage, ob die Verwaltungsrechtslehre den Realbereich zu wenig im Blick hat. Vielen Dank.

Christian von Coelln: Ich habe auch eine Anmerkung zu einer These von Ralf Müller-Terpitz, die ein wenig an den Kollegen Wißmann anschließt. In der These 23 formulierst Du, Ralf, dass der Gesetzgeber sich nicht von der entfernten Möglichkeit einer polizeistaatlichen Dystopie leiten lassen müsse. Ich würde dem, ohne mich in den ganz konkreten Sachergebnissen in Widerspruch zu Dir setzen zu wollen, grundsätzlich widersprechen, indem ich sage: Er wäre zumindest sehr gut beraten, wenn er sich davon leiten ließe. Und ich meine, er müsste das auch aus verfassungsrechtlichen Gründen tun. Wir kennen alle den polizeirechtlichen Grundsatz, dass man auf größere Gefahren schon dann reagieren darf, wenn sie noch weiter entfernt sind als kleinere Gefahren es sein müssten, um auf sie reagieren zu dürfen. Das gilt sicherlich auch hier. Vor allem aber sollten wir uns nicht so sicher sein, dass eine polizeistaatliche Dystopie in diesem Land so weit weg ist, wie sie uns, wenn wir optimistisch in die Zukunft blicken, erscheinen muss. Nicht nur die Corona-Pandemie ist vielleicht ein Beleg dafür. Da hatten wir durchaus Einzelphänomene, die man als dystopisch bezeichnen könnte. Und sind wir uns wirklich so sicher, dass unser eigener Staat nicht auf die Idee kommt, nach chinesischem Vorbild ein Scoringmodell einzuführen und Wohlverhalten oder Fehlverhalten der Bürger, etwa was Klimaschutz, Fleischkonsum oder ähnliche Dinge angeht, zu sanktionieren oder zu honorieren? Das halte ich zumindest nicht für unvorstellbar.

Die wehrhafte Verfassung, die Du dem als Sicherungsinstrument entgegengestellt hast, mag da sicherlich einiges abmildern. Ich verstehe allerdings die Einschränkung der Schaffung von zentralen Registern und die wehrhafte Verfassung nicht als parallele Instrumente, sondern eher als zwei hintereinanderliegende Sicherungsleinen. Die wehrhafte Verfassung will verhindern, dass es zu dystopischen Verhältnissen kommt. Und die Einschränkungen bei der Schaffung von Registern sollen sich dann auswirken, wenn es doch dazu gekommen sein sollte, als gewissermaßen nachgelagerte Sicherungslinie. Nicht ohne Grund wird ja auch mit Blick auf mögliche Wahlergebnisse in einzelnen Bundesländern derzeit schon darüber gesprochen, was eigentlich der dann ermöglichte Informationszugriff von Gruppierungen, deren freundliches Verhältnis zur freiheitlich-demokratischen Grundordnung zumindest bezweifelt werden kann, bedeuten würde, und ob man dann Informationsflüsse kappen müsste. Im Übrigen stimme ich Dir im Ergebnis durchaus zu: Das bedeutet nicht, dass man zentrale Register und Erfassungsnummern, die Steuer-ID etc. von vornherein für unzulässig halten und a priori ausschließen muss. Wichtig ist aber die Grundidee, dass wir die Möglichkeit dystopischer Verhältnisse in Rechnung stellen. An ihr sollten wir festhalten und diese Option mitbedenken. Um es etwas drastisch zu formulieren: Wenn es eines Tages – was wir nicht hoffen wollen – so weit sein sollte, dass wir nicht mehr Freiheit *vor* der Dystopie haben, dann ist das zumindest noch eine Möglichkeit, für etwas Freiheit *in* der Dystopie zu sorgen.

Angela Faber: Meine Frage bezieht sich auf das Referat von Herrn Müller-Terpitz, und zwar anknüpfend an die These Nummer sieben, eine Pflicht der Verwaltung, die für ihre Aufgabenerledigung benötigten Informationen zu generieren, folge primär aus dem Rechtsstaatsprinzip. Die Frage ist: Wie viel Information benötigt die Verwaltung in Zeiten knapper Ressourcen? Wann können Informationen digital generiert werden? Ist dieser besonders effiziente Modus im Regelfall zu nutzen und zielführend? Es gibt Bereiche, da steht dieser Modus nicht zur Verfügung. Da knüpfe ich an das an, was Herr Ladeur gesagt hat. Ich bin sehr dankbar, dass Herr Ruffert gerade, wie aber auch andere Redner, Frau Cancik und Herr Wißmann, auch auf den Realbereich hingewiesen habt. Ich stelle jetzt das Verhältnis zu dieser These sieben her, und zwar in Zeiten von eklatantem Fachkräftemangel. In der öffentlichen Verwaltung stellt sich die Frage: Würden Sie Zugeständnisse in der Ermittlungstiefe von Informationen machen? Das heißt dann natürlich vielleicht Zugeständnisse an das Rechtsstaatsprinzip? Dies auch in Anbetracht der faktischen Situation und der Tatsache, dass manche Entscheidungen gerade auch im Bereich der Leistungsverwaltung in einem gewissen Zeitfenster getroffen werden müssen, weil sie sonst obsolet werden.

Ich mache das an praktischen Beispielen aus der Sozialverwaltung fest. Nehmen wir die Eingliederungshilfe. Das sind die Hilfeleistungen für Menschen mit Behinderungen, die einen ganz erheblichen Teil der Sozialausgaben unseres Staates ausmachen. Da hat es sich jetzt eingebürgert und als sehr effizient und effektiv erwiesen, sogenannte Fallkonferenzen einzurichten. Da werden alle Leistungsträger und die Betroffenen an einen Tisch geholt und man ermittelt im Rahmen dieser Fallkonferenzen, was am Ende dem Wunsch und Wahlrecht des behinderten Menschen, der eine soziale Leistung geltend macht, gerecht werden könnte. Man setzt auch Case-Manager ein. Moderne Verwaltung setzt Case-Manager ein und man hat damit sehr gute Erfahrungen gemacht in der Steuerung dieser Eingliederungshilfeleistungen. Das ist personalintensiv und das ist nicht vollständig digitalisierbar. Das sind Bereiche, in denen dem Fachkräftemangel nicht von heute auf morgen, und auch mittelfristig vermutlich noch nicht, abgeholfen werden kann. Wir können dort nur in Ansätzen digitalisieren, wenn es darum geht, Bescheide nach außen zu geben. Da kann man vielleicht irgendwann auch mit KI arbeiten, aber nicht in dem prozesshaften Bereich der Informationsbeschaffung.

Ein anderes Beispiel aus dem Bereich der Opferentschädigung – Opfer von Krieg und Gewalt. Das wurde heute auch schon mal angesprochen. Da gibt es Anträge, gerade sexuelle Gewalt ist ein häufiger Entschädigungstatbestand, diese Fälle liegen so viele Jahre zurück, dass die Verwaltung bei der Leistungsgewährung sich mangels Zeugen und weiterer Beweise des Öfteren mit den glaubhaften Angaben der Betroffenen begnügen muss. Halten Sie eine derartige Vorgehensweise für unzulässig oder würden Sie letztendlich doch auch in der Ermittlungstiefe Zugeständnisse zulassen? Danke schön!

Viola Schmid: Ich klinge wie ein Contrarian, will aber Sie ergänzen. Herr Müller-Terpitz – gleich der Titel: „Information als Voraussetzung des

Verwaltungshandelns". Muss es nicht ergänzt werden: Zutreffende wie relevante, wie rechtmäßig generierte Information als Voraussetzung des Verwaltungshandelns? Zweite Ergänzung: Die Nummer zehn als Staatsrechtslehrerin in der Vereinigung hat sich immer als Rechtswissenschaftlerin und nicht als Gerechtigkeitswissenschaftlerin vor allem in einem multidisziplinären Umfeld bewegt. Und deswegen sehen Sie mir nach, dass ich sowohl die „Sachrichtigkeit" als auch die „Sachgerechtigkeit", mit der Sie enden, Herr Müller-Terpitz, in Frage stelle. Falls Sie meinen, dass Wahrheit eine Gerechtigkeitsvoraussetzung ist, dann bewegt mich die Entscheidung des Bundesverwaltungsgerichts vom 16. Februar 2023 zu § 15a Asylgesetz und § 48 Aufenthaltsgesetz. Das ist die sekundärrechtliche Idee des Gesetzgebers und einer Ausländerbehörde, dass eben die privaten Verfahrensbeteiligten in ausländer- und asylrechtlichen Streitigkeiten „digital nackt" sein sollen, also die Idee von Wahrheit um den Preis dieser „digitalen Nacktheit", die ich in Publikationen derzeit als Courbet-Szenario in Anlehnung an das berühmte Gemälde „l'origine du monde" betitelt habe. Auch insoweit wage ich hier, nachfragende Kritik zu äußern: Am gleichen Tag wie das Bundesverwaltungsgericht hat das Bundesverfassungsgericht in seinem sogenannten „KI-Urteil" die hessische Regelung für unvereinbar und nicht für nichtig erklärt – in Ergänzung zu Absatz eins Ihrer These 25. Inzwischen gibt es in Hessen auch schon eine Nachfolgegesetzgebung. Was ist die Konsequenz? Die Bundesebene ist völlig anderer Meinung. Die zuständige Bundesministerin setzt derzeit jegliche Nutzung dieses „HessenDATA"-Produkts, es ist ja ein Palantir-Gotham-Produkt, das umbenannt wurde, aus und glaubt, dass im „informationstechnologisch relevanten Sicherheitsrecht" – mein Neologismus – eine proprietäre Lösung zu wählen sei. Deswegen wird ihr nach der FAZ vom September 2023 auch vorgehalten, sie würde die Sicherheitsverwaltung in Deutschland nicht voranbringen.

Peter Bußjäger: Ich beziehe mich auf das Referat von Herrn Reich und dort im Wesentlichen auf die These zwölf Ihres Papiers. Zunächst einmal möchte ich aber ansetzen beim Begriff dieser asymmetrischen Informationsverhältnisse. Wir haben in der Praxis zahlreiche Beispiele, in denen diese Asymmetrie dadurch bewältigt wird, dass die Informationsermittlung ganz wesentlich auf eine Verfahrenspartei übertragen wird. Also beispielsweise im Asylverfahren ist in Österreich im Asylgesetz verankert, dass die Partei eine besondere Mitwirkungspflicht trifft. Das soll die Behörde davon entlasten, dass sie Schwierigkeiten hat, das, was sich im Staat, aus dem diese Person, die um Asyl ersucht, hergekommen ist, tatsächlich zugetragen hat und wie die Verhältnisse dort sind, aufzuklären. Das macht der Gesetzgeber. Der österreichische Verwaltungsgerichtshof hat grundsätzlich eine sogenannte Mitwirkungspflicht der Verfahrenspartei konstruiert. Das heißt, die Verfahrenspartei darf sich im Verfahren nicht völlig passiv verhalten. Sie muss auch ihrerseits der Behörde Informationen geben, die diese benötigt, um den Sachverhalt festzustellen. Und nun haben wir aber auch sehr komplexe Verfahren, wie beispielsweise das Verfahren betreffend die Umweltverträglichkeitsprüfung, wo die antragstellenden Verfahrensparteien sehr häufig beklagen, dass die Behörde ihre eigene Verpflichtung, die sie eben aus dem Grundsatz der inquisitorischen Sachverhaltsermittlung hat, also ihre eigenen Verpflichtungen zur Sachverhaltserhebung, auf die Verfahrenspartei mehr oder weniger überwälzt. Hier stellt sich für mich die Frage, wo können wir denn die Grenzen der Mitwirkungspflicht der Verfahrensparteien festlegen? Das ist bereits bei Frau Cancik angesprochen worden. Wo besteht eine Verpflichtung, entsprechende Kapazitäten in der Behörde bereit zu halten, die es tatsächlich ermöglichen, den Sachverhalt festzustellen und ihn nicht nur, wie eben das beim UVP-Verfahren bemängelt wird, auf die Verfahrenspartei zu überwälzen? Was kann die Verwaltungsrechtswissenschaft dazu beitragen? Danke.

Jan Henrik Klement: Es ist eben in der Diskussion die Frage aufgeworfen worden, ob es einen Rabatt gibt, wenn die Verwaltung nicht über genügend Personal verfügt, ob die Ermittlungspflichten dann auch etwas weniger umfangreich sein könnten. Die Antwort von Johannes Reich in These neun lautet: Ja, das Ermittlungsermessen beinhaltet angesichts begrenzter administrativer Ressourcen ein kompensatorisches Potential. Ich nehme an, das ist wie der ganze hervorragende Vortrag eine verwaltungswissenschaftliche Aussage. Verwaltungs*dogmatisch* hätte man vermutlich jedenfalls nach deutschem Recht damit eher Schwierigkeiten. Man würde sagen, dass sich der Umfang der formell-rechtlichen Pflicht zur Sachverhaltsermittlung stark am materiellen Recht zu orientieren hat. Und vermutlich würde man sagen, ich habe jetzt allerdings nicht in der Dissertation von Jens-Peter Schneider nachgelesen, dass faktisch fehlendes Handlungspotenzial kein sachgerechter Grund ist, um eine Ermittlung einzuschränken, zu reduzieren. Das führt an einen spannenden Verbindungspunkt, der, glaube ich, für die gute Verwaltung sehr wichtig ist – zwischen Haushaltsrecht und materiellem Recht. Es handelt sich um zwei Sphären, die wir meistens getrennt voneinander denken, die aber doch zusammengehören. Das ist im Grunde genommen von Pascale Cancik vorhin schon angesprochen worden. Normativ gewendet lässt sich die Frage so formulieren: Muss Verwaltung so ausgestattet sein, dass sie ihre Aufgaben gut erledigen kann? Genau das war gestern mit dem Vorbehalt der guten Verwaltung gemeint. Ich sehe da also eine Verbindungslinie zwischen den Vorträgen des gestrigen Nachmittags und dem, was heute hier gesagt wurde. Können wir daraus das Rechtsgebot formen, dass eine Aufgabe nur dann auf die Verwaltung übertragen werden darf, wenn diese rechtlich und faktisch dazu in der Lage ist, sich die für ein materiell rechtmäßiges Handeln erforderlichen Informationen zu beschaffen? Vielen Dank!

Oliver Lepsius: Unsere Referenten benutzten zwei unterschiedliche Vorverständnisse von Information. Das macht die Diskussion natürlich besonders reizvoll. Herr Müller-Terpitz hat Informationen über Daten und Statistiken letztlich auf Zahlen bezogen. Die Information stellt sich bei Ihnen am Ende als eine Zahl dar. Herr Reich hat die Idee des strategischen Handelns, die Interessen hinter Informationen hervorgehoben. Informationen können wir jetzt also anhand der beiden Referate unterschiedlich diskutieren. Diskutieren wir Sie als Zahl mit Herrn Müller-Terpitz, dann liegt natürlich zutage: Die Information ist also kein Wort mehr. Als Zahl ist sie quantifizierbar, kommensurabel, scheint neutral, sachlich unangreifbar. Das sind alles Vorteile. Unsere Rechtsordnung basiert auf Tatbeständen, die Ermessen einräumen, die unbestimmte Rechtsbegriffe kennen, die auf Abwägung zielen, die Koppelungstatbestände enthalten. Das ist die Realität im Verwaltungsrecht.

Vielleicht, möchte ich Herrn Müller-Terpitz fragen, kommen Sie doch ein wenig zu sehr aus der steuerrechtlichen Perspektive, wo die Lebenssachverhalte quantifizierbar sind und vom Bewertungs- und Bilanzrecht profitieren. Wie stellten Sie sich eine Verwaltung, die zahlenbasierte Informationen in Rechtsfolgen umsetzt, vor? Vor dem Hintergrund einer Rechtsordnung, die mit den bekannten Instrumenten arbeitet? Das ist mir nicht begreiflich. Wie wollen wir die materielle Endkontrolle in Gestalt einer Verhältnismäßigkeit vornehmen, wenn sie sich quantifiziert artikulieren muss? Ich bin neugierig. Herr Reich hingegen kommt über die Information als Interessen zu ganz anderen Ergebnissen. Die Interessen stellen die Frage der Repräsentation von Informationen, des Verfahrens, der Organisation, der Beweislast, stellen die Frage, ob monokratische oder kollegiale Behörden geeigneter sind. Und wenn wir alle diese Fragen ernst nehmen, die Herr Reich stellt, und sie nun wiederum abgleichen mit unserer Rechtsordnung, dann ist das Ergebnis doch folgendes, meine Damen und Herren: Kollegialorgane im deutschen Verwaltungsrecht? Vielleicht ein Problem. Prozeduralisierung? Vielleicht ein Problem. Amtsermittlung? Vielleicht ein Problem. Und so weiter. Herr Reich, jetzt legen Sie doch mal Ihre schweizerische Zurückhaltung ab und reißen Sie dem deutschen Verwaltungsrecht in seiner mir unbegreiflichen Verliebtheit in das VwVfG die Maske vom Gesicht. Und sagen Sie doch als informierter, rechtsvergleichender Beobachter, wie altmodisch und unzeitgemäß das deutsche Verwaltungsverfahrensgesetz ist.

Björnstjern Baade: Ich würde gerne einen Punkt vertiefen, der in beiden Referaten angeklungen ist, aber meines Erachtens noch etwas mehr Aufmerksamkeit verdient, weil er nicht nur, aber besonders in gesellschaftspolitisch kontroversen Debatten regelmäßig eine herausragende Rolle spielt. Es geht mir um die Frage, wie mit missbräuchlichen Einwirkungen Privater auf die Informationsgewinnung umzugehen ist und damit verbunden auch, wie gesellschaftliches Vertrauen in die Informationsgrundlage des Verwaltungshandelns sichergestellt werden kann. Sie hatten das Arzneimittelrecht und das Gefahrstoffrecht angesprochen, beides Rechtsgebiete, in denen die Mitwirkung Privater ganz besonders intensiv ausgestaltet ist. Dort müssen die Studien, die letztlich die Genehmigungsfähigkeit der Produkte darlegen sollen, vom Hersteller nicht nur beigebracht, sondern in vielen Fällen selbst generiert werden oder jedenfalls generiert werden lassen. In dem Fall, dass diese Studien positiv ausfallen, ergibt sich sicherlich, wie Sie gesagt hatten, ein Anreiz dafür, dass diese Studien qualitativ hochwertig sind. Fallen diese Studien negativ für die Genehmigungsfähigkeit aus, ergibt sich allerdings ein Interessenkonflikt, in den der Hersteller durch dieses System gezwungen wird. Das damit verbundene Risiko realisiert sich sicherlich nicht in jedem Einzelfall. Nicht jeder Hersteller manipuliert jede Studie. Historischer Erfahrung nach, das zeigt sich seit der Mitte des letzten Jahrhunderts, realisiert sich dieses Risiko aber doch erwartbar immer wieder. Zuletzt sind es die Monsanto Papers, davor waren es Praktiken der Tabakindustrie und viele andere Beispiele, die dies zeigen. Doch das Recht hat ja durchaus daraus gelernt. Es gibt Mechanismen, die genau das abwehren sollen. So gibt es Prüfrichtlinien der OECD, die international anerkannte Standards vorgeben, wie Stoffe auf bestimmte Eigenschaften zu prüfen sind. Es gibt die Grundsätze nicht guter Verwaltung, aber guter Laborpraxis, die ein umfassendes Überwachungssystem etablieren, damit sichergestellt ist, dass diese regulatorischen Studien nicht manipuliert sind, sondern Vertrauen genießen können. Es wird also Misstrauen institutionalisiert, rechtlich, um Vertrauen zu schaffen. Und ich glaube, das funktioniert grundsätzlich gut, auch wenn es natürlich die Effizienz senkt, weil es relativ aufwendig ist. Die Aufwendigkeit und Komplexität dieser Regelung bringen aber noch ein anderes Problem mit sich. Und da setzt meine Frage an: Wie kann man sicherstellen, dass so ein komplexes rechtliches Gefüge in einer Gesellschaft, die dem Ganzen in Teilen sehr skeptisch gegenübersteht, hinreichend Vertrauen genießt, hinreichend Akzeptanz generiert und so letztlich dann auch gesellschaftlichen Frieden in diesen kontroversen Debatten herbeiführen kann? Vielen Dank!

Bernhard Wegener: Ich möchte ganz kurz reagieren auf den Diskussionsbeitrag des Kollegen Christian von Coelln und dabei auf die These 23 von Herrn Müller-Terpitz Bezug nehmen. In ihr ist die Rede davon, dass sich der Gesetzgeber nicht von einer polizeistaatlichen Dystopie leiten lassen muss. Ich möchte Herrn Müller-Terpitz insoweit gegen den Einwand von Herrn von Coelln beispringen. Sie, lieber Herr von Coelln, meinten, es gäbe möglicherweise sogar eine verfassungsrechtliche Pflicht, sich von einer solchen Dystopie leiten zu lassen. Das kann aus zwei Gründen nicht richtig sein. Zum einen wären die verfassungsrechtliche Verpflichtung zur Orientierung an einer solchen Dystopie und damit auch deren kollaterale Kosten uferlos. Die entsprechenden Sicherungsmechanismen müssten unbegrenzt intensiv sein, um einem solchen Szenario überhaupt effektiv begegnen zu können. Zum anderen, und das ist vielleicht noch wichtiger, ließe sich die entsprechende Dystopie auch mit maximal defensiv perfektionierten Regelungen etwa zum Datenschutz nicht verhindern. Herr Kollege von Coelln hat davon gesprochen, solche Regelungen versprächen wenigstens noch Freiheit in der Dystopie. Ich glaube, das ist eine Illusion. Sobald wir eine polizeistaatliche Ordnung hätten, wäre es mit dieser Freiheit ganz schnell vorbei, denn der dystopische Polizeistaat würde die entsprechenden freiheitsrechtlichen Sicherungen natürlich umgehend schleifen oder missachten. Insofern stimme ich Herrn Müller-Terpitz an diesem Punkt entschieden zu. Vielen Dank!

Dieter Kugelmann: Meine erste Frage an Sie, Herr Reich, betrifft Ihre These zur Informationsasymmetrie. Sie haben gesagt, die geht eigentlich zulasten der Verwaltung, haben aber später gerade das Arzneimittelrecht, diese umfangreichen, komplexen Verfahren und damit eher ein Szenario beschrieben, bei dem es darum ging, dass die Verwaltung nahezu überfordert ist mit der Flut an Informationen, die sie zu verarbeiten hat. Da frage ich mich: Ist es nicht rechtsstaatlich beinahe geboten, dass die Verwaltung möglichst wenig Informationen im konkreten Fall hat, nämlich nur die, die sie braucht, um zu entscheiden?

Bei meiner Frage an Ralf Müller-Terpitz muss ich als Landesdatenschutzbeauftragter erst einmal meine *déformation professionelle* bekennen und zum Datenschutz Dir zustimmen. Ja, Datenschutz hat nicht nur ein sympathisches Gesicht, sondern verhindert auch nichts, wenn er die Abwägungs- und Öffnungsklauseln sinnvoll nutzt. Und das geht, das gibt das Recht her. Ich würde sogar ein Stück weitergehen, dass bei der Frage, wie wir Verwaltung gestalten, also wie wir den Rohstoff Information verarbeiten, andere Aspekte, aber auch datenschutzrechtliche Aspekte, als Steuerungsressource infrage kommen. Du hast eine Reihe von Aspekten genannt, etwa Zugriffsberechtigungen. Nur die Mitarbeitenden in der Verwaltung sollen Zugriff haben, die befasst sind mit der Sache. Das ist auch aus Datensicherheitsgründen, Stichwort *Hacking*, eine gute Idee. Wir haben

Protokollierung, Pseudonymisierung – alles gute Maßnahmen, um Datenverarbeitung abzufedern. Aber, und jetzt kommt die Frage und das große Aber, das kommen muss, das betrifft meines Erachtens nicht alle Verwaltungsbereiche gleich. Es bedarf der Differenzierung.

Das Problem der Registermodernisierung ist eigentlich nicht der Datenschutz. Das Problem ist, dass die Register technisch so unterschiedlich gestaltet sind, dass sie nicht zusammenpassen. Das soll die Arbeit der Verwaltung beschleunigen. Gute Verwaltung als zügige Verwaltung – dem soll es helfen, vorhandene Datenbestände leichter zugänglich zu machen. Aber das betrifft sehr viel eher die Leistungsverwaltung. Es betrifft Aspekte von Verwaltungsbereichen, in denen die Leute von der Verwaltung erwarten, dass digital zügig gearbeitet wird. Und deshalb ist es aus meiner Sicht genau der falsche Punkt, ausgerechnet beim Polizeirecht zu sagen: Und da vergessen wir mal die Profilbildung. Denn das ist nun eine klassische Eingriffsverwaltung, also Abwehrrecht grundrechtlich at its best. Und genau dort ist das Neudenken aus meiner Sicht angebracht. Aber ich möchte in die entgegengesetzte Richtung argumentieren, nämlich in Richtung einer Stärkung des Profilbildungsverbotes. Warum? Weil wir jetzt in einer Situation des Umbruches sind, und das war aus meiner Sicht ein zentraler Aspekt der Entscheidung des Bundesverfassungsgerichts zu Datenanalyse und Datenauswertung. Gerade im Sicherheitsbereich ist ein qualitativer Sprung vorhanden zu bisherigen Dingen. Da muss der Gesetzgeber ziemlich genau überlegen, was er regelt. Und er sollte es so überlegen, dass die grundrechtlichen Freiheiten hinreichend geschützt sind. Dann können wir vielleicht ein Leitbild Dystopie zurückstellen. Es reicht mir schon, wenn die Freiheiten der Menschen hinreichend gesichert sind. Und das geht nur, wenn der Staat im Sicherheitsbereich nicht Profile bilden kann, um vielleicht auch Fehler zu vermeiden. Es muss nicht immer Missbrauch sein, es können auch Fehleranfälligkeiten sein, die gibt es auch im Sicherheitsbereich, die man minimiert. Und Risikominimierung heißt auch, das Verbot der Profilbildung stärken. Dankeschön.

Friedhelm Hufen: Lassen Sie mich auch als letzter Redner doch noch auf zwei ganz grundsätzliche Fragen zum Verhältnis von Verwaltungsverfahren und Informationsverarbeitung zurückkommen: Das Verhältnis von Informationserhebung und -distribution und die Vorgaben des VwVfG für den Prozess der Informationsverarbeitung und anderer Formen tatsächlichen Verwaltungshandelns. Beide Referenten haben ja das Verwaltungsverfahren als Informationsverarbeitungsprozess bezeichnet.

Zunächst zur These vier von Herrn Müller-Terpitz. Hier haben Sie unterschieden zwischen Generierung von Daten und Distribution von Daten. Und dann haben Sie gesagt, dass die Distribution nicht zum Thema gehöre.

Ich finde aber, das ist das eigentliche Thema. Nicht zuletzt die Diskussionsbeiträge von Herrn von Coelln, Herrn Wißmann und anderen haben gezeigt, dass es gerade auf die Distribution und die Verteilung und die Sicherung der Informationen ganz erheblich ankommt.

Dann zur Rolle des VwVfG und zu Herrn Lepsius – ich bin zwar nicht ins VwVfG verliebt, aber ich bin doch Fan des VwVfG und dessen, was dort zur Entscheidungsvorbereitung geregelt ist, und auch der Dogmatik, die wir inzwischen zu den Informationsprozessen im Verwaltungsverfahren entwickelt haben.

Deshalb meine Frage an beide Referenten: Können wir im Hinblick auf die dogmatische Verarbeitung von Informationsprozessen, vielleicht auch insgesamt von allen Formen des tatsächlichen Verwaltungshandelns, nicht vom VwVfG und dem, was wir dort in Jahrzehnten erarbeitet haben, profitieren? Denken wir an Untersuchungsgrundsatz und Sachaufklärung, an die Befangenheit von Amtsträgern, an die Beteiligung von Betroffenen, an das Recht auf Akteneinsicht und – nicht zuletzt – an die Kompetenzen. Die gehören für mich auch zum Verwaltungsverfahren. Und vor allen Dingen: Wer hat die Kompetenz, auf die Informationen zuzugreifen? Wir leben nicht mehr im Paradies, hat hier – wenn ich mich richtig erinnere – Herr Wißmann gesagt. Ich will nicht Kassandra spielen, aber wir haben bereits die ersten AfD-Landräte und stehen möglicherweise davor, dass wir einen ersten Innenminister in irgendeinem Bundesland bekommen, dessen Partei vom Verfassungsschutz beobachtet wird. Ich möchte nicht, dass dieser Minister auf die Früchte eines Registrierungsmodernisierungsgesetzes zugreifen kann. Und insofern müssen wir vielleicht doch auch unsere Informationsordnung sehr defensiv gestalten. Und vielleicht hat das Bundesverfassungsgericht mit seiner Mäkelei doch nicht ganz Unrecht. Vielen Dank.

Johannes Reich: Vielen Dank für die zahlreichen Fragen. Ich stelle mit Genugtuung fest, dass ich verstanden worden bin mit meinem Anliegen, ein realistisches Bild der Verwaltung zu zeichnen. Freilich neigt man immer dazu, die eigene Konzeption der Verwaltung für die realistische zu halten. Mir ging es darum, die Verwaltung als Akteurin zu begreifen. Sie verfügt über einen hohen Grad an Eigenständigkeit. Diesen Aspekt betont auch die Neue Verwaltungsrechtswissenschaft. Aufgrund ihrer Eigenständigkeit vermag die Verwaltung ihre Ressourcen gezielt einzusetzen. Weil Ressourcen stets beschränkt sind, muss sie dies auch tun. Dieser Zusammenhang würde Erklärungsansätze für das angesprochene Phänomen liefern, wonach die Ermittlung des Sachverhalts faktisch an Betroffene delegiert wird. Aus rechtsnormativer Sicht stellt sich dann tatsächlich die Frage, wie weit eine solche Auslagerung gehen darf. Im Asylrecht lässt sich diese Frage wohl nur unter Berücksichtigung des Beweismaßes beantworten. Zumindest im schweizerischen Asylrecht verhält es sich so, dass hinsichtlich des Nachweises der Flüchtlingseigenschaft eine Mitwirkungspflicht besteht. Das Beweismaß für Anerkennungsgründe beschränkt sich aber auf Glaubhaftigkeit. Dies ist auch deshalb der Fall, weil in solchen Konstellationen eine fast unüberwindliche Informationsasymmetrie vorliegt. Es gibt zwar Möglichkeiten, die Sicherheitslage in einem Herkunftsstaat allgemein einzuschätzen. Ob jemand persönlich von einer konkret gegen ihn gerichteten Verfolgungshandlung betroffen war, lässt sich seitens der Verwaltung aber oft nicht abschließend oder auch nur annäherungsweise beurteilen. Beides – Mitwirkungspflicht und Beweismaß – sollte in einer Zusammenschau bewertet werden. Stehen verfahrensrechtliche Pflichten der Verwaltung wie die Intensität der Sachverhaltsermittlung infrage, treten gemäß meinem Zugang weitere Faktoren hinzu. Wir sollten uns dann immer auch überlegen, wie sich die Einhaltung verfahrensrechtlicher Gebote und Pflichten nach außen darstellen lässt und in welchem Maß sie externer Kontrolle zugänglich ist.

Oft sind wir sehr rasch bereit, allgemeine Aussagen darüber zu treffen, welche Anforderungen „die Rechtsstaatlichkeit" abstrakt stellt. In diesem Sinn wäre etwa das Votum, wonach sich die Reduktion des Ermittlungsermessens rechtsstaatlich nicht rechtfertigen lässt, wahrscheinlich recht schnell konsensfähig. Die Frage, was daraus für ein konkretes Verfahren folgt, ist dagegen sehr viel komplizierter. Aus einem abstrakten Prinzip lässt sich für ein konkretes Verfahren nicht ohne weiteres ableiten, welche Beweise zu erheben sind und mit welcher Intensität der Sachverhalt zu ermitteln ist. Solche ungenauen Maßstäbe eröffnen der Verwaltung Spielräume. Die Nutzung dieser Spielräume ist einer externen Kontrolle nur beschränkt zugänglich. Fügt man diese Faktoren – begrenzte Ressourcen der Verwaltung, unpräzise Maßstäbe und Kontrollperspektive – zusammen, lässt sich die begründete Erwartung formulieren, dass die Verwaltung ihr Ermessen bei der Ermittlung des Sachverhalts strategisch nutzt – und angesichts begrenzter Ressourcen auch nutzen muss. Darin liegt eine der Hauptthesen meines Beitrags. Mit dem Einbezug dieser Dimension habe ich mich auch dafür entschieden, gewisse Erwartungen nicht zu erfüllen. Ich habe nämlich keinen strikt rechtsdogmatischen Zugang gewählt. Diesem Vorhaben, gewisse Erwartungen nicht zu erfüllen, möchte ich treu bleiben – und daher auch den Steilpass von Oliver Lepsius nicht aufnehmen. Mein Zugang ist aber kein rechtsrealistischer, der Rechtsnormen jede Bedeutung abspricht. Meine These ist vielmehr, dass Verwaltungsverfahren aus den genannten Gründen rechtlich nicht vollständig determiniert sind und auch nicht durchgehend determiniert werden können. Gerade dort, wo seitens der Verwaltung Spielräume bestehen, kommen strategische Überlegungen zum Zug. Insoweit bedarf die Rechtsdogmatik der Ergänzung.

Zwischen meinem Zugang, der die Verwaltung als Akteur innerhalb einer regelgebundenen strategischen Interaktion begreift, und rechtsdogmatischen Überlegungen besteht daher Anschlussfähigkeit. Die rechtlichen Maßstäbe, nach denen es sich bestimmt, welche Informationen seitens der Verwaltung erhoben werden müssen, sind im konkreten Fall aber oft ungenau. Ihre Einhaltung lässt sich von außen nicht immer präzise kontrollieren. Zudem sind Informationen zuweilen nicht oder nur schwer zugänglich. Angesichts beschränkter administrativer Ressourcen sind neben rechtlichen Verpflichtungen auch diese Faktoren zu berücksichtigen. Damit habe ich einige meiner Überlegungen zusammengefasst. Da die Zeit fortgeschritten ist und wir Referenten dasjenige Hindernis bilden, das zwischen Ihnen und dem Mittagessen steht, möchte ich es bei diesen Betrachtungen belassen. Vielen Dank!

Ralf Müller-Terpitz: Vielen Dank. Ich möchte auf die zum Teil sehr heterogenen, zum Teil aber auch miteinander verbundenen Beiträge themenbezogen eingehen.

Ich beginne mit dem Begriff „Information". Herr Ladeur, Sie haben völlig zu Recht angemerkt, dass wir einen stärkeren Netzwerkbezug brauchen, da – wie ich versucht habe, aufzuzeigen – digitale Verwaltung eine Netzwerkverwaltung ist. Das bedingt dann natürlich auch eine stärkere Prozessorientierung von Informationsverarbeitungsvorgängen. Das kommt in dem Begriff des „iterativen Informationszyklus", den ich in Anlehnung an Spiecker gen. Döhmann gebildet habe, ein Stück weit zum Ausdruck. Ich denke allerdings nicht, dass man diese Prozessorientierung auf *alle* Informationsvorgänge beziehen kann, aber jedenfalls auf viele wichtige Vorgänge wird die Beschreibung, die Sie geleistet haben, mit Sicherheit zutreffen.

Frau Schmid hatte gefragt, welchen Informationsbegriff ich zugrunde gelegt habe. Ich bin natürlich von rechtmäßigen Informationen ausgegangen und habe das Thema der rechtswidrigen Informationen bewusst ausgeblendet. Rechtmäßige Informationen sind dann inhaltlich betrachtet sachrichtige Informationen, also Informationen, die nach bestem Wissen den objektiven Tatsachen entsprechen. Der Begriff der Sachrichtigkeit ist dementsprechend ein normativer Begriff, der den Prozess der Informationsgenerierung bewertet, aber nicht den Realbereich exakt abbilden muss.

Frau Faber, auch Sie hatten sich mit dem Informationsbegriff befasst und mir die Frage gestellt: Wie viele Informationen werden benötigt? Das gibt letztlich die Rechtsordnung vor. Es werden so viele Informationen benötigt, um eben eine Rechtsfrage, die von der Verwaltung zu entscheiden ist, rechtmäßig zu verarbeiten. Eine präzisere Antwort kann ich darauf leider nicht geben. Jedoch wird man Folgendes sagen können, und das ist nach meinem Eindruck auch schon in einem Wortbeitrag von Jan

Klement angeklungen: An die Ermittlungstiefe darf man prinzipiell keine Zugeständnisse machen. Die Ermittlungstiefe muss deshalb so ausgestaltet sein, dass die Verwaltung letztlich nach bestem Wissen sagen kann, dass der Sachverhalt ausermittelt wurde, um eine rechtmäßige und vor Gericht tragfähige Entscheidung zu treffen. Abstriche bei der Ermittlungstiefe wird man allerdings in Situationen machen können, wo es nicht um Belastungen, sondern um Begünstigungen geht. Sie haben dann auf die Situation des personalintensiven *Case Managements* hingewiesen. Ja, da würde ich genau die Vorteile einer digitalen Verwaltung sehen, um Ressourcen, auch personeller Art, freisetzen zu können, um sie dort einzusetzen, wo zur Sachverhaltsaufklärung tatsächlich von Mensch zu Mensch gearbeitet werden muss. Das setzt aber in einer Gesellschaft, die unter Ressourcenknappheiten aller Art leidet, voraus, dass wir tatsächlich diese Ressourcen fokussieren. Und ich finde, da kann die Digitalisierung der Verwaltung einen wichtigen Beitrag zur Entlastung in anderen Bereichen leisten. Sie hatten auf das Stichwort „KI", also automatisierte Entscheidungsprozesse, selbst hingewiesen.

Ich komme auf den Begriff der Dystopie zu sprechen. Ich war mir darüber im Klaren, dass ich mit meinem thesenbasierten Vortrag auf Widerspruch treffen werde. Und gerade an diesem Punkt habe ich mit Widerpruch gerechnet. Herr Wegener hat dazu schon einiges Affirmatives gesagt, das ich an dieser Stelle nicht zu wiederholen brauche. Ich kann mich dem völlig anschließen. Ich möchte aber nichtsdestotrotz noch einmal kurz auf die Beiträge von Christian von Coelln und Friedhelm Hufen eingehen und dadurch auch den Brückenschlag zu Herrn Wißmann wagen. Herr Wißmann, Sie hatten mich vorhin kritisch gefragt und ich glaube, ich habe die Frage an jener Stelle nicht vollständig beantwortet, warum ich die „schöne neue Datenwelt" zeichne, in der alles in Ordnung zu sein scheint. Das wollte ich mitnichten. Aber ich bin nichtsdestotrotz der Auffassung, dass es letztlich primär am Gesetzgeber ist zu entscheiden, welches Risiko er mit Blick auf die Manipulation und den Missbrauch von Daten einzugehen bereit ist. Und insoweit haben wir den interessanten Befund, dass der Gesetzgeber zweimal Entscheidungen getroffen hat – nämlich einmal im Registermodernisierungsgesetz und einmal in den landesrechtlichen Polizeigesetzen, wie im Übrigen auch in anderen sicherheitsrelevanten Gesetzen. Dort haben wir eine Risikoeinschätzung, mit der der Gesetzgeber sagt: Ich bin bereit, ein gewisses Maß an Risiken zu tragen.

Vor diesem Hintergrund ist auch meine „Dystopieaussage" zu verstehen, da wir keine belastbaren Anhaltspunkte dafür haben, dass unser Staat droht, in eine Diktatur abzugleiten; deshalb würde ich auf diese Einschätzung des Gesetzgebers vertrauen wollen. Ich würde Gesetzgebung und die Bewertung von Gesetzgebungsprozessen nicht nach der Demoskopie ausrichten wollen. Ich würde vor allen Dingen nicht in dem Moment, wo vielleicht das Wetter auf See etwas stürmischer wird, sofort ins Rettungsboot steigen wollen. Wir schauen nunmehr auf 70 Jahre gefestigte Demokratie in Deutschland und haben entsprechende Mechanismen in der Verfassung und ein gewaltengeteiltes System, weshalb wir, so denke ich, etwas gelassener mit diesen Fragen umgehen können. Die gleiche Antwort möchte ich Ihnen, Herr Hufen, entgegnen. Das ist letztlich eine Bewertungsfrage. Wie viel Risiko möchte man tragen? Wie geht man mit der Frage um, dass möglicherweise ein vom Verfassungsschutz beobachteter Innenminister Zugriff auf Registerdaten haben könnte? Allerdings wäre das rechtlich wahrscheinlich ausgeschlossen. Da wären wir also im Bereich des Rechtswidrigen, und auch dieser vom Verfassungsschutz beobachtete Innenminister wird sich letztlich dem Recht beugen müssen. Sonst gleiten wir tatsächlich in eine Situation ab, da bin ich bei Herrn Wegener, wo auch rechtliche Sicherungsmechanismen oder die Diskussion über solche Sicherungsmechanismen wahrscheinlich müßig wird.

Herr Ruffert, das Sonderopfer habe ich gerne gebracht. Herr Kugelmann hat schon Einiges dazu gesagt. Das Datenschutzrecht ist nach meinem Dafürhalten hinreichend flexibel, um konfligierende Interessen, wie ich es ausgedrückt habe, auszutarieren. Ich denke, wir haben eher ein Problem auf der Anwendungsebene, was sich sowohl auf die Datenschutzaufsicht als auch auf die Rechtsprechung bezieht. Aber es ist meines Erachtens nicht das Recht als solches, das uns hier Probleme bereitet.

Herr Lepsius, da haben Sie mich völlig falsch verstanden. Ich bin von keinem zahlentechnischen Informationsverständnis ausgegangen. Ich habe am Anfang referiert, dass ich Information als aus Daten generiertes Wissen verstehe. Natürlich besteht dieses Wissen rein technisch betrachtet aus Zahlen, da ich über digitalisierte Verwaltung gesprochen habe, also letztlich über Informationen, die als Nullen und Einsen vorliegen. Aber das ist nur die technische Trägerebene. Mir ging es natürlich um einen inhaltlichen, einen semantischen Informationsbegriff und nicht um einen solchen, der sich rein in Zahlen oder quantitativen Aspekten, wie Sie es formuliert haben, erschöpft.

Herr Baade, Sie hatten noch den Punkt eröffnet – der Vorsitzende wird unruhig –, dass es auch Manipulationsmöglichkeiten seitens privater Institutionen geben könne. Stichwort: Arzneimittelrecht. Insoweit haben wir allerdings zahlreiche Sicherungsmechanismen. Einen dieser Mechanismen sollte man dabei auch nicht geringschätzen: den haftungsrechtlichen Sicherungsmechanismus außerhalb des Verwaltungsrechts.

Und noch ganz kurz zu Herrn Kugelmann: Ja, Leistungsverwaltung und Eingriffsverwaltung müssen wir unterscheiden. Nichtsdestotrotz bleibe ich dabei, das war mir ein wichtiger Punkt in meinem Referat, nochmals auf die Ungereimtheiten um die Figur des Persönlichkeitsprofils hinzuweisen, von dem wir gar nicht so genau wissen, was es ist und was es schützt. Die Figur beruht meines Erachtens auf Prämissen, die hinterfragbar sind. Und wenn wir uns von diesem Begriff des Persönlichkeitsprofils lösen, wie es nach meinem Eindruck das Europarecht ein Stück weit tut, das das Profiling zwar erwähnt, aber nicht als solches verbietet, sondern eben nur fordert, dass man hinreichende Schutzmechanismen trifft, dann sind wir eigentlich auf einer Ebene, wo sich das deutsche und europäische Datenschutzrecht wieder annähern könnten. Damit wäre ich völlig glücklich.

So, jetzt habe ich genug geredet. Heute Morgen beim Frühstück gab es noch einen Kollegen, der mir mit auf den Weg gegeben hat, dass er mich nicht um mein Thema beneide. Ich musste ihm vehement widersprechen. Ich gebe zu, das Thema ist gewaltig. Information als Voraussetzung des Verwaltungshandelns, das ist im Grunde genommen nahezu alles. Von daher musste ich Ausschnitte untersuchen und Ihnen präsentieren. Ich habe dabei sehr viel gelernt, insbesondere von zahlreichen Persönlichkeiten hier im Raum. Und dafür bin ich Ihnen, aber auch dem Vorstand sehr dankbar. Vielen Dank.

Frank Schorkopf: Damit schließe ich die Aussprache zum dritten Gegenstand. Ich wünsche Ihnen eine gute Mittagspause, 14:30 Uhr setzen wir fort.

Vierter Beratungsgegenstand:

Supranationale und grenzüberschreitende Verwaltung – neue Formen der Ausübung von Hoheitsgewalt

1. Referat von *Jörg Gundel*, Bayreuth[*]

Inhalt

		Seite
I.	Die Herausforderung des europäischen Verwaltungsraums....	398
II.	Die Grundmodelle des Verwaltungsvollzugs in der Union.....	398
	1. Das anfängliche Nebeneinander von direktem und indirektem Vollzug................................	398
	a) Die Vorteile des direkten Vollzugs.................	399
	b) Die Vorteile des indirekten Vollzugs................	403
	2. Die Bedeutung der Allsprachigkeit der Union für den Vollzug...	405
	a) Allsprachigkeit im direkten Vollzug................	405
	b) Allsprachigkeit im indirekten Vollzug..............	407
III.	Verschränkungen und Mischmodelle.....................	409
	1. Die Anpassung der Grundmodelle durch den Unionsgesetzgeber.................................	409
	2. Die Rolle der EU-Agenturen.........................	413
	3. Der transnationale Verwaltungsakt als Alternative zum direkten Vollzug..................................	418
IV.	Die Gewährleistung lückenlosen Rechtsschutzes............	420
	1. Primärrechtsschutz und Sekundärrechtsschutz gegen Handlungen der Unionsorgane......................	420
	2. Insbesondere der Rechtsschutz bei gemischten/gestuften Entscheidungen...................................	422
	a) Trennungsmodell...............................	422
	b) Absorptionsmodell	423

---

[*] Für Anregungen und Diskussionen zu früheren Fassungen des Referats danke ich *Friedrich Germelmann* und *Julius Buckler* sowie meinen Mitarbeitern *Pia Schönrich* und *Lasse Scherer*.

      3. Rechtsschutz bei Soft Law-Steuerung des indirekten
         Vollzugs. 428
V. Unionsrechtliche Grenzen der supranationalen Verwaltung. . . . 431
      1. Grundsätzlicher Vorrang des mitgliedstaatlichen
         Vollzugs?. 431
      2. Die Verfahrensautonomie der Mitgliedstaaten als
         unionsrechtliche Grenze? 433
      3. Der Grundsatz der begrenzten Einzelermächtigung 437
VI. Ergebnisse 439

I. Die Herausforderung des europäischen Verwaltungsraums

Das Thema „supranationale und grenzüberschreitende Verwaltung" stellt letztlich die Frage, mit welchen Mechanismen und Instrumenten ein staatenübergreifender Raum[1] zugleich effektiv und (grund-)rechtsschützend zu verwalten ist. Als Bezugsfeld für die Ausleuchtung dieser Frage wird hier die europäische Integration gewählt: Das Unionsrecht widmet sich dieser Aufgabe seit nunmehr rund 70 Jahren mit Strukturen und Lösungsansätzen, die sich im Lauf der Zeit immer weiterentwickelt und ausdifferenziert haben. Als besondere Herausforderung stellt sich in diesem Feld die Vielfalt der nationalen Amtssprachen dar; darauf wird mehrfach zurückzukommen sein.

II. Die Grundmodelle des Verwaltungsvollzugs in der Union

1. Das anfängliche Nebeneinander von direktem und indirektem Vollzug

Die bekannten Ausgangspunkte der Verwaltungsstrukturen des Unionsrechts sind die Grundmodelle des direkten Vollzugs durch die Unionsorgane und des indirekten Vollzugs durch die Behörden der Mitgliedstaaten.[2] Beide Modelle waren in der Praxis des Unionsrechts von Anfang an nebeneinander vertreten; der Vertrag von Lissabon bildet dieses Neben-

---

[1] Zum Begriff der Supranationalität s. hier stellvertretend für die vielstimmige Diskussion *Helmut Lecheler* „Supranationalität" der Europäischen Gemeinschaften – Rechtliche Beschreibung oder unverbindliche Leerformel?, JuS 1974, 7 ff.

[2] S. auch *Eckhard Pache* Verantwortung und Effizienz in der Mehrebenenverwaltung, VVDStRL 66 (2007), 106 (110); *Thomas Groß* Verantwortung und Effizienz in der Mehrebenenverwaltung, VVDStRL 66 (2007), 152 (157 f.); zuvor *Manfred Zuleeg* Deutsches und

einander der Vollzugsmodelle nun auch normativ ab, indem er auf der einen Seite in Art. 298 AEUV Grundsätze für die Eigenverwaltung der Union normiert und auf der anderen Seite in Art. 197 AEUV die effektive Durchführung des Unionsrechts durch die Mitgliedstaaten behandelt.

a)   Die Vorteile des direkten Vollzugs

Die Wahl zwischen beiden Modellen für die jeweiligen Sektoren des EU-Verwaltungsrechts spiegelt eine Abwägung ihrer Vor- und Nachteile wider.[3] So sichert eine Zentralisierung der Entscheidungszuständigkeit auf der Unionsebene eine unionsweit einheitliche Entscheidungspraxis und verwirklicht damit den Grundsatz der einheitlichen Anwendung des Unionsrechts[4] in optimaler Weise. Zudem kann die unionsweite Wirkung der auf Unionsebene getroffenen Verwaltungsentscheidungen zu Effizienzgewin-

---

europäisches Verwaltungsrecht – wechselseitige Einwirkungen, VVDStRL 53 (1994), 154 ff.; *Hans-Werner Rengeling* Deutsches und europäisches Verwaltungsrecht – wechselseitige Einwirkungen, VVDStRL 53 (1994), 202 ff.; s. weiter *Loïc Azoulai* Pour un droit de l'exécution de l'Union européenne, in: Jacqueline Dutheil de la Rochère (Hrsg.) L'exécution du droit de l'Union, entre mécanismes communautaires et droits nationaux, 2009, 1 ff.; *Julien Jorda* Le pouvoir exécutif de l'Union européenne, 2001, 173 ff.; parallel zur Unterscheidung von direktem und indirektem Vollzug hat sich das jüngere Begriffspaar von Eigenverwaltungsrecht und Gemeinschafts- (bzw. nun Unions-)Verwaltungsrecht etabliert, s. erstmals *Eberhard Schmidt-Aßmann* Deutsches und Europäisches Verwaltungsrecht, DVBl. 1993, 924 (925 f.).

[3] S. zu den entsprechenden Organisationsentscheidungen in verschiedenen Sektoren *Louis Feilhès* Centralisation, décentralisation et externalisation: des concepts viables de droit administratif de l'Union européenne?, in: Mathias Amilhat (Hrsg.) Les concepts fondateurs et les principes directeurs du droit administratif européen, 2022, 225 ff.; *Wolfgang Weiß* Aufgabenadäquate Verwaltungsorganisation im Europäischen Verwaltungsverbund, in: Wolfgang Kahl/Ute Mager (Hrsg.) Verwaltungsorganisation, 2023, 135 ff.

[4] Zu diesem Grundsatz s. z.B. *Armin Hatje* Europäische Rechtseinheit durch einheitliche Rechtsdurchsetzung, in: Jürgen Schwarze/Peter-Christian Müller-Graff (Hrsg.) Europäische Rechtseinheit durch einheitliche Rechtsdurchsetzung, EuR-Beih. 1/1998, 7 ff.; *Christoph Krönke* Die Verfahrensautonomie der Mitgliedstaaten der Europäischen Union, 2013, 185 ff.; *Martin Nettesheim* Der Grundsatz der einheitlichen Wirksamkeit des Gemeinschaftsrechts, in: Albrecht Randelzhofer/Rupert Scholz/Dieter Wilke (Hrsg.) GS Grabitz, 1995, 447 ff.; *Werner Schroeder* Die Durchführung von Gemeinschaftsrecht – Einheitliche Wirkung versus nationale Verfahrensautonomie, in: Waldemar Hummer (Hrsg.) Paradigmenwechsel im Europarecht zur Jahrtausendwende, 2004, 231 ff.; *ders.* Nationale Maßnahmen zur Durchführung von EG-Recht und das Gebot der einheitlichen Wirkung, AöR 129 (2004), 3 ff.; *Francette Fines* L'application uniforme du droit communautaire dans la jurisprudence de la Cour de justice des Communautés européennes, in: FS Jean Claude Gautron, 2004, 333 ff.

nen führen, etwa bei der zentralisierten Zulassung von Arzneimitteln[5] oder Fluggerät[6] oder dem unionsweiten Schutz geistigen Eigentums.[7]

Nachdem die Union nicht mit eigenen Verwaltungsstrukturen in der Fläche der Mitgliedstaaten präsent ist, würde eine Verallgemeinerung dieser Lösung aber zugleich eine große räumliche Distanz zu den Betroffenen bedeuten und könnte vor allem aufgrund der kumulierten Zahl der Sachverhalte zu einer Überforderung der Unionsorgane führen. Der direkte Vollzug bleibt damit schon aus diesen pragmatischen Gründen die Ausnahme.

Ein bekanntes Beispiel für die Gefahr der Überforderung ist der Fall des EU-Wettbewerbsrechts, das lange Zeit dem Modell der zentralisierten Entscheidungszuständigkeit der Kommission gefolgt ist; unter dem Eindruck der Fallzahlen ist der Unionsgesetzgeber mit der Reform im Jahr 2002[8]

---

[5] Die unionsweite Zulassung von Arzneimitteln erfolgt durch die EU-Kommission nach Stellungnahme der EU-Arzneimittelagentur EMA auf Grundlage der VO (EG) Nr. 726/2004 des EP und des Rates v. 31.3.2004 zur Festlegung von Unionsverfahren für die Genehmigung und Überwachung von Human- und Tierarzneimitteln und zur Errichtung einer Europäischen Arzneimittel-Agentur, ABl. EU 2004 L 136/1; zum Verfahren s. z.B. *Jonas Brügmann* Europäisches Verwaltungsrecht – Das Impfstoffzulassungsverfahren der Europäischen Union, EuR 2021, 657 ff.; *Ulrich Gassner* Europäisches Arzneimittelverwaltungsverfahrensrecht, Teil 1 und 2, PharmR 2019, 209 ff., 273 ff.; *Foroud Shirvani* Verfahrensgrundrechte in mehrstufigen, das EU-Recht vollziehenden Verwaltungsverfahren – Dargestellt am Beispiel des Arzneimittelzulassungs- und Gentechnikrechts, DVBl. 2011, 674 ff. S. auch noch das Verfahren zur Zulassung von Chemikalien nach der VO (EG) Nr. 1907/2006 des EP und des Rates v. 18.12.2006 zur Registrierung, Bewertung, Zulassung und Beschränkung chemischer Stoffe (REACH), zur Schaffung einer Europäischen Chemikalienagentur [...], ABl. EU 2006 L 396/1; dazu z.B. *Frank Ammerich* Das Registrierungsverfahren nach der REACH-VO im Lichte des europäischen Eigenverwaltungsrechts, 2014; *Martin Pawlik* Das REACH-System und die Meroni-Doktrin, 2013; *Thorsten Siegel* Entscheidungsfindung im Verwaltungsverbund, 2009, 349 ff.

[6] S. erstmals die VO (EG) Nr. 1592/2002 des EP und des Rates v. 15.7.2002 zur Festlegung gemeinsamer Vorschriften für die Zivilluftfahrt und zur Errichtung einer Europäischen Agentur für Flugsicherheit, ABl. EU 2002 L 240/1 (derzeit geltend VO (EU) 2018/1139 des EP und des Rates v. 4.7.2018, ABl. EU 2018 L 212/1); zu diesem Feld z.B. *Daniel Riedel* Die Gemeinschaftszulassung für Luftfahrtgerät, 2006; *ders.* Die Europäische Agentur für Flugsicherheit im System der Gemeinschaftsagenturen, in: Eberhard Schmidt-Aßmann/Bettina Schöndorf-Haubold (Hrsg.) Der Europäische Verwaltungsverbund, 2005, 103 ff.; zur Neufassung der Verordnung *Christoph Schaefer* Die neue EASA-Verordnung: eine europäische Behörde im Spannungsfeld zwischen erweitertem Auftrag und demokratischer Legitimation, DVBl. 2019, 153 ff.

[7] Zuständig ist hier das Amt der EU für Geistiges Eigentum (EUIPO), das durch die VO (EG) Nr. 40/94 des Rates v. 20.12.1993 über die Gemeinschaftsmarke, ABl. EG 1994 L 11/1, als Harmonisierungsamt für den Binnenmarkt (Marken und Modelle [später: Marken, Muster und Modelle]) gegründet worden war; die Umbenennung erfolgte mit der VO (EU) 2015/2424 des EP und des Rates v. 16.12.2015, ABl. EU 2015 L 341/21.

[8] VO (EG) Nr. 1/2003 des Rates v. 16.12.2002 zur Durchführung der in den Artikeln 81 und 82 des Vertrags niedergelegten Wettbewerbsregeln, ABl. EG 2003 L 1/1.

aber auf eine Verantwortungsteilung mit den nationalen Wettbewerbsbehörden umgeschwenkt, durch die das European Competition Network (ECN)[9] entstanden ist. Dieses Netzwerk verdeutlicht zugleich die Folgeprobleme, die eine solche Verantwortungsteilung zwischen den Ebenen mit sich bringt: Es stellen sich Fragen der Bestimmung der Zuständigkeit bzw. der Zuweisung von Fällen,[10] der gegenseitigen Amtshilfe zwischen den nationalen Behörden untereinander und im Verhältnis zur EU-Kommission,[11] und schließlich auch des Verbots der Doppelsanktionierung in Fällen, in denen die Behörden parallel zueinander tätig werden.[12]

---

[9] Dazu z.B. *Eike Jani* Behördenkooperation im EU-Wettbewerbsrecht, 2022; *Manuel Schwind* Netzwerke im Europäischen Verwaltungsrecht, 2017, 220 ff.; *Bruno Lasserre* Effective Enforcement of Competition Rules in Europe: the Leading Role of the European Competition Network, in: Studienvereinigung Kartellrecht e.V. (Hrsg.) FS Cornelis Canenbley, 2012, 307 ff.; *Anders Leopold* Rechtsprobleme der Zusammenarbeit im Netzwerk der Wettbewerbsbehörden nach der Verordnung (EG) Nr. 1/2003, 2006; *Christina Oelke* Das Europäische Wettbewerbsnetz – Die Zusammenarbeit von Kommission und nationalen Wettbewerbsbehörden nach der Reform des Europäischen Kartellverfahrensrechts, 2006; *Alec Burnside/Helen Crossley* Co-operation in competition: a new era?, 30 ELRev. (2005), 234 ff.; Claus-Dieter Ehlermann/Isabela Atanasiu (Hrsg.) European Competition Law Annual 2002: Constructing the EU Network of Competition Authorities, 2004.

[10] Dazu z.B. *Jani* Behördenkooperation (Fn. 9), 119 ff.; aus der Rechtsprechung s. zuletzt EuGH, 20.4.2023, Amazon.com/Kommission, Rs. C-815/21 P; EuGH, 25.2.2021, Slovak Telekom, Rs. C-857/19; speziell zur Fusionskontrollverordnung EuG, 13.7.2022, Illumina/Kommission, Rs. T-227/21, NZKart 2022, 450 (ein Rechtsmittel ist anhängig als Rs. C-611/22 P); dazu *Jean-François Bellis/Valérie Lefever/Charlotte de Meeûs* L'application du règlement européen sur le contrôle des concentrations, JDE 2022, 387 ff.; *Anne Looijestin-Clearie/Catalin Rusu/Marc Veenbrink* In search of the Holy Grail? The EU Commission's new approach to Article 22 of the EU Merger Regulation, MJ 29 (2022), 550 ff.; s. auch *Silke Brammer* Concurrent jurisdiction under Regulation 1/2003 and the issue of case allocation, CMLRev. 42 (2005), 1383 ff.

[11] Art. 22 VO (EG) Nr. 1/2003 (Fn. 8); dazu z.B. *Jani* Behördenkooperation (Fn. 9), 103 ff.; *Peter Thyri* Rechtsprobleme in der Zusammenarbeit der Wettbewerbsbehörden in Europa, in: Michael Holoubek/Michael Lang (Hrsg.) Verfahren der Zusammenarbeit von Verwaltungsbehörden in Europa, 2012, 207 (215 ff.); für Beispiele aus der Rechtsprechung s. VwGH Wien, 18.3.2022, Ro 2018/04/0001-5, NZKart 2022, 599: Keine Überprüfung einer auf österreichisches Ersuchen erfolgten Durchsuchung in den Niederlanden durch österreichische Gerichte; dazu *Michael Mayr* Rechtsschutz bei Ermittlungshandlungen im Netzwerk der Wettbewerbsbehörden, NZKart 2023, 19 ff.; Cour de cassation (fr.), ch. com., 20.1.2015, Total Outre-Mer u.a./Air France u.a., no 13-16.745 u.a., RCDIP 2016, 521 m. Anm. *Louis d'Avout*: Auf Ermittlungen ist ausschließlich das Recht des ersuchten Staats anwendbar.

[12] Dazu zuletzt EuGH (GK), 22.3.2022, Nordzucker, Rs. C-151/20, EuGRZ 2022, 26; dazu *Svenja Huemer* Ne bis in idem bei Anwendung von Art. 101 AEUV durch zwei nationale Wettbewerbsbehörden, NZKart 2022, 267 ff.; *Bernadette Zelger* The Principle of ne bis in idem in EU competition law: the beginning of a new era after the ECJ's decisions in

Ein noch aufsehenerregenderer Fall von administrativer Überforderung der supranationalen Entscheidungsebene war die krisenhafte Entwicklung bei der zentralen Verwaltung der EU-Förderprogramme durch die Kommission, die schließlich zum Rücktritt der Santer-Kommission im Jahr 1999[13] beigetragen hat: Hier hatte die Kommission aufgrund personeller Überforderung private Dienstleistungsunternehmen – die berüchtigt gewordenen *Bureaux d'aide technique* – in die Vorbereitung ihrer Entscheidungen eingeschaltet, was zu zahlreichen Unregelmäßigkeiten bis hin zu Korruptionsvorwürfen geführt hatte. Das Feld wurde im Anschluss an diese Krise, die auch die Züge einer „Verwaltungskrise" trug,[14] durch die Schaffung der Kategorie der Exekutivagenturen[15] neu geordnet; diese Agenturen führen die Verwaltung der EU-Förderprogramme nun unter Aufsicht der Kommission professionell aus. Die zentrale Administration wurde in diesem Fall also beibehalten,[16] wobei die Alternative einer Verwaltung der Gemeinschaftsprogramme durch ein Netz von nationalen Agenturen von der Kom-

---

bpost and Nordzucker?, CMLRev. 60 (2023), 239 ff.; *Marco Cappai/Giuseppe Colangelo* Applying ne bis in idem in the aftermath of bpost und Nordzucker: the case of EU competition policy in digital markets, CMLRev. 60 (2023), 431 ff.

[13] Dazu z.B. *Paul Craig* The Fall and Renewal of the Commission: Accountability, Contract and Administrative Organisation, 6 ELJ (2000), 98 ff.; *ders.* EU Administrative Law, 3. Aufl. 2018, 36 ff.; *Waldemar Hummer/Walter Obwexer* Der „kollektive" Rücktritt der Europäischen Kommission – Ein Rechtsirrtum?, EWS 1999, 161 ff.; *dies.* Der „geschlossene" Rücktritt der Europäischen Kommission, integration 1999, 77 ff.; *Jean-Victor Louis* Une crise salutaire?, RMUE 1999, 5 ff.; *Andrea Ott* Die Kontrollfunktionen des Europäischen Parlaments gegenüber der Europäischen Kommission, ZEuS 1999, 231 ff.; *Stéphane Rodrigues* Quelques réflexions juridiques à propos de la démission de la Commission européenne, RevMC 1999, 472 ff.; *Anne Stevens* La chute de la Commission Santer, RFAP 2000, 369 ff.; *Daniel Vignes* La chute, RevMC 1999, 221 ff.

[14] Dazu z.B. *Eberhard Schmidt-Aßmann* Einleitung: Der Europäische Verwaltungsverbund und die Rolle des Europäischen Verwaltungsrechts, in: ders./Bettina Schöndorf-Haubold (Hrsg.) Der Europäische Verwaltungsverbund, 2005, 1 (12).

[15] Rechtsgrundlage für diese Gründungen ist die VO (EG) Nr. 58/2003 des Rates v. 19.12.2002 zur Festlegung des Statuts der Exekutivagenturen, die mit bestimmten Aufgaben bei der Verwaltung von Gemeinschaftsprogrammen beauftragt werden, ABl. EG 2003 L 11/1; zu den Einzelheiten s. *Waldemar Hummer* Von der „Agentur" zum „Interinstitutionellen Amt", in: Stefan Hammer/Alexander Somek/Manfred Stelzer/Barbara Weichselbaum (Hrsg.) FS Theo Öhlinger, 2004, 92 (113 ff.); *Craig* EU Administrative Law (Fn. 13), 62 ff.; *Wolfgang Schenk* Strukturen und Rechtsfragen der gemeinschaftlichen Leistungsverwaltung, 2006, 176 ff.; im Vorfeld s. die Kommissionsmitteilung Ein neuer Typ von Ämtern mit unterstützenden und administrativen Aufgaben bei der Europäischen Kommission, KOM (2002) 264 endg. v. 28.5.2002.

[16] Zu den verschiedenen Reformmaßnahmen s. z.B. *Gernot Sydow* Externalisierung und institutionelle Ausdifferenzierung – Kritik der Organisationsreformen in der EU-Eigenadministration, VerwArch 97 (2006), 1 ff.

mission durchaus geprüft worden war.[17] Das Geschehen führt aber nochmals vor Augen, dass der direkte Vollzug ressourcenintensiv ist.

b) Die Vorteile des indirekten Vollzugs

Das Gegenmodell des indirekten Vollzugs durch die nationalen Behörden sichert die Durchsetzung des Unionsrechts in der Fläche und ist zunächst ohne erheblichen Aufwand zu realisieren, weil es auf die bereits existierenden Verwaltungsstrukturen der Mitgliedstaaten zurückgreifen kann. Es hat den Vorzug der Bürgernähe, trägt aber das Risiko eines uneinheitlichen und jeweils vom nationalen Vorverständnis abhängigen Vollzugs in sich. Das gilt insbesondere, solange zusätzlich auf das jeweilige nationale Verwaltungsverfahrensrecht zurückgegriffen wird, womit die materiellen Vorgaben des Unionsrechts durch sehr unterschiedliche Verfahrenslösungen ergänzt werden können.[18] Das Primärrecht setzt diesen Spielräumen der Mitgliedstaaten durch die Doppelschranke aus Mindesteffektivität und Äquivalenzprinzip nur äußerste Grenzen.[19] Wenn die daraus resultierenden Disparitäten zu erheblich werden, kann der Unionsgesetzgeber durch den Erlass von Verfahrensregeln nachsteuern;[20] daneben hat sich eine Steuerung des nationalen Vollzugs durch formal nicht verbindliche „Soft Law"-Instrumente der Unionsorgane entwickelt, die vor allem unter Rechtsschutzgesichtspunkten Fragen aufwirft.[21]

Eine Besonderheit des indirekten Vollzugs ist, dass hier deutlich hervortritt, dass das Unionsrecht in beispielloser Weise auf die Durchsetzungskraft des gemeinsam geschaffenen Rechts vertraut: Die Durchsetzung des Unionsrechts – einschließlich seines Vorranganspruchs gegenüber den nati-

---

[17] Kommissionsmitteilung Verwaltung der Gemeinschaftsprogramme über ein Netz nationaler Agenturen, KOM (2001) 648 endg. v. 13.11.2001; dazu auch *Craig* EU Administrative Law (Fn. 13), 74 ff.

[18] Ein bekanntes Beispiel hierfür bilden die unterschiedlichen nationalen Konzeptionen zum vorläufigen Rechtsschutz; dazu z.B. EuGH, 10.7.1990, Kommission/Deutschland (Tafelwein), Rs. C-217/88, Slg. 1990, I-2879; EuGH, 19.6.1990, Factortame, Rs. C-213/89, Slg. 1990, I-2433; zu beiden Fällen *Friedrich Schoch* Die Europäisierung des verwaltungsgerichtlichen vorläufigen Rechtsschutzes, DVBl. 1997, 289 ff.

[19] Zu diesen Schranken s. z.B. *Diana-Urania Galetta* Grundsätze der Äquivalenz und der Effektivität, in: Wolfgang Kahl/Markus Ludwigs (Hrsg.) Handbuch des Verwaltungsrechts, Bd. 2, 2021, § 46; *Louis Feilhès* Le principe d'équivalence en droit de l'Union européenne, 2023; *Julia König* Der Äquivalenz- und Effektivitätsgrundsatz in der Rechtsprechung des EuGH, 2011; zu ihrer Funktion als Grenzen der Verfahrensautonomie der Mitgliedstaaten s.u. V. 2.

[20] S. EuGH, 21.9.1983, Deutsche Milchkontor, verb. Rs. 205 bis 215/82, Slg. 1983, 2633, Rn. 24 mit Annahme einer entsprechenden Verpflichtung der Unionsorgane.

[21] Dazu noch unten bei IV. 3.

onalen Rechtsordnungen der Mitgliedstaaten – liegt in der großen Mehrzahl der Fälle in der Hand der nationalen Behörden und Gerichte,[22] die Unionsorgane wie Kommission und EuGH erscheinen demgegenüber als Kopfstellen.

Ein wichtiges Beispiel für die Anwendung dieses Modells – und in gewisser Weise einen historischen Gegenpol zum Beispiel des EU-Wettbewerbsrechts – bildet das EU-Zollrecht[23], das im Ausgangspunkt allein von den nationalen Behörden vollzogen wird,[24] obwohl das Gebiet materiellrechtlich vollständig durch Unionsrecht determiniert ist. Ähnlich wie im Wettbewerbsrecht gilt hier aber heute ebenfalls nicht mehr das Ausgangsmodell in seiner reinen Form; stattdessen hat der Unionsgesetzgeber wichtige Entscheidungen indirekt zentralisiert, indem bei Vorliegen der sekundärrechtlichen Tatbestandsvoraussetzungen die nationale Zollverwaltung den Sachverhalt der Kommission vorlegen muss und die darauf ergehende Kommissionsentscheidung nur noch gegenüber dem Einzelnen vollzieht.[25]

---

[22] Das gilt insbes. für die Vollstreckung von Unionsentscheidungen, nachdem die Union nicht über eigene „Gewaltorgane" verfügt, s. Art. 280 und 299 AEUV und dazu *Adrien Pech* Le jeu de poupées russes de l'administration de l'Union européenne, in: Mathias Amilhat (Hrsg.) Les concepts fondateurs et les principes directeurs du droit administratif européen, 2022, 195 (217). Art. 299 AEUV vermeidet freilich eine Zuspitzung des Loyalitätskonflikts, indem er den Einsatz der mitgliedstaatlichen Stellen zur Vollstreckung von gegen die Mitgliedstaaten ergangenen Zahlungsentscheidungen ausschließt; in dieser Konstellation bleibt die Möglichkeit der Vollstreckung durch die Kommission im Wege der Aufrechnung gegen Ansprüche des Mitgliedstaats, s. dazu z.B. EuG, 15.4.2011, Rs. T-465/08, Tschechische Republik/Kommission, Slg. 2011, II-1941. In der Literatur wird zwar teils auch eine solche Aufrechnung als durch Art. 299 AEUV ausgeschlossen angesehen, so z.B. *Ines Härtel* Durchsetzbarkeit von Zwangsgeld-Urteilen des EuGH gegen Mitgliedstaaten, EuR 2001, 617 (622); *Michael Schweitzer* Art. 228 Abs. 2 EGV: Schnittstelle von Souveränität und Supranationalität, in: Jörn Ipsen/Bernhard Stüer (Hrsg.) FS Hans-Werner Rengeling, 2008, 437 (444 ff.); jedoch wird die Ratio des Art. 299 AEUV nicht berührt, wenn die Kommission die Aufrechnung selbst vornimmt.

[23] Zu diesem Feld s. z.B. *Hans-Michael Wolffgang* Zollrecht, in: Reiner Schulze/André Janssen/Stefan Kadelbach (Hrsg.) Europarecht, 4. Aufl. 2020, § 34; *Heike Jochum/Evin Dalkilic/Jörg Terhechte* Europäisches Zollverwaltungsrecht, in: Jörg Terhechte (Hrsg.) Verwaltungsrecht der Europäischen Union, 2. Aufl. 2022, § 27; *Jean-Luc Albert* Le droit douanier de l'Union européenne. 2. Aufl. 2023.

[24] S. nur *Jochum/Dalkilic/Terhechte* Europäisches Zollverwaltungsrecht (Fn. 23), § 27 Rn. 7.

[25] Art. 116 Abs. 3 der VO (EU) Nr. 952/2013 des EP und des Rates v. 9.10.2013 zur Festlegung des Zollkodex der Union (UZK), ABl. EU 2013 L 269/1; zu diesem Modell eines gestuften Verfahrens s. *Hanns Peter Nehl* Europäisches Verwaltungsverfahren und Gemeinschaftsverfassung, 2002, 41 ff., 416 ff.; zur Problematik des rechtlichen Gehörs in solchen Konstellationen s. grundlegend EuGH, 21.11.1991, TU-München/HZA München-Mitte, Rs. C-269/90, Slg. 1991, I-5469; im Anschluss daran EuG, 19.2.1998, Eyckeler u. Malt/Kommission, Rs. T-42/96, Slg. 1998, II-401; EuG, 17.9.1998, Primex Produkte u.a./

Zudem hat der Unionsgesetzgeber sich in diesem Feld darum bemüht, die durch die Anwendung des jeweiligen nationalen Verfahrensrechts entstehenden Vollzugsdisparitäten zu reduzieren, indem der Vollzug nun nach EU-Verfahrensrecht – heute nach dem Unionszollkodex[26] – erfolgt.

Ein vergleichbarer Befund ergibt sich für den Bereich der Agrarpolitik, den das Unionsrecht ebenfalls seit den Anfängen der Integration intensiv geprägt hat: Die Durchführung liegt in den Händen der nationalen Behörden, ein Eingreifen der Kommission erfolgt nur punktuell bzw. nachträglich-global im Wege des Rechnungsabschlussverfahrens[27]; stattdessen besteht eine normative Steuerung über verfahrensrechtliche Vorgaben.[28] Im Zoll- wie im Agrarbereich ist die Entscheidung für den indirekten Vollzug aber auch naheliegend, weil es sich hier um Verwaltung in der Fläche mit großen Fallzahlen handelt, die sich für den direkten Vollzug damit wenig eignet.

2. Die Bedeutung der Allsprachigkeit der Union für den Vollzug

a) Allsprachigkeit im direkten Vollzug

Beiden Grundmodellen – und den zahlreichen Mischmodellen, die in der Folge entstanden sind – ist gemeinsam, dass sie mit der Sprachenvielfalt der Union umgehen müssen. Das Unionsrecht macht hier die ehrgei-

---

Kommission, Rs. T-50/96, Slg. 1998, II-3773; EuG, 10.5.2001, Kaufring u.a./Kommission, verb. Rs T-186/97 u.a., Slg. 2001, II-1337; aus der Literatur s. *Sabrina Nöhmer* Das Recht auf Anhörung im europäischen Verwaltungsverfahren, 2013, 185 ff.; *Wolfgang Kahl* Lücken und Ineffektivitäten im Europäischen Verwaltungsverbund am Beispiel des Rechts auf Anhörung, DVBl. 2012, 602 ff.; *Winfried Huck* Das System des rechtlichen Gehörs im europäisch geprägten Verwaltungsverfahren, EuZW 2016, 132 ff. Die im Gefolge der EuGH-Rechtsprechung erlassenen Regelungen zur Sicherung des rechtlichen Gehörs in dieser Konstellation finden sich nun in Art. 98 ff. der Delegierten VO (EU) 2015/2446 der Kommission v 28.7.2015 zur Ergänzung der VO (EU) Nr. 952/2013 des EP und des Rates mit Einzelheiten zur Präzisierung von Bestimmungen des Zollkodex der Union, ABl. EU 2015 L 343/1.

[26] S.o. Fn. 25; der Kodex normiert in Art. 45 auch einheitliche Voraussetzungen für die Gewährung vorläufigen Rechtsschutzes in Form der Aussetzung des Vollzugs (zu diesem Problemfeld s.o. Fn. 18).

[27] Art. 51 ff. der VO (EU) Nr. 1306/2013 des EP und des Rates v. 17.12.2013 über die Finanzierung, die Verwaltung und das Kontrollsystem der Gemeinsamen Agrarpolitik [...], ABl. EU 2013 L 347/549; zum System s. *Rudolf Mögele* Die Behandlung fehlerhafter Ausgaben im Finanzierungssystem der gemeinsamen Agrarpolitik, 1997, 68 ff.; *Christian Busse* Agrarrecht, in: Reiner Schulze/André Janssen/Stefan Kadelbach (Hrsg.) Europarecht, 4. Aufl. 2020, § 26 Rn. 121 ff.

[28] Auch hier erfolgt die Vorsteuerung teils durch Soft Law-Instrumente wie Leitfäden oder Auslegungsvermerke der Kommissionsstellen, s. dazu z.B. *Verena Heil* Außervertragliche Haftung im Europäischen Verwaltungsverbund, 2022, 18 ff.

zige Vorgabe, alle Amtssprachen der Mitgliedstaaten zu Amtssprachen der Union zu erklären,[29] und zieht für die Unionsorgane in Art. 24 AEUV die Konsequenz, dass sie in der Lage sein müssen, nach außen auch in all diesen Sprachen zu kommunizieren.[30] Beim direkten Vollzug gilt der Grundsatz der Allsprachigkeit der Unionsorgane auch im Verwaltungsvollzug; der damit verbundene Aufwand ist zwar erheblich, aber im direkt-zentralen Vollzug noch leistbar, zumal für die Normproduktion ohnehin entsprechende Sprachressourcen vorgehalten werden müssen. In Einzelbereichen sind aber pragmatische Einschränkungen möglich; das gilt z.B. in technischen Feldern, in denen die betroffene Fachgemeinschaft sich ohnehin bereits auf die Verwendung einer gemeinsamen Sprache geeinigt hat.[31]

---

[29] Zum Sprachenregime der EU s. *Thomas Oppermann* Reform der EU-Sprachenregelung?, NJW 2001, 2663 ff.; *ders.* Das Sprachenregime der Europäischen Union – reformbedürftig?, ZEuS 2001, 1 ff.; *Bruno de Witte* Language Law of the European Union: Protecting or Eroding Linguistic Diversity?, in: Rachael Craufurd Smith (Hrsg.) Culture and European Union Law, 2004, 205 ff.; *Isabel Schübel-Pfister* Enjeux et perspectives du multilinguisme dans l'Union européenne: après l'élargissement, la „babélisation"?, RevMC 2005, 325 ff.; *Fergal Ó Regan* The Linguistic Regime and Practise of the Institutions of the European Union, in: Dominik Hanf/Klaus Malacek/Elise Muir (Hrsg.) Langues et construction européenne, 2010, 109 ff.; *Isabelle Pingel* Le régime linguistique de l'Union européenne – Enjeux et perspectives, RevUE 2014, 328 ff.; *Laetitia Guilloud-Colliat* Le multilinguisme dans le fonctionnement institutionnel de l'Union européenne, RDP 2014, 1337 ff.; *Stefaan van der Jeught* EU Language Law, 2015; *Jacques Ziller* Le multilinguisme, caractère fondamental du droit de l'Union européenne, in: Liber Amicorum Tizzano, 2018, 1067 ff.; speziell zu den Herausforderungen der Osterweiterung *Béligh Nabli* Les implications de l'élargissement sur le multilinguisme institutionnel de l'Union européenne, CDE 2004, 197 ff.

[30] Diese primärrechtliche Verankerung besteht seit dem Vertrag von Amsterdam (dort Art. 21 Abs. 3 EGV), womit die bereits zuvor in Art. 2 VO Nr. 1/58 des Rates v. 15.4.1958 zur Regelung der Sprachenfrage für die Europäische Wirtschaftsgemeinschaft, ABl. EG 1958, 385, geregelte Lösung Vertragsrang erhalten hat. Für die internen Arbeitssprachen der Unionsorgane enthält Art. 1 der Verordnung dagegen nur die vage Festlegung, dass alle Amtssprachen auch Arbeitssprachen sind. Die in der Einstellungspraxis der Unionsorgane geübte Bevorzugung der Amtssprachen Englisch, Französisch und Deutsch hat der EuGH in gefestigter Rechtsprechung als Verstoß gegen das Gebot der Gleichbehandlung beanstandet, weil sich auf der Grundlage der Arbeitsweise der Unionsorgane und -stellen keine Kriterien erkennen lassen, mit denen die Auswahl gerade dieser drei Sprachen gerechtfertigt werden könnte, s. u.a. EuGH (GK), 26.3.2019, Kommission/Italien, Rs. C-621/16 P, Rn. 101 ff.; EuGH (GK), 26.3.2019, Spanien/Parlament, Rs. C-377/16, Rn. 63 ff.; das naheliegende Argument, dass es sich um die bei der internen Arbeit am häufigsten genutzten Sprachen handele, trägt danach insbesondere in Bezug auf die in der internen Arbeit kaum genutzte deutsche Sprache nicht. Dazu z.B. *Sophie Weerts* Égalité des langues? L'évolution du régime linguistique de l'Union à l'aune de la jurisprudence, JDE 2014, 234 ff.; *Fabrice Andreone* Le régime linguistique applicable aux relations entre les institutions et les fonctionnaires et autres agents de l'Union européenne, RevUE 2016, 388 ff.

[31] S. z.B. Art. 24 der VO (EU) Nr. 468/2014 der EZB v. 16.4.2014 zur Einrichtung eines Rahmenwerks für die Zusammenarbeit zwischen der EZB und den nationalen zuständigen

b) Allsprachigkeit im indirekten Vollzug

Im indirekten Vollzug ist dieses Versprechen der Allsprachigkeit von vornherein nicht zu halten und wird vom Unionsrecht auch nicht gegeben: Hier wird vorausgesetzt, dass die Kommunikation der nationalen Behörden mit der Bevölkerung in der jeweiligen Amtssprache des Mitgliedstaats erfolgt;[32] die anderen EU-Amtssprachen sind abgesehen von Ausnahmefällen[33] nicht verfügbar.[34] Normativ wird dieser Stand in Art. 41 GRC abgebildet: In seinem Absatz 4 ist der Grundsatz der Allsprachigkeit der Verwaltung nochmals verankert, ausweislich des ersten Absatzes gilt dieser Artikel

---

Behörden und den nationalen benannten Behörden innerhalb des einheitlichen Aufsichtsmechanismus (SSM-Rahmenverordnung), ABl. EU 2014 L 141/1, wonach die EZB mit den beaufsichtigten Bankinstituten Vereinbarungen über die Verwendung nur einer Amtssprache treffen kann; s. *Patrick Hilbert* Informationsaustausch und Wissensmanagement im Europäischen Verwaltungsverbund, in: Laura Münkler (Hrsg.) Dimensionen des Wissens im Recht, 2019, 111 (133).

[32] Zur grundsätzlichen Zulässigkeit der Durchsetzung der nationalen Amtssprache unter dem Gesichtspunkt der Grundfreiheiten s. EuGH, 29.11.1989, Groener, Rs. 379/87, Slg. 1989, 3967, Rn. 19; weiter z.B. EuGH, 12.5.2011, Runevič-Vardyn und Wardyn, Rs. C-391/09, Slg. 2011, I-3787, Rn. 86; EuGH (GK), 16.4.2013, Anton Las, Rs. C-202/11, Rn. 25 ff.; zuletzt zur Vorgabe der nationalen Amtssprache für den Hochschulunterricht EuGH (GK), 7.9.2022, Boriss Cilevičs, Rs. C-391/20, EuZW 2022, 906 m. Anm. *Malte Wienbracke*; dazu *Christian Baldus/Thomas Raff* Lettisch für Fortgeschrittene: Die Bedeutung der Amtssprache im Hochschulunterricht, GPR 2023, 94 ff.; *Giacomo Di Federico/ Giuseppe Martinico* Official Languages, National Identities and the Protection of Minorities: a Complex Legal Puzzle, 19 EUConstLRev (2023) 346 ff.

[33] Eine solche Ausnahme normiert Art. 76 Abs. 7 der VO (EG) Nr. 883/2004 des EP und des Rates v. 29.4.2004 zur Koordinierung der Systeme der sozialen Sicherheit, ABl. EU 2004 L 166/1, der für den Bereich der Sozialsysteme bestimmt: „Die Behörden, Träger und Gerichte eines Mitgliedstaats dürfen die bei ihnen eingereichten Anträge oder sonstigen Schriftstücke nicht deshalb zurückweisen, weil sie in einer Amtssprache eines anderen Mitgliedstaats abgefasst sind [...]." S. zu dieser Bestimmung und vereinzelten weiteren Ausnahmeregelungen *Bruno de Witte* Surviving in Babel? Language Rights and European Integration, in: Yoram Dinstein/Mala Tabory (Hrsg.) The Protection of Minorities and Human Rights, 1992, 277 (290 f.); für ein Anwendungsbeispiel s. EuGH, 5.7.1967, Teresa Guerra, Rs. 6/67, Slg. 1967, 294 (zu einem Klageschriftsatz in italienischer Sprache vor einem belgischen Gericht).

[34] Soweit ein Mitgliedstaat den Gebrauch der Amtssprache eines anderen Mitgliedstaats für eigene Staatsangehörige zulässt, muss er diese Möglichkeit allerdings auch den Angehörigen anderer Mitgliedstaaten eröffnen, s. erstmals EuGH, 11.7.1985, Mutsch, Rs. 137/84, Slg. 1985, 2681; weiter EuGH, 24.11.1998, Bickel u. Franz, Rs. C-274/96, Slg. 1998, I-7637, EuZW 1999, 82 m. Anm. *Meinhard Novak*; dazu auch *Peter Hilpold* Unionsbürgerschaft und Sprachenrechte in der EU, JBl 2000, 93 ff.; *Mielle Bulterman* Case note, CMLRev. 36 (1999), 1325 ff.; zuletzt nochmals EuGH, 27.3.2014, Grauel Rüffer, Rs. C-322/13, EuZW 2014, 393 m. Anm. *Peter Hilpold*.

aber anders als die anderen Gewährleistungen der GRC nur für den Vollzug durch die Union.[35]

Entscheidende sprachliche Mindestvoraussetzung für die Funktionsfähigkeit des indirekten Vollzugs ist allerdings, dass das anzuwendende Unionsrecht in allen Amtssprachen vorliegt, weil nur so der Vollzug durch die jeweiligen nationalen Behörden sichergestellt werden kann. Dieses Element der Allsprachigkeit des Unionsrechts ist tatsächlich unverzichtbar, solange die nationalen Behörden für seinen Vollzug eingesetzt werden;[36] der Gerichtshof hat deshalb zu Recht festgehalten, dass normative Unionsrechtsakte, die nicht in allen Amtssprachen vorliegen, auf dem Gebiet der nicht berücksichtigten Mitgliedstaaten nicht durchsetzbar sind.[37] Der Anspruch des Unionsrechts auf unmittelbare Anwendbarkeit in den Mitgliedstaaten steht damit unter Sprachvorbehalt.

Unverzichtbar ist die Allsprachigkeit auch an der Nahtstelle, an der der indirekte Vollzug mit dem Grundsatz der einheitlichen Anwendung des Unionsrechts koordiniert wird, nämlich bei den Vorabentscheidungsersuchen der nationalen Gerichte an den EuGH gemäß Art. 267 AEUV: Dass die nationalen Gerichte hier ihre jeweils eigene Amtssprache nutzen können, ist eine wesentliche Voraussetzung für die effektive Nutzung des Instruments.[38] Problematisch bleibt die Mehrsprachigkeit bei der Kooperation zwischen den nationalen Behörden: Hier kann nicht jede Behörde erwar-

---

[35] Dazu klarstellend EuGH, 17.7.2014, Y.S. u. M. u. S./Minister voor Immigratie, Integratie en Asiel, verb. Rs. C-141/12 u. C-372/12, Rn. 66 ff.; Art. 41 Abs. 1 GRC ist insoweit lex specialis gegenüber Art. 51 Abs. 1 GRC; s. auch *Pech* Administration de l'Union européenne (Fn. 22), 195 (215 f.).

[36] Für eine Umstellung auf nur eine verbindliche Sprachfassung von Normtexten der Union mit unverbindlichen Übersetzungen in die anderen Amtssprachen dagegen *Theodor Schilling* (Zu)Vielsprachigkeit in der EU: Das Pro und vor allem das Contra, in: Liber Discipulorum Kloepfer, 2008, 129 ff.; s. auch *Claus Luttermann/Karin Luttermann* Ein Sprachenrecht für die Europäische Union, JZ 2004, 1002 ff.; *dies.* Sprachenrecht für die Europäische Union, 2020, die eine Reduktion auf zwei verbindliche Referenzsprachen vorschlagen, aus denen dann unverbindliche Übersetzungen in die weiteren Sprachen erfolgen sollen.

[37] EuGH (GK), 11.12.2007, Skoma-Lux, Rs. C-161/06, Slg. 2007, I-10841, Rn. 32 ff.: Eine nicht in allen Amtssprachen veröffentlichte Verordnung ist auf dem Gebiet der nicht berücksichtigten Staaten für den Einzelnen nicht verbindlich; zum Hintergrund des Falls – der EU-Osterweiterung, die die Übersetzung des gesamten geltenden Sekundärrechts in die Sprachen der Beitrittsländer erforderlich machte – s. *Krzysztof Lasiński-Sulecki/Wojciech Morawski* Late publication of EC law in languages of new Member States and its effects: obligations on individuals following the Court's judgment in Skoma-Lux, CMLRev. 45 (2008), 705 ff.; *Herbert Küpper* Das EU-Sprachenregime und die neuen Mitgliedstaaten – Der Fall Skoma-Lux, Jahrbuch Ostrecht 49 (2008), 147 ff.

[38] Dass nicht mehr alle EuGH-Urteile in alle Amtssprachen übersetzt werden, ist formal nicht zu beanstanden, nachdem nur die Fassung der jeweiligen Verfahrenssprache verbind-

ten, ausschließlich in der jeweils eigenen Amtssprache kommunizieren zu können.[39]

III. Verschränkungen und Mischmodelle

1. Die Anpassung der Grundmodelle durch den Unionsgesetzgeber

Wie bereits erwähnt, sind die Grundmodelle des direkten und indirekten Vollzugs in ihrer jeweiligen Reinform kaum noch vorzufinden, sondern sind vom EU-Gesetzgeber entsprechend den Bedürfnissen der verschiedenen Sektoren modifiziert worden. Dabei sind auch administrative Mischmodelle entstanden, in denen sowohl Unionsorgane als auch nationale Behörden an einem Verfahren beteiligt sind:[40] Auch diese Variante war in den Verträgen von Anfang an vertreten, wie ein Blick auf das EU-Beihilfenrecht zeigt, in dem nach der Konzeption des Art. 108 AEUV die Kommission auf Notifikation der Vorhaben durch die Mitgliedstaaten entscheidet.[41]

Im Regelfall werden solche Modelle aber durch den Unionsgesetzgeber eingeführt und ausgestaltet. Das Beispiel der gestuften Entscheidungsfindung im EU-Zollrecht wurde bereits erwähnt;[42] zu den frühen und noch vergleichsweise pauschal ansetzenden Mischmodellen gehört auch das

---

lich ist, s. Art. 41 der Verfahrensordnung des EuGH; die Standardisierungswirkung der EuGH-Rechtsprechung wird dadurch allerdings eingeschränkt.

[39] Als pragmatische Lösung liegt in dieser Situation die Nutzung des Englischen als gemeinsamer Verkehrssprache nahe; teils wird argumentiert, dass der Brexit diese Entwicklung erleichtert, weil nun nicht mehr die Sprache eines (großen) Mitgliedstaats bevorzugt wird, sondern es sich nun um das „neutrale Terrain" einer (weitestgehenden) Drittlandssprache handelt, s. *Diarmait Mac Giolla Chríost/Matteo Bonotti* Brexit, Language Policy and Linguistic Diversity, 2018, 53 ff.; *Elisabetta Palici di Suni* The European Union between official and minority languages, in: Peter Hilpold/Christoph Perathoner (Hrsg.) FS Gilbert Gornig, Bd. 1, 2023, 109 (115 f.); zu diesem zuvor greifenden Einwand z.B. *Pingel* Régime linguistique (Fn. 29), 328 (334).

[40] Dazu z.B. *Gernot Sydow* Verwaltungskooperation in der Europäischen Union, 2004, 118 ff.; *Siegel* Verwaltungsverbund (Fn. 5), 224 ff.; *Nehl* Europäisches Verwaltungsverfahren (Fn. 25), 39 f.; *Sergio de León* Composite administrative procedures in the European Union, 2017.

[41] Die Verbindung zwischen der Kommission als entscheidungsbefugtem Organ und den betroffenen Beihilfebegünstigten ist hier besonders schwach ausgeprägt: Die Entscheidungen werden ausschließlich an den Mitgliedstaat gerichtet, eine individuelle Anhörung der Betroffenen oder Dritter erfolgt nicht; dazu *Nehl* Europäisches Verwaltungsverfahren (Fn. 25), 300 ff.; *Oliver Mader* Verteidigungsrechte im Europäischen Gemeinschaftsverwaltungsverfahren, 2006, 203 ff.; *Nöhmer* Recht auf Anhörung (Fn. 25), 200 ff.

[42] S.o. bei Fn. 25.

bereits erwähnte Rechnungsabschlussverfahren im Agrarsektor, nach dem die Mitgliedstaaten die Agrarförderprogramme ausführen und hierfür die finanziellen Mittel bereitstellen, die im Anschluss zu Lasten des EU-Haushalts abgerechnet werden.[43]

Einen neuen Höhepunkt der Verschränkungen hat die Neuordnung der Banken- und Finanzmarktaufsicht in der Union nach der Finanzkrise herbeigeführt.[44] Hier ist nun in gewisser Weise ebenso wie im Wettbewerbsrecht eine Kombination von direktem und indirektem Vollzug[45] entstanden: Die wichtigen Banken werden unmittelbar von der EZB überwacht, wobei die nationalen Behörden aber intensiv mitwirken und teils auch Entscheidungen auf Unionsebene anstoßen;[46] die weniger bedeutsamen Banken werden weiter von den nationalen Behörden überwacht, deren Handlungen aber von den Unionsstellen – der EZB bzw. den Finanzaufsichtsagenturen[47] – koordiniert werden.[48] Die Verlagerung erfolgte hier als Konsequenz aus

---

[43] S.o. bei Fn. 27; anders als im EU-Beihilfenrecht bedeutet die Verweigerung der Anerkennung aber nicht, dass der Mitgliedstaat die verausgabten Mittel automatisch zurückfordern müsste; die Rückforderung kann sogar ausgeschlossen sein, wenn der Fehler im Verantwortungsbereich der nationalen Verwaltung lag, s. zu einem solchen Fall aus dem Bereich der Strukturfonds, EuGH, 21.6.2007, Stichting ROM-projecten, Rs. C-158/06, Slg. 2007, I-5103.

[44] S. zunächst die Gründung von drei neuen Aufsichtsbehörden durch die VO (EU) Nr. 1093/2010 des EP und des Rates v. 24.11.2010 zur Errichtung einer Europäischen Aufsichtsbehörde (Europäische Bankenaufsichtsbehörde) [...], ABl. EU 2010 L 331/12; VO (EU) Nr. 1094/2010 des EP und des Rates v. 24.11.2010 zur Errichtung einer Europäischen Aufsichtsbehörde (Europäische Aufsichtsbehörde für das Versicherungswesen und die betriebliche Altersversorgung) [...], ABl. EU 2010 L 331/48; VO (EU) Nr. 1095/2010 des EP und des Rates v. 24.11.2010 zur Errichtung einer Europäischen Aufsichtsbehörde (Europäische Wertpapier- und Marktaufsichtsbehörde) [...], ABl. EU 2010 L 331/84 (zur Rolle der EU-Agenturen s. noch u. III. 2.); s. im Anschluss zur Betrauung der EZB mit der Aufsicht über die systemrelevanten Bankinstitute die VO (EU) Nr. 1024/2013 des Rates v. 15.10.2013 zur Übertragung besonderer Aufgaben im Zusammenhang mit der Aufsicht über Kreditinstitute auf die Europäische Zentralbank (SSM-Verordnung), ABl. EU 2013 L 287/63. Dazu im Überblick *Juliane Kokott/Judith Schamell* Kompetenz- und Aufgabenverteilung zwischen nationalen und Unionsbehörden in der Bankenunion, in: Wolfgang Kahl/ Ute Mager (Hrsg.) Verwaltungsaufgaben und Legitimation der Verwaltung, 2022, 167 ff.; s. auch die Nachweise in Fn. 48.

[45] Teils wird hier von einer eigenen Kategorie des gemeinsamen Vollzugs gesprochen, s. *Kokott/Schamell* Kompetenz- und Aufgabenverteilung (Fn. 44), 167 (169).

[46] S. zu den dadurch ausgelösten Rechtsschutzfragen u. IV. 2. b).

[47] S.o. Fn. 44.

[48] Dazu z.B. *Paul Weismann* Zur ebenenübergreifenden Verflechtung des Einheitlichen Aufsichtsmechanismus (SSM) aus Sicht des Unions- sowie des österreichischen Rechts, ZÖR 76 (2021), 799 ff.; *Christoph Ohler* Modelle des Verwaltungsverbunds in der Finanzmarktaufsicht, DV 49 (2016), 309 ff.; *Jörn Axel Kämmerer* Rechtsschutz in der Bankenunion (SSM, SRM), WM 2016, 1 ff.; *Ann-Katrin Kaufhold* Die Europäische Banken-

den Defiziten der nationalen Bankenaufsicht allerdings als „Hochzonung" auf die Unionsebene.

Besonders anspruchsvoll wird die Verwaltungskooperation in der Union, wenn sie nicht nur bilateral-vertikal zwischen der Unionsebene und der Verwaltung eines Mitgliedstaates erfolgt, sondern die mitgliedstaatlichen Verwaltungsstrukturen – ggf. unter Einbindung von Unionsorganen – im horizontalen Verhältnis miteinander kooperieren.[49] Diese umfassende Kooperation ist unvermeidlich mit dem Modell des indirekten Vollzugs verbunden, soweit grenzüberschreitende Sachverhalte zu behandeln sind; für sie hat sich im deutschen Sprachraum[50] der Begriff des Europäischen Verwaltungsverbunds[51] etabliert.

---

union – vollendet unvollendet? Eine Zwischenbilanz, ZG 2017, 18 ff.; monographisch *Martina Almhofer* Die Haftung der Europäischen Zentralbank für rechtswidrige Bankenaufsicht, 2018; *Markus Gentzsch* EZB-Aufsichtsbeschlüsse, 2023; *Ann-Katrin Kaufhold* Systemaufsicht, 2016; *Felix Kazimierski* Rechtsschutz im Rahmen der Europäischen Bankenaufsicht, 2020; *Tilmann Roth* Die indirekte Bankenaufsicht durch die Europäische Zentralbank, 2018; *Jakob Schemmel* Europäische Finanzmarktverwaltung, 2018; *Konrad Vossen* Rechtsschutz in der europäischen Bankenaufsicht, 2020.

[49] S. im Überblick *Charikleia Vlachou* Réseaux européens d'autorités, in: Jean-Bernard Auby/Jacqueline Dutheil de la Rochère (Hrsg.) Traité de droit administratif européen, 3. Aufl. 2022, 937 ff.; s. auch die Beiträge in Michael Holoubek/Michael Lang (Hrsg.) Verfahren der Zusammenarbeit von Verwaltungsbehörden in Europa, 2012; Beispiele bilden die Schnellwarnsysteme für gefährliche Produkte (RAPEX – Rapid Exchange of Information System), s. Art. 10-12 der RL 2001/95/EG des EP und des Rates v. 3.12.2001 über die allgemeine Produktsicherheit, ABl. EG 2002 L 11/4; dazu zuletzt *Lisa Freihoff* RAPEX – Behördliche Produktinformation im europäischen Verwaltungsverbund, 2022; s. auch *Schwind* Netzwerke (Fn. 9), 204 ff.; bzw. für gefährliche Lebensmittel (RASFF – Rapid Alert System for Food and Feed), s. Art. 50-52 der VO (EG) Nr. 178/2002 des EP und des Rates v. 28.1.2002 zur Festlegung der allgemeinen Grundsätze und Anforderungen des Lebensmittelrechts [...] (Lebensmittelbasisverordnung), ABl. EG 2002 L 31/1; dazu *Jörg Gundel* Lebensmittelrecht, in: Matthias Ruffert (Hrsg.) Europäisches sektorales Wirtschaftsrecht, 2. Aufl. 2020, § 8 Rn. 88 ff.; *Christian Theis* Das europäische Schnellwarnsystem für Lebensmittel (RASFF), 2017.

[50] Zur Begrifflichkeit in anderen Sprachräumen *Markus Ludwigs* Europäischer Verwaltungsverbund, in: Wolfgang Kahl/Markus Ludwigs (Hrsg.) Handbuch des Verwaltungsrechts, Bd. 2, 2021, § 36 Rn. 1.

[51] S. z.B. Eberhard Schmidt-Aßmann/Bettina Schöndorf-Haubold (Hrsg.) Der Europäische Verwaltungsverbund – Formen und Verfahren der Verwaltungszusammenarbeit in der EU, 2005; *Gabriele Britz* Vom Europäischen Verwaltungsverbund zum Regulierungsverbund?, EuR 2006, 46 ff.; *Matthias Ruffert* Von der Europäisierung des Verwaltungsrechts zum Europäischen Verwaltungsverbund, DÖV 2007, 761 ff.; Jens-Peter Schneider/Francisco Velasco Caballero (Hrsg.) Strukturen des Europäischen Verwaltungsverbunds, 2009; *Siegel* Verwaltungsverbund (Fn. 5), 224 ff.; *Ute Mager* Entwicklungslinien des Europäischen Verwaltungsrechts, in: Peter Axer/Bernd Grzeszick/Wolfgang Kahl/Ute Mager/Ekkehart Reimer (Hrsg.) Das Europäische Verwaltungsrecht in der Konsolidierungsphase, 2010, 11 (16 ff.); *Wolfgang Weiß* Der Europäische Verwaltungsverbund,

Gerade im Bereich der horizontalen Behördenkooperation können sich Verwaltungsfehler für den Einzelnen zum Binnenmarkt-Alptraum entwickeln – das gilt exemplarisch für den vom EuGH im Jahr 2018[52] entschiedenen Fall eines irischen Lkw-Fahrers, in dessen Ladung bei der Einreise über die türkisch-griechische Grenze wertvolles Schmuggelgut entdeckt worden war. Der Fahrer war zeitnah von den griechischen Gerichten vom Verdacht einer Beteiligung freigesprochen worden; Jahre später hat die griechische Zollverwaltung dann aber aufgrund des Vorgangs einen Bußgeldbescheid über etwas mehr als eine Million Euro erlassen, der in Griechenland im Weg der öffentlichen Zustellung wirksam wurde und den die griechische Verwaltung dann in Anwendung der EU-Amtshilferichtlinie[53] in Irland vollstrecken lassen wollte.[54] Der vom irischen Gericht angerufene EuGH hat hier mit einer restriktiven Auslegung der Amtshilfe-Richtlinie geholfen. Der Fall macht aber deutlich, dass der Grundsatz des gegenseiti-

---

2010; Österreichische Verwaltungswissenschaftliche Gesellschaft (Hrsg.) Der Europäische Verwaltungsverbund, 2011; *Wolfgang Kahl* Der Europäische Verwaltungsverbund: Strukturen – Typen – Phänomene, Staat 50 (2011), 353 ff.; zuletzt *Ludwigs* Europäischer Verwaltungsverbund (Fn. 50), § 36; *Weiß* Aufgabenadäquate Verwaltungsorganisation (Fn. 3), 135 ff.; *Ulrich Stelkens* Europäisches Verwaltungsrecht, Europäisierung des Verwaltungsrechts und Internationales Verwaltungsrecht, in: Paul Stelkens/Heinz Joachim Bonk/Michael Sachs (Hrsg.) VwVfG, 10. Aufl. 2023, Rn. 192 hält zu Recht fest, dass es sich dabei mehr um eine Metapher als um einen juristisch subsumtionsfähigen Begriff handelt.

[52] EuGH, 26.4.2018, Eamonn Donnellan, Rs. C-34/17; dazu z.B. *Ilse De Troyer* The Tax Debtor's Right of Defence in Case of Cross-Border Collection of Taxes, EC Tax Review 2019, 18 ff.; *Catherine Warin* A Dialectic of Effective Judicial Protection and Mutual Trust in the European Administrative Space: Towards the Transnational Judicial Review of Manifest Error?, REALaw 13 (2020), 7 (19 f.).

[53] RL 2010/24/EU des Rates v. 16.3.2010 über die Amtshilfe bei der Beitreibung von Forderungen in Bezug auf bestimmte Steuern, Abgaben und sonstige Maßnahmen, ABl. EU 2010 L 84/1; zu den EU-Regelungen zur Amtshilfe zwischen den Mitgliedstaaten s. *Florian Wettner* Die Amtshilfe im Europäischen Verwaltungsrecht, 2005; *ders.* Das allgemeine Verfahrensrecht der gemeinschaftsrechtlichen Amtshilfe, in: Eberhard Schmidt-Aßmann/Bettina Schöndorf-Haubold (Hrsg.) Der Europäische Verwaltungsverbund – Formen und Verfahren der Verwaltungszusammenarbeit in der EU, 2005, 181 ff.; *Michiel Luchtman* European cooperation between financial supervisory authorities, tax authorities and judicial authorities, 2008; *Robert Weyeneth* Grundsätze der Amtshilfe im europäischen Kontext, in: Alfred Debus/Franziska Kruse/Alexander Peters/Hanna Schröder/Olivia Seifert/Corinna Sicko/Isabel Stirn (Hrsg.) Verwaltungsrechtsraum Europa, 2011, 79 ff.; s. auch *Anatol Dutta* Die Pflicht der Mitgliedstaaten zur gegenseitigen Durchsetzung ihrer öffentlichrechtlichen Forderungen, EuR 2007, 744 ff.; zur Amtshilfe im Rahmen des ECN s. bereits o. bei Fn. 11.

[54] Zu diesem Zeitpunkt war die Forderung durch den Zinseffekt auf 1,5 Millionen Euro angewachsen.

gen Vertrauens, der die Kooperation der nationalen Behörden prägt,[55] auch Raum für Fehlerkontrollen und -korrekturen lassen muss.

2. Die Rolle der EU-Agenturen

Zu einem wesentlichen Element des Europäischen Verwaltungsverbunds haben sich die durch den EU-Gesetzgeber gegründeten EU-Agenturen als rechtlich selbständige Einheiten des Unionsrechts entwickelt.[56] Diese Agenturstrukturen sind vielseitig einsetzbar: Sie übernehmen teils Entscheidungsfunktionen im direkten Vollzug, die andernfalls wohl der Kommission zugeordnet würden, wie z.B. die unionsweite Zulassung von

---

[55] Dazu z.B. *Cecilia Rizcallah* Le principe de confiance mutuelle en droit de l'Union européenne, 2020; *Romain Tinière* Confiance mutuelle et droits fondamentaux dans l'Union européenne, in: FS Henri Oberdorff, 2015, 71 ff.; speziell zum Feld des Europäischen Haftbefehls *Joachim Rung* Grundrechtsschutz in der Europäischen Strafkooperation, 2019, 66 ff., 173 ff.; *Francesco Maiani/Sara Migliorini* One principle to rule them all? Anatomy of mutual trust in the law of the Area of Freedom, Security and Justice, CMLRev. 57 (2020), 7 ff.; *Suliane Neveu* Reconnaissance mutuelle et droits fondamentaux: quelles limites à la coopération judiciaire pénale, RTDH 2016, 119 ff.; *Ermioni Xanthopoulou* Mutual Trust and Rights in EU Criminal and Asylum Law: Three Phases of Evolution and the Uncharted Territory beyond Blind Trust, CMLRev. 55 (2018), 489 ff. Der Grundsatz ist in diesem Bereich durch die Rechtsstaatlichkeitskrise in einzelnen osteuropäischen Mitgliedstaaten auf eine harte Probe gestellt worden, s. etwa zur Frage der Vollstreckung Europäischer Haftbefehle aus Polen in anderen EU-Mitgliedstaaten EuGH (GK), 25.7.2018, LM, Rs. C-216/18 PPU, Rn. 72; dazu *Theodore Konstadinides* Court of Justice, Judicial independence and the Rule of Law in the context of non-execution of a European Arrest Warrant: LM, CMLRev. 56 (2019), 743 ff.; *Mattias Wendel* Indépendance judiciaire et confiance mutuelle: à propos de l'arrêt LM, CDE 2019, 189 ff.; weiter EuGH (GK), 17.12.2020, L und P, verb. Rs. C-354/20 PPU und C-412/20 PPU, Rn. 57 f.; zu entsprechenden Vorbehalten bei der Zusammenarbeit im EU-Wettbewerbsrecht s. EuG, 9.2.2022, Sped-Pro S.A./Kommission, Rs. T-791/19, EuZW 2022, 277 m. Anm. *Mariusz Motyka-Mojkowski/Nicolas Dewitte*, EuR 2022, 639 (nur LS) m. Anm. *Dieter Krimphove*; dazu *Maciej Bernatt* Economic Frontiers of the Rule of Law: Sped-Pro v Commission, CMLRev. 60 (2023), 199 ff.; *Daniel Könen/Maximilian Dogs* Überprüfungspflicht der Unabhängigkeit von ECN-Behörden im EU-Beschwerdeverfahren, WuW 2023, 130 ff.

[56] Dazu in jüngerer Zeit *Nicolas Sölter* Agenturen der Europäischen Union, in: Armin Hatje/Peter-Christian Müller-Graff (Hrsg.) Europäisches Organisations- und Verfassungsrecht, 2. Aufl. 2022, § 18; *Merijn Chamon* EU Agencies – Legal and Political Limits to the Transformation of the EU Administration, 2016; *ders.* Les agences de l'Union européenne: Origines, état des lieux et défis, CDE 2015, 293 ff.; *Andreas Orator* Möglichkeiten und Grenzen der Einrichtung von Unionsagenturen, 2017; *Katja Michel* Institutionelles Gleichgewicht und EU-Agenturen, 2015; Madalina Busuioc/Martijn Groenleer/Jarle Trondal (Hrsg.) The agency phenomenon in the European Union, 2012; Nicolas Raschauer (Hrsg.) Europäische Agenturen, 2012; Joël Molinier (Hrsg.) Les agences de l'Union européenne, 2011.

Produkten.⁵⁷ Sie können den Knotenpunkt eines Netzwerks von kooperierenden nationalen Behörden bilden;⁵⁸ teils hat das Sekundärrecht ihnen dabei auch die Funktion des Schiedsrichters zwischen den nationalen Behörden zugewiesen,⁵⁹ die das Sekundärrecht in anderen Bereichen der Kommission einräumt.⁶⁰ Für den Einzelnen kann die Aufgabenübertragung

---

⁵⁷ S. bereits o. bei Fn. 5 und 6.

⁵⁸ Dazu *Eduardo Chiti* Agences, administration indirecte et coadministration, in: Jean-Bernard Auby/Jacqueline Dutheil de la Rochère (Hrsg.) Traité de droit administratif européen, 3. Aufl. 2022, 307 ff.; Beispiele bilden etwa im Telekommunikationssektor das Gremium europäischer Regulierungsstellen für elektronische Kommunikation GEREK, s. die VO (EU) 2018/1971 des EP und des Rates v. 11.12.2018 zur Einrichtung des Gremiums europäischer Regulierungsstellen für elektronische Kommunikation (GEREK) und der Agentur zur Unterstützung des GEREK (GEREK-Büro) [...], ABl. EU 2018 L 321/1; dazu z.B. *Annegret Groebel* Aufgabenadäquate Verwaltungsorganisation im Europäischen Verwaltungsverbund, in: Wolfgang Kahl/Ute Mager (Hrsg.) Verwaltungsorganisation, 2023, 157 ff.; ähnliches gilt für die EFSA (European Food Safety Authority) auf der Grundlage von Art. 22 ff. der VO (EG) Nr. 178/2002 des EP und des Rates v. 28.1.2002 zur Festlegung der allgemeinen Grundsätze und Anforderungen des Lebensmittelrechts [...] (Lebensmittelbasisverordnung), ABl. EG 2002 L 31/1, dazu z.B. *Felix Ortgies* Europäische Netzwerkverwaltung, in: Wolfgang Kahl/Ute Mager (Hrsg.) Verwaltungsorganisation, 2023, 239 ff., oder im Energiesektor für die Agentur für die Zusammenarbeit der Energieregulierungsbehörden (ACER), s. zunächst die VO (EG) Nr. 713/2009 des EP und des Rates v. 13.7.2009 zur Gründung einer Agentur für die Zusammenarbeit der Energieregulierungsbehörden, Abl. EU 2009 L 211/1, neu gefasst durch die VO (EU) 2019/942 des EP und des Rates v. 5.6.2019, Abl. EU 2019 L 158/22; monographisch zu ACER *Martin Steger* Zur Verselbstständigung von Unionsagenturen, 2015; *Christian Untrieser* Die Agentur für die Zusammenarbeit der Energieregulierungsbehörden im europäischen Verwaltungsverbund, 2016.

⁵⁹ Das gilt im Energiesektor für ACER (Fn. 58); zu solchen Entscheidungen der Agentur s. z.B. EuG, 7.9.2022, BnetzA/ACER, Rs. T-631/19, EnWZ 2022, 411 m. Anm. *Jörg Gundel*; EuG, 15.2.2023, Austrian Power Grid u.a./ACER, Rs. T-606/20; EuG, 15.2.2023, Austrian Power Grid u.a./ACER, Rs. T-607/20. Vergleichbares gilt für den Europäischen Datenschutzausschuss, der gemäß Art. 65 der VO (EU) 2016/679 des EP und des Rates v. 27.4.2016 zum Schutz natürlicher Personen bei der Verarbeitung personenbezogener Daten, zum freien Datenverkehr und zur Aufhebung der RL 95/46/EG (DSGVO), Abl. EU 2016 L 119/1, in Fragen, die zwischen den nationalen Datenschutzbehörden umstritten sind, diesen Behörden gegenüber eine verbindliche Auslegung vorgeben kann, die von ihnen dann gegenüber den von ihnen beaufsichtigten Unternehmen durchzusetzen ist; dazu EuG, 7.12.2022, WhatsApp Ireland/Europäischer Datenschutzausschuss, Rs. T-709/21; dazu *Philippe Schmitt* Ordonnance „WhatsApp": irrecevabilité des recours des entreprises contre les décisions contraignantes du Comité européen de la protection des données (CEPD), JDE 2023, 244 f. (ein Rechtsmittel ist anhängig als Rs. C-97/23 P) ; näher dazu *Claudia Kawohl* Der Europäische Datenschutzverbund, 2022, 100 ff. Zu solchen Streitentscheidungsfunktionen s. auch *Luca De Lucia* Conflict and Cooperation within European Composite Administration (Between Philia and Eris), REALaw 5 (2012), 43 ff.

⁶⁰ Diese Funktion übernimmt die Kommission z.B. in den im EU-Produktsicherheitsrecht regelmäßig vorgesehenen Schutzklauselverfahren, nach dem ein Mitgliedstaat den

allerdings mit dem Verlust auf das Recht zur Verwendung seiner Landessprache verbunden sein, weil die Agenturen anders als die EU-Organe nicht primärrechtlich an den Grundsatz der Allsprachigkeit gebunden sind.[61]

Die Ende der 1950er ergangene Meroni-Rechtsprechung des EuGH[62] hatte der Ausstattung von sog. vertragsfremden Einrichtungen mit Entscheidungsbefugnissen ursprünglich enge Grenzen gezogen, die in der Folge aber schrittweise gelockert bzw. aufgegeben wurden.[63] Es bleiben

---

Vertrieb von Produkten, die nach seiner Auffassung den unionsrechtlichen Vorgaben nicht entsprechen, zunächst mit Wirkung für sein Territorium untersagt und die Maßnahme zugleich an die Kommission meldet, die die anderen Mitgliedstaaten in Kenntnis setzt. Bestätigt die Kommission die Maßnahme, sind auch die anderen Mitgliedstaaten zum Verbot verpflichtet, andernfalls muss der meldende Staat seine Maßnahmen aufheben. Die Entscheidungen der Kommission können von den betroffenen Herstellern mit der Nichtigkeitsklage angegriffen werden, dazu z.B. EuG, 8.9.2021 Brunswick Bowling Products LLC/ Kommission, Rs. T-152/19 (ein Rechtsmittel ist anhängig als Rs. C-694/21 P); EuG, 3.5.2018, Grizzly Tools/Kommission, Rs. T-168/16; EuG, 26.1.2017, Global Garden Products Italy SpA/Kommission, Rs. T-474/15.

[61] S. billigend zum Sprachenregime des EU-Amts für Geistiges Eigentum (EUIPO, s.o. Fn. 7), nach dem nur fünf der Amtssprachen der Union verwendet werden: EuG, 12.7.2001, Christina Kik/HABM, Rs. T-120/99, Slg. 2001, II-2235, EuR 2001, 764 m. krit. Anm. *Jörg Gundel*; bestätigt durch EuGH, 9.9.2003, Rs. C-361/01 P, Slg. 2003, I-8283; dazu auch kritisch *Ellen Vos* Reforming the European Commission: What Role to Play for EU Agencies?, CMLRev. 37 (2000), 1113 (1129 f.); *Yannick Yvon* Sprachenvielfalt und europäische Einheit – Zur Reform des Sprachenregimes der Europäischen Union, EuR 2003, 681 (684, 695).

[62] EuGH, 13.6.1958, Meroni/Hohe Behörde, Rs. 9/56, Slg. 1958, 9, 42 ff.; EuGH, 13.6.1958, Meroni/Hohe Behörde, Rs. 10/56, Slg. 1958, 51, 75 ff. Rückblickend betrafen diese Urteile den extrem gelagerten Sonderfall der Übertragung von Aufgaben auf eine private Einrichtung; so auch die Einordnung durch EuG, 20.9.2019, Deutschland/ECHA, Rs. T-755/17, Rn. 138 f. mit dem berechtigten Hinweis, dass die Urteile nicht zu vom EU-Gesetzgeber geschaffenen Einrichtungen ergangen sind.

[63] S. insbes. EuGH (GK), 22.1.2014, Großbritannien/Parlament und Rat (ESMA), Rs. C-270/12, JZ 2014, 244 m. Anm. *Christoph Ohler*, EuZW 2014, 349 m. Anm. *Magdalena Skowron*; dazu *Dariusz Adamski* The ESMA Doctrine: A Constitutional Revolution and the Economics of Delegation, 39 ELRev. (2014), 812 ff.; *Jean-Claude Bonichot* À propos de l'attribution du pouvoir réglementaire à l'Autorité européenne des marchés financiers, RFDA 2014, 325 ff.; *Luca Caianiello* I recenti sviluppi della regolazione indipendente in europa, alla luce del modello organizzativo emerso con l'istituzione dell'ACER: alcune riflessioni a margine di una recente sentenza della Corte di giustizia e del quadro amministrativo europeo dopo Lisbona, RIDPC 2015, 1203 ff.; *Merijn Chamon* The Empowerment of Agencies under the Meroni Doctrine and Article 114 TFEU, 39 ELRev. (2014), 380 ff.; *Francesco Martucci* Les pouvoirs de l'Autorité européenne des marchés financiers à l'épreuve du droit constitutionnel de l'Union, RAE 2014, 201 ff.; *Miroslava Scholten/Marloes van Rijsbergen* The ESMA-Short Selling Case: Erecting a New Delegation Doctrine in the EU upon the Meroni-Romano Remnants, LIEI 41 (2014), 389 ff.; s. zur Diskussion z.B. *Tom Zwart* La poursuite du père Meroni ou pourquoi les agences pourraient jouer un rôle plus en vue dans l'Union européenne, in: Jacqueline Dutheil de la Rochère (Hrsg.)

die Grenzen des durch den EuGH entwickelten Wesentlichkeitsvorbehalts, nach dem die grundsätzlichen Weichenstellungen durch die Organe getroffen werden müssen, denen diese Zuständigkeit in den Verträgen zugewiesen wurde.[64] Diese Schranke ist nun in Art. 290 AEUV für die delegierte Rechtssetzung ausdrücklich normiert, sie galt aber bereits zuvor und auch jenseits des Anwendungsbereichs dieser Bestimmung als Ableitung aus dem Grundsatz des institutionellen Gleichgewichts.[65]

Unter dem Gesichtspunkt der Machtverteilung zwischen der Union und den Mitgliedstaaten sind diese Agenturen im Übrigen durchaus ambivalent: Aus mitgliedstaatlicher Sicht werden sie häufig als zusätzliche „Landnahme" durch die Union eingestuft, weil der Vollzug nach dem Grundmodell des indirekten Vollzugs den Mitgliedstaaten zukommt.[66] Aus der Sicht der Kommission ist mit der „Agenturisierung" dagegen häufig eher ein Wachstum des Einflusses der Mitgliedstaaten verbunden, weil sie den Verwaltungsrat der Agentur als das zentrale Entscheidungsgremium dominieren und damit das Handeln der Agentur „von innen" mitbestimmen,[67] während sie das Handeln der Kommission allenfalls über die in Art. 291 Abs. 3 AEUV vorgesehenen Komitologieausschüsse „von außen" kontrollieren

---

L'exécution du droit de l'Union, entre mécanismes communautaires et droits nationaux, 2009, 159 ff.; *Merijn Chamon* EU Agencies between *Meroni* and *Romano* or the devil and the deep blue sea, CMLRev. 48 (2011), 1055 ff.; *Marta Simoncini* The erosion of the Meroni doctrine, EPL 21 (2015), 309 ff.; *dies.* Administrative Regulation Beyond the Non-Delegation Doctrine: A Study on EU Agencies, 2018, 25 ff.; *Kirsten Weißgärber* Die Legitimation unabhängiger europäischer und nationaler Agenturen, 2016, 248 ff.

[64] Grundlegend EuGH, 17.12.1970, Köster, Rs. 25/70, Slg. 1970, 1161, Rn. 6; weiter z.B. EuGH, 27.10.1992, Deutschland/Kommission, Rs. C-240/90, Slg. 1992, I-5383, Rn. 36 ff.; EuGH, 13.7.1995, Parlament/Kommission, Rs. C-156/93, Slg. 1995, I-2019, Rn. 18; EuGH, 6.12.2005, Großbritannien/Parlament und Rat, Rs. C-66/04, Slg. 2005, I-10553, Rn. 48 ff., JZ 2006, 358 m. Anm. *Christoph Ohler*; EuGH, 6.5.2008, Parlament/Rat, Rs. C-133/06, Slg. 2008, I-3189, Rn. 45; EuGH (GK), 5.9.2012, Parlament/Rat, Rs. C-355/10, Rn. 64 ff.; EuGH, 10.9.2015, Parlament/Rat, Rs. C-363/14, Rn. 46 ff.

[65] Zu diesem Grundsatz s. z.B. *Brunessen Bertrand* Le principe de l'équilibre institutionnel: la double inconstance, Europe 6/2016, 5 ff.; *Hanna Goeters* Das institutionelle Gleichgewicht – seine Funktion und Ausgestaltung im Europäischen Gemeinschaftsrecht, 2008; *Thorsten Siegel* Das Gleichgewicht der Gewalten in der Bundesrepublik Deutschland und in der Europäischen Gemeinschaft, DÖV 2010, 1 ff.; *Michel* Institutionelles Gleichgewicht (Fn. 56), 70 ff.; kritisch *Merijn Chamon* The Institutional Balance, an Ill-Fated Principle of EU Law?, EPL 21 (2015), 371 ff.

[66] Dazu *Dirk Ehlers/Hermann Pünder* Europäisches Verwaltungsrecht, in: dies. (Hrsg.) Allgemeines Verwaltungsrecht, 16. Aufl. 2022, § 5 Rn. 41.

[67] Im Regelfall ist hier jeder Mitgliedstaat mit Stimmrecht vertreten, während die Kommission nur über eine oder zwei Stimmen verfügt; für einen Überblick über die nicht einheitliche Ausgestaltung bei den verschiedenen Agenturen s. *Thomas Groß* Die Legitimation der polyzentralen EU-Verwaltung, 2015, 68 ff.; *Lucas Hartmann* Die Kodifikation des Europäischen Verwaltungsrechts, 2020, 284 ff.

können. Dementsprechend ist die Kommission der Gründung von weiteren Agenturen zeitweise ablehnend gegenübergestanden[68] und hat auch lange Zeit eine besonders strenge Lesart der erwähnten Meroni-Doktrin vertreten, wonach den Agenturen Entscheidungszuständigkeiten nur in marginalen Bereichen übertragen werden dürften.[69]

In diesem Zusammenhang stellt sich auch die Frage nach der Reichweite der in Art. 298 AEUV vorgegebenen Unabhängigkeit der europäischen Verwaltung: Diese Vorgabe wird teils dahin verstanden, dass die Unionsagenturen kraft Primärrechts gegenüber der EU-Kommission unabhängig gestellt werden müssten.[70] Bei einem solchen Verständnis bleibt allerdings unberücksichtigt, dass die EU-Eigenverwaltung ja im Wesentlichen aus der Kommission besteht; ein allgemeiner Grundsatz der Unabhängigkeit von der Kommission ergibt hier keinen Sinn. Die Aussage des Art. 298 AEUV beschränkt sich daher richtigerweise auf die Unabhängigkeit der Unionsverwaltung insgesamt gegenüber dem EU-Gesetzgeber und gegenüber den Mitgliedstaaten.[71] Die Normierung der Unabhängigkeit einzelner Stellen

---

[68] Im Frühjahr 2008 hatte die Kommission ein Moratorium für die Gründung weiterer Agenturen bis zum Abschluss einer Evaluierung des Agenturwesens verkündet, s. die Kommissionsmitteilung Europäische Agenturen – Mögliche Perspektiven, KOM (2008) 135 endg. v. 11.3.2008, 10 f.; dazu *Françoise Comte* Agences européennes: relance d'une réflexion interinstitutionnelle européenne?, RDUE 2008, 461 ff. Am Ende dieses Prozesses erfolgten aber nur sehr allgemeine gemeinsame Festlegungen der Unionsorgane, s. die Gemeinsame Erklärung des EP, des Rates und der Kommission zu den dezentralen Agenturen v. 19.7.2012, <https://european-union.europa.eu/system/files/2022-06/joint_statement_on_decentralised_agencies_en.pdf> (Stand 17.11.23); dazu z.B. *Maroš Šefčovič* Ein Ordnungsrahmen für die dezentralisierten Agenturen der EU, EuZW 2012, 801 f.; *Elsa Bernard* Accord sur les agences européennes: la montagne accouche d'une souris, RDUE 2012, 399 ff.; *Reinhard Priebe* Agenturen der Europäischen Union – Europäische Verwaltung durch eigenständige Behörden, EuZW 2015, 268 (270 ff.).

[69] So z.B. noch die Kommissionsmitteilung Europäische Agenturen – Mögliche Perspektiven (Fn. 68), 5: „Den Agenturen dürfen keine Befugnisse zum Erlass allgemeiner Regulierungsmaßnahmen übertragen werden. Die Agenturen dürfen lediglich Einzelentscheidungen in spezifischen Bereichen, die eine genau definierte technische Sachkenntnis erfordern, treffen und verfügen über keine wirkliche Ermessensbefugnis."

[70] So z.B. *Jacqueline Lorenzen* Kontrolle einer sich ausdifferenzierenden EU-Eigenverwaltung, 2019, 380 ff.; *Michel* Institutionelles Gleichgewicht (Fn. 56), 54 f.; *Groß* Legitimation (Fn. 67), 90; *ders.* Unabhängige EU-Agenturen – eine Gefahr für die Demokratie?, JZ 2012, 1087 (1088); *Josef Ruthig* Die EZB in der europäischen Bankenunion, ZHR 178 (2014), 443 (461 ff.); nicht eindeutig *Johannes Saurer* in: Ulrich Häde/Carsten Nowak/Matthias Pechstein (Hrsg.) Frankfurter Kommentar zu EUV/GRC/AEUV, 2017, Art. 298 AEUV Rn. 14, der die Unabhängigkeit auch auf das Verhältnis zwischen EU-Stellen und der EU-Kommission bezieht, die Ausgestaltung aber dem Unionsgesetzgeber überlassen sieht.

[71] *Armin Hatje* in: Jürgen Schwarze (Hrsg.) EU-Kommentar, 4. Aufl. 2019, Art. 298 AEUV Rn. 19.

der Union gegenüber der Kommission unterliegt dagegen der Entscheidung des Unionsgesetzgebers, der hier auch bereichsbezogen ganz unterschiedliche Lösungen gewählt hat.[72] Sie ist aber nicht allgemein primärrechtlich vorgegeben.[73]

3. Der transnationale Verwaltungsakt als Alternative zum direkten Vollzug

Als Alternative zu einer Zentralisierung der Entscheidungszuständigkeit auf Unionsebene hat sich das Modell des transnationalen Verwaltungsakts[74] entwickelt: Er wird von den Behörden eines Mitgliedstaats erlassen, entfaltet aber auch in den anderen Mitgliedstaaten Wirkung.[75] Der Verwal-

---

[72] So stehen die Exekutivagenturen (o. Fn. 15) unter enger Kontrolle der EU-Kommission, während die Entscheidungsgremien von GEREK (Fn. 58) und ACER (Fn. 58) teils nicht mit Vertretern der Mitgliedstaaten, sondern der (kraft Unionsrechts unabhängigen) nationalen Regulierungsbehörden besetzt sind; auch die Unionsagenturen im Bereich der Banken- und Finanzmarktaufsicht (s.o. Fn. 44) sind ausdrücklich unabhängig gestellt, dazu z.B. *Matthias Ruffert* Die neue Unabhängigkeit: Zur demokratischen Legitimation von Agenturen im europäischen Verwaltungsrecht, in: Peter-Christian Müller-Graff/Stefanie Schmahl/Vassilios Skouris (Hrsg.) FS Scheuing, 2011, 399 ff.

[73] Wie hier z.B. *Dirk Ehlers* Verantwortung im öffentlichen Recht, DV 46 (2013), 467 (479); *ders./Pünder* Europäisches Verwaltungsrecht (Fn. 66), § 5 Rn. 42.

[74] Dazu in jüngerer Zeit *Clara Velasc o Rico* L'acte administratif transnational dans le contexte du droit de l'Union européenne, in: Jean-Bernard Auby/Jacqueline Dutheil de la Rochère (Hrsg.) Traité de droit administratif européen, 3. Aufl. 2022, 915 ff.; *Svenja Büttner* „Transterritoriale Wirkung" von Verwaltungsakten, BayVBl. 2022, 109 ff.; *Lisa-Marie Lührs* Transnationale Verwaltungsentscheidungen, JuS 2022, 721 ff.; *Till Kemper* Der transnationale Verwaltungsakt im Kulturgüterschutzrecht, NuR 2012, 751 ff.; zuvor z.B. *Christoph Ohler* Die Kollisionsordnung des Allgemeinen Verwaltungsrechts, 2005, 55 ff.; *Matthias Ruffert* Der transnationale Verwaltungsakt, DV 34 (2001), 453 ff.; *Bernhard Raschauer* Transnationale Verwaltungsakte, in: Stefan Hammer/Alexander Somek/Manfred Stelzer/Barbara Weichselbaum (Hrsg.) FS Theo Öhlinger, 2004, 661 ff.; *Volker Neßler* Der transnationale Verwaltungsakt – Zur Dogmatik eines neuen Rechtsinstituts, NVwZ 1995, 863 ff.

[75] Eine besonders weit entwickelte Form des transnationalen Verwaltungsakts stellt die verbindliche Zolltarifauskunft zur Einstufung von Waren dar, die von einer nationalen Zollbehörde ausgestellt wird und in der gesamten Union Gültigkeit hat, wobei die Kommission zur Sicherung eines korrekten Vollzugs des Zollrechts vom betroffenen Mitgliedstaat den Widerruf der Auskunft verlangen kann, s. Art. 34 Abs. 11 UZK (Fn. 25); dazu zuletzt *António Caeiros* Le régime juridique du classement tarifaire des marchandises dans l'Union européenne, 2022, 193 ff.; s. für Beispiele die Kommissionsentscheidung v. 31.1.2003 über die Gültigkeit bestimmter von der Bundesrepublik Deutschland erteilter verbindlicher Zolltarifauskünfte (VZTA), ABl. EU 2003 L 36/40, mit der der Bundesrepublik die Rücknahme der im Anhang aufgeführten Entscheidungen binnen einer Frist von maximal 10 Tagen ab Bekanntgabe aufgegeben wurde; dazu *Lothar Gellert* Zur Einreihung von gefrorenem und gesalzenem Geflügelfleisch, ZfZ 2003, 139 ff.; weiter den Durchführungsbeschluss (EU)

tungsakt bleibt dabei ein Instrument des indirekten Vollzugs: Er wird dem erlassenden Mitgliedstaat zugerechnet, auch wenn seine Wirkung in den anderen Mitgliedstaaten auf Unionsrecht beruht; entscheidend ist der Autor des Rechtsakts, nicht die Rechtsgrundlage.[76] Rechtsschutz ist damit vor den nationalen Gerichten dieses Staates zu suchen;[77] die Behörden der anderen Mitgliedstaaten können den Rechtsakt grundsätzlich[78] nicht aufheben, sondern allenfalls seine Wirkung in ihrem Hoheitsgebiet suspendieren, wenn dies im Sekundärrecht vorgesehen ist.[79]

2019/54 der Kommission v. 9.1.2019 über die Gültigkeit einer bestimmten verbindlichen Zolltarifauskunft, ABl. EU 2019 L 10/71.

[76] S. die Schlussanträge von Generalanwältin Christine Stix-Hackl zu EuGH, 15.9.2005, Intermodal Transports, Rs. C-495/03, Slg. 2005, I-8151, insbes. Rn. 63: „die Zuständigkeit des Gerichtshofes für die Rechtmäßigkeitskontrolle [...richtet sich] nach dem Urheber des Rechtsakts, nicht nach der diesem Rechtsakt zugrunde liegenden Rechtsgrundlage [...]"; s. auch *Hicham Rassafi-Guibal* L'espace juridictionnel administratif européen – La construction inachevée du contrôle juridictionnel des actes administratifs transnationaux d'application du droit de l'Union, in: Mathias Amilhat (Hrsg.) Les concepts fondateurs et les principes directeurs du droit administratif européen, 2022, 507 ff.

[77] Prüfungsmaßstab ist dementsprechend das Recht des Erlassstaates, soweit keine unionsrechtlichen Vorgaben bestehen, s. z.B. EuGH, 26.1.2006, Herbosch Kiere, Rs. C-2/05, Slg. 2006, I-1079, Rn. 26, 33; s. auch *Sydow* Verwaltungskooperation (Fn. 40), 148 ff.

[78] Ausnahmen sieht das Sekundärrecht vor, bei einem Wechsel der örtlichen Zuständigkeit zwischen den Mitgliedstaaten vor, s. dazu die Nachweise bei *Stelkens* Europäisches Verwaltungsrecht (Fn. 51), Rn. 182; eine parallele Regelung besteht bei einem vertikalen Zuständigkeitswechsel zwischen EZB und nationaler Bankenaufsicht, s. dazu *Patrick Hilbert* Vertikale Aufhebungsentscheidungen – Zu einem neuen Phänomen der Verbundverwaltung im Europäischen Bankenaufsichtsrecht, DV 50 (2017), 189 (207 ff.). Die Zuständigkeit des erlassenden Staates für die Aufhebung oder Änderung seiner Entscheidung ist danach die Ausgangsregel, die aber zur Disposition des EU-Gesetzgebers steht; anders *Lührs* (Fn. 74), JuS 2022, 721 (724) und *Joachim Becker* Der transnationale Verwaltungsakt, DVBl. 2001, 855 (857), die die Zuständigkeitsregel als zwingende Ableitung aus der Souveränität des erlassenden Staates verstehen; diese Souveränität kann aber durch den Unionsgesetzgeber eingeschränkt werden.

[79] Dazu *Sydow* Verwaltungskooperation (Fn. 40), 153 ff.; s. z.B. zur Aussetzung der Verbreitung von audiovisuellen Mediendiensten, die im Sendestaat zugelassen wurden und nach Auffassung der Aufsichtsbehörden des Empfangsstaats gegen die Jugendschutzstandards des Unionsrechts verstoßen, Art. 3 Abs. 2 RL 2010/13/EU des EP und des Rates v. 10.3.2010 zur Koordinierung bestimmter Rechts- und Verwaltungsvorschriften der Mitgliedstaaten über die Bereitstellung audiovisueller Mediendienste, ABl. EU 2010 L 95/1 (zuletzt geändert durch die RL (EU) 2018/1808 des EP und des Rates v. 14.11.2018, ABl. EU 2018 L 303/69), und dazu EuG, 13.12.2000, DSTV/Kommission, Rs. T-69/99, Slg. 2000, II-4039, GRUR Int. 2001, 454; EFTA-Gerichtshof, 12.6.1998, TV 1000 Sverige AB, E-8/97, Report of the EFTA Court 1998, 68, GRUR Int. 1998, 984. Zur Zuständigkeitsverteilung zwischen der Versicherungsaufsicht des Sitzstaats und den Behörden anderer Mitgliedstaaten s. EuGH, 27.4.2017, Onix Asigurări SA, Rs. C-559/15, EuZW 2017, 606 m. Anm. *Leander Loacker*.

Diese Zuordnung setzt dem Einsatz dieses Instruments Grenzen, weil dem in einem Mitgliedstaat ansässigen „Normalbürger" eine solche Klage vor den Gerichten eines anderen Staates und in fremder Sprache nicht zuzumuten ist, wenn er nicht selbst grenzüberschreitend tätig geworden ist.[80]

IV. Die Gewährleistung lückenlosen Rechtsschutzes

1. Primärrechtsschutz und Sekundärrechtsschutz gegen Handlungen der Unionsorgane

Aus der Perspektive des Einzelnen stellt sich vor allem die Frage, ob das Phänomen der supranationalen Verwaltung auch mit angemessenen Rechtsschutzgarantien versehen ist. Der Anspruch des Unionsrechts, diese zu gewährleisten[81], ist heute in Art. 47 GRC dokumentiert, der die rechtsstaatliche Grundaussage des Art. 19 Abs. 1 Unterabsatz 2 EUV[82] konkretisiert.

---

[80] Aber auch soweit Unternehmen betroffen sind, kann ein Verstoß gegen den unionsrechtlichen Gleichheitssatz vorliegen, wenn das Sekundärrecht die Zuständigkeit zum Vollzug ausschließlich den Behörden eines Mitgliedstaats zuweist, s. EuGH, 11.7.2006, Franz Egenberger, Rs. C-313/04, Slg. 2006, I-6331 Rn. 33 ff. (zu einer Regelung, nach der zollrechtliche Lizenzen zur verbilligten Einfuhr von neuseeländischer Butter ausschließlich bei den britischen Behörden zu beantragen waren).

[81] S. grundlegend zum Klagerecht des Europäischen Parlaments zur Verteidigung seiner Rechte trotz fehlender Nennung als Klageberechtigter in der damaligen Fassung des heutigen Art. 263 AEUV EuGH, 22.5.1990, Parlament/Rat (Tschernobyl), Rs. C-70/88, Slg. 1990, I-2041, EuR 1990, 269 m. Anm. *Meinhard Hilf*, Rn. 20 ff.; dazu *Jean-François Chambault* L'ouverture du recours en annulation au Parlement européen: aboutissement et cohérence d'une décennie de jurisprudence, RevMC 1991, 40 ff.; *Angela Faber* Die Klagebefugnis des Europäischen Parlaments, DVBl. 1990, 1095 ff.; *Thomas Giegerich* Organstreit vor dem Gerichtshof der Europäischen Gemeinschaften – Zur aktiven Parteifähigkeit des Europäischen Parlaments im Nichtigkeitsklageverfahren, ZaöRV 50 (1990), 812 ff.; *Johannes Schoo* Das Europäische Parlament und sein Verfassungsgericht, EuGRZ 1990, 525 ff.; allgemein *Carsten Nowak* Recht auf effektiven gerichtlichen Rechtsschutz, in: Sebastian Heselhaus/Carsten Nowak (Hrsg.) Handbuch der Europäischen Grundrechte, 2. Aufl. 2020, § 55; *Katharina Pabel* Justizgewährungsanspruch und faires Verfahren, in: Christoph Grabenwarter (Hrsg.) Europäischer Grundrechteschutz, 2. Aufl. 2022, § 25; *Brunessen Bertrand/Jean Sirinelli* Principe du droit au juge et à une protection juridictionnelle effective, in: Jean-Bernard Auby/Jacqueline Dutheil de la Rochère (Hrsg.) Traité de droit administratif européen, 3. Aufl. 2022, 505 ff.; *Joël Rideau* (Hrsg.) Le droit au juge dans l'Union européenne, 1998.

[82] Nach der jüngeren Rechtsprechung des EuGH greift der Anwendungsbereich des Art. 19 EUV zugleich über Art. 47 GRC hinaus, indem er die Mitgliedstaaten zur Gewährleistung einer unabhängigen Gerichtsbarkeit unabhängig davon verpflichtet, ob ein konkreter Rechtsstreit um Unionsrecht geführt wird, s. z.B. EuGH (GK), 20.4.2021 Repubblika/Il-

Gegenstand von Kritik ist allerdings immer wieder die konkrete Ausgestaltung der Instrumente geworden;[83] das betrifft vor allem die engen Grenzen des Art. 263 AEUV für die Nichtigkeitsklage, die als Klagegegenstand nur Handlungen mit Rechtswirkungen vorsieht[84] und für die Zulässigkeit von Klagen Einzelner grundsätzlich deren individuelle und unmittelbare Betroffenheit verlangt.

Der Gerichtshof sieht durch diese Einschränkungen die Rechtsschutzgewährleistung aber nicht gefährdet und kann dafür darauf verweisen, dass der Rechtsschutz nicht durch eine einzelne Klageart, sondern durch das Rechtsschutzsystem insgesamt gewährleistet wird.[85] Ein fehlender direkter Zugang zu den Unionsgerichten kann damit durch die inzidente Kontrolle durch die nationalen Gerichte kompensiert werden;[86] das setzt allerdings nationale Ausführungshandlungen voraus, über die vor den nationalen Gerichten gestritten werden kann. Wo dieser Ansatz nicht greifen kann, verweist der EuGH als letzte Möglichkeit auf die Gewährleistung von Sekundärrechtsschutz über die Schadenersatzklage nach Art. 268 AEUV.[87]

Prim Ministru, Rs. C-896/19, Rn. 36 ff.; zu dieser faktischen „Entfesselung" des Art. 19 EUV von den Anwendungsgrenzen des Unionsrechts s. auch *Stefan Griller* Theorie und Praxis der Sanktionierung von Verstößen gegen das Gebot der Rechtsstaatlichkeit gemäß Art. 2 EUV, in: Christoph Grabenwarter/Erich Vranes (Hrsg.) Die EU im Lichte des Brexits und der Wahlen: Faktoren der Stabilität und Desintegration, 2020, 149 (161 ff.); s. auch noch EuGH, 2.7.2020, S.A.D. Maler und Anstreicher OG, Rs. C-256/19, Rn. 36 ff.

[83] S. dafür stellvertretend *Thomas v. Danwitz* Die Garantie effektiven Rechtsschutzes im Recht der Europäischen Gemeinschaft, NJW 1993, 1108 (1111 ff.); *Christian Calliess* Kohärenz und Konvergenz beim europäischen Individualrechtsschutz, NJW 2002, 3577 (3580 ff.).

[84] Dazu in Bezug auf Soft Law-Rechtsakte u. IV. 3.

[85] EuGH, 25.7.2002, Unión de Pequeños Agricultores, Rs C-50/00 P, Slg. 2002, I-6677, Rn. 38 ff., DVBl 2002, 1348 m. Anm. *Volkmar Götz*; in der Folge zur begrenzten Reichweite der durch den Vertrag von Lissabon hinzugefügten dritten Alternative des Art. 263 Abs. 4 AEUV EuG, 6.9.2011, Inuit Tapiriit Kanatami u.a./ Parlament und Rat, Rs. T-18/10, Slg. 2011, II-5599, EuZW 2012, 395 m. Bespr. *Ulrich Everling* 376 ff., EuR 2012, 432 m. Anm. *Hans Arno Petzold*; bestätigt durch EuGH (GK), 3.10.2013, Inuit Tapiriit Kanatami u.a./ Parlament und Rat, Rs. C-583/11 P, EuZW 2014, 22 m. Bespr. *Rudolf Streinz* 17 ff.

[86] Zur besonderen Bedeutung der nationalen Gerichte für die Durchsetzung des Unionsrechts s. z.B. *Olivier Dubos* Les juridictions nationales, juge communautaire, 2001, 29 ff.; *Oliver Dörr* Der europäisierte Rechtsschutzauftrag deutscher Gerichte, 2003, 40 ff., 201 ff.

[87] Dazu z.B. *Timo Rademacher* Realakte im Rechtsschutzsystem der Europäischen Union, 2014, 260 ff.; das gilt z.B. für die Mitteilung von Ermittlungsergebnissen der EU-Antibetrugseinheit OLAF an die nationalen Behörden: Nachdem die Strafverfolgung Aufgabe der nationalen Stellen ist, ist die Mitteilung nicht mit der Nichtigkeitsklage angreifbar, nur die Verwendung durch die nationalen Behörden eröffnet ggf. eine inzidente Kontrolle, s. *Fabio Giuffrida/Georgia Theodorakakou* The Use of Investigative Results as Evidence in National Punitive Proceedings: The Case of OLAF, in: Michiel Luchtman/Katalin Ligeti/ John Vervaele (Hrsg.) EU Enforcement Authorities, 2023, 167 ff.; Schadenersatzklagen vor

Nach seiner Rechtsprechung kann auch Sekundärrechtsschutz der Rechtsschutzgarantie des Art. 47 GRC genügen;[88] das gilt im Übrigen in gleicher Weise für die Anforderungen an den Rechtsschutz gegen mitgliedstaatliche Maßnahmen.[89]

2. Insbesondere der Rechtsschutz bei gemischten/gestuften Entscheidungen

Die Organisation des Rechtsschutzes bereitet bei den Grundmodellen des direkten und des indirekten Vollzugs keine Probleme: Im direkten Vollzug wird er durch die Unionsgerichte gewährleistet, im indirekten durch die nationalen Gerichte. Komplexer ist die Lage dagegen bei den durch den EU-Gesetzgeber geschaffenen Mischmodellen, in denen Beiträge beider Ebenen zusammenfließen; hier muss es der Anspruch des Unionsrechts sein, dass durch diese Gestaltungen keine Rechtsschutzlücken zu Lasten des Einzelnen entstehen.

a) Trennungsmodell

Dabei haben sich zwei konkurrierende Modelle des Rechtsschutzes in solchen Konstellationen entwickelt, deren Anwendbarkeit von der Ausgestaltung des jeweiligen Sekundärrechts abhängt: Auf der einen Seite steht das traditionelle Trennungsmodell[90], das am deutlichsten in der Oleifi-

---

den Unionsgerichten bleiben aber möglich, s. zuletzt m.w.N. EuG, 19.10.2022, Sistem ecologica/Kommission, Rs. T-81/21, Rn. 45 (ein Rechtsmittel ist anhängig als Rs. C-787/22 P); zuvor z.B. EuG, 12.11.2018, Stichting Against Child Trafficking/Kommission, Rs. T-658/17, Rn. 29; EuG, 20.5.2010, Kommission/Violetti u. Schmit, Rs. T-261/09 P, Rn. 69; EuG, 4.10.2006, Tillack/Kommission, Rs. T-193/04, Slg. 2006, II-3995, Rn. 97, 99.

[88] Dazu z.B. EuGH (GK), 12.9.2006, Reynolds Tobacco u.a./Kommission, Rs. C-131/03 P, Slg. 2006, I-7795, Rn. 79 ff.; dazu *Marton Varju* Case note, CMLRev. 44 (2007), 1101 ff.; weiter EuGH, 28.6.2011, Verein Deutsche Sprache/Rat, Rs. C-93/11 P, Slg. 2011, I-92* (abgek. Veröff.), Rn. 30.

[89] So EuGH (GK), 13.3.2007, Unibet, Rs. C-432/05, Slg 2007, I-2271, Rn. 55 ff., BayVBl. 2007, 589 m. Anm. *Franz Josef Lindner*; dazu *Georgios Anagnostaras* The quest for an effective remedy and the measure of judicial protection afforded to putative Community law rights, ELRev. 32 (2007), 727 ff.; *Claude Blumann* Le juge national, gardien menotté de la protection juridictionnelle effective en droit communautaire, JCP éd. G 2007 I Nr. 175; *Arnaud Van Waeyenberge/Peter Pecho* L'arrêt Unibet et le traité de Lisbonne – un pari sur l'avenir de la protection juridictionnelle effective, CDE 2008, 123 ff.; *Frédéric Schmied* L'accès des particuliers au juge de la légalité – L'apport de l'arrêt Unibet, JTDE 2007, 166 ff.

[90] In der Literatur wird dieser Ausgangspunkt bisher regelmäßig als Trennungsprinzip bezeichnet; nachdem diese Konstruktion heute nicht mehr alternativlos ist, wird hier der Begriff des Trennungsmodells verwendet.

cio Borelli-Entscheidung des Gerichtshofs aus dem Jahr 1992[91] zugrunde gelegt wurde. Danach sind die einzelnen Beiträge von Mitgliedstaat und Unionsorganen getrennt in Verfahren vor den nationalen bzw. den Unionsgerichten anzugreifen;[92] entsprechend dieser Trennlinie gehen Mitwirkungshandlungen von Unionsorganen in nationalen Verfahren nicht in diesen Verfahren auf, sondern sind eigenständig angreifbare Maßnahmen,[93] und Mitwirkungshandlungen der nationalen Behörden zu Entscheidungen auf Unionsebene sind gesondert vor den nationalen Gerichten anzugreifen.[94] Das Trennungsmodell greift auch, soweit Rechtsschutz gegen das Zusammenwirken nationaler Behörden in Unionsnetzwerken[95] in Anspruch genommen wird.[96]

b) Absorptionsmodell

Das Gegenmodell, das man als Absorptionsmodell bezeichnen könnte, wird in der EuGH-Rechtsprechung durch die Rechtsprechung zur EU-Bankenaufsicht repräsentiert, insbesondere durch das Fininvest/Berlus-

---

[91] EuGH, 3.12.1992, Oleificio Borelli, Rs. C-97/91, Slg. 1992, I-6313, Rn. 13 ff.; dazu etwa *Eduardo García de Enterría* The Extension of the Jurisdiction of National Administrative Courts by Community Law: the Judgment of the Court of Justice in Borelli and Article 5 of the EC Treaty, YEL 13 (1993), 19 ff.; *Diana-Urania Galetta* Wechselwirkung zwischen nationalem Verwaltungsrecht und europäischem Gemeinschaftsrecht, in: Siegfried Magiera/Karl-Peter Sommermann (Hrsg.) Verwaltung in der Europäischen Union, 2001, 63 (76 ff.); *Nehl* Europäisches Verwaltungsverfahren (Fn. 25), 432 ff.; *Filipe Brito Bastos* The Borelli Doctrine Revisited: Three Issues of Coherence in a Landmark Ruling for EU Administrative Justice, REALaw 8 (2015), 269 ff.

[92] S. im Anschluss an die Oleificio Borelli-Entscheidung (Fn. 91) z.B. EuGH, 6.12.2001, Kühne, Rs. C-269/99, Slg. 2001, I-9517, Rn. 57 f.; EuGH, 30.1.2002, La Conqueste SCEA, Rs. C-151/01 P, Slg. 2002, I-1179, Rn. 47; s. auch noch u. Fn. 108.

[93] Dazu z.B. *Ehlers/Pünder* Europäisches Verwaltungsrecht (Fn. 66), § 5 Rn. 22; das gilt allerdings nur, soweit diese Maßnahmen als tauglicher Klagegegenstand gemäß Art. 263 AEUV einzuordnen sind.

[94] So die Lösung der Oleificio Borelli-Entscheidung (Fn. 91).

[95] S. zuletzt zum Rechtsschutz gegen Produktwarnungen im Rahmen des RAPEX-Systems (Fn. 49) EuGH, 17.5.2023, Funke, Rs. C-626/21, Rn. 73 ff.; s. auch *Rademacher* Realakte (Fn. 87), 100 ff.; *Schwind* Netzwerke (Fn. 9), 319 ff.

[96] Speziell zur Haftungsebene s. *Heil* Außervertragliche Haftung (Fn. 28), 133 ff.; beim Sekundärrechtsschutz ist hier eine Überwindung der Trennung durch die Annahme einer Gesamtschuldnerschaft von Union und Mitgliedstaat möglich; das setzt aber wohl eine sekundärrechtliche Regelung voraus, durch die die Gerichtszuständigkeit und der Binnenregress geregelt wird, s. für eine solche Regelung z.B. Art. 50 der VO (EU) 2016/794 des EP und des Rates v. 11.5.2016 über die Agentur der Europäischen Union für die Zusammenarbeit auf dem Gebiet der Strafverfolgung [...], ABl. EU 2016 L 135/53 und dazu *Heil* Außervertragliche Haftung (Fn. 28), 98 f., 436 sowie die anhängige Rs. C-755/21 P, Kočner/Europol.

coni-Urteil aus dem Jahr 2018[97]: Nach diesem Modell sind die nationalen Beiträge zu einem Verfahren, das auf Unionsebene abgeschlossen wird, untrennbarer Bestandteil dieses Verfahrens und nicht eigenständig vor den nationalen Gerichten angreifbar.[98]

In der Konsequenz müssen diese nationalen Beiträge dann allerdings inzident von den Unionsgerichten kontrolliert werden, wobei ein toter Winkel des Rechtsschutzes entstehen kann: Soweit nämlich das nationale Recht – in unionsrechtskonformer Weise – zusätzliche Rechtmäßigkeitsanforderungen an den nationalen Verfahrensbeitrag stellt, kann die Einhaltung dieser Voraussetzungen regelmäßig nicht kontrolliert werden: Die Unionsgerichte nehmen eine solche Kontrolle grundsätzlich nicht vor, weil das nationale Recht nicht zu ihrem Prüfungsmaßstab gehört;[99] die nationalen Gerichte können sie nicht ausüben, weil sie von vornherein nicht zuständig sind. Diese Konsequenz wurde in den bisher vom EuGH entschiedenen Fällen nicht deutlich, weil hier ausnahmsweise die EU-Stellen auch für die Anwendung nationalen Rechts zuständig waren[100] – verallgemeinerbar ist diese Lösung aber nicht.

---

[97] EuGH (GK), 19.12.2018, Berlusconi und Fininvest, Rs. C-219/17, EuZW 2019, 128 m. Anm. *Jörg Gundel*; dazu *Filipe Brito Bastos* Judicial review of composite administrative procedures in the Single Supervisory Mechanism: Berlusconi, CMLRev. 56 (2019), 1355 ff.; *Simona Demková* The Grand Chamber's Take on Composite Procedures under the Single Supervisory Mechanism, REALaw 12 (2019), 209 ff.; *Paul Dermine/Mariolina Eliantonio* Case Note, REALaw 12 (2019), 237 ff.; *Kokott/Schamell* Kompetenz- und Aufgabenverteilung (Fn. 44), 167 (178 ff.); im Anschluss daran EuGH (GK), 3.12.2019, Iccrea Banca/Banca d'Italia, Rs. C-414/18, EuZW 2020, 30 m. Anm. *Albrecht v. Graevenitz/Kai Krieger*; dazu *Yves Mersch* Mehrteilige Verwaltungsverfahren in der Aufsichtspraxis der EZB, EuZW 2020, 781 ff.; *Filipe Brito Bastos* An Administrative Crack in the EU's Rule of Law: Composite Decision-making and Nonjusticiable National Law, 16 EUConstLRev. (2020), 63 ff.; *Menelaos Markakis* Composite Procedures and Judicial Review in the Single Resolution Mechanism: Iccrea Banca, REALaw 13 (2020), 109 ff.

[98] Im Hintergrund dieser Neuausrichtung mag das Bemühen stehen, eine Sabotage des zusammengesetzten Verfahrens durch frühe Interventionen gegen die nationalen Mitwirkungsakte vor den nationalen Gerichten zu vermeiden; diese Prozessstrategie scheinen die Kläger im Fininvest/Berlusconi-Verfahren verfolgt zu haben.

[99] Dafür z.B. bereits EuGH, 22.3.1990, Triveneta Zuccheri, Rs. C-347/87, Slg. 1990, I-1083, Rn. 16 f.; dazu *James Flynn* Case note, CMLRev. 28 (1991), 444 ff.; EuGH, 6.7.1993, CT Control BV u. JCT Benelux BV, verb. Rs. C-121/91 und C-122/91, Slg. 1993, I-3873, Rn. 55 ff.: Solche Überprüfungen sind danach ausschließlich im Vertragsverletzungsverfahren zulässig.

[100] S. Art. 4 Abs. 3 der VO (EU) Nr. 1024/2013 des EP und des Rates v. 15.10.2013 zur Übertragung besonderer Aufgaben im Zusammenhang mit der Aufsicht über Kreditinstitute auf die Europäische Zentralbank (SSM-VO), ABl. EU 2013 L 287/63, wonach die EZB in ihrem Zuständigkeitsbereich auch nationales Recht anwendet, das zur Umsetzung von EU-Bankrechtsrichtlinien ergangen ist; zu dieser Besonderheit z.B. *Andreas Witte* The Application of National Banking Supervision Law by the ECB – Three Parallel Modes of Execu-

Das Trennungsmodell ist in der Literatur immer wieder kritisiert worden, weil es einen einheitlichen Vorgang entlang der Trennlinie zwischen nationalem Behördenhandeln und dem Handeln der Unionsorgane aufspaltet und den Betroffenen die Führung paralleler Rechtsschutzverfahren vor den Unionsgerichten und vor den nationalen Gerichten zumutet.[101] Diese Kritikpunkte sind nicht unberechtigt, allerdings konnte bisher kein Alternativmodell präsentiert werden, das diese Nachteile vermeidet, ohne an anderer Stelle Probleme zu bereiten: Wenn man die einzelnen Beiträge nicht trennt, sondern die Kontrolle des Gesamtergebnisses in die Hand nur eines Gerichts geben will, wird das die Unionsgerichtsbarkeit sein müssen, wenn das Verfahren auf Unionsebene abgeschlossen wird – diesen Schluss hat der EuGH mit der Annahme der einheitlichen Kontrollzuständigkeit der Unionsgerichte nach dem Modell der Fininvest/Berlusconi-Rechtsprechung konsequent gezogen.

Der beschriebene tote Winkel des Absorptionsmodells ließe sich dabei dadurch beseitigen, dass man die Zuständigkeit der Unionsgerichte auch für die Kontrolle am Maßstab des nationalen Rechts anerkennt. Diese Konsequenz ist nicht schon deshalb ausgeschlossen, weil die Unionsgerichte damit das Recht der Mitgliedstaaten und damit „fremdes Recht" auslegen

---

ting EU Law?, MJ 21 (2014), 89 (105 ff.); *Enrico Peuker* Die Anwendung nationaler Rechtsvorschriften durch Unionsorgane – ein Konstruktionsfehler der europäischen Bankenaufsicht, JZ 2014, 764 ff.; *Mario Martini/Quirin Weinzierl* Nationales Verfassungsrecht als Prüfungsmaßstab des EuGH?, NVwZ 2017, 177 ff.; *Peter-Christian Müller-Graff* Rechtsschutz von Kreditinstituten in der Bankenaufsicht der Europäischen Zentralbank, EuZW 2018, 101 (106 f.); *Lena Boucon/Daniela Jaros* The application of national law by the European Central Bank within the EU Banking Union's Single Supervisory Mechanism: A new mode of european integration?, EJLS 2018, 155 ff.; *Tobias Pascher* Umgekehrter Vollzug im Europäischen Verwaltungsrecht, 2023, 78 ff.; für einen Anwendungsfall s. EuG, 24.4.2018, Caisses régionales de crédit agricole/EZB, verb. Rs. T-133/16 u.a., Rn. 84 ff.; dazu *Enrico Gagliardi/Laura Wissink* Ensuring effective judicial protection in case of ECB decisions based on national law, 13 REALaw (2020), 41 ff.; s. auch die Entscheidung zur Nichtigkeitsklage im Fininvest/Berlusconi-Rechtsstreit EuG, 11.5.2022, Fininvest und Berlusconi/EZB, Rs. T-913/16 (ein Rechtsmittel ist anhängig als Rs. C-512/22 P); s. weiter EuG, 2.2.2022, Pilatus Bank u.a./EZB, Rs. T-27/19, dort zur Anwendung maltesischen Umsetzungsrechts durch die EZB (ein Rechtsmittel ist anhängig als Rs. C-256/22 P).

[101] S. z.B. *Jens Hofmann* Rechtsschutz und Haftung im Europäischen Verwaltungsverbund, 2004, 284 ff., 360 ff.; ders., in: Eberhard Schmidt-Aßmann/Bettina Schöndorf-Haubold (Hrsg.) Der Europäische Verwaltungsverbund, 2005, 353 (369 ff.); *Sydow* Verwaltungskooperation (Fn. 40), 278 ff.; *Ruffert* Europäisierung (Fn. 51), 761 (768 f.); *Andreas Glaser* Die Entwicklung des Europäischen Verwaltungsrechts aus der Perspektive der Handlungsformenlehre, 2013, 581 ff., 589 ff.; *Nehl* Europäisches Verwaltungsverfahren (Fn. 25), 413 ff., 432 ff., 437 f.

und anwenden würden[102] – das ist vor den nationalen Gerichten im Bereich des internationalen Privatrechts gang und gäbe, und auch die Unionsgerichte haben schon belgisches, deutsches oder irisches Schuldrecht angewendet, wenn sie als vertraglich betraute Schiedsgerichte gemäß Art. 272 AEUV über Ansprüche aus Verträgen der Union mit Unternehmen zu entscheiden hatten.[103]

In der Literatur sind Vorschläge entwickelt worden, für die Auslegung des nationalen Rechts in solchen Fällen ein „umgekehrtes Vorlageverfahren" des EuGH an die nationalen Gerichte zu schaffen.[104] Die Idee erscheint auf den ersten Blick reizvoll; sie wirft aber eine Reihe von Folgeproblemen auf, wie etwa die Frage, an welches nationale Gericht die Vorlage zu richten wäre; diese Entscheidung müsste wohl dem jeweiligen Mitgliedstaat überlassen werden.[105] Insgesamt spricht danach mehr dafür, in den seltenen Konstellationen die Entscheidung in der Zuständigkeit der Unionsgerichte zu belassen[106] und zu akzeptieren, dass diese in der Aus-

---

[102] Auch aus deutsch-verfassungsrechtlicher Sicht erscheint die Konstellation zwar ungewöhnlich, aber nicht grundsätzlich zu beanstanden, auch wenn eingewandt worden ist, dass die Unionsorgane und -gerichte dann möglicherweise ohne eine Vorlage nach Art. 100 Abs. 1 GG, zu der sie nicht berechtigt sind, auch deutsche Gesetze anwenden, die einer Prüfung durch das BVerfG nicht standhalten würden, s. *Martini/Weinzierl* Nationales Verfassungsrecht (Fn. 100), NVwZ 2017, 177 (179 ff.). Auch dieses Problem ist im IPR bereits bekannt, s. z.B. *Gerhard Kegel/Klaus Schurig* Internationales Privatrecht, 9. Aufl. 2004, 505; das Urteil des BVerfG zur Bankenunion – BVerfG, 30.7.2019, 2 BvR 1685 u. 2631/14, BVerfGE 151, 202 – hat die Frage nicht problematisiert.

[103] Dazu z.B. *Kokott/Schamell* Kompetenz- und Aufgabenverteilung (Fn. 44), 167 (176); zuletzt z.B. EuG, 6.9.2023, Kommission/CEVA, Rs. T-748/20, Rn. 37 ff., 57, 61 ff., 91 ff. zur vertraglich vereinbarten Anwendbarkeit belgischen Zivilrechts und der aus der VO (EG) Nr. 1346/2000 des Rates v. 29.5.2000 über Insolvenzverfahren, ABl. EU 2000 L 160/1, folgenden Anwendbarkeit französischen Insolvenzrechts; auch im Bereich des Unionsmarkenrechts müssen die Unionsgerichte teils Verweise auf nationales Recht verarbeiten, s. z.B. EuGH, 5.4.2017, EUIPO/Szajner, Rs. C-598/14 P, Rn. 36 ff.; s. dazu *Miro Prek/ Silvère Lefèvre* The EU Courts as „national" courts: national law in the EU judicial process, CMLRev. 54 (2017), 369 (380).

[104] S. früh *Hofmann* Rechtsschutz und Haftung (Fn. 101), 290 f.; ausführlicher *Ann-Katrin Kaufhold* Instrumente und gerichtliche Kontrolle der Finanzaufsicht, DV 49 (2016), 339 (365 ff.); *dies.* Einheit in Vielfalt durch umgekehrten Vollzug? Zur Anwendung mitgliedstaatlichen Rechts durch europäische Institutionen, JöR 66 (2018), 85 (107 f.); *de León* Composite administrative procedures (Fn. 40), 350 ff.

[105] So zu Recht *Torben Ellerbrok* Das umgekehrte Vorabentscheidungsverfahren als Schlussstein im europäischen Rechtsschutzverbund, VerwArch 113 (2022), 302 (324 f.); *de León* Composite administrative procedures (Fn. 40), 358; *Vossen* Rechtsschutz (Fn. 48), 264 f.

[106] Ähnlich *Claus Dieter Classen* Europäischer Verwaltungsgerichtsverbund, in: Wolfgang Kahl/Markus Ludwigs (Hrsg.) Handbuch des Verwaltungsrechts, Bd. 2, 2021, § 38 Rn. 38; s. auch *Pascher* Umgekehrter Vollzug (Fn. 100), 201 ff., der auf die Möglichkeit

legung des betroffenen nationalen Rechts auch irren können. Die Unionsgerichte sind sich dieser Verwiesenheit auf eine fremde Auslegungsautorität auch bewusst, soweit sie diese Auslegung des nationalen Rechts bereits praktizieren: In den Entscheidungen zum nationalen Schuldrecht finden sich Zitate von nationaler Rechtsprechung und Literatur,[107] die in der EuGH-Rechtsprechung sonst unbekannt sind.

Im gegenwärtigen Stand werden jedenfalls beide Rechtsschutzmodelle durch den EuGH angewandt, allerdings in jeweils unterschiedlichen Sektoren. Für die Abgrenzung stellt der Gerichtshof darauf ab, ob die nationale Mitwirkungshandlung als eigenständige Entscheidung ausgestaltet ist – dann gilt das Trennungsmodell – oder eher untergeordneten Charakter hat – dann gilt das Absorptionsmodell.[108] Die Wahl des Modells liegt damit letztlich in der Hand des – vom EuGH interpretierten – Unionsgesetzgebers.[109]

---

von Auskunftserteilungsverlangen durch den EuGH nach Art. 24 Abs. 2 EuGH-Satzung verweist.

[107] S. EuG, 24.11.2010, Kommission/Irish Electricity Generating, Rs. T-323/09, Slg. 2010, II-254* (abgek. Veröff.), Rn. 63 ff. und dazu *Aude Bouveresse* Anm. Europe 1/2011, 19 (zur Auslegung der Verjährungsregeln des irischen Rechts); s. auch zum Unionsmarkenrecht EuGH, 5.4.2017, EUIPO/Szajner, Rs. C-598/14 P, Rn. 42 ff. mit ausdrücklichem Verweis auf die Maßgeblichkeit der nationalen Rechtsprechung. Allerdings werden die Unionsgerichte das nationale Recht unionsrechtskonform interpretieren und anwenden dürfen (was ebenso Pflicht der nationalen Gerichte ist), s. *Kokott/Schamell* Kompetenz- und Aufgabenverteilung (Fn. 44), 167 (177) unter Verweis auf EuGH (GK), 5.11.2019, EZB u.a./ Trasta Komercbanka u.a., verb. Rs. C-663/17 P u.a., Rn. 58 ff.

[108] So die Grenzziehung durch EuGH, 29.1.2020, Jeanningros, Rs. C-785/18, Rn. 25, die für den Bereich des Schutzes geographischer Herkunftsangaben nach der VO (EU) Nr. 1151/2012 des EP und des Rates v. 21.11.2012 über Qualitätsregelungen für Agrarerzeugnisse und Lebensmittel, ABl. EU 2012 L 343/1, zur Wahl des Trennungsmodells geführt hat; zu dem Urteil s. *Filipe Brito Bastos* Judicial Annulment of National Preparatory Acts and the Effects on Final Union Administrative Decisions, REALaw 14 (2021), 109 ff.; *Théodore Georgopoulos* L'appellation d'origine protégée et la théorie de l'acte administratif transnational dans l'Union européenne, RDUE 2021, 109 ff.; im Anschluss daran EuG, 12.7.2023, Cunsorziu di i Salamaghji Corsi – Consortium des Charcutiers Corses/Kommission, Rs. T-34/22, Rn. 53 ff., 62 ff. (ein Rechtsmittel ist anhängig als Rs. C-579/23 P). S. auch EuG, 8.2.2023, Aquind/Kommission, Rs. T-295/20, RdE 2023, 222 m. Anm. *Jörg Gundel* zur Klage eines Projektträgers gegen die Nichtberücksichtigung seines Vorhabens als Vorhaben von allgemeinem Interesse durch die Kommission nach der VO (EU) Nr. 347/2013 des EP und des Rates v. 17.4.2013 zu Leitlinien für die transeuropäische Energieinfrastruktur [...], ABl. EU 2013 L 115/39: Die Nichtberücksichtigung beruhte hier darauf, dass der betroffene Mitgliedstaat seine nach Art. 172 Abs. 2 AEUV notwendige Zustimmung verweigert hat; die Unionsrechtskonformität dieser Verweigerung kann das Gericht danach nicht inzident prüfen, Rechtsschutz gegen den Mitgliedstaat ist vor den nationalen Gerichten zu suchen; auch hier gilt damit das Trennungsmodell.

[109] Dabei ist nicht einmal ausgeschlossen, dass Unionsgerichte auch nationale Rechtsakte aufheben können, soweit dies ausdrücklich unionsrechtlich vorgesehen ist; s. für diese maximal denkbare Abweichung vom Trennungsprinzip EuGH (GK), 26.2.2019, EZB u.

3. Rechtsschutz bei Soft Law-Steuerung des indirekten Vollzugs

Wie erwähnt, erfolgt die Steuerung des indirekten Vollzugs inzwischen teils auch durch formal nicht verbindliche Handlungsformen der Unionsorgane, die unter dem Sammelbegriff des „Soft Law" zusammengefasst werden können.[110] Dabei ist nur das Instrument der Empfehlung in Art. 288 Abs. 5 AEUV legaldefiniert, im Übrigen handelt es sich um eine Entwicklung vor allem der Kommissionspraxis ohne explizite Rechtsgrundlage in den Verträgen. Rechtsstaatlich erscheint dies so lange unschädlich, wie diese Handlungen tatsächlich unverbindlich sind; konsequent gilt nach der EuGH-Rechtsprechung für sie auch nicht die Vorgabe des Vorliegens in allen Amtssprachen.[111] Inzwischen sind solche unverbindlichen Handreichungen oder Leitlinien der Kommission zur Auslegung von Unionsrecht[112]

Rimšēvičs/Lettland, verb. Rs. C-202/18 u. C-238/18, EuR 2019, 434 (nur LS) m. Anm. *Josef Weinzierl* zur Aufhebung der Suspendierung des Präsidenten der lettischen Zentralbank durch den EuGH; dazu *Laurent Coutron* Contentieux de l'Union européenne, RTDE 2020, 269 ff.; *Alicia Hinarejos* The Court of Justice annuls a national measure directly to protect ECB independence, CMLRev. 56 (2019), 1649 ff.; s. auch *Kokott/Schamell* Kompetenz- und Aufgabenverteilung (Fn. 44), 167 (181); *Michael Dougan* The primacy of Union law over incompatible national measures: beyond disapplication and towards a remedy of nullity?, CMLRev. 59 (2022), 1301 ff.

[110] Zum Phänomen des Soft Law im Unionsrecht s. z.B. *Matthias Knauff* Der Regelungsverbund: Recht und Soft Law im Mehrebenensystem, 2010; *Nicolas de Sadeleer* Les actes hors nomenclature et le soft law européen, in: Isabelle Hachez/Yves Cartuyvels/Hugues Dumont/Philippe Gérard (Hrsg.) Les sources du droit revisitées, Vol. 1, 2012, 253 ff.; *Linda Senden* Soft Law in European Community Law, 2004; *Oana Ştefan* Soft Law in Court – Competition Law, State Aid and the Court of Justice of the European Union, 2013; Mariolina Eliantonio/Emilia Korkea-aho/Oana Ştefan (Hrsg.) EU Soft Law in the Member States, 2021; *Matthias Rossi* Soft Law im Europarecht, ZG 2020, 1 ff.; *Sebastian Scholz* Integration durch Soft Law – eine rechtsstaatliche Herausforderung, in: Jörn Kämmerer/Markus Kotzur/Jacques Ziller (Hrsg.) Integration und Desintegration in Europa, 2019, 43 ff.; zur völkerrechtlichen Herkunft des Begriffes s. z.B. *Carsten Giersch* Das internationale Soft Law, 2015, 25 ff.; *Ulrich Everling* Zur rechtlichen Wirkung von Beschlüssen, Entschließungen, Erklärungen und Vereinbarungen des Rates oder der Mitgliedstaaten der Europäischen Gemeinschaft, in: Gerhard Lüke/Georg Ress/Michael Will (Hrsg.) GS Constantinesco, 1983, 133 (150).

[111] S. EuGH, 12.5.2011, Polska Telefonia Cyfrowa, Rs. C-410/09, Slg. 2011, I-3853, Rn. 22 ff. (dort zu Leitlinien der Kommission zur Marktabgrenzung, die nicht in polnischer Sprache vorlagen); anders *Yvon* Sprachenvielfalt (Fn. 61), EuR 2003, 684, der auch unverbindliche Rechtsakte als „Schriftstücke von allgemeiner Geltung" einordnet, die nach Art. 4 der VO Nr. 1/58 (Fn. 30) in allen Amtssprachen abzufassen sind.

[112] S. in jüngerer Zeit z.B. die Leitlinien der Kommission über Einwegkunststoffartikel in Übereinstimmung mit der Richtlinie (EU) 2019/904 des EP und des Rates über die Verringerung der Auswirkungen bestimmter Kunststoffprodukte auf die Umwelt, ABl. EU 2021 C 216/1, deren Erlass in Art. 12 RL (EU) 2019/904 des EP und des Rates v. 5.6.2019 über die Verringerung der Auswirkungen bestimmter Kunststoffprodukte auf die Umwelt,

bzw. Stellungnahmen zu konkreten Verwaltungsverfahren vor den nationalen Behörden[113] im Sekundärrecht teils ausdrücklich vorgesehen.

Das Sekundärrecht sieht hier aber teils auch eine Art von „gehärteter" Unverbindlichkeit vor, indem es den nationalen Behörden vorgibt, die unverbindlichen Maßgaben entweder zu befolgen oder die Entscheidung für die Nichtbefolgung zu begründen, der sogenannte „comply or explain"-Mechanismus.[114] In der Literatur ist die Vereinbarkeit von solchen sekundärrechtlichen Modifikationen der Wirkung von Unionsrechtsakten mit dem Primärrecht teils in Frage gestellt worden.[115] Der EuGH hat diese

---

ABl. EU 2019 L 155/1, vorgesehen ist (das Gericht hat eine Nichtigkeitsklage gegen diese Leitlinien wegen Fehlens eines tauglichen Klagegegenstands abgewiesen, s. EuG, 15.9.2022, European Paper Packaging Alliance/Kommission, Rs. T-518/21); weiter die Mitteilung der Kommission zu Leitlinien zu Art. 17 der RL (EU) 2019/790 über das Urheberrecht im digitalen Binnenmarkt, COM (2021) 288 final v. 4.6.2021, auch der Erlass dieser Leitlinien ist in Art. 17 Abs. 10 RL (EU) 2019/790 des EP und des Rates v. 17.4.2019 über das Urheberrecht und die verwandten Schutzrechte im digitalen Binnenmarkt [...], ABl. EU 2019 L 130/92, vorgesehen.

[113] So im Telekommunikationssektor die Regelung in Art. 7 Abs. 3 der RL 2002/21/EG des EP und Rates v. 7.3.2002 über einen gemeinsamen Rechtsrahmen für elektronische Kommunikationsnetze und -dienste (TK-Rahmenrichtlinie), ABl. EG 2002 L 108/33, bzw. nun in Art. 32 der RL (EU) 2018/1972 des EP und des Rates v. 11.12.2018 über den europäischen Kodex für die elektronische Kommunikation, ABl. EU 2018 L 321/36; dazu z.B. *Marion Romes* Supranationale Intervention in nationale Regulierungsverfahren, 2011, 43 ff. Die Rechtsprechung sieht diese Stellungnahmen nicht als tauglichen Gegenstand einer Nichtigkeitsklage an, s. EuG, 12.12.2007, Vodafone España/Kommission, Rs. T-109/06, Slg. 2007, II-5151, Rn. 91 ff.; EuG, 22.2.2008, Base NV/Kommission, Rs. T-295/06, Slg. 2008, II-28* (abgek. Veröff.), Rn. 60 ff.; s. zuletzt EuGH, 25.2.2021, VodafoneZiggo Group/Kommission, Rs. C-689/19 P (Bestätigung von EuG, 9.7.2019, Rs. T-660/18); dagegen *Klaus Gärditz* Entwicklung und Entwicklungsperspektiven des Verwaltungsprozessrechts zwischen konstitutioneller Beharrung und unionsrechtlicher Dynamisierung, DV 46 (2013), 257 (277 f.), der auch ermessensleitende Wirkungen als Rechtswirkungen im Sinne des Art. 263 AEUV anerkennen will; wohl auch *Weiß* Verwaltungsverbund (Fn. 51), 155.

[114] S. speziell zum Einsatz in der Finanzmarktaufsicht *Johanna Dickschen* Empfehlungen und Leitlinien als Handlungsform der Europäischen Finanzaufsichtsbehörden, 2017, 53 ff., 155 ff.; *Alexander Frank* Die Rechtswirkungen der Leitlinien und Empfehlungen der Europäischen Wertpapier- und Marktaufsichtsbehörde, 2012, 38 ff.; *Schemmel* Europäische Finanzmarktverwaltung (Fn. 48), 178 ff.; *Thorsten Wörner* Rechtlich weiche Verhaltenssteuerungsformen Europäischer Agenturen als Bewährungsprobe der Rechtsunion, 2017, 103 ff.

[115] Dafür z.B. *Christian Stelter* Die Pflicht, Empfehlungen weitestgehend Rechnung zu tragen, in: Paul Kirchhof/Stefan Paetow/Michael Uechtritz (Hrsg.) FS Klaus Peter Dolde, 2014, 639 (642, 645 ff.); wohl auch *Werner Schaller* Die Intensivierung des Europäischen Verwaltungsverbundes in der Regulierung des Telekommunikations- und Energiesektors, in: Peter-Christian Müller-Graff/Stefanie Schmahl/Vassilios Skouris (Hrsg.) FS Dieter H. Scheuing, 2011, 415 (423 f.).

Zweifel aber bisher nicht aufgenommen, sondern geht ohne Problematisierung von der Zulässigkeit solcher Gestaltungen aus[116] – was auch konsequent erscheint, wenn man mit dem EuGH davon ausgeht, dass diese Maßgaben weiterhin nicht verbindlich sind.

Im Prozessrecht mancher Mitgliedstaaten sind solche Formen der Steuerung in jüngerer Zeit in die gerichtliche Kontrolle einbezogen worden; insbesondere hat die Rechtsprechung des französischen Conseil d'Etat einiges Aufsehen gefunden, der seit 2016 Soft Law-Rechtsakte wie Leitlinien von nationalen Regulierungsbehörden als tauglichen Gegenstand des recours pour excès de pouvoir – des funktionalen Gegenstücks der deutschen Anfechtungsklage – ansieht.[117] Im deutschen Verwaltungsprozessrecht kann dieser Rechtsschutz aufgrund der verwaltungsgerichtlichen Generalklausel und der Möglichkeit der Feststellungsklage unproblematisch gewährleistet werden.[118] Im EU-Prozessrecht gilt dagegen weiterhin, dass entsprechende Maßnahmen der Unionsorgane grundsätzlich nicht Gegenstand einer Nichtigkeitsklage vor den Unionsgerichten sein können,[119] nachdem

---

[116] S. z.B. EuGH, 15.9.2016, Koninklijke KPN u.a., Rs. C-28/15, Rn. 34 mit gleichzeitigem Hinweis auf Art. 288 Abs. 5 AEUV und den weitergehenden Art. 19 RL 2002/21/EG (Fn. 113).

[117] Conseil d'Etat, Ass., 21.3.2016, Sté Fairvesta International GmbH, RFDA 2016, 504 mit den Schlussanträgen von Rapporteur public Suzanne von Coester 497 ff.; im Anschluss daran z.B. Conseil d'Etat, 10.12.2021, SAS Hydroption, AJDA 2022, 1072; s. auch *Loriane Alem* Acte susceptible de recours, in: Louis Feilhès (Hrsg.) Un droit „administratif" européen, 2022, 121 ff.

[118] Zum Potential der Feststellungsklage für die Klärung unionsrechtlicher Fragen s. bereits früh VG Mainz, 25.3.1993, 1 K 2441/93, ZLR 1994, 153 m. Anm. *Hans-Jörg Koch* (Vorlagebeschluss zu EuGH, 13.12.1994, SMW Winzersekt/Land Rheinland-Pfalz, Rs. C-306/93, Slg. 1994, I-5555); s. zum entsprechenden Potential für verfassungsrechtliche Fragestellungen nun *Tobias Klatt* Verwaltungsgerichtliche Feststellungsklage und Parlamentsgesetze, 2023.

[119] Eine Ausnahme gilt nur, wenn der Soft Law-Rechtsakt mit autoritativem Anspruch einen tatsächlich unzutreffenden Stand des geltenden (verbindlichen) Unionsrechts wiedergibt; s. für einen solchen Fall EuGH, 20.3.1997, Frankreich/Kommission, Rs. C-57/95, Slg. 1997, I-1627, EuR 1998, 85 m. Anm. *Jörg Gundel*; dazu *Stéphane Leclerc* Les communications de la Commission et le marché intérieur, CDE 1998, 161 ff.; s. zu diesem Vorbehalt auch in Bezug auf Empfehlungen EuGH (GK), 20.2.2018, Belgien/Kommission, Rs. C-16/16 P, Rn. 29.

Verneint hat EuG, 20.5.2010, Deutschland/Kommission, Rs. T-258/06, Slg. 2010, II-2027, VergabeR 2010, 593 m. Anm. *Christian Braun* das Vorliegen dieser Voraussetzung in Bezug auf die Kommissionsmitteilung zu Auslegungsfragen in Bezug auf das Gemeinschaftsrecht, das für die Vergabe öffentlicher Aufträge gilt, die nicht oder nur teilweise unter die Vergaberichtlinien fallen, ABl. EU 2006 C 179/2, womit die Klage als unzulässig abzuweisen war; dazu *Matthias Knauff/Roland Schwensfeier* Kein Rechtsschutz gegen Steuerung mittels „amtlicher Erläuterung"?, EuZW 2010, 611 ff.; *Benjamin Herz* Die Kom-

Art. 263 AEUV als Klagegegenstand nur Handlungen mit Rechtswirkungen vorsieht.

Allerdings sieht der EuGH inzwischen – was lange Zeit offengeblieben war[120] – eine Gültigkeitsvorlage in Bezug auf solche Rechtsakte als zulässig an;[121] sie führt im Erfolgsfall zur Feststellung der Unwirksamkeit des Soft Law.[122] Auf den ersten Blick ist dies eine überraschende Kombination, weil der entsprechende Rechtsakt nie Anspruch auf Wirksamkeit erhoben hat. Unabhängig von diesem dogmatischen Fragezeichen handelt es sich aber um eine plausible Lösung, weil der Text von Art. 267 AEUV für diese Ausweitung mehr Raum lässt, als dies bei Art. 263 AEUV für die Nichtigkeitsklage der Fall ist. Es kommt hinzu, dass das Vorabentscheidungsverfahren dem Einzelnen eher zugänglich ist, während für Nichtigkeitsklagen Einzelner selbst bei Vorliegen eines tauglichen Klagegegenstandes hohe Hürden bei der Klagebefugnis bestehen.

V. Unionsrechtliche Grenzen der supranationalen Verwaltung

1. Grundsätzlicher Vorrang des mitgliedstaatlichen Vollzugs?

Schließlich stellt sich die Frage nach den primärrechtlichen Grenzen der Gestaltungsfreiheit des Unionsgesetzgebers bei der Schaffung des europäischen Verwaltungsraums. So ist der Vorrang des mitgliedstaatlichen Vollzugs das historische Konstruktionsprinzip der europäischen Integration, bei der eine Erschließung der Mitgliedstaaten in der Fläche durch Verwaltungsstrukturen der Union nie vorgesehen war. Fraglich ist aber, ob es sich hier auch um eine rechtlich bindende Grenze der supranationalen Verwaltung

---

missionsmitteilung zum Unterschwellenvergaberecht im Lichte der Rechtsprechung, EWS 2010, 261 ff.

[120] Offenlassend *Matthias Knauff* Europäisches Soft Law als Gegenstand des Vorabentscheidungsverfahrens EuR 2011, 735 (738 f.); ablehnend *Joanne Scott* In legal limbo: post-legislative guidance as a challenge for European administrative law, CMLRev. 48 (2011), 329 (345 f.).

[121] EuGH (GK), 15.7.2021, Fédération bancaire française, Rs. C-911/19, EWS 2021, 323 m. Bespr. *Jörg Gundel* 317 ff.; dazu auch *Filippo Annunziata* The remains of the day: EU financial agencies, soft law and the relics of Meroni, RIDPC 2022, 331 ff.; *Sarah Geiger* Mittelbarer Rechtsschutz gegen nicht verbindliche Unionshandlungen, EuR 2022, 407 ff.; *Heikki Marjosola/Marloes van Rijsbergen/Miroslava Scholten* How to exhort and to persuade with(out) legal force: Challenging soft law after FBF, CMLRev. 59 (2022), 1523 ff.; *Sebastian Scholz* Soft Law: Rechtsschutzpotential von Nichtigkeitsklage und Vorabentscheidungsverfahren, EuZW 2022, 453 ff.

[122] Für dieses Ergebnis dann erstmals EuGH, 25.3.2021, BT/Balgarska Narodna Banka, Rs. C-501/18, RIW 2021, 744, Rn. 101; dazu *Francesco Martucci* Droit de l'Union européenne et droit administratif français – Le marché, RFDA 2021, 787 (800 f.).

handelt. Diese Konsequenz wird seit dem Inkrafttreten des Vertrags von Lissabon teils aus Art. 291 Abs. 1 AEUV abgeleitet;[123] nach dem Wortlaut der Bestimmung, wonach „die Mitgliedstaaten [...] alle zur Durchführung der verbindlichen Rechtsakte der Union erforderlichen Maßnahmen nach innerstaatlichem Recht" ergreifen, erscheint dieser Schluss auch möglich, allerdings auch nicht zwingend, weil das Wort „alle" zwar in Richtung einer ausschließlichen oder vorrangigen Zuständigkeit der Mitgliedstaaten gedeutet werden kann, aber nicht muss: In gleicher Weise kann die Formulierung als Bestätigung der Verpflichtung der Mitgliedstaaten verstanden werden, zum Vollzug des Unionsrechts alle Kräfte zu mobilisieren.[124] Ähnlich zweideutig ist der Verweis auf den Vollzug „nach innerstaatlichem Recht": Er kann als Grenze für eine unionsrechtliche Vereinheitlichung der Verfahrensregeln verstanden werden,[125] jedoch ist auch dieser Schluss nicht zwingend. Angesichts der systematischen Stellung der Norm – Art. 291 AEUV regelt primär den Erlass von Durchführungsregelungen durch die Kommission – erscheint eine so grundlegende Weichenstellung an dieser Stelle auch wenig plausibel.[126]

Die Wahl zwischen den Modellen des direkten oder indirekten Vollzugs bzw. die Schaffung von Mischmodellen aus beiden Grundformen ist damit letztlich der politischen Entscheidung des Unionsgesetzgebers überantwortet bzw. hängt rechtlich davon ab, ob eine entsprechende Kompetenznorm zur Verfügung steht und deren Voraussetzungen erfüllt sind[127] – ein-

---

[123] S. *Klaus Gärditz* Die Verwaltungsdimension des Lissabon-Vertrags, DÖV 2010, 453 (461 f.); *Kahl* Verwaltungsverbund (Fn. 51), Staat 50 (2011), 353 f.; *Markus Ludwigs* Die Verfahrensautonomie der Mitgliedstaaten, NVwZ 2018, 1417 (1419); *Katja Michel* Die neue europäische Bankenaufsichtsbehörde, DÖV 2011, 728 (730); *Thomas v. Danwitz* Europäisches Verwaltungsrecht, 2008, 302 ff.

[124] S. z.B. *Groß* Legitimation (Fn. 67), 7.

[125] Dafür z.B. *Wolfgang Kahl* in: Christian Calliess/Matthias Ruffert (Hrsg.) EUV/AEUV, 6. Aufl. 2022, Art. 4 EUV Rn. 127; *v. Danwitz* Europäisches Verwaltungsrecht (Fn. 123), 302 ff.; *Clemens Ladenburger* Evolution oder Kodifikation eines allgemeinen Verwaltungsrechts in der EU, in: Hans-Heinrich Trute/Thomas Groß/Hans Christian Röhl/Christoph Möllers (Hrsg.) Allgemeines Verwaltungsrecht – zur Tragfähigkeit eines Konzepts, 2008, 107 (121).

[126] So zu Recht *Krönke* Verfahrensautonomie (Fn. 4), 63 f.; *Ulrich Stelkens* Art. 291 AEUV, das Unionsverwaltungsrecht und die Verwaltungsautonomie der Mitgliedstaaten, EuR 2012, 511 (531 ff.).

[127] Ebenso *Bettina Schöndorf-Haubold* Legitimationsfragen der Verbundverwaltung, in: Wolfgang Kahl/Ute Mager (Hrsg.), Verwaltungsaufgaben und Legitimation der Verwaltung, 2022, 219 (222); *Krönke* Verfahrensautonomie (Fn. 4), 63 ff.; *Martin Nettesheim*, in: Eberhard Grabitz/Meinhard Hilf/Martin Nettesheim (Hrsg.) Das Recht der Europäischen Union, Art. 291 AEUV Rn. 5 f. (2012); *Stelkens* Art. 291 AEUV (Fn. 126), 531 ff.; *ders.* Europäisches Verwaltungsrecht (Fn. 51), Rn. 126 ff.; *Steffen Hindelang* Die mittelbare Unionsverwaltung durch die Mitgliedstaaten, in: Stefan Leible/Jörg Terhechte (Hrsg.) Europäisches

schließlich des Subsidiaritätsprinzips, soweit dieses anwendbar ist,[128] und des kompetenzrechtlichen Verhältnismäßigkeitsprinzips.[129] Eine Verlagerung von Aufgaben auf die Unionsebene ist dementsprechend nur zulässig, soweit sie auf diese Weise besser erfüllt werden können;[130] dieser Maßstab kann auch die erwähnten Mischformen wie die Schaffung von Zustimmungsvorbehalten zugunsten der Unionsebene in besonderen Konstellationen[131] legitimieren. Auch hier ist damit eine nüchterne Folgenabschätzung veranlasst, nicht eine blockhafte Abgrenzung von Einflusszonen. Praktische Konsequenzen dürfte der Streit um die Verbindlichkeit des Vorrangs des indirekten Vollzugs allerdings kaum haben: Dass diese Vollzugsform schon aus praktischen Gründen der Regelfall bleiben wird, steht außer Frage.

2. Die Verfahrensautonomie der Mitgliedstaaten als unionsrechtliche Grenze?

Als weitere Grenze wird in Teilen der Literatur auch der Grundsatz der Verfahrensautonomie der Mitgliedstaaten[132] verstanden, der teils auch mit der in Art. 4 Abs. 2 EUV normierten Achtung der nationalen Identität der Mitgliedstaaten in Bezug gesetzt wird.[133] Als Konsequenz müssten im Bereich

---

Rechtsschutz- und Verfahrensrecht, 2. Aufl. 2021, § 39 Rn. 6; zum Streitstand s. *Rudolf Streinz* Grundsätze des indirekten Vollzugs und der Verfahrensautonomie, in: Wolfgang Kahl/Markus Ludwigs (Hrsg.) Handbuch des Verwaltungsrechts, Bd. 2, 2021, § 45 Rn. 9.

[128] Gemäß Art. 5 Abs. 3 EUV gilt das Prinzip nicht im Bereich der ausschließlichen Zuständigkeiten der Union, damit z.B. nicht in den Feldern der Zollunion und der gemeinsamen Handelspolitik. Eine Lücke entsteht dadurch nicht, weil insoweit das kompetenzrechtliche Verhältnismäßigkeitsprinzip eingreift, s. sogleich bei Fn. 129.

[129] S. *Pache* Verantwortung und Effizienz (Fn. 2), 121 f.; *Christian Calliess* Kompetenzausübung, in: Wolfgang Kahl/Markus Ludwigs (Hrsg.) Handbuch des Verwaltungsrechts, Bd. 2, 2021, § 34 Rn. 52 ff.; zur Bedeutung als Kompetenzausübungsregel im Unionsrecht s. *Johannes Saurer* Der kompetenzrechtliche Verhältnismäßigkeitsgrundsatz im Recht der Europäischen Union, JZ 2014, 281 ff.; s. auch schon *Hatje* Europäische Rechtseinheit (Fn. 4), 7 (13).

[130] Für eine Rechtfertigung der differenzierten Aufsichtslösung für den Bankensektor nach diesen Kriterien *Kokott/Schamell* Kompetenz- und Aufgabenverteilung (Fn. 44), 167 (173).

[131] S. zu dieser Lösung im Zollsektor o. Fn. 25.

[132] Dazu z.B. *Krönke* Verfahrensautonomie (Fn. 4), 72 ff.; *Ludwigs* Verfahrensautonomie (Fn. 123), 1417 ff.; *v. Danwitz* Europäisches Verwaltungsrecht (Fn. 123), 308 ordnet die Verfahrensautonomie als allgemeinen Rechtsgrundsatz des Unionsrechts und damit als Teil des – den Unionsgesetzgeber bindenden – Primärrechts ein; für eine entsprechende Verankerung im Recht der Mitgliedstaaten bestehen aber keine Anzeichen. Zum Begriff der institutionellen Autonomie als Unterform der Verfahrensautonomie s. z.B. *Karl Stöger* Gedanken zur institutionellen Autonomie der Mitgliedstaaten am Beispiel der neuen Energieregulierungsbehörden, ZÖR 65 (2010), 247 (252 ff.).

[133] Zu möglichen Konfliktfeldern s. *Markus Ludwigs* Verwaltung als Teil der nationalen Identität, in: Wolfgang Kahl/Markus Ludwigs (Hrsg.) Handbuch des Verwaltungsrechts,

des indirekten Vollzugs die von der Union vorgefundenen Verwaltungsstrukturen der Mitgliedstaaten respektiert werden; die daraus resultierenden Einschränkungen der einheitlichen Anwendung des Unionsrechts[134] als dem rechtspolitischen Gegenpol der Verfahrensautonomie[135] wären hinzunehmen.

Dem Stand des Unionsrechts dürfte dieses Postulat aber nicht entsprechen:[136] Tatsächlich verwendet der EuGH zwar den Begriff der Verfahrensautonomie,[137] er stellt ihn aber durchgehend unter einen doppelten Vorbehalt: Zum einen müssen die nationalen Verfahrensregeln und -strukturen den primärrechtlichen Anforderungen der Mindesteffektivität und des Äquivalenzprinzips sowie der Unionsgrundrechte[138] genügen,[139]

Bd. 2, 2021, § 44 Rn. 37 ff. Die Ausführungen im Bankenunions-Urteil des BVerfG – BVerfG, 30.7.2019, 2 BvR 1685 u. 2631/14, BVerfGE 151, 202 – sind teils in diese Richtung verstanden worden, s. *Markus Ludwigs/Tobias Pascher/Patrick Sikora* Das Bankenunion-Urteil als judikativer Kraftakt des BVerfG – Wegweisendes zu Kontrollvorbehalten und Europäischem Verwaltungsrecht, EWS 2020, 1 (4); die Verbindung mit der nationalen Identität erscheint freilich als Überhöhung der nationalen Verwaltungstraditionen zu einem Integrationshindernis, das weder in den Verträgen angelegt ist noch durch verfassungsrechtliche Vorbehalte wie Art. 79 Abs. 3 GG gefordert wird; ähnlich *Stelkens* Europäisches Verwaltungsrecht (Fn. 51) Rn. 140; *Ludwigs* Verfahrensautonomie (Fn. 123), 1420.

[134] S. bereits o. bei Fn. 4.

[135] S. dazu EuGH, 21.9.1983, Deutsche Milchkontor, verb. Rs. 205 bis 215/82, Slg. 1983, 2633, Rn. 17: „Soweit das Gemeinschaftsrecht [...] keine gemeinsamen Vorschriften enthält, gehen die nationalen Behörden [...] nach den formellen und materiellen Bestimmungen ihres nationalen Rechts vor, wobei dieser Rechtssatz freilich [...] mit den Erfordernissen der einheitlichen Anwendung des Gemeinschaftsrechts in Einklang gebracht werden muss, die notwendig ist, um zu vermeiden, dass die Wirtschaftsteilnehmer ungleich behandelt werden."

[136] Ebenso *Claus Dieter Classen* in: Eberhard Grabitz/Meinhard Hilf/Martin Nettesheim (Hrsg.) Das Recht der Europäischen Union, Art. 197 AEUV Rn. 12 (2021): „– mehr oder weniger treffende – empirische Beschreibung"; *Gernot Sydow* Durchführung des Unionsrechts, in: Armin Hatje/Peter-Christian Müller-Graff (Hrsg.) Europäisches Organisations- und Verfassungsrecht, 2. Aufl. 2022, § 17 Rn. 43; *Stelkens* Europäisches Verwaltungsrecht (Fn. 51), Rn. 131 ff.; s. auch *Rostane Mehdi* Le principe d'autonomie institutionnelle et procédurale et le droit administratif, in: Jean-Bernard Auby/Jacqueline Dutheil de la Rochère (Hrsg.) Traité de droit administratif européen, 2. Aufl. 2014, 887 ff.

[137] Erstmals ausdrücklich EuGH, 7.1.2004, Wells, Rs. C-201/02, Slg. 2004, I-723, Rn. 67; weiter EuGH (GK), 4.7.2006, Adeneler, Rs. C-212/04, Slg. 2006, I-6057, Rn. 95; EuGH, 19.9.2006, i-21 Germany und Arcor, verb. Rs. C-392/04 und C-422/04, Slg. 2006, I-8559, Rn. 57; EuGH, 24.4.2008, Arcor, Rs. C-55/06, Slg. 2008, I-2931 Rn. 170; EuGH, 17.3.2016, Benallal, Rs. C-161/15, Rn. 24; EuGH, 26.9.2018, X, Rs. C-175/17, Rn. 38; EuGH, 2.3.2021, H.K., Rs. C-746/18, Rn. 42.

[138] Richtungweisend dazu EuGH, 21.9.1983, Deutsche Milchkontor, verb. Rs. 205 bis 215/82, Slg. 1983, 2633, Rn. 30 ff.; heute ergibt sich diese Konsequenz aus Art. 51 Abs. 1 GRC; Mindesteffektivität und Unionsgrundrechte können dabei gleichgerichtet wirken, wenn es um die Durchsetzung unionsrechtlich begründeter Positionen des Einzelnen geht, sie können aber auch in Konflikt geraten, wenn Unionsrecht gegen den Einzelnen durchge-

zum anderen steht die Autonomie auch unter dem Vorbehalt der abweichenden Regelung durch den EU-Gesetzgeber: Die gebräuchliche Formulierung des EuGH lautet hierzu, dass „es mangels einer Regelung der Union gemäß dem Grundsatz der Verfahrensautonomie der Mitgliedstaaten Sache der innerstaatlichen Rechtsordnung" ist, Verfahrensfragen zu regeln.[140] Dem entspricht die bereits erwähnte etablierte Praxis des Unionsgesetzgebers, solche Verfahrensregeln in den einzelnen Sektoren zu erlassen, soweit dies zur Sicherung eines einheitlichen Vollzugs notwendig erscheint.

Zum Konfliktfeld sind hier in jüngerer Zeit die sekundärrechtlichen Anforderungen an die Unabhängigkeit der nationalen Regulierungsbehörden in den verschiedenen Infrastruktursektoren von politischen Vorgaben geworden.[141] Auch hier hat der EuGH[142] wiederholt, dass der Grundsatz der

---

setzt werden soll (so die Konstellation in der Rechtssache Deutsche Milchkontor); s. auch *Hans-Werner Rengeling* Deutsches und europäisches Verwaltungsrecht – wechselseitige Einwirkungen, VVDStRL 53 (1994), 202 (227 ff.).

[139] Zur Begrenzung der Verfahrensautonomie durch diese Vorgaben s. *Adelina Adinolfi* The "procedural autonomy" of Member States and the constraints stemming from the ECJ's case law: is judicial activism still necessary?, in: Hans-Wolfgang Micklitz/Bruno de Witte (Hrsg.) The European Court of Justice and the Autonomy of the Member States, 2012, 281 ff.; *Michal Bobek* Why There is No Principle of „Procedural Autonomy" of the Member States, ebd., 305 (319 ff.); *Pascal Girerd* Les principes d'équivalence et d'effectivité: encadrement ou désencadrement de l'autonomie procédurale des Etats membres?, RTDE 2002, 75 ff.; s. auch schon o. Fn. 19.

[140] So zuletzt EuGH, 17.5.2023, Funke, Rs. C-626/21, Rn. 78; fast wortgleich EuGH, 7.3.2023, Willy Hermann Service GmbH, Rs. C-561/22, Rn. 25; parallel für die institutionelle Autonomie der Mitgliedstaaten (o. Fn. 132) EuGH, 19.10.2016, Ormaetxea Garai, Rs. C-424/15, NVwZ 2017, 43, Rn. 49, wonach die Mitgliedstaaten nach der „ständigen Rechtsprechung des Gerichtshofs bei der Organisation und Strukturierung der NRB über eine institutionelle Autonomie verfügen, solange sie die in der Rahmenrichtlinie festgelegten Ziele und Pflichten einhalten." Ähnlich zuvor schon EuGH, 6.3.2008, Comisión del Mercado de las Telecomunicaciones, Rs. C-82/07, Slg. 2008, I-1265, Rn. 24: „Zwar verfügen die Mitgliedstaaten in diesem Bereich bei der Organisation und Strukturierung der Regulierungsbehörden [...] über eine institutionelle Autonomie, doch kann diese nur unter vollständiger Beachtung der in dieser Richtlinie festgelegten Rechte und Pflichten ausgeübt werden."

[141] Die Vorgabe der Unabhängigkeit nicht nur von den Marktakteuren, sondern auch von der Politik wurde explizit erstmals 2009 für den Energie- und den Telekommunikationssektor normiert, s. für den Energiesektor Art. 35 Abs. 4–5 RL 2009/72/EG des EP und des Rates v. 13.7.2009 über gemeinsame Vorschriften für den Elektrizitätsbinnenmarkt und zur Aufhebung der RL 2003/54/EG, ABl. EU 2009 L 211/55, zwischenzeitlich ersetzt durch Art. 57 der RL (EU) 2019/944 des EP und des Rates v. 5.6.2019 mit gemeinsamen Vorschriften für den Elektrizitätsbinnenmarkt [...], ABl. EU 2019 L 158/125; Art. 39 Abs. 4–5 der RL 2009/73/EG des EP und des Rates v. 13.7.2009 über gemeinsame Vorschriften für den Erdgasbinnenmarkt und zur Aufhebung der RL 2003/55/EG, ABl. EU 2009 L 211/94; für die Telekommunikation Art. 3 Abs. 3a der RL 2002/21/EG des EP und des Rates v.

Verfahrensautonomie unter dem Vorbehalt abweichenden Sekundärrechts steht[143] und damit nicht als Sperre dienen kann; zugleich hat er die Vorgabe

---

12.7.2002 über einen gemeinsamen Rechtsrahmen für elektronische Kommunikationsnetze und -dienste (Fn. 113) in der durch die RL 2009/140/EG des EP und des Rates v. 25.11.2009 zur Änderung der RL 2002/21/EG [...], ABl. EU 2009 L 337/37, geänderten Fassung (nun Art. 8 der RL (EU) 2018/1972 des EP und des Rates v. 11.12.2018 über den europäischen Kodex für die elektronische Kommunikation, ABl. EU 2018 L 321/31); im Jahr 2012 folgte der Eisenbahnsektor, s. Art. 55 der RL 2012/34/EU des EP und des Rates v. 21.11.2012 zur Schaffung eines einheitlichen europäischen Eisenbahnraums, ABl. EU 2012 L 343/32; zu diesen Weichenstellungen s. insbes. *Markus Ludwigs* Die Bundesnetzagentur auf dem Weg zur Independent Agency? – Europarechtliche Anstöße und verfassungsrechtliche Grenzen, DV 44 (2011), 41 ff.; s. auch *Claus Dieter Classen* Unabhängigkeit und Eigenständigkeit der Verwaltung – zu einer Anforderung des Europarechts an das nationale Verwaltungsrecht, in: Peter-Christian Müller-Graff/Stefanie Schmahl/Vassilios Skouris (Hrsg.) FS Dieter H. Scheuing, 2011, 293 (297 ff.); *Klaus Gärditz* Europäisches Regulierungsverwaltungsrecht auf Abwegen, AöR 135 (2010), 251 (275 ff.); *Eike Westermann* Administrative Unabhängigkeit im europäischen Regulierungsverbund, in: Malte Kröger/Arne Pilniok (Hrsg.) Unabhängiges Verwalten in der Europäischen Union, 2016, 63 ff.; *Emmanuel Slautsky* L'organisation administrative nationale face au droit européen du marché intérieur, 2018, 241 ff.

[142] S. zuletzt zu den Vorgaben für die Unabhängigkeit der nationalen Regulierungsbehörden im Energiesektor EuGH, 2.9.2021, Kommission/Deutschland, Rs. C-718/18; zu diesem Urteil s. *Thomas Ackermann* Unionsrechtliche Anforderungen an die Unabhängigkeit der Bundesnetzagentur, ZEuP 2022, 464 ff.; *Michael Holoubek/Stella Oswald* Die Unabhängigkeit von Energieregulierungsbehörden und der Regelungsspielraum des Umsetzungsgesetzgebers, ÖZW 2023, 52 ff.; *Ann-Katrin Kaufhold* Complete, yet limited: The guarantee of independence for National Regulatory Authorities in the energy sector: Commission v. Germany, CMLRev. 59 (2022), 1853 ff.; *Laura Kaschny/Saskia Lavrijssen* The independence of national regulatory authorities and the European Union energy transition, ICLQ 72 (2023), 715 ff.; *Charlotte Kreuter-Kirchhof* Unabhängigkeit der Regulierungsbehörde?, NVwZ 2021, 589 ff. S. bereits zuvor zu den Vorgaben für die Unabhängigkeit der nationalen Datenschutzbehörden, die sich zunächst in Art. 28 Abs. 1 RL 95/46/EG des EP und des Rates v. 24.10.1995 zum Schutz natürlicher Personen bei der Verarbeitung personenbezogener Daten und zum freien Datenverkehr, ABl. EG 1995 L 281/31, fanden und nun in Art. 52 Abs. 1 DSGVO (Fn. 59) geregelt sind EuGH (GK), 9.3.2010, Kommission/Deutschland, Rs. C-518/07, Slg. 2010, I-1885, JZ 2010, 784 m. Anm. *Indra Spiecker gen. Döhmann*, EuZW 2010, 296 m. Anm. *Alexander Roßnagel*; dazu *Hans Peter Bull* Die „völlig unabhängige" Aufsichtsbehörde, EuZW 2010, 488 ff.; *Eike Frenzel* „Völlige Unabhängigkeit" im demokratischen Rechtsstaat – Der EuGH und die mitgliedstaatliche Verwaltungsorganisation, DÖV 2010, 925 ff.; *Fabienne Kauff-Gazin* Vers une conception européenne de l'indépendance des autorités de régulation?, Europe 7/2010, 12 ff.; *Heinrich Wolff* Die „völlig unabhängige" Aufsichtsbehörde, in: Veith Mehde/Ulrich Ramsauer/Margrit Seckelmann (Hrsg.) FS Hans Peter Bull, 2011, 1071 ff.; *Alexander Balthasar* Was heißt „völlige Unabhängigkeit" bei einer staatlichen Verwaltungsbehörde?, ZÖR 67 (2012), 5 ff.; *Jiří Zemánek* Case note, CMLRev. 49 (2012), 1755 ff.; *Kai v. Lewinski* „Völlige Unabhängigkeit" von Aufsichts- und Regulierungsbehörden, DVBl. 2013, 339 ff.; im Anschluss

als vereinbar mit der europäischen Ausprägung des Prinzips demokratischer Legitimation angesehen.[144]

3. Der Grundsatz der begrenzten Einzelermächtigung

Als wohl unbestrittene Grenze gilt, dass nach dem Grundsatz der begrenzten Einzelermächtigung eine Rechtsgrundlage auch für Verfahrensregelungen des Unionsgesetzgebers nötig ist. Eine eigenständige Kompetenz besteht insoweit mit Art. 298 Abs. 2 AEUV nur für die EU-Eigenverwaltung; für den Vollzug durch die Mitgliedstaaten sieht Art. 197 Abs. 2 AEUV dagegen nur eine Unterstützungskompetenz der Union „unter Ausschluss jeglicher Harmonisierung der Rechtsvorschriften der Mitgliedstaaten" vor. An diesem Punkt wird auch ein Einsatz der Vertragsabrundungskompetenz des Art. 352 AEUV ausscheiden, weil Art. 352 Abs. 3 AEUV ihre Nutzung in solchen Konstellationen – also zur Umgehung eines spezielleren Harmonisierungsverbots – ausschließt.[145] Dieser Befund setzt auch den Bemühungen der Wissenschaft um einen systematischen Rechtsrahmen des Verwaltungsvollzugs in der Union[146] Grenzen: Für eine Querschnitts-

---

daran EuGH (GK), 16.10.2012, Kommission/Österreich, Rs. C-614/10; dazu *Vassilios Kondylis* Vers la construction d'un droit européen des autorités administratives indépendantes, RAE 2012, 829 ff.; *Marek Szydło* Principles underlying independence of national data protection authorities: Commission v. Austria, CMLRev. 50 (2013), 1809 ff.; zum besonderen Fall der Datenschutzbehörden s. auch noch *Marek Szydło* The Independence of Data Protection Authorities in EU Law: Between the Safeguarding of Fundamental Rights and Ensuring the Integrity of the Internal Market, 42 ELRev. (2017), 369 ff.

[143] EuGH, 2.9.2021, Kommission/Deutschland, Rs. C-718/18, Rn. 119.

[144] EuGH, 2.9.2021, Kommission/Deutschland, Rs. C-718/18, Rn. 126, 129.

[145] S. zur Frage der Anwendung der Lückenschließungsklausel des heutigen Art. 352 AEUV schon früh *Wolfgang Kahl* Hat die EG die Kompetenz zur Regelung des Allgemeinen Verwaltungsrechts?, NVwZ 1996, 865 ff.; weiter *ders.* Die Europäisierung des Verwaltungsrechts als Herausforderung an Systembildung und Kodifikationsidee, in: Peter Axer/Bernd Grzeszick/Wolfgang Kahl/Ute Mager/Ekkehart Reimer (Hrsg.) Das Europäische Verwaltungsrecht in der Konsolidierungsphase, 2010, 39 (59 ff.).

[146] S. Jens-Peter Schneider/Herwig Hofmann/Jacques Ziller (Hrsg.) ReNEUAL – Musterentwurf für ein EU-Verwaltungsverfahrensrecht, 2015; dazu *dies.* Die ReNEUAL Model Rules 2014: Ein Verwaltungsverfahrensrecht für Europa, JZ 2015, 265 ff.; Jens-Peter Schneider/Klaus Rennert/Nikolaus Marsch (Hrsg.) ReNEUAL – Musterentwurf für ein EU-Verwaltungsverfahrensrecht, 2016; *Harald Eberhard* Verwaltungsverfahrensrecht in der Europäischen Union – Der Kodifikationsentwurf des „Research Network on European Administrative Law" in rechtsvergleichender Perspektive, DV 50 (2017), 23 ff.; *Torben Ellerbrok* Der ReNEUAL-Musterentwurf für ein europäisches Verwaltungsverfahrensrecht in der Diskussion, DV 49 (2016), 105 ff.; *Klaus Rennert* ReNEUAL-Musterentwurf für ein EU-Verwaltungsverfahrensrecht aus der Sicht des BVerwG, DVBl. 2016, 69 ff.; *Vassilios Skouris* Der Musterentwurf eines EU-Verwaltungsverfahrensgesetzes aus der Sicht des Europäischen Gerichtshofs, DVBl. 2016, 201 ff.; *Ralph Zimmermann* Der ReNEUAL-

regelung über den Verwaltungsvollzug durch die Mitgliedstaaten besteht keine Rechtsgrundlage.

Diese Harmonisierungssperre des Art. 197 Abs. 2 AEUV schließt allerdings den Erlass von Verfahrensregelungen unter Heranziehung anderer Rechtsgrundlagen nicht aus, soweit deren Voraussetzungen vorliegen;[147] andernfalls hätten die vielfältigen sekundärrechtlichen Modelle des Verwaltungsvollzugs unter Einbindung der Mitgliedstaaten nicht entstehen können. Als Rechtsgrundlage hierfür dient regelmäßig die jeweilige sektorale Sachkompetenz des Unionsgesetzgebers; sie ermöglicht als Annex auch den Erlass von Verfahrens- und Organisationsregelungen, wenn diese zur Zielerreichung erforderlich sind.[148] Auch die Gründung von EU-Agenturen im jeweiligen Feld kann nach der Rechtsprechung des Gerichtshofs[149] auf die Sachkompetenz gestützt werden.[150] Eine negative Konsequenz dieses sachgebietsbezogenen Ansatzes ist allerdings die starke sektorale Zerklüftung des EU-Verwaltungsrechts, die eine Systematisierung deutlich erschwert.

Musterentwurf für ein EU-Verwaltungsverfahrensrecht, in: Roland Broemel/Paul Krell/Olaf Muthorst/Jens Prütting (Hrsg.) Prozessrecht in nationaler, europäischer und globaler Perspektive, 2017, 225 ff.; s. auch *Wolfgang Kahl* Kodifizierung des Verwaltungsverfahrensrechts in Deutschland und in der EU, JuS 2018, 1025 ff.

[147] So zu Recht *Stelkens* Art. 291 AEUV (Fn. 126), 534.

[148] S. *Pache* Verantwortung und Effizienz (Fn. 2), 120 f.; *Hindelang* Mittelbare Unionsverwaltung (Fn. 127), § 39 Rn. 7; *Stelkens* Europäisches Verwaltungsrecht (Fn. 51), Rn. 141.

[149] S. für die Binnenmarktkompetenz des heutigen Art. 114 AEUV als geeignete Rechtsgrundlage EuGH (GK), 2.5.2006, Großbritannien/Parlament und Rat (ENISA), Rs. C-217/04, Slg. 2006, I-3771; EuZW 2006, 369 m. krit. Anm. *Christoph Ohler*, DVBl. 2006, 835 m. Anm. *Uwe Hansmann*; dazu *Vincenzo Randazzo* Case note, CMLRev. 44 (2007), 155 ff.; für Art. 62 und 66 EGV (heute Art. 77 und 74 AEUV) und die Europäische Agentur für die operative Zusammenarbeit an den Außengrenzen der Mitgliedstaaten der Europäischen Union (Frontex) EuGH (GK), 18.12.2007, Großbritannien/Rat, Rs. C-77/05, Slg. 2007, I-11459, Rn. 80 ff.; nochmals zu Art. 114 AEUV EuGH (GK), 22.1.2014, Großbritannien/Parlament und Rat (ESMA), Rs. C-270/12, JZ 2014, 244 m. Anm. *Christoph Ohler*, EuZW 2014, 349 m. Anm. *Magdalena Skowron*, Rn. 99 ff.

[150] Dazu *Nicolas Sölter* Rechtsgrundlagen europäischer Agenturen im Verhältnis vertikaler Gewaltenteilung, 2017, insbes. 46 f., 107 ff.; *Johannes Saurer* Die Errichtung von Europäischen Agenturen auf Grundlage der Binnenmarktharmonisierungskompetenz des Art. 114 AEUV, DÖV 2014, 549 ff.; *Orator* Unionsagenturen (Fn. 56), 212 ff.; *Malte Kröger* Unabhängigkeitsregime im europäischen Verwaltungsverbund, 2020, 225 ff.; anders z.B. noch *Barbara Remmert* Die Gründung von Einrichtungen der mittelbaren Gemeinschaftsverwaltung, EuR 2003, 134 (137 ff.), die stattdessen eine ausdrückliche Ermächtigung auf primärrechtlicher Ebene verlangte; kritisch zur Nutzung von Art. 114 AEUV z.B. weiterhin *Cornelia Manger-Nestler* EU-Agenturen als Ausdruck des europäischen Demokratiemangels?, ZEuS 2015, 315 (326 ff.); *Gärditz* Regulierungsverwaltungsrecht (Fn. 141), 251 (272 ff.).

VI. Ergebnisse

Die Organisation eines funktionierenden supranationalen Verwaltungsraums ist eine erhebliche Herausforderung. Sie kann aber bewältigt werden, und das gilt auch unter den erschwerenden Bedingungen eines vielsprachigen Raumes; das dürften die Erfahrungen der inzwischen 70-jährigen Praxis des Unionsrechts gezeigt haben, was das Auftreten von sektoralen Fehlfunktionen und Fehlschlägen[151] jedoch nicht ausschließt.

Auf dem Weg zu diesem europäischen Verwaltungsraum hat das Unionsrecht vor allem Flexibilität bewiesen;[152] der Unionsgesetzgeber hat in den verschiedenen Bereichen sehr unterschiedliche Modelle der Verwaltungsorganisation entwickelt. Im Rückblick erscheint auch folgerichtig, dass die einfach strukturierten Ausgangsmodelle des direkten bzw. indirekten Vollzugs des Unionsrechts nur den Ausgangspunkt bildeten und dass der Unionsgesetzgeber differenzierende Gestaltungen in Orientierung an den Erfordernissen der Verwaltungspraxis entwickelt hat. Im Ergebnis ist dadurch eine Vielfalt von konkurrierenden Modellen der supranationalen Verwaltung entstanden, die in den verschiedenen Sektoren des EU-Verwaltungsrechts koexistieren. Selbst für den Rechtsschutz bei gemischten Verfahren bestehen, wie erwähnt, konkurrierende Ansätze. Das Unionsrecht bildet damit ein Experimentierfeld für die supranationale Verwaltung.

Bedauerlich ist, dass die Ergebnisse dieser Experimente nicht konsequent ausgewertet und im Sinne einer „best practice" verallgemeinert werden; das Verwaltungs-Sekundärrecht der Union bleibt sektoral frakturiert. Auch die Bemühungen der Wissenschaft um eine Strukturierung des Felds sind, soweit ersichtlich, bisher ohne praktische Folgen geblieben. Trotz dieser Einschränkungen bleibt die Organisation des Verwaltungsraums Europa durch das Unionsrecht aber im Ergebnis doch eine Erfolgsgeschichte, die alles andere als selbstverständlich ist.

---

[151] Zur „Verwaltungskrise" der Union zum Ende der 1990er Jahre s.o. bei Fn. 13.

[152] Zur Möglichkeit der Aufhebung nationaler Rechtsakte durch Unionsgerichte, die von den überkommenen Strukturen besonders weit abweicht, s.o. Fn. 109.

Leitsätze des Referenten über

1. Supranationale und grenzüberschreitende Verwaltung – neue Formen der Ausübung von Hoheitsgewalt

I. Die Herausforderung des europäischen Verwaltungsraums

(1) Das Thema „supranationale und grenzüberschreitende Verwaltung" stellt letztlich die Frage, mit welchen Mechanismen und Instrumenten ein staatenübergreifender Raum zugleich effektiv und (grund-)rechtsschützend zu verwalten ist. Das Unionsrecht widmet sich dieser Aufgabe seit nunmehr rund 70 Jahren mit Strukturen und Lösungsansätzen, die sich im Lauf der Zeit immer weiterentwickelt und ausdifferenziert haben. Als besondere Herausforderung stellt sich in diesem Feld die Vielfalt der nationalen Amtssprachen dar.

II. Die Grundmodelle des Verwaltungsvollzugs in der Union

1. Das anfängliche Nebeneinander von direktem und indirektem Vollzug

(2) Die bekannten Ausgangspunkte der Verwaltungsstrukturen des Unionsrechts sind die Grundmodelle des direkten Vollzugs durch die Unionsorgane und des indirekten Vollzugs durch die Behörden der Mitgliedstaaten. Beide Modelle waren in der Praxis des Unionsrechts von Anfang an nebeneinander vertreten.

a) Die Vorteile des direkten Vollzugs

(3) Die Wahl zwischen beiden Modellen für die jeweiligen Sektoren spiegelt eine Abwägung ihrer Vor- und Nachteile wider. So sichert eine Zentralisierung der Entscheidungszuständigkeit auf der Unionsebene eine unionsweit einheitliche Entscheidungspraxis und verwirklicht damit den Grundsatz der einheitlichen Anwendung des Unionsrechts. Zudem kann die unionsweite Wirkung der auf Unionsebene getroffenen Entscheidungen zu Effizienzgewinnen führen. Auf der anderen Seite ist diese Vollzugsform

ressourcenintensiv und führt zu einer großen räumlichen Distanz zu den Betroffenen.

b) Die Vorteile des indirekten Vollzugs

(4) Das Gegenmodell des indirekten Vollzugs durch die nationalen Behörden sichert die Durchsetzung des Unionsrechts in der Fläche und ist zunächst ohne erheblichen Aufwand zu realisieren, weil es auf die bereits existierenden Verwaltungsstrukturen der Mitgliedstaaten zurückgreifen kann. Es hat den Vorzug der Bürgernähe, trägt aber das Risiko eines uneinheitlichen und jeweils vom nationalen Vorverständnis abhängigen Vollzugs in sich. Das gilt insbesondere, solange zusätzlich auf das jeweilige nationale Verwaltungsverfahrensrecht zurückgegriffen wird, womit die materiellen Vorgaben des Unionsrechts durch sehr unterschiedliche Verfahrenslösungen ergänzt werden können. Das Primärrecht setzt diesen Spielräumen der Mitgliedstaaten durch die Doppelschranke aus Mindesteffektivität und Äquivalenzprinzip nur äußerste Grenzen.

2. Die Bedeutung der Allsprachigkeit der Union für den Vollzug

a) Allsprachigkeit im direkten Vollzug

(5) Beiden Grundmodellen ist gemeinsam, dass sie mit der Sprachenvielfalt der Union umgehen müssen. Das Unionsrecht macht hier die ehrgeizige Vorgabe, alle Amtssprachen der Mitgliedstaaten zu Amtssprachen der Union zu erklären, und zieht für die Unionsorgane in Art. 24 AEUV die Konsequenz, dass sie in der Lage sein müssen, nach außen auch in all diesen Sprachen zu kommunizieren.

b) Allsprachigkeit im indirekten Vollzug

(6) Im indirekten Vollzug wird dagegen vorausgesetzt, dass die Kommunikation der nationalen Behörden mit der Bevölkerung in der jeweiligen Amtssprache des Mitgliedstaats erfolgt. Mindestvoraussetzung für die Funktionsfähigkeit des indirekten Vollzugs ist aber, dass das anzuwendende Unionsrecht in allen Amtssprachen vorliegt. Auch muss sichergestellt sein, dass die nationalen Gerichte für Vorlagen an den EuGH ihre Amtssprache nutzen können. Problematisch bleibt die Mehrsprachigkeit bei der Kooperation zwischen den nationalen Behörden: Hier kann nicht jede Behörde erwarten, ausschließlich in der jeweils eigenen Amtssprache kommunizieren zu können.

III. Verschränkungen und Mischmodelle

1. Die Anpassung der Grundmodelle durch den Unionsgesetzgeber

(7) Die Grundmodelle des direkten und indirekten Vollzugs sind vom EU-Gesetzgeber entsprechend den Bedürfnissen der jeweiligen Sektoren modifiziert worden. Dadurch sind administrative Mischmodelle entstanden, in denen sowohl Unionsorgane als auch nationale Behörden an einem Verfahren beteiligt sind. Einen neuen Höhepunkt der Verschränkungen hat die Neuordnung der Bankenaufsicht in der Union nach der Finanzkrise herbeigeführt.

(8) Besonders anspruchsvoll wird die Verwaltungskooperation in der Union, wenn sie nicht nur bilateral-vertikal zwischen der Unionsebene und der Verwaltung eines Mitgliedstaats erfolgt, sondern die mitgliedstaatlichen Verwaltungsstrukturen – ggf. unter Einbindung von Unionsorganen – im horizontalen Verhältnis miteinander kooperieren, wofür sich der Begriff des Europäischen Verwaltungsverbunds etabliert hat. Gerade in dieser horizontalen Koordination kann es zu folgenschweren Fehlern kommen, so dass der Grundsatz des gegenseitigen Vertrauens auch Raum für Fehlerkorrekturen lassen muss.

2. Die Rolle der EU-Agenturen

(9) Zu einem wesentlichen Element des Europäischen Verwaltungsverbunds haben sich die durch den EU-Gesetzgeber gegründeten EU-Agenturen als rechtlich selbständige Einheiten des Unionsrechts entwickelt. Sie können zur Koordination der mitgliedstaatlichen Behörden genutzt werden; nach der weitgehenden Aufgabe der Meroni-Doktrin können sie aber auch selbst als Entscheidungsträger fungieren.

(10) Unter dem Gesichtspunkt der Machtverteilung zwischen Union und Mitgliedstaaten sind die Agenturen ambivalent: Aus mitgliedstaatlicher Sicht werden sie häufig als zusätzliche „Landnahme" durch die Union eingestuft, weil der Vollzug nach dem Grundmodell des indirekten Vollzugs den Mitgliedstaaten zukommt. Aus der Sicht der Kommission ist mit der „Agenturisierung" dagegen eher ein Wachstum des Einflusses der Mitgliedstaaten verbunden, weil sie den Verwaltungsrat der Agentur als zentrales Entscheidungsgremium dominieren und damit das Handeln der Agentur mitbestimmen.

3. Der transnationale Verwaltungsakt als Alternative zum direkten Vollzug

(11) Als Alternative zu einer Zentralisierung der Entscheidungszuständigkeit auf Unionsebene hat sich das Modell des transnationalen Verwaltungsakts entwickelt, der von den Behörden eines Mitgliedstaats erlassen wird, aber auch in den anderen Mitgliedstaaten Wirkung entfaltet. Der Verwaltungsakt bleibt dabei ein Instrument des indirekten Vollzugs: Er wird dem erlassenden Mitgliedstaat zugerechnet, auch wenn seine Wirkung in den anderen Mitgliedstaaten auf Unionsrecht beruht; Rechtsschutz ist damit vor den nationalen Gerichten dieses Staates zu suchen.

(12) Diese Zuordnung setzt dem Einsatz dieses Instruments Grenzen, weil dem in einem Mitgliedstaat ansässigen „Normalbürger" eine solche Klage vor den Gerichten eines anderen Staates und in fremder Sprache nicht zuzumuten ist, wenn er nicht selbst grenzüberschreitend tätig geworden ist.

IV. Die Gewährleistung lückenlosen Rechtsschutzes

1. Primärrechtsschutz und Sekundärrechtsschutz gegen Handlungen der Unionsorgane

(13) Die supranationale Verwaltung muss gemäß Art. 19 Abs. 1 EUV und 47 GRC mit angemessenem Rechtsschutz für den Einzelnen ausgestattet sein, wofür aber nicht auf die Grenzen der Nichtigkeitsklage, sondern auf die Leistungsfähigkeit des Gesamt-Rechtsschutzsystems aus Union und Mitgliedstaaten abzustellen ist. Durch die Verbundverwaltung dürfen keine Rechtsschutzlücken entstehen; allerdings kann auch die Verfügbarkeit von Sekundärrechtsschutz ausreichend sein.

2. Insbesondere der Rechtsschutz bei gemischten/gestuften Entscheidungen

a) Trennungsmodell

(14) Traditionell erfolgt der Rechtsschutz bei Verfahren, in denen die nationale und die Unionsebene zusammenwirken, nach dem Trennungsmodell; die nationalen Verfahrensbeiträge werden danach von den nationalen Gerichten geprüft, die Unionsentscheidungen von den Unionsgerichten; damit wird lückenloser Rechtsschutz gewährleistet, es kommt aber auch zu doppelten Verfahren.

b) Absorptionsmodell

(15) Daneben hat der EuGH in neuerer Zeit das Absorptionsmodell entwickelt, nach dem nur die abschließende Entscheidung auf Unionsebene von den Unionsgerichten geprüft wird; lückenloser Rechtsschutz ist dann nur gewährleistet, wenn die Unionsgerichte inzident auch die nationalen Verfahrensbeiträge prüfen und dabei als Maßstab auch das nationale Recht heranziehen. Diese Gestaltung ist aber auch möglich; die Unionsgerichte müssen dabei allerdings beachten, dass sie „fremdes" Recht auslegen.

(16) Beide Modelle bestehen nun nebeneinander. Die Zuordnung soll davon abhängen, ob die nationalen Beiträge mit substantiellen eigenen Entscheidungsspielräumen versehen sind; sie liegt damit in der Hand des Unionsgesetzgebers.

3. Rechtsschutz bei Soft Law-Steuerung des indirekten Vollzugs

(17) Rechtsschutzfragen stellen sich auch in Bezug auf die zunehmende Steuerung des indirekten Vollzugs durch Soft Law-Maßnahmen der Unionsorgane wie Leitlinien oder Empfehlungen. Nichtigkeitsklagen gegen diese Handlungen sind nach gefestigter Rechtsprechung mangels tauglichen Klagegegenstandes unzulässig. Allerdings sieht der EuGH inzwischen Gültigkeitsvorlagen in Bezug auf solche Handlungen als zulässig an.

V. Unionsrechtliche Grenzen der supranationalen Verwaltung

1. Grundsätzlicher Vorrang des mitgliedstaatlichen Vollzugs?

(18) Der Vorrang des mitgliedstaatlichen Vollzugs ist das historische Konstruktionsprinzip der europäischen Integration, bei der eine Erschließung der Mitgliedstaaten in der Fläche durch Verwaltungsstrukturen der Union nie vorgesehen war. Eine rechtliche Vorgabe in diesem Sinn besteht aber nicht; sie folgt insbesondere nicht aus Art. 291 AEUV. Die Zulässigkeit des direkten Vollzugs hängt rechtlich davon ab, ob eine entsprechende Kompetenznorm besteht und deren Voraussetzungen einschließlich des Subsidiaritätsprinzips und des kompetenzrechtlichen Verhältnismäßigkeitsprinzips erfüllt sind.

2. Die Verfahrensautonomie der Mitgliedstaaten als unionsrechtliche Grenze?

(19) Als weitere Grenze wird teils auch der Grundsatz der Verfahrensautonomie der Mitgliedstaaten angeführt; als Konsequenz müssten im

Bereich des indirekten Vollzugs die von der Union vorgefundenen Verwaltungsstrukturen der Mitgliedstaaten respektiert werden, die daraus resultierenden Einschränkungen der einheitlichen Anwendung des Unionsrechts wären hinzunehmen. Dem Stand des Unionsrechts dürfte dieses Postulat aber nicht entsprechen, weil das nationale Verfahrensrecht den Anforderungen der Mindesteffektivität und des Äquivalenzprinzips genügen muss und die Autonomie auch unter dem Vorbehalt der abweichenden Regelung durch den EU-Gesetzgeber steht.

3. Der Grundsatz der begrenzten Einzelermächtigung

(20) Damit bleibt als Grenze der Grundsatz der begrenzten Einzelermächtigung, nach dem eine Rechtsgrundlage auch für Verfahrensregelungen des Unionsgesetzgebers nötig ist. Eine eigenständige Kompetenz besteht insoweit mit Art. 298 Abs. 2 AEUV nur für die EU-Eigenverwaltung; für den Vollzug durch die Mitgliedstaaten sieht Art. 197 Abs. 2 AEUV dagegen nur eine Unterstützungskompetenz der Union „unter Ausschluss jeglicher Harmonisierung der Rechtsvorschriften der Mitgliedstaaten" vor.

(21) Das schließt allerdings den Erlass von Verfahrensregelungen unter Heranziehung anderer Rechtsgrundlagen nicht aus, soweit deren Voraussetzungen vorliegen. Als Rechtsgrundlage hierfür dient regelmäßig die jeweilige sektorale Sachkompetenz des Unionsgesetzgebers; sie ermöglicht als Annex auch den Erlass von Verfahrens- und Organisationsregelungen, wenn diese zur Zielerreichung erforderlich sind. Eine negative Konsequenz dieses sachgebietsbezogenen Ansatzes ist allerdings die starke sektorale Zerklüftung des EU-Verwaltungsrechts, die eine Systematisierung deutlich erschwert.

VI. Ergebnisse

(22) Die Organisation eines funktionierenden supranationalen Verwaltungsraums ist eine erhebliche Herausforderung. Sie kann aber bewältigt werden, und das gilt auch unter den erschwerenden Bedingungen eines vielsprachigen Raumes; das dürften die Erfahrungen der inzwischen 70-jährigen Praxis des Unionsrechts gezeigt haben, was das Auftreten von sektoralen Fehlfunktionen und Fehlschlägen jedoch nicht ausschließt.

(23) Auf dem Weg zu diesem europäischen Verwaltungsraum hat das Unionsrecht vor allem Flexibilität bewiesen; der Unionsgesetzgeber hat in den verschiedenen Bereichen sehr unterschiedliche Modelle der Verwaltungsorganisation entwickelt. Im Rückblick erscheint folgerichtig, dass die einfach strukturierten Ausgangsmodelle des direkten bzw. indirekten Voll-

zugs des Unionsrechts nur den Ausgangspunkt bildeten und dass der Unionsgesetzgeber differenzierende Gestaltungen entwickelt hat. Im Ergebnis ist dadurch eine Vielfalt von konkurrierenden Modellen der supranationalen Verwaltung entstanden, die in den verschiedenen Sektoren des EU-Verwaltungsrechts koexistieren. Das Unionsrecht bildet damit ein Experimentierfeld für die supranationale Verwaltung.

(24) Bedauerlich ist, dass die Ergebnisse dieser Experimente nicht konsequent ausgewertet und im Sinne einer „best practice" verallgemeinert werden; das Verwaltungs-Sekundärrecht der Union bleibt sektoral frakturiert. Auch die Bemühungen der Wissenschaft um eine Strukturierung des Felds sind, soweit ersichtlich, bisher ohne praktische Folgen geblieben. Trotz dieser Einschränkungen bleibt die Organisation des Verwaltungsraums Europa durch das Unionsrecht aber im Ergebnis doch eine Erfolgsgeschichte, die alles andere als selbstverständlich ist.

Vierter Beratungsgegenstand:

Supranationale und grenzüberschreitende Verwaltung – neue Formen der Ausübung von Hoheitsgewalt

2. Referat von *Monika Polzin*, Wien*

Inhalt

		Seite
I.	Verwaltungsrechtliche Blütezeit?	448
II.	Die grenzüberschreitende Verwaltung	449
	1. Verwaltungsverständnisse	449
	2. Begrenzung und negative Definition	451
III.	Völkerrechtliches „Verwaltungsrecht"	456
	1. Verwaltungsrechtsbegriff und Legitimierung internationaler Hoheitsgewalt	457
	2. Positiv anwendbares Recht statt Legitimationsbausteine	460
	3. Der allgemeine völkerrechtliche Rechtsrahmen	461
	a) Das völkerrechtliche Legalitätsprinzip	461
	b) Keine allgemeine Begrenzung durch Menschenrechte	464
	c) Ius-cogens Normen als allgemeine Grenze?	466
	d) Schlussbemerkung	467
	4. Dezentrale (opake) Reglungsstrukturen	467
IV.	Dezentrale „gute" Verwaltung	469
	1. Eigenverwaltung: Von fairen Verfahren und undurchsichtiger Transparenz	471
	a) Das internationale Dienstrecht fast als Paradebeispiel	471
	b) Das internationale Vergaberecht und die undurchsichtige Transparenz und vage Fairness	474

---

* Für Marie. Weiterhin möchte ich mich bei meinem wissenschaftlichen Mitarbeiter Herrn *Bernhard Ohrfandl*, LL.B. (WU) für die sehr gute Unterstützung bei der Recherche bedanken. Herrn *Clemens Beckenberger*, LL.M. gilt mein Dank für das sorgfältige Korrekturlesen.

2. Die Wahrnehmung delegierter Aufgaben: Von Effizienz und
   Kontrolle 476
   a) Die effektive Wahrung des Weltfriedens 476
   b) Die Weltbank: Begrenzte Kontrolle 480
3. Die internationale Aufsichtsverwaltung 482
V. Die unvollendete („gute") Verwaltung? 487
1. Das unvollendete „Verwaltungsrecht" 487
2. Die grundsätzlich vollendete internationale
   Aufsichtsverwaltung 488
VI. Neue verwaltungsrechtliche Epoche?.................... 490

I. Verwaltungsrechtliche Blütezeit?

1876 schrieb *Lorenz von Stein* in der 2. Auflage seines Handbuchs für Verwaltungslehre, dass „das Völkerrecht jetzt im Sinne der Verwaltung einer neuen Epoche entgegengeht".[1] Erlebt das Völkerrecht daher heute, knapp 150 Jahre später, seine verwaltungsrechtliche Blütezeit?

Der erste Blick zeigt keine Anzeichen einer solchen Hochphase. Anders als die Kategorie der supranationalen Verwaltung,[2] deren zentraler Rechtsrahmen in Art. 41 GRC sogar eine spezielle Norm für gutes Verwaltungshandeln vorsieht, fehlt eine entsprechende Regelungsstruktur in der dezentralen Ordnung[3] des Völkerrechts. Es gibt weder eine Wiener Konvention zum allgemeinen oder besonderen Völkerverwaltungsrecht noch entsprechend bezeichnete Arbeiten der Völkerrechtskommission. Es existiert auch keine geschriebene „Weltverfassung", die, wie beispielsweise das Grundgesetz, den zentralen Rahmen für die Ausübung von Verwaltungstätigkeiten festlegt und ein klar definiertes System der Gewaltenteilung vorgibt.

---

[1] *Lorenz von Stein* Handbuch der Verwaltungslehre, 2. Aufl. 1876, 55. Aus der weiteren Literatur aus der ersten verwaltungsrechtlichen Periode des Völkerrechts, die mit dem 2. Weltkrieg endete, s. etwa *Paul Négulesco* Principes du droit international administratif, Recueil des Cours 51 (1935), 583; *Paul S. Reinsch* International Administrative Law and National Sovereignty, AJIL 3 (1909), 1 und *ders.* International Unions and their Administration, AJIL 1 (1907), 579 und *Piere Kazansky* Théorie de l'administration internationale, Revue Generale de droit internationale Public 9 (1902), 353.

[2] Allgemeine Auffassung, s. z.B.: *Paul Craig* UK, EU and Global Administrative Law, 2015; *Edoardo Chiti/Bernardo Giorgio Mattarella* (Hrsg.) Global Administrative Law and EU Administrative Law, 2011.

[3] S. bereits treffend *Hans Kelsen* General Theory of Law and State, 1945, 325-327.

II. Die grenzüberschreitende Verwaltung

Daher ist die erste Schwierigkeit[4] bei der Ermittlung der Bestimmungsfaktoren einer guten grenzüberschreitenden Verwaltung[5] die Definition von Verwaltung im Völkerrecht.

1. Verwaltungsverständnisse

In der Wissenschaft existiert eine Vielzahl von Deutungen und Begriffen. Die unterschiedlichen Vorstellungen beziehen sich auf die Fragen, wie Verwaltung inhaltlich definiert wird und wer als Verwaltung handeln kann. Nach der klassischen Sichtweise sind das insbesondere Internationale (Regierungs-)Organisationen,[6] nach anderen Ansätzen aber auch grenzüberschreitendes unilaterales staatliches Handeln,[7] informellere Zusammenschlüsse von Staaten im Rahmen von Vertragsregimen oder der intergou-

---

[4] S. zu den Schwierigkeiten der Definition der Verwaltung im nationalen Bereich u.a. *Ernst Forsthoff* Lehrbuch des Verwaltungsrechts, Bd. 1, 10. Aufl. 1973, 1; *Hans J. Wolff* et. al. Verwaltungsrecht I, 13. Aufl. 2017, § 3; *Hartmut Maurer/Christian Waldhoff* Allgemeines Verwaltungsrecht, 20. Aufl. 2020, § 1; *Steffen Detterbeck* Allgemeines Verwaltungsrecht, 17. Aufl. 2019, Kap. 1, § 1 Rn. 1.

[5] Nicht Gegenstand des vorliegenden Beitrags ist die verwaltungsrechtliche Kollisionsordnung (s. hierzu ausführlich u.a. *Karl Neumeyer* Internationales Verwaltungsrecht, Bd. 1–4, 1910–1930; *Christoph Ohler* Die Kollisionsordnung des Allgemeinen Verwaltungsrechts, 2005). S. umfassend zu einer Verflechtung zwischen Völkerrecht und nationalem Verwaltungsrecht anhand von Rechtsgebieten: *Christoph Möllers/Andreas Voßkuhle/Christian Walter* Internationales Verwaltungsrecht, 2007. Zur Frage, wie sich das Völkerrecht auf das nationale Verwaltungshandeln bzw. das nationale Verwaltungsrecht auswirkt, s. ausführlich *Christian Tietje* Internationalisiertes Verwaltungshandeln, 2001; *Christian Walter* Internationalisierung des Deutschen und Europäischen Verwaltungsverfahrens- und Verwaltungsprozessrechts – am Beispiel der Århus-Konvention, EuR 2005, 302; *Matthias Ruffert* § 7 Rechtsquellen und Rechtsschichten des Verwaltungsrechts, in: Andreas Voßkuhle/Martin Eifert/Christoph Möllers (Hrsg.) Grundlagen des Verwaltungsrechts, Band 1, 3. Aufl. 2022, Rn. 16. Für eine Zusammenfassung der Auswirkungen auf das nationale Recht und das hier zu untersuchende völkerrechtliche Verwaltungshandeln unter dem Begriff des „internationalen Verwaltungshandelns": *Eberhard Schmidt-Aßmann* Die Herausforderung der Verwaltungsrechtswissenschaft durch die Internationalisierung der Verwaltungsbeziehungen, Der Staat 45 (2006), 315 (336): „Unter internationalem Verwaltungsrecht ist das im Völkerecht begründete Verwaltungsrecht zu verstehen. Es geht um Prozesse der Überformung nationalen und der Neubildung internationalen Rechts, die in ihren Strukturen (nicht aber in ihren Mechanismen) der Europäisierung ähnlich sind." S. auch *Eberhard Schmidt-Aßmann* The Internationalization of Administrative Relations as a Challenge for Administrative Law Scholarship, GLJ 9 (2008), 2061 (2077).

[6] Vgl. *Wilfried C. Jenks* The Proper Law of International Organizations, 1962, 25 und 128.

[7] So z.B. *Eyal Benvenisti* The Law of Global Governance, 2014, 72–76.

vernementalen Zusammenarbeit, Netzwerke nationaler Verwaltungen[8] oder, so die weiteste Sichtweise, auch das Handeln von privaten regulatorischen Institutionen.[9]

Inhaltlich reichen die Verständnisse von einer Reduzierung des Verwaltungsbegriffs auf das Dienstrecht Internationaler Organisationen[10] über umfassende positive[11] und negative Verständnisse[12] bis zu neuen Vorstel-

---

[8] *Armin von Bogdandy/Philipp Dann/Matthias Goldmann* Developing the Publicness of Public International Law: Towards a Legal Framework for Global Governance Activities, in: Armin von Bogdandy et. al. (Hrsg.) The exercise of Public Authority by International Institutions, 2010, 3 (15). Ein ähnlicher Ansatz findet sich auch in der Arbeit von *Eyal Benvenisti*, der den Begriff „*law of global governance*" verwendet (*Benvenisti* Global Governance [Fn. 7]). Sein Werk beruht auf der Annahme, dass Staaten zunehmend regulatorische Befugnisse („regulatory discretion") auf verschiedene Formen öffentlicher und privater, formaler und informaler Institutionen übertragen, die sich jenseits nationaler Grenzen bewegen (ebd., 25). Diese verschiedenen Formen globaler Regulierung, deren rechtlichen Rahmen er mit „law of global governance" bezeichnet, ordnet er dann in die folgenden Kategorien ein: Klassische Internationale Organisationen (ebd., 27–36), informelle intergouvernementale Zusammenarbeit in den unterschiedlichsten Konstellationen (ebd., 37–68), direkte Verwaltung von Menschen und Gebieten durch die UN (ebd., 69–72) und unilaterales grenzüberschreitendes staatliches Handeln (ebd., 72–76).

[9] So insbesondere die Vertreter des Global Administrative Law Projekts: grundlegend *Benedict Kingsbury/Nico Krisch/Richard B. Stewart* The Emergence of Global Administrative Law, Law and Contemporary Problems 68 (2005), 15 (20). S. auch aktuell die Definition auf der Homepage: <https://www.iilj.org/gal/project/> (Stand 30.10.2023).

[10] So z.B.: *Chittharanjan Felix Amerasinghe* The Future of International Administrative Law, International & Comparative Law Quarterly 45 (1996), 773. Dem entspricht, dass Arbeitsgerichte von Internationalen Organisationen als „Internationale Verwaltungsgerichte" bezeichnet werden. *Jenks* Proper Law of International Organizations (Fn. 6), 25, bezeichnet das internationale Arbeitsrecht dahingegen als das am besten entwickelte internationale Verwaltungsrecht und scheint allgemein die Tätigkeit von Internationalen Organisationen als Verwaltungshandeln anzusehen. Vgl. auch die Definition von *Ernst Steindorff* Verwaltungsrecht, Internationales, in: Karl Strupp/Hans-Jürgen Schlochhauer (Hrsg.) Wörterbuch des Völkerrechts, Bd. 3, 1962, 581: „Internationales Verwaltungsrecht kann als das Verwaltungsrecht begriffen werden, das Internationale Organisationen anwenden oder das für internationale Verwaltungsgemeinschaften gilt. Bei dieser Deutung kann internationales Verwaltungsrecht ein eigenes Gemeinschaftsrecht oder ein Teil des Völkerrechts oder des nationalen Rechts beteiligter Staaten sein."

[11] *Lorenz von Stein* Einige Bemerkungen über das internationale Verwaltungsrecht, in: Gustav Schmoller (Hrsg.) Jahrbuch für Gesetzgebung, Verwaltung und Volkswirtschaft im deutschen Reich, Bd. 6, 1882, 395 (431). Er definiert das Verwaltungsrecht als diejenigen völkerrechtlichen Normen, die das europäische Leben regeln bzw. sich auf die Pflichten gegen die Gemeinsamkeit des Volkslebens beziehen und nicht mehr nur auf das, was die einzelnen Staaten sich untereinander nicht antun dürfen. Ein materielles Verständnis findet sich auch bei: *Eberhard Menzel* Nationale und internationale Verwaltung, DÖV 22 (1969), 1 (3). Dieser beschreibt die Verwaltungstätigkeit im völkerrechtlichen Raum allgemein als „Regelungsgewalt". Für eine Verwaltungsrechtsdefinition basierend auf dem Inhalt der zu behandelnden Materien: *Johann Caspar Bluntschli* Projekt der Organisation des Europäi-

lungen über die Definition von Gewaltausübung im Völkerrecht. Hierzu gehört insbesondere der von *Armin von Bogdandy*[13] begründete Heidelberger Ansatz. Dieser verzichtet auf die Bezeichnung von Verwaltung im Völkerrecht und verwendet stattdessen den umfassenden Begriff der „internationalen öffentlichen Gewalt".[14] Diese wird „als das rechtlich begründete Vermögen einer (formalen oder informalen) internationalen Institution, die Freiheit anderer in rechtlicher oder tatsächlicher Hinsicht zu beschränken oder ihren Gebrauch in ähnlicher Weise zu gestalten" definiert.[15]

2. Begrenzung und negative Definition

Für die Zwecke des vorliegenden Berichts wird – aufgrund des limitierten Umfangs und zur besseren Vergleichbarkeit mit der supranati-

---

schen Staatenvereins (1878), Die Friedens-Warte 40 (1940), 117 (119): „Ganz anders sind die kleinen Angelegenheiten der völkerrechtlichen Verwaltung und Justiz zu behandeln. Ich rechne zu diesen alle Anordnungen über internationale Verkehrsverhältnisse, über Auslegung von Handels- und Zollverträgen, über Strassen, Eisenbahnen, Posten, Telegraphenwesen, Schiffahrtsverkehr auf offener See oder in den Seehäfen und auf den Strömen, über Auslieferung von Verbrechern, über die Fragen der Staats- und Landesangehörigkeit von Privaten, das gesamte internationale Privat- und Strafrecht, Grenzregulierungen, Sanitätsinteressen, Entschädigungsstreitigkeiten, Mass und Gewicht, Münzwesen, Zeremoniell usw." Vgl. auch Kazansky Théorie (Fn. 1), 361: „l'administration internationale n'est pas autre chose que l'activité des Ètats, des Sociétés internationales, de leurs organes et des organes internationaux, dans le but de protéger les intérêts sociaux internationaux."

[12] *Kingsbury/Krisch/Stewart* Emergence of Global Administrative Law (Fn. 9), 17. S. hierzu auch unter III.1.

[13] Grundlegend: *Armin von Bogdandy* et. al. (Hrsg.) The Exercise of Public Authority by International Institutions, 2010; ähnlich auch der oben in Fn. 8 geschilderte Ansatz von *Benvenisti*.

[14] *Von Bogdandy/Dann/Goldmann* Developing the Publicness of Public International Law (Fn. 8), 16. S. auch *Matthias Goldmann* Internationale öffentliche Gewalt, 2015. Hintergrund ist die Annahme, dass jede öffentliche Gewalt legitim ausgeübt werden muss und im internationalen Bereich dem Verwaltungsbegriff konturgebende Konzepte (wie Verfassung und gesetzgebende Institutionen und Aktivitäten in internationalen Bereichen) schwierig zu unterscheiden sind: *von Bogdandy/Dann/Goldmann* Developing the Publicness of Public International Law (Fn. 8), 16. S. auch *dies.* Völkerrecht als öffentliches Recht: Konturen eines rechtlichen Rahmens für Global Governance, Der Staat 49 (2010), 23 (24 und 30 ff.).

[15] So die neuste Präzisierung: *Armin von Bogdandy/Matthias Goldmann*, Die Restrukturierung von Staatsschulden als Ausübung internationaler öffentlicher Gewalt: Zur Möglichkeit der inkrementellen Entwicklung eines Staateninsolvenzrechts, ZaöRV 73 (2013), 61 (73); zur früheren Definition: *Armin von Bogdandy/Philipp Dann/Matthias Goldmann* Developing the Publicness of Public International Law: Towards a Legal Framework for Global Governance Activities, GLJ 9 (2008), 1375; deutsche Fassung: *dies.* Völkerrecht als öffentliches Recht (Fn. 14), 23 ff.

onalen Ebene – die zu untersuchende grenzüberschreitende[16] Verwaltungstätigkeit auf das Handeln internationaler Organisationen (d.h. Regierungsorganisationen)[17] und die informellere Zusammenarbeit von Staaten und/oder Internationalen Organisationen innerhalb von Vertragsregimen[18] begrenzt.

---

[16] Abstrakt beruht der vorliegende Beitrag auf einem weiten Verständnis grenzüberschreitender Tätigkeit. Diese liegt dann vor, wenn sich die jeweilige Verwaltungstätigkeit der öffentlichen Gewalt, wie eine Auslieferungsentscheidung, eines Staates nicht auf das nationale Territorium begrenzt ist oder von mehreren Staaten gemeinsam oder von einer Internationalen Organisation allein oder gemeinsam mit einem oder mehreren Staaten bzw. anderen Internationalen Organisationen gemeinsam ausgeübt wird. Es geht also um eine Verwaltungstätigkeit jenseits des Nationalstaats durch öffentliche Handlungsträger. Ein grenzüberschreitendes Handeln liegt immer dann vor, wenn eine Verwaltungstätigkeit nicht auf ein nationales Territorium begrenzt ist (vgl. auch *Schmidt-Aßmann* The Internationalization of Adminstrative Relations (Fn. 5), 2063.) Eine Sonderform stellt dabei die supranationale Verwaltungstätigkeit der EU dar (ebd.). Die supranationale Verwaltungstätigkeit der Union nimmt im Bereich der Verwaltung jenseits des Nationalstaats aufgrund ihrer zentralen Organisation und dem Grad ihrer normativen Regelungsdichte eine Sonderstellung ein. Für ein enges Verständnis aber *Matthias Niedobitek* Das Recht der grenzüberschreitenden Verträge, 2001, 27: „[...] Grenzüberschreitende Zusammenarbeit ist eine besondere Erscheinungsform der aus dem staatlichen Binnenbereich heraustretenden Kontakte. Die Besonderheit dieser Form der Zusammenarbeit rührt von den räumlichen Wirkungen der Staatsgrenze her, deren Überwindung (sekundäre) Folge oder (primäres) Ziel der Zusammenarbeit sein kann. Die Partner der Zusammenarbeit müssen deshalb in einer räumlichen Nähebeziehung zueinanderstehen, in der sich die räumliche Wirkung der Staatsgrenze entfalten kann."

[17] Auch wenn abstrakt Einigkeit über die Definition von Internationalen Organisationen besteht, gibt es Streit bezüglich der Frage, ob die eigene Rechtspersönlichkeit Teil der Definition ist. So lautete die Definition Internationaler Organisationen im Rahmen der „Draft articles on the responsibility of international organizations" der Völkerrechtskommission aus dem Jahr 2011: Art. 2 a): „'international organization' means an organization established by a treaty or other instrument governed by international law and possessing its own international legal personality. International organizations may include as members, in addition to States, other entities". Dahingegen schlägt der Sonderberichterstatter *August Reinisch* in seinem Bericht für die Völkerrechtskommission aus dem Jahr 2023 (A/CN:4/756, First Report on the settlement of international disputes to which international organizations are parties, International Law Commission 74th session, 3 Februar 2023, Rn. 31 ff.) eine andere Definition vor. Diese enthält statt des Merkmals „eigene Rechtspersönlichkeit" das Merkmal „mindestens ein Organ mit der Fähigkeit einen eigenen von den Mitgliedern zu unterscheidenden Willen zu bilden". Die genaue Definition (ebd., Rn. 59) lautet: „'International Organization' refers to an entity established by States and/or other entities on the basis of a treaty or other instrument governed by international law and possessing at least one organ capable of expressing a will distinct from that of its members."

[18] Der zentrale Unterschied ist, dass diese Vertragsregime weniger institutionalisiert sind und nicht wie eine formale Internationale Organisation eine eigene Rechtspersönlichkeit besitzen. Vertragsorgane verfügen nicht über einen von den Vertragsparteien abgegrenzten eigenen Willen („distinct will"). Die Abgrenzung kann im Einzelfall allerdings schwierig sein und ist immer auch eine Gradfrage. S. hierzu aktuell *August Reinisch* A/CN:4/756,

Um die Unterschiede zwischen den verschiedenen Formen internationaler Hoheitsausübung nicht vollständig zu verwischen, wird an der Begrifflichkeit „Verwaltung" festgehalten. Auch auf der internationalen Ebene gibt es, trotz einer schwach ausgeprägten Gewaltengliederung,[19] dezentrale Erscheinungsformen von klar judikativer und legislativer Gewalt.[20] Daher wird basierend auf der klassischen Idee von *Otto Mayer*[21] „Verwaltung" negativ definiert. Sie liegt vor, wenn eine Tätigkeit einer Internationalen Organisation oder innerhalb eines Vertragsregimes weder als Gesetzgebung noch als Rechtsprechung eingeordnet werden kann.

Zur internationalen Rechtsprechung zählen aufgrund völkerrechtlicher Vereinbarungen eingesetzte internationale Gerichte, die mit unabhängigen Richtern besetzt sind und völkerrechtliche Streitigkeiten rechtlich verbindlich entscheiden dürfen.[22] Ein Beispiel ist der Europäische Gerichtshof für Menschenrechte.[23]

Die internationale legislative Tätigkeit besteht zunächst im Abschluss von sog. rechtssetzenden völkerrechtlichen Verträgen,[24] also solchen, die

---

First Report on the settlement of international disputes to which international organizations are parties, International Law Commission 74th session, 3. Februar 2023, Rn. 46. S. hierzu auch: *von Bodgandy/Dann/Goldmann* Developing the Publicness of Public International Law (Fn. 8), 15.

[19] Allgemeine Ansicht, s. etwa *Menzel* Nationale und internationale Verwaltung (Fn. 11), 3; *Joseph Weiler* The Geology of International Law – Governance, Democracy and Legitimacy, ZaöRV 64 (2004), 547 (560); *Matthias Goldmann* § 6 Internationales Verwaltungsrecht, in: Andreas Voßkuhle/Martin Eifert/Christoph Möllers (Hrsg.) Grundlagen des Verwaltungsrechts, Bd. 1, 3. Aufl. 2022, Rn. 5.

[20] Vgl. auch schon aus der älteren Literatur *Georges Scelles* Précis de Droit des Gens: Principes et Systématique, 1934, 11 f.: „Nous y verrons, en particulier, chaque organisation étatique jouer son role législatif, judiciaire, exécutif, come une sorte de section ou de circonscription des communautés internationals particuliéres ou générales."

[21] *Otto Mayer* Deutsches Verwaltungsrecht, Bd. 1, 1. Aufl. 1895, 9 und 13.

[22] Vgl. die Definition von *Christian Tomuschat* International Court and Tribunals, in: Max Planck Encyclopedia of Public International Law, 2019, Rn. 1. Vgl. auch *Christian Hillgruber* Gerichtsbarkeit, in: Görres-Gesellschaft (Hrsg.) Staatslexikon, Bd. 2, 8. Aufl. 2018, 2. Gerichtsbarkeit im internationalen Kontext. Damit gehören die nur zum Erlass unverbindlicher Stellungnahmen berechtigten Vertragsorgane, auch wenn sie im Rahmen eines quasi-judiziellen Prozesses entscheiden, nicht zur Judikative. S. zu diesen Vertragsorganen auch Fn. 199.

[23] Zur Verbindlichkeit der Entscheidungen s. Art. 41 EMRK.

[24] So die traditionelle Sichtweise: s. die Vertragssammlung von *Manley O. Hudson* International Legislation, 1931 (6 Bände); vgl. auch *Arnold D. McNair* International Legislation, Iowa Law Review 19 (1934), 177 (177). Kritisch zum Begriff der Gesetzgebung, da auch rechtssetzende Verträge nur die vertragschließenden Staaten binden: u.a. *Georges Abi-Saab* Concluding Remarks, in: Vera Gowlland-Debbas (Hrsg.) Multilateral Treaty-Making, 2000, 137 (137); s. weiter *Jutta Brunnée/Christopher Campbell-Duruflé* International Legislation, in: Max Planck Encyclopedia of International Law, 2022, Rn. 4–6; s. hierzu

generelle Normen festlegen.²⁵ Daneben gibt es gelegentlich legislative Befugnisse auf der Ebene Internationaler Organisationen. Hier wird eine legislative Tätigkeit immer dann angenommen, wenn ein Plenarorgan (d.h. das Organ, in dem alle Mitglieder vertreten sind) allein oder gemeinsam mit einem parlamentarisch geprägten Organ über die Kompetenz verfügt, generell abstrakte²⁶ und verbindliche Regeln für Staaten, Individuen oder die Organisation selbst zu erlassen. Beispiele sind die Befugnisse von Plenarorganen das internationale Dienstrecht durch Personalstatute festzulegen²⁷ oder Art. 21 und 22 der Verfassung der Weltgesundheitsorganisation.²⁸ Letztere sehen vor, dass das Plenarorgan internationale Gesundheitsvorschriften erlassen darf, die für diejenigen Mitgliedsstaaten bindend sind, die nicht innerhalb einer bestimmten Frist widersprechen.²⁹

Damit ist eine Vielzahl von Handlungen als Verwaltungstätigkeit einzuordnen. Das grenzüberschreitende Verwaltungshandeln ist allerdings nicht, wie im staatlichen Bereich umfassend, sondern lediglich partiell. Es existiert nur in demjenigen Umfang, wie Aufgaben und Kompetenzen auf die internationale Ebene übertragen worden sind. Auch richtet es sich überwiegend an die Staaten selbst und nur in einem sehr geringen Maß direkt an Individuen.

Abstrakt können drei grobe Kategorien grenzüberschreitenden Verwaltungshandelns unterschieden werden. Die erste umfasst das Handeln internationaler Institutionen³⁰ zur Aufrechterhaltung ihrer Funktionsfähigkeit.³¹

---

auch allgemein *Martti Koskenniemi* International Legislation Today: Limits and Possibilities, Wisconsin International Law Journal 23 (2005), 61.

²⁵ S. nur die Definition von *Alfred Verdross/Bruno Simma* Universelles Völkerrecht, 1984, § 537.

²⁶ Zu diesem Grundcharakter legislativer Regelungen: s. *Stefan Talmon* The Security Council as World Legislature, AJIL 99 (2005), 175 (176); *Brunnée/Campbell-Duruflé* International Legislation (Fn. 24), Rn. 3.

²⁷ S. hierzu z.B.: Art. 101 Abs. 1 UN-Charta. Zu einer Einordnung als Legislativakt auch: *Brunnée/Campbell-Duruflé* International Legislation (Fn. 24), Rn. 35.

²⁸ So z.B.: auch *Jan Klabbers* An Introduction to International Organizations Law, 4. Aufl. 2022, 165; *Markus Benzing* International Organizations or Institutions, Secondary Law, in: Max Planck Encyclopedia of International Law, 2007, Rn. 28.

²⁹ S. Art. 22 der Verfassung der Weltgesundheitsorganisation.

³⁰ Die Bezeichnung „internationale Institution" wird für das Handeln von Internationalen Organisationen und von Vertragsregimen mit eigenen Organen verwendet.

³¹ Diese Kategorie des Handelns Internationaler Organisationen wird in der Literatur zum Recht der Internationalen Organisationen unterschiedlich bezeichnet. *Henry G. Schermers/Niels M. Blokker* International Institutional Law, 6. Aufl. 2018, § 1207 f., unterscheiden, angelehnt an die Budgetregeln, zwischen administrativen und operativen Tätigkeiten. *Jan Klabbers* nennt sie bezogen auf das Internationale Beamtenrecht, „The Bureaucracy" (*Klabbers* An Introduction to International Organizations [Fn. 28], 243–263); *Felix Ermacora* Das Problem der Rechtsetzung durch Internationale Organisationen (insbesondere im

Hierzu gehören im Kern unterschiedliche Formen der internen Verwaltung bezogen auf Finanzen und Personal.[32]

Daneben gibt es die Tätigkeit einer Internationalen Organisation oder eines Vertragsregimes, die sich speziell auf die Wahrnehmung der übertragenen Aufgaben bezieht, wie das Handeln der Vereinten Nationen zur Friedenswahrung. Auch in dieser Kategorie gibt es unterschiedlichste Arten von Verwaltungstätigkeit.[33] So gibt es u.a. Formen der Eingriffsverwaltung, wenn der Sicherheitsrat Sanktionen nach Kap. VII der UN-Charta erlässt.[34] Genehmigt die Weltbank Kredite für finanzschwache Staaten[35] liegt dahingehend ein Beispiel für eine Leistungsverwaltung[36] vor.

Eine spezielle dritte Kategorie, die sich mit der zweiten überschneidet, ist die Überwachung der Einhaltung völkerrechtlicher Verpflichtungen durch andere Völkerrechtssubjekte, insbesondere von Staaten.[37] Diese

---

Rahmen der UN), Berichte der deutschen Gesellschaft für Völkerrecht, 1971, 51 (85) verwendet die Formulierung „ein Art Anstaltsrecht". Das Recht der Binnentätigkeit wird dabei auch als „internationales Eigenverwaltungsrecht" bezeichnet (*Franz C. Mayer* Internationalisierung des Verwaltungsrecht?, in: Christoph Möllers/Andreas Voßkuhle/Christian Walter (Hrsg.) Internationales Verwaltungsrecht, 2007, 49 [55]).

[32] Ausführlich: u.a. *Matthias Ruffert/Christian Walter* Institutionalised International Law, 2015, § 10.

[33] Nicht behandelt wird vorliegend der Sonderfall der Verwaltung von Territorien durch die UN. S. hierzu u.a. *Gregory H. Fox* Humanitarian Occupation, 2008; *Carsten Stahn* The Law and Practice of International Territorial Administration: Versailles to Iraq and Beyond, 2010; *Ralph Wilde* International Territorial Administration, 2008.

[34] Eine Eingriffsverwaltung wird bei Maßnahmen angenommen, die in das freie Belieben Einzelner oder Staaten eingreifen. Zum ähnlichen Begriff der Eingriffsverwaltung im deutschen Verwaltungsrecht s. *Wolff* et. al. Verwaltungsrecht I (Fn. 4), § 4 Rn. 9. Der Unterschied zwischen der grenzüberschreitenden und der nationalen Eingriffsverwaltung besteht allerdings darin, dass das Zwangselement im internationalen Bereich grundsätzlich schwächer ausgeprägt ist.

[35] Vgl. *Philipp Dann* Entwicklungsverwaltungsrecht, 2012, 4, der das Entwicklungsverwaltungsrecht allgemein als internationale und extraterritoriale Leistungsverwaltung bezeichnet.

[36] S. zu den Leistungsverwaltungsbegriffen im nationalen deutschen Recht u.a. *Wolff* et. al. Verwaltungsrecht I (Fn. 4), § 4 Rn. 16: „Die leistende Verwaltung sorgt für die Lebensmöglichkeiten und Lebensverbesserung der Mitglieder des Gemeinwesens, indem sie deren Interessenverfolgung durch Gewährungen unmittelbar fördert und verteilt. Sie erweitert die Rechtsposition des Individuums durch die mittelbare Bereitstellung von Einrichtungen sowie Dienstleistungen." Ähnlich auch *Maurer/Waldhoff* Allgemeines Verwaltungsrecht (Fn. 4), § 1 Rn. 16: „Die Leistungsverwaltung hat einmal durch gezielte Unterstützung Einzelner (...) und zum anderen durch Bereitstellung öffentlicher Einrichtungen (...) die Lebensbedingungen der Bürger zu gewährleisten und zu verbessern."

[37] *Schermers/Blokker* International Institutional Law (Fn. 31), § 1390, bezeichnen dies als zentrale Aufgabe Internationaler Organisationen. Diese Kontrolle kann sich auch auf die Rechtmäßigkeit des Handelns Internationaler Organisationen beziehen, wenn diese einem Vertrag beigetreten sind (s. hierzu auch Fn. 190).

Rechtmäßigkeitskontrolle[38] wird, da ein Vergleich eines Ist- mit einem Sollzustand erfolgt,[39] als internationale Aufsichtsverwaltung[40] bezeichnet.

III. Völkerrechtliches „Verwaltungsrecht"

Eine weitere Besonderheit des Völkerrechts ist, dass der Begriff „Verwaltungsrecht" in der Regel lediglich für das internationale Dienstrecht verwendet wird.[41] Auch betrachtet die klassische völkerrechtliche Sichtweise die hier zu untersuchenden Rechtsregime primär unter dem Stichpunkt „Recht der Internationalen Organisationen".[42] Verwaltungsrechtliche Begrifflichkeiten werden dahingehend von Befürwortern einer öffentlichen-rechtlichen Perspektive auf das Völkerrecht eingesetzt. So wird die Bezeichnung „global administrative law"[43] im Kern von Vertretern des gleichnamigen Projekts verwendet,[44] das Mitte der 2000er Jahre insbeson-

---

[38] S. ausführlich unter IV.3.

[39] So auch *Wolfgang Kahl* Staatsaufsicht, in: Görres-Gesellschaft (Hrsg.) Staatslexikon, 8. Aufl. 2021, vgl. ausführlich *ders*. Die Staatsaufsicht, 2000, 30 ff. S. auch die klassische Definition von *Heinrich Triepel*: „[D]ie Gesamtheit staatlichen Handlungen, die zum Zwecke haben, das Verhalten der dem Staate Unterstellten in Übereinstimmung mit einem feststehenden Richtmaß zu setzen oder zu erhalten." S. *Heinrich Triepel* Die Reichsaufsicht, 1917 (unveränderter Nachdr. 1964), 121. Ein etwas anderes Aufsichtsverständnis aber bei *Eberhard Schmidt-Aßmann*, Verwaltungskontrolle: Einleitende Problemskizze, in: ders./ Wolfgang Hoffmann-Riem (Hrsg.) Verwaltungskontrolle, 2001, 9 (13): Staatsaufsicht als „ein hierarchisch angelegter Kontrollmechanismus."

[40] Vgl. auch *Claus Dieter Classen* Die Entwicklung eines internationalen Verwaltungsrechts als Aufgabe der Rechtswissenschaft, VVDStRL 67 (2007), 367 (371).

[41] S. hierzu ausführlich (und kritisch): *Shinichi Ago* What is 'International Administrative Law'? The Adequacy of this Term in Various Judgments of International Administrative Tribunals, AIIB Yearbook of International Law 3 (2020), 88.

[42] S. etwa *Klabbers* An Introduction to International Organizations (Fn. 28); *Schermers/ Blokker* International Institutional Law (Fn. 31); *Ruffert/Walter* Institutionalised International Law (Fn. 32); *Philippe Sands/Pierre Klein* Bowett's Law of International Institutions, 6. Aufl. 2009; *Ignaz Seidl-Hohenveldern/Gerhard Loibl*, Das Recht der Internationalen Organisationen, 7. Aufl. 2000.

[43] Kritisch zu diesem Begriff u.a. *Eberhard Schmidt-Aßmann* Principles of an International Order of Information, in: Gordon Anthony et. al. (Hrsg.) Values in Global Administrative Law, 2011, 117 (124).

[44] S. aus den zahlreichen Veröffentlichungen: *Benedict Kingsbury* et. al. Foreword: Global Governance As Administration – National and Transnational Approaches to Global Administrative Law, Law and Contemporary Problems 68 (2005), 1; *Kingsbury/Krisch/ Richard* Emergence of Global Administrative Law (Fn. 9), 15; *Richard B. Stewart* U.S. Administrative Law: A Model for Global Administrative Law?, Law and Contemporary Problems 68 (2005), 63; *Nico Krisch* The Pluralism of Global Administrative Law, EJIL 17 (2006), 278; *Benedict Kingsbury* Foreword, in: Javier Robalino-Orellana/Jaime

dere von *Benedict Kingsbury, Nico Krisch* und *Richard Stewart* begründet wurde.[45]

1. Verwaltungsrechtsbegriff und Legitimierung internationaler Hoheitsgewalt

Ein weiteres Kennzeichen des Global Administrative Law Projekts wie auch des Heidelberger Ansatzes ist, dass sich diese Denkschulen maßgeblich mit der besseren Legitimierung internationaler Hoheitsausübung befassen. Hintergrund ist die viel diskutierte mangelnde Legitimität Internationaler Organisationen bzw. internationaler Hoheitsgewalt allgemein.[46]

Rodrìguez-Arana Muñoz (Hrsg.) Global Administrative Law, 2010, xi; *Benedict Kingsbury/Lorenzo Casini* Global Administrative Law Dimensions of International Organizations Law, International Organizations Law Review 6 (2009), 319; *Benedict Kingsbury*, The Concept of 'Law' in Global Administrative Law, EJIL 20 (2009), 23; *Benedict Kingsbury* Frontiers of Global Administrative Law in the 2020s, in: Jason NE Varuhas/Shona Wilson Stark (Hrsg.) The Frontiers of Public Law, 2019, 41 (41). S. aus den Veröffentlichungen anderer Autoren z.B.: *Gordon Anthony* et. al. (Hrsg.) Values in Global Administrative Law, 2011; *Mario Savino* What if global administrative law is a normative project?, International Journal of Constitutional Law 13 (2015), 492; *Karl-Heinz Ladeur* Global Administrative Law: A Transnational Perspective, in: Peer Zumbansen (Hrsg.) The Oxford Handbook of Transnational Law, 2021, 157; *Èdouard Fromageau* La Théorie des Institutions du Droit Administratif Global, 2016; aus älterer Zeit: *Robert S. Jordan* (Hrsg.) International Administration 1971.

[45] Es wurde daneben auch maßgeblich von dem italienischen Verwaltungsrechtler *Sabino Cassese* mitgeprägt. Aus den zahlreichen Veröffentlichungen s. z.B.: *Sabino Cassese* Administrative Law without the State, The Challenge of Global Regulation, NYU Journal of International Law and Politics 37 (2005), 663; *ders.* New paths for administrative law: A manifesto, International Journal of Constitutional Law 10 (2012), 603; *ders.* Global administrative law: The state of the art, International Journal of Constitutional Law 13 (2015), 465; *ders.* Global standards for National Administrative Procedure, Law and Contemporary Problems 68 (2005), 109; *ders.* (Hrsg.) Research Handbook on Global Administrative Law, 2016; *ders.* (Hrsg.) Global Administrative Law: The Casebook, 3. Aufl. 2012.

[46] S. die treffende Zusammenfassung bei *Ruth W. Grant/Robert O. Keohane* Accountability and Abuses of Power in World Politics, American Political Science Review 99 (2005), 29 (30): „The problem of abuse of power is particularly serious in world politics, because even the minimal types of constraints found in domestic governments are absent on the global level. Not only is there no global democracy, but there is not even an effective constitutional system that constrains power in an institutionalized way, through mechanisms such as checks and balances." S. weiter aus der umfangreichen Literatur u.a. *Deborah Z. Cass* The Constitutionalization of the World Trade Organization: Legitimacy, Democracy, and Community in the International Trading System, 2005; *Hilary Charlesworth/Jean-Marc Coicaud* (Hrsg.) Fault Lines of International Legitimacy, 2010; *Jean-Marc Coicaud/Veijo Heiskeinen* (Hrsg.) The International Legitimacy of International Institutions, 2001; *Daniel*

Internationale Organisationen haben ein Demokratiedefizit.[47] Die Bürger können die Entscheidungsträger nicht abwählen, es fehlen parlamentarische Gremien[48] und die Entscheidungen werden weit entfernt von den Betroffenen erlassen.[49] Auch die rechtsstaatliche Kontrolle ist schwach ausgeprägt.[50] So fehlt eine obligatorisch zuständige internationale Gerichtsbarkeit zur Überprüfung des Handelns internationaler Institutionen.[51] Der Zugang zur nationalen Gerichtsbarkeit ist aufgrund der Immunität Internationaler Organisation regelmäßig ausgeschlossen.[52]

Daher wird der Verwaltungsrechtsbegriff auch dazu verwendet, Maßstäbe aufzuzeigen, die die Gewaltausübung jenseits des Nationalstaats besser legitimieren.[53] Ziel der Heidelberger Schule ist anhand eines „öffentlich-rechtlichen" Ansatzes die Ausübung internationaler öffentlicher Gewalt im Hinblick auf Rechtmäßigkeit und Legitimität zu bewerten und mögliche Rechtsnormen zu entwickeln, die die Legitimität erhöhen können.[54] Hierzu werden drei zentrale Ideen zur Rechtfertigung internati-

---

Bodansky The Legitimacy of international Governance: A coming challenge for International Environmental Law, AJIL 93 (1999), 596.

[47] Aus der umfangreichen Diskussion um alternative Demokratiekonzepte s. u.a. *Anne Peters* Dual Democracy, in: Anne Peters/Jan Klabbers/Geir Ulfstein (Hrsg.) The Constitutionalization of International Law, 2009, 263; *Jost Delbrück* Exercising Public Authority Beyond the State; Transnational Democracy and/or Alternative Legitimation Strategies?, Indiana Journal of Global Legal Studies 10 (2003), 29.

[48] Eine Ausnahme ist die Parlamentarische Versammlung des Europarats; s. für diese Art. 10 sublit. ii Satzung des Europarats.

[49] *Ruffert* § 7 Rechtsquellen (Fn. 5), Rn. 173.

[50] *Von Bogdandy/Dann/Goldmann* Developing the Publicness of Public International Law (Fn. 8), 19 verweisen allgemein auf das unzureichende rechtliche Regelungswerk für Internationale Institutionen.

[51] Ausführlich u.a. *Karel Wellens* Remedies against International Organisations, 2002.

[52] In den Gründungsverträgen wird Internationalen Organisationen regelmäßig eine sog. funktionale Immunität „zur Verwirklichung ihrer Ziele" eingeräumt (z.B. Art. 105 UN-Charter oder Art. 40a der Satzung des Europarats). Durch den Ausschluss der Zuständigkeit nationaler Gerichte soll verhindert werden, dass die Mitgliedsstaaten die Unabhängigkeit und Funktionsfähigkeit der Internationalen Organisation behindern. S. hierzu ausführlich u.a. *August Reinisch* (Hrsg.) The Privileges and Immunities of International Organizations in Domestic Courts, 2013; *Niels Blokker* et. al. (Hrsg) Immunity of International Organizations, 2015 und *Anne Peters* et. al. (Hrsg.) Immunities in the Age of Global Constitutionalism, 2015.

[53] Für das Global Administrative Law Project u.a. *Kingsbury/Krisch/Stewart* Emergence of Global Administrative Law (Fn. 9), 27 ff.; *Kingsbury* Foreword (Fn. 44), xi; vgl. auch *Stewart* U.S. Administrative Law (Fn. 44), 71. S. schließlich hierzu: *Ming-Sung Kuo* Interpublic legality or post-public legitimacy? Global governance and the curious case of global administrative law as a new paradigm of law, International Journal of Constitutional Law 10 (2012), 1050.

onaler Gewalt eingesetzt: der Gedanke der Konstitutionalisierung, (nationale) verwaltungsrechtliche Ansätze und das Recht der Internationalen Organisationen.

Noch weiter geht der Ansatz des Global Administrative Law Projekts, das einen legitimatorisch geprägten Verwaltungsrechtsbegriff verwendet.[55] Das globale Verwaltungsrecht ist nicht das positive Recht, das auf ein grenzüberschreitendes Verwaltungshandeln[56] angewendet wird, sondern nur solche Normen,[57] die im Kern nationalen verwaltungsrechtlichen Bestimmungen ähneln.[58] So definieren *Kingsbury, Krisch* und *Stewart* in ihrem grundlegenden Aufsatz im Jahr 2005 das globale Verwaltungsrecht als diejenigen „Mechanismen, Grundsätze und Praktiken, und unterstützende soziale Verständnisse, die die Verantwortlichkeit von globalen Verwaltungsinstitutionen fördern oder in anderer Weise berühren, in dem sie festlegen, dass diese Institutionen angemessene Standards in Hinblick auf Transparenz, Beratung, Partizipation, Rationalität und Rechtmäßigkeit erfüllen und eine effektive Kontrolle der von ihnen getroffenen Regeln und Entscheidungen vorsehen."[59] Ziel ist die Konstruktion eines erneuerten „ius

---

[54] S. exemplarisch *von Bogdandy/Goldmann*, Restrukturierung von Staatsschulden (Fn. 15), 61–104.

[55] S. auch *Christoph Möllers/Jörg Philipp Terhechte* § 40 Europäisches Verwaltungsrecht und Internationales Verwaltungsrecht, in: Jörg Philipp Terhechte (Hrsg.) Verwaltungsrecht der Europäischen Union, 2011, 1437 (1441); s. ausführlich die scharfsinnige Kritik von *Alexander Somek* The Concept of 'Law' in Global Administrative Law: A Reply to Benedict Kingsbury, EJIL 20 (2009), 985.

[56] Die Vertreter des GAL definieren das globale Verwaltungshandeln weit und negativ. So *Kingsbury/Krisch/Stewart*, Emergence of Global Administrative Law (Fn. 9), 17: „As a matter of provisional delineation, global administrative action is rulemaking, adjudications, and other decisions that are neither treaty-making nor simple dispute settlements between parties." S. oben unter Fn. 12.

[57] Dabei werden bewusst sowohl rechtlich verbindliche als auch unverbindliche Regelungen berücksichtigt, s. *Bendict Kingsbury* Weighing Global Regulatory Rules and Decisions in National Courts, in: Hugh Corder (Hrsg.) Global Administrative Law: Development and Innovation, 2009, 90 (92); weiter auch *Cassese* Global administrative law: The state of the art (Fn. 45), 466.

[58] *Megan Donaldson/Benedict Kingsbury* Power and the Public: The Nature and Effects of Formal Transparency Policies in Global Governance Institutions, in: Andrea Bianchi/Anne Peters (Hrsg.) Transparency in International Law, 2013, 502 (518); vgl. auch *Cassese* Administrative Law without the State (Fn. 45), 691. Einen anderen Ansatz wählt allerdings *Ladeur*. Er bestimmt Global Administrative Law nach dem „Normgeber". Daher definiert er wie folgt: „(GAL) consists of rules, principles, and practices or procedures that have some informal character and that are generated from networks of public and private actors.", s. *Ladeur* Global Administrative Law: A Transnational Perspective (Fn. 44), 157.

[59] *Kingsbury/Krisch/Stewart* Emergence of Global Administrative Law (Fn. 9), 17. Übersetzung von der Autorin. Das Original lautet: „define global administrative law as

gentium" jenseits des geltenden Völkerrechts, das die Regeln für ein globales Handeln einschließlich der Staaten festlegt.[60]

2. Positiv anwendbares Recht statt Legitimationsbausteine

Der vorliegende Beitrag unterscheidet sich von den vorgenannten Denkweisen, als dass er einen rechtspositivistischen[61] Ansatz verfolgt. Ziel ist nicht die Entwicklung möglicher Legitimationsbausteine für die Ausübung grenzüberschreitender Verwaltungstätigkeit, sondern möglichst präzise[62]

---

comprising the mechanisms, principles, practices, and supporting social understandings that promote or otherwise affect the accountability of global administrative bodies, in particular by ensuring they meet adequate standards of transparency, participation, reasoned decision, and legality, and by providing effective review of the rules and decisions they make." S. auch aktueller *Benedict Kingsbury* Frontiers of Global Administrative Law in the 2020s, IILJ Working Paper 2020/2, 2; verfügbar unter: <https://www.iilj.org/wp-content/uploads/2020/09/Kingsbury-IILJ_2020_2.pdf> (Stand 06.11.2023). Auf der Homepage des Projekts wird kurz auf solche verwaltungsrechtlichen Mechanismen hingewiesen, die insbesondere auf „transparency, participation, accountability, and review" bezogen sind; s. <https://www.iilj.org/gal/> (Stand 6.11.2023). Etwas anders aber der Beitrag von *Benedict Kingsbury/Megan Donaldson* Global Administrative Law, in: Max Planck Encyclopedia of Public International Law, 2011, die zwischen einer rechtspositivistischen Definition und einer materiell geprägten changieren.

[60] So bereits: *Kingsbury/Krisch/Stewart* Emergence of Global Administrative Law (Fn. 9), 29; deutlich auch: *Benedict Kingsbury/Megan Donaldson/Rodrigo Vallejo* Global Administrative Law and Deliberative Democracy, in: Anne Orford/Florian Hoffmann (Hrsg.) The Oxford Handbook of the Theory of International Law, 2016, 526 (531). Die Herangehensweise ähnelt, so *Franz Merli* Was ist Global Administrative Law?, in: Andreas J. Kumin et. al. (Hrsg.) FS Huber Isaak, 2020, 551 (556): „kleine Schwester der Konstitutionalisierung des Völkerrechts." dem völkerrechtlichen Konstitutionalismus. Letzterer bevorzugt eine verfassungsrechtliche Sichtweise des Völkerrechts zur Verbesserung von Wirksamkeit und Fairness, so die Beschreibung von *Anne Peters* The Merits of Global Constitutionalism, Indiana Journal of Global Legal Studies 16 (2009), 397 (397): „Global constitutionalism is an academic and political agenda that identifies and advocates for the application of constitutionalist principles in the international legal sphere in order to improve the effectiveness and the fairness of the international legal order." Vgl. ausdrücklich bezogen auf Internationale Organisationen: *Jan Klabbers* Constitutionalism Lite, International Organizations Law Review 1 (2004), 31. Die verwaltungsrechtliche Perspektive wird als geeigneter angesehen, da das Verwaltungsrecht auf internationaler Ebene besser entwickelt sei als die verfassungsrechtlichen Ansätze. *Sabino Cassese* Introduction: the development of Global Administrative Law, in: Sabino Cassese (Hrsg.) Research Handbook on Global Administrative Law, 2016, 3.

[61] Der Beitrag versteht sich insoweit in der Tradition von Hans Kelsen und versucht möglichst objektiv die geltenden Normen zu beschreiben. S. *Hans Kelsen* Reine Rechtslehre, 2. Aufl. 1960.

[62] Vgl. auch *Schmidt-Aßmann* The Internationalization of Adminstrative Relations (Fn. 5), 2062: „But administrative law scholarship has the task – the responsibility! – to recognize

und objektiv die im Völkerrecht existierenden Normen[63] für das grenzüberschreitende Verwaltungshandeln zu beschreiben und die sich hieraus ergebenden Bestimmungsfaktoren für eine „gute" grenzüberschreitende Verwaltung aufzuzeigen.[64]

3. Der allgemeine völkerrechtliche Rechtsrahmen

Ausgangspunkt hierfür ist der allgemeine völkerrechtliche Rechtsrahmen für das grenzüberschreitende Verwaltungshandeln.

a) Das völkerrechtliche Legalitätsprinzip

Die zentrale Vorgabe für alle Arten der grenzüberschreitenden Verwaltung ist zunächst das völkerrechtliche Legalitätsprinzip. Dies folgt aus der völkerrechtlichen rule of law,[65] wonach Staaten[66] und Internationale Organisationen[67] das jeweils für sie geltende Völkerrecht beachten müssen. Für Internationale Organisationen und Vertragsorgane bedeutet dies insbeson-

---

anything and everything that exists within the realm of administrative reality, to scrutinize it systematically, and to locate it within the context of previous knowledge and insight."

[63] Für einen ähnlichen Ansatz allgemein hinsichtlich des regulatorischen Handelns von Internationalen Organisationen: *Benvenisti* Global Governance (Fn. 7), 87 ff.; ein grundsätzlich positivistischer Ansatz u.a. auch bei *Simon Chesterman* Globalisation and public law: A global administrative law?, in: Jeremey Farrall/Kim Rubenstein (Hrsg.) Sanctions, Accountability and Governance in a Globalised World, 2009, 75 (76) und bei *Kazansky* Théorie (Fn. 1), 361.

[64] S. für einen solchen Ansatz im Hinblick auf die Praxis des Europarats *Ulrich Stelkens/ Agné Andrijauskaité* Introduction: Setting the Scene for a 'True European Administrative Law', in: dies. (Hrsg.) Good Administration and the Council of Europe, 2020, Rn. 0.23.

[65] S. aus der Praxis der UN z.B.: UN Doc. A/RES/67/1, Resolution adopted by the General Assembly on 24 September 2012. Dort heißt es: „We recognize that the rule of law applies to all States equally, and to international organizations, including the United Nations and its principal organs, and that respect for and promotion of the rule of law and justice should guide all of their activities and accord predictability and legitimacy to their actions." S. auch das 16. Sustainable Development Goal der UN (UN Doc. A/RES/70/1, Resolution adopted by the General Assembly on 25 September 2015): „16.3 Promote the rule of law at the national and international levels and ensure equal access to justice for all." Zum unterschiedlichen Gehalt der Rule of Law Idee und des Rechtsstaatsbegriffes, s. *Michel Rosenfeld* Rule of Law vs. Rechtsstaat, in: Peter Häberle/Jörg P. Müller (Hrsg.) FS Fleiner, 2000, 49.

[66] Zur Bindung der Staaten s. insbesondere Art. 26 WVK und die ILC-Draft Articles on State Responsibility.

[67] S. etwa UN Doc. A/CN.4/L.778, Draft Articles on the Responsibility of International Organizations, insbesondere Art. 3–5.

dere, dass diese an den Gründungsvertrag gebunden sind[68] und sie nicht ultra-vires handeln dürfen.[69]

Auch gilt, dass die Gründungsverträge selbst mit zwingendem Völkerrecht vereinbar sein müssen.[70] Dabei ist jedoch im Einzelnen äußerst unklar, welchen Normen ein ius-cogens Charakter zukommt.[71] Die britische Völkerrechtlerin *Rosalyn Higgins* hat treffend darauf hingewiesen, dass es wahrscheinlich nur sehr sehr wenige Beispiele für solche Verpflichtungen gibt.[72] Wie umstritten der Inhalt des zwingenden Völkerrechts ist, zeigen die derzeit im Rahmen der Vereinten Nationen stattfindenden Diskussionen um die im Jahr 2022 von der Völkerrechtskommission vorgeschlagene Liste möglicher ius-cogens Normen.[73] Diese nicht-abschließende Aufzählung umfasst das Verbot der Aggression, des Verbot des Völkermords und von Verbrechen gegen die Menschlichkeit, das Folterverbot, das Verbot der Sklaverei sowie von Apartheit und Rassendiskriminierung, die grundlegenden Regeln des humanitären Völkerrechts sowie das Recht auf Selbstbestimmung.[74] Zentrale Kritikpunkte der Staaten sind neben der der Sinn-

---

[68] Allerdings gilt nach der Rechtsprechung des IGH auch die sog. „implied-powers"-Doktrin. Danach verfügen Internationale Organisationen auch über solche impliziten Kompetenzen, die notwendig sind, damit sie die ihnen übertragenen Aufgaben effektiv erfüllen können, s. IGH, Reparations for Injuries Suffered in the Service of the United Nations, Advisory Opinion, ICJ-Rep. 1949, 174 (182); IGH, Effect of Awards Made by the United Nations Administrative Tribunal, ICJ-Rep. 1954, 47 (56-68); IGH, Certain expenses of the United Nations (Article 17 paragraph 2, of the Charter), ICJ-Rep. 1962, 151 (168). Für einen etwas restriktiveren Ansatz: IGH, Legality of the Use by a State of Nuclear Weapons in Armed Conflict, ICJ-Rep. 1996, 66, Rn. 20 f. S. hierzu ausführlich u.a. *Klabbers* An Introduction to International Organizations (Fn. 28), 53–70 und *Schermers/Blokker* International Institutional Law (Fn. 31), §§ 232-236.

[69] IGH, Legality of the Use by a State of Nuclear Weapons in Armed Conflict, Advisory Opinion, ICJ-Rep. 1996, 66, Rn. 25 ff.; vgl. auch IGH, Certain expenses of the United Nations (Article 17, paragraph 2, of the Charter), Advisory Opinion, ICJ-Rep. 1962, 151 (168); *Klabbers* An Introduction to International Organizations Law (Fn. 28), 185–180; s. bezogen auf den Sicherheitsrat *Mehrdad Payandeh* Rechtskontrolle des UN-Sicherheitsrats durch staatliche und überstaatliche Gerichte, ZaöRV 66 (2006), 41 (48); ausdrücklich in Bezug auf das Legalitätsprinzip: *Goldmann* § 6 Internationales Verwaltungsrecht (Fn. 19), Rn. 74.

[70] S. hierzu Art. 53 und Art. 64 WVK.

[71] Treffend beschreiben *Wood* und *Sthoeger* die derzeitige Situation mit der Formulierung „This is one of those areas of international law where there is a good deal of wishful thinking." *Michael Wood/Eran Sthoeger* The UN Security Council and International Law, 2022, 79.

[72] *Rosalyn Higgins* A Babel of Judicial Voices? Ruminations from the Bench, International & Comparative Law Quarterly 55 (2006), 791 (801).

[73] S. Conclusion 23 Annex II der Draft conclusions on identification and legal consequences of peremptory norms of general international law (jus cogens) 2022, <https://legal.un.org/ilc/texts/instruments/english/draft_articles/1_14_2022.pdf> (Stand 30.10.2023).

haftigkeit einer Aufstellung,[75] insbesondere die Aufnahme des Rechts auf Selbstbestimmung,[76] die Unbestimmtheit der Formulierung „grundlegende Regeln des humanitären Völkerrechts"[77] und die Bezugnahme auf das Verbot der Aggression anstatt auf das Gewaltverbot.[78]

Das Kernproblem des völkerrechtlichen Legalitätsprinzips ist seine normative Schwäche und mangelnde Fassbarkeit.[79] Völkerrechtliche Normen sind oft unbestimmt und vage formuliert[80] und es fehlt eine zentrale obligatorisch zuständige internationale Gerichtsbarkeit. Hierdurch bleibt der genaue Inhalt völkerrechtlicher Verpflichtungen – auch von ius cogens Normen – oft ungeklärt und kann auch nicht zentralisiert durchgesetzt werden. Völkerrechtliche Streitigkeiten, wie z.B. ob eine Internationale Organisation kompetenzwidrig gehandelt hat,[81] werden oftmals nicht abschließend gelöst, sondern bleiben in der Schwebe.[82]

---

[74] Conclusion 23 Annex II der Draft conclusions on identification and legal consequences of peremptory norms of general international law (jus cogens) (Fn. 73).

[75] Weiterhin wird sowohl die Sinnhaftigkeit einer solchen Aufzählung kritisiert und auch gerügt, dass die Liste nicht alle ius-cogens Normen umfasse. S. hierzu beispielsweise die Stellungnahme von Brasilien im Sechsten Ausschuss vom 25. Oktober 2022, <https://www.un.org/en/ga/sixth/77/pdfs/statements/ilc/22mtg_brazil_1.pdf> (Stand 30.10.2023).

[76] S. hierzu u.a. die us-amerikanische Stellungnahme im Rahmen des Sechsten Ausschusses vom 29. Oktober 2019, <https://usun.usmission.gov/sixth-committee-debate-agenda-item-79-report-of-the-international-law-commission-on-the-work-of-its-71st-session/> (Stand 30.10.2023), die estnische Stellungnahme vom 26. Oktober 2022, <https://www.un.org/en/ga/sixth/77/pdfs/statements/ilc/22mtg_estonia_1.pdf> (Stand 30.10.2023) und die britische Stellungnahme vom 24.-28. Oktober 2022, <https://www.un.org/en/ga/sixth/77/pdfs/statements/ilc/23mtg_uk_1.pdf> (Stand 30.10.2023).

[77] Vgl. hierzu u.a. die Stellungnahme von Österreich, Israel oder der Vereinigten Staaten von Amerika (UN Doc. A/CN.4/748, Peremptory norms of general international law [*jus cogens*]. Comments and observations received from governments, 9. März 2022, 100, 103, 115).

[78] S. die Stellungnahme von Russland, Slowenien oder Spanien (UN Doc. A/CN.4/748 Peremptory norms of general international law [*jus cogens*]. Comments and observations received from governments, 9. März 2022, 107–109).

[79] Vgl. auch *Simon Chesterman* Rule of Law, in: Max Planck Encyclopedia of Public International Law, 2007, Rn. 40–46.

[80] Vgl. auch *Abram Chayes/Antonia Handler Chayes* On Compliance, International Organization 47 (1993), 175 (188).

[81] Es ist weiterhin umstritten, wer (jede Vertragspartei, die Mehrheit der Vertragsparteien, alle Vertragsparteien oder die Internationale Organisation selbst) über die Unwirksamkeit eines ultra-vires Akt entscheiden darf, was die Voraussetzungen für ein kompetenzwidriges Handeln sind und wann ein solcher Akt nichtig sein kann. S. hierzu den allerdings etwas älteren Überblick bei *Ebere Osieke* The Legal Validity of Ultra Vires Decisions of International Organizations, AJIL 77 (1983), 239.

[82] S. bezogen auf das ultra-vires Handeln: *Chittharanjan Felix Amerasinghe* Principles of Institutional Law of International Organizations, 2. Aufl. 2005, 207–216. S. anschaulich bezogen auf den Sicherheitsrat: *Bernd Martenczuk* Die Rechtsbindung und Rechtskontrolle

b) Keine allgemeine Begrenzung durch Menschenrechte

Weiterhin ist im Völkerrecht ungeklärt, ob und in welchem Umfang neben dem Gründungsvertrag weitere allgemeine inhaltliche Grenzen für das Verwaltungshandeln bestehen. Die erste Diskussion betrifft die Frage, ob die grenzüberschreitende Verwaltungstätigkeit allgemein durch menschenrechtliche Verpflichtungen begrenzt wird. Diese wird insbesondere in Bezug auf Internationale Organisationen geführt.[83] Da bis heute keine Internationale Organisation einen Vertrag zum Schutz der Menschenrechte ratifiziert hat, bestehen keine völkervertraglichen Gewährleistungen.[84] Allerdings wird vielfach argumentiert, dass Internationale Organisationen aufgrund ihrer Völkerrechtssubjektivität grundsätzlich an die allgemeinen Regeln des Völkerrechts gebunden sind und daher auch eine Verpflichtung zur Beachtung der gewohnheitsrechtlich geltenden Menschenrechte besteht.[85] Dies ist jedoch nicht endgültig geklärt. So ist trotz der grundsätzlichen Anerkennung der Bindung Internationaler Organisationen an die allgemeinen Regeln des Völkerrechts ungewiss,[86] welche konkreten Bestim-

---

des Weltsicherheitsrats, 1996, 119 ff. und auch *Monika Polzin* Pandora oder Montesquieu?, AöR 146 (2021), 1 (13–14).

[83] Aufgrund der fehlenden Völkerrechtssubjektivität von bloßen Vertragsregimen wird die Bindung von Treaty Bodies an menschenrechtliche Verpflichtungen seltener diskutiert. Für eine Bindung sog. Treaty Bodies an menschenrechtliche Normen, die für ihre Funktion relevant sind, aber z.B.: *Volker Röben* Environmental Treaty Bodies, in: Max Planck Encyclopedia of International Law, 2015, Rn. 71.

[84] Selbst der Beitritt der EU zur EMRK hat immer noch nicht stattgefunden. S. zum aktuellen Verhandlungsstand: <https://www.eeas.europa.eu/delegations/council-europe/major-progress-path-eu-accession-echr-negotiations-concluded-technical_en?s=51> (Stand 30.10.2023).

[85] So z.B.: *Sands/Klein* Bowett's Law of International Institutions (Fn. 42), 14–37; *Benvenisti* The Law of Global Governance (Fn. 7), 99–103; *Tawhida Ahmed/Israel de Jesús Butler* The European Union and Human Rights: An International Perspective, EJIL 17 (2006), 771 (776-781); s. auch: International Law Association Berlin Conference (2004) Accountability of International Organisations, Final Report, 22 f., <https://www.ila-hq.org/en_GB/documents/final-conference-report-berlin-2004-1> (Stand 30.10.2023); für eine Bindung an jus cogens u.a. *Christine Chinkin* United Nations Accountability for International Human Rights law, Recueil des Cours 395 (2019), 246; s. auch ausführlich *Guglielmo Verdirame* The UN and Human Rights: Who Guards the Guardians?, 2011. Teilweise wird auch darauf abgestellt, dass legitime Internationale Organisationen an Menschenrechte gebunden sein müssen. Hierfür: *Anne Peters* Constitutional Theories of International Organisations: Beyond the West, Chinese Journal of International Law 2021, 649 (669) m.w.N.; s. allgemein: *Monika Heupel/Michael Zürn* Protecting the Individual from International Authority: Human Rights in International Organizations, 2017.

[86] Zur grundsätzlichen Bindung u.a. ICJ, Interpretation of the Agreement of 25 March 1951 between the WHO and Egypt, Advisory Opinion, ICJ-Rep. 1980, 73 (89 f.); *Schermers/Blokker* International Institutional Law (Fn. 31), §§ 1335-1339; *Benvenisti* The Law

mungen hiervon umfasst sind. Dies folgt zunächst allgemein daraus, dass
– wie auch im Fall der Menschenrechte – die Adressaten völkerrechtlicher
Normen regelmäßig Staaten sind. Auch verfügen Internationale Organisationen grundsätzlich über lediglich partielle Befugnisse. Im Menschenrechtsbereich ist zudem umstritten, welche konkreten Gewährleistungen tatsächlich als Völkergewohnheitsrecht gelten.[87] Die Bindung Internationaler
Organisationen an Menschenrechte bleibt daher ungelöst.[88] Dem entspricht,
dass sich selbst die Vereinten Nationen, eine Organisation mit dem Ziel der
Förderung von Menschenrechten,[89] nicht ausdrücklich zu einer Bindung[90]
bekennen.[91] Stattdessen werden primär spezielle eigene Begrifflichkeiten

---

Global Governance (Fn. 7), 99; *Pierre Klein* La Responsabilté des Organisations Internationales dans les ordres juridiques internes et en droit des gens, 1996, 23; s. auch den Überblick bei: *Kristina Daugirda*s How and Why International Law Binds International Organizations, Harvard International Law Journal 57 (2016), 325.

[87] Treffend *Hugh Thirlway* Human Rights in Customary Law: An Attempt to Define Some of the Issues, Leiden Journal of International Law 28 (2015), 495; s. zu den Arbeiten der ILC hinsichtlich der Faktoren zur Bestimmung von Gewohnheitsrecht: UN Doc. A/RES/73/203, Resolution adopted by the General Assembly on 20 December 2018, Identification of customary international law.

[88] Ambivalent auch *Fréderic Mégret/Florian Hoffmann* The UN as a Human Rights Violator? Some Reflections on the United Nations Changing Human Rights Responsibilities, Human Rights Quarterly 25 (2003), 314; vgl. auch *Anne Peters* Towards Transparency as a Global Norm, in: Andrea Bianchi/Anne Peters (Hrsg.) Transparency in International Law, 2013, 534 (592 f.). Ähnlich bezogen auf den UN-Sicherheitsrat (zumindest Bindung an ius cogens): *August Reinisch* Developing Human Rights and Humanitarian Law Accountability of the Security Council for the Imposition of Economic Sanctions, AJIL 95 (2001), 851 (859).

[89] S. Art. 1 Abs. 3 UN-Charta.

[90] S. ausführlich zu den verschiedenen Theorien hinsichtlich der Menschenrechtsbindung der UN: *Noelle Quénivet* Binding the United Nations to Customary (Human Rights) Law, International Organizations Law Review 17 (2000), 379.

[91] Das bedeutet nicht, dass die Menschenrechte für die Tätigkeit der Vereinten Nationen bedeutungslos sind. Es gibt beispielsweise vage und interpretationsfähige allgemeine Aussagen in Verlautbarungen der UN, die daraufhin deuten, dass sich die UN auch für die eigene Tätigkeit der Bedeutung der Menschenrechte bewusst ist. So heißt es in einer Veröffentlichung des UN-Generalsekretärs: *António Guterres* The Highest Aspiration A Call to Action for Human Rights, 3: „Within the United Nations, human rights must be fully considered in all decision-making, operations and institutional commitments." Abrufbar unter: <https://www.un.org/peacebuilding/sites/www.un.org.peacebuilding/files/documents/2020_sg_call_to_action_for_hr_the_highest_aspiration.pdf> (Stand 30.10.2023). Weiterhin gibt es auch die Möglichkeit, dass eine Bindung an die Menschenrechte ad-hoc konstituiert wird. So hat der Sicherheitsrat für die UN Territorialverwaltung im Kosovo die Bindung an Menschenrechte festgelegt; s. UN Doc. S/RES1244 (1999) (j). Zudem wird auch die Relevanz von Menschenrechten für Friedensmission der Vereinten Nationen betont. So heißt es u.a. in den United Nations Peacekeeping Operations Principles and Guidelines, S. 14: „International human rights law is an integral part of the normative framework for United

kreiert. So verweisen die Vereinten Nationen in Bezug auf die Rechte von Individuen bei Sanktionen des Sicherheitsrats lediglich auf die Notwendigkeit „fairer und klarer Verfahren".[92] Auch verwenden sie statt der Formulierung, dass Einzelpersonen über Menschenrechte verfügen, den neutralen Begriff „Rechte der Betroffenen".[93]

c) Ius-cogens Normen als allgemeine Grenze?

Im Völkerrecht ist zudem umstritten, ob zumindest ius-cogens Normen eine allgemeine Grenze[94] für das Handeln Internationaler Organisationen darstellen. So wird der Vorschlag der Völkerrechtskommission aus dem

---

Nations peacekeeping operations. The Universal Declaration of Human Rights, which sets the cornerstone of international human rights standards, emphasizes that human rights and fundamental freedoms are universal and guaranteed to everybody. United Nations peacekeeping operations should be conducted in full respect of human rights and should seek to advance human rights through the implementation of their mandates." Es gibt weiterhin u.a. auch interne Regeln für den Umgang mit sexuellem Missbrauch durch UN-Truppen; s. ausführlich: Special measures for protection from sexual exploitation and abuse: a new approach, UN doc. A/71/818, 28 February 2017. S. auch die Politiken der UN hinsichtlich der Prüfung hochrangigen Personals im Hinblick auf etwaige begangene Menschenrechtsverstöße: United Nations Policy, 11 December 2012, Human Rights Screening of United Nations. Abrufbar unter: <https://police.un.org/sites/default/files/policy_on_human_rights_screening_of_un_personnel_december_2012.pdf> (Stand 30.10.2023).

[92] So vermeiden die Resolutionen der Generalversammlung, in denen der Sicherheitsrat aufgefordert wird, Sanktionen gegen Einzelpersonen besser zu prüfen, jeden Bezug auf die Menschenrechte und sprechen nur allgemein von Verfahrensrechten. S. etwa UN Doc. A/Res/60/1, World Summit Outcome, Resolution Adopted by the General Assembly on 16 September 2005, Rn. 107–109. S. auch: UN Doc. S/Res/1730 (2006), Adopted by the Security Council at its 5599th meeting, on 19 December 2006: „Committed to ensuring that fair and clear procedures exist for placing individuals and entities on sanctions list und for removing them, as well as for granting humanitarian exemptions." UN Doc. S/Res/2610 (2021), Adopted by the Security Council at its 8934th meeting, on 17 December 2021, Rn. 48: „Directs the Committee to continue to ensure that fair and clear procedures exist for placing individuals, groups, undertakings and entities on the ISIL (Da'esh) & Al-Qaida Sanctions List and for removing them as well as for granting exemptions per resolution 1452 (2002), and directs the Committee to keep its guidelines under active review in support of these objective." Vgl. auch UN Doc. A/Res/51/242, Supplement to an Agenda for Peace, 26 September 1997; Anhang II in Bezug auf allgemeine Sanktionen des Sicherheitsrats. Hier wird die Notwendigkeit humanitärer Erwägungen und Ausnahmen betont. Eine Bezugnahme auf die Menschenrechte findet nicht statt.

[93] So schreibt der Sicherheitsrat auf seiner Webseite: „The Council applies sanctions with ever-increasing cognisance of the rights of those targeted." S. <https://www.un.org/securitycouncil/sanctions/information> (Stand 30.10.2023).

[94] Für Verträge Internationaler Organisationen s. aber Art. 53 und 64 WVKIO.

Jahr 2022, wonach rechtlich verbindliche Akte Internationaler Organisationen insoweit unwirksam sind, als sie gegen zwingendes Völkerrecht verstoßen,[95] von zahlreichen Staaten abgelehnt[96] und ist bisher nicht von der Generalversammlung angenommen worden.[97] Kern der Kritik ist, dass der Sicherheitsrat im Rahmen von Kapitel VII der UN-Charta von der Bindung an zwingendes Recht ausgenommen ist.[98]

d) Schlussbemerkung

Damit gilt abschließend, dass der allgemeine Rechtsrahmen primär von dem fluiden völkerrechtlichen Legalitätsprinzip bestimmt wird. Der Gründungsvertrag ist die zentrale Grenze für das grenzüberschreitende Verwaltungshandeln. Dahingehend bleibt ungeklärt, welche weiteren inhaltlichen Schranken sich aus dem allgemeinen Völkerrecht ergeben.

4. Dezentrale (opake) Reglungsstrukturen

Die konkreten Regeln und die jeweils geltenden Bestimmungsfaktoren für eine gute grenzüberschreitende Verwaltung sind daher dezentral zu ermitteln.

Die zunächst maßgeblichen Verträge enthalten jedoch regelmäßig nur wenige Bestimmungen. Es gibt (soweit ersichtlich) jenseits der Europäischen Union keinen Vertrag, der eine ausdrückliche Bindung der jeweiligen Institution an die Menschenrechte oder ein Recht auf gute Verwaltung vorsehen würde. Auch wird regelmäßig keine obligatorisch zuständige Gerichtsbarkeit festgelegt. Es werden allenfalls einzelne Normen zur Regulierung grenzüberschreitender Verwaltungstätigkeiten vertraglich niedergelegt. Ein Beispiel ist Art. 31 der UN-Charta.[99] Dieser regelt, dass der

---

[95] Conclusion 16 Annex II der Draft conclusions on identification and legal consequences of peremptory norms of general international law (jus cogens) (Fn. 73): „A resolution, decision or other act of an international organization that would otherwise have binding effect does not create obligations under international law if and to the extent that they conflict with a peremptory norm of general international law (jus cogens)."

[96] Vgl. hierzu z.B. die Stellungnahmen von Frankreich, Deutschland, Israel, Russland, Großbritannien und den Vereinigten Staaten vor der Völkerrechtskommission, UN Doc. A/CN.4/748, Peremptory norms of general international law (*jus cogens*). Comments and observations received from governments, 9. März 2022. Zustimmend aber u.a. Schweiz und Österreich, s. ebd.

[97] S. UN Doc. A/RES/77/103, Nr. 3.

[98] S. hierzu z.B. die Stellungnahmen von Australien, Russland, Großbritannien und den Vereinigten Staaten (oben Fn. 96).

[99] Eine weitere Regelung enthält Art. 32 UN-Charta in Bezug auf Streitfälle.

Sicherheitsrat Nichtmitglieder zu Sitzungen einladen kann,[100] wo Fragen erörtert werden, die die Interessen dieser Mitglieder besonders berühren.[101]

Weiterhin zeigen die Verträge tendenziell eine unterschiedliche Regelungsdichte je nach betroffener Verwaltungstätigkeit. Grundsätzlich gilt, dass die vertraglichen Bestimmungen zur Regulierung der internationalen Aufsichtsverwaltung am ausgeprägtesten sind und die wenigsten Regeln für die Eigenverwaltung bestehen. Hier sind i.d.R. allenfalls Ermächtigungen des Plenarorgans geregelt, allgemeine Bestimmungen im Bereich des Dienst- und Finanzrechts zu erlassen.[102]

Diese Regelungsstruktur hat dazu geführt, dass die Bestimmungen zur Ausübung einer Verwaltungstätigkeit insbesondere in Beschlüssen von Organen der jeweiligen Internationalen Organisation bzw. eines Vertragsregimes enthalten sind. Die zentralen Normen befinden sich damit in einem nicht notwendigerweise transparenten Konglomerat von unterschiedlich bezeichneten internen Akten, deren rechtliche Bindungswirkung variiert. Es ist mitunter möglich, dass wenn der jeweilige Vertrag keine Regelung trifft,[103] die genaue rechtliche Bindungswirkung eines solchen Sekundäraktes schwer feststellbar ist und in der Schwebe bleibt.

---

[100] Hierbei handelt es sich um eine Ermessensentscheidung. S. *Charlotte Kreuter-Kirchhof* in: Bruno Simma et. al. (Hrsg.) The Charter of the United Nations: A Commentary, Vol. I., 4. Aufl. 2024 (im Erscheinen), Art. 32, Rn. 23.

[101] Ein weiterer Schwachpunkt ist, dass ungeklärt ist, ob Art. 31 UNC auch für die Teilnahme an den informellen Treffen des Sicherheitsrats gilt, s. hierzu z.B.: *Security Council Report* The UN Security Council Handbook: A User's Guide to Practice and Procedure, 34; verfügbar unter: <https://www.securitycouncilreport.org/atf/cf/%7B65BFCF9B-6D27-4E9C-8CD3-CF6E4FF96FF9%7D/the-un-security-council-handbook-by-scr-1.pdf> (Stand 6.11.2023). Die Mitteilung („Note") des Präsidenten des Sicherheitsrats vom 30. August 2017 deutet darauf hin, dass der Sicherheitsrat auch eine Einladung zu relevanten informellen Treffen aussprechen wird (UN Doc. S/2017/507 Note by the President of the Security Council, Rn. 92). Weiterhin zeigt sich hier auch das Fehlen einer gerichtlichen Kontrolle. So wurde im Zuge der Corona-Pandemie das Recht über die Entscheidung der Teilnahme von Nichtmitgliedern des Sicherheitsrats auf den Präsidenten des Sicherheitsrats übertragen mit der Folge, dass inkonsistente und umstrittene Entscheidungen über Beteiligungen von Drittstaaten getroffen wurden (s. ausführlich: *Security Council Report* Security Council Working Methods in Hard Times; verfügbar unter: <https://www.securitycouncilreport.org/atf/cf/%7B65BFCF9B-6D27-4E9C-8CD3-CF6E4FF96FF9%7D/working_methods_2023.pdf> [Stand 6.11.2023]).

[102] S. hierzu auch oben unter II.2.

[103] Im Rahmen der Eigenverwaltung wird in der Literatur regelmäßig angenommen, dass die internen Akte für die Organisation bzw. das jeweils untergeordnete Organ bindend sind, sofern sie ordnungsgemäß erlassen wurden, s. z.B.: *Schermers/Blokker* International Institutional Law (Fn. 31), § 1203. Dies entspricht auch grundsätzlich der Rechtsprechung im Bereich der Arbeitsgerichtsbarkeit. Hier wird bei Beachtung von höherrangigem Recht eine Bindungswirkung angenommen, s. ausführlich unter IV.1.a. Allerdings gibt es in anderen Bereichen, wie dem internationalen Vergaberecht, keine Gerichtsbarkeit und es bleibt

IV. Dezentrale „gute" Verwaltung

Die jeweiligen Bestimmungsfaktoren für eine gute grenzüberschreitende Verwaltung sind also dezentral anhand der soeben beschriebenen Ansammlung völkervertraglicher und „sekundärrechtlicher" Instrumente zu ermitteln. Dabei ist der Begriff „gute Verwaltung" im Völkerrecht nicht gebräuchlich.[104] Allenfalls wird gelegentlich die – ursprünglich aus der Entwicklungszusammenarbeit stammende[105] und primär für nationale Rechtssysteme[106] bestimmte – umfassendere Begrifflichkeit der „good gover-

---

daher unklar, wie solche Akte jenseits des Arbeitsrechts zu bewerten sind. Das gilt insbesondere für die Frage, ob internationale Beamte in atypischen Situationen von ihnen abweichen dürfen; vgl. zu den Richtlinien der Weltbank: *Philipp Dann* Der Zugang zu Dokumenten im Recht der Weltbank. Kosmopolitische Tendenzen im Internationalen Verwaltungsrecht? Die Verwaltung 44 (2011), 313 (317 f.), inwieweit bei Rechtswidrigkeit eine Befolgungspflicht besteht und ob auch ausdrücklich als unverbindlich bezeichnete Instrumente dennoch eine Selbstbindung der Verwaltung auslösen können. Vgl. hierzu auch *Sands/Klein* Bowett's Law of International Institutions (Fn. 42), 12.017 zur unklaren Rolle von administrative instructions.

[104] Allerdings wird der Begriff einer guten Rechtspflege „good administration of justice" in Bezug auf die internationale Justiz verwendet. S. IGH, Ahmadou Sadio Diallo (Republik Guinea v. Demokratische Republik Kongo), Merits, Judgment, ICJ-Rep. 2010, 639, Rn. 38. S. auch zur Idee der guten Verwaltung im Bereich des Europarats: *Ulrich Stelkens/Agnė Andrijauskaitė* (Hrsg.) Good Administration and the Council of Europe, 2020.

[105] S. etwa *Henk Addink* Good Governance: Concept and Context, 2019, 263.

[106] Auch in Bezug auf nationale Rechtssysteme hat der Begriff „good governance" keine feststehende Bedeutung, s. *Matthias Kötter* Wie viel Recht steckt in Good Governance? Eine Betrachtung aus juristischer Perspektive, SFB-Governance Working Paper Series 58 (2013), 5; *Edith Brown Weiss/Ahila Sornarajah* Good Governance, in: Max Planck Encyclopedia of Public International Law, 2021, Rn. 3. Es gibt die Idee eines umfassenden Ansatzes, der auf die Verwirklichung von Demokratie, Menschenrechten und Rechtsstaatlichkeit abstellt, s. hierzu *Juliane Kokott* Souveräne Gleichheit und Demokratie im Völkerrecht, ZaöRV 64 (2004), 517 (527); *Rudolf Dolzer* Good Governance: Neues transnationales Leitbild der Staatlichkeit?, ZaöRV 64 (2004), 535 (541). Daneben gibt es auch andere Verständnisse, die mit vageren Begriffen operieren. So lautet die Definition von „good governance" der United Nations Economic and Social Commission for Asia and the Pacific: „Good governance has 8 major characteristics. It is participatory, consensus oriented, accountable, transparent, responsive, effective and efficient, equitable and inclusive and follows the rule of law. It assures that corruption is minimized, the views of minorities are taken into account and that the voices of the most vulnerable in society are heard in decision-making. It is also responsive to the present and future needs of society.", s. hierzu: *United Nations Economic and Social Commission for Asia and the Pacific* What is Good Governance?; verfügbar unter: <https://repository.unescap.org/rest/bitstreams/7ac82496-f2f7-4b14-bce1-b1ba22e53dbd/retrieve> (Stand 6.11.2023); in eine ähnliche Richtung deutet auch eine Resolution des Menschenrechtsrats vom 19 April 2023, die gegen die Stimmen der demokratischen Mitgliedsstaaten angenommen wurde (Belgien, Tschechien, Finnland, Frankreich, Georgien, Deutschland, Litauen, Luxemburg, Montenegro, Rumä-

nance" verwendet.¹⁰⁷ Dabei ist jedoch in der Völkerrechtspraxis der genaue Inhalt – jenseits einer allgemeinen Aussage, dass gute Regierungsführung etwas positives ist und der Verwirklichung allgemeiner Politikziele,¹⁰⁸ wie der nachhaltigen Entwicklung,¹⁰⁹ dient – unklar.¹¹⁰

---

nien, Ukraine, Großbritannien und den USA). Dort heißt es in der Präambel „Recognizing that good governance and the fight against corruption have a central role in the promotion and protection of human rights and in the elimination of obstacles to development, as well as in creating sustainable, effective, accountable and transparent institutions." Hierfür UN Doc. A/HRC/RES/52/21, Resolution adopted by the Human Rights Council on 3 April 2023.

¹⁰⁷ S. z.B. UN Doc. A/Res/60/1, Resolution Adopted by the General Assembly on 16 September 2005, World Summit Outcome, Nr. 39: „Good governance at the international level is fundamental for achieving sustainable development. In order to ensure a dynamic and enabling international economic environment, it is important to promote global economic governance through addressing the international finance, trade, technology and investment patterns that have an impact on the development prospects of developing countries. To this effect, the international community should take all necessary and appropriate measures, including ensuring support for structural and macroeconomic reform, a comprehensive solution to the external debt problem and increasing the market access of developing countries." S. auch z.B.: HRC Resolution UN Doc. A/HRC/RES/51/5, Resolution adopted by the Human Rights Council on 6 October 2022, 3. The role of good governance in the promotion and protection of human rights, „stressing that good governance at the local, national and international levels is essential for sustained economic growth, sustainable development and the eradication of poverty and hunger."

¹⁰⁸ Anders aber UN Doc. A/RES/67/1, Resolution adopted by the General Assembly on 24 September 2012 (without reference to a Main Committee [A/67/L.1]), Declaration of the high-level meeting of the General Assembly on the rule of law at the national and international levels, Rn. 35, diegood governance mit der rule of law verknüpft.

¹⁰⁹ Weiterhin wird regelmäßig auch auf die Bekämpfung von Armut hingewiesen. S. die Resolutionen der Generalversammlung, UN Doc. A/Res/60/1, Resolution Adopted by the General Assembly on 16 September 2005, World Summit Outcome, Nr. 11: „We acknowledge that good governance and the rule of law at the national and international levels are essential for sustained economic growth, sustainable development and the eradication of poverty and hunger." Vgl. auch UN Doc. A/RES/55/102, Resolution adopted by the General Assembly, Nr. 3; UN Doc. A/Res/60/265, Resolution adopted by the General Assembly, Nr. 9; UN Doc. A/Res/60/204, Resolution adopted by the General Assembly on 22 December 2005, Nr. 4; UN Doc. A/RES/59/314, Resolution adopted by the General Assembly on 13 September 2005, Nr. 11 und Nr. 39; UN Doc. A/RES/59/247, Resolution adopted by the General Assembly on 22 December 2004, Nr. 9; UN Doc. A/RES/58/222, Resolution adopted by the General Assembly on 23 December 2003, Nr. 6 und UN Doc. A/RES/56/165, Resolution adopted by the General Assembly, Nr. 3. Inhaltlich etwas weiter aber insgesamt sehr vage sind auch die Aussagen zum 16. Nachhaltigkeitsziel (UN Doc. A/RES/70/1, Resolution adopted by the General Assembly on 25 September 2015). Hier heißt es u.a. „build effective, accountable and inclusive institutions at all levels"; „develop effective, accountable and transparent insti-

Daher werden mögliche Bestimmungsfaktoren für eine gute Verwaltung anhand einzelner Referenzgebiete aus allen drei Kategorien grenzüberschreitenden Verwaltungshandelns ermittelt. Es wird aufgrund der verbindlichen und teilweise auch unverbindlichen Normen für ausgesuchte Verwaltungstätigkeiten aufgezeigt, welche systemimmanenten Vorstellungen für eine jeweils „gute" Verwaltung gelten.

1. Eigenverwaltung: Von fairen Verfahren und undurchsichtiger Transparenz

a) Das internationale Dienstrecht fast als Paradebeispiel

Das erste Referenzgebiet ist das internationale Dienstrecht. Dieses zeichnet sich zunächst dadurch aus, dass eine Vielzahl von Internationalen Organisationen sich einer obligatorisch zuständigen internationalen Arbeitsgerichtsbarkeit unterworfen hat.[111] Diese kann von Einzelpersonen angerufen werden.[112]

---

tutions at all levels (16.6)" und „ensure responsive, inclusive, participatory and representative decision-making at all levels (16.7)."

[110] S. hierzu allgemein für den Begriff der Global Governance mit weiteren Nachweisen: *Matthias Ruffert* Die Globalisierung als Herausforderung an das öffentliche Recht, 2004, 28-31. Für eine Verwendung des Begriffs aber im Sinne von „guter Verwaltung", der Entwurf der ILA aus dem Jahr 2004: *International Law Association* Berlin Conference (2004) Accountability of International Organisations, Final Report, 8; verfügbar unter: <https://www.ila-hq.org/en_GB/documents/final-conference-report-berlin-2004-1> (Stand 6.11.2023): „The principle of good governance (or of good administration), which is of an evolving nature, provides the necessary guidance as to the institutional and operational activities of an IO. As it is commonly understood, it includes the following elements: transparency in both the decision-making process and the implementation of the ensuing institutional and operational decisions; a large degree of democracy in the decision-making process; access to information open to all potentially concerned and/or affected by the decisions at stake; the well-functioning of the international civil service; sound financial management; and appropriate reporting and evaluation mechanisms."

[111] Diese existiert in der Form eigener extra eingerichteter Arbeitsgerichte (wie z.B. im Rahmen der UN) oder dem für zuständig erklärten Verwaltungsgericht der Internationalen Arbeitsorganisation. Das Verwaltungsgericht der Internationalen Arbeitsorganisation ist für arbeitsrechtliche Streitigkeiten von über 60 Internationalen Organisationen zuständig: *Klabbers* An Introduction to International Organizations (Fn. 28), 249. Die Liste ist verfügbar unter: <https://www.ilo.org/tribunal/membership/lang--en/index.htm> (Stand 6.11.2023).

[112] S. z.B.: Art. 2 Abs. 1 und 2 der Statuten des Arbeitsgerichts der Vereinten Nationen (Statute of the United Nations Dispute Tribunal).

Die materiellen Regeln des internationalen Arbeitsrechts werden oft in der Form von Personalstatuten[113] durch das Plenarorgan[114] der jeweiligen Organisation erlassen. Sie werden regelmäßig durch vom Sekretariat erlassene „Regeln",[115] Verwaltungsanweisungen[116] oder andere Verlautbarungen ergänzt und präzisiert. Nach der Rechtsprechung der internationalen Arbeitsgerichtsbarkeit sind diese Handlungsformen, sofern sie mit jeweils höherrangigen Normen vereinbar sind, für die jeweilige Organisation verbindlich.[117]

Inhaltlich finden sich im internationalen Dienstrecht klassische rechtsstaatliche Maßstäbe, wie das Legalitätsprinzip,[118] das Verbot des Machtmissbrauchs,[119] oder das Verhältnismäßigkeitsprinzip.[120]

---

[113] S. z.B. für die UN: „Staff Regulations of the UN", UN Doc. A/Res/590(VI), 2 Februar 1952. Für den Europarat: Resolution CM/Res(2021)6 on the Council of Europe Staff Regulations. S. die Staff-Regulations für die Weltgesundheitsorganisation unter <https://cdn.who.int/media/docs/default-source/human-resources/2023_jan_staff-rules-and-regulations.pdf?sfvrsn=358ad6b1_14&download=true> (Stand 6.11.2023); anders aber z.B. die Bezeichnung im Rahmen der Organisation Amerikanischer Staaten: Hier sind die Regeln zum Beamtenrecht in den „General Standards to Govern the Operations of the General Secretariat of the OAS (General Standards)" enthalten, s. unter <http://www.oas.org/legal/english/Standards/GenStIndex.htm> (Stand 6.11.2023).

[114] Wie bspw. die Generalversammlung der UN gem. Art. 101 Abs. 1 UN-Charta.

[115] Dabei enthalten die „Staff Regulations" regelmäßig eine Ermächtigungsgrundlage, dass das jeweilige Sekretariat diese durch sog. „Rules" näher definieren kann. S. Art. 12.2 der Staff Regulations of the UN (Fn. 113).

[116] Diese werden oft als „administrative instructions" bezeichnet. Im Rahmen der UN werden diese nach einem einheitlichen und formalisierten Verfahren erlassen. S. hierzu: UN Doc. ST/SGB/2009/4 Secretary-General's bulletin, Procedures for the promulgation of administrative issuances.

[117] Dies wird als sog. „legislative" Hierarchie bezeichnet. S. für die UN z.B.: UNDT Case No. UNDT/NBI/2014/092, UNDT/2016/078, Rn. 54; Case No. UNDT/NY/2012/086, UNDT/2013/031, Rn. 20; Case No. UNDT/NY/2011/056, UNDT/2011/126, Rn. 29. Dabei wird in der Rechtsprechung der UN den Regulations, Rules und administrative instructions allgemein ein höherer Rang zugebilligt. S. Case No. UNDT/NY/2011/056, UNDT/2011/126, Rn. 29: „At the top of the hierarchy of the Organization's internal legislation is the Charter of the United Nations, followed by resolutions of the General Assembly, staff regulations, staff rules, Secretary-General's bulletins, and administrative instructions (see Hastings UNDT/2009/030, affirmed in Hastings 2011-UNAT-109; Amar UNDT/2011/040). Information circulars, office guidelines, manuals, and memoranda are at the very bottom of this hierarchy and lack the legal authority vested in properly promulgated administrative issuances." Vgl. auch allgemein die Rechtsprechung des Verwaltungsgerichts der ILO; s. u.a. ILOAT-Urteil Nr. 2760 oder Nr. 486.

[118] Hierzu die Rechtsprechung zur legislativen Hierarchie in Fn. 117.

[119] Exemplarisch s. ILOAT-Urteil Nr. 191, Ballo, 1972: „Discretionary authority must not, however, be confused with arbitrary power; it must, among other things, always be

Es gibt Regeln zur Unabhängigkeit der Entscheidungsträger,[121] Begründungspflichten,[122] Anhörungsrechte[123] und die Verpflichtung in angemessener Zeit zu entscheiden.[124] Einige Organisationen, wie z.B. die Weltbank oder der Europarat,[125] haben sogar allgemeine Regeln, die in ihrer Struktur an Art. 41 GRC erinnern und die Organisation allgemein zur Fairness verpflichten.[126]

Allerdings gilt aufgrund der dezentralen völkerrechtlichen Struktur auch im internationalen Dienstrecht, dass diese Entwicklung nicht allumfassend ist und jede Internationale Organisation ihre eigenen Regeln erlässt. So ist etwa im Fall der Shanghaier Zusammenarbeitsorganisation unklar, ob und welches Dienstrecht existiert, da der Gründungsvertrag hierzu schweigt[127] und sonst auch keine weiteren Informationen verfügbar sind. Die Shanghaier Zusammenarbeitsorganisation wird auch als autokratische Regional-

---

exercised lawfully, and the Tribunal, which has before it an appeal against a decision taken by virtue of that discretionary authority, must determine whether that decision was taken with authority, is in regular form, whether the correct procedure has been followed and, as regards its legality under the Organisation's own rules, whether the Administration's decision was based on an error of law or fact, or whether essential facts have not been taken into consideration, or again, whether conclusions which are clearly false have been drawn from the documents in the dossier, or finally, whether there has been a misuse of authority."

[120] S. etwa Rule 10.3 (b) Staff Regulations and Staff Rules, including provisional Staff Rules, of the United Nations UN Doc. ST/SGB/2023/1: „Any disciplinary measure imposed on a staff member shall be proportionate to the nature and gravity of the staff member's misconduct."

[121] S. st.Rspr. des ILOAT-Gerichts, Urteil Nr. 4240, Rn. 10: „The Tribunal's case law states that it is a general rule of law that an official who is called upon to take a decision affecting rights or duties of other persons subject to her or his jurisdiction must withdraw in cases in which her or his impartiality may be open to question on reasonable grounds."

[122] S. Art. IX Regulation 9.3 Staff Regulations of the United Nations UN Doc. ST/SGB/2023/1 (Fn. 120) oder ebd., Rule 10.4 b).

[123] Hierzu Rule 10.3 (a) Staff Regulations of the United Nations UN Doc. ST/SGB/2023/1 (Fn. 120).

[124] S. aus der Rechtsprechung des ILOAT z.B.: Urteil Nr. 3200, Rn. 6 und Urteil Nr. 4207, Rn. 18.

[125] S. Art. 2.1 der Staff Regulations des Europarats (Fn. 113).

[126] So heißt es in dem Personalstatut der Weltbank (Principle 2 der Principles of Staff Employment; verfügbar unter: <https://thedocs.worldbank.org/en/doc/152671420564551470-0220012015/render/StaffManual.pdf> [Stand 6.11.2023]): „The Organizations shall at all times act with fairness and impartiality and shall follow a proper process in their relations with staff members."

[127] S. Charter of the Shanghai Cooperation Organization; verfügbar unter: <https://www.iri.edu.ar/publicaciones_iri/manual/Doc.%20Manual/Listos%20para%20subir/ASIA/SHANGAI-ORG/charter_shanghai_cooperation_organization.pdf> (Stand 6.11.2023).

organisation[128] bezeichnet, da ihre Mitglieder überwiegend autokratische Staaten sind.[129]

Zudem gibt es immer wieder Organisationen mit nur unzureichendem Rechtsschutz[130] für die Bediensteten.[131]

Damit gilt allgemein, dass auch wenn das internationale Dienstrecht dezentral variiert, es jedenfalls partiell von der Idee einer fairen rechtsgebundenen und kontrollierten Verwaltung geprägt ist.

b) *Das internationale Vergaberecht und die undurchsichtige Transparenz und vage Fairness*

Das zweite Referenzgebiet ist das internationale Vergaberecht. Zahlreiche Internationale Organisationen haben Vorgaben für die Vergabe von Aufträgen an Privatpersonen erlassen. Diese sind typischerweise in den vom jeweiligen Plenarorgan erlassenen „Finanzregeln"[132] enthalten. Dane-

---

[128] S. *Anastassia V. Obydenkova/Alexander Libman* Authoritarian Regionalism in the World of International Organizations, 2019, 219–255.

[129] Die Mitgliedstaaten sind: China, Indien, Iran, Kasachstan, Kirgisistan, Russland, Pakistan, Tadschikistan and Usbekistan (<http://eng.sectsco.org/cooperation/20170110/192193.html> (Stand 8.11.2023).

[130] S. z.B.: die aktuelle Entscheidung des österreichischen Verfassungsgerichtshofs VfGH, 29.9.2022, SV 1/2021-23. Der VfGH hat die Immunitätsbestimmungen des Amtssitzübereinkommens zwischen der OPEC und Österreich für verfassungswidrig erklärt, da das Amtssitzübereinkommen nicht gewährleistet, dass ein „angemessener, die Rechte der Angestellten wahrender Mechanismus zur Beilegung arbeitsrechtlicher Streitigkeiten eingerichtet ist" (Rn. 57).

[131] Dies hat trotz der Immunität Internationaler Organisationen zu einer externen gerichtlichen Kontrolle durch die Rechtsprechung des Europäischen Gerichtshofs für Menschenrechte geführt. Seit den Leitentscheidungen *Waite v. Kennedy* und *Beer und Regan* (EGMR [GK], 18.2.1999, Waite und Kennedy v. Germany, No. 26083/94, Rn. 67 und EGMR [GK], 18.2.1999, Beer und Regan v. Germany, No. 28934/95, Rn. 57) geht der EGMR davon aus, dass es mit dem Ziel und Zweck der EMRK unvereinbar sei, wenn sich die Vertragsstaaten durch die Einräumung von Immunitäten für Internationale Organisationen ihrer Verantwortung nach der EMRK entziehen. Danach ist die Beschränkung des Zugangs zu einem Gericht i.S.v. Art. 6 Abs. 1 EMRK durch Immunitäten für Internationale Organisationen nur dann mit der EMRK vereinbar, wenn ein angemessener alternativer Rechtsschutz für den Einzelnen zur Verfügung steht, s. ebd., Rn. 68 (Waite v. Kennedy) und ebd., Rn. 57 (Beer and Reagan), der dem Konventionsrechtsschutz vergleichbar d.h. gleichwertig ist (EGMR, 9.9.2008, Boivin v. 34 Member States of the Council of Europe, No. 73250/01, Rn. 2).

[132] Weitere explizite Kompetenzen finden sich u.a. in Art. VII Abs. 3 des WTO-Agreements oder Art. 113 des Römischen Statuts. Für die UN ist die Kompetenz der Generalversammlung nur implizit in Art. 17 der UN-Charta geregelt. Die ausdrückliche Regelung fin-

Supranationale und grenzüberschreitende Verwaltung

ben gibt es teilweise weitere Ausführungsbestimmungen, die das jeweilige Sekretariat in Form von „Regeln",[133] und/oder weiteren Instrumenten, wie Verwaltungsanweisungen oder sog. „Procurement Manuals",[134] ausarbeitet. In diesem Konglomerat aus soft[135] und hard law[136] finden sich teilweise allgemeine Bestimmungen zur Transparenz und Fairness,[137] sowie (in unterschiedlichen Ausmaßen) Informations- und Begründungspflichten,[138] Regeln zur Unabhängigkeit des jeweiligen Vergabeentscheidungsprozesses[139] und auch zur Einrichtung von internen Überprüfungsmechanismen

---

det sich erst in Rule 152 der Procedural Rules der General Assembly. Vgl. auch Art. 18 lit. f der Verfassung der Weltgesundheitsorganisation.

[133] S. z.B.: Rule No. 1395 of 20 June 2019 on the procurement procedures of the Council of Europe; verfügbar unter: <https://rm.coe.int/090000168094853e> (Stand 6.11.2023).

[134] S. z.B. DOS/2020.9, 30.6.2020, United Nations Procurement Manual; verfügbar unter: <https://www.un.org/Depts/ptd/sites/www.un.org.Depts.ptd/files/files/attachment/page/pdf/pm.pdf> (Stand 6.11.2023) oder das Procurement Manual der Afrikanischen Union; verfügbar unter: <https://au.int/sites/default/files/documents/36320-doc-african_union_procurement_manual_v._2.0_-_2016-1.pdf> (Stand 6.11.2023).

[135] So wird beispielsweise das Procurement Manual der UN (Fn. 134) ausdrücklich als unverbindlich bezeichnet. So heißt es auf S. 10: „For the sake of clarity, nothing in this Manual shall bind the United Nations to any particular process, outcome or course of action in relation to any particular procurement process or otherwise." S. nochmals <https://www.un.org/Depts/ptd/sites/www.un.org.Depts.ptd/files/files/attachment/page/pdf/pm.pdf> (Stand 6.11.2023).

[136] *Elisabetta Morlino* Procurement by International Organizations. A Global Administrative Law Perspective, 2019, 13.

[137] S. z.B: 2.1 lit b African Union – Procurement Manual (Fn. 134): „AU FRR require that the following general principles shall be given due consideration when exercising the procurement functions of the Union: [...] ii) Fairness, integrity and transparency." S. auch 5.12 Financial Regulation der UN und Art. 2 Abs. 1 Rule No. 1395 of 20 June 2019 on the procurement procedures of the Council of Europe (Fn. 133) oder die Aussage der Internationalen Atomenergiebehörde auf ihrer Webseite zu den Vergabeverfahren: „The IAEA is committed to good governance and transparency"; s. <https://www.iaea.org/about/procurement> (Stand 6.11.2023). Die Organisation Amerikanischer Staaten verweist allerdings in ihren Regeln nicht auf Transparenz; s. Procurement Contract Rules of the General Secretariat, Executive Order No. 00-1; verfügbar unter: <https://www.oas.org/legal/english/gensec/EX-OR-00-1.htm> (Stand 2.11.2023).

[138] S. z.B.: Art. 18 Abs. 5 Rule No. 1395 of 20 June 2019 on the procurement procedures of the Council of Europe (Fn. 133): „Unsuccessful bidders shall be informed in writing by the buyer administrative entity within 15 calendar days after the successful bidder(s) has or have been informed of the contract award. The information conveyed shall include the reason why the bid was unsuccessful and the modalities for possible enquiries according to Article 24." S. aber eine andere Regelung im Rahmen der UN: Gem. 8.10 des Procurement Manuels (Fn. 134) sind die unterlegenen Bieter lediglich zu informieren. Diese können dann aber bei einem Auftragsvolumen von über 200.000 USD im Rahmen des Debriefings weitere Informationen erhalten; vgl. ebd., 10.2.2.

[139] S. etwa Art. 9 Abs. 1 Rule No. 1395 of 20 June 2019 on the procurement procedures of the Council of Europe (Fn. 133): „Secretariat members involved in procurement proce-

vergaberechtlicher Entscheidungen.¹⁴⁰ Letztere sind jedoch grundsätzlich auf eine Kontrolle durch Angehörige der eigenen Verwaltung begrenzt.¹⁴¹ Die Entscheidungen werden auch nicht veröffentlicht. Fairness und Transparenz sind daher nur begrenzt überprüfbar und bleiben aufgrund der fehlenden gerichtlichen Kontrolle unbestimmt. Daher ist die Idee der guten Verwaltung nach den partiellen Regeln¹⁴² des internationalen Vergaberechts von undurchsichtiger Transparenz und vager Fairness gekennzeichnet.

2. Die Wahrnehmung delegierter Aufgaben: Von Effizienz und Kontrolle

Andere Bestimmungsfaktoren für eine gute Verwaltung zeigen sich dahingehend bei der Wahrnehmung delegierter Aufgaben.

a) Die effektive Wahrung des Weltfriedens

Das erste Referenzgebiet – die Eingriffsverwaltung durch den Sicherheitsrat – ist geprägt durch die Idee der möglichst effizienten Wahrung des Weltfriedens. Der Sicherheitsrat agiert weitgehend frei von rechtlichen Vor-

---

dures shall act objectively and impartially and shall treat all potential suppliers and bidders equally. They shall act in compliance with the internal instruments set out in the Preamble hereto."

[140] S. z.B. ausführlich: Art. 24 Abs. 1 Rule No. 1395 of 20 June 2019 on the procurement procedures of the Council of Europe (Fn. 133). Im Rahmen des Europarats gibt es ein zwei-instanzliches internes Überprüfungsverfahren mit engen zeitlichen Bestimmungen und Begründungspflichten. Ziel des Überprüfungsverfahren ist dem unterlegenden Bieter bei einem Verfahrensfehler, der Auswirkungen zum Nachteil des Antragsstellers hatte, eine angemessene Wiedergutmachung zu gewähren; Art. 24 Abs. 6: „appropriate means of redress". Diese wird nicht näher definiert. S. für die UN (lediglich eine Instanz): 10.2.3 Award Review Board Procurement Manual der UN (Fn. 134).

[141] Im Falle des Europarats wird die interne Kontrolle durch das Tender Board und das ad hoc Review Board durchgeführt, die jeweils aus Bediensteten des Europarats bestehen. S. Art. 24 Abs. 5 Rule No. 1395 of 20 20 June 2019 on the procurement procedures of the Council of Europe und Art. 1 Appendix II to Rule 1395 – Terms of Reference of the Tenders Board of the Council of Europe (Fn. 133). Im Rahmen der UN erfolgt die Kontrolle durch das Award Review Board. Dieses wird als „UN administrative board" beschrieben, das dem Unter-Generalsekretär für Management Strategy, Politik und Compliance unabhängigen Rat gibt. S. 10.2.3 Abs. 1 Procurement Manual der UN (Fn. 134). Die genaue Zusammensetzung ist jedoch nicht öffentlich. Vielmehr sind die Terms of Reference for Award Review Board nicht öffentlich zugänglich. S. <https://policy.un.org/policy-doc/33134> (Stand 6.11.2023).

[142] Darüber hinaus gilt, wiederum aufgrund der dezentralen Struktur des Völkerrechts, dass nicht alle Internationalen Organisationen Vergaberegeln erlassen haben und die Regeln variieren. Die hier dargestellten Ansätze geben daher lediglich einen allgemeinen Trend wieder.

gaben und Kontrolle, damit er als „starke internationale" Exekutive[143] den internationalen Frieden umfassend sichern kann. Kap. VII der UN-Charta berechtigt den Sicherheitsrat, zur *„Aufrechterhaltung oder Wiederherstellung des Weltfriedens und der internationalen Sicherheit"* sowohl nicht militärische[144] als auch militärische Maßnahmen[145] zu ergreifen. Er verfügt über ein großes inhaltliches Ermessen[146] und unterliegt, abgesehen von den in der UN-Charta geregelten Abstimmungsregeln, d.h. im Kern dem Veto,[147] kaum weiteren rechtlichen Begrenzungen.[148] Insbesondere enthält die UN-Charta[149] keine spezifischen Vorgaben für den Erlass von Sanktionen[150] gegenüber Individuen, wie das Einfrieren von Geldern oder den Erlass von Reiseverboten.[151] Eine weitergehende Bindung an zwingen-

---

[143] S. u.a. *Erika de Wet* in: Bruno Simma et. al. (Hrsg.) The Charter of the United Nations: A Commentary, Vol. II, 4. Aufl. 2024 (im Erscheinen), Introduction to Chapter VII, Rn. 12; *Robert Kolb* An Introduction to the Law of the United Nations, 2010, 79. Zum Problem, dass der Sicherheitsrat gelegentlich inhaltlich legislative Maßnahmen erlässt, s. *Stefan Talmon* The Security Council (Fn. 26), 175; *Matthew Happold* Security Council Resolution 1373 and the Constitution of the United Nations, Leiden Journal of International Law 16 (2003), 593; *Gaetano Arangio-Ruiz* On the Security Council's 'Law Making', Rivista di Diritto Internazionale 2000, 609; ausführlich auch *Theresia M. Kloke* Der Sicherheitsrat der Vereinten Nationen als Weltgesetzgeber – eine kritische Betrachtung aus völkerrechtlicher Sicht, 2016.

[144] Art. 41 UN-Charter.

[145] Art. 42 UN-Charter.

[146] S. zu Ansätzen das Ermessen einzuschränken u.a. *Susan Lamb* 17. Legal Limits to United Nations Security Council Powers, in: Guy S. Goodwin-Gill/Stefan Talmon (Hrsg.) The Reality of International Law: Essays in Honour of Ian Brownlie, 1999, 361 (385).

[147] Die zentrale Regel ist das Vetorecht in Art. 27 Abs. 3 UN-Charter.

[148] S. auch *Martti Koskenniemi* The Police in the Temple – Order; Justice and the UN: A Dialectial View, EJIL 6 (1995), 325 (327). Eine Ausnahme sind die oben unter III.4. geschilderten Beteiligungsrechte von Staaten.

[149] Für eine Rechtsungebundenheit des Sicherheitsrats aber *Hans Kelsen* The Law of the United Nations, 1951, 294: „The purpose of the enforcement action under Art. 39 is not to maintain or restore the law, but to maintain, or restore peace, which is not necessarily identical with the law."

[150] Ausführlich zu den Sanktionen u.a. *Gavin Sullivan* The Law of the List, 2020; *Clemens A. Feinäugle* Hoheitsgewalt im Völkerrecht: Das 1267-Sanktionsregime der UN und seine rechtliche Fassung, 2011 und *Noah Birkhäuser* Sanktionen des Sicherheitsrats der Vereinten Nationen gegen Individuen, 2007 sowie *Jeremy Matam Farrall* United Nations Sanctions and the Rule of Law, 2007.

[151] Die Charta enthält insbesondere keine ausdrückliche Verpflichtung des Sicherheitsrats, die Menschenrechte zu beachten. Für eine Bindung des Sicherheitsrats an allgemein anerkannte Menschenrechte aber u.a. *Dapo Akande* The International Court of Justice and the Security Council: Is there room for judicial control of decisions of the political organs of the United Nations, International & Comparative Law Quarterly 46 (1997), 309 (323); *Clemens A. Feinäugle* The UN Security Council Al Quaida and Taliban Sanctions Committee, Emerging Principles of International Institutional Law for the Protection of Individu-

des Recht[152] ist aufgrundder derzeitigen Diskussionen zu den Arbeiten der Völkerrechtskommission zweifelhaft.[153] Zudem unterliegt der Sicherheitsrat – abgesehen von der Möglichkeit eines Rechtsgutachtens des IGH[154] – keiner internationalen gerichtlichen Kontrolle.[155] Die Anrufung nationaler Gerichte ist aufgrund der Immunität der Vereinten Nationen schwierig.[156]

Auch die vom Sicherheitsrat selbst eingeführten Überprüfungsverfahren von Sanktionen gegenüber Einzelpersonen führen nur zu einer rudimentären Kontrolle.[157]

---

als?, GLJ 9 (2008), 1513 (1517 f. und 1538). Vgl. auch *Bardo Fassbender* Targeted Sanctions imposed by the UN Security Council and due Process Rights, International Organizations Law Review 3 (2006), 437 (463).

[152] Für eine weitergehende Bindung an die „core elements of human rights norms" s. *Erika de Wet* The Role of Human Rights in Limiting the Enforcement Power of the Security Council: A principled View, in: Erika de Wet/André Nollkaemper (Hrsg.) Review of the Security Council by Member States, 2003, 7 (22). S. hierzu auch allgemein oben unter III.3 b).

[153] S. hierzu oben unter III.3. c).

[154] Vgl. IGH, Legal Consequences for States of the Continued Presence of South Africa in Namibia (South West Africa), Advisory Opinion, ICJ-Rep. 1971, Rn. 89.

[155] S. hierzu u.a. *Matthias J. Herdegen* The "Constitutionalization" of the UN Security System, Vanderbilt Journal of Transnational Law 27 (1994), 135 (154); *Akande* The International Court of Justice and the Security Council (Fn. 151), 325 ff.; ausführlich hierzu auch *Erika de Wet* The Chapter VII Powers of the United Nations Security Council, 2004, 25–30. S. zudem detailliert: *Mehrdad Payandeh* Rechtskontrolle des UN-Sicherheitsrats (Fn. 69), 41.

[156] Das heißt aber nicht, dass es keine nationalen Gerichtsentscheidungen gibt. Vielmehr gibt es zahlreiche Gerichtsentscheidungen in Bezug auf die Sanktionen gegen Einzelpersonen, die insbesondere an das Handeln der Staaten bei der Umsetzung anknüpfen. Hierzu gehören u.a. die berühmten *Kadi*-Entscheidungen, s. EuG, 21.9.2005, Yassin Abdullah Kadi v. Rat der Europäischen Union und Kommission der Europäischen Gemeinschaften, Rs. T-315/01 und EuGH (GK), 3.9.2008, Yassin Abdullah Kadi v. Rat der Europäischen Union v. Rat der Europäischen Union und Kommission der Europäischen Gemeinschaften, verb. Rs. C-402/05 P und C-415/05 P, aber auch Entscheidungen des EGMR, s. insbesondere EGMR (GK), 21.6.2016, AL-Dulimi and Montana Management INC. v. Switzerland, No. 5809/08 und EGMR (GK), 12.9.2012, Nada v. Switzerland, No. 10593/08, und weitere nationale Entscheidungen wie Federal Court of Canada, 4.6.2009, Abdelrazik v. Canada (Minister of Foreign Affairs), 2009 FC 580 (CanLII), [2010] 1 FCR 267 2010 und UK Supreme Court, 27.1.2010, HM Treasury v. Ahmed and others, 2010 UKSC 1. S. auch *Antonios Tzanakopoulos* Domestic Court Reactions to UN Security Council Sanctions, in: August Reinisch (Hrsg.) Challenging Acts of International Organizations before National Courts, 2010, 54.

[157] Vgl. auch u.a. *Matthew Happold* United Nations Sanction and the Rule of Law, in: Clemens A. Feinäugle (Hrsg.) The Rule of Law and Its Application to the United Nations, 2016, 75.

Besonders das allgemeine, durch die Resolution 1730 im Jahr 2006 eingeführte, sog. „focal-point"-Verfahren kann willkürliches Handeln nicht verhindern.[158] Es ist ein rein formales Verfahren. Die Mitglieder des Sicherheitsrats entscheiden als Sanktionsausschuss[159] ohne inhaltliche Vorgaben[160] nach freiem Ermessen über den Antrag des Betroffenen[161] auf Entfernung aus der Sanktionsliste.[162] Einzig im Zusammenhang mit der durch die Resolution 1267[163] verhängten Sanktionen gegenüber mutmaßlichen islamischen Terroristen gibt es, insbesondere aufgrund der *Kadi*-Entscheidung des EuGH,[164] das etwas umfangreichere Ombudsmannverfahren.[165] Der Ombudsmann, der vom Generalsekretär der Vereinten Nationen ernannt

---

[158] Vgl. u.a. EGMR (GK), 21.6.2016, AL-Dulimi and Montana Management INC. v. Switzerland, No. 5809/08, Rn. 153: „*does not afford satisfactory protection*" und die deutliche Stellungnahme von GA *Maduro*: EuGH, 16.1.2008, Yassin Abdullah Kadi v. Rat der Europäischen Union und Kommission der Europäischen Gemeinschaften, Rs. C-402/05 P, Schlussanträge des GA *Poiares Maduro*, Rn. 51.

[159] Der jeweilige Sanktionsausschuss wird regelmäßig mit derjenigen Resolution eingerichtet, die die Sanktionen selbst verhängt. Es gibt daher mehrere Sanktionsausschüsse. Derzeit existieren insgesamt 15 verschiedene aktive Sanktionsregime für Einzelpersonen, s. <https://www.un.org/securitycouncil/sanctions/information> (Stand 6.11.2023). In diesem Rahmen sind mehr als 1.000 Individuen und juristische Personen derzeit mit Sanktionen belegt. S. 2023 Fact Sheets: „United Nations Security Council Sanctions Regimes", 4; verfügbar unter: <https://www.un.org/securitycouncil/sites/www.un.org.securitycouncil/files/subsidiary_organs_series_3apr23_final.pdf> (Stand 6.11.2023). S. die konsolidierte Liste aller derzeit mit Sanktionen belegter Individuen und juristischer Personen: <https://www.un.org/securitycouncil/sites/www.un.org.securitycouncil/files/all_29june.html> (Stand 6.11.2023). Die Sanktionssauschüsse sind Nebenorgane nach Art. 29 UN-Charta. S. *Feinäugle* UN Security Council (Fn. 151), 1515.

[160] UN Doc. S/RES/1730 (2006), Adopted by the Security Council at its 5599th meeting, on 19 December 2006; De-listing procedure, Nr. 6.

[161] Der Antragssteller hat keine Mitwirkungs- oder Anhörungsrechte. Es besteht lediglich eine begründungslose Informationspflicht des Antragsstellers über den Verfahrensausgang; s. UN Doc. S/RES/1730 (2006), Adopted by the Security Council at its 5599th meeting, on 19 December 2006; De-listing procedure, Nr. 8.

[162] Nach der S/RES/1730 muss der Betroffene bei dem sog. „focal point" im Generalsekretariat der UN einen Antrag auf Entfernung aus der Sanktionsliste stellen. Der Antrag wird zu dem Wohnsitz und/oder Nationalstaat sowie demjenigen Staat weitergeleitet, der die Aufnahme in die Sanktionsliste vorgeschlagen hat. Wenn diese Staaten eine Entfernung aus der Liste empfehlen, wird der Antrag an den Sanktionsausschuss weitergeleitet. Eine Entfernung findet statt, wenn kein Widerspruch durch ein Mitglied des Sanktionsausschusses erfolgt. Widerspricht dagegen einer dieser Staaten dem Antrag, werden alle Mitglieder des Sanktionsausschusses aufgefordert, relevante Informationen zu teilen, die den Antrag unterstützen könnten. Der Antragsteller verbleibt auf der Sanktionsliste, wenn keine relevanten Informationen geteilt werden.

[163] UN Doc. S/RES 1267 (1999), Adopted by the Security Council at its 4051st meeting on 15 October 1999.

[164] S. auch *Benvenisti* Global Governance (Fn. 7), 278.

wird,[166] darf auf Antrag eines Betroffenen Informationen zusammentragen. Er untersucht, ob letzterer unter die Sanktionierungskriterien fällt. Zu diesem Zweck interagiert der Ombudsmann mit dem Antragssteller und den beteiligten Staaten, um im Rahmen eines festgelegten Zeitfensters einen Bericht für den Sanktionsausschuss zu erstellen, in dem er die Entfernung oder nicht Entfernung von der Liste vorschlägt.[167] Der Ausschuss trifft die endgültige Entscheidung.[168] Auch hier fehlen verbindliche inhaltliche Prüfungsstandards,[169] wann der jeweilige Antragsteller unter die Kriterien für die Listenaufnahme fällt.[170]

Damit gilt, dass der zentrale Bestimmungsfaktor für ein gutes Verwaltungshandeln des Sicherheitsrats die möglichst effektive Friedenswahrung ist.

b) Die Weltbank: Begrenzte Kontrolle

Das nächste Referenzgebiet betrifft die Vergabe von Krediten durch die Weltbank an finanzschwache Staaten.[171] 1993[172] wurde durch das Exeku-

---

[165] Errichtet durch Resolution: UN Doc. S/Res/1904 (2009), Adopted by the Security Council at its 6247th meeting, on 17 December 2009, Rn. 20 ff. Zuletzt wurde das Mandat zum 17. Juni 2024 verlängert, s. <https://www.un.org/securitycouncil/ombudsperson> (Stand 6.11.2023).

[166] S. UN Doc. S/Res/1904 (2009), Adopted by the Security Council at its 6247th meeting, on 17 December 2009, Rn. 20. Hier ist auch die Unabhängigkeit des Ombudsmannes geregelt. Das Kernproblem ist jedoch die fehlende institutionelle Unabhängigkeit. Dies wurde auch regelmäßig von den als Ombudsmann eingesetzten Personen kritisiert. S. zuletzt *Ombudsperson* Twenty-fifth report of the Ombudsperson to the Security Council (Advance unedited version), 12.9.2023, Rn. 47 f; abrufbar unter <https://www.un.org/securitycouncil/sites/www.un.org.securitycouncil/files/25th_biannual_report_unedited_version.pdf> (Stand 6.11.2023). Der Ombudsmann ist als externer Berater bei der UN angestellt. *Andrej Lang* Alternatives to Adjudication in International Law: A Case Study of the Ombudsperson to the ISIL and Al-Qaida Sanctions Regime of the UN Security Council, AJIL 117 (2023), 48 (74).

[167] S. ausführlich UN Doc. S/RES/2610 (2021), Adopted by the Security Council at its 8934th meeting, on 17 December 2021, Annex II Nr. 1–8.

[168] S. ausführlich UN Doc. S/RES/2610 (2021), Adopted by the Security Council at its 8934th meeting, on 17 December 2021, Annex II Nr. 15–18.

[169] Zum Versuch des derzeitigen Ombudsmannes solche zu entwickeln: <https://www.un.org/securitycouncil/ombudsperson/approach-and-standard> (Stand 6.11.2023). Die Maßstäbe für die Listenaufnahme selbst können nicht überprüft werden.

[170] *Lang* Alternatives to Adjudication in International Law (Fn. 166), 48 sieht das Verfahren trotz seiner rechtsstaatlichen Mängel als effektiv an.

[171] Juristisch genau geht es hier um die Kreditvergabe der Internationalen Bank für Wiederaufbau und Entwicklung (IBRD) und die Internationale Entwicklungsorganisation (IDA). Beide Institutionen sind von dem Kontrollmechanismus umfasst. S. hierzu International Bank for Reconstruction and Development Association, Resolution No. IBRD 93-10, Resolution No. IDA 93-6, Nr. 28. S. auch *Ibrahim F. I. Shihata* The World Bank Inspection Panel, 1994, 39.

tivdirektorium[173] ein interner Kontrollmechanismus, das sog. *„inspection panel system"*, eingerichtet. Das *„inspection panel"* besteht aus drei Mitgliedern[174] und prüft die Einhaltung der von der Weltbank selbst gesetzten Regeln.[175] Hierbei handelt es sich um interne Vorgaben für die Kreditvergabe, die regelmäßig ebenfalls von dem Exekutivdirektorium erlassen werden[176] und z.B. die Einhaltung bestimmter Umwelt- und Sozialstandards festlegen.[177]

Der Kontrollmechanismus sieht ein Beschwerderecht einer betroffenen Partei, die aus mindestens zwei Personen besteht,[178] vor. Sie kann geltend machen, dass ihr Nachteile drohen bzw. eingetreten sind, da die Weltbank ihre internen Regeln bei einem von ihr finanzierten Projekt nicht beachtet hat.[179]

Das *inspection panel* kann in einem Bericht an das Exekutiv-Direktorium sowohl eine Rechtsverletzung als auch mögliche von der Weltbank verursachte Schäden feststellen[180] und dies veröffentlichen.[181] Eine wei-

---

[172] International Bank for Reconstruction and Development Association, Resolution No. IBRD 93-10, Resolution No. IDA 93-6. Zum Hintergrund ausführlich Shihata The World Bank Inspection Panel (Fn. 171), 5 ff.

[173] Bestehend aus 25 Exekutivdirektoren (s. <https://www.worldbank.org/en/about/leadership/directors> [Stand 6.11.2023]).

[174] Das Panel besteht aus drei Mitgliedern, die von dem Präsidenten nominiert und von dem Exekutivdirektorium ernannt werden. S. International Bank for Reconstruction and Development Association, Resolution No. IBRD 2020-0004, Resolution No. IDA 2020-0003, Rn. 3.

[175] International Bank for Reconstruction and Development Association, Resolution No. IBRD 2020-0004, Resolution No. IDA 2020-0003, Rn. 13.

[176] S. hierzu Art. V sec. 2 (f) Articles of Agreement IBRD: *„The Board of Governors, and the Executive Directors to the extent authorized, may adopt such rules and regulations as may be necessary or appropriate to conduct the business of the bank."*

[177] S. „The World Bank Environmental and Social Framework"; verfügbar unter: <https://www.worldbank.org/en/projects-operations/environmental-and-social-framework> (Stand 6.11.2023).

[178] International Bank for Reconstruction and Development Association, Resolution No. IBRD 2020-0004, Resolution No. IDA 2020-0003, Rn. 13. Der Wortlaut lautet: „which is not a single individual". Es wird so verstanden, dass es sich um eine Gruppe von mindestens zwei Personen handeln muss; s. <https://www.inspectionpanel.org/how-to-file-complaint> (Stand 6.11.2023).

[179] Resolution No. IBRD 2020-0004 and Resolution No. IDA 2020-0003 The World Bank Inspection Panel, September 8, 2020, Rn. 13.

[180] International Bank for Reconstruction and Development Association, Resolution No. IBRD 2020-0004, Resolution No. IDA 2020-0003, Rn. 36 und 38 f.

[181] Die relevante Bestimmung befindet sich in den Verfahrensregeln des „inspection panels": The Inspection Panel at the World Bank, Operating Procedures 2022, Rn. 56; verfügbar unter: <https://www.inspectionpanel.org/sites/default/files/documents/IPN%20Operating%20Procedures-1%20December%202022.pdf> (06.11.2023). Die Berichte sind abrufbar unter: <https://www.inspectionpanel.org/panel-cases> (Stand 6.11.2023).

tere Instanz existiert nicht. Die Entscheidung, welche Maßnahmen im Fall einer Nichteinhaltung getroffen werden, liegt im Kern bei dem jeweiligen Management und abschließend den Exekutivdirektoren.[182] Nur in Ausnahmefällen kann das *inspection panel* mit der Verifizierung der Umsetzung beauftragt werden.[183] Auch ist für die inhaltliche Untersuchung einer Beschwerde durch das *inspection panel* grundsätzlich eine Genehmigung des Exekutivdirektoriums notwendig.[184] Zudem behält sich letzteres das Recht vor, die Resolutionen, die den Kontrollmechanismus errichtet haben, selbst abschließend auszulegen.[185] Es handelt sich also um einen Überprüfungsmechanismus, der in Teilen von der Verwaltung selbst kontrolliert wird.[186] Der Bestimmungsfaktor für eine gute Verwaltung im Rahmen der Weltbank ist also die Idee einer begrenzten freiwilligen Selbstkontrolle.[187]

3. Die internationale Aufsichtsverwaltung

Das letzte Referenzgebiet, die internationale Aufsichtsverwaltung, ist weitgehend von der Idee einer souveränitätsschonenden Verwaltung geprägt.[188] Die Rechtsbindung der Verwaltungstätigkeit ist begrenzt. Dies zeigt sich aber nicht in einer besonders machtvollen Verwaltung, sondern darin, dass sie über tendenziell wenige Kompetenzen verfügt, das gel-

---

[182] International Bank for Reconstruction and Development Association, Resolution No. IBRD 2020-0004, Resolution No. IDA 2020-0003, Rn. 40-41.

[183] International Bank for Reconstruction and Development Association, Resolution No. IBRD 2020-0004, Resolution No. IDA 2020-0003, Rn. 48-53.

[184] International Bank for Reconstruction and Development Association, Resolution No. IBRD 2020-0004, Resolution No. IDA 2020-0003, Rn. 28 f.

[185] International Bank for Reconstruction and Development Association, Resolution No. IBRD 2020-0004, Resolution No. IDA 2020-0003, Rn. 60: „In applying this Resolution to specific cases, the Panel will apply it as it understands it, subject to the Executive Directors' review. The Executive Directors will have the authority to interpret this resolution."

[186] Das Gleiche gilt für das von der Weltbank gewährte Recht auf Informationszugang. S. hierzu Bank Policy: Access to Information, verfügbar unter: <https://ppfdocuments.azureedge.net/3693.pdf> (Stand 9.11.2023).

[187] S. allgemein aus der umfangreichen Literatur zu den inspection panels u.a.: *Ellen Hey* The World Bank Inspection Panel: Towards the Recognition of a New Legally Relevant Relationship to International Law, Hofstra Law & Policy Symposium 2 (1997), 61; *Daniel Bradlow/Sabine Schlemmer-Schulte* The World Bank's New Inspection Panel: A Constructive Step in the Transformation of the International Legal Order, ZaöRV 54 (1994), 392.

[188] Vgl. auch *Schermers/Blokker* International Institutional Law (Fn. 31), § 1553: „The notion of state sovereignty explains the reluctance displayed by states to accept the idea of a higher authority supervising whether they have complied with the rules of international law." S. auch ebd., § 1556.

tende Recht durchzusetzen. Seitens des Überwachungsorgans[189] besteht regelmäßig keine Möglichkeit, den jeweiligen Staat[190] verbindlich anzuweisen, rechtmäßig zu handeln und diese Anweisung mittels Zwangs- und Rechtsmitteln durchzusetzen. Vielmehr wird er oft mit lediglich rechtlich unverbindlichen Instrumenten gebeten, das Völkerrecht umzusetzen und zu beachten. Im Mittelpunkt steht das öffentlichkeitswirksame „name and shame". Sanktionen, in der Form von negativen Maßnahmen, wie z.B. die Aussetzung von Mitgliedschaftsrechten,[191] stellen eine Ausnahme dar. Auch gibt es zahlreiche Verfahrensrechte der betroffenen Staaten.[192]

Allerdings gilt auch bei der Aufsichtsverwaltung, dass der jeweilige Vertrag den Umfang der Kontrolle vorgibt. Die Schonung der Souveränität ist immer auch eine Gradfrage. Eine besonders souveränitätsschonende Aufsichtsverwaltung stellt das insbesondere im Menschenrechtsbereich

---

[189] Die Aufsichtsverwaltung bezieht sich regelmäßig auf die Einhaltung internationaler Verträge, es gibt aber auch umfassendere Systeme. Hierzu gehört das Berichtssystem („Universal Periodic Review Mechanism") im Rahmen des UN-Menschenrechtsrats. Hier geht es u.a. allgemein um die Verbesserung der Menschenrechtssituation (s. Art. 4 A/HRC/RES/5/1 Institution-building of the United Nations Human Rights Council, Adopted by the Human Rights Council at its 9th meeting, on 18 June 2007).

[190] In seltenen Fällen unterliegen auch Internationale Organisationen einem Überwachungsmechanismus, wenn sie selbst Vertragsparteien sind. Das gilt z.B. im Fall des Pariser Abkommens für die Europäische Union. Da dies aber einen Ausnahmefall darstellt, wird im Folgenden regelmäßig lediglich auf die Staaten selbst abgestellt.

[191] S. zu den seltenen Beispielen aus der Praxis Internationaler Organisationen: *Schermers/Blokker* International Institutional Law (Fn. 31), § 1467.

[192] Diese sind entweder bereits in den jeweiligen Verträgen enthalten (s. für den Fall der Chemiewaffenkonvention, unten Fn. 211) und/oder befinden sich in den Verfahrensordnungen der jeweiligen Überwachungsgremien. So gibt es in den relevanten Verfahrensregeln der Überwachungsgremien im Menschenrechtsbereich Rechte auf Anhörung und Teilnahme an den relevanten Sitzungen des jeweiligen Ausschusses (s. Rule 51 Abs. 4 Rules of Procedure of the Committee on the Elimination of Discrimination Against Women; Rule 68 of the Rules of procedure of the Human Rights Committee, CCPR/C/3/Rev.12; Rule 51 Abs. 2 Committee on Enforced Disappearances, Rules of Procedure, CED/C/1; Rule 41 Committee on the Rights of Persons with Disabilities, Rules of Procedure, CRPD/C/1/Rev.1; Rule 72 Committee on the Rights of the Child, Rules of Procedure, CRC/C/4/Rev.5; Rule 34 Committee on the Protection of the Rights of All Migrant Workers and Members of Their Families, Rules of Procedure, CMW/C; Rule 62.1 Committee on Economic, Social and Cultural Rights, Rules of Procedure of the Committee, E/C.12/1990/4/Rev.1) oder auch Informationspflichten der Gremien zu Tag, Dauer und Ort der Besprechung der Berichte (bspw.: Rule 51 Abs. 2 Rules of Procedure of the Committee on the Elimination of Discrimination Against Women; Rule 68.1 of the Rules of procedure of the Human Rights Committee, CCPR/C/3/Rev.12; Rule 51 Abs. 1 Committee on Enforced Disappearances, Rules of Procedure, CED/C/1; Rule 41 Committee on the Rights of Persons with Disabilities, Rules of Procedure, CRPD/C/1/Rev.1; Rule 72 Committee on the Rights of the Child, Rules of Procedure, CRC/C/4/Rev.5; Rule 62.1 Committee on Economic, Social and Cultural Rights, Rules of Procedure of the Committee, E/C.12/1990/4/Rev.1).

verbreitete Berichtsverfahren dar.[193] Es ist meist so ausgestaltet, dass die Vertragsparteien in einem bestimmten zeitlichen Abstand selbst eine Stellungnahme abgeben,[194] wie sie ihre völkervertraglichen Verpflichtungen verwirklichen. Ein Ausschuss, oft[195] bestehend aus unabhängigen[196] Experten,[197] bewertet den Bericht und verabschiedet Empfehlungen,[198] die regelmäßig veröffentlicht werden.[199]

---

[193] Weitergehende Aufsichtsmaßnahmen, wie etwa die ex-officio Ermittlung, gibt es z.B. in Art. 19 der UN-Folterkonvention.

[194] S. etwa Art. 40 Internationaler Pakt über bürgerliche und politische Rechte (IPbpR); Art. 19 UN-Folterkonvention; Art. 29 International Convention for the Protection of All Persons from Enforced Disappearance (ICPPED); Art. 43 Abs. 1 und Art. 44 UN-Kinderrechtskonvention; Art. 35 f. der UN-Behindertenrechtskonvention oder Art. VIII Abs. 7 des Washingtoner Artenschutzübereinkommens. Teilweise gibt es insbesondere im Umweltrecht auch spezielle Verpflichtungen Verzeichnisse anzulegen. S. Art. VIII Abs. 6 des Washingtoner Artenschutzübereinkommens (Verzeichnis über den durchgeführten Handel mit bestimmten Arten).

[195] S. etwa Art. 26 ICPPED; Art. 28 IPbpR; Art. 17 UN-Folterkonvention; Art. 43 Abs. 2 UN-Kinderrechtskonvention; Art. 34 der UN-Behindertenrechtskonvention.

[196] S. z.B.: Art. 26 Abs. 1 S. 2 ICPPED; Art. 38 IPbpR. Anders aber bspw. die UN-Folterkonvention, die keine ausdrücklichen Regeln zur Unabhängigkeit enthält. Diese Regeln werden dann oftmals in den Verfahrensregeln des jeweiligen Expertengremiums weiter konkretisiert. S. z.B.: Rule 10 und 11 Committee on Enforced Disappearances, Rules of Procedure, CED/C/1; Rule 15 Rules of procedure of the Human Rights Committee, CCPR/C/3/Rev.12, der auf die von den Vorsitzenden der UN-Vertragsorganen (UN-treaty bodies) entwickelten Guidelines on the indendence and impartiality of members of the human rights treaty bodies („Addis Ababa guidelines") hinweist. Hier sind detaillierte Regeln zur Unabhängigkeit enthalten. Das zentrale Prinzip in Rule 2. lautet: „The independence and impartiality of members of the human rights treaty bodies is essential for the performance of their duties and responsibilities and requires that they serve in their personal capacity. Treaty body members shall not only be independent and impartial, but shall also be seen by a reasonable observer to be so." Verweise auf die Addis Ababa Guidelines finden sich z.B.: auch in Rule 96 Committee on the Rights of Persons with Disabilities Rules of Procedure; Rule 12 of the Committee on the Rights of the Child Rules of procedure, CRC/C/4/Rev.5 oder Rule 12 Committee on the Protection of the Rights of All Migrant Workers and Members of Their Families, Rules of Procedure, CMW/C/2.

[197] Im Rahmen des „Universal Periodic Review Mechanism" des UN-Menschenrechtsrats werden die Berichte von einer Arbeitsgruppe bestehend aus Staatenvertretern der 41 Mitgliedsstaaten des Menschenrechtsrats geprüft, s. Art. 18 lit. a HRC Res. 5/1, Institution-building of the United Nations Human Rights Council, Adopted by the Human Rights Council at its 9th meeting, on 18 June 2007.

[198] Exemplarisch heißt es in Art. 40 Abs. 4 des IPbpR: „(4) Der Ausschuss prüft die von den Vertragsstaaten eingereichten Berichte. Er übersendet den Vertragsstaaten seine eigenen Berichte sowie ihm geeignet erscheinende allgemeine Bemerkungen. Der Ausschuss kann diese Bemerkungen zusammen mit Abschriften der von den Vertragsstaaten empfangenen Berichte auch dem Wirtschafts- und Sozialrat zuleiten."

[199] Auch Individualbeschwerdemöglichkeiten zum Schutz von Menschenrechten sind auf internationaler Ebene souveränitätsschonend ausgestaltet, da lediglich rechtlich-unver-

Die im Umweltbereich verbreitete Aufsichtsverwaltung in Form von compliance-Verfahren[200] zeigt unterschiedlich intensive Kontrollvarianten. So ist der Compliance-Mechanismus[201] des Pariser Abkommens eher schwach ausgestaltet.[202] Das Expertengremium[203] kann nur tätig werden, wenn der Staat das Verfahren selbst anstrengt, oder er bestimmte Verpflichtungen aus dem Pariser Abkommen nicht erfüllt.[204] Als „Sanktionen" stehen lediglich positive Maßnahmen, wie z.B. ein Aktionsplan, zur Verfügung.[205] Dahingegend ist das Compliance-System der Aarhaus-Konvention[206] auf eine intensivere Kontrolle ausgerichtet.[207] Das Verfahren kann

---

bindliche Entscheidungen möglich sind. Die aus Experten bestehenden Spruchkörper werden im Rahmen von Fakultativprotokollen regelmäßig berechtigt, im Falle einer individuellen Mitteilung eine rechtliche unverbindliche Stellungnahme oder Empfehlung hinsichtlich der möglichen Verletzung eines individuellen Rechts durch einen Mitgliedstaat abzugeben. S. etwa Art. 1 und 5 des Fakultativprotokoll zum Übereinkommen über die Rechte von Menschen mit Behinderungen, Art. 1 und 10 des Fakultativprotokolls zum Übereinkommen über die Rechte des Kindes betreffend ein Mitteilungsverfahren und Art. 1 und 5 des Fakultativprotokolls zu dem IPbpR.

[200] S. hierzu *Winfried Lang* Compliance Control in International Environmental Law: Institutional Necessities, ZaöRV 56 (1996), 685 (696-761); allgemein: *Rüdiger Wolfrum* Means of Ensuring Compliance with and Enforcement of International Environmental Law, Recueil des Cours 272 (1998), 9.

[201] Art. 15 Abs. 2 PA: „Der in Absatz 1 genannte Mechanismus besteht aus einem Ausschuss, der sich aus Sachverständigen zusammensetzt, einen vermittelnden Charakter hat und in einer transparenten, als nicht streitig angelegten und nicht auf Strafen ausgerichteten Weise handelt. Der Ausschuss berücksichtigt besonders die jeweiligen nationalen Fähigkeiten und Gegebenheiten der Vertragsparteien."

[202] S. ausführlich u.a. *Sebastian Oberthür/Eliza Northrop* Towards an Effective Mechanism to Facilitate Implementation and Promote Compliance under the Paris Agreement, Climate Law 8 (2018), 36.

[203] Das Komitee besteht aus zwölf Experten, gewählt von der Konferenz der Vertragsparteien, s. Nr. 5 Modalities and procedures for the effective operation of the committee referred to in Article 15, paragraph 2, of the Paris Agreement; verfügbar unter: <https://unfccc.int/documents/184872> (Stand 6.11.2023).

[204] S. Nr. 22 Modalities and procedures for the effective operation of the committee referred to in Article 15, paragraph 2, of the Paris Agreement. Zusätzlich kann das Komitee bei systemischen Problemen bei der Umsetzung allgemein tätig werden und die Konferenz der Vertragsparteien hierauf hinweisen und Empfehlungen abgeben, s. ebd., Nr. 32–34.

[205] S. Nr. 30 Modalities and procedures for the effective operation of the committee referred to in Article 15, paragraph 2, of the Paris Agreement.

[206] Der genaue Titel lautet: „Übereinkommen von Aarhus über den Zugang zu Informationen, die Öffentlichkeitsbeteiligung an Entscheidungsverfahren und den Zugang zu Gerichten in Umweltangelegenheiten".

[207] Ausführlich u.a. *Marco Macchia* Global Administrative Law Compliance: The Aarhus Convention Compliance Review System, European Review of Public Law 20 (2008), 1317; *Florian Zeitner* Das Aarhus Convention Compliance Committee, 2022; s. auch *Uni-*

auch von einer Privatperson angestrengt werden[208] und die Konferenz der Vertragsparteien kann negative Sanktionen[209] verhängen.[210]

Schließlich gibt es im Bereich der Abrüstungskontrolle auch intensivere Formen der Aufsichtsverwaltung.[211] So verknüpft die UN-Chemiewaffenkonvention[212] das Recht, Inspektionen in Bezug auf zu vernichtende Chemiewaffen[213] und Produktionsstätten[214] durchzuführen[215] mit negativen Sanktionsmöglichkeiten der Konferenz der Vertragsparteien.[216] Diese kann bei besonders schwerwiegenden Verstößen auch den Sicherheitsrat und die Generalversammlung der Vereinten Nationen informieren.[217] Hier zeigt sich die Verknüpfung von Aufsichts- und Eingriffsverwaltung. Der (illegale) Besitz von Massenvernichtungswaffen kann möglicherweise zu einem Einschreiten des Sicherheitsrats nach Kap. VII der UN-Charta führen.[218]

---

ted Nations Economic Commission for Europe Guide to the Aarhus Compliance Committee, 2019.

[208] S. UN Doc. CE/MP.PP/2/Add.8, Decision I/7 Review of Compliance, Annex: Structure and Functions of the Compliance Committee and Procedures für the Review of Compliance, No. 18.

[209] S. UN Doc. ECE/MP.PP/2/Add.8, Decision I/7 Review of Compliance, Annex: Structure and Functions of the Compliance Committee and Procedures für the Review of Compliance, No. 37 lit. g.

[210] Ein weiteres Beispiel ist Möglichkeit einer öffentlichen Verwarnung („caution"). S. UN Doc. ECE/MP.PP/2/Add.8, Decision I/7 Review of Compliance, Annex: Structure and Functions of the Compliance Committee and Procedures for the Review of Compliance, No. 37 lit. f.

[211] Um diese vergleichsweise intensive Kontrolle auszugleichen, enthält die Chemiewaffenkonvention zahlreiche Verfahrensrechte. So gilt für die Kompetenzausübung im Rahmen der Chemiewaffenkonvention das in Art. VII Abs. 5 geregelte Verhältnismäßigkeitsprinzip. Auch gibt es Anhörungsrechte der überprüften Vertragsstaaten (bspw. Verification Annex, Part II, G. Reports, Nr. 63), das Recht einzelne Inspektoren abzulehnen (Verification Annex, Part II; A. Designation of Inspectors and Inspection Assistants, inbesondere Nr. 2); grundsätzliche Informationspflichten hinsichtlich der Daten und Dauer der Inspektion, s. z.B.: Verfication Annex, Part II, D. Pre-Inspection Activities, Nr. 31, und Vertraulichkeitspflichten, insbesondere Annex on the Protection of Confidential Information („Confidentiality Annex"), s. aber z.B. Verification Annex, Part X; D. Post-Inspection Activities, Nr. 61.

[212] Der genaue Titel lautet: „Übereinkommen über das Verbot der Entwicklung, Herstellung, Lagerung und des Einsatzes chemischer Waffen und über die Vernichtung solcher Waffen", im Folgenden „Chemiewaffenkonvention".

[213] Art. IV der Chemiewaffenkonvention

[214] Art. V der Chemiewaffenkonvention.

[215] Detaillierte Regeln für diese Verfahren sind insbesondere in den Anlagen zur Chemiewaffenkonvention enthalten. S. Annex on Implementation and Verification „Verification Annex".

[216] Art. XII der Chemiewaffenkonvention.

[217] Art. XII Abs. 4 Chemiewaffenkonvention.

[218] Es entspricht der ständigen Praxis des Sicherheitsrats die Verbreitung von Nuklearwaffen, chemischen und biologischen Waffen als Bedrohung für den Internationalen Frie-

V. Die unvollendete („gute") Verwaltung?

Die Bestimmungsfaktoren „guter" Verwaltung und die Regeln für die grenzüberschreitende Verwaltungstätigkeit entsprechen damit der Struktur des Völkerrechts. Sie sind dezentral und verschieden,[219] legen tendenziell mehr Wert auf die Rechte der Staaten als auf die des Individuums, ermöglichen nur eine ungefähre Rechtsbindung und sind inhaltlich von zentralen klassischen Grundsätzen des Völkerrechts, wie Staatensouveränität und Friedenswahrung, geprägt. Ein zentraler Unterschied besteht zwischen der Aufsichtsverwaltung und sonstigen Verwaltungstätigkeiten. Die Aufsichtsverwaltung führt tendenziell zu einer schwachen Überwachung von Staaten. Im Bereich der übrigen Verwaltungstätigkeit zeigt sich insbesondere eine dünne Kontrolle des Handelns Internationaler Organisationen.

1. Das unvollendete „Verwaltungsrecht"

Letztere folgt daraus, dass die Regelungsstrukturen für das grenzüberschreitende Verwaltungshandeln oft fragil, begrenzt und konturlos sind. Die Fragilität ist darin begründet, dass die relevanten Normen überwiegend nicht völkervertraglich geregelt sind, sondern von den jeweiligen Organen selbst erlassen werden. Mangels Vorgaben in den Gründungsverträgen und ungeklärter allgemeiner inhaltlicher Grenzen[220] können sie auch wieder abgeändert werden. Die Regelungen sind begrenzt und reichen nur so weit, wie die jeweilige Institution bereit ist, tätig zu werden.[221] Ihr Erlass kann zudem von dem guten Willen des zu kontrollierenden Organs selbst, wie z.B. des Sicherheitsrats, abhängen.[222] Der Schutz der Rechte des Einzelnen ist tendenziell schwach ausgeprägt. Diese werden grundsätzlich nur in dem Umfang geschützt, in dem die jeweilige Organisation selbst

---

den und Sicherheit anzusehen. S. z.B.: S/Res/2397 (2017) oder S/RES/2371 (2017) in Bezug auf Nordkoreas Atomwaffen oder allgemein bezogen auf die Einrichtung des 1540 Komitee, S/RES/1540 (2006) und aktuell S/RES/2680 (2023).

[219] Für eine grundsätzlich positive Bewertung einer solchen Fragmentierung aufgrund der Struktur des Völkerrechts: *Eyal Benvenisti* The Interplay Between Actors as a Determinant of the Evolution of Administrative Law in International Institutions, Law & Contemporary Problems 68 (2005), 319 (340).

[220] S. oben unter III.3.

[221] Vgl. bezogen auf den Sicherheitsrat auch: *Antonios Tzanakopoulos* 14 – Transparency in the Security Council, in: Andrea Bianchi/Anne Peters (Hrsg.) Transparency in International Law, 2013, 367 (382).

[222] S. zu dem vom UN-Sicherheitsrat etablierten Kontrollmechanismen oben unter IV.2.a.

Rechte verleiht[223] – und nicht als bestehende Menschenrechte. Die Regeln sind oft konturlos, da ihre Durchsetzung vor unabhängigen Gerichten,[224] wie im internationalen Dienstrecht, die Ausnahme darstellt. Daher bleiben mitunter rechtliche Bindungswirkung und Inhalt in der Schwebe. Die Regelungsstruktur ist also maßgeblich von dem Prinzip der freiwilligen „Selbstbegrenzung"[225] geprägt und kann als unvollendet[226] bezeichnet werden.

2. Die grundsätzlich vollendete internationale Aufsichtsverwaltung

Ein anderer Befund gilt für die internationale Aufsichtsverwaltung. Die nur schwach ausgeprägte Rechtsbindung liegt auch an ihrem komplementären Charakter. Es gibt auf internationaler Ebene weitere Rechtsdurchsetzungsmechanismen[227] und es besteht vor allem auch die dezentrale Rechtsdurchsetzung auf nationaler Ebene.[228] Das heißt die Frage, ob die

---

[223] Auch wenn diese teilweise als Ausfluss der menschenrechtlichen Gewährleistungen angesehen werden (so bezüglich des Rechts auf Informationszugangs am Beispiel der UNDP und der Weltbank: *Michael Riegner* Informationsverwaltungsrecht internationaler Institutionen, 2017, 446), werden sie nur deshalb gewährt, weil die jeweiligen organisationsinternen Regeln sie enthalten.

[224] Zur dennoch positiven Bewertung von internen Kontrollmechanismen: *Dann* Zugang zu Dokumenten im Recht der Weltbank (Fn. 103), 323, betrachtet den internen Kontrollmechanismus der Weltbank insoweit positiv, als dass er „einen Anhaltspunkt für den behutsamen Aufbau einer auf Distanz und Normbindung basierenden Kontrolle" darstellt.

[225] So schon die treffende Bezeichnung von *Ian Brownlie* International Law at the Fiftieth Anniversary of the United Nations, Recueil des Cours 255 (1995), 226: *„As in the case of States, so also in the case of organizations and their organs, the legal régime is primarily one of self-limitation."* S. auch *Lamb* Legal Limits to United Nations Security Council Powers (Fn. 146), 387.

[226] Vgl. auch: *Chesterman* Globalisation and public law (Fn. 63), 87: „Global administrative law presently exists as, at most, an idea and a set of questions." Vgl. auch: *Benvenisti* Global Governance (Fn. 7), 287: „[t]he emerging law on global governance is still in its infancy, […]". Anders aber die Einschätzung von *Sabino Cassese* The Administrative State in Europe, in Sabino Cassese/Armin von Bogdandy/Peter Huber (Hrsg.) The Administrative State, 2017, 57 (92): „Neither the global nor the European legal space is at a primitive stage of development."

[227] Diese sind: die Aussetzung eines Vertrags nach Art. 60 WVK; die Möglichkeit von Gegenmaßnahmen nach dem Recht der Staatenverantwortlichkeit (s. etwa Art. 42–54 ILC Draft Articles of State Responsibility), die teilweise in den völkerrechtlichen Verträgen selbst vorgesehene Möglichkeit, dass andere Vertragsmitglieder ein streitiges Verfahren beispielsweise vor dem IGH anstrengen können (z.B.: Art. IX des Übereinkommen über die Verhütung und Bestrafung des Völkermordes) und als ultima-ratio das Handeln des Sicherheitsrats nach Kap. VII der UN-Charta.

[228] S. zu den Schwierigkeiten ausführlich u.a. *Schermers/Blokker* International Institutional Law (Fn. 31), § 1518-1548.

Aufsichtsverwaltung als vollendet angesehen wird, bestimmt sich – jenseits des Wunsches, die ein oder andere Kontrolle effektiver auszugestalten – danach, ob eine zentrale oder dezentrale Rechtsdurchsetzung des Völkerrechts bevorzugt wird.

Gegen eine zentrale Rechtsdurchsetzung sprechen aber, neben ihrem utopischen Charakter,[229] auch demokratische und rechtsstaatliche Erwägungen. Dies gilt insbesondere für den internationalen Menschenrechtsschutz. So wäre beispielsweise ein zu rechtlich-verbindlichen Entscheidungen berechtigter internationaler Gerichtshof für Menschenrechte höchst problematisch. Neben grundsätzlichen Fragen demokratischer Legitimation, wäre ein zentraler Punkt, dass internationale Richter weitaus weniger kontrollierbar sind als Angehörige der nationalen Justiz. Sie sind in einem geringeren Ausmaß in eine richterliche Tradition eingebunden und weniger einer öffentlichen Meinung gegenüber verantwortlich.[230] Daher besteht – auch aufgrund der normativen Unbestimmtheit menschenrechtlicher Normen – ein höheres Risiko, dass Richter innovative Auslegungen entwickeln,[231] die nicht mehr dem Vertragsinhalt entsprechen.[232] Darüber hinaus würde auf der internationalen Ebene, die – im Gegensatz zu Europa – sich aus weitaus

---

[229] Vgl. bezogen auf die Einrichtung eines mit verbindlicher Entscheidungskompetenz ausgestatteten internationalen Menschenrechtsgerichtshofs: *Antonio Cassese* A Plea for a Global Community Grounded in a Core of Human Rights, in: Antonio Cassese (Hrsg.) Realizing Utopia: The Future of International Law, 2012, 136 (141): „[…] it is simply naive to think that states will submit their own domestic relations with individuals living on their territory to binding international scrutiny."

[230] Auf dieses strukturelle Problem hat bereits *Herrsch Lauterpacht* hingewiesen: „The powers of any court, national or international, are, in theory, rigidly circumscribed by the duty to apply existing law. […] There is no means of excluding the operation of that human element. Within the same national group there exists restraints upon the unavoidable power of judges: these are the community of national tradition, the overwhelming sentiment (from which judges are not immune) of national solidarity and of the higher national interest, the corrective and deterrent influence of public opinion, and, in case of a clear abuse of judicial discretion, the relatively speedy operation of political checks and remedies. None of these safeguards exists to any comparable extent, in the international sphere." *Herrsch Lauterpacht* An International Bill of the Rights of the Man, 1945 (Nachdruck 2013), 13.

[231] Vgl. auch *Andreas Follesdal* The Legitimacy of International Human Rights Review: The Case of the European Court of Human Rights, Journal of Social Philosophy 40 (2009), 595 (605).

[232] Zur Diskussion um ein mögliches ultra-vires Handeln einer Kammer des Europäischen Gerichtshofs für Menschenrechte: *Michal Bobek/David Kosai* Please, Disregard Us: When a Minority of the European Court of Human Rights Declares Its Own Court to Be Ultra Vires, European Law Review 48 (2023), 279 und *Michal Bobek/David Kosai* The Strasbourg Court Goes Astray-On Grosam v. Czech Republic, Verfassungsblog 16. August 2023; verfügbar unter: <https://verfassungsblog.de/the-strasbourg-court-goes-astray/> (Stand 6.11.2023). S. auch allgemein Monika Polzin, Pandora oder Montesquieu? (Fn. 82), 1–49.

mehr autokratischen bzw. semiautokratischen Staaten zusammensetzt,[233] die reale Gefahr bestehen, dass diese auf eine autokratische Interpretation grundrechtlicher Standards hinwirken, die die Menschenrechte insgesamt unterminieren könnten.[234] Daher ist die derzeitige Ausgestaltung der internationalen Aufsichtsverwaltung in weiten Teilen eine realistische Tugend.

VI. Neue verwaltungsrechtliche Epoche?

Abschließend stellt sich die Frage nach der Zukunft der Regelungsstrukturen für das grenzüberschreitende Verwaltungshandeln. Wie wird sich die Aufsichtsverwaltung entwickeln? Ist eine Verbesserung der Bestimmungen für das sonstige Verwaltungshandeln möglich? Werden Internationale Organisationen bzw. Vertragsorgane ihre internen Normen ausbauen?[235] Oder ist – so die rechtssichere Variante – sogar eine Änderung oder Erneuerung bestehender Gründungsverträge denkbar?[236] Ähnlich wie bei der supranationalen Organisation der Europäischen Union könnte so eine Gerichtsbarkeit etabliert[237] und eine ausdrückliche Bindung an spezifische Menschenrechte geregelt werden.

Eine solche rechtsstaatlich geprägte Verwaltungsepoche ist derzeit aber wenig realistisch.[238] Vielmehr erscheint – auch für die internationale Aufsichtsverwaltung – eine Verschlechterung der bestehenden Standards

---

[233] Unter Verwendung der Zahlen und Kategorien der Nichtregierungsorganisation Freedom House (<https://freedomhouse.org/> [Stand 6.11.2023]) gibt es weltweit 84 freie (43,08%), 54 teilweise freie (27,69%) und 57 nicht freie Staaten (29,23%). Unter den Mitgliedsstaaten des Europarats sind jedoch 34 freie, 10 teilweise und 2 nicht freie Staaten. Hier liegt der Prozentsatz der freien Staaten also bei 74%.

[234] Vgl. auch allgemein *Philip Alston* Against a World Court for Human Rights, Ethics & International Affairs 28 (2014), 197 (199).

[235] Motor könnte hierfür insbesondere externe Kritik durch Mitgliedstaaten, nationale Gerichte und/oder die Zivilgesellschaft sein. Vgl auch *Michael C. Wood* Security Council Working Methods and Procedure: Recent Developments, International & Comparative Law Quarterly 45 (1996), 150 (154); s. auch *Tzanakopoulos* Transparency in the Security Council (Fn. 221), 382 f. bezogen auf Transparenz im Bereich des Sicherheitsrats.

[236] So schon treffend: *von Stein* Handbuch der Verwaltungslehre (Fn. 1), 96.

[237] S. zur Ambivalenz einer solchen Kontrolle *Jenks* The proper law of International Organisations (Fn. 6), 129: „The extent to which executive authority should be subject to judicial control may prove to be the most difficult and the most important of the outstanding dilemmas." Auch zitiert bei *Wellens* Remedies against International Organisations (Fn. 51), 270. Die Völkerrechtskommission befasst sich auch derzeit mit Rechtsstreitigkeiten Internationaler Organisationen. Der Berichterstatter *August Reinisch* hat im Februar 2023 einen ersten einleitenden Bericht verfasst: UN Doc. A/CN.4/756 First report on the settlement of international disputes to which international organizations are parties, by August Reinisch, Special Rapporteur.

möglich.²³⁹ Dies folgt insbesondere aus der Gefahr der Autokratisierung des Völkerrechts.²⁴⁰ Es gibt weltweit immer mehr autokratische Staaten²⁴¹ und die führenden Autokratien, wie China und Russland, versuchen zunehmend, das Völkerrecht in ihrem Sinne zu beeinflussen. Ein Teil der Bemühungen richtet sich unter der Führung Chinas insbesondere darauf, die grundlegende Bedeutung der klassischen liberalen Menschenrechte zu unterminieren²⁴² oder Völkerrecht ohne Grundrechtsbezug zu kreieren.²⁴³

---

²³⁸ Für eine positive Einschätzung aber *Benvenisti* Global Governance (Fn. 7), 287: „Inevitably, following the rise of global governance and the intensification of its hold on all aspects of life within States, pressures to develop the law that regulates global governance will gain the upper hand."

²³⁹ Eine potentielle negative Entwicklung ebenfalls andeutend: *Benedict Kingsbury* Frontiers of Global Administrative Law (Fn. 44), 50–52.

²⁴⁰ S. zur Gefahr der Autokratisierung des Völkerrechts grundlegend: *Tom Ginsburg* Authoritarian International Law?, AJIL 114 (2020), 221; aus der sich langsam entwickelnden Literatur: *Katerina Linos* Introduction to the Symposium on Authoritarian International Law: Is Authoritarian International Law Inevitable?, AJIL Unbound 114 (2020), 217; *Ian Hurd* Legal Games – Political Goals, AJIL Unbound 114 (2020), 232; *Allen S. Weiner* Authoritarian International Law, the Use of Force, and Intervention, AJIL Unbound 114 (2020), 220; *Shirley V. Scott* The Imperial Over-Stretch of International Law, AJIL Unbound 114 (2020), 242; *Trang Nguyen* International Law as Hedging: Perspectives from Secondary Authoritarian States, AJIL Unbound 114 (2020), 237; weiter z.B. *Yu-Jie Chen* 'Authoritarian International Law' in Action? Tribal Politics in the Human Rights Council, Vanderbilt Journal of Transnational Law 54 (2021), 1203; *Eva Pils* Autocratic Challenges to International Human Rights Law: A Chinese Case Study, Current Legal Problems 75 (2022), 189.

²⁴¹ S. etwa *Freedom House* Freedom in the World 2023; verfügbar unter: <https://freedomhouse.org/sites/default/files/2023-03/FIW_World_2023_DigtalPDF.pdf> (Stand 6.11.2023); *The Economist Intelligence Unit* Democracy Index 2021: the China challenge; verfügbar unter: <https://www.eiu.com/n/campaigns/democracy-index-2021/> (Stand 6.11.2023); *V-Dem Institute* Democracy Report 2021: Autocratization Turns Viral; verfügbar unter: <https://www.v-dem.net/static/website/files/dr/dr_2021.pdf> (Stand 6.11.2023).

²⁴² Der Kern der Bemühungen Chinas besteht darin, das Recht auf ein glückliches Leben und damit das Recht auf Entwicklung als das zentrale und grundlegende Menschenrecht zu etablieren. S. hierzu z.B.: *Xinhua* Chinese Wisdom in Xi's Words: Food is the first necessity of the people; verfügbar unter: <https://english.news.cn/20220524/6a38028c5ba24ffb96e507500adff7c6/c.html> (Stand 6.11.2023); *The State Council Information Office of the People's Republic of China* The Communist Party of China and Human Rights Protection – A 100-Year Quest; verfügbar unter: <http://ae.china-embassy.gov.cn/eng/xwdt/202107/t20210705_8909901.htm> (Stand 6.11.2023). S. zu dem bedenklichen Ansatz Chinas in Bezug auf Menschenrechte aktuell insbesondere: *Chen* 'Authoritarian International Law' in Action? (Fn. 240), 1203; *Yu-Jie Chen* China's Challenge to the International Human Rights Regime, NYU Journal of International Law and Politics 51 (2019), 1179 (1183); *Katrin Kinzelbach* Was will China im UN-Menschenrechtsrat?, Vereinte Nationen 6 (2020), 255 (256). Anders aber z.B. die Sichtweise von *Pils* Autocratic Challenges to International Human Rights Law (Fn. 240), 236.

Wie umkämpft die Menschenrechte derzeit sind, zeigen beispielsweise[244] die Auseinandersetzungen im Rahmen der Weltgesundheitsorganisation, ob für die im Jahr 2024[245] neu zu verabschiedenden „internationalen Gesundheitsvorschriften" die Menschenrechte gelten sollen.[246] Im Bereich des

---

[243] Beispiele sind die im Rahmen der Shanghaier Zusammenarbeitsorganisation ausgearbeiteten Verträge zur Bekämpfung von Terrorismus, Separatismus und Extremismus: „Shanghai Convention on Combating Terrorism, Separatism and Extremism" von 2001; englische Übersetzung verfügbar unter: <https://eurasiangroup.org/files/documents/conventions_eng/The_20Shanghai_20Convention.pdf> (Stand 6.11.2023); die „Convention of Shanghai Cooperation Organization against terrorism" von 2009, englische Übersetzung verfügbar unter: <https://eng.sco-russia2020.ru/images/17/25/172512.pdf> (Stand 6.11.2023); die „Convention of the Shanghai Cooperation Organization on Combating Extremism" von 2017, englische Übersetzung verfügbar unter: <https://lawinfochina.com/display.aspx?id=7889&lib=tax&SearchKeyword=&SearchCKeyword=&EncodingName=big5> (Stand 6.11.2023). S. zum ersten Vertrag auch die Analyse der OECD: *OSCE* Note on the Shanghai Convention on Combating Terrorism, Separatism and Extremism, Opinion-Nr: TERR-BiH/382/2020 [AIC]; verfügbar unter: <https://www.osce.org/files/f/documents/e/8/467697_0.pdf> (Stand 6.11.2023).

[244] Ein weiteres Beispiel ist die derzeit stattfindende Ausarbeitung einer neuen UN-Konvention zur Bekämpfung von Informations- und Kommunikationstechnologie für kriminelle Zwecke. Die Auseinandersetzung um die Geltung von Menschenrechten bei der UN Konvention zur Bekämpfung von Informations- und Kommunikationstechnologie für kriminelle Zwecke dreht sich um die Frage, ob für die Implementierung der Konvention die Menschenrechte allgemein gelten sollen oder nur diejenigen, die der jeweilige Vertragsstaat akzeptiert hat. S. den aktuellen Vertragsentwurf unter: <https://www.unodc.org/documents/Cybercrime/AdHocCommittee/6th_Session/DTC/DTC_rolling_text_01.09.2023_PM.pdf> (Stand 6.11.2023). S. hierzu auch zum früheren Stand: *Ginsburg* Authoritarian International Law? (Fn. 240), 253 ff.

[245] S. <https://www.who.int/news/item/03-03-2023-countries-begin-negotiations-on-global-agreement-to-protect-world-from-future-pandemic-emergencies> (Stand 6.11.2023).

[246] Die „WHO Health Regulations" werden von der WHO gemäß Art. 21 lit. a und 22 der Verfassung der WHO erlassen und können als internationale gesetzgeberische Akte eingeordnet werden (s. oben unter II.2.). Sie enthalten Bestimmungen hinsichtlich des Umgangs mit der internationalen Verbreitung von Krankheiten. Art. 3.1 der „Health Regulations" von 2005 bestimmt dabei ausdrücklich, dass die Umsetzung im Einklang mit der Menschenwürde, Menschenrechten und fundamentalen Freiheiten des Einzelnen erfolgen soll. Im derzeitigen Entwurf (Stand: 2022) für eine Änderung dieser Bestimmungen enthält die Zusammenstellung der von den Mitgliedstaaten vorgeschlagenen Änderungen einen solchen Passus nicht mehr. Stattdessen heißt es dort: „The implementation of these Regulations shall be based on the principles of equity, inclusivity, coherence and in accordance with their common but differentiated responsibility of the State Parties, taking into account their social and economic development." S. hierfür Article-by-Article Compilation of Proposed Amendments to the International Health Regulations (2005) submitted in accordance with decision WHA75(9) (2022); verfügbar unter: <https://apps.who.int/gb/wgihr/pdf_files/wgihr1/WGIHR_Compilation-en.pdf> (Stand 6.11.2023). Offen ist, wie der Konflikt ausgehen wird. Das zuständige Review Committee hat diesen Vorschlag auch kritisiert und die Beibehaltung des bisherigen Art. 3.1 gefordert; s. Reference document: proposed

internationalen Menschenrechtsschutzes versucht China sogar die internationale Aufsichtsverwaltung abzuschwächen. China möchte keine externe und öffentliche Überwachung im Menschenrechtsbereich, sondern eine als sog. *win-win cooperation*[247] bezeichnete Zusammenarbeit zwischen den Staaten.[248]

Das bedeutet abschließend, dass eine rechtsstaatlich geprägte verwaltungsrechtliche Blütezeit in Zukunft eher utopisch erscheint. Eine zentrale Aufgabe der heutigen internationalen Rechtswissenschaft ist daher, das Völkerrecht realistisch[249] und rechtspositivistisch zu beobachten. Die zukünftige Herausforderung besteht darin, mögliche autokratische Tendenzen deutlich zu machen und etwaige verfassungsrechtliche Grenzen für demokratische Rechtsstaaten aufzuzeigen.[250] Wir brauchen daher eine Epoche des völkerrechtlichen Realismus anstatt völkerrechtlicher Romantik.

---

amendments and technical recommendations, 6; verfügbar unter: <https://apps.who.int/gb/wgihr/pdf_files/wgihr2/A_WGIHR2_Reference_document-en.pdf> (Stand 6.11.2023).

[247] Ein anderer Begriff ist die „mutually beneficial cooperation". Diese Idee versucht China derzeit insbesondere im UN-Menschenrechtsrat in entsprechenden Resolutionen in das Völkerrecht einzubringen. S. hierzu die Resolutionen des Menschenrechtsrats: UN Doc. A/HRC/37/L.36, 19.3.2018, Promoting mutually beneficial cooperation in the field of human rights; UN Doc. A/HRC/RES/43/21, 2.7.2020, Promoting mutually beneficial cooperation in the field of human rights und UN Doc. A/HRC/RES/47/9, 16.7.2021, Enhancement of international cooperation in the field of human rights.

[248] S. auch u.a. *Kinzelbach* Was will China im UN-Menschenrechtsrat? (Fn. 242), 260.

[249] Realistisch wird hier nicht im Sinne des „*legal realism*" verwendet, sondern in der Bedeutung von sachlich und nüchtern. S. zum ersten u.a. den Überblick bei *Steven R. Ratner*, Legal Realism School, in: Max Planck Encyclodedia of Public International Law, 2007.

[250] Vgl. auch *Christoph Ohler* Die Entwicklung eines Internationalen Verwaltungsrechts als Aufgabe der Rechtswissenschaft, DVBl 2007, 1083 (1093): „Am Ende müssen die staatliche Hoheitsgewalt und die sie begleitende Wissenschaft vom öffentlichen Recht die grundrechtliche Wertordnung behaupten wollen."

Leitsätze der Referentin über:

2. Supranationale und grenzüberschreitende Verwaltung – neue Formen der Ausübung von Hoheitsgewalt

I. Verwaltungsrechtliche Blütezeit?

(1) In der dezentralen Regelungsstruktur des Völkerrechts gibt es keine spezielle Norm für eine gute Verwaltung oder Verträge zum Völkerverwaltungsrecht. Es fehlt auch eine geschriebene „Weltverfassung", die den zentralen Rahmen für die Ausübung von Verwaltungstätigkeiten festlegt und ein klar definiertes System der Gewaltenteilung vorgibt.

II. Die grenzüberschreitende Verwaltung

1. Verwaltungsrechtsverständnisse

(2) Daher ist die Definition von grenzüberschreitender Verwaltung die erste Schwierigkeit. In der Wissenschaft existiert eine Vielzahl von Deutungen und Begriffen. Die unterschiedlichen Vorstellungen beziehen sich dabei auf die Fragen, wie Verwaltung inhaltlich definiert wird und wer als Verwaltung handeln kann.

(3) Inhaltlich reichen die Verwaltungsverständnisse von einer Reduzierung des Verwaltungsbegriffs auf das Dienstrecht Internationaler Organisationen, über umfassende positive und negative Verständnisse, bis zu neuen Vorstellungen über die Definition von Gewaltausübung im Völkerrecht.

2. Begrenzung und negative Definition

(4) Für die Zwecke des vorliegenden Berichts wird die zu untersuchende grenzüberschreitende Verwaltungstätigkeit auf das Handeln Internationaler Organisationen (d.h. Regierungsorganisationen) und die informellere Zusammenarbeit innerhalb von Vertragsregimen reduziert.

(5) Verwaltung wird, basierend auf der Idee von Otto Mayer, negativ definiert. Eine Verwaltungstätigkeit liegt vor, wenn eine Tätigkeit einer

Internationalen Organisation oder innerhalb eines Vertragsregimes weder als Gesetzgebung noch als Rechtsprechung klassifiziert werden kann.

(6) Damit kann eine Vielzahl von Tätigkeiten als grenzüberschreitendes Verwaltungshandeln eingeordnet werden. Dieses ist jedoch nicht, wie im Bereich eines Staates, umfassend, sondern lediglich partiell. Es existiert nur in demjenigen Umfang, wie Aufgaben und Kompetenzen auf die internationale Ebene übertragen worden sind. Auch richtet es sich in einem größeren Umfang an die Staaten selbst und nur in einem sehr geringen Maß direkt an Individuen.

(7) Abstrakt können drei grobe Kategorien grenzüberschreitenden Verwaltungshandelns unterschieden werden. Die erste umfasst die interne Eigenverwaltung internationaler Institutionen. Die zweite bezieht sich auf die Handlungen einer Internationalen Organisation oder eines Vertragsregimes zur Wahrnehmung der übertragenen Funktionen. Eine dritte Kategorie, die sich mit der zweiten überschneidet, ist die internationale Aufsichtsverwaltung, die der Überwachung der Einhaltung völkerrechtlicher Verpflichtungen durch andere Völkerrechtssubjekte, i.d.R. Staaten, dient.

III. Völkerrechtliches „Verwaltungsrecht"

(8) Verwaltungsrechtliche Begrifflichkeiten werden insbesondere von Vertretern eines öffentlich-rechtlichen Ansatzes im Völkerrecht verwendet.

1. Verwaltungsrechtsbegriff und Legitimierung internationaler Hoheitsgewalt

(9) Dabei wird der Verwaltungsrechtsbegriff auch dazu verwendet, Maßstäbe aufzuzeigen, die die Gewaltausübung jenseits des Nationalstaats besser legitimieren. So steht im Mittelpunkt des „Global Administrative Law" Projekts ein legitimatorisch geprägter Verwaltungsrechtsbegriff. Das völkerrechtliche Verwaltungsrecht ist nicht das positive Recht, das auf ein grenzüberschreitendes Verwaltungshandeln angewendet wird, sondern besteht nur aus solchen Normen, die im Kern nationalen verwaltungsrechtlichen Bestimmungen ähneln.

2. Positiv anwendbares Recht statt Legitimationsbausteine

(10) Der vorliegende Beitrag unterscheidet sich von solchen Denkweisen, als dass er einen rechtspositivistischen Ansatz verfolgt. Ziel ist es, möglichst objektiv und präzise die im Völkerrecht existierenden rechtlichen Regeln für das grenzüberschreitende Verwaltungshandeln darzulegen und

die sich hieraus ergebenden Bestimmungsfaktoren für eine „gute" grenzüberschreitende Verwaltung aufzuzeigen.

3. Der allgemeine völkerrechtliche Rechtsrahmen

(11) Der allgemeine völkerrechtliche Rechtsrahmen für das grenzüberschreitende Verwaltungshandeln wird maßgeblich von dem fluiden völkerrechtlichen Legalitätsprinzip bestimmt. Der Gründungsvertrag ist die zentrale Grenze für das grenzüberschreitende Verwaltungshandeln. Dahingehend bleibt ungeklärt, welche weiteren inhaltlichen Schranken sich aus dem allgemeinen Völkerrecht ergeben.

4. Dezentrale (opake) Regelungsstrukturen

(12) Die konkreten Regeln und die jeweils geltenden Bestimmungsfaktoren müssen dezentral bestimmt werden. Da die Gründungsverträge regelmäßig nur rudimentäre Bestimmungen für das grenzüberschreitende Verwaltungshandeln vorsehen, sind die relevanten Normen insbesondere in Beschlüssen von Organen der jeweiligen Internationalen Organisation bzw. eines Vertragsregimes enthalten. Das völkerrechtliche „Verwaltungsrecht" besteht also neben einzelnen vertraglichen Bestimmungen aus einem nicht immer transparenten Konglomerat von unterschiedlich bezeichneten internen Akten, deren rechtliche Bindungswirkung variiert.

IV. Dezentrale „gute" Verwaltung

(13) Daher wird vorliegend eine Analyse möglicher Bestimmungsfaktoren für eine gute Verwaltung anhand einzelner Referenzgebiete vorgenommen. Es wird aufgrund der verbindlichen und teilweise auch unverbindlichen Normen für ausgesuchte grenzüberschreitende Verwaltungstätigkeiten aufgezeigt, welche systemimmanenten Vorstellungen für eine jeweils „gute" Verwaltung gelten.

1. Eigenverwaltung: Von fairen Verfahren und undurchsichtiger Transparenz

(14) Das erste Referenzgebiet, das internationale Dienstrecht, ist jedenfalls partiell von der Idee einer fairen, rechtsgebundenen und kontrollierten Verwaltung bestimmt. Das internationale Vergaberecht ist dagegen teilweise von dem Bestimmungsfaktor der undurchsichtigen Transparenz und vagen Fairness geprägt.

2. Die Wahrnehmung delegierter Aufgaben: Von Effizienz und Kontrolle

(15) Andere Bestimmungsfaktoren für eine gute Verwaltung zeigen sich dahingehend bei der Wahrnehmung delegierter Aufgaben. Die Eingriffsverwaltung durch den Sicherheitsrat zeichnet sich durch die möglichst effiziente Wahrung des Weltfriedens aus. Der Sicherheitsrat agiert weitgehend frei von rechtlichen Vorgaben und gerichtlicher Kontrolle, damit er als starke internationale Exekutive den internationalen Frieden umfassend sichern kann.

(16) Das vierte Referenzgebiet betrifft die Vergabe von Krediten durch die Weltbank. Das von der Weltbank eingeführte Überwachungssystem durch das „inspection panel" wird teilweise von der Verwaltung selbst wieder kontrolliert. Der Bestimmungsfaktor für eine gute Verwaltung ist daher die Idee einer begrenzten freiwilligen Selbstkontrolle.

3. Die internationale Aufsichtsverwaltung

(17) Das letzte Referenzgebiet, die internationale Aufsichtsverwaltung, ist weitgehend von der Idee einer souveränitätsschonenden Verwaltung geprägt. Die Rechtsbindung der Verwaltungstätigkeit ist begrenzt, da sie über tendenziell wenige Kompetenzen verfügt, das geltende Recht durchzusetzen. Im Mittelpunkt steht das öffentlichkeitswirksame „name and shame". Sanktionen in der Form von negativen Maßnahmen, wie die Aussetzung von Mitgliedschaftsrechten, stellen eine Ausnahme dar. Allerdings gilt auch bei der internationalen Aufsichtsverwaltung, dass der jeweilige Vertrag den Umfang der Kontrolle vorgibt und die Schonung der Souveränität auch immer eine Gradfrage ist.

V. Die unvollendete („gute") Verwaltung?

1. Das unvollendete „Verwaltungsrecht"

(18) Das völkerrechtliche „Verwaltungsrecht" außerhalb der Aufsichtsverwaltung ist unvollendet und gewährleistet nur eine schwache Kontrolle und Machtbegrenzung des Handelns internationaler Institutionen. Die Regelungsstrukturen sind oft fragil, begrenzt und konturlos. Die zentrale Determinante ist die Idee der freiwilligen Selbstbegrenzung.

2. *Die grundsätzlich vollendete internationale Aufsichtsverwaltung*

(19) Die Ausgestaltung der internationalen Aufsichtsverwaltung ist dahingegen eine grundsätzlich realistische Tugend. Aufgrund weiterer internationaler und nationaler Rechtdurchsetzungsmechanismen bestimmt sich die Frage, ob die internationale Aufsichtsverwaltung als vollendet angesehen wird, im Kern danach, ob eine zentrale oder dezentrale Rechtsdurchsetzung im Völkerrecht bevorzugt wird. Gegen eine zentrale Rechtsdurchsetzung sprechen aber, neben ihrem utopischen Charakter, demokratische und rechtsstaatliche Erwägungen.

VI. Neue verwaltungsrechtliche Epoche?

(20) Eine Verbesserung der unvollendeten Regelungsstrukturen für grenzüberschreitendes Verwaltungshandeln scheint aufgrund möglicher Autokratisierungstendenzen im Völkerrecht derzeit unwahrscheinlich. Vielmehr ist eine Verschlechterung der bestehenden Standards auch im Bereich der Aufsichtsverwaltung denkbar. Daher ist eine rechtsstaatlich geprägte verwaltungsrechtliche Blütezeit des Völkerrechts im Moment eher illusorisch.

(21) Eine zentrale Aufgabe der heutigen internationalen Rechtswissenschaft ist daher das geltende Völkerrecht realistisch und rechtspositivistisch zu beobachten. Die zukünftige Herausforderung besteht darin, mögliche autokratische Tendenzen deutlich zu machen und etwaige verfassungsrechtliche Grenzen für demokratische Rechtsstaaten aufzuzeigen. Wir brauchen daher eine Epoche des völkerrechtlichen Realismus anstatt völkerrechtlicher Romantik.

3. Aussprache und Schlussworte

Ekkehart Reimer: Liebe Kolleginnen und Kollegen, ich darf Sie herzlich wieder begrüßen hier in dem Raum, der fast so etwas geworden ist wie unser Wohnzimmer. Doch natürlich werden wir heute Abend erst im Livingroom sein. Jetzt sind wir dankbar für viele Wortmeldungen, die mich in der Pause erreicht haben. Ich darf ohne Umschweife für einen ersten Block zunächst Herrn Kollegen Jacques Ziller, anschließend Herrn Kollegen von Lewinski und als dritten Herrn Kollegen Helmut Aust um ihre Beiträge bitten.

Jacques Ziller: Danke vielmals, Herr Vorsitzender. Also erst einmal vielen Dank für die zwei vorzüglichen Referate und vielen Dank auch dem Vorstand, dass er dieses Thema der guten Verwaltung für die diesjährige Tagung aufgenommen hat. Es sind Themen, die mich besonders interessieren. Frau Polzin, erstens, ich kann Ihrem Aufruf am Ende nur zustimmen, dass wir einen völkerrechtlichen Realismus brauchen anstatt völkerrechtlicher Romantik. Da steckt viel hinter, und ich glaube, das ist sehr, sehr wichtig. Mir hat unter anderem Ihre Definition des *Global Administrative Law Projects* sehr gut gefallen und die Tatsache, dass Sie selber eigentlich eine positiv-rechtliche Untersuchung leiten und nicht Bausteine der Legitimation, was auch ein interessantes Projekt ist. Aber ich glaube, man hat zu viel in den letzten Jahren vergessen, dass Völkerrecht auch eben mit Verwaltungsrecht zu tun hat. Eine kleine Bemerkung zur These 16. Sie sprechen dieses Panel der Weltbank an und wahrscheinlich werden Sie auch im schriftlichen Beitrag andere Typen dieser *Integrity Mechanisms* etwa der internationalen Banken ansprechen wie die Weltbank, die Interamerican Development Bank oder sogar die Europäische Investitionsbank, die mir besonders wichtig scheinen, unter anderem, weil sie für Minderheiten, die sich nicht ausdrücken können, dafür sorgen, dass die gehört werden, manchmal unter sehr schwierigen Umständen.

Herrn Gundel, danke vielmals. Sie haben wirklich eine besonders klare und umfassende beschreibende Zusammenfassung der Problematik des europäischen Verwaltungsrechts geschildert und mich freut unter anderem die Tatsache – ich könnte Stunden davon sprechen –, dass Sie von 70 Jahren sprechen, also auch von der EGKS – was in Bochum besonders zutrifft.

Das war schon europäisches Verwaltungsrecht. Mich freut auch, dass Sie das Thema Allsprachigkeit besprechen. Das ist sehr wichtig und wird zu oft vergessen. Ich habe nur eine Frage: Denken Sie wirklich, dass man das Sprachenregime von Artikel 342 AEUV nicht an die Agenturen anpassen kann? Es gibt zwar den Fall der Kick-Rechtsprechung (EuGH, C-361/01), aber das betrifft nur das Amt der Europäischen Union für geistiges Eigentum (EUIPO). Und normalerweise gibt es entweder in den Verordnungen, die die Agenturen aufstellen, etwas, was eigentlich die allgemeinen Sprachbedingungen betrifft, oder es gibt nichts. Und dann kommt die Frage: Ist eigentlich Verordnung 1/58 nicht auf Agenturen anwendbar? Danke vielmals.

Kai von Lewinski: Ein schönes Thema hat der Vorstand ausgegeben, das ist eben schon gesagt worden. Zwei schöne Referate. Ich fühle aber eine Lücke. Wo? Es ist jetzt nicht die Frage nach der Frage, wo diese herkommt, sondern danach, wie sie vielleicht gefüllt werden kann. Und zwar rede ich vom Verwaltungskollisionsrecht, also den Rechtsregeln, die grenzüberschreitendes Verwaltungshandeln der Nationalstaaten betreffen. Das ist ausgesprochen relevant, je mehr sich Sachverhalte enträumlichen und entgrenzen – der ganze Digitalbereich, das Datenschutzrecht, das Medienrecht, aber auch, wenn man in die Völkerrechtslehrbücher zurückgeht – der Trail Smelter-Fall ist letztlich einer der ersten Umweltrechtsfälle. Also, das ist eine ganz wichtige Konstellation, die ich – aber ich bin ja auch nur ein Jurist und auch sonst von mäßigem Verstand – bei dieser Überschrift eigentlich erwartet hätte. Und selbst wenn Sie jetzt sagen: Naja, das Thema ist aber anders zu verstehen, dann stellen sich – Herr Gundel: Sie haben es doch mit dem indirekten Vollzug angesprochen – dort auch kollisionsrechtliche Fragen, alldieweil das Recht von unterschiedlichen mitgliedstaatlichen oder nationalen Behörden vollzogen wird. Und wenn es dann grenzüberschreitend wird, dann haben wir eine Kollisionskonstellation. Es soll und kann die Frage an Sie beide Referenten natürlich nicht gehen: Könnten Sie jetzt kurz noch mal das Internationale Verwaltungskollisionsrecht entwickeln, gerade auch in der Abgrenzung zu den Anknüpfungen im IPR? Sondern ich möchte meine Frage natürlich und realistischerweise darauf reduzieren, auch vielleicht mit Blick auf den Schlusston, den Monika Polzin gesetzt hat mit dem pessimistischen oder realistischen Ausblick: Was können Sie uns zur Entwicklung des Internationalen Verwaltungskollisionsrechts sagen und – in Abwandlung dann an Herrn Gundel – was zu der des mitgliedstaatlichen Kollisionsrechts, das gerade beim indirekten Vollzug ja natürlich an vielen Stellen auftaucht. Danke für diese Ergänzung.

Helmut Aust: Ich danke auch für die beiden Referate und habe eine Frage, einen Kommentar, der sich um das Verhältnis der beiden Referate zueinander dreht. Und zwar im Hinblick auf die Frage, wie die beiden Referate mit den gesellschaftlichen und weltpolitischen Großkrisen umgehen, die wir beobachten. Bei dem Referat von Herrn Gundel hatte ich das Gefühl, dass das eigentlich gar keine Rolle spielt. Die Frage des Vollzugs des Unionsrechts hat sich ausdifferenziert. Es gibt sektorale Rückschläge hier und da. Die Sprachenfrage, die ich auch sehr, sehr wichtig und interessant finde, bereitet Schwierigkeiten. Aber eigentlich, Ihre letzte These, haben wir diese Erfolgsgeschichte. Und das ist ja auch schön, wenn wir Erfolgsgeschichten auch einmal hören in diesen Tagen, wo das nicht oft der Fall ist. Ich habe mich aber gefragt, ob man nicht diese Frage des Vollzugs des Unionsrechts auch noch im Hinblick auf die Rechtsstaatskrise, die wir in vielen Mitgliedstaaten der Union haben, mitreflektieren sollte, wodurch Defizite beim indirekten Vollzug das gegenseitige Vertrauen unter den Mitgliedstaaten mindestens genauso in Mitleidenschaft ziehen können, wie das bei den Gerichten der Fall ist.

Bei Monika Polzin dagegen hatte ich persönlich das Gefühl, dass die Krisen zu großgeschrieben werden. Und ich bin jetzt auch nicht für völkerrechtliche Romantik, auch wenn sich das sehr schön anhört – ich musste an Ulrich Halterns „Völkerrecht und Liebe" denken. Da kann man auch in der Richtung weiterdenken. Ich habe nichts gegen Realismus, aber ich frage mich, ob nicht diese Beschreibung des Aufschwungs des Autoritären dazu führt, dass wir dann wieder zu bescheiden sind, was die Möglichkeiten des Völkerrechts anbelangt, auch international zu verwalten. Das wird vielleicht auch dadurch befördert, dass nach der Definition der Verwaltung in dem Vortrag eigentlich fast alles, was im Völkerrecht passiert, internationale Verwaltung ist. Es gibt ein bisschen Rechtsprechung, das lassen wir außer Acht, die Gesetzgebung und dann haben wir so ein Gesamtbild. Wenn man wieder feiner schauen würde, was wirklich genuine Verwaltung ist, dann würden wir vielleicht sehen, dass es viele Bereiche gibt, wo doch relativ effektiv verwaltet wird, und zwar in unterschiedlichen sektoralen Regimen. Und dann würde vielleicht das Gesamtbild auch schon wieder etwas anders ausfallen. Danke schön.

Eckart Klein: Ich möchte zwei Punkte ansprechen. Der erste ist bei Herrn Gundel zur Sprache gekommen. Und zwar haben Sie das Soft Law im Zusammenhang mit der Europäischen Union erwähnt. Es ist merkwürdig, wie stark gerade gegenwärtig wieder Soft Law als „Rechtsquelle", also die Soft Law-Quelle in das internationale Leben eindringt. Eben nicht nur bei der Europäischen Union, sondern auch im allgemeinen Völkerrecht. Eines der letzten großen Beispiele war der UN Global Compact für sichere, ordnungsgemäße und reguläre Migration von 2018. Da kann man wirklich studieren, wie der Pakt, also die Deklaration der Vereinten Nationen, durch die

Praxis zu einem Rechtsinstrument ausgearbeitet wird. Im Global Compact wird gezeigt, wie der Migrationsverlauf durchgeführt wird vom Verlassen des eigenen Landes an über den Transfer oder die Überquerung anderer Länder oder Meere bis hin schließlich zur Ankunft in dem gelobten Land, das man sich ausgesucht hat. Natürlich ist das alles kein Recht im harten Sinn, aber es wird wie Recht behandelt. Und das ist von einem rechtlichen Gesichtspunkt, der eigentlich sagen will, was Recht ist und was nicht Recht ist, bedenklich. Auf der anderen Seite kann man seine Wirkung nicht leugnen. Darüber sollte man viel nachdenken.

Der zweite Punkt betrifft den Rechtsschutz in oder gegen internationale Organisationen. Sie haben, Frau Polzin, das völlig richtig ausgeführt. Aber auf einen Weg möchte ich noch hinweisen. Sie hatten das, glaube ich, nur ganz am Rande vielleicht gestreift. Indirekt ist ein solcher Rechtsschutz natürlich möglich, soweit man etwa eine menschenrechtliche Klage gegen den Mitgliedstaat erheben kann. Ich verweise auf die Rechtsprechung des EGMR und da auf den grundlegenden Fall Waite und Kennedy, wo gesagt wurde, dass es unter bestimmten Umständen genügt, wenn die internationale Organisation einen mehr oder weniger adäquaten internen Rechtsschutz bietet. Aber immerhin, die Sache als solche ist vor den Europäischen Gerichtshof gekommen. Also, es gibt Wege, die das ergänzen, was innerhalb der internationalen Organisation selbst nicht möglich ist. Und ein letztes Wort zu einem Internationalen Menschenrechtsgerichtshof. Im Ergebnis stimme ich Ihnen zu, dass seine Errichtung im Augenblick utopisch ist. Nur, Frau Polzin, auch im Völkerrecht ändert sich manches schnell. Wir haben vor kurzem den 33. Jahrestag der deutschen Wiedervereinigung gefeiert. Vor 40 Jahren hätte man diese für vollständig unmöglich gehalten. Ich warne also vor allzu vorschnellen Warnungen, etwas, das an sich erstrebenswert ist, nur deshalb nicht weiter zu verfolgen, weil es im Augenblick nicht erreicht werden kann. Vielen Dank.

Jürgen Bast: Ich habe eine allgemeine Beobachtung, zu deren Kommentierungen ich beide Referent:innen einladen möchte, und jeweils eine spezifische Frage. Die allgemeine Beobachtung schließt an den Kollegen Aust an, ich würde sie aber ausdehnen auf beide Referate. Sie haben sich dazu entschieden, zunächst mal von der Normallage auszugehen und nicht von der Krise, um eine Beschreibung eines ganzen Rechtsgebiets zu versuchen – von den normalen Funktionsbedingungen, den Rechtsinstituten, die sich entwickelt haben, und nicht, wie man es auch hätte machen können, von den großen Erschütterungen, denen diese Systeme ausgesetzt sind, die mit systematischen Rechtsverletzungen einhergehen. Man hätte beispielsweise, Herr Kollege Gundel, auch thematisieren können, wie es zur systematischen Nichtanwendung und Verletzung des europäischen Asylrechts in praktisch allen Außengrenzstaaten kommt. Oder, Frau Kollegin Polzin, man hätte die unglaubliche Erschütterung für das internationale System in die Betrachtung einstellen können, die darin liegt, wenn ein ständiges Mitglied des Sicherheitsrats der Vereinten Nationen seinen Nachbarstaat überfällt. Sie haben sich dagegen entschieden. Ich habe große Sympathie dafür, aber vielleicht legen Sie Ihre Gründe dafür noch einmal offen.

Zu den spezifischen Fragen. Diese sind nur lose verbunden durch das Stichwort Soft Law, das auch schon gefallen ist. Und zwar beziehe ich mich zunächst, Herr Gundel, auf den Punkt, der bei These 17 aufgerufen ist, wo Sie die Problematik von Soft Law-Steuerung des indirekten Vollzugs angesprochen haben. Da frage ich mich, ob man nicht die Probleme von Verantwortungsdefiziten noch etwas schärfer beschreiben müsste und eine Differenzierung vornehmen, welche Art von Steuerungsinstrumenten eingesetzt wird. Ich denke beispielsweise von der Problematik her, wenn ein von Frontex koordinierter Einsatz auf der Grundlage eines Einsatzplans stattfindet, aber ich bisher nicht sehe, wie dieser Einsatzplan irgendeiner judikativen Kontrolle zugeführt werden kann. Kann es sein, dass die Probleme auch in der Normallage doch systematischer sind, als Sie es bisher beschrieben haben?

Zu der Frage des institutionalisierten Völkerrechts. Da habe ich mich ein wenig gewundert, Frau Polzin, dass Sie die Menschenrechtsausschüsse, wenn ich es richtig verstanden habe, so pauschal dem Verwalten zugeordnet haben, weil nach Ihrer Definition das Gerichtliche durch Richter definiert wird. Und dann kamen ja auch zahlreiche Beispiele aus dem Bereich des Menschenrechtsschutzes. Ich würde anregen zu differenzieren zwischen Peer Review-Verfahren, die einem stark politisierten Mechanismus unterliegen, und dem doch sehr stark dem richterlichen Handeln angenäherten Handeln von UN-Menschenrechtsausschüssen. Auch auf regionaler Ebene liegt die Wirksamkeit der Menschenrechtsausschüsse nach meiner Beobachtung darin, dass sie den rechtlichen Diskurs über den Inhalt, den Gewährleistungsgehalt von Menschenrechtsverträgen beeinflussen und insofern doch stärker im Rechtlichen zu verorten wären als im Bereich des Verwaltens – so jedenfalls meine Vermutung.

Till Patrik Holterhus: Meine zwei Fragen richten sich an Monika Polzin. Liebe Monika, vielen Dank für einen Vortrag, der mir sehr gut gefallen hat. Ich finde es besonders begrüßenswert, dass Du eine Perspektive auf das Völkerverwaltungsrecht gewählt hast, die aus dem positiven Völkerrecht kommt und sich eben nicht ausschließlich mit Legitimationsfragen oder vielleicht auch nur mit Fragen einer Theorie des Verwaltungshandelns auf internationaler Ebene beschäftigt, sondern mit dem geltenden Recht. Wenn ich es richtig sehe, dann verstehst Du das Völkerverwaltungsrecht als die Ausübung internationaler öffentlicher Gewalt gegenüber bestimmten Adressaten in einem Über-/Unterordnungsverhältnis. In diesem Über-/Unterordnungsverhältnis kommen als Adressaten internationaler öffentlicher Gewalt sowohl Staaten als auch Individuen in Betracht. In beiden Konstellationen soll also jeweils überstaatliches Verwaltungshandeln stattfinden.

Vor diesem Hintergrund frage ich mich aber, inwieweit Du zwischen diesen unterschiedlichen Verhältnissen der Über-/Unterordnung differenzierst? Denn es scheint mir für Struktur und Prägung der jeweiligen Verhältnisse doch relevant zu sein, ob Verwaltungshandeln gegenüber einem Staat geschieht, etwa in der Form, dass der VN-Sicherheitsrat nach Kapitel VII der VN-Charta eine militärische Friedensmission gegen diesen Staat autorisiert und damit dessen Souveränität beeinträchtigt, oder ob Verwaltungshandeln gegenüber einem Individuum stattfindet, etwa wenn der der VN-Sicherheitsrat eine natürliche Person auf eine Sanktionsliste für Terroristen setzt und damit in dessen individuelle Rechte, wenn auch nur mittelbar, eingreift.

Wenn man auf diese Strukturen internationaler Verwaltungsverhältnisse nun die Idee einer guten Verwaltung bezieht, dann frage ich mich weiter, inwieweit aus deren Unterschiedlichkeit vielleicht doch auch unterschiedliche Anforderungen an gute Verwaltung erwachsen müssen? Können wir insoweit wirklich über die exakt gleichen Standards und Maßstäbe guter Verwaltung reden oder gibt es vielleicht doch Unterschiede? Oder reduziert es sich letzten Endes auf die grundlegenden Kernfragen der Rechtsstaatlichkeit? Das würde mich als erstes interessieren.

Als zweites möchte ich zunächst anmerken, dass ich mich etwas gewundert habe, dass das internationale Investitionsschutzrecht als, wie ich finde, nahezu ideales Referenzgebiet eines internationalen Verwaltungsrechts nicht zumindest kurz aufgegriffen wurde. Dazu würde mich interessieren – Du bist ja mit den Details des Investitionsschutzrechts gut vertraut –, inwieweit der seit 2015 andauernde Vorgang der intensiven Reform dieses gesamten Rechtsgebietes hin zu mehr Transparenz, mehr prozessualer Waffengleichheit, mehr richterlicher Unabhängigkeit usw. zumindest in diesem speziellen Bereich des Völkerverwaltungsrechts Deiner Meinung nach so etwas darstellt wie einen *turn to good administration*. Oder wäre das nach Deinem Dafürhalten schon völkerrechtliche Romantik? Vielen Dank.

Martin Nettesheim: Herr Präsident! Liebe Kolleginnen und Kollegen! Der gelungene Beitrag von Frau Polzin weckt bei jemandem, der die Diskussion über Formen überstaatlicher Herrschaft – einschließlich ihrer Ausprägung als internationaler Verwaltung – schon eine ganze Weile verfolgt, recht eigentlich das Gefühl, dass wir in der Vergangenheit wohl erst in die eine Richtung zu weit ausgeschlagen sind und nunmehr der Ausschlag zu weit in die andere Richtung geht. Als Beobachter der Diskussionen, die insbesondere nach dem Beginn des neuen Jahrtausends geführt wurden, hatte ich immer das Gefühl gehabt, dass die juristische Arbeit von einer Form der Idealisierung getragen wurde, die insbesondere, aber nicht nur in den Ansätzen, die Sie geschildert haben, eigentlich dem Problem und der Situation auf der Welt nicht gerecht wird. In Kern war zu beobachten, dass internationale öffentliche Herrschaft als eine Art universalistisches Vernunftprojekt begriffen wurde – also als ein Projekt, bei dem es darum ging, durch von außen kommende, universalistischen Prinzipien verhaftete Vernunftsreflexion eine Ordnung der Welt zu entwickeln, entweder auf Verfassungsebene oder auf Verwaltungsebene. Bei Ihnen, Frau Polzin, scheint mir nunmehr ganz die Gegenrichtung zu beobachten zu sein – Sie fordern Realismus ein. Ich habe mich allerdings gefragt, ob sich die Rolle einer genuin europäischen Rechtswissenschaft in dem Gebiet, das Sie uns beschrieben haben, auf die defensive Bekämpfung von Regressionserscheinungen beschränken kann. Sie haben hier betont, wir müssten uns defensiv gegen eine Kontaminierung des Errungenen durch autokratische Gegen-Entwicklungen wehren. Gibt es nicht zwischen diesen beiden Polen doch einen Mittelweg, der sicher nicht mehr die Weltverfassung und ein Weltverwaltungsrecht zu Tage bringen wird, gleichwohl aber in den nächsten 20 Jahren mehr zu Tage fördert als nur den Schutz des Gegebenen?

Ich will im Übrigen Zweifel anmelden, dass das negative Bild, das vom Stand der internationalen Kooperation gezeichnet wurde, vielleicht zu pessimistisch ist. Im Vortrag wurde die Entwicklung im Bereich der Menschenrechtsausschüsse herausgegriffen – ein eigentlich atypisches Beispiel. Hier lässt sich die neue geostrategische und geokulturelle Lage offensichtlich besonders greifbar beobachten. Hier lässt sich in der Tat beobachten, dass autoritäre Staaten wie China in der Sache Obstruktion betreiben. In vielen anderen internationalen Organisationen, angefangen von der WTO bis hin zu technischen Organisationen, ist es in den letzten Jahren aber eher so gewesen, dass China und auch einige der Staaten des globalen Südens konstruktiver mitgearbeitet haben als die USA. Zu beobachten war auch, dass diese Staaten bei der Frage, wie die Systeme weiterentwickelt werden sollten, in gewisser Weise ebenfalls produktiver waren als ein Staat, der eigentlich alles abblockt. Wenn man diese Beobachtungen perspektivisch fruchtbar macht, scheint es, als ob es weiterhin gemeinsame Grundlagen, gemeinsame Interessen und gemeinsame Ziele gibt, die eine auch institutionalisierte Form internationaler Kooperation ermöglichen werden. Die Aufgabe von Politik und Wissenschaft wäre es, die Bedingungen für das Mögliche zu identifizieren und auf dieser Grundlage einen Beitrag zur Weiterentwicklung der internationalen Beziehungen zu leisten. Dies diesseits einer konstitutionalistischen Weltvision, die ich jedenfalls nicht teilen kann, und jenseits eines Pessimismus, der sagt: Wir sind jetzt in Europa nur noch in einer Abwehrhaltung. Vielen Dank.

Lars Viellechner: Mir geht es um die Grundkonzeption von grenzüberschreitender Verwaltung, die Ihrem Referat zugrunde liegt, Frau Polzin. Ich frage mich, ob sich Ihr Begriff so halten lässt und wie weit sein Erklärungswert reicht. Ansetzen möchte ich an zwei Unterscheidungen, die Ihrem Begriff entweder ausgesprochen oder unausgesprochen zugrunde liegen. Das ist zum einen die Unterscheidung zwischen Gesetzgebung und Verwaltung und zum anderen die Unterscheidung zwischen öffentlich und privat. Zur ersten Unterscheidung, also derjenigen zwischen Gesetzgebung und Verwaltung, haben Sie gesagt, Sie wollen es mit Otto Mayer halten, nach dem Verwaltung das ist, was weder als Gesetzgebung noch als Rechtsprechung eingeordnet werden kann. Doch lässt sich diese negative Begriffsbestimmung so auf das Völkerrecht übertragen? Was wäre denn im Völkerrecht unter Gesetzgebung zu verstehen? Das ist schon fraglich, wenn wir an die vermeintlich offensichtlichen Fälle denken, etwa Ihre zweite Fallgruppe der Wahrnehmung übertragener Aufgaben durch Internationale Organisationen. Der Punkt wurde eben bereits angesprochen: Wenn der UN-Sicherheitsrat im Kadi-Fall, den Sie erwähnt haben, die Terrorlisten aufstellt, ist das eigentlich noch Verwaltung, oder ist das nicht – und das wurde damals auch kritisch angemerkt – eine neue Form von Gesetzgebung? Die zweite Unterscheidung ist diejenige zwischen öffentlich und privat. Sie haben diese nicht ausdrücklich behandelt, sondern bei Ihrer Konzeption stillschweigend vorausgesetzt, indem Sie sich nur auf Internationale Organisationen und völkerrechtliche Vertragsregimes beziehen. Doch geraten damit nicht zahlreiche praktisch sehr bedeutsame Phänomene aus dem Blick, wie zum Beispiel die Regulierung des Internets, des globalen Sports usw., die zwar von privaten oder hybriden öffentlich-privaten Akteuren ausgehen, aber vielleicht doch eine neue Form der Ausübung von Hoheitsgewalt darstellen? Die Ansätze von *Global Administrative Law* und internationaler öffentlicher Gewalt, die Sie aussparen wollen, versuchen gerade, die Frage zu beantworten, was hier öffentlich und privat ist. Müsste darauf nicht auch ein Ansatz eingehen, den Sie als rechtspositivistisch bezeichnen?

Felix Lange: Ganz herzlichen Dank für die zwei schönen Vorträge. Ich möchte meine Frage an Monika richten. Und zwar ist mir aufgefallen, dass eine Begrifflichkeit in dem Referat gefehlt hat, die einem auf internationalen Konferenzen häufig begegnet, wenn man über grenzüberschreitende Verwaltung oder auch *Good Governance* spricht. Das ist die These von der grenzüberschreitenden Verwaltung als hegemonialem Instrument und der

„Good Governance" als Imperialismus. Jetzt kann man sagen, das ist keine Leerstelle, weil die Kritik sehr plakativ und pauschal und vielleicht auch ein bisschen billig daherkommt. Gerade die deutsche Staatsrechtslehre sollte sich damit zurückhalten, auf die Imperialismusthese aufzuspringen. Nach meiner Wahrnehmung war es nämlich gerade die deutsche Staatsrechtslehre, die in den 30er Jahren den Begriff auf das internationale Recht gewendet hat – Carl Schmitt in seinen Bemerkungen zu völkerrechtlichen Formen des modernen Imperialismus: Was die USA mit dem Kellogg Briand-Pakt machen, das ist Imperialismus. Das wurde dann vielseitig aufgenommen und von Gründungsvater Heinrich Triepel in seinem Buch zur Hegemonie von 1938 konzeptionell verarbeitet. Also, gute Gründe, sich diesem Traditionsstrang nicht verbunden zu fühlen. Allerdings liegt im postkolonialen Ansatz vielleicht doch auch ein kritisches Potenzial: die Idee von internationalen Institutionen als Formen des Neokolonialismus, obwohl das sicherlich immer auch übertrieben dargestellt wird. Allerdings ist es bei der Weltbank so, dass das Stimmgewicht sich nach dem Anteilseigentum richtet und dass die Weltbank den Begriff der *Good Governance* ganz maßgeblich geprägt hat und wahrscheinlich unterschätzt hat, wie Staaten mit unterschiedlichen finanziellen Ressourcen mit so einem Konzept umgehen können. Es wurde dann eine politische Konditionalität eingeführt, die sich auf Geber- und Nehmerländer unterschiedlich auswirkt und die die Situation der Staaten des globalen Südens vielleicht eher noch verschlechtert. Dann ist die Frage vielleicht nicht die nach dem Unvollendeten des Verwaltungsrechts, sondern das Problem ist eher die Frage: Muss man sich erst auf einen gemeinsamen Begriff der guten Verwaltung zwischen Staaten mit unterschiedlichen finanziellen Möglichkeiten einigen?

Martin Hochhuth: Ich möchte beiden Referenten sehr danken. Ich bin begeistert und habe unglaublich viel gelernt. Vielen Dank, Frau Polzin, Ihnen vor allem für den Realismus, der das Autoritäre beim Namen nennt. Meine Frage ist: Folgt daraus, dass wir uns möglichst wenig Zentralismus wünschen müssen bei der Durchsetzung? Daran knüpft meine Verständnisfrage an zu Ihrer Randnummer 19 unter der Überschrift „Die grundsätzlich vollendete internationale Aufsichtsverwaltung". Da verweisen Sie auf zur Verfügung stehende weitere internationale und nationale Rechtsdurchsetzungsmechanismen und fragen sich, ob die internationale Aufsichtsverwaltung damit als vollendet angesehen werden soll. Ich habe das so verstanden: Vollendet heißt, wir haben davon hinreichend, um nicht zu sagen, genug. Es ist nicht der Weg, den wir weitergehen müssen. Wir brauchen insbesondere zum Beispiel keinen internationalen Investitionsschutz. Jetzt zu dem Kollegen in der fünften Reihe. Da stellen sich die Nackenhaare hoch. CETA und internationaler Investitionsschutz, die dann weltweit dafür sorgen, dass irgendwelche Umweltschützer und Basisdemokraten, überhaupt all diese Leute, die den Kapitalismus bremsen, nicht frech werden. Entschuldigen Sie das Polemische. Habe ich das richtig verstanden, oder völlig falsch: Könnten Sie vielleicht an Beispielen deutlich machen, dass man das als Nichtvölkerrechtler auch versteht, was einerseits dezentrale und andererseits zentrale Rechtsdurchsetzung im Völkerrecht bedeuten würde? Ich denke an zweierlei: Einerseits, wie gesagt, an CETA und internationalen Investitionsschutz, die Unternehmensinteressen verrechtlichen und dann – zwar nicht zentralistisch, aber de facto eben doch über die Köpfe der demokratischen Gesetzgeber hinweg – durchsetzen und andererseits an Fälle wie Bosphorus und Kadi und Al Barakaat, bei denen man froh war, dass der völkerrechtlich begründete Grundrechtsentzug nicht ganz bis unten durchschlug. Ich danke.

Martin Morlok: Frau Polzin, ich möchte mich an Sie wenden. Sie enden mit einem deutlichen Schuss Pessimismus. Also, Sie nennen diesen Pessimismus „Realismus". Bei realistischer Betrachtung des Völkerrechts insgesamt wird man feststellen, dass das Völkerrecht nur über ein begrenztes Arsenal an wirksamen rechtlichen Durchsetzungsmechanismen verfügt. Gleichwohl funktioniert das Völkerrecht einigermaßen, und zwar wegen anderer Wirkmechanismen, seien sie moralischer Art. Sie sprechen von *Naming and Blaming*. Aber vor allen Dingen, glaube ich, ist es ganz wichtig, dass es Interessen an Kooperation gibt. Georg Simmel etwa hat gezeigt, dass Kooperation durch Recht erleichtert wird, manchmal vielleicht ermöglicht wird, jedenfalls stabilisiert wird. Die Einhaltung des Völkerrechts lebt eben ganz stark von solchen Kooperationsmechanismen. Meine Frage ist nun: Was sorgt bei den von Ihnen beschriebenen Phänomenen dafür – obwohl es Durchsetzungsmechanismen rechtlicher Art wenig gibt –, dass sie gleichwohl einigermaßen eingehalten werden, wohl Interessen an Kooperation? Und die liegen vor, sonst hätten die beteiligten Staaten eben die Verträge nicht geschlossen. Die Tatsache, dass die Verträge geschlossen wurden, sind ein Indiz für ein Kooperationsinteresse. Gibt das nicht Anlass für ein Stück mehr Optimismus?

Ekkehart Reimer: Für das Protokoll: Lächeln bei Eckart Klein. Über sein Gesicht flog, wenn ich es richtig gesehen habe, Zustimmung zu dem, was Herr Morlok gesagt hat. Nun folgt eine Frage, bei der ich vermute, dass sie sich im Schwerpunkt an Frau Polzin richtet. Die Frage kommt von Dieter Kugelmann. Ich darf offen in unsere Runde fragen, ob es daneben noch weitere Fragen zu völkerrechtlichen Schwerpunkten gibt? Herr Sommermann, sehr schön. Jetzt ist erst Herr Kugelmann dran, dann außer der

Reihe, Herr Kollege Sommermann. Und danach werden wir uns dem Unionsrecht zuwenden.

Karl-Peter Sommermann: Nur eine kurze Frage. Der Begriff „Realismus", den Sie, Frau Polzin, hier gebrauchen, ist ein sehr aufgeladener Begriff. Es gibt in der Lehre von den internationalen Beziehungen die Denkschulen des Realismus und Neorealismus. Die Grundidee ist: Den internationalen Beziehungen liegen Überlebensstrategien der Staaten zugrunde, so dass sich Staaten nur solange auf das Völkerrecht berufen, wie es ihnen hilft, also aus Eigeninteresse. Wenn ich Sie richtig verstanden habe, ist das nicht Ihr Ansatz. Um Missverständnisse zu vermeiden, sollte insoweit eine Abgrenzung vorgenommen werden.

Dieter Kugelmann: Meine Frage geht an Herrn Gundel. Und zwar richtet sie sich auf die Schnittmenge, die Sie beschrieben haben, zwischen indirektem und direktem Vollzug, also auf den Verwaltungsverbund. Wir wissen ungefähr, wie direkter Vollzug funktioniert. Wir wissen auch so ungefähr, wie indirekter Vollzug funktioniert. Beim Verwaltungsverbund haben wir dagegen ein paar Zukunftsprobleme, wo ich mir da gar nicht mehr so sicher bin. Es gibt zwei Referenzgebiete, die mir einfallen. Das eine ist Sicherheit, also das ganze Grenzkontrollregime mit ETIAS-Verordnungen, die unheimlich lang, unheimlich kompliziert sind, letztlich aber dann von den zuständigen Behörden umgesetzt werden sollen nach Maßgabe der Plattformen, die geschaffen werden sollen, mit Ausweitung vielleicht auch noch auf das Polizeirecht. Das zweite ist die Digitalwirtschaft. Da haben wir die Digitalstrategie und ihre Umsetzung mit Aufsichtsstrukturen, die sich für mich noch nicht so richtig erschließen. Und bei beiden sehe ich die Frage: Erstens, gibt es eine Verantwortungsdiffusion, die die Gefahr in sich birgt, dass Zuständigkeiten sich überschneiden, nicht klar sind, mit der Folge einer Grundrechtserosion? Gegen wen soll sich denn der Bürger wenden? Im Migrationsbereich hatten wir das schon angesprochen, wenn es etwa bei der Durchführung von Grenzkontrollen nach diesem Verwaltungsverbundsystem ganz viele zusammenwirkende Behörden gibt, die das Europarecht anwenden, vielleicht mit ergänzenden innerstaatlichen Regelungen, und bei der Digitalwirtschaft genauso. Da wäre ich dankbar, wenn Sie zur Gestaltung der Verwaltungsverbundsysteme noch einige Anregungen hätten, die mir dann vielleicht auch in meiner Behördentätigkeit künftig ein wenig helfen. Vielen Dank.

Claus Dieter Classen: Ich richte mich, wie schon angekündigt, an Herrn Gundel. Sie haben völlig zu Recht den Schwerpunkt gesetzt bei den verschiedenen Formen des Zusammenwirkens, des gestuften Verfahrens usw. zwischen Mitgliedstaaten sowie Organen und sonstigen Stellen der Europäischen Union. In der Tat sind die klassischen Modelle, dezentraler und zentraler Vollzug, vielfach modifiziert, wobei die horizontale Dimension, die Herr von Lewinski vermisst hat, durch Ihren transnationalen Verwaltungsakt nach meiner Meinung abgedeckt war. Terminologisch ist es nach meiner Meinung etwas unglücklich, wenn man von einem Mischmodell redet, weil man als Deutscher dann an die Mischverwaltung denkt, organisationsrechtlich also eine Stelle, die gemeinsam von einem Mitgliedstaat oder mehreren Mitgliedstaaten und der Europäischen Union betrieben wird. Das hat es einmal gegeben, wurde aber schnell wieder aufgegeben, weil das eigentlich nicht geht. Wenn überhaupt, gibt es, das haben Sie angesprochen, europäische Stellen, die personell mit Leuten aus den Mitgliedstaaten besetzt sind und insoweit dann auch inhaltlich gesteuert werden. Meine Frage dazu lautet: Die nationalen Behörden sind sehr unterschiedlich in ihren Verwaltungskulturen, aber in einem Verwaltungsrat kann sich das nur begrenzt widerspiegeln. Von daher dürften solche Stellen rein materiell doch eher europäische als mitgliedstaatliche Stellen sein. Aber es wäre interessant zu hören, ob es etwas dazu gibt. Und wenn Sie von Rechtsschutz bei gemischten Entscheidungen sprechen, einer gemischten Entscheidung, dann bin ich auch da nicht wirklich glücklich, denn weil es keine gemischte Stelle geben kann, gibt es auch keine Mischentscheidung. Abgestufte Entscheidung ist völlig richtig.

Zum Thema Rechtsschutz noch der folgende Hinweis: Es gibt vielfach Fälle, in denen über das nationale Recht vor dem EuGH verhandelt und dieses von diesem auch interpretiert werden muss, selbst wenn es technisch gesehen nicht als Prüfungsmaßstab fungiert. Das gilt etwa für alle Vertragsverletzungsverfahren. Und da hat es auch schon manche Diskussionen gegeben, schon vor langer Zeit: Wie ist das mit den Verwaltungsvorschriften? Welche Geltung haben die? Da hat der EuGH gesagt: Liebe Bundesregierung, zeigt uns Urteile, die belegen, dass das gilt und dann glauben wir das. Und solange das nicht so ist, glauben wir das nicht. Da haben sich damals manche aufgeregt, aber anders geht es einfach nicht. Was allerdings wichtig ist, und deswegen bin ich eben auch wieder so unglücklich mit der Terminologie: Am Ende geht es immer nur um präjudizielle Fragen oder ähnliches. Dass der EuGH formal eine nationale Entscheidung aufhebt, ist bisher nicht vorgesehen. Und von daher kommt man auch da an Grenzen dessen, was man mischen kann.

Zwei kurze Bemerkungen noch zu weiteren Thesen. Zum einen zu These 21: Sie haben von Sachkompetenz gesprochen, aber die Umweltkompetenz nach Artikel 192 AEUV ist nicht in dem Sinne eine Sachkompetenz, die ist einfach auf das Ziel Umweltschutz ausgerichtet. Darauf können aus meiner Perspektive Verfahrensregelungen genauso wie materielles Umweltrecht gestützt werden, erstere bilden nicht nur einen Annex. Letzter

Punkt: Verfahrensautonomie. Wenn das, wie ich das für richtig ansehe, ein Grundsatz ist, der unter dem Vorbehalt einer abweichenden Regelung durch den EU-Gesetzgeber steht, ist das überhaupt eine normative oder nicht einfach nur eine heuristische Aussage, sodass das als Rechtsprinzip technisch gesehen gar keine Bedeutung hat? Vielen Dank.

Johann-Christian Pielow: Liebe Kolleginnen und Kollegen, auch von mir aus hohes Lob für die beiden, wie ich meine, zupackend-pragmatischen Referate! Erlauben Sie mir eine Anmerkung zum Referat von Herrn Gundel und eine, wenn Sie so wollen, Erweiterung oder ein weiteres Referenzgebiet zum Thema beider Beiträge.

Ihre These Nummer vier, lieber Herr Gundel, halte ich für mindestens apodiktisch verkürzt, wenn Sie schreiben, der indirekte Vollzug durch die Mitgliedstaaten sei ohne großen Aufwand machbar. Jedenfalls in Klammern würde ich dazu und ergänzend die doch sehr erheblichen Transaktionskosten erwähnen wollen, mit denen die nationalen Behörden, aber auch die Marktakteure in den Mitgliedstaaten bei der Umsetzung europäischen Rechts, und hier vor allem von Schutz- und Verfahrensanforderungen nach dem EU-Umweltrecht, zu kämpfen haben. Als Energierechtler sind Herr Gundel und ich insofern ja gebrannte Kinder, mit allerlei Negativerfahrungen beim schleppend voranschreitenden Ausbau von Energieinfrastrukturen, der oftmals am EU-Arten- und Flächenschutz scheitert.

Ansprechen möchte ich dann noch ein weiteres Referenzgebiet zur supranationalen und grenzüberschreitenden Verwaltung. Der Vorstand wurde völlig zu Recht und mehrfach für die Themenfindung zur diesjährigen Tagung gelobt. Kritik ist hier eigentlich fehl am Platz, aber stoße ich mich dann doch an der Verkürzung des Nachmittagsthemas auf neue Formen der Ausübung gerade von „Hoheitsgewalt". Diese Einschränkung kann man gut finden, weil es sonst vielleicht zu komplex geworden wäre. Ich hätte jedenfalls dafür plädiert, das Stichwort „Hoheitsgewalt" rauszulassen und grenzüberschreitende Verwaltung durchaus weiter zu verstehen. Und zwar in dem Sinne, wie uns das auch Frau Polzin aus der Perspektive des Völkerrechts berichtet hat, wo durchaus ein weites Verständnis von „Verwaltung" vorherrscht. Schließlich haben wir es auf internationaler Ebene immer mehr auch mit neuen Formen gerade nicht-hoheitlicher Staatenaktivitäten zu tun, beispielsweise mit bloß „faktischem" oder realem Verwaltungshandeln. Angesprochen wurden ja schon die Investitionstätigkeiten von Russland und China. Auch unsere deutsche Bundesregierung wird derzeit nicht müde, durch die Welt zu reisen und allerorten Beschaffungsabkommen zu vereinbaren – über die Beschaffung von Erdgas bzw. LNG, die Beschaffung von Wasserstoff oder die Beschaffung insbesondere auch von nicht-energetischen Rohstoffen, einschließlich der Seltenen Erden. Ein Einschub nur zum Stichwort Seltene Erden: Dazu warnt die Boulevardpresse bereits vor dem Dritten Weltkrieg und meint den sich zuspitzenden internationalen Kampf um eben diese Seltenen Erden. Wir brauchen Lithium usw. für die Energiewende wie für andere Transformationsprozesse und es tut sich, wie ich finde, zu *diesem* Bereich des neuen Verwaltungshandelns erheblicher Erkenntnis- und auch Forschungsbedarf auf. Es geht etwa um die Frage: Wie stehen Staaten im Verhältnis zur Privatwirtschaft respektive zu privaten Investitionen bei diesen Beschaffungsvorgängen? Oder: Wie steht die EU gegenüber ihren Mitgliedstaaten; kann sie die Nachfrage etwa nach Erdgas bündeln und die gemeinsame Beschaffung über europäische Handelsplattformen vorschreiben? Und, und, und... Zahlreiche neue Fragestellungen also, die uns auf dem Gebiet gerade des nicht-hoheitlichen Verwaltungshandelns noch beschäftigen werden. Ich weiß nicht, ob Sie dies in Ihren Fußnoten mitberücksichtigen werden. Jedenfalls spricht meines Erachtens Einiges dafür, bei neuen Formen grenzüberschreitender Verwaltung keineswegs nur an einseitiges Hoheitshandeln der Staaten zu denken. Dankeschön.

Markus Ludwigs: Ich hätte drei Anmerkungen bzw. Fragen, die das Referat von Jörg Gundel adressieren. Zunächst zu den Grund- und Mischmodellen des Vollzugs: Im Rahmen der Mischmodelle wird der Verwaltungsverbund, den wir schon eine ganze Weile kennen, als besonders anspruchsvoll bezeichnet. Ich würde ein weiteres anspruchsvolles Mischmodell, das im Vortrag auch kurz angeklungen ist, aber nicht begrifflich auf den Punkt gebracht wurde, hinzufügen wollen. Hierbei handelt es sich um den sog. umgekehrten Vollzug. Was meine ich damit? Du hast die Bankenaufsicht angesprochen. Dort gibt es in der SSM-Verordnung einen Artikel 4 Absatz 3, der vorsieht, dass die EZB nationales Recht anwendet, das in Umsetzung von Unionsrecht erlassen wurde. Diese Anwendung nationalen Rechts durch ein Unionsorgan kann man als umgekehrten Vollzug bezeichnen. Hieraus resultieren Folgefragen für den Rechtsschutz, die Haftung sowie im Hinblick auf behördliche Entscheidungsspielräume. Welche Dogmatik ist in diesen Konstellationen eigentlich einschlägig? Hierzu werde ich jetzt nicht näher nachfragen, aber die Probleme drängen sich auf. In diesem Zusammenhang habe ich mich gefragt, inwieweit die Figur des umgekehrten Vollzugs bei Dir eine Rolle gespielt hat.

Was zweitens die mitgliedstaatliche Verfahrensautonomie betrifft, hat Herr Classen schon alles vorweggenommen, was ich auch fragen wollte. Aus meiner Sicht bleibt auf Grundlage der EuGH-Judikatur nichts von einem bindenden Rechtsgrundsatz übrig. Es handelt sich nur um eine heuristische Zustandsbeschreibung, nicht mehr. Vor diesem Hintergrund würde mich Deine Meinung interessieren, ob Dich die Rechtsprechung überzeugt.

Der EuGH stellt die Verfahrensautonomie unter den Vorbehalt abweichenden Sekundärrechts und nivelliert den Grundsatz damit. Aber passt dies mit Blick auf die Verträge? Wir haben immerhin den Ausschluss der Harmonisierung als eine Wertung in Artikel 197 Absatz 2 Satz 4 AEUV. Zudem lässt sich Artikel 291 Absatz 1 AEUV auch nach Deiner Auffassung so lesen, dass die Verfahrensautonomie hierdurch abgesichert wird. Überdies ist systematisch auf das Regel-Ausnahme-Verhältnis in Artikel 291 Absatz 1 und 2 AEUV hinzuweisen. Schließlich spricht die EuGH-Judikatur mit Blick auf den Grundsatz der Verfahrensautonomie von „in accordance with". Dann sollte es sich doch eigentlich um irgendeine Form von rechtlichem Maßstab handeln. Aber wenn ich Dich richtig verstanden habe, ist es das nicht.

Ein anderes Institut, das Du im Grunde genommen verabschiedet hast, ist drittens die Meroni-Doktrin. Nun ist das ein relativ „alter Hut". Du sprichst von einer weitgehenden Aufgabe und betonst, dass die Agenturen heute Entscheidungsträger sein können. Dies war aber schon nach Meroni möglich; nur mit den Einschränkungen, dass kein freies Ermessen bzw. keine weitgehenden Ermessensentscheidungen übertragen werden durften. Und dann kamen die Rechtssachen ENISA sowie insbesondere ESMA, mit einer Nivellierung der verbal aufrechterhaltenen Meroni-Doktrin. Was bleibt also von Meroni?

Und vielleicht noch ein allerletzter Aspekt: Du hast die Unabhängigkeit der EU-Eigenverwaltung in Artikel 298 AEUV angesprochen. Wenn ich es richtig verstanden habe, soll sich dies von vornherein nicht auf die Agenturen beziehen. Kann man dem Unabhängigkeitsbegriff des Artikel 298 also auch keine Wertungen mit Blick auf die vielfach unionsrechtlich angeordnete Weisungsunabhängigkeit nationaler Behörden entnehmen? Warst Du so zu verstehen, dass die Unabhängigkeit aus Artikel 298 Absatz 1 AEUV einen anderen Bezugspunkt hat? Das ist eine wichtige und überzeugende Erkenntnis. Vielen Dank!

Ulrich Stelkens: Ich will in einem unangekündigten Zwischenruf nur zur Unterstützung von Jörg Gundel ein Argument bringen, was im Vortrag angedeutet, aber nicht ausdrücklich gesagt wurde. Die Frage ist, von wo man aus Verfahrensautonomie denkt. Wenn ich das aus der Perspektive des EuGH sehe, ist der Ausgangspunkt Artikel 4 Absatz 3 EUV, das heißt es geht um effektiven Vollzug des Unionsrechts auch im Sinne von effektivem Vollzug durch eine gute nationale Verwaltung. Diese muss in der Lage sein, Unionsrecht effektiv umzusetzen. Sie darf z.B. nicht korrupt sein, wovon etwa auch die Konformitätsverordnung ausgeht. Aus dieser Perspektive gehe ich von vornherein vom Prinzip der begrenzten Einzelermächtigung, nämlich vom besonderen Verwaltungsrecht aus, also zum Beispiel vom Zollrecht, dem Agrarrecht, einzelnen Fragen des Subventionsrechts oder sonstiger Fördermaßnahmen. Dieses besondere Verwaltungsrecht der Union trifft dann auf nationales allgemeines Verwaltungsrecht, das der nationale Gesetzgeber ohne Weiteres an die Bedürfnisse des besonderen Verwaltungsrechts angepasst hätte, wenn das nationale allgemeine Verwaltungsrecht dem effektiven Vollzug des nationalen besonderen Verwaltungsrechts entgegenstanden hätte. Zum Beispiel spielt im Anwendungsbereich der Abgabenordnung die Frage keine Rolle, ob der Effektivitätsgrundsatz der Gewährung von Vertrauensschutz bei unionsrechtswidrigen Maßnahmen entgegensteht. Einfach deswegen, weil die Abgabenordnung de facto wesentlich weniger Vertrauensschutz generiert als eben das VwVfG. Dies hat zur Folge, dass die Abgabenordnung nicht auf die Bedürfnisse der EU angepasst werden muss, wenn es um Beihilfen im Steuerbereich geht. Probleme mit dem Effektivitätsgrundsatz entstehen nur, wenn es um Beihilfen im allgemeinen Verwaltungsrecht, im Anwendungsbereich des VwVfG geht. Und so kann man das praktisch bei allen einschlägigen Fällen durchexerzieren. Das beste Beispiel ist meines Erachtens der Tafelwein-Fall. Hier ging es um eine Konstellation, in der das Unionsrecht von den Mitgliedstaaten verlangte, durchzusetzen, dass die Bürger eine bestimmte Pflicht zu einem bestimmten Zeitpunkt erfüllen. Wenn es um ein deutsches Gesetz gegangen wäre, hätte der deutsche Gesetzgeber hier selbstverständlich die aufschiebende Wirkung der Anfechtungsklage ausgeschlossen, damit die Pflicht nicht durch bloße Klageerhebung unterlaufen werden kann. Sieht jedoch das Unionsrecht eine solche Pflicht vor, muss der deutsche Gesetzgeber hierfür ein Sondergesetz erlassen. Dieses wird aber nicht erlassen, weil der unionsrechtliche Anlass für eine solche Regelung nicht gesehen wird oder weil die nationale Politik vielleicht sogar die Möglichkeit begrüßt, die unionsrechtliche Regelung durch bloße Klageerhebung unterlaufen zu können. Vielen Dank.

Ekkehart Reimer: Liebe Kolleginnen und Kollegen, mir liegen keine angekündigten Wortmeldungen mehr vor. Deswegen frage ich in die Runde: Gibt es noch Wortmeldungen, spontane Interventionen? Verknüpfungen des heutigen Nachmittags mit den Themen von heute Vormittag und gestern? Wenn das nicht der Fall ist, darf ich jetzt – in der berühmten umgekehrten Reihenfolge – zunächst Frau Kollegin Polzin die Gelegenheit zum Schlusswort geben.

Monika Polzin: Haben Sie vielen herzlichen Dank für alle Ihre Fragen und Anregungen. Ich werde versuchen, eine realistische Antwort zu geben. Herr Ziller, haben Sie vielen herzlichen Dank! Ja, ganz klar: im Bereich der internationalen Banken gibt es weitere Verfahren. Es gibt auch im Rahmen der Weltbank Informationsmöglichkeiten für den Bürger. Ich habe das in den Fußnoten und nicht alles im Text. Ich habe es konzentriert auf das eine Referenzgebiet. Kai: Das Verwaltungskollisionsrecht. Ich habe eine ganz große Fußnote, Fußnote fünf, wo alles steht, was ich nicht behandele – aber Karl Neumeyer hat das Verwaltungskollisionsrecht sehr umfassend behandelt. Helmut: Vielen Dank. Also, ich bin da, glaube ich, pessimistischer als Du, weil ich sehe schon, dass im Moment China, Russland und auch andere Autokratien zunehmend versuchen, das Völkerrecht in ihrem Sinne neu zu definieren und die ursprünglich vom Westen geprägte Rechtsordnung durch Umformung in Frage zu stellen. Das heißt, wir müssen uns dieser Entwicklungen bewusst sein und beobachten, was diese Staaten im Moment versuchen. In der Weltgesundheitsorganisation werden derzeit neue internationale Gesundheitsvorschriften diskutiert und es gibt einen Vorschlag, wonach bei deren Umsetzung die Menschenrechte nicht mehr gelten sollen. Ob das erfolgreich sein wird, weiß man nicht.

Auch bei dem neuen UN-Abkommen zur Bekämpfung von Informations- und Kommunikationstechnologie für kriminelle Zwecke gibt es Konflikte um eine Menschenrechtsklausel. Und ich glaube, dass wir das beobachten müssen. Herr Klein, die ganze Rechtsprechung, die Sie zitieren, habe ich auch umfassend in Fußnoten mit den ganzen Varianten, in allen Einzelheiten. Der Österreichische Verfassungsgerichtshof hat neulich die Immunitätsbestimmungen des Amtssitzübereinkommens zwischen der OPEC und Österreich für verfassungswidrig erklärt wegen mangelnden Rechtsschutz in arbeitsrechtlichen Verfahren. Herr Bast, ich habe nicht mit dem Ukrainekonflikt begonnen, weil ich auch gar nicht im Ausnahmezustand arbeiten wollte und weil ich glaube, dass der Ukrainekonflikt eine extreme Katastrophe ist. Aber ich bin überzeugt, dass er die Normativität des Völkerrechts nicht berührt. Es ist ganz klar, dass Russland einen Angriffskrieg führt. Das wird auch immer wieder betont. Die zahlreichen Menschenrechtsausschüsse habe ich ausführlich in den Fußnoten behandelt. Ich stufe sie nicht als Gerichte ein, weil sie nicht rechtlich verbindlich entscheiden dürfen. Till, vielen herzlichen Dank. Das Investitionsschutzrecht habe ich letztendlich als Referenzgebiet nicht gewählt, weil man sich entscheiden muss. Ich habe eine ganz weite Verwaltungsdefinition gewählt und da ist es egal, ob gegenüber Staaten oder Individuen gehandelt wird. Es ist ganz klar: Staaten haben natürlich keine Menschenrechte. Würde man idealtypisch die materiellen Standards für das internationale Verwaltungshandeln bestimmen, müsste man selbstverständlich zwischen den unterschiedlichen Adressaten, nämlich Staaten oder Individuen, unterscheiden. Es müssen dann inhaltlich unterschiedliche Standards gelten. Das war aber nicht mein Ansatz. Ich wollte lediglich untersuchen, was es überhaupt für Regeln gibt.

Herr Nettesheim: Vielen Dank. Ich glaube, ich wollte gar nicht so ein Defensivprojekt machen, sondern ein Achtsamkeitsprojekt. Denn ich bin überzeugt, dass es im Moment im Völkerrecht diese Bewegung der Autokratisierungsversuche gibt und dass versucht wird, das Völkerecht umzuformen. Das zeigen insbesondere auch die Tätigkeiten im Rahmen der Treffen der BRICS-Staaten und der Shanghaier Zusammenarbeitsorganisation. Hier wird immer wieder der Wunsch nach einer neuen Weltordnung betont und ich glaube, dass es nicht mehr die Weltordnung ist, die der Westen ursprünglich kreiert hat, sondern diese soll umdefiniert werden. Wir müssen das beobachten, auch wenn sich derzeit viel im Ungefähren abspielt. Aber ich glaube, dass da noch mehr kommt, weil China sehr determiniert ist, seine Vorstellung von bestimmten Normen durchzusetzen und auch sehr organisiert ist. China geht ganz gezielt vor, etwa im Menschenrechtsrat mit Resolutionen, mit denen bestimmte chinesische Begrifflichkeiten eingeführt werden, die dann teilweise auch wieder in anderen völkerrechtlichen Dokumenten auftauchen. So versuchen sie ganz gezielt, das Völkerrecht zu verändern, und haben dabei einen ganz anderen Zeithorizont als wir. Wir sollten deshalb sehr genau studieren, was passiert. Herr Viellechner, ich weiß, es gibt extrem viele Formen, wie man grenzüberschreitende Verwaltung definieren kann, extrem viele Arten der Hoheitsausübung. Ich hatte Entwürfe, die über 100 Seiten lang waren und habe das alles gekürzt und deshalb sind diese beiden Formen übriggeblieben.

Felix, vielen herzlichen Dank auch für Deine historischen Hinweise. Also, ich bin kein Freund des postkolonialen Ansatzes und so denke ich, bringt uns diese Kritik hier jetzt nicht weiter. Ich glaube, dass wir immer die konkreten Normen selbst anschauen und prüfen müssen, was konkret geregelt ist und was das für den Einzelnen jeweils bedeutet. Herr Hochhuth, dezentrale und zentrale Rechtsdurchsetzung: Dezentral bedeutet nichts anderes, als dass die Staaten durch ihre Gerichte und durch ihren Gesetzgeber selbst das Völkerrecht in ihrer Rechtsordnung umsetzen müssen. Herr Morlok, zu den Kooperationsmechanismen: Das Völkerrecht funktioniert ganz oft, weil die Staaten einfach zusammenarbeiten wollen. Es wird daher häufig auch beachtet. Das ist ja, was ich sage. Aber es gibt im Moment auch Bestrebungen, dass man eben diese ganze Ordnung teilweise neu definieren will. Wir brauchen das Völkerrecht natürlich als Kooperationsrecht, weil das Völkerrecht vor allem die Wege bereitstellt, dass die Staaten miteinander reden können, weil die Staaten miteinander reden müssen. Wir müssen am Ende versuchen, irgendwie wieder Frieden zu bringen. Dafür brauchen wir das Völkerrecht, es ist von großer Bedeutung. Herr Sommermann, ich hatte diesen Realismus überhaupt nicht im Kopf. Ich wollte nur ganz präzise machen, dass wir uns alles ganz genau ansehen müssen – jede einzelne Regel in echt und ohne rosarote Brille. Das war mein Realismusbegriff.

Jörg Gundel: Im Zeitraffer versuche ich die an mich gerichteten Nachfragen und Anmerkungen abzuarbeiten, in der Reihenfolge der Beiträge.

Zunächst zu Herrn Ziller: Die Allsprachigkeit halte ich selbst für ausgesprochen wichtig für die dauerhafte Funktionsfähigkeit des europäischen Verwaltungsraums. Es besteht allerdings tatsächlich im Primärrecht der Wermutstropfen, dass die Regelung in Artikel 24 AEUV so ausformuliert ist, dass eine Lücke bei den Agenturen besteht. Dort hat der Unionsgesetzgeber also Flexibilität. Er muss von der Allsprachigkeit nicht abrücken, aber er kann es, das hat die Kik-Entscheidung des Gerichtshofs gezeigt. Diese Lücke ergibt sich eindeutig aus der Formulierung des Artikels 24 AEUV, in dem die Agenturen tatsächlich nicht aufgeführt sind. Für die Organe ist die Allsprachigkeit immerhin primärrechtlich festgemauert; hier könnte man die Verordnung Nummer 1 auch gar nicht in dem Sinne ändern, weil die Vorgabe der Verträge besteht.

Herr v. Lewinski: Das Verwaltungskollisionsrecht ist eine unheimlich spannende Sache, es kommt bei mir in den berühmten Fußnoten, auf die hier schon mehrfach verwiesen worden ist, auch tatsächlich vor, und zwar an der Stelle, an der Herr Classen es schon vermutet hat, nämlich bei den transnationalen Verwaltungsakten. An diesem Punkt wird dann jeweils tatsächlich auf nationales Verwaltungsrecht verwiesen. Ich hätte mich dem auch gerne viel länger gewidmet, aber das hat der zur Verfügung stehende Raum nicht hergegeben; Ich hatte nur die Wahl, den Bereich im vorhandenen Umfang zu streifen oder den Punkt ganz zu liquidieren oder in die Fußnoten zu verschieben. Also, vielleicht als Anregung für eine der nächsten Tagungen: Die Auseinandersetzung mit dem Verwaltungskollisionsrecht.

Herr Aust: Der Umgang mit den Großkrisen – soweit diese Krisen im Schwerpunkt außerhalb Europas stattfinden, waren sie für mich kein Thema für den europäischen Verwaltungsraum. Soweit sie hier stattfinden, sind diejenigen Krisen, deren Spuren man wirklich schon im europäischen Verwaltungsrecht nachlesen kann, auch en passant mitberücksichtigt: So beim Rücktritt der Santer-Kommission und bei der Bankenkrise. Dort ist jeweils mit den Mitteln des europäischen Verwaltungsrechts reagiert worden. Und mir war es in diesem Beitrag tatsächlich auch ein Anliegen zu sehen, welche Spielräume für den Unionsgesetzgeber bestehen, um dann tatsächlich mit verwaltungsrechtlichen Anpassungen zu reagieren, also zum Beispiel Zuständigkeiten nach oben zu transferieren, wenn die Lösung auf nationaler Ebene nicht funktioniert, oder wieder nach unten zu transferieren, wenn die Unionsebene überfordert ist. Die Rechtsstaatskrise ist wieder ein Fall für die berühmten Fußnoten, und zwar an dem Punkt über das gegenseitige Vertrauen; dort hatte ich auch gesagt, dass man Ventile wird einbauen müssen.

Herr Klein: Das Problem des Soft Law ist tatsächlich ein immer wichtiger werdender Punkt. Auch dazu finden sich Nachweise in den Fußnoten, der Unionsgesetzgeber setzt das immer häufiger im Sekundärrecht bewusst ein. Die Kommission erlässt solche Auslegungshinweise dann nicht als Recht im formalen Sinne, sondern die Hinweise bleiben per se von vornherein unverbindlich, das ist häufig auch explizit festgehalten. Aus Sicht der supranationalen Verwaltung hat das natürlich Vorteile, weil man Hinweise geben kann, die aber im Ernstfall doch unverbindlich sind. Wenn die Kommission falsch lag, dann war es eben nur ein Hinweis. Das hat pragmatisch gesehen Vorteile, ich empfinde es aber auch als bedenklich. Tatsächlich ist das eine Praxis, der jetzt aber auch durch die Entscheidung des EuGH zur Möglichkeit von Gültigkeitsvorlagen zu Soft Law Grenzen gezogen worden sind. Die Kommission kann jetzt nicht mehr risikolos solche Auslegungshinweise geben, weil sie über die Gültigkeitsvorlage falsifiziert werden können.

Herr Bast: Normallage – Krise und das Stichwort des europäischen Asylrechts. Hier habe ich einen Moment lang überlegt, ob ich das zum Referenzpunkt machen soll, bin aber zum Schluss gekommen, dass das im Schwerpunkt nicht aufschlussreich ist für das europäische Verwaltungsrecht. Denn hier liegen die Dysfunktionalitäten daran, dass man sich inhaltlich einfach nicht geeinigt hat. Wenn es keine inhaltliche Einigung gibt, dann darf man sich nicht wundern, dass der Vollzug verwaltungsmäßig nicht funktioniert. Dann ist das Problem sozusagen vorgelagert; das war jedenfalls mein Eindruck. Aber ich habe tatsächlich unmittelbar daran gedacht, weil die Zusammenarbeit dort ja tatsächlich überhaupt nicht gut funktioniert.

Referenzgebiete, Herr Kugelmann, gibt es natürlich Unmengen. Ich habe hier als Beispiel paradigmatisch das *European Competition Network* gewählt. Sobald wir Verbundverwaltung haben, haben wir das Problem der Behördenzusammenarbeit und damit eine Reihe von Fragen, die man durchdeklinieren muss und die optimalerweise jeweils im Sekundärrecht angesprochen und geregelt werden. Zu den Defiziten des europäischen Verwaltungsrechts – das habe ich zum Ende auch gesagt – gehört, dass das unsystematisch und jeweils nur sektoral passiert. In manchen Sektoren wird dann nichts dazu gesagt, weil das Problem nicht auf dem Schirm war; manche Fragen werden an einer Stelle so geregelt, in anderen Sektoren dann wieder anders, die Systematisierung fehlt. Aber es gibt die Möglichkeit, man kann die Fragen im Sekundärrecht lösen, das muss nur auch tatsächlich geschehen. Und noch besser ist es, wenn die vorgesehene Lösung auch funktioniert; aber die Lösungen sehen tatsächlich in jedem Sektor gegebenenfalls anders aus.

Herr Classen, das war jetzt eine ganze Masse von Punkten. Erstens, der Begriff der Mischverwaltung ist eine deutsche Assoziation, das war damit nicht gemeint gewesen. Tatsächlich habe ich den Begriff der gemischten Entscheidungen als Abgrenzung zu den gestuften Entscheidungen genutzt, bei denen die Kommission das letzte Wort hat und es dann zum Vollzug wieder nach vorne an die Mitgliedstaaten geht. Bei den gemischten Entscheidungen wird dagegen nebeneinander entschieden – irgendeine abgrenzende Bezeichnung musste ich dafür wählen. Dafür, dass nationales Recht von Unionsorganen ausgelegt wird, hatte ich als Beispiel die von der Union geschlossenen Verträge angeführt, die auf nationales Recht verweisen; zum zweiten Beispiel komme ich dann gleich bei Markus Ludwigs. Das Vertragsverletzungsverfahren hatte ich auch als Beispiel erwogen; aber meines Erachtens ist das nicht ganz dasselbe, weil das staatliche Verhalten dort als dem Beweis zugängliches tatsächliches Verhalten eingeordnet wird, während die anderen Beispiele tatsächlich einen Rechtsverweis darstellen und damit auf die Auslegung des nationalen Rechts verweisen; das ist, glaube ich, ein kleiner Unterschied. Zum Punkt der Annexkompetenz: Das ist richtig; ich habe mich hier aus Vereinfachungsgründen ein bisschen an die deutsche Terminologie angelehnt. Das Unionsrecht unterscheidet tatsächlich nicht, sondern benennt Sachgebiete, und zu diesen gehören dann eben auch Verfahrensregeln im jeweiligen Feld. Verfahrensautonomie, den Punkt hat auch Markus Ludwigs angesprochen. Hier trifft es tatsächlich auch meine Wahrnehmung, dass die Verfahrensautonomie kein normativer Grundsatz ist. Das ist eine Zustandsbeschreibung, die so lange gilt, wie es nichts anderes gibt, solange kein Sekundärrecht existiert.

Herr Pielow: Völlig richtig, natürlich kann auch der indirekte Vollzug mit viel Arbeit verbunden sein, je nachdem, was materiell der nationalen Verwaltung vor die Brust gepackt wird. Was ich mit meiner Bemerkung gemeint hatte, war, dass das System sofort starten kann, weil die nationale Verwaltung bereits existiert. Wenn man allein auf den direkten Vollzug setzen würde und die gesamte Union über die Fläche mit Verwaltungsstrukturen überziehen müsste, wäre das eine ganz andere Baustelle. Insofern war das für den Start ein extrem pragmatisches Modell; und nur das hatte ich damit sagen wollen.

Markus Ludwigs, das war auch noch mal ein Feuerwerk. Zum ersten Punkt des umgekehrten Vollzugs: Da haben wir beide einfach unterschiedliche Chiffren verwendet. Dieser umgekehrte Vollzug lief bei mir im Referat unter dem Stichwort Fininvest/Berlusconi-Rechtsprechung, das waren die EuGH-Entscheidungen bzw. der Beginn der Rechtsprechungskette, die genau diese Situation beschreibt, in der wir einen Verweis auf die Vollzugszuständigkeit von Unionsorganen für das nationale Recht haben. Den Punkt der Verfahrensautonomie hatte ich schon angesprochen; hier bin ich tatsächlich der Meinung, dass das keine eigenständige Grenze ist, sondern dass die Grenzen sich tatsächlich aus dem Subsidiaritätsprinzip und aus dem kompetenzmäßigen Verhältnismäßigkeitsprinzip ergeben. Die Verfahrensautonomie bildet daneben keine eigenständige Schranke. Das sehe ich auch vor dem praktischen Hintergrund, dass man sich andernfalls fragen muss, wo dann die Grenzen dieser Autonomie liegen? Sie kann nicht absolut gelten, es kann keine absolute Schranke sein. Man bekommt also nur zusätzliche Auslegungsschwierigkeiten, wenn man solche vagen Zusatzschranken heranzieht.

Die Meroni-Rechtsprechung sehe ich tatsächlich als abgeschliffen an. Sie ist für mich auch im Rückblick ein Sonderfall zu einer seltsamen Gestaltung, die in den 50er Jahren gewählt worden ist und die mich rückblickend ein bisschen an die *bureaux d'aide technique* erinnert, die Nutzung privatrechtlicher Institutionen für den Verwaltungsvollzug; das Ergebnis der Meroni-Urteile ist damit im Nachhinein nicht falsch, aber die darauf fußende Doktrin ist zu weit gefasst gewesen. Letzter Punkt, Artikel 298 AEUV und die Frage der Weisungsfreiheit. Hier bin ich tatsächlich der Auffassung, dass das mit dem Verhältnis zu den nationalen Behörden nichts zu tun hat. Das betrifft wirklich nur die Unionsverwaltung und die Ebene des direkten Vollzugs im Verhältnis zu den anderen Unionsgewalten; es handelt sich damit praktisch um eine spezielle Ausformung des Grundsatzes institutionellen Gleichgewichts für diesen Bereich.

So, ich hoffe, ich habe nichts übersehen; ich habe mich jedenfalls redlich bemüht, alles abzuarbeiten. Vielen Dank.

Ekkehart Reimer: Im Namen aller herzlichen Dank an die Referentin und den Referenten. Ich darf auch im Namen von Angelika Nußberger und Frank Schorkopf sehr herzlich danken, dass Sie so nah am Feuer geblieben sind, dass Sie es tatsächlich bis zum Schluss unserer Tagung ausgehalten haben. Wir hatten auch diesmal nicht nur zahlreiche Teilnehmerinnen und Teilnehmer aus unseren drei Ländern, sondern auch aus Frankreich, aus Italien, aus Liechtenstein, aus Ungarn und Polen, Spanien, Japan, Korea und Taiwan, aus den USA und aus Brasilien. Wir gehen bereichert nach Hause.

Verzeichnis der Rednerinnen und Redner

Aust, Helmut 500
Baade, Björnstern 387
Bast, Jürgen 502
Bickenbach, Christian 268
Bogdandy, Armin von 114
Britz, Gabriele 113
Bußjäger, Peter 112, 384
Cancik, Pascale 367
Classen Claus Dieter 509
Coelln, Christian von 381
Cornils, Matthias 262
Davy, Benjamin 257
Dietz, Andreas 118
Edenharter, Andrea 265
Eisenmenger, Sven 269
Engel, Christoph 109, 371
Faber, Angela 382
Franzius, Claudio 251
Galetta, Diana-Urania 369
Goldhammer, Michael 115
Gundel, Jörg 397, 517
Gurlit, Elke 267
Hase, Friedhelm 371
Hilbert, Patrick 119
Hochhuth, Martin 507
Hofmann, Ekkehard 263
Holterhus, Till Patrick 503
Huber, Peter Michael 256
Hufen, Friedhelm 122, 389
Kirchhof, Gregor 252
Klein, Eckart 501
Klement, Jan Henrik 193, 270, 385
Knauff, Matthias 266, 267
Kotzur, Markus 110, 369
Kreuter-Kirchhof, Charlotte 119
Kugelmann, Dieter 388, 509
Ladeur, Karl-Heinz 379
Lange, Felix 506
Lege, Joachim 111
Lepsius, Oliver 386
Lewinski, Kai von 264, 500
Lüdemann, Jörn 253,
Ludwigs, Markus 131, 258, 273, 512
Mahlmann, Matthias 116
Masing, Johannes 254
Morlok, Martin 508
Möstl, Markus 270
Müller-Terpitz, Ralf 277, 373
Nettesheim, Martin 504
Nußberger, Angelika 5
Pielow, Johann-Christian 511
Polzin, Monika 447, 514
Poscher, Ralf 256
Reich, Johannes 317, 376, 390
Reimer, Ekkehart 107, 123, 130, 499, 508, 514, 520
Reimer, Franz 270
Ruffert, Matthias 381
Schmid, Viola 383
Schöndorf-Haubold, Bettina 49, 123
Schorkopf, Frank 251, 265, 267, 276, 367, 373, 395
Schröder, Jan Ulrich 117
Somek, Alexander 112
Sommermann, Karl-Peter 115, 509
Spiecker gen. Döhmann, Indra 120
Stelkens, Ulrich 513

Unger, Sebastian 9, 127
Ungern-Sternberg, Antje von 108
Viellechner, Lars 506
Volkmann, Uwe 268

Wegener, Bernhard 387
Weiß, Norman 368
Wißmann, Hinnerk 107, 370
Ziller, Jacques 499

Verzeichnis der Mitglieder der Vereinigung der Deutschen Staatsrechtslehrer e.V.

(Stand 31. Dezember 2023; ständige Aktualisierung unter www.staatsrechtslehrer.de)

Vorstand

Vorsitzende
Univ.-Professorin Dr. DDr. h.c. Angelika Nußberger M.A.
Universität zu Köln
Akademie für europäischen Menschenrechtsschutz
Kerpener Str. 30
D-50937 Köln
Tel.: +49 (0221) 470 5575
E-Mail: vdstrl-staatsrecht@uni-koeln.de

Stellvertreter
Univ.-Professor Dr. Ekkehart Reimer
Universität Heidelberg
Institut für Finanz- und Steuerrecht Lehrstuhl für Öffentliches Recht,
Europäisches und Internationales Steuerrecht
Friedrich-Ebert-Anlage 6–10
D-69117 Heidelberg
Tel.: +49 (06221) 5474 66
Fax: +49 (06221) 5477 91
E-Mail: Reimer@uni-heidelberg.de

Univ.-Professor Dr. Frank Schorkopf
Georg-August-Universität Göttingen
Institut für Völkerrecht und Europarecht
Platz der Göttinger Sieben 5
D-37073 Göttingen
Tel.: +49 (0551) 39 24761
E-Mail: fschork@gwdg.de

Mitglieder

Achenbach, Dr. Jelena von, LL.M.(NYU),
Professorin,
Universität Erfurt,
Staatswissenschaftliche Fakultät,
Professur für Öffentliches Recht und
Grundlagen des Rechts,
Nordhäuser Str. 63, 99089 Erfurt

Adamovich, Dr. Dr. h.c. mult. Ludwig,
o. Univ.-Professor,
Präsident des Österreichischen
Verfassungsgerichtshofs a.D.,
Rooseveltplatz 4, A-1090 Wien,
(0043) 66 42 42 75 26;
Österreichische Präsidentschaftskanzlei,
Hofburg, Ballhausplatz, A-1014 Wien,
(0043) 1534 22 300,
Fax (0043) 1534 22 248,
E-Mail: ludwig.adamovich@hofburg.at

Albers, Dr. iur., Dipl. soz. Marion,
Professorin,
Sulzer Str. 21a, 86159 Augsburg;
Universität Hamburg,
Fakultät für Rechtswissenschaften,
Lehrstuhl für Öffentliches Recht,
Informations- und Kommunikationsrecht,
Rechtstheorie,
Rothenbaumchaussee 33,
20148 Hamburg,
(040) 42838 5752,
Fax (040) 42838 2635,
E-Mail: marion.albers@jura.
uni-hamburg.de

Alexy, Dr. Dr. h.c. mult. Robert,
o. Professor,
Klausbrooker Weg 122, 24106 Kiel,
(0431) 5497 42;
Universität Kiel, 24098 Kiel,
(0431) 880 3543,
Fax (0431) 880 3745,
E-Mail: alexy@law.uni-kiel.de

Alleweldt, Dr. Ralf, LL.M., Professor,
Alt-Reinickendorf 19 A, 13407 Berlin,
(030) 9143 6466;
Hochschule der Polizei des Landes
Brandenburg,
Bernauer Str. 146, 16515 Oranienburg,
(03301) 850 2554,
E-Mail: ralf.alleweldt@hpolbb.de

Altwicker, Dr. Tilmann, LL.M., Professor,
Universität Zürich,
Institut für Völkerrecht und ausländisches
Verfassungsrecht,
SNF-Förderungsprofessur für Öffentliches
Recht, Völkerrecht, Rechtsphilosophie
und Empirische Rechtsforschung,
Seilergraben 49, CH-8001 Zürich,
(0041) 44 634 51 13,
E-Mail: Ist.altwicker@ius.zuh.ch

Anderheiden, Dr. Michael, Professor,
Eichelgasse 18, 76227 Karlsruhe,
(0721) 470 0817;
Fakultät für Rechts- und
Staatswissenschaften
Andrássy Universität Budapest,
Pollack Tér 3, 1088 Budapest / Ungarn,
(0036) 1 8158 120;
In Deutschland erreichbar unter:
Ruprecht-Karls-Universität Heidelberg,
Juristisches Seminar,
Friedrich-Ebert-Anlage 6–10,
69117 Heidelberg,
(06221) 5474 97,
E-Mail: anderheidenm@jurs.
uni-heidelberg.de

Appel, Dr. Ivo, Professor,
Universität Hamburg,
Fakultät für Rechtswissenschaft
Professur für Öffentliches Recht,
Umweltrecht und Rechtsphilosophie,
Forschungsstelle Umweltrecht,

Rothenbaumchaussee 33, 20148 Hamburg,
(040) 42838 3977, Fax (040) 42838 6280,
E-Mail: ivo.appel@jura.uni-hamburg.de

Arnauld, Dr. Andreas von, Professor,
Walther-Schücking-Institut für
Internationales Recht / Walther Schücking
Institute for International Law,
Christian-Albrechts-Universität zu Kiel,
Westring 400,
24118 Kiel,
(0431) 880 1733, Fax (0049) 431 880 1619,
E-Mail: arnauld@wsi.uni-kiel.de

Arnim, Dr. Hans Herbert von, o. Professor,
Im Oberkämmerer 26, 67346 Speyer,
(06232) 981 23;
Deutsche Universität für Verwaltungswissenschaften Speyer,
67324 Speyer,
(06232) 654 343,
E-Mail: vonarnim@uni-speyer.de

Arnold, Dr. Dr. h.c. mult. Rainer,
o. Professor,
Plattenweg 7, 93055 Regensburg,
(0941) 7 44 65;
Universität Regensburg,
93053 Regensburg,
(0941) 943 2654/5,
E-Mail: Rainer.Arnold@jura.
uni-regensburg.de

Aschke, Dr. Manfred, Professor,
Kantstr. 14, 99425 Weimar,
(03643) 4022 83, Fax (03643) 4022 84;
E-Mail: winckelmann.aschke@t-online.de;
c/o Professur Öffentliches Recht II,
Hein-Heckroth-Str. 5, 35390 Gießen oder
Thüringer Oberverwaltungsgericht
Kaufstr. 2–4, 99423 Weimar,
(03643) 206 269

Augsberg, Dr. Dr. Ino, Professor;
Christian-Albrechts-Universität zu Kiel,
Lehrstuhl für Rechtsphilosophie und
Öffentliches Recht,
Leibnizstr. 6, 24118 Kiel,
(0431) 880 5494, Fax (0431) 880 3745,
E-Mail: augsberg@law.uni-kiel.de

Augsberg, Dr. Steffen, Professor,
Justus-Liebig-Universität Gießen,
Professur für Öffentliches Recht,
Hein-Heckroth-Str. 5,
35390 Gießen,
(0641) 99 21090/91,
Fax (0641) 99 21099,
E-Mail: Steffen.Augsberg@recht.
uni-giessen.de

Aulehner, Dr. Josef, apl. Professor,
Hans-Böckler-Str. 8, 80995 München,
(089) 123 8402, Fax (089) 1274 9688;
Ludwig-Maximilians-Universität München,
Ref. I A 3 – Rechtsabteilung,
Geschwister-Scholl-Platz 1,
80539 München,
(089) 2180 3730, Fax (089) 2180 2985,
E-Mail: Aulehner@lmu.de

Aust, Dr. Helmut Philipp, Professor,
Freie Universität Berlin,
Fachbereich Rechtswissenschaft,
Professur für Öffentliches Recht und die
Internationalisierung der Rechtsordnung,
Van't-Hoff-Str. 8, 14195 Berlin,
(030) 838 61731,
E-Mail: helmut.aust@fu-berlin.de

Axer, Dr. Peter, Professor,
Ruprecht-Karls-Universität Heidelberg,
Lehrstuhl für Sozialrecht in Verbindung
mit dem Öffentlichen Recht,
Friedrich-Ebert-Anlage 6–10,
69117 Heidelberg,
(06221) 54 7768, Fax (06221) 54 7769,
E-Mail: axer@jurs.uni-heidelberg.de

Baade, Dr. Björnstjern, Privatdozent,
Freie Universität Berlin,
Fachbereich Rechtswissenschaft,

Van't-Hoff-Str. 8, 14195 Berlin,
(030) 838 50892,
E-Mail: b.baade@fu-berlin.de

Bäcker, Dr. Carsten, Univ.-Professor,
Universität Bayreuth,
Lehrstuhl für Öffentliches Recht IV,
Gebäude RW, 95440 Bayreuth,
(0921) 55 6260, Fax (0921) 55 6262
E-Mail: carsten.baecker@uni-bayreuth.de

Bäcker, Dr. Matthias, LL.M., Professor,
Johannes Gutenberg-Universität Mainz,
Lehrstuhl für Öffentliches Recht
und Informationsrecht, insb.
Datenschutzrecht
Jakob-Welder-Weg 9, 55128 Mainz
(6131) 39 25759, Fax (6131) 39 28172,
E-Mail: mabaecke@uni-mainz.de

Baer, Dr. Susanne, LL.M., Professorin,
Richterin des Bundesverfassungsgerichts a.D.,
Humboldt-Universität zu Berlin,
Juristische Fakultät,
Unter den Linden 6, 10099 Berlin,
(030) 2093 3467, Fax (030) 2093 3431,
E-Mail: sekretariat.baer@rewi.hu-berlin.de

Barczak, Dr. Tristan, LL.M., Professor,
Universität Passau,
Lehrstuhl für Öffentliches Recht,
Sicherheitsrecht und das Recht der neuen
Technologien, Dr.-Hans-Kapfinger-Str. 14c,
94032 Passau,
(0049) 851 509 2290,
E-Mail: tristan.barczak@uni-passau.de

Barfuß, Dr. iur. Dr. rer. pol. Walter,
o. Univ.-Professor, Tuchlauben 11/31,
A-1010 Wien; Präsident des Österreichi-
schen Normungsinstituts,
Generaldirektor für Wettbewerb a.D.
(Bundeswettbewerbsbehörde),
Heinestr. 38,
A-1020 Wien,
(0043) 1/213 00/612,

Fax (0043) 1/213 00/609,
E-Mail: walter.barfuss@as-institute.at

Bartlsperger, Dr. Richard, o. Professor,
Schleifweg 55,
91080 Uttenreuth,
(09131) 599 16, Fax (09131) 5333 04,
E-Mail: Bartlsperger.richard@t-online.de

Bast, Dr. Jürgen, Professor,
Justus-Liebig-Universität Gießen,
Professur für Öffentliches Recht
und Europarecht,
Licher Str. 64, 35394 Gießen,
(0641) 99 21061, Fax (0641) 99 21069,
E-Mail: jurgen.bast@recht.uni-giessen.de

Battis, Dr. Dr. h.c. Ulrich, Professor,
GSK Stockmann, Mohrenstr. 42,
10117 Berlin,
(0049) 30 203907 7753
E-Mail: ulrichbattis@googlemail.com

Bauer, Dr. Hartmut, Professor,
Am Hegereiter 13, 01156 Cossebaude,
(0351) 452 1603;
Universität Potsdam,
Lehrstuhl für Europäisches
und Deutsches Verfassungsrecht,
Verwaltungsrecht, Sozialrecht
und Öffentliches Wirtschaftsrecht,
August-Bebel-Str. 89, 14482 Potsdam,
(0331) 977 3264, Fax (0331) 977 3310,
E-Mail: hbauer@rz.uni-potsdam.de

Baumeister, Dr. Peter, Professor,
Duale Hochschule Baden-Württemberg
Stuttgart, Fakultät Sozialwesen,
Rotebühlstr. 131, 70197 Stuttgart,
(0711) 18494642,
E-Mail: peter.baumeister@
dhbw-stuttgart.de

Baumgartner, Dr. Gerhard, Univ.-Professor,
Institut für Rechtswissenschaften,
Alpen-Adria-Universität Klagenfurt,

Universitätsstr. 65–67,
A-9020 Klagenfurt am Wörthersee,
(0043) 463 2700 3311,
Fax (0043) 463 2700 993311,
E-Mail: Gerhard.Baumgartner@aau.at

Bausback, Dr. Winfried, Univ.-Professor
a. D., MdL, Staatsminister a.D.,
Knodestr. 3, 63741 Aschaffenburg
(06021) 5828540, Fax (06021) 5828544,
E-Mail: info@winfried-bausback.de

Beaucamp, Dr. Guy, Professor,
HAW Hamburg, Department Public
Management, Fakultät Wirtschaft
und Soziales,
Berliner Tor 5, 20099 Hamburg,
(040) 42875 7713,
E-Mail: AnkeBeauc@aol.com

Becker, Dr. Florian, LL.M.(Cambridge),
Professor,
Universität Kiel,
Olshausenstr. 75, Gebäude II, 24118 Kiel,
(0431) 880 5378 oder -1504,
Fax (0431) 880 5374,
E-Mail: lehrstuhl.becker@law.uni-kiel.de

Becker, Dr. Joachim, apl. Professor,
Kreuznacher Str. 6, 14197 Berlin,
(030) 822 4012;
Humboldt-Universität zu Berlin,
Juristische Fakultät,
Unter den Linden 6, 10099 Berlin,
(030) 2093 3383,
E-Mail: Joachim.Becker@rewi.hu-berlin.de

Becker, Dr. Jürgen, o. Professor,
Kellerstr. 7, 81667 München,
E-Mail: ksjbecker@gmail.com

Becker, Dr. Ulrich, LL.M. (EHI),
Professor,
Pfarrsiedlungsstr. 9, 93161 Sinzing,
(09404) 3478,
Max-Planck-Institut für ausländisches

und internationales Sozialrecht,
Amalienstr. 33, 80799 München,
(089) 386 02 511, Fax (089) 386 02 590,
E-Mail: Becker@mpisoc.mpg.de

Belser, Dr. Eva Maria, Professorin,
Chemin du Riedelet 7,
CH-1723 Marly,
(0041) 264 3622 36;
Universität Freiburg, Rechtswissen-
schaftliche Fakultät, Lehrstuhl
für Staats- und Verwaltungsrecht,
Av. Beauregard 1, CH-1700 Freiburg,
(0041) 26 300 81 47,
E-Mail: evamaria.belser@unifr.ch

Beham, Dr. Dr. Markus P., LL.M.
(Columbia), Privatdozent,
Universität Passau,
Innstr. 41, 94032 Passau,
(0049) 0851 509 2344,
E-Mail: markus.beham@uni-passau.de

Berg, Dr. Wilfried, o. Professor,
Waldsteinring 25, 95448 Bayreuth,
(0921) 990 0814;
Universität Bayreuth, 95440 Bayreuth,
(0921) 5528 76, Fax (0921) 5584 2875
oder 55 2985,
E-Mail: wilfried@cwberg.de

Berger, Dr. Ariane, Privatdozentin,
Freie Universität Berlin,
Fachbereich Rechtswissenschaft,
Boltzmannstr. 3, 14195 Berlin,
(030) 838 55924,
E-Mail: ariane.berger@fu-berlin.de

Bernstorff, Dr. Jochen von, Professor,
Eberhard-Karls-Universität Tübingen,
Juristische Fakultät, Lehrstuhl für
Staatsrecht, Völkerrecht und Verfassungs-
lehre, Geschwister-Scholl-Platz,
72074 Tübingen,
E-Mail: vonbernstorff@jura.
uni-tuebingen.de

Bertel, Dr. Maria, Professorin,
Universität Graz, Institut für Öffentliches
Recht und Politikwissenschaft,
Universitätsstr. 15, Bauteil C/III,
A-8010 Graz,
(0043) 316 380 7418,
E-Mail: maria.bertel@uni-graz.at

Bethge, Dr. Herbert, o. Professor,
Am Seidenhof 8, 94034 Passau,
(0851) 416 97,
Fax (0851) 490 1897,
E-Mail: H.I.Bethge@t-online.de

Beusch, Dr. Michael, Professor,
Bundesrichter,
Schweizerisches Bundesgericht,
Av. Du Tribunal Fédéral 29,
CH-1000 Lausanne 14
(0041) 21 3189358
E-Mail: michael.beusch@bger.ch

Bezemek, Dr. Christoph, BA, LL.M. (Yale),
Professor,
Universität Graz
Institut für Öffentliches Recht
und Politikwissenschaft
Universitätsstr. 15, 3D
A-8010 Graz
E-Mail: christoph.bezemek@uni-graz.at

Biaggini, Dr. Giovanni, o. Professor,
Universität Zürich, Lehrstuhl für Staats-,
Verwaltungs- und Europarecht,
Rechtswissenschaftliches Institut,
Freiestr. 15,
CH-8032 Zürich,
(0041) 44634 3011 oder -3668,
Fax (0041) 44634 4389,
E-Mail: giovanni.biaggini@ius.uzh.ch

Bickenbach, Dr. Christian,
Univ.-Professor,
Lehrstuhl für Öffentliches Recht, insb.
Infrastrukturrecht und Verwaltungsrecht,
Universität Potsdam,
Juristische Fakultät,
August-Bebel-Str. 89, 14482 Potsdam,
E-Mail: christian.bickenbach@uni-potsdam.de

Bieber, Dr. Uwe Roland, o. Professor,
Mainzer Str. 135, 53179 Bonn,
(0228) 3571 89; Université de Lausanne,
E-Mail: Roland.Bieber@unil.ch

Binder, Dr. Bruno, Univ.-Professor,
Wischerstr. 30, A-4040 Linz,
(0043) 732 7177 72 0,
Fax (0043) 732 7177 72 4;
Universität Linz,
Altenbergerstr. 69, A-4020 Linz,
(0043) 7322 4680, Fax (0043) 7322 468 10,
E-Mail: vwrecht@jku.at

Bisaz, Dr. iur. & lic. phil. Corsin,
Privatdozent,
Schweizerisches Bundesgericht,
Av. du Tribunal fédéral 29,
CH-1000 Lausanne 14,
(0041) 21 318 91 11;
E-Mail: corsin.bisaz@uzh.ch

Blankenagel, Dr. Alexander, Professor,
Türksteinstr. 10, 14167 Berlin,
(030) 854 9582;
Humboldt-Universität zu Berlin,
Juristische Fakultät,
Unter den Linden 6, 10099 Berlin,
(030) 2093 3381, Fax (0 30) 2093 3345,
E-Mail: blankenagel@rewi.hu-berlin.de

Bock, Dr. Wolfgang, Professor,
Richter am Landgericht
Frankfurt am Main a.D.,
Schalkwiesenweg 44,
60488 Frankfurt am Main,
Privat: (069) 7657 17; (0163) 636 2552

Böhm, Dr. Monika, Professorin,
Philipps-Universität Marburg,
Fachbereich Rechtswissenschaft,

Universitätsstr. 6, 35037 Marburg,
(06421) 28 23132 oder - 23808,
E-Mail: monika.boehm@jura.
uni-marburg.de

Bogdandy, Dr. Dr. h.c. mult. Armin von,
M.A., Professor, Direktor am Max-Planck-
Institut für ausländisches öffentliches Recht
und Völkerrecht,
Im Neuenheimer Feld 535,
69120 Heidelberg,
(06221) 4826 02,
E-Mail: sekreavb@mpil.de

Bogs, Dr. Harald, o. Professor,
Franz-Eisele-Allee 2, App. 14,
82340 Feldafing

Bohne, Dr. Eberhard, M.A., Professor,
Gartenstr. 5, 61476 Kronberg,
Deutsche Universität für
Verwaltungswissenschaften Speyer,
Freiherr-vom-Stein-Str. 2, 67346 Speyer,
(06232) 654 326, Fax (06232) 654 416,
E-Mail: bohne@uni-speyer.de

Borowski, Dr. Martin, Professor,
Universität Heidelberg, Institut für
Staatsrecht,
Verfassungslehre und Rechtsphilosophie,
Friedrich-Ebert-Anlage 6–10,
69117 Heidelberg,
(06221) 54 7462,
E-Mail: borowski@jurs.uni-heidelberg.de

Bothe, Dr. Michael, Univ.-Professor,
Theodor-Heuss-Str. 6, 64625 Bensheim,
(06251) 4345,
E-Mail: bothe-bensheim@t-online.de

Boysen, Dr. Sigrid, Univ.-Professorin,
Helmut-Schmidt-Universität/
Universität der Bundeswehr Hamburg,
Professur für Öffentliches Recht,
Völker- und Europarecht,
Holstenhofweg 85, 22043 Hamburg,

(040) 6541 2771,
Fax (040) 6541 2087,
E-Mail: boysen@hsu-hh.de

Braun Binder, Dr. Nadja,
Professorin für Öffentliches Recht,
Juristische Fakultät der Universität Basel,
Peter Merian-Weg 8, Postfach,
CH-4002 Basel, (0041) 61 207 24 43,
E-Mail: nadja.braunbinder@unibas.ch

Breitenmoser, Dr. Stephan, Professor,
Ordinarius für Europarecht,
Juristische Fakultät der Universität Basel,
Peter Merian-Weg 8, Postfach,
CH-4002 Basel,
(0041) 61267 2551,
Fax (0041) 61267 2579,
E-Mail: stephan.breitenmoser@unibas.ch

Brenner, Dr. Michael, Professor,
Universität Jena,
Lehrstuhl für Deutsches und Europäisches
Verfassungs- und Verwaltungsrecht,
Carl-Zeiss-Str. 3, 07743 Jena,
(03641) 9422 40 oder -41,
Fax (03641) 9422 42,
E-Mail: prof.brenner@t-online.de

Breuer, Dr. Marten, Professor,
Universität Konstanz, Lehrstuhl für
Öffentliches Recht mit internationaler
Ausrichtung,
Universitätsstr. 10, 78464 Konstanz,
(07531) 88 2416,
Fax (07531) 88 3041,
E-Mail: Lehrstuhl.Breuer@uni-konstanz.de

Breuer, Dr. Rüdiger, Professor,
Buschstr. 56, 53113 Bonn,
(0228) 2179 72, Fax (0228) 2248 32;
Köhler & Klett Rechtsanwälte,
Köln,
(0221) 4207 291,
Fax (0221) 4207 255,
E-Mail: breuer.ruediger@arcor.de

Brinktrine, Dr. Ralf, Univ.-Professor,
Margaretenstr. 31,
97276 Margetshöchheim,
(0931) 3044 5884;
Lehrstuhl für Öffentliches Recht,
deutsches und europäisches Umweltrecht
und Rechtsvergleichung,
Juristische Fakultät,
Universität Würzburg,
Domerschulstr. 16, 97070 Würzburg,
(0931) 318 2331,
E-Mail: Ralf.Brinktrine@jura.
uni-wuerzburg.de

Britz, Dr. Gabriele, Professorin,
Richterin des Bundesverfassungsgerichts
a.D., Justus-Liebig-Universität Gießen,
Professur für Öffentliches Recht
und Europarecht,
Hein-Heckroth-Str. 5, 35390 Gießen,
(0641) 992 1070, Fax (0641) 992 1079,
E-Mail: Gabriele.Britz@recht.
uni-giessen.de

Broemel, Dr. Roland, Professor,
Goethe-Universität Frankfurt am Main,
Fachbereich Rechtswissenschaft,
Theodor-W.-Adorno-Platz 3
60629 Frankfurt am Main,
(069) 798 34024,
E-Mail: broemel@jur.uni-frankfurt.de

Bröhmer, Dr. Jürgen, Professor,
4 Hinton Cove, WA 6170 Wellard,
(0061) 8 9419 5965;
Dean and Professor of Law,
School of Law, Murdoch University,
Murdoch, AU-WA 6150, Australien,
(0061) 89360 6050,
E-Mail: j.brohmer@murdoch.edu.au

Brosius-Gersdorf, Dr. Frauke, LL.M.,
Professorin,
Universität Potsdam, Juristische Fakultät
Lehrstuhl für Öffentliches Recht
insb. Verfassungsrecht,

August-Bebel-Str. 89
14482 Potsdam,
(0331) 977 3264,
E-Mail: brosius-gersdorf@uni-potsdam.de

Brühl-Moser, Dr. Denise,
Titularprofessorin,
Freiburgstr. 130, CH-3003 Bern,
(0041) 998 93182 3685,
E-Mail: d.bruehl-moser@unibas.ch

Brüning, Dr. Christoph, Professor,
Christian-Albrechts-Universität zu Kiel,
Lehrstuhl für Öffentliches Recht
und Verwaltungswissenschaft
Leibnizstr. 2, 24118 Kiel,
(0431) 880 15 05, Fax (0431) 880 4582,
E-Mail: cbruening@law.uni-kiel.de

Bryde, Dr. Brun-Otto, o. Professor,
Richter des Bundesverfassungs-
gerichts a. D., Universität Gießen,
Hein-Heckroth-Str. 5, 35390 Gießen,
(0641) 992 1060/61,
Fax (0641) 992 1069,
E-Mail: Brun.O.Bryde@recht.
uni-giessen.de

Buckler, Dr. Julius, Privatdozent,
Akad. Rat a.Z.
Lehrstuhl für Öffentliches Recht,
Völker- und Europarecht,
Universität Bayreuth,
95440 Bayreuth,
E-Mail: julius.buckler@uni-bayreuth.de

Bull, Dr. Hans Peter, o. Professor,
Falckweg 16, 22605 Hamburg,
(040) 880 5652,
E-Mail: HP-Bull@t-online.de

Bultmann, Dr. Peter Friedrich,
apl. Professor,
Am Pankepark 51, 10115 Berlin,
(030) 4405 6443;
Humboldt-Universität zu Berlin,

Unter den Linden 6, 10099 Berlin,
E-Mail: piet.bultmann@rz.hu-berlin.de

Bumke, Dr. Christian, Professor,
Apostel-Paulus-Str. 19, 10825 Berlin,
(030) 782 6787;
Bucerius Law School, Jungiusstr. 6,
20355 Hamburg,
(040) 30706 237, Fax (040) 30706 259,
E-Mail: christian.bumke@law-school.de

Bungenberg, Dr. Marc, LL.M. (Lausanne),
Professor,
Pirmasenser Str. 3, 30559 Hannover,
(0511) 219 3413 oder (0177) 434 9722;
Universität Siegen,
Fachbereich Wirtschaftswissenschaften,
Wirtschaftsrecht und Wirtschaftsinformatik,
Lehrstuhl für Öffentliches Recht
und Europarecht,
Hölderlinstr. 3, 57068 Siegen,
(0271) 740 3219, Fax (0271) 740 2477,
E-Mail: marc.bungenberg@gmx.de

Burgi, Dr. Martin, Professor,
Institut für Politik und Öffentliches Recht
der LMU München,
Lehrstuhl für Öffentliches Recht,
Wirtschaftsverwaltungsrecht,
Umwelt- und Sozialrecht,
Prof.-Huber-Platz 2,
80539 München,
(089) 2180 6295,
Fax (089) 2180 3199,
E-Mail: martin.burgi@jura.
uni-muenchen.de

Burkert, Dr. Herbert, Professor,
Uferstr. 31, 50996 Köln-Rodenkirchen,
(02213) 9 7700, Fax (02213) 9 7711;
MCM-HSG, Universität St. Gallen,
Müller-Friedberg-Str. 8,
CH-9000 St. Gallen,
(0041) 71 222 4875,
Fax (0041) 71 222 4875,
E-Mail: herbert.burkert@unisg.ch

Burri, Dr. Thomas, LL.M., Professor,
Assistenzprofessor für Völkerrecht
und Europarecht
Bodanstr. 3, CH-9000 St. Gallen,
(0041) 71 224 30 92,
E-Mail: Thomas.Burri@unisg.ch

Bußjäger, Dr. Peter, Univ.-Professor,
Institut für Öffentliches Recht,
Staats- und Verwaltungslehre,
Innrain 52d, A-6020 Innsbruck,
E-Mail: peter.bussjaeger@uibk.ac.at

Butzer, Dr. iur. Hermann, Professor,
Moltkestr. 4, 30989 Gehrden,
(05108) 8782 323;
Leibniz-Universität Hannover,
Lehrstuhl für Öffentliches Recht,
insb. Recht der staatlichen
Transfersysteme,
Königsworther Platz 1,
30167 Hannover,
(0511) 7 6281 69,
Fax (0511) 762 8203,
E-Mail: butzer@jura.uni-hannover.de

Calliess, Dr. Christian, LL.M. Eur.,
M.A.E.S. (Brügge), Professor,
(0175) 205 75 22;
Freie Universität Berlin, Lehrstuhl für
Öffentliches Recht und Europarecht,
Van't-Hoff-Str. 8, 14195 Berlin,
(030) 8385 1456,
Fax (030) 8385 3012,
E-Mail: europarecht@fu-berlin.de

Cancik, Dr. Pascale, Professorin,
Universität Osnabrück,
Institut für Staats-, Verwaltungs- und
Wirtschaftsrecht,
Fachbereich Rechtswissenschaft,
Martinistr. 12,
49078 Osnabrück,
(0541) 969 6044 oder -6099,
Fax (0541) 969 6082,
E-Mail: pcancik@uni-osnabrueck.de

Capitant, Dr. Dr. h.c., David, Professor,
44, rue des Ecoles,
F-75005 Paris,
(0033) 615 102 596,
E-Mail: dcapitant@gmail.com

Caspar, Dr. Johannes, Professor,
Universität Hamburg,
Fachbereich Rechtswissenschaft,
Rothenbaumchaussee 33,
20148 Hamburg,
(040) 42838 3033,
Fax (040) 42383 2635,
E-Mail: johannes.caspar@uni-hamburg.de

Classen, Dr. Claus Dieter, Professor,
Universität Greifswald,
17487 Greifswald,
(03834) 420 21 21 oder 21 24,
Fax (03834) 420 2171,
E-Mail: Classen@uni-greifswald.de

Coelln, Dr. Christian von,
Univ.-Professor,
Lehrstuhl für Staats- und Verwaltungsrecht
sowie Wissenschaftsrecht und Medienrecht
Universität zu Köln,
Albert-Magnus-Platz,
50923 Köln,
(0221) 470 40 66,
E-Mail: cvcoelln@uni-koeln.de

Collin, Dr. Peter, Privatdozent,
Rykestr. 18, 10405 Berlin,
(030) 4005 6292;
MPI für europäische Rechtsgeschichte,
Hausener Weg 120,
60489 Frankfurt am Main,
(069) 789 78 1 61,
Fax (069) 789 78 1 69,
E-Mail: collin@rg.mpg.de

Cornils, Dr. Matthias, Professor,
Johannes Gutenberg-Universität Mainz,
Fachbereich Rechts- und
Wirtschaftswissenschaften,

Jakob-Welder-Weg 9, 55099 Mainz,
(06131) 39 220 69,
E-Mail: cornils@uni-mainz.de

Cossalter, Dr. Philippe, Professor,
Lehrstuhl für französisches öffentliches
Recht,
Rechtswissenschaftliche Fakultät,
Universität des Saarlandes,
Postfach 15 11 50,
66041 Saarbrücken,
(0681) 302 3446,
E-Mail: cossalter@mx.uni-saarland.de

Cremer, Dr. Hans-Joachim,
Universität Mannheim Schloss Westflügel,
68131 Mannheim,
E-Mail: hjcremer@uni-mannheim.de

Cremer, Dr. Wolfram, Professor,
Schellstr. 13, 44789 Bochum;
Ruhr-Universität Bochum, Lehrstuhl für
Öffentliches Recht und Europarecht,
GC 8/160, 44780 Bochum,
(0234) 32 22818,
Fax (0234) 32 14 81,
E-Mail: wolfram.cremer@rub.de

Cruz Villalón, Dr. Pedro, Professor,
Facultad de Derecho, Universidad
Autónoma de Madrid,
ES-28049 Madrid,
E-mail: p.cruz@uam.es

Czybulka, Dr. Detlef, Univ.-Professor,
Bergstr. 24–25, 18107 Elmenhorst,
(0381) 795 3944, Fax (0381) 795 3945;
Universität Rostock,
Lehrstuhl für Staats- und Verwaltungsrecht,
Umweltrecht und Öffentliches
Wirtschaftsrecht,
Universitätsplatz 1,
18051 Rostock,
(0381) 498 8250,
Fax (0381) 498 8252,
E-Mail: detlef.czybulka@uni-rostock.de

Damjanovic, Dr. Dragana,
LL.M. (Berkeley),
Univ.-Professorin,
Technische Universität Wien, Institut für
Raumplanung,
Forschungsbereich Rechtswissenschaften,
Karlsgasse 13/1OG,
A-1040 Wien,
(0043) 1 58801 280100,
E-Mail: dragana.damjanovic@tuwien.ac.at

Dann, Dr. Philipp, LL.M., Professor,
Sybelstr. 37, 10629 Berlin;
Lehrstuhl für Öffentliches Recht und
Rechtsvergleichung,
Humboldt-Universität zu Berlin
Unter den Linden 6, 10099 Berlin,
(030) 2093 9975,
E-Mail: philipp.dann@rewi.hu-berlin.de

Danwitz, Dr. Dr. h.c. Thomas von,
Professor,
Klinkenbergsweg 1, 53332 Bornheim,
(02227) 9091 04,
Fax (02227) 90 9105;
Richter am Gerichtshof der
Europäischen Union,
L-2925 Luxemburg, (00352) 4303 2230,
Fax (00352) 4303 2071,
E-Mail: thomas.vondanwitz@curia.
europa.eu

Davy, Dr. Benjamin, Univ.-Professor,
Graf-von-Galen-Str. 64, 33619 Bielefeld,
(0049) 521 9630 8545,
E-Mail: benjamin.davy@udo.edu

Davy, Dr. Ulrike, Univ.-Professorin,
Graf-von-Galen-Str. 64, 33619 Bielefeld,
(0231) 7799 94 oder 794 9979,
Lehrstuhl für öffentliches Recht,
deutsches und internationales Sozialrecht
und Rechtsvergleichung,
Universität Bielefeld,
Postfach 10 01 31, 33501 Bielefeld,
(0521) 106 4400 oder -6893,
Fax (0521) 106 8083,
E-Mail: ulrike.davy@uni-bielefeld.de

Decken, Dr. Kerstin von der, Professorin,
Ministerin für Justiz und Gesundheit
des Landes Schleswig-Holstein
Lorentzendamm 35, 24103 Kiel
(0431) 988 0,
E-Mail: Poststelle@jumi.landsh.de

Dederer, Dr. Hans-Georg,
Univ.-Professor,
Juristische Fakultät, Universität Passau,
Innstr. 39, 94032 Passau,
(0851) 509 2340,
E-Mail: Hans-Georg.Dederer@
uni-passau.de

Degenhart, Dr. Christoph,
Univ.-Professor,
Stormstr. 3, 90491 Nürnberg,
(0911) 59 2462, Fax (0911) 59 2462;
Juristenfakultät, Universität Leipzig,
Burgstr. 27, 04109 Leipzig,
(0341) 97 35191, Fax (0341) 97 35199,
E-Mail: degen@rz.uni-leipzig.de

Delbanco, Dr. Heike, Privatdozentin,
Freier Damm 25 c, 28757 Bremen,
(0421) 243 6381, Fax (0421) 330 4940;
Ärztekammer Bremen,
Schwachhauser Heerstr. 30,
28209 Bremen,
(0421) 3404 200,
Fax (0421) 3404 209

Depenheuer, Dr. Otto, Professor,
Joachimstr. 4, 53113 Bonn,
(0228) 9289 4363, Fax (0228) 9289 4364;
Universität zu Köln,
Seminar für Staatsphilosophie
und Rechtspolitik,
Albertus-Magnus-Platz, 50923 Köln,
(0221) 470 2230,
Fax (0221) 470 5010,
E-Mail: Depenheuer@uni-koeln.de

Desens, Dr. Marc, Univ.-Professor,
Ferdinand-Lassalle-Str. 2, 04109 Leipzig,
(0341) 3558 7365;
Juristenfakultät,
Universität Leipzig, Lehrstuhl für
Öffentliches Recht, insb. Steuerrecht
und Öffentliches Wirtschaftsrecht,
Burgstr. 21, 04109 Leipzig,
(0341) 9735 270, Fax (0341) 9735 279
E-Mail: marc.desens@uni-leipzig.de

Determann, Dr. Lothar, apl. Professor,
2 Embarcadero Center, #11fl, c/o Baker/
McKenzie, San Francisco, CA 94119,
USA;
Freie Universität Berlin,
Fachbereich Rechtswissenschaft
Van't-Hoff-Str. 8, 14195 Berlin,
E-Mail: lothar.determann@bakernet.com

Detterbeck, Dr. Steffen, o. Professor,
Stettiner Str. 60, 35274 Kirchhain,
(06422) 4531,
E-Mail: detterbeck@jura.uni-marburg.de

Di Fabio, Dr. Dr. Udo, Professor,
Richter des Bundesverfassungs-
gerichts a. D.;
Institut für Öffentliches Recht,
Abt. Staatsrecht,
Rheinische-Friedrich Wilhelms-Universität,
Adenauerallee 44, 53113 Bonn,
(0228) 7355 73,
Fax (0228) 7379 35,
E-Mail: difabio@uni-bonn.de

Dietlein, Dr. Johannes, Professor,
Heinrich-Heine-Universität,
Lehrstuhl für Öffentliches Recht und
Verwaltungslehre,
Zentrum für Informationsrecht,
Universitätsstr. 1,
40225 Düsseldorf,
(0211) 81 1 1420,
Fax (0211) 81 1 1455,
E-Mail: dietlein@uni-duesseldorf.de

Dietz, Dr. Andreas, apl. Professor,
Vorsitzender Richter,
Bayerisches Verwaltungsgericht Augsburg,
Kornhausgasse 4, 86152 Augsburg,
(0821) 327 04 (Zentrale),
E-Mail: andreas.dietz@vg-a.bayern.de

Diggelmann, Dr. Oliver, Professor,
Lehrstuhl für Völkerrecht, Europarecht,
Öffentliches Recht und Staatsphilosophie,
Universität Zürich,
Rämistr. 74/36, CH-8001 Zürich,
(0041) 44 634 2054 oder -2033,
Fax (0041) 44 634 5399,
E-Mail: lst.diggelmann@ius.uzh.ch

Dittmann, Dr. Armin, o. Professor,
Karl-Brennenstuhl-Str. 11,
72074 Tübingen,
(07071) 824 56,
E-Mail: aa.dittmann@gmx.de

Dörr, Dr. Dieter, Univ.-Professor,
Am Stadtwald 6, 66123 Saarbrücken,
(0681) 372700;
Seniorforschungsprofessur,
Johannes-Gutenberg-Universität Mainz,
Fachbereich 03, Jakob-Welder-Weg 4,
55128 Mainz,
E-Mail: ddoerr@uni-mainz.de

Dörr, Dr. Oliver, LL.M. (London),
Professor,
Universität Osnabrück, Fachbereich
Rechtswissenschaft,
European Legal Studies Institute,
49069 Osnabrück,
(0541) 969 6050 oder -6051,
Fax (0541) 969 6049,
E-Mail: odoerr@uos.de

Dreier, Dr. Horst, o. Professor,
Bismarckstr. 13,
21465 Reinbek,
(040) 722 5834,
E-Mail: dreier@mail.uni-wuerzburg.de

Droege, Dr. Michael, Univ.-Professor,
Lehrstuhl für Öffentliches Recht:
Verwaltungsrecht, Religionsverfassungs-
recht und Kirchenrecht,
Eberhard Karls Universität Tübingen,
Geschwister-Scholl-Platz, 72074 Tübingen,
(07071) 29 78125,
E-Mail: michael.droege@uni-tuebingen.de

Drüen, Dr. Klaus-Dieter, Professor,
Ludwig-Maximilians-Universität München,
Lehrstuhl für Deutsches, Europäisches und
Internationales Steuerrecht und
Öffentliches Recht,
Prof.-Huber-Platz 2, 80539 München,
(089) 2180 27 18; Fax (089) 2180 17 843,
E-Mail: klaus-dieter.drueen@jura.
uni-muenchen.de

Durner, Dr. jur., Dr. phil. Wolfgang, LL.M.
(London), Professor,
Viktoriaplatz 1,
53173 Bonn-Bad Godesberg;
Rheinische Friedrich-Wilhelms-Universität
Bonn, Rechts- und Staatswissenschaftliche
Fakultät,
Adenauerallee 44, 53113 Bonn,
(0228) 73 9151, Fax (0228) 73 5582,
E-Mail: durner@uni-bonn.de

Dürrschmidt, Dr. Daniel, LL.M.
(Univ. Sydney), Privatdozent,
Ludwig-Maximilians-Universität München,
Lehrstuhl für Deutsches, Europäisches
und Internationales Steuerrecht
und Öffentliches Recht,
Prof.-Huber-Platz 2, 80539 München,
(0049) 89 2180 1694,
E-Mail: daniel.duerrschmidt@jura.
uni-muenchen.de

Eberhard, Dr. Harald,
Univ.-Professor,
Universität Wien,
Institut für Staats- und Verwaltungsrecht,
Schottenbastei 10–16, A-1010 Wien,

(0043) 4277 35462,
E-Mail: harald.eberhard@univie.ac.at

Eberle, Dr. Carl-Eugen, Professor,
Kapellenstr. 68a, 65193 Wiesbaden,
(06 11) 5204 68,
E-Mail: eberle.ce@t-online.de

Ebsen, Dr. Ingwer, Professor,
Alfred-Mumbächer-Str. 19, 55128 Mainz,
(06131) 3310 20;
FB Rechtswissenschaft,
Universität Frankfurt, Postfach 11 19 32,
60629 Frankfurt am Main,
(069) 7982 2703,
E-Mail: Ebsen@jur.uni-frankfurt.de

Eckhoff, Dr. Rolf, Professor,
Lehrstuhl für Öffentliches Recht,
insb. Finanz- und Steuerrecht,
Universitätsstr. 31, 93040 Regensburg,
(0941) 943 2656 57,
Fax (0941) 943 1974,
E-Mail: Rolf.Eckhoff@jura.
uni-regensburg.de

Edenharter, Dr. Andrea,
Univ.-Professorin,
Lehrstuhl für Verwaltungsrecht,
insb. Wirtschaftsverwaltungsrecht
sowie Allgemeine Staatslehre
FernUniversität in Hagen
Universitätsstr. 11,
58097 Hagen,
(02331) 987 2341 oder -2419,
E-Mail: Andrea.Edenharter@
fernuni-hagen.de

Egidy, Dr. Stefanie, LL.M. (Yale),
Professorin,
Lehrstuhl für Öffentliches Recht,
Ökonomische Analyse des Rechts
und Öffentliches Wirtschaftsrecht,
Universität Mannheim,
Schloss Ehrenhof West, 68131 Mannheim,
E-Mail: stefanie.egidy@uni-mannheim.de

Egli, Dr. Patricia, LL.M. (Yale),
Professorin,
Universität St. Gallen,
Meienbergstr. 65,
CH-8645 Jona,
(0041) 79768 9465,
E-Mail: patricia.egli@unisg.ch

Ehlers, Dr. Dirk, Professor,
Am Mühlenbach 14, 48308 Senden,
(02597) 8415;
Zentrum für öffentliches Wirtschaftsrecht,
Westfälische Wilhelms-Universität
Münster,
Universitätsstr. 14–16, 48143 Münster,
(0251) 83 21906,
Fax (0251) 83 28315,
E-Mail: ehlersd@uni-muenster.de

Ehrenzeller, Dr. Bernhard, o. Professor,
Kirchlistr. 36a, CH-9010 St. Gallen,
Institut für Rechtswissenschaft und
Rechtspraxis (IRP-HSG),
Bodanstr. 4,
CH-9000 St. Gallen,
(0041) 71 224 2440 oder -46,
Fax (0041) 71 224 2441,
E-Mail: Bernhard.Ehrenzeller@unisg.ch

Eichenhofer, Dr. Johannes , Professor,
Professur für Öffentliches Recht, insb.
Recht der Digitalisierung der Verwaltung,
Universität Leipzig, Juristenfakultät,
Burgstr. 21 / Raum 5.23/5.24,
04109 Leipzig,
(0049) 341 97 35 121,
E-Mail: johannes.eichenhofer@uni-leipzig.de

Eifert, Dr. Martin, LL.M. (Berkeley),
Professor,
Amalienpark 8, 13187 Berlin;
Humboldt-Universität zu Berlin,
Lehrstuhl für Öffentliches Recht,
insb. Verwaltungsrecht,
Postanschrift: Unter den Linden 6,
10099 Berlin,
Sitz: Gouverneurshaus, Raum 303,
Unten den Linden 11, Berlin-Mitte,
(030) 2093 3620, Fax (030) 2093 3623,
E-Mail: martin.eifert@rewi.hu-berlin.de

Eisenberger, Dr. Iris, Univ.-Professorin,
Universität für Bodenkultur Wien,
Institut für Rechtswissenschaften,
Feistmantelstr. 4, A-1180 Wien,
(0043) 1 47654 73600,
E-Mail: iris.eisenberger@boku.ac.at

Eisenmenger, Dr. Sven, Professor,
Hochschule in der Akademie der Polizei
Hamburg/University of Applied
Sciences, Forschungsstelle Europäisches
und Deutsches Sicherheitsrecht (FEDS),
Professur für Öffentliches Recht,
Carl-Cohn-Str. 39, Block III,
Raum EG 6, 22297 Hamburg,
(040) 4286 24433,
E-Mail: sven.eisenmenger@
polizei-studium.org

Ekardt, Dr. Dr. Felix, LL.M., M.A.,
Professor,
Forschungsstelle Nachhaltigkeit und
Klimapolitik,
Könneritzstr. 41, 04229 Leipzig,
Tel. + Fax (0341) 49277866,
E-Mail: felix.ekardt@uni-rostock.de

Elicker, Dr. Michael, Professor,
Dunzweiler Str. 6, 66564 Ottweiler,
(06858) 6998 53,
Fax (06858) 6998 53;
Universität des Saarlandes,
Lehrstuhl für Staats- und Verwaltungs-
recht, Wirtschafts-, Finanz- u. Steuerrecht,
Rechtswissenschaftliche Fakultät,
Im Stadtwald,
66123 Saarbrücken,
(0681) 302 2104,
Fax (0681) 302 4779,
E-Mail: m.elicker@gmx.de

Emmerich-Fritsche, Dr. Angelika,
apl. Professorin,
Hornschuchpromenade 17,
90762 Fürth,
(0911) 7066 60,
E-Mail: info@emmerich-fritsche.de

Enders, Dr. Christoph,
Univ.-Professor,
Universität Leipzig, Juristenfakultät,
Lehrstuhl für Öffentliches Recht,
Staats- und Verfassungslehre,
Burgstr. 21,
04109 Leipzig,
(0341) 9735 350,
Fax (0341) 97 35359,
E-Mail: chenders@rz.uni-leipzig.de

Engel, Dr. Christoph, Professor,
Max-Planck-Institut zur Erforschung
von Gemeinschaftsgütern,
Kurt-Schumacher-Str. 10,
53113 Bonn,
(0228) 914 1610,
Fax (0228) 914 16 11,
E-Mail: engel@coll.mpg.de

Engels, Dr. Andreas, Privatdozent,
Peter-von-Fliesteden-Str. 23, 50933 Köln,
E-Mail: a.engels@gmx.de;
Universität zu Köln, Institut für Staatsrecht,
Albertus Magnus Platz,
50923 Köln,
(0221) 470 4359,
Fax (0221) 470 5075,
E-Mail: andreas.engels@uni-koeln.de

Englisch, Dr. Joachim, Professor,
Nettelbeckstr. 11,
40477 Düsseldorf,
(0211) 4165 8735,
E-Mail: jo.e@gmx.de;
Westfälische Wilhelms-Universität
Münster, Lehrstuhl für Öffentliches Recht
und Steuerrecht,
Universitätsstr. 14–16,

48143 Münster,
(0251) 83 2 2795,
Fax (0251) 83 2 8386,
E-Mail: jengl_01@uni-muenster.de

Ennöckl, Dr. Daniel, LL.M.,
Univ.-Professor,
Universität für Bodenkultur Wien,
Institut für Rechtswissenschaften,
Feistmantelstr. 4, 1180 Wien,
(0043) 1 47654 73611,
E-Mail: daniel.ennoeckl@boku.ac.at

Ennuschat, Dr. Jörg, Professor,
Ruhr-Universität Bochum,
Lehrstuhl für Öffentliches Recht,
insbes. Verwaltungsrecht
Universitätsstr. 150,
44801 Bochum,
(0234) 3225275,
Fax (0234) 3214282,
E-Mail: Joerg.Ennuschat@rub.de

Epiney, Dr. Astrid, Professorin,
Avenue du Moléson 18,
CH-1700 Fribourg,
(0041) 26 323 4224;
Universität Fribourg i.Ue./CH,
Lehrstuhl für Europa-,
Völker- und Öffentliches Recht,
Av. de Beauregard 11,
CH-1700 Fribourg,
(0041) 26 300 8090,
Fax (0041) 26 300 9776,
E-Mail: Astrid.Epiney@unifr.ch

Epping, Dr. Volker, Professor,
Neddernwanne 38, 30989 Gehrden,
(05108) 9126 97;
Leibniz Universität Hannover,
Juristische Fakultät,
Königsworther Platz 1,
30167 Hannover,
(0511) 762 82 48/49,
Fax (0511) 762 82 52,
E-Mail: epping@jura.uni-hannover.de

Erbel, Dr. Günter, Professor,
Bornheimer Str. 106, 53111 Bonn

Erbguth, Dr. Wilfried, Professor,
Friedrich-Franz-Str. 38, 18119 Rostock,
(0381) 548 6709,
E-Mail: wilfried.erbguth@uni-rostock.de

Erichsen, Dr. Hans-Uwe, o. Professor,
Falkenhorst 17, 48155 Münster,
(0251) 313 12;
Kommunalwissenschaftliches Institut,
Universität Münster,
Universitätsstr. 14–16, 48143 Münster,
(0251) 8327 41,
E-Mail: erichse@uni-muenster.de

Ernst, Dr. Christian, Univ.-Professor,
Helmut-Schmidt-Universität/
Universität der Bundeswehr,
Fakultät für Wirtschafts- und
Sozialwissenschaften,
Holstenhofweg 85,
22043 Hamburg,
(0049) 040 6541 3949,
E-Mail: christian.ernst@hsu-hh.de

Errass, Dr. Christoph, Professor,
Bundesverwaltungsrichter
Titularprofessor für öffentliches Recht an
der Universität St. Gallen Schweizerisches,
Bundesverwaltungsgericht,
Kreuzackerstr. 12,
CH-9000 St. Gallen,
(0041) 58 465 26 26,
E-Mail: christoph.errass@unisg.ch

Faber, Dr. Angela, apl. Professorin,
Am Beller Weg 65, 50259 Pulheim
(02234) 64370
Mail: mail@angelafaber.de;
Dezernentin für Schule und Integration
beim Landschaftsverband Rheinland,
Kennedy-Ufer 2, 50679 Köln,
(0221) 809 6219,
E-Mail: angela.faber@lvr.de

Farahat, Dr. Anuscheh, LL.M. (Berkeley),
Professorin
Friedrich-Alexander-Universität
Erlangen-Nürnberg, Institut für Deutsches,
Europäisches und Internationales Recht,
Professur für Öffentliches Recht,
Migrationsrecht und Menschenrechte,
Schillerstr. 1, 91054 Erlangen,
(0049) 9131 85 26808/26840,
Mail: anuscheh.farahat@fau.de

Fassbender, Dr. Bardo, LL.M. (Yale),
o. Professor,
Universität St. Gallen,
Lehrstuhl für Völkerrecht, Europarecht
und Öffentliches Recht,
Tigerbergstr. 21, CH-9000 St. Gallen,
(0041) 71 224 2836,
Fax (0041) 71 224 2162,
E-Mail: bardo.fassbender@unisg.ch

Faßbender, Dr. Kurt, Professor,
Universität Leipzig, Lehrstuhl für
Öffentliches Recht,
insb. Umwelt- und Planungsrecht,
Burgstr. 21, 04109 Leipzig,
(0341) 9735 131, Fax (0341) 9735 139,
E-Mail: fassbender@uni-leipzig.de

Fastenrath, Dr. Ulrich, Professor,
Liliensteinstr. 4,
01277 Dresden,
(0351) 25 40 536,
E-Mail: Ulrich.Fastenrath@tu-dresden.de

Fechner, Dr. Frank, Professor,
TU Ilmenau, Institut für
Rechtswissenschaft,
Postfach 100 565, 98684 Ilmenau,
(03677) 69 4022,
E-Mail: Frank.Fechner@tu-ilmenau.de

Fehling, Dr. Michael, LL.M. (Berkeley),
Professor,
Bucerius Law School, Hochschule für
Rechtswissenschaft,

Jungiusstr. 6, 20355 Hamburg,
Postfach 30 10 30,
(040) 307 06 231, Fax (040) 307 06 235,
E-Mail: michael.fehling@law-school.de

Feichtner, Dr. Isabel, Professorin,
LL.M. (Cardozo)
Julius-Maximilians-Universität Würzburg,
Juristische Fakultät,
Professur für Öffentliches Recht
und Wirtschaftsvölkerrecht,
Domerschulstr. 16,
97070 Würzburg,
(0931) 318 6622,
E-Mail: feichtner@jura.uni-wuerzburg.de

Feik, Dr. Rudolf, ao. Univ.-Professor,
Hans-Sperl-Str. 7, A-5020 Salzburg,
(0043) 6 76 73 04 33 74;
Universität Salzburg,
Fachbereich Öffentliches Recht,
Kapitelgasse 5–7,
A-5020 Salzburg,
(0043) 662 8044 36 03,
Fax (0043) 662 8044 3629,
E-Mail: rudolf.feik@sbg.ac.at

Felix, Dr. Dagmar, Professorin,
Universität Hamburg, Öffentliches Recht
und Sozialrecht,
Fakultät für Rechtswissenschaft,
Rothenbaumchaussee 33,
20148 Hamburg,
(040) 428 38 2665, Fax (040) 42838 2930,
E-Mail: dagmar.felix@jura.uni-hamburg.de

Fetzer, Dr. Thomas, LL.M., Professor,
Lehrstuhl für öffentliches Recht und
Steuerrecht,
Fakultät für Rechtswissenschaft und
Volkswirtschaftslehre,
Abt. Rechtswissenschaft
Universität Mannheim,
68131 Mannheim,
(0621) 1811 438,
E-Mail: lsfetzer@mail.uni-mannheim.de

Fiedler, Dr. Wilfried, o. Professor,
Am Löbel 2,
66125 Saarbrücken-Dudweiler,
(06897) 7664 01;
Forschungsstelle Internationaler
Kulturgüterschutz,
Universität des Saarlandes, Gebäude 16,
Postfach 15 11 50,
66041 Saarbrücken,
(0681) 302 3200,
Fax (0681) 302 4330,
E-Mail: w.fiedler@mx.uni-saarland.de

Fink, Dr. Udo, Univ.-Professor,
Johannes-Gutenberg-Universität Mainz,
Fachbereich Rechts- und
Wirtschaftswissenschaften,
55099 Mainz,
(06131) 392 2384,
E-Mail: pfink@uni-mainz.de

Finke, Dr. Jasper, PD, LL.M. (Columbia),
Referent im Bundesministerium
der Justiz und für Verbraucherschutz,
E-Mail: finke-ja@bmjv.bund.de

Fisahn, Dr. Andreas, Professor,
Grüner Weg 83, 32130 Enger;
Universität Bielefeld, Fakultät für
Rechtswissenschaft,
Postfach 10 01 31,
33501 Bielefeld,
(0521) 106 4384,
E-Mail: andreas.fisahn@uni-bielefeld.de

Fischer, Dr. Kristian, apl. Professor,
Deidesheimer Str. 52, 68309 Mannheim,
(0621) 73 8245;
Lehrstuhl für Öffentliches Recht und
Steuerrecht,
Universität Mannheim,
Schloss Westflügel,
68131 Mannheim,
(0621) 181 1435,
Fax (0621) 181 1437,
E-Mail: kfischer@jura.uni-mannheim.de

Fischer-Lescano, Dr. Andreas, LL.M.
(EUI, Florenz), Professor,
Professor im Fachgebiet „Just Transitions",
Kassel Institute for Sustainability
Fachbereich Humanwissenschaften,
Arnold Bode-Str. 10, 34127 Kassel,
E-Mail: fischer-lescano@uni-kassel.de

Fister, Dr. Mathis Univ.-Professor,
Johannes Kepler Universität Linz,
Institut für Verwaltungsrecht und
Verwaltungslehre,
Altenberger Str. 69, Juridicum, 4. Stock,
Trakt B, J 400 B, A-4040 Linz,
(0043) 732 2468 1860,
E-Mail: mathis.fister@jku.at

Folz, Dr. Hans-Peter, Univ.-Professor,
Klosterwiesgasse 31, A-8010 Graz;
Institut für Europarecht/Department of
European Law,
Karl-Franzens-Universität Graz,
RESOWI-Zentrum,
Universitätsstr. 15/C 1,
A-8010 Graz,
(0043) 316 380 3625,
Fax (0043) 316 380 9470,
E-Mail: hans-peter.folz@uni-graz.at

Fontana, Dr. Sina, MLE., Professorin,
Universität Augsburg
Lehrstuhl für Öffentliches Recht und
Krisenresilienz,
Universitätsstr. 24, 86159 Augsburg,
E-Mail: sina.fontana@jura.uni-augsburg.de

Fowkes, Dr. James, LL.M. (Yale),
Professor,
Westfälische Wilhelms-Universität
Münster,
Institut für internationales und
vergleichendes öffentliches Recht Abt. IV,
Rechtswissenschaftliche Fakultät,
Universitätsstr. 14–16, 48143 Münster,
(0049) 251 832 2733,
Email: fowkes@uni-muenster.de

Fraenkel-Haeberle, Dr. Cristina,
apl. Professorin,
Am Rabensteinerweg 2, 67346 Speyer,
Mobil (0162) 3185295;
Programmbereichskoordinatorin,
Deutsches Forschungsinstitut für
öffentliche Verwaltung Speyer,
Freiherr-vom-Stein-Str. 2, 67346 Speyer,
(06232) 654 384, Fax (06232) 654 290,
E-Mail: fraenkel-haeberle@foev-speyer.de

Frank, Dr. Dr. h.c. Götz, Professor,
Cäcilienplatz 4, 26122 Oldenburg,
(04 41) 7 56 89;
Carl von Ossietzky Universität Oldenburg,
Juristisches Seminar,
Öffentliches Wirtschaftsrecht,
26111 Oldenburg,
Paketanschrift: Ammerländer Heerstr.
114–118, 26129 Oldenburg,
(0441) 798 4143, Fax (0441) 798 4151,
E-Mail: Goetz.Frank@uni-oldenburg.de

Frankenberg, Dr. Dr. Günter, Professor,
Institut für Öffentliches Recht,
Goethe-Universität Frankfurt,
Rechtswissenschaft,
Theodor-W.-Adorno-Platz 4,
60629 Frankfurt am Main,
(069) 7983 4 270 oder -269,
E-Mail: Frankenberg@jur.uni-frankfurt.de

Franzius, Dr. Claudio, Professor,
Röbbek 10, 22607 Hamburg,
(040) 46776382;
Universität Bremen,
Fachbereich Rechtswissenschaft,
Universitätsallee GW 1, 28359 Bremen,
(0421) 218 66100,
E-Mail: franzius@uni-bremen.de

Frau, Dr. Robert, Professor,
Professur für Öffentliches Recht, insb.
Energie- und Umweltrecht,
Technische Universität Bergakademie
Freiberg,

Schloßplatz 1,
09599 Freiberg,
E-Mail: robert.frau@rewi.tu-freiberg.de

Fremuth, Dr. Michael Lysander,
Univ.-Professor,
Wissenschaftlicher Direktor des Ludwig
Boltzmann Instituts für Menschenrechte,
Universität Wien, Institut für Staats- und
Verwaltungsrecht,
Freyung 6, 1. Hof, Stiege: II,
1010 Wien,
(0043) 1 4277 27420,
Fax (0043) 1 4277 27429,
E-Mail: michael-lysander.fremuth@
univie.ac.at

Frenzel, Dr. Eike M., Privatdozent,
Institut für Öffentliches Recht,
Rechtswissenschaftliche Fakultät,
Albert-Ludwigs-Universität Freiburg,
Postfach, 79085 Freiburg i. B.,
(0761) 203 2252,
Fax (0761) 203 2293,
E-Mail: eike.frenzel@jura.uni-freiburg.de

Froese, Dr. Judith, Professorin,
Universität Konstanz, Lehrstuhl für
Öffentliches Recht mit Nebengebieten,
Fach 110, 78457 Konstanz,
(0049) 7531 88 3004,
E-Mail: judith.froese@uni-konstanz.de

Fromage, Dr. Diane, Professorin,
Universität Salzburg,
Edmundsburg, Mönchsberg 2,
A-5020 Salzburg,
(0043) 662 8044 7608,
E-Mail: diane.fromage@plus.ac.at

Fromont, Dr. Dr. h.c. mult. Michel,
Professor,
12, Boulevard de Port Royal,
F-75005 Paris,
(0033) 1 45 35 73 71,
E-Mail: Fromont.michel@wanadoo.fr

Frowein, Dr. Dres. h.c. Jochen Abr.,
o. Professor,
Blumenthalstr. 53, 69120 Heidelberg,
(06221) 4746 82, Fax (06221) 4139 71;
Max-Planck-Institut für ausländisches
öffentliches Recht und Völkerrecht,
Im Neuenheimer Feld 535,
69120 Heidelberg,
(06221) 482 258, Fax (06221) 482 603,
E-Mail: frowein@mpil.de

Führ, Dr. Martin, Professor,
Hochschule Darmstadt,
Sonderforschungsgruppe
Institutionenanalyse, Haardtring 100,
Gebäude A12/Raum 310,
64295 Darmstadt, (0049) 6151 16 38734

Funk, Dr. Bernd-Christian,
o. Professor (em.),
Franz-Graßler-Gasse 23, A-1230 Wien,
(0033) 1 45 35 73 71,
Fax (0043) 1889 2935;
Institut für Staats- und Verwaltungsrecht,
Universität Wien,
Juridicum, Schottenbastei 10–16,
A-1010 Wien,
E-Mail: bernd-christian.funk@univie.ac.at

Funke, Dr. Andreas, Professor,
Kochstr. 21, 91054 Erlangen,
(09131) 829 0597;
Friedrich-Alexander-Universität
Erlangen-Nürnberg,
Lehrstuhl für Öffentliches Recht und
Rechtsphilosophie,
E-Mail: andreas.funke@fau.de

Gächter, Dr. Thomas, Professor,
Universität Zürich,
Lehrstuhl für Staats-, Verwaltungs- und
Sozialversicherungsrecht,
Rechtswissenschaftliches Institut
Treichlerstr. 10, CH-8032 Zürich,
(0041) 446 3430 62,
E-Mail: Ist.gaechter@ius.uzh.ch

Gärditz, Dr. Klaus Ferdinand,
Professor,
Kastanienweg 48, 53177 Bonn;
Rheinische Friedrich-Wilhelms-Universität
Bonn,
Institut für Öffentliches Recht,
Adenauerallee 24–42, 53113 Bonn,
(0228) 73 9176,
E-Mail: gaerditz@jura.uni-bonn.de

Galetta, Dr. Diana-Urania, LL.M.,
Professorin,
Università degli Studi di Milano,
Facoltà di Giurisprudenza
Dipartimento di diritto pubblico italiano e
sovranazionale,
Via Festa del Perdono 7, I-20122 Milano,
(0039) 02 503 12590,
Fax (0039) 02 503 12546,
E-Mail: diana.galetta@unimi.it

Gall von, Dr. Caroline,
Privatdozentin, J.-Professorin,
Universität zu Köln, Institut für
osteuropäisches Recht und
Rechtsvergleichung,
Klosterstr. 79 d, 50931 Köln,
(0221) 470 5575,
E-Mail: CvGall@uni-koeln.de

Gamper, Dr. Anna, Univ.-Professorin,
Universität Innsbruck, Institut für Öffentliches Recht, Staats- und Verwaltungslehre,
Innrain 52d, A-6020 Innsbruck,
(0043) 512 507 84024,
Fax (0043) 512 507 84099,
E-Mail: Anna.Gamper@uibk.ac.at

Gassner, Dr. Ulrich M., Mag.rer.publ.,
M.Jur. (Oxon), Professor,
Scharnitzer Weg 9, 86163 Augsburg,
(0821) 632 50,
E-Mail: ugassner@web.de,
Universität Augsburg;
Universitätsstr. 2, 86135 Augsburg,
(0821) 598 45 46, Fax (0821) 598 45 47,

E-Mail: Ulrich.Gassner@jura.
uni-augsburg.de

Geis, Dr. Max-Emanuel, o. Professor,
Valentin-Rathgeber-Str. 1, 96049 Bamberg,
(0951) 5193 305 oder -306,
Fax (0951) 5193 308;
Friedrich-Alexander-Universität Erlangen,
Institut für Staats- und Verwaltungsrecht,
Schillerstr. 1, 91054 Erlangen,
(09131) 852 2818, Fax (09131) 852 6382,
E-Mail: max-emanuel.geis@jura.
uni-erlangen.de

Gellermann, Dr. Martin, apl. Professor,
Schlesierstr. 14, 49492 Westerkappeln,
(05404) 2047, Fax (05404) 9194 75,
Universität Osnabrück,
Fachbereich Rechtswissenschaften,
49069 Osnabrück, (05404) 9196 95,
E-Mail: M.Gellermann@t-online.de

Germann, Dr. Michael, Professor,
Martin-Luther-Universität
Halle-Wittenberg,
Lehrstuhl für Öffentliches Recht,
Staatskirchenrecht und Kirchenrecht,
Universitätsplatz 5, 06108 Halle,
(0345) 55 232 20, Fax (0345) 55 276 74,
E-Mail: Germann@jura.uni-halle.de

Germelmann, Dr. Claas Friedrich,
LL.M. (Cantab.), Univ.-Professor,
Leibniz Universität Hannover,
Juristische Fakultät,
Lehrstuhl für Öffentliches Recht,
insb. Europarecht,
Königsworther Platz 1, 30167 Hannover,
(0511) 762 8186, Fax (0511) 762 8173,
E-Mail: LS.Germelmann@jura.
uni-hannover.de

Gersdorf, Dr. Hubertus, Professor,
Universität Leipzig, Juristenfakultät
Lehrstuhl für Staats- und Verwaltungs-
sowie Medienrecht,

Burgstr. 21, 04109 Leipzig,
(0341) 97 35 191, Fax (0341) 97 35 199,
E-Mail: hubertus.gersdorf@
uni-leipzig.de

Giegerich, Dr. Thomas, LL.M. (Virginia),
Univ.-Professor,
Europa-Institut der Universität des
Saarlandes,
Campus Geb. B 2.1, 66123 Saarbrücken,
(0681) 302 3280 oder -3695,
Fax (0681) 302 4879
E-Mail: giegerich@europainstitut.de

Gillich, Dr. Ines, LL.M. (UCLA),
Privatdozentin,
Johannes Gutenberg-Universität Mainz,
FB 03 – Rechtswissenschaften,
Lehrstuhl für Öffentliches Recht,
Völker- und Europarecht,
Int. Wirtschaftsrecht,
Jakob-Welder-Weg 4, 55128 Mainz,
(06131) 39 27880,
E-Mail: igillich@uni-mainz.de

Glaser, Dr. Andreas, Professor,
Lehrstuhl für Staats-, Verwaltungs- und
Europarecht unter besonderer
Berücksichtigung von Demokratiefragen,
Universität Zürich, Rechtswissenschaft-
liches Institut,
Rämistr. 74/14, CH-8001 Zürich,
E-Mail: lst.glaser@ius.uzh.ch

Görisch, Dr. Christoph, Professor,
Hessische Hochschule für Öffentliches
Management und Sicherheit, Fachbereich
Verwaltung, Campus Wiesbaden,
Schönbergstr. 100, 65199 Wiesbaden,
E-Mail: christoph.goerisch@
hfpv-hessen.de

Goerlich, Dr. Dr. h.c. Helmut, Professor,
Universität Leipzig, Institut für Staats- und
Verwaltungsrecht,
Burgstr. 27, 04109 Leipzig,

(0341) 97 351 71, Fax (0341) 97 351 79,
E-Mail: helmut.goerlich@poesteo.de

Götz, Dr. Volkmar, o. Professor,
Geismar Landstr. 17a, 37083 Göttingen,
(0551) 43119,
E-Mail: europa@uni-goettingen.de

Goldhammer, Dr. Michael, LL.M.
(Michigan), Professor,
Gluckstr. 37, 60318 Frankfurt a.M;
EBS Universität für Wirtschaft und Recht,
Lehrstuhl für Öffentliches Recht II,
Gustav-Stresemann-Ring 3,
65189 Wiesbaden,
E-Mail: michael.goldhammer@ebs.edu

Gornig, Dr. Dr. h.c. mult. Gilbert,
Professor,
Pfarracker 4, 35043 Marburg-Bauerbach,
(06421) 1635 66, Fax (06421) 1637 66,
E-Mail: Gornig@voelkerrecht.com

Grabenwarter, DDr. Dr. h.c. Christoph,
Univ.-Professor,
Institut für Europarecht und Internationales
Recht, Wirtschaftsuniversität Wien,
Welthandelsplatz 1 / Gebäude D3,
A-1020 Wien,
(0043) 1313 36 4423,
Fax (0043) 1313 36 9205,
Präsident des Verfassungsgerichtshofs,
Verfassungsgerichtshof, Freyung 8,
A-1010 Wien,
(0043) 1531 22 1394,
E-Mail: sekretariat.grabenwarter@wu.ac.at

Gramlich, Dr. Ludwig, Professor,
Justus-Liebig-Str. 38 A, 64839 Münster;
Fakultät für Wirtschaftswissenschaften,
TU Chemnitz-Zwickau,
Postfach 9 64, 09009 Chemnitz,
(0371) 531 4164, -65,
Fax (0371) 531 3961,
E-Mail: l.gramlich@wirtschaft.
tu-chemnitz.de

Graser, Dr. Alexander, Professor,
Brennereistr. 66,
85662 Hohenbrunn,
(08102) 7788 55;
Universität Regensburg, Fakultät für
Rechtswissenschaft, Lehrstuhl
für Öffentliches Recht und Politik,
Universitätsstr. 31, 93053 Regensburg,
(0941) 943 5760,
Fax (0941) 943 5771,
E-Mail: Alexander.Graser@jura.
uni-regensburg.de

Grawert, Dr. Dr. h.c. Rolf,
o. Professor (em.), Professor. h.c.,
Aloysiusstr. 28, 44795 Bochum,
(0234) 4736 92;
Ruhr-Universität Bochum,
Juristische Fakultät,
Universitätsstr. 150, GC 8/59,
44721 Bochum,
E-Mail: Rolf.Grawert@rub.de

Grewe, Dr. Dr. h.c. Constance,
Univ.-Professorin,
55 Bd de la Vilette, BAL 132,
F-75015 Paris;
E-Mail: grewe04@gmail.com

Griebel, Dr. Jörn, Professor,
Universität Siegen, Fakultät III,
Kohlbettstr. 15, 57072 Siegen,
(0271) 740 3219,
Fax (0271) 740 13219,
E-Mail: griebel@recht.uni-siegen.de

Grigoleit, Dr. Klaus Joachim,
Univ.-Professor,
Eisenacher Str. 65, 10823 Berlin;
TU Dortmund, Fakultät Raumplanung,
Fachgebiet Raumplanungs- und
Umweltrecht,
August-Schmidt-Str. 10,
44227 Dortmund,
(0231) 755 32 17, Fax (0231) 755 34 24,
E-Mail: klaus.grigoleit@tu-dortmund.de

Griller, Dr. Stefan, Univ.-Professor,
Hungerbergstr. 11–13, A-1190 Wien,
(0043) 132 24 05;
Paris Lodron Universität Salzburg,
Europarecht,
Mönchsberg 2, A- 5020 Salzburg,
(0043) 662 8044 7608,
E-Mail: stefan.griller@sbg.ac.at

Grimm, Dr. Dr. h.c. mult. Dieter,
LL.M. (Harvard), o. Professor (em.),
Humboldt-Universität zu Berlin,
Juristische Fakultät,
Unter den Linden 6, 10099 Berlin,
Wissenschaftskolleg zu Berlin,
Wallotstr. 19, 14193 Berlin,
(030) 89001 134,
E-Mail: grimm@wiko-berlin.de

Gröpl, Dr. Christoph, Univ.-Professor,
Rechtswissenschaftliche Fakultät,
Universität des Saarlandes,
Campus B4.1, 66123 Saarbrücken,
(0681) 302 3200,
E-Mail: lehrstuhl@groepl.uni-saarland.de

Gröschner, Dr. Rolf, o. Professor,
Stormstr. 39, 90491 Nürnberg,
(0911) 591 408,
E-Mail: rolf.groeschner@t-online.de

Groh, Dr. Kathrin, Univ.-Professorin,
Universität der Bundeswehr München,
85577 Neubiberg

Gromitsaris, Dr. Athanasios, Privatdozent,
E-Mail: gromitsaris@hotmail.com;
Juristische Fakultät,
Technische Universität Dresden,
01062 Dresden,
(0351) 46337364,
E-Mail: katrin.boerner@tu-dresden.de

Grosche, Dr. Nils, Univ.-Professor,
Agrippinenstr. 3, 53115 Bonn,
E-Mail: nils.grosche@uni-bayreuth.de

Groß, Dr. Thomas, Professor,
Universität Osnabrück,
European Legal Studies Institute,
Süsterstr. 28,
49069 Osnabrück,
(0541) 969 4500,
E-Mail: thgross@uos.de,
www.gross.jura.uos.de

Grote, Dr. Rainer, LL.M. (Edinburgh),
Privatdozent,
Im Sand 3A, 69115 Heidelberg,
(06221) 1643 46,
Fax (06221) 9147 35;
Max-Planck-Institut für ausländisches
öffentliches Recht und Völkerrecht,
Im Neuenheimer Feld 535,
69120 Heidelberg,
(06221) 4822 44,
Fax (06221) 4822 88,
E-Mail: rgrote@mpil.de

Grupp, Dr. Klaus, Univ.-Professor,
Mecklenburgring 31, 66121 Saarbrücken

Grzeszick, Dr. Bernd, LL.M. (Cambridge),
Professor,
An der Elisabethkirche 1, 53113 Bonn
(0228) 9268869;
Universität Heidelberg,
Institut für Öffentliches Recht,
Verfassungslehre und Rechtsphilosophie,
Friedrich-Ebert-Anlage 6–10,
69117 Heidelberg,
(06221) 547432,
E-Mail: Grzeszick@web.de

Guckelberger, Dr. Annette, Professorin,
Lehrstuhl für Öffentliches Recht, Rechtswissenschaftliche Fakultät, Universität des
Saarlandes,
Postfach 15 11 50,
66041 Saarbrücken,
(0681) 302 5 7401,
E-Mail: a.guckelberger@mx.
uni-saarland.de

Gundel, Dr. Jörg, Professor,
Lehrstuhl für Öffentliches Recht,
Völker- und Europarecht,
Universität Bayreuth,
95440 Bayreuth,
(0921) 55 6250,
E-Mail: joerg.gundel@uni-bayreuth.de

Gurlit, Dr. Elke, Univ.-Professorin,
Rüdesheimer Str. 18, 65197 Wiesbaden,
(0611) 137 5125 oder (0179) 592 2215;
Fachbereich Rechts- und Wirtschafts-
wissenschaft,
Johannes Gutenberg-Universität Mainz,
Jakob-Welder-Weg 9, 55099 Mainz,
(06131) 392 31 14,
Fax (06131) 392 4059,
E-Mail: gurlit@uni-mainz.de

Gusy, Dr. Christoph, Professor,
Universität Bielefeld,
Fakultät für Rechtswissenschaft,
Universitätsstr. 25, 33615 Bielefeld,
(0521) 10643 97,
Fax (0521) 106 8061,
E-Mail: christoph.gusy@uni-bielefeld.de

Haack, Dr. Stefan, Professor,
Europa-Universität Viadrina,
Juristische Fakultät,
Lehrstuhl für Öffentliches Recht,
insb. Staatsrecht,
Große Scharrnstr. 59,
15230 Frankfurt (Oder)
(0335) 5534 2265
E-Mail: haack@europa-uni.de

Häberle, Dr. Dr. h.c. mult. Peter,
o. Professor,
Forschungsstelle für Europäisches
Verfassungsrecht, Universität Bayreuth,
Universitätsstr. 30, Postfach,
95440 Bayreuth,
(0921) 5570 88,
Fax (0921) 5570 99,
E-Mail: Peter.Haeberle@uni-bayreuth.de

Häde, Dr. Ulrich, Univ.-Professor,
Europa-Universität Viadrina, Lehrstuhl für
Öffentliches Recht, insb. Verwaltungsrecht,
Finanzrecht und Währungsrecht,
Postfach 17 86, 15207 Frankfurt/Oder,
Hausanschrift: Große Scharrnstr. 59,
15230 Frankfurt (Oder),
(0335) 5534 2670, Fax (0335) 5534 2525,
E-Mail: haede@europa-uni.de

Haedrich, Dr. Martina, Professorin,
Im Ritzetal 20,
07749 Jena,
(03641) 4485 25,
E-Mail: m.haedrich@recht.uni-jena.de

Hänni, Dr. Julia, Bundesrichterin,
Professorin,
Av. du Tribunal-Fédéral 29,
CH-1000 Lausanne 14,
(0041) 021 318 91 11,
E-Mail: julia.haenni@bger.ch

Hänni, Dr. Peter, o. Professor,
Stadtgraben 6, CH-3280 Murten,
(0041) 26 670 5815;
Universität Freiburg,
Rechtswissenschaftliche Fakultät,
Lehrstuhl für Staats- und Verwaltungsrecht,
Universität Freiburg,
Av. Beauregard 1,
CH-1700 Freiburg,
(0041) 26 300 81 47,
E-Mail: Peter.Haenni@ifr.ch

Härtel, Dr. Ines, Professorin,
Richterin des Bundesverfassungsgerichts,
Schlossbezirk 3, 76131 Karlsruhe;
Europa-Universität Viadrina
Frankfurt (Oder),
Juristische Fakultät,
Lehrstuhl für Öffentliches Recht,
Verwaltungs-, Europa-, Umwelt-,
Agrar- und Ernährungswirtschaftsrecht,
Große Scharrnstr. 59,
15230 Frankfurt (Oder),

(0335) 55 34 2227/2222, Fax -2418,
E-Mail: ihaertel@europa-uni.de

Hafner, Dr. Felix, Professor,
Hirzbrunnenschanze 67, CH-4058 Basel,
(0041) 61 691 4064;
Universität Basel, Lehrstuhl für
Öffentliches Recht,
Peter Merian-Weg 8, Postfach,
CH-4002 Basel,
(0041) 612 6725 64,
Fax (0041) 612 6707 95,
E-Mail: Felix.Hafner@unibas.ch

Hailbronner, Dr. Kay, o. Professor,
Toggenbühl, CH-8269 Fruthwilen,
(0041) 71 6 6419 46,
Fax (0041) 71 6 6416 26;
Universität Konstanz,
Universitätsstr. 10,
78457 Konstanz,
(07531) 88 2247,
E-Mail: Kay.Hailbronner@uni-konstanz.de

Hain, Dr. Karl-E., Professor,
Herrenstr. 10, 57627 Hachenburg,
(02662) 9420 64;
Universität zu Köln,
Institut für Medienrecht und
Kommunikationsrecht,
Lehrstuhl für Öffentliches Recht und
Medienrecht,
Aachener Str. 197–199, 50931 Köln,
(0221) 285 56 112, Fax (0221) 285 56 122,
E-Mail: haink@uni-koeln.de

Haller, Dr. Walter, o. Professor,
Burgstr. 264, CH-8706 Meilen,
(0041) 449 2310 14,
E-Mail: w-haller@bluewin.ch

Haltern, Dr. Ulrich, LL.M. (Yale),
Univ.-Professor,
Ludwig-Maximilians-Universität München,
Institut für Politik und Öffentliches Recht,
Lehrstuhl für Öffentliches Recht,

Europarecht und Rechtsphilosophie,
Munich Center for Law and the
Humanities,
Prof.-Huber-Platz 2, 80539 München,
(089) 2180 3335,
Fax (089) 2180 2440,
E-Mail: europarecht@jura.
uni-muenchen.de

Hammer, Dr. Felix, apl. Professor,
Gelber Kreidebusen 33/5,
72108 Rottenburg,
(0 74 72) 44 01 55,
E-Mail: Felix.F.Hammer@gmx.de

Hammer, Dr. Stefan, ao. Univ.-Professor,
Anton Frank-Gasse 17, A-1180 Wien,
(0043) 1470 5976;
Universität Wien, Institut für Staats- und
Verwaltungsrecht,
Schottenbastei 10–16, A-1010 Wien,
(0043) 14277 354 65,
Fax (0043) 142 77 354 69,
E-Mail: stefan.hammer@univie.ac.at

Hanschel, Dr. Dirk, Univ.-Professor,
Viktor-Scheffel-Str. 7, 06114 Halle (Saale)
(0151) 17753370;
Lehrstuhl für Deutsches, Europäisches
und Internationales Öffentliches Recht,
Martin-Luther-Universität
Halle-Wittenberg
Universitätsplatz 3–5, 06108 Halle (Saale),
(0345) 55 23170,
Fax (0345) 55 27269,
E-Mail: dirk.hanschel@jura.uni-halle.de

Hanschmann, Dr. Felix, Professor,
Basaltstr. 15c,
60487 Frankfurt am Main;
Bucerius Law School, Hochschule für
Rechtswissenschaft gGmbH,
Dieter Pawlik Stiftungslehrstuhl Kritik
des Rechts – Grundlagen und Praxis
des demokratischen Rechtsstaates,
Jungiusstr. 6, 20355 Hamburg,

(0049) 40 3 07 06 152,
Fax (0049) 40 3 07 06 2935,
E-Mail: felix.hanschmann@law-school.de

Haratsch, Dr. Andreas,
Univ.-Professor,
Lehrstuhl für Deutsches und Europäisches
Verfassungs- und Verwaltungsrecht sowie
Völkerrecht,
FernUniversität in Hagen,
Universitätsstr. 21, 58084 Hagen,
(02331) 987 2877 oder -4389,
Fax (02331) 987 324,
E-Mail: Andreas.Haratsch@
fernuni-hagen.de

Hartmann, Dr. Bernd J., LL.M.(Virginia),
Univ.-Professor,
Universität Regensburg,
Lehrstuhl für Öffentliches Recht,
insb. Verwaltungsrecht
Universitätsstr. 32, 93053 Regensburg,
(0941) 943 2657,
E-Mail: lehrstuhl.hartmann@jura.
uni-regensburg.de

Hase, Dr. Friedhelm, Professor,
Bandelstr. 10 b, 28359 Bremen,
(0421) 2427 8440;
Universität Bremen,
Fachbereich 6, Rechtswissenschaft,
Universitätsallee,
28359 Bremen,
(0421) 218 66 010,
Fax (0421) 218 66 052,
E-Mail: fhase@uni-bremen.de

Hatje, Dr. Armin, Professor,
Universität Hamburg,
Fakultät für Rechtswissenschaft,
Abteilung Europarecht,
Rothenbaumchaussee 33,
20148 Hamburg,
(040) 428 38 3046,
Fax (040) 428 38 4367,
E-Mail: armin.hatje@jura.uni-hamburg.de

Hauer, Dr. Andreas, Univ.-Professor,
Rechtswissenschaftliche Fakultät,
Universität Linz
Altenberger Str. 69, A-4040 Linz,
(0043) 732 2468 1860,
E-Mail: andreas.hauer@jku.at

Hebeler, Dr. Timo, Professor,
Universität Trier, Professur für
Öffentliches Recht,
54286 Trier,
(0651) 2012 588,
E-Mail: hebeler@uni-trier.de

Heckel, Dr. iur. Dr. theol. h.c. Martin, o.
Univ.-Professor,
Lieschingstr. 3, 72076 Tübingen,
(07071) 614 27

Heckmann, Dr. Dirk,
Univ.-Professor, stv. Mitglied des
Bayerischen Verfassungsgerichtshofs,
Schärdinger Str. 11E, 94032 Passau;
Technische Universität München,
Lehrstuhl für Recht und Sicherheit
der Digitalisierung,
Richard-Wagner-Str. 1,
80333 München,
(089) 907793 301,
E-Mail: dirk.heckmann@tum.de

Heinig, Dr. Hans Michael, Professor,
Institut für Öffentliches Recht
Goßlerstr. 11, 37073 Göttingen

Heintschel von Heinegg, Dr. Wolff,
Professor,
Europa-Universität Viadrina,
Frankfurt (Oder), Lehrstuhl für Öffentliches
Recht, insb. Völkerrecht, Europarecht und
ausländisches Verfassungsrecht,
August-Bebel-Str. 12,
15234 Frankfurt (Oder),
(0335) 5534 2916,
Fax (0335) 5534 72914,
E-Mail: heinegg@europa-uni.de

Heintzen, Dr. Markus, Professor,
Freie Universität Berlin,
Fachbereich Rechtswissenschaft,
Van't-Hoff-Str. 8, 14195 Berlin,
(030) 838 524 79,
E-Mail: Heintzen@zedat.fu-berlin.de

Heißl, Dr. Gregor, Privatdozent, E.MA,
Universität Innsbruck, Innrain 52 d,
10. Stock, Zi.-Nr. 41008,
A-6020 Innsbruck,
(0043) 512 507 84033,
Fax (0043) 512 507 84099,
E-Mail: gregor.heissl@uibk.ac.at

Heitsch, Dr. Christian, apl. Professor,
72 Queens Road, Caversham, Reading,
Berks., RG4 8DL, U.K.,
(0044) 1189 4749 13;
Lecturer in Law, Brunel Law School,
Brunel University West London,
Kingston Lane, Uxbridge,
Middlesex UB8 3PH, United Kingdom,
(0044) 1895 2676 50,
E-Mail: christian.heitsch@brunel.ac.uk

Hellermann, Dr. Johannes,
Univ.-Professor,
Hardenbergstr. 12a, 33615 Bielefeld,
(0521) 1600 38;
Universität Bielefeld,
Fakultät für Rechtswissenschaft,
Universitätsstr. 25, 33615 Bielefeld,
(0521) 106 4422,
Fax (0521) 106 6048,
E-Mail: Johannes.Hellermann@
uni-bielefeld.de

Hendler, Dr. Reinhard,
Univ.-Professor,
Laurentius-Zeller-Str. 12, 54294 Trier,
(0651) 937 2944;
Universität Trier,
Fachbereich Rechtswissenschaft,
Universitätsring 15, 54286 Trier,
(0651) 201 2556 oder 2558,

Fax (0651) 201 3903,
E-Mail: Hendler@uni-trier.de

Hengstschläger, Dr. Johannes,
o. Univ.-Professor,
Steinfeldgasse 7, A-1190 Wien,
(0043) 132 817 27;
Johannes-Kepler-Universität,
Altenbergerstr. 69,
A-4040 Linz,
(0043) 732 2468 4 01,
Fax (0043) 732 246 43,
E-Mail: johannes.hengstschlaeger@jku.at

Hense, Dr. Ansgar, Professor,
Institut für Staatskirchenrecht der Diözesen
Deutschlands,
Adenauerallee 19, 53111 Bonn,
(0228) 103 306,
E-Mail: a.hense@dbk.de

Herbst, Dr. Tobias, Professor,
Marc-Chagall-Str. 94, 40477 Düsseldorf,
(0211) 26143906;
Privatdozent an der Humboldt-Universität
zu Berlin,
E-Mail: tobias.herbst@rewi.hu-berlin.de

Herdegen, Dr. Matthias, Professor,
Friedrich-Wilhelm-Str. 35, 53113 Bonn;
Rechts- und Staatswissenschaftliche
Fakultät, Universität Bonn,
Adenauerallee 44,
53113 Bonn,
(0228) 7355 70/-80,
Fax (0228) 7379 01,
E-Mail: Herdegen@uni-bonn.de

Hermes, Dr. Georg, Professor,
Goethe-Universität Frankfurt am Main,
Fachbereich Rechtswissenschaft,
Campus Westend,
Theodor-W.-Adorno-Platz 4 (RuW),
60629 Frankfurt am Main,
(069) 798 342 75,
E-Mail: g.hermes@jur.uni-frankfurt.de

Hermstrüver, Dr. Dr. Yoan, Professor,
Universität Zürich,
Rechtswissenschaftliche Fakultät,
Lehrstuhl für Legal Tech,
Law and Economics und Öffentliches
Recht,
Rämistr. 74/79, CH- 8001 Zürich
E-Mail: yoan.hermstruewer@ius.uzh.ch

Herrmann, Dr. Christoph, LL.M.,
Professor,
Universität Passau,
Lehrstuhl für Staats- und Verwaltungsrecht,
Europarecht,
Europäisches und Internationales
Wirtschaftsrecht,
Innstr. 41, 94032 Passau,
(0851) 509 2330, Fax (0851) 509 2332,
E-Mail: christoph.herrmann@uni-passau.de

Herrmann, Dr. Günter, Professor,
Intendant i.R.
Wankweg 13, 87642 Buching/Allgäu,
(08368) 1696,
Fax (08368) 1297,
E-Mail: herrmann.medienrecht@t-online.de

Heselhaus, Dr. Sebastian, Professor, M.A.,
Obmatt 29, CH-6043 Adligenswil,
(00 41) 41 370 25 00;
Universität Luzern, Rechtswissenschaftliche Fakultät, Lehrstuhl für Europarecht,
Völkerrecht, Öffentliches Recht und
Rechtsvergleichung,
Frohburgstr. 3, Postfach 4466,
CH-6002 Luzern
(0041) 41 229 53 84,
Fax (00 41) 41 229 53 97,
E-Mail: sebastian.heselhaus@unilu.ch

Hestermeyer, Dr. Holger P., LL.M.
(UC Berkeley), Professor,
Diplomatische Akademie Wien,
Favoritenstr. 15a, A-1050 Wien,
E-Mail: holger.hestermeyer@da-vienna.
ac.at

Hettich, Dr. Peter, o. Professor,
Institut für Law & Economics,
Varnbüelstr. 19, CH-9000 St. Gallen,
(0041) 71 2242940,
Fax (0041) 71 224 2670,
E-Mail: peter.hettich@unisg.ch

Hey, Dr. Johanna, Professorin,
Wiethasestr. 73, 50933 Köln,
(0221) 491 1738,
Fax (0221) 491 1734;
Universität zu Köln,
Institut für Steuerrecht,
Albertus-Magnus-Platz, 50923 Köln,
(0221) 470 2271, Fax (0221) 470 5027,
E-Mail: johanna.hey@uni-koeln.de

Heyen, Dr. iur. Lic. phil. Erk Volkmar,
Univ.-Professor,
Arndtstr. 22, 17489 Greifswald,
(03834) 5027 16;
Ernst Moritz Arndt-Universität,
Domstr. 20, 17489 Greifswald,
E-Mail: lsheyen@uni-greifswald.de

Hidien, Dr. Jürgen W., Professor,
Goebenstr. 33, 48151 Münster,
E-Mail: info@hidien.de

Hilbert, Dr. Patrick, Professor,
Westfälische Wilhelms-Universität
Münster, Institut für Umwelt- und
Planungsrecht, Universitätsstr. 14–16,
48143 Münster,
(0049) 251 83 29793,
E-Mail: patrick.hilbert@uni-muenster.de

Hilf, Dr. Meinhard, Univ.-Professor,
Bahnsenallee 71,
21465 Reinbek bei Hamburg,
(040) 7810 7510, Fax (040) 7810 7512,
Bucerius Law School, Jungiusstr. 6,
20355 Hamburg,
(040) 307 06 158,
Fax (040) 307 06 2 46,
E-Mail: meinhard.hilf@law-school.de

Hill, Dr. Hermann, Professor,
Kilianstr. 5, 67373 Dudenhofen;
Deutsche Universität für
Verwaltungswissenschaften Speyer,
Postfach 14 09, 67324 Speyer,
(06232) 654 328,
E-Mail: hill@uni-speyer.de

Hillgruber, Dr. Christian, Professor,
Zingsheimstr. 25, 53359 Rheinbach;
Institut für Öffentliches Recht,
Adenauerallee 24–42, 53113 Bonn,
(0228) 7379 25, Fax (0228) 7348 69,
E-Mail: lshillgruber@jura.uni-bonn.de

Hindelang, Dr. Steffen, LL.M., Professor,
Fachbereich Rechtswissenschaft,
Süddänische Universität,
Campusvej 55, DK-5230 Odense,
(0045) 65 50 17 74,
E-Mail: shin@sam.sdu.dk

Hobe, Dr. Dr. h.c. Stephan, LL.M.,
Univ.-Professor,
Institut für Luftrecht, Weltraumrecht und
Cyberrecht und Jean-Monnet Lehrstuhl
für Völkerrecht, Europarecht,
europäisches und internationales
Wirtschaftsrecht,
Albertus-Magnus-Platz, 50923 Köln

Hochhuth, Dr. Martin, Professor,
Hochschule für Polizei und öffentliche
Verwaltung NRW,
Dennewartstr. 25–27, 52068 Aachen,
(0241) 568072020,
E-Mail: martin.hochhuth@hspv.nrw.de

Höfling, Dr. Wolfram, M.A., Professor,
Bruchweg 2, 52441 Linnich,
(02462) 3616;
Universität zu Köln, Institut für Staatsrecht,
Albertus-Magnus-Platz, 50923 Köln,
(0221) 470 3395,
Fax (0221) 470 5075,
E-Mail: wolfram.hoefling@t-online.de

Hölscheidt, Dr. Sven, Minsterialrat,
apl. Professor,
Deutscher Bundestag, Fachbereich WD 3,
Verfassung und Verwaltung,
Platz der Republik 1,
11011 Berlin,
(030) 227 324 25/323 25,
Fax (030) 227 364 71,
E-Mail: vorzimmer.wd3@bundestag.de

Hösch, Dr. Ulrich, apl. Professor,
Rechtsanwalt,
Kirchenstr. 72, 81675 München;
GvW Graf von Westphalen Rechtsanwälte
Steuerberater Partnerschaft mbH,
Sophienstr. 26,
80333 München,
(089) 689 077 331,
Fax (089) 689 077 100,
E-Mail: u.hoesch@gvw.com

Hoffmann-Riem, Dr. Wolfgang,
Univ.-Professor (em.),
Auguststr. 15, 22085 Hamburg,
(040) 642 258 48,
E-Mail: whoffmann-riem@gmx.de

Hofstätter, Dr. Christoph, Assoz. Professor,
Karl-Franzens-Universität Graz,
Institut für Öffentliches Recht und
Politikwissenschaft,
Universitätsstr. 15/C3,
A-8010 Graz,
(0043) 316 380 6715,
E-Mail: christoph.hofstaetter@uni-graz.at

Hofmann, Dr. Claudia Maria, Professorin,
Lehrstuhl für Öffentliches Recht und
Europäisches Sozialrecht mit Schwerpunkt
in der interdisziplinären Sozialrechts-
forschung, Juristische Fakultät,
Europa-Universität Viadrina,
Große Scharrnstr. 59,
15230 Frankfurt (Oder),
(0049) 335 5534 2545,
E-Mail: chofmann@europa-uni.de

Hofmann, Dr. Ekkehard, Professor,
Koselstr. 51, 60318 Frankfurt am Main,
(069) 174 989 27,
Lehrstuhl für öffentliches Recht,
insb. Umweltrecht,
Direktor des Instituts für Umwelt- und
Technikrecht (IUTR),
Fachbereich Rechtswissenschaft,
Universität Trier, 54286 Trier,
(0651) 201 2556,
E-Mail: hofmann@uni-trier.de

Hofmann, Dr. Dr. Rainer,
Univ.-Professor,
Fachbereich Rechtswissenschaft,
Goethe-Universität Frankfurt am Main,
Theodor-W.-Adorno-Platz 4,
60629 Frankfurt am Main,
(0049) 69 798 34293,
E-Mail: R.Hofmann@jur.uni-frankfurt.de

Hohenlohe, Dr. Diana zu, LL.M. (Sydney),
Machstr. 3/1/19, A-1020 Wien;
Sigmund Freud Privatuniversität,
Fakultät für Rechtswissenschaften,
Freudplatz 1, A-1020 Wien,
E-Mail: dzhohenlohe@gmx.de

Hohmann, Dr. Harald, Privatdozent,
Furthwiese 10, 63654 Büdingen,
(06049) 9529 12, Fax (06049) 9529 13;
Hohmann & Partner Rechtsanwälte,
Schloßgasse 2, 63654 Büdingen,
(06042) 9567 0, Fax (06042) 9567 67,
E-Mail: harald.hohmann@
hohmann-partner.com

Holoubek, Dr. Michael,
Univ.-Professor,
Institut für Österreichisches
und Europäisches Öffentliches Recht,
Wirtschaftsuniversität Wien,
Welthandelsplatz 1,
A-1020 Wien,
Gebäude D3, 2. OG,
(0043) 1313 36 4660,

Fax (0043) 1313 36 713,
E-Mail: michael.holoubek@wu.ac.at

Holterhus, Dr. Till Patrik MLE., LL.M.
(Yale), Professor,
Fakultät Staatswissenschaften,
Leuphana Universität Lüneburg,
Universitätsallee 1, 21335 Lüneburg,
(0049) 4131 677 2310,
E-Mail: till.holterhus@leuphana.de

Holznagel, Dr. Bernd, LL.M.,
Professor, WWU Münster,
Juristische Fakultät, ITM, Abt. II,
Leonardo-Campus 9, 48149 Münster,
(0251) 83 3 8641,
Fax (0251) 83 3 8644,
E-Mail: holznagel@uni-muenster.de

Holzner, Thomas Dr. jur. Dipl. sc. pol.
Univ., apl. Professor,
Universität Augsburg, Juristische Fakultät,
Universitätsstr. 24,
86159 Augsburg,
08131 513 1002,
E-Mail: thomas.holzner@polizei.bayern.de

Hong, Dr. Mathias, Professor,
Bachstr. 32, 76185 Karlsruhe,
(0721) 9576161,
E-Mail: mathias.hong@jura.uni-freiburg.de

Horn, Dr. Dr. h.c. Hans-Detlef, Professor,
Philipps-Universität Marburg,
Fachbereich Rechtswissenschaften,
Institut für Öffentliches Recht,
Universitätsstr. 6,
35032 Marburg,
(06421) 282 3810 od. 282 3126,
Fax (06421) 282 3839,
E-Mail: hans-detlef.horn@jura.
uni-marburg.de

Hornung, Dr. Gerrit, LL.M., Professor,
Fachgebiet Öffentliches Recht,
IT-Recht und Umweltrecht,

Universität Kassel, FB 07,
Kurt-Schumacher-Str. 25, 34117 Kassel,
(0561) 804 7923,
E-Mail: gerrit.hornung@uni-kassel.de

Huber, Dr. Peter M., o. Professor,
Richter des Bundesverfassungsgerichts,
Universität München,
Lehrstuhl für Öffentliches Recht und
Staatsphilosophie,
Prof.-Huber-Platz 2, 80539 München,
(089) 2180 3576, Fax (089) 2180 5063,
E-Mail: peter.m.huber@jura.uni-
muenchen.de

Hufeld, Dr. Ulrich, Univ.-Professor,
Helmut-Schmidt-Universität/Universität
der Bundeswehr Hamburg,
Fakultät für Wirtschafts- und
Sozialwissenschaften,
Professur für Öffentliches Recht
und Steuerrecht,
Holstenhofweg 85, 22043 Hamburg,
(040) 6541 28 59, Fax (040) 65412087,
E-Mail: Hufeld@hsu-hh.de

Hufen, Dr. Friedhelm, o. Professor,
für Öffentliches Recht - Staats- und
Veraltungsrecht an der Johannes Gutenberg
Universität Mainz,
Mitglied des Verfassungsgerichtshofs
Rheinland-Pfalz a.D.,
Backhaushohl 62, 55128 Mainz,
(06131) 34444,
E-Mail: hufen.friedhelm@t-online.de

Hummel, Dr. David, apl. Professor,
Prager Str. 352, 04289 Leipzig;
Universität Leipzig, Juristenfakultät,
Lehrstuhl für Öffentliches Recht,
insb. Steuerrecht
und Öffentliches Wirtschaftsrecht,
Burgstr. 21, 04109 Leipzig,
(0341) 9735 273,
Fax (0341) 9735 279,
E-Mail: dhummel@uni-leipzig.de

Hummel, Dr. Lars, LL.M., Professor,
Lehrstuhl für Öffentliches Recht,
Finanz- und Steuerrecht
International Tax Institute (IIFS)
Universität Hamburg
Sedanstr. 19, 20146 Hamburg,
(040) 42838 5956,
Fax (040) 42838 3393,
E-Mail: lars.hummel@uni-hamburg.de

Huster, Dr. Stefan, Professor,
Ruhr-Universität Bochum,
Lehrstuhl für Öffentliches Recht,
Sozial- und Gesundheitsrecht und
Rechtsphilosophie,
Universitätsstr. 150, 44780 Bochum,
Gebäude GD 2/111,
(0234) 3222 239,
Fax (0234) 3214 271,
E-Mail: stefan.huster@rub.de

Hwang, Dr. Shu-Perng, LL.M. (Columbia),
Professorin,
Universität Bonn,
Institut für Öffentliches Recht,
Adenauerallee 24–42,
53113 Bonn,
Tel. (0049) 0228 73 9232,
Fax (0049) 0228 73 7953,
E-Mail: hwang@uni-bonn.de

Ibler, Dr. Martin, Professor,
Lindauer Str. 3, 78464 Konstanz;
Universität Konstanz,
Fachbereich Rechtswissenschaften,
Postfach D 106, Universitätsstr. 10,
78457 Konstanz,
(07531) 88 24 80/-2 28,
E-Mail: Martin.Ibler@uni-konstanz.de

Iliopoulos-Strangas, Dr. Julia, Professorin,
Universität Athen – Juristische Fakultät,
Dolianis 38, 15124 Athen-Maroussi,
(0030) 210 38 26 083 und 210 38 23 344,
Mobil (0030) 6944 59 52 00,
E-Mail: juliostr@law.uoa.gr

Ingold, Dr. Albert,
Univ.-Professor,
Johannes Gutenberg-Universität Mainz
Fachbereich 03, Rechts- und
Wirtschaftswissenschaften
Lehrstuhl für Öffentliches Recht,
insb. Kommunikationsrecht und Recht
der Neuen Medien
Jakob Welder-Weg 9, 55099 Mainz,
(06131) 39 33035189,
E-Mail: aingold@uni-mainz.de

Ipsen, Dr. Jörn, o. Professor,
Präsident des Niedersächsischen
Staatsgerichtshofs a. D.,
Luisenstr. 41, 49565 Bramsche,
(05461) 44 96, Fax (05461) 6 34 62;
Institut für Kommunalrecht und
Verwaltungswissenschaften,
Universität Osnabrück, 49069 Osnabrück,
(0541) 969 6169 oder -6158,
Fax (0541) 9 69 6170,
E-Mail: instkr@uos.de

Isensee, Dr. Dres. h.c. Josef, o. Professor,
Meckenheimer Allee 150, 53115 Bonn,
(0228) 6934 69,
E-Mail: isensee-bonn@t-online.de

Ismer, Dr. Roland, Professor,
Werderstr. 11, 86159 Augsburg;
Lehrstuhl für Steuerrecht
und Öffentliches Recht,
Friedrich-Alexander-Universität
Erlangen-Nürnberg,
Lange Gasse 20, 90403 Nürnberg,
(0911) 5302 353, Fax (0911) 5302 165,
E-Mail: Roland.Ismer@wiso.
uni-erlangen.de

Jaag, Dr. Tobias, o. Professor,
Bahnhofstr. 22, Postfach 125,
CH-8024 Zürich,
(0041) 442 1363 63,
Fax (0041) 442 1363 99,
E-Mail: jaag@umbricht.ch

Jachmann-Michel, Dr. Monika,
Univ.-Professorin,
Vors. Richterin am Bundesfinanzhof,
Honorarprofessorin LMU München,
Bundesfinanzhof München,
Ismaninger Str. 109, 81675 München,
(089) 9231 352, Fax (08821) 9668462,
E-Mail: monika.jachmann@bfh.bund.de

Jaeckel, Dr. Liv, Professorin,
Schildstiege 8, 48161 Münster,
(02534) 388 10 41,
Bildungs- und Wissenschaftszentrum
der Bundesfinanzverwaltung (BWZ)
Associate Professor HHL Leipzig
Graduate School of Management,
E-Mail: liv.jaeckel@bzw.bund.de

Jahndorf, Dr. Christian, Professor,
Brunnenweg 18, 48153 Münster,
(0251) 761 9683;
Westfälische Wilhelms-Universität,
Institut für Steuerrecht,
Universitätsstr. 14–16, 48143 Münster,
(0251) 832 2795, Fax (0251) 832 8386,
E-Mail: christian.jahndorf@
schumacher-partner.de

Jakab, Dr. András,
Professor für Verfassungs- und
Verwaltungsrecht,
Universität Salzburg, Fachbereich für
Öffentliches Recht,
Völker- und Europarecht, Kapitelgasse 5–7,
A-5020 Salzburg,
(0043) 662 8044 3605,
E-Mail: andras.jakab@sbg.ac.at

Janko, Dr. Andreas, Univ.-Professor,
Schwindstr. 4, A-4040 Linz/Auhof;
Institut für Staatsrecht und Politische
Wissenschaften,
Johannes Kepler Universität Linz,
Altenberger Str. 69, A-4040 Linz/Auhof,
(0043) 732 2468 8456,
Fax (0043) 732 2468 8901,

E-Mail: andreas.janko@jku.at
oder Elisabeth.Kamptner@jku.at

Janz, Dr. Norbert, apl. Professor,
Landesrechnungshof Brandenburg,
Graf-von-Schwerin-Str. 1,
14469 Potsdam,
(0331) 866 85 35, Fax (0331) 866 85 18,
E-Mail: janz@uni-potsdam.de

Jarass, Dr. Hans D., LL.M. (Harvard),
o. Professor,
Forschung Öffentliches Recht und
Europarecht,
Baumhofstr. 37 D, 44799 Bochum,
(0234) 772024,
ZIR Forschungsinstitut an der Universität
Münster,
Wilmergasse 12–13, 48143 Münster,
(0251) 8329 780,
E-Mail: jarass@uni-muenster.de

Jestaedt, Dr. Matthias, Professor,
Marchstr. 34, 79211 Denzlingen;
Albert-Ludwigs-Universität,
Rechtswissenschaftliche Fakultät,
79085 Freiburg i. B.,
(0761) 2039 7800, Fax (0761) 2039 7802,
E-Mail: matthias.jestaedt@jura.
uni-freiburg.de

Jochum, Dr. Georg, Professor,
Oberhofstr. 92, 88045 Friedrichshafen,
(01 0) 238 6758;
Zeppelin University, Lehrstuhl für
Europa- recht & Internationales Recht
der Regulierung,
Maybachplatz 5, 88045 Friedrichshafen,
(07541) 6009 1481,
Fax (07541) 6009 1499,
E-Mail: Georg.Jochum@
zeppelin-university.de

Jochum, Dr. jur. Heike,
Mag. rer. publ., Professorin,
Buchsweilerstr. 77, 66953 Pirmasens;

Institut für Finanz- und Steuerrecht
an der Universität Osnabrück,
Martinistr. 10,
49080 Osnabrück,
(0541) 969 6168 oder -6161,
Fax (0541) 969 61 67,
E-Mail: Heike.Jochum@gmx.net

Jouanjan, Dr. Olivier, Professor,
32, rue de Vieux Marché aux Poissons,
F-97000 Strasbourg,
(0033) 661 33 2559;
Université Panthéon-Assas,
Centre de droit public comparé,
12 place du Panthéon, F-75005 Paris,
(0033) 388 14 3034;
Albert-Ludwigs-Universität,
Rechtswissenschaftliche Fakultät,
Institut für öffentliches Recht (Abt. 2),
Platz der Alten Synagoge,
79085 Freiburg i. Br.,
E-Mail: olivier.jouanjan@u-paris2.fr

Kadelbach, Dr. Stefan, LL.M., Professor,
Goethe-Universität,
Institut für Öffentliches Recht,
Lehrstuhl für Öffentliches Recht,
Europarecht und Völkerrecht,
Theodor-W.-Adorno-Platz 4,
60629 Frankfurt am Main,
(069) 798 34295,
Fax (069) 798 34516,
E-Mail: s.kadelbach@jur.uni-frankfurt.de

Kägi-Diener, Dr. Regula, Professorin,
Rechtsanwältin,
Marktgasse 14, CH-9004 St. Gallen,
(0041) 71 223 81 21,
Fax (0041) 71 223 81 28,
E-Mail: regula.kaegi-diener@ewla.org

Kämmerer, Dr. Jörn Axel, Professor,
Am Kaiserkai 53, 20457 Hamburg,
(040) 48 0922 23;
Bucerius Law School,
Hochschule für Rechtswissenschaft,

Jungiusstr. 6, 20335 Hamburg,
(040) 307 06 190, Fax (040) 3070 6 195,
E-Mail: axel.kaemmerer@law-school.de

Kahl, Dr. Dr. h.c. Arno,
Univ.-Professor,
Universität Innsbruck,
Institut für Öffentliches Recht,
Staats- und Verwaltungslehre,
Innrain 52d, A-6020 Innsbruck,
(0043) 512/507 84004,
E-Mail: arno.kahl@uibk.ac.at

Kahl, Dr. Dr. h.c. Wolfgang, M.A.,
o. Professor, Universität Heidelberg,
Institut für deutsches und
europäisches Verwaltungsrecht,
Friedrich-Ebert-Anlage 6–10,
69117 Heidelberg,
(06221) 5474 28, Fax (06221) 5477 43,
E-Mail: kahl@jurs.uni-heidelberg.de

Kaiser, Dr. Anna-Bettina,
LL.M. (Cambridge), o. Professorin,
Humboldt-Universität zu Berlin –
Juristische Fakultät,
Professur für Öffentliches Recht und
Grundlagen des Rechts,
Unter den Linden 6, 10099 Berlin,
(030) 2093 3579, Fax (030) 2093 3430,
E-Mail: kaiser@rewi.hu-berlin.de

Kaltenborn, Dr. Markus, Professor,
Ruhr-Universität Bochum,
Juristische Fakultät
44780 Bochum,
(0234) 32 2 5252 oder -252 63,
E-Mail: markus.kaltenborn@ruhr-uni-bochum.de

Kanalan, Dr. Ibrahim, Privatdozent,
Friedrich-Alexander-Universität
Erlangen-Nürnberg,
Fachbereich Rechtswissenschaft,
Institut für Deutsches, Europäisches und
Internationales Recht,

Schillerstr. 1, 91054 Erlangen,
(0049) 178 13 44 376,
E-Mail: Ibrahim.Kanalan@fau.de

Kau, Dr. Marcel, LL.M., Privatdozent,
Blarerstr. 8, 78462 Konstanz;
Universität Konstanz,
Fachbereich Rechtswissenschaft D 110,
Universitätsstr. 10,
78457 Konstanz,
(07531) 8836 34, Fax (07531) 8831 46,
E-Mail: Marcel.Kau@uni-konstanz.de

Kaufhold, Dr. Ann-Katrin,
Univ.-Professorin
Ludwig-Maximilians-Universität München,
Institut für Politik und Öffentliches Recht,
Lehrstuhl für Staats- und Verwaltungsrecht
Prof.-Huber-Platz 2, 80539 München,
(089) 21892777,
E-Mail: ann-katrin.kaufhold@jura.
uni-muenchen.de

Kaufmann, Dr. Christine, Professorin,
Lehrstuhl für Staats- und Verwaltungsrecht,
Völker- und Europarecht,
Universität Zürich,
Rämistr. 74/5, CH-8001 Zürich,
(0041) 446 34 48 65,
Fax (0041) 446 3443 78,
E-Mail: Ist.kaufmann@ius.uzh.ch

Kaufmann, Dr. Marcel, apl. Professor,
Rechtsanwalt,
Senefelderstr. 7, 10437 Berlin;
Freshfields Bruckhaus Deringer,
Environment, Planning and
Regulatory (EPR),
Potsdamer Platz 1, 10785 Berlin,
(030) 202 83 857 oder -600,
Fax (030) 202 83 766,
E-Mail: marcel.kaufmann@freshfields.com

Keller, Dr. Helen, Professorin,
Eigenstr. 16, CH-8008 Zürich,
(0041) 444 22 2320;

Universität Zürich, Rechtswissenschaftliches Seminar,
Rämistr. 74/13, CH-8001 Zürich,
(0041) 446 34 3689,
Fax (0041) 446 34 4339,
E-Mail: Ist.keller@ius.uzh.ch

Kemmler, Dr. Iris, L.MM. (LSE),
Privatdozentin,
Sonnenbühl 22, 70597 Stuttgart,
(0711) 2844447,
Eberhard Karls Universität Tübingen
Lehrstuhl für Öffentliches Recht,
Finanz- und Steuerrecht
Prof. Dr. Ferdinand Kirchhof
Geschwister-Scholl Platz, 72074 Tübingen,
(07071) 29 74058, Fax (07071) 23 4358,
E-Mail: Iris.kemmler@gmx.de

Kempen, Dr. Bernhard, o. Professor,
Rheinblick 1, 53424 Remagen/Oberwinter,
(02228) 9132 91, Fax (022 28) 9132 93;
Institut für Völkerrecht und ausländisches
öffentliches Recht, Universität zu Köln,
Gottfried-Keller-Str. 2, 50931 Köln,
(0221) 470 2364,
Fax (0221) 470 4992,
E-Mail: Bernhard.Kempen@uni-koeln.de

Kempny, Dr. Simon, LL.M. (UWE Bristol),
Univ.-Professor,
Lehrstuhl für Öffentliches Recht
und Steuerrecht,
Fakultät für Rechtswissenschaft,
Universität Bielefeld
Universitätsstr. 25, 33615 Bielefeld,
(0521) 106 67690,
E-Mail: simon.kempny@uni-bielefeld.de

Kern, Dr. Markus, Professor,
Universität Bern Institut
für öffentliches Recht,
Schanzeneckstr. 1, Postfach 3444,
CH-3001 Bern,
0041 (0)31 684 83 77,
E-Mail: markus.kern@oefre.unibe.ch

Kersten, Dr. Jens, Univ.-Professor,
Juristische Fakultät
Ludwig-Maximilians-Universität München,
Prof.-Huber-Platz 2, 80539 München,
(089) 2180 2113,
E-Mail: jens.kersten@jura.
uni-muenchen.de

Khakzadeh-Leiler, Dr. Lamiss,
ao. Univ.-Professorin,
Universität Innsbruck, Institut für
Öffentliches Recht,
Staats- und Verwaltungslehre,
Innrain 52 d,
A-6020 Innsbruck,
(0043) 507 84032,
E-Mail: lamiss.khakzadeh@uibk.ac.at

Khan, Dr. Daniel-Erasmus, Professor,
Institut für Öffentliches Recht und
Völkerrecht
Universität der Bundeswehr München,
Werner-Heisenberg-Weg 39,
85579 Neubiberg,
(089) 6004 4690 oder -4262 oder -2048,
Fax (089) 6004 4691,
E-Mail: Khan@unibw.de

Kielmansegg, Dr. Sebastian Graf von,
Professor,
Lehrstuhl für Öffentliches Recht
und Medizinrecht,
Christian-Albrechts-Universität zu Kiel,
Olshausenstr. 75, 24118 Kiel,
(0431) 880 1668,
Fax (0431) 880 1894,
E-Mail: skielmansegg@law.uni-kiel.de

Kießling, Dr. Andrea, Professorin,
Goethe-Universität Frankfurt am Main,
Professur für Öffentliches Recht
mit Schwerpunkt Sozialrecht,
Eschersheimer Landstr. 121,
IKB-Gebäude, Raum 3810,
60322 Frankfurt am Main,
E-Mail: kiessling@jur.uni-frankfurt.de

Kilian, Dr. Michael, Professor,
Hohenkogl 62, A-8181 St. Ruprecht/Raab;
Juristische Fakultät,
Universität Halle-Wittenberg,
Universitätsplatz 3–5, Juridicum,
06099 Halle (Saale),
(0345) 55 231 70,
Fax (0345) 55 2 7269,
E-Mail: michael.kilian@jura.uni-halle.de

Kingreen, Dr. Thorsten, Professor,
Agnes-Miegel-Weg 10, 93055 Regensburg,
(0941) 70402 41;
Lehrstuhl für Öffentliches Recht,
Sozialrecht und Gesundheitsrecht,
Universität Regensburg, Universitätsstr. 31,
93053 Regensburg,
(0941) 943 2607 od. 26 8,
Fax (0941) 943 3634,
E-Mail: king@jura.uni-regensburg.de

Kirchhof, Dr. Ferdinand, o. Professor,
Walther-Rathenau-Str. 28,
72766 Reutlingen,
(07121) 490281,
E-Mail: ferdinand.kirchhof@t-online.de

Kirchhof, Dr. Gregor,
LL.M., Univ.-Professor,
Universität Augsburg,
Lehrstuhl für Öffentliches Recht,
Finanzrecht und Steuerrecht,
Universitätsstr. 24,
86159 Augsburg,
(0821) 598 4541,
E-Mail: sekretariat.kirchhof@jura.
uni-augsburg.de

Kirchhof, Dr. Dres. h.c. Paul, Professor,
Am Pferchelhang 33/1, 69118 Heidelberg,
(06221) 8014 47;
Universität Heidelberg,
Schillerstr. 4–8,
69115 Heidelberg,
(06221) 54 19356,
E-Mail: paul.kirchhof@paul-kirchhof.de

Kirchmair, MMag. Dr. Lando,
Vertretungsprofessor,
Universität der Bundeswehr München,
Institut für Öffentliches Recht und
Völkerrecht/Institut für Kulturwissen-
schaften, Fakultät für Staats- und
Sozialwissenschaften,
Werner-Heisenberg-Weg 39,
85579 Neubiberg,
(0049) 89 6004 2812,
E-Mail: lando.kirchmair@unibw.de

Kirste, Dr. Stephan, Professor,
Universität Salzburg, Rechts- und
Sozialphilosophie, FB Sozial- und Wirt-
schaftswissenschaften an der Rechtswissen-
schaftlichen Fakultät,
Churfürststr. 1,
A-5010 Salzburg,
(0043 662) 8044 3551,
Mobil (0043) 664 8289 223,
Fax (0043) 662 8044 74 3551,
E-Mail: stephan.kirste@sbg.ac.at

Kischel, Dr. Uwe, LL.M. (Yale),
Attorney-at-law (New York), o. Professor,
Dorfstr. 34, 17121 Düvier,
(0399 98) 315 46;
Ernst-Moritz-Arndt-Universität Greifswald,
Domstr. 20a,
17489 Greifswald,
(03834) 420 2180,
Fax (03834) 420 2182,
E-Mail: kischel@uni-greifswald.de

Klatt, Dr. Matthias, Professor,
Rothenbaumchaussee 33,
20148 Hamburg,
(040) 42838 2380,
Fax 040 42838 8296;
Universitätsprofessur für Rechts-
philosophie, Rechtssoziologie und
Rechtspolitik, Rechtswissenschaftliche
Fakultät, Karl-Franzens-Universität Graz,
Universitätsstr. 15 / C2, A-8010 Graz,
E-Mail: matthias.klatt@uni-graz.at

Klaushofer, Dr. Reinhard,
Univ.-Professor,
Universität Salzburg,
Kapitelgasse 5–7, A-5020 Salzburg,
(0043) 662 8044 3634,
Fax (0043) 662 8044 303,
E-Mail: reinhard.klaushofer@sbg.ac.at

Klein, Dr. iur. Eckart, Univ.-Professor,
Heideweg 45, 14482 Potsdam,
(0331) 7058 47,
E-Mail: klein@uni-potsdam.de

Klein, Dr. Hans Hugo,
Univ.-Professor (em.), Richter
des Bundesverfassungsgerichts a.D.,
Heilbrunnstr. 4, 76327 Pfinztal,
(07240) 7300,
E-Mail: hanshklein@web.de

Klein, Dr. Tonio, Professor,
Kommunale Hochschule für Verwaltung
in Niedersachsen,
Wielandstr. 8, 30169 Hannover,
(0511) 1609 2448,
E-Mail: tonio.klein@nsi-hsvn.de

Kleinlein, Dr. Thomas, Professor,
Christian-Albrechts-Universität zu Kiel,
Walther-Schücking-Institut für
Internationales Recht,
Westring 400, 24118 Kiel,
E-Mail: tkleinlein@wsi.uni-kiel.de

Klement, Dr. Jan Henrik,
Univ.-Professor, Direktor am Institut
für Öffentliches Recht,
Albert-Ludwigs-Universität,
Rechtswissenschaftliche Fakultät,
79085 Freiburg i. B.,
(0761) 203 97572,
E-Mail: jan.henrik.klement@jura.
uni-freiburg.de

Kley, Dr. Dr. h.c. Andreas, Professor,
Rechtswissenschaftliches Institut,

Rämistr. 74/34, CH-8001 Zürich,
(0041) 44 634 5020,
E-Mail: andreas.kley@ius.uzh.ch

Kloepfer, Dr. Michael, o. Professor,
Taubertstr. 19, 14193 Berlin,
(030) 825 2490, Fax (030) 825 2690

Kluckert, Dr. Sebastian, Univ.-Professor,
Bergische Universität Wuppertal,
Professur für Öffentliches Recht,
Gaußstr. 20, 42119 Wuppertal,
(0202) 439 5280, Fax (0202) 439 5289,
E-Mail: kluckert@uni-wuppertal.de

Kluth, Dr. Winfried, Professor,
Eilenburger Str. 12, 06116 Halle (Saale);
Martin-Luther-Universität
Halle-Wittenberg,
Juristische und Wirtschaftswissenschaftliche Fakultät,
Lehrstuhl für Öffentliches Recht,
Universitätsplatz 10a, 06099 Halle (Saale),
(0345) 552 3223, Fax (0345) 552 7293,
E-Mail: winfried.kluth@jura.uni-halle.de

Kment, Dr. Martin, LL.M. (Cambridge),
Professor,
Donaustr. 16, 81679 München;
Lehrstuhl für Öffentliches Recht und
Europarecht, Umweltrecht und
Planungsrecht,
Universität Augsburg,
Universitätsstr. 24, 86159 Augsburg,
(0821) 598 4535, Fax (0821) 598 4537,
E-Mail: martin.kment@jura.
uni-augsburg.de

Knauff, Dr. Matthias, LL.M. Eur.,
Professor,
von-Salza-Str. 10,
97980 Bad Mergentheim,
(07931) 481 0097, (0163) 729 8371;
Friedrich-Schiller-Universität Jena
Rechtswissenschaftliche Fakultät,
Lehrstuhl für Öffentliches Recht,
insbes. Öffentliches Wirtschaftsrecht,
Carl-Zeiß-Str. 3, 07743 Jena,
(03641) 942 221, Fax (03641) 942 222,
E-Mail: matthias.knauff@uni-jena.de

Kneihs, Dr. Benjamin, Univ. Professor,
Niederland 73, A-5091 Unken;
Universität Salzburg,
Fachbereich öffentliches Recht,
Kapitelgasse 5–7, A-5020 Salzburg,
(0043) 662 8044 3611,
Fax (0043) 662 8044 303,
E-Mail: benjamin.kneihs@sbg.ac.at

Knemeyer, Dr. Franz-Ludwig, o. Professor,
Unterdürrbacher Str. 353, 97080 Würzburg,
(0931) 961 18;
Universität Würzburg,
Domerschulerstr.16, 97070 Würzburg,
(0931) 31 8 2899, Fax (0931) 31 23 17,
E-Mail: knemeyer@jura.uni-wuerzburg.de

Koch, Dr. Hans-Joachim, Professor,
Wendlohstr. 80, 22459 Hamburg,
(040) 551 8804, Fax (040) 551 8804;
Universität Hamburg, Fakultät für
Rechtswissenschaft,
Edmund-Siemers-Allee 1, 20146 Hamburg,
(040) 42838 3977 oder -5443,
Fax (040) 42838 6280,
E-Mail: hans-joachim.koch@jura.
uni-hamburg.de

Koch, Dr. Thorsten, Privatdozent,
Emanuel-Geibel-Str. 4,
49143 Bissendorf-Schledehausen,
(05402) 7774;
Institut für Kommunalrecht Universität
Osnabrück,
Martinistr. 12, 49069 Osnabrück,
(0541) 969 6169, Fax (0541) 969 6164,
E-Mail: tkoch@uos.de

Köck, Dr. Wolfgang, Professor,
UFZ-Umweltforschungszentrum
Leipzig-Halle GmbH,

Permoserstr. 15, 04318 Leipzig;
Universität Leipzig, Lehrstuhl für
Umweltrecht,
Postfach 10 09 20, 04009 Leipzig,
(0341) 235 3140, Fax (0341) 235 2825,
E-Mail: Wolfgang.Koeck@ufz.de

König, Dr. Doris, Professorin,
Bundesverfassungsgericht,
Schlossbezirk 3, 76131 Karlsruhe,
(0721) 9101 338, Fax (0721) 9101 720,
E-Mail: doris.koenig@law-school.de

König, Dr. Dr. Klaus, Univ.-Professor,
Albrecht-Dürer-Str. 20, 67346 Speyer,
(06232) 29 02 16;
Deutsche Universität für
Verwaltungswissenschaften Speyer,
Postfach 14 09, 67324 Speyer,
(06232) 654 369 oder -350 oder -355,
Fax (06232) 654 306,
E-Mail: k.koenig@uni-speyer.de

Kokott, Dr. Dres. h.c. Juliane,
LL.M. (Am. Un.),
S.J.D. (Harvard),
Univ.-Professorin, Generalanwältin,
(06221) 4516 17;
Gerichtshof der Europäischen
Gemeinschaften, Th. More 2214,
Bd. Konrad Adenauer, L-2925, Luxemburg,
(00352) 4303 2221,
E-Mail: juliane.kokott@curia.europa.eu

Kolonovits, Dr. Dieter, Mag., M.C.J.,
ao. Univ.-Professor,
Berggasse 17/41, A-1090 Wien,
(0043) 699 1920 2895;
Präsident, Verwaltungsgericht Wien,
Muthgasse 62, A-1190 Wien,
(0043) 4000 38501,
Fax (0043) 4000 99 38501,
E-Mail: dieter.kolonovits@vgw.wien.gv.at

Kopetzki, DDr. Christian,
Univ.-Professor,

Institut für Staats- und Verwaltungsrecht,
Medizinrecht, Universität Wien,
Schottenbastei 10–16, A-1010 Wien,
(0043) 1427 73 5411,
E-Mail: christian.kopetzki@univie.ac.at

Korioth, Dr. Stefan, Professor,
Institut für Politik und Öffentliches Recht
der Universität München,
Professor-Huber-Platz 2/III,
80539 München,
(089) 2180 2737, Fax (089) 2180 3990,
E-Mail: Korioth@jura.uni-muenchen.de

Korte, Dr. Stefan, Professor,
Deutsche Universität für
Verwaltungswissenschaften Speyer,
Lehrstuhl für Öffentliches Recht,
insb. Öffentliches Wirtschafts- und
Klimaschutzrecht,
Freiherr-vom-Stein Str. 2, 67346 Speyer,
(06232) 654 316,
E-Mail: stefan.korte@uni-speyer.de

Kotulla, Dr. Michael, M.A., Professor,
Universität Bielefeld,
Fakultät für Rechtswissenschaft,
Postfach 10 01 31,
33501 Bielefeld,
(0521) 106 2500,
Fax (0521) 106 8091,
E-Mail: Michael.Kotulla@uni-bielefeld.de

Kotzur, Dr. Markus, LL.M. (Duke Univ.),
o. Professor,
Am Sandtorkai 64 b, 20457 Hamburg,
(040) 4191 9344;
Universität Hamburg, Institut
für Internationale Angelegenheiten,
Fakultät für Rechtswissenschaft,
Rothenbaumchaussee 33,
20148 Hamburg,
(040) 42828 4601,
Fax (040) 42838 6262,
E-Mail: markus.kotzur@jura.
uni-hamburg.de

Kradolfer, Dr. Matthias, Privatdozent,
c/o Obergericht des Kantons Thurgau,
Promenadenstr. 12a, CH-8500 Frauenfeld,
E-Mail: matthias.kradolfer@rwi.uzh.ch

Krajewski, Dr. Markus, Professor,
Friedrich-Alexander-Universität
Erlangen-Nürnberg,
Fachbereich Rechtswissenschaft,
Schillerstr. 1, 91054 Erlangen,
(09131) 85 222 60, Fax (09131) 85 269 50,
E-Mail: markus.krajewski@fau.de

Krämer-Hoppe, Dr. Rike, Professor,
Professur für Öffentliches Recht und
transregionale Normentwicklung
Department für Interdisziplinäre und
Multiskalare Area Studies
Universität Regensburg,
93040 Regensburg,
E-Mail: rike.kraemer-hoppe@jura.uni-regensburg.de

Krausnick, Dr. Daniel, apl. Professor,
Rumfordstr. 25, 80469 München,
(0160) 92967079;
Bayrisches Staatsministerium für
Wissenschaft und Kunst,
Jungfernturmstr. 1, 80333 München,
(089) 21862394,
E-Mail: daniel.krausnick@web.de,
daniel.krausnick@stmwk.bayern.de

Krebs, Dr. Walter, Professor,
Herderallee 13, 44791 Bochum,
(0234) 511288,
E-Mail: krebs.bo@t-online.de

Kremer, Dr. Carsten, M.A.,
M.Jur. (Oxford), Professor,
Universität Rostock, Juristische Fakultät,
Lehrstuhl für Öffentliches Recht und
Neuere Rechts- und Verfassungsgeschichte
Ulmenstr. 69, 18057 Rostock,
(0381) 498 8171,
E-Mail: carsten.kremer@uni-rostock.de

Kreßel, Dr. Eckhard, Professor,
Lenzhalde 42,
73760 Ostfildern,
E-Mail: ekressel@aol.com;
Juristische Fakultät der Universität
Würzburg,
Domerschulstr. 16,
97070 Würzburg,
E-Mail: eckhard.kressel@jura.uni-wuerzburg.de

Kreuter-Kirchhof, Dr. Charlotte, Professor
Kirchgasse 61, 53347 Alfter,
(02222) 9936 22, Fax (02222) 9936 21;
Lehrstuhl für Deutsches und Ausländisches
Öffentliches Recht, Völkerrecht und
Europarecht
Heinrich-Heine-Universität Düsseldorf,
Universitätsstr. 1, 40225 Düsseldorf,
(0211) 81 114 35, Fax (0211) 81 114 56,
E-Mail: kreuter-kirchhof@hhu.de

Krieger, Dr. Heike, Professorin,
Freie Universität Berlin,
Fachbereich Rechtswissenschaft,
Van't-Hoff-Str. 8, 14195 Berlin,
(030) 8385 1453,
E-Mail: hkrieger@zedat.fu-berlin.de

Kröger, Dr. Klaus,
Univ.-Professor,
Hölderlinweg 14, 35396 Gießen,
(0641) 522 40; (0641) 9923 130,
Fax (0641) 9923 059

Kröll, Dr. Thomas,
Assoziierter Professor,
Pyrkergasse 37/5, A-1190 Wien;
Institut für Österreichisches und
Europäisches
Öffentliches Recht,
Wirtschaftsuniversität Wien,
Welthandelsplatz 1/D3, A-1020 Wien,
(0043) 1313365441,
Fax (0043) 131336905441,
E-Mail: thomas.kroell@wu.ac.at

Krönke, Dr. Christoph,
Univ.-Professor,
Lehrstuhl für Öffentliches Recht,
Wirtschaftsverwaltungsrecht,
Nachhaltigkeits- und Technologierecht,
Universität Bayreuth,
Universitätsstr. 30, 95447 Bayreuth,
(0049) 921 55 6011,
Fax: (0049) 921 55 6012,
E-Mail: christoph.kroenke@uni-bayreuth.de

Krüper, Dr. Julian, Professor,
Professur für Öffentliches Recht,
Verfassungstheorie und interdisziplinäre
Rechtsforschung, Juristische Fakultät
der Ruhr-Universität Bochum,
Universitätsstr. 150, 44780 Bochum,
(0234) 32 29942, Fax (0234) 32 14282
E-Mail: julian.krueper@rub.de

Krugmann, Dr. Michael,
Privatdozent,
Stellaustieg 3, 22143 Hamburg,
(040) 677 8860, Fax (040) 677 8860,
E-Mail: dr@michaelkrugmann.de

Krumm, Dr. Marcel, Univ.-Professor,
Rechtswissenschaftliche Fakultät
Westfälische Wilhelms-Universität
Münster,
Universitätstr. 14, 48143 Münster,
(0251) 83 22795,
E-Mail: marcel.krumm@wwu.de

Kube, Dr. Hanno, LL.M. (Cornell),
Univ.-Professor,
Institut für Finanz- und Steuerrecht,
Lehrstuhl für Öffentliches Recht unter
besonderer Berücksichtigung des
Finanz- und Steuerrechts,
Ruprecht-Karls-Universität Heidelberg,
Friedrich-Ebert-Anlage 6–10,
69117 Heidelberg,
(06221) 547792,
E-Mail: kube@uni-heidelberg.de

Kuch, Dr. David, Privatdozent,
Julius-Maximilians-Universität Würzburg,
Juristische Fakultät,
Domerschulstr. 16, 97070 Würzburg,
(0049) 931 31 81306,
E-Mail: david.kuch@uni-wuerzburg.de

Kucsko-Stadlmayer, Dr. Gabriele,
Univ.-Professorin,
Rooseveltplatz 4–5, A-1090 Wien,
(0043) 14 08 38 59;
Universität Wien, Institut für Staats- und
Verwaltungsrecht,
Schottenbastei 10–16, A-1010 Wien,
(0043) 1427 7354 18,
Fax (0043) 142 7793 54,
E-Mail: gabriele.kucsko-stadlmayer@univie.ac.at

Kühler, Anne, Privatdozentin,
Rechtswissenschaftliches Institut
Universität Zürich,
Treichlerstr. 10, CH-8032 Zürich,
E-Mail: anne.kuehler@rwi.uzh.ch

Kühling, Dr. Jürgen, LL.M. (Brüssel),
Univ.-Professor,
Kellerweg 12 b, 93053 Regensburg,
(0941) 705 6079;
Universität Regensburg, Lehrstuhl für
Öffentliches Recht und Immobilienrecht,
Universitätsstr. 31, 93053 Regensburg,
(0941) 943 6060, Fax (0941) 943 6062,
E-Mail: juergen.kuehling@jura.uni-regensburg.de

Kühne, Dr. Jörg-Detlef, Professor,
Münchhausenstr. 2, 30625 Hannover,
(0511) 55 65 63;
Universität Hannover,
Königsworther Platz 1, 30167 Hannover,
(0511) 7 62 8148, Fax (0511) 7 62 8228,
E-Mail: Kuehne@oera.uni-hannover.de

Küpper, Dr. Herbert, Professor,
Herrnstr. 15, 80539 München;

Institut für Ostrecht,
Landshuter Str. 4, 93047 Regensburg,
(0941) 943 5450, Fax (0941) 943 5465,
E-Mail: Herbert.Kuepper@ostrecht.de

Kugelmann, Dr. Dieter, Professor,
Der Landesbeauftragte für den Datenschutz
und die Informationsfreiheit
Rheinland-Pfalz,
Postfach 30 40, 55020 Mainz,
(06131) 2 08 24 49,
Fax (06131) 2 08 24 97,
E-Mail: poststelle@datenschutz.rlp.de

Kulick, Dr. Andreas, Privatdozent,
Universität Tübingen, Juristische Fakultät,
Lehrstuhl Prof. Dr. Martin Nettesheim,
Geschwister-Scholl-Platz, 72074 Tübingen,
(07071) 297 2953,
E-Mail: andreas.kulick@uni-tuebingen.de

Kunig, Dr. Dr. h.c. (Univ. Athen) Dr. h.c.
(Univ. Istanbul) Philip, Professor,
Freie Universität Berlin,
Institut für Staatslehre,
Boltzmannstr. 3, 14195 Berlin,
(030) 838 530 10,
Fax (030) 838 530 11,
E-Mail: Kunig@zedat.fu-berlin.de

Lachmayer, Dr. Konrad, Univ.-Professor,
Fakultät für Rechtswissenschaft,
Sigmund Freud Privatuniversität Wien,
Freudplatz 3, A-1020 Wien,
(0043) 1 90 500 70 1685,
E-Mail: konrad.lachmayer@jus.sfu.ac.at

Ladeur, Dr. Karl-Heinz, Professor,
Universität Hamburg,
Fakultät für Rechtswissenschaft,
Schlüterstr. 28,
20146 Hamburg,
(040) 428 38 5752,
Fax (040) 428 38 2635,
E-Mail: karl-heinz.ladeur@jura.
uni-hamburg.de

Lampert, Dr. Steffen, Professor,
Rolandstr. 7a, 49078 Osnabrück;
Institut für Finanz- und Steuerrecht,
Am Natruper Holz 60a, 49090 Osnabrück,
(0541) 969 6168,
Fax (0541) 969 6161,
E-Mail: slampert@uos.de

Lang, Dr. Heinrich, Professor,
Dipl.-Sozialpädagoge,
Steinstr. 13, 17489 Greifswald;
Ernst-Moritz-Arndt Universität Greifswald,
Lehrstuhl für Öffentliches Recht,
Sozial- und Gesundheitsrecht,
Domstr. 20, 17489 Greifswald,
(03834) 420 2174,
Fax (03834) 420 2113,
E-Mail: heinrich.lang@uni-greifswald.de

Lange, Dr. Felix, LL.M. (NYU), M.A.,
Professor, Institut für Völkerrecht und
ausländisches öffentliches Recht,
Universität zu Köln,
Sibille-Hartmann-Str. 2–8, 50969 Köln,
E-Mail: felix.lange@uni-koeln.de

Lange, Dr. Pia, LL.M. (UCT), Professorin,
Universität Bremen,
Fachbereich Rechtswissenschaft,
Universitätsallee,
GW 1, 28359 Bremen,
(0421) 218 66083,
E-Mail: pialange@uni-bremen.de

Langenfeld, Dr. Christine, Professorin,
Menckestr. 30, 04155 Leipzig,
(0341) 5611 4940,
Fax (0341) 5611 4941,
E-Mail: Dr.Langenfeld@t-online.de;
Juristisches Seminar der Georg-August-
Universität,
Platz der Göttinger Sieben 6,
37073 Göttingen,
(0551) 39 21150,
Fax (0551) 39 21151,
E-Mail: enomiko@gwdg.de

Laskowski, Dr. Silke Ruth, Professorin,
Gertigstr. 13, 22303 Hamburg,
(040) 366615, Fax (040) 366615,
Mobil (0179) 2315663;
Universität Kassel,
Institut für Wirtschaftsrecht,
FG Öffentliches Recht, Völker- und
Europarecht, Schwerpunkt Umweltrecht,
Diagonale 12, 34127 Kassel,
(0561) 804 3222,
Fax (0561) 804 2827,
E-Mail: Laskowski@uni-kassel.de

Laurer, Dr. Hans René,
a.o. Univ.-Professor,
Scheffergasse 27a, A-2340 Mödling,
(0043) 263 62 0402

Lee, Dr. iur. Chien-Liang, Professor,
Institutum Iurisprudentiae,
Academia Sinica,
128 Academia Sinica Rd., Sec. 2,
Nankang, Taipei 11529, Taiwan,
(0086) 2 26525412 oder (0086) 2 87320212
Fax (0086) 2 87320272
E-Mail: chenny@sinica.edu.tw

Leeb, Dr. David, Univ.-Professor,
Institut für Staatsrecht und Politische
Wissenschaften, Johannes Kepler
Universität Linz,
Altenberger Str. 69, A-4040 Linz/Auhof,
(0732) 2468 7420, Fax (0732) 2468 7405,
E-Mail: david.leeb@jku.at

Lege, Dr. Joachim, o. Professor,
Fischstr. 19, 17489 Greifswald,
(03834) 7739 41,
Rechts- und Staatswissenschaftliche
Fakultät,
Lehrstuhl für Öffentliches Recht,
Verfassungsgeschichte, Rechts- und
Staatsphilosophie,
Ernst-Moritz-Arndt-Universität,
Domstr. 20, 17489 Greifswald,
(03834) 420 2150,

Fax (03834) 420 2156,
E-Mail: lege@uni-greifswald.de

Lehner, Dr. Moris, Univ.-Professor,
Kaiserplatz 7, 80803 München,
(089) 3402 0646;
Ludwig-Maximilians-Universität,
Lehrstuhl für Öffentliches Recht,
insb. öffentliches Wirtschaftsrecht und
Steuerrecht,
Ludwigstr. 28 (Rgb.), 80539 München,
(089) 2180 2718, Fax (089) 3335 66,
E-Mail: Moris.Lehner@jura.
uni-muenchen.de

Lehner, Dr. Roman, Privatdozent,
Georg-August-Universität Göttingen,
Institut für Öffentliches Recht,
Abteilung für Staatsrecht,
Platz der Göttinger Sieben 5,
37073 Göttingen,
(0551) 39 21153,
E-Mail: roman.lehner@jura.
uni-goettingen.de

Leisner, Dr. Walter Georg, apl. Professor,
Halserspitzstr. 13, 81673 München,
(089) 9894 24;
Freie Universität Berlin,
Fachbereich Rechtswissenschaft,
Van't Hoff Str. 8, 14195 Berlin,
E-Mail: leisner@leisner-legal.de

Leisner-Egensperger, Dr. Anna,
Univ.-Professorin,
Lehrstuhl für Öffentliches Recht und
Steuerrecht,
Friedrich-Schiller-Universität Jena,
Carl-Zeiss-Str. 3,
07743 Jena,
(0173) 392 41 45,
E-Mail: A.Leisner@ uni-jena.de

Leitl-Staudinger, Dr. Barbara,
Univ.-Professorin,
Hohe Str. 135, A-4040 Linz;

Institut für Fernunterricht in den
Rechtswissenschaften,
Johannes Kepler Universität Linz,
Petrinumstr. 12,
A-4040 Linz,
(0043) 732 2468 1900,
Fax (0043) 732 2468 1910,
E-Mail: barbara.leitl-staudinger@jku.at

Lennartz, Dr. Jannis, Privatdozent,
Humboldt-Universität zu Berlin,
Juristische Fakultät,
Unter den Linden 6, 10099 Berlin,
(0049) 030 2093 91564,
E-Mail: jannis.lennartz@rewi.hu-berlin.de

Lenze, Dr. Anne, Privatdozentin,
Sandstr. 19, 64625 Bensheim,
(06251) 5808 52;
Fachhochschule Darmstadt,
Adelungstr. 51, 64283 Darmstadt,
(06151) 1689 65, Fax (06151) 1689 90,
E-Mail: anne.lenze@t-online.de

Lepsius, Dr. Oliver, LL.M. (Chicago),
Professor,
Veghestr. 20, 48149 Münster,
(0251) 83 23610,
E-Mail: oliver.lepsius@uni-muenster.de

Lewinski, Dr. Kai von, Professor,
Lehrstuhl für Öffentliches Recht, Medien-
und Informationsrecht, Universität Passau,
Innstr. 40 (Nikolakloster),
94032 Passau,
(0851) 509 2221 Fax (0851) 509 2222,
E-Mail: kai.lewinski@uni-passau.de

Lienbacher, Dr. Georg,
Univ.-Professor,
Obere Donaustr. 43/2/44, A-1020 Wien;
Institut für Österreichisches und Euro-
päisches Öffentliches Recht,
Wirtschaftsuniversität Wien,
Welthandelsplatz 1/D3, A-1020 Wien,
(0043) 1313 36 5402,

Fax (0043) 1313 36 9222,
E-Mail: Georg.Lienbacher@wu.ac.at;
Mitglied des Verfassungsgerichtshofs,
Verfassungsgerichtshof,
Freyung 8, A-1010 Wien,
(0043) 1531 22 1037,
E-Mail: g.lienbacher@vfgh.gv.at

Lindner, Dr. Josef Franz, Professor,
Großhaderner Str. 14 b,
81375 München,
(089) 7032 45, Fax (089) 7400 9385;
Lehrstuhl für Öffentliches Recht,
Medizinrecht und Rechtsphilosophie,
Universität Augsburg,
Universitätsstr. 24, 86159 Augsburg,
(0821) 598 4970,
Fax (0821) 598 14 4970,
E-Mail: josef.lindner@jura.uni-augsburg.de

Link, Dr. jur. Dres. theol. h.c. Christoph,
o. Professor (em.),
Spardorfer Str. 47, 91054 Erlangen,
(09131) 209335,
E-Mail: linkerta@t-online.de

Linke, Dr. Tobias, Professor,
Hochschule des Bundes für öffentliche
Verwaltung (HS Bund),
Willy-Brandt-Str. 1, 50321 Brühl,
E-Mail: Tobias.linke@hsbund.de

Löwer, Dr. Wolfgang, Professor,
Hobsweg 15, 53125 Bonn,
(0228) 2506 92, Fax (0228) 2504 14;
Universität Bonn,
Adenauerallee 24-42, 53113 Bonn,
(0228) 7392 78/7392 80,
Fax (0228) 7339 57,
E-Mail: wolfgang.loewer@t-online.de

Lohse, Dr. Eva Julia, Privatdozentin,
Bohlenplatz 7,
91054 Erlangen,
(09131) 9756146,
E-Mail: eva.j.lohse@fau.de

Lorenz, Dr. Dieter, o. Professor,
Bohlstr. 21, 78465 Konstanz,
(07533) 6822;
Universität Konstanz,
Postfach 55 60 D 100, Universitätsstr. 10,
78434 Konstanz, (07531) 8825 30,
E-Mail: Dieter.Lorenz@uni-konstanz.de

Lorz, Dr. Ralph Alexander,
Hessischer Kultusminister, apl. Professor,
LL.M. (Harvard), Attorney-at-Law
(New York),
Rheingaustr. 161, 65203 Wiesbaden
(0170) 412 1866;
Hessisches Kultusministerium
Luisenplatz 10, 65185 Wiesbaden,
(0611) 368 2000,
E-Mail: al.lorz@uni-duesseldorf.de

Luchterhandt, Dr. Otto, Professor,
Im Wendischen Dorfe 28, 21335 Lüneburg,
(04131) 2329 65, Fax (04131) 2329 65;
Universität Hamburg,
Schlüterstr. 28 (Rechtshaus),
20146 Hamburg,
(040) 42838 4562,
E-Mail: ottolucht@arcor.de

Ludwigs, Dr. Markus,
Univ.-Professor,
Lehrstuhl für Öffentliches Recht und
Europarecht, Universität Würzburg,
Domerschulstr. 16, 97070 Würzburg,
(0931) 31 89979,
E-Mail: markus.ludwigs@uni-
wuerzburg.de

Lübbe-Wolff, Dr. Gertrude,
Professorin, (0521) 8826 59;
Universität Bielefeld,
Fakultät Rechtswissenschaft,
Universitätsstr. 25, Postfach 100131,
33615 Bielefeld,
(0521) 106 4386, Fax (0521) 106 8085,
E-Mail: Gertrude.Luebbe-Wolff@
uni-bielefeld.de

Lüdemann, Dr. Jörn, Professor,
Universität Rostock,
Lehrstuhl für Öffentliches Recht,
Wirtschafts- und Medienrecht,
Rechtstheorie und Rechtsökonomik,
Ulmenstr. 69, 18057 Rostock,
E-Mail: joern.luedemann@uni-rostock.de

Lühmann, Dr. Hans, Privatdozent,
Pannebäcker Str. 7a, 40593 Düsseldorf,
(0211) 239 9534

Mächler, Dr. iur. August, Professor,
Schindellegistr. 15, CH-8808 Pfäffikon,
(0041) 554 1043 20;
Sicherheitsdepartement des Kt. Schwyz,
Postfach 1200, CH- 6431 Schwyz,
(0041) 418 1920 02,
Fax (0041) 418 1920 19,
E-Mail: august-maechler@swissonline.ch

März, Dr. Wolfgang, Professor, Lehrstuhl
für Öffentliches Recht und
Verfassungsgeschichte,
Universität Rostock,
Ulmenstr. 69 (Haus 3), 18057 Rostock,
(0381) 498 8190, Fax (0381) 498 118 8190,
E-Mail: wolfgang.maerz@uni-rostock.de

Magen, Dr. Stefan, M.A., Professor,
Kallenweg 6, 53129 Bonn,
(0228) 9091 7679;
Ruhr-Universität Bochum, Lehrstuhl für
Öffentliches Recht, Rechtsphilosophie und
Rechtsökonomik,
Universitätsstr. 150, 44780 Bochum,
(0234) 32 22809,
Fax (0234) 32 14327,
E-Mail: magen@rub.de

Mager, Dr. Ute, Univ.-Professorin,
Universität Heidelberg, Juristische Fakultät,
Friedrich-Ebert-Anlage 6–10,
69117 Heidelberg,
(06221) 5477 37 oder (0171) 554 0078,
E-Mail: ute.mager@jurs.uni-heidelberg.de

Magiera, Dr. Siegfried,
Univ.-Professor,
Deutsche Universität für
Verwaltungswissenschaften Speyer,
Freiherr-vom-Stein-Str. 2, 67346 Speyer,
(06232) 84898,
E-Mail: s.magiera@uni-speyer.de

Mahlmann, Dr. Matthias, Professor,
Lehrstuhl für Philosophie
und Theorie des Rechts, Rechtssoziologie
und Internationales Öffentliches Recht,
Universität Zürich,
Treichlerstr. 10, CH-8032 Zürich,
(0041) 44634 1569,
Fax (0041) 44634 4391,
E-Mail: lst.mahlmann@ius.uzh.ch

Majer, Dr. jur. utr. Diemut,
Rechtsanwältin, Univ.-Professorin,
Universität Bern,
Welfenstr. 35, 76137 Karlsruhe,
(0721) 8166 50,
Fax (0721) 8176 63,
E-Mail: majer@kanzlei-karlstr62.de

Mangold, Dr. Anna Katharina, LL.M.
(Cambridge), Professorin,
Europa-Universität Flensburg,
Auf dem Campus 1b,
24943 Flensburg,
(0461) 805 2766, Fax (0461) 805 952766,
E-Mail: anna-katharina.mangold@uni-
flensburg.de

Mangoldt, Dr. Hans von, Professor,
Goetheweg 1, 72147 Nehren,
(07473) 7908;
Universität Tübingen, Juristische Fakultät,
Geschwister-Scholl-Platz, 72074 Tübingen,
(07071) 297 3302

Mann, Dr. Thomas, Professor,
Lehrstuhl für Öffentliches Recht, insb.
Verwaltungsrecht, Juristische Fakultät,
Georg-August-Universität Göttingen,
Platz der Göttinger Sieben 6,
37073 Göttingen,
(0551) 39 21160,
Fax (0551) 39 21161,
E-Mail: sekretariatmann@jura.uni-
goettingen.de

Manssen, Dr. Gerrit, Univ.-Professor,
Konrad-Adenauer-Allee 15,
93051 Regensburg,
(0941) 928 45;
Juristische Fakultät,
Universität Regensburg,
93040 Regensburg,
(0941) 943 3255, Fax (0941) 943 3257,
E-Mail: Gerrit.Manssen@jura.
uni-regensburg.de

Marauhn, Dr. Thilo, M.Phil., Professor,
An der Fels 20, 35435 Wettenberg,
(0641) 877 3275, Fax (0641) 877 3275,
E-Mail: thilo.marauhn@recht.
uni-giessen.de;
Professur für Öffentliches Recht,
Völkerrecht und Europarecht,
Justus-Liebig-Universität Gießen,
Licher Str. 76, 35394 Gießen,
(0641) 992 1150/51, Fax (0641) 992 1159,
E-Mail: intlaw@recht.uni-giessen.de

Marko, Dr. Joseph, o. Professor,
Kasernstr. 35, A-8010 Graz,
(0043) 316 46 2238;
Institute of Austrian, European and
Comparative Public Law and Political
Sciences, University of Graz,
Universitätsstr. 15/B4,
A-8010 Graz,
(0043) 316 380 3374,
Fax (0043) 316 380 94 2,
E-Mail: josef.marko@uni-graz.at

Markus, Dr. Till, LL.M.
(Rotterdam), Privatdozent,
Universität Bremen, Fachbereich
Rechtswissenschaft,

Universitätsallee GW 1,
28359 Bremen,
(0421) 218 66103,
E-Mail: tmarkus@uni-bremen.de

Marsch, Dr. Nikolaus, D.I.A.P. (ENA);
Univ.-Professor, Universität des Saarlandes, Lehrstuhl für Deutsches und Europäisches Öffentliches Recht und Rechtsvergleichung, Campus,
Gebäude B4 1, Raum 2.80.2,
66123 Saarbrücken,
(0681) 302 2104 oder -3104,
E-Mail: nikolaus.marsch@uni-saarland.de

Marti, Dr. Arnold, Titularprofessor
der Universität Zürich,
Fernsichtstr. 5, CH-8200 Schaffhausen,
(0041) 52 624 1810,
E-Mail: a.g.marti@swissonline.ch

Martínez, Dr. José, Univ.-Professor,
Universität Göttingen, Juristische Fakultät,
Platz der Göttinger Sieben 5,
37073 Göttingen,
(0551) 39 27415, Fax (0551) 39 26080,
E-Mail: jmartin@gwdg.de

Martini, Dr. Mario, Professor,
Lehrstuhl für Verwaltungswissenschaft,
Deutsche Universität für Verwaltungswissenschaften
Speyer, Freiherr-vom-Stein-Str. 2,
67346 Speyer,
(06232) 654 338,
Fax (06232) 654 404,
E-Mail: martini@uni-speyer.de

Marxsen, Dr. Christian, LL.M. (NYU),
Humboldt-Universität zu Berlin,
Juristische Fakultät,
Lehrstuhl für Öffentliches Recht und
Völkerrecht,
Unter den Linden 6, 10099 Berlin,
(0049) 30 2093 91570,
E-Mail: christian.marxsen@hu-berlin.de

Masing, Dr. Dr. h.c. Johannes, Professor,
Richter des Bundesverfassungsgerichts
a.D., Albert-Ludwigs-Universität
Freiburg, Institut für Öffentliches Recht V,
Werthmannstr. 4, 79085 Freiburg i. B.,
(0761) 203 2252, Fax (0761) 203 2293,
E-Mail: johannes.masing@jura.
uni-freiburg.de

Mathis, Dr. iur. Klaus, Professor,
MA in Economics,
Ordinarius für Öffentliches Recht, Recht
der nachhaltigen Wirtschaft und
Rechtsphilosophie Universität Luzern,
Rechtswissenschaftliche Fakultät,
Frohburgstr. 3, CH-6002 Luzern,
(0041) 229 53 80, Fax (0041) 229 53 97,
E-Mail: klaus.mathis@unilu.ch

Matsubara, Dr. Mitsuhiro, Professor,
Faculty of Law, Chuo-University,
1-4-1 Otsuka Bunkyo-ward, Tokyo,
Japan, PLZ: 112-8631,
(0081) 03 59 78 42 32,
Fax: (0081) 03 59 78 42 28,
E-Mail: dreier@tamacc.chuo-u.ac.jp

Matz-Lück, Dr., Nele, Professorin, LL.M.,
Walther-Schücking-Institut für
Internationales Recht an der
Christian-Albrechts-Universität zu Kiel,
Westring 400, 24118 Kiel,
(0431) 880 2083, Fax (0431) 880 1619,
E-Mail: nmatz@wsi.uni-kiel.de

Maurer, Dr. Hartmut, o. Professor,
Säntisblick 10, 78465 Konstanz,
(07533) 1312;
Universität Konstanz, Fachbereich
Rechtswissenschaft, Postfach 118,
78457 Konstanz,
(07531) 8836 57, Fax (07531) 8831 96,
E-Mail: hartmut.maurer@uni-konstanz.de

Mayer, Dr. Franz, LL.M. (Yale),
Univ.-Professor,

Universität Bielefeld, Lehrstuhl für
Öffentliches Recht, Europarecht,
Völkerrecht, Rechtsvergleichung und
Rechtspolitik,
Postfach 10 01 31, 33501 Bielefeld,
(0521) 106 4412, Fax (0521) 106 89016,
E-Mail: franz.mayer@uni-bielefeld.de

Mayer-Tasch, Dr. Peter Cornelius,
Professor,
Am Seeberg 13, 86938 Schondorf,
(08192) 8668;
Geschwister-Scholl-Institut für Politische
Wissenschaft der LMU München,
Oettingenstr. 67, 80538 München,
(089) 288 0399 0, Fax (089) 288 0399 22,
E-Mail: mayer-tasch@hfp.mhn.de

Mayrhofer, Dr. Michael, Univ.-Professor,
Schnopfhagenstr. 4/1,
A-4190 Bad Leonfelden;
Johannes Kepler Universität Linz,
Institut für Verwaltungsrecht und
Verwaltungslehre,
Altenbergerstr. 69, A-4040 Linz,
(0732) 2468 1868, Fax (0732) 2468 1870,
E-Mail: michael.mayrhofer@jku.at

Mehde, Dr. Veith, Mag. rer. publ.,
Professor,
Lehrstuhl für Öffentliches Recht,
insb. Verwaltungsrecht, Leibniz Universität
Hannover,
Königsworter Platz 1, 30167 Hannover,
(0511) 762 8206 oder -8207,
Fax (0511) 762 19106,
E-Mail: mehde@jura.uni-hannover.de

Meinel, Dr. Florian, Univ.-Professor,
Georg-August-Universität Göttingen,
Juristische Fakultät, Institut für Grundlagen
des Rechts, Abteilung Staatstheorie,
Vergleichendes Staatsrecht und Politische
Wissenschaft,
Nikolausberger Weg 17,
37073 Göttingen,

E-Mail: florian.meinel@jura.
uni-goettingen.de

Merli, Dr. Franz, Univ.-Professor,
Universität Wien, Institut für Staats- und
Verwaltungsrecht
Schottenbastei 10–16,
A-1010 Wien,
(0043) 1 4277 35421,
E-Mail: franz.merli@univie.ac.at

Merten, Dr. Dr. Detlef, o. Professor,
Von-Dalberg-Str. 8, 67487 St. Martin,
(06323) 1875;
Deutsche Universität für Verwaltungswissenschaften Speyer,
Freiherr-vom-Stein-Str. 2–6,
67346 Speyer,
(06232) 654 349 oder -330,
E-Mail: merten@uni-speyer.de

Meßerschmidt, Dr. Klaus, Privatdozent,
Hynspergstr. 29,
60322 Frankfurt am Main,
(069) 5545 87;
University of Latvia, EuroFaculty,
Raina bulv. 19, LV-1586 Riga/Lettland,
(00371) 782 0278, Fax (00371) 782 0260,
E-Mail: Messerschmidtkl@aol.com

Meyer, Dr. Dr. h. c. Hans, Professor,
Georg-Speyer-Str. 28,
60487 Frankfurt am Main,
(069) 7701 2926,
Fax (069) 7 01 2927;
Humboldt-Universität zu Berlin,
Juristische Fakultät,
Unter den Linden 6, 10099 Berlin,
(030) 2093 3528 oder -3347,
Fax (030) 2093 2729,
E-Mail: Hans.Meyer@rewi.hu-berlin.de

Meyer, Dr. Stephan, Professor,
Technische Hochschule Wildau,
Hochschulring 1, 15745 Wildau,
E-Mail: smeyer@th-wildau.de

Meyn, Dr. Karl-Ulrich, Professor,
Leyer Str. 36, 49076 Osnabrück,
(0541) 1 64 82;
Universität Jena, Schillerhaus,
Schillergässchen 2, 07745 Jena,
(03641) 9311 85,
Fax (03641) 9311 87,
E-Mail: karl-ulrich.meyn@t-online.de

Michael, Dr. Lothar, Professor, Professur
für Öffentliches Recht,
Universitätsstr. 1, Geb. 24.91,
40225 Düsseldorf,
(0211) 811 1412,
E-Mail: Lothar.Michael@
uni-duesseldorf.de

Moeckli, Dr. Daniel, Professor,
Universität Zürich,
Institut für Völkerrecht und ausländisches
Verfassungsrecht
Rämistr. 74/50, CH-8001 Zürich,
(0041) 44 634 36 94,
E-Mail: daniel.moeckli@uzh.ch

Möllers, Dr. Christoph, LL.M., Professor,
Kleiststr. 27, 14163 Berlin;
Humboldt-Universität zu Berlin, Lehrstuhl
für Öffentliches Recht, insb.
Verfassungsrecht und Rechtsphilosophie,
Unter den Linden 6, 10099 Berlin,
(030) 2093 35 85, Fax (030) 2093 3552,
E-Mail: sekretariat.moellers@rewi.
hu-berlin.de

Möstl, Dr. Markus, Professor,
Rechts- und Wirtschaftswissenschaftliche
Fakultät, Lehrstuhl Öffentliches Recht II,
Universitätsstr. 30, 95440 Bayreuth,
(0921) 55 6210, Fax (0921) 55 6212,
E-Mail: markus.moestl@uni-bayreuth.de

Morgenthaler, Dr. Gerd, Professor,
Universität Siegen, Fakultät III,
Kohlbettstr. 15,
57072 Siegen,

(0271) 740 2402,
E-Mail: morgenthaler@recht.wiwi.
uni-siegen.de

Morlok, Dr. Martin, Professor,
Poßbergweg 51, 40629 Düsseldorf,
(0211) 2868 68;
Heinrich-Heine-Universität,
Juristische Fakultät,
Universitätsstr. 1, Gebäude 24.91,
40225 Düsseldorf,
(0211) 81 10794,
E-Mail: martin.morlok@hhu.de

Morscher, Dr. Siegbert,
Univ.-Professor (em.),
Rechtswissenschaftliche Fakultät,
Universität Innsbruck
Innrain 52d, A-6020 Innsbruck,
E-Mail: siegbert.morscher@uibk.ac.at

Muckel, Dr. Dr. h.c.Stefan, Univ.-Professor,
Universität zu Köln,
Institut für Religionsrecht,
50923 Köln,
(0221) 470 3777 oder 470 2679,
E-Mail: institut-religionsrecht@
uni-koeln.de

Mückl, Dr. Dr. Stefan, Professor,
Kanonistische Fakultät
Pontificia Universita della Santa Croce
Via dei Farnesi 83,
I-00186 Rom,
(0039) 06 68164 670,
E-Mail: mueckl@pusc.it

Müller, Dr. Andreas Th., LL.M. (Yale),
Univ.-Professor,
Professur für Europarecht, Völkerrecht und
Menschenrecht, Universität Basel,
Juristische Fakultät,
Peter Merian-Weg 8, Postfach,
CH-4002 Basel,
(0041) 61 207 67 50,
E-Mail: andr.mueller@unibas.ch

Müller, Dr. Bernhard, Privatdozent,
Lisseeweg 36/2, A-1210 Wien,
(0043) 676 934 9343;
Dorda Brugger Jordis
Rechtsanwälte GmbH,
Dr.-Karl-Lueger-Ring 10,
A-1010 Wien,
(0043) 1533 4795 57,
Fax (0043) 1533 4795 5057,
E-Mail: bernhard.mueller@dbj.at

Müller, Dr. Dr. h.c. Georg,
o. Professor (em.),
Sugenreben 29 C,
CH-5018 Erlinsbach,
(0041) 62 844 3873,
E-Mail: georg-mueller@sunrise.ch

Müller, Dr. Dr. h.c. Jörg Paul,
o. Professor (em.),
Universität Bern, Kappelenring 42a,
CH-3032 Hinterkappelen bei Bern,
(0041) 319 01 0570,
E-Mail: jpmueller@bluewin.ch

Müller, Dr. Markus, Professor,
Institut für öffentliches Recht,
Universität Bern,
Schanzeneckstr. 1,
CH-3001 Bern,
(0041) 31 631 4594,
E-Mail: markus.mueller@oefre.unibe.ch

Müller, Dr. Thomas,
Univ.-Professor, LL.M.,
Universität Innsbruck, Institut für Öffentliches Recht, Staats- und Verwaltungslehre,
Innrain 52d, 10. Stock, Zimmer 41006,
A-6020 Innsbruck,
(0043) 0 512/507/84060,
E-Mail: t.mueller@uibk.ac.at

Müller-Franken, Dr. Sebastian, Professor,
Professur für Öffentliches Recht,
Philipps-Universität Marburg,
Universitätsstr. 6, 35032 Marburg/Lahn,
(06421) 282 3122,
Fax (06421) 282 3840,
E-Mail: mueller-franken@jura.
uni-marburg.de

Müller-Terpitz, Dr. Ralf, Professor,
Lehrstuhl für Öffentliches Recht, Recht
der Wirtschaftsregulierung und Medien,
Fakultät für Rechtswissenschaft und
Volkswirtschaftslehre der Universität
Mannheim,
Schloss Westflügel,
68131 Mannheim,
(0621) 181 1857,
Fax (0621) 181 1860,
E-Mail: mueller-terpitz@uni-mannheim.de

Münch, Dr. Dr. h.c. Ingo von, Professor,
Hammerichstr. 2 A, 22605 Hamburg,
(040) 880 99 506,
Fax (040) 8234 49

Münkler, Dr. Laura, Professorin,
Lehrstuhl für Öffentliches Recht und
Rechtsphilosophie (Schlegel-Professur),
Universität Bonn,
Rechts- und Staatswissenschaftliche
Fakultät,
Postanschrift: Adenauerallee 24-42,
Hausanschrift: Lennestr. 37/EG,
53113 Bonn,
E-Mail: muenkler@jura.uni-bonn.de

Murswiek, Dr. Dietrich, o. Professor,
Institut für Öffentliches Recht, Universität
Freiburg,
79085 Freiburg i. B.,
(0761) 203 2241,
E-Mail: murswiek@uni-freiburg.de

Mußgnug, Dr. Reinhard, o. Professor,
Keplerstr. 40, 69120 Heidelberg,
(06221) 4362 22,
Universität Heidelberg,
E-Mail: Reinhard.Mussgnug@urz.
uni-heidelberg.de

Mutius, Dr. Albert von, o. Professor,
Hof „Frankenthaler Moor",
Poseritz-Ausbau Nr. 8,
18574 Poseritz auf Rügen,
(038307) 40599,
Fax (038307) 4 03 49,
Mobil (0176) 2182 0581,
E-Mail: avm.law@gmx.de

Muzak, Dr. Gerhard,
Univ.-Professor,
Theodor-Körner-Gasse 20/8, A-1210 Wien;
Universität Wien, Institut für Staats- und
Verwaltungsrecht,
Schottenbastei 10–16, A-1010 Wien,
(0043) 1 42 77 35423,
E-Mail: gerhard.muzak@univie.ac.at

Nettesheim, Dr. Martin,
Univ.-Professor,
Juristische Fakultät, Universität Tübingen,
Geschwister-Scholl-Platz 1,
72074 Tübingen,
(07071) 2978101, Fax (07071) 2958 47,
E-Mail: Nettesheim@uni-tuebingen.de

Neumann, Dr. Volker, Professor,
Neckarstaden 10, 69117 Heidelberg,
(06221) 1612 66,
E-Mail: volker.neumann@rewi.hu-berlin.de

Niedobitek, Dr. Matthias,
Univ.-Professor,
Professur für Europäische Integration mit
dem Schwerpunkt Europäische Verwaltung,
Technische Universität Chemnitz,
Thüringer Weg 9, 09126 Chemnitz,
(0371) 531 349 12,
E-Mail: matthias.niedobitek@phil.
tu-chemnitz.de

Nierhaus, Dr. Michael, Professor,
Am Moosberg 1c, 50997 Köln,
(02236) 636 29,
Fax (02236) 9637 95,
E-Mail: michael@nierhaus.org

Nolte, Dr. Georg, Professor,
Institut für Völker- und Europarecht,
Humboldt-Universität zu Berlin,
Unter den Linden 6, 10099 Berlin,
(030) 2093 3349,
Fax (030) 2093 3384,
E-Mail: georg.nolte@rewi.hu-berlin.de

Nolte, Dr. Jakob, Privatdozent,
Rue des Pavillons 15, CH-1205 Genf,
(0041) 22 3203 427;
Humboldt-Universität zu Berlin,
Juristische Fakultät,
Unter den Linden 6, 10099 Berlin,
(030) 2093 3459, Fax (030) 2093 3345,
E-Mail: jakob.nolte@rewi.hu-berlin.de

Nolte, Dr. Martin, Professor,
Judenpfad 9, 50996 Köln,
(02236) 895 2984,
Mobil (0151) 5444 0606;
Deutsche Sporthochschule Köln,
Professur für Sportrecht,
Am Sportpark Müngersdorf 6, 50933 Köln,
(0221) 4982 6088, Fax (0221) 4982 8145,
E-Mail: M.Nolte@dshs-koeln.de

Nowak, Dr. Carsten, Univ.-Professor,
Jevenstedter Str. 69g, 22547 Hamburg,
(040) 880 0317;
Lehrstuhl für Öffentliches Recht,
insb. Europarecht,
Europa-Universität Viadrina
Frankfurt (Oder),
Große Scharrnstr. 59,
15230 Frankfurt (Oder),
(0335) 5534 2710, -2711,
Fax (0335) 5534 7 2711,
E-Mail: cnowak@europa-uni.de

Nowrot, Dr. Karsten, LL.M. (Indiana),
Univ.-Professor,
Universität Hamburg,
Von-Melle-Park 9, 20146 Hamburg,
(040) 42838 3207,
E-Mail: Karsten.Nowrot@uni-hamburg.de

Nußberger, Dr. Angelika, Professorin,
Akademie für europäischen
Menschenrechtsschutz,
Kerpener Str. 30,
50937 Köln,
(0049) 221 470 5575,
E-Mail: angelika.nussberger@uni-koeln.de

Oebbecke, Dr. Janbernd,
Univ.-Professor,
Huberstr. 13a, 48151 Münster,
(0251) 230 5170,
E-Mail: oebbecke@uni-muenster.de

Öhlinger, Dr. Theo,
o. Univ.-Professor (em.),
Tolstojgasse 5/6,
A-1130 Wien,
(0043) 1 877 1260,
E-Mail: theodor.oehlinger@univie.ac.at

Oesch, Dr. Matthias, Professor,
Universität Zürich, Rechtswissenschaftliches Institut, Lehrstuhl für Öffentliches Recht, Europarecht und Wirtschaftsvölkerrecht,
Rämistr. 74/18, CH-8001 Zürich,
(0041) 44 634 5952,
E-Mail: matthias.oesch@rwi.uzh.ch

Oeter, Dr. Stefan, Professor,
Wulfsdorfer Weg 122, 22359 Hamburg,
(040) 6095 1957;
Universität Hamburg, Institut für
Internationale Angelegenheiten,
Rothenbaumchaussee 33,
20148 Hamburg,
(040) 42838 4565, Fax (040) 42838 6262,
E-Mail: S-Oeter@jura.uni-hamburg.de

Ogorek, Dr. Markus, LL.M. (Berkeley),
Univ.-Professor,
Universität zu Köln, Institut für Öffentliches Recht und Verwaltungslehre,
Bernhard-Feilchenfeld-Str. 9,
50969 Köln,

(0221) 470 76545,
E-Mail: markus.ogorek@uni-koeln.de

Ohler, Dr. Christoph, LL.M., Professor,
Rechtswissenschaftliche Fakultät,
Friedrich-Schiller-Universität Jena,
Carl-Zeiß-Str. 3, 07743 Jena,
(03641) 9422 60, Fax (03641) 9422 62,
E-Mail: christoph.ohler@recht.uni-jena.de

Ossenbühl, Dr. Fritz, Professor,
Im Wingert 12, 53340 Meckenheim,
(02225) 174 82;
Universität Bonn, 53113 Bonn,
(0228) 7355 72 oder -73

Osterloh, Dr. Lerke, Professorin,
Richterin des
Bundesverfassungsgerichts a. D.,
Dünkelbergsteig 6, 14195 Berlin,
(030) 8200 7552, Fax (030) 8200 7550;
Institut für Öffentliches Recht,
Universität Frankfurt,
Postfach 11 19 32,
60054 Frankfurt am Main,
(069) 79 82 -2711 oder -2 8611,
Fax (069) 79 82 2562,
E-Mail: osterloh@jur.uni-frankfurt.de

Pabel, Dr. Katharina,
Univ.-Professorin,
Wirtschaftsuniversität Wien, Institut für
Europarecht und Internationales Recht,
Gebäude D3, 3. OG,
Welthandelsplatz 1, A-1020 Wien,
(0043) 1 31336 5719,
E-Mail: katharina.pabel@wu.ac.at

Pache, Dr. Eckhard, Professor,
Hauptstr. 82, 97218 Gerbrunn;
Julius-Maximilians-Universität Würzburg,
Domerschulstr. 16,
97070 Würzburg,
(0931) 31 823 09,
Fax (0931) 31 2319,
E-Mail: pache@jura.uni-wuerzburg.de

Palm, Dr. Ulrich, Professor,
Universität Hohenheim, Lehrstuhl für
Öffentliches Recht, Finanz- und
Steuerrecht,
Schloss Osthof-Nord,
70559 Stuttgart,
(0711) 459 22791,
Fax (0711) 459 23482,
E-Mail: palm@uni-hohenheim.de

Papier, Dr. Dres. h.c. Hans-Jürgen,
o. Professor (em.),
Präsident des
Bundesverfassungsgerichts a. D.,
Mitterfeld 5a, 82327 Tutzing;
Institut für Politik und Öffentliches Recht,
Universität München,
Prof.-Huber-Platz 2, 80539 München,
(089) 2180 3339,
E-Mail: hans-juergen@prof-papier.de

Paulus, Dr. Andreas, Professor,
Hermann-Föge-Weg 17, 37073 Göttingen;
Institut für Völkerrecht und Europarecht,
Platz der Göttinger Sieben 5,
37073 Göttingen,
(0551) 3947 51, Fax (0551) 3947 67,
E-Mail: apaulus@jura.uni-goettingen.de

Pauly, Dr. Walter, o. Professor,
Lehrstuhl für Öffentliches Recht,
Rechts- und Verfassungsgeschichte,
Rechtsphilosophie,
Universität Jena,
Carl-Zeiss-Str. 3, 07743 Jena,
(03641) 9422 -30 oder -31,
Fax (03641) 9422 32,
E-Mail: W.Pauly@recht.uni-jena.de

Payandeh, Dr. Mehrdad, LL.M. (Yale),
Professor,
Weidenallee 54, 20357 Hamburg;
Bucerius Law School,
Jungiusstr. 6, 20355 Hamburg,
(040) 3 07 06 201, Fax (040) 3 07 06 235,
E-Mail: mehrdad.payandeh@law-school.de

Pechstein, Dr. Matthias,
Univ.-Professor,
Lindenallee 40, 14050 Berlin,
(030) 301 9417,
Fax (030) 301 9417;
Jean-Monnet-Institut für Öffentliches Recht
und Europarecht, Europa-Universität
Viadrina Frankfurt (Oder),
Große Scharrnstr. 59,
15230 Frankfurt (Oder),
(0335) 5534 2761, Fax (0335) 5534 2769,
E-Mail: sekretariat-pechstein@europa-
uni.de

Pernice, Dr. jur. Dres. h.c. Ingolf,
Univ.-Professor a.D.,
Laehrstr. 17a, 14165 Berlin,
(030) 847 23 615,
E-Mail: pernice@hu-berlin.de

Pernice-Warnke, Dr. Silvia, Privatdozentin,
Lehrstuhl für Staats- und Verwaltungsrecht
sowie Wissenschaftsrecht und Medienrecht
Universität zu Köln,
Albertus-Magnus-Platz, 50923 Köln,
E-Mail: silvia.pernice-warnke@uni-
koeln.de

Perthold-Stoitzner, Dr. Bettina,
Univ.-Professorin,
Institut für Staats- und Verwaltungsrecht,
Rechtswissenschaftliche Fakultät der
Universität Wien,
Schottenbastei 10–16,
A-1010 Wien,
(0043) 1 4277 35425,
E-Mail: bettina.perthold@univie.ac.at

Pestalozza, Dr. Christian Graf von,
Univ.-Professor (em.),
Freie Universität Berlin, Institut für
Staatslehre, Staats-und Verwaltungsrecht,
Dienstanschrift: Van't-Hoff-Str. 8,
14195 Berlin (Dahlem), Postanschrift:
Bayernallee 12, 14052 Berlin (Westend),
(030) 3046 329 oder -8385 3014,

Fax (030) 3081 3104,
E-Mail: c.pestalozza@fu-berlin.de

Peters, Dr. Dr. h.c. Anne, LL.M.,
Professorin, Direktorin am
Max-Planck-Institut für ausländisches
öffentliches Recht und Völkerrecht,
Im Neuenheimer Feld 535,
69120 Heidelberg,
(06221) 482 307, Fax (06221) 482 288,
E-Mail: apeters-office@mpil.de

Peters, Dr. Birgit, LL.M., Professorin,
Professur für Öffentliches Recht,
insb. Völkerrecht und Europarecht
Fachbereich V – Rechtswissenschaften,
Raum C-247, Universitätsring 15,
54296 Trier
(0049) 651 201 2586,
E-Mail: petersb@uni-trier.de

Petersen, Dr. Niels, Professor
Lehrstuhl für Öffentliches Recht,
Völker- und Europarecht sowie
empirische Rechtsforschung,
Westfälische Wilhelms-Universität
Münster,
Bispinghof 24/25, 48143 Münster,
(0251) 83 21862,
E-Mail: niels.petersen@uni-muenster.de

Peuker, Dr. Enrico, Professor,
Lehrstuhl für Recht der Digitalisierung und
des Datenschutzes,
Juristische Fakultät,
Julius-Maximilians-Universität Würzburg,
Domerschulstr. 16, 97070 Würzburg,
(0049) 931 31 87903,
E-Mail: enrico.peuker@uni-wuerzburg.de

Pielow, Dr. Johann-Christian, Professor,
Hugo-Schultz-Str. 43, 44789 Bochum,
(0234) 746 33;
Ruhr-Universität Bochum,
Fakultät für Wirtschaftswissenschaft –
Recht der Wirtschaft,

Universitätsstr. 150, 44780 Bochum,
(0234) 3225 7234,
Fax (0234) 321 4074,
E-Mail: christian.pielow@ruhr-uni-bochum.de

Pieper, Dr. Stefan Ulrich, apl. Professor,
Bundespräsidialamt,
Spreeweg 1,
10557 Berlin,
(030) 2000 21 20, Fax (030) 2000 1 99,
E-Mail: stefan.pieper@bpra.bund.de

Pieroth, Dr. Bodo, Univ.-Professor,
Gluckweg 19, 48147 Münster,
(0251) 2332 91,
Universität Münster,
Universitätsstr. 14–16, 48143 Münster,
(0251) 8321 900,
E-Mail: pieroth@uni-muenster.de

Pietzcker, Dr. Jost, Professor,
Hausdorffstr. 95, 53129 Bonn,
(0228) 2339 54;
E-Mail: Pietzcker@jura.uni-bonn.de

Pilniok, Dr. Arne, Professor,
Universität Hamburg, Fakultät
für Rechtswissenschaft,
Rothenbaumchaussee 33, 20148 Hamburg,
(040) 42838 5767,
E-Mail: arne.pilniok@uni-hamburg.de

Pirker, Dr. Benedikt, Privatdozent,
Institut für Europarecht,
Universität Freiburg,
Avenue de Beauregard 11,
CH-1700 Fribourg,
(0041)26 300 8362,
Fax (0041)26 300 9776,
E-Mail: benedikt.pirker@unifr.ch

Pirker, DDr. Jürgen, Assoz. Professor,
Universität Graz, Institut für Öffentliches
Recht und Politikwissenschaft,
Universitätsstr. 15/D3,

A-8010 Graz,
(0043) 316/380 7412,
E-Mail: juergen.pirker@uni-graz.at

Pitschas, Dr. Dr. h.c. mult. Rainer,
o. Univ.-Professor,
Hermann-Jürgens-Str. 8,
76829 Landau-Godramstein,
(06341) 9693 81, Fax (06341) 9693 82,
E-Mail: r.pitschas.landau@t-online.de;
Deutsche Universität für Verwaltungswissenschaften Speyer,
Postfach 1409, 67324 Speyer,
(06232) 654 345,
Fax (06232) 654 305,
E-Mail: rpitschas@uni-speyer.de

Pöschl, Dr. Magdalena, Univ.-Professorin,
Institut für Staats-und Verwaltungsrecht,
Schottenbastei 10–16,
A-1010 Wien,
(0043) 1 4277 354 71,
E-Mail: magdalena.poeschl@univie.ac.at

Poier, Dr. Klaus, Univ.-Professor,
Karl-Franzens-Universität Graz,
Institut für Öffentliches Recht und Politikwissenschaft,
Universitätsstr. 15/C3, A-8010 Graz,
(0043) 316 380 3380 oder -3365,
E-Mail: klaus.poier@uni-graz.at

Polzin, Dr. Monika, LL.M. (NYU),
Professorin,
Wirtschaftsuniversität Wien, Institut für Europarecht und Internationales Recht,
Welthandelsplatz 1/D3,
A-1020 Wien,
(0043) 1 31336 6470,
E-Mail: monika.polzin@wu.ac.at

Poscher, Dr. Ralf, Univ.-Professor,
Zasiusstr. 6, 79102 Freiburg i. B.,
(0761) 612 4191;
Max-Planck-Institut zur Erforschung von Kriminalität, Sicherheit und Recht,

Direktor der Abteilung Öffentliches Recht,
Günterstalstr. 73, 79100 Freiburg,
(0761) 7081 500,
E-Mail: public-law@csl.mpg.de

Potacs, Dr. Michael, Professor,
Hammerschmidtgasse 5/3/2, A-1190 Wien,
(0043) 1324 6623;
Universität Wien,
Institut für Staats- und Verwaltungsrecht,
Abteilung Öffentliches Wirtschaftsrecht,
Schottenbastei 10–16, A-1010 Wien,
(00 43) 1 4277 35452,
E-Mail: michael.potacs@univie.ac.at

Preuß, Dr. Ulrich K., Professor,
Friedbergstr. 47, 14057 Berlin,
(030) 3081 9433;
Hertie School of Governance,
Schlossplatz 1, 10178 Berlin,
(030) 212 3123 10, Fax (030) 212 3129 99,
E-Mail: ukpreuss@hertie-school.org

Proelß, Dr. Alexander, Professor,
Lehrstuhl für Internationales Seerecht und Umweltrecht,
Völkerrecht und Öffentliches Recht
Fakultät für Rechtswissenschaft,
Universität Hamburg,
Rothenbaumchaussee 33,
20148 Hamburg,
(040) 42838 4545 oder -8828,
Fax (040) 42838 8855,
E-Mail: alexander.proelss@uni-hamburg.de

Pünder, Dr. Hermann, LL.M (Iowa),
Univ.-Professor,
Bucerius Law School,
Lehrstuhl für Öffentliches Recht
(einschließlich Europarecht),
Verwaltungswissenschaft
und Rechtsvergleichung,
Postfach 30 10 30, 20304 Hamburg,
(040) 30706 260,
Fax (0 40) 30706 235,
E-Mail: hermann.puender@law-school.de

Pürgy, Dr. Erich, Hofrat Privatdozent,
Verwaltungsgerichtshof
Judenplatz 11,
A-1010 Wien,
(0043) 1 53111 101231 und
(0043) 650 9264314,
E-Mail: erich.puergy@vwgh.gv.at

Püttner, Dr. Dr. h.c. Günter, o. Professor,
c/o Dorothea Kretschmer
Welterpfad 11,
12277 Berlin

Puhl, Dr. Thomas, o. Professor,
In der Aue 26a, 69118 Heidelberg,
(06221) 8036 64, Fax (06221) 8036 69;
Universität Mannheim, Fakultät für
Rechtswissenschaft,
Schloss – Westflügel (W 226),
68131 Mannheim,
(0621) 181 1354 oder -1355,
Fax (0 21) 181 1361,
E-Mail: puhl@staffmail.uni-mannheim.de

Puttler, Dr. Adelheid, LL.M.
(University of Chicago), diplomée de
l'E.N.A., Univ.-Professorin,
Lehrstuhl für Öffentliches Recht, insb.
Europarecht, Völkerrecht und
Internationales Wirtschaftsrecht,
Ruhr-Universität Bochum,
44780 Bochum,
(0234) 322 2820,
Fax (0234) 321 4139,
E-Mail: LS-Puttler@Ruhr-Uni-Bochum.de

Ramsauer, Dr. Ulrich, Professor,
VRiOVG a.D., Rechtsanwalt,
ehem. Universität Hamburg,
priv. Wiesenstr. 5, 20255 Hamburg,
dienstl. Görg Rechtsanwälte mbB,
Hamburg,
Alter Wall 22,
20457 Hamburg,
(040) 500 360 480,
E-Mail: URamsauer@goerg.de

Raschauer, Dr. Nicolas, Professor,
EHL Lausanne,
Route de Cojonnex 18,
CH-1000 Lausanne 25,
(0041) 21 785 11 11,
E-Mail: nicolas.raschauer@gmail.com

Rasenack, Dr. Christian A.L.,
LL.M., Professor,
Taunusstr. 8, 12309 Berlin,
(030) 745 2543;
TU Berlin, Fakultät VIII, Institut für
Volkswirtschaftslehre und Wirtschaftsrecht,
Str. des 17. Juni 135, 10623 Berlin,
(030) 3142 5874, Fax (030) 745 2543,
E-Mail: kriskross_querbeet@web.de

Reich, Dr. Johannes, LL.M. (Yale),
Professor,
Universität Zürich, Rechtswissenschaftliche Fakultät, Institut für Völkerrecht und
ausländisches Verfassungsrecht, Lehrstuhl
für Öffentliches Recht, Umweltrecht und
Energierecht,
Rämistr. 74/8, CH-8001 Zürich,
(0041) 44 634 2795,
E-Mail: johannes.reich@rwi.uzh.ch

Reiling, Dr. Katharina, Professorin,
Institut für Öffentliches Recht,
Rechts- und Staatswissenschaftliche
Fakultät, Rheinische Friedrich-Wilhelms-
Universität Bonn,
Adenauerallee 44, 53113 Bonn,
E-Mail: reiling@uni-bonn.de

Reimer, Dr. Ekkehart, Professor,
Institut für Finanz- und Steuerrecht,
Lehrstuhl für Öffentliches Recht,
Europäisches und Internationales
Steuerrecht,
Friedrich-Ebert-Anlage 6-10,
69117 Heidelberg,
(06221) 5474 66,
Fax (06221) 5477 91,
E-Mail: Reimer@uni-heidelberg.de

Reimer, Dr. Franz, Professor,
Am Kirschenberg 4, 35394 Gießen;
Justus-Liebig-Universität Gießen,
Fachbereich 1 (Rechtswissenschaft),
Hein-Heckroth-Str. 5, 35390 Gießen,
E-Mail: franz.reimer@recht.uni-giessen.de

Reimer, Dr. Philipp,
Univ.-Professor,
Universität Konstanz, Lehrstuhl für Öffentliches Recht, insb. Verwaltungsrecht und Rechtstheorie,
Fach 111, Universitätsstr. 10,
78457 Konstanz
(0 75 31) 88 36 54,
E-Mail: philipp.reimer@uni-konstanz.de

Reinhardt, Dr. Michael, LL.M. (Cantab.),
Professor,
Universität Trier, 54286 Trier

Remmert, Dr. Barbara,
Univ.-Professorin,
Eberhard Karls Universität Tübingen,
Lehrstuhl für Öffentliches Recht,
Geschwister-Scholl-Platz, 72074 Tübingen,
E-Mail: remmert@jura.uni-tuebingen.de

Rengeling, Dr. Hans-Werner,
Univ.-Professor,
Langeworth 143, 48159 Münster,
(0251) 2120 38,
E-Mail: H.-W.Rengeling@t-online.de

Rensmann, Dr. Thilo, LL.M.
(University of Virginia),
Univ.-Professor,
Universität Augsburg, Juristische Fakultät,
Lehrstuhl für Öffentliches Recht,
Völkerrecht und Europarecht,
Universitätsstr. 24,
86159 Augsburg
(0821) 598 4571,
Fax (0821) 598 4572,
E-Mail: Sekretariat.Rensmann@jura.
uni-augsburg.de

Ress, Dr. iur. Dr. rer. pol. Dr. iur. h.c. mult.
Georg, Univ.-Professor (em.),
Europa-Institut Universität des Saarlandes,
66041 Saarbrücken,
Richter am EGMR a.D.,
Max-Braun-Str. 3, 66123 Saarbrücken,
(0174) 2558255,
E-Mail: ress@mx.uni-saarland.de

Rhinow, Dr. René, o. Professor (em.),
Ordinarius für öffentliches Recht
an der Universität Basel,
Leisenbergstr. 26, CH-4410 Liestal,
(0041) 61911 9935,
E-Mail: rene.rhinow@gmail.com

Richter, Dr. Dagmar, apl. Professorin
Lehrbeauftragte an der Universität des
Saarlandes, Europa-Institut, Campus B2.1,
66123 Saarbrücken,
(0681) 302 3695,
E-Mail: dr-drichter@t-online.de

Riedel, Dr. Eibe H.,
Univ.-Professor,
Haagwiesenweg 19, 67434 Neustadt,
(06321) 848 19,
E-Mail: eiberiedel@gmail.com

Rinken, Dr. Alfred, Univ.-Professor,
Treseburger Str. 37, 28205 Bremen,
(0421) 4407 62,
E-Mail: rinken@uni-bremen.de

Rixen, Dr. Stephan, Univ.-Professor,
Universität zu Köln, Institut für
Staatsrecht,
Albertus-Magnus-Platz, 50923 Köln,
(0221) 470 5727, (0221) 470 5075,
E-Mail: institut-staatsrecht@uni-koeln.de

Robbers, Dr. Gerhard,
Univ.-Professor,
Dagobertstr. 17, 54292 Trier,
(0651) 53710;
Universität Trier, Postfach 38 25,

54286 Trier,
(0651) 201 2542,
Fax (0651) 201 3905,
E-Mail: Robbers@uni-trier.de

Röben, Dr. Volker, LL.M., Professor,
Durham Law School
Durham University Palatine Centre,
Stockton Road Durham DH1 3LE.
Großbritannien,
E-Mail: volker.roeben@durham.ac.uk

Rodi, Dr. Michael, M.A.,
Univ.-Professor,
Richardstr. 82, 12043 Berlin;
Universität Greifswald, Lehrstuhl für
Öffentliches Recht, Finanz- und Steuerrecht,
17487 Greifswald,
(03834) 420 21 00,
E-Mail: michael.rodi@uni-greifswald.de

Röger, Dr. Ralf, Professor,
Fachhochschule des Bundes für öffentliche
Verwaltung, Fachbereich Bundespolizei,
Ratzeburger Landstr. 4,
23562 Lübeck,
(0451) 49055 7204, Fax (0451) 203 1709,
E-Mail: roeger@roeger.info

Röhl, Dr. Hans Christian, Professor,
Mainaustr. 207a, 78464 Konstanz,
(07531) 807 1446;
Universität Konstanz, Lehrstuhl für Staats-
und Verwaltungsrecht, Europarecht und
Rechtsvergleichung, Fach D 115,
Universitätsstr. 10, 78457 Konstanz,
(07531) 88 2313, Fax (07531) 88 2563,
E-Mail: hans.christian.roehl@
uni-konstanz.de

Ronellenfitsch, Dr. Michael, o. Professor,
Augusta-Anlage 15, 68165 Mannheim;
Universität Tübingen, Juristische Fakultät,
Geschwister-Scholl-Platz,
72074 Tübingen,
(07071) 972 109, Fax (07071) 297 4905,

E-Mail: m.ronellenfitsch@
datenschutz.hessen.de

Rossen-Stadtfeld, Dr. Helge, Professor,
Marklandstr. 17, 81549 München,
(089) 7442 7929;
Universität der Bundeswehr München,
Fakultät für Wirtschafts- und
Organisationswissenschaften,
Werner-Heisenberg-Weg 39,
85577 Neubiberg,
(089) 6004 4604, Fax (089) 6004 3700,
E-Mail: helge.rossen-stadtfeld@unibw.de

Rossi, Dr. Matthias, Professor,
Universität Augsburg, Juristische Fakultät,
Lehrstuhl für Staats- und Verwaltungsrecht,
Europarecht sowie Gesetzgebungslehre,
Universitätsstr. 2, 86135 Augsburg,
(0821) 598 4545 oder -4546,
Fax (0821) 598 4547,
E-Mail: matthias.rossi@jura.
uni-augsburg.de

Roth, Dr. Wolfgang, LL.M. (Michigan),
apl. Professor,
RAe Redeker Sellner Dahs,
Willy-Brandt-Allee 11, 53113 Bonn,
(0228) 726 25 0,
E-Mail: roth@redeker.de

Roth-Isigkeit, Dr. David, Professor,
Universität Würzburg,
Zentrum für Soziale Implikationen
künstlicher Intelligenz (SOCAI),
Domerschulstr. 16, 97070 Würzburg,
(0049) 931 31 82389,
E-Mail: david.roth-isigkeit@uni-
wuerzburg.de

Rozek, Dr. Jochen, Univ.-Professor,
Hinrichsenstr. 31, 04105 Leipzig,
0341 35581665;
Lehrstuhl für Staats- und Verwaltungsrecht,
Verfassungsgeschichte und
Staatskirchenrecht,

Universität Leipzig,
Burgstr. 27, 04109 Leipzig,
(0341) 9735 171 oder -170,
Fax (0341) 9735 179,
E-Mail: rozek@uni-leipzig.de

Ruch, Dr. Alexander, o. Professor (em.),
ETH Zürich,
Gartenstr. 85, CH-4052 Basel,
(0041) 61 272 3622,
E-Mail: ruch@recht.gess.ethz.ch

Rüfner, Dr. Wolfgang, Professor,
Hagebuttenstr. 26, 53340 Meckenheim,
(02225) 7107,
E-Mail: Ruefner@t-online.de;
zugehörig Universität zu Köln

Rühl, Dr. Ulli F. H., Professor,
Hermann-Allmers-Str. 34,
28209 Bremen, (0421) 346 7484;
Universität Bremen, FB 6: Rechtswissenschaft, Universitätsallee, GW 1,
Postfach 33 04 40, 28334 Bremen,
(0421) 218 4606,
Sekr. -2127,
E-Mail: uruehl@uni-bremen.de

Rütsche, Dr. Bernhard, Professor,
Jubiläumsstr. 87, CH-3005 Bern,
(0041) 313 1115 84,
E-Mail: bernhard.ruetsche@bluewin.ch;
Universität Zürich, Rechtswissenschaftliches Institut,
Treichlerstr. 10,
CH-8032 Zürich,
(0041) 446 3461 03,
Fax (0041) 446 3415 89,
E-Mail: bernhard.ruetsche@unilu.ch

Ruffert, Dr. Matthias, Professor,
Humboldt-Universität zu Berlin,
Juristische Fakultät, Lehrstuhl für
Öffentliches Recht und Europarecht,
Unter den Linden 6, 10099 Berlin,
(030) 2093 3773,

Fax (030) 2093 3449,
E-Mail: matthias.ruffert@rewi.hu-berlin.de

Ruland, Dr. Franz, Professor,
Geschäftsführer des Verbandes Deutscher
Rentenversicherungsträger a.D.,
Honorarprofessor an der Johann Wolfgang
Goethe-Universität Frankfurt,
Strasslacher Str. 1B, 81479 München,
(089) 7277 9792,
E-Mail: Ruland.Franz@t-online.de

Ruppert, Dr. Stefan, Privatdozent,
Jean-Sauer-Weg 1, 61440 Oberursel;
MPI für europäische Rechtsgeschichte,
Hausener Weg 120,
60489 Frankfurt am Main,
E-Mail: ruppert@rg.mpg.de;
Mobil (0170) 855 4477,
E-Mail: s.ruppert@outlook.de

Rusteberg, Dr. Benjamin, Privatdozent,
Institut für Staatswissenschaft und
Rechtsphilosophie,
Albert-Ludwigs-Universität Freiburg,
79085 Freiburg i. B.,
(0761) 203 9757 3,
E-Mail: benjamin.rusteberg@jura-uni-freiburg-de

Ruthig, Dr. Josef, Univ.-Professor,
Dreiweidenstr. 6, 65195 Wiesbaden;
Johannes-Gutenberg-Universität Mainz,
Fachbereich Rechts- und Wirtschaftswissenschaften, Lehrstuhl für Öffentliches Recht, Europarecht und Rechtsvergleichung,
55099 Mainz,
(06131) 3920 964,
Fax (06131) 3924 059,
E-Mail: Ruthig@uni-mainz.de

Rux, Dr. Johannes, apl. Professor,
Neckarstr. 52, 76199 Karlsruhe,
Nomos Verlagsgesellschaft mbH &
Co. KG,

Programmleitung Wissenschaft –
Juristisches Lektorat,
Waldseestr. 3-5,
76530 Baden-Baden,
E-Mail: rux@nomos.de

Sacksofsky, Dr. Dr. h.c. Ute, M.P.A.
(Harvard), Professorin,
Goethe-Universität, Fachbereich
Rechtswissenschaft,
Institut für öffentliches Recht,
Theodor-W.-Adorno-Platz 4,
60629 Frankfurt am Main,
(069) 798 34285, Fax (069) 798 34513,
E-Mail: Sacksofsky@jur.uni-frankfurt.de

Sarcevic, Dr. Edin, apl. Professor,
Mozartstr. 9, 04107 Leipzig,
(0179) 60 20 517,
Juristenfakultät Leipzig, Postfach 100 920,
(0341) 973 5210, Fax (0341) 973 5218,
E-Mail: edin@rz.uni-leipzig.de

Sauer, Dr. Heiko, Professor,
Lehrstuhl für deutsches und europäisches
Verfassungs- und Verwaltungsrecht,
Rheinische Friedrich-Wilhelms-Universität
Bonn,
Adenauerallee 24–42, 53113 Bonn,
(0228) 73 62411,
E-Mail: sauer@jura.uni-bonn.de

Saurer, Dr. Johannes, LL.M. (Yale),
Professor,
Eberhard Karls Universität Tübingen
Lehrstuhl für Öffentliches Recht,
Geschwister-Scholl-Platz,
72074 Tübingen,
E-Mail: johannes.saurer@uni-tuebingen.de

Saxer, Dr. Urs, LL.M. (Columbia),
Professor,
Höhenstr. 51, CH-8700 Küsnacht,
(0041) 79447 60 63,
E-Mail:
urs.saxer@uzh.ch bzw. Saxer@steinlex.ch

Schachtschneider, Dr. Karl Albrecht,
o. Professor,
E-Mail: Kaschachtschneider@web.de

Schaefer, Dr. Jan Philipp, Privatdozent,
Brenntenhau 22, 70565 Stuttgart,
(0711) 2238 520;
Ludwig-Maximilians-Universität München,
Juristische Fakultät, Lehrstuhl für Öffentliches Recht und Staatsphilosophie,
Prof.-Huber-Platz 2, 80539 München,
(089) 2180 2746, Fax (089) 2180 5063,
E-Mail: schaefer@jura.uni-muenchen.de

Schaks, Dr. Nils, Professor,
Universität Mannheim, Abteilung
Rechtswissenschaft,
Schloss Westflügel – Raum W 150,
68161 Mannheim,
(0621) 181 1372,
E-Mail: nschaks@mail.uni-mannheim.de

Schefer, Dr. Markus, Professor,
Gartenstadt 18,
CH-4142 Münchenstein/BL,
(0041) 614 1136 28;
Universität Basel, Juristische Fakultät,
Lehrstuhl für Staats- und Verwaltungsrecht,
Peter Merian-Weg 8, Postfach,
CH-4002 Basel,
(0041) 612 6725 13,
E-Mail: markus.schefer@unibas.ch

Schefold, Dr. Dian, Univ.-Professor,
Mathildenstr. 93,
28203 Bremen,
(0421) 725 76,
E-Mail: schefold@uni-bremen.de

Schenke, Dr. Ralf P., o. Professor,
Spessartstr. 41, 97082 Würzburg,
(0931) 3017 1131;
Julius-Maximilians-Universität Würzburg,
Lehrstuhl für Öffentliches Recht,
Deutsches, Europäisches und
Internationales Steuerrecht,

Domerschulstr. 16,
97070 Würzburg,
(0931) 31 823 60, Fax (0931) 31 8 6070,
E-Mail: schenke@jura.uni-wuerzburg.de

Schenke, Dr. Wolf-Rüdiger, o. Professor,
Beim Hochwald 30, 68305 Mannheim,
(0621) 7442 00;
Universität Mannheim, 68131 Mannheim,
(0621) 181 1410,
E-Mail: Schenke@jura.uni-mannheim.de

Scherer, Dr. Joachim, LL.M.,
apl. Professor,
Privatweg 9, 64342 Seeheim-Jugenheim,
(06257) 9037 39;
RAe Baker & McKenzie,
Bethmannstr. 50–54,
60311 Frankfurt am Main,
(069) 2990 8189, Fax (069) 2990 8108,
E-Mail: Joachim.Scherer@Bakernet.com

Scherzberg, Dr. Arno, Professor,
Aneustr. 24, 80469 München

Scheuing, Dr. Dieter H., o. Professor,
Finkenstr. 17, 97204 Höchberg,
(0931) 483 31,
Fax (0931) 4081 98;
Universität Würzburg, 97070 Würzburg,
E-Mail: Scheuing@jura.uni-wuerzburg.de

Schiffbauer, Dr. Björn, Professor,
Universität Rostock,
Professur für Öffentliches Recht,
Europäisches und Internationales Recht,
Ulmenstr. 69, 18057 Rostock,
Tel.: (0049) 381 498 8012,
E-Mail: bjoern.schiffbauer@uni-rostock.de

Schiedermair, Dr. Stephanie,
Univ.-Professorin,
Lehrstuhl für Europarecht, Völkerrecht
und Öffentliches Recht
Burgstr. 21,
04109 Leipzig,

E-Mail: stephanie.schiedermair@
uni-leipzig.de

Schiess Rütimann, Dr. iur. Patricia M.,
Professorin,
M.P.A. Wissenschaftsmanagement,
Titularprofessorin an der Universität
Zürich, Liechtenstein-Institut,
St. Luziweg 2, LI – 9487 Bendern,
(00423) 373 30 22,
Fax (00423) 373 54 22,
E-Mail: patricia.schiess@liechtenstein-
institut.li

Schilling, Dr. Theodor, apl. Professor,
329, Chemin de Fontcaudette,
F-84220 Gordes;
Humboldt-Universität zu Berlin,
10117 Berlin,
(0049) 01578 1948 717,
Fax (0039) 032122133212,
E-Mail: theodor.schilling@gmail.com

Schindler, Dr. Benjamin, MJur (Oxford),
o. Professor,
Ober Bendlehn 32, CH-9042 Speicher;
Universität St. Gallen, Law School,
Tigerbergstr. 21,
CH-9000 St. Gallen,
(0041) 71 22421 63,
Fax (0041) 71 22421 62,
E-Mail: benjamin.schindler@unisg.ch

Schlacke, Dr. Sabine, Professorin,
Universität Greifswald,
Lehrstuhl für Öffentliches Recht,
insb. Verwaltungs- und Umweltrecht,
Ernst-Lohmeyer-Platz 1,
17489 Greifswald,
(0049) 3834 420 2100,
E-Mail: sabine.schlacke@uni-greifswald.de

Schladebach, Dr. Marcus, LL.M.,
Univ.-Professor,
Zähringerstr. 8, 10707 Berlin
E-Mail: schlade@gmx.de;

Universität Potsdam, Juristische Fakultät,
Professor für Öffentliches Recht,
Medienrecht,
Luft- und Weltraumrecht,
August-Bebel-Str. 89,
14482 Potsdam,
(0331) 977 3476,
E-Mail: marcus.schladebach@uni-
potsdam.de

Schlieffen, Dr. Katharina Gräfin von,
Univ.-Professorin, FernUniversität Hagen,
Fachbereich Rechtswissenschaft,
Universitätsstr. 21, 58084 Hagen,
(02331) 987 2878, Fax (02331) 987 395,
E-Mail: LG.vonSchlieffen@
fernuni-hagen.de

Schliesky, Dr. Utz, apl. Professor,
Direktor des Schleswig-Holsteinischen
Landtages,
Goosdiek 22, 24229 Dänischenhagen;
Schleswig-Holsteinischer Landtag,
Düsternbrooker Weg 70, 24105 Kiel
(0431) 988 1010;
Lorenz-von-Stein-Institut für Verwaltungs-
wissenschaften an der Christian-
Albrechts-Universität zu Kiel,
Olshausenstr. 75,
24098 Kiel,
E-Mail: Utz.Schliesky@landtag.ltsh.de

Schlink, Dr. Bernhard, Professor,
Viktoria-Luise-Platz 4, 10777 Berlin;
Institut für Öffentliches Recht und
Völkerrecht,
Humboldt-Universität zu Berlin,
Unter den Linden 6, 10099 Berlin,
(030) 2093 3454 oder -3472,
Fax (030) 2093 3452,
E-Mail: Schlink@rewi.hu-berlin.de

Schmahl, Dr. Stefanie, LL.M., Professorin,
Lehrstuhl für deutsches und ausländisches
öffentliches Recht, Völkerrecht und
Europarecht, Universität Würzburg,

Domerschulstr. 16,
97070 Würzburg,
(0931) 31 8 2324,
Fax (0931) 31 2792,
E-Mail: schmahl@jura.uni-wuerzburg.de

Schmalenbach, Dr. Kirsten, Professorin,
Markus Sittikus-Str. 19/20,
A-5020 Salzburg;
Fachbereich Öffentliches Recht/
Völkerrecht,
Paris-Lodron-Universität Salzburg,
Churfürststr. 1, A-5020 Salzburg,
(0043) 662 8044 3651,
Fax (0043) 662 8044 135,
E-Mail: kirsten.schmalenbach@sbg.ac.at

Schmid, Dr. Gerhard, Professor,
Reservoirstr. 178,
CH-4059 Basel,
(0041) 613 31 8425;

Schmid, Dr. Sebastian, LL.M. (UCL),
Univ.-Professor,
Fachbereich Öffentliches Recht,
Völker- und Europarecht,
Universität Salzburg,
Kapitelgasse 5–7,
A-5020 Salzburg,
Fax (0043) 662 8044 303,
E-Mail: sebastian.schmid@sbg.ac.at

Schmid, Dr. Viola, LL.M.,
Univ.-Professorin,
Kirchenweg 3, 91126 Schwabach,
(09122) 773 82, Fax (09122) 623 45;
Institut für Öffentliches Recht,
Technische Universität Darmstadt,
Hochschulstr. 1, 64289 Darmstadt,
(06151) 1664 64, Fax (06151) 1639 84,
E-Mail: schmid@jus.tu-darmstadt.de

Schmidt, Dr. Reiner, o. Professor,
Bachwiesenstr. 5, 86459 Gessertshausen,
(08238) 4111, Fax (08238) 609 01,
E-Mail: Rein.Schmidt@t-online.de

Schmidt, Dr. Thorsten Ingo,
Univ.-Professor,
Dahlemer Weg 102b, 14167 Berlin,
(0163) 135 5487,
Lehrstuhl für Öffentliches Recht,
insb. Staatsrecht, Verwaltungs- und
Kommunalrecht, Universität Potsdam,
August-Bebel-Str. 89, 14482 Potsdam,
(0331) 977 3284

Schmidt, Dr. Walter, Univ.-Professor,
Brüder-Knauß-Str. 86, 64285 Darmstadt,
(06151) 64710

Schmidt am Busch, Dr. Birgit, LL.M.
(Iowa),
Juristische Fakultät LMU,
Ludwigstr. 28, Rgb., 80539 München,
(089) 2180 2082,
E-Mail: Schmidt-am-Busch@jura.
uni-muenchen.de

Schmidt-Aßmann, Dr. Dr. h.c. mult.
Eberhard, o. Professor,
Höhenstr. 30, 69118 Heidelberg,
(06221) 8008 03,
E-Mail: schmidt-assmann@uni-hd.de

Schmidt-Jortzig, Dr. Edzard, o. Professor,
Moltkestr. 88, 24105 Kiel,
(0431) 895 0195, Fax (0431) 8034 71,
E-Mail: esjot@web.de;
Christian-Albrechts-Universität zu Kiel,
Leibnizstr. 6, 24118 Kiel,
(0431) 880 3545,
E-Mail: eschmidt-jortzig@law.uni-kiel.de

Schmidt-Preuß, Dr. Matthias,
o. Professor,
E.-T.-A.-Hoffmann-Str. 12, 53113 Bonn,
(0228) 6780 91;
Universität Bonn, Rechts- und Staatswissenschaftliche Fakultät,
Adenauerallee 24–42,
53113 Bonn,
(0228) 7365 02,

Fax (0228) 7365 07,
E-Mail: schmidt-preuss@jura.uni-bonn.de

Schmidt-Radefeldt, Dr. Roman,
Privatdozent,
Kirchstr. 8, 10557 Berlin,
E-Mail: romansr69@yahoo.de;
Deutscher Bundestag, Wissenschaftliche
Dienste,
Fachbereich WD 2 – Auswärtiges,
Verteidigung, Völkerrecht,
Menschenrechte und humanitäre Hilfe,
Platz der Republik 1, 11011 Berlin,
(030) 227 38622,
Fax (030) 227 36526,
E-Mail: Roman.Schmidt-Radefeldt@
bundestag.de

Schmitt Glaeser, Dr. Alexander,
LL.M. (Yale), Privatdozent,
Kunigundenstr. 34, 80505 München,
(089) 3854 7931,
E-Mail: a.schmitt-glaeser@aya.yale.edu;
Bayrisches Staatsministerium für
Wissenschaft und Kunst Referat R1 –
Hochschulrecht. Hochschulpersonalrecht,
Koordinierung hochschulart übergreifender
Themen Salvatorstr. 2,
80333 München,
(089) 2186 2379,
E-Mail: alexander.schmitt-glaeser@stmwk.
bayern.de

Schmitz, Dr. Thomas, Professor,
Faculty of Law, Universitas Gadjah Mada
Jalan Sosio Yustisia No.1
Bulaksumur, Kab. Sleman,
D.I. Yogyakarta 55281, Indonesia
E-Mail: tschmit1@gwdg.de

Schneider, Dr. Christian F., Privatdozent,
Franz-Keim-Gasse 44/13,
A-2345 Brunn am Gebirge; bpv Hügel
Rechtsanwälte OG,
Ares-Tower, Donau-City-Str. 11,
A-1220 Wien,

(0043) 1 260 50 204,
E-Mail: christian.schneider@
bpv-huegel.com

Schneider, Dr. Jens-Peter, Professor,
Albert-Ludwigs-Universität Freiburg,
Rechtswissenschaftliche Fakultät,
79085 Freiburg i. B.,
(0761) 203 97731, Fax (0761) 203 97542,
E-Mail: jp.schneider@jura.uni-freiburg.de

Schneider, Dr. Karsten,
Univ.-Professor,
Professur für Öffentliches Recht,
internationales Recht, Rechtstheorie,
Rechts- und Wirtschaftswissenschaften,
Johannes Gutenberg-Universität Mainz,
Jakob-Welder-Weg 9, 55128 Mainz,
(0049) 6131 39 27880,
Fax (0049) 6131 39 28172,
E-Mail: lsschneider@uni-mainz.de

Schoch, Dr. Friedrich, o. Professor,
Kastelbergstr. 19, 79189 Bad Krozingen,
(07633) 9481 04, Fax (07633) 9481 05,
E-Mail: friedrich.schoch@jura.
uni-freiburg.de

Schöbener, Dr. Burkhard, Professor,
Am Glösberg 27, 97342 Obernbreit,
(09332) 5000 04;
Professur für Öffentliches Recht,
Völkerrecht und Europarecht,
Universität zu Köln,
Gottfried-Keller-Str. 2,
50931 Köln,
(0221) 470 3834 oder -3875,
E-Mail: burkhard.schoebener@
uni-koeln.de

Schönberger, Dr. Christoph, Professor,
Universität zu Köln, Seminar für
Staatsphilosophie und Rechtspolitik,
Albertus-Magnus-Platz 1,
50923 Köln,
(0221) 470 1384,

E-Mail: christoph.schoenberger@
uni-koeln.de

Schönberger, Dr. Sophie, Professorin,
Heinrich-Heine-Universität Düsseldorf,
Lehrstuhl für Öffentliches Recht,
Universitätsstr. 1, 40225 Düsseldorf,
(0211) 8111465,
E-Mail: sophie.schoenberger@
uni-duesseldorf.de

Schöndorf-Haubold, Dr. Bettina,
Professorin,
Justus-Liebig-Universität Gießen,
Professur für Öffentliches Recht,
Hein-Heckroth-Str. 5,
35390 Gießen,
E-Mail: bettina.schoendorf-haubold@recht.
uni-giessen.de

Scholz, Dr. Rupert, o. Professor,
Königsallee 71a, 14193 Berlin; Of Counsel,
Rechtsanwaltskanzlei Gleiss Lutz,
Friedrichstr. 71, 10117 Berlin,
E-Mail: rupert.scholz@gleisslutz.com;
Universität München, Institut für Politik
und Öffentliches Recht,
Ludwigstr. 28/RG,
80539 München,
(089) 2180 2113,
E-Mail: rupert.scholz@jura.
uni-muenchen.de

Schorkopf, Dr. Frank, Professor,
Georg-August-Universität Göttingen,
Juristische Fakultät,
Platz der Göttinger Sieben 5,
37073 Göttingen,
(0049) 0551 39 24761,
E-Mail: fschork@gwdg.de

Schott, Dr. Markus, Privatdozent,
Rütistr. 38, CH-8032 Zürich,
(0041) 44363 1444;
Bär & Karrer AG, Brandschenkestr. 90,
CH-8027 Zürich,

(0041) 58261 5000,
Fax (0041) 58263 5477,
E-Mail: markus.schott@baerkarrer.ch

Schröder, Dr. Meinhard, o. Professor,
Zum Wingert 2, 54318 Mertesdorf,
(0651) 57887;
Universität Trier, 54286 Trier,
(0651) 201 2586,
E-Mail: schroedm@uni-trier.de

Schröder, Dr. Meinhard, Professor,
Universität Passau, Lehrstuhl für
Öffentliches Recht, Europarecht
und Informationstechnologierecht,
Innstr. 39 – Juridicum, 94032 Passau,
(0851) 509 2380, Fax (0851) 509 2382,
E-Mail: meinhard.schroeder@
uni-passau.de

Schröder, Dr. Rainer Johannes,
Privatdozent,
Wormser Str. 65, 01309 Dresden,
(0351) 656 9700;
Technische Universität Dresden,
Juristische Fakultät,
Bergstr. 53, 01069 Dresden,
(0351) 4633 7365,
E-Mail: rschroed@jura.tu-dresden.de

Schröder, Dr. Ulrich Jan, Professor,
Mergelberg 109, 48161 Münster;
(0251) 20 89 832;
Hochschule für Polizei und öffentliche
Verwaltung Nordrhein-Westfalen,
Albert-Hahn-Str. 45, 47269 Duisburg,
E-Mail: ulrichjan.schroeder@hspv.nrw.de

Schroeder, Dr. Werner, LL.M., Professor,
Universität Innsbruck, Institut für
Völkerrecht, Europarecht und
Internationale Beziehungen,
Innrain 52, A-6020 Innsbruck,
(0043) 512 507 8320,
Fax (0043) 512 507 2651,
E-Mail: Werner.Schroeder@uibk.ac.at

Schubert, Dr. Mathias, Privatdozent,
Schleswig-Holsteinischer Landtag,
Düsternbrooker Weg 70,
24105 Kiel,
(0431) 988 1109,
E-Mail: schubert.mathias@gmx.net

Schuler-Harms, Dr. Margarete,
Professorin,
Heidkoppel 19, 22145 Hamburg,
(040) 678 6061, Fax (040) 678 8373;
Helmut-Schmidt-Universität,
Universität der Bundeswehr, Institut
für Öffentliches Recht,
Holstenhofweg 85,
22043 Hamburg,
(040) 6541 2782, Fax (040) 6541 2087,
E-Mail: Schuler-Harms@hsu-hh.de

Schulev-Steindl, Dr. MMag. Eva, LL.M.
(London), Univ.-Professorin,
RESOWI-Zentrum,
Universitätstr. 15/D3,
A-8010 Graz, (0043)316 3806707,
E-Mail: eva.schulev-steindl@uni-graz.at

Schulte, Dr. Martin, Professor,
Funkenburgstr. 21, 04105 Leipzig,
(0341) 24822182;
Lehrstuhl für Öffentliches Recht, Umwelt-
und Technikrecht, Juristische Fakultät,
TU Dresden,
von-Gerber-Bau, Bergstr. 53,
01069 Dresden,
(0351) 4633 7362, Fax (0351) 4633 7220,
E-Mail: martin.schulte@tu-dresden.de

Schulz, Dr. Wolfgang, Professor,
Bismarckstr. 4, 20259 Hamburg,
(040) 4040 75;
Hans-Bredow-Institut für Medien-
forschung,
Heimhuder Str. 21, 20148 Hamburg,
(040) 4502 1711 oder -34,
Fax (040) 4502 1777,
E-Mail: w.schulz@hans-bredow-institut.de

Schulze-Fielitz, Dr. Helmuth, Professor,
Klara-Löwe-Str. 5,
97082 Würzburg,
(0931) 784 1025,
E-Mail: Schulze-Fielitz@t-online.de

Schuppert, Dr. Gunnar Folke, Professor,
Kaiserdamm 28, 14057 Berlin,
(030) 3061 2168;
Wissenschaftszentrum Berlin für
Sozialforschung,
Forschungsprofessur Neue Formen
von Governance,
Reichpietschufer 50, 10785 Berlin,
(030) 25491 546 oder -246,
Fax (030) 25491 542,
E-Mail: schuppert@wzb.eu

Schwartmann, Dr. Rolf, Professor,
Brucknerstr. 18, 50931 Köln,
(0221) 400 9094;
Fachhochschule Köln, Fakultät für
Wirtschaftswissenschaften,
Claudiusstr. 1, 50678 Köln,
(0221) 8275 3446,
Fax (0221) 8275 734 46,
E-Mail: rolf.schwartmann@fh-koeln.de

Schwarz, Dr. Kyrill-A., Professor,
Universität Würzburg, Juristische Fakultät,
Professor für Öffentliches Recht,
Domerschulstr. 16,
97070 Würzburg,
(0931) 318 2335,
E-Mail: kyrill-alexander.schwarz@
uni-wuerzburg.de

Schwarze, Dr. Jürgen, Professor,
Universität Freiburg, Institut für
Öffentliches Recht
Abt. I, Platz der Alten Synagoge 1,
79098 Freiburg i. B.,
(0761) 203 2238, oder -2251,
Fax (0761) 203 2234,
E-Mail: juergen.schwarze@jura.
uni-freiburg.de

Schwarzer, Mag., Dr. Stephan,
Universitätsdozent,
Rodlergasse 7/10, A-1190 Wien,
(0043) 1 369 1746;
Bundeswirtschaftskammer,
Wiedner Hauptstr. 63,
A-1045 Wien,
(0043) 1 50105 4195,
E-Mail: stephan.schwarzer@wko.at

Schweitzer, Dr. Michael, Professor,
Joseph-Haydn-Str. 6A,
94032 Passau,
(0851) 345 33;
Universität Passau,
94032 Passau,
(0851) 509 2395 oder -2396

Schweizer, Dr. Rainer J., o. Professor,
Kirchgasse 9, CH-9220 Bischofszell,
(0041) 71 223 5624;
Universität St. Gallen,
Tigerbergstr. 21, CH-9000 St. Gallen,
Forschungsgemeinschaft für
Rechtswissenschaften,
(0041) 71 224 2161,
Fax (00 41) 71 224 2162,
E-Mail: Rainer.Schweizer@unisg.ch

Schwerdtfeger, Dr. Angela, Professorin,
Georg-August-Universität Göttingen,
Juristische Fakultät, Lehrstuhl
für Öffentliches Recht, insb.
Verwaltungsrecht,
Platz der Göttinger Sieben 5,
37073 Göttingen,
(0551) 39 21150,
Fax (0551) 39 21151,
E-Mail: angela.schwerdtfeger@jura.
uni-goettingen.de

Schwerdtfeger, Dr. Gunther,
Univ.-Professor,
Hülsebrinkstr. 23,
30974 Wennigsen/Deister,
(05103) 1311

Seckelmann, Dr., Margrit, M.A.,
Univ.-Professorin,
Universitätsprofessur für das Recht der
digitalen Gesellschaft,
Leibniz-Universität Hannover,
Juristische Fakultät,
Königsworther Platz 1,
30167 Hannover,
E-Mail: margrit.seckelmann@iri.
uni-hannover.de

Seer, Dr. Roman, Univ.-Professor,
Ruhr-Universität Bochum, Lehrstuhl für
Steuerrecht,
Gebäude GCE.Z/389, Universitätsstr. 150,
44801 Bochum,
(0234) 322 8269, Fax (0234) 321 4614,
E-Mail: steuerrecht@rub.de

Seewald, Dr. Otfried, o. Professor,
Schärdingerstr. 21 A, 94032 Passau,
(0851) 3 51 45, Fax (0851) 3 51 45,
E-Mail: otfried_seewald@gmx.de;
Universität Passau,
Innstr. 40, Postfach 25 40, 94030 Passau,
(0851) 509 23 40 oder -41,
Fax (0851) 509 2342,
E-Mail: otfried.seewald@uni-passau.de

Seferovic, Dr. Goran, Privatdozent,
Zürcher Hochschule für Angewandte
Wissenschaften,
School of Management and Law,
Zentrum für Öffentliches Wirtschaftsrecht,
Gertrudstr. 15,
CH-8400 Winterthur,
(0041) 58 934 62 29,
E-Mail: goran.seferovic@zhaw.ch

Seibert-Fohr, Dr. Anja, Professorin,
Institut für Staatsrecht, Verfassungslehre
und Rechtsphilosophie,
Friedrich-Ebert-Platz 2,
69117 Heidelberg,
(06221) 54 7469,
Fax (06221) 54 161 7469,

E-Mail: sekretariat.seibert-fohr@jurs.
uni-heidelberg.de

Seiler, Dr. Christian, Professor,
Schwabstr. 36, 72074 Tübingen,
(07071) 549 7780;
Universität Tübingen, Lehrstuhl für
Staats- und Verwaltungsrecht, Finanz- und
Steuerrecht,
Geschwister-Scholl-Platz, 72074 Tübingen,
(07071) 297 2943,
E-Mail: christian.seiler@jura.
uni-tuebingen.de

Shirvani, Dr. Foroud, Professor,
Rheinische Friedrich-Wilhelms-
Universität Bonn,
Gottfried-Meulenbergh-Stiftungsprofessur,
Adenauerallee 24–42, 53113 Bonn,
(0228) 7362 416,
E-Mail: shirvani@jura.uni-bonn.de

Siekmann, Dr. Helmut, Professor,
Johann Wolfgang Goethe-Universität,
Professur für Geld-, Währungs- und
Notenbankrecht,
IMFS im House of Finance,
Theodor-W.-Adorno-Platz 3,
60629 Frankfurt am Main,
(069) 798 34014,
E-Mail: geld-und-waehrung@imfs-
frankfurt.de

Sieckmann, Dr. Jan-Reinard, Professor,
Fachbereich Rechtswissenschaft,
Friedrich-Alexander-Universität
Erlangen Nürnberg,
Schillerstr. 1, 91054 Erlangen,
(09131) 85240 97,
E-Mail: jan.sieckmann@fau.de

Siegel, Dr. Thorsten, Professor,
Freie Universität Berlin, Fachbereich
Rechtswissenschaft, Professur für
Öffentliches Recht,
insb. Verwaltungsrecht,

Boltzmannstr. 3, 14195 Berlin,
(030) 838 55921, Fax (030) 838 455921,
E-Mail: thorsten.siegel@fu-berlin.de,
Sekr.: sekretariat.siegel@rewiss.
fu-berlin.de

Siehr, Dr. Angelika, LL.M. (Yale),
Professorin,
Universität Bielefeld, Fakultät für
Rechtswissenschaft,
Postfach 100131, 33501 Bielefeld,
(0521) 106 4430 oder -6899,
E-Mail: angelika.siehr@uni-bielefeld.de

Simon, Dr. Sven, Univ.-Professor, MdEP,
Philipps-Universität Marburg
Lehrstuhl für Völkerrecht und Europarecht
mit öffentlichem Recht
Universitätsstr. 6, 35032 Marburg
(06421) 28 231 31 oder -27,
Fax (06421) 28 238 53,
E-Mail: sven.simon@uni-marburg.de

Skouris, Dr. Vassilios, Professor,
Nikolaou Manou 18,
GR-54643 Thessaloniki,
(0030) 31 8314 44;
Gerichtshof der Europäischen
Gemeinschaften,
Palais de la Cour de Justice,
L-2925 Luxembourg, (00352) 4303 2209,
Fax (00352) 4303 2736

Smeddinck, Dr. Ulrich, Apl. Professor,
Juristischer Bereich,
Universität Halle-Wittenberg,
Universitätsplatz 10a,
06108 Halle/Saale,
E-Mail: Ulrich.Smeddinck@jura.
uni-halle.de

Sodan, Dr. Helge, Univ.-Professor,
Fachbereich Rechtswissenschaft, Lehrstuhl
für Staats- und Verwaltungsrecht,
Öffentliches Wirtschaftsrecht, Sozialrecht,
Freie Universität Berlin,

Van't-Hoff-Str. 8, 14195 Berlin,
(030) 838 53972 oder -73973,
Fax (030) 838 54444;
Präsident des Verfassungsgerichtshofes
des Landes Berlin a.D.,
Elßholzstr. 30–33, 10781 Berlin,
(030) 9015 2650, Fax (030) 9015 2666,
E-Mail: sodan@zedat.fu-berlin.de

Somek, Dr. Alexander, Professor,
Mahlerstr. 13/4, A-1010 Wien;
Universität Wien,
Institut für Rechtsphilosophie,
Schenkenstr. 8–10, A-1010 Wien,
(0043) 1 4277 35830,
E-Mail: alexander.somek@univie.ac.at

Sommermann, Dr. Dr. h.c. Karl-Peter,
Univ.-Professor,
Lehrstuhl für Öffentliches Recht,
Staatslehre und Rechtsvergleichung,
Deutsche Universität für Verwaltungs-
wissenschaften Speyer,
Postfach 14 09,
67346 Speyer,
(06232) 654 344, Fax (06232) 654 414,
E-Mail: Sommermann@uni-speyer.de

Spannowsky, Dr. Willy,
Univ.-Professor,
Auf dem Kleehügel 17,
67706 Krickenbach,
(06307) 9939 63, Fax (06307) 9939 49;
Lehrstuhl für Öffentliches Recht,
Postfach 3049,
67653 Kaiserslautern,
(0631) 205 3975, Fax (0631) 205 3977,
E-Mail: oerecht@rhrk.uni-kl.de

Spiecker genannt Döhmann, Dr. Indra,
LL.M. (Georgetown Univ.),
Univ.-Professorin,
Lehrstuhl für Öffentliches Recht,
Informationsrecht, Umweltrecht,
Verwaltungswissenschaften,
Forschungsstelle Datenschutz,

Goethe-Universität Frankfurt,
Theodor-W.-Adorno-Platz 4,
60629 Frankfurt a.M.,
(069) 798 34268, Fax (069) 798 34510,
E-Mail: spiecker@jur.uni-frankfurt.de

Spilker, Dr. Bettina,
Univ.-Professorin,
Universität Wien, Rechtswissenschaftliche
Fakultät, Institut für Finanzrecht,
Schenkenstr. 8-10,
A-1010 Wien,
(0043) 1 4277 36015,
E-Mail: bettina.spilker@univie.ac.at

Spitzlei, Dr. Thomas, Privatdozent,
Akademischer Rat a. Z. Fachbereich V
Professur für Öffentliches Recht,
Sozialrecht und Verwaltungswissenschaft,
Prof. Dr. Timo Hebeler,
(0049) 651 201 2591,
E-Mail: spitzlei@uni-trier.de

Spranger, Dr. Dr. Tade Matthias,
apl. Professor,
Centre for the Law of Life Sciences Institut
für Öffentliches Recht,
Universität Bonn,
Adenauerallee 24–42, 53113 Bonn,
(0228) 73 9276,
E-Mail: spranger@jura.uni-bonn.de

Stahn, Dr. Carsten, LL.M. (NYU), LL.M.
(Köln-Paris), Professor,
Grotius Centre for International
Legal Studies, Leiden Law School,
Turfmarkt 99, NL-2511 DV The Hague,
(0031) 70 8009572,
E-Mail: c.stahn@law.leidenuniv.nl

Starck, Dr. Christian, o. Professor (em.),
Georg-August-Universität Göttingen,
Schlegelweg 10,
37075 Göttingen,
(0551) 55454,
E-Mail: cstarck@gwdg.de

Starski, Dr. Paulina, LL.B.,
Univ.-Professorin,
Universität Graz, Universitätsstr. 15/C3A,
A-8010 Graz;
Mittelweg 138,
20138 Hamburg,
(0049) 176 23506112,
E-Mail: paulina.starski-lutoborski@
uni-graz.at

Steiger, Dr. Dominik, Univ.-Professor für
Völkerrecht, Europarecht und
Öffentliches Recht,
Chair of Public International Law,
European Law and Public Law,
Technische Universität Dresden
von-Gerber-Bau, 317, Bergstr. 53,
01069 Dresden,
(0351) 463 37417,
Fax (0351) 463 37465,
E-Mail: dominik.steiger@tu-dresden.de

Stein, Dr. Katrin, Professorin,
Reinhold-Tiling-Weg 61,
49088 Osnabrück,
(0541) 911 8451;
Hessische Hochschule für öffentliches
Management und Sicherheit,
Schönbergstr. 100,
65199 Wiesbaden,
(06108) 603 516,
E-Mail: katrin.stein@hoems.hessen.de

Steinbach, Dr. Dr. Armin, LL.M., Professor,
Ministerialrat a.D.,
École des hautes études commerciales
(HEC) Paris,
1, rue de la Libération,
F-78351 Jouy en Josas Cedex,
E-Mail: steinbacha@hec.fr

Steinberg, Dr. Rudolf,
Univ.-Professor, Universitätspräsident a.D.,
Wingertstr. 2 A,
65719 Hofheim,
E-Mail: Rudolf.Steinberg@t-online.de

Steiner, Dr. Udo, o. Professor,
Richter des
Bundesverfassungsgerichts a. D.,
Am Katzenbühl 5, 93055 Regensburg,
(0941) 7009 13, Fax (0941) 7606 19,
E-Mail: udo.steiner@web.de

Stelkens, Dr. Ulrich, Univ.-Professor,
Webergasse 3a, 67346 Speyer;
Deutsche Universität für Verwaltungs-
wissenschaften Speyer,
Freiherr-vom-Stein-Str. 2, 67346 Speyer,
(06232) 654 365, Fax (06232) 654 245,
E-Mail: stelkens@uni-speyer.de

Stettner, Dr. Rupert, Professor,
Alpenstr. 11 a, 85221 Dachau,
(08131) 2789 96,
Fax (08131) 2789 98;
Institut für Staatswissenschaften,
Universität der Bundeswehr München,
Werner-Heisenberg-Weg 39,
85579 Neubiberg,
(089) 6004 3864 oder -3702 oder -2043,
Fax (089) 6004 2841,
E-Mail: rs@themistokles.net

Stober, Dr. Dr. h.c. mult. Rolf,
Univ.-Professor,
Prins-Claus-Str. 50, 48159 Münster,
(0251) 16241 62, Fax (0251) 16241 63;
Fakultät für Wirtschafts- und Sozial-
wissenschaften, Universität Hamburg,
Department Wirtschaftswissenschaften,
Institut für Recht der Wirtschaft,
Max-Brauer-Allee 60, 22765 Hamburg,
(040) 42838 4621, Fax (040) 42838 6458,
E-Mail: rolf-stober@gmx.de

Stöckli, Dr. Andreas, Professor,
Rechtsanwalt, Universität Freiburg
(Schweiz), Lehrstuhl für Staats- und
Verwaltungsrecht II, Av. Beauregard 1,
CH-1700 Freiburg,
(0041) 079 702 04 89,
E-Mail: andreas.stoeckli@unifr.ch

Stöger, Dr. Karl, MJur,
Univ.-Professor,
Institut für Staats- und Verwaltungsrecht,
Lehrstuhl für Medizinrecht,
Universität Wien,
Schottenbastei 10–16, A-1010 Wien,
E-Mail: karl.stoeger@univie.ac.at

Stoll, Dr. Peter-Tobias, Professor,
E-Mail: ptstoll@web.de;
Institut für Völkerrecht, Abteilung für
Internationales Wirtschaftsrecht,
Universität Göttingen,
Platz der Göttinger Sieben 5,
37073 Göttingen, (0551) 39 24661,
E-Mail: pt.stoll@jur.uni-goettingen.de

Stolzlechner, Dr. Harald,
o. Univ.-Professor,
Gneiser Str. 57, A-5020 Salzburg,
(0043) 662 82 3935;
Universität Salzburg,
(0043) 662 80 4436 01,
E-Mail: Harald.Stolzlechner@sbg.ac.at

Storr, Dr. Stefan, Univ.-Professor,
Institut für Öffentliches Recht und
Politikwissenschaft Universität Graz
Universitätstr. 15,
A-8010 Graz, (0043) 316 380 3382
E-Mail: stefan.storr@uni-graz.at

Straßburger, Dr. Benjamin, Professor,
Universität Mannheim, Lehrstuhl für
Öffentliches Recht, Finanz- und
Steuerrecht sowie Verfassungstheorie,
Schloss Westflügel, 68131 Mannheim,
(0049) 621 181 1354,
Fax (0049) 621 181 1361,
E-Mail: strassburger@uni-mannheim.de

Streinz, Dr. Rudolf, o. Professor,
Waldsteinring 26, 95448 Bayreuth,
(0921) 94730,
E-Mail: rudolf.streinz@gmx.de;
Ludwig-Maximilians-Universität München,

Lehrstuhl für Öffentliches Recht und
Europarecht,
Prof.-Huber-Platz 2,
80539 München,
(089) 2180 3335,
Fax (089) 2180 2440,
E-Mail: streinz.pers@jura.uni-muenchen.de

Stumpf, Dr. Dr. Christoph, Professor,
Curacon Rechtsanwaltsgesellschaft mbH,
Mattentwiete 1,
20457 Hamburg,
E-Mail: christoph.stumpf@
curacon-recht.de

Suerbaum, Dr. Joachim, o. Professor,
In der Uhlenflucht 3, 44795 Bochum,
(0234) 4726 26,
E-Mail: Joachim.Suerbaum@t-online.de;
Universität Würzburg,
Domerschulstr. 16,
97070 Würzburg,
(0931) 31 82897 oder -31 82899,
E-Mail: Suerbaum@jura.uni-wuerzburg.de

Suzuki, Dr. Hidemi, Professor,
Koishikawa 3-25-11-502, Bunkyo-ku,
Tokio 112-0002, Japan,
Keio University, Institute for Journalism,
Media & Communication Studies,
Mita 2-15-45, Minato-ku,
Tokio 108-8345, Japan,
(0081) 3 5427 1211,
Fax (0081) 3 5427 1211,
E-Mail: hidemis@mediacom.keio.ac.jp

Sydow, Dr. Gernot, M.A., Professor,
Auf der Burg 17, 48301 Nottuln
(02502) 2269723;
Westfälische Wilhelms-Universität
Münster,
Rechtswissenschaftliche Fakultät,
Universitätsstr. 14–16,
48143 Münster,
(0251) 83 21750,
E-Mail: Gernot.Sydow@uni-muenster.de

Tappe, Dr. Henning, Univ.-Professor,
Universität Trier, Fachbereich V –
Rechtswissenschaft,
Universitätsring 15, 54296 Trier,
(0651) 201 2576 oder -2577,
Fax (0651) 201 3816,
E-Mail: tappe@uni-trier.de

Thiel, Dr. iur. Dr. rer. publ. Markus,
Univ.-Professor,
Deutsche Hochschule der Polizei,
Fachgebiet III.4 – Öffentliches Recht
mit Schwerpunkt Polizeirecht
Zum Roten Berge 18–24, 48165 Münster,
(02501) 806 531,
E-Mail: Markus.Thiel@dhpol.de

Thielbörger, Dr. Pierre M.PP. (Harvard),
Univ.-Professor,
Ruhr-Universität Bochum,
Juristische Fakultät, Lehrstuhl
für Öffentliches Recht und Völkerrecht,
insb. Friedenssicherungsrecht und
Humanitäres Völkerrecht,
Massenbergstr. 9 B, 44787 Bochum,
(0049) 234 32 27934,
E-Mail: pierre.thielboerger@rub.de

Thiele, Dr. Alexander, Professor,
BSP Business and Law School,
Professur für Staatstheorie und
Öffentliches Recht, insb.
Staats- und Europarecht,
Calandrellistr. 1–9, 12247 Berlin,
(0160) 8962057,
E-Mail: alexander.thiele@businessschool-
berlin.de

Thiemann, Dr. Christian, Professor,
Johannes-Gutenberg-Universität
Fachbereich 3 – Rechts- und Wirtschafts-
wissenschaften, Lehrstuhl für Öffentliches
Recht, Europarecht, Finanz- und Steuerrecht
Jakob-Welder-Weg 9, 55128 Mainz,
(06131) 39 220622725,
E-Mail: Thiemann@uni-mainz.de

Thienel, Dr. Rudolf, Univ.-Professor,
Präsident des Verwaltungsgerichtshofes,
Judenplatz 11,
A-1010 Wien,
(0043) 1 531 11 2 45,
Fax (0043) 1 531 11 140,
E-Mail: rudolf.thienel@univie.ac.at

Thürer, Dr. Dr. h.c. Daniel,
LL.M. (Cambridge), o. Professor,
Abeggweg 20, CH-8057 Zürich,
(0041) 44 362 65 -47 oder -46,
Fax (0041) 44 362 6546,
E-Mail: thuerer@swissonline.ch;
Stiffler & Partner Rechtsanwälte,
Postfach 1072, CH-8034 Zürich,
E-Mail: daniel.thuerer@stplaw.ch

Thurnherr, Dr. Daniela, LL.M. (Yale),
Professorin,
Juristische Fakultät der Universität Basel,
Peter Merian-Weg 8, Postfach,
CH-4002 Basel,
(0041) 61 267 2566,
E-Mail: daniela.thurnherr@unibas.ch

Thym, Dr. Daniel, LL.M. (London),
Professor,
FB Rechtswissenschaft Universität
Konstanz, Fach 116,
78457 Konstanz,
(07531) 88 2307,
E-Mail: daniel.thym@uni-konstanz.de

Tietje, Dr. Christian, Professor,
Heinrich-Heine-Str. 8, 06114 Halle (Saale),
(0345) 548 3912 oder (0345) 524 8312,
Mobil (0175) 37 36134,
Fax (0345) 517 4048;
Martin-Luther-Universität
Halle-Wittenberg,
Juristische Fakultät, Juridicum,
Universitätsplatz 5, 06108 Halle (Saale),
(0345) 552 3180,
Fax (0345) 552 7201,
E-Mail: tietje@jura.uni-halle.de

Tomuschat, Dr. Dr. h.c. mult. Christian,
Univ.-Professor,
(030) 4054 1486,
E-Mail: chris.tomuschat@gmx.de

Towfigh, Dr. Emanuel V., Professor,
(069) 247471757,
Fax (069) 247471759,
Lehrstuhl für Öffentliches Recht,
Empirische Rechtsforschung und
Rechtsökonomik,
Gustav-Stresemann-Ring 3,
65189 Wiesbaden,
(0611) 7102 2253,
Fax (0611) 7102 10 2253,
E-Mail: emanuel@towfigh.net

Traulsen, Dr. Christian,
Richter am Sozialgericht,
Sozialgericht Stuttgart,
Theodor-Heuss-Str. 2, 70174 Stuttgart,
(0711) 89230 0,
E-Mail: traulsen@t-online.de

Trute, Dr. Hans-Heinrich,
Univ.-Professor,
Gryphiusstr. 7, 22299 Hamburg,
(040) 280027679;
Universität Hamburg, Fakultät für
Rechtswissenschaft,
Schlüterstr. 28, 20146 Hamburg,
(040) 42838 5721 oder -5625,
Fax (040) 42838 2700,
E-Mail: Hans-Heinrich.Trute@jura.
uni-hamburg.de

Tschentscher, Dr. Axel, LL.M., Professor,
Lehrstuhl für Staatsrecht,
Rechtsphilosophie und Verfassungs-
geschichte, Universität Bern,
Institut für öffentliches Recht,
Schanzeneckstr. 1,
CH-3001 Bern,
(0041) 31 631 8899 oder -3236,
Fax (0041) 31 631 3883,
E-Mail: axel.tschentscher@oefre.unibe.ch

Uebersax, Dr. Peter, Professor,
Titularprofessor für öffentliches Recht
und öffentliches Prozessrecht,
Chemin des Grands-Champs 19,
CH-1033 Cheseaux,
(0041) 217 312941;
Schweizerisches Bundesgericht,
Av. du Tribunal-fédéral 29,
CH-1000 Lausanne 14,
(0041) 213 18 9111,
E-Mail: peter.uebersax@unibas.ch

Uerpmann-Wittzack, Dr. Robert,
Univ.-Professor,
Fakultät für Rechtswissenschaft,
Universität Regensburg,
93040 Regensburg,
(0941) 943 2660,
E-Mail: Robert.Uerpmann-Wittzack@ur.de

Uhle, Dr. Arnd, Professor,
Lehrstuhl für Öffentliches Recht,
insb. für Staatsrecht,
Allgemeine Staatslehre und
Verfassungstheorie,
Institut für Recht und Politik,
Juristenfakultät, Universität Leipzig,
Burgstr. 21, 04109 Leipzig,
(0341) 9735250, Fax (0341) 9735259,
E-Mail: arnd.uhle@uni-leipzig.de

Uhlmann, Dr. Felix, LL.M., Professor,
Bruderholzallee, CH-4059 Basel;
Universität Zürich,
Rämistr. 74 / 33, CH-8001 Zürich,
(0041) 446 34 4224,
Fax (0041) 446 34 4368,
E-Mail: felix.uhlmann@ius.uzh.ch

Ullrich, Dr. Norbert, Professor,
Wilhelm-Stefen-Str. 91, 47807 Krefeld

Unger, Dr. Sebastian, Professor,
Lehrstuhl für Öffentliches Recht,
Wirtschafts- und Steuerrecht,
Ruhr-Universität Bochum,

Universitätsstr. 150, 44801 Bochum,
(0234) 32 22781,
Fax (0234) 32 14887,
E-Mail: sebastian.unger@rub.de

Ungern-Sternberg, Dr. Antje von,
M.A., Univ.-Professor,
Lehrstuhl für deutsches und ausländisches
öffentliches Recht,
Staatskirchenrecht und Völkerrecht,
Universität Trier,
FB V – Rechtswissenschaft, 54286 Trier
(0651) 201 2542,
Fax (0651) 201 3905,
E-Mail: vonungern@uni-trier.de

Unruh, Dr. Peter, apl. Professor,
Hakensoll 8a, 24226 Heikendorf;
Landeskirchenamt der Evangelisch-
Lutherischen Kirche in Norddeutschland,
Dänische Str. 21–35, 24103 Kiel,
E-Mail: peter.unruh@lka.nordkirche.de

Vallender, Dr. Klaus A., Professor,
Unterbach 4, CH-9043 Trogen,
(0041) 71 9427 69;
Law School St. Gallen, IFF,
Varnbüelstr. 19. 4, CH-9000 St. Gallen,
(0041) 71 224 2519,
Fax (0041) 71 229 2941,
E-Mail: klaus.vallender@unisg.ch

Valta, Dr. Matthias, Professor,
Balinger Str. 67, 70567 Stuttgart,
(0711) 78789924;
Heinrich-Heine-Universität Düsseldorf,
Universitätsstr. 1, 40225 Düsseldorf,
Gebäude 24.81, Etage/Raum U1.50,
(0211) 81 15868,
Fax (0211) 81 15870,
E-Mail: LS.Valta@hhu.de

Vašek, Dr. Markus, Professor,
Johannes Kepler Universität Linz,
Institut für Verwaltungsrecht und
Verwaltungslehre,

Altenbergerstr. 69, A-4040 Linz,
(0043) 732 2468 1860
E-Mail: markus.vasek@jku.at

Vedder, Dr. Christoph, Professor,
Sollner Str. 33, 81479 München,
(089) 7910 03 83, Fax (089) 7910 0384,
E-Mail: christoph.vedder@jura.
uni-augsburg.de

Vesting, Dr. Dr. h.c. Thomas,
Univ.-Professor,
Konradstr. 2, 80801 München,
(089) 3887 9545, Fax (089) 3887 9547;
Lehrstuhl für Öffentliches Recht,
Recht und Theorie der Medien,
Johann Wolfgang Goethe-Universität,
Theodor-W.-Adorno-Platz 4, RuW 04,
60629 Frankfurt am Main,
(069) 798 34 274,
Fax (069) 798 763 34273,
E-Mail: T.Vesting@jur.uni-frankfurt.de

Vitzthum, Dr. Dr. h.c. Wolfgang Graf,
o. Professor,
Im Rotbad 19, 72076 Tübingen,
(07071) 638 44, Fax (07071) 9684 89;
Universität Tübingen, Juristische Fakultät,
Geschwister-Scholl-Platz, 72074 Tübingen,
(07071) 297 5266, Fax (07071) 297 5039,
E-Mail: wolfgang-graf.vitzthum@
uni-tuebingen.de

Vöneky, Dr. Silja, Professorin,
Am Schmelzofen 20, 79183 Waldkirch,
(07681) 4925 239;
Albert-Ludwigs-Universität Freiburg,
Institut für Öffentliches Recht, Abt. II
Völkerrecht und Rechtsvergleichung,
79085 Freiburg i. B.,
(0761) 203 2207,
Fax (0761) 203 9193,
E-Mail: voelkerrecht@jura.uni-freiburg.de

Vogel, Dr. Stefan, Titularprofessor,
Zentralstr. 12, CH-8604 Volketswil,

(0041) 43355 5229,
E-Mail: stefan_vogel@bluewin.ch

Vokinger, Dr. iur. et Dr. med. Kerstin
Noelle, LL.M,
Professorin für Recht und Medizin,
Lehrstuhl für Regulierung in Recht,
Medizin und Technologie
Universität Zürich
Rämistr. 74, CH-8001 Zürich,
(0041) 44 634 51 80,
E-Mail: kerstin.noelle.vokinger@rwi.
uzh.ch

Volkmann, Dr. Uwe, Professor,
Goethe-Universität Frankfurt am Main,
Fachbereich Rechtswissenschaft,
Theodor-W.-Adorno-Platz 4,
60629 Frankfurt am Main,
(069) 798 34270,
E-Mail: volkmann@jura.uni-frankfurt.de

Völzmann, Dr. Berit, Professorin,
Goethe-Universität Frankfurt a.M.,
Professur für Öffentliches Recht und
Rechtsvergleichung,
Campus Westend, RuW 08,
60629 Frankfurt am Main,
E-Mail: voelzmann@jur.uni-frankfurt.de

Vosgerau, Dr. Ulrich, Privatdozent,
Bachemer Str. 225, 50935 Köln,
(0221) 4064 058,
E-Mail: ulrich_vosgerau@web.de

Voßkuhle, Dr. Dr. h.c. mult. Andreas,
Professor, Präsident
des Bundesverfassungsgerichts a.D.,
Schloßbezirk 3, 76131 Karlsruhe,
(0721) 9101 3 13;
Albert-Ludwigs-Universität Freiburg,
Institut für Staatswissenschaft und
Rechtsphilosophie,
Postfach, 79085 Freiburg i. Br.,
(0761) 203 2209,
Fax (0761) 203 9193,

E-Mail: staatswissenschaft@jura.
uni-freiburg.de

Waechter, Dr. Kay, Professor,
Ceciliengärten 12, 12159 Berlin;
FB Rechtswissenschaft,
Universität Hannover,
Königsworther Platz 1, 30167 Hannover,
(0511) 762 8227,
E-Mail: waechter@jura.uni-hannover.de

Wagner, Dr. Eva Ellen, Privatdozentin,
Johannes Gutenberg-Universität Mainz,
Fachbereich 03, Rechts- und
Wirtschaftswissenschaften
Jakob-Welder-Weg 9, 55128 Mainz,
(0613)1 39 25536,
E-Mail: wagnerev@uni-mainz.de

Wahl, Dr. Rainer, o. Professor,
Hagenmattenstr. 6, 79117 Freiburg,
(0761) 6 59 60;
Universität Freiburg,
Institut für Öffentliches Recht V,
Postfach, 79085 Freiburg, i. B.,
(0761) 203 8961,
Fax (0761) 203 2293,
E-Mail: rainer.wahl@jura.uni-freiburg.de

Waldhoff, Dr. Christian, Professor,
Humboldt-Universität zu Berlin,
Juristische Fakultät Lehrstuhl für
Öffentliches Recht und Finanzrecht,
Unter den Linden 6, 10099 Berlin,
(030) 2093 3537,
E-Mail: christian.waldhoff@rewi.
hu-berlin.de

Waldmann, Dr. Bernhard, Professor,
RA, Lehrstuhl für Staats- und
Verwaltungsrecht, Rechtswissen-
schaftliche Fakultät, Universität Freiburg,
Av. Beauregard 1,
CH-1700 Freiburg,
(0041) 26 300 8147,
E-Mail: bernhard.waldmann@unifr.ch

Wall, Dr. Heinrich de, Professor,
Schronfeld 108, 91054 Erlangen,
(09131) 97 1545;
Hans-Liermann-Institut für Kirchenrecht
der Friedrich-Alexander-Universität
Erlangen-Nürnberg,
Hindenburgstr. 34, 91054 Erlangen,
(09131) 85 222 42, Fax (09131) 85 240 64,
E-Mail: hli@fau.de

Wallerath, Dr. Maximilian,
Univ.-Professor,
Gudenauer Weg 86, 53127 Bonn,
(0228) 2832 02,
Rechts- und Staatswissenschaftliche
Fakultät der Universität Greifswald,
E-Mail: max.wallerath@web.de

Wallrabenstein, Dr. Astrid, Professorin,
Goethe-Universität Frankfurt am Main,
Fachbereich Rechtswissenschaften,
Professur für Öffentliches Recht mit
einem Schwerpunkt im Sozialrecht,
Theodor-W.-Adorno-Platz 4,
60629 Frankfurt am Main,
(069) 798 34 287, Fax (069) 798 34 514,
E-Mail: professur-wallrabenstein@jura.
uni-frankfurt.de

Walter, Dr. Christian, Professor,
Ludwig-Maximilians-Universität München,
Institut für Internationales Recht,
Lehrstuhl für Öffentliches Recht und
Völkerrecht,
Prof.-Huber-Platz 2, 80539 München,
(089) 2180 2798, Fax (089) 2180 3841,
E-Mail: cwalter@jura.uni-muenchen.de

Wapler, Dr. Friederike, Professorin,
Lehrstuhl für Rechtsphilosophie und
Öffentliches Recht,
Johannes Gutenberg-Universität Mainz,
Fachbereich Rechts- und
Wirtschaftswissenschaften
Jakob-Welder-Weg 9,
55128 Mainz,

(06131) 39 25759 oder -39 28172,
E-Mail: lswapler@uni-mainz.de

Weber, Dr. Albrecht, Professor,
Weidenweg 20, 49143 Bissendorf,
(05402) 3907;
Universität Osnabrück, 49069 Osnabrück,
(0541) 9 69 61 38,
E-Mail: aweber@uos.de

Weber, Dr. Karl, o. Univ.-Professor,
Noldinstr. 14, A-6020 Innsbruck,
(0043) 0664 162 5739;
Universität Innsbruck, Institut für
Öffentliches Recht, Finanzrecht und
Politikwissenschaft,
Lützowstr. 7, A-6020 Innsbruck
(0043) 512 507 8230,
E-Mail: karl.weber@uibk.ac.at

Weber, Dr. Teresa, MSc (Leiden),
Privatdozentin,
Wirtschaftsuniversität Wien,
Institut für Recht und Governance und
Forschungsinstitut
für Urban Management und Governance,
Welthandelsplatz 1, D3, A-1020 Wien,
(0043) 6504951579,
E-Mail: teresa.weber@wu.ac.at

Weber-Dürler, Dr. Beatrice, o. Professorin,
Ackermannstr. 24, CH-8044 Zürich,
(0041) 44262 0420,
E-Mail: beatrice.weber-duerler@rwi.uzh.ch

Wegener, Dr. Bernhard W., Professor,
Friedrich-Alexander-Universität,
Lehrstuhl für Öffentliches Recht und
Europarecht,
Schillerstr. 1, 91054 Erlangen,
(09131) 85 29285, Fax (09131) 85 26439,
E-Mail: europarecht@fau.de

Wehr, Dr. Matthias, Professor,
Alter Kirchweg 24, 28717 Bremen,
(0421) 690 800 25;

Hochschule für Öffentliche Verwaltung
Bremen (HfÖV),
Doventorscontrescarpe 172 C,
28195 Bremen,
(0421) 361 19 617,
E-Mail: matthias.wehr@hfoev.bremen.de

Weilert, Dr. A. Katarina, LL.M. (UCL),
Privatdozentin, Forschungsstätte der
Evangelischen Studiengemeinschaft e.V.
(FEST), Institut für interdisziplinäre
Forschung,
Schmeilweg 5, 69118 Heidelberg,
(06221) 912223,
E-Mail: katarina.weilert@
fest-heidelberg.de

Weiß, Dr. Norman, Professor,
Martin-Luther-Str. 56, 10779 Berlin;
MenschenRechtsZentrum der
Universität Potsdam,
August-Bebel-Str. 89, 14482 Potsdam,
(0331) 977 3450, Fax (0331) 977 3451,
E-Mail: weiss@uni-potsdam.de

Weiß, Dr. Wolfgang, Univ.-Professor,
Deutsche Universität für Verwaltungs-
wissenschaften Speyer, Lehrstuhl für
Öffentliches Recht, Völker- und
Europarecht,
Freiherr-vom-Stein-Str. 2, 67346 Speyer,
(06232) 654 331, Fax (06232) 654 123,
E-Mail: weiss@uni-speyer.de

Welti, Dr. Felix, Professor,
Universität Kassel,
FB 01 Humanwissenschaften,
Institut für Sozialwesen,
Arnold-Bode-Str. 10, 34109 Kassel,
E-Mail: welti@uni-kassel.de

Wendel, Dr. Mattias, Univ.-Professor,
Maitr. en droit (Paris 1),
Universität Leipzig, Öffentliches Recht,
Europa- und Völkerrecht, Migrationsrecht
und Rechtsvergleichung,

Institutsgebäude, Burgstr. 21, Raum 1.30,
04109 Leipzig,
(0049) 341 97 35111,
E-Mail: mattias.wendel@uni-leipzig.de

Wendt, Dr. Rudolf, o. Professor,
Schulstr. 45, 66386 St. Ingbert-Hassel,
(06894) 532 87, Fax (068 94) 532 50;
Lehrstuhl für Staats- und Verwaltungsrecht,
Wirtschafts-, Finanz- und Steuerrecht,
Rechtswissenschaftliche Fakultät,
Universität des Saarlandes,
Postfach 15 11 50,
66041 Saarbrücken,
(0681) 362 2104 oder -3104,
Fax (0681) 302 4779,
E-Mail: r.wendt@mx.uni-saarland.de

Wernsmann, Dr. Rainer, Professor,
Johann-Bergler-Str. 8, 94032 Passau; Universität Passau, Lehrstuhl für Staats- und
Verwaltungsrecht, insb. Finanz-
und Steuerrecht,
Innstr. 40, 94032 Passau,
(0851) 509 2351,
Fax (0851) 509 2352,
E-Mail: wernsmann@uni-passau.de

Weschpfennig, Dr. Armin von, Professor,
Professur für Öffentliches Recht,
Helmut-Schmidt-Universität/Universität
der Bundeswehr Hamburg Fakultät für
Wirtschafts- und Sozialwissenschaften,
Holstenhofweg 85,
22043 Hamburg,
(040) (040) 6541 3949,
E-Mail: vonweschpfennig@hsu-hh.de

Wessely, Dr. Wolfgang, Privatdozent,
Universität Wien, Institut für Staats-
und Verwaltungsrecht,
Schottenbastei 10–16,
A-1010 Wien,
(0043) 1 9005 11216,
Fax (0043) 1 9005 11210,
E-Mail: wolfgang.wessely@univie.ac.at

Wiater, Dr. iur. habil Dr. phil. Patricia,
Juniorprofessorin,
Tenure-Track-Professur für Öffentliches
Recht insb. Grund- und Menschenrechtsschutz,
Friedrich-Alexander-Universität
Erlangen-Nürnberg,
Schillerstr. 1,
91054 Erlangen,
E-Mail: patricia.wiater@fau.de

Wiederin, Dr. Ewald,
Univ.-Professor,
Universität Wien, Institut für Staats-
und Verwaltungsrecht,
Schottenbastei 10–16,
A-1010 Wien,
(0043) 1 4277 35482,
E-Mail: ewald.wiederin@univie.ac.at

Wiegand, Dr. Marc Andre, Privatdozent,
CDU/CSU-Fraktion im Deutschen
Bundestag, Justiziariat,
Platz der Republik 1, 11011 Berlin,
(030) 227 53053,
E-Mail: marcandre.wiegand@cducsu.de

Wieland, Dr. Joachim, LL.M.,
Univ.-Professor,
Gregor-Mendel-Str. 13, 53115 Bonn,
(0228) 923 993 34, Fax (0228) 329 48 98;
Lehrstuhl für öffentliches Recht,
Finanz- und Steuerrecht, Deutsche Universität für Verwaltungswissenschaften Speyer,
Postfach 1409,
67324 Speyer,
(06232) 654 355,
Fax (06232) 654 127,
E-Mail: wieland@uni-speyer.de

Wielinger, Dr. Gerhart, Universitätsdozent,
Bergmanngasse 22,
A-8010 Graz,
(0043) 316 31 8714,
dienstl. (0043) 316 70 31 2428,
E-Mail: gerhart.wielinger@uni-graz.at

Wieser, DDr. Bernd, Univ.-Professor,
Institut für Öffentliches Recht und
Politikwissenschaft,
Karl-Franzens-Universität Graz,
Universitätsstr. 15/C3, A-8010 Graz,
(0043) 316 380 3381 oder -3367,
Fax (0043) 316 380 9450,
E-Mail: bernd.wieser@uni-graz.at

Will, Dr. iur. Dr. phil. Martin,
M.A., LL.M. (Cambr.), Professor,
EBS Universität für Wirtschaft und Recht,
Lehrstuhl für Staatsrecht, Verwaltungsrecht,
Europarecht, Recht der neuen Technologien
und Rechtsgeschichte,
Gustav-Stresemann-Ring 3,
65189 Wiesbaden,
(0611) 7102 2232,
Fax (0611) 7102 10 2232,
E-Mail: martin.will@ebs.edu

Will, Dr. Rosemarie, Professorin,
Humboldt-Universität zu Berlin,
Juristische Fakultät,
Unter den Linden 6, 10099 Berlin,
(030) 2093 33 00 3682,
Fax (030) 2093 3453,
E-Mail: Rosemarie.Will@rewi.hu-berlin.de

Wimmer, MMag. Dr. Andreas,
Assoziierter Professor,
Leopold-Franzens-Universität Innsbruck,
Institut für Öffentliches Recht, Staats- und
Verwaltungslehre,
Innrain 52, A-6020 Innsbruck,
(0043) 512 507 84005,
E-Mail: andreas.wimmer@uibk.ac.at

Wimmer, Dr. Norbert,
o. Univ.-Professor,
Heiliggeiststr. 16, A-6020 Innsbruck,
(0043) 512 58 6144,
E-Mail: norbert.wimmer@uibk.ac.at

Windoffer, Dr. Alexander, Professor,
Universität Potsdam,
Professur für Öffentliches Recht,
insb. Besonderes Verwaltungsrecht und
Verwaltungswissenschaften,
August-Bebel-Str. 89, 14482 Potsdam,
(0331) 977 3513,
E-Mail: Alexander.Windoffer@
uni-potsdam.de

Windthorst, Dr. Kay, Professor,
Prinzregentenstr. 75, 81675 München,
(01 62) 9 02 00 76;
Professur für Öffentliches Recht,
Universität Bayreuth, Rechts- und Wirt-
schaftswissenschaftliche Fakultät,
Universitätsstr. 30, Gebäude B 9,
95447 Bayreuth,
(0921) 55 3519,
Fax (0921) 55 4331,
E-Mail: kwindt@t-online.de

Winkler, Dr. Daniela, Professorin,
Professur für Verwaltungsrecht,
Universität Stuttgart, Institut für
Volkswirtschaftslehre und Recht,
Abteilung für Rechtswissenschaft,
Keplerstr. 17,
70174 Stuttgart,
E-Mail: daniela.winkler@ivr.
uni-stuttgart.de

Winkler, Dr. Dr. h.c. Günther,
Univ.-Professor,
Reisnerstr. 22, A-1030 Wien,
(0043)1713 4415;
Universität Wien, Juridicum,
Schottenbastei 10–16,
A-1010 Wien,
(0043)1 4277 34413,
Mobil (0043) 664 230 6241,
E-Mail: guenther.winkler@univie.ac.at

Winkler, Dr. Markus, apl. Professor,
Johannes Gutenberg-Universität Mainz,
E-Mail: m.winkler@uni-mainz.de;
Hessisches Kultusministerium,
Luisenplatz 10, 65185 Wiesbaden,

(0611) 368 2517,
E-Mail: Markus.Winkler@kultus.hessen.de

Winkler, Dr. Roland, a.o. Univ.-Professor,
Borromäumstr. 10/2, A-5020 Salzburg,
(0043) 662 64 1260 oder
(0043) 6769 0701 71;
Fachbereich Öffentliches Recht,
Universität Salzburg,
Kapitelgasse 5–7, A-5020 Salzburg,
(0043) 66280 44 3624,
Fax (0043) 66280 4436 29,
E-Mail: roland.winkler@sbg.ac.at

Winter, Dr. Dr. h.c. Gerd, Professor,
Fachbereich 6: Rechtswissenschaft,
Universität Bremen,
Postfach 33 04 40, 28334 Bremen,
(0421) 218 2840, Fax (0421) 218 3494,
E-Mail: gwinter@uni-bremen.de

Winterhoff, Dr. Christian, Professor,
GvW Graf von Westphalen
Poststr. 9 – Alte Post, 20354 Hamburg,
(040) 359 22264,
Fax (040) 359 22 224,
E-Mail: c.winterhoff@gvw.com

Winzeler, Dr. Christoph, LL. M. (Harv.),
Titularprofessor,
St.-Jakobs-Str. 96,
CH-4052 Basel,
E-Mail: capriccio77@bluewin.ch;
Universität Fribourg, Institut für
Religionsrecht,
Miséricorde, Büro 4119,
CH-1700 Fribourg,
(0041) 263 0080 23,
Fax (0041) 263 0096 66

Wischmeyer, Dr. Thomas,
Univ.-Professor,
Universität Bielefeld, Fakultät für
Rechtswissenschaft,
Lehrstuhl für Öffentliches Recht und
Recht der Digitalisierung,

Universitätsstr. 25,
33615 Bielefeld,
(0521) 106 67651,
E-Mail: thomas.wischmeyer@
uni-bielefeld.de

Wißmann, Dr. Hinnerk, Professor,
Kommunalwissenschaftliches
Institut (KWI),
Universitätsstr. 14–16, 48143 Münster,
(0251) 83 26311,
E-Mail: kwi@uni-muenster.de

Wittinger, Dr. Michaela, Professorin,
Schauinslandstr. 1, 76199 Karlsruhe,
(0721) 5916 81,
E-Mail: MichaelaWittinger@web.de;
FH des Bundes für öffentliche Verwaltung,
FB Bundeswehrverwaltung, Professur für
Öffentliches Recht (insb. Staats- und
Europarecht),
Seckenheimer Landstr. 10,
68163 Mannheim,
(0621) 4295 4479,
Fax (0621) 4295 42222

Wittmann, Dr. Heinz,
a.o. Univ.-Professor,
Steinböckengasse 4/14, A-1140 Wien,
(0043) 1914 3175;
Verlag Medien und Recht GmbH,
Danhausergasse 6,
A-1040 Wien,
(0043) 1505 2766,
Fax (0043) 1505 2766 15,
E-Mail: h.wittmann@medien-recht.com

Wittreck, Dr. Fabian, Professor,
Cheruskerring 51, 48147 Münster,
Westfälische Wilhelms-Universität
Münster,
Professur für Öffentliches Recht,
Universitätsstr. 14–16, 48143 Münster,
(0251) 832 1199,
Fax (0251) 832 2403,
E-Mail: fwitt_01@uni-muenster.de

Wolf, Dr. Joachim, Professor,
Von-Velsen-Str. 17, 44625 Herne,
(02323) 4596 25;
Juristische Fakultät,
Ruhr-Universität Bochum,
Umweltrecht, Verwaltungsrecht und
Verwaltungslehre,
Gebäude GC, Universitätsstr. 150,
44789 Bochum,
(0234) 322 5252, Fax (0234) 321 4421,
E-Mail: LS.Wolf@jura.ruhr-uni-bochum.de

Wolff, Dr. Heinrich Amadeus, Professor,
Rudolf-Ditzen-Weg 12, 13156 Berlin,
(030) 48097948, Mobil (0163) 9012445,
Fax (03222) 6859576,
HeinrichWolff@t-online.de;
Universität Bayreuth, Rechts- und Wirtschaftswissenschaftliche Fakultät,
Lehrstuhl für Öffentliches Recht,
Recht der Umwelt,
Technik und Information I,
Universitätsstr. 30, 95447 Bayreuth,
Gebäude RW I, Raum 1.0.01.106,
(0921) 556030 oder -6031,
Fax (0921) 556032,
E-Mail: Heinrich.wolff@uni-bayreuth.de

Wolff, Dr. Johanna, LL.M. eur. (KCL),
Professorin,
Professur für Öffentliches Recht,
Universität Osnabrück,
Fachbereich Rechtswissenschaft,
Martinstr. 12, 49078 Osnabrück,
(0049) 541 969 6099,
E-Mail: johanna.wolff@uni-osnabrueck.de

Wolfrum, Dr. Dr. h.c. Rüdiger, o. Professor,
Mühltalstr. 129 b, 69121 Heidelberg,
(06221) 4752 36;
Max-Planck-Institut für ausländisches
öffentliches Recht und Völkerrecht,
Im Neuenheimer Feld 535,
69120 Heidelberg,
(06221) 482 1,
E-Mail: wolfrum@mpil.de

Wollenschläger, Dr. Ferdinand, Professor,
Max-Planck-Str. 8, 81675 München,
(089) 470279 73;
Universität Augsburg, Juristische Fakultät,
Lehrstuhl für Öffentliches Recht,
Europarecht und Öffentliches
Wirtschaftsrecht,
Universitätsstr. 24, 86135 Augsburg,
(0821) 598 4551, Fax (0821) 598 4552,
E-Mail: ferdinand.wollenschlaeger@jura.
uni-augsburg.de

Würtenberger, Dr. Thomas, o. Professor,
Beethovenstr. 9, 79100 Freiburg i. B.,
(0761) 7 8623,
E-Mail: Thomas.Wuertenberger@jura.
uni-freiburg.de

Wyss, Dr. iur. Martin, Professor,
Stellvertretender Chef Fachbereich II
für Rechtsetzung, Bundesamt für Justiz,
Bundesrain 20,
CH-3003 Bern,
(0041) 58 462 75 75,
Fax (0041) 58 462 78 37,
E-Mail: martin.wyss@bj.admin.ch

Zeh, Dr. Wolfgang, Professor,
Ministerialdirektor a.D.,
Marktstr. 10, 72359 Dotternhausen,
E-Mail: zehparl@t-online.de

Zezschwitz, Dr. Friedrich von,
Univ.-Professor, (em.),
Petersweiher 47, 35394 Gießen,
(0641) 45152;
Universität Gießen, 35390 Gießen,
(0641) 702 5020,
E-Mail: f_v_z@web.de

Ziegler, Dr. Andreas R., LL.M., Professor, Gründenstr. 66, CH-8247 Flurlingen;
Universität Lausanne, Juristische Fakultät,
BFSH 1,
CH-1015 Lausanne,
E-Mail: andreas.ziegler@unil.ch

Ziekow, Dr. Jan, Univ.-Professor,
Gartenstr. 3, 67361 Freisbach,
(06344) 5902,
Fax (06344) 59 02;
Deutsche Universität für
Verwaltungswissenschaften Speyer,
Postfach 14 09,
67324 Speyer,
(06232) 654 0,
E-Mail: ziekow@uni-speyer.de

Ziller, Dr. Jacques, Professor,
Università degli Studi di Pavia,
Dipartimento di Economia,
Statistica e Diritto,
Via Strada Nuova 65, I-27100 Pavia,
(0039) 382 98 4437,
Fax (0039) 382 98 4435,
E-Mail: jacques.ziller@unipv.it

Zimmermann, Dr. Andreas,
LL.M (Harvard), Professor,
Universität Potsdam, Lehrstuhl für
Öffentliches Recht, insb.
Staatsrecht, Europa- und Völkerrecht
sowie Europäisches Wirtschaftsrecht und
Wirtschaftsvölkerrecht,
August-Bebel-Str. 89,
14482 Potsdam,
(0331) 977 3516, Fax (0331) 977 3224,
E-Mail: andreas.zimmermann@
uni-potsdam.de

Satzung

(Nach den Beschlüssen vom 21. Oktober 1949, 19. Oktober 1951,
14. Oktober 1954, 10. Oktober 1956, 13. Oktober 1960, 5. Oktober 1962,
1. Oktober 1971, 6. Oktober 1976, 3. Oktober 1979, 6. Oktober 1999,
4. Oktober 2006, 3. Oktober 2007 und 29. September 2010)

§ 1

Die Vereinigung der Deutschen Staatsrechtslehrer stellt sich die Aufgabe:
1. wissenschaftliche und Gesetzgebungsfragen aus dem Gebiet des Öffentlichen Rechts durch Aussprache in Versammlungen der Mitglieder zu klären;
2. auf die ausreichende Berücksichtigung des Öffentlichen Rechts im Hochschulunterricht und bei staatlichen und akademischen Prüfungen hinzuwirken;
3. in wichtigen Fällen zu Fragen des Öffentlichen Rechts durch Eingaben an Regierungen oder Volksvertretungen oder durch schriftliche Kundgebungen Stellung zu nehmen.

§ 2

(1) ¹Der Verein führt den Namen „Vereinigung der Deutschen Staatsrechtslehrer". ²Er soll in das Vereinsregister eingetragen werden; nach der Eintragung führt er den Zusatz „e. V.".
(2) Der Verein hat seinen Sitz in Heidelberg.
(3) Das Geschäftsjahr des Vereins ist das Kalenderjahr.

§ 3

(1) Mitglied der Vereinigung kann werden, wer auf dem Gebiet des Staatsrechts und mindestens eines weiteren öffentlich-rechtlichen Fachs
a. seine Befähigung zu Forschung und Lehre durch hervorragende wissenschaftliche Leistung nachgewiesen hat[1] und

---

[1] Mit der oben abgedruckten, am 1.10.1971 in Regensburg beschlossenen Fassung des § 3 hat die Mitgliederversammlung den folgenden erläuternden Zusatz angenommen: „Eine hervorragende wissenschaftliche Leistung im Sinne dieser Vorschrift ist eine den bisher üblichen Anforderungen an die Habilitation entsprechende Leistung."

b. an einer deutschen oder deutschsprachigen Universität[2] einschließlich der Deutschen Universität für Verwaltungswissenschaften Speyer als Forscher und Lehrer tätig ist oder gewesen ist.

(2) [1]Das Aufnahmeverfahren wird durch schriftlichen Vorschlag von drei Mitgliedern der Vereinigung eingeleitet. [2]Ist der Vorstand einstimmig der Auffassung, dass die Voraussetzungen für den Erwerb der Mitgliedschaft erfüllt sind, so verständigt er in einem Rundschreiben die Mitglieder von seiner Absicht, dem Vorgeschlagenen die Mitgliedschaft anzutragen. [3]Erheben mindestens fünf Mitglieder binnen Monatsfrist gegen die Absicht des Vorstandes Einspruch oder beantragen sie mündliche Erörterung, so beschließt die Mitgliederversammlung über die Aufnahme. [4]Die Mitgliederversammlung beschließt ferner, wenn sich im Vorstand Zweifel erheben, ob die Voraussetzungen der Mitgliedschaft erfüllt sind. [5]Von jeder Neuaufnahme außerhalb einer Mitgliederversammlung sind die Mitglieder zu unterrichten.

§ 4

[1]Abweichend von § 3 kann Mitglied der Vereinigung werden, wer, ohne die Voraussetzungen des § 3 Abs. 1 lit. b) zu erfüllen,

a. eine Professur inne hat, die einer Professur an einer juristischen Fakultät einer deutschen oder deutschsprachigen Universität entspricht,
b. seine Befähigung zu Forschung und Lehre durch hervorragende wissenschaftliche Veröffentlichungen auch in deutscher Sprache zum Öffentlichen Recht Deutschlands, Österreichs oder der Schweiz nachgewiesen und
c. seine Verbundenheit mit der Vereinigung durch mehrmalige Teilnahme als Gast an den Jahrestagungen bekundet hat.

[2]Das Aufnahmeverfahren wird durch schriftlich begründeten Vorschlag von mindestens zehn Mitgliedern der Vereinigung eingeleitet. [3]Für das weitere Verfahren findet § 3 Abs. 2 Sätze 2 bis 5 entsprechende Anwendung.

---

[2] In Berlin hat die Mitgliederversammlung am 3.10.1979 die folgende zusätzliche Erläuterung aufgenommen: „Universität im Sinne dieser Vorschrift ist eine wissenschaftliche Hochschule, die das Habilitationsrecht in den Fächern des Öffentlichen Rechts und die Promotionsbefugnis zum Doctor iuris besitzt und an der Juristen durch einen Lehrkörper herkömmlicher Besetzung ausgebildet werden."

In Berlin hat die Mitgliederversammlung am 29.09.2010 die folgende weitere Erläuterung aufgenommen: „Gleichgestellt sind wissenschaftliche Hochschulen, die das Habilitationsrecht in den Fächern des Öffentlichen Rechts und die Promotionsbefugnis zum Dr. iuris besitzen, wenn an ihnen Staatsrecht und ein weiteres öffentlich-rechtliches Fach von mindestens drei der Vereinigung angehörenden Mitgliedern gelehrt wird."

§ 5

(1) ¹Eine Mitgliederversammlung soll regelmäßig einmal in jedem Jahr an einem vom Vorstand zu bestimmenden Ort stattfinden. ²In dringenden Fällen können außerordentliche Versammlungen einberufen werden. ³Die Mitgliederversammlung wird vom Vorstand unter Einhaltung einer Frist von vier Wochen schriftlich oder in elektronischer Form unter Angabe der Tagesordnung einberufen. ⁴Auf jeder ordentlichen Mitgliederversammlung muss mindestens ein wissenschaftlicher Vortrag mit anschließender Aussprache gehalten werden.

(2) Eine außerordentliche Mitgliederversammlung wird außer in den nach Absatz 1 Satz 2 vorgesehenen Fällen auch dann einberufen, wenn dies von einem Zehntel der Mitglieder beim Vorstand schriftlich unter Angabe des Zwecks und der Gründe beantragt wird.

(3) ¹Verlauf und Beschlüsse der Mitgliederversammlung werden protokolliert. ²Der Protokollführer wird vom Versammlungsleiter bestimmt. ³Das Protokoll ist vom Versammlungsleiter und vom Protokollführer zu unterzeichnen. ⁴Es wird mit dem nächsten nach der Mitgliederversammlung erfolgenden Rundschreiben den Mitgliedern übermittelt.

(4) Für Satzungsänderungen, die Änderung des Vereinszwecks und für die Auflösung des Vereins gelten die gesetzlichen Mehrheitserfordernisse (§§ 33, 41 BGB).

§ 6[3]

(1) ¹Der Vorstand der Vereinigung besteht aus einem Vorsitzenden und zwei Stellvertretern. ²Die Vorstandsmitglieder teilen die Geschäfte untereinander nach eigenem Ermessen. ³Der Vorstand wird von der Mitgliederversammlung auf zwei Jahre gewählt; er bleibt jedoch bis zur Bestellung eines neuen Vorstandes im Amt. ⁴Zur Vorbereitung der Jahrestagung ergänzt sich der Vorstand um ein Mitglied, das kein Stimmrecht hat. ⁵Auch ist Selbstergänzung zulässig, wenn ein Mitglied des Vorstandes in der Zeit zwischen zwei Mitgliederversammlungen ausscheidet. ⁶Auf der nächsten Mitgliederversammlung findet eine Nachwahl für den Rest der Amtszeit des Ausgeschiedenen statt.

(2) ¹Der Verein wird gerichtlich und außergerichtlich durch ein Mitglied des Vorstandes, in der Regel durch den Vorsitzenden, vertreten. ²Innerhalb seines ihm nach Absatz 1 Satz 2 zugewiesenen Aufgabenbereichs ist das jeweilige Vorstandsmitglied alleinvertretungsberechtigt; insbesondere ist in allen finanziellen Angelegenheiten dasjenige Vorstandsmitglied allein-

---

[3] § 6 Abs. 1 in der Fassung des Beschlusses der Mitgliederversammlung in Heidelberg vom 6.10.1999; in Kraft getreten am 1.10.2001.

vertretungsberechtigt, dem der Vorstand nach Absatz 1 Satz 2 die Funktion des Schatzmeisters übertragen hat. ³Das nach Absatz 1 Satz 4 kooptierte Mitglied des Vorstandes ist in allen Angelegenheiten alleinvertretungsberechtigt, die die Vorbereitung und Durchführung der Jahrestagung betreffen. ⁴Ist in den Fällen des Satzes 2 oder 3 das vertretungsberechtigte Vorstandsmitglied verhindert, übernimmt der Vorsitzende die Vertretung, im Falle seiner Verhinderung ist eines der gewählten Vorstandsmitglieder alleinvertretungsberechtigt.

§ 7

Zur Vorbereitung ihrer Beratungen kann die Mitgliederversammlung, in eiligen Fällen auch der Vorstand, besondere Ausschüsse bestellen.

§ 8

¹Über Eingaben in den Fällen des § 1 Ziffer 2 und 3 und über öffentliche Kundgebungen kann nach Vorbereitung durch den Vorstand oder einen Ausschuss im Wege schriftlicher Abstimmung der Mitglieder beschlossen werden. ²Ein solcher Beschluss bedarf der Zustimmung von zwei Dritteln der Mitgliederzahl; die Namen der Zustimmenden müssen unter das Schriftstück gesetzt werden.

§ 9

¹Der Mitgliedsbeitrag wird von der Mitgliederversammlung festgesetzt. ²Der Vorstand kann den Beitrag aus Billigkeitsgründen erlassen.

§ 10

(1) Die Mitgliedschaft endet durch Tod, Austritt aus dem Verein, Streichung von der Mitgliederliste oder Ausschluss aus dem Verein.

(2) ¹Der Austritt erfolgt durch schriftliche Erklärung gegenüber einem Mitglied des Vorstandes. ²Für die Erklärung ist eine Frist nicht einzuhalten. ³Der Austritt wird zum Schluss des Kalenderjahres vollzogen.

(3) ¹Ein Mitglied kann durch Beschluss des Vorstandes von der Mitgliederliste gestrichen werden, wenn es trotz zweimaliger schriftlicher Mahnung mit der Beitragszahlung in Rückstand ist. ²Die Streichung wird erst beschlossen, wenn nach der Absendung der zweiten Mahnung zwei Monate verstrichen sind, in dieser Mahnung die Streichung angedroht wurde und die Beitragsschulden nicht beglichen sind. ³Die Streichung ist dem Mitglied mitzuteilen.

(4) ¹Ein Mitglied kann durch Beschluss des Vorstandes aus dem Verein ausgeschlossen werden, wenn es in grober Weise gegen die Vereinsin-

teressen verstoßen hat. ²Vor der Beschlussfassung ist dem Mitglied unter Einräumung einer angemessenen Frist Gelegenheit zur Stellungnahme zu geben. ³Der Beschluss über den Ausschluss ist schriftlich zu begründen und dem Mitglied zuzusenden. ⁴Gegen den Beschluss des Vorstandes kann das Mitglied innerhalb eines Monats nach Zugang der Entscheidung des Vorstandes die Mitgliederversammlung anrufen. ⁵Die Anrufung der Mitgliederversammlung hat bis zu deren abschließender Entscheidung aufschiebende Wirkung.

§ 11

(1) Im Falle der Auflösung des Vereins sind die Mitglieder des Vorstandes gemeinsam vertretungsberechtigte Liquidatoren, falls die Mitgliederversammlung nichts anderes beschließt.

(2) Das nach Beendigung der Liquidation vorhandene Vermögen fällt an die Deutsche Forschungsgemeinschaft, die es unmittelbar und ausschließlich für Zwecke des Fachkollegiums Rechtswissenschaft zu verwenden hat.